纪念改革开放 40 周年 · 广东省社会科学院建院 60 周年系列学术成果

广东 2035

发展趋势与战略研究

GUANGDONG 2035

DEVELOPMENT TRENDS AND STRATEGIES

蒋 斌　王 珺　主编

社会科学文献出版社
SOCIAL SCIENCES ACADEMIC PRESS (CHINA)

目录
CONTENTS

广东2035：中国特色社会主义现代化建设的先行区

在近代以来中国迈向现代化的历史征程中，广东始终扮演着务实进取、敢为人先、引领示范的重要角色。特别是1978年以来，作为改革开放的前沿阵地，广东始终高举中国特色社会主义伟大旗帜，不负重托，不辱使命，在国家全面建成小康社会，加快建设社会主义现代化新征程中努力走在前列，成为全球最具发展活力的地区之一。

按照党的十九大提出的到2035年中国基本实现社会主义现代化目标，未来18年将是世界和中国经济社会发展格局发生重要变革和历史性转变的时期。站在新的历史起点上的广东应该确立什么样的发展愿景、走什么样的发展路径，如何继续扮演世界区域经济社会发展中的领跑者，继续当好中国特色社会主义的排头兵，在加快建设社会主义现代化新征程上走在前列，这不仅是广东的责任担当和使命所在，也是中国的期待，世界的期待。

一　2035：世界与中国

党的十九大报告指出："世界正处于大发展大变革大调整时期，和平与发展仍然是时代主题。世界多极化、经济全球化、社会信息化、文化多样化深入发展，全球治理体系和国际秩序变革加速推进，各国相互联系和依存日益加深，国际力量对比更趋平衡，和平发展大势不可逆转。同时，世界面临的不稳定性不确定性突出，世界经济增长动能不足，贫富分化日益严重，地区热点问题此起彼伏，恐怖主义、网络安全、重大传染性疾病、气候变化等非传统安全威胁持续蔓延，人类面临许多共同挑战。"① 同时，中国特色社会主义进入新时代，久经磨难的中华民族迎来了从站起来、富起来到强起来的伟大飞跃，日益走近世界舞台中央、不断为人类做出更大贡献，在全球治理中扮演更重要的角色，发挥更大的作用，承担更大的责任。

（一）世界经济转型与中国崛起

未来较长一段时间是两个经济发展周期或阶段的过渡和转换期的叠加，一是世界经济发展第五长波周期向第六长波周期的过渡与转换；二是中国经济发展由前三十年的"低收入向中等收入发展"转向后三十年的"中等收入向高收入发展"的阶段性过渡或转换。第一个过渡预示着世界经济繁荣周期的阶段性中断和下一个繁荣周期的来临；第二个过渡预示着我国社会主要矛盾已经转化为"人民日益增长的美好生活需要和不平衡不充分的发展之间的矛盾"②，经济发展主体、发展方向、发展水平、发展结构、发展动力、发展条件发生了重大变革和转换。全球金融危机之后，世界经济已经由危机前的快速发展期进入深度转型调整期，正在寻找新的增长动力和发展引擎。"全球制造"和"全球生产"成为大趋势，贸易体系和规则也正在重塑。全球资源要素流动的加快表现为经济主体间高度的渗透性和互补性，信息流、知识流等约束减少，成本减少，新产业、新技术、新业态、新模式层出不穷。美国政府积极推动"再工业化"战略，深陷债务泥潭的欧洲也在努力走出"欧洲僵化症"，建设"创新型欧盟"。以金砖国家为代表的新兴经济体国家纷纷提出了本国的创新发展战略，"创新"正在成为各国博弈的战略抓手。进入新常态的中国经济也迎来向创新要动力的转型战略期，供给侧结构性改革将是未来相当一段时间中国经济建设的主线。经过半个世纪左右的工业追赶，在完成工业文明阶段后，2035 年的中国经济发展路线将与先发国家基本并轨进入创新驱动的智能文

---

① 习近平：《决胜全面建成小康社会　夺取新时代中国特色社会主义伟大胜利——在中国共产党第十九次全国代表大会上的报告》，《人民日报》2017 年 10 月 28 日。

② 习近平：《决胜全面建成小康社会　夺取新时代中国特色社会主义伟大胜利——在中国共产党第十九次全国代表大会上的报告》，《人民日报》2017 年 10 月 28 日。

明的经济主形态，"我国经济实力、科技实力将大幅跃升，跻身创新型国家前列"[1]。

（二）全球科技竞争与中国创新

当今世界正处在科技创新突破和新科技革命前夜，全球将掀起人类科学技术史上一场前所未有的革命浪潮。在技术以指数级进步的推动下，以低碳化、技术复合化、人本化为方向的三种技术趋势将继续强化[2]，"物质结构、宇宙演化、生命起源、意识本质等一些重大科学问题的原创性突破正在开辟新前沿新方向，一些重大颠覆性技术创新正在创造新产业新业态，信息技术、生物技术、制造技术、新材料技术、新能源技术广泛渗透到几乎所有领域，带动了以绿色、智能、泛在为特征的群体性重大技术变革，大数据、云计算、移动互联网等新一代信息技术同机器人和智能制造技术相互融合步伐加快，科技创新链条更加灵巧，技术更新和成果转化更加快捷，产业更新换代不断加快，使社会生产和消费从工业化向自动化、智能化转变，社会生产力将再次大提高，劳动生产率将再次大飞跃"[3]。这些技术变革将对经济和社会的发展产生深刻影响，将彻底颠覆我们的生活、工作和互相关联的方式，现有的商业模式将被颠覆，生产、消费、运输与交付体系将被重塑。[4] 展望未来，新兴市场国家的经济增长将大大推动世界各地的科技创新。目前，不仅技术重心已经开始从西方国家向东方和南方国家转移，而且发达国家的企业、企业家、新创意和资本向发展中国家市场的流动也将持续增加。更多技术活动可能会转移到发展中国家（如中国、印度、巴西）中专注于快速增长新兴市场的跨国公司，或其他迅速获得国际竞争力的新经济部门。[5] 863 计划实施以来已经得到长期积累

---

① 习近平：《决胜全面建成小康社会　夺取新时代中国特色社会主义伟大胜利——在中国共产党第十九次全国代表大会上的报告》，《人民日报》2017 年 10 月 28 日。

② 〔美〕杰里米·里夫金：《第三次工业革命：新经济模式如何改变世界》，张体伟、孙豫宁译，中信出版社，2012。

③ 习近平：《为建设世界科技强国而奋斗——在全国科技创新大会、两院院士大会、中国科协第九次全国代表大会上的讲话》，《人民日报》2016 年 5 月 30 日。

④ 〔德〕克劳斯·施瓦布：《第四次工业革命：转型的力量》，中信出版社，2016。

⑤ 美国国家情报委员会编《全球趋势 2030：变换的世界》，中国现代国际关系研究院美国研究所译，时事出版社，2013。

的中国科技也将迎来爆发，深空、深海、深地、深蓝是中国科技研发的主要方向，空间站、火星探测、天地一体化信息系统、深海空间站、能源资源的勘探开发、国家网络空间安全、量子通信、智能制造与机器人、脑科学等领域将是突破的重点。通过"深化国防科技工业改革，形成军民融合深度发展格局"①，电子信息领域的核心电子器件、高端通用芯片和基础软件、极大规模集成电路、新一代无线宽带移动通信，先进制造领域的高档数控机床和基础制造技术、大飞机、航空发动机和燃气轮机、新材料，能源环境领域的大型油气田、先进压水堆和高温气冷堆、智能电网、煤炭清洁利用等领域将取得世界领先地位。②

（三）社会结构变迁与中国实践

到 2035 年，世界人口将会接近 85 亿（以 2012 年 71 亿起计算）。届时人口与城市化将呈现四大趋势：一是老龄化遍及西方国家与日益增多的发展中国家；二是年轻国家基数虽大，但数量却日益下降；三是移民引发跨国纠纷；四是城镇化既拉动经济增长，又会加剧食物与水资源紧缺。根据联合国报告，到 2035 年，全球约有 60% 的人口居住在城市，这其中，中国城市人口将增加 2.76 亿，印度则增加 2.18 亿，这两个国家新增的城市人口加起来占全球新增城市人口总量的 37%。③ 随着城市化的加速，贫困逐渐减少、教育更加普及、医疗条件改善，中产阶级得到进一步壮大，将在大多数国家成为最重要的社会和经济力量。亚洲将是中产阶级增长最快的区域。与此同时，老龄化将席卷全球，中国也不例外。预计全球老年人口每年增长 2%，比整体人口增长率高 0.3 个百分点，至 2035 年全球老年人口将达到 11 亿，占全球总人口的 12%。翟振武、李龙和陈佳鞠研究发现，中国将在 2030 年前后达到人口总量峰值，之后进入人口负增长阶段，总人口规模在 2025 年时达到峰值，约为 14.15 亿人，2030 年以后，"人口红利期"将消失，超过 65 岁的老人将超过 2.3 亿人，退休和医疗改革将面

---

① 习近平：《决胜全面建成小康社会　夺取新时代中国特色社会主义伟大胜利——在中国共产党第十九次全国代表大会上的报告》，《人民日报》2017 年 10 月 28 日。
② 《国务院关于印发"十三五"国家科技创新规划的通知》（国发〔2016〕43 号）。
③ 世界银行预测中国 2030 年城镇化率为 68%，经济合作发展组织的预测是到 2025 年中国城镇化水平将达到 66%。

临巨大挑战。[①] 由于全球化、贫富国家之间的年龄结构差异、地区和国家收入不平衡、国家之间移民网络的发展等，全球人员交流、旅游不断增多，移民潮风起云涌。仅中国目前国内内部移民的人数就已经接近2.5亿，伴随着城市化进程深化，这个数量仍将增加。技术的发展将增进国家控制移民准入的能力，但信息的快速传播也使人们能迅速看到国内外的就业商机，国际移民和跨国就业将越来越普遍。而2035年的中国，已经"全面建成小康社会"，正向现代化强国迈进，"中等收入群体比例明显提高，城乡区域发展差距和居民生活水平差距显著缩小，基本公共服务均等化基本实现，全体人民共同富裕迈出坚实步伐；现代社会治理格局基本形成，社会充满活力又和谐有序"[②]。

（四）绿色发展与美丽中国

随着全球人口增长和城市化的加速，对粮食、水资源和能源的需求大幅增长，气候变化问题将进一步恶化。按照目前的人均消耗来计算，到2035年，全球对粮食的需求将上升37%，全球水资源年均需求到2035年将达到7.1万亿立方米，这比目前水资源供给量高出41%。OECD预计，到2035年，全球将有近一半的人口面临严峻水资源压力。中国和印度的粮食生产面临水资源缺失、土壤恶化、气候变化、城市化致耕地减少等问题，人口压力和环境制约或将迫使两国增加粮食进口。到21世纪30年代，发展中国家的经济增长将带动全球对能源的需求上涨50%，但同时，全球能源产量也在增加，大部分是来自在北美开发的非常规石油和天然气。水平钻井和水力压裂作业两项普及的技术带动了能源的激增。到2035年，能代替煤炭的廉价能源无疑有利于减少碳排放。尽管如此，全球推动清洁能源发展的动力不足，包括水利、风能和太阳能。可替代燃料的增长在整体能源需求中所占比率较小。[③] 根据麦肯锡全球研究所的报告，中国的城市未来对电力的需求将是目前需求水平的2倍多，约占全球能源消耗量的

---

① 翟振武、李龙、陈佳鞠：《全面两孩政策下的目标人群及新增出生人口估计》，《人口研究》2016年第4期。

② 习近平：《决胜全面建成小康社会　夺取新时代中国特色社会主义伟大胜利——在中国共产党第十九次全国代表大会上的报告》，《人民日报》2017年10月28日。

③ 美国国家情报委员会编《全球趋势2030：变换的世界》。

20%，碳排放到2035年也将翻倍。为此，中国将"坚持人与自然和谐共生"，"树立和践行绿水青山就是金山银山的理念"，把生态文明建设当作"中华民族永续发展的千年大计"，"实行最严格的生态环境保护制度，形成绿色发展方式和生活方式，坚定走生产发展、生活富裕、生态良好的文明发展道路，建设美丽中国，为人民创造良好生产生活环境，为全球生态安全作出贡献"[①]。

（五）全球治理变革与中国方案

"二战"和"冷战"结束之后，人类文明发生巨大飞跃，其显著标志是，通过以电子技术为先导的科技革命，人类实现了世界经济一体化和信息全球化的局面，这是人类从根本上超越工业革命形成的社会模式的一个伟大的开端，客观上也需要一个全新的全球治理模式。在目前的全球治理框架下，存在三大难题：一是如何消除"全球治理赤字"。全球性问题越来越多，全球治理供给却严重不足。二是如何推动全球治理民主化。全球治理长期由少数发达国家主导，不能体现广大发展中国家的诉求与全球经济格局的变化。三是如何解决"发展缺位"问题。现有的全球治理体系不能保证所有国家尤其是最不发达国家获得发展的机会，同时也不能保证所有参与经济全球化的群体获得同等受益机会。2008年全球金融危机以来，全球经济治理已经出现了新的变化。一是新兴经济体在现有多边治理机制（如世界银行、国际货币基金组织）中的份额与话语权有所提升。二是20国集团G20取代8国集团（G8）成为大国经济政策交流对话与协调的新平台，新兴经济体的影响力明显提高。三是发达国家加速推动制定新的国际规则，围绕利益分配和规则制定的国际竞争日趋激烈。面对如此复杂多变的国际环境，中国将"始终不渝走和平发展道路、奉行互利共赢的开放战略，坚持正确义利观，树立共同、综合、合作、可持续的新安全观，谋求开放创新、包容互惠的发展前景，促进和而不同、兼收并蓄的文明交流"，"始终做世界和平的建设者、全球发展的贡献者、国际秩序的维护者"[②]。

---

① 习近平：《决胜全面建成小康社会　夺取新时代中国特色社会主义伟大胜利——在中国共产党第十九次全国代表大会上的报告》，《人民日报》2017年10月28日。

② 习近平：《决胜全面建成小康社会　夺取新时代中国特色社会主义伟大胜利——在中国共产党第十九次全国代表大会上的报告》，《人民日报》2017年10月28日。

中国的"人类命运共同体"方案为全球治理提供了一种崭新的体系框架，促进各国共同建设开放世界、共同勾画发展愿景、共同应对全球性挑战、共同维护公平正义、共同深化伙伴关系。中国作为人类命运共同体的倡导国之一，将在全球治理中发挥更大的作用，承担更大的责任。

二 2035：广东愿景

到 2035 年，广东将通过科技创新显著提升经济发展水平，形成高水平开放发展格局，建成均衡协调发展的共享性社会，继续保持在全国乃至全世界区域经济社会发展中的竞争优势，总体上建成以人的全面发展为核心的现代化社会，基本实现社会主义现代化，在建设社会主义现代化新征程上继续走在前列。

（一）富裕经济区

建设成为富裕经济区，意味着广东经济总量在全国和全球中的重要性明显提升，人均收入达到高收入经济体水平，产业结构达到高收入经济体的较低水平，以人的全面发展为核心的城镇化基本实现，环境质量将跃升至中等偏上收入经济体的中等水平。

一是经济总量在全国和全球中的重要性明显提升。到 2035 年，广东经济实力将大幅提升，GDP 将达到 26.2 万亿元（2016 年价），约合 4.14 万亿美元（2015 年价），占全国的比重由 2016 年的 10.7% 增加至 12.4%，占全球的比重由 2015 年的 1.57% 增加至 2.08%，在全国和全球中的重要性均明显提升。

二是人均收入达到高收入经济体水平。广东人均 GDP 将在 2019 年超过高收入经济体门槛，比全国提前 7 年迈过高收入经济体门槛。之后，广东人均 GDP 超出高收入经济体门槛的幅度将逐年加大。至 2035 年将达到 19.9 万元（2016 年价），约合 3.15 万美元（2015 年价）。

三是产业结构将整体优于全国平均水平，达到高收入经济体的较低水平。广东三次产业结构将不断转型升级，服务业比重逐年提升并成为经济增长主力，第二产业占比逐年下探。到 2035 年，三次产业结构比重将调整为 1.7∶34.8∶63.5，经济服务化程度更高。从国际视角来看，2035 年广东三次产业结构将达到高收入经济体的较低水平，并整体优于上中等收入经济体的水平。

四是以人的全面发展为核心的城镇化基本实现。至2035年，完成从农村社会向城市社会的转变，农业产值占GDP比重在5%以下，非农就业者占总就业人口比重超过80%，城镇成为人口工作居住的主要空间场域，80%以上的人口常住在城市。未来的城镇化将是以人的全面发展为核心，满足人的居住、教育、医疗、交通等生活需求，满足人的就业、创业等发展需求，满足人的健康、生态等环境需求，满足人的文化、娱乐、休闲等人文需求，"城市广东"格局基本形成，人们在城市生活更加美好。

五是环境质量将跃升至中等偏上收入经济体的中等水平。展望2035年，广东将迎来"天蓝、地绿、水清"的绿色发展新阶段，将跨越"环境高山"，生态环境根本好转，美丽广东基本实现。较高的收入水平使得广东有更多的资源、技术和财力实施更大规模的产业结构和能源结构改革，清洁能源有望在各领域较大规模使用，成为能源消费的主力军。PM2.5浓度将由2015年的34毫克每立方米降低至25毫克每立方米，"广东蓝"将成为常态。

（二）创新高地

建设成为创新高地，意味着广东将形成更加开放、更加包容、更加成熟的区域创新体系，高技术制造业占比在全国领先，率先建成具有全球影响力的科技产业创新中心，现代创新型文化高地基本形成，成功跻身创新型地区前列。

一是形成更加开放、更加包容、更加成熟的区域创新体系。广东主要创新指标将达到或超过世界创新型经济体平均水平，进入全球创新型地区先进行列。研发投入强度预计达到4.2%左右，研发人员密度预计达100人年/万人左右。每万人发明专利拥有量将超过70件，与2016年末深圳水平（80.1件/万人）和北京水平（76.8件/万人）相当。高新技术产品产值占工业总产值比重预计超过61%；高新技术企业数量呈爆发式增长，有望达到8万家。

二是高技术制造业占比在全国领先。广东制造业将加速从中低端向中高端转变，高技术制造业占比将不断上升。到2035年，广东高技术制造业增加值比重将达到65.80%，超出全国平均水平（20.48%）约45个百分点，制造业的技术密集度在全国将处于领先地位，与发达经济体的差距逐步缩小。

三是率先建成具有全球影响力的科技产业创新中心。借助粤港澳大湾区建设，广州作为全球创新网络中的枢纽型城市位次将进一步提升，深圳将跻身全球创新关键纽带型城市，其他珠三角城市将成为全球创新网络的节点城市。在大湾区的辐射带动下，粤东西北地区将涌现若干创新崛起型城市。在珠江东岸高度集聚的新一代电子信息产业竞争力有望领跑全球，珠江西岸将成为以装备制造业为代表的全球先进制造业集聚重地。传统优势制造业在消费升级带动下，借助科技创新、商业模式创新将不断提升在全球价值链中的地位。广东将成为全国高新技术企业集聚地、"独角兽"企业集聚地，形成市场驱动型、效率驱动型、工程技术型、科学研究型等创新型企业并驾齐驱的企业创新发展格局。

四是现代创新型文化高地基本形成。通过数字化战略、平台化战略、IP化战略、国际化战略，广东将开辟新的文化崛起的主战场，抓住精神文化消费需求的新的关键撬动资源，建设最佳创新创意生态圈，从文化小康迈向文化丰裕，从资源支撑迈向创新引领，从规模优势迈向平台优势，从文化焦虑迈向文化自信。到2035年，广东城乡居民人均文化娱乐消费支出占人均消费支出比重达到11%及以上，文化产业增加值占GDP比重达到7.0%以上，形成高水平共享型文化、高水平创新型文化、高水平开放型文化、高度自信型文化，成为文化资源要素的配置高地、新模式新业态的引领地、具有全球影响力的文化大湾区、现代理性精神的生长地、中外文化交流的枢纽地、中国道路海外传播的前沿地。

（三）高水平开放格局

构建高水平开放格局，意味着对外贸易保持稳定增长，对外贸易结构明显改善，利用外资的数量和质量均明显提升，对外投资体系基本形成。

一是对外贸易保持稳定增长。受惠于国家"一带一路"、广东自贸试验区和粤港澳大湾区等战略，广东对外贸易将实现持续稳定增长。至2035年，广东进出口总额将达到12.60万亿元，比2016年增长将近1倍。其中，出口额将达到约7.70万亿元，比2016年增长94.94%；进口额将达到约 4.90 万亿元，比 2016 年增长 107.63%。

二是对外贸易结构明显改善。一般贸易占比持续上升，加工贸易占比明显下降。到 2035 年，广东一般贸易和加工贸易进出口额占全省进出口额比重分别为 49.23% 和 28.54%，分别比 2016 年提高 5.86 个百分点和降低 10.28 个百分点。其中，一般贸易和加工贸易出口额占全省出口额比重分别为 51.18% 和 29.55%，分别比 2016 年提高 7.86 个百分点和降低 10.39 个百分点；一般贸易和加工贸易进口额占全省进口额比重分别为 45.66% 和 26.65%，分别比 2016 年提高 2.21 个百分点和降低 10.3 个百分点。

三是利用外资的数量和质量均明显提升。到 2035 年，广东合同利用外资额将达到 2280.97 亿美元，比 2016 年增长 157.23%；实际利用外资额将达到 429.49 亿美元，比 2016 年增长 83.94%。在引进和利用外资过程中，将更加注重外资的质量，适当控制"三来一补"和加工贸易引进规模。在提高外商直接投资绝对量的同时，将基于《中国制造 2025》战略部署，抢抓"第四次工业革命"先机，实现外资向制造业、信息传输、计算机服务和软件业、研发等领域的流动。

四是对外投资体系基本形成。在"一带一路"倡议和"创新驱动"战略背景下，广东对外投资将呈现逐年增长趋势。民营企业对地区经济环境、开放程度、技术水平和金融约束的敏感性更高，对外直接投资意愿将更强。在对外投资过程中，将更加注重投资行业、地域和投资方式选择，通过对 R&D 密集产业投资获取逆向技术溢出，进而促进广东经济发展质量的提升。

（四）共享型社会

建设成为共享型社会，意味着区域均衡发展格局基本形成，基本公共服务均等化基本实现，成功老龄化社会初步建成，治理体系和治理能力现代化基本实现，全体人民共同富裕迈出坚定步伐。

一是区域均衡发展格局基本形成。到 2035 年，区域发展差距明显缩小，珠三角与粤东西北的差距将进一步缩小到 2.6 倍左右。珠三角对于粤东西北的辐射能力将进一步加强，进入以城市群为核心，多中心网络式的高水平均衡布局的空间发展格局。随着港珠澳大桥、深中通道、虎门二桥等交通基础设施的投入使用，珠江东岸和西岸的联系将大大增强，珠三角地区的一体化程度将进一步提升，粤港澳大湾区城市群基本成型，形成港深莞惠、广佛清肇、澳珠中江三大都市区。粤东通过增强与珠三角地区的分工合作，以汕头为核心的粤东城市群将发展成型，成为全省第二大经济增长点。粤西地区以湛江和茂名为核心的沿海经济带也将发展成型。粤北地区韶关和河源与珠三角的联系将大大增强，成为珠三角的直接腹地，梅州则将逐步融入粤东城市群。

二是基本公共服务均等化基本实现。国家与省级财政对地方的转移支付方式和统筹力度的加强，将促进广东基本公共服务制度框架城乡并轨在2020～2035年之间逐步达成。城乡二元差异将变得很小，公共服务将逐步从户籍制度中剥离出来，移民和本地人、城里人和农村人将在制度上享有相同的公共服务，逐步从"不平等"向"均等化"迈进。基本公共服务体系将逐步过渡到高质量、同质化的模式，实现对全省人民的覆盖。

三是成功老龄化社会初步建成。到2035年，广东常住人口将达到约1.32亿。其中，15～64岁劳动年龄人口比重将降至71.36%，基本回归到2005年水平；65岁及以上常住人口占比由2010年的6.8%提高至2035年的14.14%，增幅达到7.34个百分点；2035年老年抚养系数为19.8%，比2010年增长一倍多。在这一趋势下，老年人的经验、技能优势成为重要资源，老年人在社会财富积累、可持续发展中的作用明显增强。同时，随着经济水平的提升，养老抚老、医疗保健、生活服务等方面的条件和待遇明显改善，老年人的生活环境更加优越。2035年，广东将有望建成老有所健、老有所乐、老有所学、老有所教、老有所美、老有所为、老有所用、老有所成的成功老龄化社会。

四是治理体系和治理能力现代化基本实现。法治省区、法治政府、法治社会基本建成，人民平等参与、平等法治权利得到充分保障，各方面制度更加完善。地方立法呈现层次多元、机制成熟、领域广泛、方式规范的态势；职能科学、权责法定、执法严明、公开公正、廉洁高效、守法诚信的法治政府全面建成，执法体制越来越完善，执法工作程序化、规范化、公开化程度不断加深；司法体制机制逐步理顺，互联网因素逐步介入，公正高效权威的社会主义司法制度不断完善；全社会敬畏法律、自觉守法、理性用法的局面将会形成；立法、执法、司法三个重点环节监督不断强化，事前监督与事后监督一并发挥实效，网络监督将成为新型的监督模式并不断得到规范完善，切实规范权力运行。

五是全体人民共同富裕迈出坚定步伐。到 2035 年，广东人民生活更为宽裕，中等收入群体比例明显提高，居民生活水平差距显著缩小，将率先完成从金字塔型社会向橄榄型社会的过渡，基本实现共同富裕。随着近年来互联网、人工智能的快速发展，除了传统的医生、律师等中等收入群体以外，个体的生活技能、娱乐技能、文艺技能的价值在互联网时代得以放大。网络直播走红致富者、游戏解说、职业游戏玩家、自媒体创业者等皆可能成为新中产。调试、维护、控制机器人的技术性岗位以及其他相关产业配套服务业岗位将会相对增加，也将成为新晋中等收入群体的来源之一。

三 2035：广东路径

（一）以优化要素供给为基础支撑新旧动能转化，实现高质量的中高速增长

要完成 2035 年基本实现社会主义现代化的伟大目标，在全面建成小康社会、加快建设社会主义现代化新征程上走在前列，广东经济必须保持中高速增长。为此需要加快技术进步，优化投资结构，提升人力资本水平，通过优化要素供给，不断提升增长质量，培育长效、稳定的增长新动能。

1. 以科技创新带动效率提升，持续改进增长质量

进入创新驱动阶段后，广东经济增长的主要动力来源逐步从投入扩张转变为效率提升。维持可持续中高速增长，首先要从全要素生产率（TFP）的提升入手，通过机制设计推动技术进步、调整产业结构、优化资源配置。一是要建立全社会研发投入持续增长的长效机制，确保研发投入的持续增长。在持续增加政府科技投入的同时，不断完善公共科研经费的投放机制，探索更有效的财政科研资金资助方式，切实提高公共科研经费的配置效率。要不断加大对企业，尤其是科技型中小企业的创新扶持力度，鼓励引导企业加大研发投入。二是要进一步促进科技交流和科技扩散。完善高校和科研院所应用性研究和企业需求有效对接的体制机制，探索新型的政用产学研协同创新模式。增强科技公共服务能力，围绕产业共性技术开发，建立开放式共性技术研究平台或公共实验室，为共性技术的开发、转移、扩散提供载体。三是要引导和激发企业的自主创新行为，促进企业提

质增效。鼓励企业成立企业研究开发院、各类工程技术中心和实验室。对龙头骨干企业关键领域核心技术的攻关进行重点扶持，进一步促进企业与国内国际先进技术接轨，提升企业开展网络化协同创新的能力。

2. 调整和优化投资结构，引导带动经济转型升级

通过调整和优化投资结构，形成有效投资与转型升级良性互动，是广东经济持续稳定发展的重要保障。一要摒弃只重投资规模、不重投资质量的粗放投资理念，坚持效益优先，以切实提高投资项目效益为核心，确保投资的方向与技术进步、结构调整的方向契合一致，实现发展方式由外延式向内涵式转变。二要注重投资结构的优化协同，一方面把资金更多投入战略性发展平台、战略性产业、现代服务业、产业转型升级和科技创新研发等领域，协同创新驱动和产业升级的需要；另一方面不断增加"三农"、保障性安居工程、民生工程、公共服务、社会事业、节能减排和生态建设领域投资，协同民生、社会发展的需要。三要保持投资规模的适度扩张。考虑到中长期维持 6% ~ 8% 增长目标的需要，今后一个时期，全省合理投资增速宜把握在高于 GDP 增速的 50% 左右。四要更加注重激发民间资本活力和潜能。要打破制度性障碍，改善投资环境，打破行业垄断和市场壁垒，进一步提升民间投资的主体地位，充分利用好巨大的民间资本存量。深入推进投资管理体制改革，进一步创新重点领域投融资机制，健全政府和社会资本合作（PPP）机制，进一步鼓励和引导社会投资特别是民间投资多方式、多渠道进入基础设施、公共服务设施、基础产业等领域，实现民间投资健康发展。

3. 依靠教育改善提升人力资本，为增长方式转变提供要素支撑

创新驱动更多地依赖高端劳动力供给，需要广东持续提升人力资本存量，以人才红利替代人口红利。一要不断加大教育经费投入，在基础教育、职业技术教育、高水平大学建设三个领域持续发力，持续提高教育的覆盖面和教育质量，逐步解决教育资源短缺和配置不均衡的问题。二要完善在职教育培训体系，鼓励企业加大技能培训力度，推动教育部门、工会和大中型企业策划实施大规模的技能人才培训项目，构建以终身教育为目标的现代教育体系。三要建立完善多层次人才引进制度，除了大力引进高端科技研发人才，还应该结合企业生产实际需求，建立分类人才引进制度，为引进各层次各梯度的专业技术人才和经营管理人才提供政策便利。

四要创造宽松的人才流动环境，促进人才合理、适度流动，使人才适得其所，得其所用。

（二）以深化供给侧结构性改革为主线加速结构调整，建设协同发展的现代产业体系

广东需把握全球新技术及产业革命的发展趋势，通过持续深化供给侧改革，以建设实体经济、科技创新、现代金融、人力资源协同发展的产业体系为方向，做好产业转型升级的政策设计，打造产业创新生态链，构建具有全球竞争力的产业新体系。

1. 做好供给侧结构性改革的制度设计，创造良好制度环境

通过对行政管理、投资服务、科技创新服务等方面大胆的体制机制创新，营造充满活力、富有效率的政策和体制环境，给产业转型升级"松绑"。一是加大对产业转型升级的财税、土地政策支持。改革财政投入方式，由补助贴息为主向政府股权投资、共有知识产权、创投引导基金等多种方式转变。利用贷款担保、贴息等多种方式，充分发挥财政资金对转型升级的引导和杠杆作用。实施差别化的供地政策，优先保障产业升级、重点项目用地需求。深化财税金融制度改革，推进广州、深圳区域金融中心和珠三角重大金融创新平台建设。完善固定资产加速折旧的税收政策，对重点行业的企业研发和技术改造的仪器、设备可缩短折旧年限或采取加速折旧的方法。二是优化产业发展软环境。完善市场规则，促进公平竞争，注重产业政策制定的整体性和公平性。提高政府服务品质，营造法制化、国际化的营商环境。发挥协会联系政府、服务企业、促进行业自律的功能，为制定实施行业规划、产业政策、行业标准，提升企业素质，加强行业自律，推动行业交流与合作等提供有力支撑。

2. 把握新一轮科技革命与产业革命趋势，推动产业升级与协同发展

广东应根据不同的产业类型特性，分类采取产业转型升级的不同模式，以推动建立具有协同发展的产业新体系。一是以"两化深度融合"、创意设计和品牌提升等模式，助推包括纺织服装、家具制造、建筑材料、家用电器、玩具及食品饮料等在内的传统优势产业改造升级，使其从全球价值链低端的制造环节向微笑曲线的两端延伸拓展，打造一批具有全球品牌美誉度的"广东品质"。二是以"互联网＋制造""制造＋服务""制造

业总部经济"等模式推动汽车制造、石油化工、电子产品、重大装备等现有支柱型制造业向智能制造业转型升级，抢先布局智能机器人产业，打造工业4.0时代的"广东智造"。三是依托"技术＋人才＋市场＋品牌＋资本"高端要素组合创新，重点发展新一代信息技术、生物与健康产业、新材料与高端制造业、时尚创意、新能源与节能环保、新能源汽车等新兴产业，在空天海洋、信息网络、生命科学等领域形成一批特色新兴产业集群，打造一批跻身全球产业高地的"广东创新"。四是以商业模式创新、培育新兴服务业态等方式推动传统服务业向现代服务业转型升级，促进商贸会展、金融保险、现代物流、文化旅游、商务与科技服务等优势服务业向价值链高端发展，着力培育与新型城市化发展相适应的移动互联网服务、物联网服务、云服务、智慧文化与网络教育等新兴业态，打造融合高科技、新模式、新业态特征的"广东服务"。

3. 持续深化创新链条的四链融合，强化创新支撑能力

依托珠三角制造业基地，持续深化创新链、产业链、资金链、人才链"四链融合"，推动"双创"平台及创新型产业集群发展。一要建立"科研院校－创新服务平台－产业集聚区企业"联盟，将企业的产业共性技术需求和高校、科研院所的科技优势整合在一起，着力解决单个企业无法解决的技术难题。二要围绕产业链部署创新链，利用广东省战略性新兴产业创业投资引导基金、省传统优势产业升级改造引导基金等政策工具，引导企业和技术服务组织围绕公共技术和核心技术开展技术攻关。三要围绕创新链完善资金链，实施公共技术服务平台与金融资源全面结合的新机制与新模式，构建包括天使基金、担保资金和政府创投引导基金等在内的覆盖创新链条全过程的公共（技术）服务平台金融服务体系。四要构建"创新人才生态链"，围绕高技能人才引进工作，进一步完善相关的政策法规，通过在创新创业、社会保障、薪资福利、个人成长等方面综合出台对回流高技能人才有吸引力的政策配套，形成激励高技能人才来广东创业和研究开发的引智机制。

（三）以打造区域创新体系为平台释放创新生产力，建设创新型强省

广东应以在全国率先建成创新型强省为目标，加快完善与创新发展相匹配的体制机制，高水平融入全球创新网络，不断强化国家科技产业创新中心功能和基础研究能力，建设一个充分激发社会创造力的开放、高效区域创新体系。

1. 以制度创新为引领，建立健全与创新发展相匹配的体制机制

为弥补创新活动中的市场失灵，必须建立起一套与创新驱动相适应的体制机制，有效引导资源要素从传统性生产活动转配到创新活动中。一是探索建立有利于科技成果转化的技术市场体系，解决科研生产"两张皮"的老大难问题。要加快推动省内高校、科研院所、省级重点企业研究院等科研成果开发主体，成立各种科技成果转化与推广机构，培育一批专业化水平高、服务能力强、社会影响大的行业性、专业性的龙头骨干技术中介服务机构，培养一批以提高信息增值、技术增值、服务增值能力为目标的专业技术经纪人，形成活跃高效的技术交易服务市场。二是探索建立产学研紧密结合的协同创新体系，提升科技成果转化效率。要着力解决制约高校、科研院所、企业及金融等服务机构投身于产学研结合协同创新的制度瓶颈，完善协同创新评价体系，建立起以创新质量和贡献为导向的科研评价机制，引导高校、科研院所将科技创新的指导思想从"以出成果为目的"转变为"以解决问题为目的"。积极探索政府在推动产学研合作中的适合角色和作用，协调企业与科研机构之间的合作沟通，资助扶持建设一批事关行业发展的关键技术、共性技术的产学研合作平台。三是探索建设面向大众创业万众创新的科技公共服务体系，打造一批具有全国和全球影响力的创业创新中心。针对大众创业万众创新所面临的人才引进和人才集聚、优化营商环境、改善融资约束、创新创业孵化、创新普惠扶持、第三方专业服务等共性问题，不断探索新的做法，总结成功经验和模式，建立和规范相关管理制度和运行机制，逐步形成可复制、可推广的经验。

2. 以高水平开放为支撑，打造全球创新网络重要节点

广东必须大踏步实施高水平的"引进来、走出去"开放举措，进一步提升本土企业吸引和配置全球高端创新要素的能力，始终保持与世界产业和技术发展趋势同步，从全球生产网络重要节点升级为全球创新网络重要节点。在做法上，一是要进一步培育一批具有全球科技竞争力的优势产业和龙头企业，结合广东的制造业基础和科技金融优势，在"互联网+"、战略性新兴产业、现代制造业、传统制造业四个领域持续发力，为这些企业参与全球科技竞争创造一切有利条件。二是要加快打造一批高水平的国际研发平台和教育平台，加快推进与国外高水平大学、研究机构在粤共建大学、实验室、孵化机构等，出台各种便利政策引进海外科技人才、经营管理团队等。三是要继续创造企业"走出去、引进来"的良好环境，鼓励企业整合全球创新资源。

3. 以科技成果产业化为突破口，持续强化国家产业创新中心职能

广东必须从国家战略角度定位建设国家科技产业创新中心，充分发挥广东的产业优势、市场化优势、体制机制优势，高效对接全省乃至全国科研机构，不断提升科技成果转化效率，全面释放科技第一生产力的巨大推动力。第一，充分利用全国的科技研发资源，围绕大科学工程引进相关的应用型科研机构，不断强化广东的科技产业化能力，在全国率先构造完成具有国际创新竞争力的现代产业体系，打破发达国家在全球价值链高端的封锁垄断地位，在中国经济向上突破的关键时刻扮演头雁和尖刀的角色。第二，不断深化推进科技、产业、金融三链融合，为创业投资、产业基金、新型研发机构、产业孵化器等科技成果转化服务部门提供良好的市场成长空间，引导科技要素优化配置结构，提升配置效率，建立起有效的产学研协同创新机制，不断提高科技成果的成功转化率。

4. 以科技创新平台为依托，稳步提升广东基础科研能力

应当充分发挥政府部门在创新公共品供给领域的主导作用，通过加快科技领域布局，打造一系列的基础科研创新平台和科技知识传播平台，迅速补齐广东在基础科研上的相对短板。第一，打造高水平大学和高水平科研机构平台，吸引更多国家重大科技基础设施在粤布局，在部分领域代表国家参与全球重大科技项目攻关，逐步建立起以高水平大学和科研机构为核心的原始创新系统。第二，打造企业技术改造政策平台，帮助企业加快技改投入，在全省范围内促进生产设备、技术工艺的全面升级，提升产业发展的技术水平。第三，打造城市创新平台，加大对创新型中心城市（如广州、深圳）基础性、系统性、集成性创新的投入。结合广东产业发展方向，重点部署实施一批重大科技专项，集中力量攻克一批关键领域核心技术，进一步巩固和提升核心城市和龙头企业在全国乃至全球创新体系中的地位。加强对粤东西北地区技术创新领域的投入，以优势龙头企业、特色产业集群和新型园区载体为抓手，培育和提升欠发达地区的技术水平和创新能力。

（四）以新型城镇化加速城乡二元结构转换，迈向城市广东

实现从农业社会向城市社会的转变是广东在建设社会主义现代化新征程上走在前列的突出表现。面向 2035 年，广东必须借鉴先发国家成功经验，尊重城镇化发展规律，以人的城镇化为核心，推动城乡二元结构的顺利转换，建设美好、和谐、可持续的城市广东。

1. 深入推进户籍制度改革，加速农业转移人口市民化

新型城镇化的首要任务就是促进有能力在城镇稳定就业和生活的常住人口有序实现市民化。要按照"两证并行"的思路，统筹推进户籍制度改革和基本公共服务均等化，在保留农业转移人口土地承包经营权、宅基地使用权、集体经济收益分配权的前提下，让具备条件的常住人口领取户籍证落户城镇，暂不具备落户条件的领取居住证，梯次享受城镇基本公共服务保障，使全体居民共享城镇化发展成果。具体来说，一要全面降低落户门槛，把符合条件的农业转移人口转为城镇居民。户籍人口与非户籍人口比重低于 1:1 的城市，要加快放宽外来人口落户指标控制。除广州、深圳等超大城市继续实行积分入户方式外，城区常住人口 300 万以下的城市不得采取积分落户方式。推行房屋租售同权，不得采取购买房屋、投资纳税等方式设置落户限制，着力解决农村学生升学和参军进入城镇的人口、在城镇就业居住 5 年以上和举家迁徙的农业转移人口以及新生代农民工等重点群体的入户需求。二要完善居住证制度，促进基本公共服务覆盖全部常住人口。对已在城镇就业但就业不稳定、暂未满足落户条件或者不愿意落户的农业转移人口，要通过居住证制度解决他们享受基本公共服务的问题，坚决防止居住证与基本公共服务脱钩的"换汤不换药"现象。① 推进居住证制度全覆盖，积极拓展居住证的社会应用功能，最大限度地保障居住证持有人在居住地享有义务教育、基本公共就业服务、基本公共卫生服务和计划生育服务、公共文化体育服务、法律援助和法律服务以及国家规定的其他基本公共服务和办事便利。建立健全以居住证为载体、以积分制为办法的基本公共服务提供机制，把公共服务真正提供给在城市工作、生

---

① "换汤不换药"现象主要是指居住证与基本公共服务脱钩，与暂住证没有本质区别的现象。

活，为城市发展做出贡献的常住人口。三要完善相关配套政策，合理分担常住人口市民化成本。建立健全财政转移支付与农业转移人口市民化挂钩、财政建设资金对城市基础设施补贴数额与城市吸纳农业转移人口落户数量挂钩、城市建设用地增加规模与农业转移人口落户数量挂钩等"三挂钩"机制，合理分担各级政府常住人口市民化成本，激发各地积极性。

2. 优化城镇空间布局，促进城镇群协调发展

以构建互联互通、错位互补的城市群为城镇化主体形态和主要发展方向，深化区域交通、产业、公共服务等方面的合作与对接，推动珠三角和粤东西北城市融合互动发展，形成省域城镇群协同发展的良性格局。一是珠三角要围绕粤港澳大湾区发展，联手港澳打造更具综合竞争力的世界级城市群。要加强基础设施互联互通，共建世界级国际航运物流中心和多向通道网、海空航线网、快速公交网，强化协同运营管理。要统筹利用区域创新资源，完善创新合作体制机制，合作打造全球科技创新平台，建设粤港澳大湾区创新共同体，建设国际科技产业创新中心。二是环珠三角与粤北要对接融入珠三角，打造大珠三角城市群。强化珠三角核心区辐射带动作用，加强交通、产业等方面的对接，持续推进广佛肇、深莞惠、珠中江三大经济圈等珠三角一体化先行区建设，促进环珠三角地区外围城市融入珠三角地区，形成"广佛肇 + 清远、云浮""珠中江 + 阳江""深莞惠 + 汕尾、河源"的三大组合型新型大都市圈，实现"9 + 5"共赢合作格局。三是推进汕潮揭同城化，打造粤东城市群。推进粤东交通、产业、公共服务、环境保护等规划建设一体化，形成汕潮揭"半小时生活圈"。建设汕潮揭与珠三角、梅州、赣东南和闽西南等地区的便捷连接通道，联手梅州打造粤东北重要增长极。四是加快湛茂一体化，建设粤西沿海城市带。做大做强海洋、钢铁、石化、造纸等主导产业，推动两市中心城区扩容提质发展，增强城市集聚力和辐射力。加强与珠三角地区、北部湾、海南岛及大西南和东南亚的区域合作，主动融入珠三角两小时经济圈，成为"珠三角地区 - 大西南"和"中国 - 东盟"合作交流平台。五是粤北打造韶关都市区。加强韶关中心城区扩容提质，以韶关国家生态文明先行示范区为重点，加快产业转型升级，探索资源型城市和老工业基地向生态绿色城市转型的发展道路，强化与珠三角地区全方位的合作联动、配套发展，打造珠三角地区向泛珠地区拓展的桥头堡，建设现代生态都市区。

3. 健全城乡一体化体制机制，协调推进城镇化和乡村振兴

只有减少农民，才能富裕农民。[①] 新型城镇化不仅与乡村振兴并行不悖，而且将为乡村振兴战略实施创造有利条件和拓展发展空间，有利于乡村振兴战略深入实施。一要大力发展县域经济。与浙江等地相比，县域经济是广东经济发展的短板。要加大扶持力度，通过鼓励县域发展地方特色产业、承接发达地区产业转移、农民特别是返乡农民工创新创业等方式培育经济增长点。大力发展农村电商，支持农民通过电商拓展农产品市场。二要推进城乡规划建设、基础设施、资源要素市场和公共服务等方面一体化，加快形成以工促农、以城带乡、工农互惠、城乡一体的新型工农城乡关系，努力缩小城乡发展差距。编制完善县（市）全域城乡建设规划，合理安排城镇建设、村落分布、产业聚集、农田保护和生态涵养空间，建设美丽乡村。推动城镇公共服务向农村延伸，缩小城乡基本公共服务水平差距。加快建立城乡统一的生产要素市场，重点完善城乡土地要素转换机制，建立城乡统一的建设用地市场，让农民分享城镇化红利。深化征地制度改革，建立多元主体参与的征地合法性审查机制，缩小征地范围，规范征地程序，完善对被征地农民合理、规范、多元保障机制。加快农村集体经营性建设用地入市，完善制度规范，对集体建设用地的市场运作主体、股权结构、收益分成、抵押、继承等做出明细规定，为集体土地走向市场化提供制度保障。

（五）以深化区域一体化为抓手优化要素空间配置，加快区域协调发展

要加快珠三角与粤东西北的区域协调发展，必须不断降低要素跨地域流动成本，大力推进基本公共服务均等化，构建新型高效的区域生产合作网络，在要素高效空间配置的基础上，不断缩小区域发展差距。

1. 大力推动区域要素市场一体化，保障要素跨区域高效配置

不断降低要素跨区域流动障碍，建立高度一体化的区域要素市场，实现生产要素的自由流动与最佳配置，让市场在资源配置中发挥决定性作用。一是建立跨区域的劳动力市场。重点是加快城乡户籍制度改革，实现

---

① 富裕留在农村的农民。

全省范围内劳动保障跨区域统筹，使劳动力可以更便捷地跨区域流动。二是建立土地流转交易市场，为工业化、城市化以及现代规模农业发展提供必需的高效土地配置平台。三是加快培育跨区域金融市场，建立跨区信贷机制，降低城际交易成本，推进城际互投融资，加强银企之间联系，提高民企融资能力。四是建立技术转移机制和地区技术交易网络、技术交易市场，开展区域内技术合作交流。五是加强制度性市场规划的合作，实现引资政策、财税政策、土地政策、开发区政策、金融政策、环境保护政策等发展政策一体化，避免地区之间的重复建设和过度竞争。

2. 大力推进基本公共服务均等化，缩小区域发展差距

实现基本公共服务均等化，让人民共享改革发展成果，不仅是解决民生问题、化解社会矛盾、促进社会和谐、体现社会公平的迫切需要，也是引导生产要素跨区域合理流动，缩小区域发展差距、城乡差距和贫富差距以及地区间不均衡发展的重要途径。为实现基本公共服务均等化，促进区域协调发展，关键还要做到以下四点。一是以公共服务均等化为目标，提高粤东西北财政保障能力。结合事权划分调整转移支付结构，提高一般性转移支付比重，扩大转移支付支出规模，建立县以下政府基本财力保障机制，努力实现区域间、级次间财力分布均衡。二是以提高效率为原则，构建多元化的公共服务供给模式。在强化政府在基本公共服务供给中最主要责任者的同时，深化政府购买服务改革。对于适合由社会力量承担的公共服务，或者是带有准公共产品性质的公共服务项目，原则上都引入竞争机制，通过合同、委托等方式向社会购买。三是大力推进政府和社会资本合作，对民营资本和外资开放部分公共服务领域，重点吸引社会资本进入教育、医疗、养老、公共文化、创业服务等行业。鼓励更多金融机构参与基本公共服务供给，加大对民生社会事业发展的金融支持力度。四是大力发展"互联网加公共服务"，运用大数据等现代信息技术，强化部门协同联动，打破信息孤岛，推动信息互联互通、开放共享，提升公共服务整体效能。

3. 以产业共建推进区域合作，构建新型高效的区域生产合作网络

应将珠三角自主创新示范区建设与粤东西北振兴发展战略统一起来，通过合理的区域分工，充分发挥各地区各自的比较优势和竞争优势，建立起相互支撑、相互依赖、紧密合作的生产合作网络。一是以珠三角国家自主创新示范区为主要抓手，以广州、深圳为双核，打造珠三角"1+1+7"区域创新体系。完善科技金融服务体系、创业创新人才支撑体系、知识产权运用和保护等方式，不断强化珠三角自主创新示范区集聚高端创新要素的功能，加快建设高水平科技孵化育成体系，打通科技成果转化通道。打造国际一流的创新创业中心，引领广东的创新驱动发展。二是大力推动珠三角与粤东西北产业共建，创新产业共建的合作模式，鼓励在珠三角孵化的企业将生产等环节在粤东西北落地，支持珠三角地区汽车、电子信息、轻工食品、装备制造等龙头企业在粤东西北地区布局配套企业，建立跨区域产业链条。三是加强地区之间的基础设施互联互通，不断完善区域内如机场、港口、铁路等重大交通设施，尽早完成市市通高铁，县县通高速的现代交通体系建设。

（六）以打造全面开放新格局为目标推动新一轮开放，构建广东开放新优势

加快构建全面开放新格局，服务国家开放战略，当好代表国家参与国际竞合的主力军，是中央赋予广东的重要使命，也是保持和提升广东竞争优势的关键要务。

1. 以自贸区综合改革为抓手，建设完善全面开放型经济新体制

以体制改革和创新作为突破口，尽快总结形成可复制可推广的经验，在全国率先确立完善与全面开放相适应的新体制、新机制。一要以自贸区为抓手，推动综合改革，在负面清单、国际人才港、国际贸易"单一窗口"、资本项目可兑换、人民币跨境使用、外汇管理改革、资本市场双向开放等重要领域尽快形成可复制可推广的经验。二要完善各区域间对外开放协同发展联动推进机制，不断提高经济特区、经济技术开发区、保税区、国家新区、自贸试验区等各类开放平台与广东全域之间的协同联动能力，促进平台之间、地区之间在产业、技术、人才、信息方面的共享和融合，加强内部资源整合流通速度，回应对外开放新形势所提出的新要求和新挑战。三要积极对标国际营商规则，大力提升企业创立开办便利度、合同履约率、企业清算、产权保护等方面的工作，探索建立与国际高标准投资贸易规则相适应的管理方式，构建稳定、公平、透明、可预期的营商环境。争取在2035年前，广东营商环境进入营商环境全球排名前20位。四

要完善企业"走出去"协调服务机制，改变目前广东对"走出去"的协调服务水平远远落后于"引进来"的不均衡发展局面。积极加强与"走出去"对象国家在贸易投资促进、通关便利化、质检交流、当地社会治安、文明廉洁执法、基础设施建设等方面的合作，建立定期协商机制和双边争端处理机制，为企业开展经贸活动创造良好的外部环境。

2. 深度对接"一带一路"，建立多层次开放合作体系

要紧紧盯住六大通道建设机会，积极推动大投资项目，搞大型基建、专属园区，沿通道布局基建投资和产能拓展。一是深化与大型央企在"一带一路"大项目建设上的合作机制，推动广东企业，尤其是民营企业在大型项目上下游配套、产业集群、生产服务、项目分包和监理上觅得商机。二是因应"一带一路"沿线国家经济社会发展存在巨大差异的现状，采取差异化的开放合作战略。对于"一带一路"上的发达经济体，例如新加坡、中国港澳地区，以及"一带一路"所连接的终点欧洲国家，合作重点应放在引进其资金、技术，吸引其高端产业推动广东产业转型。对于马来西亚、泰国、俄罗斯等具备一定工业化基础的国家，合作方向一是差异化发展，相互为对方提供服务，结合各自技术、产业优势发展产业内水平分工。对于东盟的中南半岛国家，南亚国家，中东，东非等地区，合作重点放到开拓新市场、产业转移和产能合作方面。三是多渠道利用华商的跨国经贸网络资源，支持企业对"一带一路"沿线国家"集群式"投资。盘活华商基金与华商的人脉关系和商业渠道，避开非商业壁垒，实施"政府铺路＋大企业拉动＋民企开拓＋集群网络"策略，在当地形成集群生产网络，双向促进产业升级。

3. 打造世界级的粤港澳大湾区，成为国家高水平对外开放新平台

将粤港澳大湾区建设成为与纽约湾区、旧金山湾区、东京湾区比肩，高度开放、创新引领、区域融合、宜居宜业的世界级湾区城市群。一是积极与国家"一带一路"建设相对接，导入更多的国家发展功能，围绕"一带一路"国际合作拼图，搭建与沿线国家的经济合作网络，成为"一带一路"巨型门户。二是发挥"一国、两制、三关税区"制度优势，建设区域内的"人流、物流、资金流、信息流"四要素全面融合的一体化经济社会体系。通过改革口岸管理体制、户籍管理体制，放宽湾区内人员出入境政策、港澳居民在粤就业就学养老政策等，实现人员自由流动；加快外贸管理体制改革及贸易、关税政策的调整步伐，把自由港政策适度扩展到整个大湾区，实现商品自由流动；利用港澳带动珠三角走向国际化、全球化，使珠三角进一步在经济、社会等方面与港澳接轨、与世界接轨，融入世界经济体系。三是加快推进高度融合的城市群空间布局，通过港珠澳大桥、深中通道、虎门二桥等一系列重大基础设施建设，完成"一小时城轨交通圈"的建设，珠江东西两岸流动更加畅顺，城市群"通勤圈"更加清晰，二、三级城市将获得更多的发展机会。四是推动粤港澳创新驱动布局，注重大科学装置、基础研发设施和国际创新资源的引入，强化"广—深—港"创新轴线，形成联通港澳的创新生态网络。通过创新引领产业结构进一步高级化，高端服务比重将继续上升，科技金融、贸易、航运等优势领域的国际影响力进一步增强，从基于出口的世界生产中心，向进出口、服务贸易并重的世界级生产中心、服务中心和创新中心转变。

（七）以实施人口发展新战略破解人口老龄化挑战，激发广东"人力资本红利"

面对生育率下降、老龄化逐步逼近的趋势，广东需要加快推动流动人口市民化，健全家庭服务体系，提升人口质量，以充分挖掘广东的"人力资本红利"，应对未来的人口老龄化挑战。

1. 实施社会整合和社会包容的移民政策，加快流动人口市民化

人口迁移和流动是广东人口发展的基本特色。加快新型城镇化和迁移流动人口市民化，推动实现迁移流动人口的市民化和社会融合，是下一阶段广东人口领域的重大任务。一是要逐步放宽和放开城镇户口迁移的准入限制，根据不同地区的实际情况，降低积分制门槛，推行高级职业技术人员、研究生以上学历人员或副高以上专业人员自由入户计划，为人才资源的自由配置提供制度保障。二是要建立完善的社会保障体系，逐步消除附着在户籍制度上的不公平，构建完善的无歧视的教育、医疗、就业、社保体系，为进城农民工的身份转变提供必要的条件。通过加快户籍改革和市民化，在城镇化过程中形成稳定的中产阶级，构造出地区发展的经济内需，并通过提高收入和促进消费来支持产业发展，推动制造业和服务业的繁荣。

2. 健全家庭服务体系，强化家庭发展能力

出生率下降和社会结构的变动导致现代家庭规模持续变小，家庭支撑

再生产和社会生活的能力显著下降，削弱了社会稳定的能力，也削弱了经济持续繁荣的基础。广东的人口发展战略需要结合家庭生命周期，提供系统的保健、生育、幼托和养老服务等服务，为家庭生活事务提供支持，增强家庭发展能力。在政策重点上，一是要针对"全面二孩"政策实施后引起的人口堆积拥挤现象，加大医院产科、妇幼保健机构建设，对孕产妇提供及时的优生优育服务，加强公共场所"母婴室"建设。二是要完善家庭公共服务支持，合理配置妇幼保健、儿童照料、学前和中小学教育、社会保障等资源，为家庭抚育子女提供支持，满足家庭公共服务需求。三是要针对独生子女父母群体相继进入退休潮现象，探索独生子女父母养老服务的社会保障和社会服务支持体系。四是要规范家政服务业市场秩序，加强家政服务和养老服务技能培训。五是要加大对困难家庭的支持和帮扶力度，提高社会救助水平。要关注流动留守儿童、空巢家庭、失独家庭、残疾人家庭，促进家庭领域的基本公共服务均等化。

3. 积极推动人口质量提升，促进"人力资本红利"

预测广东未来10多年劳动年龄人口规模还将处在缓慢上升阶段，但劳动年龄人口比重逐渐下降，面临"人口红利"逐步消退的压力。从积极人口观角度来看，传统意义的人口红利消失仅表示人口"量"的红利进入拐点。随着教育水平的提高和多年人力资本的积累，中国正在进入质量红利释放周期。广东必须从重视劳动力数量开发利用和汲取"人口红利"的发展战略，过渡到重视发挥人力资本作用的"人力资本红利"发展战略。一是要进一步加大教育、卫生、文化等方面的财政投入，优化教育、卫生、文化资源配置，让更多的社会大众得以分享。二是在大力发展义务教育的同时，积极发展职业技术教育，进一步提高劳动生产率，使人口红利效应最大化。三是要抓住最有利于提高全民健康素质的关键领域，如青少年健康素质、妇女生殖健康以及劳动者健康和工伤保险等，提高人力资本形成效率。四是要大力培养和吸纳移民和海外人才，同时积极加强对迁移流动人口的教育培训，使迁移流动人口能够通过人力资本进步融入所在城市并支持城镇化的推进。

4. 实施"成功老龄化"战略，积极应对老龄化社会风险

面对日益突出的人口老龄化问题，广东省各级政府应该采取积极措施，实施老有所健，老有所乐，老有所学，老有所教，老有所美，老有所为，老有所用，老有所成就的成功老龄化战略。一是逐步延迟退休年龄，发挥老年人在工作经验、技能上的优势，充分挖掘老年人的人力资源优势，缓和老龄化带来的劳动力老化问题。二是加强社会的保障功能，改善老年人在养老抚老、医疗保健、生活服务等方面的条件和待遇，重点解决好贫困老年人口、高龄老年人口、失能和半失能老年人口的社会保障问题，给老人创造一个良好的生活环境。三是创新养老方式，既要不断巩固家庭养老的基础地位，又要充分发挥社区养老服务优势，同时进一步盘活机构养老资源，构建全方位的老年服务体系。四是针对老年人的特殊需要，开发"银色市场"，推动健康养老产业体系发展。

（八）以共同富裕为目标建立健全现代社会结构，共建共享美好生活

当前，广东已经到了"先富帮后富，最终实现共同富裕"的阶段。迈向高收入阶段的广东不仅要继续做大蛋糕，也要分好蛋糕，从而有效满足人民对美好生活的向往。

1. 建立健全现代人口家庭结构

当前及未来一段时间，广东人口老龄化将加剧，家庭规模小型化，传统家庭功能弱化、分化、外化，政府必须在家庭照顾服务中发挥更大的作用。一要逐步实施生育鼓励支持政策。在全面二孩政策的基础上，及时监测生育率变化情况，适时进一步调整计划生育政策，尽可能将总和生育率提高到2.1以上，实现正常代际更替，延缓人口老龄化，保障充足的劳动力供给。二要积极应对人口老龄化。政府要积极应对家庭老人照顾功能弱化的问题，推进基本养老服务均等化，确保人人享有基本养老服务。同时，积极开发"银发市场"，延长老年人的活跃期，发挥低龄老人的作用，倡导老年人之间的互助。三要完善家庭政策体系。结合家庭生命周期，从社会照顾、家庭经济、住宅体系和妇女权益的保护等方面发展家庭政策体系，厘清政府、家庭和社会在家庭福利供给中的责任边界，强化公共财政对家庭发展能力的支撑。

2. 建立健全发展型民生福利结构

在高度重视保障和改善民生的基础上，探索更加科学合理的民生保障模式。实现经济发展和民生改善良性循环。一要增加基本公共服务供给。

从人民最关心最直接最现实的利益问题入手，加快社会事业发展，着力补齐公共教育、医疗卫生、住房保障、社会保障等民生短板，满足人民群众日益增长的公共服务需求。强化省级统筹水平，解决基层公共服务体系事权财权不匹配的问题。二要推进基本公共服务均等化。缩小省内城乡之间、地区之间、群体之间在获得和享用公共服务方面的差距，消除公共服务安排中的户籍歧视、地域歧视和身份歧视，使广东省内城乡居民享有大致相同数量和质量的社会公共服务，真正落实基本公共服务的广东标准，建构起广东省内统一的"省域公民身份"。在推进区域经济一体化的同时，积极推进社会一体化，让均等化的基本公共服务冲破地域和行政区划的界限和壁垒，在城市间自由流动起来。三要创新公共服务供给方式。继续支持和鼓励社会组织、企业和个人参与公共服务的资金筹集和服务供给，完善政府购买社会服务机制，利用信息化和科技创新优势优化社会资源配置，并完善对社会化公共服务的公众评价和监督体系。

3. 建立健全橄榄型社会阶层结构

形成中等收入群体占多数的橄榄型社会阶层结构是现代社会成熟的标志，要从职业、收入、财富三个方面推进社会阶层结构从金字塔型向橄榄型过渡。一要加快产业向价值链高端攀升，提高劳动者收入水平。利用技术创新与制度变革带来的机遇，推动产业和经济结构的转型升级，创造更多的"白领"职业和高技术"蓝领"职业，从而扩大中等收入群体规模。二要深化收入分配制度改革。初次分配方面，着力增强劳动者话语权，着重保护劳动所得，努力实现劳动报酬增长和劳动生产率提高同步，提高劳动报酬在初次分配中的比重；二次分配方面，着力规范收入分配秩序，保护合法收入，增加低收入者收入，调节过高收入，取缔非法收入，努力缩小城乡、区域、行业的初次分配差距；三次分配方面，大力发展公益慈善事业，强化企业和公民社会责任，鼓励社会互助。三要妥善解决财产差距扩大问题。加快保障性安居工程建设，扩大住房保障覆盖面，促进房地产市场平稳发展，有效遏制房地产价格过快上涨或下跌。

4. 建立健全活力有序的社会组织结构

积极发动社会力量参与社会治理，构建政府行政管理与社会自治管理良性互动的局面。一要大力培育发展社会组织。继续加大对社会组织建设的政策支持力度，鼓励社会组织承接政府购买服务，支持粤东西北地区社会组织发展，逐步提高广东省万人社会组织的数量。进一步厘清政府与社会组织之间的关系，构建对社会组织的综合监管体系，提高社会组织的专业化水平。二要提高基层治理水平。坚持重心下移、力量下移，明确基层党组织、自治组织、集体经济组织、物业服务公司等各类组织的权责关系，稳妥推动基层治理体系重构。加快推进基层公共服务综合平台建设，实行城乡社区网格化管理。三要稳步推进社会领域的开放。抓住"一带一路"倡议、粤港澳大湾区建设等开放平台发展的机遇，重视与港澳台地区以及丝路沿线国家在基本公共服务、社会组织建设、社会工作理论与实践等领域的合作与交流，以开放提高社会治理能力。

（九）以高度文化自信把握新时代文化发展机遇，建设现代新型文化高地

面向2035年，广东必须牢牢抓住技术形塑文化与创意创新活力等互联网时代文化发展机遇，通过数字化战略、平台化战略、IP化战略、国际化战略，开辟新的文化崛起的主战场，增强文化政策的精准性，推进具有强大撬动力的重点工程，建设中国乃至世界的现代新型文化高地。

1. 以前瞻性战略谋划数字时代的文化发展

牢牢把握新型文化的演进机理，下好互联网新形态文化发展的先手棋。一要实施数字化战略，开辟广东文化崛起的新主战场。在对传统岭南文化进行创造性转化、创新性发展的同时，更加注重围绕数字化时代的文化发展谋篇布局，让数字化形态的新型文化产品、文化载体主要由广东产生、在广东实现，数字化形态下的文字资源要素主要向广东汇集。二要实施平台化战略，打造最佳创新创意生态圈。树立平台化思维，强调不求所有，但求所用，通过打造有利于文化资源要素向广东集聚的生态圈，吸引全国乃至全球的文化创意资源、人才集聚广东，让更多更好的文化项目、文化产品、文化风气通过广东产生、传播。三要实施IP化战略，抓住撬动广阔市场的关键资源。把握未来地区的文化竞争将越来越围绕IP展开的发展趋势，推动更多更好的IP在广东产生，建立健全保护IP所有者权益的制度体系，增强IP转化能力。四要实施国际化战略，立足全球视野配置全球资源。推进文化国际化，坚持"引进来"和"走出去"并重，主动切入国际产业链和国际市场，深度融入国际创新创意网络，在更高层次上参与

国际分工，当好传播中国故事、中国理论、中国话语的先锋队和主力军。

2. 提升文化政策的精准性

适应创意经济兴起的趋势，找准契合文化尤其是文化产业的特殊性要求的领域精准发力，构建促进文化繁荣发展的政策体系。一是文化政策要契合文化产品的不确定性特征。创意产品的"不确定性"和"低成功概率"，对政府产业政策的科学性、艺术性提出了高要求。要改变传统的微观选择性扶持思维，通过创新内容管制预期、版权交易机制、风险投资和金融创新等宏观制度，在机制和制度上确保可以稳定地发掘畅销作品，把微观的不确定性变为宏观的确定性。二是尊重消费者主权。更加注重文化生产者（政府和公共机构是公共文化的主要生产者）与消费者的互动，让公众参与到文化的治理网络中来。三是着力培育文化多样性，扶持向个体和中小微机构倾斜。文化多样性的核心是艺术家和创意群体的多样性。要通过倡导开放包容的文化氛围、扶持个体或中小微文艺机构、降低创新创业成本等方式，为艺术家和创意群体提供低成本的生活工作空间和地域归属感。

3. 推进具有强大撬动力的重点工程

以重点工程为抓手，推动文化战略和文化政策的落地。一是实施粤港澳大湾区"海丝文化小镇群"工程。以深化粤港澳合作为契机，以文化发展为先导，建设一批国家级的集旅游商贸文化于一体的"海丝影视文化国际交流小镇"，打造中国文化海外传播交流的南中国中心。二是实施创意人才集聚工程。通过培训、落实编制、提高待遇、发展文化志愿者等方式，加强基层文化人才队伍建设，抓紧培养高素质和新兴业态文化人才。完善文化专业技术人才评价体系，探索高层次文化人才协议工资制和项目工资制等多种分配形式，健全以政府奖励为导向、用人单位和社会力量奖励为主体的人才奖励体系。三是实施"理论粤军"崛起工程。加大对理论研究专项财政资金的支持力度，同时通过税收优惠等政策鼓励更多企业和民间机构投入学术理论和智库建设。在注重领军人物和一线专家学者的塑造培育的同时，更加关心青年社科人才的成长，在项目立项、评奖、出席论坛等方面为青年社科工作者提供平台、条件和机会。四是区域文化整合升级工程。促进城乡区域文化协调发展，加大财政文化投入力度，补齐"人均公共文化财政支出"短板。优化财政文化支出结构，推动公共文化服务实现均等化、标准化、法治化。深化文化体制机制改革，实现社会效益和经济效益的统一。五是优秀传统文化活化工程。在全省范围整合传统文化教育资源，引导各种社会、市场多种资源力量多层次、立体化开展参与传统文化教育。以培育优良家风、文明社区为重心，加大对基层践行优秀传统文化传承发展工程的支持力度。加强典型培植，精心打造一批弘扬优秀传统文化成功典型，为全省树立标杆和榜样。

（十）以绿色发展理念引领发展方式转变，建设生态文明高地

未来广东污染物排放、碳排放总量和能源消费总量将在达到峰值之后，迎来环境质量持续好转的新阶段。为加速这一阶段的来临，应通过加快产业结构调整、加大环境投入、完善制度体系等路径基本实现人与自然和谐共生的现代化。

1. 协同推进创新发展与绿色发展

注重将创新发展与绿色发展有机结合，以技术创新加快传统产业绿色化改造，大力发展循环经济和环保产业，实现结构调整与技术提升双轮驱动绿色发展。一要加快推进经济结构战略性调整。持续推进供给侧结构性改革，大力推进发展先进制造业和服务型经济，积极发展生态和观光农业，加快淘汰落后产能和过剩产能，构建结构优化、节约集约、附加值高、竞争力强的现代产业新体系，推动经济发展与生态文明建设良性互动。二要大力发展循环经济和清洁生产。促进资源循环高效利用，推进产业循环式组合，构建覆盖全社会的资源循环利用体系。着力推动园区循环低碳绿色发展，重点围绕园区公共服务类项目、产业链关键补链项目推进工业园区实施循环化改造。全面推行清洁生产，实施差别化清洁生产审核制度。三要积极培育发展节能环保产业。将环保产业作为支柱产业来培育，通过节能环保产业提供的专业化节能、减碳、减排解决方案，更经济、更有效地推动高耗能、高排放的制造业，实现绿色低碳发展。四要构建绿色技术创新支撑体系。把绿色领域作为实施创新驱动战略的突破口，建立科技部门与环保、林业、农业、海洋等部门之间的沟通协调机制，整合科技创新资源，集中力量突破一批国际前沿环保关键技术，形成局部绝对技术强势。

2. 坚定不移推进环境质量持续全面改善

把良好生态环境作为最公平的公共产品和最普惠的民生福祉，始终高

度重视并持续推进环境质量改善。一要持续改善水生态环境。水污染问题是广东省生态环保领域的一大短板。要突出"岭南水乡"特色，系统推进水污染防治、水生态保护和水资源管理，抓好流域水生态修复与综合整治，有机连通江河湖库水系，构建绿色生态水网。二要确保空气质量稳定达标。以PM2.5和PM10浓度压减为突破口，以污染物协同减排和精细化管理为重点，持续深化常规污染源治理，强化新型污染物协同控制，实行区域联防联控，推动区域大气环境质量实现持续达标。三要加强土壤污染综合防治。以保障农产品质量安全和人居环境健康为根本，严格土壤环境监管，推进受污染土壤的治理与修复，逐步改善土壤环境质量。四要加大农村生态环境综合整治。以整县推进为抓手，加快农村环境连片综合整治步伐，大力推进美丽乡村建设，补齐农村环境治理短板。

3. 补齐环境投入不足短板

建立健全环保投入机制，为生态文明建设提供充足、可持续的资金保障，扭转"强经济、弱环保"的不利局面。一要优化公共财政收支结构。参考发达国家经验，将生态环境保护列为公共财政支出的重点，制定生态环保投入占财政支出比重和GDP比重逐年递增计划。强化省级财政在平衡全省生态文明建设中的统筹作用。二要创新社会资本参与机制。健全政府和社会资本合作（PPP）机制，进一步鼓励社会投资参与生态环保等重点领域建设，在同等条件下，政府投资可优先支持引入社会资本的项目。加快环境保护公共服务和工程建设领域的市场化改革，通过特许经营、购买服务、股权合作等方式，建立政府与社会资本利益共享、风险分担、长期合作关系。鼓励金融机构为民间资本参与的生态环保项目提供融资支持。

4. 构建有利于"环境成本内化"的制度体系

系统完善的制度体系可以促使经济增长与环境质量改善的相互促进和良性循环，应将原工业经济系统运行中形成的外部成本在新的生产运行系统、生活消费系统中予以"内化"，构建"环境成本内化"的制度体系。一要优化国土空间开发保护格局。全面落实主体功能区制度，完善相关配套制度，依据主体功能定位设定合理的区域环境规制级差。鼓励生态发展区和禁止开发区走"生态经济化"的内生型发展道路。健全"生态环境帮扶"与生态保护补偿机制，加大省级财政和珠三角地区对粤东西北地区生态环境保护的支援和补偿力度。二要强化生态环境治理的法治约束。严格落实新《环境保护法》及相关法律法规，继续完善相关配套立法，严格环保执法，让环保法治成为"有牙老虎"。改革生态环境监管体制，设立国有自然资源资产管理和自然生态监管机构，统一行使全民所有自然资源资产所有者职责，统一行使所有国土空间用途管制和生态保护修复职责，统一行使监管城乡各类污染排放和行政执法职责。三要探索环保市场化治理方式。培育环境治理和生态保护市场主体，鼓励各类投资进入环保市场。推行碳排放权交易、排污权交易、水权交易、节能量交易等制度。建立绿色金融体系，在高风险行业全面推行环境污染强制责任保险。四要创新生态文明建设评价体系。编制自然资源资产负债表，对领导干部实行自然资源资产离任审计。构建资源环境承载力监测预警机制，建立生态安全评价制度，健全生态文明建设考核制度和责任追究制度。五要强化环保公众参与。建立健全环境信息公开制度，保障公众对环境信息的知情权、参与权和监督权。

（十一）以法治政府为牵引建设法治广东，健全公平正义的现代社会制度

成熟定型的现代法治制度是广东从中等收入阶段迈向高收入阶段的重要保障，也是现代文明社会的标志。未来广东法治建设将从成长发展阶段走向成熟定型阶段，广东必须处理好法治与改革、稳定、创新、开放的关系。

1. 协同推进法治与改革

在全面深化改革的新阶段，要坚持在法治下推进改革，在改革中完善法治，以法治的确定性抵御供给侧改革中的风险与不确定性。一要树立法治思维，以法治方式引导和规范政府职能转变，在法治的轨道推进体制改革。发挥法治对转变政府职能的引导和规范作用，既重视通过制定新的法律法规来固定转变政府职能已经取得的成果，引导和推动转变政府职能的下一步工作，又重视通过修改或废止不合适的现行法律法规为转变政府职能扫除障碍。坚持立法先行，推进科学立法、民主立法、依法立法，以良法引领改革、授权改革、确认改革成果，从而促进发展、保障善治。二要完善立法配套，以具体制度将法治的思维根植于政府行政决策者的头脑中，形成强制执行力，在法治的轨道上提高执政能力。要通过细化立法条

款和完善配套法规，强制加速执政者由管理型思维向法治思维转变，避免政府职能转化的纸上谈兵。要强制公开披露信息，推进行政履职法定化。要把公众参与贯穿法治全过程，增强行政决策科学性。要完善司法审查制度，提高行政执法公信力。

2. 以法治实现社会长治久安

从中等收入阶段迈向高收入阶段是社会矛盾的多发期，必须运用法治思维法治方式预防和化解社会矛盾，营造稳定平安的发展环境。一要以规范的法律制度减少和缓释社会矛盾的产生和积聚，在法治的轨道上提升社会治理能力。要坚持公平正义理念，运用法治方式解决老百姓最关心、最直接、最现实的利益问题，强化社会立法和执法，加快保障和改善民生、社会治理创新等方面的法律制度建设，完善促进共同富裕的制度安排。要强化生态立法和执法，加快建立有效约束开发行为和促进人与自然和谐共生、推动循环低碳发展的生态文明制度，实现环境改善与经济发展的双赢。二要寓守法宣传教育和法律文化土壤的培育于公民的参政议政中，在法治的轨道上构建政府管理与公民自治的良性互动机制。建立健全公民有序政治参与的制度，畅通参与和表达渠道，以社会法治平衡社会利益、调节社会关系、规范社会行为，降低维稳成本，促进社会和谐善治。

3. 以法治保障创新驱动强劲有力

迈向高收入阶段必须加快经济增长动力从要素驱动、投资驱动向创新驱动转变，为此，要以法治推进政府职能转变和公平竞争市场环境的完善，营造广东创新驱动法治环境。一要以政府放管服法治化完善公平竞争市场环境，着力培育发展市场主体，在法治护航下激发市场活力。创新不仅要靠短期并可能随时变动的政策，更要靠长期稳定的法律。要把行之有效的创新扶持政策法定化，加快形成有利于创新发展的市场环境、产权制度、投融资制度、分配制度、人才培养引进使用机制和促进科技成果转化的法律制度体系。要通过推进政府放管服的法定化和制度化，把转变政府职能转变持续推向深入，优化创新创业法治软环境。二要以法律制度的竞争力和支撑力服务创新驱动战略，着力保护知识产权，在法治土壤中培育创新动力。国际成功经验表明，法律对知识产权保护程度的强弱与企业自主创新能力的大小成正相关。广东应重点从知识产权保护、市场公平竞争、促进成果转化、知识产权惩罚性赔偿等方面加强地方立法和执法，强化创新能力提升。可借鉴日本的《工矿业技术研究组合法》、韩国的《合作研究开发振兴法》、美国的《小企业技术创新进步法》等国际经验，制定一批地方性法规条例。

4. 以法治促进广东开放发展

积极借鉴国际法治经验，加快中国特色社会主义法治体系与国际接轨，为营造国际化营商环境和构建开放型经济体制新格局提供坚强的法治保障。一要坚持开门立法，适应对外开放不断深化，完善涉外法律法规体系，积极参与国际规则制定，构建开放型经济新体制，不断提升广东立法的国际化水平。二要深化粤港澳合作，在粤港澳大湾区建设中从规则适应者向引领者转变。将完善粤港澳交流合作的协商、谈判、签署过程当作一个法治学习过程，充分发挥广东自贸区"立法实验田"的作用，健全有利于粤港澳合作共赢并同国际贸易投资规则相适应的涉外法律法规制度，以争端解决机制与商事仲裁建设为切入点，发挥法律的协调作用，在法治的轨道上确保三边合作顺利实施。

专题报告一　2035：广东经济发展展望

从目前直至 2035 年，总体上看，广东经济发展仍处于重要的战略机遇期。深刻认识、准确把握、主动适应世界经济新一轮中周期增长的复杂性和不确定性，以及国内经济发展速度变化、结构优化、动力转换的新常态特征，推动经济发展深度调整与转型攻坚，加快形成引领经济发展新常态的体制机制和发展方式，为全国推进供给侧结构性改革、实施创新驱动发展战略、构建开放型经济新体制提供支撑，是广东经济建设的历史使命。

在这一进程中，广东将建设成为经济总量在全国和全球中的重要性进一步提升、人均收入达到高收入经济体水平、产业结构进入高收入经济体的较低水平阶段、环境质量跃升至发达经济体中等水平的富裕地区。

2035 年，广东 GDP 将达到 26.2 万亿元（2016 年价），占全国的比重由 2016 年的 10.7% 增加至 12.4%，占全球的比重由 2015 年的 1.57% 增加至 2.08%；广东人均 GDP 将在 2019 年，比全国提前 7 年达到高收入经济体水平，2035 年将达到 19.9 万元（2016 年价）；2030 年将达到发达经济体水平，2035 年将向中等发达经济体水平冲刺。

全要素生产率是未来广东经济增长的首要动力来源。以提高全要素生产率为中心，加快创新驱动，实现经济增长动力转换，是广东建设现代化经济体系的重要策略。广东要从机制设计、科技创新和深化改革入手，构建聚焦化、特色化、普惠制的市场环境，推动技术进步，调整产业结构，重新配置资源，从而促进这一经济增长动力不断增强。

资本积累仍将是拉动广东经济持续增长的主要动力。扩大有效投资，优化供给结构，提高投资效率，是转方式、调结构、提高发展质量的基本途径，也将促使广东经济形成有效投资与转型升级的良性互动，实现持续稳定发展。

人力资本是广东经济发展的根本。广东要在完善教育体系建设、加强企业职工培训、促进人才流动、加强公共服务有效供给等方面加大力度，培养和吸引经济增长所需依赖的高端劳动力资源。

一　改革开放以来广东经济增长历程

1978 年以来，作为先行先试的试验区，广东始终坚持改革开放，在经济发展方面取得了举世瞩目的巨大成就。广东经济保持快速增长，总量实现跨越式发展，并持续发挥对全国经济增长的重要贡献和支撑作用。

（一）广东经济增长成就：国内比较

1. 经济规模实现跨越式增长

1978 年，广东 GDP 仅 186 亿元。2016 年，广东 GDP 达到 79512 亿元，增加约 427 倍。从总量看，广东 GDP 实现了几次大跨越，其中 2000 年首超 1 万亿元，2007 年达到 3 万亿元，2011 年则跨上 5 万亿元的新台阶，2015 年超过 7 万亿元。

从经济规模占全国比重看，1978 年广东经济总量占全国比重仅为5.1%，低于江苏和山东占全国的比重。从 1989 年开始，广东经济规模拉开了与苏、浙、鲁等省份之间的差距。到 2006 年，广东 GDP 总量占全国比重达到峰值，为 12.12%，接近全国 1/8 的水平，此后逐步回落至10.5%，近三年占比又逐步增加。2016 年，广东实现 GDP 79512 亿元，占全国总量的 10.7%，所占比重比改革开放初期增长了一倍多。

2. 经济发展水平由低于全国平均水平提升至全国前列

1978 年，广东人均 GDP 仅为 370 元，甚至低于全国平均水平。2016年，广东人均 GDP 达到 72787 元，约为 1978 年的 197 倍，其间年均增长14.5%。2014 年，广东人均 GDP 达到 63452 元，折合 10330 美元，首次超过 1 万美元。

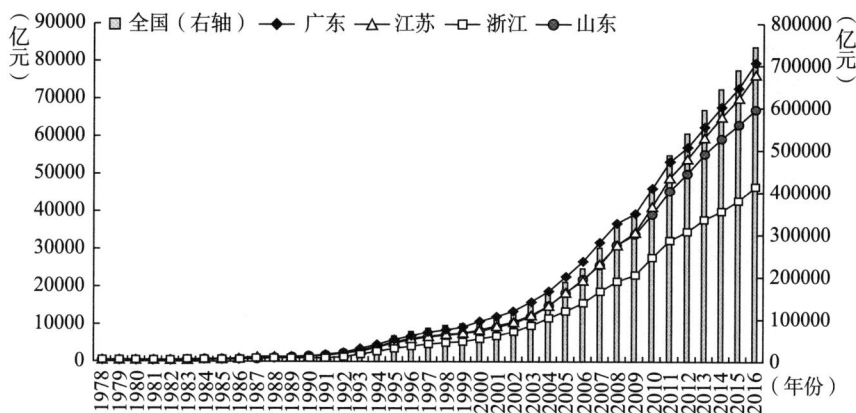

图 1-1 粤、苏、浙、鲁 GDP 总量变动趋势

资料来源:国家统计局。

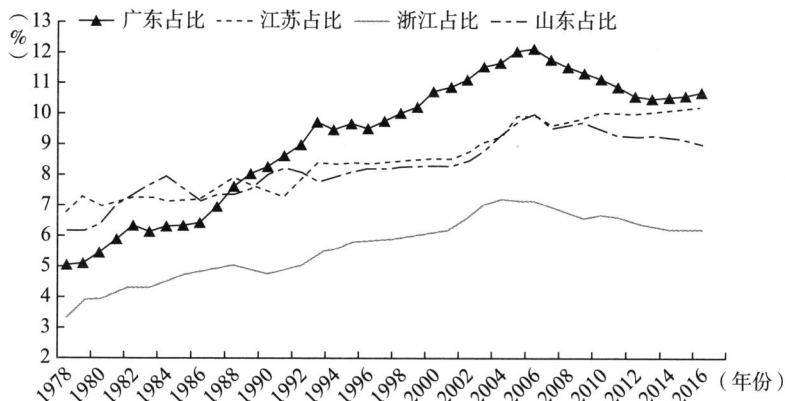

图 1-2 粤、苏、浙、鲁 GDP 占全国比重变化

资料来源:国家统计局。

比较粤、苏、浙、鲁四省份,广东人均 GDP 水平在 1978~1987 年处于相对落后态势,该时期江苏处于领先地位。1988 年开始,广东人均 GDP 超过江苏,至 1993 年达到全国平均水平的 1.68 倍。但从 1995 年开始,浙江逐步拉开与广东之间的距离,2004~2005 年开始,广东和浙江人均 GDP 与全国均值比较基本处于下降区间,此时江苏人均 GDP 后来居上,并从 2009 年开始反超浙江。2016 年,广东人均 GDP 是全国的 1.35 倍,江苏为 1.77 倍,浙江为 1.55 倍,山东在四省中最低,仅为 1.25 倍。

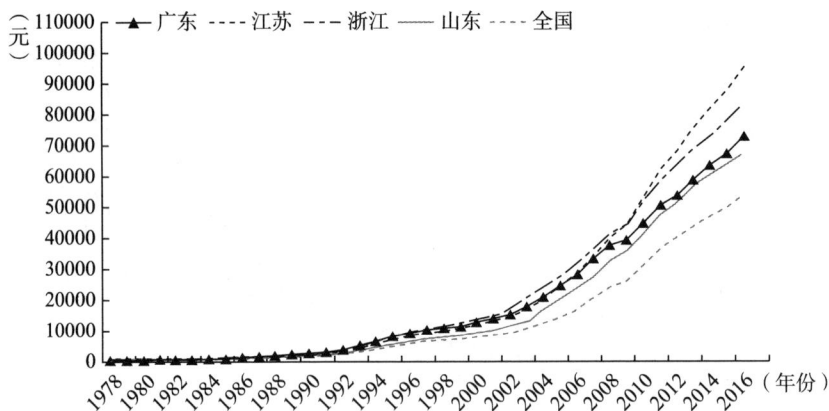

图 1-3 粤、苏、浙、鲁及全国人均 GDP 变动趋势

资料来源：国家统计局。

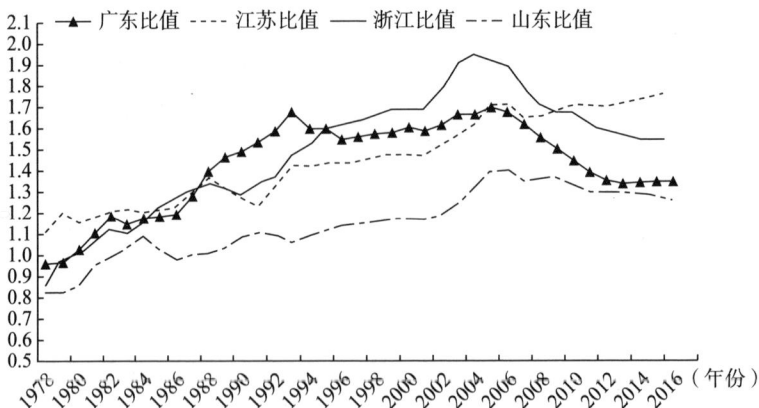

图 1-4 粤、苏、浙、鲁人均 GDP 与全国均值比较

资料来源：国家统计局。

3. 经济增长速度从又快又稳过渡到中高速

1978～2016 年，全国 GDP 平均增速为 9.3%，广东 GDP 平均增速则为12.3%。"九五"时期，广东 GDP 年均增长 11.0%；"十五"时期广东 GDP年均增长 13.0%，增幅高于"九五"时期 2.0 个百分点，也高于全国"十五"时期的平均增长水平。"十一五"时期，广东 GDP 年均增速达 12.4%，"十二五"时期，广东主动适应和引领经济发展新常态，GDP 年均增速为8.5%，尽管回落 3.9 个百分点，但该时期经济增长质量和效益却加速提升。

以 2008 年全球金融危机为拐点，广东经济增速开始减缓，虽然经过

2009 年短期的经济刺激,增长速度短暂回升,但此后开始回落,逐步进入中高速增长态势,GDP 增长率从 2010 年的 12.2%、2011 年的 10.0%、2012 年的 8.2%、2013 年的 8.5% 延续到 2016 年的 7.5%。

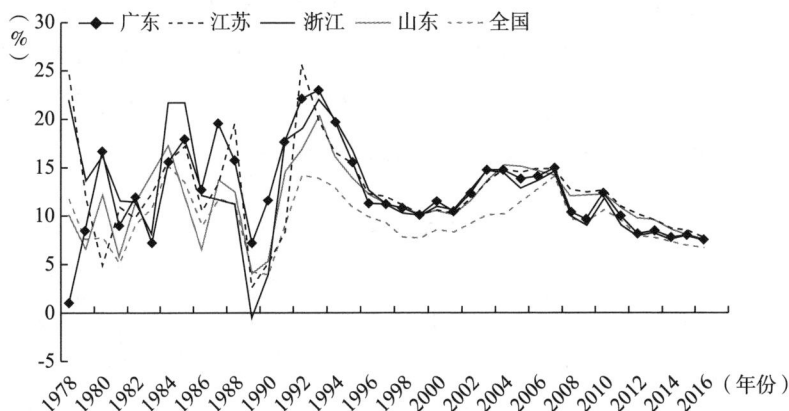

图 1-5　1978 年以来粤、苏、浙、鲁及全国 GDP 增速

资料来源:国家统计局。

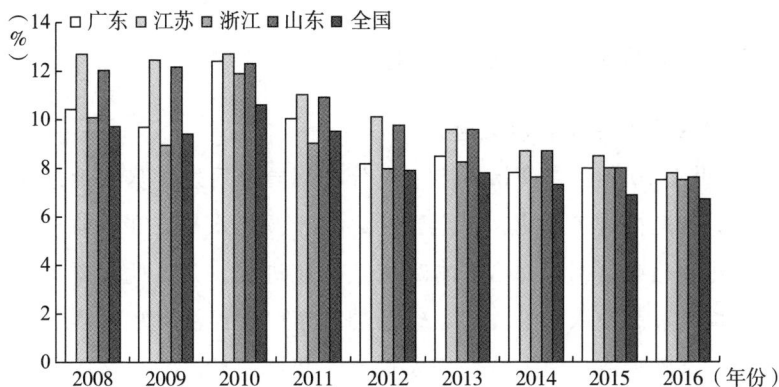

图 1-6　2008~2016 年粤、苏、浙、鲁及全国 GDP 增速

资料来源:国家统计局。

相较苏、浙、鲁这三个发达省份,20 世纪 80 年代,浙江经济增速处于领先位置,从 80 年代后期至 90 年代中期,广东经济增速追赶并反超浙江。此后,这四省几乎处于并驾齐驱的增长态势。2008 年后,粤、苏、浙、鲁经济增速集体放缓,但仍都高于全国平均增速。2016 年,粤、苏、浙、鲁 GDP 增速分别为 7.5%、7.8%、7.5% 及 7.6%,分别高于全国平均增速 0.8 个、1.1 个、0.8 个以及 0.9 个百分点。

4. 经济规模接连超过香港和台湾

从 2003 年开始，广东经济规模接连超过香港和台湾。广东与香港和台湾相比，经济结构较为相似，都有着高外向度的发展特点。香港和台湾在 1960 年前后即开始经济起飞，在 20 世纪 90 年代均进入了中速增长阶段。从 2003 年起，广东 GDP 相继超过香港和台湾。2003 年，广东 GDP 上升到 1914 亿美元，超过香港的 1614 亿美元。2007 年，广东 GDP 达到 4179 亿美元，在超过香港 4 年后，超过台湾的 3931 亿美元。

表 1-1　广东与香港和台湾的 GDP

单位：亿美元

地区	1992 年	1997 年	1998 年	2002 年	2003 年	2007 年	2012 年
广东	444	938	1030	1631	1914	4179	9040
香港	1056	1790	1694	1663	1614	2116	2633
台湾	2199	2987	2751	3011	3108	3931	4741

资料来源：广东统计信息网（http://www.gdstats.gov.cn/tjzl/tjfx/201405/t20140521_141959.html）。

（二）广东经济追赶：国际对标

1. 人均发展水平仍有巨大潜力

从 20 世纪 70 年代末开始，广东充分利用国家后发优势和地区体制及政策优势，加速推进工业化，在全国始终处于领先水平。在该阶段，世界先行工业化和追赶型国家都已基本完成工业化进程，并由此获得由工业化带来的高增长和高收入水平。起点较低的广东由于经济基础薄弱，尽管经济增长潜力不断释放，但人均经济发展水平仍相对较低。以 2015 年为例，广东人均 GDP 仅为 9464 美元（2010 年美元不变价），与发达经济体的门槛水平相比，仍有不少潜力。由于广东加快实施创新驱动，实现增长动能转换，由技术追赶转向技术创新，未来人均 GDP 达到发达经济体水平仍值得期待。

2. 经济增长速度明显高于世界发达经济体

1978~2016 年，广东处于快速工业化和城镇化进程中，由投资、出口和消费拉动经济增长的潜能加快释放，实现了经济增长的"奇迹"。1993~2012 年，广东 GDP 平均增长 13.0%，几乎是同时期全球最高增速。20 世

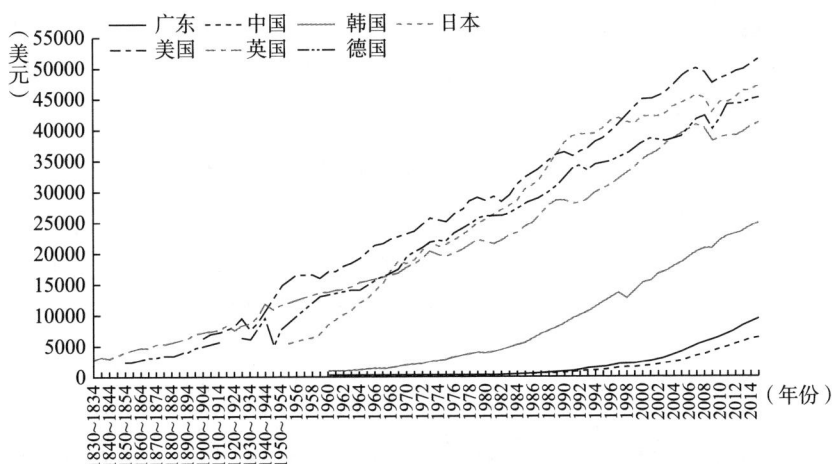

图 1-7 中国、韩、日、美、英、德人均 GDP（2010 年美元不变价）

资料来源：世界银行；中国国家统计局；〔英〕麦迪森：《世界经济千年史》，伍晓鹰等译，北京大学出版社，2003。

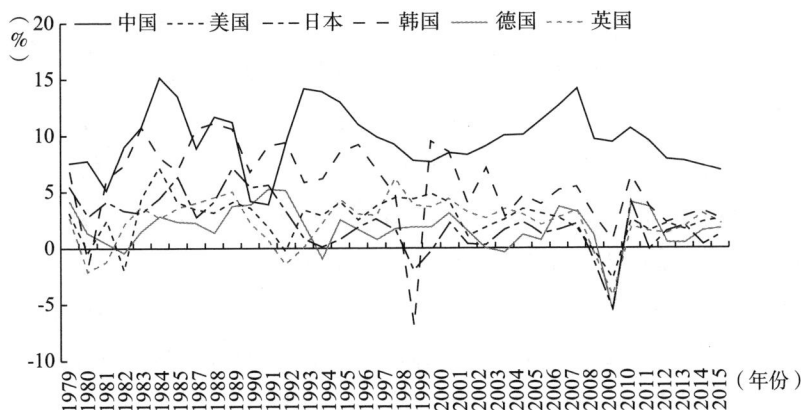

图 1-8 中国、韩、日、美、英、德 GDP 增速

资料来源：世界银行。

纪 80 年代后，老牌资本主义国家（如美国、英国等）率先进入后工业化时期，经济增长基本处于较为稳定的低速增长期，受金融危机或者其他外部负冲击影响，甚至偶尔出现间断性负增长。与此同时，部分追赶型经济体（如韩国）增长动力需要变换，产业结构面临调整转型，经济增速由高速增长转向中高速。

2008 年金融危机爆发，全球主要经济体均遭到重创，经济增速下滑明显，甚至出现负增长。各国大多采用财政刺激和扩张性的货币政策来解救危机，但仍无法脱离结构性衰退的困境。中国经济进入新常态，其经济增长速度也出现放缓，进入中高速阶段。

3. 广东工业化发展历程分析

梳理世界发达经济体的发展道路经验与教训对于厘清广东未来的发展战略、思路和方向有重要意义。我们提炼总结美、英、德、韩、日等先行工业化国家和赶超型国家的工业化发展规律，有助于分析广东工业化发展历程，并为判断广东未来经济发展的趋势提供历史依据。

（1）先行工业化国家

以英、美为代表的先行工业化国家最早启动工业化并实现早期的经济起飞，长期引领全球经济；尽管受经济周期影响，其增长也有波动，但除大的战争和大萧条期间外，它们并未遭遇长时期停滞或衰退。

英、美是工业革命的发端国，这两个先行国家早就启动工业化并实现了早期的经济起飞。美国工业增加值占 GDP 比重在 1925～1929 年达到最高（35.23%），此时人均 GDP 为 9498 美元。英国工业增加值占 GDP 比重在 1955～1959 年达到峰值（48%），此时人均 GDP 为 12852 美元。它们始终处于全球技术前沿，引领几次重大的革命性创新，实现了持续而又相对平稳的增长，其 GDP 年增长率长期保持在 3%～4%。这两个国家工业增长历程或规律一般是低速增长—高速增长—低速增长，由此相应的工业增加值比重也经历了由低到高然后再降低的过程。

从美国历年人均 GDP 与产业结构间的关系看，进入 20 世纪后，曾出现过两次工业增加值占 GDP 比重较高的时期：一次是 1925～1929 年，另一次出现在 1970 年。从 1970 年达到峰值后，美国工业增加值占比开始缓慢下行，到 1986 年降为 29.46%，花了 16 年时间；1986～2009 年，工业增加值继续降至 20.22%，历时 23 年。同样，二战后，英国工业增加值占比在 1955～1959 年达到高峰，在 48% 左右，直到 1974 年才回落至 40%；工业增加值占比从 40% 降至 30%，大概耗费了 19 年时间（1974～1993 年），而从 30% 降至 20%，则用了 16 年（1993～2009 年）。

（2）追赶型工业化国家

以德、日、韩为代表的追赶型工业化国家在战后不同时期都经历了压缩式的快速追赶阶段，在快速追赶时期经济都实现了高速增长，人均发展水平都达到或接近世界顶尖水平。

①德国

德国虽然属于老牌资本主义国家，但也经历过一个追赶的过程，尤其是在二战后的恢复重建期间。由于拥有技术上的后发优势和雄厚的人力资本，二战后德国经历了一个压缩式的快速追赶阶段。德国工业增加值占GDP比重在1960~1964年达到最高（53%），此时人均GDP为13753美元。从20世纪60年代末开始，德国经济增速开始放缓，并逐步接近和达到现行工业化国家的水平。1970~1979年GDP年均增长速度降至3%左右，进入中低速增长阶段。德国工业增加值占比从20世纪70年代开始逐步下降，到1981年降至40%左右，到1999年继续降为30.46%，近15年在30%的范围内波动，比英、美高出近10个百分点。

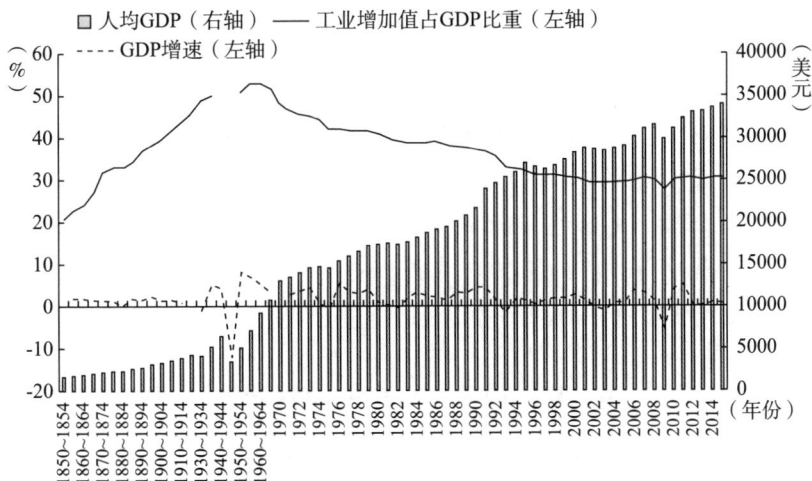

图 1-9 德国人均 GDP 与工业增加值占比关系
资料来源：世界银行；〔英〕麦迪森：《世界经济千年史》。

②日本

1956~1973年是日本经济高速发展时期。1956年，日本进入追赶先进工业国家、实现国民经济现代化的历史新时期。这一时期，日本实际GDP每年平均增长10%以上，工业增长率则年均达到13.6%。这种长期持续的高速增长在世界资本主义经济发展史上都是罕见的。在18年（1956~1973）里，日本GDP增加了12.5倍，人均GDP增长10倍多，年均增长9.8%。1973年，工业增加值占比为43.2%，达到最高峰值，此时人均GDP为21826美元。

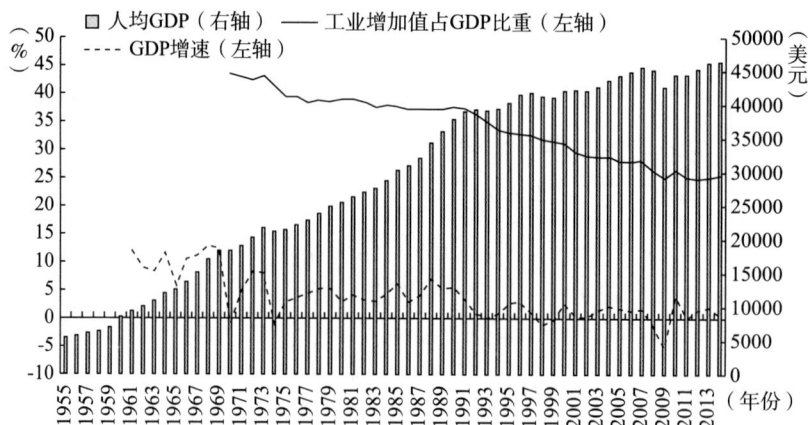

图 1-10 日本人均 GDP 与工业增加值占比关系

资料来源：世界银行；〔英〕麦迪森：《世界经济千年史》。

在经济高速增长初期，日本的一、二、三次产业 GDP 结构大体是 17：21：62。属于第二产业的制造业在实际 GDP 中占 12.6%，建筑业占 8.3%。第三产业中占比重最大的行业依次是公共服务业（政府、非营利部门提供的服务）占 22%，服务占 16.5%，金融业占 13.6%。在高速增长期，以制造业和建筑业为核心的第二产业得到充分发展，煤炭、钢铁、石油化工、造船成为支持这一时期经济增长的支柱产业。

表 1-2 日本高速增长期 GDP 结构（实际 GDP，1990 年）

单位：%

	1955 年	1960 年	1965 年	1970 年	1975 年
农林水产业	16.7	13.2	9.2	5.0	4.4
矿业	0.6	0.7	0.6	0.5	0.4
制造业	12.6	15.2	19.8	24.1	23.7
建筑业	8.3	10.7	11.6	12.3	12.2
第三产业	61.8	60.2	58.8	58.1	59.3

资料来源：日本经济企划厅综合计划局编《日本的经济机构》，东洋经济新报社，1997，第 33 页。转引自丁敏《日本产业结构研究》，世界知识出版社，2006，第 15 页。

1955 年，日本三次产业就业结构比例大体是 41%、23%、36%。从事农业的人口占 38%，制造业就业人员占 17.5%，建筑业就业人员仅占 4.5%，商业就业人员占 13.9%，服务业就业人员占 11.4%。到 1970 年前后，高速增长接近尾声，日本三次产业实现了克拉克法则所显示的产业结构转变，第一产业就业人口下降，第二、第三产业的就业人口扩大。1970年，农业就业人口的比重下降为17.9%，制造业就业人员的比重大幅度上升，占26.1%，建筑业就业人员的比重上升到7.5%，第三产业就业人口比重则上升到46.6%。

表1-3 日本高速增长期就业结构

单位：%

	1955年	1960年	1965年	1970年	1975年
第一产业	41.1	32.7	24.7	19.3	13.8
第二产业	23.4	29.1	31.5	34.0	34.1
第三产业	35.5	38.2	43.7	46.6	51.8

资料来源：日本经济企划厅综合计划局编《日本的经济结构》，第37页。转引自丁敏《日本产业结构研究》，第16页。

③韩国

20世纪60年代以来，根据经济发展的需要，韩国不断适时地调整其产业结构，从原本落后的农业国发展成为新兴的工业化国家。韩国从20世纪50年代末期由"进口替代"战略逐步转向"出口导向"战略，紧抓国际产业转移机遇，积极吸引外资和技术。在政府贸易政策支持下，韩国首先实现以劳动密集型产品出口推动的经济增长，继而完成了资本密集型原材料工业产品的进口替代，并使资本密集型产品出口逐渐成为推动经济增长的主要动力。20世纪70年代，韩国的产业政策从鼓励出口转向优先发展重化工业，在发展钢铁、机械、石油化工等产业的同时，大力推进造船、电子、有色金属等产业发展。此外，韩国还重视电子机械、家用电器、汽车等高新产业的形成与进步。韩国工业部门生产率上升，促使辅助的服务业部门需求增加，并成为吸纳农业剩余劳动力的主力军。伴随产业升级的同时，韩国经历了制造业就业比重先上升再下降的过程，实现了结构优化。20世纪80年代，以钢铁、汽车为代表的重化工产业兴起，相应的产业政策也从进口替代变为出口导向。产业升级消化了工资成本上涨的压力，并通过高附加值产品的出口为下一步实现高科技产业导向积累了资金，制造业内部结构逐渐向高科技型转变。

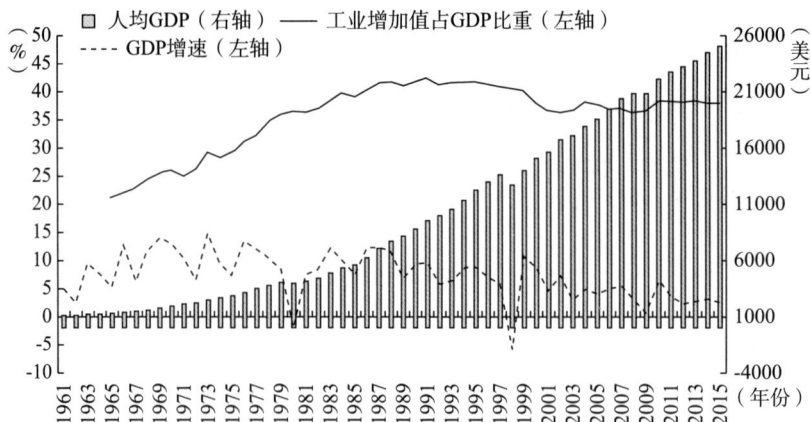

图1—11 韩国人均GDP与工业增加值占比关系

资料来源：世界银行；〔英〕麦迪森：《世界经济千年史》。

从工业总量的阶段性变化看，无论是先行工业化国家还是追赶型国家，工业增加值占GDP比重经历了由低到高再降低的倒"U"型转变。从工业发展历程看，随着经济发展水平的提升，上述两类国家工业发展均经历了由低速增长到高速增长再到低速增长的发展过程，相应的工业产出占经济总量的比重也经历了由低到高再降低的过程，即呈现倒"U"型变化态势。

④日、韩工业化的发展经验

近年来，广东经济规模与韩国差距逐步缩小，但人均水平与韩国之间的差距仍十分显著，与日本差距更甚。从经济发展阶段来看，日本和韩国已步入后工业化社会。韩国工业化进程从20世纪60年代开始加速推进，工业增加值占GDP比重持续增加，在1991年达到高峰（42.62%），此时人均GDP为9555美元，随后趋于下降，但下降幅度并不大，至2015年，工业增加值占比仍高达38%，比英、美高出15个以上百分点。这说明韩国第二产业仍然起到支撑国民经济发展的作用。日本在经历20世纪六七十年代快速增长期后，早已步入后工业化时代，与欧美发达国家类似，工业增加值占比不断下滑，至2015年，占比约为25.5%。

对比分析日韩经济发展阶段与增速的历史演变历程可为广东未来经济发展趋势提供宝贵的经验借鉴。前文已提到，日本真正的现代工业化始于1956年，当时人均GDP为5800美元左右；1962年增加至1万美元，仅用

了 7 年时间。实现人均 GDP 从 1 万美元至 2 万美元这一跨越过程，日本耗
时 11 年，年均增长 6.55%；韩国耗时 16 年，年均增长 4.56%。日本耗时
14 年实现人均 GDP 从 2 万美元至 3 万美元的跨越；人均 GDP 从 3 万美元
跨越至 4 万美元，也仅用了 11 年。不过，近 20 年来，日本人均 GDP 增速
缓慢，年平均增长 0.71%。从人均 GDP 发展水平来看，2015 年广东人均
GDP 略逊于韩国 1992 年的水平。目前广东处于工业化中后期，产业结构
正处于转型升级的爬坡阶段。

表 1 - 4　日本与韩国历年人均 GDP 与 GDP 增速对比（2010 年美元不变价）

单位：美元

日本			韩国		
年份	人均 GDP	年均增长率（%）	年份	人均 GDP	年均增长率（%）
1956	5804		1985	5628	
1962	10138	8.29	1992	10001	7.45
1972	20371	6.55	2007	20421	4.56
1985	30392	2.90	2015	25023	2.28
1995	40369	5.20			
2014	46519	0.71			

资料来源：世界银行；中国国家统计局；〔英〕麦迪森：《世界经济千年史》。

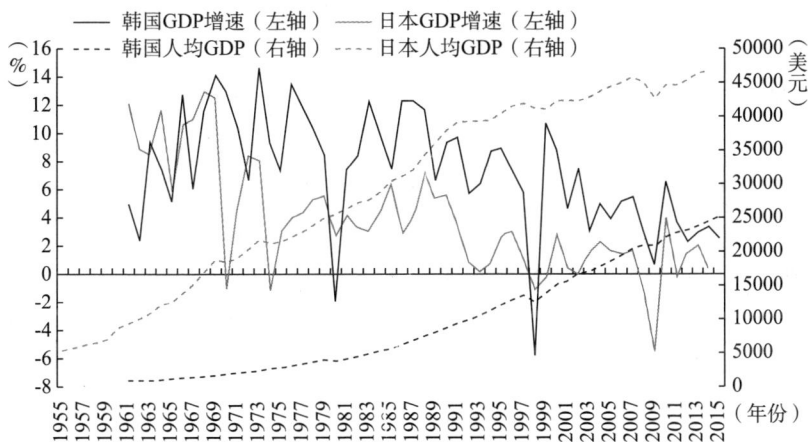

图 1 - 12　日本及韩国人均 GDP 与工业增加值占比关系

资料来源：世界银行；中国国家统计局；〔英〕麦迪森：《世界经济千年史》。

二　广东经济增长的动力源泉及其变化

（一）广东经济增长的动力源泉及比较

新古典经济增长理论认为，经济增长动力归根结底来源于两方面：一是生产要素（资本和劳动）投入增加；二是全要素生产率（TFP）的提高。从长远来看，只有全要素生产率的提高才是经济增长经久不衰的源泉。如果没有全要素生产率的提升，单纯依靠要素投入增加来驱动，经济增长不可避免地会受到要素边际收益递减规律的制约而不可持续。

1. 两个最主要增长动力源泉及其贡献率

为考察各因素在广东经济增长的作用及其动态变化，本报告采用OECD《生产率测算手册》推荐的增长核算方法来分解1979年以来广东经济增长的动力来源，主要结果见表1-5。

表1-5　1979~2015年广东经济增长来源分解

年份	经济增长（%）	对增长的贡献（%）			对增长的贡献率（%）			TFP指数（1978=100）
		劳动	资本	TFP	劳动	资本	TFP	
2015	8.0	0.3	5.8	1.9	3.6	72.2	24.1	421.0
2014	7.8	0.5	6.7	0.5	6.6	86.4	6.9	413.0
2013	8.5	1.2	7.1	0.2	14.4	83.1	2.5	410.8
2012	8.2	0.1	7.3	0.8	0.5	89.9	9.6	409.9
2011	10.0	0.7	8.0	1.3	7.0	80.0	12.8	406.7
2010	12.4	1.7	8.7	2.0	13.8	69.8	15.8	401.6
2009	9.7	0.8	8.8	0.1	8.3	91.0	0.7	393.9
2008	10.4	1.3	7.1	1.9	12.2	68.6	18.7	393.6
2007	14.9	1.3	8.4	5.1	8.7	56.2	34.1	386.1
2006	14.8	2.1	8.4	4.2	13.9	56.6	28.3	367.4
2005	14.1	2.9	9.6	1.5	20.4	68.1	10.8	352.6
2004	14.8	3.0	7.5	4.0	20.5	50.9	26.9	347.3
2003	14.8	2.8	8.1	3.6	19.2	54.9	24.4	334.1
2002	12.4	0.9	7.0	4.4	7.2	56.5	35.7	322.4

续表

年份	经济增长（%）	对增长的贡献（%）			对增长的贡献率（%）			TFP 指数（1978 = 100）
		劳动	资本	TFP	劳动	资本	TFP	
2001	10.5	0.8	6.8	2.8	7.7	64.9	27.0	308.8
2000	11.5	2.4	6.8	2.1	21.3	59.1	18.6	300.3
1999	10.1	0.2	7.4	2.5	1.7	73.5	24.7	294.0
1998	10.8	1.2	6.8	2.8	10.9	63.0	25.5	286.8
1997	11.2	0.1	6.9	4.2	1.3	61.3	37.2	279.1
1996	11.3	0.5	8.4	2.4	4.1	74.7	21.0	267.9
1995	15.6	1.3	10.9	3.3	8.1	70.1	21.3	261.7
1994	19.7	1.9	12.3	5.3	9.7	62.5	26.8	253.4
1993	23.0	1.0	12.0	9.7	4.5	52.4	42.3	240.6
1992	22.1	1.7	9.4	10.7	7.9	42.3	48.2	219.3
1991	17.7	2.5	6.3	8.5	13.9	35.9	48.0	198.2
1990	11.6	1.4	6.0	4.0	12.1	52.1	34.9	182.7
1989	7.2	0.9	5.7	0.6	12.0	79.8	8.1	175.6
1988	15.8	1.6	6.4	7.5	10.4	40.6	47.6	174.6
1987	19.6	2.0	5.9	11.4	10.3	29.8	57.8	162.4
1986	12.7	1.7	6.6	4.3	13.7	52.0	33.4	145.8
1985	18.0	2.1	7.2	8.3	11.8	40.3	46.3	139.9
1984	15.6	1.6	7.7	6.1	10.1	49.7	39.1	129.2
1983	7.3	1.2	7.4	-1.2	15.8	101.3	-16.8	121.7
1982	12.0	2.5	6.3	3.1	20.5	52.4	26.0	123.3
1981	9.0	1.4	4.7	2.8	15.9	52.3	31.1	119.5
1980	16.6	1.6	3.7	11.0	9.9	22.5	65.8	116.3
1979	8.5	0.8	2.8	4.8	9.1	33.3	56.8	104.8
1979 ~ 1989	12.9	1.6	5.9	5.3	12.3	45.5	41.3	—
1990 ~ 2007	14.5	1.6	8.3	4.5	10.7	57.1	31.1	—
2008 ~ 2015	9.4	0.8	7.4	1.1	8.7	79.1	11.6	—
1979 ~ 2015	12.9	1.4	7.4	4.0	10.9	57.2	31.1	—

注：本表中阶段平均数均为算术平均数。

资料来源：广东省统计信息网；根据 OECD《生产率测算手册》推荐的增长核算法测算整理。

　　增长核算的结果显示，1979～2015 年广东经济增长及其动力变化呈现以下基本特征。

　　一是经济高速增长，波动起伏较大，全要素生产率呈顺周期波动。1979～2015 年，广东经济平均增速（算术平均，下同）达到 12.9%，其间最高增速为 1993 年的 23.0%，最低为 1989 年的 7.2%。全要素生产率增速（或者说贡献）与经济增速波动高度一致，经济增速的提高或下降常常伴随着 TFP 增长率的提高或下降，显示 TFP 是影响经济增速波动的最重要因素（如图 1－13）。

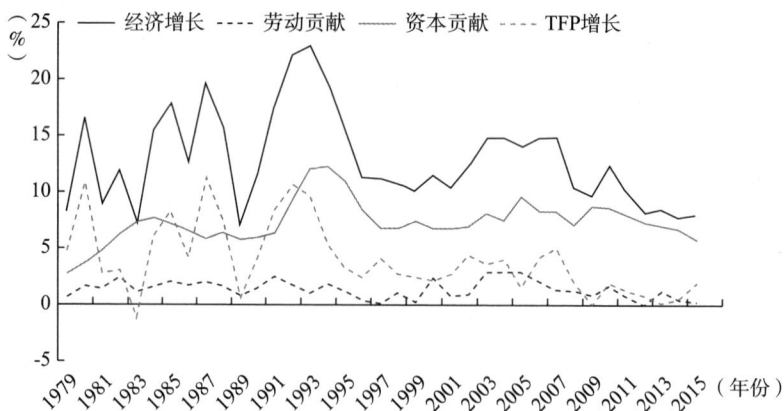

图 1－13　1979～2015 年广东经济增长速度及各因素贡献波动

资料来源：课题组测算。

　　二是资本和 TFP 是经济增长的主要动力来源，劳动发挥的作用相对较小。[①] 1979～2015 年，广东资本存量年均增长 15.2%，资本积累对经济增长年均贡献 7.4 个百分点，贡献率为 57.2%，是广东经济增长的最大动力源；从业人员年均增长 2.8%，劳动对经济增长年均贡献 1.4 个百分点，贡献率为 10.9%；而 TFP 年均增长 4.0%，对经济增长的贡献率达到 31.1%，是广东经济增长的第二动力源。总体上看，广东经济增长仍然呈现出外延式粗放型的特征。

　　三是从变动趋势来看，资本贡献率不断提高，TFP 贡献在高位持续了较长时间后，近些年总体上呈下降趋势，劳动的贡献也已开始缓慢下降。

---

　　① 由于数据的可得性，本报告中的劳动不体现人力资本和劳动强度的变化，相应的该部分影响以"余值"形式反应在 TFP 当中。

根据经济增速的波动变化特征，我们把 1978 年以来的 37 年分为 1979～1989 年、1990～2007 年、2008～2015 年三个阶段来考察各动力源对广东经济增长贡献的变化情况。可以看到，资本对经济增长贡献由第一阶段的5.9 个百分点大幅增加到第二阶段的 8.3 个百分点，然后回落到第三阶段的 7.4 个百分点；贡献率却是由第一阶段的 45.5% 提高到第二阶段的57.1%，再上升到第三阶段的 79.1%，显示广东经济增长对资本的依赖不断增强。而劳动在此三阶段对经济增长的贡献变化较小，在经历了 20 多年的稳定增长后，于 21 世纪初期开始缓慢下降。再看全要素生产率，第一、二阶段 TFP 对经济增长的贡献比较高，分别为 5.3 个百分点和 4.5 个百分点，不过由于经济增速提高，贡献率由第一阶段的 41.3% 下降到第二阶段的31.1%，而到第三阶段，TFP 贡献已经大幅下降到 1.1 个百分点，贡献率则只有 11.6%。

2. 经济增长效率改进居全国前列但有待提升

TFP 是衡量经济增长宏观效率改善的核心指标。在对广东进行增长核算的基础上我们还测算了相同时期国内几个发达省份及全国的 TFP 增长，通过 TFP 的增长来比较各省之间经济增长效率的改善状况。

从表 1-6 可以看出，1979～2015 年，总体上各省及全国的 TFP 增长率都比较高，其中广东最高，浙江其次，然后是山东，只有江苏比全国水平略低；不过，由于四省平均经济增速都远高于全国，以致 TFP 对经济增长的贡献率都低于全国水平。从 TFP 分阶段变动趋势来看，广东、山东和

表 1-6　TFP 增长及贡献率的横向比较

单位：%

	1979～1989 年		1990～2007 年		2008～2015 年		1979～2015 年	
	增长率	贡献率	增长率	贡献率	增长率	贡献率	增长率	贡献率
广东	5.3	41.3	4.5	31.1	1.1	11.6	4.0	31.1
江苏	1.1	9.5	4.1	30.5	3.0	28.1	3.0	24.1
浙江	4.4	34.9	4.2	30.1	2.3	25.7	3.8	30.9
山东	3.4	32.5	4.2	31.8	1.7	15.9	3.4	28.9
全国	3.6	37.6	3.6	35.6	1.1	12.6	3.1	31.7

资料来源：课题组测算。

全国的 TFP 增长率在近两阶段都出现了较大幅度的阶段性下降趋势,江苏虽然在第一阶段 TFP 增长率较低,但在第二、三阶段 TFP 增速下降幅度却是最小的,其次是浙江。浙江自改革开放以来 TFP 持续稳步增长,始终保持了较高水平。2008 年以后,广东的 TFP 增速已大幅落后于江苏、浙江和山东,低于江苏 1.9 个百分点,只与全国水平相当,反映了近些年来广东经济增长效率的改进,与发达的兄弟省份相比已处于落后地位。

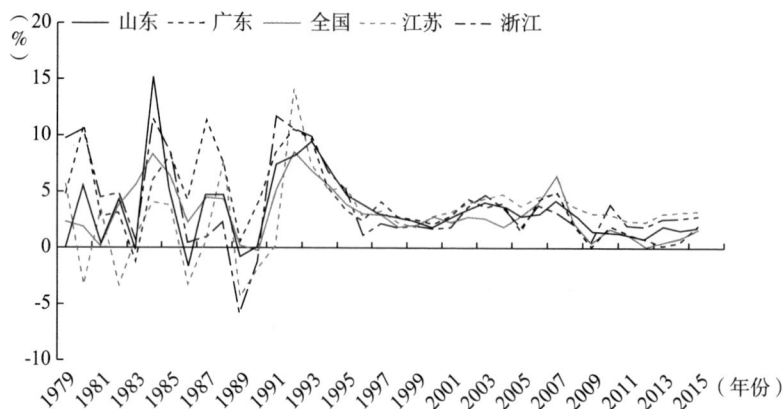

图 1 – 14 1979 ~ 2015 年粤、苏、鲁、浙及全国 TFP 增速

资料来源:课题组测算。

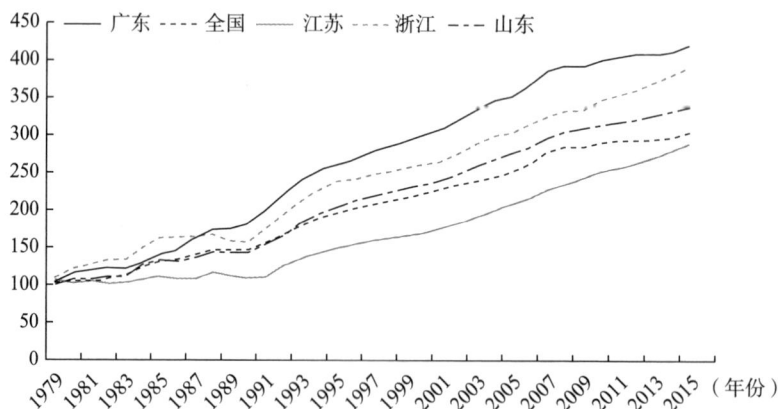

图 1 – 15 1979 ~ 2015 年粤、苏、鲁、浙及全国 TFP 指数变化趋势

注:1978 = 100。

资料来源:课题组测算。

（二）　未来中长期国内外发展环境变动趋势

1. 全球经济复苏进程加快，有望开启新一轮增长中周期

2008 年国际金融危机爆发后，全球经济经历了长达 8 年的低增长和部分国家经济停滞。不过危机之后，全球资产负债表修复过程已经历了相当长的时间，目前美、欧、日居民和企业资产负债表修复进展明显，全球经济复苏前景日益明朗。从 2015 年第一季度开始，美国经济增长、经常账户逆差、物价、就业等大多数宏观经济指标趋好。而 2016 年底美联储的二次

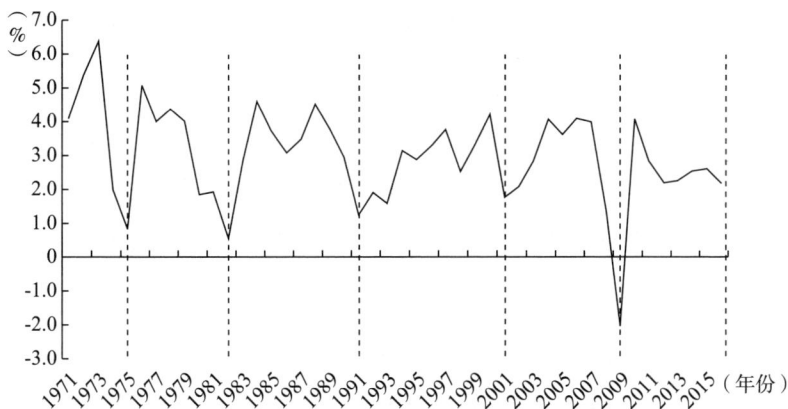

图 1－16　全球经济增长中周期

资料来源：Wind 资讯。

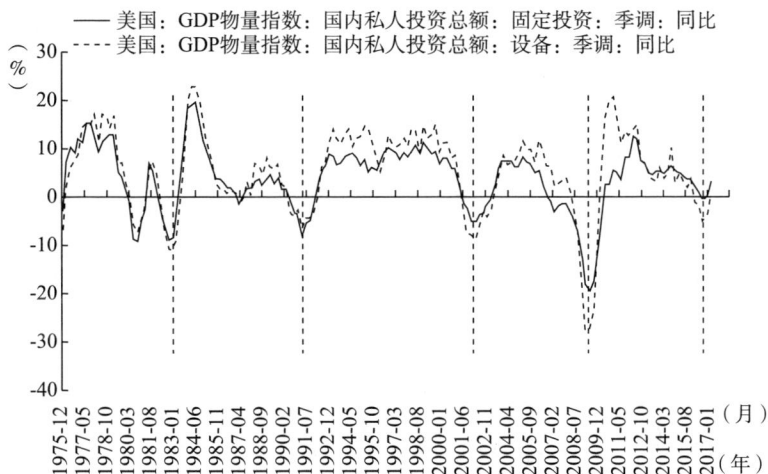

图 1－17　美国经济的朱格拉周期

资料来源：Wind 资讯。

加息，标志着作为世界经济火车头的美国已正式走出了这场危机的阴霾。从全球经济增长周期来看，1975 年以来，全球经济大约经历了五轮朱格拉周期（1975～1982 年，1983～1992 年，1993～2000 年，2001～2008 年，2009～2016 年），全球新一轮增长中周期或已迎来新起点。

图 1-18　日本经济的朱格拉周期

资料来源：Wind 资讯。

朱格拉周期属于典型的中周期，也称为设备更新周期或产能周期，平均周期长度为 8～10 年。它以设备更替和资本投资为主要驱动因素，而这两个因素受机械设备使用年限、技术进度和实体产能利用率、投资回报率等因素影响。设备更新换代从而导致资本开支的周期性变化，在设备更替

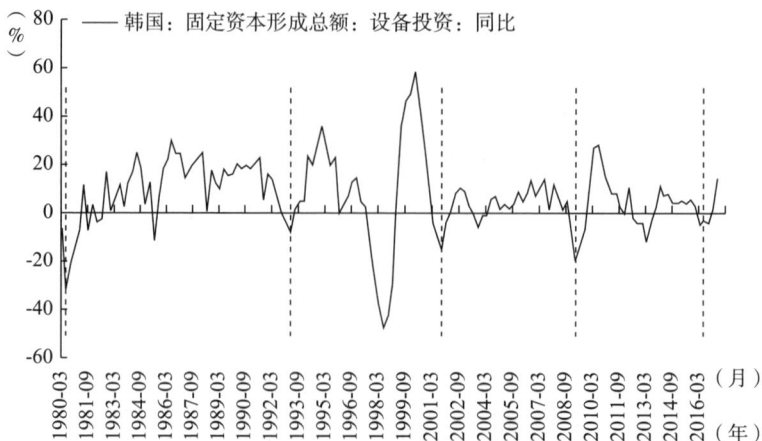

图 1-19　韩国经济的朱格拉周期

资料来源：Wind 资讯。

与投资高峰期拉动经济快速增长，随着设备投资完成经济陷入低迷，从而形成有规律的周期性变化。回顾历史可以发现，自 2000 年以来，全球主要经济体（包括发达经济体和新兴经济体）的朱格拉周期保持着较强的同步性，2016 年末 2017 年初，美国、日本、韩国等重要经济体纷纷出现了设备投资增速回升的现象，这意味着目前全球可能正站在新一轮朱格拉周期的起点上。

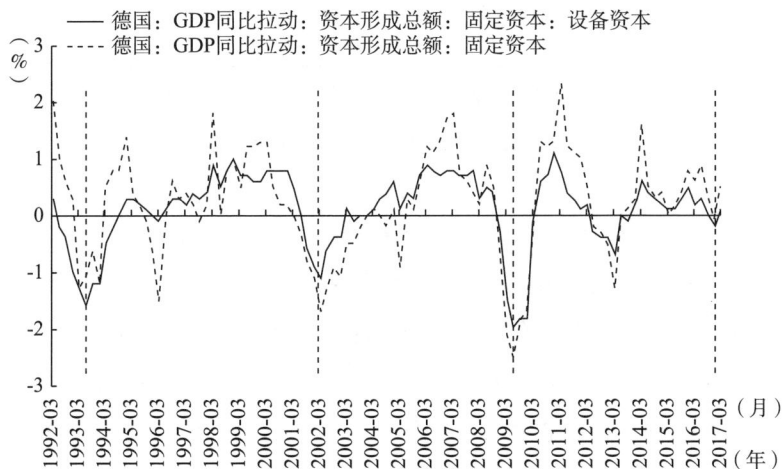

图 1 - 20　德国经济的朱格拉周期

资料来源：Wind 资讯。

2. 去全球化潮流兴起，全球贸易增长放缓

　　全球化是影响世界经济长周期波动的一个重要力量。而国际体系一直在全球化和去全球化之间轮动变换。如果从经济一体化的这个维度来考察全球化，那么历史上出现过三次全球化和两次去全球化的浪潮。第一次全球化浪潮始于 19 世纪下半叶，西方列强先后完成工业革命，进行了殖民主义扩张，同时带动了全球自由贸易，但是一战终结了这波浪潮。二战之后开始的第二次全球化浪潮，催生了全球经济的"黄金时代"，但是两次石油危机使全球经济遭受重大打击，触发了二战后最严重的全球经济危机。可以看到，在两次石油危机之后（1973 ~ 1974 年，1979 ~ 1980 年），世界贸易总额与 GDP 之间的比例都有所下降，反映出经济衰退下，第二次全球化结束和去全球化的开始，而第三次全球化则始于冷战的结束。20 世纪 90 年代以来，随着第三次全球化浪潮的深入推进，国际贸易和投资空前发

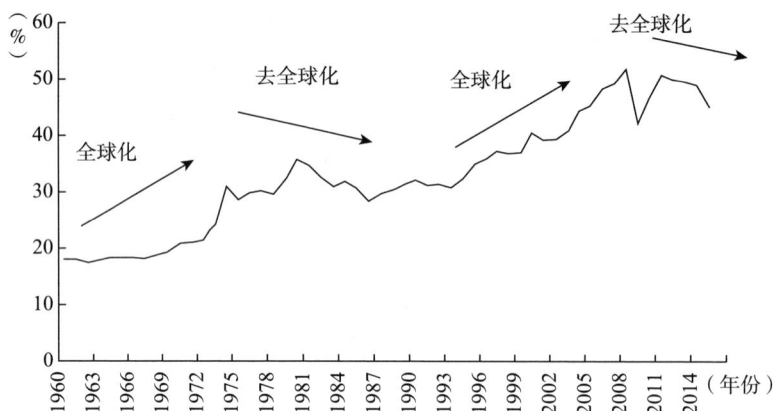

图 1-21　全球商品贸易占 GDP 比重

资料来源：Wind 资讯。

展，世界市场融为一体，资源在全世界范围内重新进行配置，创造出巨大的"全球化红利"，推动了全球经济增长和繁荣。而在此期间，中国和印度等发展中国家加快融入全球经济分工体系，造就了世界经济进入 21 世纪以后的"高增长、低通货膨胀"黄金期。然而 2008 年国际金融危机爆发后，全球化长期积累的结构性矛盾凸显，再加上全球经济持续低迷，全球收入差距进一步扩大，部分人群受到冲击，各种矛盾趋于激化，去全球化潮流的兴起，民粹主义、孤立主义抬头，而特朗普新政、英国的脱欧等就是这种潮流的典型代表。另外，为化解结构性矛盾发达国家纷纷启动"再平衡""再工业化"，生产流通倾向"扁平化、去全球化、生产区域化"，

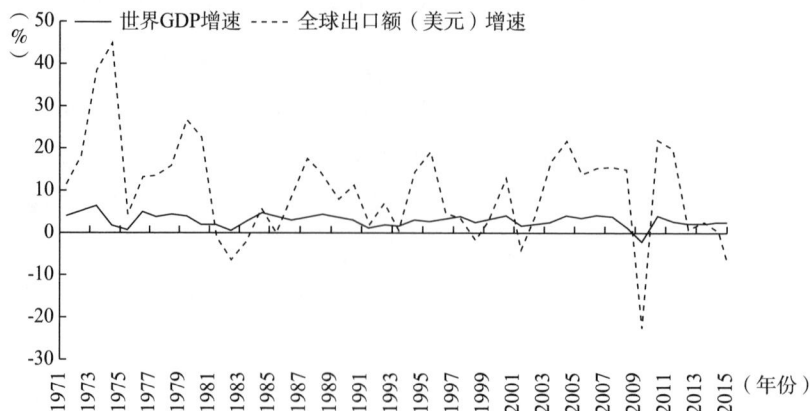

图 1-22　全球经济及商品出口增速

资料来源：Wind 资讯。

贸易保护和摩擦增加。去全球化导致的直接结果就是全球贸易量增长速度快速下降到低于全球经济增速水平。而在过去全球化快速推进时期，世界贸易增长速度是全球 GDP 增长速度的 2～3 倍。中长期来看，主要国家的贸易保护主义抬头和各种逆全球化潮流仍将持续，并对我国特别是广东的开放型经济体系构建造成冲击。

3. 世界技术进步速度放缓，新技术革命尚在孕育当中

新技术革命是决定世界经济大周期变更的核心力量。演化经济学家卡萝塔·佩蕾丝认为，从长期历史来看，在每次技术革命及其扩散的过程中，金融危机往往相伴而生，技术革命既帮助人们走出危机，但同时又不可避免地会在其末期产生新的危机，形成一次创造性毁灭的循环。这种现象的背后缘由是技术革命推动力所遵循的技术周期规律。按照佩蕾丝的观点，自 18 世纪末以来，世界经济一共发生过五次技术革命，分别是：1771年开始的英国工业革命；1829 年开始的蒸汽动力、煤炭、铁和铁路的时代；1875 年开始的以钢、重型机械制造业和电力等为标志的时代；1908 年开始的石油、汽车、石化产品大量生产的时代；当前的信息和通信技术革命的时代，它开始于 1971 年英特尔微处理器的诞生。每次技术革命的生命周期持续五六十年，这段时间可以划分为两大阶段，其中前二三十年称为"导入期"，后二三十年称作"拓展期"。

表 1 - 7　五次相继出现的技术革命

技术革命	该时期的通行名称	核心国家	诱发技术革命的大爆炸	年份
第一次	产业革命	英国	阿克莱特在克隆福德设厂	1771
第二次	蒸汽和铁路时代	英国（扩散到欧洲大陆和美国）	蒸汽动力机车"火箭号"在利物浦到曼彻斯特的铁路上试验成功	1829
第三次	钢铁、电力、重工业时代	美国和德国追赶并超越英国	卡内基酸性转炉钢厂在宾夕法尼亚的匹兹堡开工	1875
第四次	石油、汽车和大规模生产的时代	美国（起初与德国竞争世界领导地位），后扩散到欧洲	第一辆 T 型车从密歇根州底特律的福特工厂出产	1908
第五次	信息和远程通信时代	美国（扩散到欧洲和亚洲）	在加利福尼亚的圣克拉拉，英特尔的微处理器问世	1971

资料来源：转引自佩蕾丝《技术革命与金融资本》，田方萌等译，中国人民大学出版社，2007，第 16 页。

　　从技术革命的时间周期来看，目前世界技术进步速度较缓，依然处于第五次技术革命的技术拓展时期，新的技术革命还在孕育当中。目前除了计算机技术以外的领域取得的新突破相对较少，而且每次技术革命从技术产生到产品设计和成熟都经历了一段很长的酝酿期，所以短期内出现新一轮的技术爆炸可能性较小，未来的新变革还需时日。在未来的一段时间内，世界主要的前沿技术进步还是集中在信息和远程通信领域。此外，人工智能的发展及其对实体经济发展的影响将逐步显现。下一次即第六次技术革命预计需要到 2030 年前后开始其发端，将由生物技术、生物电子、纳米和新材料等技术革命所引发。

4. 国内经济从降速转向提质，进入中速平稳可持续增长期

　　从国内形势看，支撑过去 30 多年经济高速增长的一些基本面因素已经发生重要改变，我国经济发展已步入以速度变化、结构优化、动力转换为特征的新常态，经济增长速度从高速增长转向中高速增长。在潜在增长率下降、增长阶段转换的同时，经济结构和增长动力也正在发生显著变化。从目前来看，在经历了连续七年的增长回落以后，中国经济虽然仍面临一定下行压力，但已经非常接近底部，一旦触底完成便将进入一个中速平稳可持续的增长期。可以说，我国经济转型正从上半场的"降速"阶段，逐步转向下半场的"提质"阶段，提质增效、转型升级的要求更加紧迫，向形态更高级、分工更优化、结构更合理阶段演化的趋势更加明显。未来十余年的主要任务是完成发展方式的转变，经济结构实现从增量扩能为主转向调整存量、做优增量并举的深度调整，经济发展动力从传统要素扩张驱动转向创新发展驱动。要从传统的规模速度型粗放增长转向质量效率型集约增长，从以往过度依赖消耗资源能源等物质投入、不珍惜环境的高强度投入的增长方式，转向更多依靠绿色发展约束下的人力资本集约投入、科技创新拉动，迈向质量提升型的发展新阶段。

　　综合判断，去全球化潮流兴起，新技术革命尚在孕育，加大了世界经济新一轮中周期增长的复杂性和不确定性；国内经济发展步入以速度变化、结构优化、动力转换为特征的新常态。总体上看，2017～2035 年广东经济增长仍处于重要战略机遇期，广东必须准确把握战略机遇期内涵的深刻变化，深刻认识、主动适应、率先引领经济发展新常态，推动经济发展新常态下的深度调整与转型攻坚，加快形成引领经济发展新常态的体制机制和发展方式，为全国推进供给侧结构性改革、实施创新驱动发展战略、构建开放型经济新体制提供支撑。

（三）广东经济增长动力的未来变化

1. 劳动力

未来广东劳动力供给总量主要取决于总人口中适龄劳动人口规模以及劳动参与率的变化。而适龄劳动人口规模变化与人口年龄结构以及外来人口规模变化密切相关，劳动参与率则在可预见的时间内主要与教育普及、延迟退休政策的推出有关。

综合考虑人口老龄化、人口迁移流向变化、高等教育普及以及延迟退休政策实施等因素，预计在 2035 年前广东的从业人员人数依然能够延续当前增速缓慢下降的增长态势很长一段时间。

（1）人口老龄化加快将导致适龄劳动人口规模下降

近年来，随着人口老龄化的加快，广东的人口结构正在发生变化，劳动年龄人口占比开始下降，人口抚养比开始上升，人口红利已出现转折性变化。2013 年，广东 15～64 岁年龄人口规模及占总人口比重均达到阶段性高点，分别为 8216.1 万人和 77.2%，随后 2014 年和 2015 年该人口规模分别比上年下降 28.3 万人和 143.2 万人，占总人口比重比上年分别下降 0.8 个和 2.2 个百分点。人口抚养比如图 1－24 所示，2010 年全国人口总

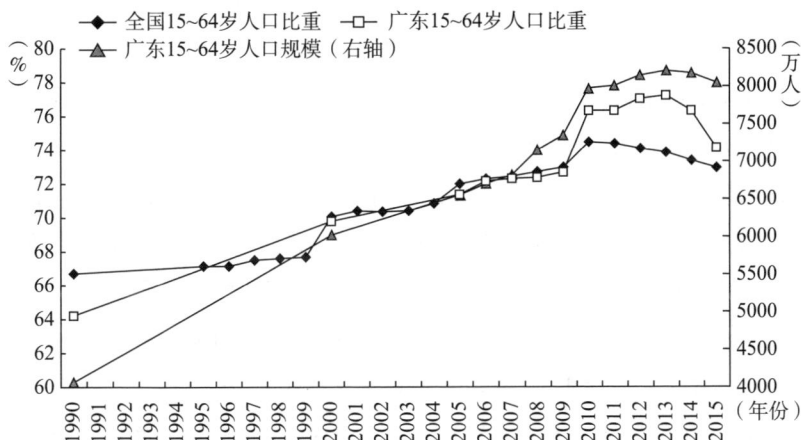

图 1－23　广东 15～64 岁人口规模及比重变化趋势

资料来源：同花顺 iFinD。

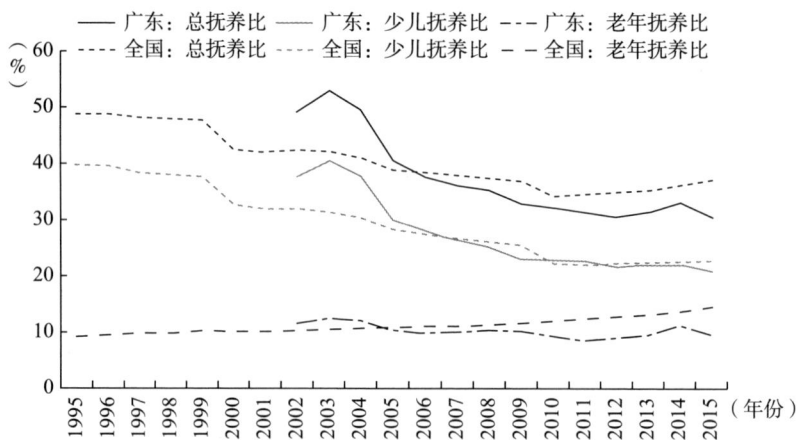

图1-24　广东与全国人口抚养比变化趋势比较

资料来源：同花顺iFinD。

抚养比达到最低点，随后开始逐步上升，而广东滞后到2012年才达到低点。不过广东总抚养比在上升了两年后，于2015年再次下降到接近2012年水平。因此，仅根据上述数据还难以做出广东劳动年龄人口发生趋势性变化的判断，还需要对广东的人口年龄结构的未来变化做进一步分析。

如果不考虑人口机械增长的影响，仅从户籍人口现有规模出发，那么到2030年前，广东劳动年龄人口规模跟未来人口出生率无关，只与该时段内陆续新增劳动年龄人口及陆续超出（减少）劳动年龄段的人口有关。前者为2002～2015年的出生人口，后者为1952～1965年的出生人口。根据这两组数据可以估算未来十余年广东劳动年龄人口规模变化趋势。从图1-25可以看出，1952～1965年恰恰是广东人口出生的高峰时期，其间历年出生人数基本超过2002～2015年历年出生人数，因此到2030年前广东现有规模户籍人口中劳动年龄人口规模预计将出现趋势性下降。而随着"全面二孩"政策的实施，从2016年开始广东将迎来一个为期5年左右的补偿性生育小高峰，然后再缓慢回落至稳定的生育水平，而这5年出生人口恰好分别是2031～2035年的新增劳动年龄人口，由此将导致此期间劳动年龄人口规模下降趋势将明显放缓，甚至可能出现净增加。

（2）跨省人口净迁入的增加远大于外省人口净流入下降，将有效缓解老龄化带来适龄劳动人口减少的冲击

上文的估算其实还隐含了一个假设前提，即广东的外来人口（非广东

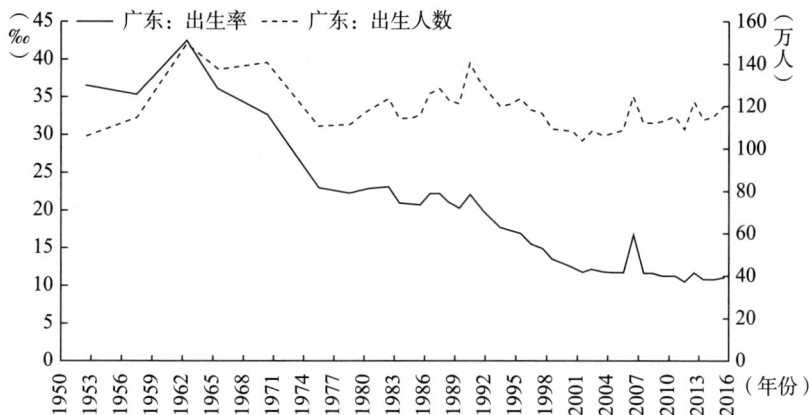

图 1 - 25　广东出生率与出生人数长期变化

资料来源：同花顺 iFinD。

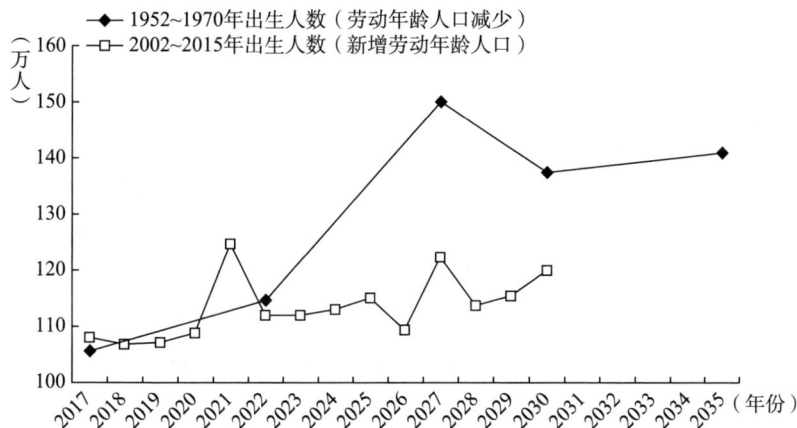

图 1 - 26　两阶段广东出生人口数量比较

资料来源：同花顺 iFinD。

省户籍的流动人口）净流入规模保持不变，以及跨省人口净迁入为零。改革开放以来广东吸引了大量的外来劳动力，是全国人口红利的最大受益者，这也是广东劳动年龄人口占比高、抚养比低的根本原因。2012 年，广东的人口净流入达到 1958 万人的峰值，占总人口比重为 18.5%。不过随后几年广东的人口净流入逐步下降，2015 年下降至 1841 万人，三年减少 117 万人，年均减少 39 万人，人口净流入占总人口比重下降至 17.0%。国家统计局发布的《2016 年农民工监测调查报告》显示，2016 年农民工总量达到 28171 万人，同比增长 1.5%；但是近九成增量来自本地农民工，外出农民工（指在本乡镇以外就业的农民工）增速则持续下降，已从 2010

年的5.2%持续下降至2016年的0.3%，农民工越来越偏向于在"家门口"就业。近年来，随着东部地区的农民工工资增速放缓，尤其是沿海与内地"工价落差"逐渐缩小，东部地区对农民工的吸引力下降，导致跨省流动的农民工持续减少。据统计，农民工群体中，2016年全国跨省流动农民工7666万人，比上年减少79万人，下降1%，占外出农民工的45.3%，同比下降0.6个百分点。农民工流向的新趋势意味着，2012年以来广东人口净流入规模下降是趋势性的，未来广东人口净流入很可能呈缓慢下降的态势。

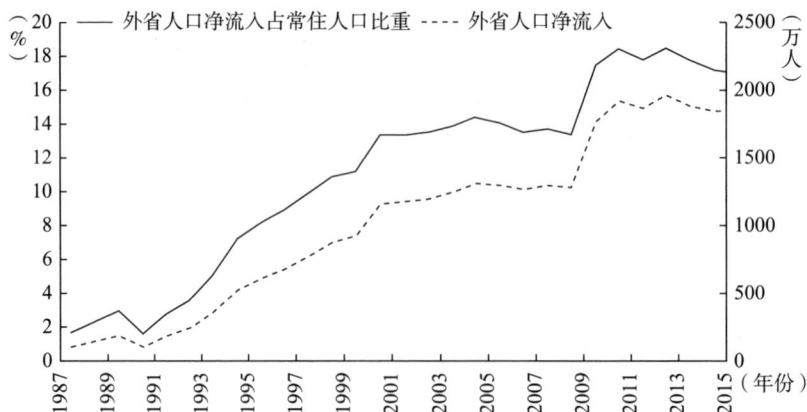

图1-27　广东外省人口净流入及其占总人口比重

资料来源：Wind资讯。

表1-8　全国农民工及广东外省人口净流入变化

年份	全国农民工总人数（万人）	全国农民工增长（%）	全国跨省农民工（万人）	全国跨省农民工增长（%）	广东外省人口净流入（万人）	广东外省人口净流入增长（%）
2009	22978	2.10	7441	-0.57	1764	38.1
2010	24223	5.40	7717	3.71	1919	8.8
2011	25278	4.40	7473	-3.16	1868	-2.7
2012	26261	3.90	7647	2.33	1958	4.8
2013	26894	2.40	7739	1.20	1885	-3.8
2014	27395	1.90	7867	1.65	1837	-2.5
2015	27747	1.30	7745	-1.55	1841	0.2
2016	28171	1.50	7666	-1.02	—	—

注：广东外省人口净流入为常住人口减户籍人口。

资料来源：Wind资讯。

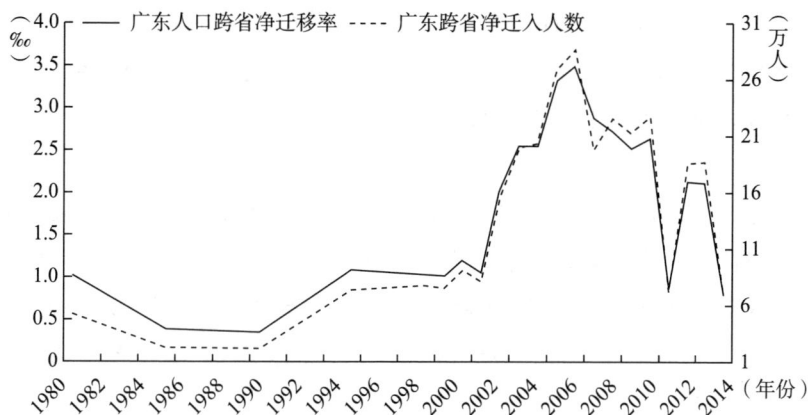

图 1 - 28　广东人口跨省净迁移情况

资料来源：同花顺 iFinD。

　　跨省人口净迁入的变化。改革开放以来，广东在吸引了大量的外来人口的同时，也有大量的人口从外省迁入，人口的跨省净迁移率一直保持在较高水平。而且一般迁移人口中适龄劳动人口占绝大多数，这与流动人口特征比较相似。如图 1 - 28 所示，2003 年以后的很长一段时间广东人口净迁入率基本保持在 2‰以上，2003 ~ 2015 年广东净迁入人口 249. 7 万人，平均每年净迁入 19. 2 万人。预计随着广东新型城镇化的推进，户籍制度改革相关政策的进一步落实，未来一段时间广东的人口净迁入规模有望进一步提高。广东省"十三五"规划提出，到 2020 年，要实现不少于600 万本省和 700 万外省农业转移人口及其他常住人口落户城镇。考虑到近年来省内迁往省外户籍人口年均约 20 万，如前述目标能够顺利实现，那么至少在"十三五"期间外省人口净迁入不仅可以完全弥补外省流动人口流入下降的缺口，甚至还能在很大程度上缓和因老龄化带来的劳动年龄的人口规模下降的冲击。

　　（3）延迟退休政策的实施将在特定时期内增加数量可观的劳动力供给

　　在适龄劳动人口规模确定的前提下，教育的进一步普及、延迟退休政策的实施都会对劳动参与率产生影响，进而影响到劳动力的供给。目前广东高中入学率已经超过 95%，进一步提升的空间很小，对未来劳动参与率影响不大；影响更大的是高等教育的普及，目前广东高等教育毛入学率33%，还有很大的提升空间。未来随着高等教育毛入学率的提高，将有越来越多的年轻人更晚进入就业市场，在一定程度上减少劳动供给。不过另一有利于提高劳动参与率的因素是延迟退休政策的实施，如该项政策在2035 年之前开始实施，其实施过程中采用"小步慢跑"的策略将在过渡期每年增加数量可观的劳动力供给。

因此，总的来说未来广东劳动力供给既面临着人口老龄化以及外来农民工减少带来的适龄劳动人口规模减小，高等教育普及率提高带来的劳动参与率下降等不利因素，也有跨省人口净迁入快速增加以及延迟退休政策实施带来劳动参与率提高的有利因素。综合考虑各因素的影响，预计在2035 年前广东的从业人员人数依然能够在较长时间内延续当前增速缓慢下降的增长态势。

2. 资本

受到宏观储蓄率、投资需求以及资本回报率的约束，资本积累增长速度将明显放缓。

（1）宏观储蓄率的逐步下降制约资本积累快速增长

投资规模决定了资本积累的速度，投资来源于储蓄，储蓄的变化从供给端限制了投资的增长。在国民收入分配中，企业盈余是宏观储蓄的重要来源。长期以来，广东受益于全国的人口红利，全国大量劳动力源源不断流入，压制着工资上涨，导致了劳动报酬长期保持在相对低的增长水平，使资本积累和投资获得高增长。不过 21 世纪初期以来随着劳动力供给逐步减少，工资水平不断提高，2005 年劳动者报酬在国民收入中占比降到最低的 39% 后已经开始缓慢提升，企业营业盈余则在 2004 年达到最高的 37% 后开始逐步下降，宏观储蓄率①也于 2008 年达到 53% 的最高点，之后开始逐步下降。受此趋势变化的影响，广东投资增速也相对放缓。

可以预见，未来一段时期内广东储蓄率将继续缓慢下降，投资和资本积累速度都将进一步放缓。导致储蓄率继续回落的主要因素有如下三点。一是由于人口结构变化和人口老龄化，意味着消费性支出将持续增加，储蓄率将相应下降。人口年龄结构变化在影响劳动力供给的同时，也将导致储蓄率下降，使资本投入增长率放慢。过去广东抚养比低，人口负担轻，可以维持高储蓄率，从而带来高投资，今后的情况正好相反。二是劳动报

---

① 根据国民收入核算恒等式，总投资等于总储蓄等于国民收入减去总消费；报告中的广东储蓄率测算用 GDP 代替了国民可支配收入。

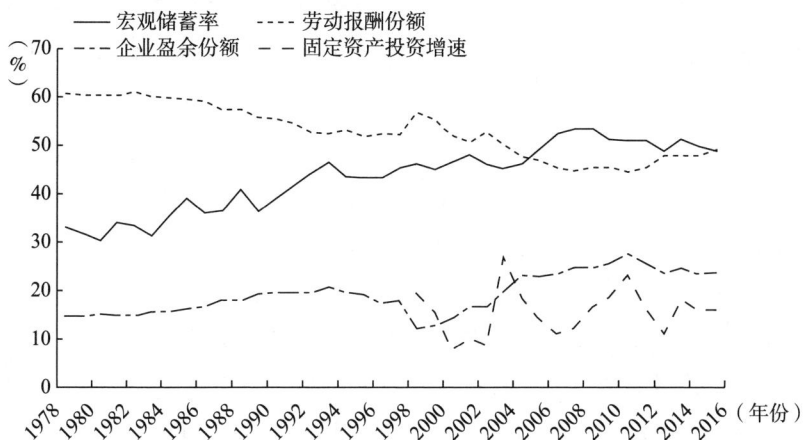

图 1 - 29　广东地区生产总值中劳动报酬、企业盈余、储蓄占比及投资增速变化
资料来源：Wind 资讯。

酬将会以较快速度增长，从而减缓资产增长速度。三是随着居民收入整体水平的增加以及保障制度的完善，消费者的个人消费环境发生很大变化，消费倾向逐步提高，而储蓄倾向则逐步降低。

（2）投资增长面临较强的需求约束

在过去近 40 年，广东经济发展中投资需求主要源于房地产投资需求、基础设施投资需求和制造业投资需求，三者占总投资需求的 80% 以上。从房地产投资需求来看，2015 年，广东城镇居民人均住房面积为 32.3 平方米，已超过或接近部分发达经济体水平。而我国 15～59 岁的青年人口峰值已于 2011 年见顶（广东该指标估计与 15～64 岁年龄人口规模变化类似，会略有滞后），拐点已现，这意味着以地产、汽车、钢铁、水泥为标志的工业化已步入尾声。虽然 2015 年下半年以后国内地产出现了爆发式增长，但这与人口结构变化导致的刚需无关，只不过是金融加杠杆下的泡沫现象。在此期间，国内居民新增购房杠杆率快速提升至 50%，已与美国 2007 年相当，风险快速积聚。也正因此，中央政治局会议定调"抑制资产泡沫、防范金融风险"，于 2016 年国庆期间启动了新一轮地产调控。而随着"房子是用来住的，不是用来炒的"定位的明确，住房居住属性的回归，促进房地产市场稳定发展的基础性制度和长效机制加快建立和完善，预计未来广东住房投资增速将很难出现持续的较高增速。

在基础设施领域，广东投资的潜力和空间也明显缩小。从趋势来看，

2009 年以来广东基础设施投资增速已经明显回落，相关投资占固定资产投资比重从近 10 余年来的超过 30% 下降到 20% 左右。从广东基础设施发展水平来看，目前广东基础设施已较为完善，2015 年，全省高速公路通车里程超过 7000 公里，已实现县县通高速，等级公路密度基本达到经合组织国家水平。总体上基础设施投资增速下降趋势已经确立，未来即使因稳增长而加大投资力度，也难有持续的大幅反弹。另外，当前高速公路等基础设施利用效率不高也将影响相关投资的持续增长。

制造业投资需求则更多地取决于耐用消费品、出口等最终产品需求的增长。首先，当前国内工业行业普遍产能过剩、"三去一降一补"的大环境直接制约了制造业投资的增长。其次，近几年出口增速的大幅下降已经在很大程度上拖累了广东制造业相关投资增长。再看汽车消费需求方面，广东城镇常住居民家庭每百户拥有汽车已接近 30 辆。据国务院发展研究中心（2012）预测，到 2022 年，我国汽车千人拥有量、总保有量和新车产销规模分别达到 230 辆、3.25 亿辆和 3900 万辆，并在此前后过渡到饱和期。住宅、汽车是 21 世纪以来广东也是中国经济高速增长的龙头产业，基建和房地产投资占到整个投资的一半左右。这些领域长期需求峰值的出现，预示着投资增长将触到需求增长的"天花板"。最后，在需求结构变动的牵引下，服务业已成为广东第一大产业，广东制造业投资增速很难继续维持在 2014 年和 2015 年两年 20% 以上的水平。

表 1-9　近十余年来广东投资结构及增速

单位：%

	制造业		房地产开发		基础设施		三项投资合计占比	总投资增速
	占比	增速	占比	增速	占比	增速		
2005	28.0	39.3	27.0	10.5	25.7	24.1	80.7	14.5
2006	32.8	8.5	28.1	15.2	26.6	18.3	87.5	11.2
2007	31.2	11.7	34.2	36.2	23.2	1.7	88.6	12.3
2008	29.9	10.1	34.1	16.5	24.2	21.6	88.2	16.7
2009	28.1	1.6	29.0	0.4	31.9	57.1	89.0	18.5
2010	24.0	21.4	29.1	23.6	32.4	22.7	85.5	23.2
2011	27.3	29.0	29.0	33.9	24.7	-16.8	81.0	16.4

续表

	制造业		房地产开发		基础设施		三项投资合计占比	总投资增速
	占比	增速	占比	增速	占比	增速		
2012	27.3	10.0	29.3	11.3	22.8	1.6	79.4	11.0
2013	26.1	15.4	29.8	21.2	23.3	21.5	79.2	18.3
2014	27.3	25.5	29.6	17.7	21.7	9.9	78.6	15.9
2015	29.3	24.5	28.5	11.8	23.2	17.0	81.0	15.9
2016	29.1	8.9	31.2	20.7	22.3	5.7	82.6	10.0

资料来源：Wind资讯；广东统计信息网。

（3）投资增长面临较强的回报率下降约束

总体资产回报率快速下降，成为投资高速增长的最重要约束。广东的增量资本产出率（ICOR）在2008年后持续快速上升，2009年已达到4.82，2012年为4.86，2016年更是达到5.95，屡屡刷新改革开放以来的最高纪录。应该说，2008年以后广东对投资的过度依赖已导致投资回报递减，投资效率下降明显，高的投资增速已难以持续。据诺贝尔经济学奖获得者克鲁格曼研究，东南亚金融危机前夜，发达国家的增量资本系数是1到2之间，而东南亚地区的国家有些则在5以上。这对广东来说不无警示意义。

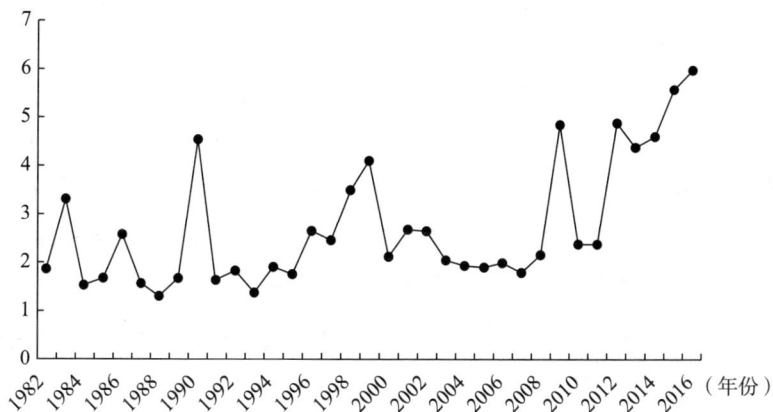

图1-30　1982年以来广东ICOR变化

资料来源：课题组测算。

3. 全要素生产率

全要素生产率的增长主要来源于两方面：一方面是通过制度变革、组织管理创新、结构调整、专业化等使资源在不同的产业、部门、企业，甚至是空间重新配置而带来的效率提高；另一方面是通过技术创新、技术应用与扩散、技术转移与引进等带来的生产效率改善。资源配置效率和技术进步效率经常混杂在一起，交叉发挥作用，难以截然分开。改革开放以来，广东 TFP 增长率的变化就是这两种效应共同作用的结果。如图 1-13 所示，1979 以来广东全要素生产率的三次增长高峰都与改革红利直接相关。第一次是得益于 20 世纪 80 年代的开放政策和农村改革，第二次是因为邓小平南方谈话之后掀起的社会主义市场经济体制改革，最近一次是 21 世纪初中国加入 WTO，以及在此前后的国企改革、金融改革等体制改革，带来的全要素生产率增速的提升。

正是改革开放以后一系列持续的，以市场化为导向的重大改革释放的改革红利，以及在此过程中相伴而生的工业化、国际化和城市化带来的资源配置效率，成为这个时期广东 TFP 快速增长的重要原因；而在此期间广东的对外开放引进大量的国外先进技术、设备和生产、管理模式，以及经济快速发展过程中自主创新带来的技术进步，直接引起生产效率的大幅度提高则是广东 TFP 增长的又一重要原因。2008 年以后，随着广东经济由高速增长向中高速增长阶段过渡，广东 TFP 对经济增长的贡献及其份额均快速下降并持续处于较低水平，其中既有全球金融危机短期的冲击，更有中长期改革红利的衰减和技术进步放缓。

广东的 TFP 增长的动态变化有其内在逻辑，也与后发追赶经济体的历史经验相吻合。二战后，德国、日本以及"亚洲四小龙"等后发追赶型经济体充分利用技术进步的后发优势，加快经济发展，TFP 得到快速提升。1960 年日本全要素生产率只有美国的 50% 左右，经过 10 年快速追赶，到 1970 年日本的全要素生产率已经快速上升到美国的 70% 左右。随着经济发展水平的提高，追赶型经济体技术水平距离前沿国家越来越近。通过技术引进和模仿而实现的技术进步的空间越来越小，速度也会越来越慢，此时全要素生产率增长将更多依靠自身技术创新。因此成功后发追赶型经济体在追赶过程中，TFP 增长速度大都经历先快后慢两个阶段。也就是说，由于后发优势，追赶型经济体在经济发展水平较低的阶段其全要素生产率增长速度都较快，随着经济发展水平的提高，其全要素生产率增长速度都出现了阶段性下降向发达国家收敛的过程。对比这些国家或地区经济增长的速度，可以发现这种全要素生产率增长速度转换的阶段，基本上也是其经济由高速增长阶段向较低增长阶段转换的时期，如 20 世纪 70 年代的日本和 20 世纪 90 年代的韩国。1960～1973 年日本全要素生产率年均增长率达到 3.3%，而此时期也是日本经济高速增长的阶段，GDP 年均增长速度高达 9.2%；随后日本全要素生产率增长速度开始下滑至 1.5% 左右，GDP 增长速度也相应下滑至 4%～5%。同样的现象也出现在韩国，20 世纪 90 年代伴随着全要素生产率增长速度由 4.7% 下降至 2% 左右，GDP 增长速度也由 9% 左右下降至 6% 左右。[①]

日本、韩国等成功追赶型经济体的 TFP 演进过程，对于判断已进入增长阶段切换的广东的 TFP 未来变动趋势无疑具有重要的参考价值。可以预见，未来中长期内，随着改革开放前期一系列重大改革红利逐渐释放完毕，市场化体制不断完善，而推进更深层次的改革越来越困难，以及城市化率不断提高、工业化已进入后期，改革带来制度红利和要素重新配置带来效率改进将越来越弱，对 TFP 增长的促进作用远不如前期那么大；而在技术进步方面，经过 30 多年的引进、消化、吸收和模仿，广东与发达经济体之间的技术落差越来越小，技术转移变慢，技术溢出效应降低，技术追赶将更多让位于技术创新，这必然会降低技术进步对全要素生产率的贡献。因此，相对于 1979～2007 年 4%～5% 的 TFP 增速，广东的全要素生产率增长速度将会出现较大幅度的下降。从日本、韩国全要素生产率增速的变化来看，从高速增长向低速增长转换，全要素生产率增速下降了 50%

表 1－10 经济增速阶段性转换前后日本、韩国 TFP 与 GDP 增速变化

单位：%

	TFP 增速		GDP 增速	
	前	后	前	后
日本	3.3	1.5	9.2	4～5
韩国	4.7	1.99	9 左右	6 左右

注：2008～2015 年，广东 TFP 增速下降过大，其中有金融危机的影响，预计今后随着影响的消除广东 TFP 增速能够上升到 2% 以上。

资料来源：日本、韩国数据转引自刘世锦主编《中国经济增长十年展望（2013—2022）》，第 245 页。

[①] 刘世锦主编《中国经济增长十年展望（2013—2022）》，中信出版社，2013，第 245 页。

左右，但是如果扣除石油危机和亚洲金融危机的短期影响，全要素生产率下降了30% ~40%。据此预期未来中长期内广东的全要素生产率增速将可能保持在2% ~3%。

三 广东经济增长预测

在现有研究的基础上，选取经验法和生产函数法对广东2017 ~ 2035年的GDP和人均GDP进行预测。到2035年，广东GDP将达到26.2万亿元左右（2016年价），人均GDP将达到19.9万元左右（2016年价）。

（一）有关研究综述

从中长期来看，实际经济增长率总是围绕着潜在经济增长率上下波动，因此潜在经济增长率的估算是经济增长预测的基础和关键。从国内外的研究看，潜在经济增长率的估算和预测方法主要有如下四种。

其一，消除趋势法。主要是利用平滑工具将现实产出分解为趋势成分和周期成分，其中趋势成分即为潜在产出。消除趋势法包括HP滤波、BK滤波、CF滤波、QT滤波、基于不可观测成分（UC）模型的Harvey-Clark模型和HJ模型，最常用的是HP滤波方法。郭庆旺和贾俊雪（2004）即采用HP滤波方法对我国1978 ~ 2002年的潜在产出及产出缺口进行了估算。张连城和韩蓓（2009）结合1952 ~ 2007年我国年度产出数据特征，讨论了应用HP滤波方法测算潜在产出时的平滑参数选择问题，以此为基础对全国1952 ~ 2007年的潜在经济增长率进行了测算，并对未来潜在经济增长率的水平及适度增长区间做了初步预测。消除趋势法直接从实际产出（通常采用GDP数据）本身入手，操作简便；但由于没有考虑经济因素，无法预测未来的增长率，存在尾值问题。该方法下的估计结果相差不大，区别主要在于平滑参数的选取，之后的研究一般将其估算的结果与其他方法对比分析。

其二，生产函数法。将实际的资本存量、估算的潜在就业和趋势全要素生产率（也就是所谓索洛残差）代入生产函数来估算潜在产出。沈利生（1999）是较早利用生产函数讨论潜在增长率的，这篇文章对我国1978 ~ 1998年的潜在增长率进行了估算，并在对资本、劳动力预测的基础上对

1999~2010 年潜在增长率进行了预测。之后，郭庆旺和贾俊雪（2004）利用该方法估算得到了 1978~2002 年的平均潜在增长率为 9.59%，该研究对各变量的估计和指标的选取更加细致，其对资本、劳动、全要素生产率等数据处理的方法也成为后来利用生产函数法研究的基础。之后的研究主要是在生产函数或数据处理细节上进行改进。如于洪菲和田依民（2013）在运用柯布－道格拉斯生产函数方法的基础上，选取超越生产函数方法对我国潜在产出进行了估算；郭晗和任保平（2014）通过构建结构型时变弹性生产函数，对我国 1997~2012 年的潜在经济增长率进行了估算；肖宏伟和李辉（2014）运用柯布－道格拉斯生产函数和状态空间模型对 2014~2030 年我国经济潜在增长率进行了测算；吴国培、王伟斌和张习宁（2015）根据生产函数法，综合考虑了资本、劳动力数量、劳动力质量和全要素生产率，利用状态空间模型估计得到要素投入的动态产出弹性，对我国 1978~2012 年的潜在产出进行了测算。中国银行"中国经济发展新模式研究"课题组（2016）利用滤波法和生产函数法估算了我国 1979~2014 年的潜在增长率，并在基准、乐观情形下对 2015~2025 年的潜在增长率进行了预测。生产函数法有较为坚实的新古典增长理论基础，更加注重于长期的增长趋势，因而它是在经济长期预测中使用得较多的一种方法。

其三，多变量结构化分解法。这种方法将实际产出的分解同其他方程（如菲利普斯曲线或奥肯定律曲线）相结合，建立多变量系统方程组，联合估计潜在产出。刘斌和张怀清（2001）将菲利普斯曲线作为一个观测方程引入运用卡尔曼滤波方法的状态空间模型中，估计了我国的潜在产出和产出缺口。许召元（2005）将菲利普斯曲线和奥肯定律曲线作为观测方程引入多变量卡尔曼滤波方程，对我国 1979~2004 年潜在经济增长率和产出缺口进行了估计，并预测了 2005 年的经济增长情况。多变量结构化分解法对产出缺口的估计更加精确，相对来说更适合于短期而非长期的预测，如许召元（2005）即是运用该方法对 2005 年的经济增长进行了预测。

其四，DSGE 模型（动态随机一般均衡模型）。DSGE 模型起源自 Kydland 和 Prescott（1982）倡导的真实经济周期模型。马文涛和魏福成（2011）在国内首次采用新凯恩斯 DSGE 模型，基于季度数据对我国的潜在产出和产出缺口进行了估算。金成晓和卢颖超（2014）构建了新凯恩斯

DSGE 模型，使用贝叶斯方法估计潜在经济增长率。虽然高度精细化的微观结构设计增强了对现实的刻画，但 DSGE 模型复杂的结构也降低了模型估计的有效性。

（二）预测方法

本报告的关键是对 GDP 进行预测，人均 GDP 预测可以 GDP 的预测为基础，结合有关专题的预测结果，进行估算。根据上述对有关方法的比较，本报告采用经验法、生产函数法两种方法对广东未来的 GDP 增长进行预测。

1. 经验法

广东与国际上的成功追赶型经济体增长具有较多相似之处。这些成功追赶型经济体包括两类。[①] 一类是欧洲的德国、法国等国。这些国家虽然属于老牌资本主义国家，但都在二战后的恢复重建期间经历了高速发展阶段。另一类包括日本、韩国等几个亚洲经济体。这些经济体在 20 世纪后半叶陆续实现了经济持续增长，逐步进入了高收入经济体行列。它们充分发挥低成本模仿的后发优势，实现了一段时期的压缩式高速增长，在人均 GDP 达到 1 万～1.1 万国际元（1990 年价）[②] 左右的发展阶段上，增长率开始下降；之后，又经过一个中速增长阶段，成功跻身高收入经济体行列。

（1）德国、法国：人均 GDP 达到 1 万～1.1 万国际元，GDP 增长率震荡下行，逐步进入中速增长阶段

德国、法国均是较早的工业化国家。这些国家在 1820 年时的人均 GDP 均已超过 1000 国际元，在一战之前的人均 GDP 均已超过 3000 国际元。然而，与英美两国增长速度较为稳定不同，德国、法国在二战之后均经历了明显的高速增长期和震荡下行阶段，之后才进入高收入经济体行列。

德国在二战之后，经济增长逐步恢复，高速增长期从 1947 年开始持续至 1969 年，其间的 GDP 年均增长率达到了 7.8%。人均 GDP 相应地从 1947 年的 2436 国际元快速增长至 1969 年的 10440 国际元。之后 GDP 增长率逐步震荡下行，1970～1974 年年均 GDP 增长率降至 3.5%，1975～1979 年、1980～1984 年年均 GDP 增长率进一步分别降至 2.9% 和 1.2%，之后

---

① 成功追赶型经济体的有关数据来源于麦迪森（2003）。
② 本专题报告中凡是涉及国际元，均为 1990 年价国际元。

回升至 1985～1989 年、1990～1994 年的年均 2.7%、2.8%，并逐步与英美前沿国家的水平趋同。

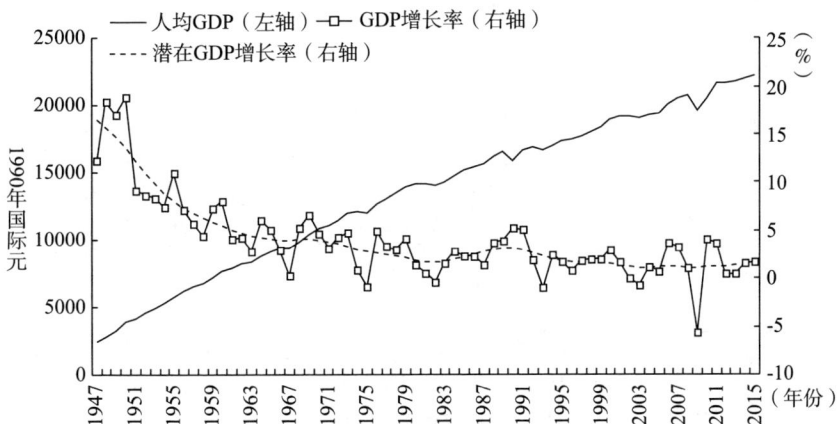

图 1－31　德国 GDP 增长率与人均 GDP

资料来源：2009 年及以前的人均 GDP 来源于麦迪森（2003）、Bolt 和 van Zanden（2014），2009 年以后的人均 GDP 来源于课题组测算[①]；1970 年以前的 GDP 增长率来源于课题组测算，1970 年的 GDP 增长率来源于世界银行；潜在 GDP 增长率来源于课题组测算。[②]

　　法国同样在二战时遭受重创，在二战之后，经济增长逐步恢复，高速增长期从 1947 年开始，持续至 1969 年，其间的 GDP 年均增长率达到了 5.7%。人均 GDP 相应地从 1947 年的 4138 国际元快速增长至 1969 年的 10886 国际元。之后 GDP 增长率逐步震荡下行，1970～1974 年年均 GDP 增长率降至 5.2%，1975～1979 年、1980～1984 年年均 GDP 增长率进一步分别降至 2.8% 和 1.6%，之后回升至 1985～1989 年的年均 3.1%，之后降

---

① 2009 年以后的人均 GDP 测算方法为：从世界银行查找 2009 年之后的人均 GDP 增长率，结合麦迪森（2003）、Bolt 和 van Zanden（2014）中的 2009 年人均 GDP（国际元、1990 年价），求取以 1990 年价国际元计价的 2009 年以后人均 GDP。

② 1970 年以前的 GDP 增长率测算方法为：根据麦迪森（2003）中的 1990 年价 GDP，测算其 GDP 增长率。潜在 GDP 增长率测算方法为：参考中国银行“中国经济发展新模式研究”课题组（2016），运用 HP 滤波法对潜在 GDP 增长率进行估算，即利用 HP 滤波函数从时间序列中得到趋势部分，滤波函数为：$\min\left\{\sum_{i=1}^{T}(Y_t-Y_t^T)^2+\lambda\sum_{t=1}^{T}\left[(Y_{t+1}^T-Y_t^T)-(Y_t^T-Y_{t-1}^T)\right]^2\right\}$。式中，$Y_t$ 为 GDP 增长率的现实数值，Y_t^T 为趋势部分，λ 为平滑系数。年度数据的 λ 取值范围在 6.25～100，本报告 λ 取值为 25。通过该函数得出的趋势部分，即为潜在 GDP 增长率。

至 1990～1994 年的年均 1.5%。

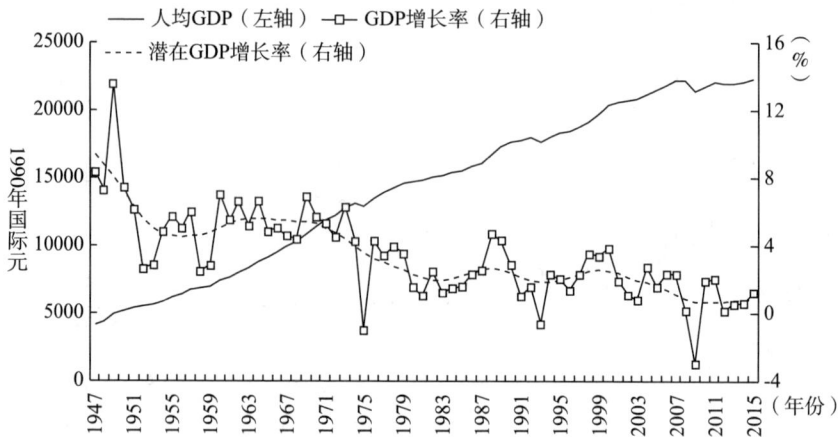

图 1-32　法国 GDP 增长率与人均 GDP

资料来源：同图 1-31。

（2）日本、韩国：人均 GDP 达到 1.1 万国际元，GDP 增长率明显下台阶，之后转入中速增长阶段

相对于英美以及德国、法国等工业化国家，日本、韩国是新兴的工业化国家，其人均 GDP 在一战前夕仍不足 2000 国际元。但通过利用二战后各种技术革命和世界经济一体化较快发展的机会，取得了较快发展。在人均 GDP 达到 1.1 万国际元左右之后，经历了一段时期的中速发展，人均 GDP 目前均已超过 2 万国际元。

日本经济在二战期间遭受重创，战后的日本经济处于极度混乱的状态，1945 年人均 GDP 只有 1940 年的一半。此时控制日本的联合国军，以经济的民主和非军事化为目标，重点实施了解散财阀、分散少数企业对经济的控制权以及确立劳动权等三大政策（李善同、刘云中，2012）。在经济环境改善后，美国开始帮助日本重建经济。1947～1969 年的日本 GDP 年均复合增长率达到了 8.9%，人均 GDP 从 1946 年的 1444 国际元快速增长至 1973 年的 1.14 万国际元。之后，GDP 增长率明显下降，经历了 20 年左右的中速增长期，人均 GDP 增长至 1991 年的 1.93 万国际元，迅速跨入高收入经济体行列，一跃成为仅次于美国的世界第二大经济体。

韩国的发展开始于朝鲜战争之后，创造了快速增长的奇迹，在短短几十年里跻身发达经济体行列（李善同、刘云中，2012）。1953 年朝鲜战争

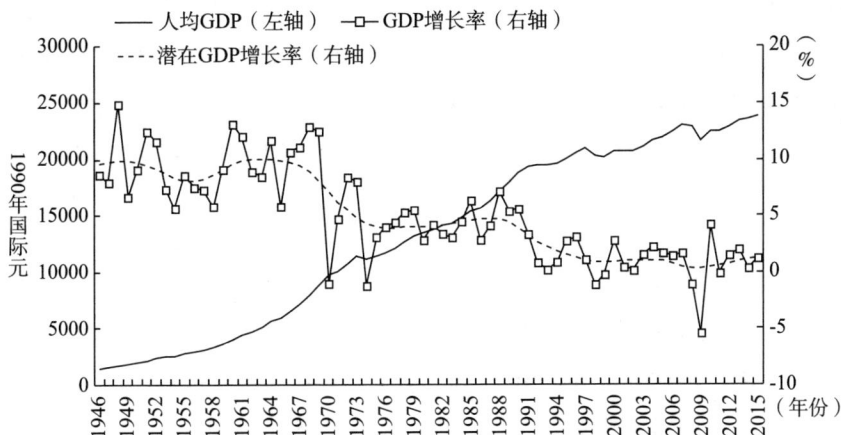

图 1 - 33 日本 GDP 增长率与人均 GDP

资料来源:同图 1 - 31。

停战后,韩国在美国和联合国的帮助下,于 1956 年完成了经济重建工作。进入 20 世纪 70 年代,韩国针对国内外经济条件的变化提出了"各地区均衡发展"、"划时代扩大出口"和"加紧重化工业建设"等目标,GDP 年均增长率达到了 11.2%,创造了同时期发展中经济体 GDP 增长率的最高纪录。20 世纪 80 年代,韩国政府提出"稳定、效率、均衡"的发展方针,1982 ~ 1986 年和 1987 ~ 1991 年 GDP 的年均增长率分别为 9.2%、9.3%。1992 年,开始实施第七个经济开发五年计划,人均 GDP 在 1993 年突破 1

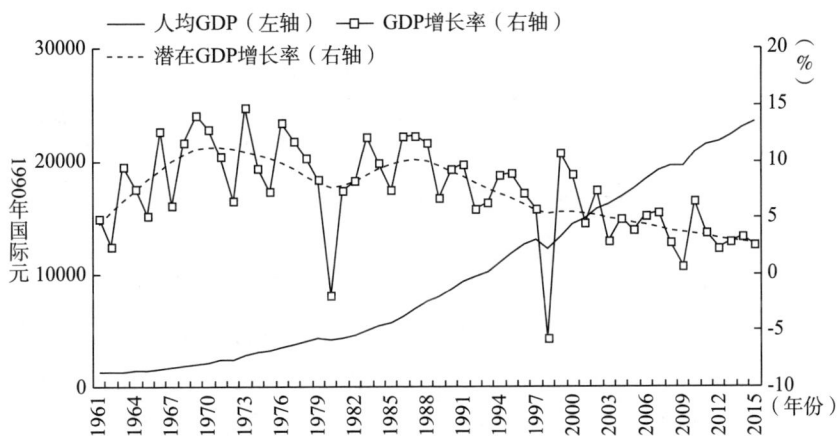

图 1 - 34 韩国 GDP 增长率与人均 GDP

资料来源:同图 1 - 31。

万国际元大关（1.02 万国际元），并于 1995 年达到 1.18 万国际元。之后，于 1997 年 10 月韩国被卷入亚洲金融危机之中，虽在 20 世纪 90 年代末进行了多方面的调整和改革，但其 GDP 增长率明显下降。

（3）经验总结和启示：追赶型经济体人均 GDP 达到 1 万 ~ 1.1 万国际元，GDP 增长率下台阶，在 10 余年内降至高速增长期末年增长率的 50% ~ 60%，之后进入中速增长期

根据上述追赶型经济体的经济增长经验，刘世锦、张军扩和侯永志等（2011）在 Fatás 和 Mihov（2009）提出的高收入之墙概念的基础上提出，成功追赶型经济体在人均 GDP 达到 1 万 ~ 1.1 万国际元（1990 年价）的这一高收入之墙的时间窗口，经济增长将从高速增长逐渐回落。与落入中等收入陷阱的增长率下滑不同，成功追赶型经济体在成功翻越高墙之后的增长率下降发生在后发优势基本释放、工业化高速发展阶段基本结束之时，是一种自然回落。

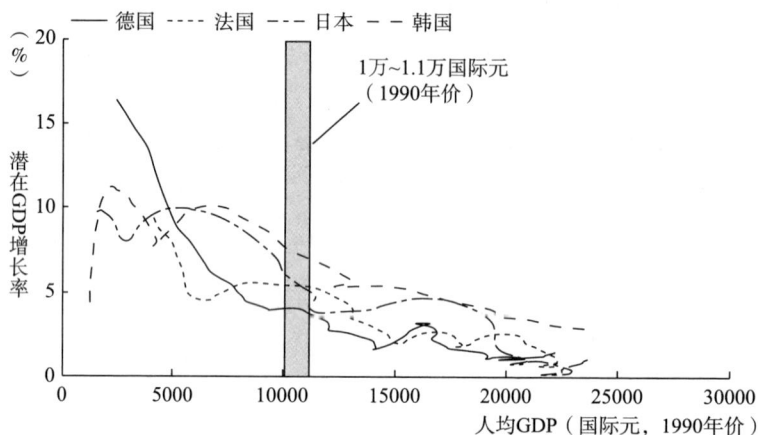

图 1 – 35　德国、法国、日本和韩国的经济增长经验

资料来源：同图 1 – 31。

对上述四个追赶型经济体潜在 GDP 增长率从高速区间向中速区间回落的阶段进行比较，可以发现这四个经济体均在 20 年左右的时间内转向了中速增长阶段。在 T + 1 ~ T + 3 年[①]，日本、韩国的潜在 GDP 增长率下降较为明显，分别降至 3.9%、5.4%，分别约相当于 T + 0 年潜在 GDP 增长率的

---

　① 以高速增长期的最后一年为 T + 0 年。

79.7%、81.2%；德国、法国的下降幅度则较小，分别降为3.6%、4.8%，分别约相当于T+0年潜在GDP增长率的87.7%、88.1%。在第T+4~T+6年，德国、法国的潜在GDP增长率下降较为明显，分别降至2.8%、3.6%，分别约相当于T+0年潜在GDP增长率的67.9%、65.8%，日本、韩国的下降幅度则较小，分别降为4.0%、5.4%，分别约相当于T+0年潜在GDP增长率的82.1%、80.8%。第T+7~T+13年，德国、法国、韩国的潜在GDP增长率下降较为明显，分别降至1.7%、2.0%、3.9%，分别约相当于T+0年潜在GDP增长率的40.5%、37.1%和58.2%；日本则回升至4.7%，约相当于T+0年潜在GDP增长率的96.9%。第T+14~T+20年，日本、韩国的潜在GDP增长率下降较为明显，分别降至2.2%、2.7%，分别约相当于T+0年潜在GDP增长率的44.8%、40.7%；德国、法国潜在GDP增长率则分别回升至3.2%、2.6%，分别约相当于T+0年潜在GDP增长率的78.6%、48.7%。第T+21~T+25年，日本在此期间处于经济持续衰退期，潜在GDP增长率下降明显，但这不是普遍规律；德国、法国、韩国则分别降至T+0年潜在GDP增长率的49.5%、34.4%和43.7%。

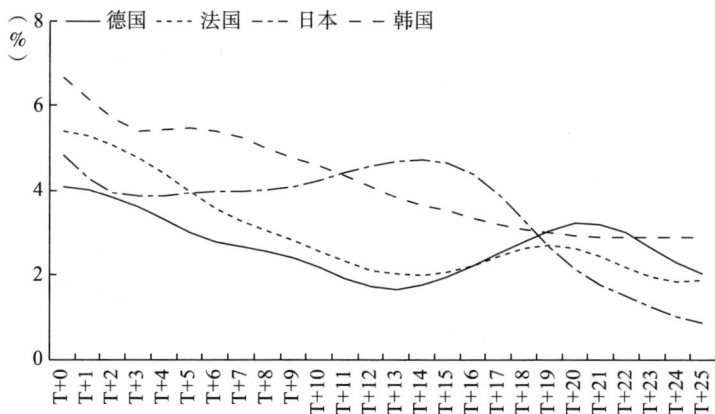

图1-36 潜在GDP增长率从高速区间向中速区间回落的阶段比较

注：德国、法国的T+0年均为1969年，日本的T+0年为1973年，韩国的T+0年为1995年。

资料来源：除韩国T+21~T+25年的数据来源于IMF的预测，其余来源于世界银行。

综上所述，追赶型经济体人均GDP在跨越1万~1.1万国际元的门槛之后，GDP增长率缓慢下行。德国、法国、日本、韩国的潜在GDP增长率在10余年内降至高速增长期末年潜在GDP增长率的50%~60%，之后进

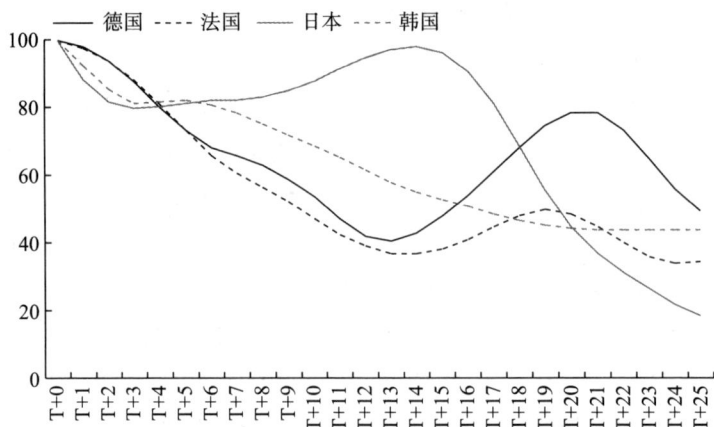

图 1 - 37 以高速增长期末年为基准（T + 0 为 100）的潜在 GDP 增长率阶段比较
资料来源：课题组测算。

入中速增长期。广东作为成功追赶型经济发展样本，其经济增长也将基本遵循这一经验规律。因此，可参照德国、法国、日本、韩国等成功追赶型经济体的经验，对广东 GDP 增长率下降的时间进行判断；根据成功追赶型经济体增长率下降的幅度，对广东 GDP 增长率在 2016～2035 年的下降幅度进行预判。在此基础上，结合 2016 年广东 GDP 数据，可得出 2020～2035 年 GDP 预测值。再结合人口专题中常住人口预测的中方案，计算得出广东人均 GDP 预测值。

2. 生产函数法

采用生产函数对 GDP 增长进行估算和预测，首先需要分别构建劳动力、资本和 TFP 的增长预测模型，对三者未来的变化进行预测，并将其代入生产函数，预测未来的 GDP 潜在增长率。生产函数法的预测模型包括劳动力增长预测、资本存量增长预测、TFP 增长预测、潜在 GDP 增长预测等四个模块。

（1）劳动力增长预测模块：劳动力增长取决于常住人口数、劳动年龄人口占常住人口的比例、劳动参与率的未来变化

受劳动参与率的影响，人口的增长并不意味着劳动力一定能够同样实现增长。劳动力增长的过程是多层次的，各个影响因素的重要性不同，产生效应的先后次序和时间长短也不一样。一般来说，影响劳动力增长的要素包括：人口数量与增长速度、人口年龄结构的变动、有劳动能力的劳动

者占劳动年龄人口的比例。具体计算公式是：

$$L_t = P_T(t)p_t r_t \tag{1}$$

其中，L_t 为劳动力（即就业人数），$P_T(t)$ 为 t 年常住人口数，p_t 为劳动年龄人口（15~64 岁）占常住人口的比例，两者乘积为劳动年龄人口数，r_t 为劳动参与率。因此，若想预测未来的劳动力增长情况，需要首先对常住人口数、劳动年龄人口占常住人口的比例、劳动参与率分别进行预测。

（2）资本存量增长预测模块：第二产业占 GDP 比重每下降 1 个百分点，资本存量增长率将下降约 0.52 个百分点

中国银行"中国经济发展新模式研究"课题组（2016）提出，从各国经验及未来人口结构的变化看，未来工业比重将继续下降，服务业比重将进一步上升。产业结构的这种变化意味着未来资本形成增长率将有所下降。该研究把资本存量增长率与第二产业占 GDP 比重进行回归，用于构建我国资本存量增长预测方程。本研究采用相同的方法，首先对 1978~2015 年的第二产业占 GDP 比重与资本存量增长率进行比较，可以发现，两者之间总体上呈现出正相关的关系。

从图 1-38 还可以看出，2000 年之前的资本存量增长率波动较大，虽也与第二产业占 GDP 比重呈正相关关系，但两者之间相关关系的显著性不

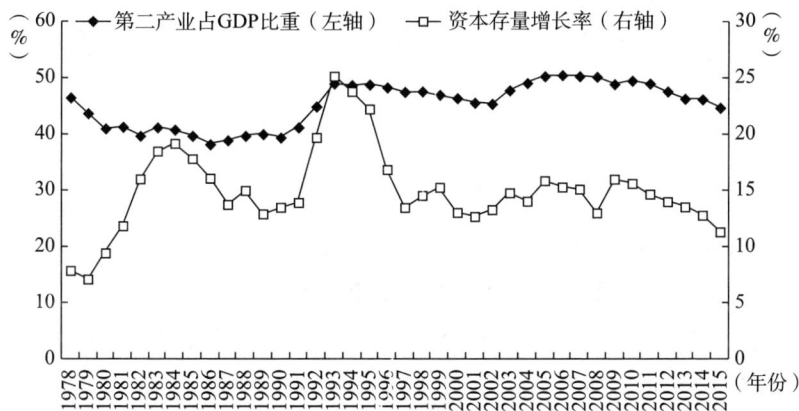

图 1-38　广东第二产业占 GDP 比重与资本存量增长率

资料来源：第二产业占 GDP 比重来自《广东统计年鉴 2016》，资本存量增长率为课题组测算。

强；2000 年之后资本存量增长率波动明显放缓，与第二产业占 GDP 比重之间相关关系的显著性明显增强。因而，运用 2000～2015 年数据①，通过回归找出广东资本存量增长与第二产业占 GDP 比重之间的关系，以此作为资本存量增长预测方程：

$$g_K = -11.13109 + 0.524570SI$$
$$t = (-2.029226)(4.602311) \tag{2}$$

其中，g_K 表示资本存量增长率，SI 表示第二产业占 GDP 比重。由该方程可知，第二产业占 GDP 比重每下降 1 个百分点，资本存量增长率将下降约 0.52 个百分点。

（3）TFP 增长预测模块：发明专利批准量增长率每增加 1 个百分点，TFP 增长率将增加约 0.01 个百分点；教育经费占财政支出比重每增加 1 个百分点，TFP 增长率将增加约 0.06 个百分点

根据 TFP 影响因素的有关研究（石风光，2012；钟惠波、许培源，2011），科技创新和教育是影响 TFP 增长的较重要因素。随着这些科技创新和教育进步的加快推进，TFP 增长将加快。将发明专利批准量增长率、教育经费占财政支出比重与 TFP 增长率的历史数据进行比较，可以发现广东 TFP 增长率与发明专利批准量、教育经费占财政支出比重均存在一定的正相关关系。

本研究运用 2002～2015 年数据②，通过回归找出 TFP 增长率与发明专利批准量增长率、教育经费占财政支出比重之间的关系，以此作为 TFP 增长预测方程：

$$g_A = 0.010938PATENT + 0.056237EDUCATION$$
$$t = (1.178264)(2.925994) \tag{3}$$

其中，g_A 表示 TFP 增长率，$PATENT$ 表示发明专利批准量增长率，$EDUCATION$ 表示教育经费占财政支出比重。由该方程可知，发明专利批准量增长率每增加 1 个百分点，TFP 增长率将增加约 0.01 个百分点；教育经费占财政支出比重每增加 1 个百分点，TFP 增长率将增加约 0.06 个百分点。

---

① 资本存量增长率来源于课题组估算，第二产业占 GDP 比重来自《广东统计年鉴 2016》。
② TFP 增长率来源于课题组估算，发明专利批准量增长率、教育经费占财政支出比重来源于《广东统计年鉴 2016》。

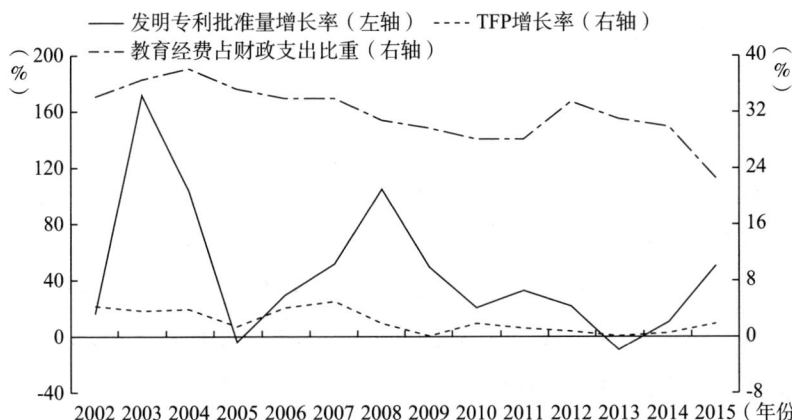

图 1-39 广东 TFP 增长率与发明专利批准量增长率、教育经费占财政支出比重

资料来源：发明专利批准量增长率、教育经费占财政支出比重均根据《广东统计年鉴》测算，资本存量增长率为课题组测算。

（4）潜在 GDP 增长预测模块：潜在 GDP 增长率取决于 TFP、劳动、资本存量增长率的未来变化

采用的函数形式是柯布 – 道格拉斯生产函数：

$$Y = AK^{\alpha}L^{\beta} \qquad (4)$$

其中，Y 表示 GDP，A 表示全要素增长率（TFP），K 表示资本存量，L 表示劳动力。两边同时取对数，得到如下公式：

$$\ln Y = \ln A + \alpha \ln K + \beta \ln L \qquad (5)$$

两边微分，得到：

$$dY/Y = dA/A + \alpha dK/K + \beta dL/L \qquad (6)$$

即 GDP 潜在增长率预测方程：

$$g_Y = g_A + \alpha g_K + \beta g_L \qquad (7)$$

其中，g_Y 为 GDP 增长率，g_A 为 TFP 增长率，g_K 为资本增长率，g_L 为就业人口（即劳动）增长率，α、β 分别为资本、劳动要素份额。根据该公式，结合劳动、资本、TFP 增长率变化预测，对广东潜在 GDP 增长率进行预测。

（三）预测结果

1. 经验法预测

（1）减速时间窗口判断：广东高速增长期已于 2010 年结束，在"十二五"期间进入潜在 GDP 增长率逐步减缓的阶段

根据成功追赶型经济体的经验，广东已于 2010 年（T＋0 年）达到了人均 GDP1.1 万国际元水平（11637 国际元），高速增长期在这一年基本结束。广东在 1979～2010 年的高速增长阶段，年均 GDP 增长率达到了 13.5%，分别比德国、法国、日本、韩国高 5.7、7.8、4.6、4.1 个百分点。之后，广东于"十二五"期间进入 GDP 增长率逐步减缓的阶段。在 2011～2016 年，GDP 增长率分别降至 10.0%、8.2%、8.5%、7.8%、8.0%、7.5%，潜在 GDP 增长率分别降为 10.1%、9.4%、8.8%、8.5%、7.9%、7.7%。

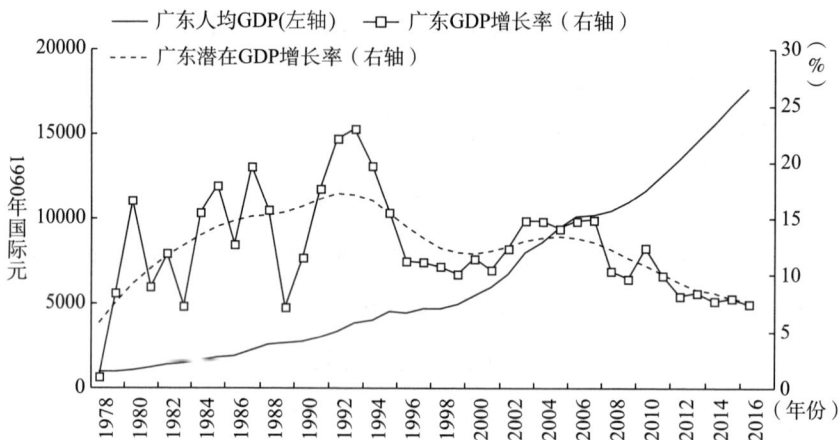

图 1－40 广东 GDP 增长率与人均 GDP

资料来源：GDP 增长率来自《广东统计年鉴 2016》和 2016 年广东统计公报；潜在 GDP 增长率和人均 GDP 均来自课题组测算。潜在 GDP 增长率采用 HP 滤波法测算。人均 GDP 的测算方法为，根据中国统计年鉴、公报和广东统计年鉴、公报中的全国、广东人均 GDP，求取广东 GDP 占全国的比重，并结合课题组对全国 1990 年国际元计价的人均 GDP，求取广东以 1990 年国际元计价的人均 GDP。

（2）GDP 增长率预测：广东 GDP 增长率将于 2029 年下降至 6.1%，之后在 6% 上下波动

广东 T＋1～T＋6 年的潜在 GDP 增长率分别相当于 T＋0 年潜在 GDP 增长率的 93.1%、86.6%、81.1%、78.3%、72.8%、71.0%。根据德法

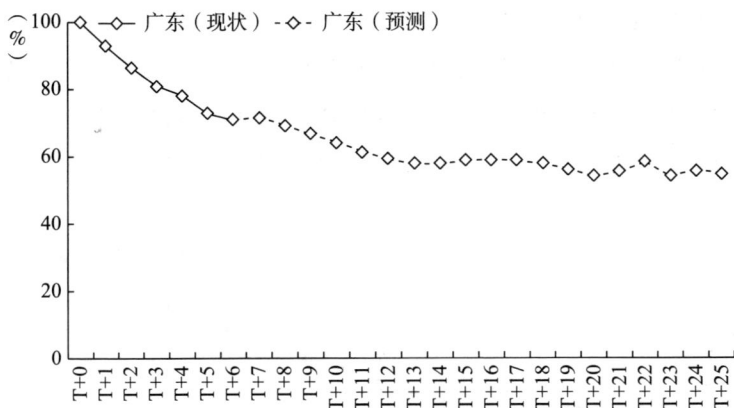

图 1-41　基于德法日韩经验的广东 GDP 增长率指数预测

注：相对于广东来说，T+7～T+25 年分别为 2017～2035 年。以 T+0 年的 GDP 增长率指数为 100。

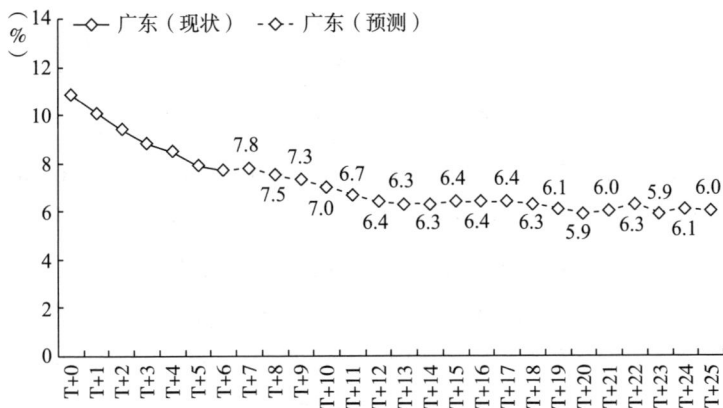

图 1-42　基于德法日韩经验的广东 GDP 增长率预测

注：相对于广东来说，T+7～T+25 年分别为 2017～2035 年。

日韩经验，广东 GDP 增长率在 2017～2022 年年均的下降将较为明显，从 2017 年的 7.8% 下降至 2022 年的 6.4%，年均下降 0.28 个百分点。2023～2028 年 GDP 增长率相对稳定，在 6.3% 和 6.4% 之间波动。2029 年下降 0.2 个百分点，降至 6.1%。之后，GDP 增长率将在 6% 上下波动。

（3）GDP 预测：广东 GDP 将在 2020 年突破 10 万亿元（2016 年价①）大关，在 2027 年比 2016 年翻一番，在 2035 年达到 26.2 万亿元

在基于德法日韩经验进行广东 GDP 增长率预测的基础上，结合 2016

———————

①　本报告预测的 GDP、人均 GDP，其单位为元的，均为 2016 年计价的人民币。

年广东 GDP，测算出 2017 ~ 2035 年的 GDP。可以发现，广东 GDP 将在 2020 年突破 10 万亿元大关，达到 10.6 万亿元；将在 2027 年达到 16.3 万亿元，比 2016 年翻一番；在 2031 年突破 20 万亿元大关，达到 20.7 万亿元；在 2035 年达到 26.2 万亿元，约为 2016 年的 3.3 倍。

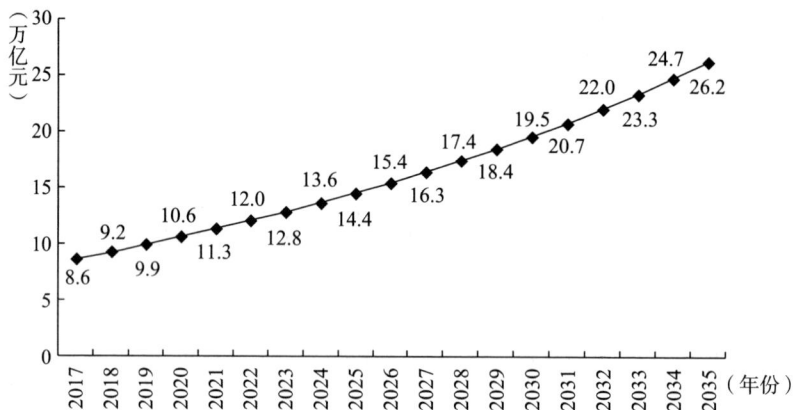

图 1－43　基于德法日韩经验的广东 GDP 预测

（4）人均 GDP 预测：将在 2022 年突破 10 万元大关，在 2030 年比 2016 年翻一番，在 2035 年达到 19.9 万元

在基于德法日韩经验的广东 GDP 预测的基础上，结合人口专题常住人口预测的中方案，计算得出广东人均 GDP 预测值。可以发现，广东 GDP 将在 2022 年突破 10 万元大关，达到 10.0 万元；将在 2030 年比 2016 年翻一番，达到 15.2 万元；将在 2035 年达到 19.9 万元，约为 2016 年的 2.7 倍。

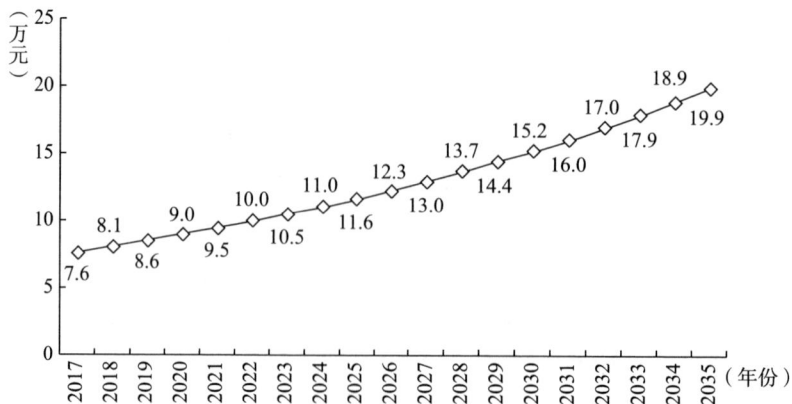

图 1－44　基于德法日韩经验的广东人均 GDP 预测

2. 生产函数法预测

（1）劳动力增长预测：劳动力增长率在 2017 ~ 2030 年将处于下降态势，之后劳动力增长率进入一个新的高峰期，相应的，劳动力人数将在 2035 年达到 7133.57 万

未来的常住人口数和适龄人口所占比例，均可从人口专题中获得。常住人口数采用该专题的高、中、低方案；劳动年龄人口占比采用该专题的中方案预测结果，该专题给出了 2020 年、2025 年、2030 年、2035 年的劳动年龄人口占比预测值，假设劳动年龄人口占比的变化幅度保持基本稳定，将 2017 ~ 2035 年每年的劳动年龄人口占比补齐。劳动年龄人口的劳动参与率假设维持基本稳定，设定为前十年的平均值（76%）。

表 1 - 11　广东常住人口、劳动年龄人口占比和劳动参与率预判

年份	常住人口（万人）			劳动年龄人口占比（%）	劳动参与率（%）
	低方案	中方案	高方案		
2017	11153.05	11205.42	11251.10	74.22	76
2018	11296.90	11364.93	11426.28	74.21	76
2019	11449.79	11533.66	11610.84	74.20	76
2020	11610.78	11710.55	11803.64	74.19	76
2021	11753.06	11868.70	11977.66	73.80	76
2022	11885.85	12017.24	12141.95	73.42	76
2023	12008.48	12155.40	12295.64	73.03	76
2024	12120.66	12282.84	12438.34	72.65	76
2025	12229.62	12399.24	12569.67	72.26	76
2026	12318.73	12495.62	12687.95	72.02	76
2027	12404.89	12588.90	12795.46	71.77	76
2028	12481.17	12679.10	12899.58	71.53	76
2029	12554.93	12759.67	12993.78	71.28	76
2030	12619.70	12837.88	13085.41	71.04	76
2031	12673.51	12904.98	13165.77	71.10	76
2032	12725.04	12969.72	13243.66	71.17	76
2033	12774.52	13032.44	13319.47	71.23	76

年份	常住人口（万人）			劳动年龄人口占比（%）	劳动参与率（%）
	低方案	中方案	高方案		
2034	12822.28	13093.54	13393.69	71.30	76
2035	12868.58	13153.41	13466.86	71.36	76

资料来源：课题组估算。

　　将广东常住人口的高、中、低预测值，以及劳动年龄人口占比和劳动参与率未来变化预测值，代入劳动力预测方程，即可求出广东未来的就业人口数及其增长率的预测值。可以发现，广东劳动力增长率2017~2030年总体上将处于下降态势，降至2030年的0.269%左右，这是因为这段时期常住人口增长率和劳动人口占比均呈现下降趋势；之后劳动力增长率进入一个新的高峰期。相应的，劳动力人数将在2020年、2025年、2030年、2035年分别达到6602.92万人、6809.37万人、6931.22万人、7133.57万人。

表1-12　广东就业人数及其增长率预测

年份	劳动力人数（万人）			劳动力人数增长率（%）		
	低方案	中方案	高方案	低方案	中方案	高方案
2017	6290.81	6320.34	6346.11	1.370	1.604	1.807
2018	6371.19	6409.56	6444.16	1.278	1.412	1.545
2019	6456.66	6503.95	6547.47	1.341	1.473	1.603
2020	6546.67	6602.92	6655.41	1.394	1.522	1.649
2021	6592.41	6657.28	6718.39	0.699	0.823	0.946
2022	6632.03	6705.34	6774.93	0.601	0.722	0.841
2023	6665.23	6746.77	6824.61	0.501	0.618	0.733
2024	6691.93	6781.47	6867.33	0.401	0.514	0.626
2025	6716.21	6809.37	6902.96	0.363	0.411	0.519
2026	6742.31	6839.12	6944.39	0.389	0.437	0.600
2027	6766.46	6866.83	6979.50	0.358	0.405	0.506
2028	6784.92	6892.52	7012.38	0.273	0.374	0.471
2029	6801.74	6912.66	7039.49	0.248	0.292	0.387
2030	6813.43	6931.22	7064.87	0.172	0.269	0.360

年份	劳动力人数（万人）			劳动力人数增长率（%）		
	低方案	中方案	高方案	低方案	中方案	高方案
2031	6848.64	6973.73	7114.66	0.517	0.613	0.705
2032	6882.68	7015.02	7163.19	0.497	0.592	0.682
2033	6915.66	7055.28	7210.67	0.479	0.574	0.663
2034	6947.75	7094.73	7257.37	0.464	0.559	0.648
2035	6979.09	7133.57	7303.56	0.451	0.547	0.637

资料来源：课题组估算。

（2）资本存量增长预测：广东资本存量增长率将不断下降，在 2035 年降至 6.32% 左右

根据资本存量增长预测方程，资本存量增长受到第二产业占 GDP 比重的影响。根据广东"十三五"规划纲要，2020 年广东第二产业占 GDP 比重将降至 40%，2017～2020 年年均下降 0.8 个百分点。2020 年广东第二产业占 GDP 比重将相当于 1976 年的日本（40.3%）、1999 年的韩国（40.24%）。日本第二产业占 GDP 比重在之后的五年内下降了 3.1 个百分点，年均下降 0.62 个百分点；在第二个五年下降了 2.25 个百分点，年均下降 0.45 个百分点。韩国在之后的五年内下降了 2.1 个百分点，年均下降 0.42 个百分点；在第二个五年下降了 1.46 个百分点，年均下降 0.29 个百分点。假设广东在第二产业占 GDP 比重降至 40% 后的两个五年内第二产业占 GDP 比重的下降幅度为日本、韩国在相应阶段下降幅度的平均值，即广东第二产业占 GDP 比重在 2021～2025 年、2026～2030 年分别年均下降 0.52、0.37 个百分点；假设 2021～2025 年比 2017～2020 年、2026～2030 年比 2021～2025 年、2031～2035 年比 2026～2030 年第二产业占 GDP 比重的降幅呈等差数列关系，则 2031～2035 年广东第二产业占 GDP 比重将年均下降 0.24 个百分点。此外，将上述 2017～2020 年、2021～2025 年、2026～2030 年、2030～2035 年的年均下降幅度进行 ±0.05 个百分点的调整，作为广东第二产业占 GDP 比重预判的高、中、低方案。

将计算得出的第二产业占 GDP 比重的高、低方案，代入资本存量增长预测方程，并用 2015 年的估算误差进行调整，可预测未来资本存量及其增长率。可以发现，在第二产业占 GDP 比重不断下降的影响下，广东资本存量增

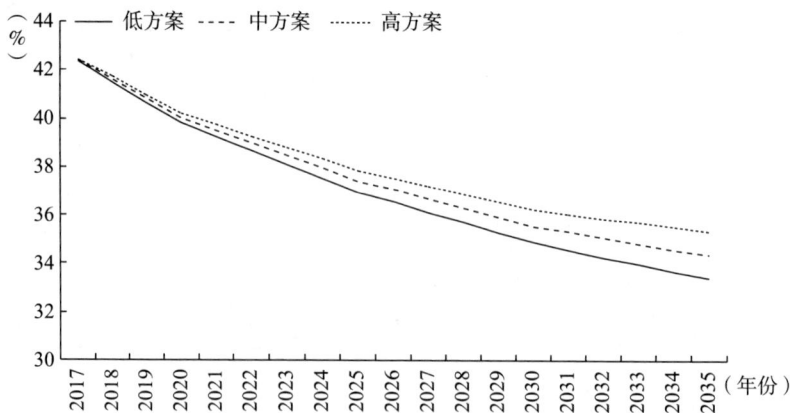

图 1-45   广东第二产业占 GDP 比重预判

长率不断下降，分别降为 2020 年的 9.04%、2025 年的 7.78%、2030 年的
6.89% 和 2035 年的 6.32%；相应的，资本存量将达到 2020 年的 5.79 万亿元、
2025 年的 8.61 万亿元、2030 年的 12.22 万亿元和 2035 年的 16.78 万亿元。

表 1-13   广东资本存量及其增长率预测

年份	资本存量（万亿元）			资本存量增长率（%）		
	低方案	中方案	高方案	低方案	中方案	高方案
2017	4.41	4.42	4.42	10.17	10.19	10.21
2018	4.84	4.85	4.85	9.76	9.80	9.85
2019	5.30	5.31	5.31	9.35	9.42	9.49
2020	5.77	5.79	5.80	8.94	9.04	9.13
2021	6.27	6.29	6.32	8.66	8.78	8.91
2022	6.80	6.83	6.86	8.39	8.53	8.68
2023	7.35	7.40	7.44	8.12	8.28	8.45
2024	7.93	7.99	8.06	7.84	8.03	8.23
2025	8.53	8.61	8.70	7.57	7.78	8.00
2026	9.15	9.27	9.38	7.37	7.61	7.85
2027	9.81	9.96	10.11	7.16	7.43	7.69
2028	10.49	10.68	10.87	6.96	7.25	7.54
2029	11.20	11.43	11.67	6.76	7.07	7.39
2030	11.94	12.22	12.51	6.56	6.89	7.23

续表

年份	资本存量（万亿元）			资本存量增长率（%）		
	低方案	中方案	高方案	低方案	中方案	高方案
2031	12.70	13.05	13.41	6.42	6.78	7.14
2032	13.50	13.92	14.35	6.28	6.66	7.05
2033	14.33	14.83	15.35	6.14	6.55	6.96
2034	15.19	15.79	16.40	6.00	6.43	6.87
2035	16.08	16.78	17.52	5.86	6.32	6.77

资料来源：课题组估算。

（3）TFP 增长预测：广东 TFP 增长率将稳步提升，在 2035 年达到 2.46% 左右

根据 TFP 增长预测方程，TFP 增长预测要以发明专利批准量增长率、教育经费占财政支出比重的预判为基础。根据"十三五"规划，2020 年广东每万人口发明专利批准量达到 12 件，相当于"十三五"期间发明专利批准量年均增长 45%，假设未来广东发明专利批准量以 45% ±0.5% 这个速度继续增长。根据《广东省中长期教育改革和发展规划纲要（2010—2020)》，2020 年广东各级财政教育拨款占财政总支出比例达到 25% 以上，相当于"十二五"期间年均增加 0.5 个百分点，假设未来以 0.5 ±0.05 个百分点这个速度继续提升。

表 1-14　广东发明专利批准量增长率、教育经费占财政支出比重预判

单位：%

年份	发明专利批准量增长率			教育经费占财政支出比重		
	低方案	中方案	高方案	低方案	中方案	高方案
2017	44.5	45.0	45.5	23.5	23.6	23.7
2018	44.5	45.0	45.5	24.0	24.1	24.3
2019	44.5	45.0	45.5	24.4	24.6	24.8
2020	44.5	45.0	45.5	24.9	25.1	25.4
2021	44.5	45.0	45.5	25.3	25.6	25.9
2022	44.5	45.0	45.5	25.8	26.1	26.5
2023	44.5	45.0	45.5	26.2	26.6	27.0

续表

年份	发明专利批准量增长率			教育经费占财政支出比重		
	低方案	中方案	高方案	低方案	中方案	高方案
2024	44.5	45.0	45.5	26.7	27.1	27.6
2025	44.5	45.0	45.5	27.1	27.6	28.1
2026	44.5	45.0	45.5	27.6	28.1	28.7
2027	44.5	45.0	45.5	28.0	28.6	29.2
2028	44.5	45.0	45.5	28.5	29.1	29.8
2029	44.5	45.0	45.5	28.9	29.6	30.3
2030	44.5	45.0	45.5	29.4	30.1	30.9
2031	44.5	45.0	45.5	29.8	30.6	31.4
2032	44.5	45.0	45.5	30.3	31.1	32.0
2033	44.5	45.0	45.5	30.7	31.6	32.5
2034	44.5	45.0	45.5	31.2	32.1	33.1
2035	44.5	45.0	45.5	31.6	32.6	33.6

资料来源：课题组估算。

表 1-15 广东 TFP 增长率预测

单位：%

年份	低方案	中方案	高方案	年份	低方案	中方案	高方案
2017	1.92	1.93	1.94	2027	2.18	2.22	2.27
2018	1.94	1.96	1.97	2028	2.21	2.25	2.30
2019	1.97	1.99	2.00	2029	2.24	2.28	2.33
2020	2.00	2.02	2.04	2030	2.26	2.31	2.36
2021	2.02	2.05	2.07	2031	2.29	2.34	2.40
2022	2.05	2.08	2.10	2032	2.32	2.37	2.43
2023	2.08	2.11	2.14	2033	2.34	2.40	2.46
2024	2.10	2.14	2.17	2034	2.37	2.43	2.50
2025	2.13	2.17	2.20	2035	2.40	2.46	2.53
2026	2.16	2.20	2.23				

资料来源：课题组估算。

将发明专利批准量增长率、教育经费占财政支出比重代入 TFP 增长预测方程,并用 2015 年的估算误差进行调整,可预测未来 TFP 增长率。可以发现,广东 TFP 增长率将稳步提升,在 2020 年、2025 年、2030 年、2035 年分别达到 2.02%、2.17%、2.31% 和 2.46%,年均增加 0.03 个百分点,创新驱动战略的效应将逐渐得以发挥。

(4) GDP 增长预测:GDP 增长率在 2017~2025 年将逐年下降,之后将逐步稳定在 6% 左右,稳步进入中高速增长期;GDP 将在 2020 年突破 10 万亿元大关,在 2031 年突破 20 万亿元大关,在 2035 年达到 26.2 万亿元左右

根据 GDP 增长预测方程,除前述劳动力、资本、TFP 增长率之外,还需对资本、劳动要素份额进行预判。1978~2015 年广东资本、劳动要素份额在 0.5 上下波动,且逐渐向 0.5 收敛。因而设定 2017~2035 年的资本和劳动要素份额均稳定在 0.5。

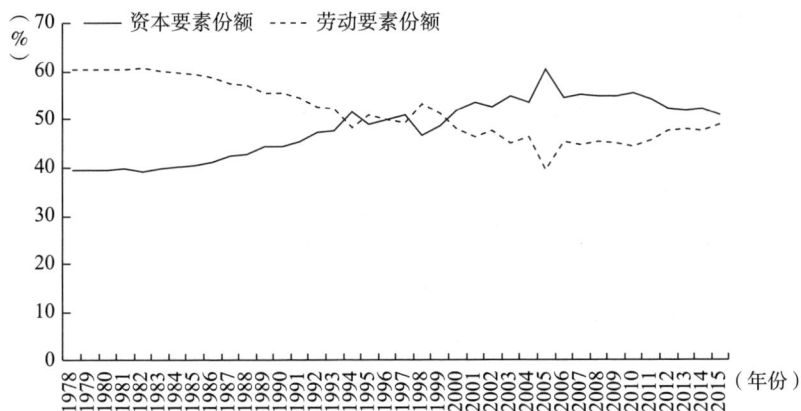

图 1-46 1978~2015 年广东资本和劳动要素份额

资料来源:课题组估算。

将劳动力、资本、TFP 增长率以及资本、劳动要素份额代入 GDP 潜在增长预测方程,可得出 GDP 潜在增长率的预测值。在此基础上,结合 2016 年广东 GDP 数据,可得出 GDP 预测值(2016 年价)。可以发现,广东 GDP 增长率在 2017~2025 年将逐年下降,分别在 2020 年、2025 年下降至 7.3% 左右、6.3% 左右;究其原因,广东资本存量增长率的下降是主要因素。之后,广东 GDP 增长率将逐步稳定在 6% 左右,进入中高速增长期。相应的,广东 GDP 将在 2020 年突破 10 万亿元大关,达到 10.63 万亿元左右;将在 2027 年实现比 2016 年翻一番,达到 16.5 万亿元;在 2031 年突破 20 万亿元大关,达到 20.8 万亿元左右;在 2035 年达到 26.2 万亿

元左右，约为 2016 年的 3.29 倍。

表 1-16　广东 GDP 及其增长率预测

年份	GDP（万亿元，2016 年价）			GDP 增长率（%）		
	低方案	中方案	高方案	低方案	中方案	高方案
2017	8.56	8.57	8.58	7.7	7.8	7.9
2018	9.20	9.22	9.24	7.5	7.6	7.7
2019	9.87	9.91	9.94	7.3	7.4	7.6
2020	10.58	10.63	10.68	7.2	7.3	7.4
2021	11.29	11.36	11.42	6.7	6.9	7.0
2022	12.0	12.1	12.2	6.5	6.7	6.9
2023	12.8	12.9	13.0	6.4	6.6	6.7
2024	13.6	13.7	13.9	6.2	6.4	6.6
2025	14.4	14.6	14.8	6.1	6.3	6.5
2026	15.3	15.5	15.7	6.0	6.2	6.5
2027	16.2	16.5	16.7	5.9	6.1	6.4
2028	17.1	17.5	17.8	5.8	6.1	6.3
2029	18.1	18.5	18.9	5.7	6.0	6.2
2030	19.2	19.6	20.1	5.6	5.9	6.2
2031	20.3	20.8	21.3	5.8	6.0	6.3
2032	21.4	22.0	22.7	5.7	6.0	6.3
2033	22.6	23.3	24.1	5.7	6.0	6.3
2034	23.9	24.7	25.6	5.6	5.9	6.3
2035	25.2	26.2	27.2	5.6	5.9	6.2

资料来源：课题组估算。

（5）人均 GDP 增长预测：人均 GDP 将在 2022 年突破 10 万元大关，在 2030 年实现比 2016 年翻一番，在 2035 年达到 19.9 万元左右

运用上述 GDP 预测的高、中、低方案和人口专题中常住人口预测的中方案，计算得出广东人均 GDP 预测的高、中、低方案。可以发现，广东人均 GDP 将在 2022 年突破十万元大关，达到 10.1 万元左右；将在 2030 年实现比 2016 年翻一番，达到 15.3 万元左右；将在 2035 年达到 19.9 万元左右，约相当于 2016 年的 2.73 倍。

表 1 - 17 广东人均 GDP 预测

单位：万元，2016 年价

年份	低方案	中方案	高方案	年份	低方案	中方案	高方案
2017	7.64	7.65	7.66	2027	12.9	13.1	13.3
2018	8.10	8.11	8.13	2028	13.5	13.8	14.0
2019	8.56	8.59	8.62	2029	14.2	14.5	14.8
2020	9.04	9.08	9.12	2030	14.9	15.3	15.6
2021	9.51	9.57	9.63	2031	15.7	16.1	16.5
2022	10.0	10.1	10.2	2032	16.5	17.0	17.5
2023	10.5	10.6	10.7	2033	17.4	17.9	18.5
2024	11.1	11.2	11.3	2034	18.2	18.9	19.6
2025	11.6	11.8	11.9	2035	19.2	19.9	20.7
2026	12.2	12.4	12.6				

资料来源：课题组估算。

3. 预测结果比较与分析

（1）预测结果比较：除少数年份外，经验法和生产函数法的预测结果基本吻合，本报告采用生产函数法的预测结果

将经验法和生产函数法的预测结果进行比较，可以发现，除少数年份外，两种方法对 GDP 及其增长率、人均 GDP 的预测结果基本吻合。对于 GDP 增长率的预测结果，2017～2019 年、2021 年、2024～2035 年的经验法预测结果均在生产函数法预测结果所在区间内；2020 年的经验法预测结果仅比生产函数法预测结果的低方案低 0.2 个百分点；2022～2023 年的经验法预测结果均比生产函数法预测结果的低方案低 0.1 个百分点。对于 GDP 的预测结果，经验法预测结果均在生产函数法预测结果所在区间内。对于人均 GDP 的预测结果，除了 2020 年的经验法预测结果比生产函数法预测结果的低方案低 0.01 万元之外，其余年份的经验法预测结果均在生产函数法预测结果所在区间内。本报告采用生产函数法的预测结果。

（2）未来所处阶段预判：根据生产函数法的预测结果，广东将于 2019 年达到高收入经济体水平，在 2035 年人均 GDP 将比高收入经济体门槛高 1.5 万美元

根据生产函数法中方案的预测结果，广东人均 GDP 在 2016～2018 年的

表 1 - 18　广东经济增长的经验法和生产函数法预测结果比较

年份	GDP 增长率（%）		GDP（万亿元，2016 年价）		人均 GDP（万元，2016 年价）	
	经验法	生产函数法	经验法	生产函数法	经验法	生产函数法
2017	7.8	7.7 ~ 7.9	8.6	8.56 ~ 8.58	7.65	7.64 ~ 7.66
2018	7.5	7.5 ~ 7.7	9.2	9.20 ~ 9.24	8.11	8.10 ~ 8.13
2019	7.3	7.3 ~ 7.6	9.9	9.87 ~ 9.94	8.57	8.56 ~ 8.62
2020	7.0	7.2 ~ 7.4	10.6	10.58 ~ 10.68	9.03	9.04 ~ 9.12
2021	6.7	6.7 ~ 7	11.3	11.29 ~ 11.42	9.51	9.51 ~ 9.63
2022	6.4	6.5 ~ 6.9	12.0	12.0 ~ 12.2	10.0	10.0 ~ 10.2
2023	6.3	6.4 ~ 6.7	12.8	12.8 ~ 13	10.5	10.5 ~ 10.7
2024	6.3	6.2 ~ 6.6	13.6	13.6 ~ 13.9	11.0	11.1 ~ 11.3
2025	6.4	6.1 ~ 6.5	14.4	14.4 ~ 14.8	11.6	11.6 ~ 11.9
2026	6.4	6 ~ 6.5	15.4	15.3 ~ 15.7	12.3	12.2 ~ 12.6
2027	6.4	5.9 ~ 6.4	16.3	16.2 ~ 16.7	13.0	12.9 ~ 13.3
2028	6.3	5.8 ~ 6.3	17.4	17.1 ~ 17.8	13.7	13.5 ~ 14.0
2029	6.1	5.7 ~ 6.2	18.4	18.1 ~ 18.9	14.4	14.2 ~ 14.8
2030	5.9	5.6 ~ 6.2	19.5	19.2 ~ 20.1	15.2	14.9 ~ 15.6
2031	6.0	5.8 ~ 6.3	20.7	20.3 ~ 21.3	16.0	15.7 ~ 16.5
2032	6.3	5.7 ~ 6.3	22.0	21.4 ~ 22.7	17.0	16.5 ~ 17.5
2033	5.9	5.7 ~ 6.3	23.3	22.6 ~ 24.1	17.9	17.4 ~ 18.5
2034	6.1	5.6 ~ 6.3	24.7	23.9 ~ 25.6	18.9	18.2 ~ 19.6
2035	6.0	5.6 ~ 6.2	26.2	25.2 ~ 27.2	19.9	19.2 ~ 20.7

注：灰色部分为经验法的预测结果不在生产函数法预测结果区间内的年份。

人均 GDP 分别比当年高收入经济体门槛低 0.11 万、0.07 万、0.01 万美元[①]，两者的差距逐步缩小。至 2019 年，广东人均 GDP 将达到 1.36 万美元，比高收入经济体门槛高 0.04 万美元，进入高收入经济地区。之后，广

[①]　为便于国际分析，将以 2016 人民币计价的 GDP 和人均 GDP 换算为以 2015 年美元计价。换算方法为：根据当年人民币计价的 2015 年、2016 年广东 GDP，以及 2016 年的广东 GDP 增长率，测算 2015 年人民币和 2016 年人民币之间的换算系数；再结合 2015 年人民币与 2015 年美元之间汇率，求取 2016 年人民币和 2015 年美元之间的换算系数，从而测算出以 2015 年美元计价的广东 GDP 和人均 GDP 预测值。

东人均 GDP 超出高收入经济体门槛的幅度将逐年加大。至 2035 年，广东人均 GDP 将达到 3.15 万美元，比高收入经济体门槛高 1.5 万美元。

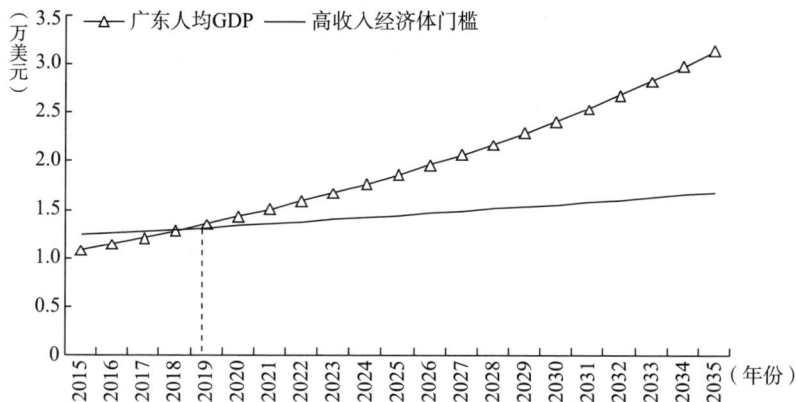

图 1-47 广东进入高收入阶段的时间预判

资料来源：课题组估算。高收入经济体门槛的预测方法为，首先，从世界银行查找 2015 年高收入经济体的收入门槛及高收入经济体的名单（共 79 个）；之后，从 IMF 查找这些高收入经济体中有 2015~2022 年预测的经济体（共 58 个），估算出这 58 个高收入经济体 2016~2035 年的人均 GDP 增长率，并将其平均值作为高收入经济体门槛的增长率；最后，结合 2015 年高收入经济体的收入门槛，估算 2016~2035 年的高收入经济体门槛。

四 广东经济发展趋势

根据生产函数法的中方案，2017~2035 年，广东经济总量和人均水平在国际和国内的重要性都将逐步提升。从国际视角来看，2035 年广东 GDP 占全球比例将达到 2.08%，达到美国加利福尼亚州（下文简称美国加州）的 1.25 倍；广东人均 GDP 将比全球平均水平高 1 万美元；在 2030 年将达到发达经济体水平，2035 年将向中等发达经济体水平冲刺。从国内来看，2035 年广东 GDP 占全国比重将达到 12.4%，人均 GDP 将比全国平均水平高 5.2 万元，并于 2019 年比全国提前 7 年达到高收入经济体水平。

（一）基于国际视角的 2035 年广东经济发展趋势

1. GDP：2035 年在全球占比将达到 2.08%，达到美国加州 GDP 的 1.25 倍

由于广东 GDP 增长率仍将高于全球平均水平，广东 GDP 占全球 GDP 的比例将不断提升。到 2020 年，广东 GDP 占全球比例将达到 1.78%，比

2015年增加0.21个百分点，年均增加约0.042个百分点；到2025年，将达到1.91%，比2020年增加0.13个百分点，年均增加约0.026个百分点；到2030年，将达到2%，比2025年增加0.09个百分点，年均增加约0.018个百分点；到2035年，将达到2.08%，比2030年增加0.08个百分点，年均增加约0.017个百分点。

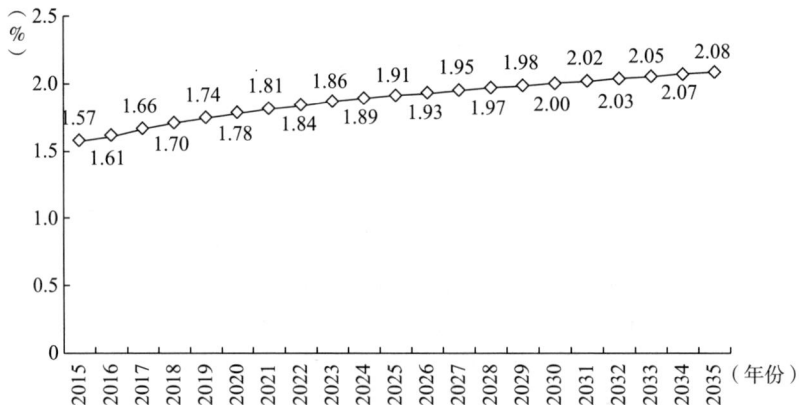

图1-48　广东GDP占全球GDP比例预判

资料来源：课题组测算。测算方法为：根据IMF对2015～2022年全球192个国家不变价国际元GDP的预测，求取2015～2022年的全球不变价国际元GDP，然后求取2015～2022年的全球GDP增长率，假设2023～2035年的全球GDP按照2021年、2022年的平均增长率增长；再结合从IMF查找的2015年美元计价的全球2015年GDP，测算出2016～2035年全球GDP预测值。

得益于广东GDP增长率高于美国加州的趋势，广东GDP与美国加州之间的差距在未来的十余年里将不断缩小。在2015年，广东GDP约为美国加州的46.9%，两者相差1.32万亿美元。到2020年，广东GDP提升至约为美国加州的62.3%，两者的差距缩小至1.02万亿美元。到2025年，广东GDP进一步提升至约为美国加州的79.8%，两者的差距则缩小至0.58万亿美元。到2030年，广东GDP将与美国加州相当，开始实现赶超。之后，广东GDP超过美国加州的幅度越来越大，2035年将达到美国加州GDP的1.25倍。

2. 人均GDP：2035年将高出全球平均水平1万美元，2030年将达到发达经济体水平，2035年将向中等发达经济体水平冲刺

由于广东人均GDP增长将高于全球平均水平，广东人均GDP高于全球平均水平的幅度不断扩大。目前，广东人均GDP已高于全球平均水平，

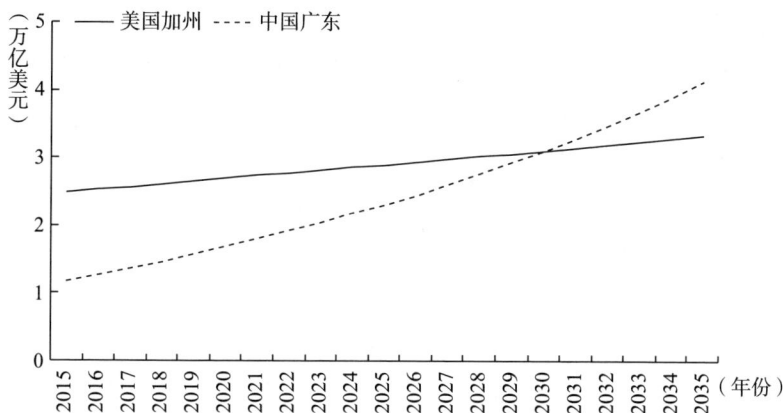

图 1-49 广东与美国加州的 GDP 比较

资料来源：2015 年美国加州 GDP 来源于 BEA，其余年份 GDP 来源于课题组测算。测算方法为：根据美国加州与美国的历史数据，美国加州 GDP 增长率平均约比美国高 0.5 个百分点，假设 2016～2030 年美国加州 GDP 增长率仍比美国高 0.5 个百分点。之后，结合课题组对美国 GDP 增长率的预测值，估算美国加州 GDP 增长率，然后求取美国加州 GDP 的预测值。

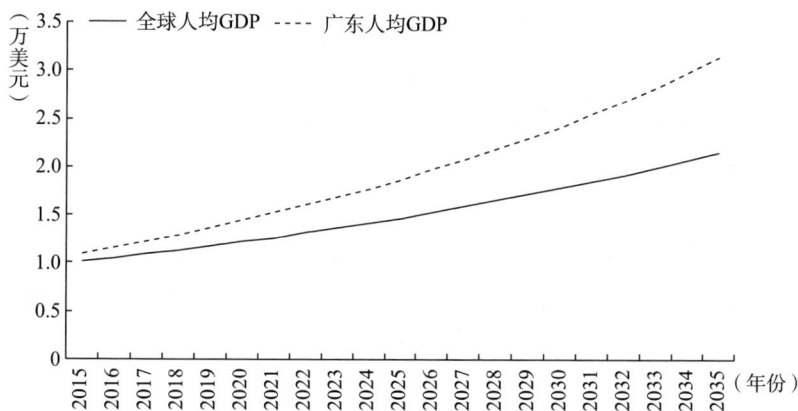

图 1-50 广东与全球人均 GDP 比较

资料来源：课题组测算。测算方法为：根据 IMF 对 2015～2022 年全球 192 个国家不变价国际元 GDP 和人均 GDP 的预测，求取 2015～2022 年的全球 192 个国家人口的预测值，再结合前述对 2015～2022 年全球 GDP 的预测值，求取 2015～2022 年全球人均 GDP 的预测值。之后，假设 2023～2035 年全球人均 GDP 按照 2021 年、2022 年的平均增长率增长，测算其人均 GDP 预测值。

2015 年，广东人均 GDP 约为 1.08 万美元，已高于全球平均水平 0.07 万美元。到 2020 年，广东人均 GDP 将达到 1.43 万美元，约为全球平均水平的 1.19 倍，高出 0.22 万美元。到 2025 年，广东人均 GDP 将达到 1.86 万美元，约为全球平均水平的 1.27 倍，高出 0.4 万美元。到 2030 年，广东人均 GDP 将达到 2.41 万美元，约为全球平均水平的 1.36 倍，高出 0.64 万美元。到 2035 年，广东人均 GDP 将达到 3.15 万美元，约为全球平均水平的 1.47 倍，高出 1 万美元。

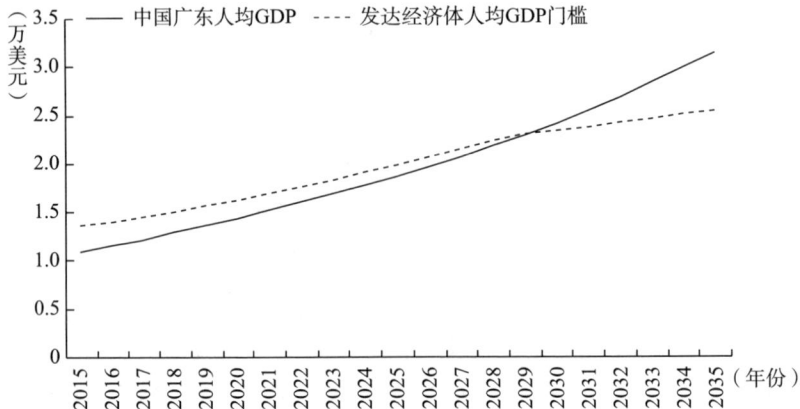

图 1 - 51　广东与发达经济体的人均 GDP 比较

资料来源：课题组测算。测算方法为：根据 IMF 对 2015～2022 年各发达经济体不变价国际元人均 GDP 的预测，求取 2015～2022 年的各发达经济体人均 GDP 增长率的预测值，假设 2023～2035 年各发达经济体人均 GDP 按照 2021 年、2022 年的平均增长率增长，再结合从 IMF 查找的以 2015 年美元计价的 2015 年各发达经济体人均 GDP，从而测算各发达经济体以 2015 年美元计价的 2016～2035 年人均 GDP 预测值，由此得出发达经济体的人均 GDP 门槛。

与发达经济体的人均 GDP 门槛比较，2015 年，广东人均 GDP 相当于发达经济体人均 GDP 门槛的 79.6%，两者差距为 0.28 万美元。到 2020 年，广东人均 GDP 将增至发达经济体人均 GDP 门槛的 88.5%，两者之间的差距缩小至 0.19 万美元。到 2025 年，广东人均 GDP 将增至发达经济体人均 GDP 门槛的 93.8%，两者之间的差距进一步缩小至 0.12 万美元。到 2030 年，广东人均 GDP 将比发达经济体人均 GDP 门槛高 0.07 万美元。到 2035 年，广东人均 GDP 将比发达经济体人均 GDP 门槛高 0.6 万美元，将向中等发达经济体水平冲刺。

（二）基于国内视角的 2035 年广东经济发展趋势

1. GDP：在全国的重要性仍将逐步提升，2035 年占全国比重达 12.4%

由于广东省 GDP 增长率仍将高于全国平均水平，广东省 GDP 占全国

GDP 的比例将逐步提升。2016 年，广东省 GDP 占全国的比重为 1/10 强，为 10.7%。之后这一比重将不断提升，分别提升至 2020 年的 10.9%，比 2016 年提升 0.2 个百分点，年均提升 0.05 个百分点。2025 年提升至 11.2%，比 2020 年提升 0.3 个百分点，年均提升 0.06 个百分点。2030 年提升至 11.8%，比 2025 年提升 0.6 个百分点，年均提升 0.12 个百分点。2035 年提升至 12.4%，比 2030 年提升 0.6 个百分点，年均提升 0.12 个百分点。

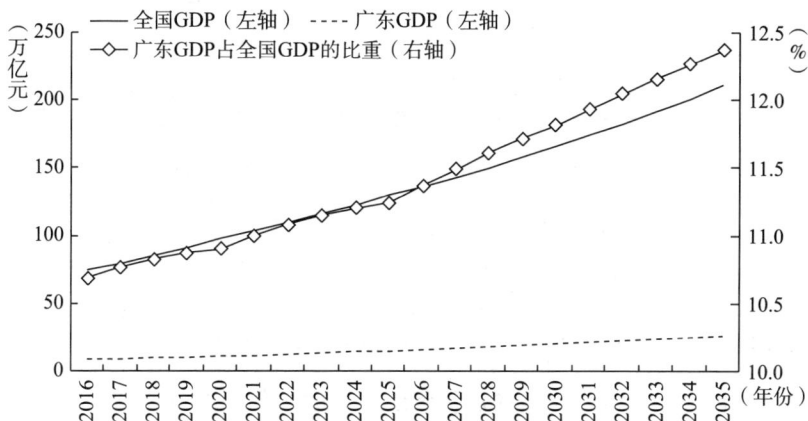

图 1-52 广东与全国 GDP 增长情景比较

资料来源：2016 年 GDP 来源于全国和广东的 2016 年统计公报，2017～2035 年的全国 GDP 为课题组根据世界银行、国务院发展研究中心（2013）对中国 GDP 潜在增长率的预测结果进行测算，2017～2035 年的广东 GDP 来源于课题组预测的中方案。

2. 人均 GDP：对全国平均水平的领先程度仍将不断提升，2035 年将高出 5.2 万元

由于广东人均 GDP 增长率仍将高于全国平均水平，广东人均 GDP 对全国平均水平的领先程度仍将不断提升。2016 年，广东人均 GDP 比全国人均 GDP 高 1.88 万元（2016 年价）。之后，这一领先幅度增至 2020 年的 2.2 万元，比 2016 年增加 0.32 万元，年均增加约 0.08 万元。到 2025 年，广东人均 GDP 对全国平均水平的领先程度进一步提升至 2.7 万元，比 2020 年增加 0.5 万元，年均增加约 0.1 万元。到 2030 年，领先幅度再增至 3.8 万元，比 2025 年增加 1.1 万元，年均增加约 0.23 万元。到 2035 年，领先幅度进一步增至 5.2 万元，比 2030 年增加 1.4 万元，年均增加约 0.28 万元。

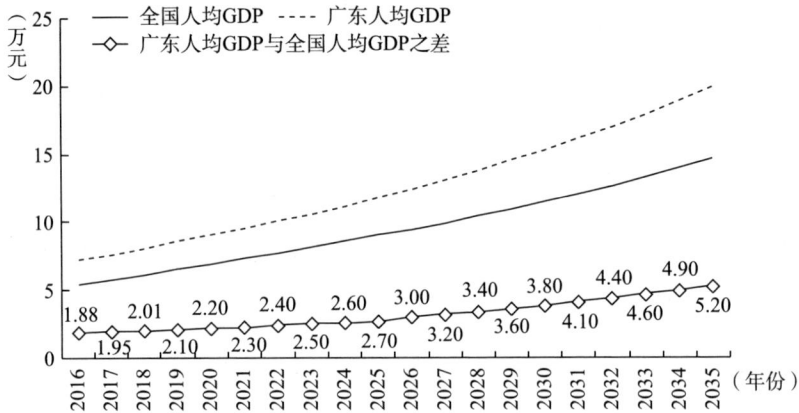

图 1-53　广东与全国人均 GDP 增长情景比较

资料来源：课题组测算。其中，2017～2035 年的广东人均 GDP 来源于课题组预测的中方案。全国人均 GDP 预测值的测算方法为：在《国家人口发展规划（2016—2030年）》中查找 2020 年、2025 年、2030 年全国人口的预测值，并结合 United Nations（2017）的预测结果对其进行插值，测算出 2017～2035 年中国人口的预测值；再结合前述对全国 GDP 的预测，测算出 2017～2035 年全国人均 GDP 的预测值。

3. 发展阶段：将比全国提前 7 年达到高收入经济体水平

由于广东人均 GDP 高于全国平均水平，且增长率更高，广东将比全国更早从中上等收入经济体水平向高收入经济体水平迈进。2016 年，广东和全国与高收入经济体门槛之间的差距分别为 0.11 万美元和 0.40 万美元。之后，伴随着人均 GDP 的不断增长，广东人均 GDP 将于 2019 年超过发达经济体门槛 0.04 万美元，达到高收入经济体水平；此时全国人均 GDP 仍

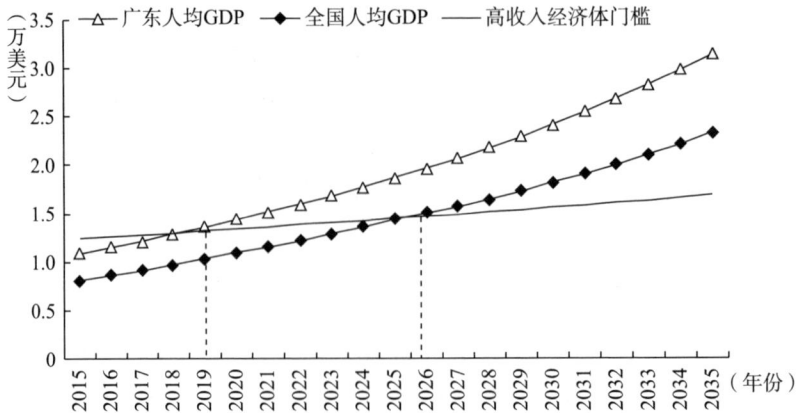

图 1-54　广东与全国达到高收入经济体水平的预判

将与高收入有 0.3 万美元的差距，仍将为向高收入经济体迈进而努力。到 2026 年，全国人均 GDP 将比高收入经济体门槛高 0.03 万美元，在广东达到高收入经济体水平后 7 年方能进入这一阶段。

五　广东建设现代化经济体系的策略与建议

（一）以提高全要素生产率为中心，加快创新驱动，实现经济增长动力转换

全要素生产率是未来广东经济增长的首要动力来源。TFP 的提升，涉及宏观、中观、微观不同层面的体制机制，与政府、企业、科研机构、科研人员、企业员工等各类主体都关系密切。需要从机制设计、科技创新和深化改革中寻找奇迹，构建聚焦化、特色化、普惠制的市场环境，推动技术进步、调整产业结构、重新配置资源，从而促进经济增长动力增强。

首先，建立全社会研发投入持续增长的长效机制。改革财政经费体制。在制度设计层面，参照发达国家经验，规定每年广东省的研发投入占广东 GDP 一个适合的比例，确保研发投入的持续增长。以财政科研经费统筹为基础，完善公共科研经费的投放机制，在资助项目方向选择、资助效果评估等环节，探索推行第三方评估机制，切实提高公共科研经费的配置效率。改革现行财政科研资金资助方式。在完善现行"事前申请、定向资助"方式的同时，逐步探索推行后激励机制，根据最终成果对科研单位和人员给予报酬和激励。鼓励引导企业加大研发投入。在税收征收环节，简化核定手续，将既有的研发费用税前加计扣除政策真正贯彻到位；逐步扩大享受普惠性税收优惠企业的范围，尤其是针对中小科技型企业基于定向提高加计扣除比例的优惠政策。

其次，促进科技交流和科技扩散。建立符合国际规则的知识产权保护制度，为跨国科技转移创造较好的制度环境。探索合理的知识产权保护尺度，既要有效维护知识产权方获取高额回报、弥补创新试错风险的权益，更要特别注意过度保护可能引起的技术扩散阻碍。深化高校和科研院所科研管理改革，完善高校和科研院所应用性研究和企业需求有效对接的体制机制，探索新型的政用产学研协同创新模式。增强科技公共服务能力，围

绕产业共性技术开发，建立开放式共性技术研究平台或公共实验室，为共性技术的开发、转移、扩散提供载体。

再次，促进企业提质增效。着眼于收入分配的各个环节，通过收入分配的利益杠杆作用，引导和激发企业的自主创新行为；逐步完善信贷、土地、财税等相关政策，在税收政策及征管方面对初创期的中小型科技企业给予足够的优惠和支持。适度降低设立各种研发创新机构的门槛，鼓励企业成立企业研究开发院、各类工程技术中心和实验室。对龙头骨干企业关键领域核心技术的攻关进行重点扶持，将重点企业项目列入省级重大科技专项，通过整合省部院创新资源、开展产学研合作，协同突破关键核心技术。加大力度培育扶持龙头骨干企业上市，利用资本市场、引入战略合作方或有效利用外部创新资源，进一步促进企业与国内国际先进技术接轨，提升企业开展网络化协同创新的能力。

最后，推动产业结构优化升级。依托产业技术联盟等平台，统筹规划，协调推进，有步骤、有重点地突破核心技术和关键技术，培育行业龙头骨干企业，带动上下游企业共同向产业价值链高端环节跃迁。充分把握新一轮科技革命和产业变革的战略机遇，引导要素资源向新兴产业领域集聚，加快发展新兴产业，逐步提高新兴产业在国民经济中的比重。此外，优化现行监管规制对于产业结构优化升级也非常重要。一方面，运用行业标准、环境标准等加强监管，引导因素资源向具有更高技术水平、环保标准、产品质量的企业集聚；另一方面，主动适应新常态要求，提高监管弹性，为战略性新兴产业发展预留更多空间。

（二）着力扩大有效投资，优化供给结构，推动经济转型升级

扩大有效投资，优化供给结构，提高投资效率，是转方式、调结构、提高发展质量的基本途径，也是促进广东经济增长中供需协调的重要途径，有助于提高潜在增长率和竞争力。未来十余年，资本积累仍将是拉动广东经济持续增长的主要动力，因此，要充分发挥投资对调结构、促转型的先导作用，通过调整和优化投资结构，扩大有效投资，以此带动经济转型升级，经济发展方式转变，形成有效投资与转型升级良性互动，推动广东经济持续稳定发展。具体而言，广东扩大有效投资，应该着重实现以下几个方面的转变。

首先，在投资理念上，要更加注重投资效益。要坚持效益优先，必须摒弃只重投资规模、不重投资质量的粗放投资理念，摒弃比拼成本、价格、能源、土地、环境和政策优惠等成本要素的投资行为，摒弃不愿立足主业做强做优，只求快速回报的投机型投资行为。有效投资必须着力于消除经济增长中的瓶颈环节，促进资本和有效的技术发展、技术创新、结构演进、制度变革相结合，从而实现全要素生产率的提高和经济的持续增长。必须更加注重以切实提高投资项目效益为核心，实现投资方式由外延式向内涵式转变。

其次，在投资结构上，要更加注重优化协同。当前的投资结构决定着未来的产业结构和发展方式，扩大有效投资的关键是要调整投资方向，优化投资结构，以投资引导和推动经济发展方式转变。扩大有效投资可以通过增量来促进产业结构调整的重大突破，促进自主创新能力的重大突破，促进节约资源、保护环境的重大突破，促进统筹城乡区域发展的重大突破。扩大有效投资，广东应更加强调实体经济领域的投资，使资金更多投入战略性发展平台、战略性产业、现代服务业、产业转型升级和科技创新研发等领域；应更加强调民生、社会发展领域的投资，使资金投入向"三农"领域、保障性安居工程、民生工程、公共服务、社会事业、节能减排和生态建设倾斜；应更加强调欠发达地区的投资，使资金向具有比较优势的欠发达地区倾斜。

再次，在投资规模上，要更加注重适度扩张。扩大有效投资，广东既不能将处于高速增长时期的投资增速作为合理目标，不能因为广东经济下滑而过度追求投资规模的快速增长来拉动经济，短期过分追求经济增速，必然以付出效率为代价，但也不能让投资增速大幅回落，必须保持投资的合理增长，规模要适度。综合考虑广东发展阶段特点、资源要素制约、增长方式转变和企业投资行为等因素的变化，今后一个时期全省合理的投资增速宜把握在高于 GDP 增速的 50% 左右（即投资弹性系数为 1.5 左右）。我们认为，当前广东保持 6%～8% 的经济增速是比较合理的，为了维持这个增长速度，投资实际增速宜保持在 9%～12%，这将既有利于拉动经济增长，也有利于推进转型升级。

最后，在投资主体上，要更加注重激发民间资本活力和潜能。扩大有效投资，需要进一步调整和优化投资主体结构。坚持以是否有利于形成先进生产力为标准，对国有和非国有、内资和外资一视同仁，保障各种所有制经济依法平等使用生产要素、公开公平公正参与市场竞争，充分释放各自的潜能和创造力，并从总体上改善投资效益。要打破制度性障碍，改善投资环境，打破行业垄断和市场壁垒，进一步提升民间投资的主体地位，充分激发民间投资的积极性，挖掘民间资本蕴藏的巨大投资潜力，将丰厚的社会资本转化为投资增长的内在动力。深入推进投资管理体制改革，进一步创新重点领域投融资机制，健全政府和社会资本合作（PPP）机制，进一步鼓励和引导社会投资特别是民间投资多方式、多渠道进入基础设施、公共服务设施、基础产业等领域，实现民间投资健康发展。

（三）加快人力资本积累，打造新的"人口红利"，提升经济增长质量

与传统经济增长对劳动力的依赖不同，未来的经济增长更多地依赖高端劳动力，人力资本是根本。这就需要广东在完善教育体系建设、加强企业职工培训、促进人才流动、加强公共服务有效供给等方面加大工作力度。

首先，强化人力资本积累的财税政策支持。由财政提供专项经费，加大尖端科研人才引智计划的实施力度，有针对性地吸引和培育高端科技研发人才。探索设立专项资金，对于具有企业家精神的人才给予鼓励和引导。由教育部门、工会和大中型企业具体执行，实施大规模的技能人才培训项目；财税部门对企业职工培训费用尽可能地给予更多税收优惠，并视具体财力状况对企业职工技能培训进行配套经费补贴。

其次，完善教育培训体系建设。要合理配置教育资源，将冗余的教育资源分配到教育资源不足的第二、第三层次地区，多用于对基础教育，降低失学率，保障学龄儿童能够有学上，为未来储备充足的人力资本。确立公开透明的教育经费公示制度，将教育经费的使用和保障等具体细节明确化，将学校和师生纳入教育经费分配和使用的决策主体中。在政府主导扩大公民受教育范围的形势下，鼓励企业同时加大对员工的技能培训，建立起完善的企业员工培训体系，从实践教育上提升人力资本水平。政府在企业员工培训方面应加大支持力度，从税收或政策方面给予企业优惠。

再次，创造宽松的人才流动环境，打破人才流动障碍。以邀请合作、联合攻关等方式引进优秀人才，充分发挥市场在人力资本配置过程中的基

础性作用，促进人才合理、适度流动，使人才适得其所，得其所用。通过建立灵活的吸引人才机制以及人才回流机制能够使人力资本的配置实现和达到帕累托最优。

最后，加强公共服务的有效供给。以大数据技术为手段，创新服务模式，加强公共服务的有效供给。一是要推进健康保障体系建设。充分利用医疗大数据，加快医疗卫生信息系统建设，促进各医疗卫生单位信息系统之间的沟通和交流，建立覆盖各级各类卫生医疗机构的信息化网络体系，为人力资本提升提供健康服务保障。二是要促进大数据在公共服务体系中的应用。积累数字教育资源，收集教育服务平台学习者行为数据和学习爱好数据，提供个性化的在线学习服务，提高教育资源的共享和利用率，为教育政策调整提供决策支持。加快推进各行业的就业数据库建设，对反映就业情况的大数据进行深入挖掘，提供精细的就业指导服务。

参考文献

陈亮、陈霞、吴慧：《中国经济潜在增长率的变动分析——基于日韩及金砖四国等典型国家 1961—2010 年的经验比较》，《经济理论与经济管理》2012 年第 6 期。

丁敏：《日本产业结构研究》，世界知识出版社，2006。

杜小蓉：《基于潜在经济增长率及经验来预测中国经济周期拐点》，《哈尔滨师范大学社会科学学报》2013 年第 3 期。

广东统计信息网：http：//www. gdstats. gov. cn/。

郭晗、任保平：《结构变动、要素产出弹性与中国潜在经济增长率》，《数量经济技术经济研究》2014 年第 12 期。

郭晗：《中国潜在经济增长率的测算及其结构转换路径研究》，博士学位论文，西北大学，2015。

郭庆旺、贾俊雪：《中国潜在产出与产出缺口的估算》，《经济研究》2004 年第 5 期。

郭豫媚、陈彦斌：《中国潜在经济增长率的估算及其政策含义：1979—2020》，《经济学动态》2015 年第 2 期。

金成晓、卢颖超：《中国潜在经济增长率估计与货币政策操作空间选择——基于 DSGE 模型的计量分析》，《现代财经（天津财经大学学报）》2014 年第 3 期。

卡萝塔·佩蕾丝：《技术革命与金融资本》，田方萌等译，中国人民大学出版社，2007。

赖俊平、张涛等：《动态干中学、产业升级与产业结构演进——韩国经验及对中国的启示》，《产业经济研究》2011 年第 3 期。

李平：《提升全要素生产率的路径及影响因素——增长核算与前沿面分解视角的梳理分析》，《管理世界》2016年第9期。

李善同、刘云中：《2030年的中国经济》，经济科学出版社，2012。

刘斌、张怀清：《我国产出缺口的估计》，《金融研究》2001年第1期。

刘世锦等：《陷阱还是高墙？：中国经济面临的真实挑战和战略选择》，中信出版社，2011。

刘世锦主编《中国经济增长十年展望（2013—2022）》，中信出版社，2013。

马文涛、魏福成：《基于新凯恩斯动态随机一般均衡模型的季度产出缺口测度》，《管理世界》2011年第5期。

麦迪森：《世界经济千年史》，伍晓鹰、许宪春、叶燕斐等译，北京大学出版社，2003。

沈利生：《我国潜在经济增长率变动趋势估计》，《数量经济技术经济研究》1999年第12期。

石风光：《中国省区TFP测算及影响因素分析》，《技术经济与管理研究》2012年第5期。

世界银行、国务院发展研究中心：《2030年的中国：建设现代化和谐有创造力的社会》，中国财政经济出版社，2013。

田野：《中国潜在经济增长率测算方法的研究评述》，《当代经济管理》2014年第12期。

吴国培、王伟斌、张习宁：《新常态下的中国经济增长潜力分析》，《金融研究》2015年第8期。

肖宏伟、李辉：《中国经济潜在增长率测算及预测研究》，《海南金融》2014年第11期。

许召元：《中国的潜在产出、产出缺口及产量——通货膨胀交替关系——基于"Kalman滤波"方法的研究》，《数量经济技术经济研究》2005年第12期。

于洪菲、田依民：《中国1978—2011年潜在产出和产出缺口的再估算——基于不同生产函数方法》，《财经科学》2013年第5期。

余泳泽、张先轸：《要素禀赋、适宜性创新模式选择与全要素生产率提升》，《管理世界》2015年第9期。

张连城、韩蓓：《中国潜在经济增长率分析——HP滤波平滑参数的选择及应用》，《经济与管理研究》2009年第3期。

张小兰、木艳蓉：《战后韩国产业结构演变的成功经验对我国的启示》，《商业研究》2002年第7期。

中国银行"中国经济发展新模式研究"课题组：《中国经济潜在增长率的估算与预测——新常态新在哪儿》，《金融监管研究》2016年第8期。

钟惠波、许培源：《中国经济 TFP 增长的影响因素——基于 BACE 方法的综合分析》，《北京理工大学学报》（社会科学版）2011 年第 6 期。

周劲：《日本、韩国产业结构升级过程中比较优势的变化及启示》，《经济纵横》2013 年第 1 期。

朱军：《技术吸收、政府推动与中国全要素生产率提升》，《中国工业经济》2017 年第 1 期。

Bolt, J. , J. L. van Zanden. 2014. "The Maddison Project: Collaborative Research on Historical National Accounts. " *The Economic History Review* 67 (3): 627 – 651.

Fatás, A. , I. Mihov. 2009. "The 4 I's of Economic Growth. " *Working Paper*, INSEAD.

HSBC. 2012. "The World in 2050: From the Top 30 to the Top 100".

Kydland, F. E. , E. C. Prescott. 1982. "Time to Build and Aggregate Fluctuations. " *Econometrica* 50 (6): 1345 – 1370.

United Nations. 2017. "World Population Prospects. " (The 2017 Revision)

Woo, C. S. , and C. S. Lim. 1998. *Promoting SMEs in Korea: Mandate for a New Approach.* Conference Paper for Koreas' Transition to a High Productivity Economy, Hawaii.

专题报告二　2035：广东产业发展展望

在迈向 2035 年的进程中，国内外经济社会发展的环境将发生根本性变化，广东产业发展也将呈现出新的趋势特征。在这一时期，广东将进入从中上等收入向高收入阶段转换的关键阶段，加快产业转型升级的需求更为迫切；同时，国际正在兴起新一轮技术与产业变革浪潮。预计 2025～2035 年，融合尖端信息科技、人工智能、低碳制造、创新设计、供应链优化服务的绿色智能新兴产业业态将引领广东产业向高端水平迈进。

预计到 2035 年，广东将建立起具有全球竞争力的产业新体系，形成以现代服务业为主导，制造业转型升级与优化发展、智能制造业和战略性新兴产业抢占制高点的产业发展格局，建成实体经济、科技创新、现代金融、人力资源协同发展的产业体系，进一步夯实现代化经济体系的产业根基。广东 2035 年的三次产业结构比重预计约为 2.71∶35.27∶62.02，产业结构进一步优化，经济服务化程度高于全国平均水平。广东高技术制造业将成为新旧动能转换的重要抓手，产业规模和产业竞争力呈现持续增强态势。预计到 2035 年，广东高技术制造业占制造业的比重约为 65.8%，超出全国平均水平约 45.3 个百分点。广东将建设成为世界级的先进制造业基地和现代服务业基地。电子信息、装备制造（含汽车制造、电器机械制造）、石化、纺织服装、食品饮料、建材产业等制造业六大主导产业将继续巩固在全国的领先优势，并提升在全球价值链的高端地位。物联网产业、智能机器人、生物医药、新能源等四大新兴产业的核心竞争力不断增强，有望达到世界先进水平。现代金融业、房地产业、互联网新兴服务业、现代物流业、健康服务业等现代服务业的发展将居于全国领先地位，应用水平及服务创新模式将迈入世界先进行列。

为实现 2035 年的产业发展愿景，广东需把握全球新技术及产业革命的发展趋势以及收入需求结构变化新特征，把发展经济的着力点放在实体经济上，进一步深化供给侧结构性改革，对产业转型升级实施新的战略调整及制度设计，激活产业创新内在动力，全力打造产业发展新平台。

一 广东产业发展历程及现状

（一）产业发展历程

从产业发展历程看，广东目前正迈向创新驱动及内需带动的新兴产业发展阶段。改革开放以来，广东省经济快速增长带来经济总量不断扩大，产业结构调整也朝着合理化和高度化方向发展。总体来看，产业结构调整大致可分为以下四个阶段。

第一阶段（1979～1991 年）"轻型、外向"主导产业发展阶段。从改革开放至 20 世纪 90 年代初，这是我国市场经济体制改革初期。在市场经济体制下，广东省生产力得到初步解放，社会资源在产业之间充分流动，促进了广东省国民经济的繁荣发展。广东省充分运用中央赋予的"特殊政策、灵活措施"的政策优势，充分发挥毗邻港澳和对外开放前沿的独特区位优势，充分利用国际产业结构调整的机遇，以接受香港、澳门转移进来的劳动密集型轻纺加工业和家电制造业为契机，开启了珠三角工业起飞的进程，形成以对外加工贸易为特色的"轻型、外向"结构。产业重心从1985 年起由原来以第一、第二产业为主逐渐转向以第二、第三产业为主，第二、第三产业产值迅速增加。社会资源逐步由农业向工业和服务业转移，就业结构发生相应变化，并开始进入工业化初期阶段。广东省迅速发展成为一个初步建立现代工业体系、各项主要经济指标都跃居全国前茅的新兴工业省份。

第二阶段（1992～2002 年）重化工业发展阶段。20 世纪 90 年代中期，广东省抓住国际信息产业兴起及跨国公司将劳动密集型工序向发展中国家转移的机遇，大力吸引中国台湾以及韩国、欧美等的厂商进来投资设厂，以电子信息、生物工程、新材料、光机电一体化为主体的高新技术产业群迅速崛起，电子信息设备制造业迅速跃升为广东省高新技术的龙头产业。出口产品结构也得到了很大的优化，机电产品和高新技术产品出口比重快速提高，广东省开始进入重工化发展阶段。广东省人均 GDP 在 1995年突破 1000 美元（当年价）。工业对广东省经济的贡献率上升到 58.5%，成为广东省的支柱产业。按照钱纳里的标准，广东省开始进入工业化中期阶段。国际经验表明，人均 GDP 超过 1000 美元，社会消费结构和产业结构将向着享受型、发展型升级。

第三阶段（2003~2008 年）制造业与服务业双轮驱动发展阶段。这一时期，广东省进入了转变经济增长方式、率先实现科学发展的崭新阶段，初步形成了以先进制造业和现代服务业为主体的现代产业体系，产业高级化和适度重型化趋势明显。2006 年广东省人均 GDP 接近 3000 美元，发展水平达到了世界中等收入国家或地区的水平；2008 年更突破 5000 美元大关。

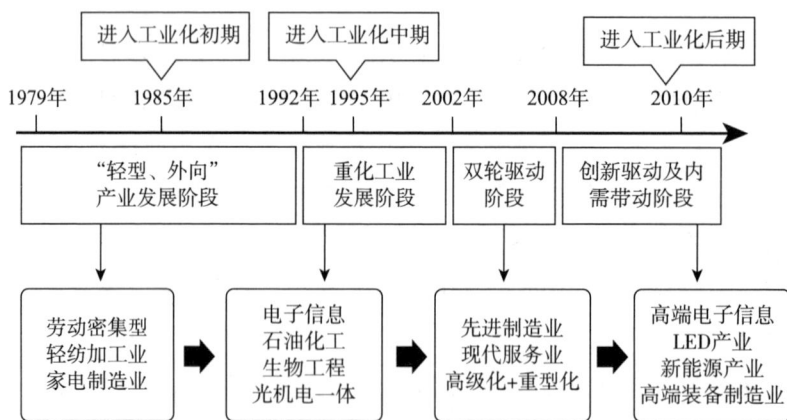

图 2-1 广东产业发展历程演变

第四阶段（2009 年至今）迈向创新驱动及内需带动的新兴产业发展阶段。2008 年之后，广东省受全球金融危机的深层次影响。内外因素的双重制约迫使广东省向创新和内需带动的方向转型。这一时期，广东省大力推动产业自主创新，鼓励企业进行技术改造，以提升发展先进制造业为重点，确立了珠江西岸先进制造产业带战略，重点发展 LED 产业、新能源产业和高端装备制造业；深入推进"两化融合"、"三网融合"和电子商务、电子政务的发展；信息消费、网购等新业态发展迅速；电子信息产业规模迅速扩大，成为拉动经济增长的重要力量。2010年广东省人均GDP突破7000美元；2012年突破8000美元；2013年广东省人均GDP达到9453美元，第三产业占GDP比重47.8%，首次超过第二产业；2014年广东省人均GDP达到10330美元，突破1万美元大关，进入从中上等收入向高收入阶段转换的关键时期；2016年，广东人均GDP继续稳步增长至10958美元。目前广东省整体正迈向工业化后期的前半阶段，也是由投资驱动向创新驱动转型的阶段。

（二）产业发展现状特征分析

1. 产业经济规模与增速：经济总量持续扩张，从高速向中高速转换

（1）经济总体运行稳健，总量实现跨越式发展

2016年广东实现地区生产总值79512.05亿元，同比增长7.5%，经济呈现总体平稳、稳中略升的走势。其中，第一产业增加值3693.58亿元，增长3.1%，对GDP增长的贡献率为1.9%；第二产业增加值34372.46亿元，增长6.2%，对GDP增长的贡献率为36.8%；第三产业增加值41446.01亿元，增长9.1%，对GDP增长的贡献率为61.3%。

表2-1　不同时期广东三次产业对GDP增长贡献率（%）

时期	第一产业	第二产业	第三产业（服务业）
"八五"（1991~1995年）	4.4	63.6	31.9
"九五"（1996~2000年）	4.0	61.6	34.4
"十五"（2001~2005年）	2.1	56.2	41.7
"十一五"（2006~2010年）	1.8	56.8	41.4
"十二五"（2011~2015年）	1.8	46.1	52.1

资料来源：广东统计信息网。

从经济总量在全国的地位看，1952年广东省仅占全国的4.3%，1978年占5.1%，2016年占11%。自1989年开始，广东省GDP总量超越江苏，此后在全国一直保持首位，到2016年已连续28年居全国第一，占全国经济总量比重的1/10至1/8。

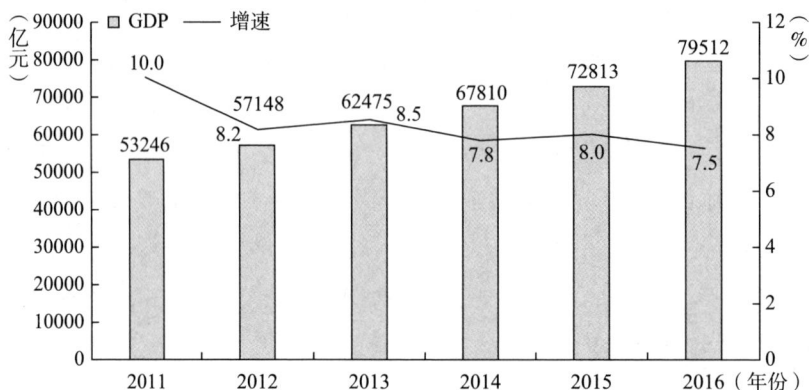

图 2-2 2011~2016 年广东地区生产总值和增速

资料来源：广东统计信息网。

（2）经济增长速度由高速向中高速转换

改革开放以来经济的持续高增长，使广东省一跃成为全国经济最发达的地区。国民经济总量等基数增大，支撑经济发展的人力资源、自然资源以及制度安排和经济政策等要素的变化，这些内在影响，再加上国际金融危机的外来影响，广东省经济增长速度近年来呈现下降态势。这是经济发展的阶段性现象，是一个发生在实体经济层面上的自然过程。以 2008 年的国际金融危机为拐点，广东省经济增速开始减缓。虽然经过 2009 年短期的刺激，经济有了增长速度的回升，但很快重新下滑，年均 GDP 增长率呈现逐步回落趋势，从 2010 年的 12.2%，2011 年的 10.0%，2012 年的 8.2%，2013 年的 8.5%，一直到 2016 年的 7.5%。在世界经济增长动力仍显不足、国内结构调整不断深化的大背景下，预计未来较长一段时间广东省的 GDP 增长率都将维持在 7% 左右的中速水平。

2. 产业结构调整：产业结构转向"三二一"格局，但产业层次仍待提升

（1）三次产业结构更加合理，服务业比重稳步上升

1978 年，广东省三次产业结构为 29.8:46.6:23.6，2016 年调整为 4.7:43.2:52.1，由原来的"二三一"结构变化为"三二一"结构。这 39 年中，第一产业比重出现两次重要转折：第一次是 2000 年，当年第一产业占 GDP 的比重减少到 10% 以内（9.2%）；第二次是 2010 年，当年第一产业占 GDP 的比重减少到 5.0%。同时，随着改革红利的不断累积，创新驱动

成为经济主旋律，生产性服务业、科技服务、健康服务、电子商务等新兴业态不断兴起。第三产业的比重呈逐步提升态势，第三产业占 GDP 的比重于 1998 年突破 40%，此后该比重一直稳步增加；2013 年第三产业占 GDP 比重 47.8%，首次超过第二产业；2015 年第三产业的比重首次超过 50%；2016 年提升到 52.1%。服务业在国民经济中的地位不断上升并成为广东经济第一大产业，经济增长由工业拉动逐步向服务业拉动转变，呈现"三二一"的产业格局。

（2）工业经济运行的分化特征明显，先进制造业和高技术制造业发展较快

随着经济发展进入新常态，广东工业经济增长从高速向中高速过渡。从增速运行轨迹看，广东工业经济呈现缓中趋稳的态势。2016 年，全省规模以上工业企业累计完成工业增加值突破 3 万亿元，达 31917.39 亿元，同比增长 6.7%。

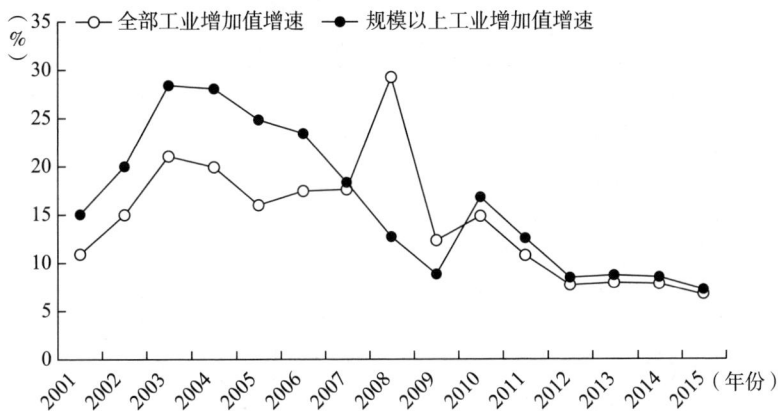

图 2-3 广东历年工业增加值增长情况

资料来源：广东统计信息网。

从主要行业看，行业之间分化较为明显。传统劳动密集型产业呈现低速增长或下降走势。2016 年，全省规模以上优势传统产业完成增加值 8085.33 亿元，同比增长 3.2%，增幅比前三季度回落 1.0 个百分点，比上年同期回落 3.3 个百分点，比全省规模以上工业平均水平低 3.5 个百分点。其中，纺织服装业增长 1.4%，食品饮料业增长 0.7%，家具制造业增长 5.2%，均呈低速增长态势。

　　而先进制造业、高技术制造业在"智能制造""腾笼换鸟""机器换人"等产业转型升级政策推动下，发展速度快于全省平均水平，对工业发展的贡献继续提高，产业结构进一步优化。2016年，全省规模以上先进制造业累计完成增加值15739.78亿元，同比增长9.5%，比全省规模以上工业平均水平高2.8个百分点，占全省规模以上工业增加值的49.3%，同比提高0.8个百分点。装备制造业累计完成增加值12816.46亿元，增长11.1%，比全省规模以上工业平均水平高4.4个百分点，占规模以上工业的40.2%，同比提高1.2个百分点。以战略性新兴产业为主的高技术制造业累计完成增加值8817.68亿元，增长11.7%，比全省规模以上工业平均水平高5个百分点，占规模以上工业的27.6%，同比提高0.6个百分点。

表2-2　2016年广东先进制造业、高技术制造业增加值

产业	增加值（亿元）	增速（%）	占规模以上工业比重（%）
先进制造业	15739.78	9.5	49.3
装备制造业	12816.46	11.1	40.2
汽车制造业	1664.51	14.2	5.2
钢铁冶炼及加工	389.51	13.8	1.2
石油及化学	2533.81	2.3	7.9
高技术制造业	8817.68	11.7	27.6
医药制造业	482.45	7.6	1.5
电子及通信设备制造业	7404.26	14.6	23.2
计算机及办公设备制造业	604.44	-12.8	1.9
医疗仪器设备及仪器仪表制造业	279.32	15.2	0.9

资料来源：广东统计信息网。

　　其中，广东两大支柱行业电子信息业和汽车制造业保持较快增速，成为拉动规模以上工业增长的主要动力。汽车制造业增加值累计增长14.2%；电子及通信设备制造业增长14.6%；专用设备制造业增长14.0%；铁路、船舶、航空航天和其他运输设备制造业增长16.6%，增速均较高；新能源汽车、光纤、智能电视等新产品产量分别增长76.8%、34.3%、16.3%。广东省已形成新型显示、软件、生物医药、新材料、新

一代通信、LED 和节能环保等一批产值超千亿元的战略性新兴产业集群，有力带动了全省工业增长。

（3）服务业内部结构进一步优化，现代服务业取得新发展

广东的服务业内部结构明显改善，整体水平提升明显，服务领域不断拓展。2016 年，现代服务业增加值为 25568.17 亿元，同比增长 10.4%，占服务业比重为 61.7%，同比提高 1.3 个百分点。以新经济为代表的营利性服务业发展不断加快。营利性服务业在互联网经济、新商业模式的拉动下较快发展，增长 16.8%，对经济增长的贡献率为 19.4%，拉动经济增长 1.5 个百分点。其中，部分规模以上服务业中的高技术服务业营业收入增长 16.1%，生产性服务业营业收入增长 13.7%。

表 2 – 3　2010～2016 年广东服务业增加值情况

年份	服务业增加值（亿元）	增长（%）	服务业增加值占 GDP 比重（%）
2010	20927.50	10.9	45.4
2011	24464.93	10.3	45.9
2012	27061.04	9.8	47.4
2013	30503.44	9.9	48.8
2014	33223.28	8.0	49.0
2015	36853.47	9.5	50.6
2016	41446.01	9.1	52.1

资料来源：广东统计信息网。

从现代服务业增加值的内部构成来看，金融服务和房地产业发展迅速，分别实现增加值 5757.08 亿元和 3524.35 亿元，占服务业比重分别由 2010 年的 13.3% 和 8.6% 上升至 2015 年的 15.6% 和 9.6%。2015 年，租赁和商务服务业实现增加值 2573.11 亿元，占服务业比重 7.0%。现代物流业、新兴信息技术服务业、科学研究和技术服务业、健康服务业、文化创意和设计服务业占服务业比重分别为 5.5%、6.2%、3.0%、3.8%、0.8%。"十二五"时期，现代服务业中金融服务年均增长 13.2%，科学研究和技术服务年均增长 15.4%，健康服务业年均增长 14.7%，带动了现代服务业的较快发展。除文化创意和设计服务业外，现代物流业、新兴信息技术服务业、房地产业、租赁商务服务业等年均增速均在 10% 以上。

表2-4 现代服务业各行业增加值占服务业的比重情况

行　　业	2010年 （%）	2015年 （%）	比重变动 （个百分点）	2011-2015年现代服务业 增加值年均增长（%）
现代服务业	57.7	60.4	+2.7	10.7
现代物流业	6.1	5.5	-0.6	10.8
新兴信息技术服务业	6.8	6.2	-0.6	10.9
金融服务业	13.3	15.6	+2.3	13.2
房地产业	8.6	9.6	+1.0	10.3
租赁和商务服务业	7.3	7.0	-0.3	10.0
科学研究和技术服务业	2.4	3.0	+0.6	15.4
健康服务业	3.2	3.8	+0.6	14.7
文化创意和设计服务业	1.2	0.8	-0.4	2.3
其他现代服务业	8.9	8.9	0.0	10.3

资料来源：广东统计信息网。

（4）新产业新业态新商业模式等"三新"经济发展迅速，对经济增长的贡献和支撑作用增强

尽管广东经济增速有所放缓，但"互联网＋"孕育了大量商机，新产业、新业态、新商业模式等"三新"经济开拓了经济增长的新空间，形成促进发展的新动能，成为支撑广东经济增长的新动力，同时促进了经济发展的分化和经济结构的优化。新经济发展具体表现在以下四方面。

一是与互联网相关的新业态不断涌现，增长较快。随着移动互联网、云计算、大数据等新技术的广泛深度应用，软件和信息技术服务业稳中向好。2016年，互联网和相关服务业、商务服务业，以及软件和信息技术服务业实现营业收入同比分别增长55.3%、18.3%、19.9%，增速均较高。在线医疗、在线教育等新业态如雨后春笋，增长迅猛。

二是创新驱动加快推进，新产品增长步伐加快。2016年，广东研究与试验发展经费支出占GDP比重达2.58%，有效发明专利量、PCT国际专利申请量连续15年保持全国第一，高新技术产品产值增长12%。技术含量更高、创新更为活跃的新产品产量增长加快，智能手机、智能电视、新能源汽车等工业新产品产量增长均在两位数以上。2016年广东新能源汽车产量同比增长76.3%，工业机器人产量增长45.2%，光纤产量增长34.3%，

智能电视产量增长 16.3%。这些数据显示，制造企业培育和发展新动能、新产品的步伐正在加快。

三是追求高品质生活的新消费观念刺激了文体和健康等新消费领域的快速发展。2016 年，与居民消费质量的提升和品质改善相关行业的销售量都保持较快增长，汽车类、体育娱乐用品类、中西药品类的销售增速均居各大类商品前列。

四是外贸新业态增势迅猛，带动进出口增长。2016 年全年，广东跨境电子商务出口增长 34.1%，跨境电子商务进出口增长 53.8%。

（5）高端产业的有效供给仍然不足，存在结构性产能过剩现象

近年来广东的产业结构调整优化取得较大进展，但一些深层次的结构性矛盾仍需要破解，特别是高端产业有效供给缺失的问题日益突出，转型升级的力度还需进一步加大。其中，从产业内部结构看，制造业整体仍处于全球价值链低端，广东制造业由轻工业向重工业的转型明显落后于江苏，且技术密集型制造业的高级化程度相对缓慢，先进制造业发展质量不高。高端生产性服务业发展滞后，研发、设计、品牌营销、物流和商务等五个行业增加值约占整体服务业的 38%，远低于发达国家 50% 以上的水平。从技术结构看，广东自主核心技术供给不足；从供需结构看，过去多年形成的生产能力难以适应消费需求的变化，高品质消费品供给严重不足，低端产能的无效供给过多。

3. 产业发展质量：产业经济效率保持稳定增长，但质量效益水平有待提高

2000～2015 年，广东省的全员劳动生产率实现了飞速发展，从 2000 年的 2.69 万元/人提高到 2015 年的 12.65 万元/人，按可比价格计算，增长超过 4 倍，广东省的产业经济效率保持稳定增长。广东近年先后出台、实施了《关于加快我省工业龙头企业发展的意见》《支持大型骨干企业发展若干政策措施》等一系列政策，企业经营效益也居于全国前列。"十二五"时期，广东规模以上工业企业利税总额年均增长 10.4%，2015 年实现利税总额达到 12375.00 亿元，其中利润总额为 7723.17 亿元，是 2010 年的 1.24 倍，利润总额年均增长达 9.4%，工业企业总资产贡献率连年保持较高水平。"十二五"时期，广东规模以上工业总资产贡献率维持在 13.0% 以上的较高水平，为企业做大做强奠定了基础，为增加广东税收、

财政收入做出了巨大贡献。

表 2-5   "十二五"时期广东规模以上工业效益主要指标情况

年份	总资产贡献率（%）	资产负债率（%）	成本费用利润率（%）	全员劳动生产率		产品销售率（%）
				当年值（元/人年）	增长（%）	
2011	14.98	59.0	6.65	147987	0.94	97.63
2012	13.94	58.2	6.13	156463	5.73	98.07
2013	14.53	58.1	6.46	182303	16.52	97.43
2014	13.97	58.4	6.42	193633	6.21	97.18
2015	13.58	57.4	6.85	204582	5.65	97.11

资料来源：广东统计信息网。

但从反映产业增长质量的工业增加值率来看，近年广东省工业增加值率一直在 23% 上下波动，珠三角地区更是缓慢下滑至 22.4%，说明广东省产业整体投入产出效果未有实质提升，经济增长方式仍然比较粗放，赢利能力和发展水平有待提高。2016 年，全省高技术制造业增加值率和规模以上先进制造业增加值率均不到 25%，与发达国家平均 35% 以上的工业增加值率差距明显。其中，汽车制造、医药制造、电子通信设备等高技术制造行业的工业增加值增长率与先进国家及地区相比有较大差距，发展质量和效益水平亟待提升。

4. 产业发展动力：逐步向创新驱动转换，但创新动力仍显不足

广东以创新驱动发展战略为统领，大力推动产业自主创新，鼓励企业进行技术改造，先后制定实施了《广东自主创新规划纲要》《关于全面深化科技体制改革加快创新驱动发展的决定》等一系列政策文件，推动产业发展动力逐步向创新动力转换。广东产业转型升级的科技创新、资金投入、人才投入等动力正在发生积极的变化，R&D 研究经费占 GDP 的比重逐年稳步攀升。2016 年 R&D 经费占 GDP 的比重为 2.58%，比 2010 年提高 0.78 个百分点。2015 年，广东专利申请总数为 12.8 万件，其中发明专利申请数 6.7 万件，发明专利占全部专利的比重从"十一五"期末的 26.7% 上升到"十二五"时期的 52.0%。金融支持产业转型升级的力度也不断增强。

然而与先进国家及地区相比，广东在创新投入、人才和发明专利等方面均存在动力不足的现象，企业研发投入强度有待提高，产业自主创新能力亟待加强。近年来，广东省 R&D 经费支出占 GDP 的比值不断上升，由 2008 年的 1.33% 增加至 2016 年的 2.58%，但依然低于北京的 6.08%、上海的 3.60%、江苏的 2.61%，与长三角、京津冀等国内先进地区差距明显；与发达经济体的科研投入比重相比差距也较大，如韩国（3.47%）、日本（3.44%）、德国（2.92%），这在一定程度上制约了广东省产业创新能力提升。广东产业目前的自主研发水平不高，特别是原始创新能力亟待增强。基础研究和应用研究经费投入比重不到 10%，远低于发达经济体平均 30% 的水平。同时，企业创新动力不足，拥有自主核心技术的企业不足 10%。此外，关键技术缺失。广东省最大的电子信息产业中，80% 的专利技术来源于国外，微电子、光电子、关键芯片和基础材料发展滞后；装备产业中，精密驱动件、控制件等关键部件依赖进口，存在价值链"低端锁定"的隐忧。

二　广东产业发展总体趋势判断

（一）世界产业革命及国内外产业发展趋势研究综述

1. 关于世界产业革命及 2035 年前后国际产业趋势的研究

杰里米·里夫金所著的《第三次工业革命：新经济模式如何改变世界》，认为世界正迎来以新能源和新信息技术为特征的第三次工业革命，这将为全球经济的复苏和增长提供重要动力。他提出未来产业发展具有低碳化、技术复合化、人本化三种趋势。一是新能源革命是第三次工业革命的核心，全球技术要素和市场要素配置方式发生革命性变化，将催生出新的经济模式和社会关系；第一次和第二次工业革命传统的集中经营活动将被第三次工业革命的分散经营方式取代，这标志着合作、社会网络和行业专家、技术劳动力为特征的新时代开始了。二是以信息化融合为特征的新信息革命是第三次工业革命中的骨架，以"制造业数字化"为核心的互联网等新一代信息技术和新材料、新能源的相互融合将会催生新的业态或产业，推动现代服务业的发展，为全球产业注入活力。三是人本价值的回归是第三次工业革命的灵魂，将带来人类生产生活方式的根本性变革。"活着是为了游乐"将成为人们生活的主流理念，将会带动健康服务、节能环保、休闲旅游、文化创意等相关产业的发展。[①]

美国国家情报委员会（2013）发布的《全球趋势2030：变换的世界》提出未来15~20年世界经济、政治和社会的若干大趋势、重大变数以及可能的前景。报告认为，新技术的冲击是改变世界经济格局的重要因素之一，到2030年前后，信息技术、自动化与制造技术、资源技术及医疗卫生技术四大技术领域将塑造世界经济、社会和军事发展并惠及国际社会；信息技术正进入大数据时代，借助网络和云计算技术，数据的处理、传播和储存，提供几乎全方位的服务，社交媒体和网络安全将成为广阔的新兴市场；自动化与先进制造技术正改变大规模生产的商业模式，以3D打印和机器人为代表的定制化生产、模块化制造成为可能，并逐步改变着中产阶级获得未来产品和服务的商业模式，由此导致发达国家与发展中国家产业分工格局的新变化；未来需要与重要资源安全相关的技术突破，以满足世界人口对食物、水和能源的需求，将促进太阳能、先进生物燃料、节水灌溉技术、精准农业等前沿技术产业的发展；新医疗卫生技术将延长世界人口的平均寿命，改进体力与脑力上的不足，造福人类，基因技术、再生医学以及人类机能增进技术相关的产业将会得到发展。[②]

克劳斯·施瓦布（2016）在其所著的《第四次工业革命：转型的力量》中，提出在社会和技术指数级进步的推动下，第四次工业革命进程又开始了。第四次工业革命是以智能化、信息化为核心，以大数据、云计算、人工智能、量子通信等前沿技术为代表的新一轮产业革命，叫植入技术、数字化身份、物联网、3D打印、无人驾驶、人工智能、机器人、区块链、大数据、智慧城市等技术变革将对社会产生深刻的影响。认为这次革命刚刚开始，正在彻底颠覆我们的生活、工作和互相关联的方式，新的商业模式出现，现有的商业模式将被颠覆，生产、消费、运输与交付体系将被重塑，无论是规模与速度、广度与深度还是复杂程度与系统影响方面，第四次工业革命都与人类过去经历的变革截然不同。[③]

---

① 〔美〕杰里米·里夫金：《第三次工业革命：新经济模式如何改变世界》，张体伟、孙豫宁译，中信出版社，2012。

② 美国国家情报委员会编《全球趋势2030：变换的世界》，中国现代国际关系研究院美国研究所译，时事出版社，2013。

③ 〔德〕克劳斯·施瓦布：《第四次工业革命：转型的力量》，中信出版社，2016。

　　恩格尔贝特·韦斯特坎博尔（2016）著的《欧洲工业的未来：欧洲制造 2030》描绘了新工业革命下 2030 年欧洲再工业化的蓝图，该书将制造业的全球化、网络化、绿色化和智能化作为未来制造业的四大主题，并围绕四大主题，提出了商业模式、产品与工艺创新以及工程科技知识管理等三大行动计划，描述了颠覆性技术对产业的影响，总结了欧洲制造业的发展瓶颈和发展策略，展望了欧洲未来制造业的前景。①

2. 关于 2035 年前后中国经济及产业、科技趋势的研究

　　世界银行和国务院发展研究中心联合课题组（2013）著的《2030 年的中国：建设现代、和谐、有创造力的社会》，识别和研究了我国中期发展所面临的各种挑战，提出了中国实现 2030 年愿景各项改革的时间表和推进顺序。该成果在经济结构方面指出，2030 年前后的中国经济将更加复杂，将以市场为驱动，以知识为中心，以服务为导向。强调政策不应单纯关注增长，而应鼓励制造商提升自己在价值链中的地位，迅速向国际技术前沿推进。服务业增长最有潜力的是研发、金融、物流、培训、信息服务等行业，它们将帮助制造业提高效率，提升在价值链中的地位。该书在"抓住绿色发展的机遇"专题中提出要让新兴绿色产业扩张成为中国经济的增长之源；认为凡是具有低排放、低污染特征的产业都可以列入绿色产业范畴；中国"十二五规划"确立的新一代互联网、新能源、新能源汽车、节能环保产业、新材料、生物技术、高端装备制造等七大战略性新兴产业都可视为绿色产业的一部分；并预测到 2030 年，中国同可再生能源和清洁能源（主要是电动）汽车相关的绿色技术及服务出口额将增加到 2290 亿~3950 亿美元。②

　　胡鞍钢等（2011）著的《2030 中国：迈向共同富裕》从人类历史总体进程、国内国际大视野分析了走向 2030 年的中国与世界的大发展、大变动、大趋势。该书预测，到 2030 年，中国将从以工业为主的经济体转变为以服务业为主，特别是以现代服务业为主的经济体，形成世界最大的现代产业体系，三次产业结构百分比调整为 5：33：62；知识密集型和高技术产

---

①　〔德〕恩格尔贝特·韦斯特坎博尔：《欧洲工业的未来：欧洲制造 2030》，王志欣、姚建民译，机械工业出版社，2016。

②　世界银行和国务院发展研究中心联合课题组：《2030 年的中国：建设现代、和谐、有创造力的社会》，中国财政经济出版社，2013。

业增加值占 GDP 比重达到 35%，大体和欧盟 27 国以及日本的水平相当。[①]

李善同等（2011）著的《2030 年的中国经济》通过总结发达国家经济发展阶段特征、全要素生产率、产业结构、消费结构等多个方面经验事实，并在讨论影响中国经济长期增长的重要因素变化趋势基础上，结合动态一般均衡模型 DRCCGE 的模拟结果给出了一个中国未来经济增长的全景图，并对 2030 年前后的中国经济发展做了一个较为全面的描述，对三次产业结构及细分的行业结构也进行了测算分析。预测到 2030 年，在基准情境下我国三次产业结构百分比为 3.5∶45.6∶50.9，较快发展情境下为 3.9∶38.7∶57.4，将由过去的过分依赖制造业的快速发展转变为制造业和服务业协同发展，产业结构不断优化。[②]

中国科学院（2009）编著的《科技革命与中国的现代化：关于中国面向 2050 年科技发展战略的思考》对于 2050 年中国实现现代化的愿景，从历史和发展的视角，分析了科技发展的演进规律，做出当今世界正处在科技创新突破和新科技革命前夜的战略判断，提出中国要构建以科技创新为支撑的可持续能源与资源体系、先进材料与智能绿色制造体系、无所不在的信息网络体系、生态高值农业和生物产业体系、普惠健康保障体系、生态与环境保育发展体系、空天海洋能力新拓展体系、国家与公共安全体系等八大经济社会基础和战略体系的整体构想，并从中国国情出发设计了支撑八大体系建设的科技发展路线图及产业路线图。[③]

3. 关于地区（城市）2035 年前后的中长期发展趋势及战略研究

张工等著的《北京2030：世界城市战略研究》围绕北京建设世界城市的目标，提出在 2030 年前后要重点发展金融服务、信息服务、科技服务、商务服务、流通服务等生产性服务业，卫生和社会保障、文化体育和娱乐、教育服务等都市人文产业，装备制造、电子设备制造和其他尖端制造等高技术制造业。[④]

上海市人民政府发展研究中心编著的《上海2050：战略框架》分析和

---

① 胡鞍钢等：《2030 中国：迈向共同富裕》，中国人民大学出版社，2011。

② 李善同、刘云中：《2030 年的中国经济》，经济科学出版社，2011。

③ 中国科学院：《科技革命与中国的现代化：关于中国面向 2050 年科技发展战略的思考》，科学出版社，2009。

④ 张工、卢映川、张远：《北京2030：世界城市战略研究》，社会科学文献出版社，2011。

预测 2020 年后 30 年上海城市发展的趋势和前景，勾勒了上海未来建设卓越全球城市的愿景框架。提出到 2050 年，上海要围绕产业整合集成力、文化影响力、创新创意引领力的功能导向，建立智能制造工业互联网平台、创新集成转化平台、金融网络平台、文化创意平台等体现全球城市主导力和影响力的四大全球性网络平台；大力发展体现上海特色优势的互联网经济、健康经济、绿色经济和智能制造；推动从中心集聚向平台集成转变，形成全球性网络平台主导、创新创意引领、优势产业支撑的上海全球产业体系。①

综上所述，目前国内外对于 2035 年前后及相关的中长期发展趋势研究，更多地侧重于从宏观层面对经济、政治、社会、科技、产业等发展的大趋势做定性的研判，分析可能的前景及影响因素；少量文献运用 DRC-CGE 等计量模型对宏观经济增长趋势包括三次产业结构进行定量预测。从现有文献看，专门对产业发展中长期趋势进行分析研究的文献极少，相关的定量研究更为薄弱；对广东中长期发展趋势也缺乏相关的研究。因此，对于本专题研究而言，国内外现有研究可供借鉴的更多是对于中长期经济发展走势的大方向、大环境的把握上，而对于广东产业发展中长期趋势的分析预测则需要本专题进行创新性研究。

（二）产业发展趋势分析的理论框架及国际规律

1. 产业升级与创新的动力机制及影响因素

产业升级与创新是一个历史过程，是在各种因素的综合作用下实现的。其主要的推动因素可以分为两大类：一是内部的动力与基础因素，诸如技术进步、市场需求和生产要素配置、发展基础；二是外部因素，如发展环境和政府干预等。在利益机制的驱动下，各种因素相互作用、相互影响，形成了推动产业升级与创新的耦合动力机制。②

（1）产业升级与创新的内部动因

①产业升级与创新的拉动力：市场需求

市场需求随着经济的发展会呈现出层次性和动态性的变动，它是产业

---

① 上海市人民政府发展研究中心：《上海 2050：战略框架》，格致出版社，2016。

② 张志元、李兆友：《新常态下我国制造业转型升级的动力机制及战略趋向》，《经济问题探索》2015 年第 6 期。

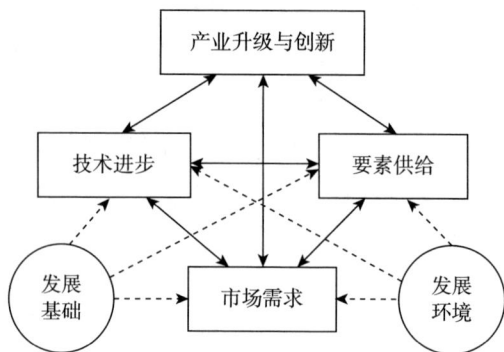

图2-4 产业升级与创新动力机制模型

结构演变与升级的内在基础动力。市场需求变动的影响主要表现在产品结构、需求方式、收入、进出口贸易、人口等方面。从产品结构来看，消费者对产品需求结构的变化将导致产品的供给结构的相应变动，从而导致产业结构的变动。从需求方式看，它是产业生产模式和生产组织结构变革及产业结构转变的诱因之一。同时，市场需求的变动是与消费者的收入变动相对应的，根据恩格尔定理，随着收入的提高，消费者会改变其消费结构，从而影响产业结构的变动。人口的数量、城乡结构、社会结构、职业结构等的变动，也会影响到对各产业的需求总量及其结构。

②产业升级与创新的原动力：技术进步

技术进步是产业升级与创新的原动力。生产设备及生产环境的改进、劳动力素质的提高、新产品及新产业的开拓等，引起生产配置方式和生产组织的变革和主导产业的有序更替，推动着产业结构的演进。技术进步影响需求结构，从而促进新产业的出现。技术进步使产品成本下降，市场扩大，需求随之变化；技术进步使资源消耗弹性下降，可替代资源增加，改变了生产需求结构；技术进步使消费品升级换代，改变了消费需求结构，从而促进新兴产业的出现；技术进步影响供给结构，从而促进新产业的出现。技术进步的结果是社会劳动生产率的提高，从而促进原产业的细分化，出现新的产业。

③产业升级与创新的基础：要素配置

生产要素的配置是厂商利益动机作用的结果，其主要体现在传统生产要素、制度、企业组织结构的变动方面。传统生产要素即资源、劳动、土地、资金等要素，传统生产要素的数量、质量和组合方式的改变，可以改善或阻碍企业的生产活动及其生产效率，进而影响产业结构的变动。制度要素决定着经济资源流动和配置的自由、合理程度，制度的改善能够在产权明晰的基础上降低企业的经营成本、改善要素组织方式，并提高企业的经营效率。此外，不同的企业组织结构在企业内部的管理层次、配置资源方式、战略规划等方面存在差别，导致企业在生产、经营方面的差距，进而影响到不同产业的发展速度、效率和整体结构的变动。

（2）产业升级与创新的外部动因

发展环境包括政府干预、发展机遇、发展制约等，其作为外部因素，影响着产业结构的升级与创新、新兴产业的形成。其中，政府通过对资源在产业间配置过程的干预，弥补市场机制的不足，诱导产业向其规划的方向发展。而国际产业结构调整与转移浪潮、新产业的出现与需求扩张、技术的革新等发展机遇，可通过对市场需求等内部动因的作用传递到产业结构的调整上。此外，发展制约有可能倒逼产业转型。例如，环境制约促使制造业生产向绿色生产模式转变与绿色化革新。特别应该强调的是，区域创新环境对产业发展尤为重要，创新环境能够促进产业吸收或发明新的技术，带动技术结构升级，而且也能够使企业迅速适应外部多变的需求市场和激烈的外部竞争。

总之，市场需求、技术进步、生产要素供给与配置、发展基础和发展环境这五大动因组成一个动态系统，系统通过内部各动因的相互影响、相互作用，推动着一个国家或地区新兴产业的发展及其产业结构优化升级。

2. 国际产业结构调整的规律及趋势特征

从世界各国产业结构演变过程来看，产业结构调整是整个经济社会发展到一定阶段，在一系列综合因素的推动下，产业结构发生转变的过程。其中市场需求和技术进步是促进产业结构调整的两个最重要的因素。

（1）市场需求结构的变化是国际产业结构变化的决定性因素

从国际产业结构演变趋势和特征来看，在市场消费需求由基本生活必需品向高档耐用消费品及生产性服务转变的拉动下，主导产业相应由工业化初期的食品、纺织工业向工业化中期的机械装备、化学工业、钢铁工业、能源工业、通信工业，向工业化后期的电子信息产业、生物医药、新材料、新能源以及现代服务业等知识、技术、文化密集型产业方向发展。

特别是进入工业化中后期阶段之后，制造业产业链向前延伸需要依托发达的研发、广告、信息服务，向后延伸需要物流、销售、维修等售后服务，生产过程中还离不开计算机网络系统的管理和控制，生产性服务业由此得以大力发展。另外，随着居民收入水平的不断提高，人们对物质产品的需求基本得到满足后，开始转向对服务业的需求，生活性服务业的需求弹性迅速提高并得以快速发展；同时，人们的精神需求不断扩大，逐步转向追求精神文化产品，促进了文化创意产业的大力发展。

世界各国经济发展的历程表明，在人们的温饱需求得到满足之后，经济发展将进入以公共交通、廉价住房、邮电通信为主导产业的小康阶段；之后是以私人轿车、高级住宅为主导产业的富裕阶段，最后进入以服务业为主导产业，以消费品需求高级化、丰富化为特点的高度富裕阶段。

表2-6　按收入分组的消费结构（按购买力评价计算）

组　　别	食品	衣着	居住	医疗保健	教育	交通通信	其他
1000美元及以下	48	8	11	3	6	7	18
1001~4000美元	38	9	10	6	7	9	21
4001~10000美元	27	14	7	7	9	28
10001~20000美元	15	7	15	9	7	13	14
20000美元及以上	11	5	18	12	8	12	33

资料来源：世界银行《1997年世界发展报告》。

（2）技术进步是推动国际产业升级的重要因素

从长期来看，技术变革会通过产业链在产业间进行扩散，一个产业的技术创新会通过产业间的前向关联或后向关联拉动其他行业的劳动生产率，最终促进产业结构向高层次、合理化方向发展。第一次产业革命以蒸汽机和纺织机技术的发明和应用为开端，引起了纺织、冶金、采掘、机械制造等产业的根本性变革；以能源革命为动力的第二次产业革命，引起了石油化学工业、汽车工业、飞机工业、电器工业、通信工业等一系列新兴产业的诞生，迅速地改变了产业结构。而以微电子技术、原子能技术、光学技术、新兴材料技术为标志的第三次技术革命，诞生了计算机工业、核工业、生物工程、遗传工程等一系列高新产业，再一次使产业结构呈现出一个新格局。

　　技术革命的演化也与经济周期变动高度关联。自英国工业革命以来，世界经济的发展大致可以划分为五个长波周期，每个长周期从产生到消亡的时间一般约50年（其中前25年为周期的繁荣期，后25年为周期衰退期）。每一个长波周期几乎都对应着一次技术革命的爆发和大规模扩散，进而催生新的产业革命，并引发整个经济社会的结构性转变（参见表2－7）。目前，全球正处于第五次经济长波周期，在2008年爆发全球金融危机之后，世界经济开始进入本轮"长波"的下行阶段。在这一周期初始的繁荣期，互联网的高速发展带来了第二次信息技术革命，并催生互联网产业、数字内容产业等新兴产业。当前，新一轮科技革命和产业变革仍处在量变阶段和突破前夜，信息通信技术作为"通用目的技术"（General Purpose Technologies，GPT）推动经济增长的潜力仍未完全释放。新一轮技术革命有可能成为互联网信息技术、人工智能技术、新能源技术、新材料技术、生物技术和社会发展（治理结构、文化价值观、新商务模式等）合成的革命，并将推动物联网、人工智能、智能制造、先进可再生能源、再生医学、共享经济等一批新兴业态的发展。

表2－7　技术革命、经济周期与新兴产业的演进

周期	第一个长周期	第二个长周期	第三个长周期	第四个长周期	第五个长周期
各阶段起止时间	繁荣 1782～1792 繁荣 1792～1802 战争 1802～1815 衰退 1815～1825 萧条 1825～1836 复苏 1836～1845	繁荣 1845～1856 繁荣 1856～1860 衰退 1866～1872 萧条 1872～1883 复苏 1883～1892	繁荣 1892～1903 繁荣 1903～1913 战争 1913～1920 衰退 1920～1929 萧条 1929～1937 复苏 1937～1948	繁荣 1948～1957 繁荣 1957～1966 衰退 1966～1973 萧条 1973～1984 复苏 1984～1991	繁荣 1991～2000 繁荣 2000～2008 衰退 2008～2013 萧条 2014～? 复苏
诱发的技术革命	以蒸汽机的发明和运用为标志的第一次技术革命	铁路运输技术以及炼钢技术的革命（第一次技术革命的延伸）	以电气革命为标志的第二次技术革命	以电子计算机的发明为主要标志的第三次技术革命，也是第一次信息技术革命	以互联网络的创新与应用为标志的第二次信息技术革命
显著的技术创新	蒸汽动力、棉纺、冶铁	铁路、交通运输革命、冶金技术进步	电力、内燃机、电动机、汽车、化工	电子计算机、微电子、原子能、石化、航空	互联网络、生物工程、新能源、航天

　　资料来源：根据刘辉锋的《长周期变动中的技术革命与产业演进》（《中国科技论坛》2009年第4期），弗里曼、卢桑的《光阴似箭》（中国人民大学出版社，2007）等资料整理而成。

（3）产业结构的调整必然伴随着主导产业的转换

总体上，从国际产业结构的演变轨迹来看，产业结构的调整过程必然伴随着主导产业的转换过程。在工业化初期，轻纺工业由于需求拉动、技术要求简单、从第一产业中分离出来的劳动力便宜等有利因素得到较快发展，第一产业的发展速度有所下降，地位有所削弱，重化工业和第三产业的发展速度还较慢，这时轻纺工业成为主导产业。在工业化中期，农业产值在国民经济中的比重继续下降，轻纺工业继续发展，但是速度逐渐放慢，而以能源、动力、基础设施等为重心的重化工业得到较快发展，并逐渐取代轻纺工业的位置而成为主导产业。进入工业化后期，第二产业的发展速度有所放缓，比重有所下降，特别是传统制造业的下降幅度较快，但高新技术制造业仍保持较快的发展速度，服务业成为主导产业，尤其是数字内容产业和文化创意产业等智密型服务业得到大力发展。

表2－8　国际产业结构调整的特征

阶段	市场需求	技术水平	主导产业
工业化前期	衣、食	纺纱机、蒸汽机、织布机	食品工业、纺织工业
工业化中期	住、行	炼钢技术、铁路、油船、电能、发动机、内燃机、航空技术、合成材料、通信技术	机械装备工业、化学工业、钢铁工业、能源工业、通信工业
工业化后期（知识经济时代）	生产性服务、生活性服务和文化消费	计算机技术、微电子技术、原子能技术、光学技术、新材料、信息技术	光电子信息产业、生物医药、新能源、新材料、文化创意产业、物流、信息服务业

（4）国际服务经济的演进特点及规律

①工业化不同阶段的服务业发展规律

纵观世界不同发展水平国家服务业的发展历史，虽没有明显的界线，但在工业化社会向后工业化过渡的前、中、后三个阶段，服务业的发展重心历程大体为：商业、交通通信→流通、金融保险、房地产、商务服务等→旅游、娱乐医疗保健、教育等知识型和公共服务。[①]

前工业化时期服务业的主导部门是个人服务和家庭服务。工业化时

---

① 李相合：《中国服务经济：结构演进及其理论创新》，经济科学出版社，2007。

表 2 - 9　工业化不同阶段的服务业发展重点

工业化阶段	人均收入水平:美元	服务业重点
前工业社会	50 ~ 200	个人服务、家庭服务
工业化初期	200 ~ 600	公共设施:如商业、交通运输、通信等
工业化加速期	600 ~ 1500	金融、保险、流通等
工业化后期	1500 ~ 4000	生产性服务业:如广告、咨询;个人服务:如房地产旅游、娱乐等
后工业社会	4000 ~ 20000	信息业、教育科研、通信等

期,服务业主导部门是生产型服务业、个人服务业及部分公共服务业。这一时期随着人均收入水平的提高,依次取得主导地位的是:批发零售、餐饮和旅馆业,交通运输和通信业→金融、保险、流通等行业→广告、咨询等产业服务业和房地产、旅游等个人服务业。后工业化时期主导部门则是信息业及教育科研、文化产业等。

②发达国家服务业内部结构优化的规律

发达国家的服务业重点行业构成具有明显的阶段性特征。当人均收入处于 2000 ~ 4000 美元时,拉动服务业增长的主要是商业、旅馆和饭店业以及金融、保险、不动产和工商服务业,商业旅馆和饭店业的发展已呈下降的态势。呈现下降态势的还有运输、仓储和邮电业。当人均收入达 10000 美元时,服务业的增长主要依赖金融保险、不动产和工商服务业以及社团和个人服务业。这一时期金融保险、不动产和工商服务业所占比重仍然处于上升阶段,同时社团和个人服务业所占比重明显上升,这二者成为这一时期发达国家的两大重点行业。

以美国为样本对服务业内部结构变迁进行相对细致的观察发现,当服务业占比在 60% 左右时,金融、房地产业成为服务业的主体;当服务业占比接近 80% 时,文化创意、教育培训、商务服务业逐步占据主导地位。战后美国服务业占比超过 60%,金融保险不动产和产业服务业快速发展,增加值比重迅速提高,传统的商业、旅馆和饭店业、交通通信业发展速度放慢,但增加值比重仍然很高。20 世纪 80 年代以后,美国服务业占比超过 70%,随着人们生活水平的提高,闲暇时间增多,人们的消费需求由追求生理性消费资料为主向追求享受型消费资料为主转变。对娱乐、休闲、卫生保健、教育医疗等享受型服务产品的需求日益增长带动了社会和个人服务业的快速发展，与此同时，伴随着信息业的日新月异，金融保险不动产和产业服务业保持稳定的增长速度。

美日欧等发达国家在进入人均 GDP 10000 美元的高收入发展阶段后，服务业占 GDP 的比重具有显著优势，服务业内部结构也不断高级化。1970年，美国服务业占 GDP 的比重为 64.0%，2014 年，美国服务业占 GDP 的比重也已经达到 78.0%。目前美国现代服务业中的信息服务业、金融服务业、教育培训业、专业服务业、商务支持产业的总量已经超过 4 万亿美元，占美国经济总量的 32%，接近服务业总体规模的一半。1970 年，日本第三产业占 GDP 的比重仅为 47.2%，到 2014 年，该比重上升至 73.4%，以知识技术密集型为代表的信息、文化创意、金融等服务业成为日本经济主体。欧盟是全球最大的服务贸易经济区，也是仅次于美国的世界第二大服务经济体。1970 年，德国第三产业占 GDP 的比重为 40.6%，到 2015 年，该比重已上升至 68.9%，其中以贸易、金融、保险、旅游和会展业等现代最为发达。1980 年，法国第三产业占 GDP 的比重为 62.0%，到 2015 年，该比重上升至 78.8%。[①]

同时，从国际大都市的服务业发展规律来看，为适应后工业社会国民经济服务化的转变，国际大都市的城市功能逐渐由生产型向服务型转变，如表 2－10 所示，现代服务业特别是生产性服务业成为纽约、巴黎、伦敦、东京等国际大都市的主导产业。[②]

表 2－10　人均 GDP 10000 美元后国际大都市的服务业类型

城市	服务业类型
纽约	以生产性服务业为主，金融、保险和房地产业、公共管理、法律、管理咨询、文化教育、信息产业
巴黎	商业（批发和零售）、酒店餐饮业、企业管理咨询、健康业、旅游会展业、信息服务业和金融业
伦敦	商业、金融保险业、信息产业、工商业设计、经营管理咨询等服务业
东京	商业、金融保险业、信息产业、工商业设计、经营管理咨询等服务业

① 根据世界银行数据整理。
② 潘海岚：《中国现代服务业发展研究》，中国财政经济出版社，2008。

（三）2035 广东产业发展面临的新环境和新趋势

1. 2035 广东产业发展面临的国内外新环境

当前，国内外经济社会发展的环境正在发生着根本性变化，产业发展也呈现出明显有别于之前的趋势特征。党的十九大报告指出，中国特色社会主义进入了新时代。2020～2035 年是我国从全面建成小康社会到基本实现现代化的关键时期。我国经济已由高速增长阶段转向高质量发展阶段，正处在转变发展方式、优化经济结构、转换增长动力的重要转折点，将更加强调"创新、协调、绿色、开放、共享"的新发展理念，着力深化推进供给侧结构性改革；同时，新的消费需求不断发生变化，新技术、新产业与新业态不断涌现，"一带一路"战略的实施更极大地拓展了产业国际空间，这些发展趋势均有利于推动广东产业发展的动力从主要依靠低端要素驱动向全面的创新驱动转变。

（1）国际上正在爆发的新一轮互联网革命催生出"互联网＋"新业态，成为撬动广东产业转型升级的新引擎

当前，全球即将进入以智能制造为主导的工业 4.0 时代，物联网和务联网（服务互联网技术）将渗透所有的关键领域，为移动互联网、物联网、云计算、大数据等 ICT 产业带来巨大空间，"互联网＋"已成为创新驱动及产业转型的新兴力量。依托"互联网＋"的高度倍增性、广泛渗透性和深度产业关联性，互联网技术在不同产业之间快速扩散、应用，对旧有的产业体系进行渗透重组，基于工业经济时代大规模生产分工的产业边界逐渐模糊或消融，网络化、智慧化的多元产业融合直接促进了产业跨界创新，并催生出信息化与工业化融合、新兴互联网技术与传统产业融合而衍生的新业态。智能制造、互联网金融及电子商务使传统行业与互联网的融合进一步加深，产业转型升级的模式和路径面临重构。互联网产业规模不断扩大、创新，互联网与传统行业的相互碰撞，将进一步激发生产消费模式、服务模式、商业模式的创新发展，为传统产业发展方式的转变提供诸多新途径，形成巨大新兴市场，催生出一大批新的产业链和产业集群；在创造新经济增长点的同时，还将不断地刺激新的消费服务需求产生，带动信息消费市场快速扩张。一个全面互联，充满创造力的"网络社会"正

在触及、改造着社会生活的方方面面。广东是互联网应用及信息产业大省，新一轮互联网革命为广东抢占全球科技与产业战略制高点、实现产业转型升级带来难得的历史性机遇，以"互联网＋"推动广东产业转型升级正当其时。

（2）中国特色社会主义进入了新时代，我国供给侧结构性改革着力培育发展新动力、创造新供给，将推动广东转型升级实现发展动力转换

中国正面临"三期叠加"的发展形势，经济发展进入"新常态"，经济增速、经济结构和发展方式发生深刻变化，发展速度正从高速增长转向中高速增长，经济发展方式正从规模速度型粗放增长转向质量效率型集约增长，经济结构正从增量扩能为主转向调整存量、做优增量并存的深度调整，经济发展动力正从传统增长点转向新的增长点。习近平总书记2015年年底在主持召开中央财经领导小组第十一次会议时强调，在适度扩大总需求的同时，着力加强供给侧结构性改革，着力提高供给体系质量和效率。2016年3月出台的国家《"十三五"规划纲要》提出，要牢固树立和贯彻落实创新、协调、绿色、开放、共享的发展理念，以提高发展质量和效益为中心，以供给侧结构性改革为主线，扩大有效供给，满足有效需求，推动产业结构升级，增强供给结构适应性和灵活性，提高全要素生产率。供给侧结构性改革在着力化解过剩产能和降本增效的同时，要求培育发展新动能，优化劳动力、资本、土地、技术、管理等要素配置，激发创新创业活力，创造新供给，加快实现发展动力转换。党的十九大报告提出，中国特色社会主义进入了新时代，要贯彻新发展理念，建设现代化经济体系。必须坚持质量第一、效益优先，以供给侧结构性改革为主线，推动经济发展质量变革、效率变革、动力变革，提高全要素生产率，着力加快建设实体经济、科技创新、现代金融、人力资源协同发展的产业体系。这将给广东经济和产业发展带来新的机遇。一是企业生产成本下降，产业整体创新能力将提升。部分国家扶持的行业将享受到相关税收优惠和贷款利率的优惠，随着现代物流体系的完善，企业生产的能源和物流成本也会相应下降。同时，创新能力的提升会在各个行业显现。"大众创业、万众创新"和"互联网＋"都是供给侧结构性改革，传统优势行业将有机会成功迈过产业升级的门槛，提升创新能力，维护竞争优势。而新材料、新能源、医药、健康等新兴行业，也会涌现出一批具有核心竞争力的创新型企业。二

是低端产业比重下降，高端产业比重上升。供给侧结构性改革将进一步加快传统行业去产能的进程，一部分低端产业会遵循产业发展规律，向要素成本更低的地区转移，行业进入衰退期。与此同时，高端产业面临难得的发展机遇，战略性新兴产业的加速发展将成为支撑广东经济保持中高速增长的主要动力之一。

（3）广东正在迈向高收入阶段，消费结构将随收入的增长递进式升级，由新消费需求带动的高收入弹性产业将成为新的经济增长点

国际经验表明，当人均 GDP 达到 5000~10000 美元以后，人们所追求的不再是物质"数量"，而是生活"质量"，更加关注高品质的精神生活和自我提升。世界银行报告显示，人均 GDP 突破 1000 美元后，食品、服装等低需求收入弹性商品的消费支出比例将明显下降，居住、医疗、教育、交通、娱乐等在消费支出中的比重上升。人均 GDP 在 4000 美元至 10000 美元之间时，食品消费支出仍然是居民消费支出的最重要项目，占居民总消费支出的 1/3 左右；其次为文化娱乐，占 1/4 左右；再次为居住、交通通信、医疗保健、教育等支出。人均收入突破 2 万美元时，文化娱乐则成为居民的消费支出的主要项目，超过居民总消费支出的 1/3。消费结构随收入的增长依次递进，进而引领产业结构的递进式升级。美日欧等发达国家在进入人均 GDP10000 美元的高收入阶段后，第三产业占 GDP 比重具有显著优势。2012 年，美国第三产业占 GDP 比重达到 79.7%，其中信息服务、金融服务、教育培训、专业服务、商务服务等现代服务业的总量超过 4 万亿美元，占经济总量的 32%，接近服务业总体规模的一半。美日欧等发达国家在发展现代服务业的同时，也更加重视生物医药、新能源、新材料等高技术产业发展。党的十九大报告指出，我国社会主要矛盾已经转化为人民日益增长的美好生活需要和不平衡不充分的发展之间的矛盾。新的消费观念与消费升级趋势倒逼广东产业转型升级。2016 年广东人均 GDP 按平均汇率折算为 10958 美元，进入中上等收入向高收入阶段转换的关键时期，加快产业转型升级的需求更为迫切。广东应把握高收入阶段消费需求结构变化的新特征，结合高收入阶段的产业发展趋势，率先制定支持发展以"高收入弹性"为特征的新兴产业的政策措施，带动全省产业水平的整体提升，争创产业发展的新优势。

(4)"一带一路"倡议的推进，为广东拓展产业空间、建设开放型经济体系提供更大平台

党的十八届三中全会强调把推进21世纪海上丝绸之路建设作为构建全方位开放新格局的重要部署。习近平总书记、李克强总理在出访东盟等国时也先后提出共同建设21世纪海上丝绸之路，打造"中国–东盟自贸区"升级版的战略构想。2014年博鳌亚洲论坛年会开幕大会上，中国全面阐述"一带（丝绸之路经济带）一路（21世纪海上丝绸之路）"构想。紧接着在北京举行的APEC系列会议上，我国进一步阐述关于加强互联互通关系、共建"一带一路"的主张，倡导成立亚投行，并宣布出资400亿美元成立丝路基金。中国利用外汇储备拉动全球增长，同时通过资本输出带动消化过剩产能。根据亚洲开发银行的预测，从2010年到2020年，亚太地区约有8万亿美元的基础设施建设资金需求。通过金融杠杆放大，现在至少有一个近1.12万亿美元的大市场展现在"中国制造""中国建造"的面前。一旦这些新兴市场的基础设施建设完善，相应的产业将发生转移、中国商品的市场也将扩大。"一带一路"战略将是我国未来十年的重大政策红利，初期大规模基础设施建设，紧接着开发利用资源能源，随后全方位贸易服务往来，为广东制造业带来多产业链、多行业的海外投资机会。广东作为海上丝绸之路的起点区和外向型经济大省，要主动放弃粗放式、外延式、数量型发展模式，致力于精准式、内涵式、质量型发展模式，把握我国发展大势，通过积极对接"一带一路"倡议，力争成为21世纪海上丝绸之路建设的领头羊，加快产业资本输出，攀登世界技术新高地，占据全球产业链上游，从而把广东的开放型经济体系建设提升到一个新台阶。

外在环境的变化必然促使广东产业转型升级的创新理念政策需求也产生相应的转变。广东要主动适应新常态，把供给侧结构性改革作为转型升级、提质增效的主攻方向，推动产业发展动力从依靠低端要素驱动向全面的创新驱动转变，以制造业转型升级为主战场，以生产性服务业为支撑，以大型骨干企业和产业园区建设为抓手，以区域产业协调发展为重要着力点，全面深化改革，促进全省产业转型升级，力争建成与全球产业链对接、以互联网引领的现代产业体系，打造具有国际竞争力的制造业强省，建成具有全国龙头示范意义的珠三角产业转型升级示范区，形成珠三角与粤东西北产业全面融合发展的格局，提升广东在国际产业分工中的战略

地位。

2. 展望 2035：世界新技术革命对广东产业发展影响

准确把握国际科技和产业发展的大趋势，是各国政府正确选择国家战略技术及制定产业发展战略的前提。特别值得关注的是，西方国家的技术选择正在发生重大的变化，技术发展预测与市场发展预测日益结合，技术选择与其产业发展日益结合，而且重视对竞争对手的预测。各国在战略技术和产业的选择上，目前主要通过技术预测（Technology Foresight）和关键性技术（Critical Technologies）开展，在技术选择基础上，重视发展这些技术中具有产业发展前景和潜力的技术，实施预测并长期跟踪，形成本国的战略技术和战略性新兴产业。[①] 广东也应顺应技术进步趋势扶持重点产业发展。科技进步带来一日千里的变化，我们力图站在当今科技发展的最前沿，展望 2035 年科技发展可能带来的未来产业图景。

（1）未来图景一："智慧的地球"——人机物三元世界的转型

IT 产业下一阶段的任务是把新一代 IT 技术充分运用在各行各业之中，具体地说，就是把传感器嵌入或装配到电网、铁路、桥梁、隧道、公路、建筑、供水系统、大坝、油气管道等各种物体中，并且普遍连接，形成所谓"物联网"，然后将"物联网"与现有的互联网整合起来，实现人类社会与物理系统的整合。在此基础上，人类可以以更加精细和动态的方式管理生产和生活，达到"智慧"状态，极大提高资源利用率和生产力水平，以应对经济危机、能源危机、环境恶化，从而打造一个"智慧的地球"。[②]

我们看到的世界将是一个三元世界，即由信息世界、物理世界、人类社会三者组成的人机物社会。人机物三元世界是一个多人、多机、多物互联的动态开放的网络社会。[③]

"智能尘埃"即将成为现实。"智能尘埃"是一种微小得如同尘埃、人的肉眼几乎看不到的智能微型无线传感器，它就像地球的电子神经末梢一样，人们会在地球上撒上不计其数的"智能尘埃"，它们互相联系，形成

---

① 集智俱乐部编《走近 2050：注意力、互联网与人工智能》，人民邮电出版社，2016。

② 中国科学院信息领域战略研究组：《中国至 2050 年信息科技发展路线图》，科学出版社，2009。

③ 李国杰院士谈新经济：《信息技术是动力，智能技术是重点，技术积累与技术创新同等重要》，http://www.weiot.net/article-609259-1.html。

独立运行的网络，能将气候情况、车流量、地震损害等地球上的每件事都监控起来。"智能尘埃"将改变世界的运行方式。

（2）未来图景二："智慧的云"

"云计算"（cloud computing）将如何改变我们的生活？我们需要从两个方面来理解这一平台。第一个方面与处理能力及数据存储有关——这部分功能已经从个人电脑转移到了大型中央集成数据中心。它将使数字处理形成产业化规模，并使超级计算能力可以被用于日常工作。第二个方面是，数十亿台智能个人设备——能够通过互联网接入这一集中化计算资源。这意味着，个人（而不仅仅是企业或政府）将能够利用这些信息"云"。它将使人们能以非常低的成本获得如此多的信息，处理能力也将有新突破。例如，科学领域可能会发生彻底的变革，因为研究人员能够获取之前难以想象的巨量数据，并且研发出各学科相互指引参照的方法。此外，个人计算设备将变得超级智能，因为它们可以利用"云"的智能。①

（3）未来图景三：未来是湿的——无组织的组织力量（社会化网络的力量）

湿的东西，是具有活的特征、生命特征的东西。"湿件"一词常用于描述信息系统中的人。软件、硬件、湿件的成功组合能促成或破坏任何一个群体项目，而其中，湿件的重要性又是最重要的。从 Napster 到 Skype，从 Google 到 Ebay，从 Wikipedia 到 Facebook，由于功率越来越强大、用途越来越广泛的新工具落到普通人手里，一个个财富和社会奇迹被创造出来，从根本上改变了全世界工作、玩乐、生活和思考的方式。对称参与和业余生产的结合使个人和群体在传统组织结构之外的能力增长是前所未有的。对称参与意味着一旦人们有能力接受信息，他们就有了能力发送信息。这种新能力的结果就是业余生产，它意味着"消费者"这一类别如今只是暂时的，而非永久性身份。人们拥有了在机构之外组建群体、共同行动的能力，这是巨大的变化。②

（4）未来图景四：机器人全面问世——人机合一的时代即将到来

机器人将会融入人类的文化中，被人类所接受。他们会提供托儿照

---

① 《改变商业未来十大创新之一："云计算"》，英国《金融时报》2010年3月3日。
② 〔美〕克莱·舍基：《未来是湿的》，胡泳、沈满琳译，中国人民大学出版社，2009。

看、守卫，能打仗、动手术。他们的工作既有效率又精准，甚至比人类更可靠。比起人工，机器人的成本更低。因此，机器人将会取代人力。这势必会重新定义人的工作。美国"人工智能奇点研究所"未来学家认为，正如黑洞中心存在着一个让一切已知物理定律都失效的"奇点"，信息技术也正在朝着这样一个奇点迈进。届时，人工智能机器将比其制造者——人更加聪明。这些未来学家认为，过了这个点，一切都将以现在不可预测、无法想象的速度和形式发展了。美国高科技企业家雷·库兹韦尔在《奇点临近》一书中认为，技术的指数级发展将不可避免地导致超人类智能的出现。库兹韦尔对自己的预测很有信心，他将到达"奇点"的时间定为 2045 年。[①]

（5）未来图景五：新能源时代——未来的氢能和纳米能源

未来的能源如果想要我们放弃使用石油，并保证全世界能够不断发展，就一定要符合以下这 6 个要求：充足、可靠、可再生、环保、低价、来源稳定。据专家预测，氢能和纳米能源这两种能源最有前途，值得我们关注。据预测，到 2035 年（甚至不需要到 2035 年），氢能源就会成为替代石油和天然气的最大能源，满足我们大约 35% 的能源需求；而纳米能源科技的突破可能会加速混合动力、燃料电池和运输系统、能源系统的解决方案的出台。[②]

（6）未来图景六："人体革命"——基因修饰技术的发展

人类基因组计划及后续工作的进行，开创了"人体革命"的时代。其中一个重要标志就是基因修饰技术的出现。所谓基因修饰，指的是通过基因技术去掉某些基因"缺陷"，并应用这种技术，使人的性格、行为、智力、能力和体力等方面得到优化，从而变得更娇美或更健壮，更善于交往。这就是说，基因修饰技术会使人走向更加完善，更加富于魅力，"选择革命"将有更多的可能。

（7）未来图景七：生物芯片技术——为医学发展带来变革

随着人类基因组计划的顺利完成，越来越多的基因组和蛋白组信息被人们用于临床诊断，承担这些信息分析任务的各种生物芯片技术不断涌

---

① 〔美〕雷·库兹韦尔（Ray Kurzweil）：《奇点临近》，李庆诚等译，机械工业出版社，2011。
② 〔美〕詹姆斯·坎顿：《极端的未来：超越未来的十大趋势》，杨梅译，上海三联书店，2008。

现。在生物芯片上进行基因扩增反应也已实现。在微阵列芯片方面，目前已有单核苷酸多态性（SNP）和突变分析芯片、比较基因组杂交芯片等多种高密度微阵列芯片，它们被用来发现与疾病相关的生物标志物。集成各项功能的芯片实验室也即将步入产业化阶段。基因芯片的发展速度大大超越了人们的预期，个体化用药将借助芯片技术实现由候选基因向全基因组研究的飞跃。

综上所述，未来全球新技术变革将对产业发展带来巨大的影响。在互联网信息技术、智能制造、生物技术、新能源等技术发展及应用的直接推动下，尤其是在互联网信息技术更广更深地对我国国民经济及人民生活产生影响下，广东互联网新兴服务业、物联网、文化创意产业、现代物流业、智能机器人、生物医药产业、新能源产业将得到快速发展。

（四）2035年广东产业发展总体预测与趋势判断

1. 产业预测方法的选取

（1）产业预测方法研究综述

从目前的国内外研究看，对产业发展特别是产业结构变动趋势进行分析预测的定量方法主要有以下4种。

一是趋势外推法。趋势外推法是研究经济发展变化规律常用的一种预测方法，根据变量（预测目标）的时间序列数据，提示其变化规律，并通过建立适当的预测模型，推断其未来变化的趋势，若模型的拟合优度高，可取得较好的预测精度。程浩（2015）利用趋势外推法对武汉市第三产业总量进行了预测，结果显示，从1997年到2005年，模型的相对误差控制在4%以内，预测结果最准的一年相对误差仅为0.1235%。王海涛等（2013）选取京津冀三地1990~2010年的三次产业增加值为样本数据，利用趋势外推法预测了2011~2034年的三次产业增加值及比重，从2011~2015年预测值与实际值的比较来看，趋势外推法具有较好的预测精度。[1]

二是灰色预测模型。在对产业结构进行分析预测的过程中，很多学者直接对产业结构的比例进行研究，而采用比例预测要克服定和等于1的约

---

[1]　王海涛、徐刚、恽晓方：《区域经济一体化视阈下京津冀产业结构分析》，《东北大学学报》（社会科学版）2013年第4期。

束限制。针对这一问题，有学者采用了灰色预测模型方法。这一模型由我国学者邓聚龙创立，他提出 GM（1，1）模型，门可佩将 GM（1，1）模型发展为离散灰色增量模型。灰色系统理论以"部分信息已知，部分信息未知"的不确定性系统为研究对象，主要通过对"部分"已知信息的生成、开发，提取有价值的信息，实现对系统运行规律的正确认识；运用灰色预测模型先对三次产业产值进行预测，然后根据三次产业产值预测值测算出产业结构的比例。由于不直接对产业结构的比例进行预测，避免了由于考虑约束条件导致的预测结果不准确。于晗（2015）利用灰色预测模型对 2014~2018 年中国产业结构和就业结构变动趋势进行了预测，结果显示，2014~2018 年第一产业比重持续迅速下降，到 2018 年下降为 7.9%；第二产业比重缓慢下降，到 2018 年下降到 42.7%，下降 0.2 个百分点，说明工业发展将呈减弱趋势，但减弱趋势具有一定限度；第三产业比重迅速上升了 2.3 个百分点，到 2018 年达到 49.5%，表明第三产业将继续迅速发展，主导地位不会改变。但运用这种方法预测较为复杂。①

三是 BP 神经网络算法。这种算法是根据梯度下降理论形成的一套能够经过大量迭代运算的算法，能够实现误差的自我修正，使得模型预测分析结论更加精确。郭庆春等（2011）运用改进 BP 算法神经网络的建模方法，并采用 1978~2003 年的第三产业产值比重数据对我国 2004~2008 年第三产业的产值比重进行了预测，结果显示，2007 年我国第三产业产值比重预测值为 40.75%，而实际值为 40.37%，二者相差不大；2008 年的预测值为 40.83%，实际值为 40.07%，相对误差仅为 0.76%，说明该方法具有较好的预测精度。② 吕一清、何跃（2011）则在 BP 神经网络算法的基础上建立了 LM-BP 神经网络模型，有效弥补了传统灰色预测模型在系统出现特殊情况时误差稳定性差的缺陷，改正了 BP 神经网络难以把握数据长期变化趋势的缺点。③

四是 CGE 模型。CGE 模型在整个经济约束范围内把各经济部门和产业

---

① 于晗：《产业结构与就业结构演进趋势及预测》，《财经问题研究》2015 年第 6 期。

② 郭庆春、何振芳、寇立群：《第三产业产值比重预测的 BP 神经网络模型》，《价值工程》2011 第 15 期。

③ 吕一清、何跃：《基于灰色神经网络的第三产业发展趋势的预测模型》，《统计与决策》2011 年第 4 期。

联系起来，在经济的各个组成部分之间建立起了数量关系，通过运用部门间交易的信息来捕捉产业间的关联效果，因此可反映经济个体面对外生冲击所产生的结构调整变化。而市场出清与加总条件的构成亦可反映总体经济影响，故可进行多面向的经济预测与政策模拟。李丽、陈迅、汪德辉（2009）等研究者运用动态 CGE 模型对我国产业结构的变动趋势进行了预测，结果显示：农业结构比继续呈现下降趋势，并降低至 2012 年 10.01%；工业结构比先增后降，占比将由 2008 年的 47.93% 升到 2010 年的 48.13%，随后降低至 2012 年的 47.75%；服务业占比在 2012 年将升至 42.23%，却依旧无法赶超制造业，我国的产业结构 2008～2012 年还是以制造业为主。[①]但 CGE 模型建模较为复杂，对数据质量要求高。

（2）本专题选取的产业预测方法

通过比较上述的产业预测方法，综合考虑数据可得性、方法可行性和广泛性，本研究最终采用较为常用的趋势外推法来对广东省的产业结构进行预测和分析，并进行国内比较。

趋势外推法是根据事物的历史和现实数据，寻求事物随时间推移而发展变化的规律，从而推测其未来状况的一种常用的预测方法。当预测对象依时间变化呈现某种上升或下降的趋向，且无明显的季节波动时，若能找到一条合适的函数曲线反映这种变化趋势，就可用时间 t 为自变量，时序数值 y 为因变量建立趋势模型

$$y = f(t)$$

如果有理由相信这种趋势能够延伸到未来，在上式中赋予变量 t 在未来时刻的一个具体数值，可以得到相应时刻的时间序列未来值，这就是趋势外推法。

外推预测的准确程度取决于所拟合模型的拟合优度，最小二乘法以其所拟合模型的预测标准误差最小的优势成为最常用的趋势模型的拟合方法。

最小二乘法的数学原理是：

设 趋势外推模型 $\hat{y} = f(t)$

---

① 李丽、陈迅、汪德辉：《我国产业结构变动趋势预测：基于动态 CGE 模型的实证研究》，《经济科学》2009 年第 1 期。

则　预测误差平方和

$$Q = \sum (y - \hat{y})^2 = \sum [y - f(t)]^2$$

分别对模型参数求偏导，并令其为零，构造方程组：

$$\frac{\partial Q}{\partial \beta_i} = 0 \, (i = 0, 1, \cdots, n)$$

代入已知数据求解的模型参数即可得到回归方程。

回归方程可以有多种形式：直线趋势模型、二次曲线模型、三次曲线模型、幂函数模型等，模型形式的选定可参考模型拟合优度并结合已知数据的特征。

2. 2035 广东三次产业结构预测

（1）广东三次产业结构预测：服务业比重逐年提升并成为经济增长主力，二产占比逐年下探；到 2035 年，预计三次产业结构比重约为 2.71：35. 27：62. 02

利用广东省 2000～2016 年三次产业增加值的原始数据，采用趋势外推法得到三次产业增加值的增长趋势图，如图 2 - 5、图 2 - 6、图 2 - 7。根据对三次产业增加值的回归拟合，并结合回归结果的拟合优度，建立以下方程：

$$Y_1 = 451.06 + 178.02t \tag{1}$$

$$Y_2 = 1762.5 + 22.987t^2 + 1599.8t \tag{2}$$

$$Y_3 = 4238.2 + 108.42t^2 + 333.26t \tag{3}$$

其中，式中 Y_1、Y_2、Y_3 分别代表第一产业增加值、第二产业增加值、第三产业增加值，t 代表时间变量（其中 $t = 1$ 时，代表时间是 2000 年）。

从拟合优度来看，三次产业的增加值回归模型对原始数据都有非常高的拟合程度，拟合优度全部高于 97%，二、三次产业的模拟拟合度均超过 99%，这说明模型对原始数据具有非常高的吻合程度，能够较为充分地反映三次产业增加值的发展趋势。因此，我们运用该模型对 2017～2035 年的三次产业增加值和比重进行了预测，预测结果如表 2 - 11。从该表中可以看出，利用时间序列分析预测 2035 年广东省三次产业的比重为 2.71：35.27：62.02。此外，通过观察 2020 年的预测结果可以发现，2020 年广东省三次产业的比重预测值为 3.85：41.84：54.31，对比《广东十三五规划纲要》设

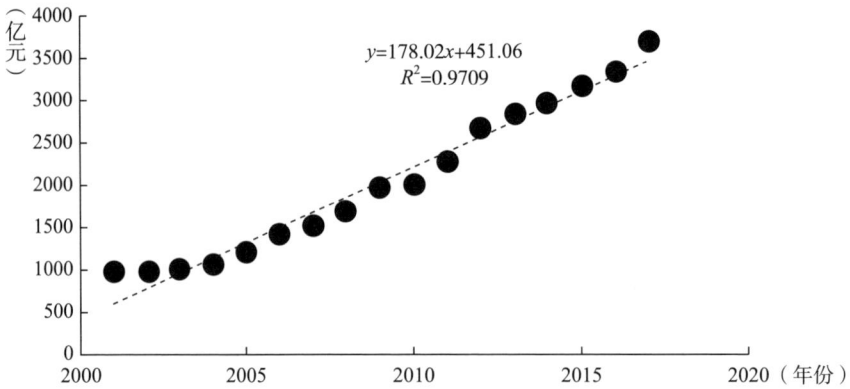

$y=178.02x+451.06$
$R^2=0.9709$

图 2-5　第一产业增加值增长趋势（广东）

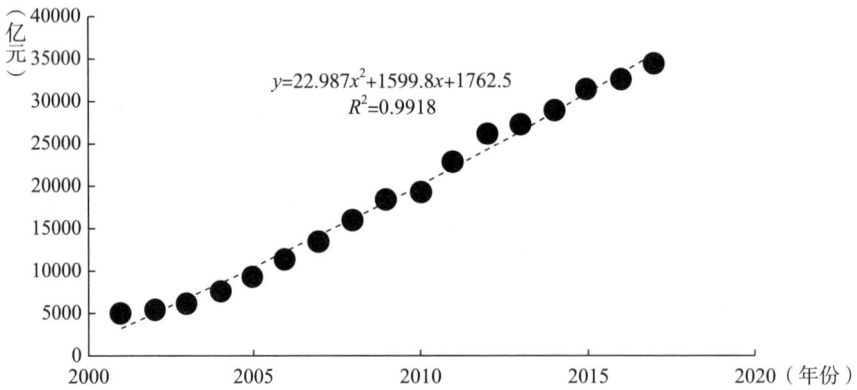

$y=22.987x^2+1599.8x+1762.5$
$R^2=0.9918$

图 2-6　第二产业增加值增长趋势（广东）

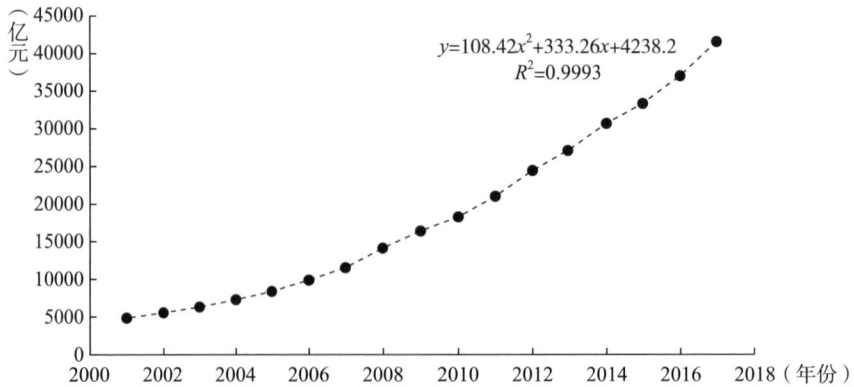

$y=108.42x^2+333.26x+4238.2$
$R^2=0.9993$

图 2-7　第三产业增加值增长趋势（广东）

定的 4∶40∶56 的三次产业结构目标，第二产业比重略有偏高，总体上基本能够实现预定目标。

表 2 – 11　广东省 2017～2035 年三次产业增加值与比重预测值

年份	第一产业增加值（亿元）	第一产业增加值比重（%）	第二产业增加值（亿元）	第二产业增加值比重（%）	第三产业增加值（亿元）	第三产业增加值比重（%）
2017	3655.42	4.20	38006.69	43.67	45364.96	52.13
2018	3833.44	4.08	40457.01	43.04	49709.76	52.88
2019	4011.46	3.96	42953.30	42.43	54271.40	53.61
2020	4189.48	3.85	45495.57	41.84	59049.88	54.31
2021	4367.50	3.75	48083.81	41.27	64045.20	54.98
2022	4545.52	3.65	50718.02	40.73	69257.36	55.62
2023	4723.54	3.56	53398.21	40.21	74686.36	56.24
2024	4901.56	3.47	56124.38	39.70	80332.20	56.83
2025	5079.58	3.38	58896.51	39.22	86194.88	57.40
2026	5257.60	3.30	61714.62	38.75	92274.40	57.94
2027	5435.62	3.22	64578.71	38.31	98570.76	58.47
2028	5613.64	3.15	67488.77	37.88	105083.96	58.97
2029	5791.66	3.08	70444.80	37.46	111814.00	59.46
2030	5969.68	3.01	73446.81	37.06	118760.88	59.93
2031	6147.70	2.95	76494.79	36.68	125924.60	60.38
2032	6325.72	2.89	79588.74	36.31	133305.16	60.81
2033	6503.74	2.83	82728.67	35.95	140902.56	61.23
2034	6681.76	2.77	85914.58	35.60	148716.80	61.63
2035	6859.78	2.71	89146.45	35.27	156747.88	62.02

资料来源：由历年《广东统计年鉴》数据测算获得。

从广东省三次产业增加值比重预测值的变化趋势来看，2017～2035年，广东省第一产业增加值比重持续降低，由 2017 年的 4.20% 下降到 2035 年的 2.71%，下降约 1.5 个百分点。第二产业增加值比重变化趋势与第一产业类似，由 2017 年的 43.67% 下降到 2035 年的 35.27%，下降 8.4

个百分点。而第三产业增加值比重呈现显著上升趋势，由 2017 年的 52.13% 上升到 2035 年的 62.02 %，上升 9.89 个百分点。

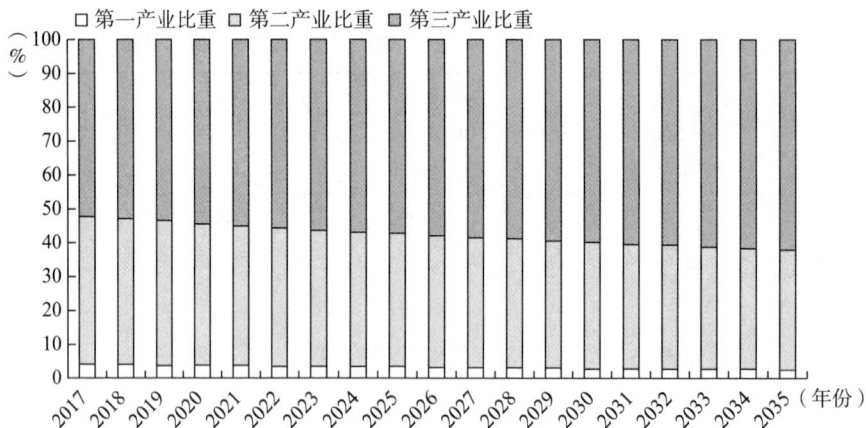

图 2-8 广东省三次产业结构预测值

（2）国内比较：广东与全国三次产业结构的变动趋势基本一致，2035 年广东三次产业结构整体优于全国平均水平

为将 2035 年广东三次产业结构的预测值与全国平均水平进行比较，本研究同样采用趋势外推法，利用三次产业的拟合方程预测 2017～2035 年全国三次产业的增加值与比重。预测结果显示，2035 年全国三次产业结构比重为 4.81∶34.06∶61.12。

表 2-12 全国 2017～2035 年三次产业增加值与比重预测值

年份	第一产业增加值（亿元）	第一产业比重（%）	第二产业增加值（亿元）	第二产业比重（%）	第三产业增加值（亿元）	第三产业比重（%）
2017	65782.10	7.88	339691.04	40.71	428960.38	51.41
2018	69177.80	7.62	364463.31	40.16	473846.19	52.22
2019	72573.50	7.38	389969.00	39.64	521178.20	52.98
2020	75969.20	7.15	416208.11	39.15	570956.41	53.71
2021	79364.90	6.93	443180.64	38.68	623180.82	54.39
2022	82760.60	6.72	470886.59	38.24	677851.43	55.04
2023	86156.30	6.52	499325.96	37.81	734968.24	55.66

续表

年份	第一产业增加值（亿元）	第一产业比重（%）	第二产业增加值（亿元）	第二产业比重（%）	第三产业增加值（亿元）	第三产业比重（%）
2024	89552.00	6.34	528498.75	37.41	794531.25	56.25
2025	92947.70	6.16	558404.96	37.03	856540.46	56.80
2026	96343.40	6.00	589044.59	36.67	920995.87	57.33
2027	99739.10	5.84	620417.64	36.32	987897.48	57.84
2028	103134.80	5.69	652524.11	35.99	1057245.29	58.32
2029	106530.50	5.55	685364.00	35.68	1129039.30	58.78
2030	109926.20	5.41	718937.31	35.38	1203279.51	59.21
2031	113321.90	5.28	753244.04	35.09	1279965.92	59.63
2032	116717.60	5.16	788284.19	34.82	1359098.53	60.03
2033	120113.30	5.04	824057.76	34.55	1440677.34	60.41
2034	123509.00	4.92	860564.75	34.30	1524702.35	60.77
2035	126904.70	4.81	897805.16	34.06	1611173.56	61.12

资料来源：由历年《中国统计年鉴》数据测算获得。

将广东三次产业结构比重变动情况与全国平均水平比较（参见表 2 - 13），可以发现，到 2035 年，广东与全国三次产业结构的变动趋势是基本一致的，即第一产业增加值比重不断下降，第二产业增加值比重同样呈现持续下降趋势，而第三产业增加值比重则呈现持续上升趋势，形成以服务业为主导的产业结构。进一步比较发现，从采用趋势外推法及对标分析法的预测结果来看，广东三次产业结构整体优于全国平均水平，其中，广东 2035 年的第三产业比重预计高于全国平均水平 0.9 ~ 2.38 个百分点，经济服务化程度更高。

表 2 - 13 三次产业结构预测值的国内比较

单位：%

年份	分析方法	第一产业	第二产业	第三产业
2020	全国	7.15	39.15	53.71
	广东	3.85	41.84	54.31

续表

年份	分析方法	第一产业	第二产业	第三产业
2025	全国	6.16	37.03	56.80
	广东	3.38	39.22	57.40
2030	全国	5.41	35.38	59.21
	广东	3.01	37.06	59.93
2035	全国	4.81	34.06	61.12
	广东	2.71	35.27	62.02

（3）小结

广东在向 2035 年迈进过程中，三次产业结构变动的趋势将表现为：服务业比重逐年提升并成为经济增长主力，第二产业占比逐年下探。基于趋势外推法的预测结果，并综合考虑广东的三次产业特别是制造业与服务业结构特点及发展方向，预测广东省 2035 年的三次产业结构比重约为 2.71：35.27：62.02。从国内比较来看，广东与全国三次产业结构的变动趋势基本一致，2035 年全国三次产业结构比重预计为 4.81：34.06：61.12，广东三次产业结构整体优于全国平均水平，经济服务化程度更高。

3. 2035 广东高技术制造业比重预测

高技术制造业是具有高技术含量、高附加值、强竞争力的行业，能够体现一个国家（地区）的产业技术密集程度及产业结构的高度化水平。[①] 以下相关的测算分析表明，随着广东经济发展进入新旧动能转换的关键期，大力发展高技术制造业将成为创新驱动发展战略的核心抓手，广东高技术制造业将呈现持续上升态势。预计到 2035 年，广东高技术制造业占制造业的比重约为 65.8%，超出全国平均水平约 45.3 个百分点。

（1）广东高技术制造业比重预计将持续上升，到 2035 年的占比约为 65.8%

利用广东省 2005～2015 年规模以上高新技术制造业增加值和规模以上制

---

① 根据国家统计局发布的《高技术产业（制造业）分类（2013）》，高技术制造业是指国民经济行业中 R&D 投入强度（即 R&D 经费支出占主营业务收入的比重）相对较高的制造业行业，主要包括：医药制造，航空、航天器及设备制造，电子及通信设备制造，计算机及办公设备制造，医疗仪器设备及仪器仪表制造，信息化学品制造等六大类。该分类与 OECD（经济合作与发展组织）关于高技术产业的分类基本衔接，便于国际比较。

造业增加值的原始数据，采用趋势外推法得到规模以上高新技术制造业增加值和规模以上制造业增加值的回归方程，拟合方程和趋势图如下。

$$Y_4 = 20.851t^2 + 282.81t + 2067.6 \tag{4}$$

$$Y_5 = -26.708t^2 + 2140.8t + 6222.5 \tag{5}$$

其中，Y_4、Y_5分别代表广东省规模以上高新技术制造业增加值和规模以上制造业增加值，t代表时间变量（其中$t=1$时，代表时间是2005年）。

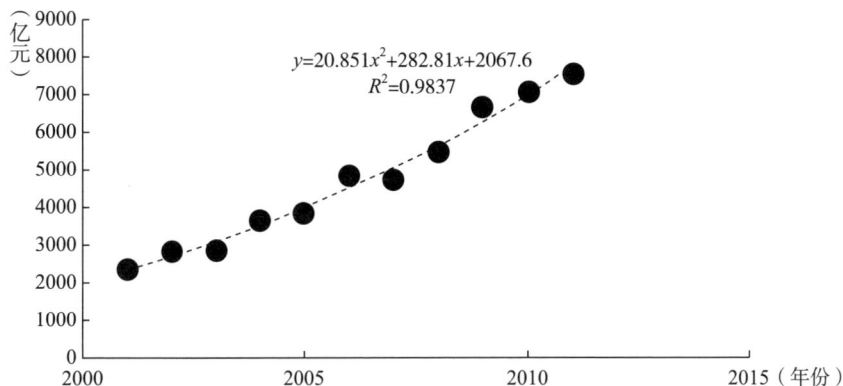

图 2 - 9 高技术制造业增加值增长趋势（广东）

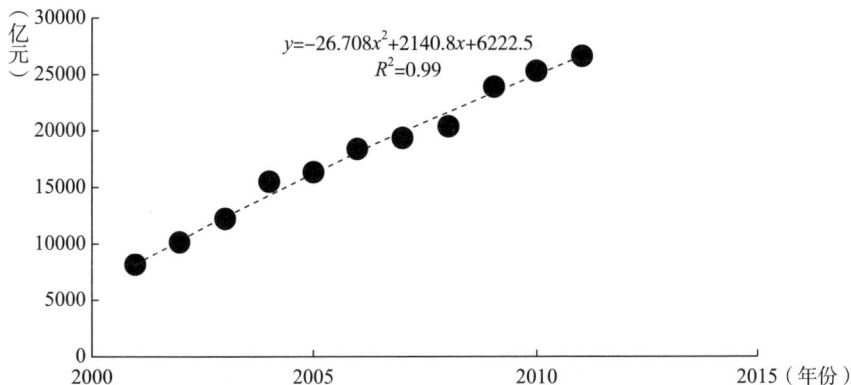

图 2 - 10 制造业增加值增长趋势（广东）

从拟合优度来看，规模以上高技术制造业增加值和规模以上制造业增加值的回归方程拟合优度都在98%以上，说明回归模型非常好地拟合了原始数据，进而说明回归模型的预测结果是可靠的。从预测结果来看，到2035年，广东省规模以上高技术制造业的增加值将达到30872.52亿元，而规模以上制造业的增加值将达到46920.91亿元。规模以上高技术制造业增加值占制造业的比重将持续上升，由2016年的30.16%上升到2035年的65.80%，增长超过35个百分点。

表2-14 广东省高技术制造业增加值占制造业增加值的比重预测

年份	规模以上高技术制造业增加值（亿元）	规模以上制造业增加值（亿元）	比重（%）
2016	8463.86	28066.15	30.16
2017	9267.95	29539.25	31.38
2018	10113.74	30958.93	32.67
2019	11001.23	32325.20	34.03
2020	11930.42	33638.05	35.47
2021	12901.31	34897.49	36.97
2022	13913.90	36103.51	38.54
2023	14968.20	37256.11	40.18
2024	16064.20	38355.30	41.88
2025	17201.90	39401.07	43.66
2026	18381.30	40393.43	45.51
2027	19602.41	41332.37	47.43
2028	20865.22	42217.89	49.42
2029	22169.73	43050.00	51.50
2030	23515.94	43828.69	53.65
2031	24903.85	44553.97	55.90
2032	26333.46	45225.83	58.23
2033	27804.78	45844.27	60.65
2034	29317.80	46409.30	63.17
2035	30872.52	46920.91	65.80

资料来源：根据历年《广东统计年鉴》数据测算获得。

（2）国内比较：广东高技术制造业占比大幅高于全国平均水平，到2035年超出全国平均水平约45.3个百分点，制造业技术密集度领先全国

我们同样采用趋势外推法对2016～2035年全国高技术制造业增加值占

制造业增加值的比重进行预测。从预测结果来看，全国高技术制造业增加值占制造业增加值的比重在 2020 年将达到 17.42%，此后将继续增长，到 2035 年将达到 20.48%。

表 2－15 全国高技术制造业增加值占制造业增加值的比重预测

年份	高技术制造业增加值（亿元）	制造业增加值（亿元）	比重（%）
2016	39078.08	239490.32	16.32
2017	43147.31	259827.33	16.61
2018	47424.24	280841.68	16.89
2019	51908.87	302533.37	17.16
2020	56601.20	324902.40	17.42
2021	61501.23	347948.77	17.68
2022	66608.96	371672.48	17.92
2023	71924.39	396073.53	18.16
2024	77447.52	421151.92	18.39
2025	83178.35	446907.65	18.61
2026	89116.88	473340.72	18.83
2027	95263.11	500451.13	19.04
2028	101617.04	528238.88	19.24
2029	108178.67	556703.97	19.43
2030	114948.00	585846.40	19.62
2031	121925.03	615666.17	19.80
2032	129109.76	646163.28	19.98
2033	136502.19	677337.73	20.15
2034	144102.32	709189.52	20.32
2035	151910.15	741718.65	20.48

资料来源：根据历年《中国统计年鉴》数据测算获得。

图 2－11 所示为 2016～2035 年广东省和全国高技术制造业增加值与制造业增加值比重的预测值，从图中可以看出，广东省高技术制造业增加值的占比一直高于全国的平均值，并且从 2016 年至 2035 年，这一差距呈现扩大趋势。到 2035 年广东省高技术制造业增加值占制造业增加值比重约为

65.80%，而全国高技术制造业增加值的占比仅为 20.48%，两者相差 45.32 个百分点，这表明广东省的高技术制造业发展将会大幅高于全国平均水平，制造业的技术密集度在全国处于领先地位。

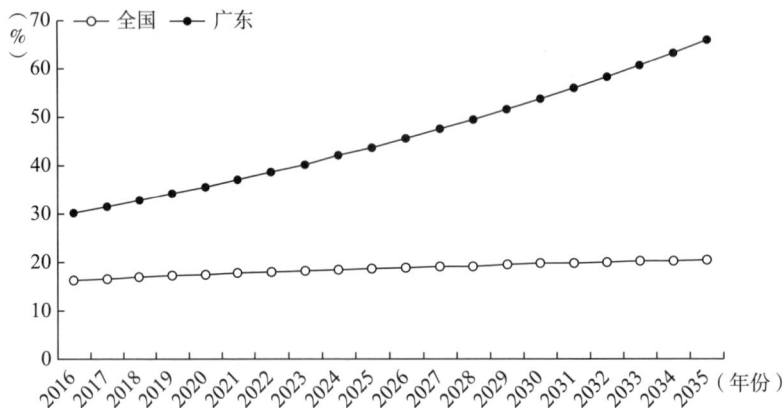

图 2-11　全国及广东高技术制造业增加值占比变化趋势

（3）小结

2020~2035 年，广东高技术制造业将成为实现新旧动能转换的重要抓手，产业规模及产业竞争力将呈现持续上升态势。预计到 2035 年，广东高技术制造业占制造业的比重约为 65.80%，超出全国平均水平（20.48%）约 45.32 个百分点，制造业的技术密集度在全国将处于领先地位。

4. 迈向 2035 的广东产业发展五大趋势特征

（1）新一轮全球技术革命背景下，由前沿科技带动的新兴产业将成为广东抢占未来产业制高点的关键

当前，从经济长周期演进的时间表看，全球仍处于第五次长周期的下行阶段，信息通信技术推动经济增长的潜力和主导作用仍未完全释放。为摆脱经济衰退，以智能信息网络、人工智能、生物工程、纳米技术、新能源技术等为代表的新一轮复合式技术创新将面临重大突破，加速催生一批新兴产业。在全球网络经济时代到来之时，宽带网络、云计算、大数据、物联网及下一代互联网等新兴信息网络技术迅猛发展，成为世界经济复苏和未来增长的重要驱动力，必将推动广东人工智能产业、互联网新兴服务业及物联网产业发展。生物技术和生命科学将成为 21 世纪引发新科技革命的重要推动力量。随着医疗模式和健康观念的改变，生物医药与健康产业

呈现巨大发展空间。新材料与信息、能源一起构成世界新技术革命的三大支柱。以纳米材料、超导材料、光电材料等为代表的新材料技术创新异常活跃，由此将催生以前沿技术创新带动的新兴产业。广东将依托自身在电子信息、生物医药、新材料产业已形成的集群优势和研发基础，集聚高端创新资源，着力突破关键核心技术，力争在某些领域形成长期技术优势与产品标准话语权。

（2）应对资源环境约束压力和低碳需求导向，将推动绿色低碳新兴产业发展

当前的全球能源危机、资源短缺、环境恶化，对各国经济发展及人类生存构成现实威胁，迫使世界各国积极开发利用可再生、无污染的新能源和可再生能源，推行循环经济和低碳经济模式。对广东而言，目前正处于重化工业后期，对能源消费的需求总量仍保持增长态势，原有的高消耗、低附加值的粗放增长模式已经不可持续，并严重制约下一轮经济腾飞。因此，广东未来战略性新兴产业的发展重点必须符合低碳经济发展方向和低碳消费模式，应把大力发展新能源、节能环保、新能源汽车、新兴产业摆在更加突出的战略地位，超前进行产业结构的战略性调整，带动经济社会实现可持续发展。

（3）传统优势产业转型升级的迫切需求，推动四大融合衍生的新兴产业发展，培育新增长点

产业融合是当今世界产业发展的重要趋势。随着技术创新融合和市场需求的变动，旧有的产业边界正在逐步消融和模糊，并融合催生出许多新兴产业。综合考虑广东现有的产业基础优势和未来产业发展方向，应该着力发展信息化与工业化融合、新兴技术与传统优势产业融合、新兴技术间的相互融合、制造业与服务业融合等四大融合衍生的新兴产业和新型业态，工业机器人等高端智能装备、行业电子商务、移动互联网、工业创意设计等产业，将推动传统优势产业优化升级，变革产业组织形态，培育新的经济增长点。

（4）广东强化经济强省的地位，要求发展强辐射力、高关联度的战略性新兴服务业

广东作为我国的经济大省与强省，迫切需要增强高端要素集聚、科技创新、文化引领和综合服务功能，提高辐射带动能力，这就要求发挥生产性服

务业对制造业和大区域发展的带动性，打造国际商贸中心和文化创意中心、亚洲物流中心、区域金融中心。现代工业特别是先进制造业的发展，要求配套更高度协作和更周密的现代物流服务，以增强广东在区域竞争中的优势及核心地位。现代金融业对于广东提高经济地位、加速战略性新兴产业的研发和产业化具有重要支撑作用，下一步广东将会进一步强化区域性金融中心地位。现代商务会展业是兼具商业贸易、展示交易、经济技术合作、总部经济、旅游服务等功能的新兴产业，对提升广东产业竞争力作用巨大。文化创意产业是创意（智力）、文化与科技相结合的新兴产业。广东只有大力发展文化创意产业，才能更快切入产业价值链高端，提高创新能力和文化软实力，增强发展后劲。结合广东尤其珠三角城市群功能定位及布局，并考虑到相关服务业对制造业和大区域发展的带动性，未来现代物流业、现代金融业、现代商务会展业、文化创意产业等新兴服务业将会得到快速发展。

（5）人民健康消费水平急剧上升，推动生命健康等产业发展

随着居民生活水平的提高，医疗模式和健康观念发生改变，医疗保健消费增长迅速，健康需求日益多样化、高级化，生物医药的市场空间进一步扩大。我国作为一个发展中国家，目前药品的消费水平还很低，人均药品消费约 80 元（不到 10 美元），而中等发达国家每年人均消费药品达 40～50 美元，欧洲为 160 美元左右，美国和日本都超过 200 美元。随着我国经济建设的发展和人民生活水平的提高，人们防范疾病的观念转向重在预防、保健，重在对亚健康状态的及时调整，医疗模式也由单纯的疾病治疗转为预防、保健以及治疗与康复相结合的模式，药品消费市场发展空间很大。而广东省作为提前向基本实现现代化目标迈进的经济发达地区，生活水准高、生活节奏快，对药品疗效、安全性、方便性要求更高，同时急速的工业化进程带来的污染和现代生活方式引致的健康问题日增，健康消费水平已急剧上升，这些必将推动生命健康等产业发展。

三　广东制造业及服务业发展趋势判断

（一）2035 广东制造业重点行业发展预测与趋势判断

1. 制造业六大主导产业发展预测与趋势判断

目前在广东的制造业中，计算机、通信和其他电子设备制造业，电气

机械和器材制造业，化学原料和化学制品制造业，汽车制造业等四大产业总产值在工业总产值中占比均超过 5%，属于支柱型制造业，在国内外具有较强的市场需求和竞争力；纺织服装、服饰业，食品饮料制造业，非金属矿物制品业是广东的传统优势产业，在国内占据较大市场份额。结合广东制造业比较优势的历史变动趋势以及未来的产业规划重点，预计电子信息、装备制造（含汽车制造、电器机械制造等）、石化、纺织服装、食品饮料、建材产业等六大支柱产业及传统优势产业仍将成为 2035 年广东制造业发展的重点行业。一方面是提高制造业的高技术化度，做强电子信息、装备制造、石化等高技术制造业；另一方面是做优做精纺织服装、食品饮料、建材等传统产业，争创自主品牌。预计随着制造业加快转型升级，未来这六大重点行业在产业形态及生产模式、商业模式等各方面将会有全新的变革。

（1）电子信息产业

电子信息产业是技术密集型和资金密集型产业，高创新性和高更新率是其发展的重要特点，电子信息技术与其他行业技术互相融合，不断形成新的技术领域和更广阔的产品门类。目前，以广州、深圳为中心的珠江三角洲地区，以上海为龙头的长江三角洲地区和以北京—天津为轴线的环渤海地区已成为我国三大电子信息产业集聚带，这三大地区的电子信息产业工业总产值占全国电子信息产业工业总产值的比重约为 80%。其中，广东省是我国电子信息产业规模最大的地区，2015 年计算机、通信和其他电子设备制造业实现工业增加值 6499.71 亿元。

①广东电子信息制造业产业规模预测

电子信息制造业是广东省制造业行业第一大支柱产业，并且在珠江东岸形成了以深圳为龙头，东莞、惠州为核心的世界级电子信息制造业基地。由于电子信息制造业仍将成为广东省重点发展的支柱产业，因此预计未来该行业仍将保持较为快速的增长。我们仍然采用趋势外推的方法来进行预测，预计到 2020 年，广东电子信息制造业增加值将达到大约 9757 亿元；到 2035 年，该行业增加值将达到约 22504 亿元。

②广东电子信息产业的发展方向

未来高端新型电子信息产业将成为推动广东省经济转型的主导产业，成为新的经济增长极，并有望建成世界级高端电子信息产业基地及全球新

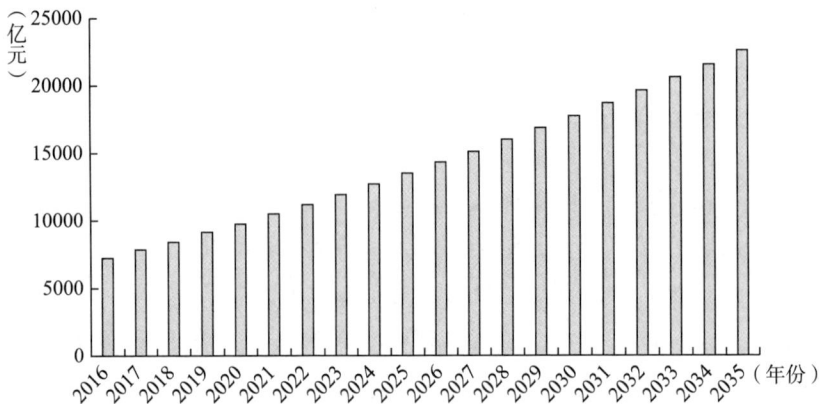

图2-12 广东电子信息制造业增加值预测

一代信息技术创新中心。

扩大产业规模，持续提升创新能力。预计广东省电子信息产业规模将显著扩大，产业体系相对完善，行业上下游产业链配套完备；大幅提升自主创新能力，拥有一批关键核心技术及自主知识产权，形成一批行业标准。产业实力将明显增强，未来朝着产业链完整、总规模超万亿元的新一代信息技术产业群的方向迈进，打造全国新一代信息技术产业重要集聚地和世界级高端电子信息产业基地，进一步扩大广东省电子信息产业的领先优势。

强化产业优势，推动新业态发展。一方面，加强新一代信息技术与机械、汽车、能源、交通、轻纺、建筑、冶金等传统工业技术的互相融合，加速汽车电子、医疗电子、能源电子、安防电子等新兴市场的兴起和迅速壮大；另一方面，数字化、网络化技术的不断成熟与广泛融合将带动整合电子信息产业链多环节的新兴产业的形成，重点发展关键电子和光电元器件、新一代无线宽带通信、工业大数据与云计算、制造物联网、移动互联网、短距离通信、新型显示等细分行业及新业态。

（2）装备制造业

广东装备制造业主要包括电器机械工业及汽车制造产业。

①电器机械工业

电气机械及器材制造业是广东省的传统优势产业，细分行业包括电机制造业、输配电及控制设备制造业、电工器械制造业、日用电器制造业等等，该行业技术密集程度相对较高，在提升产业经济和国民生活质量中起着不可替代的基础作用。

电器机械工业是工业现代化的基础和经济实力的集中表现，经过改革开放30多年的高速发展，广东电器机械工业在生产规模、市场份额、出口额等方面居全国前列，已形成以家用电器、输配电及控制设备、电工器材、塑料加工机械、包装和食品机械、文化办公用机械及电梯等为代表的在国内具有领先地位的主导产品，以及一批在国内外占有较大市场份额的优势企业。2015年电器机械工业实现工业增加值2703.24亿元。在迈向2035年的进程中，广东省电器机械工业将以高端化、智能化为产业未来转型方向，进一步强化其主导产业和战略产业地位。预计到2035年，该行业增加值将达到约4168亿元。

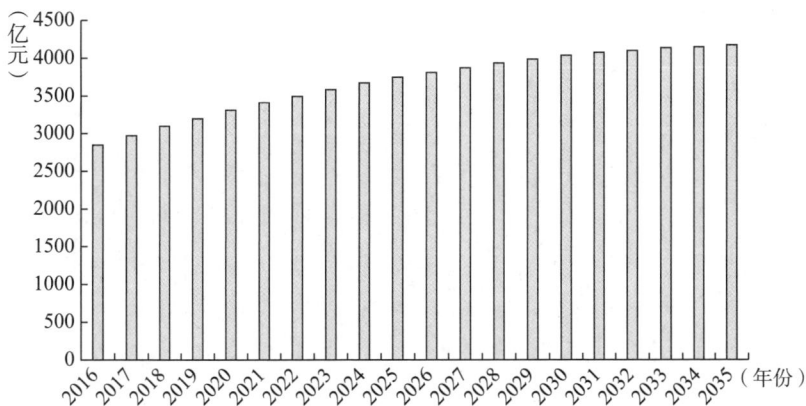

图2-13 广东电气机械和器材制造业增加值变化预测

广东电器机械工业的发展将呈现集群化、信息化、服务化、产品高技术化的趋势。一是集群化趋势不断增强，同种产业或相关产业的机械制造企业在广东省同一区域有机地集聚，通过不断创新而赢得竞争优势，具有特色的中小企业发挥着重要作用。二是电气机械工业正向信息化方向迈进，新趋势主要表现为柔性制造系统、计算机集成制造系统的开发与推广应用，并向制造智能化方向发展，特别是工业互联网、智能机器人的应用，正在改变电气机械工业的生产和流通方式，尤其是推动了家电产业的智能化升级。三是服务个性化，为适应市场需求的不确定性和个性化的用户要求，先进的家电及机械制造企业不断吸收各种高新技术和现代管理技术，并将其综合应用于产品设计、生产、管理、销售、使用、服务乃至回收的全过程。四是产品高技术化，随着信息技术、工业自动化技术、数控加工技术、机器人技术、先进的发电和输配电技术、电力电子技术、新型材料技术和新型生物、环保装备技术等当代高新技术成果的应用，电气机械产品不断高技术化，其高新技术含量已成为市场竞争取胜的关键。

②汽车制造业

汽车制造业是产业关联度高、规模效益明显、资金和技术密集的产业，对广东工业经济发展至关重要，目前正处于高速发展时期。2015年，广东汽车制造业实现工业增加值1443.89亿元，增速高于全省规模以上工业平均水平，产量在全国汽车生产行业中占有重要一席。预计到2035年，广州、深圳、佛山等市的汽车制造业仍将保持较快增长，全省汽车制造业增加值将达到大约4475亿元。

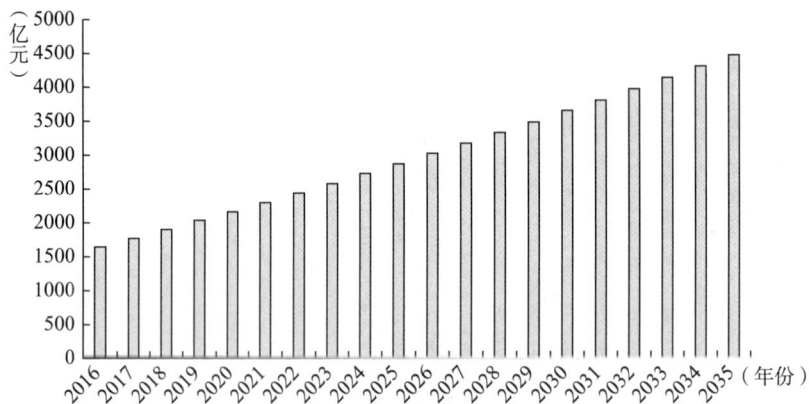

图2-14 广东汽车制造业增加值变化预测

广东汽车工业的发展方向为以下三个方面。

打造三大汽车整车生产基地。广东省将加快发展以自主品牌和自主技术为主的汽车产业集群，做强广州汽车整车生产基地，推进深圳、佛山整车生产基地建设，加快打造广汽集团、东风日产乘用车公司、深圳比亚迪3家产值超千亿元的具有国际竞争力的特大型汽车制造企业。

大力发展智能交通电子信息产品。重点发展汽车智能仪表、智能交通工具等产品和设备，整合应用传感、数据通信传输、计算机处理和系统工程等技术，提升地面交通管理系统智能化水平。结合人工智能先进科技，积极研发无人驾驶汽车。

建设全国重要的新能源汽车产业基地。新能源汽车产业被列为广东省战略性新兴产业之一，是未来广东省工业发展的重点。重点发展电动汽车、天然气汽车，以及高性能动力电池、电机等关键零部件，支持广州、深圳市发挥汽车产业研发、生产、配套、服务等优势，打造 2~3 条以骨干企业为核心的新能源汽车产业链，形成以广州、深圳为整车生产中心，以佛山、珠海、惠州、中山等地为主要零部件配套区的新能源汽车产业布局。

（3）石化产业

石油和化学工业简称石油化工，包括石油与天然气开采、原油加工、化学矿采选、化学原料及制品、橡胶制品、专用化学品和石油与化工设备制造等，是广东省的支柱产业部门之一。目前，广东已形成由惠州大亚湾石化基地、广州石化基地、茂（名）湛（江）石化基地组成的沿海大石化产业带，集聚中石油、中石化、中海油三大石油巨头，2015 年广东石化工业实现工业增加值 2297.67 亿元。预计到 2035 年，广东石化工业增加值将达到大约 5219 亿元。

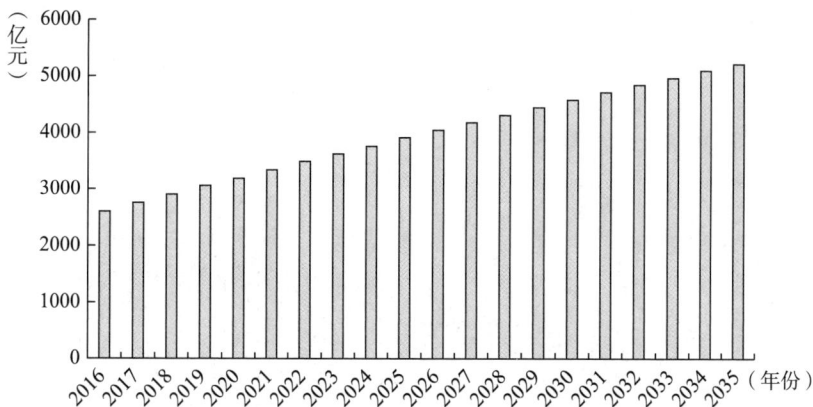

图 2-15 广东石化行业增加值预测

广东石化工业的发展趋势及重点方向为以下三方面。

优先发展石化下游产业尤其是精细化工产业。未来将大力发展合成橡胶、合成纤维、碳纤维、工程塑料、基本有机原料、汽车等专用涂料、新领域精细与专用化学品等产业，形成一批各有特色的精细化工产业链，进一步提升高附加值、高技术、低污染的精细化工产品在石化产业中的比重。

大力发展化工新材料。重点发展价值更高、性能更突出的高端化工新材料，特别是生物医药材料、包装材料、汽车轻量化材料、电子化学品、建筑材料等。

绿色低碳成为行业发展重要方向。开发清洁化生产工艺技术和生产环保型产品已经受到广东省石化企业的普遍重视。互联网、物联网、大数据等新兴信息技术也将在石化产业进一步应用，从而有效降低运营成本，减轻环境污染压力。

（4）纺织服装产业

纺织服装产业是最传统又最时尚的产业，世界纺织服装品销售额仅次于旅游产业和信息产业，是世界第三大产业。作为广东省传统优势产业之一，纺织服装工业已形成门类较齐全、具有相当规模和一定水平的工业生产体系，化纤、针织、色织、毛纺织、无纺布、服装等产品产量排在全国同类产品前列。2015年广东纺织服装工业实现工业增加值1609.95亿元。转型升级是整个纺织服装行业发展的主要趋势与重要方向，广东省纺织服装产业将更加注重推动新技术与新商业模式的广泛应用，推行精品化与市场细分高端化。预计到2035年，广东纺织服装工业增加值将达到大约4401亿元。

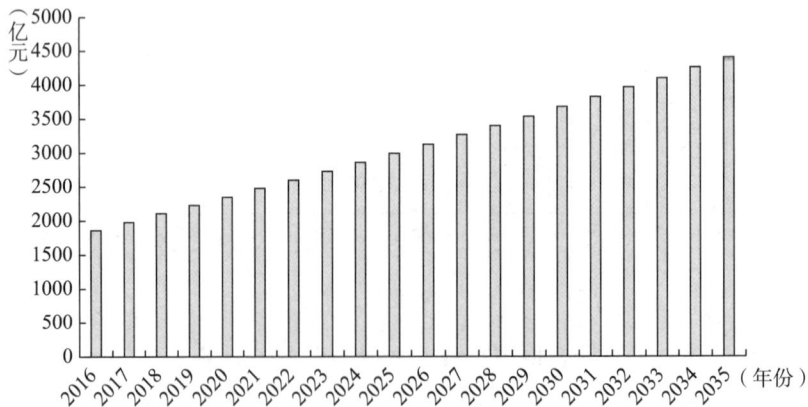

图2-16 广东纺织服装业增加值预测

广东纺织服装业的发展趋势及重点方向为以下三方面。

优化产业结构，通过在各细分市场实施精品战略提升品牌价值。积极提升广东省纺织服装行业国际分工合作水平，加大对高质量产品的研究与开发，注重市场细分，优化广东省服装出口市场结构，以高质量、大品牌和创新的设计进军国际服装市场，通过实施精品战略提升品牌效应和产品的附加值。

调整区域产业布局，推进产业转移。珠三角城市群重点开发高科技含量、高附加值产品，提升广州、深圳、佛山等中心城市的文化内涵，塑造时尚之都的国际形象；粤东地区的纺织服装业要在培育品牌与时尚文化方面进行整合提高，如把传统地方工艺和文化资源与时尚设计理念相结合。

"互联网＋"与纺织服装业快速融合。在中国制造2025战略和"互联网＋"行动计划的背景下，促进纺织产业链各环节广泛应用信息技术，加快智能化纺织关键装备研发，积极推进智能化生产线、示范车间和数字化工厂建设，完善纺织品服装大规模定制技术，探索工业机器人的应用，开发智能化纺织产品，运用信息化技术提高行业设计研发、经营管理和节能减排水平。

（5）食品饮料产业

食品饮料产业是国民经济的重要组成部分和关系国计民生的重要产业，也是广东省的传统优势产业之一。广东目前已成为全国食品饮料工业的生产大省和出口大省，饮料、焙烤食品、保健品和调味品等产品一直保持着全国领先的地位，具有明显的优势。2015年广东食品饮料工业实现工业增加值902.41亿元。综合判断，由于未来区域城镇化水平的不断提高，食品消耗总量将会持续增长，而且广东也将继续做大做强这一优势产业，因此预计到2035年，该行业仍会持续保持较长时间的增长，工业增加值将达到大约3809亿元。

广东食品饮料产业的发展趋势及重点方向是：重点发展有机、安全食品，完善食品产业链。尼尔森报告显示，无人工色素和非转基因是中国消费者认为最重要的健康食品属性，同时无人工味素、纯天然也是非常关键的属性，消费者愿意为健康食品支付更高的价格。有机食品在我国市场未来发展空间巨大。广东省将重点发展绿色有机食品、氨基酸系列产品、天然食品添加剂、天然果汁类饮料以及方便、营养、速冻食品等产品，完善食品产业链。打造食品产业集聚区，扩大规模效应，打造知名品牌。制糖行业重点建设珠江三角洲炼糖和湛江制糖两大基地，提升产品质量；饮料

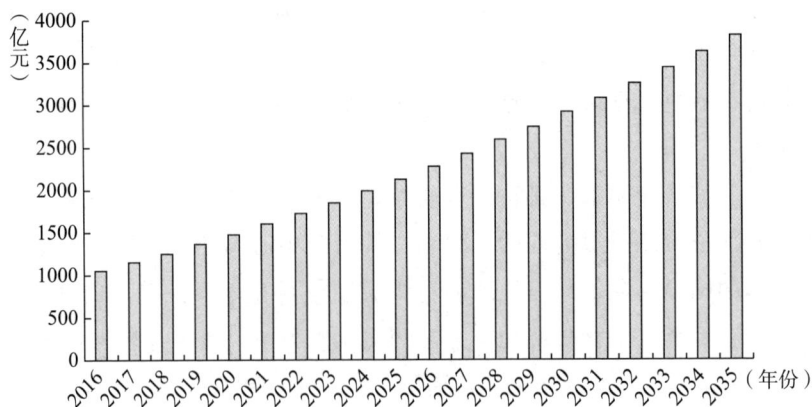

图2-17　广东食品制造业增加值预测

行业重点发展运动饮料、茶饮料、果汁类饮料，打造具有国际竞争力的乐百氏、深圳益力、深圳怡宝等大型企业。

（6）建材产业

建材产业是广东省传统优势产业之一，产品包括建筑材料及制品、非金属矿及制品、无机非金属新材料三大门类。佛山建筑陶瓷、潮州卫生陶瓷、云浮石材、英德水泥等一批产业规模较大、配套较好的产业集群已形成。目前，非金属矿物制造业在建材产业中占比较大，2015年广东非金属矿物制造业实现工业增加值1236.36亿元。就目前广东省非金属矿物制造业发展情况来看，各地市该行业产值都未达顶峰，因此"十三五"期间，该行业中长期仍然会保持较为平稳的增长。但是考虑实际的矿产资源量制约以及环境规制力度加强，该行业仍将成为区域性的衰退性行业。预计到2035年，广东非金属矿物制造业增加值将大约为4541亿元。

广东建材产业的发展趋势及重点方向是：打造产业集聚区，引导建材产业转型升级。陶瓷工业以提高建筑陶瓷的研发和设计能力为主线，发展高技术陶瓷，打造以佛山、潮州等地为核心的陶瓷研发和设计中心。水泥工业按照等量淘汰的原则，支持新型干法水泥生产，重点发展粤北、粤东、粤西三大水泥生产基地。玻璃工业重点发展超薄、超厚、超白等优质浮法玻璃、智能玻璃、信息工业玻璃、汽车玻璃等性能优良、附加值高的产品，严格控制玻璃行业产能盲目扩张。重点发展绿色建材产品，突出健康、节能和环保。

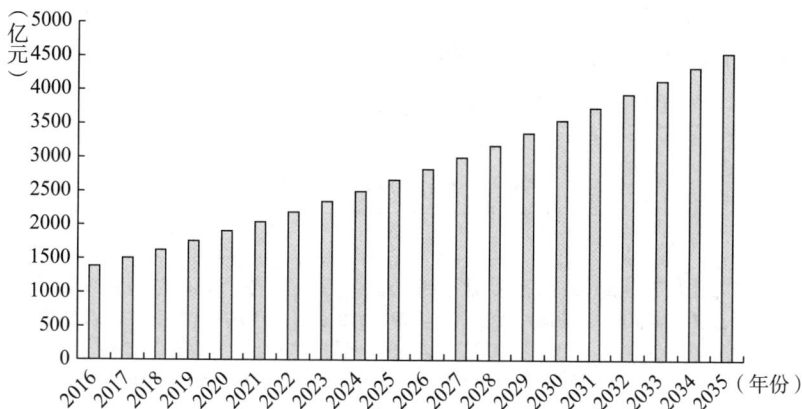

图 2 – 18 广东非金属矿物制品业增加值预测

2. 四大新兴制造业发展预测与趋势判断

结合前文对产业升级与创新的动因分析以及 2035 年广东产业发展面临的新环境特征，2035 年广东新兴制造业的选择应依据未来市场需求变动趋势和全球产业技术进步的方向，并综合考虑广东经济发展战略定位以及自身的产业基础做出预测和判断。随着广东迈向高收入阶段，居民消费结构升级，对医疗康体、环保低碳产品的消费需求持续增长，将对生物医药产业、新能源产业产生强大拉动；同时随着技术进步发展，互联网信息技术、人工智能技术正广泛深刻地影响到经济生活各方面，加上生物技术、新材料技术等将在诸多方面突破，对物联网、智能机器人、生物医药、新能源等新兴制造业形成直接推动。因此，依托需求与技术两大动因，广东产业结构将会朝着高端化调整升级，同时近几年广东在产业发展方面也具备了良好基础，为新兴产业发展壮大提供了现实可行性，由此战略性新兴制造业将得以快速成长，推动广东经济发展迈上新台阶。基于此，物联网、智能机器人、生物医药、新能源等四大产业将成为 2035 年广东新兴制造业的发展重点。

（1）物联网产业

物联网（Internet of Things）被称为继计算机、互联网之后，世界信息产业的第三次浪潮。物联网作为下一代信息技术发展核心之一，越来越被各行各业所重视。物、信息识别、网络被视为物联网三要素，一旦物联网大规模普及，无数的日常生活用品需要加装更加小巧智能的传感器，或者直接升级换代，给市场带来的商机大得难以估量。预计到2020年，世界上物物互联的业务，跟人与人通信的业务相比，将达到30:1。[①] 物联网因此被称为下一个万亿元级的新兴信息产业。

表 2 – 16　物联网产业链

产业分类	上游	中游	下游
物联网	芯片制造、传感设备、执行器设备、RFID、二维码、智能装置等设备制造	系统集成、信息处理、云计算、解析服务、网络管理、web服务等	电信运营服务、管理咨询服务、M2M服务、原始设备制造服务等

目前全球范围内的物联网产业基地、传感器产业基地纷纷建立，物联网已经广泛运用于智能交通、环境保护、政府工作、公共安全、平安家居、智能消防、工业监测、老人护理和个人健康等多领域，据 Alexander Resources 的数据表明，2010年底全球物联网产业规模已达2234亿美元，到2015年全球物联网产业规模约为3500亿美元；物联网10年内就可能大规模普及，形成一个上万亿元规模的高科技市场，其产业规模要比互联网大30倍。[②]

广东省物联网产业发展起步早、势头好，近年来物联网基础设施不断完善，新型业态加快发展，行业应用日益深化，自主创新能力稳步提升，产业规模持续壮大，物联网发展总体水平在全国领先。物联网应用在生产制造、公共管理、社会民生等领域广泛渗透，且应用模式正日趋成熟。广东物联网产业市场规模超过1300亿元，同比增长超过30%；物联网规模以上企业达900家，智能交通、车联网、智能电网、产品溯源等物联技术广泛应用，M2M（机器对机器）应用终端达1000万台。为抢占新一轮产业和科技制高点，广东省将物联网产业作为重点扶持的战略性新兴产业之一，已制定《关于加快发展物联网建设智慧广东的实施意见》和《广东省物联网发展规划（2013～2020年）》等。预计到2020年，广东物联网产业市场规模将达到7400亿元，M2M应用终端数量超过3000万台，物流与供

---

① 中商产业研究院：《物联网前景可期，将会下一个万亿级的通信业务》，http://mini.eastday.com/a/170310224307688.html。

② 中国信息通信研究院：《物联网白皮书（2016）》，2016年12月。

应链领域重点企业 RFID 应用普及率达到 70%，基本建成"智慧广东"。[①]
到 2035 年，预计物联网在广东全省国民经济各领域将得到更为广泛的应用，在提升公共服务和社会管理水平方面发挥更大作用，全省物联网发展水平迈入世界先进行列，自主创新能力和产业核心竞争力明显增强，建成珠三角世界级智慧城市群，并全面建成"智慧广东"。

未来广东物联网产业发展方向：一是发展物联网制造业。加强相关核心关键技术的研发，重点发展嵌入式芯片、射频识别、传感器和网络设备等物联网设备制造业，加快形成从材料、技术、器件、系统到传输网络等较完整的物联网制造产业链。二是培育物联网服务业。发展物联网服务运营、软件及技术服务业，积极支持网络运营和服务企业采用创新商业模式；加快发展各种传感器以及智能终端互联互通的网络系统；大力发展电力、交通、物流、水利、环保、家居、医疗、安防等领域的物联网服务。

（2）智能机器人产业

智能机器人的研发、制造、应用是衡量一个国家科技创新和高端制造业水平的重要标志，代表着未来智能装备的发展方向，也是人工智能的重点产业领域。其中，发展工业机器人是《中国制造 2025》推进信息化和工业化深度融合的重点领域之一，也是智能制造的重要载体和切入点。

2015 年全球工业机器人销量为 24 万台左右，中国是第一大机器人市场，紧随其后的是韩国、日本、美国和德国，均为传统上的制造业强国。仅这五大市场的销售量就占全球工业机器人总销量的 3/4，在亚洲的销售量几乎占到 2/3。

我国已成为全球第一大工业机器人应用市场，2015 年全国工业机器人累计销售 6.85 万台，约占全球销量的 1/4。[②] 据国际机器人产业联盟（IFR）统计，目前全球工业机器人的应用密度（即工业机器人相对于每万名产业人员的比重）平均为 66，其中韩国为 478（第一），日本为 314（第二），德国 292（第三），中国仅为 36，低于世界平均水平的 66。在工业机器人应用方面，无论与先进国家还是与全球平均水平相比，我国都存在较大差距，同时也说明其发展空间很大。如果在 2020 年前后这些行业平均机

---

① 广东省人民政府办公厅：《广东省物联网发展规划（2013—2020 年）》。
② 中商情报网：《2017 年中国工业机器人行业发展趋势分析：市场规模或破 8 万台》，http：∥www. robot‐china. com/zhuanti/show‐3265. html。

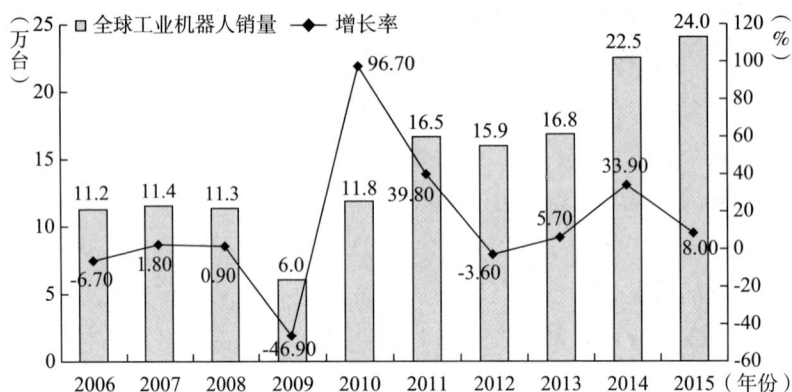

图2-19 全球工业机器人发展情况

资料来源：国际机器人联合会（IFR）。

器人密度按计划达到每万人100台，则大概需要30万台机器人。目前广东在汽车零配件、五金、小家电、化工、印染纺织等行业存在强烈的自动化改造需求，预计到2020年广东工业机器人保有量将达到29.58万台，当年工业机器人需求量将达到8.87万台。[①]

　　广东凭借良好的电子信息产业基础，在发展机器人产业方面拥有得天独厚的先发优势，机器人产业发展较早、实力雄厚。截至2015年底，广东拥有机器人企业285家，为全国之最，其中机器人重点制造企业159家。依托广州、深圳、佛山、东莞等机器人产业集聚区和应用示范区，全省涌现出一批掌握核心技术的优秀企业，如广州数控是国内技术领先的专业成套机床数控系统供应商，年产销数控系统占全国同类产品50%的市场份额；固高科技拥有国际一流水平的可编程自动化控制器产品与系统；深圳大疆在无人机领域突围而出，占领了全球无人机70%的市场；等等。广东还积极与具有技术优势的国际机器人企业"四大家族"联姻，德国库卡工程中心已入驻顺德高新技术产业开发区；瑞士ABB与顺德机器人系统集成商利迅达签订战略合作协议，并在珠海高新区设立全资子公司；日本安川联手美的集团成立两家机器人合资公司；日本发那科在佛山新城中欧中心设立工程应用中心。随着企业生产成本特别是劳动力成本的持续上升，以及提高生产效率和工艺水平的迫切需要，工业机器人应用需求呈快速增长

[①] 艾媒咨询集团：《2016年中国机器人行业研究报告》，2016年6月。

态势；同时受到劳动力不足、人口老龄化等刚性需求的驱动，以及人均可支配收入提升和物联网、大数据、计算机、人机交互等先进技术快速迭代的影响，服务机器人行业发展空间也日益扩大。预计 2025～2035 年，广东智能机器人的产业规模将进一步扩大，制造水平保持全国领先水平，并开始进入国际先进行列。

未来广东智能机器人产业发展方向如下。

提升完善智能机器人产业链。加强对智能机器人产业发展的政策引导和扶持，以大力推广工业机器人示范应用为抓手，重点支持工业机器人制造企业及智能装备系统集成企业，加大人工智能、传感识别、运动控制、伺服驱动等智能机器人前沿技术的研发和产业化，逐步健全机器人产业链，大力提升智能制造成套装备的整体水平，进一步增强机器人产业自主创新能力，形成产业发展的新生态。

积极开展智能机器人的应用示范。围绕广东制造业重点领域，实施一批效果突出、带动性强、关联度高的典型行业应用示范工程。在珠三角有条件的区域或园区，大力培育发展"机器换人"改造示范基地，打造具有较强竞争力的高端企业集聚、产业链条健全、服务功能完善的智能制造产业集群。

（3）新能源产业

能源是现代经济的命脉，提高能源效率和发展新能源与可再生能源已成为全球无可争议的可持续发展能源的两个车轮。世界各国都把推动新能源和可再生能源的发展作为 21 世纪能源发展的战略选择。[①] 广东省是我国的经济大省，也是消耗能源的大省和化石能源资源缺乏的大省。在高速增长的经济环境下，广东能源工业面临经济增长与环境保护的双重压力，若不尽快调整能源结构，提高能源利用效率，广东经济社会持续发展将难以为继。因此，必须将大力发展新能源产业摆在突出的战略地位。

广东在核能、风能、太阳能和生物质能等领域的研究和利用方面已有初步成果，产业发展在全国处于先进水平。"十二五"时期以来，新能源和新能源汽车产业迎来新的重大发展机遇。2015 年广东新能源汽车产值超

---

① 陈光玖：《国际能源经济新趋势与我国能源经济发展的战略选择》，《长春大学学报》2014年第 5 期。

1000亿元，位居国内首位，是2011年47.2亿元的21倍；作为新能源汽车领域的龙头企业，2015年比亚迪新能源乘用车销量61722台，全球销量第一，占据全球市场份额11%。[①] 未来广东要把握世界新能源发展趋势，选择一批对广东经济和生态环境建设具有重大价值的关键技术进行研究开发，重点加强试点示范和科技成果的转化工作，形成比较完善的生产体系和服务体系。提高转换效率，降低生产成本、增大新能源和可再生能源在能源结构中所占比例，建设安全、高效和清洁的多元化能源体系，为保护环境和经济持续发展做出贡献。

未来广东新能源产业发展方向如下。

重点开发新能源汽车。新能源汽车将成为21世纪的主流汽车产品。中国包括广东汽车生产规模和拥有量的迅速扩大，势必对石油资源、环境造成巨大压力，发展新能源汽车是缓解石油资源短缺、保护生态环境的需要。广东应重点研发新型洁净能源汽车，包括代用燃料（乙醇、天然气、生物柴油等）汽车、混合动力汽车、各种燃料电池汽车的研发和产业化。

开发推广先进生物质能和可再生的风能、太阳能。生物质能目前是可再生能源中（非水电）最重要的能源，广东研发和产业化重点是研发生物质燃料化技术，包括纤维素类原料制燃料乙醇、生物质转化制氢技术以及城市垃圾综合利用等技术的研发和应用。同时，广东应利用风能和太阳能的资源优势和已有产业基础，加大风能和太阳能利用技术的研发和产业化力度。发展重点是推进下一代太阳能光伏电池技术、风电关键技术的研发和产业化，突破新型传感测量、超导、分布式电源柔性接入技术等智能电网先进技术，发展10兆瓦级以上风电和光伏发电技术装备。

推动燃料电池的研发和产业化。燃料电池能量转化效率高，已成为国内外竞相研发的一种新型发电技术。广东应本着自主开发与引进相结合的方针，开展燃料电池的研究工作，把重点放在质子交换膜燃料电池、固体氧化物燃料电池、醇基燃料电池等的研制上。

（4）生物医药产业

生物医药产业成为当今世界最活跃的战略性新兴产业之一，以基因工程、细胞工程、酶工程、发酵工程等为代表的现代生物技术与医药产业的

---

① 《广东省战略性新兴产业标准体系规划建立》，金羊网，2016年5月18日。

结合，引起了生物医药产业的重大变革，并日益影响和改变着人们的生产和生活方式。近十年来，世界医药产业市场规模增长迅速，增长率保持在5%~8%。其中，生物制药的销售额增长率为20%左右，成为世界医药领域创新性最强、市场份额增长最快的药品。生物制药产业可划分为基因工程药物、抗体药物、血液制品、诊断试剂以及疫苗五大类，其中抗肿瘤药物、自体免疫疾病治疗药以及疫苗类产品在生物医药市场中占据主要地位，同时也是增长较为显著的生物技术药物。①

我国生物医药产业未来有望形成6000亿至8000亿元的市场，其快速增长由各细分需要带来。② 新型疫苗市场需求旺盛，提升防控重大传染性疾病防控能力，可以产生1000亿至1500亿元的疫苗市场。抗体药物和蛋白质药物等生物技术药物市场未来可产生3000亿至5000亿元的市场；重大疾病诊断和检测技术产品将形成500亿元左右的市场；个性化的治疗系药品有望形成1000亿元左右的市场；再生医疗技术市场，如器官缺失，至少可形成500亿元规模的再生治疗和康复市场。人口净增长将对生物医药产品产生新的需求，而随着老龄化社会的到来，适合老龄人口疾病特点的生物治疗药品需求量将有较大增长。

广东的生物医药产业居全国领先地位，粗具规模的产业基础、大批优秀人才、丰富的生物资源、悠久的中药历史，为广东生物技术产业发展创造了较好的基础条件。2015年广东规模以上生物医药制品实现工业总产值186亿元，工业总产值规模不断扩大。广东推动生物医药产业集聚发展，形成了若干特色鲜明、优势互补的产业集群，集聚发展态势日益显现。其中，广州国家生物产业基地在基因工程药物、现代中药、化学合成创新药物、海洋药物等四大生物医药领域取得了重大发展；深圳国家生物产业基地形成集检验试剂、基因疫苗、基因药物到医疗器械的产业群，销售收入过亿元的生物企业达60多家；中山国家健康科技产业基地入驻企业已达140多家，形成了中西药品、生物工程、医疗器械、化妆品、保健食品、药包材等大健康领域六大产业集群。

未来广东应把握世界生物技术发展的最新趋势，走外引内联的道路，

---

① 翁锦玉：《国际生物医药产业发展趋势分析》，《科技与创新》2017年第1期。
② 《我国生物医药有望形成8000亿市场规模》，新华网 http://stock.sohu.com/20130503/n374701402.shtml。

大力发展以基因技术为代表的生物制药技术并实现产业化。发挥广东省的海洋资源优势，把海洋生物药物发展为特色产业。重点建设广州国际生物岛、深圳国家生物技术与医药产业基地、中山国家健康科技产业基地等重点工程，完善研发网络，项目转化、孵化网络和生物医药服务网络，整体增强广东生物医药的科技创新能力和产业竞争力。同时，在生物医药产业取得突破后，将其技术体系、产业优势和经验全面辐射到农业、海洋、食品、环保、能源等产业，带动相关产业的发展，力争使广东省成为我国具有国际水平的生物技术研究开发与产业化基地。

（二）2035 广东服务业重点行业发展预测与趋势判断

结合前文对广东服务业占比的预测，预计 2035 年广东服务业占比将超过 62%，参照国际服务经济的演进规律，在这一时期，服务业内部结构调整将加快，生产和生活服务业互动发展，金融保险、房地产业保持稳步发展，信息、文化创意、科研、教育等现代知识型服务业崛起为主流业态，而且发展前景广阔、潜力巨大。综合考虑国内外服务业发展趋势及广东的产业基础，现代金融业、房地产业、互联网新兴服务业、现代物流业、健康服务业将成为广东未来服务业的发展重点。

1. 现代金融业

发达国家的金融保险业崛起于二战以后，得益于科学技术的突飞猛进、商品与生产要素流动，尤其是跨国公司的飞速发展以及资本市场的迅速发展。目前金融保险业已经成为发达国家服务业的重要支柱，金融保险业增加值占 GDP 比重一般都超过 5%。现代金融业对于广东提高经济地位、加速战略性新兴产业的研发和产业化具有重要支撑作用。广东金融业具有较大规模，2015 年广东金融服务业实现增加值 5757.08 亿元，占服务业比重由 2010 年的 13.3% 上升至 2015 年的 15.6%，基本形成了门类齐全的金融市场体系和结构合理的金融组织体系，金融科技、信用体系和金融安全建设等方面居全国领先地位。预计未来广东金融业仍将保持较快发展势头，到 2035 年，广东作为区域性金融中心的地位将得到进一步强化，形成多层次的资本市场体系，并实现产业与金融互动。

未来广东现代金融业发展方向：一是构建多层次的资本市场体系和多样化、较完善的金融综合服务体系。构建企业上市"绿色通道"，积极推动企业上市，扩大直接融资比重，形成交易活跃、影响面广、带动力强的证券市场"广东板块"。积极培育和引进创业投资、私募股权投资、产业投资基金等股权投资机构，促进股权投资市场发展。二是深化粤港澳金融合作，推进金融创新。利用建设粤港澳大湾区的契机，加强与港澳金融服务业的合作，积极引进国内外金融机构，探索设立新型金融机构，大力发展金融总部经济。积极开展金融改革创新先行先试，建设区域金融中心。三是积极推进融资租赁服务。引导企业利用融资租赁方式实施设备更新和技术改造，综合运用银团贷款、投资基金等多种方式为制造企业并购重组、"走出去"等提供全方位的投融资服务。四是促进"互联网金融"有序发展。支持互联网信贷、第三方支付、众筹等互联网金融新业态发展，鼓励互联网企业跨界进行金融创新，引导金融机构开展互联网技术平台创新，鼓励互联网企业和金融企业适度竞争。

2. 房地产业

改革开放以来，广东省房地产业迅猛发展，年均增速高居各行业前列，成为国民经济和第三产业增长的一支重要力量。2015 年广东房地产业实现增加值 3524.35 亿元，占服务业比重由 2010 年的 8.6% 上升至 2015 年的 9.6%，年均增速 10.3%。

未来广东房地产行业将会出现一些新的趋势。产品与客户进一步细分，"精品工程"时代即将到来。随着行业的不断成熟，房地产产品业态日渐丰富多元——住宅（毛坯、精装、科技、绿色、集成等）、商业（购物中心、商场、独立店、街铺等）、仓储物流和工业厂房、酒店、体育文化和旅游度假物业、酒店式公寓、养老养生物业等，门类齐全。相对应的商业模式也将不断细分——快速周转、持有经营、产权式委托经营、基金代持、售后返租、以租代售等，模式不断创新。

未来广东房地产业发展方向：一是坚持对房地产市场长期培育和近期治理相结合，构建多层次住房体系。对高中收入家庭提供高中档次商品房，对中低收入家庭提供普通商品房和经济适用房，为最低收入家庭提供解困房和廉租房。以推动住宅消费市场为切入点，积极推进住宅产业现代化。二是积极引导房地产重大建设项目与广东各地市发展战略相匹配，为城市发展奠定基础。加快道路、市政管网等基础设施配套建设步伐，完善文化、体育、医院、学校等社会事业配套，通过良好的城市环境和优秀的公共配套设施吸引高端人群。三是鼓励广东省内房地产企业开发新型房地产，发展高端居住产业。建设高品质生态低碳健康社区及智慧社区，培育市场前景好、经济效益高、带动能力强的龙头骨干企业，推动高层次的房地产开发。

3. 互联网新兴服务业

结合新兴互联网技术的发展态势，未来广东互联网新兴服务业将重点发展云计算服务、大数据服务、共享经济等新兴业态。

（1）云计算服务产业

近年来，全球云计算产业应用和新的服务消费模式发展迅速。据 Gartner 的统计数据显示，2013 年全球云计算产业市值达到 1310 亿美元，并有望在未来几年内成为全球增长速度最快的新兴产业。

表 2 - 17　云计算产业链

产业分类	上游	中游	下游
云计算	OS、数据库、虚拟化、信息安全、芯片制造设备、服务器设备、存储设备、网络设备	云平台开发、系统集成、云应用服务、云计算服务、云平台服务	云平台、云计算用户服务

近年来，广东大力发展云计算产业，推进云计算基础设施建设、技术产品研发和应用示范推广，取得了显著成绩。中国科学院云计算产业技术创新与育成中心落户东莞，国家超级计算深圳中心和中国电信广州云计算数据中心投入试运行，国家超级计算广州中心进入实质建设阶段。一批具有较强自主创新能力和市场影响力的本土云计算企业及云计算数据中心、公共平台加快发展。电子政务云应用模式日趋成熟，省网上办事大厅覆盖省直各部门及 21 个地级以上市和所有县（区），正在向镇（街）和农村延伸。交通物流、教育文化、医疗健康等各领域的云计算应用方兴未艾。预计到 2020 年，广东云计算产业核心竞争力将显著提升，云服务产业规模达 3000 亿元，云计算技术在国民经济和社会各领域广泛应用，应用水平力争迈进世界先进行列。[①] 到 2035 年，预计广东云计算服务产业规模将进一步扩大，云计算应用达到世界先进水平。

---

① 广东省人民政府办公厅：《广东省云计算发展规划（2014—2020 年）》，2014。

　　未来广东云计算服务发展方向：一是开展云计算示范应用。以政务服务云提升电子政务效能，以交通物流云推动智能交通发展，以民生服务云提高人民生活质量，以产业提升云促进产业转型升级。二是打造云计算产业链。推动全省云计算数据中心实现共建共享，创新云计算新型信息服务模式，发展云计算应用软件及嵌入式软件，提升云硬件附加值，增强云计算集成能力，提高云安全。三是推动云计算自主创新。突破自主可控云操作系统、海量数据存储和管理、低功耗、资源监控及管理等技术并实现产业化。支持在云安全、服务质量、开放接口、体系架构、评估认证等方面设立标准和规范。

　　（2）大数据服务产业

　　当前，全球大数据规模及其存储容量正在迅速增长，已经渗入各个行业和业务职能领域。大数据将为信息产业带来新的增长点，2012年全球大数据企业营收50亿美元，未来5年的市场复合年增长率将达到58%，到2017年将达到500亿美元。[①]

　　目前，广东大数据产业发展处于起飞阶段，产业高速发展，生态环境和商业模式正在构建，对数据资源的采集、分析和价值挖掘日益深入。广东省政务信息资源共享交换体系初具规模，交换平台覆盖60多个党政部门，共享数据超过20亿条；互联网、电信、电子商务、电力等领域形成了一批规模达数十乃至上百PB（1PB = 250字节 ≈ 1.13 × 1015字节）的大型数据平台和分析应用，为企业决策、营销、客户服务发挥了巨大作用，效

表2-18　大数据对部分经济领域的影响

相关经济领域	主要影响
美国医疗服务业	每年产值增加3000亿美元，大约0.7%的年生产率增长
欧洲公共部门管理	每年产值增加2500亿欧元，大约0.5%的年生产率增长
全球个人位置数据	服务提供商收入1000亿美元或以上，最终用户价值达7000亿美元
美国零售业	可能的净利润增长水平为60%或以上，0.5% ~ 1.0%的年生产率增长
制造业	产品开发，组装成本降低达50%，运营成本降低达7%

　　资料来源：麦肯锡全球研究院。

[①]　中商情报网：《大数据：未来发展前景及策略分析》，http：//www.askci.com/news/201302/04/0415171359431.shtml。

益显著。预计到2020年，大数据产业将成为广东重要的经济增长极，形成一批服务经济社会民生的大数据融合发展新业态，大数据及相关产业规模达6000亿元。[①] 到2035年，预计广东大数据产业的规模将进一步扩大，大数据创新应用将深入经济社会各领域，建成具有国际竞争力的大数据产业基地。

未来广东大数据服务发展方向如下。

布局关键技术研发创新，增强大数据服务支撑能力。一要加强人工智能、商业智能、机器学习等领域的理论研究和技术研发，提高数据分析挖掘能力；二要加快非结构化数据处理技术、非关系型数据库管理技术、可视化技术等技术研发，并推动与云计算、物联网、移动互联网的融合，提高大数据处理与应用能力。

加速推进重要领域大数据应用，拓宽大数据服务发展空间。一要加速推动大数据在移动互联网、电信、交通、医疗家电等行业领域的应用普及，形成涉及数据监测、商业决策、数据分析、横向扩展存储等功能的软硬件一体化行业应用解决方案和综合服务方案；二要推动培育形成一批具有较高集成水平、较强市场能力的大数据服务提供商，为大数据在各行业领域的应用提供高质量的服务。

（3）共享经济

共享经济（Sharing Economy），是指将社会海量、分散、闲置资源，平台化、协同化地集聚、复用与供需匹配，从而实现经济与社会价值创新的新形态。共享经济强调的两个核心理念是"使用而不占有"（Access over Ownership）和"不使用即浪费"（Value Unused is Waste）。共享经济通过高效利用社会资源，达到供需双方的有效链接，提升企业竞争力，解决产能过剩，促进产业的未来和国家竞争力的商业新模式，成为时代最热的议题。[②]

目前全球共享经济已经深入制造、设计、交通、酒店、餐饮和互联网应用等多个领域。从Uber（优步）、Airbnb（空中食宿）到滴滴、摩拜，"共享经济"正在成为当前的经济热词。在全球估值最高的"独角兽"TOP20中，分享经济企业占据七席。《中国分享经济发展报告（2017）》指

---

① 广东省人民政府办公厅：《广东省促进大数据发展行动计划（2016—2020年）》，2016年。
② 〔英〕曼纽尔·卡斯特：《网络社会的崛起》，夏铸九等译，社会科学文献出版社，2003。

出，2016 年中国分享经济的规模达到约 34520 亿元，参与分享经济的人数超过 6 亿人。[①] 预计分享经济的年均增速将达到 40%，到 2020 年占 GDP 比重将达到 10% 以上；到 2035 年，这一比重预计会进一步提高。在广东特别是广州、深圳这样的创新高地，共享经济具有巨大发展空间，将成为新的经济增长点。

未来广东共享经济新业态发展有以下几个方向。

大力推进生产能力共享业态发展。充分利用广东的制造业基础，以制造产能、科技仪器、信息基础设施、社会物流等"生产能力分享"示范工程为突破口，实现生产制造、检测试验、维修维护、工业设计等服务资源的充分利用，打造以广东为核心面向全国的生产能力整合分享生态圈。

积极促进生活服务共享业态发展。结合智慧城市建设，以交通出行、商务流通、教育等领域为重点稳步推进生活服务分享经济的发展，促进民生资源优化配置。支持云计算、移动互联网、物联网等企业研究、开发面向商务流通、教育等领域的新型应用软件和平台。

着力完善共享经济新业态监管机制。促进政府探索负面清单管理模式，进一步明确各类共享经济模式进入条件、税收标准和监管方式，其中包括资源类的产能设备分享、网约车、车位分享，以及劳务类的医疗、教育、餐饮服务等领域政策法规。

4. 现代物流业

现代物流业是储运技术革新与先进信息技术结合的产物。它作为国民经济的基础性产业，具有明显的外部经济性，对加速经济循环、降低交易成本、促进国民经济整体素质和竞争力的提高、加速推进新型工业化具有十分重要的作用。[②]

现代物流业将成为广东下一步重点发展的战略型产业。广东物流产业规模和竞争力位于全国前列，2015 年现代物流业增加值约为 1224 亿元。优越的地理位置、陆海空立体交通网络和一流的物流基础设施、发达的商贸经济，以及珠三角世界级制造业基地的建设、广东大市场富足的产品，为广东现代物流业提供了良好的成长空间。广东应充分发挥商贸传统优

---

① 国家信息中心：《中国分享经济发展报告（2017）》，http://www.sic.gov.cn/News/250/7737.htm。

② 海通证券：《智能物流专题Ⅵ：刚需渐现，大风将起》，2016 年 4 月。

势、制造业优势、区位优势和基础设施优势，优先完善和提高现代物流信息平台，重点发展为制造业服务的生产性物流及制造业供应链，密切与港澳及跨国物流企业的合资合作，力争形成面向全国的现代物流中心和全球物流体系中的重要节点。

未来广东现代物流业发展重点方向为以下两方面。

重点加快建设"智慧物流"工程。以口岸通关物流信息系统为基础，加快建设物流信息综合处理平台；加快现代物流与电子商务的融合，利用网络平台和信息网络技术推进物流各环节的有效控制、全程管理；建立完善网上交易、网上支付系统及相关的物流运输、配送等信息系统，提高整体物流供应链的信息化服务能力。

加快建设国际性物流园区和物流配送中心体系。利用广州、深圳紧靠机场、港口的转运枢纽优势，建设国际型物流园区，密切与港澳的物流业合作，推动粤港澳大湾区发展成为国际性物流中心。加快为制造业服务的生产性物流基地建设；加快建立综合性与专业性并存的多层次、多品种、高效率的物流配送体系。

5. 健康服务业

在发达国家和地区，健康产业已经成为现代服务业的重要组成部分，产生巨大的社会效益和经济效益，如美国健康产业占 GDP 超过 15%，加拿大、日本等发达国家超过 10%。随着生命科学的发展及社会分工的细化，健康产业的整条产业链日渐完善。除医疗性服务之外，健康服务业还包括健康管理、健康服务、健康保险和保障服务等产业群。将来，个人健康管理、企业健康管理将迅速成为维护健康、预防与控制疾病的主流。[①]

广东健康服务业近年来发展速度加快，2015 年广东健康服务业增加值约为 846 亿元，总量规模居全国前列。综观产业发展趋势，随着居民生活水平的提高，医疗模式和健康观念发生改变，医疗保健消费增长迅速，健康需求日益多样化、高级化，广东健康服务业将会保持较为高速的增长，市场空间进一步扩大。同时，产业融合、产业形态交织，将会为未来健康服务产业发展提供强大动力。特别是云计算、物联网、移动互联网等新一代技术的出现，将推动广东健康服务业向智慧医疗产业形态转变。数据显

---

① 姚恒美：《世界健康服务业发展动态》，《竞争情报》2015 年第 1 期。

示，2015 年中国大健康产业规模达 3.8 万亿元，约占 GDP 的 5%，预计 2020 年，市场规模将突破 8 万亿元，2035 年目标将突破 16 万亿元。① 其中，到 2020 年，广东健康服务及相关产业发展总规模预计达到 1 万亿元。②

未来广东健康服务业发展方向：首先，是以需求为导向创新健康服务产品。积极促进健康与互联网、旅游、健身休闲、食品等相互融合，催生健康新业态、新模式。培育一批有特色的健康管理服务、健康文化和体育医疗康复企业，打造具有国际竞争力的健康医疗旅游目的地。充分发挥中医"治未病"的特色和优势，大力发展中医药保健和养生健康服务，打造具有区域特色的健身休闲示范区、健身休闲产业带。其次，支持发展养老服务产业。以满足日益增长的养老服务需求为重点，推进医疗机构与养老机构加强合作，加快推进养老护理员队伍建设，进一步推进国家养老服务机构标准化建设试点工作，积极发展专业、规范的老年人健康照护服务、社会化养老服务和社区健康养老。培育发展"银发产业"，鼓励养老服务与相关产业融合创新发展。

四 广东建立协同发展产业体系的策略与建议

2020 年至 2035 年，是我国在全面建成小康社会的基础上再奋斗 15 年，基本实现社会主义现代化的重要阶段，也是广东产业向中高端水平迈进的关键时期，广东需把握全球新技术及产业革命的发展趋势以及收入需求结构变化新特征，把发展经济的着力点放在实体经济上，着力深化供给侧结构性改革，以产业转型升级为主攻方向，积极培育产业新增长点，扩大高端新供给，全力打造产业发展新平台，抢占全球产业价值链的高端环节，构建具有全球竞争力的产业新体系，并以此为突破口加快建设现代化经济体系。

（一）做好产业转型升级政策的顶层设计

加强顶层设计。率先在供给侧结构性改革、行政管理、投资服务、科

---

① 《广东省健康产业研究院公布 2017 计划》，经济网 www.ceweekly.cn/2016/1226/175477.shtml。
② 《广东省促进健康服务业发展行动计划（2015—2020 年）》提出，到 2020 年，健康服务业发展总规模达 10000 亿元左右。

技创新服务等方面大胆推进体制机制创新，冲破传统思维、体制障碍、制度障碍，营造充满活力、富有效率的政策和体制环境，给产业转型升级"松绑"。完善省发展现代产业体系联席会议制度，健全重大项目领导干部专门负责制，推行以下放事权、扩大财权、改革人事权三项内容为核心的分权制度改革，改进政府管理和服务方式，深化行政审批制度改革；充分发挥市场在资源配置中的决定性作用，激活微观经济主体活力。

先行先试，争取国家权限下放。利用国家级自贸区和自主创新示范区"双自"联动的政策叠加效应，推动适应产业大变局的体制机制创新，争取从国家层面推动建设珠三角产业转型升级示范区，并对珠三角产业转型升级示范区赋予"先行先试"政策，争取国家对产业扶持的相关权力下放。

加大财税、土地政策支持。改革财政投入方式，由补助贴息为主向政府股权投资、共有知识产权、创投引导基金等多种方式转变；利用贷款担保、贴息等多种方式，充分发挥财政资金的引导和杠杆作用；尽量发挥有限税收政策资源的最大效能，推进区域税收政策及行业税收政策的落实和改革；实施差别化的供地政策，优先保障产业升级、重点项目用地需求。深化财税金融制度改革，推进广州、深圳区域金融中心和珠三角重大金融创新平台建设；完善固定资产加速折旧的税收政策，对重点行业的企业研发和技术改造的仪器、设备可缩短折旧年限或采取加速折旧的方法。

优化产业发展软环境。完善市场规则，促进公平竞争，注重产业政策制定的整体性和公平性；提高政府服务品质，营造法制化、国际化的营商环境；发挥协会联系政府、服务企业、促进行业自律的功能，为制定实施行业规划、行业标准，提升企业素质，加强行业自律，推动行业交流与合作等提供有力支撑。

（二）加快建立具有全球竞争力的产业新体系

广东应根据不同的产业类型特性，分类采取产业转型升级的不同模式，推动互联网、大数据、人工智能和实体经济深度融合，以加快建立具有全球竞争力的产业新体系。

一是以"两化深度融合"、创意设计和品牌提升等模式，助推传统优势产业改造升级，打造"广东品质"。广东传统优势产业主要包括纺织服装、家具制造、建筑材料、家用电器、玩具及食品饮料等，这类产业大多以制造加工出口为主，其技术偏重于模仿创新和引进，故而行业定价能力不强，竞争优势日益弱化。广东传统优势产业必须根据自身特点，适应全球经济环境变化，通过采取"两化深度融合"、创意设计、技术改造、品牌提升、渠道拓展等各种路径和模式，使其从全球价值链低端的制造环节向微笑曲线的两端延伸拓展，打造一批具有全球竞争力的知名品牌。

二是以"互联网＋制造""制造＋服务""制造业总部经济"等模式推动支柱型制造业向智能制造业转型升级，迎合工业4.0，打造"广东智造"。汽车制造、石油化工、电子产品、重大装备等产业是广东的支柱型制造业，然而这类产业当前面临着技术升级、节能减排以及集约发展等诸多转型升级的压力，关键零部件对外依存度高，产业链的关键环节，特别是部分零部件以及重要材料依赖进口，无法形成完整的产业链和高效的产业协同效应。广东支柱型制造业转型升级主要应通过"互联网＋制造""制造＋服务""制造＋创新驱动""制造业总部经济""节能减排""龙头骨干企业带动转型升级"等模式，构建以互联网引领的智能制造产业价值链体系，以提升产业链协同能力为重点，推进工业生产过程的系统整合和智能控制，抢先布局智能机器人产业。

三是依托"技术＋人才＋市场＋品牌＋资本"高端要素组合创新，培育发展战略性新兴产业，打造"广东创新"。新一代信息技术、人工智能、生物与健康产业、新材料与高端制造业、时尚创意、新能源与节能环保、新能源汽车等产业是引领广东未来发展的新兴产业，是广东推动产业结构升级战略的抓手。广东战略性新兴产业应该依托"领航企业带动""科技资本＋人力资本＋产业资本＋金融资本融合""科技企业路线图计划""新型制造业和服务业互动"等模式做大做强，在空天海洋、信息网络、生命科学等领域形成一批特色新兴产业集群，成为在全国乃至全世界具有领先地位的龙头产业。

四是以商业模式创新、培育新兴服务业态等方式推动传统服务业向现代服务业转型升级，打造"广东服务"。广东低端服务业仍然占主导地位，金融、信息服务、文化创意等高端服务业尚不发达。广东服务业转型升级的主要方向是通过商业模式创新、服务业新兴业态培育、服务业楼宇经济等，促进商贸会展、金融保险、现代物流、文化旅游、商务与科技服务等优势服务业向价值链高端发展，着力培育与新型城市化发展相适应的移动互联网服务、物联网服务、云服务、智慧文化与网络教育等新兴业态。

（三）以"创新生态链"激活产业创新动力

创新是引领发展的第一动力，是建设现代化经济体系的战略支撑。要努力推动"双创"平台及创新型产业集群建设。应依托珠三角制造业基地吸聚全球"创客"的优势，联动打造众创、众包、众筹等创新平台，制定与创客、众筹等互联网创新模式相匹配的金融投资、知识产权保护机制，吸引全球互联网创新资源集聚广东。以珠三角国家自主创新示范区为主要抓手，以广州、深圳为双核，打造珠三角"1+1+7"区域创新体系，形成技术溢出和创新示范效应，引领广东的创新驱动发展。围绕高新区、专业镇、省级产业集群升级示范区、省级示范性产业转移园区，进一步加强产业集群创新网络建设。以广州中新知识城、深圳高新区等作为集群化创新网络的关键节点，以珠三角高新技术产业带为依托，通过"双转移"等对粤东西北形成技术溢出和创新示范效应，打造区域创新增长极。

促进创新链、产业链、资金链、人才链"四链融合"。建立"科研院校—创新服务平台—产业集聚区企业"之间的联盟，将企业的产业共性技术需求和高校、科研院所的科技优势整合在一起，着力解决单个企业无法解决的技术难题。围绕产业链部署创新链，广东省战略性新兴产业创业投资引导基金、省传统优势产业升级改造引导基金每年要为公共技术服务平台建设预留一定比例，破解"技术孤岛"困境。围绕创新链完善资金链，实施公共技术服务平台与金融资源全面结合的新机制与新模式，构建包括天使基金、担保资金和政府创投引导基金等在内的覆盖创新链条全过程的公共（技术）服务平台金融服务体系，破解"产业旱地"困境。构建"创新人才生态链"，围绕我省战略性新兴产业重点领域，建立面向全球的"融智"机制，重点吸聚领军型高端创新人才和自主创新科研团队。

（四）内外联动推进产业大区域合作

广东应注重建立更加有效的区域协调发展新机制，构建产业链跨区域合作的新格局。一是推进珠三角与粤东西北产业共建，加强产业链跨区域对接。应将珠三角自主创新示范区建设与粤东西北振兴发展战略统一起来。珠三角自主创新示范区应发挥创新要素相对集聚的优势，通过加快建设高水平科技孵化育成体系，打通科技成果转化通道，完善科技金融服务体系、创业创新人才支撑体系、知识产权运用和保护等方式，增强创新资源全球配置能力，打造国际一流的创新创业中心。同时，大力推动珠三角与粤东西北产业共建，创新产业共建的合作模式，珠三角与粤东西北帮扶双方要明确共建产业园区的特色主导产业，形成规模效应和品牌效应。鼓励在珠三角孵化的企业将生产等环节在粤东西北落地，支持珠三角地区汽车、电子信息、轻工食品、装备制造等龙头企业在粤东西北地区布局配套企业，形成跨区域产业链条。

二是支持企业对"一带一路"沿线国家"集群式"投资，多渠道利用华商的跨国经贸网络资源。在"一带一路"战略框架下，利用粤港澳大湾区建设契机，与港澳携手拓展沿线国家市场，实施"政府铺路＋大企业拉动＋民企开拓＋集群网络"策略。完善企业"走出去"配套政策，提供口岸通关、人员出境便利化服务，发挥有实力大型企业的带动作用，引导中小民企通过参与大型企业产业链合作开拓市场，并为集群投资优先提供信贷支持。鼓励广东企业实施本地化战略，在当地形成集群生产网络，双向促进产业升级。同时，广东应积极参与组建"华商投资基金"，通过盘活华商基金以及华商的人脉关系和商业渠道，避开非商业壁垒，实现对一些海外战略资源的掌握。鼓励广东企业与沿线国家华商设立合作公司，嵌入当地产业链，进军当地市场。

参考文献

恩格尔贝特·韦斯特坎博尔：《欧洲工业的未来：欧洲制造2030》，王志欣、姚建民译，机械工业出版社，2016。

美国国家情报委员会：《全球趋势2030：变换的世界》，中国现代国际关系研究院美国研究所译，时事出版社，2013。

世界银行和国务院发展研究中心联合课题组：《2030年的中国：建设现代、和谐、有创造力的社会》，中国财政经济出版社，2013。

潘家华、陈孜：《2030年可持续发展的转型议程：全球视野与中国经验》，社会科学文献出版社，2016。

李善同、刘云中：《2030年的中国经济》，经济科学出版社，2011。

胡鞍钢等：《2030中国：迈向共同富裕》，中国人民大学出版社，2011。

杜天佳、王佳佳：《"十三五"到2030年国内外宏观经济形势分析与研判》，中国经济出版社，2016。

张工、卢映川、张远：《北京 2030：世界城市战略研究》，社会科学文献出版社，2011。

中国科学院：《科技革命与中国的现代化：关于中国面向 2050 年科技发展战略的思考》，科学出版社，2009。

何传启：《第六次科技革命的战略机遇》，科学出版社，2015。

上海市人民政府发展研究中心：《上海 2050：战略框架》，格致出版社，2016。

集智俱乐部：《走近 2050：注意力、互联网与人工智能》，人民邮电出版社，2016。

潘海岚：《中国现代服务业发展研究》，中国财政经济出版社，2008。

李相合：《中国服务经济：结构演进及其理论创新》，经济科学出版社，2007。

姜玉砚：《产业结构有序度的测度、优化调整及预测——基于山西 2001～2011 年数据的分析》，《经济问题》2013 年第 5 期。

康艳芳、聂规划：《河南省产业结构调整实证预测分析》，《统计与决策》2013 年第 21 期。

李代红：《基于神经网络和的我国三次产业预测》，《统计与决策》2014 年第 7 期。

李丽、陈迅、汪德辉：《我国产业结构变动趋势预测：基于动态 CGE 模型的实证研究》，《经济科学》2009 年第 1 期。

吕一清、何跃：《基于灰色神经网络的第三产业发展趋势的预测模型》，《统计与决策》2011 年第 4 期。

王庆丰：《中国产业结构与就业结构协调研究》，南京航空航天大学博士学位论文，2010。

于晗：《产业结构与就业结构演进趋势及预测》，《财经问题研究》2015 年第 6 期。

张延平、李明生：《广东省产业结构演进预测及发展战略选择》，《统计与决策》2010 年第 5 期。

郭立振：《中国海洋传统产业预测研究及展望》，《经济观察》2011 年第 6 期。

郭庆春、何振芳、寇立群：《第三产业产值比重预测的 BP 神经网络模型》，《价值工程》2011 年第 15 期。

王海涛、徐刚、恽晓方：《区域经济一体化视阈下京津冀产业结构分析》，《东北大学学报》（社会科学版）2013 年第 4 期。

Maddison, Angus. 2001. *The World Economy：A Millennial Perspective* （OECD Development Centre Studies）. Paris：OECD Publishing.

Bart van Ark, Mary O'Mahony, Marcel P. Timmer. 2008. "The Productivity Gap between Europe and the United States：Trends and Causes." *Journal of Economic Perspectives* 22：25 – 44.

Chow, Gregory C., Kui-Wai Li. 2002. "China's Economic Growth：1952 – 2010." *Economic Development and Cultural Change* 51（1）：247 – 256.

专题报告三　2035：广东创新发展展望

　　到 2035 年，广东将实现由创新型大省向创新型强省转型，建成以创新为主要引领和支撑的经济体系和发展模式，建成具有全球影响力的科技产业创新中心，进入创新型地区先进行列，成为全球重要创新高地。

　　广东众多城市将成为全球创新网络的节点城市，一些创新崛起型城市也相继出现。广州市将建设成为国际创新专业人才培养基地、华南科技创新中心和珠三角创新发展主引擎；深圳市将建设成为科技体制改革先行区、开放创新引领区、创新创业示范区和具有世界影响力的国际创新中心；珠三角地区将建设成为全球重要的高端产业基地，成为高端电子信息、智能制造、互联网经济、生物医药、新能源等产业集聚创新区；珠江东岸将形成具有全球竞争力的电子信息产业带，珠江西岸将形成先进装备制造产业带，粤东西北地区将拥有较为完善的交通、信息网络等基础设施，在海洋经济、现代农业、生物育种、新型工业化等领域实现跨越式发展。

　　在全省区域范围内，产业创新将呈现"颠覆式"创新和"渐进式"创新并行的特点，产业内的技术换代、产业间的技术更替、新产业的崛起是这个时期产业创新的重要特质。高新技术产业对工业的带动作用显著增强，高新技术产品占工业产值的比重 2035 年预计超过 61%。

　　广东将成为全国高新技术企业集聚地，有强大生命力的初创企业集聚地，新模式、新业态不断涌现，将会形成市场创新拉动型、集成创新推动型、研发创新驱动型企业三足鼎立的企业创新发展格局。

　　要实现 2035 年创新发展的主要目标，广东要在体制机制、战略举措和政策引领方面提供有力的支撑。一要加快建立有效的创新生态系统，降低创新风险；二要大力推进知识产权强省战略，强化创新激励；三要围绕产业创新加大科研投入，补齐科技创新领域的短板；四要推动大湾区城市群创新引领和粤东西北创新驱动并举，拓展创新发展新空间；五要大力弘扬企业家精神和工匠精神，为创新发展提供新的文化支撑。

一 广东创新发展的历程与成效

改革开放之前，广东作为冷战背景下的一个边防省份，无论在经济总量、人均收入还是科技实力上，都处于全国相对落后的位置。1978年，广东经济总量在全国排名为22位，工业占比40.9%，人均收入372元（当年价），均低于全国平均水平。出于战备考虑，国家重大科研平台和科技项目也很少布局在广东。改革开放让广东经济实现了快速腾飞，加速了人才集聚、知识积累和技术进步。在短短40年时间里，广东企业从"三来一补"起步，依靠模仿引进和"干中学"不断积累技术能力，最终实现从模仿创新向自主创新的根本性跨越。随着中国经济由高速增长阶段转向高质量发展阶段，广东通过不断深化供给侧结构性改革，不断夯实自身的市场优势、开放优势和产业基础优势，以创新构筑发展新动能，正在向打造国家科技产业创新中心、成为国家创新驱动发展重要支撑的战略目标大步迈进。

（一）创新发展历程

作为一个以对外开放实现工业化的发展中地区，模仿学习和"干中学"在广东创新能力提升中起到了重要的作用。但是，广东并没有止步于低水平的模仿，而是通过不断追求技术进步，以及敢于冒险的企业家精神，成功实现了从模仿学习到自主创新的根本性跨越。

如果以创新为主线来梳理广东改革开放以来的发展历程，大致可以分为模仿学习主导、自主创新探索和自主创新体系形成三个发展阶段。

1. 模仿学习主导阶段

这一阶段始于20世纪80年代初期，延续到90年代中后期。在这一阶段，广东技术进步的主要源泉来自全球化背景下的模仿学习，这是广东现代创新能力建设的起点。

改革开放后，广东产业结构迅速由农转工。大规模快速工业化不仅需要大量资本投入,还需要迅速普及现代化生产所需的管理知识和技术知识。开始,这些知识主要是伴随着外来资本和设备进入广东,世代从事农业生产的广东农民得以近距离观察、模仿和学习,造就了一大批洗脚上田的农民企业家。这些本地企业像海绵一样,源源不断地吸取外来知识,成就了广东快速的工业化和技术进步。例如顺德的家电产业,在全国率先引入香港的同类产品设计理念,使其在产品功能、产品款式上远远领先于当时内地企业的同类产品,造就了持续 10 多年的"粤货北伐"风潮。此外,国有企业的技术溢出也发挥了重要作用。例如佛山在 20 世纪 90 年代有几百家生产音箱、功放的视听电子企业,向上溯源,其主要管理和技术团队基本上能追溯到佛山地区最早的三家国有无线电厂。图 3 – 1 显示了广东制造从 80 年代开始,在中国工业版图中比重快速加大的历史。

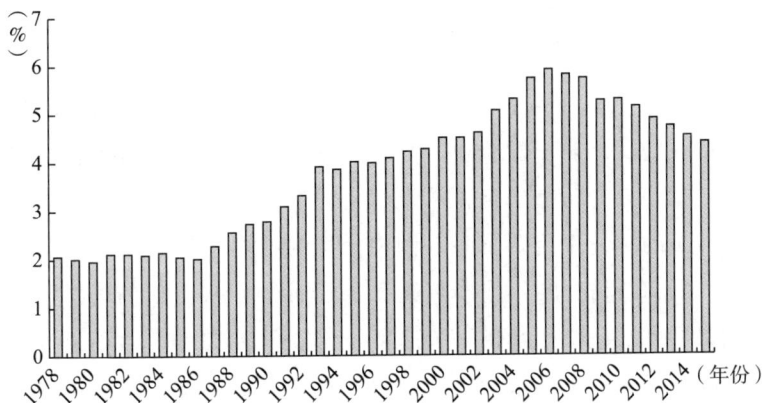

图 3 – 1 广东工业产值在全国占比

在这个阶段,由于创新是以模仿学习为主导,因此技术进步并不完全依靠 R&D 研发投入。当时在珠三角纺织产业中流传的一句话"产品研发就是剪刀加相机",准确地反映了那个阶段企业创新基本靠模仿的时代特征。此外,"干中学"也在技术进步和创新中扮演着关键性角色。实际上,每一家新企业的设立,都是企业管理知识和生产技术的扩散、实践和改进过程。正如制度经济学大师诺斯所指出的,改革开放之后中国工业企业数量爆炸式增长,让中国数亿农业人口在最短时间内学习、掌握了工业生产的必备技能,对中国实现从农业国向工业国的转型起到了至关重要的作用。

这个阶段也是广东以集群为特征的产业组织构建期。在整个珠三角地区,大量中小型制造企业在地理上高度集聚,形成了产业链条完备、弹性专精的生产网络。尽管该时期的产业集群是以低成本竞争为主要模式,但对于创新所必需的知识扩散传播发挥了重要作用,成为广东创新的重要空间载体。

这个阶段的学者和政府已经敏锐意识到中国在全球产业链位置偏低的问题,鼓励企业加强自主研发。但多数企业,尤其是民营企业的自主研发意愿并不强。造成这种状况的原因,一方面源于广东当时的禀赋条件,大部分从业人员学历偏低,企业自身缺乏技术积累,不具备自主创新的条件;另一方面也和当时国内需大于供的市场环境密切相关。在需方市场时代,只要生产出产品就能轻松赢利,企业通常是不会有强烈的自主创新意识的。尽管如此,模仿学习对广东创新具有重大意义,没有当初的模仿学习,广东就不可能快速完成工业化和技术进步。可以说,这是符合特定阶段广东禀赋特征的有效选择。

2. 自主创新探索阶段

这一阶段始于20世纪90年代中后期,延续至2008年国际金融危机。市场外部环境的变化是引发企业战略行为变化的导火索。日益激烈的市场竞争迫使一批企业开始重视自主研发,由此启动了自主创新的艰难探索。

引发转折的第一个重要背景是国内市场的结构性转变。经过10多年的改革开放,到20世纪90年代中后期,源于计划经济时代的轻重工业结构失衡问题得到彻底解决。仿佛一夜之间,轻工产品市场开始由需方市场转向供方市场,以轻工业为主体的广东民营企业开始感受到来自市场竞争的残酷压力。以佛山西樵纺织面料产业集群为例,1995年,全镇有2000多家纺织企业。到了1998年,仅仅剩下600多家。西樵的例子在广东并不是个案,繁荣一时的广东工业,尤其是轻工业部门当时普遍遇到了类似挑战。随着简单模仿就能有好日子的时代终结,越来越多企业开始意识到质量和创新的重要性,企业研发逐步在广东劳动密集型行业中普及开来。

第二个重要背景是中国加入WTO。加入WTO为中国企业提供了广阔的海外市场,拓展海外市场对知识产权的严格要求迫使有雄心"走出去"的中国企业,尤其是高科技企业率先注重自主研发。在广东,以华为、中兴为代表的一批率先"走出去"的科技企业为打破国际企业在通信领域的专利壁垒,制定了高强度的自主研发战略。以华为为例,常年自主研发投入占企业销售利润的10%以上。高强度的自主研发投入很快得到回报。

2007 年，华为成为拥有国际专利数位列全球第四的企业集团。2014 年，华为成为全球年度专利申请最多的企业。2016 年，华为研发投入 110 亿美元，超过了苹果，在全球企业中位居第五，研发投入强度达到 14.6%。目前中国拥有的国际 PCT 专利中，有两成来自华为和中兴（表 3 – 1）。

表 3 – 1　2016 年国际专利申请件数

排名	企业名称	地区	件数
1	中兴通讯	中国广东	4123
2	华为科技	中国广东	3692
3	高通	美国	2466
4	三菱电机	日本	2053
5	金星电子	韩国	1888
6	惠普	美国	1742
7	英特尔	美国	1692
8	京东方科技	中国北京	1673
9	三星电子	韩国	1672
10	索尼	日本	1665

资料来源：根据世界知识产权组织官网公布材料整理。

　　因应企业创新探索的需要，这个阶段广东省政府出台了与产业发展密切配合的创新扶持政策。在改革开放的窗口深圳，政府从 20 世纪 90 年代中期就提出了从"三来一补"向高科技转型的发展战略，并在 90 年代末引进了产业扶植基金、风险投资基金等国际先进的科技金融工具，选择一批行业龙头企业进行重点扶持。在中山、佛山等传统制造业发达的地区，政府则将创新政策的发力点放到集群创新上。一个标志性做法是由政府资助建设专业镇（集群）创新中心，为集群企业提供迫切的共性技术解决方案。实践证明，这些政策措施成效显著。仍以南海西樵纺织产业集群为例，在经历了 90 年代中后期发展危机之后，依靠政府推动企业技术改造和建立新产品开发中心，企业效益迅速回升，从 2001 年到 2006 年，西樵纺织企业人均产值从 264.7 万元上升到 1350 万元，增长了 4.1 倍。①

---

　　①　来自作者 2006～2008 年在南海西樵镇实地调研收集整理的资料。

这一阶段是广东企业从模仿学习走向自主创新的重要承上启下阶段。自主创新的激励来自企业对市场竞争压力做出的反应，产业集群作为创新载体的重要性开始凸显。而政府亲近企业、顺应市场的创新激励政策，在最大限度维护市场竞争的同时，有力地弥补了市场失灵，对缓解包括融资在内的企业创新约束发挥了重要作用。

3. 自主创新体系形成阶段

以2008年全球金融危机的爆发为契机，外需市场萎缩倒逼广东经济加速向高端转型。在市场重压之下，广东自主创新能力反而获得快速成长。自主创新能力的提升直接反映在产业结构的变化上。广东高技术制造业增加值占规模以上工业比重由2011年的21.9%上升至2015年的27%，战略性新兴产业增加值占规模以上工业增加值比重由2013年的12.4%上升到2015年的16.8%。2011年广东来自先进制造业和高技术制造业的税收为2067.1亿元，2015年达到3792.5亿元，年均增长16.4%；占第二产业税收比重也从2011年的34.4%提高到2015年的50.3%。在第三产业内部，2015年广东现代服务业增加值占服务业增加值比重60.4%，比2011年提高了4.1个百分点。[①] 广东以战略性新兴产业为先导，先进制造业和现代服务业为主体的产业结构初步建成，标志着广东自主创新体系基本成形。

开放的经济体系、良好的市场环境、发达的制造业基础，以及顺应市场的政策扶持是广东构建自主创新体系的四大支柱。开放确保本地企业能够高效获取外部知识和创新要素；市场激发企业创新竞争，并高效重组配置创新要素；发达的制造业基础给广东创新提供了"看中学"、"干中学"的条件，并对产业链上下游的各种研发活动形成集聚吸引力。创新政策的功能在于弥补市场失灵，同时努力补足广东在创新禀赋上的劣势。

在从模仿学习到自主创新的过程中，开放一直在广东创新中发挥重要作用。在这一阶段，广东开放格局已经从早期单纯的技术资本引进转移到高效整合利用全球创新资源上，以此对接国际技术前沿，融入全球创新网络。在引进来方面，广东搭建了包括中新（广州）知识城、中德（揭阳）金属生态城、中以（东莞）国际科技合作产业园在内的一系列国际科技合作重大平台，建立了"科技服务国际创新园""珠三角国际科技园"等国

---

① 王珺主编《广东省经济社会发展报告（2017）》，广东人民出版社，2017。

际产学研创新联盟，加快建设国际性创新驱动中心。通过共建联合实验室、联合工程中心等形式，构建国际科技合作基地，形成国际科技合作创新网络。目前，广东省已同40多个国家建立了科技交流与合作关系，签署了50多项科技合作协议。在"走出去"方面，广东企业参与生物医药、新能源等高科技领域的跨国并购300多起，实际交易总额超过50亿美元。华为、中兴、金发科技等高科技企业相继成立了海外研发基地，华大基因、深圳迈瑞、珠海银通等一批企业，通过海外并购等方式，迅速获取了相关领域的关键核心技术。华为在全球布局了47个研发中心，近10年累计研发投入超10亿元，成为世界通信设备领域的引领者。[①] 此外，广东充分运用《内地与香港CEPA服务贸易协议》《内地与澳门CEPA服务贸易协议》等政策，大力推动粤港澳科技合作平台建设，逐步形成以"粤港科技创新走廊"为核心的粤港澳协同创新良好格局。

为适应自主创新体系建设，加快推动创新驱动发展，广东政府的创新扶持力度持续加大。针对约束创新活动的融资问题，广东政府先后出台《关于广东金融业促进创新驱动发展的若干意见》《广东金融生态环境建设指导意见》等文件，在金融创新领域实施多个"全国第一"的举措，如创建全国第一个"互联网＋"众创金融示范区、成立国内首家省级国有科技金融集团，形成了包括创业投资、证券交易所、新三板、区域性股权市场和"互联网＋金融"在内的多元化多层次创新融资体系。同时，政府还致力完善创新服务支撑体系，大力发展质量检测、知识产权、信息网络、信用评价等社会服务，为创新提供更加便捷和专业化的服务平台。此外，广东政府还启动了高水平大学建设、高科技企业培育等一系列重要工程，以补齐基础创新能力不足的短板，持续强化广东科技成果产业化优势。

（二）创新发展主要成效

广东是中国当之无愧的经济大省。自1989年以来，广东已经连续28年经济总量位居全国首位。但是，由于在科技能力储备上的先天不足，加之改革开放以后相当长一段时间采用了"三来一补"发展模式，广东长期不被视为科技大省和创新大省。进入21世纪第二个十年后，情况发生了根

---

① 王珺主编《广东省经济社会发展报告（2017）》，广东人民出版社，2017。

本性变化。依靠科技成果产业化和自主创新，在企业端和产业段发力，广东迅速成为中国的科技产业创新前沿。2015年9月，珠三角国家自主创新示范区正式获得国务院批复，成为全国第二个以城市群为单位的国家自主创新示范区，与2014年获批的深圳市国家自主创新示范区一道，形成"1+1+7"的自主创新示范区城市分工格局。深圳更是因为集聚了一大批高科技创新型企业，正在崛起，成为全球科技产业创新之都。

广东创新发展的成效首先体现在持续攀升的研发投入上。从2003年开始，广东R&D投入开始持续高于全国平均水平，见图3-2。2016年，全省研发（R&D）投入突破1980亿元，占GDP比重提高到2.52%，达到创新型国家（地区）水平；研发人员突破70万，规模保持全国第一。广东研发投入的另一个重要特征是企业是研发的主体。早在2013年，珠三角9市工业企业的研发投入强度就达到了1.1%，超出全国60家经济强市0.9%的平均水平。作为广东创新龙头的深圳，当年企业研发强度高达2.4%，是北京和上海1.1%水平的一倍以上。现在，全省88%的科技人才在企业，近90%的研发经费来源于企业，90%以上的创新活动在企业开展。强烈的企业创新意识和充沛的创新投入，不仅培育出诸如华为、比亚迪、大疆、格力、美的等一批具有全球技术竞争力的知名企业，还在珠三角产业集群中培育出一大批在细分行业市场不显山露水的单打冠军。

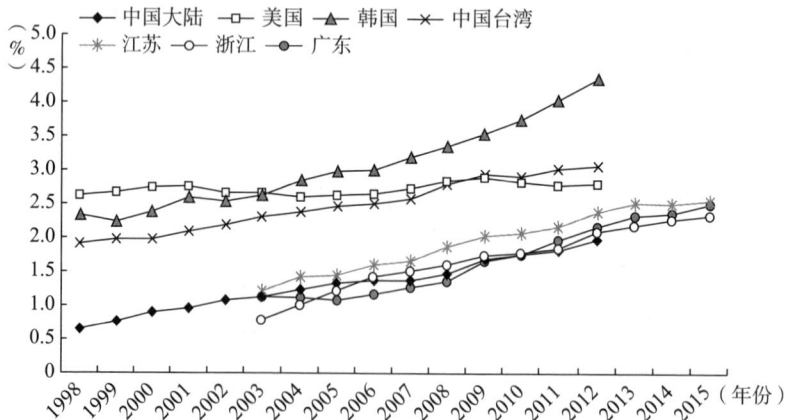

图3-2　R&D投入强度国内、国际比较

资料来源：历年《中国科技统计年鉴》、《中国统计年鉴》、各省统计年鉴。

广东创新能力的飞速成长更突出反映在产出端的创新绩效指标上。在直接反映创新能力的专利指标上，广东遥遥领先。从 2010 年开始，广东有效发明专利数量已经取得全国七连冠。PCT 国际专利申请受理数量占全国比重超过 50%，连续 15 年保持全国第一。新增计算机软件著作权等级数量也位居全国首位。广东人均拥有发明专利数虽然低于江苏，但是以企业计算的人均发明专利数远远超过江苏，显示了广东创新以企业为主体，以市场为导向的强大产业化能力，参见图 3 - 3。

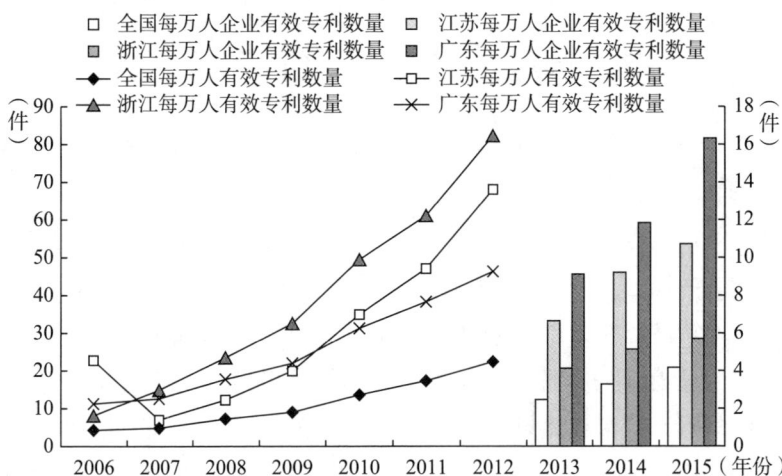

图 3 - 3 全国、江苏、浙江、广东每万人有效专利数及每万人企业有效专利数对比
资料来源：历年《中国科技统计年鉴》。

自主研发能力提升带来了产业结构的快速优化。近年来，广东高新技术产业发展迅猛。2012 ~ 2016 年，广东高新技术企业从 6699 家增加到 19857 家，总量居全国第一，年均增长 31.2%。2010 ~ 2015 年，全省高技术产业总产值和增加值分别从 2.11 万亿元和 4850.60 亿元增长到 3.47 万亿元和 7537.34 亿元。年平均增速分别达到 10.4% 和 9.2%，约高于同期工业增速 2.7 个百分点和 1.5 个百分点。2016 年，高新技术产品产值超过 5.3 万亿元，占工业总产值的 39%。目前，广东沿珠江两岸已形成以电子信息、先进制造、新材料、生物医药四大高技术领域为主的高技术产业带。高科技产业的迅猛发展快速优化提升了广东的贸易结构。图 3 - 4 对比了广东、江苏、浙江三省以百万美元衡量的高科技产业出口贸易额。2009 年，以出口交货值衡量的广东高科技产业出口规模是浙江的 13.9 倍、江苏的 1.5 倍。到 2015 年，广东与江苏的规模差距扩大到 1.77 倍。

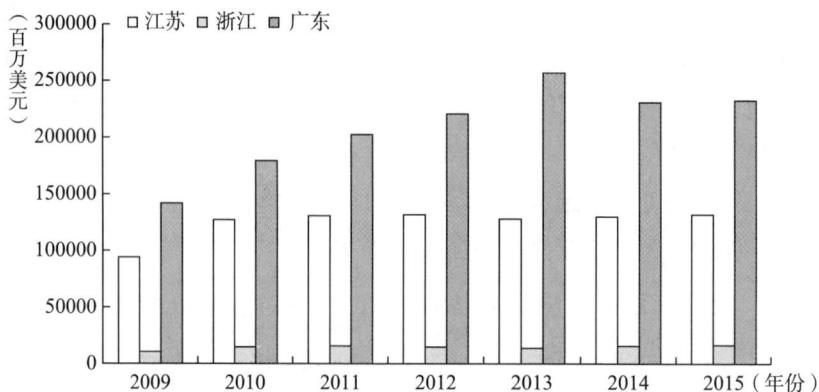

图 3 - 4 2009 ~ 2015 年江苏、浙江、广东高科技产业出口贸易额对比
资料来源：历年《中国科技统计年鉴》。

高科技产业迅猛发展的背后，是广东培育出一大批优秀的创新创业型企业，代表中国走上全球产业的制高点。华为以 2 万元人民币起家，从模仿国外低端产品起步，历经近 30 年，在宽带通信技术领域已经站到了世界最前沿。大疆无人机占据了全球 70% 的无人机市场，比亚迪成为全球新能源汽车销售冠军。深圳光启成立 5 年多来申请的专利总量超过 3000 件，其中在超材料领域的专利占全世界超材料领域过去 10 年申请总量的 86%。腾讯作为中国互联网三巨头之一，其开发的微信应用产品得到全球高度赞誉，以至西方互联网产业需要反过来模仿中国。在现代制造业领域，格力、美的在空调领域已经成为全球领先企业，正在向家电领域全面扩张。

随着以开放、市场、产业、政府为支柱的广东自主创新体系不断完善，广东已经建立了大企业创新顶天立地、小企业创新铺天盖地的良好创新生态，以科技创新为引领的发展新动能正在不断壮大。在创造了举世瞩目的珠三角经济起飞奇迹之后，一场新的、让全球再度瞩目的广东创新奇迹正在上演。

二　全球创新发展趋势

全球化新趋势、人口特征的变化和人才流动、科技发展趋势都将对广东创新发展产生重要影响。中国与领先国家在科技创新水平方面不断逼近，但是制造业优势正在减弱，广东作为全球制造业基地面临巨大挑战。

发达国家发展战略与政策不断调整,特别是在 2008 年金融危机后,发达国家纷纷将创新作为国家保持和提高竞争力的核心战略,英美法系国家和大陆法系国家的创新政策取向开始趋同,这给中国的创新发展带来压力的同时也提供了借鉴。在全球呈现创新发展新趋势的背景下,广东创新发展既有机遇也有挑战。

(一) 创新成为全球经济竞争的主要手段

发达国家和新兴经济体参与全球竞争的方式正从增长优先转为创新优先。以商品、服务和金融为主的全球流动增长趋缓,而由传递信息、思想和创新的数据流来界定的全球化方兴未艾。许多科技型创业公司是"天生国际化的"。全球创新地理空间既呈现扩散趋势,也呈现集中趋势。

1. 发达国家抢占创新制高点

高收入国家要保持长久的竞争力,中等收入国家要跨越中等收入陷阱迈入高收入国家,创新都是其核心战略。2016 年在杭州召开的二十国集团(G20)领导人峰会就"创新增长方式,为世界经济注入新动力"达成共识,一致通过了《二十国集团创新增长蓝图》,在世界经济深度调整、破解持续低迷增长难题背景下,G20 首次提出以创新驱动全球经济增长,提升中长期增长潜力。事实上,各国围绕抢占世界科技和经济制高点的竞争非常激烈,科技创新对经济实力的支撑作用正在凸显。

在表 3 - 2 和表 3 - 3 中,我们列举了 2010 ~ 2017 各年度世界经济论坛竞争力报告对中国和一些典型高收入国家的竞争力指数以及其子指数——创新和复杂度指数的排名。盎格鲁 - 撒克逊法系的美国和英国,大陆法系的德国和日本,以及赶超成功的新加坡都是综合竞争力保持在前 10 位的国家,与此相对应,除了新加坡外,创新指数都排在前 10 位。美国、英国和德国,其创新和复杂度竞争力排名的提升直接支持了其综合竞争力的提升,特别是英国,综合竞争力排名从第 12 位提高到第 7 位,其创新指数排名也从第 12 位提升到第 9 位;而日本创新和复杂度竞争力排名的下降对其综合竞争力排名的下降产生重要影响,2010 ~ 2011 年度,其创新指数排名第一,综合竞争力排名第 6;2016 ~ 2017 年度,其创新指数排名第 4,综合竞争力下降到第 8。从竞争力排名也可以看出,中国正经历艰难的转型期,综合排名经历了下降和企稳,创新和复杂度指数排名表现出类似的趋势，但在2016～2017年有了一定提升。

表3-2　2010～2017各年度世界经济论坛竞争力指数

年度\国家	2016～2017	2015～2016	2014～2015	2013～2014	2012～2013	2011～2012	2010～2011
中国	4.95（28）	4.89（28）	4.89（28）	4.84（29）	4.83（29）	4.9（26）	4.84（27）
美国	5.7（3）	5.61（3）	5.54（3）	5.48（5）	5.47（7）	5.43（5）	5.43（4）
英国	5.49（7）	5.43（10）	5.41（9）	5.37（10）	5.45（8）	5.39（10）	5.25（12）
德国	5.57（5）	5.53（4）	5.49（5）	5.51（4）	5.48（6）	5.41（6）	5.39（5）
日本	5.48（8）	5.47（6）	5.47（6）	5.40（9）	5.4（10）	5.4（9）	5.37（6）
新加坡	5.72（2）	5.68（2）	5.65（2）	5.61（2）	5.67（2）	5.63（2）	5.48（3）

注：括号内为排名。

表3-3　2010～2017各年度竞争力指数之创新和复杂度指数

年度\国家	2016～2017	2015～2016	2014～2015	2013～2014	2012～2013	2011～2012	2010～2011
中国	4.22（29）	4.11（34）	4.14（33）	4.10（34）	4.05（34）	4.15（31）	4.13（31）
美国	5.63（2）	5.59（4）	5.54（6）	5.43（6）	5.42（7）	5.46（6）	5.53（4）
英国	5.3（9）	5.28（9）	5.21（8）	5.15（10）	5.32（9）	5.17（12）	4.98（12）
德国	5.61（3）	5.61（3）	5.56（4）	5.59（4）	5.57（4）	5.53（5）	5.51（5）
日本	5.57（4）	5.66（2）	5.68（2）	5.62（3）	5.67（2）	5.75（3）	5.72（1）
新加坡	5.25（12）	5.19（11）	5.13（11）	5.14（13）	5.27（11）	5.23（11）	5.07（10）

注：括号内为排名。

2. 数字技术引领新一轮全球化

全球化正进入一个新的时代。全球贸易和金融流动趋于平缓，2007年金融、服务、商品流动占全球GDP比重为53%，达到顶峰，而到2014年，这一比例下降到39%。然而全球化趋势并未逆转，数据流在大幅增长，在世界范围内传递信息、思想和创新并且扩大对全球经济的参与，新的全球化以跨境数据流动为标志。世界比以往任何时候更加互联。数字平台创建了更加高效和透明的全球市场，数字通信与交易的边际成本接近于零，为大规模地跨境营商开创了新的可能性。自2005年以来投入使用的跨境带宽增长了45倍以上。现在几乎每类跨境交易都包含数字内容。如今客户在数字平台上下单、使用无线射频识别（RFID）码跟踪物流信息，并通过数字交易进行支付。大量在线平台，如阿里巴巴、亚马逊、亿贝和脸书将世界各地的企业与客户连接在一起。数字化正在创造一个超连通、超高速的全球流动时代。据预测，随着商务、信息、搜索、视频、通信和公司内部网络流量等数字流持续激增，未来跨境带宽还将继续增长。全球化正从制造业延伸至服务业。

在新的全球化时代，很多小企业实现跨国经营。传统的全球化是大型跨国公司的"专利"，而数字技术正在改变跨境营商模式并扩大参与范围，全球化变得更有包容性。通过数字平台与其他国家的客户和供应商联系，世界各地的小企业逐渐成为"微型跨国公司"。科技型初创企业中80%以上的天生就是国际化企业。它们从成立伊始就与国际客户、供应商、资本和顾问建立联系。如果商业模式建立在数字技术基础之上，即使那些规模最小、成立时间最短的企业也能够实现全球愿景。数字技术引领的全球化正在改变行业竞争状态，这给很多企业带来机遇和挑战。

3. 创新全球化引致创新空间演变

创新全球化正由两种力量主导演进。一种是由美国等发达国家主导的创新全球化正在进入新阶段。从历史的角度看，迄今为止，由美国跨国企业所推行的创新全球化经历了三个清晰的发展阶段。第一个阶段是市场全球化。美国企业利用二战后世界各地重建的机会，把原本为本国消费者设计、生产的产品和服务出售到世界各地。第二个阶段是资源全球化。美国等发达国家企业为降低成本，将包括制造和后台处理的很多经营活动移到海外，而通常将关键的活动，如研发，放在国内。但是，仍然有一些企业在世界各地建立研发中心，例如，微软在美国、印度和中国都设立了研发中心，只不过所进行的创新活动仍然是针对富裕国家市场需求的。第三个阶段是全球本地化。美国等发达国家企业的创新活动仍然主要在母国进行，随后会对创新产品和服务进行修改，以获取海外市场。随着新兴市场的发展，美国等发达国家企业主导的创新全球化正在进入第四个阶段——逆创新阶段。这是因为新兴大市场的顾客与发达国家的顾客具有根本上的不同。跨国企业通过评估新兴市场顾客的需求，力图从当地获取资源和技术为当地顾客开发新产品。这个过程完成后，跨国企业对在新兴市场国家完成的创新进行改进，使之适用于世界范围。这个阶段就是在当地为世界研发。

另一种是世界各国进行创新竞争形成的创新全球化。随着中国和印度等新兴经济体的快速发展，其在研发领域也开始与美国等发达国家进行竞争。2000年以来，G20中北方国家（美国、日本、英国、法国、德国、意大利、欧盟、澳大利亚、加拿大）主导世界科技格局的局面正在发生改变。G20中的南方国家（中国、巴西、俄罗斯、印度、南非、阿根廷、墨西哥、韩国、印度尼西亚、沙特阿拉伯、土耳其）科技实力占世界总量比重不断提高，从2000年的14.56%提高至2015年的38.78%，平均每年提高1.62个百分点。① 中国研发投入占国内生产总值的比重从2010年的1.48%上升到2015的1.98%，增长了34%。由于中国对研发的大量投资，在一些优先发展领域如生物技术、能源技术等，中国可能会形成创新高峰。

在这两种力量主导下，全球创新的空间格局正在不断演进。单极的全球科技中心已无法满足全球经济发展需求，取而代之的是由多中心、多节点组成的全球创新网络城市是全球创新的真正引擎，并充当着全球创新流动的主要路标。从城市在全球创新网络和创新型经济的重要性来划分，可以分为关键纽带、枢纽、节点、影响者和崛起者（根据澳大利亚创新研究机构2ThinkNow发布的《全球创新城市指数》）。其中，关键纽带型是指在全球多个经济和社会文化创新领域中起着关键作用。枢纽型是基于全球趋势主导或影响关键的经济和社会创新领域。节点型是在多数领域拥有较强的创新能力，但是存在一些领域发展不平衡的问题。影响者是指在多数领域发展不平衡。崛起者是未来在创新上有很大的发展潜力。如表3-4所示，在2010年该机构发布的创新指数前100城市中，有30个关键纽带型城市、65个枢纽型城市和5个节点型城市；2016~2017年，参与评估的500个城市中，关键纽带型城市和枢纽型城市大幅增长，分别有53个和125个，在前100名的城市中已经没有节点型城市。创新的空间分布一方面变得更为广泛，越来越多的新兴市场国家城市进入榜单。2010年，中国只有香港和上海两个关键纽带型城市，北京1个枢纽型城市；2016~2017年，北京上升为关键纽带型城市，深圳、广州和台北上升为枢纽型城市。

---

① 胡鞍钢：《二十国集团引领"增长优先"转向"创新优先"》，《光明日报》2016年9月14日。

2010 年，前 100 名的城市中没有一个印度城市，2016～2017 年，孟买排在了第 90 位。同时，创新型城市在美国和欧洲的分布变得更为均匀。另一方面，创新空间变得更为集中，在创新指数前 100 的城市中，欧洲和北美国家中只有美国城市的占比越来越高，其他均存在不同程度的下降。2010 年在 65 家枢纽型城市中，欧洲和北美城市的占比为 50.77%，而在 2016～2017 年的 125 个枢纽型城市中，欧洲和北美城市占比上升到 75.2%。

表 3－4　2010 年和 2016～2017 年全球创新城市指数 100 强

国家	纽带型		枢纽型		节点型	
	2010	2016～2017	2010	2016～2017	2010	2016～2017
美国	5	16	13	18	1	
加拿大	1	3	5	2		
英国	1	2	3	2		
德国	6	5	11	3		
法国	2	2	8			
意大利	2	2	2			
其他欧洲国家	6	12	13	8	2	
澳大利亚	2	2		2		
新西兰			2	1		
以色列		1	1			
中国	2	3	1	3		
日本	2	2	3	1		
韩国	1	1		1		
新加坡		1	1			
印度				1		
马来西亚				1		
阿根廷				1	1	
阿联酋		1	1	1	1	
巴西			1	1		
墨西哥				1		
合计	30	53	65	47	5	0

（二）全球人才竞争愈演愈烈

人力资本是科技创新与经济增长的源泉，人才资源是第一资源。改革开放以来，广东吸引了大量的外来人口，人口总量增长迅猛，2014 年已位居全国首位，但是广东人口受教育程度不具优势。根据《中国人力资本报告 2016》，2014 年广东劳动力人口平均受教育年限为 10.24 年，略高于全国平均水平 10.05 年，位列北京（12.35 年）、上海（11.53 年）、江苏（10.55 年）之后；大专及以上人口占比为 14.5%，低于全国平均水平 15.51%，与北京（42%）和上海（32.19%）存在较大差距。从实际人均人力资本增长情况看，广东增速不及全国平均水平，且有差距拉大趋势。1985～2000 年，广东增长 91.95%，全国平均增长 94.81%；2000～2014 年，广东增长 168.04%，全国平均增长 233.54%。人口老龄化及日益激烈的全球人才竞争给广东的创新发展带来挑战。

1. 人口老龄化给创新发展动力的可持续性带来挑战

老龄化加速、人口红利减弱，持续影响社会活力、创新动力和经济潜在增长率。联合国《世界人口展望（2015 年修订版）》预测，世界多数国家已经或正在步入老龄化社会，中国老龄化水平及增长速度将明显高于世界平均水平。根据《国家人口发展规划（2016—2030 年）》，我国 15～59 岁劳动年龄人口于 2011 年达到峰值后持续下降，劳动年龄人口在"十三五"后期出现短暂小幅回升后，2021～2030 年将以较快速度减少。到 2030 年，45～59 岁大龄劳动力占比将达到 36% 左右。广东劳动年龄人口比重也逐渐下降，常住人口已经开始正式步入老年型社会。2015 年以前广东常住人口中劳动年龄人口比重仍处于上升趋势，但 2015 年以后随着流动人口规模的小幅度下降，劳动年龄人口比重也由 2014 年的 76.35% 下降到 74.15%，2016 年虽有所上升，但下降趋势已经初现。即使在放开二孩后，到 2035 年，大部分"15 后"仍未形成新的劳动力。

2. 人才流动的全球化趋势日益增强

越是创新驱动型国家，对于全球人才的需求越饥渴，尤其是那些人口有限的发达国家。在一些全球人才竞争力报告中，中国对人才的吸引力一直表现欠佳。例如由 Adecco 集团、英士国际商学院和新加坡人力资本领导能力研究院联合发布的《全球人才竞争力指数（2017）》报告显示，在被纳入统计的 118 个国家中，中国排在第 54 位，比上年下降 6 位。而在由瑞士洛桑国际管理发展学院（IMD）发布的《世界人才报告（2016）》中，中国人才竞争力排名第 43 位，较上年下滑 3 位，其重要原因是中国对外国人才的吸引力不够。在全球 20 个最佳投资环境和高端人才吸引力的城市中，中国只有香港和上海进入榜单，分别排在第 3 位和第 18 位。拥有较高人才竞争力的国家有一些共性，比如适应经济发展的教育体系、更灵活的就业政策、更紧密的政企关系等。

表 3 - 5　全球人才竞争力排行

排位	《全球人才竞争力指数（2017）》	排位	《世界人才报告（2016）》
1	瑞士	1	瑞士
2	新加坡	2	丹麦
3	英国	3	比利时
4	美国	10	中国香港
5	瑞典	11	德国
6	澳大利亚	12	加拿大
13	加拿大	13	新西兰
14	新西兰	14	美国
17	德国	15	新加坡
22	日本	30	日本

3. 科技进步对人的要求越来越高

大量事实证明，技术正以前所未有的速度向前发展，包括人工智能（AI）、移动平台、传感器和社会协作系统等技术。这些技术不断颠覆着我们的生活、工作和沟通方式。但是，企业生产力却未能与技术进步并驾齐驱。美国劳工统计局的数据及其他相关资料显示，尽管企业已将新技术引进生产环境中，但生产率增长仍然较慢。事实上，自 2008 年经济衰退以来，企业生产效率增速（每小时工作所产生的国内生产总值）为 1.3%，是自 20 世纪 70 年代初至今的最低水平（德勤：《2017 全球人力资本趋势报告》）。与此同时，就企业自身而言，其衰败的速度也在加快。例如，1955 年以来《财富》世界 500 强企业仅有 12% 仍在榜单之中，仅 2016 年一年，就有 26% 的企业跌落榜单。技术变更速度和实际生产力提升速度之间差距不断增大的重要原因在于员工对技术的适应能力没能很快跟上，学校和企业对人才的培养与培训没能与科技进步同步。

（三）科技创新的高速率不断改变产业生命周期

纵观近代史，能够促进社会生产力飞跃发展的是每一次的工业革命。而触发工业革命的是科技创新。引发第一次工业革命的通用技术是蒸汽机，第二次是电力，信息科技便是触发正在进行中的第三次工业革命的通用技术。这些通用技术打开了许多（甚至全部）经济部门潜在创新的大门。在人类还未完全获取第三次工业革命带来的好处时，就可能已经站在由物联网和人工智能驱动的第四次工业革命的入口。第四次工业革命不由任何特定的新兴技术本身所决定，而是由数字革命基础设施向新体系的过渡决定的。随着这些技术的普及，它们将从根本上改变我们生产、消费、交流、移动、能量生产和交互方式，改变产业演进的速度和生命周期。

1. 技术融合成为科技发展的重要趋势

美国陆军部于 2016 年 4 月完成的《2016—2045 年新兴科技趋势》报告在对 690 项科技趋势进行综合分析的基础上，对其中 20 个值得关注的新兴科技趋势进行了详细说明（表 3 - 6）。

表 3 - 6　2016 ~ 2045 年值得关注的新兴科技趋势

序号	科技创新领域	代表性技术	实际应用
1	机器人与自动化系统 （Robotics and Autonomous Systems）	机器学习、传感器与控制系统、人机交互	AlphaGo、机器人神经系统、微软聊天机器人 Tay
2	增材制造 （Additive Manufacturing）	速度、尺寸、可靠性增强、全新合成材料，生物打印	多材料 3D 打印、3D 打印人行天桥、生物墨水
3	数据分析 （Analytics）	可视化、自动化、自然语言处理	深度学习超级计算机、犯罪预测、新加坡国家智能平台
4	人类增强 （Human Augmentation）	可穿戴计算设备、外骨骼与假肢、药物增强	机械外骨骼、生化手指、自我量化
5	智能手机与云端计算 （Mobile & Cloud Computing）	高效无线网络、近场通信与低能耗网络、电池优化	数据流动性、移动端恶意软件、云端移动处理器

续表

序号	科技创新领域	代表性技术	实际应用
6	医学 （Medical Advances）	定制化医疗、再生医学、生物医学工程	耐药细菌、ElectRx、干细胞疗法
7	网络安全 （Cyber）	用户身份鉴定技术、自我进化型网络、下一代解密技术	美国网络司令部、Oceans 00001011、网络隐私与安全
8	能源 （Energy）	高效太阳能、电池技术、能源收集	新能源占比提高，高效氢燃料电池、原油价格下跌
9	智能城市 （Smart Cities）	信息和通信技术（ICT）、大数据以及自动化	分散探测系统、智能电网、联网交通信号系统、自动驾驶系统、智能建筑、可再生资源发电
10	物联网 （Internet of Things）	微电子机械系统（MEMS）、无线通信、电源管理技术	海量数据分析、亚洲物联网联盟、医疗实时监测
11	食物与淡水科技 （Food and Water Technology）	农业技术、水资源循环与回收、可替代食物来源	农业无人机、从雾气中取水、垂直农业
12	量子计算 （Quantum Computing）	量子纠错、量子编程、后量子密码学	MIT量子叠加研究、IBM云端量子计算服务、量子通信卫星
13	社交网络 （Social Empowerment）	区块链技术、应用社会科学、网络身份与名誉管理	区块链技术的商业应用、社交媒体与心理健康、无国界网络教育
14	先进数码设备 （Advanced Digital）	软件定义一切，自然用户界面、脑机接口	聊天机器人、Neuroverse脑波监测、软件定义网络
15	混合现实 （Blended Reality）	消费级硬件、沉浸式体验、交互技术	谷歌Cardboard、混合现实软硬件市场规模预测、手术现场流媒体直播
16	对抗全球气候变化 （Technology for Climate Change）	—	在地图上标出有洪水危险的系统，抵抗干旱的基因改造农作物
17	先进材料 （Advanced Materials）	纳米技术	智能材料、记忆金属、压电陶瓷、纳米材料
18	新型武器（Novel Weaponry）	A2AD技术	先进反舰弹道导弹、反卫星武器
19	太空科技 （Space）	机器人、先进的推进系统、轻便的材料、增加制造、元件小型化	可回收火箭

序号	科技创新领域	代表性技术	实际应用
20	合成生物科技（Synthetic Biology）	建模与仿真、标准化 DNA、DNA 合成与测序	编辑胚胎细胞、遗传编程、工业级合成生物学

资料来源：根据 Office of the Deputy Assistant Secretary of the Army（Research & Technology），*Emerging Science and Technology Trends：2016－2045：A Synthesis of Leading Forecasts*，（April 2016）整理。

这些新兴科技趋势固然值得关注，但是更应关注的是这些技术的融合给人类带来的变化。数字、物理和生物技术的融合正在改变世界以及人类的想法。这种变化在规模、速度和范围上都具有划时代意义。支撑数字世界的基本技术包括传感、数据、传输与连接方式，分析与模拟的计算方法，用户监测与控制的界面等。尽管生物领域的发展比数字世界相对滞后些，但是技术相互作用的趋势非常相似，包括海量数据、合成部件的制造、基因编辑、操纵我们身体的生物电脑等。生物领域将兴起抗病农作物、医疗手段以及人体组织再生的革命。人工智能和数据、传感将成为下一代信息基础设施的核心部分。

2. 科技进步持续推动产业创新

科技创新正在催生新产业、新商业模式和新的生产方式。在众多的科技创新中，信息技术的潜力尚未充分发挥，未来 10 到 20 年，对经济贡献最大的可能不是新发明的重大技术，而是信息技术融入各个产业的新产品、按需提供个性化产品和服务的新业态、产业链跨界融合的新模式，信息技术仍是发展新经济的主要动力，人机物融合的智能技术是最有引领性的新技术（李国杰、徐志伟，2017）。麦肯锡公司发布的技术预测认为，到 2025 年，移动互联网、智能软件系统、云计算和物联网等信息产业可能形成 5 万亿至 10 万亿美元的经济规模，生物领域只有下一代基因组产业有可能达到 1 万亿美元规模，先进材料不到 0.5 万亿美元，可再生能源不到 0.3 万亿美元。

传统制造业正在发生革命性变化。互联网发展到一定阶段，必然会深入到制造业与互联网的高度融合，诞生出 C2F（顾客对工厂，简称客厂）模式。新一代互联网技术与制造业融合，将彻底改变工业生产的组织方式和人机关系。物理－信息系统向工业领域的全面渗透将推动工业从自动化升级为智能化。数字化、网络化、智能化将使传统产业分工不断精准化。

工业企业通过部署大量智能传感器和工业互联网,全面集成设备单元、生产监控、制造执行、企业管理、设计研发等,实现实时感知、过程优化、智能排产等智能生产过程。企业可以通过互联网直接获取用户需求,依托柔性生产线进行小批量、多品种、快翻新的大规模个性化定制。制造业从自动化向智能化演进的过程,也是工艺流程复杂化的过程,企业驾驭复杂度的能力也必须配套地进行升级,才能充分发掘物理 – 信息系统的潜力。先进制造正在进入新时代。机器智能正在突破传统方法,生产出更能满足消费需求的便宜商品,提供更高的生产效率和更多的相关服务。飞机部件和高性能赛车已经通过 3D 打印制造出来。这些技术进步使劳动密集型工厂生产模式和复杂供应链模式受到挑战,从原型到量产的研发时间不断缩短。

服务业正在经历商业模式巨大变革。科技创新对服务业的创新发展正在产生重要影响。无论是在传统生活服务领域还是生产服务领域,新业态、新模式正不断涌现。流通领域利用网络信息技术,不断降低交易费用和运营成本,大幅减少信息不对称、信息费用和资产专用性。这使得经济主体间连接成本非常低,不断催生新的流通渠道。在生活流通领域,O2O 与传统生活服务业深度融合,一大批基于线上线下互动的新模式、新业态不断涌现。在生产流通领域,以阿里巴巴为代表的 B2B 型线上交易渠道的份额从 2000 年的不足 5% 上升到 2015 年的 30% 左右。

网络信息技术促使资源在更大程度和更广范围内实现分离和再组合,催生分享经济爆发式增长。物联网技术的兴起,和芯片传感、全球定位、扫码支付等新型技术的支持,在所有物能够保证基本安全的情况下,其使用权能快捷地实现分享。分享经济几乎渗透生活所有领域,从在线创意设计、营销策划到餐饮住宿、物流快递、交通出行、生活服务等无所不在。摩拜单车、货满满物流等平台企业在不断发展壮大。分享经济模式也在加速向生产领域延伸。沈阳"i5 机床"实现"0 元购机、在线交付",用户按照"i5 机床"加工零部件的品种、数量、加工时间进行付费,购买临时定量加工能力,满足生产需求。网络信息技术也使经济主体间的连接更加广泛与密切,网络外部性随着连接主体增加呈现出几何倍数增长,平台型产业组织快速发展壮大。以工业云平台为依托,企业通过协同研发、众包设计、供应链协同、云制造等不同的协同方式快速发展,实现创新资源、生产能力的跨时间、跨空间集聚。

科技创新正在推动金融行业发生深刻变革。2016年8月，世界经济论坛（World Economic Forum）与德勤（Deloitte）联合发布《区块链将如何重塑金融服务业》报告。区块链技术作为一种分布式总账技术，能够安全地实现交易结算，并实现资产低成本传输。区块链技术去中心化、集体维护、不可伪造、信用重构、匿名等特征，正在塑造金融服务生态系统的未来，越来越多的国家和地区、企业、银行、投资机构等加入这场创新大赛。区块链技术将重塑新的金融基础设施和流程，与众多新兴技术打造下一代金融基础设施，通过大幅增加市场参与者之间的透明度，降低借款人与贷款人之间的信息不对称从而减少交易成本；通过共享库实时获得数据，提高监管者与被监管机构之间的透明性，改善二者之间的关系。所有这些都将挑战传统的金融商业模式。

科技创新和社会创新正在成为统一的变革驱动力。科技创新促进劳动生产率提高，并制造出更多更好的商品，与此同时，节约或释放进步部门的劳动力。而社会创新旨在提高环境、健康、教育和其他个人保健服务以及社会服务的质量，与此同时，在这些典型的劳动密集型活动中创造新的就业机会。在这些活动中，新技术主要用来为用户提供更优质的产品或服务（例如通过先进的医疗保健技术），而不是用来减少劳动力投入。能够改善教育和医疗保健的创新可能不仅对社会和生活质量具有重大意义，而且对产出增长也极其重要。

3. 科技创新不断催生"独角兽"企业

近年来，全球产业领域有一大批"独角兽"① 涌现，从脸谱网到领英，再到优步，"独角兽"已成为引领产业新业态升级发展的领头羊，它们以全新的商业模式改变着传统产业和新兴产业，对经济模式产生了巨大影响。已出现的大量"独角兽"主要集中于电子商务、社交网络、移动应用、互联网金融等领域。未来可能出现大量"独角兽"的行业领域集中于智能硬件、大数据应用、人工智能等。

从所在国的分布来看，"独角兽"企业多诞生在重视科技创新的发达国家和少数龙头发展中国家，科技创新已经成为"独角兽"成长的催

---

① "独角兽"公司是指估值超过10亿美元的创业公司。

化剂。截至 2017 年 4 月 28 日，全球"独角兽"俱乐部共有 193 家企业，总市值达 6810 亿美金。其中，近 53% 的"独角兽"企业总部位于美国。这些美国"独角兽"占全球"独角兽"市值的 51%。中国以 46 家"独角兽"企业紧随其后，排名第三、第四的印度和英国分别只有 9 家和 8 家"独角兽"企业，与美国和中国相距甚远。但是与美国相比，中国的"独角兽"企业大部分是针对终端用户的公司，以互联网为通道的应用为主，如滴滴快的、美团点评、ofo 共享单车等，高技术企业较少，而美国的"独角兽"大部分以技术为导向，高技术的软件服务类公司、全球性公司数量较多。中国互联网依靠本土 PC 网民及移动互联网用户快速增长的"人口红利"正逐渐消退，参与国际竞争是"独角兽"企业业务发展的大趋势。

（四）中国正在从全球制造中心向创新中心演进

随着创新全球化的深入发展和国际政治经济格局的变动重组，全球创新中心正由西向东扩散，全球高端生产要素和创新要素正加速向亚太板块转移，中国、印度、韩国等已成为跨国公司全球研发布局的重要热点地区。在亚太特别是东亚地区，一些科技创新中心正加速形成，并在全球显现出影响力，中国在其中扮演了重要角色。中国的研发投入、科研人员、专利数量和质量，都在稳步改进，并且与发达国家的差距也在缩小。随着科学技术应用的深化，发达国家的制造业优势正在回归，中国的制造业优势正面临弱化。

1. 中国创新向第一梯队逼近

事实上，中国科技水平正以加速度逼近世界先进水平。《2017 年全球创新指数》报告显示，中国排名第 22 位，比 2016 年上升 3 位，是唯一与发达国家经济体创新差距不断缩小的中等收入国家。深圳 - 香港地区以"数字通信"为主要创新领域在全球"创新集群"中排名第二，超过圣荷西 - 旧金山地区（硅谷地区）。

从基础研究看，进入 21 世纪以来，中国科技论文的数量和质量都出现了爆炸性的增长，由自然出版集团发布的 2015 年 WFC（衡量一个国家或学术机构在一流学术期刊发表文章的指数，也称自然指数）显示，美国排在第一位，WFC 为 17203.82，比 2014 年下降 4.5%；中国排在第二位，

WFC 为 6478.34，比 2014 年增长 4.8%；德国、英国和日本分列其后，其中日本的 WFC 比 2014 年下降了 5.2%。

从应用研究看，中国正在进入技术创新黄金时期，在"流量"和"存量"方面都呈现突破性增长。中国的专利数量从 1995 年起呈现出爆炸式增长。1995 年，国内专利申请量为 83045 件，到 2014 年达到 230 多万件，年均复合增长率达到 19%。根据世界知识产权组织（WIPO）的数据，中国于 2011 年超过美国成为全世界最大的专利申请接收国。中国专利申请质量增长也很快。技术含量最高的发明专利的占比从 1995 年的 8% 上升到了 2014 年的 18%。2016 年，全国发明专利申请受理量为 133.9 万件，比 2015 年增长 21.5%，继续居世界第一位；每万人发明专利拥有量达到 8 件，比 2015 年增长 27.0%。国内有效发明专利拥有量首次突破百万达 110.3 万件，成为继美国和日本之后世界上第三个国内发明专利拥有量超过百万件的国家。[①] 此外，中国企业在其他国家获得的专利数量在 1995 年至 2014 年期间年均增长达到 30%，超过在中国获得专利数量的增长率。以审查严格的美国专利商标局为例，中国企业获得的专利授权数量从 1995 年的 62 件增长到 2014 年的 7236 件。2016 年来自中国的 PCT 国际专利申请量为 4.32 万件，较前一年激增 45%，仅次于美国的 5.6 万件和日本的 4.52 万件。从 1985 年正式实施专利法，中国仅用了 30 余年时间就跨越式地追赶美日。

从工业技术水平看，在大多数领域美国领先，但中国的差距在不断缩小，有些领域中国已经领先，如高铁、特高压输电、核能、航天、超级计算机等。特别是"墨子号"量子科学实验卫星的成功被国际社会认为是中国创新能力提升的重要标志。

华为、阿里巴巴等一批民营企业的创新能力已居于世界前列。2015 年，在国际专利申请量前 20 名的实体中，中国高科技企业占 4 席，华为蝉联全球第一，中兴通讯连续三年保持位列前三名，京东方和腾讯分别占据第 14 位和第 20 位。2015 年，华为向苹果公司许可专利 769 件，苹果公司向华为许可专利 98 件。这意味华为开始向苹果公司收取专利许可使用费。在英国品牌评估机构 Brand Finance 发布的"2017 全球 100 个最有价值的科

---

① 世界知识产权组织（WIPO）：《世界知识产权指数 2016》。

技品牌榜"中，中国有 17 个品牌上榜（含一个台湾品牌）①，其中阿里巴巴和华为分列第 8 位和第 10 位。在 100 个品牌中，美国有 47 个，日本有 17 个，印度有 4 个，法国和韩国各有 3 个。由此可以看出，中国企业创新在全球已占有一定优势。中国的创新活动正从大学、研究所和大企业走向全社会，创新从科技领域向社会创新领域综合发展。在世界知识产权组织发布的《2016 世界知识产权指标》报告中，清华大学和北京大学在大学专利申请排名中分别位列第 8 位和第 11 位。

但是，中国与发达经济体，如美国、日本，甚至韩国相比，在创新方面差距仍然很大。在 2015 年汤森路透（Thomson Reuters）发布的《全球创新企业百强》名单中，日本和美国企业占据主导地位，中国没有一家企业上榜。2014 年，日本、德国和韩国的企业在美国获得的专利数量分别为 53849、16550、16469，远多于中国企业。这一方面反映了发展阶段的不同，但另一方面可能是由创新资源的错配导致的。《2017 年全球创新指数》报告显示，中国在市场成熟度、商业成熟度等两大类排名上有下降。

2. 中国制造业优势正在减弱

制造业处于工业中心地位，既是国家工业化、城镇化、现代化建设的发动机，也是国民经济的核心主体，还是中国科技创新与国际竞争力的基础。基于此，国家出台《中国制造 2025》，要打造中国工业化的 2.0 版本。

在德勤与美国竞争力委员会发布的《2016 全球制造业竞争力指数》报告中，2016 年中国再次被列为最具竞争力的制造业国家，但预计未来五年中国将下滑至第二名，美国有望在 2020 年之前取代中国占据头名。报告指出，随着制造业在数字世界和物理世界的融合，先进的技术是释放未来制造业竞争力的关键。而著名的波士顿咨询公司（BCG）2014 年的研究报告《全球制造业成本竞争力指数》中也指出，中国相对美国的工厂制造业成本优势目前不足 5%。中国作为靠成本竞争力兴起的制造业大国，正在经历产业中心转向高价值制造业的急剧变化，朝着技术更先进的制造模式迈进，以与全球创新型市场接轨，但此过程面临着巨大挑战。20 世纪的传统制造业强国，如德国、美国、日本、英国等，于 2016 年再次回到最有竞争力国家

---

① 中国的 17 个品牌分别是阿里巴巴（8）、华为（10）、腾讯（11）、京东（18）、微信（19）、百度（22）、网易（33）、台积电（37）、海康威视（57）、联想（68）、小米（75）、海尔（76）、中兴（80）、乐视（81）、携程（91）、TCL（94）、格力（99）。

前 10 的行列，创新、人才和生态系统是上述国家重建实力的关键要素。

事实上，工信部部长苗圩在全国政协十二届常委会第十三次会议上对《中国制造 2025》进行全面解读时就指出，在全球制造业的四级梯队中，中国处于第三梯队，而且这种格局在短时间内难有根本性改变。要成为制造强国至少要再努力 30 年。第一梯队是以美国为主导的全球科技创新中心。第二梯队是高端制造领域，包括欧盟、日本。例如英国的罗罗发动机，涉及材料、机械、动力等诸多的领域，而中国的大飞机梦，还刚启程。日本在材料科学、尖端机器人等领域都拥有巨大的科研实力。而德国，人口只有 8000 万，却有 2300 多个世界名牌。第三梯队是中低端制造领域，主要是一些新兴国家，包括中国。第四梯队主要是资源输出国，包括 OPEC（石油输出国组织）、非洲、拉美等国。中国要跃入第二梯队，道路仍很漫长。

（五）发达国家创新战略与政策走向趋同

国家或区域竞争力日益重要的要素是创造一个有利的创新环境。在人类历史上，技术领先国家从英国到德国、美国再到日本的这种追赶和超越，不仅是单纯的技术创新的结果，与时俱进的国家战略和推动也起到了十分重要的作用。当前全球科技创新集中度仍非常高。世界最主要的创新区域集中在美、日、欧，研发投入占世界 80%，全球研发投入 2500 强企业，美、欧、日中的企业占 84%。[①] 即使如此，这些国家仍继续出台新的创新战略、创新政策，特别是在 2008 年金融危机之后，创新驱动成为相当多国家谋求发展的首要战略。这些国家一方面加大对战略性创新资源的争夺，另一方面通过促进本国的创新创业保持经济增长。而这些政策的取向趋同，都开始强调全面创新和效率。

1. 美国：从政府主导到全民创新

美国是世界上最具创新力的国家，其研发投入总量常年处在世界第一。2015 年美国研发投入约 2.8 万亿美元，是第二名中国的两倍。[②] 相对自由、宽松的营商环境以及由此产生的企业家精神，包含税收、贸易、市

---

① 毕迅雷：《2017 年全球创新政策五个新趋势》，《中国科学报》2016 年 12 月 20 日。
② 华东政法大学政治学研究院中国与全球化智库：《驱动创新的政策支持：世界创新发展报告 2016》。

场规制和知识产权保护等方面相对完备的制度体系以及由政府研发支持、教育投入和采购支出等组成的创新政策体系是其创新体系的三大支柱。2009 年奥巴马政府发表《美国创新战略：促进可持续增长和高质量就业》，2011 年和 2015 年分别进行两次修订。如此连续、密集地发布国家创新战略在美国历史上尚属首次，创新在美国战略体系中的地位上升至前所未有的高度。

从创新驱动主体来看，美国先后将政府、私营企业、社会民众纳入创新主体，创新主体呈现出多元化、大众化的特征。从强调"政府在创新驱动中发挥适当的角色"到明确提出"私营企业是创新的动力"，再到"打造创新者国家"，强调发挥全民创新潜力，其可称为美国版的"大众创业、万众创新"政策。从创新驱动形式来看，历次美国创新战略都从投资创新要素、激励市场创新活力、促进重点产业发展等方面进行战略部署，通过产业、技术、制度、组织的创新提升国家创新能力。在投资要素方面，2009～2015 年美国不断对其进行扩充，并于 2015 年形成创新生态环境的理念。在优先发展领域方面，诸如清洁能源、医疗卫生、教育技术和空间技术一直是美国优先推动创新的领域。2015 年，受全球科技发展影响，美国又将智慧城市、高性能运算等列入，形成十大优先领域（详见表 3-7）。

2016 年 12 月 7 日，布鲁金斯学会发布《研究和开发对本土经济的影响》报告，为特朗普政府和国会提供了 50 项政策措施，以支持美国从地方到国家层面的创新战略。主要内容包括以下五方面。一是加强创新区和区域技术集群。拥有顶尖大学、研究实验室和高价值企业的创新区是美国创新能力的关键所在。政府应将创新区纳入联邦政府支持和培育的范围。二是支持技术转移、商业化和创新的支撑机构。通过建立制造型大学、制造业创新研究所、创建国家工程和创新基金会等促进科技成果的转移、转化。三是扩大技术转让、商业化相关的项目和投资。为研究机构的科研成果商业化提供资助，提供基于大学的加速器或孵化器，增加产学研合作项目资金支持，鼓励高校更侧重于商业化活动等。四是促进基于高增长、高科技的创业。通过鼓励学生创业、为初创的高增长企业提供所需的资金保障、为研究投资者办理签证等手段更好地支持高增长科技型企业创业和吸引外国科技型创业者。五是刺激私营部门的创新。通过实施创新券、增加研发（R&D）税收抵免额度、修订税法等措施支持中小企业特别是研发密

表 3-7 2009、2011、2015 年美国创新战略内容变化

创新战略内容	2009 年	2011 年	2015 年
创新战略的目标	推动可持续增长和高质量就业	确保国家的经济增长和繁荣	创建共享繁荣
创新驱动主体	政府、企业、高校	政府、企业、高校、各阶层劳动人民	政府、企业、高校、各阶层劳动人民
创新驱动形式	投资于美国创新的基石、促进刺激有效创业的竞争市场、加速国家优先事项中的突破	对美国创新的基本要素投资、推进市场为基础的创新、促进国家在优先领域取得突破	投资创新生态环境基础要素、推动私营部门创新、打造创新者国家
创新优先领域	清洁能源、先进车辆技术、卫生保健技术、其他应对 21 世纪重大挑战的技术	清洁能源、生物技术、纳米技术和先进制造技术、空间技术、医疗卫生技术、教育技术	行业重点技术、精准医疗、脑神经技术、卫生保健、先进交通、智慧城市、清洁能源、教育技术、空间技术、高性能运算

资料来源：昌忠泽、孟倩：《美国创新驱动战略的内涵特征、动力机制和举措——基于三版"美国创新战略"的比较分析》，《战略与管理》2016 年第 5 期。

集型企业的创新。

2. 英国：从科学研究到科技创新

英国从不缺乏新成果和新思想，其在原子内部结构、宇宙起源、基因组研究、进化关系、命名学、信息技术等基础领域保持着绝对的优势。但是在较长时期内，英国的科学研究成果却没有在本国得到充分应用。这与其科学研究深厚的业余传统、崇尚自由探索有关。即使在科学职业化和科技政策产生之后，关于权力与知识是何关系、政府应该有为还是无为的争论一直存在。注意到这一问题，英国政府从 20 世纪 90 年代开始频频出台政策鼓励科技创新，提高其将科学研究成果转化为商品的能力，并将这一做法上升为国家战略。因此，尽管面临制造业空心化、退欧等不确定因素，英国的创新能力仍然领跑大部分欧洲国家，比如半导体知识产权提供商 ARM，其与处理器架构相关的知识产权已在其全球 95% 的智能手机、80% 的数码相机以及 35% 的所有电子设备中得到应用，并向物联网、服务器甚至超级电脑领域渗透。

1993 年英国政府发表的《实现我们的潜能——科学、工程与技术战略》是英国政府公布的适用期为 20 年以上的、第一个国家科学发展战略。

此后，英国政府几乎每年都颁布创新白皮书和科技发展战略（表 3 - 8），强化政府对创新活动的主导作用，强调国家资源优先服务于创新发展，以国家为后盾，为创新保驾护航；强调在继续保持英国科学强国地位的同时，要提升科学研究成果转化为技术产品的能力，将英国强大的科学和工程领域优势转化为英国经济增长的财富。正是这些政策塑造并不断完善了英国国家创新体系。英国优先发展的重点领域包括大数据与高能效计算、卫星与空间商用、机器人和自动系统、合成生物学、再生医学、农业科学、先进材料和纳米技术、能源及其储备、石墨烯、量子技术等。

表 3 - 8　英国创新战略的演进

年份	战略文件	主要内容
1993	《实现我们的潜能——科学、工程和技术战略》	强调科技预测、制定国家科技发展战略，以及调整投资方向、寻求科技经费的最大价值
1998	《我们竞争的未来：建设知识型经济》	提出技术和创新的中心作用
2000	《卓越与机遇：21 世纪科学与创新政策》	强调科学上的突破所形成的潜力只有通过创新才能释放出来，创新是知识经济中的关键因素
2001	《变革世界中的机遇：企业、技能与创新》《科学与创新战略》	为促进知识转移，鼓励企业参与研究开发和创新，成立"区域性创新基金"支持区域性产业研发中心、孵化器和新型科学家、企业家、经理人和金融家团体等
2003	《认识到我们的潜力》	强调大学、科研机构、企业三者在提高国家竞争力方面起到的相互联系作用
2004	《英国 2004—2014 年科学与创新投资框架》	制定了英国科学与创新的奋斗目标、英国科学未来 10 年的远景目标以及优先发展领域，它是对《卓越与机遇》白皮书中提出的创新战略的进一步的阐发和落实
2008	《创新国家》	建立横跨全社会层面的创新型国家目标，其中特别强调英国政府的引导和调控作用，确立政府引导型的国家创新体系模式
2009	《数字英国》	确保英国数字和通信产业在创新、投资和质量方面保持世界尖端地位
2011	《以增长为目标的创新与研究战略》	提出通过在"发现与开发"、"创新型企业"、"知识和创新"、"全球合作"以及"政府的创新挑战"等五大方面采取措施驱动经济发展，特别强调大学在整个创新生态体系中的重要地位

续表

年份	战略文件	主要内容
2012	《英国产业战略：行业分析报告》	制定国家产业战略，全面指导国家未来产业发展，并在此基础上陆续发布了11个重点产业的发展规划
2014	《我们的增长计划：科学和创新》	着重提出了支持创业创新的方针，明确将支持创业创新列为英国长期经济增长计划的核心
2017	《工业发展战略绿皮书》	通过加大对科研和创新领域的投资、提升科技领域的关键技术、升级能源和交通等基础设施、支持初创企业、加大政府采购、鼓励贸易和外来投资等措施促进经济繁荣

英国研发投入不高，多年来维持在 GDP 的 1.8% 左右。但其在选择科学与创新的具体增长点对其扶持和投入时奉行的"卓尔不群、反应灵敏、团结协作、选对地方和开放融通"五项原则，使其科技投入卓有成效。其中，"卓尔不群"即保持世界领先性；"反应灵敏"即把握最新的科技发展动态；"团结协作"的原则对应科技成果转化，交叉学科发展，商务、科技管理部门整合重组；"选对地方"指发挥技术资源集中的地缘优势；"开放融通"指加强国际交流合作。

3. 德国：从技术应用到技术革命

德国之强在制造业，德国制造业之强在创新。"德国制造"凭借其卓越品质和不断推陈出新，博得了众多消费者的信任和青睐，显示出其强大的制造实力和实体创新能力。德国政府通过制定国家战略规划引领科技创新，推进以制造业为核心的持续创新，形成政府与社会的良性互动格局。

在 2010 年之前，德国政府的科技创新战略主要聚焦于开发具体技术领域的市场潜力。2006 年，默克尔政府出台了联邦德国第一个全国性的高科技战略——《德国高科技战略（2006—2009 年）》，在信息通信、能源、生物、环保、健康医药、纳米等 17 个重点行业促进企业开展研发。2010年以后，德国政府将视野主要转向对未来问题的解决方案以及满足社会需求方面。2010 年，德国工业协会提出旨在提升制造业智能化水平的"工业4.0"计划，作为德国面向未来竞争的总体战略方案。2013 年，德国正式推出《德国工业 4.0 战略计划实施建议》，推动德国工业领域新一代革命性技术的研发与创新。2014 年，联邦教育及研究部再次更新高科技战略，发布了《新高科技战略——为德国而创新》。2016 年，德国发布了"数字化战略 2025"，规划了包括强化工业 4.0 在内的 10 个重点步骤。工业 4.0 的发展演进体现着向智能化、网络化转型发展的连贯思路。德国政府通过搭建工业 4.0 平台，为企业特别是中小企业服务。该平台拥有汇集了政府相关战略文件以及平台各工作组研究成果等内容的在线图书馆；详尽列出全德国 500 多处能够开展相关测试的地点，为企业新的想法、模式、组件等在正式投入生产前进行测试提供咨询和资金支持；提供工业 4.0 解决方案的应用实例展示；与美国、中国、法国、日本等主要国家建立联系或提出合作计划，让工业 4.0 从一个"德国课题"变成"世界性课题"，也为本土企业走向国际市场提供便利。此外，平台在战略制定、提出需要制定的标准等方面也都有所作为。

4. 日本：从技术立国到全面创新

日本的创新正在发生巨大变化。在国际权威研究机构汤森路透发表的 2015 年全球企业创新 TOP100 中，日本有 40 家企业，位居第一，而在 2014 年以前一直是美国第一。日本基本抛弃沦为低端制造业的家电类产业，转变为全力投入 B to B、新材料、人工智能、医疗、生物、新能源、物联网、机器人、高科技硬件、环境保护、资源再利用等新兴领域。

20 世纪 70 年代以前，日本通过制定产业政策，吸收全球的先进技术，实现了从劳动密集型产业到资本技术密集型产业的过渡。日本可以说是世界上引进技术最多的国家。从 70 年代末开始，日本政府开始摆脱对外的依赖性，强调实现技术自立，提出"技术立国"的战略目标，并先后实施"阳光计划"和"月光计划"，确定了能源技术、电子技术、生物技术、材料技术、交通技术、空间技术、海洋技术和防灾技术等八大重点发展领域。从 90 年代开始，日本进入全面创新阶段，更加注重在全球创新中所扮演的角色。1995 年日本政府颁布了《面向 21 世纪的日本经济结构改革思路》，强调了国际分工，旨在促进现有产业高级化和开拓新产业。2007 年颁布《日本创新战略 2025》，侧重于"社会体制改革战略"和"技术革新战略路线图"，强调了科技和服务创新。2014 年日本政府颁布的《科学技术创新综合战略 2014（草案）》以能源、新一代基础设施、地域资源、健康长寿四个领域作为重点创新领域。

日本务实的应用型精益创新之路以及独特的"官产学研"模式对其赶超先进国家非常有效，其及时从技术立国战略转向全面创新，也使其在基础研究领域走在了前面,增强了创新后劲。

5. 新加坡:从技术研发到全面创新与创业

20 世纪 90 年代以前,新加坡几乎没有什么创新政策,基本战略就是模仿,研发支出占国内生产总值的比例不足 1%。如今,新加坡被称为亚洲的瑞士。在 2016 年由世界知识产权组织(WIPO)、康奈尔大学和欧洲工商管理学院(INSEAD)共同发布的《全球创新指数》报告中,新加坡位列第六,是唯一进入前十名的亚洲国家。

1991 年是新加坡创新的分水岭。从这一年起,新加坡连续实施科技五年规划,这是新加坡创新战略最主要的体现形式(表 3 - 9)。从各个五年规划的内容看,新加坡创新战略从单纯重视技术研发逐渐向创新、创业演进。早期,新加坡政府根据全球科技与产业的发展趋势,从自身的实际特点出发选定其重点发展产业,并以产业为导向,选择科技发展的重点领域。后来,受到外部环境逐渐转向知识经济发展的影响,新加坡也开始加强知识和创新密集型产业的发展。进入 21 世纪后,新加坡在扶持科技型中小企业以及成长型企业方面的措施更为明确和有针对性。政府从 2003 年开始实施"技术企业提升计划",扶持成长型科技类中小企业。2013 年,新加坡政府推出《生产力及创新税收优惠计划》,对企业包括购买设备、员工培训、注册专利等在内的 6 项商业投资行为进行补贴。为鼓励私营企业发展科研事业,新加坡国家科技局出台了与私营公司分担科研成本和共负科研风险的科研资助计划和激励计划。在这两项计划下,企业每投入 3 新元科研经费,科技局就追加 1 新元予以支持。随着创新战略的变化,新加坡政府对研究和创新的公共投资研发投入预算也大幅增加。2016 ~ 2020 年提供 190 亿美元用于创新,比 1991 ~ 1995 年度的预算额增加了近 9 倍。此外,新加坡创新政策也呈现出明显的聚焦性和外向性特征。政府在出台综合性规划的同时,也出台聚焦科技领域具体内容的专门性计划,电子、信息通信与媒体、生物医药等始终是其重点关注的领域。2010 年,新加坡提出,未来十年的总体发展目标是把新加坡建设成为善用高技能人才的创新型经济体和独特的国际大都市。其一方面通过开展国际合作培养人才,另一方面笼络国际人才,系统化地吸收旅居海外的优秀新加坡籍科学家回国。

表 3 - 9 新加坡科技五年规划

年度	计划名称	预算（亿新元）	聚焦领域
1991～1995	国家技术发展规划	20	信息技术、微电子、电子系统、制造技术、材料技术、能源与环境、生物技术、食品和农业、医疗科学
1996～2000	第二个国家科技规划	40	先进制造技术、微电子、新材料、生物和药品、信息技术、环境
2001～2005	科技规划 2005	60	信息与通信、电子制造、生命科学
2006～2010	科技规划 2010：创新驱动的可持续发展	135.5	电子、信息通信与媒体、化学制品、工程
2011～2015	研究、创新、创业 2015：新加坡的未来	161	电子、生物医药、信息通信与媒体、工程、清洁技术
2016～2020	研究、创新与企业 2020：打造世界研究中心	190	先进制造和工程技术、健康与生物医疗科学、城市解决方案和可持续发展、服务业和数字经济

资料来源：根据公开资料整理。

从上述国家创新战略和政策的变化看，不论是老牌工业化国家，还是追赶成功的后起之秀，都极其重视创新对经济增长的促进作用，均把创新作为获取全球竞争力的核心战略。不管是日德为代表的大陆法系国家，还是英美法系国家，均高度重视政府对创新的引领作用，同时将创新主体逐渐扩大到全民参与。科学先行的英美国家越来越重视科技成果的应用和转化，而依靠技术应用获得成功的日德新则将其创新链条不断往前延伸，试图走向全面创新。"效率化"与"集中化"成为各国共同政策取向，将"有限资源"投入"具有效益"的重点方向上，向战略性领域集中投入成为共同选择。

三 广东创新发展趋势判断

到 2035 年，广东将率先成为具有全球影响力的科技产业创新中心，全省主要创新指标达到或超过世界创新型国家平均水平（表 3 - 10），进入全球创新型地区先进行列。我们的判断基于国家创新驱动发展战略对广东的要求、广东自身的发展要求以及广东创新发展的现实情况。

表 3 – 10 广东科技创新主要指标

指标 \ 年份	2015 年	2020 年	2030 年	2035 年预测
R&D 投入占 GDP 比重	2.47%	>2.8%	>3.5%	4.2%
每万人发明专利拥有量	12.95 件	>20 件	>25 件	>70 件
高新技术企业数量	1.11 万家	>1.5 万家	>2 万家	8 万家
高新技术产品产值占工业总产值比重	40.2%	>43%	>45%	>61%

注：美国在 2008 年研发投入占 GDP 比重达到 2.82%。2020 年、2030 年指标值是《中共广东省委广东省人民政府关于加快建设创新驱动发展先行省的意见》（粤发〔2015〕10 号）提出的战略目标。

（一）成为具有全球影响力的科技产业创新中心

1. 进入创新型地区先进行列

从国家和省发展战略看，2016 年中共中央、国务院印发《国家创新驱动发展战略纲要》，提出到 2030 年跻身创新型国家前列。广东作为国家创新能力领先地区，省委、省政府在《关于加快建设创新驱动发展先行省的实施意见》中提出，到 2030 年，实现向创新型经济强省转型，建成以创新为主要引领和支撑的经济体系和发展模式，进入创新型地区先进行列。其中，广州市将建设成为国际创新专业人才培养基地、华南科技创新中心和珠三角创新发展主引擎，深圳市将建设成为科技体制改革先行区、开放创新引领区、创新创业示范区和具有世界影响力的国际创新中心。珠三角地区将建设成为全球重要的高端产业基地，成为高端电子信息、智能制造、互联网经济、生物医药、新能源等产业集聚创新区，珠江东岸将形成具有全球竞争力的电子信息产业带，珠江西岸将形成先进装备制造产业带。而粤东西北地区将拥有较为完善的交通、信息网络等基础设施，在海洋经济、现代农业、生物育种、新型工业化等领域实现跨越式发展。《"十三五"广东科技创新规划》提出，到 2020 年，国家科技产业创新中心基本建成，培育起一批具有国际竞争力的创新型企业和产业集群，全省主要创新指标达到或超过世界创新型国家平均水平。

从广东创新发展的现实情况看，广东具有实现宏伟蓝图的较好条件。从近几年 2ThinkNow 对全球城市创新指数评估结果看，广东的创新城市数量和重要性在国内居于前列。如表 3 – 11 所示，目前中国有 3 个关键纽带型城市：北京、上海和香港；有 2 个枢纽型城市，广东的深圳和广州。与

2012～2013年相比，广东的城市进步很快，除了东莞和珠海，佛山、中山也成为节点型城市，汕头则成为创新潜力较强的城市。2017年，国家将粤港澳大湾区建设上升为国家战略，这对于广东的创新发展无疑是极大的利好消息。"粤港澳大湾区"世界级城市群由"9＋2"城市组成，即珠三角9市和香港、澳门特别行政区，拥有1个关键纽带型城市，2个枢纽型城市，5个节点型城市。"广州－深圳－香港"是粤港澳大湾区世界级城市群的脊梁，而广佛同城、深莞惠一体化、深汕河合作、港珠澳的联通，都围绕这个湾区展开。2016年，粤港澳大湾区经济总量近1.4万亿美元。从世界角度看，广东各城市GDP，2015年广州追赶新加坡，深圳赶超香港，佛山直追欧洲名城阿姆斯特丹，东莞超越"赌城"拉斯维加斯，中山与日内瓦、江门与爱丁堡并驾齐驱，弯道超车的肇庆与"工业革命重镇"利物浦相当。粤港澳大湾区将成为能够与东京湾区、纽约湾区、旧金山湾区相媲美的全球第四大湾区，成为在全球具有重要影响力的创新高地。

表3–11　2ThinkNow对中国部分省（市）创新指数评估结果

省（市）	2012～2013年			2016～2017年			
	关键纽带型	枢纽型	节点型	关键纽带型	枢纽型	节点型	崛起者
北京	—	是	—	是	—	—	—
天津	—	—	是	—	—	是	—
上海	是	—	—	是	—	—	—
江苏	无	无	—	无	无	南京、苏州、无锡、扬州、南通	无
浙江	无	杭州	无	无	无	杭州、宁波、温州	—
广东	无	深圳	东莞、广州、珠海	无	深圳、广州	东莞、珠海、佛山、中山	汕头
香港	是	—	—	是	—	—	—
澳门	—	—	是	—	—	是	—

2. 主要创新指标达到国际先进水平

（1）2035年研发投入强度有望超过4%

2006～2015年，全省研发投入强度呈现快速增长态势，由1.19%上升至2.47%，年均增长0.128个百分点。由于研发强度具有逻辑曲线规律，2012年以后，广东R&D投入强度逐步进入中低速发展时期①，我们考虑采用二次曲线趋势外推模型。预计2035年广东研发投入强度达到4%。若广东在"十四五"和"十五五"时期经济增速进一步放缓，研发投入强度的增速则可能相对较快，因此可考虑使用线性预测模型。综合比较两种模型，广东研发投入强度2035年预计达到4.2%。

（2）研发人员密度预计可达100人年/万人

2006～2015年，广东研发人员密度（每万人口中R&D人员全时当量）从15.81人年/万人提高至46.24人年/万人，增长了1.92倍，年均增速达12.67%，在R&D人员总量领先全国的同时，R&D人员密度也位居全国前列。从历史时期看，该项指标从2005至2012年持续保持快速增长态势，年均增速达到16.65%，从2012年至2015年，该项指标则呈下降态势，使2015年研发人员密度水平甚至低于2012年水平。

考虑到2015～2035年，广东劳动力人口增速将比"十一五""十二五"时期有所放缓，R&D人员增长可能有所放缓（2014～2015年R&D人员总量已有下滑），可采用幂函数模型。若考虑到广东未来实现发展动力向创新驱动的转变，企业对创新的需求持续提高，R&D人员保持较快增长，则考虑研发人员密度指标预测采用线性模型。两相比较，预计2035年广东研发人员密度可达100人年/万人左右。

（3）万人发明专利拥有量翻两番

2006～2016年，广东万人发明专利拥有量从0.77件迅速增长至15.32件，年均增速达34.88%，但增速从2010年的61.42%逐步下降至2016年的19.66%。选用曲线拟合程度高的二次曲线模型对该指标进行预测，2035年广东万人发明专利拥有量将超过70件，远超《关于加快建设创新驱动发展先行省的实施意见》中提出的2030年达到25件/万人的目标，与2016年末深圳水平（80.1件/万人②）和北京水平（76.8件/万人）相当。

（二）产业创新发展趋势判断

根据技术路线图方法，结合《"十三五"广东省科技创新规划》《广

---

① 一般认为，1%～2%的时期为R&D投入强度的快速增长期（广东对应时期为2004～2011年）。

② 深圳市市场监管局：《2016年知识产权发展状况白皮书》。

东省智能制造发展规划（2015—2025 年）》《广东省先进制造业发展"十三五"规划》《广东省工业优势传统产业转型升级"十三五"规划》《广东省现代服务业发展"十三五"规划》《广东省建筑产业"十三五"发展规划纲要》等，我们预计从当前至 2035 年，广东产业创新将呈现"颠覆式"创新和"渐进式"创新并行的特点，产业内的技术换代、产业间的技术更替，新产业的崛起是这个时期产业创新的重要特质。高新技术产业对工业的带动作用显著增强，高新技术产品占工业产值的比重 2035 年预计超过 61%。在珠江东岸高度集聚的新一代电子信息产业竞争力有望领跑全球。珠江西岸将成为以装备制造业为代表的全球先进制造业集聚重地。传统优势制造业将在消费升级带动下，借助科技创新、商业模式创新不断提升在全球价值链中的地位。

1. 基于新一代电子信息技术的高新技术产业领跑全球

（1）新一代信息技术：主要领域接近或达到世界先进水平

信息产业是广东的优势产业，部分技术领域已接近或达到世界先进水平。如在通信技术、平板显示技术方面，广东总体已接近世界先进水平；在移动互联网、高性能计算等领域，广东目前已基本达到世界先进水平。但在集成电路技术、基础软件技术、信息安全技术、新型通信设备技术等方面，广东与世界先进水平仍存在相当的技术差距。在研发方面，广东拥有 5 所工信部专业院校、7 所中电集团专业院所，也拥有中山大学等高校以及全国著名高校如清华大学在广东的合作研究机构，还拥有华为、腾讯等世界级 IT 创新型企业，产业整体研发实力处于国内领先水平和全球 IT 创新的第二梯队。在基础设施方面，广东的光纤、3G/4G 网络，无线城市（Wi-Fi）覆盖、出口带宽和云数据中心等信息基础资源全国领先，总体接近世界先进水平。国家超算广州中心、深圳超算中心，华为、腾讯大规模开放云服务平台等技术设施基本达到世界先进水平。

至 2035 年，广东在新一代信息技术领域的自主创新能力进一步增强，技术自主度进一步提高。关键电子元器件和关键光电元器件、新一代无线宽带通信技术、大数据与云计算技术、制造物联网、移动互联网、通信设备、新兴显示、基础软件等技术领域预计 2020～2025 年将陆续取得较大的技术突破，至 2035 年主要技术实现产业化，达到或接近世界先进水平，参见表 3－12。

表 3 - 12　电子信息领域可能的技术突破

技术领域	2035 年前可能实现产业化的技术突破
集成电路及光电元器件	芯片设计：多核 SoC 芯片设计技术、高吞吐量低功耗服务器 CPU、超低功耗嵌入式 CPU 设计技术、高精度卫星导航定位与授时芯片设计技术 芯片制造：倒装焊（FC）、BGA、芯片级封装（CPS）、多芯片封装（MCP）技术 材料技术：Fan out、SiP、2.5D/3D、第三代半导体器件的关键材料
大数据和云计算技术	系统构建技术：大数据采集和融合技术、大数据开放标准体系和接口技术、大数据存储与组织管理技术 数据分析与应用技术：大数据可视化展示技术、大数据智能分析和数据挖掘技术、大数据技术在数值风洞、大气、海洋、天体、化学、电磁、材料、生物信息、智慧医疗、能源等领域应用型技术 数据计算技术：大数据分布式处理架构和并行计算技术、内存与闪存计算技术、绿色计算技术、大规模并行变成模型和算法框架技术
移动互联网和物联网	通信和网络传输技术：5G 通信技术、基于 SDN/NFV 的新兴网络技术，超高频无线传输及低功耗物联网等互联技术、水下通信技术 网络组织技术：移动智能感知和传感器网络、可穿戴产品组网技术、量子通信技术等；Web（HTML5）操作系统、多屏融合、可穿戴产品技术、车联网环境感知技术、高精度定位移动安全和认证、移动增强虚拟现实和 3D 展现、应用开发工具和检测工具等。实现示范应用或规模化应用
基础软件技术和信息安全技术	基础软件技术：核心技术具有自主知识产权的行业核心软件技术、软件基础设计平台、嵌入式软件技术、工业控制操作系统、大型复杂系统仿真软件、高性能工业设计软件、企业智能调度管理系统、通信实时嵌入式操作系统与数据库、智能终端操作系统 安全技术：具有自主知识产权的云环境安全与可靠性技术、数据安全和隐私保护关键技术、基于国密算法的可信计算技术和可信操作系统、基于国密算法的高速密码芯片、实时大规模分布式的网络行为安全监管技术、安全控制系统和信息系统安全防护产品
新型平板显示技术	基础材料制备工艺：低温多晶硅、氧化物背板工艺大规模生产技术、有机发光材料制备 核心元器件与设备：靶材、偏光片、驱动芯片、光刻设备和检测设备的制造技术 显示面板制造：核心技术具有自主知识产权的 10 代以上 TFT - LED 显示屏面板生产工艺、8.5 代以上 OLED 面板生产工艺、TFT 技术基础的新兴印刷显示技术
通信与导航设备	导航装备：具有自主知识产权的北斗卫星导航系统及终端应用软硬件、水下定位导航系统 通信设备：集中式和分布式的大规模天线阵列、毫米波通信设备、水下声学和光学通信设备、Tbite 级光传输技术、高端路由器与交换机、智能穿戴设备

（2）生物医药技术：基因技术和恶性疾病诊疗技术达到国际领先水平

广东是全国生物医药产业的主要基地之一，产值、利税等主要产业经济指标在全国处于先进地位甚至领先地位。在技术创新方面，尽管广东错过了 2000～2010 年国外生物医药产业向中国技术转移（FDI 形式为主）的浪潮，但广东在生物药和医疗器械方面，凭借着优秀的自主创新企业和良好的创新基础设施，仍具有较强的优势。在基因工程领域，得益于华大基因、达安基因等国内领先、国际先进企业，广东基因生物技术长期领跑全国，上市基因生物工程药物约占全国半数，拥有两家全国顶级基因检测公司。医疗器械（生物医学工程）领域则是广东具有技术优势的另一个重要产业，其中核磁共振成像装置、介入疗法导管、遥控后装机、X 刀等产品接近国际同类产品先进水平，伽马刀技术则处于国际领先水平。此外，由于拥有独特的岭南中药材资源优势和庞大的中成药市场，广东中成药技术在全国也处先进水平，中药提取分离技术、活性筛查、指纹图谱质控、转基因中药育种等技术在全国处于领先或先进水平。

至 2035 年，受益于中子散裂源、加速器驱动嬗变研究装置和强流重离子加速器等三个大科学工程在东莞、惠州的落户和运营，广东在癌症诊疗设备、肿瘤药物开发等生物医药的前沿技术领域的技术水平与世界领先水平的差距将迅速缩短，癌症放疗技术将达到国际领先水平。同时，随着广东基因生物技术的快速进步，广东在基因技术基础的生物药物领域将达到国际先进水平甚至领先水平。

表 3－13　生物医药技术领域可能的技术突破

技术领域	2035 年前可能实现产业化的技术突破
干细胞和转基因技术	药物技术：干细胞规模化生产和品控技术、基因工程多肽药物、重组蛋白药物、抗体药物 疫苗技术：联合疫苗、治疗性疫苗、重组疫苗 其他技术：基于基因编辑技术的药物筛选技术、基于干细胞和组织工程和转基因技术的细胞疗法与药物、组织器官再造技术
诊疗设备与技术	诊疗技术：可穿戴医学传感技术和信号处理技术、生物反馈和物理康复技术、医学导航技术、电外科手术技术、数字化医疗和远程医疗技术 诊疗装备技术：高场快速核磁共振成像技术、高分辨磁兼容正电子断层成像（PRT）技术、多功能医学超声技术、基于核技术的肿瘤放射治疗装置技术、基于核技术的高性能医学影像设备技术、高性能光学和声学无创诊疗设备、复合内窥镜、植介入器械、医用机器人 检测分析技术：基因测序仪、全自动生化检测设备、全自动化学发光免疫分析技术

技术领域	2035年前可能实现产业化的技术突破
创新药物技术	抗体大规模动物细胞培养和制备技术、微生物药物品种创制技术、高通量全人源单克隆抗体分离技术、细胞治疗技术、创新药物开发设计过程管理与风控技术、非临床评价、安全性评价技术、药代动力学技术
现代化中药技术	岭南多发重大疾病的中草药物开发；岭南特色中草药和中成药的研发与制造工艺、岭南道地药材为基础的中药新药品种、药食同源重要品种、中药材初加工技术和工艺装备、中药现代剂型的工艺技术和装备、单元制药技术及配套设备，高效、微量、准确、快速的重要活性成分鉴定、评价体系
生物资源开发技术	动植物良种选育技术、生物源药品和保健品的动物疫苗、兽用诊断试剂、现代酶技术、微生物固态发酵技术、深层发酵技术、海洋生物医药技术

在科技创新水平大踏步前进的同时，生物医药产业在广东高新技术产业结构中比重也将持续上升。从固定资产投资看，广东在"十二五"期间显著加强了生物医药产业的投资和发展，2015年生物医药产业固定资产投资占高技术产业的比重达11.46%，比2011年提高了2.46个百分点。到2035年，广东生物医药产业在大规模投资的拉动下，在高技术产业所占比重将提高至20%以上。

（3）新材料技术：对重点和主导产业形成有效技术支撑

长期以来，广东新材料技术的优势与主导产业的技术需求密不可分。广东新材料研发实力与国际差距最小，半导体照明材料、新型光电显示材料与器件、新型电子元器件、薄膜太阳能电池材料和绿色二次电池材料为国内领先，这与广东主导产业——电子信息产业的巨大产业技术需求紧密相连。同时，受益于有色金属加工、建材等行业在国内的产业优势，广东在高性能纤维制备、高强韧热塑基纤维及其复合材料、高温合金、高性能轻合金材料等技术领域拥有较大的国内技术优势。"十二五"时期，深圳光启、乌克兰国家科学院、乌克兰巴顿焊接研究院等技术优势企业和机构的落户与合作，迅速提高了广东在超材料，金属化合物、金属复合材料等领域的技术实力。

至2035年，随着广东信息产业、生物医药产业、新能源产业等主导产业的快速发展，广东新材料技术将在先进印刷显示材料、特种功能材料、稀土和纳米材料、新型电子材料、高性能动力和储能材料、高性能复合材料、生物医用材料等方面取得巨大进展，为广东发展信息产业、生物医药产业和新能源产业提供技术支撑。

表 3 – 14 新材料技术领域可能的技术突破

技术支撑行业	2035 年前可能实现产业化的技术突破
信息产业相关材料技术	先进印刷显示材料满足可穿戴设备商业化应用的 TFT 材料技术、柔性印刷显示材料、高性能印刷 OLED 显示材料和关键界面材料、高性能 QLED 显示材料 新兴电子材料：高迁移率有机/高分子材料、大功率 LED 材料、可穿戴柔性传感材料、特种光纤材料、封装和散热材料、高性能电子敏感陶瓷材料、用于高性能精细无源电子元件的关键材料、高载流子迁移率的二维半导体院子晶体材料、光电纳米材料
生物医药产业相关材料技术	生物组织工程材料：人工器官、高生物活性功能性组织修复材料，对细胞、组织和器官进行替换修复或诱导再生的生物材料，高端生物医院耗材（如氟化生物骨源性骨替材料） 特殊功能的医用材料：可 3D 打印的生物医用材料、可降解生物材料、智能生物材料、生物医用纳米材料
新能源产业相关材料技术	高性能动力和储能电池材料：先进锂电池材料、动力锂电池材料、双离子电池材料、超级电容器、锂硫电池材料、金属 - 空气电池材料、燃料电池材料、液流电池材料；石墨烯技术、高性能光电催化材料、薄膜太阳能电池材料
产业通用或其他产业相关材料技术	特种功能材料：热超导材料、超导材料、智能材料和超材料、传感材料、非晶纳米晶合金材料、特种铝合金 稀土和纳米材料：稀土磁性材料、稀土功能助剂、纳米粉体材料、纳米硬质合金材料、纳米量子点、纳米涂层材料、纳米膜材料

（4）新能源技术领域：多领域技术突破保障广东能源安全

广东是全国新能源技术应用的重要基地。核能、风能的技术应用和装备技术在全国处于先进地位，但与国际先进水平差距较大。

至 2035 年，在风能方面，广东省风电设备制造和风电场运营在国内的领先地位得到巩固和提高。在生物质能方面，生物燃气、生物柴油、燃料乙醇、替代燃料、垃圾资源化等关键技术链基本完善，形成一批自主知识产权，建立国内领先、国际先进的产业化示范工程。在地热能方面，建立了适应广东省经济社会发展的地热资源勘查、开发、利用和监督管理的新体制；构建资源有序开发、经济持续发展和生态环境友好的地热能开发利用格局和产业结构，实现全省地热能产业发展的绿色化、低碳化和可持续化。在海洋能方面，突破波浪能技术瓶颈，研发远海开发和国防所需要的波浪能发电与海水淡化设备以及波浪能海洋仪器，形成相应的产业链。在核电方面，主流压水堆和新型快堆技术的安全性得到较大提高。在智能电网方面，柔性接入、分布式控制的电网技术得以应用。

表 3 - 15　新能源领域可能的技术突破

技术领域	2035 年前可能实现产业化的技术突破
太阳能	高效晶硅电池技术、柔性薄膜电池技术、聚光光伏技术、钙钛矿太阳能电池、高温高湿高盐晶硅光伏组件封装技术、分布式光伏发电集成技术、10 兆瓦以上光伏发电和组网技术
风能	发电机、控制系统等关键部件实现国产化、自主知识产权化、多兆瓦级大型风电机组的自主设计和制造、海上风电场电气系统的设计和运行、海上风电场低电压穿越技术、风电优化调度技术
生物质能	生物燃气、生物柴油、燃料乙醇、生物质直燃、合成燃料和化学品、直燃锅炉高效低污燃烧技术和受热面防腐技术
地热能	地热规模化发电技术、中低温余热发电技术、中高温地热热泵技术、低温地热制冷技术
海洋能	高效波浪能转换技术、海岛可再生能源发电及综合利用技术、波浪能发电技术
核电技术	主流压水堆和新型快堆在严重事故下的核应急与响应技术、核探测技术、耐事故的新型燃料和新型包壳材料、可模拟严重事故的集成仿真软件、模块化小型堆的设计、建造；第四代核反应堆技术（气冷快堆、铅合金液态金属快堆、熔盐反应堆、液态钠快堆、超临界水冷堆、超高温气冷堆）
智能电网技术	分布式电源接入技术和控制技术、微电网技术、智慧能源技术、鲁棒控制技术、需求侧能源管理技术

2. 先进制造领域在核心技术获取和应用方面国内领先

（1）装备制造领域：重点领域实现需求牵引型的技术突破

广东是国内装备制造业的后起之秀，在新能源汽车、北斗卫星应用等方面具有一定技术优势；在船舶、海工、传统汽车、节能环保装备等方面处于中上游水平；除无人机以外，在航空航天领域处于技术劣势。

至 2035 年，在新能源汽车、海洋工程、节能环保、卫星技术等领域的巨大需求牵引下，广东这四个方面的装备技术将得到快速发展，自主创新能力明显增强。

表 3 - 16 装备领域可能的技术突破

技术领域	2035 年前可能实现产业化的技术突破
汽车制造	自主品牌汽车整车、新能源汽车和冷链运输等专用车等的产品创新快速发展,智能驾驶汽车、无线充电等前沿技术和新能源汽车关键零部件(电池、电机、电控系统等)等重要技术有所突破,大功率快速充电桩等技术基础设施得以普及。氢燃料电池技术和氢能源电池汽车完成关键技术突破和产业化
船舶与海洋工程装备	深海探测、资源开发利用、海上作业保障等装备及其关键系统和专用设备、突破高端船舶设计建造技术,配套设备集成化、智能化、模块化设计制造核心技术
节能环保装备	节能锅炉窑炉装备、中央空调节能控制技术设备、余热发电装备、节能工作母机、工业三废处理装备、生活污水处理装备、生活垃圾智能分选和处理装备等高端节能环保装备
航空装备	公务机、直升机等通用飞机,水上飞机、无人机、地效飞行器等特种飞行器,机场空管导航监视装备和机场地勤设备等关联产业设备,通用航空发动机、航空虚拟仿真系统和航空通信装备
卫星装备	国产高精度北斗卫星芯片、高精度测量型天线、高精度卫星定位产品,基于北斗卫星系统空间基准授时、高分辨率高光谱遥感图像处理及应用技术、空间信息三维显示等技术装备

（2）智能制造技术：迈向智能制造国际产业集聚区

根据《广东省智能制造发展规划（2015—2025 年）》,广东制造业将在 2025 年后全面进入智能化制造阶段,安全可控的智能技术产品配套能力和信息化服务能力明显增强,建成全国智能制造发展示范引领区和具有国际竞争力的智能制造产业集聚区。

以这样的规划目标为依据,至 2035 年,广东将在智能制造的核心基础部件、传感器与仪器仪表、基础软件、嵌入式工业芯片和智能制造装备等五个方面取得技术突破和重要产品的产业化,从而实现智能制造产业的跨越式发展。

表 3 - 17 智能制造领域可能的技术突破

技术领域	2035 年前可能实现产业化的技术突破
核心基础部件	伺服电机及驱动器、智能控制器、精密减速器、高速精密传动装置、控制系统、重载精密轴承、高性能液压/气动/密封件、大型铸锻件等基础件和通用部件,研发一批高性能、高可靠性的关键基础部件和功能部件产品

技术领域	2035年前可能实现产业化的技术突破
智能传感器与仪器仪表	新型传感器、微机电传感器、自检校自诊断自补偿传感器，以及工业自动化环境下的温度、压力、流量等传感器，研发高灵敏度、高环境适应性、高可靠性的智能仪器仪表
高速高精制造工艺与技术	有利于提高产品可靠性、性能一致性稳定性的先进制造工艺和有利于节能减排质量安全的绿色制造工艺，发展工程化微米、亚微米加工工艺和封装技术、微纳制造技术、先进激光技术
制造业基础软件	制造业核心软件和基础设计平台，加强开发嵌入式软件、工业控制操作系统、大型复杂系统仿真软件、安全控制系统和安全防护产品
智能制造装备	传感器、自动控制系统、工业机器人、伺服和执行部件等智能装置研发和产业化，高精密数控机床、工作母机等重大设备和智能化生产线、智能工厂，人工智能与机器人技术深度融合，互联网技术和智能感知、模式识别、智能分析、智能控制等智能技术在机器人领域的深入应用

（3）石化制造领域：实现传统技术向中高端技术的转型

石化工业是广东工业的重要支柱之一，其创新水平基本与全国持平，但落后于国际先进水平。由于石化工业的产业技术周期处于较为稳定的"专业化时期"，至2035年，石化工业的快速技术变革出现的概率较低。因此，石化工业2035年主要完成的是工艺创新——传统制造技术向中高端技术的转型升级。

表3-18　石化制造领域可能的技术突破

技术领域	2035年前可能实现产业化的技术突破
有机原料	炼油乙烯技术项目实现一体化、集约化、基地化、多联产模式。大型炼化一体化的技术组织模式在行业内普及，有机原料、日用化工原料和高附加值中间原料产品的核心技术有所突破，有机原料品种自给率和生产效益得到提高
精细化工	合成橡胶、工程塑料、可降解材料、高纯电子化学品、生态农药、高性能表面活性剂、高效水处理化学品、环保型塑料橡胶助剂、高效水泥处理剂等高附加值精细化工产品等得到快速发展，对低端精细化工产品实现产品换代

3. 传统优势制造业实现持续产品创新、工艺创新和绿色创新

（1）纺织服装制造技术：趋向工艺深化和环保提升

纺织服装产业是广东传统产业的中坚力量，在后金融危机时代（"十二五"前期）是工业保持稳定增长的中流砥柱之一。"十二五"期末，纺织服装产业在全国的市场占有率提高至 20.7%，居全国前列。由于纺织服装产业是典型的长尾行业，产业主导技术出现巨大变革的概率十分微小。纺织服装产业未来的主要技术进步将集中在材料、装备、工艺、自动化与智能化等方面。同时，由于环境容量的有限性和发展空间的有限性，未来纺织服装产业污染较大的后整理环节和废弃料、液的处理也将是产业发展的重要技术方向。2035 年广东纺织服装制造技术可能的技术进展规参见表 3－19。

表 3－19　纺织服装领域可能的技术突破

技术领域	2035 年前可能实现产业化的技术突破
面料技术	差别化、高性能、生态与功能性纺织新材料及制品，发展符合生态、资源综合利用与环保要求的特种动物纤维、麻纤维、竹原纤维、桑柞茧丝、彩色棉花、彩色桑蚕丝类天然纤维的加工技术与产品
装备技术	高性能纺纱和织造设备、新型非织造成套设备、服装与家纺用智能控制生产设备，冷轧堆、低温染色、涂料连续扎染、气流染色、数码印花等少水无水的染整和功能整理加工设备等节能环保与智能高速设备，在印染、洗水后整理等纺织行业推广应用智能机械人
工艺技术	高附加值的花式线纺纱技术和高支精梳纺纱技术，以及高档有特色的针织面料和梭织面料生产技术
后整理技术	生物精练、低温染色、低浴比染色、一浴法等短流程、节水、降耗、节能的新型染整、环保功能性整理等清洁生产技术与工艺
环保技术	纺织废气、废水、固态污染物处理与回用、回收染料和碱、余热应用及废旧纺织品循环回收利用等新技术与新工艺
自动化技术和智能化技术	生产过程自动在线监测及自动配送系统、企业资源计划管理系统（ERP）、计算机辅助制造系统（CAM）、计算机辅助设计系统（CAD）、纺织供应仓管理、储配送系统（SCM），以及大规模定制技术与服装、家纺企业信息化制造集成系统、三维人体数据测量、三维服装设计、智能裁缝等智能化纺织加工技术和计算机辅助系统

（2）食品饮料制造领域：趋向产品创新和装备创新

食品饮料是广东具有优势的传统产业之一，全国市场占有率约为 15.9%。从技术水平看，广东食品饮料行业创新能力在全国位居前列：珠江啤酒、海天酱油等都是业内应用新技术、开发新产品的先锋。凉茶成功申遗超常规发展更创造了国际饮料史上的一个奇迹。从产业技术发展规律看，食品饮料产业的核心技术稳定，但同技术的产品嫁接创意设计可形成持续短周期的产品创新。例如锐奥的 RIO 预调鸡尾酒的快速兴起。广东食品饮料行业 2035 年预计实现如表 3 - 20 所示的技术和产品创新。

表 3 - 20　食品饮料制造领域可能的技术突破

技术领域	2035 年前可能实现产业化的技术突破
食品饮料深加工技术	营养健康型米面制品、杂粮制品、肉制品、水产制品、山茶油深加工及综合开发；传统凉茶饮料、果汁、谷物饮料、本草饮料、茶浓缩液、茶粉、植物蛋白饮料等高附加值植物饮料和精深加工制品
食品添加剂技术	新型、安全、高效食品添加剂及功能性食品配料产品开发与应用技术，以及绿色制糖技术与低 GI 糖产品；天然食品添加剂、天然香料制造技术
食品饮料装备技术	高效节能环保啤酒灌装及软包装生产线、方便食品生产成套设备、杂粮加工专用设备等自动化、数字化、网络化、智能化的冷链食品、饮料、酒类加工与包装设备/流水线
食品饮料保鲜技术	米面制品、杂粮、中餐菜肴、豆制品、肉制品、水产制品等食品风味保持技术、货架期延长技术及工艺流程标准化等技术
发酵工艺技术	超高压处理、超临界提取、超速冷冻、超微粉碎、超高温瞬时杀菌、膜分离、分子蒸馏，以及发酵行业加强新型菌种选育和改造、发酵过程优化、现代分离提取等高新加工技术和工艺
食品安全技术	食品安全可追溯系统、数据采集、信息化管理和检验检测技术

（3）建筑材料领域：趋向基础材料制造的高技术化

广东建筑材料领域在全国经济规模不占优势，但产业技术创新仍存在一定的优势，如家装陶瓷领域，广东在产业技术、环保技术、装备技术等方面已位居全球前列。总体来看，至 2035 年，广东建材的创新仍主要集中在水泥、玻璃、石材等基础建筑材料方面，同时在建筑技术和家装技术方面也会取得进展。具体技术预测结论如表 3 - 21 所示。

表 3 - 21　建筑材料领域可能的技术突破

技术领域	2035 年前可能实现产业化的技术突破
水泥建筑材料	生料粉磨系统的立式磨或辊压机终粉磨系统、水泥粉磨采用辊压机与球磨机组合的粉磨系统或立式磨、多功能助磨剂，水泥窑低温余热发电、高效箅冷机、高效除尘、低噪设备和降噪设施，推广高效电机、高效烟气脱硫脱硝工艺、大宗工业废弃物环保综合利用技术、可燃废弃物替代燃料环保技术、低品位石灰石综合利用技术

续表

技术领域	2035 年前可能实现产业化的技术突破
建材预制技术	高性能混凝土，利用尾矿、建筑垃圾等废物生产混凝土或砂浆，发展预拌砂浆和功能型砂浆、水泥混凝土建筑构件和工程预制件，集成拼装式预制建筑梁柱，水泥复合多功能保温墙体和屋面，功能性水泥部品构件等，以及轻质混凝土、泡沫混凝土等节能型水泥基材料及制品
玻璃制品领域	低辐射镀膜等建筑节能玻璃、太阳能光伏玻璃、智能玻璃，以及具有节能、防火、安全、降噪等功能的玻璃及其制品，推广应用全氧、富氧燃烧及辅助电熔技术，玻璃熔窑节能及余热利用技术，以及玻璃熔窑废气高效脱硝技术
新型墙体材料技术	安全环保、高保温阻燃防火外墙保温材料、轻质节能墙体材料和屋面材料，支持利用建筑垃圾等废物生产新型墙体材料，利用秸秆等废弃物生产新型板材
石材建筑材料	无机人造石材、异型石材、工艺石材、玉石加工，石材晶面机、墙体石材磨抛机、石材串珠锯、石材加工成套机械的数控化智能化，石材超薄板、无机复合石材，新型石材干挂技术等石材养护新技术以及空气净化、自洁、抗菌等功能型石材技术
环保家装材料	新型防水剂、补强增强剂等修补加固材料，自粘型防水卷材、高性能合成高分子防水卷材、改性沥青防水卷材、屋面用抗根穿刺防水材料及防水保温一体化产品，柔性太阳能薄膜防水卷材，聚氨酯、聚脲类防水涂层、聚合物乳液类防水涂料和玻纤胎沥青瓦等，阻燃隔热等多功能建筑防水材料，绝热降噪隔音材料、环保型装饰装修材料、新型木塑复合材料、环保型混凝土外加剂及胶粘剂等高性能新型建筑材料
新兴建材的提纯与应用技术	非金属矿物节能超细粉磨、粒度分级、干法粉碎及干法提纯、微波活化及微波干燥、低温（节能）煅烧纯化技术、矿物高纯化、表面改性/改型、复合、纳米材料制备等深加工技术。高技术陶瓷、轻质薄型建筑陶瓷、高端及多功能建筑陶瓷、高端卫生陶瓷、高端日用陶瓷和工艺美术陶瓷产品。利用陶瓷废渣生产的轻质保温装饰砖、透水砖、保温隔热与装饰复合型集成式多功能产品、建筑装饰装修产品
新型陶瓷材料与制造技术	陶瓷砖减薄工艺技术和装备，薄形建筑陶瓷砖（板）生产及应用配套，原料均化、干法生产、节能窑炉及连续式球磨等先进节能技术和装备，以及自动检测、自动包装等建筑陶瓷机械化和智能化装备。日用陶瓷自动冲压、等静压成型、连续自动成型等技术和装备，自动雕刻、真空镀钛等装饰技术和装备。应用于工业、医学、电子、航空航天等领域的特种陶瓷生产技术及装备。新型高效煤气化（自）净化技术和装备，高效收尘、脱硫、脱硝技术与装备，窑炉和电机信息化。窑炉节能及余热利用，废瓷综合利用，陶瓷窑炉废气污染物减排技术

（4）家用电器制造领域：趋向智能化和绿色化

家电行业在广东传统产业中规模最大、技术优势最大，市场占有率领跑全国。"十二五"期末，家电产业市场占有率达到 17.7%。在技术方面，格力、美的、TCL、创维、奇美等广东厂商和投资广东的国内外大企业持续推动家电产业的更新换代。预计 2035 年前，广东将完成智能家电、新能源机电、嵌入式家电的技术革命，在产业环保方面也将取得较大进展。2035年广东家电产业将实现如下技术突破（表3－22）。

表3－22　家电制造领域可能的技术突破

技术领域	2035年前可能实现产业化的技术突破
智能家电技术	智能节能型家电、以物联网为核心技术的智能家电、新能源家电、特殊用途家电、嵌入式家电与集成式用电等新产品。家电制造高端成套装备和生产线中的物联网、智能控制、工业机器人等技术；节能、环保、变频、新型、智能、新冷媒等绿色制造技术和工艺
空调技术	变频控制模块和芯片、高效环保压缩机和变频压缩机、直流电机、空气源热泵、高可靠性线路板和高性能换热器等关键零部件
环保技术	节材、易拆解可回收和有毒有害材料替代，改造提升冲压、注塑、喷涂、焊接等高耗能重污染环节技术与装备
检测技术	智能家居设计与制造、家电型式试验设备运行过程的节能技术、家电在线检测系统节能技术和家电工厂能源管理技术

（5）家具制造领域：趋向技术密集型和环境友好型

广东家具制造市场占有率高达22.7%，是广东优势传统产业中领跑全国的重要产业。一方面，从技术特点上看，家具制造技术更新换代慢，但由于与民生密切相关，因此其技术创新趋势主要集中在人居的环保方面。另一方面，劳动力成本的上升迫使家具制造业向技术密集型转变，大量应用自动化设备和机器人也是未来的技术重要趋势。

表3－23　家具制造领域可能的技术突破

技术领域	2035年前可能实现产业化的技术突破
家具新产品设计与制造技术	环保节材型家具、新中式家具、全屋定制板式家具、智能化家具、多功能家具、环保儿童家具、保健养老家具、竹材家具、竹藤家具、竹藤精深加工产品、竹副产品，以及优质家具五金配件、构件
家具环保技术	家具涂装工艺及环保设施、金属家具静电粉末喷涂工艺及设备，推广应用水性涂料涂装工艺及设备、木家具静电喷涂工艺及设备，支持水性涂料公共喷漆房平台建设
家具智能化制造技术	数控设备、加工中心、柔性自动化生产线、喷涂机器人、焊接机器人等先进制造设备，中央除尘等大型环保设施，支持应用国产优质家具生产设备、家具五金自动化生产线、先进家具生产软件

（6）金属制品制造领域：趋向高性能材料和装备技术

广东金属制品产业在全国市场占有率达 14.4%，是全国重要的材料制造基地。从技术特征看，广东金属制品主要集中于五金、铝合金、钢结构等领域。各领域的关键是制造工艺的进步。具体技术趋势如表 3 – 24 所示。

表 3 – 24　金属制品领域可能的技术突破

技术领域	2035 年前可能实现产业化的技术突破
高性能材料	高性能建筑外围护结构材料与部件、高档五金配件及新型管材、智能建筑产品与设备、高附加值特种性能金属丝绳制品
智能装备技术	先进高精度锻压工艺及设备、压铸工艺及设备、数控机加工设备和热处理设备；大型、复杂冲压件的智能化生产线，以及金属成形、金属与塑料复合成型的智能化生产系统
新型铝合金技术	铝合金型材表面处理工艺的低毒低害技术、低温燃烧技术、强制换热技术、有线/无线遥控技术、网络控制、户外机型防冻等先进技术
新型钢结构技术	钢结构大跨度、抗震、防腐、防火技术和高层结构、空间结构等技术

（7）轻工造纸制造领域：趋向可回收利用技术和新技术应用

在广东传统工业中，轻工造纸行业技术更新缓慢、环保压力巨大，规模和技术都不具有优势。至 2035 年，广东轻工造纸将以环保优化为核心理念，由需求引导，向可回收技术和面向高质量的新技术转变。

表 3 – 25　轻工造纸领域可能的技术突破

技术领域	2035 年前可能实现产业化的技术突破
新型高附加值纸品	高档办公用纸、文化用纸、生活用纸、包装纸和纸板以及特种用纸等纸品
可回收利用技术	废纸清洁制浆造纸技术、废纸制浆造纸废水和污泥高效处理和资源化利用技术。高效黑液提取、碱回收和废液资源化利用等非木材植物纤维清洁制浆技术
造纸新工艺	造纸过程能量评估技术，高效节能打浆、压榨和干燥技术与装备，基于造纸产业的生物质精炼技术
印刷包装新技术	印刷包装行业中材料、产品检测设备；激光全息、条码、电子标签（电子监管码）等高技术；设计、装潢和彩色印刷一体化的生产技术、印前数字技术、网络技术以及印后新技术

（8）中成药制造领域：趋向中药成药化

广东中成药是具有显著地方特色和民族特色的产业，是岭南中医药流派的重要承载。随着生物技术对中医药的渗透，中医药由处方药材向成药转变的趋势更为明显，"十二五"时期中药创新药物层出不穷，大量传统重要药方被研发为中成药。2035年，广东中成药行业预计将继续这样的技术发展趋势，在创新药物、药物制备技术和装备技术等三个方面取得进展。

表3-26　中成药制造领域可能的技术突破

技术领域	2035年前可能实现产业化的技术突破
创新药物技术	中药新药、现代中药大品种、传统名优产品的二次开发及中药新剂型的开发
中药制备技术	重大疾病及中医药治疗优势病种（如慢性病、疑难病等），民族药、天然药物，疗效确切、安全性高、有效成分明确、作用机理清楚的复方中药制剂
制药装备技术	中药饮片炮制技术和工艺装备、中药材初加工技术和工艺装备；中药的提取、纯化、质量控制技术、中药现代剂型的工艺技术和装备；单元制药技术及配套设备，高效、节能环保的制药设备

4. 颠覆性技术将使产业发生深刻演化

（1）OLED技术将实现对LED技术的替代

当前，广东近万亿元规模的显示行业（电视行业）仍以LED技术为主流。8.5代线是广东主流厂商的主要技术装备。当前广东LED显示产业的技术基础结构对于2018年前手机、平板、笔记本电脑、数字家庭产品的成本型竞争仍具有良好的价格应对能力。在目前消费类电子产品和办公类电子产品已达到市场饱和情况下，手机、电视等主流厂商或者采用低价策略，或者采用产品快速换代策略保持行业的竞争优势。

但从技术趋势看，随着DOT（Display of Things，万物皆显示）时代的来临，市场对显示技术提出了"具有任何地方、任何形态、无边界"的要求，而LED技术受制于物理原理是不可能实现这样的市场目标的。只有OLED才可能适应这样的趋势。这是因为，OLED是自发光的（LED需要光源），因此OLED可以呈现各种各样的设计形态，比如可卷曲、可弯折、透明、壁挂、可穿戴等。除玻璃外，OLED还可以利用塑料等材料制作。目前OLED技术应用的主要瓶颈（OLED显示、OLED材料、可弯折的玻璃等）均度过工程化阶段，对LED技术的替代已不存在技术障碍——其主要障碍是规模化效应未形成而导致的高成本、高价格。

OLED 对 LED 的产业技术替代的"制高点"是可穿戴设备领域。而在传统显示领域，随着 OLED 制造设备大规模投产，LED 对 OLED 的技术成本优势也正在丧失。主流厂商迟至 2019 年就可完成 37 条生产线的产业布局，其中大部分是面向手机、平板、可穿戴设备市场的 6 寸线以下市场，少数 8.5 代线可与目前主流 LED 电视产品展开竞争。

由此判断，在 2035 年前，由可穿戴设备行业引爆，以手机、平板等小屏幕市场为起始，OLED 将逐渐完成对 LED 技术的替代。从行业结构看，OLED 技术也将同期实现对家庭影院市场目前主流的投影技术的替代。

（2）可穿戴设备、VR 技术对消费终端电子设备的替代

不完全统计显示，全球手机价值链中的 90% 利润都归于苹果，中国厂商仍处于全球价值链底层的加工者的位置。这意味着中国消费电子产业已基本进入零利润的产业周期。新产品对既有主流产品的替代将推动产品价值链的重新分配。这正是可穿戴设备和 VR 技术进入消费电子市场的产业技术环境。

可穿戴设备和 VR 技术在技术理论上完全可以实现手机的全部功能，反之，手机则无法达成可穿戴设备和 VR 技术提供的全部技术功能，这已具备了产品技术替代的基础。但目前，可穿戴设备和 VR 技术仍不能完全实现手机、平板带来的全部技术特征——比如可穿戴设备目前仍无法提供成熟技术实现大屏幕，VR 技术也不能提供手机提供的便携性或多任务处理功能。

然而，随着芯片技术、显示技术的进步，特别是 OLED 显示技术的应用，可穿戴设备和 VR 技术将破除最后的市场应用技术瓶颈，以优质的技术性能优势实现对手机等主流消费智能设备的替代。到 2035 年，手机、平板可能与磁带一样，成为一种过时的产品。

（3）人工智能（AI）技术的崛起

人工智能（Artificial Intelligence，AI）领域的研究包括机器人、语言识别、图像识别、自然语言处理和专家系统等。人工智能从诞生以来，理论和技术日益成熟，应用领域也不断扩大，可以设想，未来人工智能带来的科技产品将会是人类智慧的"容器"。事实上，人工智能的简单化产品早已进入生产制造和服务领域，复杂如工业机器人，简单如家用的扫地机

器人。苹果开发的 siri 也是人工智能（人机翻译）的一个方面。人工智能目前最具前景的产业级应用仍为工业机器人、智能家居等，人脸识别（图像识别）、人机对话（声音识别）在信息安全市场也有一定的份额。而类似"阿尔法狗"的"专家系统"目前仍处于工程化阶段。需要指出的是，人工智能是近年来全球技术创新投资的重点，特别是中国在金融危机后大力推动机器人产业的发展，使得机器人产业形成规模化发展态势。中国制造的工业机器人已对传统工人形成价格优势（3 轴的工业机械手臂仅 5 万元就可以在东莞买到）。到 2035 年，人工智能将可能改变全社会劳动力结构、技术创新模式、产业组织模式。

（4）可燃冰技术、油页岩技术、新核能技术对传统化石能源的替代

世界范围内的油页岩、可燃冰开采技术相继获得突破，特别是油页岩开采技术已在美国实现"低成本化"。至此，两种清洁、新兴的化石能源进入市场的主要技术瓶颈已不再存在。其主要的技术瓶颈在于目前石油和煤炭等传统化石能源的价格。如果石油再次达到 2008 年和 2013 年的 100 美元/桶，那么油页岩和可燃冰进入市场就具有经济性，即可能完成对石油产业技术的部分替代。

同样的技术－经济特征也出现在新核能技术方面。2017 年 6 月初，中国科学院原创技术将铀的利用率由 1% 提至 95%，放射寿命由数十万年缩短到约 500 年，这在技术上大大降低了核能利用的成本。反映在核能价格上，这将对传统能源技术形成较大的市场价格压力。然而，这种新的核能利用技术目前仍处于实验状态，尚未进入工程化和产业化阶段。

由此可以判断，到 2035 年，若广东处于高油价的经济环境中，成熟的可产业化的可燃冰技术、油页岩技术和新核能技术将实现对传统化石能源技术的替代，这将大大改变广东一次能源的结构。

（5）肿瘤治疗技术的突破将对传统癌症治疗技术实现替代

一般认为，未来生物制药市场前景广阔的药物将集中在单克隆抗体、反义药物、基因治疗药物、可溶性蛋白质类药物和疫苗等生物技术产品。从目前广东生物医药产业的发展来看，基因技术和新型的癌症诊疗技术正在改变肿瘤医疗和肿瘤药物市场的现状。以往"核磁共振影像＋抗癌药物＋伽马射线放疗"的医疗方案将可能演变为"基因识别＋靶向药物＋中子/质子放疗"。这意味着数千亿美金的肿瘤治疗市场（中国国内市场也高

达数千亿）的行业主导技术将出现重大技术变革和产业替代现象。原有的抗癌药物市场让位于靶向药物市场，伽马射线放疗设备市场也转向中子/质子放疗设备。而在临床实践上，新技术的采用也将大大提高癌症的治愈率。

由于广东已基本完成中子、质子大型医疗装备的建设工作，且华大、达安等基因检测领先企业也为广东提供了优良的产业创新基础，事实上，广东在 2020 年前就可完成肿瘤新治疗技术路线的开发。2035 年，随着基因技术的靶向药物的产业化，新技术的产业链是可期待实现并对既有技术轨道完成替代。

（6）建筑信息模型（BIM）技术对行业组织结构的冲击

BIM 是工程项目物理和功能特性的数字化表达，是工程项目有关信息的共享知识资源。BIM 的提出和发展，对建筑业的科技进步产生了重大影响。BIM 技术的应用，可大幅度提高建筑工程的集成化程度，促进建筑业生产方式的转变，提高投资、设计、施工乃至整个工程生命期的质量和效率，提升科学决策和管理水平。目前，BIM 技术已具有商业化的产品和实践案例，但由于市场应用规模小，仍处于技术改进和成本降低的技术发展阶段。

BIM 技术的颠覆性在于它不仅仅是一个共享的信息系统，更重要的是它嫁接建筑工种的标准化技术和人工智能技术。BIM 可以将"业主＋施工企业＋包工头＋工人＋监理"的垂直型行业组织模式彻底"破坏"，形成以业主为中心的扁平化组织模式——业主借助 BIM 系统直接构建工程的设计系统、物料系统、施工系统。通过各系统的信息优化，BIM 系统可提供即时更正的施工方案、采购计划。建筑行业的建筑安装成本将大大降低。"企业竞争"变成每个系统内专业人员的"技术竞争"。

（三）企业创新发展的趋势特征

在持续创新投入、政府大力支持与世界科技革命等内外部因素的作用下，到 2035 年，广东高新技术企业数量、企业创新能力将大幅提升。依托市场化程度高、制造业生态系统、科研成果转化能力强等核心优势，市场创新拉动型企业、集成创新推动型企业、研发创新驱动型企业将构成广东企业创新发展的基本格局。这些企业将创新的重点放在满足消费者需求升级、提高业务效率以及科研成果转化等方面。广东创新型企业在研发、生产、商业、孵化四个方面将不断涌现出新模式、新业态，将会形成一批具有全球竞争力的世界一流企业，崛起一批"独角兽"企业群体。

1. 高新技术企业数量将呈爆发式增长

随着创新驱动发展战略的深入实施，广东对高新技术企业的培育以及扶持力度会持续增加。国家的大力支持以及政府的强力投入将带动全社会研发投入大幅增加，从而产生大量的创新创业活动。2009 年重新认定高新技术企业后，广东高新技术企业从 3106 家迅速扩张至 2016 年末的 19857 家，年均增速达 30.35%，其中，2016 年增速达 78.81%。2017 年 2 月出台的《"十三五"广东省科技创新规划（2016—2020 年）》提出，到 2020 年，国家高新技术企业达 2.8 万家以上，建成省级科技企业孵化器 800 家以上，在孵企业达 5 万家以上；而广东省第十二次党代会进一步提出到 2020 年高新技术企业总数将发展到 4 万家。我们预计 2020 年以后高新技术企业数量增速会逐步减缓，按 5% 的年均增速来计算，2030 年广东高新技术企业数量将达到 6 万家；到 2035 年广东成为创新型强省时，广东高新技术企业数量预计将达到 8 万家左右。

在高新技术企业数量大幅增长的同时，广东企业创新能力也将大大增强。《"十三五"广东省科技创新规划（2016—2020 年）》提出，到 2020 年，全省大中型工业企业建有研发机构比例达到 30% 以上，年主营业务收入 5 亿元以上，工业骨干企业实现研发机构全覆盖。2010～2015 年，广东有研发机构的工业企业占工业企业的比重提高了 7.09 个百分点，至 2015 年已有 11.88% 的工业企业建有自己的研发机构。采用平均增速法推算预计 2030 年，该项比重预计达到 33.15%，即约有 1/3 的广东工业企业将建有研发机构；到 2035 年，随着创新扩散效应的进一步增强，预计有 45% 左右的广东工业企业建有研发机构，企业创新活力与能力将大大提升。

2. 市场创新拉动、集成创新推动、研发创新驱动型企业形成三足鼎立

麦肯锡全球研究院发布的《中国创新的全球效应》报告将我国创新型企业划分为四类：客户中心型、效率驱动型、工程技术型、科学研究型。广东企业创新更多为市场推动型创新，而工程技术型创新在广东并不突出，效率驱动型创新更多表现为集成创新。因此，我们结合广东实际，将广东创新型企业进一步划分为市场创新拉动型、集成创新推动型和研发创新驱动型。随着广东区域创新体系、产业创新的发展演变，这三类创新型企业将构成 2035 年广东企业创新发展的基本格局。其中，市场创新拉动型企业占主体，集成创新推动型企业成为新兴的创新力量，研发创新驱动型企业开始大量涌现。不同类型的创新型企业将聚焦于不同的创新领域。这些创新型企业在研发、生产、商业、孵化四个方面不断创新，新模式、新业态、新企业不断涌现，利益各方多赢的生态圈逐步呈现。

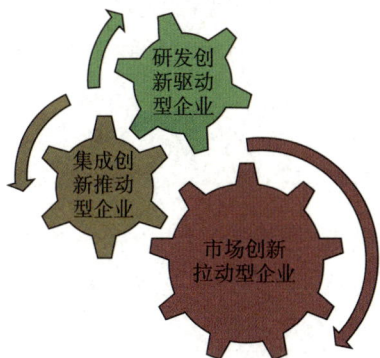

图 3-5 "三足鼎立"的企业创新发展格局

（1）市场创新驱动型企业：依托市场化程度高优势聚焦消费领域创新

市场创新指围绕客户需求，通过产品和业务创新创造新产品，进而形成市场竞争优势。广东是市场化改革的前沿阵地，从经济体制改革到以明晰政府权责为焦点的行政体制改革，充当全国急先锋的广东省均体现对"市场之手"的推崇。自改革开放以来，广东企业充分利用市场化程度高的优势，在创新方面开辟了独特的路径，积极引进设备和技术，然后通过消化吸收再创新不断调整设计以适应消费者需求。随着发展环境的转变，许多企业有了掌控价值链高端环节的动力，正逐渐从"汲取创新"向"领导创新"转变，甚至在互联网等新兴领域试图掌控新一轮科技革命的主导权，从而在全球市场上展开竞争。

①满足消费者需求升级是创新的重点

消费者，特别是中产阶级的期望值越来越高。经济学人智库报告《中国消费者 2030 年面貌前瞻》提出，2015 年中国实际个人消费增幅为 8.4%，高于国内经济 6.9% 的整体增幅。报告预计，至 2030 年，中国个人消费的年均增速将达到 5.5%；个人消费在名义 GDP 的占比预计将达到

47.4%；中国市场个人消费的增量将超过当前欧盟的消费总量。按人均名义 GDP 衡量（购买力平价法），中国消费者在 2035 年的购买力将达到现在的韩国或者 2000 年后美国的水平。国内消费规模巨大以及消费需求升级驱动广东市场驱动型企业的创新发展，且这一趋势正在得到逐步增强。因消费需求升级而带来的创新将是革命性的、根本性的，其影响范围是极为深远的。

居民消费不再是过去那种模仿型排浪式消费，而是个性化、多样化消费。这种消费也不是靠政府的推动和补贴来实现，而是靠打破各种封锁和保护的互联互通和各种新技术、新业态、新模式来创造和满足。简言之，多样化消费、创新型经济，将成为广东乃至整个中国经济发展的新动力。生态旅游、休闲养老、远程医疗、远程教育、数字穿戴、数字家庭、智慧社区、智慧城市等与人民生活息息相关的服务新模式将不断涌现。例如，在零售业，麦肯锡报告《2030 年消费品格局》预计，到 2030 年，零售商会创造出零售"新世界"——虚拟商店，利用增强实境技术，让消费者感觉像在店里闲逛；或者是个性化引擎，实时连接生物识别数据，为消费者推荐最符合其营养需求的菜式。亚马逊公司已经从传统网络书籍零售商发展成为深度融合机器学习、计算机视觉和人工智能等先进技术的科技型服务公司。它实现了线上电商、线下智能，超市购物与物流的完美结合，其云计算业务年收入高达 100 亿美元，在全球云计算市场中占据 31% 的份额，国内阿里云收入不及其 5%。2015 年，亚马逊在成立 20 年后全年收入首次冲破了 1000 亿美元。达到这样的水准，零售巨头沃尔玛花了 35 年的时间。

以快递行业为例，随着阿里巴巴等电子商务平台的发展，消费者最大需求就是在最短的时间拿到采购的商品。顺丰速运成立于广东顺德，将经营理念定位于"成就客户，推动经济，发展民族速递业"，帮助客户更快、更好地对市场做出反应。顺丰速运全部采用自建、自营的方式建立自己的速运网络，建立了自有航运公司，积极研发和引进具有高科技含量的信息技术与设备，以提升作业自动化水平，在国内外建立了庞大的信息采集、市场开发、物流配送、快件收派等速运业务机构及服务网络，并针对电商、食品、医药、汽配、电子等不同类型客户开发出一站式供应链解决方案，为消费者和客户提供支付、融资、理财、保价等综合性的金融服务。2017 年 2 月 24 日，顺丰控股成功上市，首日总市值达 2310 亿元，超越

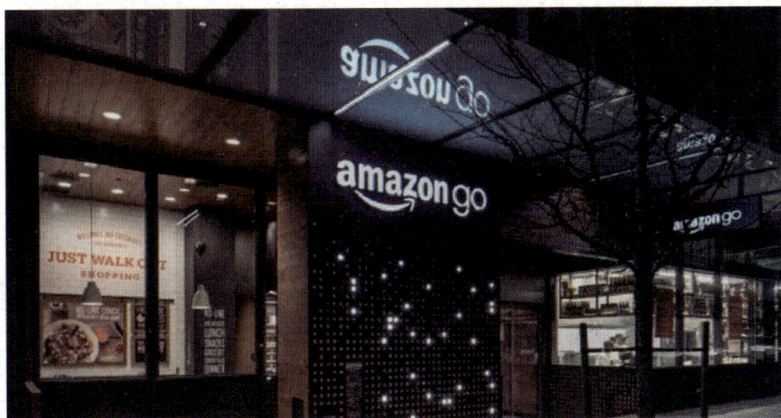

图 3 - 6　亚马逊线下超市 Amazon Go[①]

万科和美的集团，成为深市第一大市值公司。未来，顺丰将加大科技投入，从提供单一的快递产品和服务向全面综合物流服务提供商转变，在客户可承受的成本水平下提供更人性化的服务。

在家电行业，2010 年，美的冰箱事业部成立了专业的冰箱造型设计部门。其主要负责国内、海外市场冰箱及冷柜等产品工业设计及管理工作。到 2014 年，工业设计中心已经发展成为 52 人构成的专业工业设计团队，以细分专业化的模式发展。目前设计中心共设 ID、UI、GD、CMF、模型制作及用户研究 6 个专业小组。美的冰箱的外观设计是基于对用户的研究，研究消费者需求升级。从产品上来讲，从入户调研来分析需求，美的集团战略上提出要研究用户的使用行为，而不是用户说什么，通过使用习惯来分析需求，根据特殊人群、特殊需求再对产品进一步设计创新。

②互联网领域的创新形成竞争优势

互联网正在彻底改变传统产业。互联网渗入从产品设计、研发、生产制造到营销、服务等各个环节，彻底改变了传统产业的商业模式（曹淑敏，2014）。广东企业目前在"互联网＋"应用及创新方面走在前列，涌现了腾讯、爱九游、华为、走秀网、网易、酷狗等知名企业，涵盖人工智

---

① Amazon Go 拥有类似自动驾驶技术，有视觉计算，有传感器，有深度学习功能。具体来说，亚马逊的技术为自动检测商品被拿起和放回货架的状态，同时虚拟一个购物车追踪商品的运动轨迹。顾客走出商店，意味着买卖成交；顾客走出商店后不久，亚马逊会通过顾客的亚马逊统一账户扣款，然后发一条通知消息。

能、大数据、互联网安全、AR/VR、互联网＋传统文化、网络直播、互联网金融、移动电商、互联网＋智能制造等前沿领域。《广东省"互联网＋"行动计划（2015—2020年）》提出2020年全面建成珠三角国家互联网自主创新示范区的目标，在"互联网＋"产业方面提到培育发展网络协同制造、大规模个性定制、线上线下（O2O）、柔性制造等新型制造模式，推动基于用户消费需求的研发制造模式的形成。党的十九大报告提出要加快建设制造强国，加快发展先进制造业，推动互联网、大数据、人工智能和实体经济深度融合，在中高端消费、创新引领、绿色低碳、共享经济、现代供应链、人力资本服务等领域培育新增长点、形成新动能。我们预计到2035年，广东企业在互联网消费产品将进一步扩大竞争优势，在"互联网＋中高端消费"领域建立全球竞争力。

腾讯90%的营业收入来自网络游戏、社交平台上的虚拟物品销售和电子商务。根据腾讯2016年年报，腾讯公司2016年全年总收入为1519亿元（219亿美元），比上年同期增长48%，年度盈利为人民币414亿元（59.75亿美元），比上年同期增长42%。该公司每用户平均收入为16美元，比Facebook高出6美元。在2017中国"互联网＋"数字经济峰会上，腾讯公司董事会主席兼首席执行官马化腾表示，腾讯将继续起到"连接器"的作用，为各行各业提供AI、云计算、大数据、安全在内的底层基础能力，通过基础和"零配件"支持各行各业发展，支持企业走向数字经济。

视频社交通信平台YY直播总部位于广州，其创造了多样化的收入来源，其中包括一种虚拟货币。2016年，YY直播有60%的收入来自音乐和娱乐服务，主要是通过销售虚拟物品获得，比如让观众购买虚拟鲜花送给平台节目主播。主播可以用虚拟物品兑换现金，YY直播上的顶级主播每月可挣得超过2万元的报酬，7倍于普通工厂工人的平均工资。YY直播未来创新的重点在于将公司业务与线下各类垂直领域结合。

③消费型产品创新具有成本与质量双优势

长期以来，广东企业的产品研发重心在于模仿，以至于"山寨"产品遍布世界。随着人均收入渐渐增加，企业必须同时兼顾产品的成本与质量，才能赢得新主流客户的青睐。然而，基于广东珠三角技术知识资源和制造业基础设施都十分丰富的优势，企业在推动消费型产品创新的同时依然具有成本优势，这一优势在 2035 年将体现得更为明显。

在消费电子领域，广东制造商企业正在从其他企业的产品代工者转变为技术领先的设计者。以一加手机为例，其公司这是一家总部位于深圳的手机初创企业，有着一群狂热的粉丝，一位有魅力的领导者，以及 400 多名国际员工。该公司的第一款产品"一加手机 1"在设计上是个奇迹，拥有高配零部件和高端外观设计，非定制版的全球售价仅为 350 美元左右。该公司在第一年售出了 100 万部手机，在 2015 年售出 300 万部。

在非洲增长迅速的智能手机市场，领先的公司并非苹果公司或三星电子，而是并不出名的深圳传音控股有限公司。[①] 这家成立于 2006 年的公司旗下拥有 TECNO、itel、Infinix 等几个手机品牌，凭借着超高的性价比和出色的本地化策略在非洲市场占据了高达 40% 的市场份额。2006 年，传音跟深圳华强北其他手机厂商一样从 ODM 开始，但很快也被同质化的价格战所困，两年后被逼走上了品牌化道路。传音选择了挑战者都会选择的品牌差异化定位：性价比。TECNO 和 itel 是传音培育最久、在非洲最受欢迎的品牌。前者价格较高，针对中高端消费者，配套的市场推广策略更具质感；后者价格较低，针对年轻消费者，因此市场推广主打活泼、个性的标签。当时 TECNO 手机卖几十美元，是诺基亚、三星售价的 50%。为了深度了解非洲消费者的需求，传音不仅在深圳、上海、北京拥有研发中心，在法国巴黎拥有合作的设计团队，而且在非洲第一人口大国尼日利亚的拉各斯、肯尼亚的首都内罗毕设立了研发中心。这两个研发中心主要是进行本地化的工作，致力于改善 APP 功能应用等，以提升用户体验。

无人驾驶飞行器（无人机）的进入门槛非常高，因为大部分客户来自军队，且只有少数几家供应商掌握所需的技术。总部位于深圳的科技公司大疆敏锐地发现了民用无人机这一小众市场，更为重要的是，大疆也意识到利用制造生态系统可以用较低的成本制造产品。利用来自深圳产业生态系统的设计和制造能力，大疆设计了面向大众消费者的产品并将其投入市场。大疆专注于能够实现差异化的核心技术，包括一种可以改善操控性的操作系统，其他环节与产业链上下游企业实现价值共创。该公司免费推出软件开发套件，让开发员和程序员能在其平台上加入 3D 地图、实时视频

---

① 搜狐网，http://www.sohu.com/a/121057500_505804。

传输等新应用。大疆迅速成长为市场领袖，占据了全球小型民用无人机大约70%的市场，申请了数百项专利。员工队伍仅用了两年时间就从300人增加到3500人，其中研发部门有1000人。

（2）集成创新驱动型企业：依托制造业生态系统的优势聚焦效率提升

集成创新是利用各种信息技术、管理技术与工具等，对各个创新要素和创新内容进行选择、集成和优化，形成优势互补的有机整体的动态创新过程。集成创新的主体是企业，企业利用各种信息技术、管理技术与工具，对各个创新要素和创新内容进行选择、优化和系统集成，以此更多地占有市场份额，创造更大的经济效益。广东强大的制造业生态系统让企业能够快速扩大生产规模，并迅速学习掌握新工艺。基于这一生态系统优势，集成创新驱动型企业将大量产生。企业通过在全球范围内生产环节的整合与优化来降低成本、缩短生产时间、提升质量，以及整合供应商与合作伙伴的技术来设计开发新产品，用集成创新模式打造新的利润支撑点，研发推广高端产品，提高产品的附加值。到2035年，公司之间将主要围绕资源的有效利用开展竞争，进而在核心领域掌握主导优势。特别是在深圳，集成创新驱动型企业的发展引人瞩目。在世界知识产权组织和康奈尔大学等机构联合发布的2017年全球创新指数报告中，深圳－香港地区在全球"创新集群"中排名第二，甚至超越了硅谷。创新集群的形成将有利于企业通过供应链合作创新建立产品技术优势，进而实现与世界顶级企业建立基于产品的分工合作。

①生产流程创新显著提升产业链、价值链

集成创新驱动型企业更加关注通过创新改善整条价值链的工艺流程，利用规模效应和工艺流程经验尽可能地提高整个产业链的生产流程效率。个体到个体的竞争，已经让位于产业链与产业链之间的竞争。围绕产品生产、设计、研发、销售、物流配送、信息化管理、渠道建设等要素的"系统竞争"，伴随着专业化分工的分解与协同，集体竞争达到了一个更高层次。

广汽集团通过生产流程创新使其产能得到大幅提升。广汽传祺工厂单日产能从820辆提升至1125辆，节拍从128秒提升至57秒。广汽生产方式的核心就是通过拉动式生产整合供应链体系实现产销联动，确保了传祺生产的高度柔性化，用低成本制造出高质量的产品，以便满足不断变化的市场需求。在吸取丰田、本田造车与管理经验的基础上，广汽传祺结合岭南文化精髓，逐渐打造了一套工艺更先进简洁、操作更轻松，能够实现低成本、高品质和高效率的"广汽生产方式"。而利用广东制造业生态系统，整合全球供应链体系，则为传祺快速发展提供了坚强保证。

②生产模式创新更多嵌入机器人与自动化技术

机器人与自动化技术的应用（人工智能）不仅在于有效地提高生产效率，更重要的是通过机器人技术，制造业可以改变生产流程和生产方式，同时实现产业、城市、生态环境之间的协调发展。这些技术正在改变广东制造业，推动加工制造业向定制化、柔性化、智能化、绿色环保方向发展，而科技产品融入生产制造当中会越来越明显。未来能否发展出一套创造性的生产方法，对于广东集成创新驱动型企业的生存产生决定性的影响。从产业发展趋势来看，机器人制造业的发展方向之一就是不断加强人机协作性。一方面，机器人的操控与编程将会日益简便，通过手机应用程序操控机器人将成为普遍现象；另一方面，机器人的多任务适应性将得到发展，随着编程方式简化，机器人的工作编程易于修改，今后可在流程中迅速转换多种角色，承担多个岗位的工作。

广东在机器人与自动化技术创新目前处于技术应用阶段。例如，在传感器产业领域，核心上游材料和器件的高端领域基本被国外传感器企业垄断，我国企业仅在整机、部分外围芯片上具有一定的基础，且局限于封装和集成等环节。然而，广东企业的创新精神将会助推在这些领域取得突破。在顺德，不仅是美的这个拥有千亿产值的国际知名企业呈现出对于自动化设备的庞大需求，许多中小企业同样把大力引进工业机器人作为企业未来的重要战略。在顺德美的电子分厂内，一条生产线上，放置了4台六轴机器人，以前这条生产线需要7名工人，但现在只需要2名工人。经过自动化改造后的一条生产线，如今平均每小时可以生产180个空调遥控器，产能比过去依靠人力时提高了1.5倍。在过去的3年里，美的各类工厂累计投入的自动化改造费用达到了6亿元，目前正在使用的工业机器人达到了800多台。2017年1月，美的斥资270亿元人民币获得全球机器人与自动化技术领域四大领先型企业之一库卡机器人公司94.55%的股权，合作范围覆盖工业机器人、服务机器人领域。凭借美的在智能家居领域的多元产品组合，以及库卡在服务机器人领域的市场、研发能力，两者将共同发掘服务机器人市场，先重点关注助老助残机器人、康复护理机器人等领域。

固高和新鹏是广东省方兴未艾的机器人产业中两类颇具代表性的公司。前者孜孜于减速器、控制器等核心技术的研发。由于研发投入大、周期长，目前这类企业数量并不多，却可望在未来撑起国产机器人的一片天空。后者则植根于广阔的制造业土壤中，专注于系统集成，为特定行业提供实用解决方案，它们在广东机器人企业中占了绝大多数。这两类企业的存在和发展，正逐渐弥补广东省机器人产业链上最薄弱的两个环节——核心零部件研发和"最后一公里"的应用。在核心零部件方面，广东一些机器人龙头企业已有所突破，如广州数控在控制器方面国内领先，巨轮股份在RV减速器方面打破了国际垄断。但目前它们还无法撼动被国外巨头占领的市场。而在"最后一公里"的应用方面，相当多制造企业表示机器人与原有生产系统的对接存在困难，如佛山某卫浴公司采购了意大利喷釉机器人，却由于换产困难、操作复杂、维护不便，始终没能用起来。这些问题正是2017～2035年广东集成创新驱动型企业创新的焦点领域。

③敏捷制造创新深度融入互联网技术元素

传统工业时代形成的工业化思维的核心特征主要有三点：组织化协作、产品化交易、中心化传播。而当下的互联网时代打破了这种特征，并进行了彻底的革新，新的特征表现为：自由协作、体验化交易、网络化传播。互联网时代讲究的是快，尽快地将产品投向市场，让用户参与产品体验、验证，并倾听用户的反馈，进行改进。通俗地说，就是原型设计尽快上线，通过用户互动、反馈迅速调整设计，持续微创新，不断完善。企业可以将用户反馈囊括在纠错机制之中，形成内部创新的标准化体系，加快产品的更新周期。创新并不是由产品的设计者，而是由该产品最活跃的使用者来推动的。对于作为消费主体的80后、90后而言，他们更希望参与到产品的研发和设计环节，希望产品能够体现自己的独特性。企业正在把市场关注重点从产品转向用户，从说服客户购买转变为让用户加深对产品的体验和感知。

以服装行业为例，在飞速变化市场中，快速反应和敏捷制造已成为越来越常见的制胜手段。中国纺织工业协会副会长孙瑞哲在广东虎门全球纺织服装供应链论坛上提出，在围绕消费需求的前提下，更注重供应链的效率与协同运作，中国纺织服装终会实现从"依托"中国制造到"拜托"中国制造的转变。总部位于广东顺德的爱斯达，背靠着当地 2000 多家纺织布料、服装和配饰生产商，正由传统制造转型为现代化服饰定制供货商，以便让顾客可以自主设计服装。爱斯达的电商平台提供 DIY 设计软件，顾客可以通过个人计算机和智能手机访问使用。在订单履行阶段，3D 扫描、激光切割技术可在客户下单后 30 分钟内快速制造定制设计，这一创新提升了30% 的总体产能，同时减少了 50% 的劳动力需求。公司还建设了快速物流平台，保证客户下单后 72 小时内送货到家。2015 年，在投入 4000 多万元之后，爱斯达研发出了适用于服装定制领域的智能裁剪机器人。快速的交货能力、低廉的制造成本，给爱斯达带来了源源不断的订单，其中不乏美特斯邦威等知名大客户。

以家具行业为例，尚品宅配成立于 2004 年，是广州尚品宅配家居用品有限公司旗下品牌，是一家强调依托高科技创新迅速发展的家具企业。在家具定制时代，作为中国定制家具的第一品牌，尚品宅配"全屋家具、顾客化定制、数码（云）设计、大规模生产、店网一体化"五行合一的新商业模式引发了行业定制革命。其中，在生产模式上，尚品宅配利用信息技术改造生产设备、提高设计能力、优化生产过程、改进管理模式，建立企业"大规模定制生产系统"，最大限度地满足顾客的个性化需求，实现"客户需要什么，我们就设计什么、生产什么"，如图 3 - 7 所示。

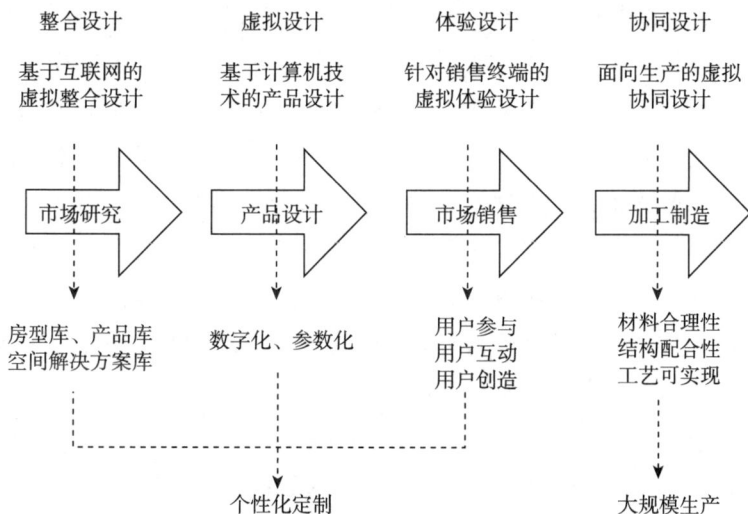

图 3 - 7　尚品宅配基于用户的家具生产模式

（3）研发创新驱动型企业：依托市场规模优势推动科技成果转化

十九大报告指出要建立以企业为主体、市场为导向、产学研深度融合的技术创新体系，加强对中小企业创新的支持，促进科技成果转化。广东从政府到企业一直都在投入资金，建设以企业为主体，市场为导向，产学研深度融合的技术创新体系所需的机构和能力。例如，2016年，广东全社会研发投入达到2035.14亿元，总量首次位居全国首位。到目前为止，这些投资虽然尚未转化为创新领导力，但已经打下了扎实的基础。在依靠科研创新的行业，广东企业正在探索自己的道路——比如利用互联网大数据智能化等手段，通过产学研深度融合等方式，将我国的市场优势与科技成果转化，将科研成果转化为现实生产力，企业亦有可能在部分领域成为领跑者。

①依托市场规模优势催生众多具有竞争力的高科技公司

市场规模优势产生大数据，为生物技术产业等技术密集型产业及企业的发展提供了优势条件。总部位于深圳的生物技术公司华大基因在基因测序方面走在了全国乃至全球前列。其目前拥有全世界50%的基因测序产能，因而可以以前所未有的规模开展测序。该公司延揽2000多名博士人才，获取中国13亿人口的海量基因资料，借助计算能力和数据挖掘实现突破性进展。华大基因目前正在探索克隆技术，每年能生产500头克隆猪，是全世界最大的动物克隆中心。华大基因预计其海量的基因组数据和相关技术能孕育出全新的治疗方法和技术。

科研成果与广东市场规模优势的结合将会催生众多具有独特竞争力的高科技公司。生物医药公司百济神州致力于研发全球最领先的抗癌药，在科研创新上表现优异。该公司采用快速和精准的开发流程。药物开发通常要经过临床前试验，其中包括动物试验，如果获得成功再进入临床试验。许多研发在进入临床阶段后宣告失败，造成时间及资源的损失，为了解决这个问题，百济神州利用庞大且全面的人类癌症样本库建立了试验模型，因此能够让百济神州以更近似人体试验的方式测试药物，提高临床研究成功率，提升药物开发工作的时间效率。

②科技成果转化产生"独角兽"企业群体

"独角兽公司"是指那些估值达到10亿美元以上的初创企业。人才、技术、资本的整合集聚为创新创业提供了充足的阳光、空气和水分，政府越来越重视科技成果转化，构成了像热带雨林一样生机勃勃的创新创业生态圈，形成了"想法—创业—瞪羚—独角兽"的科技型企业成长模式。物联网、机器人与自动化系统、智能手机与云端计算、混合现实、数据分析、社交网络、先进材料等新兴技术的发展提供了技术支撑。传统产业与新技术的结合，制造业与互联网的融合，正在成为新的风口，在这些领域诞生新的"独角兽"。2016 年广东有 33 家"独角兽"企业（艾瑞咨询，《中国"独角兽"企业估值榜》，2016）。预计到 2035 年，随着创新生态圈的形成，"独角兽"企业数量会进一步增加，在以上领域形成具有广东特色的"独角兽"企业群。

图 3 – 8　广东部分知名的"独角兽"企业

3. 开放创新成为广东企业创新发展新的选择

目前有较多文献研究企业创新的演进规律。Rothwell 和 Zegveld（1985）归纳了创新的几种模型：20 世纪 60 年代至 70 年代早期的"技术推动"和"市场拉动"线性过程模型；20 世纪 70 年代后期到 80 年代早期的"链环"创新过程模型；20 世纪 80 年代后期至 90 年代初期的"一体化"创新过程模型；系统集成与网络创新过程模型。从"链环"创新过程模型到系统集成与网络创新过程模型，企业在创新策略与特点上越来越重视与供应商、领先用户、研究开发合作者、横向技术合作伙伴等外部多样化的个体与创新源的连接及合作。进入 21 世纪，企业创新的边界虚拟化更为明显。2003 年，切斯布拉夫（H. Chesbrough）教授在其《开放式创新：新的科技创造盈利方向》一书中提出了开放式创新的新模式，其基本思想是：由于开源企业和周围环境之间的界限变得模糊，创新可以在公司内部和公司外部进行。2013 年，《哈佛商业评论》中"拥抱创新 3.0"一文总结了企业创新范式演进的特点，提出了企业创新模式的演化脉络：从企业创新 1.0 阶段（closed innovation，封闭式创新，创新源局限在企业内部），到 2.0 阶段（open innovation，开放式创新，即"非此地发明"，广泛获取来自企业外部的创新源），再到 3.0 阶段（embedded innovation 嵌入/共生式创新，企业创新行为更加重视资源整合与共生发展）。

从广东企业创新模式的演进来看，开放创新是广东企业创新发展的最为重要的演变趋势。正如王珺（2017）在《创新发展中的广东实践：特征与走势》一文中所指出的，广东开放创新的实践至少说明了三点：一是自主创新并不意味着什么样的研发都要关起门来自己干，而是开发出来的新产品与新设计要具有自主知识产权等；二是开放创新并不意味着要进行新一轮的大规模技术引进，而是强调国际科技与研发合作；三是开放创新并不意味着以吸引境外大公司研发作为唯一的途径与方式，而是以多渠道、多种方式利用全球性创新资源。

为全国构建开放型经济新体制提供支撑是"三个支撑"的目标之一，也在政府政策层面形成对企业开放创新的支持。在政府支持、全球化以及市场机制作用下，到 2035 年，广东企业将可以在很大程度上打破领域、区域的界限，积极开展地区性及全球性的协同创新，深度嵌入全球创新体系，并可以根据自身需要构建起以企业为主体的全球协同创新联盟，实现创新要素最大限度的整合。依托开放型区域创新体系，企业的研发模式将更多朝着全球范围内共生式开放创新方向发展。部分企业正在努力构建开放式创新生态系统。美创平台是美的集团与浙江大学联合开发的开放式创新平台，投入近 11 亿元，旨在吸引更多的创新资源，从而为美的注入创新活力。美的集团为平台提供丰富的创新创意库、优质供应商、顶级科研机构及众多孵化器资源，期望通过吸引优秀创意加盟，将美创平台打造为一个真正意义上面向全球大众的创业孵化平台。美创平台主体分为众创、需求与解决方案、孵化器三大板块，通过共享技术方案、参与产品众创、创业孵化三个主要流程实现内外部资源的优化整合。美的用户会参与美的产品创新、研发、测评的全流程。目前，美创平台平均每 3000 个创新点子只有 4 个进入开发，最终 1 个上市成功，除了智能家电产品以外还覆盖机器人、健康等领域。

光启是一家全球化的创新集团，2010 年由 5 位毕业于杜克大学、牛津

图 3 - 9　美的开放式创新平台全方位支持创意孵化

大学的博士创立，总部位于中国深圳。光启拥有核心自主知识产权和世界级的创新研发团队，掌握了隐身新材料技术、新型空间技术和无线互联技术。光启通过启动光启全球创新共同体孵化器与基金凝聚世界创新者组成全球创新共同体（Global Community of Innovation，GCI），对全球优秀创新资源的整合，推动创新技术和产品的产业化，不断将科幻场景与人类梦想变为现实，并交付应用。截至目前，光启申请的国际、国内专利共 4225项，其中授权 2260 项，占全世界超材料领域申请总量的 86%，大大提升了广东在超材料领域的国际竞争力。

四　建设创新型强省的政策着力点

要实现 2035 年建成创新型强省发展目标，广东需要进一步完善产学研协同的技术创新体系，坚定实施以自主创新为导向的发展战略，不断强化科研支撑能力，优化区域创新协同，并大力弘扬新时代社会主义创新文化。

（一）加快推进体制机制改革，建设产学研深度融合的技术创新体系

第一，应加快推进构建多主体多层次的创新风险分担体系，有效化解企业创新风险。进一步加大技术改造等事后奖补等政策，探索完善创新券等普惠式创新扶持政策，有效纾缓中小企业创新的财务负担。设立重大项目攻关专项资金，扶持企业在关键技术领域开展专项攻关。大力发展科技

金融，通过政府引导、社会参与的方式，搭建高水平公共金融服务平台和创新平台、技术产权交易平台，加快民间风险投资和创业投资公司发展。大力发展科技融资担保业，开展科技保险创新，扩大知识产权质押融资、中小企业集合信托计划等规模，拓宽科技型中小企业融资渠道。建立科技型企业上市企业梯队制度，加快发展多层次资本市场，拓宽风投资金退出渠道。

第二，应加快发展多形态的技术交易市场支撑科技成果转化，提升产学研协同创新水平。加快推动省内高校、科研院所、省级重点企业研究院等科研成果开发主体成立科技成果转化与推广机构，强化科研机构与产业、企业的技术转让对接。积极吸引国内外大院名校、军工单位在广东省技术市场建设一批柔性孵化平台、技术转移工作站、技术转移中心、军转民技术转移中心。鼓励社会力量创办多主体投资、多样化模式、企业化运作的新型研发机构，进一步密切产学研协同创新，将产学研合作形成从当前以简单技术转让、合作开发和委托开发为主的模式，推广到多边技术联盟、重大技术长期攻关、共建科技工贸一体化经济实体等高层次合作模式。积极探索政府在推动产学研合作中的适合角色和作用，协调企业与科研机构之间的合作沟通，资助扶持建设一批事关行业发展的关键技术、共性技术的产学研合作平台，在行业中形成强有力的技术溢出效应。

第三，应不断优化公共服务的供给水平，打造一批具有全国和全球影响力的创业创新中心。要大力推进创新孵化体系建设，针对人才引进、营商环境优化、创业指导、第三方专业服务等共性问题，不断探索新的做法，总结成功经验和模式，建立和规范相关管理制度和运行机制，逐步形成可复制、可推广的经验。

（二）深入实施知识产权强省战略，构建自主创新核心能力

第一，应持续加强知识产权保护，营造良好市场环境。完善专利审查制度、加强审查管理、优化审查方式，提高知识产权审查质量和效率。进一步加强知识产权行政与司法保护力度，加大侵犯知识产权行为的打击力度，将专项打击逐步纳入常态化执法轨道。完善部门协作、定期沟通、重大案件会商和通报制度，强化联合执法协调机制和纠纷快速解决机制，构建网络化知识产权维权援助体系，推动行政执法与司法联动，缩短确权审

查、侵权处理周期,提高维权效率。

第二,应健全与完善知识产权运用和服务体系,发挥知识产权在加快培育和发展战略性新兴产业中的引领示范作用。围绕战略性新兴产业发展需要,不断完善知识产权政策。扶持一批具有较高价值、应用前景广阔的知识产权及创新成果转化,在关键技术领域形成一批专利组合,构建支撑产业发展和提升企业竞争力的专利储备。谋划建设一批知识产权密集型产业集聚区,在产业集聚区推行知识产权集群管理,建设具有申请受理、咨询、培训、信息服务等功能的"一站式"知识产权服务机构。着力构建科技与金融合作、研发与孵化、交易与转化、专利与应用等方面的平台,推进知识产权质押融资服务实现普遍化、常态化和规模化,引导银行与投资机构开展投贷联动,积极探索专利许可收益权质押融资等新模式。积极开展专利检索与分析业务,向社会低成本提供知识产权基础信息。鼓励文化领域商业模式创新,加强文化品牌开发和建设,建立一批版权交易平台,活跃文化创意产品传播,增强文化创意产业核心竞争力。

第三,应加强高校和科研院所的知识产权工作。推动高校、科研院所建立以市场为导向的知识产权创新机制,加大对委托开发、技术协作、共同研发等协同创新的鼓励力度。完善科研人员创新激励政策,鼓励高校、科研机构和企业之间开展互动交流,推动科研成果市场化。加强重点实验室、工程技术研究中心、企业技术中心等创新平台的知识产权考评。

(三) 加大基础研究投入和科技人才培养,强化战略科技力量

第一,应集中打造一批高水平大学和高水平科研机构平台,使其成为广东提升原始创新能力的关键抓手。持续加大对高水平大学的建设投入,鼓励全球高水平大学到广东联合办学,加强本土高水平人才的培养能力。加强本土重点实验室、工程研究中心等创新平台建设,鼓励其与世界著名实验室、研究机构开展合作创新,加大对高水平领军人才和海外科技人才的吸引能力。

第二,应结合广东产业发展布局,建立全面支撑产业技术创新的大平台。依托国家重大科技基础设施,建设国家大科学中心,争取更多国家重大科技基础设施在粤布局,在部分领域代表国家参与全球重大科技项目攻关。结合广东产业发展方向,重点部署实施一批重大科技攻关专项,集中

力量攻克一批关键领域核心技术。围绕大科学工程引进相关的应用型科研机构，鼓励广东企业积极参与国有科研院所的股份化改制，通过并购等手段引进国内外优质科技资源，增强在基础研究和基础应用研究方面的创新能力。

（四）推动粤港澳大湾区创新引领和粤东西北创新发展，提升区域创新协同

第一，应牢牢把握粤港澳大湾区建设契机，加快国际创新城市群建设。加大对创新型中心城市（如广州、深圳）基础性、系统性、集成性创新的投入，进一步巩固和提升核心城市和龙头企业在全国乃至全球创新体系中的地位。推进珠三角与粤东西北以及西江经济带的数字通信、交通等重要基础设施一体化建设，降低要素流动成本，建立跨区域协同创新机制。大力推动多层次粤港澳合作创新，以前海、南沙、横琴三个平台为基础，加强粤港澳基础设施的互联互通，选择互补效应明显的领域进行重点支持与合作，共建一批国家级实验室、研究中心，重点推进粤港科技创新走廊、深港创新圈建设，实现科技资源的融合共享。将创新发展战略与"一路一带"战略深度结合，创新与"一路一带"沿线国家基础设施建设、产能合作方式，加快提升广东企业的国际化运营能力，进一步提高对外投资、技术输出对当地的外溢效应，实现合作共赢。

第二，应积极加快粤东西北创新驱动发展，构建珠三角与粤东西北的跨区域创新分工体系。加快推动珠三角优势产业、优质企业面向粤东西北地区的产业转移和产业共建，形成紧密协调的产业链分工，实现粤东西北与珠三角同一水平发展。鼓励转移企业在粤东西北成立工程技术研发中心或设立研发分支机构，与珠三角的母公司或研发基地形成产业链上下游协同创新。大力提倡两地统筹跨区域一体化产业布局，在粤东西北的共建产业园区中大胆实施新兴产业培育战略，统筹整合珠三角创新资源和粤东西北资源禀赋优势，实现跨区域协同创新。

（五）大力弘扬企业家精神和工匠精神，倡导新时代中国特色社会主义创新文化

第一，应充分挖掘广东文化中的企业家精神特质。应该系统总结和梳

理近代以来，尤其是改革开放以来，广东如何在企业家精神激励下完成社会主义市场经济建设和对外开放的勇敢探索，为创新驱动发展增添文化自信。要深入讨论在发展模式转化的新发展时期，如何传承和提升广东企业家精神，为广东企业家精神注入时代性的新内涵。

第二，应充分挖掘广东文化中的工匠精神特质。要深入挖掘像华为、格力这样的专注于本领域，不断追求技术进步和品质改进的优秀工匠精神样本，全面挖掘和系统阐释工匠精神在广东制造和广东创新中所发挥的重要作用，将工匠精神上升到岭南文化的重要组成。要推动工匠精神和企业家精神的水乳交融，弘扬一种既饱含开拓进取创新冒险精神，又注重脚踏实地务实苦干的民族创新文化，使其成为支撑广东创新驱动乃至国家创新驱动的核心文化力量。

第三，应建设工匠精神和企业家精神高度融合的新时代社会主义创新文化。这种创新文化，既重视把握商业机遇，求新求变，也重视夯实技术基础，深耕细作；既饱含开拓进取精神，又放眼长远发展富有战略定力。只有建立起充分的文化自信和文化支撑，我们才能充分动员全社会力量，牢牢把握新一轮技术革命机遇，在激烈的国际市场竞争中稳住阵脚，为国家创新驱动发展提供有力支撑。

参考文献

艾瑞咨询：《中国"独角兽"企业估值榜》，2016。

蔡昉：《2030 年之前中国不会跨越中等收入陷阱》，《经济研究信息》2016 年第 5 期。

曹淑敏：《中国·2014 年中国工业发展报告：中国工业发展报告》，人民邮电出版社，2014。

昌忠泽、孟倩：《美国创新驱动战略的内涵特征、动力机制和举措——基于三版"美国创新战略"的比较分析》，《战略与管理》2016 年第 5 期。

广东省发展改革委：《广东省现代服务业发展"十三五"规划》，2017。

广东省经济和信息化委员会：《广东省工业优势传统产业转型升级"十三五"规划》，2017 年 2 月。

广东省经济和信息化委、广东省发展改革委：《广东省先进制造业发展"十三五"规划》，2017 年 2 月。

广东省科学技术厅、广东省发展和改革委员会：《"十三五"广东省科技创新规划》，2017 年 2 月。

广东省人民政府：《广东省"互联网＋"行动计划（2015－2020年）》，2015年9月。

广东省人民政府：《广东省智能制造发展规划（2015－2025年）》，2015。

广东省住房和城乡建设厅：《广东省现代服务业发展"十三五"规划》，2017。

胡鞍钢：《二十国集团引领"增长优先"转向"创新优先"》，《光明日报》2016年9月14日。

胡鞍钢：《中国成世界技术创新之国》，《人民日报》（海外版）2017年2月14日。

经济学人智库：《中国消费者2030年面貌前瞻》，2016。

李国杰、徐志伟：《从信息技术的发展态势看新经济》，《中国科学院院刊》2017年第3期。

李源：《基于"逆创新"范式的中国企业"走出去"》，《广东社会科学》2014年第5期。

李万、常静等：《创新3.0与创新生态系统》，《科学学研究》2014年第12期。

李伟等：《德国工业4.0新进展及对我国的启示》，《国研报告》2017年5月9日。

罗纳德·哈里·斯、王宁：《变革中国——市场经济的中国之路》，中信出版社，2013。

麦肯锡全球研究院（MGI）：《数字全球化：全球流动的新时代》，2016年9月。

仇宝兴：《小企业集群研究》，复旦大学出版社，1999。

世界知识产权组织、美国康奈尔大学、英士国际商学院：《2017年全球创新指数》，2017年6月。

麦肯锡：《2030年消费品格局》，2016。

麦肯锡全球研究院：《中国创新的全球效应》，2015年7月。

万陆、杨本建：《技术服务的产品性质与供给方式》，《学术研究》2012年第9期。

王珺、岳芳敏：《技术服务组织与集群企业技术创新能力的形成——以南海西樵纺织产业集群为例》，《管理世界》2009年第6期。

王珺：《创新发展中的广东实践：特征与走势》，《南方》（2017）总第256期。

王海燕、冷伏海：《英国科技规划制定及组织实施的方法研究和启示》，《科学学研究》2013年第2期。

王海燕、张寒：《英国国家创新体系新动向》，《中国国情国力》2014年第8期。

张晓波、李钰、杨奇明：《26年中国创新创业版图变迁：看你的家乡在衰落还是充满活力？》，《知识分子》2017年4月27日。

赵细康、温宪元：《自主创新探源：中国研究与开发的实证分析》，华南理工大学出版社，2006。

赵细康：《新常态下的广东发展新方略》，《南方日报》2015年1月31日。

中共中央、国务院：《国家创新驱动发展战略纲要》，2016年5月。

中共广东省委、省政府：《关于加快建设创新驱动发展先行省的意见》，2015。

中央财经大学中国人力资本与劳动经济研究中心：《中国人力资本报告2016》，2016年12月。

Baumol, W. J. 2010. *The Microtheory of Innovative Entrepreneurship*. Princeton University Press.

Chesbrough, H. 2003. *Open Innovation: The New Imperative for Creating and Profiting from Technology*. Harvard Business School Press.

Manyika, J., et al. "Disruptive Technologies: Advances that will Transform Life, Business, and the Global Economy." *Report of McKinsey Global Institute*, May 2015.

Morgan Stanley. "The Next Decade of China's Transformation." Feb. 15, 2017.

Nadvi, K., and G. Halder. 2005. "Local Clusters in Global Value Chains: Exploring Dynamic Linkages between Germany and Pakistan." *Entrepreneurship & Regional Development* 17 (5): 339 – 363.

Nadvi, K. 2004. "The Effect of Global Standards on Local Producers: A Pakistani Case Study." *Local Enterprises in the Global Economy: Issues of Governance and Upgrading*, H. Schmitz(ed.), Edward Elgar Publishing Limited, pp. 297 – 325.

Office of the Deputy Assistant Secretary of the Army (Research & Technology). "Emerging Science and Technology Trends: 2016 – 2045 —A Synthesis of Leading Forecasts." April 2016.

Shang-Jin Wei, Zhuan Xie, Xiaobo Zhang. 2017. "From 'Made in China' to 'Innovated in China': Necessity, Prospect, and Challenges." *Journal of Economic Perspectives* 31 (1): 49 – 70.

WEF & Deloitte. "The Future of Financial Infrastructure: An Ambitious Look at how Blockchain can Reshape Financial Services." August 2016.

专题报告四　2035：广东城镇化发展展望

　　城镇化是伴随工业化发展，非农产业在城镇集聚、农村人口向城镇集中的自然历史过程，是人类社会发展的客观趋势，是国家现代化的重要标志。[①] 城镇化的具体内容主要包括人的城镇化和土地城镇化，由于土地城镇化受政策影响较大，常住人口城镇化率成为测量和预测一个国家或地区城镇化水平的主要指标。

　　2035 年，广东从农村社会向城市社会的转变预计基本完成，以人的全面发展为核心的城镇化预计基本实现。预测结果表明，广东 2035 年城镇化率为 81.5％。粤东西北农村地区人口将进一步向珠三角地区集聚，同时，粤东西北地区落后地区城市化也将提速，发挥中心镇、特色小镇、产业转移园等载体作用，就近吸纳农村农业人口入城从事非农产业。农业产值占 GDP 比重下降至 5％ 以下，非农就业者占总就业人口比重超过 80％，城镇成为人口工作居住的主要空间场域，80％ 以上的人口常住在城市。

　　广东的城镇化建设，将紧扣"人民日益增长的美好生活需要和不平衡不充分的发展之间的矛盾"，秉持"创新、协调、绿色、开放、共享"五大新发展理念，坚持走"以人为本、四化同步、生态文明、布局优化、文化传承"的中国特色的新型城镇化道路，借鉴先发国家成功经验，尊重城镇化发展规律，以满足人的全面发展为目的，贯彻落实国家新型城镇化战略部署，深化改革开放，着力补齐短板，建设美好、和谐、可持续的城市

---

　　① 《国家新型城镇化规划（2014—2020 年）》。

社会。

广东的城镇化发展有着鲜明的特征：从速度上，将由"快速化"向"稳步化"阶段迈进；从动力上，"新园、新区、新城"将成为主动力；从形态上，珠三角城市群将由"群散化"向"群合化"方向发展；从模式上，将由粗放向集约，由灰色向绿色迈进；从投入上，将由低成本化向高成本化转变。

展望 2035 年，"城市广东"格局全面形成，人们的居住、教育、医疗、交通等生活需求，就业、创业等发展需求，健康、生态等环境需求，文化、娱乐、休闲等人文需求，都得到充分满足，人们在城市中生活得更加美好。

一 广东城镇化历程、特征与经验

城镇化发展的不同阶段具有不同的特征，按照美国城市地理学家诺瑟姆三阶段论，第一阶段为城镇化初期，城镇化率①小于 30%，是城镇化缓慢发展的阶段；第二阶段为快速发展时期，城镇化率大于 30% 而小于 70%，这个时期城镇化总体快速推进，又可分为 30% 至 50% 之间的增速推进时期和 50% 至 70% 的减速推进时期；第三阶段为城镇化后期，城镇化率超过 70%，进入城镇化成熟时期。三个阶段的轨迹如一条稍被拉平的"S"形曲线。中国城镇化水平于 1996 年前后越过 30% 后，进入了快速发展期，又于 2011 年越过 50%，标志着中国从此进入城市中国时期。

由快速工业化推动的广东城镇化，发展水平由落后于全国平均水平到位居前列，改革开放 40 年来取得了令人瞩目的成就，形成了具有广东特色的城镇化模式，为未来持续健康发展奠定了基础、积累了经验。但也存在

---

① 关于城镇化率的统计，存在三种口径。第一种口径按行政建制，城镇人口是指市辖区内和县辖镇的全部人口，乡村人口是县辖乡人口。第二种口径按常住人口划分，城镇人口指设区的市的区人口和不设区的市所辖街道人口及不设区的市所辖镇的居民委员会人口和县辖镇的居民委员会人口，乡村人口是指除上述两种人口以外的全部人口。第三种口径，城镇人口是指居住在城镇范围内的全部人口，乡村人口是指除上述以外的全部人口。显然，前两种口径是以户籍为基础的，而第三种口径是以居住范围为判断标准。在我国统计年鉴资料中，1952～1980 年为第一种口径，1981～1999 年为第二种口径，2000 年后为第三种口径。为避免统计口径不一致，本课题组只根据 2000 年以来的数据进行预测。

城镇化滞后于工业化、区域不平衡、户籍人口城市化滞后、大城市病和基本公共服务供给非均衡化等问题。

（一）历程与特征

近40年来，广东城镇化大体走过了起步、快速发展、中高速发展和新型城镇化四个阶段，主要发展动力由20世纪80年代第一阶段利用国际产业转移机遇，引入"三来一补"[①]产业，利用农村剩余劳动力，农村社区工业化[②]快速起步，通过向下放权式的制度改革，奠定城镇化发展基础，但也形成了分散的城镇化格局。20世纪90年代后，在特区经验基础上，通过普遍设立开发区，利用外资和外来务工人员发展外向型经济，辅以分权竞争以促发展的制度改革，城镇化快速推进，但出现了产城分离、职住分离、双栖城镇化[③]等问题。21世纪以来，通过实施集聚经济、产城融合、区域协调等发展战略，新城新区新园不断发展，成为推动广东城镇化发展的新动力。

1. 广东城镇化历程

截至2016年末，广东省辖21个地级市，61个市辖区、21个县级市、34个县、3个自治县，446个街道、1128个镇、11个乡、7个民族乡；全省常住人口10999万人[④]，其中城镇人口7611.31万人，农村人口3387.69万人。图4-1显示的是1978年到2016年，广东户籍人口、常住人口及其城镇化率、占全国城镇人口比重的演变情况。可以看到广东2000年以来常住人口城镇化率远远高于全国人口城镇化率。

---

① "三来一补"指来料加工、来样加工、来件装配和补偿贸易，是中国大陆在改革开放初期尝试性地创立的一种企业贸易形式。它最早出现于1979年，由张细创立了全国首家农村"三来一补"企业——龙眼张氏发具厂。

② "农村社区工业化"是位于农村地区工业的兴起与发展并推动整个农村经济和社会进步的过程。农村社区工业化一般位于明清以来，专业化商品经济发达，具有良好副业基础的地区，如珠三角、苏南等地。

③ 双栖城镇化，也叫两栖城镇化，是指近年来，在安徽、湖北、四川等地，农民进城"零门槛"的落户政策一再遇冷。不仅很多考上大学的大学生不愿意迁移户口，很多在城里买房、工作、生活的农村居民也仍然把户口留在农村。有的城市居民甚至还借"市民下乡"政策，用农业规模经营等投资换农村户口，做"涉农居民"。于是，很多人将这种现象称作"两栖城镇化"。参见陈鹏《给"两栖城镇化"平稳过渡期》，中国经济网，2016年8月4日。http：//news. xinhuanet. com/politics/2016 – 08/04/c_129203725. htm

④ 常住人口指实际经常居住在某地区一定时间（半年以上）的人口。

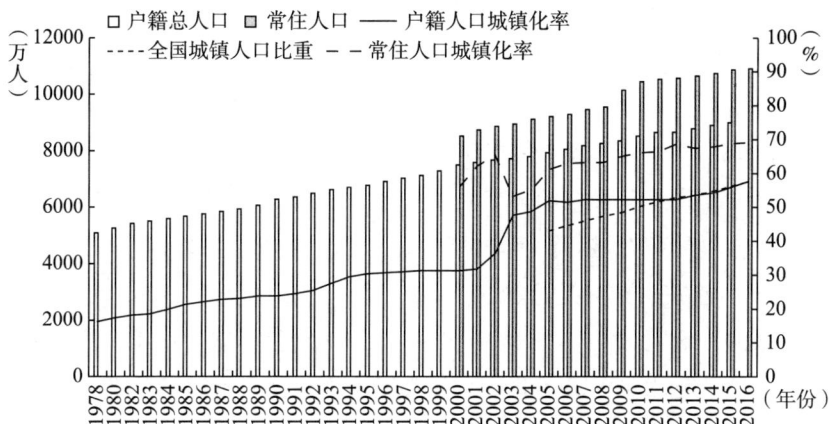

图 4-1 广东 1978~2016 年人口总量与城镇化率演变

资料来源:根据相关年份《广东统计年鉴》数据整理绘制。

根据 1978 年以来全国人口普查数据和《广东统计年鉴》数据测算的城镇化水平,结合经济社会发展情况,可将改革开放以来广东人口城镇化历程大体划分为四个阶段。

(1)起步阶段(1978~1990 年)

截至 1978 年底,广东城镇人口为 823.23 万人,占总人口 5064.15 万人的 16.26%,比当时全国平均水平(17.92%)低 1.66 个百分点。[①] 1982年,广东城镇人口为 971.46 万人,占总人口的 17.94%,比当时全国平均水平(20.55%)低 2.61 个百分点,居全国第 18 位。1990 年,广东城镇人口为 1477.31 万人,占总人口的 23.65%。这一时期城镇化水平快速增长的主要原因是在短缺经济[②]下快速的工业化及 1984 年户籍制度调整后,乡镇企业的发展带动农村和农业剩余人口自农村向城镇转移,另一方面,城镇建制以及区划的调整也助推城镇人口比例的提升。市镇建制和区划调整对 1978 至 1990 年的城镇化发展起了重要的作用(李郇,2015)。1990年,广东建制镇达 1098 个,是 1982 年建制镇数的 9.8 倍,大量乡村居民转为城镇居民,使城镇人口规模迅速扩大。

---

① 基于相关统计数据测算。

② "短缺经济"(shortage economy)是指经济发展中资源、产品、服务的供给不能满足有支付能力需求的一种现象。短缺经济是社会主义经济在原有体制下运行中存在的普遍现象,此处特指新中国建立后至改革开放前期(20 世纪 80 年代中期),国家的资源、产品、服务供给不能满足社会需求的现象。

（2）快速发展阶段（1991～2000年）

2000年，广东城镇人口达4768.46万人，占8525.19万常住人口的55.93%，城镇人口规模超过乡村人口，比全国36.09%的平均水平高19.84个百分点，人口城镇化水平位居全国第4位。这一时期广东工业化迅猛发展，大量人口涌入城镇，特别是外省人口。2000年广东常住人口中外省流动人口分布在城镇的有1145.06万人，占1990～2000年城镇人口增量的47%，即在这一时期的城镇人口增量中有近一半是外省流动人口。从流动人口的行业构成看，有68.76%在制造业就业。这表明1991～2000年广东人口城镇化水平的快速提高，主要动力源自工业化的迅猛发展。

（3）中高速阶段（2001～2012年）

广东城镇化进入中后期发展阶段，以中高速城镇化发展速度推进，常住人口城镇化水平从2001年的超过55%达到2012年的67.4%，年均增速超过1个百分点，但仍属粗放式发展模式。2012年，全省年末城镇常住人口7140.36万人占常住人口的67.4%。其中，珠江三角洲、粤东、粤西和粤北山区的城镇化程度分别为83.84%、59.05%、39.72%和45.3%，分别比上年提升0.83个、0.84个、1.43个和9.81个百分点，西翼和山区的城镇化程度明显加快。2012年末，全省居住在城镇的人数比上年净增154.53万人，增长2.21%，比常住人口0.85%的增幅高出1.36个百分点。①

（4）新型城镇化发展阶段（2013年以来）

广东城镇化进入中后阶段的减速发展时期，发展模式进入转型阶段，开始了走"以人为本、四化同步、生态文明、布局优化、文化传承"的新型城镇化发展道路。自党的十八大报告提出"五位一体"建设、走新型工业化、新型城镇化、信息化、农业现代化发展道路以来，我国进入经济、社会、政治、文化、生态全面发展和转变发展方式关键期。继2014年初国家发布新型城镇化规划后，《广东省新型城镇化规划（2014－2020年）》也随即发布，提出：到2020年广东城镇化要实现质量和水平双提升，常住人口城镇化率达到73%，户籍人口城镇化率达56%；要把生态文明建设融入城镇化进程，城镇空间品质和城乡人居环境明显改善；优化布局，在珠

---

① 罗健波：《2012年广东人口发展状况分析》，广东统计信息网，2013－06－18 http://www.gdstats.gov.cn/tjzl/tjfx/201306/t20130618_122619.html。

三角三大城市圈基础上分别融入粤东西北 5 个地级市，以建设涵盖 14 市的三大新型都市圈，创建三大新增长极。同时部署了五大战略举措。近年来，广东一直在落实新型城镇化规划各项举措，珠三角城市与粤东西北对口帮扶，共建产业园促经济转型、民生事业发展，2016 年以来以五大新发展理念引领城镇化持续健康稳步发展。

2016 年，广东城镇常住人口为 7611.31 万人，占常住人口比重为 69.20%，高出全国 57.35% 平均水平 11.85 个百分点。相比 2000 年，城镇人口比重上升 13.27 个百分点，人口城镇化率增速相较上一阶段有较大回落，符合诺瑟姆城市化中后半段的减速推进特征。这一时期广东进行了大规模产业结构和产业布局调整，珠三角地区产业结构逐渐高端化和服务化，技术及资本密集度进一步提高，吸纳就业能力下降。大量以劳动密集型为主的企业，逐步向省内粤东西北和外省转移，全省人口城镇化进程进入了稳步提高阶段。同时，进入 21 世纪以来，在国家振兴大西北、加快中西部省份发展及全国工业化、城镇化进程都在加快发展大背景下，大量外来务工人员回流，他们或在自己家乡务工或分流到长三角地区及其他省份，这也导致广东外来人口数量减少。

2. 广东城镇化发展特征

一是城镇化率快速增长，整体进入城市化中后期。广东城镇化经过改革开放前期高速发展后，进入 21 世纪达到较高水平。2000~2016 年，全省城镇人口比重上升了 13.27 百分点，平均每年提高 0.83 个百分点。2016 年末，广东城镇化水平在全国省区排名第一，仅低于京、津、沪三个直辖市。[①]

根据"诺瑟姆曲线"[②]公理，世界城市发展过程的轨迹是一条被拉长的 S 形曲线。城市化进程大致分为三个阶段，第一个阶段为初期，城市化率 30% 以下，城市化速度比较缓慢；第二阶段是中期，城市化率在 30%~70%，城市化加快发展；最后一个阶段是后期，城市化水平超过 70%，城市规模在达到 90% 后趋于饱和。参照诺瑟姆城市化发展进程三个阶段的研

---

① 根据各省统计公报，2016 年，京、津、沪常住人口城镇化为 86.5%、82.93%、87.6%。

② 美国著名学者诺瑟姆把一个国家和地区的城镇人口占总人口比重的变化过程概括为一条稍被拉平的 S 形曲线，并把城市化过程分成 3 个阶段，即城市水平较低、发展较慢的初期阶段，人口向城市迅速聚集的中期加速阶段和进入高度城市化以后城镇人口比重的增长又趋缓慢甚至停滞的后期阶段。1987 年焦秀琦在《城市规划》上发表了一篇论文《世界城市化的"S"形曲线》，首次系统地介绍和推导了城市化增长曲线的"S"形变化规律。

究理论，2017年广东城镇化将正式进入后期的发展阶段。

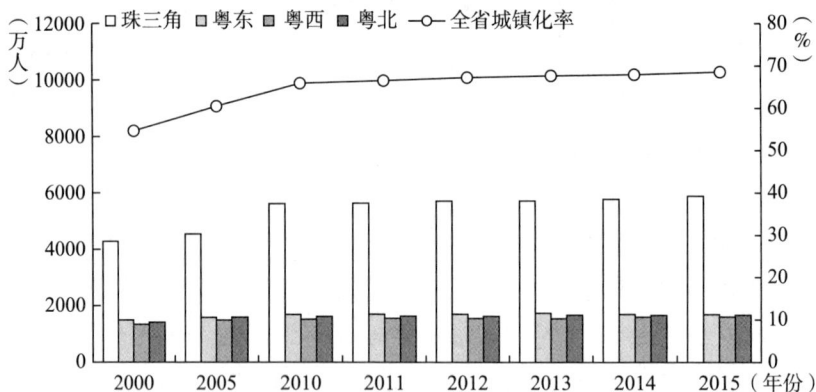

图4－2　广东省2000～2015年人口与城镇化变化趋势

资料来源：根据历年《广东统计年鉴》数据整理绘制。

二是核心城市影响力增强，珠三角形成巨型"城市区域"。广州、深圳两座特大中心城市体量日益扩大，发展日渐成熟，根据"全球化与世界城市研究小组与网络"（GaWC）① 公布的2016年世界城市体系排名中，全球有361个入选世界城市，在Alpha一级（一线城市）49个城市中，广州位列第40位，是排位最高的一次，并首次进入世界一线城市行列。深圳位于Beta级，该排名并不看重城市的GDP，而重点关注高级生产者服务业，表明这两个核心城市的国际化程度越来越高，区域辐射带动能力显著增强。珠三角内部以广佛肇经济圈、深莞惠经济圈为主的区域一体化不断深化，珠三角已经形成巨型城市区域。粤东、粤西和粤北城镇群也逐步发育，汕头、揭阳、韶关、茂名、湛江等城市辐射带动能力日趋加强，粤东潮汕揭一体化和粤西湛茂一体化正稳步推进。特别是2013年广东开展"大交通战略、产业园区建设、中心城区扩容提质"三大振兴粤东西北战略以及2014年广东发布了新型城镇化规划以来，优化区域城市布局，珠三角城市对口帮扶粤东西北县市等各项工作，加快了珠三角的转型升级发展，促进了粤东西北的城镇化进程和水平，促进了广东城镇化的区域协调发展。

---

① 全球化与世界级城市研究小组与网络（Globalization and World Cities Study Group and Network，GaWC）以英国拉夫堡大学为基地，尝试对世界级城市进行定义和分类。

表 4 – 1 广东城镇数量演变情况

单位：个

年份	地级市	县级市	县	自治县	市辖区	市辖镇	街道
2016 年	21	20	34	3	62	1128	445
2010 年	21	23	41	3	54	1134	436
2005 年	21	23	41	3	54	1145	429
2001 年	21	31	43	3	45	1556	337
1995 年	21	32	43	3	42	1531	—
1990 年	19	—	73	3	38	1297	—

资料来源：历年《广东统计年鉴》。

在亚洲大型城市区域中，珠三角城市区域的规模已上升至第一位。世界银行报告《东亚都市景观变化》[①] 将珠三角城市群列为东亚地区规模最大的城市连绵体。珠三角联合香港和澳门所形成的粤港澳大湾区，其土地面积已超过长三角和东京湾地区，未来，其经济规模也有望超越东京湾区。

从珠三角内部看，9 个城市的经济和人口规模形成三个梯队。第一梯队：广州、深圳。2016 年，两市 GDP 均已超 1.7 万亿元（两市 GDP 总量占珠三角城市群的 57.18%），人口规模均大于 1000 万人。第二梯队：佛山、东莞。GDP 均达 0.6 万亿 ~ 0.8 万亿元（2 市 GDP 总量占珠三角城市群的 22.93%），人口规模均为 700 万 ~ 1000 万人。第三梯队：珠海、惠州、中山、江门、肇庆。除惠州和中山均超过 0.3 万亿元外，其他都不足 0.3 万亿元（5 市 GDP 总量占珠三角城市群的 19.89%），人口规模 150 万 ~ 450 万人。从 9 市经济总量和城镇化发展水平来看，广州、深圳总体发展水平最高，佛山、东莞处于第二发展序列，中山、珠海城镇化水平较高，但经济总量与惠州、江门、肇庆等外围城市处于同一层次，反映了珠江西岸地区相对均衡，缺乏龙头带动。

珠三角城市等级体系从过去的以广州、深圳为核心，其他城市同属下

---

① 世界银行（World Bank）2014 年公布《东亚都市景观变化》报告，日本、韩国及新加坡在调查中被列为高收入经济体，但在都市人口密度调查中，韩国的都市人口密度这 10 年间呈下降趋势。

一层级的扁平结构，升级到以广、深为核心，佛、莞为第二梯队的层级式结构。"广—佛"及"深—莞"形成分工协作、功能强大、联系紧密的都市圈，并对区域发展发挥组织作用。香港作为区域内唯一的全球城市[①]，具有最高的国际化程度和组织能力，其在改革开放初期转移了大量的劳动密集型产业至珠三角，极大地助推了珠三角的成长，但因体制所限，香港并不直接参与对珠三角区域的组织，更多的是通过与广州、深圳的密切联系进行传递。在粤港澳大湾区及自贸区建设背景下，粤港澳之间要素流动加快，香港的"超级联系人"角色将得到进一步发挥。澳门的情况较为特殊，一方面拥有很高的国际化程度，另一方面因其规模有限，产业单一，对区域的影响力极为有限。

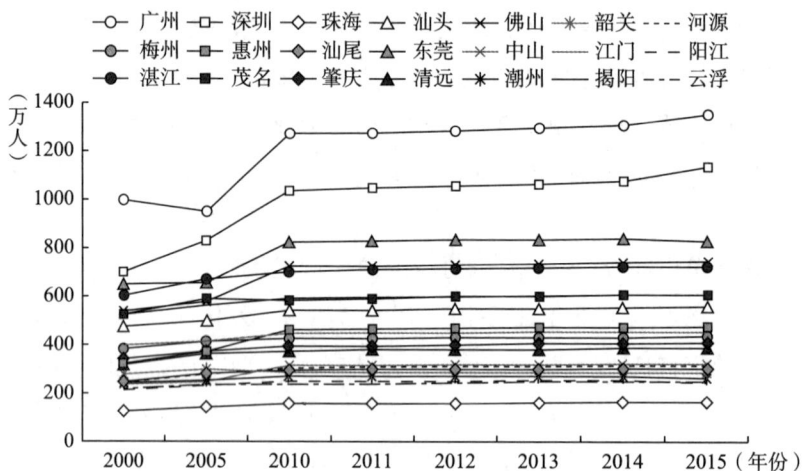

图 4 – 3 广东各城市人口规模形成的三个层级

资料来源：根据历年《广东统计年鉴》数据整理绘制。

目前广州、深圳已成长为珠三角的双核，各自拥有一定范围的腹地，具有难以取代的中心地位。广州作为传统的省级行政中心，拥有许多大型骨干企业，在生产性服务、区域物流等方面具有强大的组织能力；深圳作为最为成功的经济特区，拥有高度成熟的市场环境，已经发展成为区域创新系统，其众多本地民营企业已形成巨大而稳定的商业生态，并通过区域

---

① 全球城市（Global city），又称世界级城市，指在社会、经济、文化或政治层面直接影响全球事务的城市。全球城市一词由沙森（Saskia Sassen）于 1991 年的作品中首创，与"巨型城市"（又称超级城市，megacity）相对。

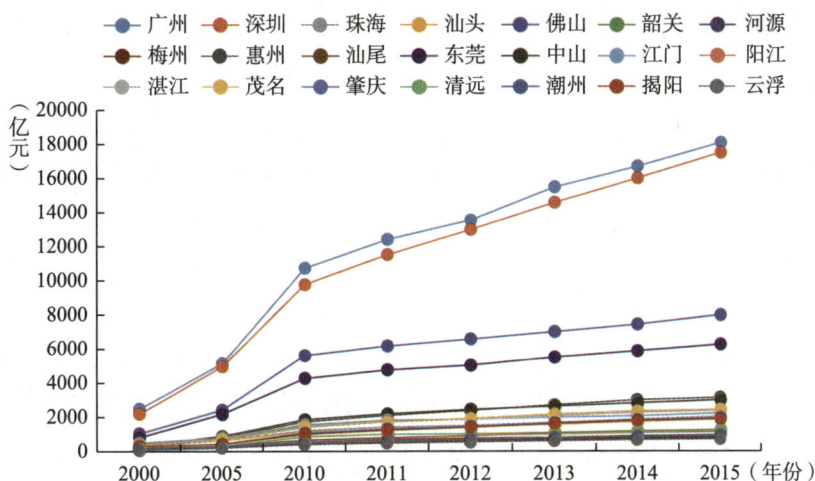

图 4 - 4　广东各城市经济规模形成的三个层级

资料来源：根据历年《广东统计年鉴》数据整理绘制。

产业分工，产生强大的辐射能力。同时，广深双核之间的联系在区域中最为密切，正是这种日益密集的人流、物流、资金流、信息流的交换，驱动两个核心城市不断快速成长。

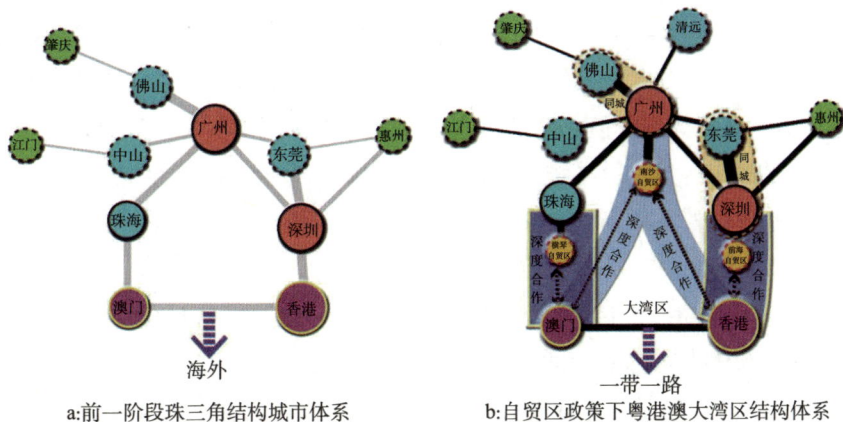

a:前一阶段珠三角结构城市体系　　　　b:自贸区政策下粤港澳大湾区结构体系

图 4 - 5　珠三角区域城市结构体系演化

佛山、东莞分别作为民营经济和外向型经济的代表，各自发展模式和演化路径不同，且与外部城市的联系也较弱，但随着珠三角区域一体化程度的不断提高，与相邻的广州、深圳融合加深，形成了功能互补的一体化都市圈。广—佛、深—莞的联系已不再局限于生产，而是涉及广泛而密切的日常通勤和生活联系。相比于广州、深圳以高级服务为主的中心地位，佛山、东莞主要承担大规模生产职能。其中，佛山企业的根植性较强，其产业生态较为封闭，而东莞则更为开放，与区域联系更多元。

珠海、中山、江门、肇庆、惠州等城市基本同属一个层级，珠海和中山的外向联系程度相对更高。其中，珠海作为经济特区，与广州、深圳以及香港、澳门均有较为密切的联系。中山则更多地与深圳发生联系，从而对跨越珠江两岸的跨江通道建设产生较大需求。惠州主要与东岸的深圳、东莞联系密切。

从全省来看，广东已逐步形成珠三角率先发展、东西两翼稳步发展、粤北地区加快发展的区域格局，以及大中小城市与小城镇协调发展的城镇体系，城镇化空间结构逐步由"双中心"向"多中心、网络化"转变。随着自贸区和粤港澳大湾区城市群相关政策的实施，粤港澳合作日期紧密，一体化进程加速，三地将进一步携手共建优质生活圈和环珠江口宜居湾区，粤港澳大湾区世界级城市群建设取得初步成效将更加显著。

三是人口总量惯性增长，空间分布集聚度高。"十二五"时期，广东省人口总量增长相对放缓，但受庞大人口基数和人口再生产周期影响以及"单独二孩"政策实施，全省常住人口继续保持惯性增长。2015年底，广东常住人口达10849万人，占全国人口总量的7.89%；2010～2015年均增长率为0.77%，与"十一五"时期全省常住人口年均增长2.58%相比，下降1.81个百分点，但仍明显高于全国平均水平（"十二五"时期全国平均自然增长率为4.79‰～5.21‰），人口总量仍持续着惯性的增长态势。相对平稳的增长率以及低生育水平状况是"十二五"时期广东省人口增长的重要特征。

环珠江口城市人口集聚程度明显高于其他地区。2016年，广州、深圳、东莞和佛山4座城市的人口规模达到4056.45万人，占全省的39%，占珠三角的64.82%，可见人口高度集聚于"广佛"及"深莞"两大都市圈。从人口密度来看，环珠江口城市的人口密度也明显高于外围城市。"十二五"时期，广东省常住人口区域分布的基本格局没有改变，超过一半的人口仍集聚在珠三角，区域内拥有广州、深圳两个超大城市以及佛山、东莞两个特大城市。"十二五"期末，广州、深圳两超大城市的常住人口增量为全省之最，分别比"十一五"期末净增79.15万人和100.67万人，两市人口增幅约占同期珠三角城市群人口增量的七成，人口向超大都市集聚的趋势仍然十分明显。

"十二五"期末，全省人口密度为每平方千米 604 人，相当于全国人口密度的 4 倍。粤东地区的人口密度全省最高，由"十一五"期末的每平方千米 1089 人上升到 2015 年的 1116 人；珠三角从每平方千米 1026 人上升到 1073 人，广州、佛山、东莞、中山 4 市人口密度继续高于北京和天津，而深圳则已超过了上海，成为全国人口密度最高的超大城市。

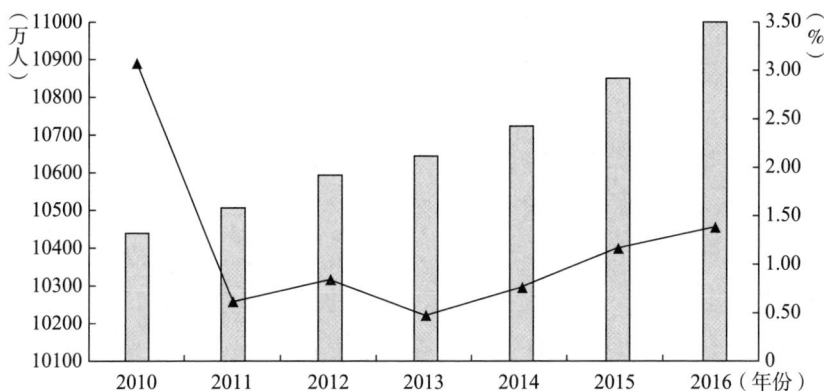

图 4 - 6　广东 2010～2015 年常住人口规模与增长率

资料来源：根据历年《广东统计年鉴》数据整理绘制。

四是城市边界外扩强劲，国有与集体产权同步扩张。根据不同时期的建设用地遥感识别结果，2014 年广东建设用地达到 13500.65km²，占全省土地面积的 7.63%。1980～2014 年，建设用地面积增长超过 10 倍。特别是珠三角地区，建设用地面积由 1980 年的 359.37km² 增长至 2014 年的 7892.24km²，扩大了 20 倍以上。呈现出建设用地增速快于户籍人口增速的特征，特别是在 1980 至 1990 年这一时期，城镇建设用地增长超过 20%，而人口规模增长不足 2%。建设用地的快速扩张反映了城乡建设模式相对粗放。有些城镇为吸引投资，随意圈占、盲目开发土地资源，导致部分土地的实际利用效率较低，甚至长期闲置。部分城镇产业结构失衡，低端产业占用了大量土地资源，公共服务设施用地比重偏低，珠三角部分城市绿地及公共服务用地比例均远低于国际大都市的水平；同时，各市工业用地比例普遍过大，如佛山，工业用地比例高达 45%，造成了城镇空间结构的不协调。

另外，国有与集体建设用地同步快速扩张。在中国二元化土地利用制度安排中，城市建设用地属于国有，郊区与农村建设用地属于集体所有①，而农地转为建设用地只能经过征地，变成国有属性后方能参与城镇化建设。这种管制性的土地使用制度安排导致了"土地财政"的出现。20世纪80年代后期，农业部门已经无力继续为中国的工业化提供土地。深圳、厦门等经济特区被迫尝试仿效香港，通过出让城市土地使用权，为基础设施建设融资。从此开创了一条以土地为信用基础，积累城市化原始资本的独特道路。这就是后来广受诟病的"土地财政"②，但也有学者认为正是"土地财政"这一特殊制度安排，支撑了中国的城镇化奇迹。其次，在中国城乡二元化户籍制度的配合下，中国与西方城镇化不同的一点是，在城市人口逐渐扩张的同时，出现了城乡建设用地同步扩张特征，即用两份建设用地增量换取了一份城镇人口增量，表明建设用地利用的低效和无序蔓延。1980至2014年的34年里，中国设市城市建设用地增长了6.44倍，年均增长率达6.27%。中国城市人均建设面积达到了129.57m²，大大超出国家标准，也明显高于发达国家人均84.4m²和其他发展中国家人均83.3m²的水平。③

　　特别是在自下而上城镇化的珠三角地区，改革开放初期，农村工业化快速发展，集体建设用地快速扩张，但随着政府对乡镇企业用地的约束趋紧，农村难以通过继续扩张乡镇企业建设用地这一途径来获取城镇化土地租金收入，部分地区甚至出现了大规模的违法违规的农地转用和建设。同时，在1994年分税制实行以后，在土地财政支持下，城镇中心建成区面积进一步展壮大，国有建设用地也急剧扩张，部分地方政府的政绩追求助长了国有建设空间的进一步扩展。在城镇化土地级差地租的激励下，在城市边缘地区，出现了国有产权空间和集体产权空间同步竞争空间发展权的情况，典型如广州、佛山、东莞等城市。广州的白云区，小产权房及违法违规的集体厂房建设曾经此起彼伏；佛山南海的城乡建设用地中，超过60%为集体产权，出现了"在集体土地上建设城市"的特殊现象。

---

① 详见《土地管理法》（1986版）第二章第六条至第九条。

② "土地财政"是指地方政府依靠出让土地使用权的收入来维持地方财政支出，属于预算外收入，又叫第二财政。

③ 《中国城市发展报告（2015）》中相关数据表明，我国城市建设用地扩张速度明显高于人口增长速度。

（二）经验：多元动力耦合作用推动城镇化快速发展

大多数研究认为，城镇化是工业化的结果。广东近40年来的城镇化进程也沿袭了这一发展规律，同时也呈现出上述的发展特征。下面我们以广东各阶段城镇化的主要动力来源为视角，深度观察分析广东城镇化的发展经验。广东20世纪80年代的城镇化主要动力来源于农村社区工业化。[①]由于乡村主体量大面广，乡村工业遍地开花，分散型城镇化格局形成。进入20世纪90年代，外资外贸成为推动城镇化主要动力。随着外资大量涌入，外贸大规模发展，直接推动了城镇化发展。以国家级和省级园区为代表的园区工业化，带来了园区集聚城镇化。2000年以来，各类型新城建设、各层级新区的建设推动了集聚型城镇化的发展。以新城新区建设为代表的自上而下城镇化占据主导地位，工业化集聚及规模效应，带来了产城融合及公共服务的需求（杨廉、袁奇峰，2012），提升了城镇化发展水平等。

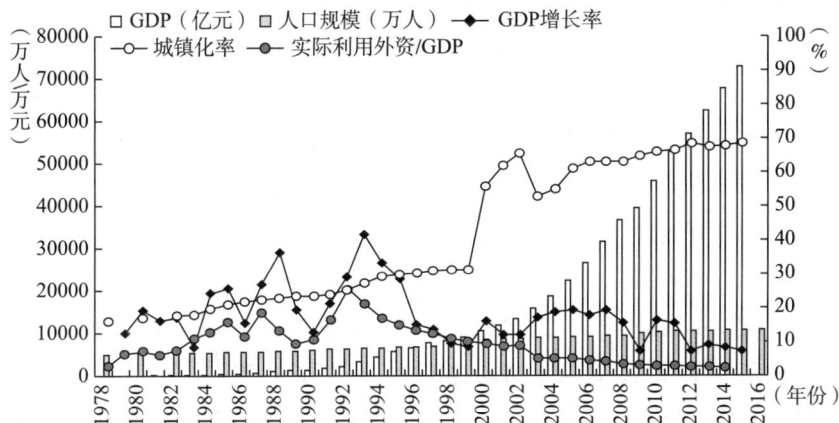

图4－7　广东经济与城镇化发展过程

资料来源：根据历年《广东统计年鉴》数据整理绘制。

1. 制度创新与全球产业转移的耦合作用是广东早期城镇化主要动力

制度创新下的改革开放及全球产业向亚太地区转移是广东早期城市化的主要动力。20世纪全球产业转移经历几大阶段，也正是这几轮全球产业转移，使得中国、韩国、印度尼西亚等亚太地区后发国家经济得以崛起。

[①]　杨廉、袁奇峰：《基于村庄集体土地开发的农村城市化模式研究——佛山市南海区为例》，《城市规划学刊》2012年第11期。

20 世纪 60 年代，随着科学技术的发展和发达国家劳动力成本的上升，劳动密集型产业向欠发达国家转移，发达国家则致力于发展技术密集型产业和资本技术双密集型产业，以实现产业结构升级。20 世纪 70 年代，受两次世界能源危机冲击，能源与矿产资源价格上涨，再一次促使发达国家把一部分劳动密集型和资源密集型产业向发展中国家转移。中国正是承接了这一轮的产业转移，快速启动了工业化和城镇化。作为中国改革开放前沿的广东，其城镇化进程的开启更是得益于国家的改革开放制度创新之政策优势和承接国际产业转移之先发优势。

改革开放近 40 年来，广东承接了三次大的产业转移：20 世纪 80 年代，承接了主要来自香港的轻纺、玩具、钟表、消费电子、小家电等轻工和传统加工业；20 世纪 90 年代初，承接了来自中国台湾地区以及日本、韩国的电子通信类低端加工和装配业；第三次则从 2002 年开始直到现在，承接欧美及日本等发达国家跨国公司以制造、产品设计、研发及采购中心、物流等为代表的高端产业转移。

广东利用改革开放，引进外资的机会，以富裕的空间资源和低廉的人力成本承接了香港劳动密集型产业，发展起了外向型经济，但由于户籍制度将农村富余劳动力锁定在农村，加上政府鼓励乡镇企业发展的政策，两者相结合，广东走上了外向型的农村社区工业化的道路，这种发展模式最终导致了建设用地的蔓延与空间景观的破碎；1984 年，户籍制度有所松动，允许农村人口通过办理自理口粮①的方式进入城镇从事服务业和工业，镇域经济得以发展。十一届三中全会以后，国家提出了对内改革和对外开放的发展战略，社会主义市场经济的地位由此得以初步确立。珠三角凭借中央的特殊政策优势以及毗邻港澳的独特地理优势，经济得以快速发展，出现了乡镇企业快速发展、外商投资迅速增多、农村剩余劳动力大量转入的城镇化现象。广东在 20 世纪 80 年代初率先开展的粮食价格改革，不仅解放了本省农民，也吸引并养活了大量外省前来从事非农产业的农民工，促进了广东早期城镇化的迅猛发展。这一阶段的城镇化，空间上呈现出明显的内圈增长特点，以广州、深圳、东莞等珠三角内圈核心城市为主，进而带动整个地区的

---

①　根据国务院《关于农民进入集镇落户问题的通知》（国发〔1984〕141 号文件）规定，有一部分农民及其家属到集镇务工、经商、办服务业，当时，只办理了户口迁移关系，发给《自理口粮户口簿》，统计为非农业人口，没有办理粮食供应迁移关系。

城镇化水平提升。与此同时，乡镇企业迅速发展，农村城镇化进程加快。自1980年到1993年，珠三角乡镇企业由原来的3.1万个迅速增加到40.4万个，就业人数从79.8万人增长到462.5万人，年均增长率高达38%，增速远高于同期全国和全省平均水平。可以说，乡镇企业成为当时珠三角经济增长的主要推动力，也成为珠三角城镇化发展的重要载体。

2. 撤县设市及外向型工业化是促成广东城镇化快速发展的核心动力

进入20世纪90年代，珠三角的改革开放继续向纵深发展，尤其是1992年邓小平南行讲话之后，给一度停滞的中国改革带来了新的活力，市场经济发展更加活跃，珠三角引进外资掀起了新一轮高潮。

1992年之后，全国大规模撤县设市①，迎来了城市建设的一个重要时期。通过上一时期城镇化的发展，交通基础设施的建设初步打通了广东内部及与周边地区的联系，加上本轮撤县设市带来的行政自主权的扩大，为部分县域行政单元承接新一轮的国际产业转移打下坚实的基础。但这一时期的外资企业具有规模小和劳动密集型的特征，承担劳动力和土地成本能力有限，外资遂与乡镇企业结合，以减少交易成本，地区的经济发展模式演变随之成为乡镇企业加外资的出口导向型模式。

由于扩大再生产的需要，外资对土地空间的需求逐渐增大，这一时期的工业化发展开始由珠三角核心城镇扩散到外围城镇，伴随而来的是城镇化空间进程也由以环珠江口城镇为主扩展到珠三角外围城镇，城镇化发展实现了由内圈核心带动到全域提高发展的转变。到2000年，广东城镇化率达到了55%。工业化快速发展的珠三角城镇化率则达到了71.59%，城市数量增加到26个（含县级市），建制镇达到374个，城镇密集度达71个/万平方公里。设市城市中有大城市9个，中等城市11个，小城市6个，初步发展成为一个以广州、深圳为中心，与香港、澳门联系紧密的大都市

---

① 1986年国务院转批民政部《关于调整设市标准和市领导县条件的报告》规定：非农业人口6万以上，年国民生产总值2亿元以上，已成为该地经济中心的镇，可以设置市的建制。1993年国务院转批民政部《关于调整设市标准的报告》对撤县设市有了更详细的标准，包含了人口、GDP、财政收入等众多指标。上述标准出台后，各地纷纷撤县设市抢占机会，直到1997年国务院考虑到许多地方盲目追求县改市造成的"假性城市化"、耕地占用等问题，决定"暂停审批县改市"。2017年3月5日，李克强总理在《政府工作报告》中明确提出，要"支持中小城市和特色小城镇发展，推动一批具备条件的县和特大镇有序设市，发挥城市群辐射带动作用"。撤县设市由此解冻。

区，城市经济活动一体化初具规模。

这一时期，外向型工业化是城镇化发展的核心动力。外资的大量进入，在一定程度上弥补了珠三角城镇化资本缺口，提高了珠三角城镇的建设水平，优化了城镇地区的发展环境；同时，外资的进入创造了大量的就业机会，促使农村剩余劳动力的转移，实现了人口快速向城镇聚集。此外，外资将世界先进的经济体制、管理经验引入珠三角，给区域城镇化发展提供了经验借鉴和制度保障。

开发区建设促进了广东城镇化的快速发展。20世纪90年代初至21世纪初是广东省开发区建设的高潮。在前一阶段经济特区建设中，出口加工区发展对特区经济做出巨大贡献，其发展模式不断被推广到各地市[①]，特别是在邓小平南行后，改革开放的力度进一步加强，逐渐掀起了开发区建设的热潮。仅1991至1993年，广东就新增了6个国家级高新技术产业开发区、2个国家级经济技术开发区、3个保税区和1个国家旅游度假区。不仅国家级、省级各类开发区的数量大量增加，许多市、县甚至镇村级开发区、工业园区也大量涌现。

1991年9月23日，广东省人民政府批准建立广东省清远扶贫经济开发试验区，是广东省级开发区建设的肇始。随后，广东省人民政府先后批准了市（县），特别是经济欠发达的东西两翼和北部山区设立经济开发试验区（1991年至1993年就有26个）。由此，广东基本形成了多层次、多形式、多功能的开发区建设格局。20世纪90年代末至21世纪初期，开发区建设虽然在数量上没有明显的增长，但进入了实质开发和建设阶段，许多开发区发展迅速，成为地方经济发展的重要载体和增长点。开发区的经济地位和经济效益日益明显。然而，随着经济的快速发展，珠三角地区的开发区建设一直保持快速增长趋势，并带有"自下而上"的发展特征，经过各个层级工业区建设的探索，各地逐渐走上园区化发展道路。开放区的迅速发展，推动了广东工业化的高速发展，吸引了大量外来务工人员，促进了城市服务业快速发展，带动了广东各市、市、县、区、镇的城市化建设和升级发展。

---

① 张弘：《开发区带动区域整体发展的城市化模式——以长江三角洲地区为例》，《城市规划汇刊》2001年第6期。

3. 新城新区新园开发是中高速发展及新型城镇化阶段主要动力

进入 21 世纪，随着经济发展水平的提高和全球化的深化，各种开发区和新城如雨后春笋纷纷涌现，以新城建设、旧城扩展为代表的城市发展逐步占据主导地位，广东城镇化发展依然保持较高的速度。2000 ~ 2014 年珠三角城镇人口增长 1777 万人左右，城镇化率年均增长 0.9 个百分点。此时，人口增长主要集中于城市，镇和乡村逐渐失去吸引力。乡村人口的减少意味着珠三角过去占主导地位的农村工业化逐步走向衰退，城市成为 2000 年以后珠三角的发展重点，新城新区等城镇化载体的快速发展带动了城镇化水平的提升。据不完全统计，截至 2014 年，广东省新城新区数量达到 215 个，位居全国首位，其中珠三角城市群有新城新区 95 个。

随着产业结构的升级，珠三角城镇空间结构也发生了变化。改革开放以来，由农村工业化引发的"半城半乡"是珠三角城镇化的主要空间形态，呈现均质的低端锁定状态。第一，早期从香港转移进来的企业分布主要受成本和华侨人脉资源渠道两方面因素影响，早期农村工业化呈现"遍地开花"的特征。到 21 世纪，当初点状的先发地区沿着交通干线向四周扩散，逐步形成"由点到线再到面"的分散化空间形态。第二，成本低廉是珠三角农村地区在产业竞争之中的初始优势，也是造成空间品质低端的重要因素。

（1）产业转移园区建设

2004 年，广东省政府提出珠三角与山区及东西两翼共建产业转移工业园。2005 年 3 月，省政府出台了《关于广东省山区及东西两翼与珠江三角洲联手推进产业转移的意见（试行）》（粤府〔2005〕22 号），正式拉开产业转移工业园建设序幕。[①] 同年 8 月，省经贸委发文对产业转移园进行认定。截至 2016 年，经广东省政府认定的省级产业转移工业园（产业集聚区）有 80 个，主要分布在韶关、梅州、河源、惠州、肇庆、湛江、茂名、阳江、云浮等市。

从省级产业转移园区的空间分布来看，21 个地级市中，有 15 个市拥有产业转移园。其中，数量最多的是河源市，达到 6 个；清远、韶关和阳

---

① 沈静、黄双双：《环境管制对广东省污染产业转移的影响》，《热带地理》2015 年第 5 期。

表4-2 2014年广东省省级产业转移园区发展情况

单位：亿元

园区类型	所在城市	园区	工业增加值	达标情况	全口径税收	达标情况	本年度新增固投
合作共建示范	云浮	佛山（云浮）园	73.25	达标	8.74	达标	46.49
	阳江	珠海（阳江）园	97.80	不达标	8.80	达标	44.70
	河源	深圳（河源）园	80.00	达标	11.09	达标	38.39
	清远	广州（清远）园	50.93	不达标	13.00	达标	37.51
	汕尾	深圳（汕尾）园	93.45	达标	10.83	达标	42.00
	韶关	东莞（韶关）园	47.22	不达标	7.98	达标	35.80
	潮州	中山（潮州）园	58.65	达标	14.95	不达标	30.70
	梅州	广州（梅州）园	18.56	不达标	4.54	达标	30.12
自建示范区	湛江	湛江园	140.00	不达标	82.00	达标	33.23
	江门	江门园	34.60	不达标	7.10	达标	31.47
	肇庆	肇庆大旺园	190.00	达标	13.59	不达标	31.22
	揭阳	揭阳园	40.29	达标	3.60	达标	28.55
	茂名	茂名园	42.37	不达标	3.15	达标	27.98
	惠州	惠州园	34.60	达标	6.70	达标	27.93
	汕头	汕头园	55.00	达标	10.00	不达标	27.93
一般园	湛江	佛山顺德（廉江）园	20.98	达标	2.12	达标	24.57
	韶关	东莞大岭山（南雄）园	24.40	达标	4.12	达标	23.50
	河源	深圳福田（和平）园	25.93	达标	1.60	达标	23.40
	河源	深圳盐田（东源）园	24.91	达标	3.46	达标	22.57
	阳江	佛山禅城（阳东万象）园	33.60	达标	1.82	达标	21.68
	河源	深圳罗湖（河源源城）园	30.00	达标	3.46	达标	20.82
	河源	深圳南山（龙川）园	7.59	达标	1.58	达标	19.54
	茂名	广州白云江高（电白）园	12.50	达标	0.68	达标	17.56
	阳江	中山火炬（阳西）园	18.37	达标	1.20	不达标	16.23
	清远	佛山禅城（清新）园	16.58	达标	1.59	达标	45.76

续表

园区类型	所在城市	园区	工业增加值	达标情况	全口径税收	达标情况	本年度新增固投
一般园	茂名	东莞大朗（信宜）园	19.25	达标	0.45	达标	41.15
	惠州	惠东园	48.00	达标	1.57	不达标	37.70
	云浮	佛山顺德（云浮新兴）园	10.30	达标	0.90	达标	24.06
	清远	佛山顺德（英德）园	10.65	达标	0.63	不达标	33.33
	肇庆	中山大涌（怀集）园	12.20	不达标	3.10	不达标	44.90
	肇庆	顺德龙江（德庆）园	26.18	不达标	1.21	达标	34.91
	梅州	东莞石碣（兴宁）园	4.78	达标	0.69	达标	19.53
	湛江	深圳龙岗（吴川）园	8.10	达标	0.31	不达标	18.20
	韶关	东莞石龙（始兴）园	9.12	不达标	1.81	达标	15.85
	阳江	东莞长安（阳春）园	35.00	不达标	1.45	不达标	15.26
	韶关	东莞东坑（乐昌）园	8.70	—	0.58	达标	15.12
起步园	河源	深圳龙岗（紫金）园	1.10	—	0.20	—	10.12
	揭阳	揭阳金属生态城	0	—	0.28	—	9.07
	梅州	东莞塘厦（平远）园	3.50	—	0.83	—	8.58
	清远	广东顺德清远（英德）区	0	—	0.25	—	—

资料来源：根据广东省经济与信息化委员会相关材料整理。

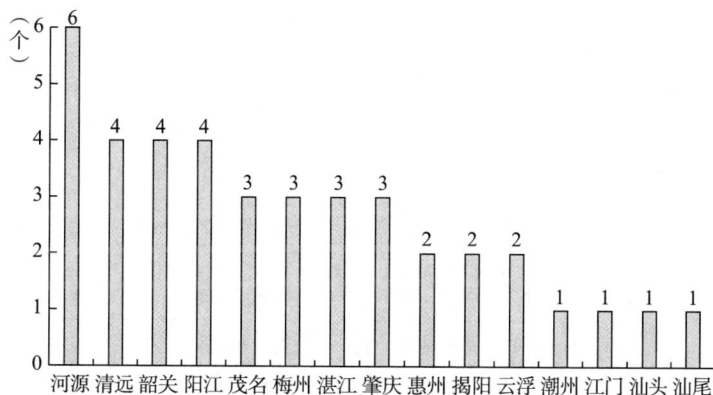

图 4 - 8 2014 年广东省各地市省级产业转移园区域分布情况

资料来源：根据广东省经济与信息化委员会部门数据整理绘制。

江分别为4个,茂名、梅州、湛江分别为3个,揭阳、惠阳和云浮分别有2个。产业转移园是产业转移的重要空间载体,从不同地区产业转移园数量可以判别广东省产业转移的主要方向和承接地,可知临近珠三角的河源、清远、韶关、阳江、肇庆等地是产业转移的主要承接地。

(2) 新区建设

区域协调发展问题是长期困扰广东经济社会发展的重大问题之一。为此,2013年7月广东省委、省政府出台了《关于进一步促进粤东西北地区振兴发展的决定》,把基础设施建设、园区建设和地级市中心城区建设作为振兴粤东西北的三个战略抓手,要求粤东西北走出一条不同于珠三角的新路,粤东加快建设汕潮揭城市群,粤西加快建设湛茂阳临港经济带,粤北加快建设可持续发展生态型新经济区,同时,要求粤东西北开展新区建设,以新经济区发展带动城镇化发展。"新区"作为新时期广东推动新型城镇化的重要平台。目前,新区建设由粤东西北推动到了整个广东省,加上珠三角城市群,累计达17个。

表4-3 广东省已批准的城市新区及主导产业

新区名称	主导产业
揭阳新区	现代服务业:培育航空物流业、发展金融服务业、培育总部经济发展电子商务、新型电子信息产业 战略性新兴产业:高端装备制造业、生物医药产业、节能环保产业、精细化工及新材料产业
汕尾新区	海洋新兴产业:海洋生物医药业、海产品精深加工业、海洋绿色能源 先进制造产业:船舶修造业、机械装备制造业
潮州新区	特色优势产业:新型陶瓷产业、特色食品加工、高端品牌服装业、电子信息产业、文化创意产业 现代海洋产业:临港工业、海洋生物科技、现代海洋渔业
梅州嘉应新区	生态适宜工业:新型电子信息产业、轻装备制造业、新材料产业、新医药产业、传统优势产业 现代服务业:商贸物流业、金融服务业、区域总部经济、电子商务产业
清远燕湖新区	先进制造业:高端机械装备制造业、现代陶瓷制造业 高新技术产业:高端新型电子信息产业、生物医药产业、新材料产业
湛江海东新区	现代服务业:金融服务业、商贸服务业、商务服务业 装备制造产业:海洋工程装备制造业

续表

新区名称	主导产业
河源江东新区	现代制造业：新材料、新能源、新型信息技术、绿色有机食品、生物医药 现代服务业：旅游现代服务业、健康养乐
茂名滨海新区	世界级石化基地、战略性新兴产业、海洋新兴产业
韶关芙蓉新区	装备制造业、战略新兴产业、生产性服务业
云浮新区	休闲健康产业、商贸物流业、高新技术产业、产统优势产业、文化教育产业 现代休闲生态产业
肇庆新区	节能技术和装备、余热余压利用设备、节能产品制造业、节能服务业、环保装备制造业、高效节能电器制造
中山翠亨新区	新兴服务业、现代生产服务业、生活服务业、现代生物医药、新能源产业、海洋产业
东莞水乡特色发展经济区	现代服务业、战略性新兴产业、传统优势产业、都市农业
广州南沙新区	建设科技创新中心、建设商业服务中心、打造先进制造业基地、打造教育培训基地、新一代信息技术
珠海横琴新区	区域性商务服务中心、国际知名旅游度假基地、区域性科教研发平台、国家级高新技术产业基地
深圳前海新区	金融业、现代物流业、信息服务业、科技服务和其他专业服务
惠州环大亚湾新区	大亚湾临港产业片区、惠阳综合服务片区、新圩低碳产业片区、镇隆电子信息产业片区、稳平半岛滨海旅游片区、稳山特色产业片区、白花新兴产业片区、临空产业片区

资料来源：课题组根据相关新区规划材料整理。

表 4-4　粤东西北新区规划用地规模及经济总量目标

新区	指标	2020 年	2030 年	新区	指标	2020 年	2030 年
韶关 （芙蓉新区）	用地规模（km²）	85	110	茂名 （滨海新区）	用地规模（km²）	148	238
	GDP（亿元）	600	2500		GDP（亿元）	3000	8000
河源 （江东新区）	用地规模（km²）	40	90	阳江 （滨海新区）	用地规模（km²）	80	120
	GDP（亿元）	162	1000		GDP（亿元）	700	2200
梅州 （嘉应新区）	用地规模（km²）	60	80	汕头 （海湾新区）	用地规模（km²）	84	94
	GDP（亿元）	500	1700		GDP（亿元）	520	2050

续表

新区	指标	2020 年	2030 年	新区	指标	2020 年	2030 年
清远（燕湖新区）	用地规模（km²）	72	105	潮州（潮州新区）	用地规模（km²）	116	136
	GDP（亿元）	800	2800		GDP（亿元）	1300	4000
云浮（云浮新区）	用地规模（km²）	30	70	揭阳（揭阳新区）	用地规模（km²）	68.5	95
	GDP（亿元）	163	853		GDP（亿元）	700	2200
湛江（海东新区）	用地规模（km²）	45	85				
	GDP（亿元）	245	1050				

资料来源：根据各市新区总体规划整理。

（三）主要问题

1. 城镇化区域发展水平差距明显，效率差距较大

（1）城镇化发展水平差距明显

2015 年，珠三角城镇化率为 84.59%，而粤东仅为 59.93%，粤西为 42.01%，粤北为 47.17%，四大区域分处三个发展阶段。根据"诺瑟姆曲线"公理，广东全省城镇化整体进入中后期发展阶段，珠三角的城镇化已进入城镇化发展的后期成熟阶段，而粤东西北地区目前尚处于城镇化发展的中期阶段。从各地市情况来看，城镇化率 80% 以上的 6 个城市均位于环珠江口地区。梳理 2005 年以来的数据，以全省平均水平为参考线（即城镇化率 68.0%，城镇化年均增长率 1.43 个百分点），以现状城镇化率与城镇化增长率两项指标为评判指标，可以将广东省 21 个地市划分为三类城镇化地区。

第一类地区为高度城镇化地区，包括广州、深圳、佛山、东莞、中山和珠海 6 个城市，均位于珠三角地区，城镇化水平均超过 70%，整体高于全省平均水平。该类地区人口高度集聚，国土面积仅占全省的 10.7%，却集中了全省 41.4% 的常住人口，55.6% 的城镇人口。这 6 个城市中有 1 个省会，2 个经济特区，是广东经济发展的核心，已步入城市化的后期阶段。

第二类地区为快速城镇化地区，包括珠三角地区的江门、肇庆、惠州，粤西沿海的阳江、茂名、湛江，粤东沿海的揭阳、汕头，以及粤北山区的河源、梅州、云浮等 11 个地级市。该类地区除汕头外的 10 个城市的城镇化水平低于全省平均水平，但 2010 年以来的城镇化发展速度高于全省

平均水平。

第三类地区为城镇化滞缓地区，包括汕尾、韶关、潮州、清远等 4 个地级市。该类地区 2010～2015 年的城镇化水平和发展速度均低于全省平均水平。

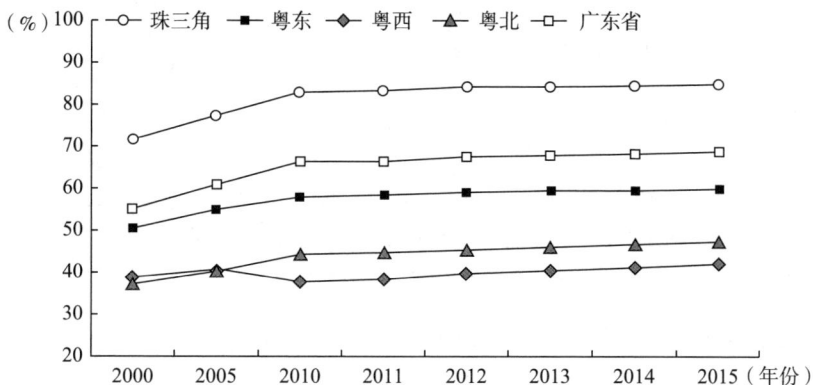

图 4-9 广东不同地区城镇化率比较

资料来源：根据历年《广东统计年鉴》数据整理绘制。

从人均 GDP 和城镇化率的关系来看，珠三角地区的城市基本占据第一、二梯队，体现出"高城市化、高收入"的特征。粤东西北地区的城市基本位于第三梯队。其中，粤东地区呈现"中城镇化水平、低收入"特征，城镇化水平虽有所发展，但仍有较大提升空间；粤西、粤北地区城镇化率和人均 GDP 都是全省最低，体现出"低城镇化水平、低收入"的特征，城镇发展尚处于前期阶段。可见，广东四大区域城镇化效益分化严重，甚至于粤西北城镇化水平与全国平均水平相比仍存在一定差距。

（2）城镇化发展效率差距显著

从人均 GDP 和城镇化率的关系来看，珠三角地区的城市群基本占据第一、第二梯队，体现出"高城市化、高效率收入"的特征。粤东西北地区的城市基本位于第三梯队。其中，粤东地区呈现"中城镇化水平、低收入"特征，城镇化水平虽有所发展，但人均效益和劳动力素质仍有较大提升空间；粤西、粤北地区城镇化率和人均 GDP 都是全省最低，体现出"低城镇化水平、低收入"的特征，城镇发展尚处于起步阶段。区域的城镇化效益分化严重。从区域城镇化水平所处阶段看，珠三角城市群已处于成熟阶段，而粤东西北虽处于第二阶段的高速发展阶段，但粤西沿海及粤北山

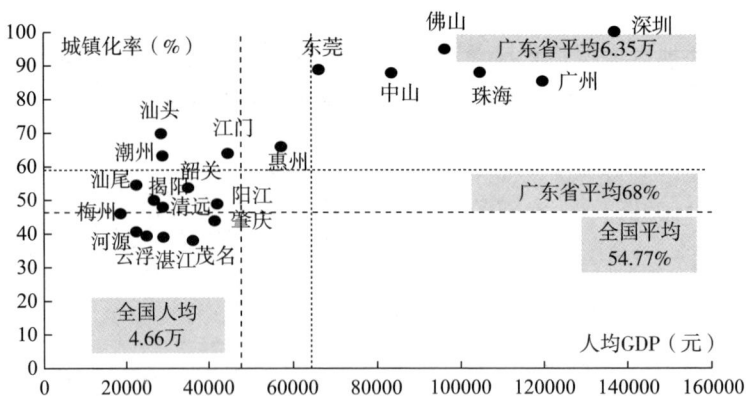

图4-10 2015年广东各市城镇化率与人均GDP关系
资料来源：根据2016年《广东统计年鉴》数据整理绘制。

区城镇化水平与全国平均水平相比仍存在一定差距。

2. 外来人口高度集聚，特大城市市民化压力大

一直以来，广东都是外来人口流入的大省，面临着巨大的外来人口市民化压力。以2011年为例，广东的外省流入人口达2150万，解决了全国将近1/4的跨省农业人口转移问题[①]。流动人口的当年流动率超过50%，流动1年以下的1538万人，占总数的54%。从人口构成看，自改革开放以来，外来人口成为珠三角主要组成部分。一方面表明珠三角拥有强大的劳动吸纳能力，另一方面也说明未来珠三角的城市化面临巨大的压力。早期"三来一补"的产业体系和珠三角"村村点火，户户冒烟"的乡镇企业模式，吸引了全国大量的劳动力来到珠三角，但他们并没有在此安家落户，而是随着年龄的增大和产业的转移逐步离开了珠三角。从经济学的角度来看，这种形式并不能称之为人口迁移，而是劳动力流动，它能带来廉价劳动力，促进地区经济以低成本优势获得发展，也即人口学意义上的人口红利。但是，就城市化角度来看，人口城市化是一个不可逆转的趋势，当前的庞大流动人口，既是珠三角未来经济发展的主要因素，同时也是制约珠三角城市化发展的主要因素。从城市化的本质来看，生产生活方式的城市化才是真正意义上的城市化，如果不能将大量的流动人口留在城市，实现就地城市化，让其享受城市待遇，则很难说明珠三角的城市化是成功

---

① 数据来源于《广东省新型城镇化规划（2014—2020）》。

的。只有不断提高珠三角吸纳人口的能力，让其获得较高的劳动报酬和社会地位，才能维持珠三角在全国流动人口中的竞争优势。

3. 传统外延式扩张遭遇空间紧约束，土地利用效率亟待提升

2000～2010年的高速城镇化侵占了大量森林、农田和湿地等生态用地，生态用地年均减少265.5km²。十年间，广东森林面积减少了193.7km²，减少了0.2%；湿地面积减少了143.2km²，减少1.5%；农田面积减少2098km²，以每年209.8km²的速度锐减，减少了4.7%；城镇建设用地增加了2995.3km²，增加了28.6%。其中，珠三角城市群生态系统变化剧烈，其城镇增加面积占全省的61.0%，农田减少面积占全省的57.9%，珠三角城市群森林、湿地和农田的下降速度均大于粤东西北地区。

土地资源约束明显。区域人口总量持续增长，人均土地资源占有量不断下降，2014年广东人均土地资源占有量仅为1675 m²，远低于全国平均水平。2000年至2010年，广东建设用地增加了2960 km²，年均增长1.76%。截至2014年，全省建设用地面积为18485 km²，开发强度为10.29%，其中深圳、东莞、中山、佛山的国土开发强度已超过国际警戒线（30%），珠海、广州也已逼近该强度。其中深圳的国土开发强度最高，接近50%。

土地利用集约程度有待提高。2010年广东每平方公里单位建设用地的生产总值为2.56亿元，虽然位于国内较高水平，但远低于发达国家和地区（一般在10亿元以上）的水平。部分中小城市、建制镇、开发区占用的国土空间较大，而所集聚的人口和经济规模相对较小。

区域之间土地利用效率也存在显著差距。2013年广东单位国土面积GDP产出为0.34亿元/km²，珠三角城市群为0.96亿元/km²。深圳单位国土面积产出水平最高，2013年达到7.3亿元/km²，广州、东莞、佛山、中山、珠海次之，惠州、江门、肇庆的地均产出水平不足0.5亿元/km²。

4. 分散式城镇化导致"低端锁定"，制约环境质量提升

改革开放初期，"村村点火，家家冒烟"的村镇经济蓬勃发展，但自下而上发展往往容易造成发展路径依赖，容易导致产业和城乡空间品质的低端锁定。家庭作坊式企业虽然在市场经济体制下充满活力，但这些陶瓷、纺织、制鞋、制衣、电镀等行业同时也对消防安全、环境保护、危险化学品管理、人居安全等多方面带来极大的负面影响，加大了环境治理和

监管难度。在农村工业化快速发展带动的城镇化进程中，农村主体容易对农地转用建设厂房和住宅获取出租收益形成路径依赖，导致产城混杂、半城半乡、空间碎片化的城镇格局，不利于公共设施及道路交通基础设施的布局，也不利于"三旧改造"的推行，城镇化发展质量低下且长期处于被锁定状态。

广东民营经济高度发达，但小而散的民营企业对环境优化形成了挑战。大量"小散乱"家庭作坊的环保设备配置空间和能力都非常有限，污染治理水平十分低下。尽管"十一五""十二五"期间东莞、佛山等城市进行了集中的行业整治，但情况并未得到根本扭转。规模庞大的乡镇企业环境治理和监管问题，成为区域环境质量改善的重大阻力。

二　广东城镇化水平

综合比较主流预测方法，本课题组主要采用时间序列分析法从人口层面（分常住人口和户籍人口来），借鉴国际经验基于人均 GDP 城镇化规律，对 2017 年到 2035 年的广东中长期城镇化水平进行了预测。

（一）预测方法与指标选取

在预测方法上，近年来已经形成了诸多预测方法和模型。概括起来，主要包括六类：①曲线拟合法 Logistic 模型。1979 年美国地理学家诺瑟姆（Ray. M. Northam）提出，世界各国城市化发展进程的轨迹可概括为一条被拉长的 S 形曲线。我国学者饶会林利用"诺瑟姆曲线"实证分析了 1949 年以来中国的城镇化进程，认为中国城镇化进程并不符合标准的"S"形曲线规律；[①] 屈晓杰和王理平修正了该预测模型，他们假定标准的"S"形曲线中城乡之间人口增长率差距始终保持不变。[②] ②城镇化与经济发展相关关系模型。其预测原理认为，城镇化是经济发展的结果和体现，经济发展促进人口向城市流动，提高城镇化水平。如钱纳里指出，随着经济发展水平的不断提高，社会经济结构将随之发生大的转变，首先是工业化，即

---

① 饶会林：《城市经济学》，东北财经大学出版社，1999。
② 屈晓杰、王理平：《我国城市化进程的模型分析》，《安徽农业科学》2005 第 10 期。

经济结构从以农业为主转向以第二、第三产业为主；其次是城镇化，即农村人口不断地向城市转移，在工业化进程中，第二、第三产业的产出比重不断增加。[①] 我国学者周一星采用城市化指数与经济发展指数建立预测模型，认为两者关系符合对数模型，即 $y = 40.62 \log x - 75.6$。式中 y 代表城镇人口占总人口的比重（%），x 代表人均 GDP（元/人）。[②] ③时间序列分析模型。它是以时间为横坐标轴，以城市化水平为纵坐标轴，将各年份的城市化水平落到平面坐标系上来观察和模拟城市化发展的轨迹，也称为趋势外推预测法。如李林杰和金剑（2005）根据中国 1949－2004 年城镇化水平的时间序列资料，构建城镇化水平的时间序列预测模型，并进行实证检验和预测。[③] ④联合国城乡人口比预测方法。联合国法是联合国用来定期预测世界各国、各地区城镇人口比重时用的方法。它是根据已知的两次人口普查的城镇人口和农村人口，求取城乡人口增长率差。假定城乡人口增长率差在预测期保持不变，则外推可求得预测期末的城镇人口比重。⑤新陈代谢 GM（1，1）模型预测法。灰色系统理论通过部分已知"贫信息"的处理，减弱了原始序列的波动性和随机性，并依此建模。GM（1，1）是常用的一阶单变量灰色微分方程模型。新陈代谢 GM（1，1）模型是将每次预测的最新信息加入原序列中，而去掉原序列中第一个最老的信息，再重复 GM（1，1）过程进行循环预测。⑥BP 神经网络模型预测法。目前，BP 神经网络已广泛用于函数逼近、模型识别和预测决策等。BP 神经网络建模法是一种数据驱动式的"黑箱"建模方法，通过网络学习，不断调整各神经元连接的权值和阈值以达到网络输出和理想输出相符的结果，具有较强的自组织、自适应、自学习和抗干扰能力等。郭志仪等用传统的 BP 神经网络模型以人均 GDP 作为输入变量，对我国城镇化水平进行了预测。但是，人均 GDP 只是影响城镇化水平的因素之一。[④]

实际上，影响城镇化水平的因素包括经济、社会、人口、生活方式和

① 〔美〕钱纳里等：《工业化和经济增长的比较研究》，吴奇等译，上海三联书店，1995。

② 周一星：《关于中国城镇化速度的思考》，《城市规划》2006 年增刊。

③ 李林杰、金剑：《中国城市化水平预测的时间序列模型及其应用》，《中国人口科学》2005年增刊。

④ 兰海强等：《2030 年城镇化率的预测：基于四种方法的比较》，《统计与决策》2014 年第16 期。

文化等多个方面的变量①，因此，用单一的变量（如 GDP）作为自变量来预测城镇化率往往不够精确。同时，广东作为中国的一个省份，由于国内人口是自由流动的，所以城乡常住人口增长率也可能受省外因素影响。综合分析后，本课题组认为，作为 2017 年到 2035 年的中长期预测，时间序列分析在预测精度方面有时比其他类型经济计量模型更为精确。

（二）2035 年广东常住人口城镇化率预测

1. 基于时间序列的趋势外推法预测

考虑到不同时期我国关于城镇人口的统计口径不一致，为确保数据口径的统一和可比性，课题组收集了 2000 年以来的广东城乡人口数据（见表 4 - 5）。

表 4 - 5　2000～2016 年广东省城镇化率变动情况

年份	城镇人口（万人）	农村人口（万人）	常住人口（万人）	城镇化率（%）
2000	4238.74	3468.06	7706.80	55.00
2001	4367.39	3416.02	7783.41	56.11
2002	4516.14	3342.44	7858.58	57.47
2003	4678.98	3275.24	7954.22	58.82
2004	4996.75	3306.25	8303.00	60.18
2005	5573.46	3611.54	9185.00	60.68
2006	5851.50	3452.50	9304.00	62.89
2007	5966.00	3483.00	9449.00	63.14
2008	6048.00	3496.00	9544.00	63.40
2009	6110.49	3527.51	9638.00	63.40
2010	6908.77	3532.17	10440.94	66.17
2011	6985.83	3519.17	10505.00	66.50
2012	7140.36	3453.64	10594.00	67.40
2013	7212.37	3431.63	10644.00	67.76
2014	7292.32	3431.68	10724.00	68.00

---

① 邓拓芬：《我国城市化水平的定量分析及矛盾》，《上海统计》2001 年第 6 期。

年份	城镇人口（万人）	农村人口（万人）	常住人口（万人）	城镇化率（%）
2015	7454.35	3394.65	10849.00	68.71
2016	7611.31	3387.69	10999.00	69.20

资料来源：2000～2015 年《广东统计年鉴》，2016 年的数据源自广东省统计公报。

从广东 2000 年以来城镇化率的线性变动趋势来看，采用时间序列分析是可行的。

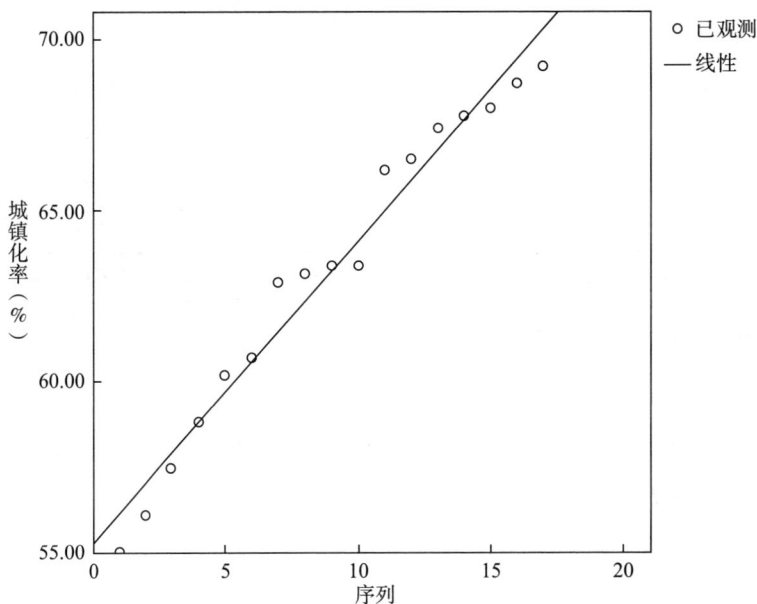

图 4 - 11　2000～2016 年广东省城镇化率散点图

资料来源：2000～2015 年《广东统计年鉴》，2016 年的数据源自广东省统计公报。

本课题组根据 2000 - 2016 年广东城镇化率的变动趋势，采用 SPSS 软件进行不同模型（参见表 4 - 6）的曲线拟合，发现不同模型的拟合度（R^2）存在差异，课题组选择拟合度较高的线性模型进行预测，得出广东省城镇化率的时间序列模型如下：

$$Y = 0.889X + 55.220$$

其中：Y 为城镇化率，X 为时间，$R^2 = 0.970$，表明该模型对城镇化率预测有 97% 的解释力。

表4-6 不同模型的曲线拟合情况

	R^2	修正 R^2	方差 F 值显著度 sig
线性模型	0.970	0.968	0.000
对数模型	0.929	0.924	0.000
倒数模型	0.633	0.607	0.000
二次函数	0.987	0.985	0.000
三次函数	0.987	0.984	0.000
复合函数	0.964	0.962	0.000
幂函数	0.942	0.938	0.000
S 形曲线	0.658	0.633	0.000
增长函数	0.964	0.962	0.000
指数函数	0.964	0.962	0.000
logistic 函数	0.964	0.962	0.000

注：尽管二次函数和三次函数的拟合度更好，但是根据这两个模式预测出来的城镇化率会在2025年前后出现下降，特别是在还没有达到《广东省国民经济和社会发展第十三个五年规划纲要》中2020年的城镇化率目标值71.7%的时候就下降了，所以本课题组并没有采用这两个模型进行预测。

根据上述选定的预测模型，可以预测2017～2035年广东省城镇化率的变动趋势（见图4-12、表4-7）。

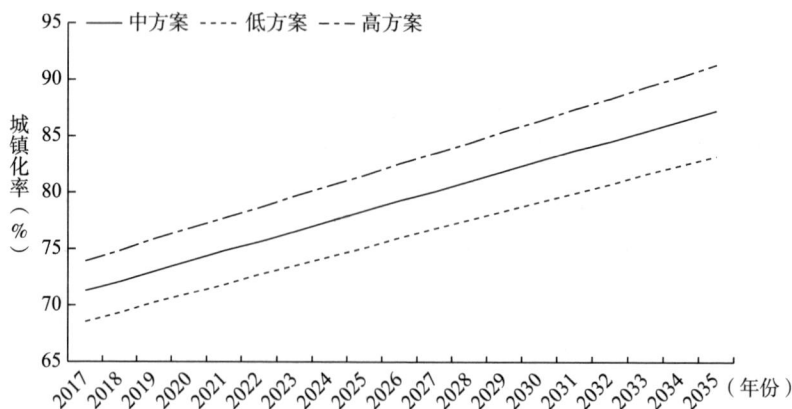

图4-12 广东2017～2035年人口城镇化主要指标预测

资料来源：根据预测数据绘制。

表 4 - 7　广东 2017 ~ 2035 年人口城镇化主要指标预测

年份	城镇化率预测值	99% 置信区间	
		下限	上限
2017	71.23	68.53	73.93
2018	72.12	69.37	74.87
2019	73.01	70.20	75.81
2020	73.90	71.03	76.76
2021	74.78	71.86	77.71
2022	75.67	72.69	78.66
2023	76.56	73.51	79.62
2024	77.45	74.32	80.58
2025	78.34	75.14	81.54
2026	79.23	75.95	82.50
2027	80.12	76.76	83.48
2028	81.01	77.57	84.45
2029	81.90	78.38	85.42
2030	82.79	79.18	86.40
2031	83.68	79.98	87.37
2032	84.57	80.78	88.35
2033	85.46	81.58	89.33
2034	86.35	82.38	90.31
2035	87.24	83.17	91.30

　　根据上述预测，广东 2020 年城市化率将达到 73.9%，并在 99% 置信区间内，其下限为 71.03%，上限为 76.76%；而广东省"十三五"规划中 2020 年常住人口城镇化率为 71.7%，这一目标也在 71.03% ~ 76.76%，是符合规划目标的，这也说明下限值更符合实际情况。因此，我们采用低方案来预测到 2035 年，广东城镇化率将超过 80%，达到 83.17%。为更好地佐证我们的预测，课题组又借鉴国际经验分别进行了基于人均 GDP 和户籍人口的预测。

2. 借鉴国际经验基于人均 GDP 的 2035 年广东城镇化率预测

尽管国情不同，但通过城镇化率在国别之间的演变规律，仍然可以得出有价值的结论，这对我们的城镇化率水平预测具有重要意义。

具有可行性：通过对 10 个代表性国家人均 GDP 与城镇化率之间关系的对比，发现基于人均 GDP 的各国城镇化率进程符合"S"形曲线，且我国城镇化进程大体上与主要国家类似，即人均 GDP 和城镇化水平高度相关。

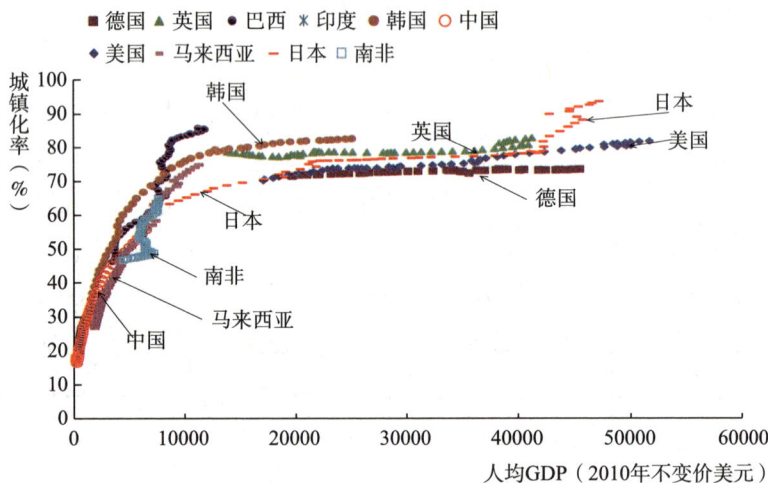

图 4 - 13 主要国家人均 GDP 与城镇化率之间的关系
资料来源：根据世界银行相关报告。

数据来源：世界银行数据库各国城镇化率（1960～2015），世界银行数据库各国人均 GDP（1960～2015）（2010 年美元不变价格）。

选择样本：选取了韩国、日本、英国、德国、美国等作为曲线拟合的样本。

预测曲线选择：相关文献对城镇化率的预测主要采取 S 曲线、逻辑函数（Logistic）以及对数曲线（logarithmic）等。通过拟合试算，本研究发现采取对数曲线较合适，故选择对数曲线建立预测模型。

数据的稳健性：本预测共获得 286 组数据，拟合曲线 R 值 0.882，并通过显著性检验（P＜0.001）。最终得到的回归方程为：

$$y = \beta_0 + \beta_1 \ln x$$

（1）

其中，和分别为常数项，回归数值分别为 - 35. 56 和 10. 992。

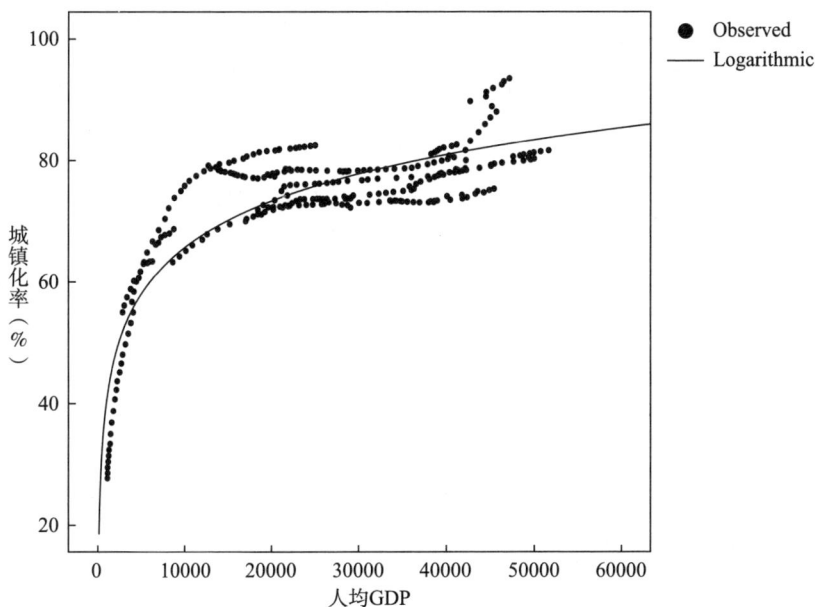

图 4 - 14 人均 GDP 与城镇化率的关系

资料来源:根据预测数据绘制。

预测结果:由于预测城镇化率需要人均 GDP 为变量，结合往年人均 GDP 增长情况，广东人均 GDP 增长的数值设置三种增长情景如表 4 - 8。

表 4 - 8 广东 2016 ~ 2035 年城镇化率预测参数情景设置

	情景一（低增长）	情景二（中增长）	情景三（高增长）
2016 ~ 2020 年	6.7%	6.9%	7.4%
2021 ~ 2025 年	6.3%	6.5%	7%
2026 ~ 2030 年	5.5%	6%	6.5%
2031 ~ 2035 年	5.2%	5.4%	5.82%

注:增长依据来自主报告有关内容。

预测结果表明，在低增长情景下，广东 2020 年城镇化率为 71.48%;2025 年城镇化率为 74.23%;2030 年城镇化率为 77.04%;2035 年城镇化率为 79.83%。具体结果见表 4 - 9。

表 4 - 9　广东 2017 ~ 2035 年城镇化率预测值

年份	低情景	中情景	高情景
2017	69.94	69.97	70.00
2018	70.45	70.51	70.57
2019	70.96	71.06	71.15
2020	71.48	71.60	71.72
2021	72.03	72.17	72.30
2022	72.58	72.73	72.88
2023	73.13	73.29	73.46
2024	73.68	73.86	74.03
2025	74.23	74.42	74.61
2026	74.79	75.01	75.21
2027	75.35	75.59	75.82
2028	75.92	76.17	76.42
2029	76.48	76.76	77.03
2030	77.04	77.34	77.63
2031	77.62	77.90	78.25
2032	78.17	78.50	78.89
2033	78.75	79.07	79.50
2034	79.24	79.67	80.14
2035	79.83	80.23	80.74

表 4 - 10　世界主要发达国家城镇化率达到 70%、75% 和
80% 的年份和人均 GDP

国家或地区	城镇化率（%）	时间（年份）	人均 GDP（2010 年美元）
韩国	70	1988	7689
	75	1991	9555
	80	2002	16743
日本	70	1968	17097
	75	1974	21150
	80	2001	42239

续表

国家或地区	城镇化率（%）	时间（年份）	人均GDP（2010年美元）
德国	70	NA	NA
	75	2014	44878
	80	NA	NA
英国	70	NA	NA
	75	NA	NA
	80	2005	39491
美国	70	1961	17142
	75	1989	36033
	80	2006	49575

资料来源：世界银行数据库。

（三）2035年广东户籍人口城镇化率预测

在未来以人为核心的新型城镇化中，加快农业转移人口市民化、提高户籍人口城镇化率受到高度重视（杨保军、陈鹏，2015）。在现行的户籍制度下，城市户籍意味着可以享受到当地财政支持的基本公共服务，户籍人口城镇化率代表着真实的人口城镇化率。因此，本课题也对户籍人口城镇化率进行了预测。根据广东人口发展的趋势分析，采取平均增长率法、趋势外推法两种方法对广东户籍人口增长率及其城镇化率进行预测，综合得出预测结果。

1. 采用平均增长率法的预测结果

平均增长率法[①]数学表达为：

$$\sqrt[n]{\frac{B}{A}} - 1$$

公式描述：公式中 B 为最近一年的人口规模，A 为起始年的人口规模，n 为增长的次数，即最近一年与起始年的差值。

---

① 平均增长率法即根据某地区过去一段时期内多年城镇化率，求取该时段内从城镇化率的算术平均值。假设预测期间内，该地区城镇化率增长也服从这个趋势，据此可推测该地未来的城镇化发展情况。

在部分研究成果中①，以户籍非农人口占户籍总人口比重来表征户籍人口城镇化率②，但该指标往往比公安口径统计数据高出许多。如根据《广东统计年鉴2015》，2014年，广东非农户籍人口占户籍总人口的比重达到了54.32%，而根据《广东省国民经济和社会发展第十三个五年规划纲要》，2015年，广东户籍人口城镇化率仅为46%，两者差距较大，但大部分年份的《广东统计年鉴》并无"户籍人口中城镇人口数量"统计项。但发现自2000年以来，每年"户籍非农人口占常住人口比重"数值与《广东省国民经济和社会发展第十三个五年规划纲要》比较接近（相差1%左右），因此，本课题在进行户籍人口城镇化率预测时，采用"户籍非农人口占常住人口比重"指标作为修正后的基础数据进行预测。

根据《广东统计年鉴》提供的人口统计数据，1978～2014年，广东户籍人口由5064.15万人增长至8886.88万人，年平均增长率为15.75‰，据此可以预测2020年，广东省的户籍总人口可达到9760.15万人，2035年户籍人口可达到12337.42万人。2003～2014年，户籍人口中非农人口平均增长率为24.93‰。受生活水平改善、家庭观念、精英教育观念、产业转移促进粤东西北大量的农业人口向非农人口转化、城镇落户制度的进一步松绑等的影响，未来10多年，户籍非农人口增长率将进一步提高，保守估计平均增长率从过去的24.93‰上升至26.93‰，据此预测2020年户籍非农人口规模将达到5761.66万人，2035年户籍非农人口规模达到9098.75万人。

如根据《广东统计年鉴》提供的人口统计数据进行预测，1978～2014年，广东户籍总人口中非农人口比重由16.26%增长至54.32%，年平均增长率为40.75‰。据此可知，2020年，广东户籍人口城镇化率（非农化率）为69.03%，而2030年的户籍人口城镇化率就达到了102.93%，超过了100%，明显不合常理，因此，改为采用户籍非农人口与户籍总人口之比来预测户籍人口城镇化率，预测结果为2020年户籍人口城镇化率为59.03%，2035年为73.75%。即：2035年比2014年增加了19.43%，21

---

① 胡萍、徐友光、张妙琴：《广东城镇化水平综合测度及影响因子分析》，《湖南师范大学自然科学学报》2015年第5期。

② 陈明星、陆大道、张华：《中国城市化水平的综合测度及其动力因子分析》，《地理学》2009年第4期。

年间年均增长约 0.92%，比较符合对未来增长的情景预判。故采用这一组数据。考虑到基于数据的连续性而利用非农化率进行预测，但该数据预测结果比利用户籍人口中居住于城镇部分占比预测结果高出 9.31%，预测的数据需进一步修正。根据 2000 至 2015 年，户籍人口非农化率与户籍非农人口占常住人口比例来计算，15 年间两者的平均值相差近 8%，因此，将非农人口城镇化率的预测值减去 8% 后，作为修正后的户籍人口城镇化率的基础数据进行预测。则 2020 年及 2035 年户籍人口城镇化率为 51.03%和 65.74%。另外，根据 1996 年至 2015 年的户籍人口城镇化修正数据，计算得知户籍人口城镇化率的平均增长率 2.18%，用于判断 2020 及 2035年的发展趋势，预测结果见表 4－11 的户籍人口城镇化率 2。

表 4－11　1978～2035 年广东户籍总人口、户籍非农人口及其城镇化率演变及预测

年份	户籍总人口（万人）	非农业人口（万人）	户籍人口城镇化率 1（%）	户籍人口城镇化率 2（%）
2000	7498.54	2338.29	31.18	27.43
2001	7565.33	2391.31	31.61	27.37
2002	7649.29	2767.31	36.18	31.30
2003	7723.42	3681.93	39.67	41.08
2004	7804.75	3797.92	40.66	41.69
2005	7899.64	4082.06	43.67	44.40
2006	8048.71	4149.42	43.55	44.60
2007	8156.05	4242.85	44.02	44.90
2008	8267.09	4297.78	43.99	45.03
2009	8365.98	4358.05	44.09	43.02
2010	8521.55	4443.96	44.15	42.56
2011	8637.19	4505.68	44.17	42.89
2012	8635.89	4504.96	44.17	42.58
2013	8759.46	4702.95	45.69	44.18
2014	8886.88	4827.35	46.32	45.01
2015	9026.80	4947.70	46.80	46.00
2016	9168.92	5100.73	47.63	43.01
2017	9313.28	5258.49	48.46	44.24

续表

年份	户籍总人口（万人）	非农业人口（万人）	户籍人口城镇化率1（%）	户籍人口城镇化率2（%）
2018	9459.92	5421.13	49.31	45.50
2019	9608.86	5588.80	50.16	46.80
2020	9760.15	5761.66	51.03	48.13
2021	9913.82	5939.87	51.92	49.50
2022	10069.91	6123.58	52.81	50.91
2023	10228.45	6312.98	53.72	52.36
2024	10389.50	6508.24	54.64	53.86
2025	10553.08	6709.53	55.50	55.39
2026	10719.23	6917.06	56.53	56.97
2027	10888.00	7131.00	57.49	58.60
2028	11059.43	7351.55	58.47	60.27
2029	11233.55	7578.93	59.47	61.99
2030	11410.42	7813.35	60.48	63.75
2031	11590.07	8055.01	61.50	64.91
2032	11772.55	8304.14	62.54	66.32
2033	11957.91	8560.99	63.59	67.76
2034	12146.18	8825.77	64.66	69.24
2035	12337.42	9098.75	65.75	70.74

注：1.1978至2015年数据来源于各年份《广东统计年鉴》。

2. 户籍人口城镇化率1是根据平均增长率法分别计算2020和2035年户籍总人口及户籍非农人口后，用户籍非农人口占比与参考数据对比进行修正所得。

3. 户籍人口城镇化率2是利用1978年至2015年修正后的参考数据，求取平均增长率后计算所得。

2. 趋势外推法的预测结果

根据历年户籍人口数据，构建基于广东现有行政范围的人口数据连续序列，进行回归分析，基于拟合趋势，外推估算2020年和2035年户籍人口及户籍人口城镇化数据。

户籍总人口及户籍非农人口预测：分别用指数函数、线性函数、对数函数、多项式函数、幂函数等对户籍总人口及户籍非农人口增长趋势进行拟合，其中，户籍总人口预测中多项式的显著性最高，R^2 最大，达到了 0.9975。户籍非农人口幂函数显著性最高，R^2 达到 0.979，但经检验，运用指数函数、对数函数、多项式函数及幂函数所得结果均不够理想，因此，改用一元线性函数进行预测。

户籍总人口预测方程为：$y = 0.0974x^2 - 278.08x + 173725$

户籍非农人口预测方程为：$y = 126.62x - 250280$

表 4 - 12　户籍总人口及非农人口拟合函数显著性

不同类型拟合函数	户籍总人口	户籍非农人口
指数函数	$R^2 = 0.9937$	$R^2 = 0.9789$
线性函数	$R^2 = 0.9974$	$R^2 = 0.9327$
对数函数	$R^2 = 0.9974$	$R^2 = 0.9319$
多项式函数	$R^2 = 0.9975$	$R^2 = 0.964$
幂函数	$R^2 = 0.994$	$R^2 = 0.979$

预测到 2020 年广东总户籍人口为 9434.36 万人，户籍非农人口约 5492.4 万人；2035 年户籍总人口为 11187.52 万人，户籍非农人口约 7391.70 万人。据此可以预测每年的户籍非农人口占户籍总人口比重。

户籍人口城镇化率（修正值）预测：分别用指数函数、线性函数、对数函数、多项式函数、幂函数及倒数函数等对 2000～2015 年户籍非农人口占常住人口比重的增长趋势进行拟合，其中，倒数函数的显著性最高，R^2 最大，达到了 0.5468，其次是一元线性函数、对数函数及多项式函数和，R^2 达到了 0.545。因此，选择倒数函数对 2020 年和 2035 年的户籍人口城镇化进行预测。公式为：

$$Y = -39030.029X - 1 - 19.851$$

表 4 - 13　户籍非农人口拟合数学函数及其显著性

函数	模型摘要			参数评估	
	R^2	F	显著性	常数	系数
线性函数	0.545	16.738	0.001	-19.006	0.01
对数函数	0.545	16.79	0.001	-147.338	19.429
倒数函数	0.546	16.842	0.001	19.851	-39030.029

续表

函数	模型摘要			参数评估	
	R^2	F	显著性	常数	系数
二次多项式	0.545	16.738	0.001	−19.006	0.01
三次多项式	0.545	16.738	0.001	−19.006	0.01
复合函数	0.532	15.888	0.001	1.77E−24	1.027
幂函数	0.532	15.938	0.001	7.13E−179	53.821
S形函数	0.533	15.989	0.001	52.953	−108125.005
增长模式	0.532	15.888	0.001	−54.689	0.027
指数函数	0.532	15.888	0.001	1.77E−24	0.027
Logistic函数	0.532	15.888	0.001	5.63947E+23	0.974

预测到2020年广东省的户籍人口城镇化率为53.90%。预测到2035年广东省的户籍人口城镇化率为67.16%。

3. 综合分析

结合前面的平均增长率发和运用不同函数拟合的趋势外推法，可知，2020年广东户籍人口城镇化率介于51.03%~58.22%，中位数为54.63%；2035年广东户籍人口城镇化率介于65.75%~70.74%，中位数为68.25%。

预测结果显示，到2020年，户籍人口城镇化率虽然逐渐上升，但速度不会过快。而2035年，则考虑到户籍制度改革，农业户籍人口落户城镇从事非农工作的机会更多，及社会经济发展带动农村人口进城就业等因素，"十四五"及"十五五"期间，户籍人口城镇化速度将比"十三五"时期高。预测数据也表明了户籍人口城镇化还将存在较大的变动因素，从全省层面而言，粤东西北农村地区人口将进一步向珠三角地区集聚，同时也向其户籍所在地的县城地区集聚。从国家控制大城市人口规模持续扩张的角度来看，应积极引导粤东西北部分农村人口就地城市化，或者向其所在县市的城区集中，一方面缓解珠三角大城市压力，另一方面可促进粤东西北落后地区城市化提速。粤东西北地区应积极发挥中心镇、特色小镇、产业转移园等载体作用，积极吸纳农村农业人口入城从事非农产业。

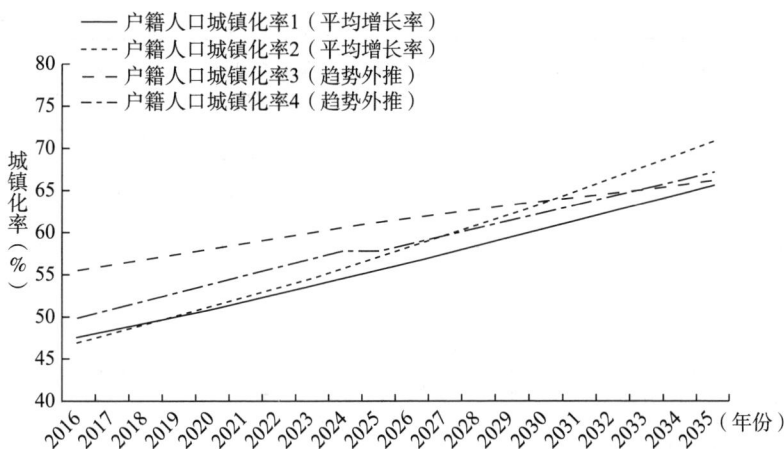

图 4 - 15 广东 2016～2035 年户籍人口非农化的四种趋势

资料来源：根据预测数据绘制。

表 4 - 14 广东 2016～2035 年户籍人口城镇化率四种预测结果

单位：%

年份	户籍人口城镇化率 1（平均增长率）	户籍人口城镇化率 2（平均增长率）	户籍人口城镇化率 3（趋势外推）	户籍人口城镇化率 4（趋势外推）
2016	47.63	47.00	55.56	50.07
2017	48.46	48.02	56.25	51.03
2018	49.31	49.07	56.92	51.99
2019	50.16	50.14	57.58	52.95
2020	51.03	51.23	58.22	53.90
2021	51.92	52.34	58.84	54.86
2022	52.81	53.48	59.44	55.81
2023	53.72	54.64	60.03	56.77
2024	54.64	55.83	60.61	57.72
2025	55.58	57.05	61.17	57.69
2026	56.53	58.29	61.72	58.64
2027	57.49	59.55	62.25	59.59
2028	58.47	60.85	62.77	60.54
2029	59.47	62.17	63.28	61.49
2030	60.48	63.53	63.77	62.44

续表

年份	户籍人口城镇化率1 （平均增长率）	户籍人口城镇化率2 （平均增长率）	户籍人口城镇化率3 （趋势外推）	户籍人口城镇化率4 （趋势外推）
2031	61.50	64.91	64.25	63.39
2032	62.54	66.32	64.72	64.33
2033	63.59	67.76	65.18	65.28
2034	64.66	69.24	65.63	66.22
2035	65.75	70.74	66.07	67.16

注：1. 户籍人口城镇化率1为根据平均增长率分别预测户籍总人口及户籍非农人口，求取非农户籍人口占比，并与修正数据比较后所得。

2. 户籍人口城镇化率2是利用1978年至2015年修正后的参考数据，求取平均增长率后计算所得。

3. 户籍人口城镇化率3为根据趋势外推法分别预测户籍总人口及户籍非农人口，求取非农户籍人口占比所得。

4. 户籍人口城镇化率4为根据趋势外推法，利用倒数函数对户籍人口城镇化修正数据预测所得。

（四）结论

综上所述，我们根据不同预测方法的预测结果进行算数平均得到的均值作为最终预测值，并提供了高、中、低三种不同预测方案。其中，课题组综合模型预测过程及广东实际情况，将低方案作为常住人口城镇化率预测的推荐方案，将中方案作为户籍人口城镇化率的推荐方案。即课题组认为，2020年广东常住人口城镇化率为71.25%，这较《广东省国民经济和社会发展第十三个五年规划》所提的71.7%目标值低0.45个百分点；2030年广东常住人口城镇化率将达到78.11%，2035年将达到81.5%。2020年广东户籍人口城镇化率为53.6%（比《广东省国民经济和社会发展第十三个五年规划》所提的50%目标值，高3.6个百分点），2035年将达到67.43%。

2015年，广东省常住人口及户籍人口城镇化率分别为68.71%和46%，两者相差达到22.71%，可见户籍人口城镇化远远滞后于常住人口。根据本预测，2020年，广东常住人口及户籍人口城镇化率为71.69%和53.60%，两者相差18.09个百分点，随着以人为核心的新型城镇化的进一步发展，特别是户籍制度改革的深化，可以预计，到 2035 年两者差距将进一步缩小。

广东省户籍人口城镇化滞后于常住人口有如下几个原因。首先是受制于国家城乡二元户籍管理制度，大量外来务工人员已经进城务工和居住多年，但仍然只能持有农业户籍，这是户籍所在地户籍性质与居住地统计性质的分离的结果。其次，而在人口普查中，统计对象大部分是在城镇中居住超过半年的常住人口，两者存在一定程度的统计上的偏离。最后，珠三角地区在改革开放初期，通过农村社区工业化起步后，分散工业化及城镇化的路径依赖依然存在，部分农业户籍人口早已实现职业及收入的非农化，但仍然持有农业户籍，造成统计与事实的偏差。而粤东西北地区属于劳务输出地，常住人口规模普遍低于户籍人口，但由于落后的农村地区生育率较高，户籍人口城镇化率偏低。同时，当前国内普遍存在的人口两栖化现象①，也是常住人口城镇化高于户籍人口城镇化的成因之一。

表 4 – 15　广东 2020 年、2035 年人口预测结果高中低三种方案

单位：%

预测内容	预测方法	2020 年			2035 年		
		低方案	中方案	高方案	低方案	中方案	高方案
常住人口预测	时间序列分析模型	71.03	73.9	76.76	83.17	87.24	91.3
	城镇化与经济发展相关关系模型	71.48	71.60	71.72	79.83	80.23	80.74
	均值	**71.25**	72.75	74.24	**81.50**	83.74	86.02
户籍人口预测	平均增长率法	51.03	51.13	51.23	65.75	68.25	70.74
	趋势外推法	53.90	56.06	58.22	66.07	66.62	67.16
	均值	52.47	**53.60**	54.725	65.91	**67.43**	68.95

注：表中黑体字为预测推荐方案。

---

① 两栖人口是指不变更户籍，暂时离开原住所，以劳务输出为目的的农村劳动者，如生根在农村、生活在城市的农民工群体。20 世纪 90 年代以来，特别是近几年，随着城市化进程的加快，珠三角大城市地区城中村的村民及农村户籍者可享受村集体股份社分红、宅基地等权益，他们虽然已经从事非农产业，却不愿意转变为市民身份。

三 广东城镇化发展趋势分析

（一）先行者足迹

1. 主要发达国家城市化进程

发达国家城市化进程对我国推进新型城镇化具有重要参考意义。图4-16显示了中国及主要发达国家城镇化发展的进程。从图4-22中可以看出，美国、英国、德国、日本等发达国家城镇化进程开始得较早，早在1970之前就已经迈过70%城镇化率的门槛值。其中，英国和德国两个老牌欧洲资本主义国家城镇化起步最早，这两个国家在1960年之前城镇化率已经超过70%；其次是日本，在1970年前后城镇化率超过了70%；韩国城镇化率在1988年达到70%，时间相对较晚。另外，主要发达国家城镇化率在超过70%之后增速明显放缓，较长时期处于70%～80%。

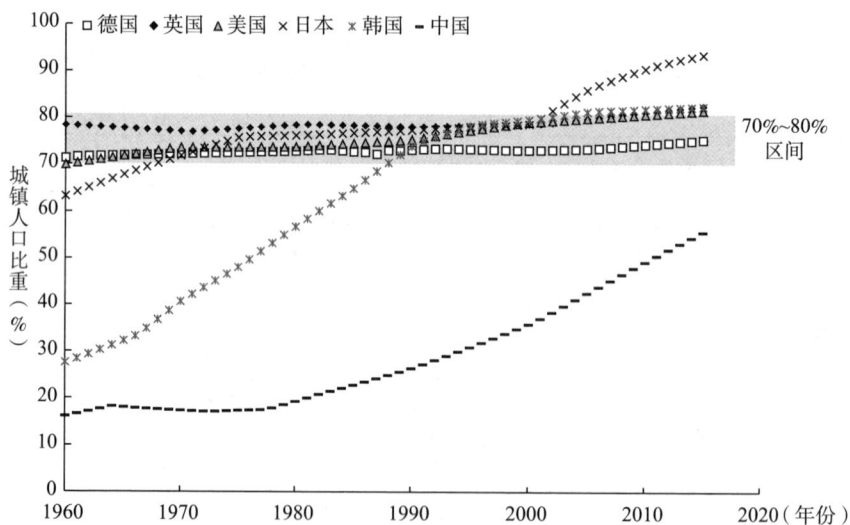

图4-16 中国与世界主要发达国家城镇化率变化情况

资料来源：世界银行数据库。

表4-16显示了先行发达国家城镇化率从70%到80%的跨越的时间范围。可以看出，德国、英国和美国三个国家城镇化率从70%提升到80%跨越时间较长，分别超过了55、46年和45年。日本和韩国尽管城镇化进程总体晚于德、英、美三国，但这两个国家城镇化率从70%提升到80%的

跨越时间相对较短，分别为 34 年和 24 年。

表 4 – 16　世界主要国家城镇化率达到 70% 和 80% 的年份及其跨越时间段

国家	70% 水平年份	80% 水平年份	跨越时间
德国	1960 年前	未达到（2015 年为 75.3%）	大于 55 年
美国	1961 年	2006 年	45 年
韩国	1988 年	2002 年	24 年
英国	1960 年前	2006 年	大于 46 年
日本	1968 年	2002 年	34 年

资料来源：世界银行数据库。

　　主要发达国家城镇化率 70%～80% 跨越时间点上主要有以下几个特点：一是进入城镇化发展的缓慢期。从图 4 – 16 可以看出，主要发达国家在城镇化水平 70%～80%（图中灰色条带显示）时处于缓慢发展阶段，10 个百分点的增长耗时几十年之久。二是发达国家城镇化发展伴随着经济、产业、社会等诸多领域的共同发展。从更长时期的视角来看，发达国家城镇化与社会政策民生化、工业化大致是同步发展的，是经济、社会政策、产业等各方面与人口城镇化互相促进、协调发展的过程，实现了"六化同步"即政治民主化、经济自由化、产业革命化、市场国际化、社会现代化和人口城市化，体现了高质量的城镇化水平。

　　从动态来看，发达国家城市人口比重的提高与人均国民生产总值的增长呈正相关关系。此外，发达国家的城镇化率与工业化率同样也呈现相关的关系。换言之，在发达国家，城市人口比重的提高与从事非农产业的人数占总就业人数的提高是相适应的。从制度来看，发达国家乡村人口向城市转移无行政障碍。在发达国家，城市人口无户籍管理，在政府无城市偏向政策的前提下，城市居民也就对乡村居民无乡村歧视的观念和行为，也正因为如此，在城市化进程中，城乡劳动力呈自由流动的循环状态。

表 4 – 17　我国和世界主要发达国家城镇化进程相关指标情况

指标名称	中国	美国			英国	韩国			日本		德国	
	2015 年	1961 年	2006 年	2015 年	2015 年	1988 年	2002 年	2015 年	2002 年	2015 年	1960 年	2015 年
城镇化率（%）	55.6	70.4	80.1	81.6	82.6	70.4	80.3	82.5	81.6	93.5	71.4	75.3

续表

指标名称	中国	美国			英国	韩国			日本		德国	
	2015年	1961年	2006年	2015年	2015年	1988年	2002年	2015年	2002年	2015年	1960年	2015年
GDP 年均增长（%）	6.9	2.3	2.7	2.6	2.2	11.7	7.4	6.9	0.1	1.2	69.3	1.7
出生时预期寿命（岁）	76	70.3	77.7	78.7	81.6	70.3	76.8	82.2	81.6	83.8	NA	81.1
工业增加值占 GDP 比重（%）	40.9	NA	22.3	20.7	19.4	38.4	36.4	38	27.6	25.5	NA	30.5
政府教育支出占比（%）	4.26	NA	5.4	4.9	5.8	2.7	3.8	4.6	3.6	3.8	NA	4.9
农业增加值占比(%)	8.8	NA	1.1	1.3	0.7	9.9	3.8	2.3	1.4	1.1	0.8	0.6
农地占比（%）	54.8	48.9	44.7	44.6	71.2	23	19.8	17.9	13.1	12.4	NA	47.9
人口增长（%/年）	0.5	1.7	1	0.8	0.8	1	0.6	0.4	0.2	-0.1	NA	0.9
研发支出占比(%)	2	NA	2.6	2.7	1.7	NA	2.3	4.3	3.1	3.6	NA	2.9
卫生支出占比(%)	5.5	NA	15.3	17.1	9.1	NA	4.6	7.4	7.8	10.2	NA	11.3
制造业增加值占 GDP 比重（%）	29.7	NA	13.4	12.3	9.8	30.7	25.3	29.5	18.6	17.7	1960	22.8
人口密度（人/每平方公里）	146.1	20.1	32.6	35.1	269.2	508.2	467.5	519.3	269.7	348.3	71.4	234.1

资料来源：数据来自世界银行数据库。NA：数据不可得。其中，我国出生时预期寿命采用第六次人口普查数据，为2010年数值。

表4-18 发达国家城镇化的阶段性特征

阶段	形式	表象特征	社会特征	环境特征	推动力	工业化进程
第一阶段	中心集中型城市化	大量人口从农村或城市郊区向城市中心区转移，带动城市人口占总人口比例上升	城市劳动力市场供不应求；社会两极分化开始形成，产业工人的居住和生活条件恶劣，犯罪率上升	城市环境遭到污染，疾病流传	市场经济	工业化初期
第二阶段	郊区城市化	城市中心区富裕阶层开始向郊区转移，与此同时，农村人口继续向城市中心区中，城市人口比例进一步上升	城市不同收入群体的空间分化形成；劳动力市场出现供大于求，失业率上升，城市贫穷进一步恶化，犯罪率居高不下	城市基础设施建设滞后，生态环境遭到破坏，污染进一步恶化	市场经济为主，政府有一定的参与	福特制大规模流水线式工业化阶段

续表

阶段	形式	表象特征	社会特征	环境特征	推动力	工业化进程
第三阶段	去城市化	中心城市人口向城镇或乡村迁移，形成城市集聚区。出现超大型城市或城市群	社会和空间分化加剧，进入后工业化时代，失业率大幅上升，社会问题日益突出	城市中心区或工业区的大量工厂和房屋荒废；环境问题凸显	市场经济，政府开始有限的干预	后工业化阶段
第四阶段	再城镇化：城市区域	人口在城市和农村之间的迁徙变为通勤性流动，大都市或城市区域形成	社会和空间分化势头减缓，城市社会问题如老工业城市失业率、吸毒、酗酒等得到初步治理，出现新的社会治理模式：共同治理	经过治理，环境有所改善。城市中心区改造后重现活力	政府引导市场	信息和知识经济

　　资料来源：王学峰：《发达国家城镇化形式的演变及其对中国的启示》，《地域研究与开发》2011 年第 4 期。

2. 主要国家城市化的路径

　　国际学术界目前普遍认同将欧美发达国家的城镇化分为 4 个阶段的观点，即中心集中型城市化、郊区城市化、去城市化和再城镇化（王学峰，2011）。在城镇化的第一阶段人口的流动是单向的，即从农村或郊区向城市中心区迁移。第二阶段是在大量农村人口向城市中心区迁移的同时，中心区的部分人口开始向郊区迁移。第三阶段是中心城市人口向城镇或乡村迁移。第四阶段的人口流动是双向的，即同时伴有人口从城市向城镇或乡村流动和从乡村或城镇向中心城市流动，但这种流动更多地表现为工作地和居住地之间日常的通勤行为，而不是大规模的人口迁移。

　　从表 4 - 18 可以看出，发达国家在城镇化过程中也均经历过环境污染、交通拥堵、失业率上升、贫富差距严重等城镇化带来的诸多社会问题。但这些问题随着城镇化阶段的转换逐步得到改善。当然，这些社会问题的改善并非自发完成，一方面由于发达国家城镇化路径的转变，另一方面也得益于城镇化驱动机制的变化以及政府的引导。在转换过程中，主要发达国家在应对环境污染、交通拥堵、贫富差距严重等社会问题上做出了诸多有益的尝试。总体来看主要有以下几个特征（陈明珠，2016）。

　　一是以产业结构转型推动城市持续发展。产业结构有效升级是推进城镇化和解决城市发展中遇到的经济社会问题的主要途径，是城市保持繁荣，减缓衰退的基础条件。从趋势上看，工业化与城镇化的演进路径基本相似，即均呈现出一种"S"形演进趋势。发达国家城市在城镇化中期阶段之后通过对传统产业实现技术的更新升级和对落后产能的淘汰，同时利用新科技革命机会，在更新和升级城市产业过程中，不断创造新的高附加值、低能耗、竞争力强的产业，从而保持了产业的更替和产业结构的高级化和低碳化，实现了经济效率提升、社会秩序稳定和生态环境的改善。其主要路径包括传统产业改造升级抵消"工业危机"、升级制造业和大力发展战略新兴产业、将服务业打造成为城市主导产业、利用技术创新和制度创新为城市产业升级做支撑等。

二是绿带规划控制城市蔓延。城市蔓延，尤其是首位城市和大城市的蔓延成为城镇化中期之后发达国家城市发展的主要现象。事实上，二战之前的发达国家城市尽管出现了不少新的城市规划理念和实践，但是限制大城市的过度蔓延依然是城镇化进入中期快速发展阶段时城市主要空间规划路径选择。1926年的伦敦区域规划中一个重要的议题就是要在伦敦的区域内设置绿带，以控制城市蔓延。1940年，"巴罗报告"的出台是英国对于大城市人口资源高度集聚进行控制的起点，而分散城市功能成为城市发展的主要目标。1942年，"巴罗委员会"确立了建设新城的思想，在以伦敦中心半径48公里的范围内建设4个同心圆圈，即内圈、近郊圈、绿带圈和外圈。近郊圈内不再增加人口，而在绿带圈内建设一个宽约16公里的绿带，阻止伦敦1939年的边界继续扩张。同样，二战后的日本东京"帝都再建方策"，提出为了控制东京及其卫星城市的增长，而将主要城市的中间地带划分为农业地区，在中心城市周围建设楔形或者环状绿地。同时借鉴"大伦敦规划"，为遏制人口往东京迁移势头，1957年日本制定了首都区域发展规划，规划了一个郊区绿带来控制城市膨胀（冯奎、郑明媚，2013）。韩国为了控制大城市区域的扩张，在1971年修订了《城市规划法》，规定设立限制开发的绿化带，到1976年，韩国的绿化带总面积达到了5317平方公里，占了国土面积5.4%和同期城市规划面积的36%，建立绿化带的最主要目的就是防止失控的城市蔓延和保护城市自然生态环境。

三是以均衡化为目标的城市疏散。发达国家通过引导产业和人口的迁移或者建立副中心的方式，疏散城市的部分功能，进而保持城市的相对均衡发展,以防止和根治"城市病"。资源过于集中于大城市和超大城市的现象在法国、日本和韩国等发达国家体现得最为明显,因此这些国家在 20 世纪 50 年代都开始了分散城市布局,大规模开发落后地区的国土和区域。疏散方式包括往城市近郊疏散和往其他区域城市疏散。"大伦敦规划"的内圈和外圈建设都体现了疏散中心城市功能的内容,比如在靠近伦敦中心地区的伦敦郡和部分临近地区,疏散了伦敦 100 万人口和工作岗位。而外圈作为乡村外环,规划了 8 个卫星城市,安置从伦敦外迁出来的人口。20 世纪 60 年代,法国的国家城市规划以限制巴黎地区的工业和人口发展为目标,以几个平衡区域作为支点,形成巴黎地区相互联系又各具特色的区域,为此实施了著名的"领土整治"和"工业分散"两大政策,加快相关落后地区开发。日本从 1962 年开始制订"全国综合开发计划",颁布了《新工业城市建设法》,引导工业迁往较小城镇。日本的每一次国土规划都对应了当时及其后面一段时期的国家发展方向,比如 1969 年的规划,开始注重改变经济过分集中于太平洋地带的现象;1977 年的"综合计划"开始以注重社会福利、改善人民生活、保护环境、开发落后地区为主要目标。从发展结果看,发达国家通过城市疏散所起到的积极效果更多还是体现在实现大中小城市和城乡协调发展上。从城市控制角度看,防止城市盲目扩张,同时通过疏散大城市的功能进而实现人口和资源在不同地区或者不同等级城市之间进行均衡布局。

四是以人本主义为核心进行城市规划。美国的简·雅各布斯(Jane Jacobs)倡导城市规划的多样化,她反对将城市视作几个功能单一区域的组合,主张实现多种功能在街区内的综合使用和相互配合,同时强调人本主义的规划思潮,特别强调城市规划设计中人的参与。20 世纪 60 年代英国建设第三代新城,提出在远郊区建立与中心城区吸引力对抗的"反磁力吸引"城市。1962 年之后一段时间,法国郊区化的趋势开始增强。借鉴英国新城建设经验,巴黎的新城建设占地较广,乡村气息浓,且生态环境优美。作为新技术实验的地区,这个时期法国的新城在公共交通、环境保护、电缆电视、大规模供热方面都有了突破。20 世纪 70 年代建立在巴黎周围的五座新城赛尔基-蓬杜瓦兹、马恩-拉瓦莱、默龙-色纳等不仅兼具了人性化的设计,同时也完善了功能区,因此具有功能化的特征。20 世纪 70 年代初期,美国的费城、底特律、克利夫兰、波士顿、巴尔的摩、华盛顿等城市80%左右的新建住宅都分布在郊区（周春山，2007），而且美国新一代郊区新城的建设不仅实现了市场化运作，同时体现了新城规划建筑类型的多样化，功能日益完善，产业和人口的融合、预留城市开放空间等特征。由于城市规划理念升级带来的对城市空间结构功能要求的提升，发达国家的城市空间结构除呈现出形态上的分散和多核心结构之外，在内部结构规划上更加注重经济、生态、社会、人文因素等综合环境对城市的影响，这些从整体上促进了发达国家城市空间结构转型的道路，并且为城市更新和未来城市的建设积累了有益经验。

五是实现城市精明且紧凑增长。"紧凑型城市"是由 George B. Dantzig 和 Thomas. I. Saaty 在 1973 年出版的《紧缩城市——适于居住的城市环境计划》中首次提出，试图对全球范围内出现的城市郊区化带来的城市蔓延和城市土地低密度利用问题提出解决方案。其与美国"精明增长"理论均强调城市集约发展的要求以应对发达国家城镇化中后期郊区化过度蔓延带来的城市空间发展问题。紧凑且精明的城市空间增长模式要求合理划定城市边界，使用现有城市存量空间实现城市的再生和更新；城市建设相对集中且具有高密度，土地集约混合利用，所有与生活相关的单元紧凑构建，以减少能源和其他成本的消耗；建立以公共交通为导向，辅助步行或者自行车的出行方式，由此形成一种紧凑和功能混用的城市形态。实现城市集约且精明增长是实现城市可持续增长，缓解城镇化中后期"城市病"的有益举措。实现土地高效率利用是发达国家实现城市紧凑增长的主要措施。例如，日本中央政府允许每个城市采取土地利用措施，增加市中心容积率，以在市中心兴建中高层公寓的方式来实现城市发展的社会效应和环境效益。而韩国城市由于受制于复杂的地形条件，城市空间高效率利用体现在城市建设的方方面面，也就形成了当前可以看到的韩国城市道路密集，城市建筑错落有致的城市意象。另外，注重开发城市多维空间也是促进城市精明且紧凑增长的重要路径。例如日本不仅拥有完善的地下城市管网，也拥有庞大的城市地下空间。从 1957 年建成了世界上第一条地下商业街大阪唯波地下街之后，日本的地下商业街建设步伐未曾减慢。至今，日本的地下商业街已从单纯的商业性质演变为多种城市交通、商业及其他设施共同组成的相互依存的地下综合体。而且日本在立法、规划、设计、经营管理等方面已形成一套较健全的地下街开发利用体系。

（二）世界与中国的趋势

在人类文明史上，城市的发展至少有五千年，但早期发展极其缓慢，到 1800 年，城市人口仅占世界人口的 2%。工业革命后，随着生产力的发展，欧洲加快了城镇化的步伐。伴随着全球化和科技进步，全球治理的内涵和模式正孕育深刻变革，各国民主权利和平等意识普遍增强，这些因素相互反馈和互动对城镇化产生深刻影响。

1. 世界城镇化趋势

到 2035 年，世界人口将会超过 83 亿（以 2012 年 71 亿起计算）。届时人口与城市化将呈现四大趋势：一是老龄化遍及西方国家与日益众多的发展中国家；二是年轻国家基数虽大，但数量却日益下降；三是移民势头引发跨国纠纷；四是城镇化既拉动经济增长，又会加剧食物与水资源紧缺。总体来看，未来十几年，全球范围的城市化将不可避免，且呈现以下几大趋势（美国国家情报委员会，2013）。

一是到 2035 年，全球 60% 以上的人口居住在城市。与 1950 年 30% 的人口住在城市的数据相比，这一比例将提升 30 多个百分点。这一时期，人口陡增而城市化低的地区，主要是亚洲绝大部分及撒哈拉以南非洲，城市化速度尤快。联合国预计，从 2011 年到 2030 年，中国城市人口增长 2.76 亿，印度将增加 2.18 亿，两国将占全球城市人口增长量的 37%。另外 9 个国家约占 26%，从 2200 万增加到 7600 万，即孟加拉国、巴西、民主刚果、印度尼西亚、墨西哥、尼日利亚、巴基斯坦、菲律宾和美国。在非洲，城市形成与扩展，利于经济发展。对长远发展起积极作用的因素还有家庭规模缩小、文化水平提升等。城市人口的增加也是一把"双刃剑"，一方面可以提升亚洲和非洲长远的竞争力，增强政局稳定性，但如果管理失当，膨胀的人口将会成为城市发展的沉重负担。

二是千万级别大都市的地域仍将继续扩大。在现有技术和产业条件下，发达国家一些大都市地区的扩展可能触及上限，而发展中国家将出现一批新的大都市群。未来十几年中，全球城市化的方式将与 20 世纪后期不同，当时城市人口增加的主要是 27 个人口超过千万的大城市。联合国人口专家预计，尽管大城市的数量将继续增加，但人口涌向大城市的趋势将受到土地资源、环境、交通压力等现实问题的制约，而"卫星城"和城郊发展要比中心城区快，土地和住宅价格较低。据此，千万级别的人口大都市的地域将继续扩大，并逐渐按功能分区，全球将超过 40 个巨型城区，在各自国内扮演重要角色。

三是城市在国民经济中的地位将越来越重要。中心地带将成为城市、国家经济的主要发动机，带动 80% 的 GDP 增长。人类经济社会活动的空间分布结构进入了以城市为主的新阶段。美国三大都会区的 GDP 占全美国的 67%，日本三大都市圈 GDP 占全日本的 70%，我国大陆三大城市经济圈 GDP 总量占全国的 38%（孟春、高伟，2013）。

四是城市扩展对环境资源的加重将激发各类矛盾。尽管城市能运用现代科技和改善管理来缓解人口膨胀对资源环境的压力。但仍然不能从根本上解决问题。从城市化历史来看，城市中心化，常带来当地植被减少、土地养分流失、动物种群剧变、水源污染、大气污染及土壤污染等。一些研究也表明，距离城市中心 100 公里的地区也难幸免。联合国人居署《2016 世界城市状况报告，城市化与发展：新兴未来》指出，1950 年至 2005 年期间，全球城市化水平从 29% 增至 49%，全球化石燃料燃烧产生的碳排放增长了近 500%，这一增长显然是不可持续的。根据麦肯锡全球研究所的分析，中国城市用电量到 2030 年将达到全球用电量的 20%，碳排放量也将大幅提升。印度、南亚地区也将面临同样的形势，碳排放量将大幅攀升。根据麦肯锡的分析，中、印两个大国将出现巨大的水资源缺口，印度将有 940 亿升饮用水的供应缺口，很难弥补。其他城市基础建设需求也将激增，但道路交通建设赶不上机动车保有量的增长，堵车将长期存在。由于上述影响，城市周边地区的森林、湿地和清洁水源将消耗殆尽，城市与周边农村地区的资源矛盾将日趋激烈，这些矛盾将触发无休止的法律争端及改革呼声的高涨。

五是未来的城市化需要更多的经费和更强的治理能力。未来十几年，城市政治或许将以政府与逃税的企业家、非正式市场及长期非法占据土地的居民之间的对抗为主要特征。这种对抗将极大考验一些城市政府的治理能力。亚洲、非洲和拉美大多数城市治理仍处于"非正式"状态，在商业、劳工、环保和税务上缺乏法律细节，很大一部分纳税人并未被纳入政府监督之下。根据亚洲开发银行的预测，到 2050 年城市需要更多经费和更好的管理，这便要求城市需要有长远的规划和高瞻远瞩的领导。同时，需要将责任进一步分散到地方政府，让其来承担更多责任，在城市资本投资中，也需要让市场发挥更大的融资作用。

2. 中国城镇化趋势

党的十九大报告为 2035 年的中国树立了目标，描绘了蓝图，做出了部署。报告提出，在全面建成小康社会的基础上，从 2020 年到 2035 年，基本实现社会主义现代化。到 2035 年，人民生活更为宽裕，中等收入群体比例明显提高，城乡区域发展差距和居民生活水平差距显著缩小，基本公共服务均等化基本实现，全体人民共同富裕迈出坚实步伐。这一重大战略安排为 2035 年的中国城镇化道路指明了方位，预示着未来城镇化势必要解决当前城镇化质量不高、区域不均衡的问题，朝着更加均衡、更加充分的方向发展。更加均衡，体现在区域之间城镇化差距将显著缩小；更加充分，体现在城镇化的程度将逐步加深，城镇化的质量将日益提升。总体来看，至 2035 年，我国城镇化将呈现以下几个趋势（刘勇，2011）。

一是城镇化仍处于快速发展阶段。未来，我国城镇化将继续处于快速发展阶段，并将经历高峰发展时期和接近拐点发展时期，估计中国城镇化的拐点将在 65%～75% 之间，2030 年前后将达到城镇化的拐点。根据预测（刘勇，2011），到 2030 年，我国城镇化水平将从每年 0.8 个百分点的速度提高至 63.52%（世界银行预测中国 2030 年城镇化率为 68%，经济合作发展组织的预测是到 2025 年中国城镇化水平将达到 66%）。分阶段来看，至 2020 年，我国城镇化率将从每年 0.9 个百分点的速度提高至 56.43%；至 2030 年，我国城镇化率将从每年 0.7 个百分点的速度提高至 63.4%；至 2050 年，我国城镇化率将提高至 75%。根据《国家新型城镇化规划》设定的目标，2020 年我国要实现常住人口城镇化率 60% 左右，户籍人口城镇化率 45% 左右，户籍人口城镇化率与常住人口城镇化率差距缩小 2 个百分点左右，努力实现 1 亿左右农业转移人口和其他常住人口在城镇落户。

二是城镇化发展将更加均衡，中西部地区城镇化进程将逐步加快。当前，我国东部地区城镇水平较高，已越过城镇化的最快发展时期，而中西部地区的城镇化率较低，并且中西部总人口比东部总人口多了近 1 倍。未来，东部地区城镇化速度将处于稳步提升阶段，而其城镇化的成本也将逐渐提升；与之相比，我国中西部地区土地资源较为充沛，农村劳动力丰富，城镇化提升的空间较大。加上近年来东部劳动力密集型产业向中西部转移的趋势，未来中西部地区城镇化将处于快速发展时期，这些地区城镇化进程的逐步加快将有利于城乡区域发展差距和居民生活水平差距的逐步缩小，为实现全体人民共同富裕奠定坚实基础，促进我国城镇化发展朝着更加均衡的方向迈进。

三是城镇化发展将更加充分，城市群将成为城镇化提质的主要依托。城市群是城市化的高级形式，也是城乡一体化、郊区化和中心城区改造有机结合和中心城区人口有机疏散的最佳地域组织形式。城市群既有利于人口的集中，有助于"三农"问题的解决，又有利于疏散大城市的人口压力。事实上，无论从世界趋势还是我国的实际来看，城镇群将成为城镇化的主要形式。从 20 世纪 70 年代以来，世界各国城市群发展十分迅速，已经成为世界城市化的主要形式之一。在美国，城市群被称为联合大都市区，通常为几个大都市区的集群，城市群能够覆盖更多的国土面积，有利于国土的全面开发。目前，我国城市群已经进入快速发展期，已经形成了京津冀、长三角、长江中游、成渝、珠三角五大国家级城市群，这五大城市群的 GDP 占了全国一半。未来，这些城市群仍将是城镇化的主要形式，将在促进公共资源均衡配置，优化公共服务设施布局，增加就业、教育、医疗、文化等公共服务供给，促进基本公共服务均等化等方面发挥支撑作用，成为我国城镇化提质的主力军。

（三）广东的趋势

1. 广东至 2035 年的城镇化特点

党的十九大报告关于我国社会主要矛盾已经发生转化的重大战略判断深刻揭示了我国基本国情的新特点新内涵新变化，显示出我国人民群众需要的内涵在不断丰富，呈现出多元化、复杂化的特点，物质需要正在向政治、文化等精神需要、社会需要拓展，人们对民主、法治、公平、正义、安全、环境等方面的要求日益增长。因此，广东迈向 2035 年的城镇化也应当是一条能够满足人民群众多元化需求的城镇化道路，城镇化过程不仅可以满足人民群众的居住、教育、医疗、交通等生活基本需求，也应当满足人民群众的就业、创业、文化、健康、环境等更高层次的需求，同步实现人的现代化和城镇化。至 2035 年，完成从农村社会向城市社会的转变，农业产值占 GDP 比重在 5% 以下，非农就业者占总就业人口比重超过 80%，城镇成为人口工作居住的主要空间场域,80%以上的人口常住在城市,基本实现以人的全面发展为核心的城镇化,"城市广东"格局基本形成,人们在城市生活更加美好。

综合国内外发展形势,广东至 2035 年的城镇化进程将呈现如下特点。一是保持一定速度的城镇化进程。广东完成从 70%的城镇化率到 80%的攀升用时将仅需 20 年。二是将建立在经济较高增速基础之上。预测数据显示,至 2035 年,广东经济增长速度仍有望维持在 6%以上。三是将建立在较低人均收入的基础之上。预测数据显示,至 2035 年,广东人均 GDP 在 0.9 万至 2.5 万美元之间(2010 年美元不变价)。四是至 2035 年,广东实现有质量的城镇化需要不断补齐短板。广东的城镇化面临"两个严重滞后""三个不协调",即城镇化滞后于工业化、人口城镇化滞后于土地城镇化,珠三角与粤东西北地区不协调、大中小城市与小城镇发展不协调、城镇化发展与资源环境承载力不协调。要实现有质量的城镇化,广东在迈向 2035 年的进程中,必须加快补齐这些短板。

2. 广东至 2035 年城镇化发展趋势

综合上文的研究结论,本研究认为,至 2035 年广东城镇化发展将呈现出五大趋势。

(1)从速度上,将由"快速化"向"稳步化"阶段迈进

根据"诺瑟姆曲线"理论,广东当前已经跨越了城镇化发展的快速期,逐步进入稳步提升阶段。2015 年,广东城镇化率为 68.7%,较上一年增幅为 0.67 个百分点,2016 年是 69.2%,比 2015 年增长了 0.5 个百分点,远低于 2006 年前年均超过 1%的增长幅度。从更长视角来看,"十五"时期,广东城镇化率累计增长 4.83 个百分点,年均增幅为 0.93%;"十一五"时期,累计增长 2.57 个百分点,年均增幅为 0.51%;而到了"十二五"时期,广东城镇化率累计增长仅为 2.51 个百分点,年均增幅为 0.50%(见图 4-17)。这说明,广东城镇化进入了稳步提升阶段。

尽管如此,广东城镇化率增长仍然将保持有速度的增长。从本研究预测的数据来看,广东在城镇化率 70%~80%这一时期"稳步提升"的耗时仅用时到 20 年。广东至 2035 年城镇化发展速度尽管较 15 年前有一定幅度下降,但增幅仍呈现出有速度的稳步提升。

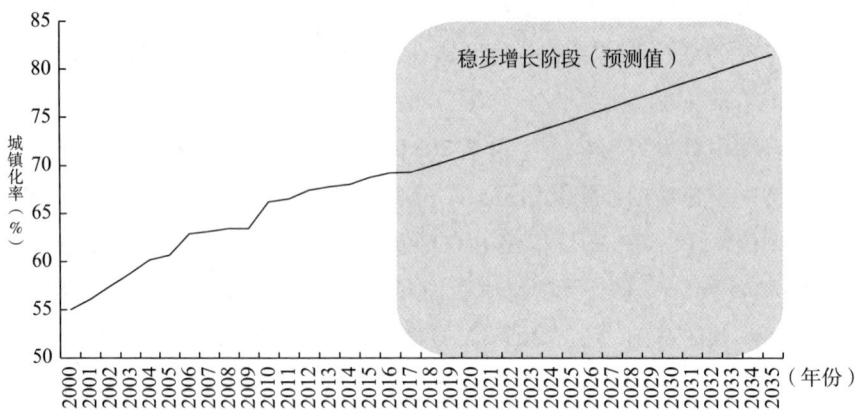

图 4-17 广东城镇化率与年均增幅（2017～2035 年为预测值）

资料来源：相关年份《广东统计年鉴》。

（2）从动力上，"新园、新区、新城"将成为主动力

改革开放以来，广东城镇化的主要动力随着省内外经济形势的不断演变而呈现不断变化，正如本报告前文所述，当前及今后一段时期，广东城镇化的动力已转换为由新园、新区和新城建设为带动的集聚型城镇化发展阶段，粤东西北地区各类产业转移园，各类型新城建设和各层级新区建设将对广东城镇化起到直接促进作用。从新区新城建设数据来看，广东新城新区数量位居全国首位。截至 2014 年 10 月，广东新城新区数量达到 215个，其中珠三角城市群有新城新区 95 个。广东已把基础设施建设、园区建设和地级市中心城区建设作为振兴粤东西北的三个战略抓手。目前，广东新区建设已覆盖珠三角和粤东西北，数量上已达到 17 个。

预计到 2020 年，粤东西北新区规划用地规模将达到 828.5 平方公里，2030 年将达到 1223 平方公里；粤东西北新区规划经济总量到 2020 年将达到 8690 亿元，2030 年将达到 28353 亿元。可以预见，数量和规模庞大的新园、新区、新城不仅将为广东促进区域协调发展提供强有力的支撑，也将创造更多就业机会，吸引大量就业人口，成为广东未来一段时期城镇化发展的主要动力与空间载体。

除此之外，五大发展新理念引领的新型城镇化规划的实施措施、供给侧改革、创新驱动战略的实施、粤东西北振兴战略的实施均将成为未来一段时期广东城镇化发展的政策动力。加之粤港澳大湾区建设的加速推进，也将形成强大的辐射带动力。

（3）从形态上，珠三角城市群将由"群散化"向"群合化"方向发展

城市是区域的中心，城镇化的发展必然会导致区域空间结构的变化。新型城镇化是人口转移与结构转型的并存，随着区域"城市性"的提升，人口转移会逐渐趋弱，结构转型会逐渐趋强，必然会导致区域空间结构的转型与重构。从发达国家城镇化发展的实践历程来看，城市区域空间结构主要发生了三次转型，即起步期，城市化发展由以农村为主导向以城市为主导的转型；快速发展期，城市化发展由以单个城市为主导到以城市群为主导的转型；成熟期，城市化发展由以城市群主导到同城化主导的转型。

改革开放以来，珠三角城市群极大地吸引和聚积了全国的资金、人才、技术等生产要素，加之与长三角城市群相比，珠三角同属一省管辖，资源整合协调能力突出，地理上毗邻港澳，逐步发展成为全国乃至世界有影响力的城市群。2013 年，珠三角 9 个仅占全国面积 0.57% 的城市，却创造了全国 9.33% 的 GDP。2016 年 12 月，国家发改委印发的《加快城市群规划编制工作的通知》提出，2017 年拟启动珠三角湾区城市群等规划编制。"珠三角湾区"城市群规划将把珠三角 9 市和香港、澳门作为整体来考虑，建立和保持合理的协作分工关系。可以看出，珠三角城市群未来的发展将呈现出"横向拓展"和"纵向深化"两大趋势。

城际交通网络的完善将加强城市之间更加紧密的联系。省内轨道交通和公路建设的加快推进（表 4 – 19），将进一步增强城市之间的联系，为城际人流、物流更加畅通的流动提供强大支撑，也为城镇化的"横向拓展"和"纵向深化"提供了重要基础。广东"十三五"规划提出，2020 年广东将实现"市市通高铁"。事实上，随着贵广、南广铁路建成通车，广东已实现了 21 个地市中有 16 个地市通高（快）速铁路，目前仅有湛江、茂名、阳江、河源、梅州没通高铁。在珠三角范围内，珠三角城际铁路网有望在"十三五"期间更加密集完善。在与港澳交通连接方面，广东未来将共同构建粤港澳大湾区高效顺畅的综合运输网络，加快建设港珠澳大桥、粤澳新通道等项目，深化深港西部快速轨道研究，做好广深港客运专线内地与香港段、珠三角城际铁路与澳门轻轨衔接，共同推进珠三角地区空域的联合管制运行。特别是随着港珠澳大桥、中深通道的建成通车，珠三角城市群与香港和澳门的联系将更加通畅，中深通道的建设也将拉近珠江东西两岸城市的联系，这一区域城市之间的交通联系和产业联系将日益紧

表4-19　广东"十三五"轨道交通和公路建设重大项目投资安排

项目	类型	规模（公里）	总投资（亿元）	计划投资（亿元）
轨道交通	干线铁路	3320	3418	1350
	城际铁路	1079	3687	1400
	疏港铁路	486	495	200
	城市轨道	1430	10353	3600
	枢纽站场	—	383	250
公路	高速公路	5942	9598	5000
	普通国省道建设和改造	7200	800	500
	农村公路	22000	700	700

密，将逐步由现在的珠三角城市群逐步"横向拓展"为"9＋2"的粤港澳大湾区城市群。

城市群的同城化趋势将日益明显，城市群的"城市性"将日益提升。城市群是相邻城市的集群，城市群的发展表现为相邻城市的资源共享程度和功能关联程度的不断提升。随着珠三角城市群发展的逐步深化，珠三角相邻城市将由空间上的"群散"状况逐步形成功能上的"群合"趋向，从而使居民在城市间的社会生活如同处在一个城市那样的便捷，形成同城化新格局。相邻城市的同城化是城市群发展的必然趋势，将会从广度和深度上推进城市群地区空间结构的新转型。无论是成熟的城市群，还是成长的、潜在的城市群，在发展过程中都会向同城化转型。根据发达国家成熟城市群的发展经验和我国的实际，城市群向同城化转变的主要特征是核心城市周边的卫星城发展加快，大量人口向卫星城转移，出现了"逆城市化"现象。同城化的转型会在更广、更深的层次上优化城市群地区的空间结构，标志着新型城市化由成长阶段进入成熟阶段，以同城化进一步提升城市群地区的"城市性"[1]。其演变趋势是，相邻城市同城效应的扩展化、

---

[1]　城市性是指城市生活所具有的特性，亦即城市生活区别于乡村生活的特征。城市性概念出现的目的是要区别城市与乡村的不同。在社会学史上，较早对城市性概念做出界定的学者是路易·沃思（Louis Wirth，1897-1952）。他于1938年发表了一篇里程碑式的论文《作为一种生活方式的城市性》（《美国社会学杂志》1938年第44期）。在这篇文章中，沃思把城市性定义为三个方面：一是城市的人口规模较大；二是城市的人口密度较大；三是城市里的人口和生活方式具有较大的异质性。

基础设施的网络化、产业分工与合作的深度化、公共服务的均等化。这些趋势在发达国家的城市群已有显现，在珠三角城市群内部也已见端倪。未来随着粤港澳大湾区城市群战略规划的实施，这种演变趋势将逐步显现，并对周边地市区域的城市化产生更强的扩散效应和带动性，进而促进广东全省的城镇化水平和质量的提升。

（4）从模式上，将由粗放向集约，由灰色向绿色迈进

有限的资源环境承载力和公众环境需求的激增，决定了灰色城镇化没有出路。城镇的形成发展与环境条件密切相关，其发展依赖于良好的自然环境，同时也深刻影响着自然环境。广东城镇化推动经济快速发展的同时，也给自然环境带来了巨大的压力。一方面，城镇的扩张、新城新区建设和土地资源大面积开发仍是广东城镇化发展的主要途径，这一"压缩式"的发展模式给珠三角这一城镇化发展先行区域的生态环境承载力带来了巨大挑战。尽管近年来珠三角部分地区生态环境质量出现了改善迹象，但总体来看仍处于污染物排放的峰值期，环境承载力的极限期。另一方面，粤东西北地区的快速发展亦是广东城镇化的主要动力，同时，粤东西北大部分地区仍处于工业化初期，资源能源利用效率较低（粤东西北部分地区仍处于"低收入 - 低能效"象限，见图 4 - 18），环境自修复和治理能力较弱，经济发展与环境保护之间的协调难度大，给当地生态环境带来巨大冲击。有限的资源环境承载力和公众生态环境需求的增强，将倒逼政府在推进城镇化发展道路逐步偏向绿色化发展的路径，过去只注重人口和生产要素向城镇集中集聚，只注重城镇的经济发展和经济效益，只注重城镇化发展的规模和速度，而忽视生态环境保护和治理，轻视生态环境的建设和营造等做法将逐步被抛弃。走绿色城镇化发展道路将是未来广东的不二选择。

从发展趋势来看，广东有望在"十四五"期间步入绿色城镇化阶段，但区域间仍存分化。全省大多数污染物排放总量，以及碳排放总量（据预测，全省碳排放总量将在 2021 至 2028 年间达峰[①]）和能源消费总量有望于"十三五""十四五"期间先后达峰。可以预计，总体上，2025 年后广东的城镇化面临的资源环境约束将有所"宽松"，将逐步迈入发展与环境

---

① 《广东低碳发展战略研究》，课题组其他项目成果。

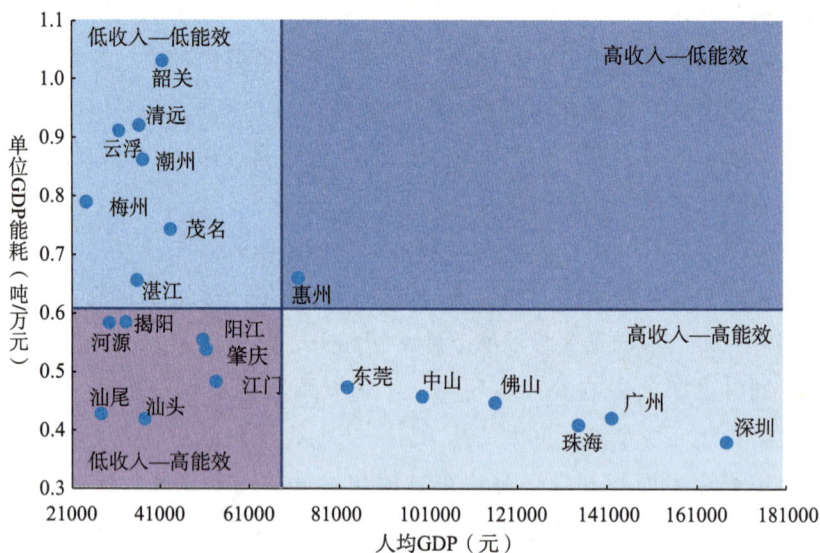

图 4 -18 广东各地市"能源效率—人均收入"分布象限（2016 年）

资料来源：《广东统计年鉴 2017》。

的"双赢期"，有望实现绿色城镇化的目标。但分区域来看仍存在分化：珠三角地区污染物排放总量，以及碳排放总量和能源消费总量会率先达峰，率先进入高城镇化水平下的绿色发展阶段；而粤东西北地区加速城镇化仍然会在相当一段时期面临较大的资源环境约束，这些地区的污染物排放总量，以及碳排放总量和能源消费总量会较晚达峰，如何协调加速城镇化与生态环境保护之间的关系，仍然是这些地区需要解决的重要议题。

（5）从投入上，将由低成本化向高成本化转变

从统计数据看，2000 年至今，广东城镇化率每增加 1 个百分点所对应的固定资产投资总额和基础设施建设投资总额均有较大幅度的提升。2001 ~ 2005 年，广东城镇化率每增加 1 个百分点所对应的固定资产投资总额和基础设施建设投资总额平均为 4562 亿元和 1385 亿元，而这一数字在 2011 ~ 2015 年之间增加至 36195 亿元和 9500 亿元，分别增加了 7.9 倍和 6.9 倍（见图 4 -19）。此外，城市建成区面积的增幅也相当显著。总之，城镇化在土地、资本等方面的边际成本是逐渐上涨的。

除了城镇化率的投资边际成本在逐渐上升，广东未来一段时间城镇化的最直接挑战将是巨大的"市民化"成本，即让进城务工人员享有与本地市民相同基本公共服务所需的投入，包括随迁子女的教育成本、医疗保障

成本、养老保险成本、社会管理费用,以及保障型住房支出等。过去较快的"土地城镇化"创造了"土地财政"、扩大了投资;同时也吸引了大量务工人员来粤务工,汲取了农民工的经济贡献,但以"人"为核心的城镇化成本却并未及时支付,表现为农民工的劳动付出和各项社会保障极不匹配。根据财政部测算,我国若将现已在城市居住的 1.53 亿农民工市民化,成本总额超过 1.8 万亿元,而这仅仅是城市中现有农民工的市民化成本,这些农民工大部分已经计入了目前的城镇化率。

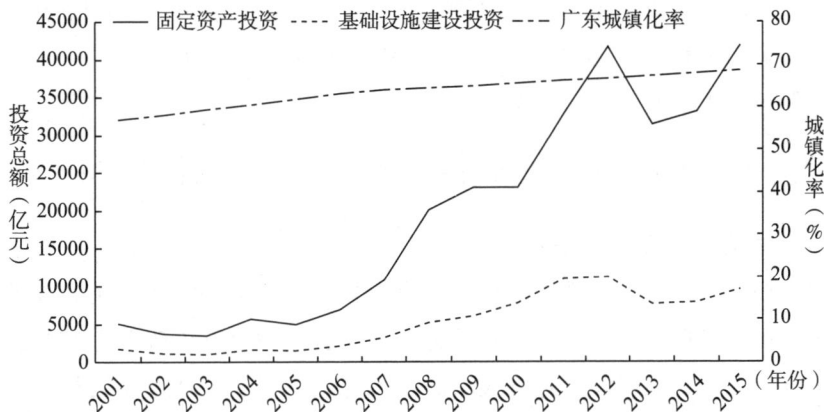

图 4-19 广东城镇化率每增加 1%固定资产和基础设施
投资总额变化 (2000 年不变价)

总体来看,改革开放 30 多年以来广东城镇发展、城镇化水平的提高实际上是享受了人口和土地等要素"红利",因此长期以来的城镇化成本很低,主要表现在土地价格、农民工工资水平、环境与资源代价和缺位的社会保障。在以往的人口转移中,政府所承担的成本相对有限;而缘于以往的"不对称性"转移,未来随着城镇化结构的均衡化发展,人口转移成本将越来越大,这意味着未来城镇化过程中政府所承担的成本将比以往有较大幅度提升。高成本城镇化阶段的到来,意味着政府需要进一步提升财政资金的使用效率,在有限的财政预算下满足城镇化成本不断增长的需求。同时,传统以政府为主体的战略推进模式也将逐渐遇难以回避的瓶颈,地方财税收入和土地出让收入将难以覆盖巨大的城市开发和民生支出,引导社会资本参与,引入更多市场主体并赋予市场主体更大的话语权和投资运营空间,让其更深入地参与到新型城镇化战略的实施进程,将成为必然趋势。

四 广东建设城市社会的重点领域

围绕新时期"人民日益增长的美好生活需要和不平衡不充分的发展之间的矛盾",广东未来20年的城镇化建设,要以"创新、协调、绿色、开放、共享"五大新发展理念为引领,坚持走"以人为本、四化同步、生态文明、布局优化、文化传承"的中国特色的新型城镇化道路,借鉴先发国家成功经验,尊重城镇化发展规律,以满足人的全面发展为目的,贯彻落实好国家新型城镇化战略部署,深化改革开放,着力补齐短板,建设美好、和谐、可持续的城市社会。

(一) 统筹推进户籍制度改革,有序推进常住人口市民化

新型城镇化的首要任务就是促进有能力在城镇稳定就业和生活的常住人口有序实现市民化。推进常住人口市民化,必须坚持实事求是、分类指导的原则,按照"两证并行"的思路,统筹推进户籍制度改革和基本公共服务均等化,在保留农业转移人口土地承包经营权、宅基地使用权、集体经济收益分配权的前提下,让具备条件的常住人口领取户籍证落户城镇,暂不具备落户条件的领取居住证,梯次享受城镇基本公共服务保障,使全体居民共享城镇化发展成果。

1. 全面降低落户门槛,把符合条件的农业转移人口转为城镇居民

围绕提高户籍人口城镇化率,深化户籍制度改革,促进有能力在城镇稳定就业和生活的农业转移人口举家进城落户,并与城镇居民享有同等权利、履行同等义务。一要全面放开放宽重点群体落户限制。除广州、深圳市外,全面放宽农业转移人口落户条件,以农村学生升学和参军进入城镇的人口、在城镇就业居住5年以上和举家迁徙的农业转移人口以及新生代农民工为重点,促进有能力在城镇稳定就业和生活的农业转移人口举家进城落户。要全面放开对高校毕业生、技术工人、职业院校毕业生和留学归国人员的落户限制,全面实行农村籍高校学生来去自由的落户政策,高校录取的农村籍学生可根据本人意愿,将户口迁至高校所在地,毕业后可根据本人意愿,将户口迁回原籍地或迁入就(创)业地。二要调整完善超大城市和特大城市落户政策。广州、深圳这两个超大城市可继续实行积分入

户方式，以具有合法稳定就业和合法稳定住所（含租赁）、参加城镇社会保险年限、连续居住年限等为主要依据，区分城市主城区、郊区、新区等区域，重点解决符合条件的普通劳动者落户问题。户籍人口与非户籍人口比重低于1:1的城市，要进一步放宽外来人口落户指标控制，加快提高户籍人口城镇化率。三要调整完善大中城市落户政策。其他省内大中城市均不得采取购买房屋、投资纳税等方式设置落户限制。城区常住人口300万以下的城市不得采取积分落户方式。省内大城市的落户条件中，对参加城镇社会保险的年限要求不得超过5年，其他城市不得超过3年。四要全面放开建制镇和小城市落户限制。在县级市市区、县人民政府驻地镇和其他建制镇有合法稳定住所（含租赁）的人员，本人及其共同居住生活的配偶、未成年子女、父母等，可以在当地申请登记常住户口。五要完善农村配套改革，消除农业转移人口入户顾虑。降低入户门槛的同时，按照中央要求，不得以退出土地承包经营权、宅基地使用权、集体收益分配权作为农民进城落户的条件。建立进城落户农民"三权"维护和自愿有偿退出机制，优先开展省内农业转移人口土地承包权、宅基地使用权、集体经济收益分配权的市场化变现机制，支持引导其依法自愿有偿转让上述权益，允许"农民带着财产进城"。

2. 完善居住证制度，促进基本公共服务覆盖全部常住人口

对已在城镇就业但就业不稳定、暂未满足落户条件或者不愿意落户的农业转移人口，要通过居住证制度解决他们享受基本公共服务的问题，坚决防止居住证与基本公共服务脱钩的"换汤不换药"现象。一要推进居住证制度覆盖全部未落户城镇常住人口。充分发挥居住证在农业转移人口市民化过程中的登记管理和权益保障作用，公民离开常住户口所在地到其他城市就业和居住的，都应该在居住地申领居住证。建立以居住证为载体采集农业转移人口居住、就业、社保、住房、学籍等基础信息的工作机制，实现联网管理、动态管理和精确管理。二要积极拓展居住证的社会应用功能，不断丰富居住证承载的基本公共服务。一方面要按照国家要求，最大限度地保障居住证持有人在居住地享有义务教育、基本公共就业服务、基本公共卫生服务和计划生育服务、公共文化体育服务、法律援助和法律服务以及国家规定的其他基本公共服务；同时，在居住地享有按照国家有关规定办理出入境证件、换领补领居民身份证、机动车登记、申领机动车驾驶证、报名参加职业资格考试和申请授予职业资格以及其他便利。鼓励各地根据实际不断扩大对居住证持有人的公共服务范围并提高服务标准，缩小与户籍人口基本公共服务的差距。另一方面，要量力而行，并防止"制度套利"。公共服务资源紧张的城市，可以建立以居住证为载体、以积分制为办法的基本公共服务提供机制，根据实际居住时间、工作年限和社会贡献等方面的积分情况确定所能享受的公共服务种类和标准，实行积分轮候制度。严格执行居住有效年限等积分指标的计算标准，把公共服务真正提供给在城市工作、生活，为城市发展做出贡献的常住人口，防止"教育移民""医疗移民"等投机套利行为。

3. 合理分担常住人口市民化成本，完善相关配套政策

要通过建立健全财政转移支付同农业转移人口市民化挂钩、财政建设资金对城市基础设施补贴数额与城市吸纳农业转移人口落户数量挂钩、城市建设用地增加规模与农业转移人口落户数量挂钩等"三挂钩"机制，合理分担各级政府常住人口市民化成本，激发各地积极性。具体来说，一要加大对农业转移人口市民化的财政支持力度并建立动态调整机制。落实流入地城市的主体责任，引导其加大支出结构调整力度，依靠自有财力为农业转移人口提供与当地户籍人口同等的基本公共服务，省级财政根据其吸纳农业转移人口进城落户人数等因素适当给予奖励。据本课题组测算，广东农业转移人口落户的人均公共成本达到 17.6 万元，建议省级财政承担30%，市级财政承担70%。当然，这一标准应根据不同时期农业转移人口数量规模、不同地区和城乡之间农业人口流动变化、大中小城市农业转移人口市民化成本差异等，对省级财政转移支付规模、结构进行动态调整。二要建立财政性建设资金对吸纳农业转移人口较多城市基础设施投资的补助机制。加快实施省级预算内投资安排向吸纳农业转移人口落户数量较多城镇倾斜的政策。省级财政在安排城市基础设施建设和运行维护、保障性住房等相关专项资金时，对吸纳农业转移人口较多的地区给予适当支持。鼓励市级政府实施相应配套政策。三要建立城镇建设用地增加规模与吸纳农业转移人口落户数量挂钩机制。按照以人定地、人地和谐的原则，实施城镇建设用地增加规模与吸纳农业转移人口落户数量挂钩政策，完善年度土地利用计划指标分配机制，保障农业转移人口在城镇落户的合理用地需求。

（二）以城市群为主体构建大中小城市和小城镇协调发展的城镇格局，提高城市的人口承载力

城市群是人口城镇化的主要空间载体，代表着城镇化发展的主体方向。应当以构建城市群为目标，优化城镇空间布局，促进城市间基础设施互联互通和产业、功能互补，释放承载潜能，拓展承载空间，形成省域城镇群协同发展的良性格局。

1. 珠三角：围绕粤港澳大湾区发展，建设以广州、深圳为双核的珠三角世界级城市群

以国家建设粤港澳大湾区为契机，以国际化为目标，推动内部功能整合与优化升级，联手港澳打造更具综合竞争力的世界级城市群。一要加强基础设施互联互通。以补短板为基础，以提质增效为核心，以运营管理协同为方向，形成与区域经济社会发展相适应的基础设施体系，重点共建"一中心三网"①，形成辐射国内外的综合交通体系。二要打造全球创新高地。统筹利用全球创新资源，优化创新发展模式，合作打造全球科技创新平台，构建开放型创新体系，完善创新合作体制机制，建设粤港澳大湾区创新共同体，逐步发展成为全球重要科技产业创新中心。三要携手构建"一带一路"开放新格局。深化与沿线国家基础设施互联互通及经贸合作，强化"一带一路"倡议的起始点与节点"双重功效"。深入推进粤港澳服务贸易自由化，打造CEPA升级版。按照市场化、国际化、法治化的要求，着力构建稳定、公平、透明、可预期的世界最佳营商环境。四要培育利益共享的产业价值链。发挥产业互补优势，加快向全球价值链高端迈进，打造具有国际竞争力的现代产业先导区。加快推动制造业转型升级，以智能化、绿色化为导向，依托汽车、通信装备、船舶及海洋工程装备、电子信息等跨区域优势产业链，重点培育发展新一代信息技术、生物技术、高端装备、新材料、节能环保、新能源汽车等战略新兴产业集群。结合城市规模等级，构建具有层级明确、功能协同的现代服务业体系，提升现代服务业发展水平。五要共建金融核心圈。推动粤港澳金融竞合有序、协同发展，培育金融合作新平台，扩大内地与港澳金融市场要素双向开放与联通，打造引领泛珠、辐射东南亚、服务于"一带一

---

① "一中心"是指世界级国际航运物流中心，"三网"是指多向通道网、海空航线网、快速公交网。

路"的金融枢纽，形成以香港为龙头，以广州、深圳、澳门、珠海为依托，以南沙、前海和横琴为节点的大湾区金融核心圈。六要共建大湾区优质生活圈。以改善社会民生为重点，加强水、大气、土壤环境协同治理，建立绿色低碳发展合作机制，建设国家森林城市群，打造国际化教育高地，完善就业创业服务体系，促进文化繁荣发展，共建健康湾区，推进社会协同治理，把粤港澳大湾区建成绿色、宜居、宜业、宜游的世界级城市群。

2. 环珠三角与粤北对接融入珠三角：发挥珠三角三大都市圈带动机制，打造大珠三角城市群

强化珠三角核心区辐射带动作用，持续推进广佛肇、深莞惠、珠中江三大经济圈的珠三角一体化先行区建设，促进环珠三角地区外围城市融入珠三角地区，形成"广佛肇+清远、云浮""珠中江+阳江""深莞惠+汕尾、河源"的三大组合型新型大都市圈，实现"9+5"共赢合作格局，建设大珠三角城市群。一要构建"广佛肇+清远、云浮"大都市圈。加快广清一体化，推进清远率先融入珠三角，向北拓展珠三角地区发展脊梁至清远、韶关。通过加强交通、产业等方面的对接，向西强化"广佛都市区—肇庆城区—云浮城区"的区域城镇发展带，促进肇庆城区、云浮城区与广佛都市区的融合。二要打造"深莞惠+汕尾、河源"大都市圈。向东依托深圳—惠州南—惠东—汕尾沿海城市发展带，建设深汕特别合作区，促进汕尾主城区、海丰城区、深汕特别合作区三大组团一体化发展。向北强化深圳—惠州—河源区域城市发展轴带，保护万绿湖生态环境，将东源县纳入中心城区，带状发展河源中心城区。进一步理顺深汕合作区发展体制机制，加强基础设施和公共服务设施的建设，促进产城融合发展。三要形成"珠中江+阳江"大都市圈。发挥环境、机场、港口等资源优势，把珠海主城区培育成为区域性副中心城市，强化中山、江门主城区的综合服务功能。强化珠海（中山）—江门—阳江沿海城市发展带，建设珠三角地区产业转移外围实验区、粤港澳区域合作次级实验区，加快开平、台山、恩平、阳江等的发展。

3. 粤东：促进汕潮揭同城化，打造粤东城市群

促进区域城镇发展从分散低效向集约高效转型，加快汕潮揭同城化发展，形成多中心、网络化的都市区格局，促进与梅州的区域协作，培育辐射带动粤东北、赣东南和闽西南地区的重要增长极。一要加强交通互联互通。推进揭阳潮汕空港、潮州厦深铁路潮汕站和汕头港"三港联动"发展，构建以汕潮揭轨道交通网为主体的同城化交通网络体系，强化机场与城镇的快速联系，形成汕潮揭"半小时生活圈"。依托潮汕机场，构建汕潮揭都市区国际化门户枢纽，培育国际化产业和服务功能，加强与欧盟、东盟及我国港澳台地区的合作与交流，打造国际化平台，建设汕潮揭同城化发展先行区。二要加强产业合作。以榕江、韩江和练江为纽带，打造榕江流域现代服务业、韩江流域文化创意产业、练江流域先进制造业三大流域特色经济板块，全面提升粤东地区发展质量，强化上下游产业协作，优化产业结构，推动传统民营经济转型升级。重点建设中国华侨经济文化合作试验区，打造珠港新城总部经济区、东海岸新城新津金融商务区、南滨新城文化博览休闲度假区。加强与港澳台的经贸联系，探索全方位合作的新机制，共建海内外华人共同的回归创业基地和金融创新平台，打造高度开放的"世界潮人之都"。三要促进梅州与汕潮揭地区的区域协作。增强汕潮揭地区空港、海港等战略性基础设施对于梅州地区的辐射和服务作用，强化依托汕梅高速、广梅汕铁路和梅江区、梅县区、丰顺等城镇，打造汕（头）梅（州）发展轴，加快把梅州建设成为粤东城镇群有机组成部分，推动城市集聚发展。

4. 粤西：加快湛茂一体化，建设粤西沿海城市带

强化陆海统筹、区域统筹和产业统筹，建设"双城"协同发展的粤西城镇群，巩固作为华南地区陆海统筹支点和大西南地区出海主通道的战略地位。一要强化粤西地区的外部拓展能力。加强与珠三角地区、北部湾、海南岛及大西南和东南亚区域合作，成为"珠三角地区－大西南"和"中国－东盟"合作交流平台。加快出省通道和疏港铁路建设，依托合湛铁路、洛湛铁路、茂湛铁路、深茂铁路、包茂高速，规划博贺港疏港铁路，推进湛江东海岛铁路建设，增强粤西地区西向、北向通达能力，打通珠三角地区连通大西南的出海大通道，增强对大西南地区辐射带动作用。二要做大做强主导产业。积极推进海洋开发，打造中国海洋资源开发的重要基地，争取国家对出省通道和保税物流体系建设等方面的扶持，建设国家开发南海战略的大后方，将湛江打造成为 21 世纪海上丝绸之路的主要节点和重要平台。积极推动雷州半岛上升为国家级新区，大力将东海岛打造成世界级的钢铁石化造纸基地和循环经济示范区。建设广东西部沿海高铁，推动粤西地区融入珠三角两小时经济圈。三要推动两市中心城区扩容提质

发展。加快粤西国际机场、西部沿海高铁以及湛江站、茂名东站等区域性基础设施建设，为城区扩容提质提供支撑。湛江要以海东新区、东海岛工业新城、奋勇经济区和南三岛为四大经济增长极，以"南拓、东进、北联、西优"为发展方向，新区开发与旧城市更新并举，推进城区扩容提质，形成"一湾多岸、环湾发展"的格局。茂名要以电白"撤县改区"为契机，以滨海新区（博贺湾海洋经济综合开发区）、高新技术产业开发区、水东湾新城三大平台建设为抓手，坚持"港—业—城"联动发展，从交通、城建、产业等方面拉大城市发展框架，加快拓展茂名市中心城区发展空间，进一步增强城市集聚力和辐射力。

5. 粤北：打造韶关都市区

以韶关国家生态文明先行示范区为重点，建设"青山、碧水、蓝天、绿地"的现代生态都市区，联合清远等市打造北江经济带，形成辐射带动粤北区域发展的增长极，带动北部山区绿色崛起。一要培育珠三角地区向泛珠地区的桥头堡。依托广乐高速、大广高速、武深高速、汕昆高速等高速公路，加快国省道主要公路干线的改造，建设韶关至江西赣州铁路、韶关至广西柳州铁路，改扩建韶关机场，打造粤北区域性综合交通枢纽。积极开展与长株潭、赣西南和桂东南地区的经济交流，重点加强商贸、物流等产业合作，培育粤北国际物流中心，成为粤港澳地区面向中南地区的"北大门"。二要加强韶关中心城区扩容提质。统筹协调发展韶关老城区、马坝老城区和芙蓉新区发展，疏解老城区的功能，促进生产、生活、服务要素向城区集聚，培育辐射能力强的韶关都市区。通过强化交通、整合旅游产业链等措施，推进仁化、乳源、始兴三大卫星城建设。强化都市区对于乐昌、南雄、连州等其他次中心的服务和带动作用。三要加快产业转型升级。探索资源型城市和老工业基地向生态绿色城市转型的发展道路，加强生态文明制度建设，主动加强与珠三角地区全方位的合作联动、配套发展，打造北江经济带、环珠三角特色产业带、全省低碳经济示范区、国家级文化旅游产业集聚区。

（三）围绕区域协调发展，推动珠三角和粤东西北城市融合互动发展

深化区域合作与融合，重点加强交通、产业、公共服务等方面的对接，完善对口帮扶机制和政策，增强珠三角地区对粤东西北地区的辐射带动，推动形成资源要素有序自由流动、主体功能约束有效、基本公共服务均等、资源环境可承载的区域协调发展新格局。

1. 加强交通基础设施建设，构建综合高速交通体系

交通基础设施无缝对接是珠三角和粤东西北城市融合互动发展的前提和基础，也是降低资源要素自由流动成本的关键。一要建立粤东西北地区与珠三角地区之间便捷的交通联系。大力推进高速公路、跨境公路、城际轨道和地铁建设，统筹推进粤东、粤西港口群建设，着力完善港口集疏运体系，优化民用运输机场布局，布点通用航空机场，构建全省区域综合对接交通网络，强化互联互通，大大缩短了城市间的时空距离，为城市间的协同互动发展打下坚实基础。二要加快粤东西北地区交通基础设施建设提速升级。加大省级财政投入力度，着力升级改造粤东西北地区城市主干道、市县连接快速路等现有交通基础设施，加快完善粤东西北地区综合交通网络。发挥粤东西北地区与相邻省份连接节点优势，建成较为完善的出省综合运输大通道。

2. 强化产业共建，构建跨区域产业链条

发挥珠三角和粤东西北地区各自比较优势，逐步从简单的产业转移向产业区域分工合作转变，形成珠三角与粤东西北的互动和优势互补。一要加快产业转移园区扩能增效，促进区域产业互联互补互动发展。利用珠三角产业转型升级的有利时机，进一步促进资源依赖型、基本原材料和劳动密集型产业向粤东西北地区转移，鼓励珠三角企业到粤东西北投资办厂，鼓励珠三角与粤东西北共建工业园区。产业共建双方要根据区域资源优势和产业基础，按照产业演进与转移规律以及与珠三角产业价值链分工，科学选择园区主导产业，积极培育产业链条，提高省内区域之间的专业化分工水平，如形成研发机构、总部在珠三角，生产环节在东西北的产业区域分工合作格局。粤东西北地区要继续做好珠三角地区产业转移及承接工作，重点引进与原有产业协调配套的产业联动发展，加快产业集聚，带动存量调整，以加快工业化进程和实现传统产业优化升级。同时，要加大对粤东西北地区的政策支持，根据区域产业优先发展目录，制定区域金融支持政策，实行差异化信贷管理，并增加财政转移支付力度，逐步缩小各大区域之间的差距。二要充分发挥粤东西北地区后发优势，发展特色优势产

业。支持山区和粤东粤西地区的内生工业化进程，加大对当地中小企业的扶持力度，以特色产业的加快发展提升区域整体实力，努力打造重点突出、特色鲜明、优势互补、错位发展的区域特色产业集群，形成经济新增长极，提升区域整体竞争力。坚持重点突破的原则，立足于现有的产品和产业的先行优势，通过提高工艺和技术水平发展规模经济，率先在若干条件较为优越的地区选择特色产业加以重点培育，不断把区域特色经济做大做强。

3. 深化对口帮扶，推动区域间互利共赢

加大对欠发达地区的支持力度，完善对口帮扶机制和政策，推动珠三角地区和粤东西北欠发达地区从对口帮扶转为全面合作融合发展。一要完善欠发达地区开发与扶持政策。改革创新珠三角发达地区对口帮扶欠发达地区机制，通过资源互补、产业转移、人才交流、共建园区等方式，建立区域战略合作伙伴关系。重点帮扶欠发达地区重大基础设施建设，改善交通、电力、通信、水利、环境等生产生活条件。合理调整欠发达地区资源开发收益分配政策。支持有条件的地方开展工矿废弃地复垦利用、城镇低效地再开发和低丘缓坡荒滩等未利用地开发利用试点。逐步加大省级财政投资补助比重，严格落实国家取消或削减原中央苏区、革命老区和少数民族地区配套资金的政策。二要完善对口扶贫开发机制。继续推进珠三角地区与粤东西北地区对口帮扶、省直和中直驻粤单位定点帮扶、粤东西北各市自身定点帮扶。实施精准扶贫责任制和考核机制，建立年度脱贫攻坚报告和督察制度。办好扶贫济困日等社会扶贫活动，充分调动社会各界参与扶贫开发积极性。建立相对贫困户、相对贫困人口进出调整机制等精准扶贫动态调整机制。

4. 实施乡村振兴战略，协调推进城镇化和乡村振兴发展

县域经济是连接城镇化和乡村振兴的桥梁纽带，要实施乡村振兴战略，协调推进城镇化和乡村振兴发展，推进城乡资源要素市场、规划建设、基础设施和公共服务等方面一体化，加快形成以工促农、以城带乡、工农互惠、城乡一体的新型工农城乡关系，努力缩小城乡发展差距。一要推进城乡规划建设一体化。全面推进城乡规划建设体制改革，努力实现城乡规划一体化，合理安排城镇建设、村落分布、产业聚集、农田保护和生态涵养空间，编制完善县（市）全域城乡建设规划。加大以城带乡、以工促农力度，统筹城乡基础设施建设，推动水电路气等基础设施城乡联网、共建

共享。二要推进城乡资源一体化配置。合理配置城乡基本公共服务资源，建立健全优质教育、医疗资源城乡共享机制，推动城镇公共服务向农村延伸，缩小城乡基本公共服务水平差距。推动城乡各类基本公共服务和社会保障实现自由顺畅转移、无障碍对接。完善农村客运班车服务及城乡物流配送体系，实现城乡运输一体化。强化城乡资源要素市场一体化，加快建立城乡统一的人力资源市场，推动形成城乡劳动者公平就业、同工同酬的制度环境；建立健全农村急需的专业技术型、市场经营型人才引进和常驻机制；建立城乡统一的建设用地市场。三要鼓励农民特别是返乡农民工创新创业。要制定出台更加优惠的农民工返乡创业政策，鼓励农民工带着资金、技术（技能）、经验、见识等回乡创业；大力发展农村电商，支持农民通过电商拓展农产品市场。

（四）创新土地利用机制，提高资源利用效率

实行最严格的耕地保护制度和集约节约用地制度，按照管住总量、严控增量、盘活存量的原则，创新土地管理制度，优化土地利用结构，提高土地利用效率，合理满足城镇化用地需求，释放人口城镇化的新活力。

1. 节约集约用地，提升城镇空间品质

按照增量供给与存量挖潜相结合的城镇供地用地模式，盘活闲置用地，提高城镇建设使用存量用地比例，全面提高土地利用综合效益。一要严格控制新增建设用地规模。摸清各类建设用地的总量、质量和空间分布。统筹新增建设用地、城乡建设用地增减挂钩和围填海计划安排，扩大城乡建设用地增减挂钩规模和范围，新增建设用地指标主要用于重大项目、民生工程和基础设施。严格审核人口 500 万以上的特大城市和超大城市中心城区新增建设用地指标，适度增加集约用地程度高、发展潜力大、吸纳人口多的卫星城、中小城市和县城建设用地供给。二要有效盘活存量建设用地。加大闲置土地处置力度，严格将批地与开发挂钩，对于闲置土地量大的城市要严控批地。充分运用"三旧"改造政策，加大旧工业区和城区低端、零散产业用地改造整合力度，在符合规划的前提下，优化审批程序，鼓励企业自主参与实施"三旧"改造。合理调整批而未供用地指标，建立低效用地退出激励机制，完善存量用地二次开发的倒逼机制。三要优化土地利用结构。适当控制工业用地，优先安排和增加住宅用地，合

理安排生态用地，统筹安排基础设施和公共服务设施用地。创新土地价格形成机制，有效调节工业用地和居住用地比价，建立符合省情的工业用地定价模式，适当提高工业项目容积率、土地产出率门槛，探索实行长期租赁、先租后让、租让结合的工业用地供应制度，加强工程建设项目用地标准控制。加大城市中心区立体开发力度，完善地下空间开发利用机制，明晰产权、用途和使用期限。

2. 深化农村土地制度改革，激活土地效能

一要健全耕地保护和补偿制度。严格实施土地利用总体规划，在确保全省耕地、林地和基本农田面积不减少的前提下优化布局，全面开展永久基本农田划定工作，守住耕地、林地保护"红线"。严格土地用途管制，统筹耕地数量管控和质量、生态管护，完善耕地占补平衡制度，加强对耕地占补平衡的监管，建立健全耕地保护激励约束机制。落实地方各级政府耕地保护责任目标考核制度，落实耕地保护政府领导干部离任审计制度，建立健全耕地保护共同责任机制。建立健全耕地和基本农田保护补偿机制。二要深化农村集体产权制度改革。推进农村土地集体所有权、农户承包权、土地经营权"三权分置"改革，全面完成农村土地确权登记颁证工作，依法维护农民土地承包经营权。保障农民财产权益，壮大集体经济。保持土地承包关系稳定并长久不变，第二轮土地承包到期后再延长30年。在坚持和完善最严格的耕地保护制度前提下，赋予农民对承包地占有、使用、收益、流转及承包经营权抵押、担保权能。发展多种形式适度规模经营，培育新型农业经营主体，健全农业社会化服务体系，实现小农户和现代农业发展有机衔接。改革完善农村宅基地制度，全面加快"房地一体"的农村宅基地确权颁证工作，保障农户宅基地用益物权，探索宅基地有偿使用制度和自愿有偿退出机制，探索农民住房财产权抵押、担保、转让的有效途径，严格执行宅基地使用标准，严格禁止一户多宅。建立符合实际需求的农村产权流转交易市场，推动农村产权流转交易公开、公正、规范运行。现阶段农村集体产权制度改革严格限定在本集体经济组织内部进行，切实防止集体经济组织内部少数人侵占、支配集体资产，防止外部资本侵吞、控制集体资产。

3. 完善城乡土地要素转换机制，让农民分享城镇化红利

推动城乡土地市场一体化方向发展，探索土地资源高效公平地城镇化利用机制。一要深化征地制度改革。要建立多元主体参与的征地合法性审查机制，缩小征地范围，规范征地程序，完善对被征地农民合理、规范、多元保障机制。要重塑征地补偿分配机制，确立基于市场经济规律的征地补偿标准，建立科学的地价评估机制，以土地的市场价格作为征地补偿标准设立的基础和依据，提高补偿水平。要重构土地增值收益分配模式，积极创新征地返还的集体建设用地开发模式，合理提高个人收益，保障村集体和失地农民获得最大化且能持久的收益。探索在征地收入和土地增值收益中提取一定比例的资金设立农民再就业基金，加强技能培训和就业安置，保障被征地农民长远发展生计。二要加快农村集体经营性建设用地入市。改变"国有土地建城市"的传统认识误区，将集体建设用地也纳为城市土地的重要组成部分，在符合规划和用途管制前提下，允许农村集体经营性建设用地出让、租赁、入股，实行与国有土地同等入市、同权同价。要在总结全国各地农村集体建设用地入市经验的基础上，率先建立健全相关制度，对集体建设用地的市场运作主体、股权结构、收益分成、抵押、继承等做出明细规定，为集体土地走向市场化提供制度保障。

（五）以高效、绿色、宜居为目标，创造美好的城市生活环境

以人的尺度来规划、建设城市，"更加注重环境宜居和历史文脉相承，更加注重提升人民群众获得感和幸福感，促进中国特色新型城镇化持续健康发展"（习近平，2016），建设海绵城市、绿色城市、智慧城市、人文城市、特色小城镇，让人民群众在城市生活得更方便、更舒心、更美好。

1. 构建布局合理、设施配套、功能完备、安全高效的现代城市基础设施体系

健全完善各种运行系统，提高城镇韧性度，强化城市综合承载能力。随着人与自然冲突加剧、社会矛盾步入高发期，我们面临的各种自然灾害和社会灾害越来越多，提高国土韧性度已成为城镇化发展的重要内容。广东新型城镇化建设，须注重完善基础设施、金融系统、信息系统、灾害时期的医疗系统、应急系统等运行系统以及供应链，提升城市基础设施建设质量，提高城市建筑和基础设施抗灾能力，形成适度超前、相互衔接、满足未来需求的功能体系，提升区域国土韧性度，提高城镇抗灾能力、自修复能力和再生能力，把广东变成包括社会体系在内的国土强韧化省份。

把解决交通拥堵问题放在城市发展的重要位置，加快形成安全、便捷、高效、绿色、经济的综合交通体系。一是加快城市轨道交通系统建设。按照全域、城乡一体原则，强化枢纽、提聚内核，立足区域轨道网，构建以国铁干线、珠三角城际为主的区域轨道交通系统和城市轨道交通系统，使之成为城市公共交通系统的骨干，为市民提供大容量的快速出行方式。二是实施公共交通优先发展战略，大力发展城市公共交通系统，形成以公交系统为骨骼的"节点＋走廊"式城市形态，提高公共交通出行分担比率，优化换乘中心功能和布局，提高出行效率。加强公交信息指挥系统、公交出行服务系统、电子站牌等智能公交系统建设。三是完善城市公共服务设施。加强城市道路、停车场、交通安全等设施建设，以城市新区、各类园区、成片开发区域为重点，结合旧城更新和地下空间开发等，推进干线、支线综合管廊建设。实施城市供水、污水、雨水、燃气、供热等地下管网建设改造和城市电网、通信网络等架空线入地工程。四是推广城市慢行系统，加强城市步行和自行车交通设施建设，全面推进无障碍设施建设。

2. 建设绿色城市，提高城市发展可持续性和宜居性

围绕建设优良人居环境目标，坚持人与自然和谐共生，树立和践行"绿水青山就是金山银山""精明增长""紧凑城市"理念，坚持节约资源和保护环境的基本国策，统筹生产、生活、生态三大布局和山水林田湖草系统治理，实行最严格的生态环境保护制度，形成绿色发展方式和生活方式，坚定走生产发展、生活富裕、生态良好的文明发展道路①，实现生产空间集约高效、生活空间宜居适度、生态空间山清水秀，努力把城市建设成为人与人、人与自然和谐共处的美丽家园。一要控制城市开发强度，划定水体保护线、绿地系统线、基础设施建设控制线、历史文化保护线、永久基本农田和生态保护红线，防止"摊大饼"式扩张，推动形成绿色低碳的生产生活方式和城市建设运营模式，推动城市发展由外延扩张式向内涵提升式转变。二要按照绿色循环低碳的理念，推进城市交通、能源、供排水、供热、污水、垃圾处理等基础设施的规划建设。推广绿色建筑，普及

---

① 习近平：《决胜全面建成小康社会　夺取新时代中国特色社会主义伟大胜利——在中国共产党第十九次全国代表大会上的报告》。

绿色交通，开展绿色新生活行动，形成节约资源和保护环境的生产、生活方式。三要实施城市园林绿化和生态廊道建设工程，提高城市绿地和森林面积，建成一批示范性绿色城市、生态园林城市、森林城市。实施最严格的生态保护制度，积极营造绿色开敞空间，保护优质生态资源。四要实施生态系统修复工程。加强受损生态空间的修复，让城市再现绿水青山。五要提高生态建设与环境治理能力。综合应用技术手段和制度措施，使两者在广东生态建设和环境治理中形成合力。建立健全环境保护和治理制度体系，聚焦重点领域，严格指标考核，加强环境执法监管，严肃责任追究，使生态环境保护制度化、常规化、法制化，用制度释放技术治理的动力和潜力，固化技术治理成效。鼓励技术创新，推进重点环境领域的科学研究和技术攻关，强化科研成果的集成和产出，结合广东生态环境的特点与现状，有针对性地推进重点环境领域的科学研究和技术攻关，突破一批关键技术，强化科研成果的集成和产出，充分发挥技术手段在提升生态文明制度运行效率和降低运行成本方面的重要作用。

3. 建设海绵城市，全面改善城镇水环境

以营造"水生态、水安全、水资源、水文化"为重点，以城市建设和生态保护为核心，新旧城区分类、综合采取"渗、滞、蓄、净、用、排"等措施，最大限度减少城市开发建设对生态环境的影响，将70%以上的降雨就地消纳和利用。通过新旧城区分类治理，妥善解决城区防洪安全、雨水收集利用、内涝积水、黑臭水体治理等问题；加强海绵型建筑与小区、海绵型道路与广场、海绵型公园与绿地、绿色蓄排与净化利用设施等建设，通过建设生态河道，提升防洪标准和生态效应，全面提升水安全水平；通过实施雨污分流，全面改善水环境；通过构建地块、道路、绿地和四级（建筑和小区、市政道路、景观绿地、城市水系）雨水控制系统，全面修复水生态，切实保护良好水体和饮用水源。通过建设，使广东山水林田湖等生态空间得到有效保护，水生态、水资源、水环境、水安全得到全面改善，在城市尺度上构建"山、水、林、田、湖"一体化的海绵城市。

4. 建设人文城市，提升社会凝聚力

坚持马克思主义，牢固树立共产主义远大理想和中国特色社会主义共同理想，培育和践行社会主义核心价值观，不断增强意识形态领域主导权和话语权，通过文化、诚信、社会价值规范建设，凝聚共识，提升社会凝聚力，破解规范、价值缺失难题。一是培育和践行社会主义核心价值观。以培养担当民族复兴大任的时代新人为着眼点，强化教育引导、实践养成、制度保障，发挥社会主义核心价值观对国民教育、精神文明创建、精神文化产品创作生产传播的引领作用，把社会主义核心价值观融入社会发展各方面，转化为人们的情感认同和行为习惯。二是加强思想道德建设，凝聚共识，形成向上向善的社会风尚。广泛开展理想信念教育，深化中国特色社会主义和中国梦宣传教育，弘扬民族精神和时代精神，加强爱国主义、集体主义、社会主义教育，引导人们树立正确的历史观、民族观、国家观、文化观。深入实施公民道德建设工程，推进社会公德、职业道德、家庭美德、个人品德建设。大力弘扬讲仁爱、重民本、守诚信、崇正义、尚和合、求大同等核心思想理念，大力弘扬自强不息、敬业乐群、扶危济困、见义勇为、孝老爱亲等中华传统美德，大力弘扬有利于促进社会和谐、鼓励人们向上向善的思想文化内容，把跨越时空的思想理念、价值标准、审美风范转化为人们的精神追求和行为习惯，不断增强人民群众的文化参与感、获得感和认同感，形成向上向善的社会风尚。三是加强文化和自然遗产保护，延续历史文脉，继承革命文化，发展社会主义先进文化，不忘本来、吸收外来、面向未来，更好构筑中国精神、中国价值、中国力量，为人民提供精神指引。① "城镇建设要让居民望得见山、看得见水、记得住乡愁。"② 加强政策支持和技术指引，推动优秀传统文化创造性转化、创新性发展，鼓励创作新岭南建筑，打造新岭南城乡，提升现代岭南魅力，巩固业已形成的历史与现代交汇、传承与创新结合、中华与海外兼容的城乡建设岭南特色，促进具有岭南特色、岭南风格、岭南气派的文化产品更加丰富，文化自觉和文化自信显著增强，区域文化软实力的根基更为坚实，岭南文化的国际影响力明显提升。四是完善现代公共文化服务体系，深入实施文化惠民工程，丰富群众性文化活动。整合各类公共文化资源，完善各级公共文化服务设施建设，促进广东区域、城乡基本公共文化服务一体化；开展系列文化发展工程建设，引培并举，壮大文化人才队伍；深化文化体制机制改革创新，推动公共文化服务社会化发展，借助多

---

① 习近平：《决胜全面建成小康社会　夺取新时代中国特色社会主义伟大胜利——在中国共产党第十九次全国代表大会上的报告》。

② 《中央城镇化工作会议：城镇建设要让居民记住乡愁》，中国广播网，2013 年 12 月 20 日。

种平台、运用多种手段调动社会力量参与文化建设，提升城市文化品位。五是促进文化旅游产业大发展。整合和盘活古建筑、名人故居、名镇名村和非物质文化遗产等历史文化资源，加大综合开发利用力度，着力将文化资源存量转化文化产业发展增量。加快发展各类文化产品和产权信息技术、版权等要素市场，做强特色文化产业，通过加快"互联网、科技、金融、旅游＋文化"的深度融合，培育智慧教育、创意设计、数字内容和动漫业、现代传媒、网络文化服务等新兴文化产业，提升改造传统文化产业。发展体育休闲、休闲旅游产业。

5. 建设智慧城市，提升城市功能

以基础设施智能化、公共服务便利化、社会治理精细化为重点，强化统筹协调和顶层设计，实施"互联网＋"城市计划，推动互联网、大数据、人工智能和城市发展深度融合，发展智能交通、智能电网、智能水务、智能管网、智能园区、智能家居，构建智慧城市公共服务平台，建设一批新型示范性智慧城市。促进宽带网络提速降费，营造普惠化的智慧生活。一是发展智慧交通。应用信息技术提升交通运输行业智能化水平，发挥交通智能化对综合交通组织、运行、管理的支撑作用。包括优化交通综合信息服务平台、搭建公共停车信息平台、完善公共交通信息服务系统等交通信息化平台建设。二是建设和完善城市综合管理信息平台，并与相关行业管理信息系统互联互通，逐步实现紧急类城市综合管理领域全覆盖，促进公共安全信息化。深化应急管理领域业务协同，加强公共安全防控信息化建设，运用云计算、大数据、物联网等新一代信息技术，采集水、电、气等涉及民生的公共资源运行状况，切实提升突发事件监测、预警和应急处置能力，完善突发事件应急平台体系。加快图像监控、通信网络、数据中心等信息基础设施建设、扩容，完善各类社会资源共享共用机制，加强重点区域监控，提高视频监控覆盖率。完善体系，加强防护，确保智慧城市信息安全。三是提升电子政务一体化水平。建设基于云计算的电子政务公共平台，向各部门提供基于电子政务公共云平台汇聚的各类数据资源，开发建设基于云计算技术的社区事务受理服务系统。

（六）围绕城市品质打造，推进城市治理体系现代化

增强规划引领，促进"多规融合"。深入推进"平安广东"建设，强化依法协同治理，逐步形成结构合理、权责明确、依法依规、文明和谐、共治共管的现代城市治理体系，促进城市有序运行、健康发展，人民安居乐业、社会安定和谐。

1. 增强规划引领，促进"多规融合"

一是制定精细而长远的综合总体规划。突出"网络、留白、添绿、低密度"，以立足长远、有效论证、灵活可变、有效执行和系统创新为原则，制定战略性概念总蓝图和实施性综合总体规划图，平衡长短期不同的先导性重大项目。以未来20~50年的发展目标和原则为依据，在充分调研、论证基础上编制战略性概念总蓝图，对广东城市形态结构、空间布局和基础设施网络谋篇布局。以法律文件形式强化"蓝图"的刚性约束，强化"一张蓝图干到底"意识。二是以10~15年为规划期，以战略性概念总蓝图为依据，制定细化实施性综合总体规划，对城市功能进行中心城区商业区、区域中心、镇中心、邻里中心等分级，相应地对功能区的面积、人口等做出明确的规划。每10年对战略性概念总蓝图检讨一次，每5年对实施性综合总体规划检讨一次，以适应不断变化的政治、经济和社会环境。三是促进"多规合一"，优化城市开放空间。加强对城市的空间立体性、平面协调性、风貌整体性、文脉延续性等方面的规划和管控，改变专项规划各管一块、彼此封闭的传统规划思路，引导从不同功能、视角出发的专项规划，将社会发展、生态建设统筹于规划一盘棋中，结合广东城市空间的地理特征、地形起伏、水文系统、地质条件和空间结构等条件，充分尊重城市自然要素的点、线、面分布特点，留住城市特有的地域环境、文化特色、建筑风格等"基因"，在形态和尺度上建设开放的、多元的空间节点，引导各个节点有序连接，增强网络层级之间的联通度。挖掘、改善和维护城市开放空间的同时，重建城市开放空间的连接关系，从水平和垂直方向多个层次将城市中形态多样的公园、广场、住区绿地与环城森林、农田与江河湖岸等节点空间，构建一个多尺度、多层次、多功能的立体开放空间网络体系，为居民提供能融入其中的自由亲切、充满自然要素的生活、交流、活动环境，为多样化的自然生态提供健康的栖息地和迁移通道。通过社会空间网络与生态网络的并行构建，扩大城市社会资本。

2. 深入推进"平安广东"建设

一是把安全放在第一位，把住安全关、质量关，坚决遏制重特大安全事故。完善安全生产责任制，把安全工作落实到城市工作和城市发展各个环节各个领域。建立行业准入严、安全标准高、基础设施好的安全生产体系，严格安全生产准入，坚持"零隐患准入"。二是提升防灾减灾救灾能力。健全城市抗震、防洪、排涝、消防、地质灾害应急指挥等公共安全体系和各种运行系统，完善城市生命通道系统，加强城市防灾避难场所建设，增强抵御自然灾害、处置突发事件和危机管理能力。提高城镇抗灾能力、自修复能力和再生能力，提高区域国土韧性度。三是加快社会治安防控体系建设，依法打击和惩治黄赌毒黑拐骗等违法犯罪活动，保护人民人身权、财产权、人格权。进一步完善街（路）面巡控网、单位（小区）内部网、社区基础网、视频监控网、民用技防网和网络防控网"六张网络"。通过专业队伍、重点区域、重点领域、现代技术的治安网络化建设，构建立体化"全民治安"社会治安防控体系。四是严格执行职业病防治法，加强职业病危害防治工作，切实抓好粉尘、重金属、高毒物质等职业危害的诊断、鉴定和治疗。

3. 强化依法协同治理，全面推进城市治理现代化

按照习近平总书记和党中央的要求，以面临问题为导向，以群众需求为导向，以发展目标为导向，坚持"三个导向"有机结合，构建党的组织、政府组织、街道基层组织、社区自治组织、社会组织、市场组织等共建共享治理体系，提高系统治理、依法治理、综合治理、源头治理能力，加强社会治理制度建设，不断完善"党委领导、政府负责、社会协同、公众参与、法治保障"的社会治理体制，提高社会治理社会化、法治化、智能化、专业化水平，打造政府治理和社会调节、居民自治良性互动的共建共治共享城市治理格局，"走出一条中国特色大城市治理的新路子"。一要加强和改善党对城镇化工作的领导，强化政府对城镇化发展的政策导向和制度支持，不断提高城镇化工作水平。基本实现社会领域党建全覆盖，充分发挥党组织先锋队作用和党员模范作用。顺应区域均衡发展和一体化发展需要，推进城市区域协同治理。加强预防和化解社会矛盾机制建设，正确处理人民内部矛盾。二要强化依法治理，运用法治思维和法治方式解决城市治理顽症难题，形成城市综合管理法治化新格局。以法律和制度形式切实保障市民对城市发展决策的知情权、参与权、决策权、表达权、监督权。完善社会动员机制，鼓励企业和市民尤其是非户籍常住人口通过各种

方式参与城市建设、管理，提高社会协同、公众参与水平，真正实现城市共治共管、共建共享。三要加强社区治理体系建设。完善"枢纽型"社会组织工作体系、推进社会组织登记改革、培育发展社会组织、创新社会组织治理。尽快实现社会组织自我管理、自主发展。深化街道管理体制改革，推动服务管理重心下沉、理顺街道与职能部门关系、健全街道管理委员会机制、加强协管员队伍建设管理。加强社区治理体系建设，健全社区服务体系，深化社区居民自治，夯实基层工作基础，推进城乡社区协调发展。坚持党管人才原则，加强社会工作人才队伍建设；培育公益精神，加强志愿服务队伍建设。四要社会心理服务体系建设，培育自尊自信、理性平和、积极向上的社会心态。

（七）创新投融资机制，强化城镇化金融支撑

城镇化发展面临巨大的改造、升级、建设交通、通信、供电、供气、供排水、污水垃圾处理等基础设施任务，需通过深化投融资体制改革，构建多元化、可持续的城镇化投融资机制，创新城镇化投融资模式和政企合作方式，以项目为依托，吸引多方力量参与城镇化建设。

1. 深化财政金融改革，建立多元化的城镇化推进成本分担机制

按照收支对应、基层优先原则，建立各级政府事权与支出责任相适应的财税体制。根据公共服务产品的外部性或受益范围，合理界定各级政府事权和支出责任，明确各级政府分担资金的比例和标准。适度加强省级事权和支出责任，教育、医疗、文化、部分社会保障、跨区域重大项目建设维护、区域性公共服务等作为省级事权，由省级财政承担支出责任。省通过安排转移支付将部分事权支出责任委托地方承担。完善转移支付体系，增加对经济欠发达地区的转移支付，压减专项、扩大一般。中央、省出台增支政策形成的地方财力缺口，原则上通过一般性转移支付调节。对于跨区域且对其他地区影响较大的公共服务，省通过转移支付承担一部分地方事权支出责任。争取中央加大对广东的财政转移支付力度，并承担外省农民工市民化的特殊性支出，降低农民工市民化过程中的个人承担成本。

2. 建立多元化、市场化的城镇化投融资机制

应对城镇化建设的金融需求，除了加强对已有融资渠道的规范，使之继续发挥必要作用外，更重要的是建立金融市场体系多层次、金融产品多

样化、融资渠道多元化的投融资体系，提高城镇化建设中直接融资占比，扩大社会融资总量。一是在做好清理和规范基础上，在风险可控的条件下继续发挥好地方投资平台和影子银行在当前城市基础设施融资中的作用。二是借鉴美国等国家的经验，利用好第二个拥有自主发行地方债省市的权限，逐步实现从"城投债"到"市政债"的转变，积极探索市政债和财产税的搭配组合，缓解城镇化发展的融资约束。三是创新金融工具，盘活资金存量、优化增量资金使用效率。如对建设投入巨大、资产流动性差但又有稳定的现金收入的收费高速公路、污水处理厂等，可以采取基础设施资产证券化的方式，将流动性较差的存量资产变现、盘活。

（八）发展中小、特色城市，培育促进城镇化发展新动力

发展中小特色小镇，既可分担中心城市、大城市功能，减轻大城市压力，又可以通过带动周边农村基础设施和公共服务的发展，加快城乡一体化发展。针对四大区域情况，适当放宽粤东西北设置标准，政府、社会、市场齐发力，大力发展中小、特色城市，培育促进城镇化发展新动力。

1. 培育新生中小城市

围绕国家战略部署，以镇区常住人口规模、人口密度和经济规模等为基准，统筹规划新生中小城市培育，鼓励符合条件的县和特大镇进行设市探索和先行先试，培育形成一批动能完善、特色鲜明的新生中小城市。一是按照国家改革探索部署，主动谋划，积极设计，加快启动相关申报工作，将具备条件的县和特大镇有序设置为市。二是适当放宽粤东西北中小地区中小城市设置标准，配合振兴战略，加强产业和公共资源布局引导，适度增加粤东西北地区中小城市数量。三是推进新生中小城市常住人口基本公共服务均等化，完善社会救济、养老、卫生、教育、文化、住房保障等公共服务体系。四是多措并举，构建多元化投融资体系，切实降低新生中小城市建设融资门槛，完善新生中小城市基础设施，提升城市管理、服务水平，为城镇居民提供宜居宜业环境。

2. 发展特色小城镇

发展具有特色资源、区位优势和文化底蕴的小城镇，通过扩权增能、加大投入和扶持力度，培育成为有着特色鲜明的产业形态、和谐宜居的美丽环境、彰显特色的传统文化、便捷完善的设施服务、充满活力的体制机

制的休闲旅游、商贸物流、信息产业、智能制造、科技教育、民俗文化传承、科技教育等魅力小镇[1]，让特色小城镇带动城乡一体化、吸纳农村劳动力就业，实现城乡产业融合，推动城市文明迅速向农村扩展，缩小城乡发展差距，实现城乡的协调发展。

一要规划先行，明确定位。明确特色小城镇的产业定位、文化内涵、旅游和社区功能，坚持规划先行、多规合一，统筹考虑人口、产业布局、国土空间利用、生态环境保护和公共服务配套，推动产业、文化、旅游和社区等功能性要素的融合，促进产业链、创新链、人才链协调配套、有机衔接。二要政府引导，企业主体，市场运作，合力促进人产城融合。充分发挥市场作用，调动企业积极性和创造性，政府则应在搭建平台、提供服务、营造环境上着力，不断改善和提升小城镇生态环境、交通条件和配套设施，激发市场主体在创新创业、绿色发展等的动力。以特色主导产业和经典产业为重点，打造"9＋n"特色小镇新形态，包括智能制造小镇、绿能科技小镇、海洋特色产业小镇、互联网＋小镇等[2]，增强小城市的集聚能力和统筹城乡的辐射能力。三要适度调整试点镇的行政区划，深化强镇扩权改革，完善县、镇政府间协调配合机制，扩展镇政府管理服务职能。四要创新土地管理方式，提高小城市建设用地保障力度。

参考文献

习近平：《城镇化是现代化的必由之路》，新华网2017年02月23日。

杨廉、袁奇峰：《基于村庄集体土地开发的农村城市化模式研究——佛山市南海区为例》，《城市规划学刊》2012年第11期。

袁奇峰、易晓峰、王雪、彭涛、刘云亚：《从"城乡一体化"到"真正城市化"——南海东部地区发展的反思和对策》，《城市规划学刊》2005年第1期。

张弘：《开发区带动区域整体发展的城市化模式——以长江三角洲地区为例》，《城市规划汇刊》2001年第6期。

中共中央、国务院：《国家新型城镇化规划（2014—2020年）》。

孟德拉斯：《农民的终结》，李培林译，社会科学文献出版社，2010。

李培林：《村落的终结：羊城村的故事》，商务印书馆，2010。

---

① 《中华人民共和国国民经济和社会发展第十三个五年规划纲要》，新华社2016年3月17日。
② 《到2020年广东拟建成百个省级特色小镇》，《南方日报》2016年7月22日。

饶会林：《城市经济学》，东北财经大学出版社，1999。

屈晓杰、王理平：《我国城市化进程的模型分析》，《安徽农业科学》2005 第 10 期。

钱纳里等：《工业化和经济增长的比较研究》，吴奇等译，上海三联书店，1995。

周一星：《关于中国城镇化速度的思考》，《城市规划》2006 年增刊。

李林杰、金剑：《中国城市化水平预测的时间序列模型及其应用》，《中国人口科学》
　　　2005 年增刊。

兰海强等：《2030 年城镇化率的预测：基于四种方法的比较》，《统计与决策》2014 年
　　　第 16 期。

邓拓芬：《我国城市化水平的定量分析及矛盾》，《上海统计》2001 年第 6 期。

杨保军、陈鹏：《新常态下城市规划的传承与变革》，《城市规划》2015 年第 11 期。

胡萍、徐友光、张妙琴：《广东城镇化水平综合测度及影响因子分析》，《湖南师范大
　　　学自然科学学报》2015 年第 5 期。

陈明星、陆大道、张华：《中国城市化水平的综合测度及其动力因子分析》，《地理学》
　　　2009 年第 4 期。

陈明珠：《发达国家城镇化中后期城市转型及其启示》，中共中央党校，2016。

冯奎，郑明媚：《中外都市圈与中小城市发展》，中国发展出版社，2013。

嘉琳、孙韶华、夏保强：《农民工市民化总成本超 1.8 万亿》，《经济参考报》2013 年 3
　　　月 4 日。

蒋晓岚、程必定：《我国新型城镇化发展阶段性特征与发展趋势研究》，《区域经济评
　　　论》2013 年第 2 期。

刘勇：《中国城镇化发展的历程、问题和趋势》，《经济与管理研究》2011 年第 3 期。

美国国家情报委员会：《全球趋势 2030》，时事出版社，2013。

孟春、高伟：《世界城镇化的发展趋势与我国城镇化的健康推进》，《区域经济评论》
　　　2013 年第 4 期。

王学峰：《发达国家城镇化形式的演变及其对中国的启示》，《地域研究与开发》2011
　　　年第 4 期。

周春山：《城市空间结构与形态》，科学出版社，2007。

朱金、赵民：《从结构性失衡到均衡——我国城镇化发展的现实状况与未来趋势》，
　　　《上海城市规划》2014 年第 1 期。

《国务院关于深入推进新型城镇化建设的若干意见》，2016 年 2 月 2 日。

习近平：《决胜全面建成小康社会　夺取新时代中国特色社会主义伟大胜利——在中国
　　　共产党第十九次全国代表大会上的报告》，《人民日报》2017 年 10 月 28 日。

专题报告五　2035：广东区域发展展望

　　广东省共辖 21 个地级市，分为珠三角、粤东、粤西和粤北 4 个区域。成功构建四大区域均衡协调发展的格局，是广东迈向 2035 年建设共享型社会愿景的重要组成部分。

　　党的十九大报告提出，中国特色社会主义进入新时代，我国社会主要矛盾已经转化为人民日益增长的美好生活需要和不平衡不充分的发展之间的矛盾。而区域协调发展正是解决不平衡不充分发展的一个重要抓手。区域协调发展的真谛是效率与公平的统一。由于各地先天条件不同、资源禀赋不同，加上产业基础不同，区位优势不同，区域经济发展不平衡是绝对的，平衡是相对的。区域协调发展应当通过市场化为导向的全面深化改革，坚持将社会主义的公平与市场经济的效率有机地统一起来，通过公共服务均等化等举措重构平坦无障碍的一体化市场，从而让市场在配置资源中发挥决定性作用和更好地发挥政府的作用，有效利用区域协调发展政策手段，最大限度地将政府"有形之手"和市场"无形之手"形成合力，推动区域经济一体化发展。

　　培育壮大城市群，以城市群为基础构建区域分工合作体系，是广东区域发展的战略路径选择。到 2035 年，随着高铁等交通基础设施的不断完善，珠三角对于粤东西北的辐射能力将进一步加强，有望进入以城市群为核心、多中心网络式的高水平均衡布局的空间格局。随着港珠澳大桥、深中通道、虎门二桥等交通基础设施投入使用，珠江东岸和西岸的联系将大大增强，珠三角地区的一体化程度将进一步提升，粤港澳大湾区城市群基本成型，形成港深莞惠、广佛清肇、澳珠中江三大都市区。在粤东西北方面，通过增强与珠三角地区的分工合作，以汕头为核心的粤东城市群将发展成型，成为全省第二大经济增长点。粤西地区以湛江和茂名为核心的沿海经济带也将发展成型。粤北地区韶关和河源与珠三角的联系将大大增强，成为珠三角的直接腹地，梅州则将逐步融入粤东城市群。

近期，广东区域均衡协调发展的主要举措，一是加强交通基础设施建设，实现县县通高速公路，陆续开通汕头、潮州、揭阳、汕尾、清远、韶关、云浮等市高铁或轻轨，进而让粤东西北全面进入"高铁时代"，大幅改善粤东西北地区的交通条件和投资环境；二是对各地产业转移园区特别是在粤东西北实现了全覆盖的产业转移园区进行扩能增效，为区域发展提速打造重要支撑；三是针对粤东西北城镇化水平低、中心城区带动力不强的劣势，省委、省政府决定粤东西北新型城镇化需以"扩容"推动"提质"，通过打造人口集聚、产城融合的产业新区、产业新城，促进粤东西北加快发展。

展望 2035 年，在广东大地，粤港澳大湾区将初步建成世界级湾区城市群，珠江口西岸地区经济地位显著提升，粤东地区城市群将成为广东区域发展新的增长极，创新将成为广东区域发展的主要动力，区域发展差距逐步缩小。

一　广东区域发展历程回顾

（一）广东行政区划调整历程

行政区划是国家为了进行分级管理而实行的区域划分。在我国，行政区划是区域发展的体制保障，并对区域发展产生长期和重大的影响，是推进区域发展最为现实和有效的途径之一；而区域发展也是推动行政区划调整的动力，并在一定程度上影响着行政区划调整的方向。

新中国成立以来，广东的行政区划调整基本上伴随着广东工业化与城镇化以及改革开放的进程展开。1949 年 11 月 6 日广东省人民政府成立后，全省共设珠江、东江、西江、北江、粤中、南路、兴梅、潮汕、琼崖等 9 个专区，共辖 7 个市（汕头市、湛江市、海口市、韶关市、佛山市、江门市、北海市）98个县，广州市当时为中央直辖市。1950年南路专区改名为高雷专区，琼崖专区改为海南行政区；1952年，广东省和广州市由中南行政委员会领导，将北海市及钦州专区划归广西，广西的怀集县划入广东。1954年，广东省改由中央直接领导，原由中央直辖的广州市开始划归广东省管辖。

其后，省内各专区、市、县每年都不断进行各种调整，直到1979年3月，经国务院批准，设立深圳市与珠海市，11月，深圳与珠海均定为省辖市，由省直接领导。1980年8月，经全国人大常委会批准，在广东省的深圳、珠海、汕头、福建省的厦门四市分别划出一定区域，设置经济特区，四个经济特区作为改革开放的窗口，带动和开启了我国改革开放的经济奇迹，极大地促进了我国经济社会的繁荣发展。

1983年以后，我国开始了地级行政区划改革，"地区"改制为"市"，出现地级市，省辖市改称为"地级市"，1988年广东也进行了这项改革，经国务院批复，广东撤销了肇庆地区、惠阳地区、梅县地区，设立肇庆市、惠州市、梅州市；并设立汕尾市、河源市、阳江市、清远市；东莞与中山也升格为地级市；海南行政区被撤销，设立海南省；至此，广东设立地级市18个，下辖77个县。又经1991年潮州与揭阳升格为地级市，1994年云浮升格为地级市之后，广东21个地级市的行政区划基本格局就确定下来，至今没有太大的变动。

（二）广东区域经济空间结构发展变化

1. 改革开放之初：以广州为核心的单中心空间体系

改革开放之初，广州作为省会和全省唯一的特大城市，无论是历史经济基础还是计划经济时期的投资项目都远远领先于全省其他地区。1978年，全省100万以上人口的城市仅广州一个，10万至20万人口城市仅佛山、江门、肇庆、珠海四个。同时，1978年，广州占整个广东省GDP总额的23.2%。全省呈现出以广州为核心的单中心空间体系格局。城市间横向经济联系薄弱，经济发展水平由广州到沿海逐步降低。

2. 1978~2008年：核心-边缘结构

随着全球产业转移浪潮的兴起和改革开放的不断深化，珠三角地区凭借其毗邻港澳的优势和改革开放先行一步的政策优势，借助"前店后厂"

专业化分工模式迅速崛起，成为著名的"世界工厂"，吸引了大量外资企业、劳动力、资本等要素在珠三角地区集聚，广东省"核心－边缘"模式逐步形成。20 世纪 90 年代以后，珠三角区域一体化的现象开始出现。随着深圳的飞速发展，珠三角内部逐渐形成了以"广佛""港深"为双中心的"两翼齐飞，双向辐射"的空间格局，并在扩散效应的作用下带动与其相邻的珠三角其他区域经济快速增长。从全省范围来看，在珠三角地区强大的虹吸与集聚效应下，珠三角与粤东西北区域不均衡现象开始不断加大。

3. 2008 年至今：核心向边缘辐射扩散，粤港澳大湾区城市群初步成型

为了避免珠三角与粤东西北的区域经济差距不断拉大，广东采取了一系列区域协调发展政策来加快粤东西北地区的发展。2008 年提出"双转移"战略，2013 年提出振兴粤东西北发展战略，以基础设施、产业园和城镇化"三大抓手"来推进粤东西北地区的发展，取得了一定的成效。然而，从全省区域经济格局来看，核心－边缘结构依旧较为明显，不过随着深莞惠、广佛两个大都市辐射能力的增长，珠三角周边的汕尾、清远和肇庆南部等地区开始逐步纳入珠三角核心区，珠三角核心区的范围有所增大。与此同时，粤东城市群、粤西沿海经济带和粤北韶关中心城市也开始初步成型。

（三）广东区域发展战略调整历程

新中国成立以来，我国的区域发展战略经过了区域均衡发展战略—区域非均衡发展战略—区域协调发展战略三个阶段的发展变化，广东的区域发展战略跟随国家的战略调整，也经历了同样的改变。

1. 区域均衡发展战略阶段（1949～1978 年）

新中国成立初期，我国制定并实施的是区域均衡发展战略。在理论层面上，当时认为社会主义经济发展必须是均衡的，不均衡是资本主义制度的产物，社会主义应该均衡布局生产力，从而减少乃至最终消灭地区差异，实现全体人民的"同步富裕"。其战略思路是以工业化为主导，平衡发展与重点发展相结合，沿海工业与内地工业相结合，重点发展内地地区。1956 年在《论十大关系》中，毛泽东进行了系统的思考与论述，提出了"平衡工业发展的布局"这个战略思想，提出必须大力发展内地工业，使全国工业布局趋于平衡。到了 20 世纪 60 年代初，随着中苏关系全面恶化、美国对越南战争全面升级，在严峻的国际局势下，1964年5月，中央工作会议上又做出了重点加强"三线"建设的决策，决定集中力量建设三线，在人力、物力、财力上给予保证；新建项目都要摆在三线；一线能搬的项目要搬迁，短期不能见效的续建项目一律缩小建设规模；在不妨碍生产的条件下，有计划有步骤地调整一线。而广东位处东南沿海，属于非重点建设并要进行调整的一线地区。

由于一线地区也可以在省内的内陆地区进行一些所谓"小三线"建设，因此，在此期间，广东区域发展的重点也就放在了"小三线"，也即粤北山区地区的建设上了。作为广东小三线建设的重点，韶关市借助小三线建设，在17年的时间内就"从只有很少轻工业的小山城，发展成为广东省的重工业城市"[①]。三线建设时期，沿海城市的经济、文化、卫生等企事业机构的内迁，特别是一批科技人员和技术工人内迁，对于改变内地地区的经济、文化、教育、卫生等落后面貌起了重要的作用；对于改变原工业集中在沿海的状态，调整工业发展的地区性结构也起到积极的作用。

但这种通过抑制沿海、强化内陆而达到区域平衡的战略，牺牲了经济效率，无法发挥出沿海地区的区位优势，形成的是一种低水平的平衡，造成了较大的资源浪费，未能促进我国经济社会的快速发展。

2. 区域非均衡发展阶段（1978~1993年）

实施非均衡发展战略的指导思想是邓小平1978年底倡导的"先富后富、共同富裕"论，理论依据主要是增长极理论、梯度推移理论等欧美区域经济非均衡发展理论。1978年，党的十一届三中全会提出，当时我国区域发展战略要优先解决的问题是，如何通过扩大开放，加快发展。非均衡发展战略追求经济增长的效率目标，在4个经济特区建设取得成功经验后，国家又先后逐步开放沿海14个城市，开放开发海南岛和浦东，开放开发沿边沿江地区，开放开发内地中心城市。实践的显著成效是形成了一条从南到北沿海岸线延伸的沿海开放地带，经济特区、沿海经济技术开发区、沿海经济开放区等特殊经济区成为重要的增长极，有力地推动了沿海地区经济快速发展，珠三角、长三角、环渤海地区成为推动中国经济高速增长的"发动机"、引领中国经济发展的重心，并由此形成了从沿海到内地、从东

---

① 杨汉卿、梁向阳：《20世纪六七十年代广东的小三线建设》，《红广角》2015年第7期。

部地区到中西部地区的梯度推移、渐进发展、开放发展的格局。

广东省的珠三角地区正是借助非均衡发展战略，一举实现了经济社会的飞跃发展，取得了极大的成功，但珠三角地区与粤东西北地区经济发展、居民生活水平等差距过大又带来了一系列社会问题、经济问题乃至政治问题。由此广东进入了区域协调发展的历史阶段。

3. 区域协调发展战略阶段（1994 年至今）

为促进区域均衡发展，从"九五"计划开始，广东就把区域协调发展列入了工作任务，2002 年开始正式提出实施区域协调发展战略，2005 年提出调整优化区域空间结构、珠三角与粤东西北市县合作共建产业转移园，2006 年提出要以新一轮思想大解放，推动全省经济社会发展全面转入科学发展轨道，2007 年进一步提出要实施提升珠三角、带动粤东西北战略，2008 年提出产业与劳动力"双转移"发展新战略，进一步发挥珠三角地区的示范带动作用，实现区域内部发展日趋均衡与合理，2013 年出台了《关于进一步促进粤东西北振兴发展的决定》，实施三大战略振兴粤东西北。具体可以分为以下三个阶段。

起步阶段：1994～2005 年。在"九五"计划中，将"推进地区经济全面协调发展"列入了规划重点工作，提出"要把产业结构调整优化与地区经济协调发展密切结合起来，特别要重视重大项目的合理确定与布局，加强外引内联，形成优势互补的区域经济"①。在"十五"规划中，提出按照"分类指导、梯度推进、协调发展、共同富裕"的方针，发挥经济特区和珠江三角洲地区的龙头带动作用，加快广东省东西两翼地区和粤北山区的发展步伐，协调区域经济发展②。"九五""十五"规划的实施，在一定程度上促进了珠三角发达地区产业向东、西、北地区的转移，加快了粤东西北工业化启动和发展。

发展阶段：2006～2012 年。在"十一五"规划中，明确提出将"加强区域协调发展与合作"作为广东发展的主要任务之一，编制和发布了《广东省东西北振兴计划（2006—2010 年）》。区域协调发展主要思路：一是实

---

① 《广东省人民政府办公厅印发〈广东省"九五"规划工作会议纪要〉的通知》（粤府办〔1994〕37 号），1994 年 8 月 31 日。

② 广东省人民政府：《关于下达〈广东省国民经济和社会发展第十个五年计划纲要〉的通知》（粤府〔2001〕13 号），2001 年 3 月 26 日。

行差别化产业政策，促进珠三角、两翼、山区的产业形成各有侧重的梯度合理分工，积极推进珠三角产业向山区和两翼转移。二是加大扶持力度，支持两翼重大基础设施和重大项目建设，推动两翼经济进入快速增长期。以建设公路网、铁路网、海港等为重点，完善东西两翼的交通基础设施。三是强化工业在两翼发展中的主导地位，发挥两翼的临海区位优势和资源优势，重点发展临港重化工业、特色产业和配套产业。通过一批重大项目建设，提高区域工业经济的自我发展能力，把东西两翼建成全省产业发展新的增长点。四是积极落实扶持山区发展的政策措施，加强山区公路、水利、农村电网和信息化等基础设施建设。按照适度发展、集中开发和严格保护环境的原则，发挥自身资源优势，在山区大力发展旅游等特色产业、资源加工业和劳动密集型产业；围绕全省主导产业，积极与珠三角产业互动，发展配套产业。五是加强产业转移中的环境保护，建立健全区域重大基础设施、环境保护、资源开发利用等重大事项的协调机制，实现两翼、山区与珠三角利益共享和共赢。①

2008年全球金融危机后，为加快转变发展方式，应对国内外的新形势新情况，广东发布了得到国务院批复上升为国家战略的《珠三角改革发展规划纲要（2008—2020）》，提出珠三角地区9个地级市实施基础设施、产业发展和基本公共服务一体化发展战略，实施产业和劳动力"双转移"战略，增强珠江三角洲地区辐射带动环珠三角地区发展能力，务实推进泛珠三角区域合作。

攻坚阶段：2013年至今。党的十八大以来，为加快区域协调发展，2013年7月，广东省委、省政府出台了《关于进一步促进粤东西北振兴发展的决定》，将振兴粤东西北地区进一步上升为全省重大战略，并以交通基础设施建设、产业园区扩容增效和中心城区扩容提质作为战略实施的"三大抓手"，着力改善粤东西北发展条件。其主要内容包括：一是明确发展目标，到2020年，粤东西北各市地区生产总值实现比2010年翻一番，人均地区生产总值分年度达到或超过全国同期平均水平。二是优化空间布局，粤东加快建设汕潮揭城市群、粤西加快建设湛茂阳临港经济带、粤北加快建设可持续发展生态型新经济区。三是加强区域合作，进一步扩大与

---

① 《广东省国民经济和社会发展第十一个五年规划纲要》，2006年4月25日。

港澳台地区和东盟在产业、经贸、文化、科技、旅游、环保等领域合作。四是加大政策支持力度，5 年统筹安排资金 6720 亿元，大力支持粤东西北地区振兴发展。其中安排资金 148 亿元，支持发展地方主导产业、绿色产业、海洋产业、旅游产业。五是支持梅州、云浮、茂名、河源、清远建设农村金融推广示范市和改革创新综合实验区，湛江开展统筹城乡金融改革试验，揭阳探索创新发展民生金融，汕头建设华侨经济文化合作试验区开展华侨产业投融资，等等。

由于各地先天条件不同、资源禀赋不同，加上产业基础不同，区位优势不同，区域经济发展不平衡是绝对的，平衡是相对的。区域协调发展应当通过基本公共服务均等化等举措重构平坦无障碍的一体化市场，通过市场化为导向的全面深化改革，坚持将社会主义的公平与市场经济的效率有机地统一起来，从而让市场在配置资源中发挥决定性作用和更好地发挥政府的作用，最大限度地将政府"有形之手"和市场"无形之手"形成合力，最终推动区域经济的协调发展。

（四）广东区域发展的重大举措

改革开放先行一步的广东，在区域发展战略方面也走在了全国的前列。尤其是《珠江三角洲地区改革发展规划纲要（2008—2020)》，首次将广东省内的中心区域——珠三角的发展纳入了国家战略，由此推出的一系列区域规划，为广东的区域发展打造了更多更好的战略平台。随后制定的珠海横琴、广州南沙、深圳前海新区及自贸区战略以及粤东西北振兴战略、广东海洋经济综合试验区发展规划和深山特别合作区规划等，都有力地推动了广东各区域及区域间协调发展。

1.《珠江三角洲地区改革发展规划纲要（2008—2020)》

2008 年 12 月，国家批准了《珠江三角洲地区改革发展规划纲要（2008—2020)》（简称《规划纲要》），这是珠三角发展问题首次被纳入国家战略层面予以考虑，也是广东第一个被纳入国家层面的地方性区域规划。

规划主体范围是广州、深圳、珠海、佛山、肇庆、东莞、惠州、中山、江门等珠江三角洲 9 个城市。珠三角地区面积为 24437 平方公里，不到广东省国土面积的 14%。2016 年，珠三角实现生产总值 67905.33 亿元，约占广东全省 GDP 的 80%，约占全国 GDP 的 9%，经济地位举足轻重。

规划的定位与目标：赋予珠三角地区以探索科学发展模式试验区、深化改革先行区、扩大开放的重要国际门户、世界先进制造业和现代服务业基地以及全国重要的经济中心等重要定位。目标是到2020年，率先基本实现现代化，基本建立完善的社会主义市场经济体制，形成以现代服务业和先进制造业为主的产业结构和现代产业体系，形成具有世界先进水平的科技创新能力，形成全体人民和谐相处的局面，形成粤港澳三地分工合作、优势互补、全球最具核心竞争力的大都市圈之一。《规划纲要》也做了具体的战略部署，明确指出要：增强珠江三角洲地区辐射带动环珠三角地区发展能力，务实推进泛珠三角区域合作。把提升珠江三角洲地区，辐射带动东西北地区发展作为实施《规划纲要》的重要举措，推动资源由按行政区域配置向按经济区域配置转变。加大力度推进"双转移"工作，加强产业转移示范园区建设，科学规划、设立海关特殊监管区和保税业务监管网点，推动珠江三角洲地区劳动密集型、资金密集型企业加快向东西北地区转移。粤东西北地区要积极配合和对接《规划纲要》的实施，主动接受珠江三角洲地区的辐射带动。完善泛珠三角区域合作机制和规划，推进基础设施、生态环境保护、科技、旅游、能源等合作，促进资金、技术、人才、信息、资源等要素区域间便捷流动。

2. 《珠海横琴总体发展规划》

2009年6月24日，国务院讨论并原则通过了《珠海横琴总体发展规划》。横琴岛是珠海市第一大岛，东隔十字门水道与澳门相邻，南濒南海，北与珠海城区相望，规划总面积106.46平方公里。

规划定位是：把横琴建设成为带动珠三角、服务港澳、率先发展的粤港澳紧密合作示范区，"一国两制"下探索粤港澳合作新模式的示范区，深化改革开放和科技创新的先行区，促进珠江口西岸地区产业升级的新平台。在功能选择上，主要包括科技研发、高新产业、会议商展以及旅游休闲大主导功能，以及物流贸易、培训交易、文化创意、商贸服务、生态居住等五大辅助功能。经过10到15年的努力，把横琴建设成为连通港澳、区域共建的"开放岛"，经济繁荣、宜居宜业的"活力岛"，知识密集、信息发达的"智能岛"，资源节约、环境友好的"生态岛"。

3. 深圳前海地区规划

2010年8月26日，在建立深圳特区30周年之际，国务院批复同意了

《前海深港现代服务业合作区总体发展规划》。前海位于深圳西部、珠江口东岸，毗邻港澳，规划面积 15 平方公里，规划期至 2020 年。

前海合作发展现代服务业的指导思想和战略定位：高举中国特色社会主义伟大旗帜，以邓小平理论和"三个代表"重要思想为指导，深入贯彻科学发展观，坚持开放合作、互利共赢、体制创新、科学高效，高端引领、集约发展，统筹规划、辐射示范的原则，在"一国两制"框架下，深化与香港合作，构建更具活力的体制机制，以生产性服务业为重点，推动现代服务业集聚发展，促进珠三角地区产业结构优化升级，提升粤港澳合作水平，努力打造粤港现代服务业创新合作示范区。

战略目标：到 2020 年，建成基础设施完备、国际一流的现代服务业合作区，具备适应现代服务业发展需要的体制机制和法律环境，形成结构合理、国际化程度高、辐射能力强的现代服务业体系，聚集一批具有世界影响力的现代服务业企业，成为亚太地区重要的生产性服务业中心，在全球现代服务业领域发挥重要作用，成为世界服务贸易重要基地。

4. 广东海洋经济发展规划

2011 年 7 月，国务院正式批准实施《广东海洋经济综合试验区发展规划》，这也是广东继《珠三角规划纲要》上升到国家战略后又一纳入国家层面的区域性规划。

规划主体区范围：涵盖广东省全部海域和广州、深圳、珠海、汕头、惠州、汕尾、东莞、中山、江门、阳江、湛江、茂名、潮州、揭阳等 14 个市，海域面积 41.9 万平方公里，陆域面积 8.4 万平方公里。同时，为增强海洋经济发展的辐射带动作用，广东海洋经济综合试验区还将珠江三角洲地区的佛山、肇庆及环珠三角地区的粤北等相邻地区作为联动区，实际上广东海洋经济综合实验区已成为覆盖全省的战略规划。

规划的定位和目标：构建现代海洋产业体系、发展战略性新兴产业和提高科技水平，突出加快转变经济发展方式主线，优化海洋经济发展格局，构建现代海洋产业体系，从而使广东成为我国提升海洋经济竞争力的核心区、促进海洋科技创新和成果高效转化的集聚区、加强海洋生态文明建设的示范区和推进海洋综合管理的先行区。

5. 粤东西北振兴规划

2012 年 2 月 6 日，广东省政府正式公布了粤东、粤西与粤北三个区域的"十二五"经济社会发展规划纲要，即《粤东地区经济社会发展规划纲要（2011—2015年）》《粤西地区经济社会发展规划纲要（2011—2015年）》《粤北地区经济社会发展规划纲要（2011—2015年）》，合称粤东西北振兴规划。

在三个规划中，粤东地区将建设成为"全省重要的经济增长极、全省对外开放的重要门户、我省海洋经济发展的示范区和宜居宜业的特色城市群"；粤西地区将建设成为"全国重化工业基地、全省海洋经济示范区、全省现代农业示范区、全省经济新增长极和我省参与东盟等区域合作的重要门户和桥头堡"；粤北地区将建设成为"山区科学发展的示范区、新兴生态型产业集聚区、城乡一体化的重点践行区和区域合作的桥梁和纽带"。

2013年7月，广东省委、省政府出台了《关于进一步促进粤东西北振兴发展的决定》，决定进一步明确了振兴粤东西北发展的各项战略举措。

6. 广州南沙新区发展规划

2012年9月6日，国务院正式批复《广州南沙新区发展规划》，明确了南沙新区发展的战略定位、发展目标、重点工作、政策支持，标志着南沙新区成为国家级新区，南沙新区的开发建设上升到国家战略。批复前，广州南沙新区建设已被列入《珠江三角洲地区改革发展规划纲要》、《粤港合作框架协议》和国家"十二五"规划纲要，提出要站在"珠江三角洲建设成世界级的城市群"的高度规划，建设成新型的滨海新城。

规划范围：方案将广州沙湾水道以南、原属番禺区的大岗、榄核和东涌三镇划归南沙新区管辖，规划人口规模200万。调整后，南沙新区规划总面积为803平方公里，其中陆域面积570平方公里，水域面积233平方公里。

广州南沙新区发展总的战略定位：立足广州、依托珠三角、连接港澳、服务内地、面向世界，建设成为粤港澳优质生活圈和新型城市化典范、以生产性服务业为主导的现代产业新高地、具有世界先进水平的综合服务枢纽、社会管理服务创新试验区，打造粤港澳全面合作示范区。

为贯彻落实该项规划，更好地发挥广州南沙新区作为深化粤港澳合作重大项目的作用，2012年10月召开的省政府常务会议，审议并原则通过了《广东省第一批调整由南沙新区管理机构实施的省级管理事项》，并按照中央和省关于进一步转变政府职能，深化行政审批制度改革的要求，对广州南沙新区、深圳前海新区和珠海横琴新区加大放权力度，赋予三个新区省一级社会管理权限,除国家法律规定必须留在省一级审批的事项外,其他能下放的事项都要下放。①

7. 深汕特别合作区规划

深汕特别合作区建设是广东省委、省政府大力推进"双转移"和区域协调发展战略的一项具有标志性意义的重大举措,被列入广东省"十二五"规划,并被写入广东省第十一次党代会报告。2011 年 5 月 21 日,深汕特别合作区授牌仪式在广州举行。在行政架构上,深汕特别合作区分别设立工作委员会和管理委员会,实行合署办公,为广东省委、省政府的派出机构,委托深圳、汕尾市委、市政府管理,赋予地级市经济社会管理权限。

深汕特别合作区的规划范围包括汕尾市海丰县的鹅埠、小漠、鲘门、赤石四镇,总面积 463 平方公里,规划控制面积约 200 平方公里。合作区的合作期限为 30 年,从 2011 年至 2040 年。

深汕特别合作区是以深圳(汕尾)产业转移工业园为基础进行建设,重点发展包括高端电子信息、先进制造业、现代服务业等在内的现代产业。按照"一年起好步,三年打基础,五年大发展"的目标,深汕合作区要建设成"基础设施较为完善、体制机制成熟运转、各个功能区基本形成"的广东重要的高端产业基地、粤东重要经济增长极,逐步形成现代化综合性新城区和全国区域合作创新示范区。到 2020 年,深汕特别合作区将成长为超过 2000 亿元 GDP 的重要增长极。到 2030 年将实现包括工业、科技、教育、物流业、服务业、新城区在内的总部经济与基地经济一体化,GDP 将超过 5000 亿元。

二　广东区域发展现状分析

(一)广东区域发展概况

1. 区域人口

根据《2016 年广东国民经济和社会发展统计公报》,截至 2016 年底,广东省常住人口 10999 万人,城镇化率 69.2%,居全国首位,人口密度为

---

① 符兴:《赋予南沙新区省一级社会管理权限》,《广州日报》2012 年 10 月 12 日。

每平方千米612人。全年出生人口129.45万人，出生率11.85‰；死亡人口48.17万人，死亡率4.41‰；自然增长人口81.28万人，自然增长率7.44‰，高于全国（见表5-1）。

表5-1　2016年年末常住人口数及其构成

指　标	年末常住人口数（万人）	比重（%）
常住人口	10999	100
户籍		
城镇	7611.31	69.20
乡村	3387.69	30.80
性别		
男性	5763.48	52.40
女性	5235.52	47.60
年龄		
0-14岁	1894.67	17.23
5-64岁	8164.05	74.22
65岁及以上	940.28	8.55

资料来源：《2016年广东国民经济和社会发展统计公报》。

从区域分析来看，广东省常住人口与就业人口都主要集中在珠三角地区，珠三角的城镇化率远远高于其他地区：2015年珠三角和粤东、粤西、粤北的人口城镇化率分别为84.59%、59.93%、42.01%和47.17%。从业人口也明显集中在珠三角，珠三角年从业人员占62.25%，比常住人口占比高8.1个百分点；粤东西北地区分别只占12.19%、12.08%和13.48%，均低于其常住人口占比。常住人口与从业人口均显示出不断向珠三角集聚的势头（见表5-2）。

表5-2　2015年广东常住人口与从业人口分布情况

区域	年末常住人口（万人）	比重（%）	城镇化率（%）	年末从业人员（万人）	比重（%）
全省	10849.00	100	68.71	6219.31	100
珠三角	5874.27	54.14	84.59	3871.26	62.25

区域	年末常住人口 （万人）	比重 （％）	城镇化率 （％）	年末从业人员 （万人）	比重 （％）
粤东	1727.31	15.92	59.93	758.37	12.19
粤西	1583.35	14.59	42.01	751.42	12.08
粤北	1664.07	15.34	47.17	838.26	13.48

资料来源：《广东统计年鉴 2016》。

从图 5 - 1 可以看出，粤东、粤西、粤北的城镇化率与珠三角有显著的差距，粤东地区稍好，城镇化率高于全国平均水平，但依然不到 60%；粤西的城镇化率只有 42%，不到珠三角的一半；粤西地区自 2000 年以来，城镇化几乎停滞不前，城镇化进程远远落后于工业化进程，城镇化滞后、中心城区带动力不强是制约粤东西北快速发展的重要原因之一。城镇化可以成为拉动内需的持久动力和经济发展的重要引擎。以江苏为例，苏南、苏北的发展曾经也是非常不协调、不平衡，但是江苏以推动县域经济为突破口，通过打造县域中心城区，增加了城市人口比例，扩张了市区规模，形成了苏北经济发展新增长极。江苏的经验值得我们借鉴，在推动区域经济发展均衡化过程中，广东要继续加大中心城区扩容提质力度，夯实、做强粤东西北中心城区功能，使之成为促进粤东西北经济发展的增长极。

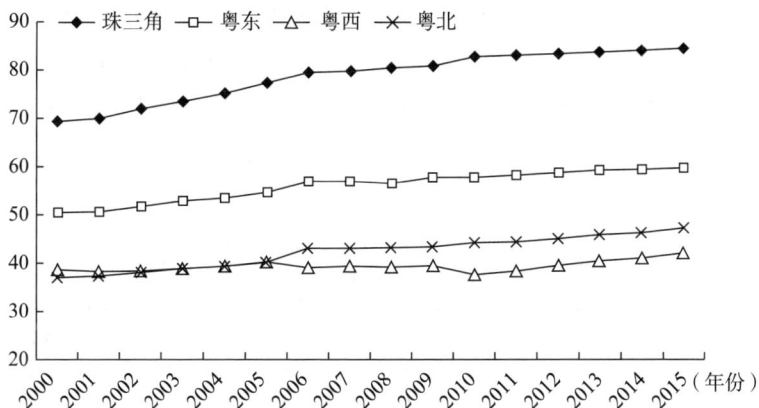

图 5 - 1　广东各区域城镇化率（2000 ~ 2015）

资料来源：历年《广东统计年鉴》。

2. 区域经济

2016 年全省实现地区生产总值（GDP）79512.05 亿元，比上年增长

7.5%。其中,第一产业增加值3693.58亿元,增长3.1%,对GDP增长的贡献率为1.9%;第二产业增加值34372.46亿元,增长6.2%,对GDP增长的贡献率为36.8%;第三产业增加值41446.01亿元,增长9.1%,对GDP增长的贡献率为61.3%。2016年,广东人均GDP达到72787元,按平均汇率折算为10958美元。2016年,全省民营经济增加值突破4万亿元,达42578.76亿元,同比增长7.8%,民营经济增加值占全省GDP的比重为53.6%,同比提高0.2个百分点。

分区域看,珠三角地区生产总值占全省比重为79.3%,粤东西北地区占20.7%,东翼、西翼、山区分别占6.9%、7.6%、6.2%。2016年,粤东西北GDP增速比珠三角低0.9个百分点;粤东西北投资增长7.1%,比珠三角低4.2个百分点;粤东西北财政收入状况不理想,地方一般公共预算收入仅增长0.4%,更是大幅落后珠三角9.3个百分点。从区域GDP增速变异系数看,区域增速差异在长期缩窄后近年来又有所扩大。

2016年粤东西北规模以上工业增长7.6%,比珠三角高出0.9个百分点,而第三产业增加值增长8.6%,比珠三角低1.1个百分点,显示粤东西北增长的主要动力是靠工业拉动,而珠三角增长的主要动力是靠第三产业拉动。

2016年广东固定资产投资33008.86亿元,比上年增长10.0%。分区域看,珠三角地区投资22321.24亿元,增长11.3%;粤东西北共完成固定资产投资10687.62亿元,同比增长7.1%,增幅比珠三角地区低4.2个百分点。其中粤东投资4172.14亿元,增长15.5%;粤西投资3298.27亿元,增长5.7%;粤北投资3217.21亿元,增长0.1%;粤西与粤北投资增速明显偏低(见表5-3)。

表5-3 2016年广东分区域主要经济指标

区域	GDP (亿元)	GDP增长 (%)	规模以上工业增长 (%)	第三产业增加值增长 (%)	固定资产投资增长 (%)	地方一般公共预算收入增长 (%)
珠三角	67905.33	8.3	6.7	9.7	11.3	10.7
粤东西北	17788.37	7.4	7.6	8.6	7.1	0.4
粤东	5918.47	7.4	7.0	8.9	15.5	2.6

续表

区域	GDP （亿元）	GDP 增 长（%）	规模以上 工业增长 （%）	第三产业增 加值增长 （%）	固定资产 投资增长 （%）	地方一般公 共预算收入 增长（%）
粤 西	6540.85	7.3	8.1	8.0	5.7	-2.0
粤 北	5329.05	7.5	7.7	9.1	0.1	0.6

资料来源：广东省统计局。

通过"九五"计划到"十二五"规划的落实，特别是《广东省东西北振兴计划（2006—2010 年）》与 2013 年后促进粤东西北振兴战略的实施，广东省区域发展差距持续拉大的问题得到了一定程度的抑制，粤东西北人均 GDP 增长率自 2006 年首次超过珠三角后，现已连续 10 年超过珠三角地区（其中 2015 年在 GDP 增速被珠三角超过之时，人均 GDP 增长率依然比珠三角高 0.07 个百分点）（见图 5-2）。

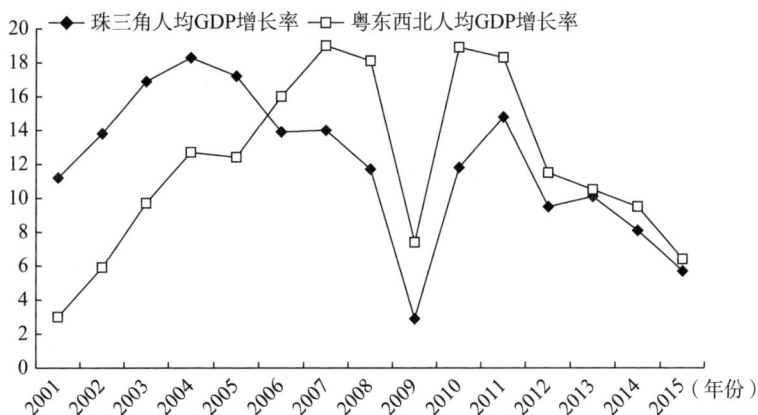

图 5-2 珠三角与粤东西北人均 GDP 增长率（2001~2015）
资料来源：历年《广东统计年鉴》。

粤东西北人均 GDP 与珠三角人均 GDP 的比率，已从 2005 年的 24.9%，上升到了 2015 年的 31.3%，两者差距已明显缩小。尤其是 2013 年以来，随着振兴粤东西北"三大抓手"战略的实施，粤东西北发展环境更是得到了大幅改善，为区域发展打下了良好的基础。

3. 区域产业结构

经过近 40 年的发展，广东三次产业结构由 1978 年的 29.8∶46.6∶23.6 调整为 2016 年的 4.7∶43.2∶52.1，形成了"三二一"的产业发展格局（见

图 5 - 3）。自 1982 年以来，第一产业增加值占 GDP 的比重逐年下降，且下降幅度较大，2009 年以后，第一产业占比基本保持稳定。除了个别年份外，1978～2016 年第二产业增加值占 GDP 的比重均达 40% 以上，尤其是 2004～2011 年，第二产业更是占据全省 GDP 的半壁江山，2012 年之后，第二产业发展速度有所下调，占比出现小幅下滑。改革开放以来，广东第三产业所占比重基本处于上升态势，特别是随着经济发展水平的提高，对生产性和生活性服务的需求不断扩大，2013 年第三产业增加值占 GDP 比重上升至 48.8%，超过第二产业成为国民经济第一大产业，2015 年占比更是超过了 50%。

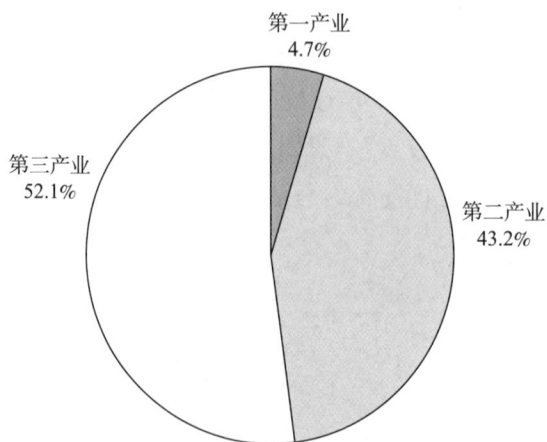

第一产业
4.7%

第三产业
52.1%

第二产业
43.2%

图 5 - 3　广东 2016 年三次产业结构

资料来源：《广东省 2016 年国民经济和社会发展统计公报》。

2016 年广东规模以上工业累计完成增加值突破 3 万亿元，达到 31917.39 亿元。先进制造业和高技术制造业增速分别为 9.5% 和 11.7%，高于规模以上工业增速 2.8 个和 5.0 个百分点；占规模以上工业比重分别为 49.3% 和 27.6%，同比提升 0.8 个和 0.6 个百分点。2016 年广东 R&D 经费支出占 GDP 比重达 2.52%，有效发明专利量连续 7 年、PCT 国际专利申请量连续 15 年保持全国第一，高新技术产品产值增长 12%。但从工业增加值率看，2005～2016 年，广东工业增加值率整体上处于在波动中下滑的态势，且增加值率偏低，显示广东工业转型升级尚不彻底，通过创新推动工业化再上新台阶将是广东产业结构调整的重点方向。

分区域看，珠三角与全省的三次产业结构相近似，但珠三角的第三产业占比更高、第一产业占比更低，处于工业化后期阶段；粤东地区三次产业结构为 8.2：53.8：38.0，第二产业占比超过 50%，处于工业化中期阶段；粤西地区三次产业结构为 17.2：40.7：42.1，粤北地区三次产业结构为 15.8：39.5：44.7，显示粤西与粤北地区第一产业比重仍然较大，第二产业不但落后于珠三角还落后于粤东地区，仍处于工业化初期向中期的过渡阶段（见表 5 - 4）。

表 5 - 4　2015 年广东分区域三次产业结构

区域	第一产业	第二产业	第三产业
全省	4.7	43.2	52.1
珠三角	1.8	43.6	54.6
粤东	8.2	53.8	38.0
粤西	17.2	40.7	42.1
粤北	15.8	39.5	44.7

4. 区域社会民生建设

近年来广东高度重视社会民生建设，2015 年全省医院、社会文化设施、公共交通等建设均有所加强。2015 年全省医院增加 63 家，公共图书馆增加 3 个，博物馆增加 2 个，档案馆增加 3 个，公共汽车增加 1864 辆；相对而言，近年来广东医院建设与公共交通建设增幅较大，而文化设施建设增长较慢。分区域而言，珠三角、粤东、粤西、粤北 2015 年医院分别增长 2.5%、7.6%、12.1%、7.2%；公共汽车分别增长 1.6%、13.5%、9.6%、24.2%；两项建设，粤东、粤西、粤北的增长都明显高于珠三角地区，显示在公共服务方面广东省对粤东西北地区投入的加大（见表 5 -5）。

表 5 - 5　广东 2015 年各区域社会文化建设情况

区域	医院（家）	文化馆（个）	公共图书馆（个）	博物馆（个）	档案馆（个）	公共汽车（辆）
全省	1323	145	139	190	202	56950
珠三角	808	56	56	112	96	49487
粤东	127	24	23	21	27	2222
粤西	194	23	18	16	29	2016
粤北	194	42	42	41	50	3225

在社会保障方面，城乡养老、医疗保障一体化方面得到切实推进，在统计中，2014年全省城镇职工基本养老保险参保人数为4809.47万人，而2015年则纳入农村基本养老保险，全省城乡基本养老保险参保人数为7586.24万人。此外，珠三角、粤东、粤西、粤北2015年的失业保险、城乡基本医疗保险、工伤保险、生育保险参保人数均有稳定增长（见表5-6）。

表5-6 广东2015年各区域社会保险参保人数

区域	城乡基本养老保险参保人数	失业保险参保人数	城乡基本医疗保险参保人数	工伤保险参保人数	生育保险参保人数
全省	7586.24	2930.13	10136.02	3122.72	3081.80
珠三角	4520.77	2559.78	4993.44	2659.18	2718.57
粤东	1002.93	148.78	1673.85	145.15	143.54
粤西	852.38	85.31	1677.28	100.39	90.92
粤北	1038.42	136.26	1791.45	156.36	128.77

（二）广东区域差距变化分析

从图5-4中可以看出，1990~2016年，珠三角地区与粤东西北地区人均GDP存在较大的差距，珠三角地区人均GDP平均是粤东西北地区人均GDP的3.7倍左右。

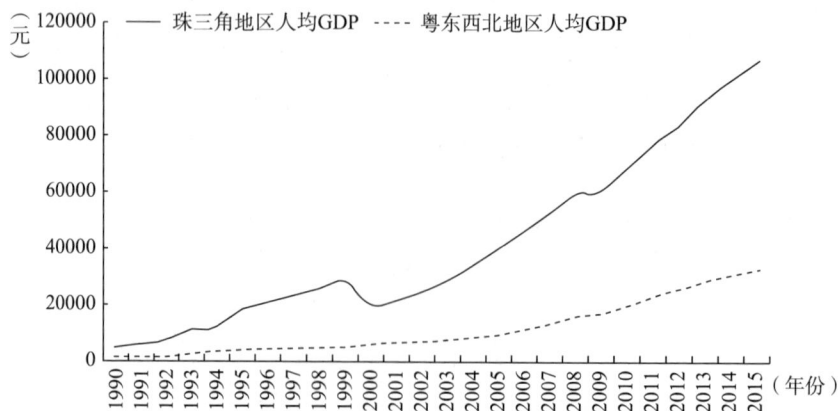

图5-4 珠三角与粤东西北地区人均GDP的变动（1990~2015）

资料来源：历年《广东统计年鉴》。

1. 区域差异系数

我们采取加权差异系数（*cv*）来分析 1990～2015 年珠三角地区与粤东西北地区的经济发展差异。加权差异系数（*cv*）的计算公式为：

$$CV = \frac{1}{\overline{Y}} \sqrt{\sum_{1=1}^{n} (Y_i - \overline{Y})^2 \frac{p_t}{p}}$$

Y 为人均 GDP，P 为人口，公式中的均值 $\overline{Y}$ 为人均 GDP 的加权平均，由于加权差异系数反映了各地区人口规模的影响作用，它更能反映区域间的差异水平。计算结果如图 5－5 所示。[①]

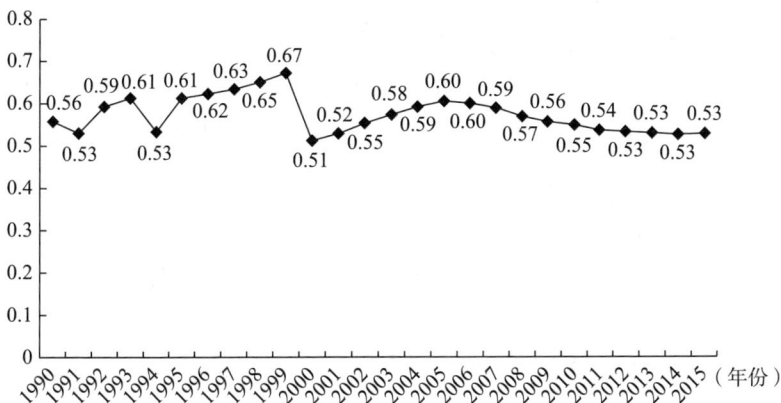

图 5－5　珠三角地区与粤东西北地区的加权差异系数的变动（1990～2015）
资料来源：历年《广东统计年鉴》。

1990～2015 年，广东两大区域人均 GDP 差异系数总体走势呈快速上升、波动下降的过程。1990～2000 年，地区差距呈扩大趋势。1987 年珠江三角洲经济开放区的范围，由原来的 17 个县市小三角扩大为 28 个县市的大三角，形成了"经济特区—沿海开放城市—沿海经济开放区"的全方位、多层次、宽领域的对外开放格局。随着开放范围的不断扩大，1990 年后珠三角地区与粤东西北地区经济差异系数迅速提高，在 1999 年时差异系数达到高点 0.672。

2000～2015 年广东省两大区域之间的变异系数呈现比较明显的"倒 U"型态。2005 年是区域经济差异演变的一个拐点，在此之前，区域差异

---

① 注：由于 2000 年人口统计口径有变动，所以 2000 年珠三角地区的常住人口数大幅高于 1999 年的总人口数，这导致 2000 年的系数有个较大的变动幅度。以下泰尔系数类似。

呈现上升态势，在此之后，区域差异出现下降的趋势。这说明在 2006 年后广东省人均 GDP 的地区差异逐渐趋向缓和，地区发展差距扩大势头得到有效控制，两大区域人均 GDP 向更均衡的方向发展。随着区域政策的进一步实施，如 2002 年提出实施区域协调发展战略；2005 年提出调整优化区域空间结构，继续提高珠三角经济发展水平，加快东西两翼和山区的发展；2006 年提出要以新一轮思想大解放，推动全省经济社会发展全面转入科学发展轨道；2007 年进一步提出要实施提升珠三角、带动东西北战略。"十一五"时期，区域差异系数开始明显下降。"十二五"时期，地区经济差异进入相对稳定阶段，差异系数保持在 0.53 左右。

值得关注的是，随着全省经济增速放缓，粤东西北地区快速增长的势头受到限制。粤北山区 2012 年起经济转为个位数增长，2013 年仅增长 8.4%，粤东在 2014 年也下降到 9.2%，粤西虽保持两位数的增速，但也仅增长 10.1%。2012～2014 年，粤东、粤西、粤北山区年均增速分别为 10.0%、10.7% 和 8.6%，明显低于"十一五"时期。"十二五"前四年，粤东西北经济增速虽有所减慢，但整体经济增速仍快于珠三角地区和全省平均水平。但 2015 年粤东西北地区经济却出现较大幅度的回落，GDP 增长 8.1%，低于珠三角地区 0.5 个百分点，粤东增长 8.2%，粤西增长 8.3%，粤北增长 7.9%，增速均创历史新低。综合分析，粤东西北地区经济增速从 2012 年起就有所放缓，2015 年的表现更加明显，并低于珠三角地区，区域经济协调发展的任务仍然任重而道远。两大区域间的经济发展差异再度呈现上升趋势。

2. 泰尔指数

为了描述广东各区域差距的影响作用，我们测算广东两大区域的泰尔（Theil）指数，其计算公式为：

$$T = \sum_{i=1}^{n} Y_i \log \frac{Y_i}{P_i}$$

式中：T 代表 Theil 指数，n 为地区数目，Y_i 是第 i 个地区的 GDP 份额，P_i 是第 i 个地区的人口份额。泰尔系数越大，区域差异越大；反之亦然。从图 5-6 可以看出，1990～2015 年，广东两大区域泰尔指数总体走势呈波动下降的趋势。

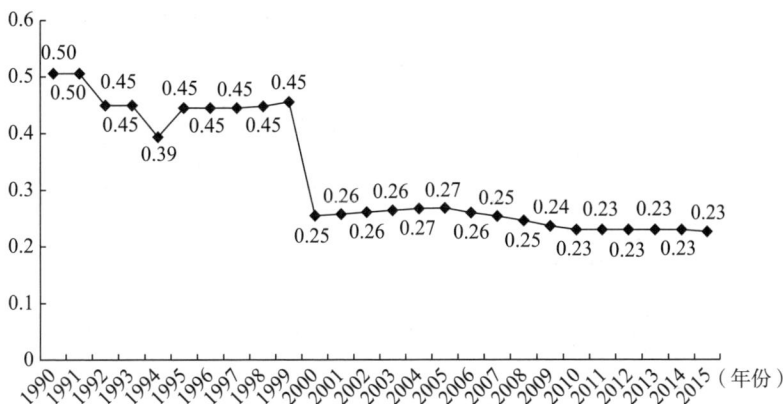

图 5 - 6　珠三角地区与粤东西北地区的泰尔指数的变动 （2000～2015）

资料来源：历年《广东统计年鉴》。

（三）国际比较下的广东区域经济发展阶段

区域经济发展阶段的判断和预测是 2030 年广东区域经济发展愿景与趋势研究的基础。"他山之石，可以攻玉。"对于广东区域经济发展阶段的判断，必须将其置于全球视野下来加以分析。本报告拟以区域经济发展的理论和世界各国实践为基础，从区域经济发展水平、发展动力和空间格局等三个方面来展开国际对比，通过对标全球各国经济体，明确广东在区域经济发展所处的阶段。

1. 理论依据

传统区域经济增长阶段理论一般从区域经济增长水平、增长动力和空间格局三个视角对区域经济发展阶段进行界定。

首先，以区域经济增长水平为划分标准，通常会以工业化水平为分界点，将区域经济增长阶段大体分为工业化之前、工业化和工业化之后三个阶段。比如，美国经济学家钱纳里通过对 34 个准工业国家的经济发展的实证研究，提出任何国家和地区的经济发展会规律性地经过六个阶段，即传统社会、工业化初期、工业化中期、工业化后期、后工业社会和现代化社会阶段。从任何一个发展阶段向下一个阶段的跃迁都是通过产业结构转化来推动的。与其相类似，胡佛和费希尔则将区域经济增长阶段分为自给自足经济阶段、乡村工业兴起阶段、农业生产结构转换阶段、工业化阶段和服务业输出等五个阶段；罗斯托将经济增长阶段分为传统社会、起飞准备阶段，起飞阶段、成熟阶段、大众消费阶段和超越大众消费阶段等六个阶段。

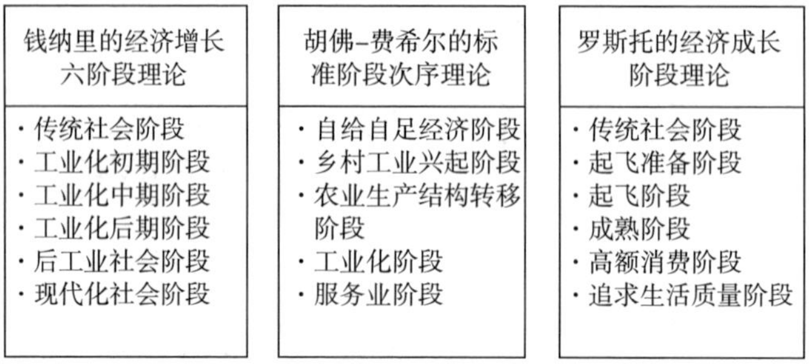

钱纳里的经济增长六阶段理论	胡佛–费希尔的标准阶段次序理论	罗斯托的经济成长阶段理论
·传统社会阶段 ·工业化初期阶段 ·工业化中期阶段 ·工业化后期阶段 ·后工业社会阶段 ·现代化社会阶段	·自给自足经济阶段 ·乡村工业兴起阶段 ·农业生产结构转移阶段 ·工业化阶段 ·服务业阶段	·传统社会阶段 ·起飞准备阶段 ·起飞阶段 ·成熟阶段 ·高额消费阶段 ·追求生活质量阶段

图5-7 经济增长阶段划分的主要理论

其次，区域经济增长动力的变化也是划分区域增长阶段的重要依据。以区域经济增长动力为标准，目前比较流行的是波特的划分法，即将经济增长阶段分为资源驱动、要素驱动、投资驱动和创新驱动等阶段。在当今发达国家和地区，技术创新已经成为当前经济增长的主要引擎，创新驱动取代要素驱动、投资驱动成为经济增长的主要动力也已经成为政经界和学术界的共识。事实上，主流的经济增长理论模型从古典、新古典增长理论转向新经济增长理论已经充分反映了这一趋势，这其中罗默、卢卡斯、阿罗等学者在索罗模型的基础上将技术创新内生化的研究工作大大推进了传统经济增长理论的发展。

最后，区域经济空间格局是区域经济活动在地理空间载体上的反映，会随着区域经济发展阶段的变化而变化。以空间格局变化为标准，一般可以分为要素低水平均衡分布阶段、集聚阶段、集聚后扩散阶段和高水平均衡分布阶段。典型的相关理论有佩鲁提出的增长极理论，缪尔达尔的循环累计因果理论、弗里德曼的核心边缘理论等。进入20世纪90年代之后，城市群和多中心网络空间体系开始成为区域空间结构研究的主流理论。

2. 广东区域经济发展阶段的国际对比

（1）区域经济增长水平

目前，国际上对于区域经济增长水平的衡量一般用GDP或者人均GDP来衡量，比如世界银行每年都会对外发布的世界发展指数（World Development Indicators，WDI）。

2015年广东GDP达到7.28万亿元，按照2015年平均汇率折算成美元为 1168839 百万美元,GDP 总量已经具有相当规模;然而,如果用人均 GDP 来衡量的话,广东的人均 GDP 换算成美元仅有 10828 美元,远远低于发达国家标准;这表明虽然广东已经具备了相当大的经济规模,但在发展效率和人民生活水平方面,距离世界发达水平还有不小的差距。

根据世界银行 2015 年公布的国家经济发展水平分类标准(人均 GDP > 12475 美元为高收入国家;人均 GDP 在 4036 ~ 12475 美元为中高收入国家;人均 GDP 在 1026 ~ 4035 美元为中低收入国家;人均 GDP ≤ 1025 美元为低收入国家),广东已经进入中高收入标准,接近 12475 美元的高收入门槛。

从产业结构来看,2015 年广东三产比例为 4.6:44.6:50.8,与我国三产比例大致相似,第三产业刚刚超过 50%,服务业对于经济增长的贡献远远落后于以美国为代表的西方发达国家以及亚洲"四小龙"。这说明广东还未进入胡佛—费希尔的服务业主导阶段,总体上仍处于工业化的中后期。

表 5 – 7 世界各国三产结构比例情况对比 (2015)

单位:%

国家	第一产业比例	第二产业比例	第三产业比例
美国	1.5	20.5	78.0
日本	1.2	26.2	72.6
德国	0.8	30.7	68.5
英国	0.6	19.8	79.6
韩国	2.3	38.2	59.5
新加坡	0.0	25.1	74.9
中国	9.0	40.5	50.5

资料来源:世界银行官网数据库、《中国统计年鉴》。

(2) 区域经济增长动力

在区域经济增长动力方面,根据本书"专题报告一"的测算,2015 年广东劳动力、资本和全要素生产率(技术进步、效率改进和规模效应)对经济增长的贡献率分别为 3.6%、72.3% 和 24.1%,这表明投资目前仍是广东经济增长的主要动力。

尽管如此,经过多年的技术学习和积累,广东由要素、投资驱动向创新驱动的确已经越来越明显。2014 年广东 R&D 投入占 GDP 的比例已经达到 2.4%，已经接近发达国家的水平。[①]

不仅如此，广东的部分城市和区域如深圳已经成为全球创新网络中的重要节点。在世界知识产权组织（WIPO）2017 年发布的《全球创新指数2017》中，广东的深圳和香港地区在全球创新区域排名中位列第二（以国际授权专利数量为主要评价标准），仅次于日本的东京和横滨地区，高于美国硅谷的旧金山和圣何塞地区。

（3）区域经济空间格局

在经济地理学领域，一般认为区域经济格局会经历低水平均衡布局、空间集聚、集聚后扩散和高水平均衡布局阶段，以城市群为核心的多中心网络是区域经济空间格局的最终形态。根据美国宇航局（NASA）world view 卫星观测的地球夜间灯光显示，城市群是地球上夜间灯光亮度最高的区域，城市的繁华与发达程度与城市灯光的强度基本成正比。一个地区夜间灯光亮度的强弱，可以大致反映出它的发展状况和城市规模，而发展成熟的城市群，它的夜间城市灯光，几乎是融为一体的。这充分说明城市群是区域经济空间的高级形态。

表 5-8　世界各国 R&D 投入占 GDP 的比例情况（2014）

单位：%

国家	R&D 投入占 GDP 的比例
美国	2.74
日本	3.59
德国	2.90
英国	1.70
法国	2.26
韩国	4.29
新加坡	2.20
中国台北	3.00
中国	2.05

资料来源：OECD《Main Science and Technology Indicators 2016》。

---

① OECD 最近公布各国 R&D 投入占 GDP 的比例数据为 2014 年，故采用 2014 年数据进行对比。

表5-9　全球创新区域排名（2017）

区域	所在国家	国际授权专利数量（个）
东京—横滨	日本	94079
深圳—香港	中国	41218
旧金山—圣何塞	美国	34324
首尔	韩国	34187
京都—大阪—神户	日本	23512
圣迭戈	美国	16908
北京	中国	15185
波士顿—剑桥	美国	13819
名古屋	日本	13515
巴黎	法国	13461

资料来源：世界知识产权组织（WIPO）《全球创新指数2017》。

从广东当前的情况来看，珠三角与粤东西北"核心-边缘"的二元空间格局依然明显，这说明广东省空间集聚的趋势依然存在。但从实际来看，随着珠江三角洲地区一体化的程度不断增加，珠三角地区对于外围地区的辐射能力开始不断提升，清远和肇庆南部、汕尾西部等地区已经分别融入了广佛大都市区和深莞惠大都市区。与此同时，粤东城市群的发展也已经初步成型。部分学者提出广东的"核心-边缘"的二元空间格局已经向"核心—外围—边缘"转变。总体而言，广东经济空间格局已经进入集聚后扩散阶段。

三　广东区域发展趋势

（一）2035年广东区域发展总体判断

本报告拟从区域经济增长水平、增长动力和空间格局三个方面来对2035年广东区域经济发展阶段进行预测。

1. 区域经济水平判断

参考本书课题组"专题报告一"的预测结果，2035年广东GDP将在25.2万亿至27.2万亿元。在人均GDP方面，2035年广东的人均GDP将达到 19.9 万元，换算成美元为 3.15 万美元①。按照 2015 年世界银行对于经济体经济发展水平的分类标准，广东将进入高收入地区行列，但距离欧美发达国家水平仍有一定的距离。其中 2035 年珠三角人均 GDP 将达到 5.83 万美元，约为全球平均水平的 2.84 倍；2035 年粤东人均 GDP 约 2.5 万美元，相当于深圳 2016 年水平；2035 年粤北人均 GDP 约 2.2 万美元；粤西人均 GDP 将达到 2.83 万美元；2035 年粤东、粤西、粤北人均 GDP 都将显著超过全球平均水平的 2.02 万美元。

2. 区域经济增长动力判断

2015 年广东研发经费支出占 GDP 比重已经达到 2.5%，技术自给率上升至 71%。著名经济学者、南京大学教授刘志彪认为这两个指标已经标志着广东达到了创新经济体的水平，迈入了创新驱动发展阶段的门槛。

2035 年广东经济增长的动力将主要由全要素生产率（TFP）的提升来实现，其中技术创新将取代投资成为最直接的经济增长动力。根据广东省相关部门的规划，到 2035 年，全省研发投入强度将超过 4%，技术自给率保持在 75%，科技进步贡献率超过 70%。如果按照这一指标判断，2035 年广东在研发强度上将达到世界发达地区的水平，成为全球前列的创新型地区之一。

3. 区域经济空间格局判断

目前，广东已经迈过单纯的空间集聚阶段，开始进入集聚后扩散的空间格局阶段。2035 年，随着高铁等交通基础设施的不断完善，珠三角对于粤东西北的辐射能力将进一步加强，有望进入以城市群为核心、多中心网络式的高水平均衡布局的空间格局。

其中，随着港珠澳大桥、深中通道、虎门二桥等交通基础设施的投入使用，珠江东岸和西岸的联系将大大增强，珠三角地区的一体化程度将进一步提升，粤港澳大湾区城市群基本成型，形成港深莞惠、广佛清肇、澳珠中江三大都市区。

在粤东西北方面，通过增强与珠三角地区的分工合作，以汕头为核心的粤东城市群将发展成型，成为全省第二大经济增长点。粤西地区以湛江和茂名为核心的沿海经济带也将发展成型。粤北地区韶关和河源与珠三角的联系

---

① 按 2015 年美元价计算。

将大大增强，成为珠三角的直接腹地，梅州则将逐步融入粤东城市群。

（二）　粤港澳大湾区初步建成世界级湾区和城市群

1. 粤港澳大湾区基本情况

粤港澳大湾区指的是由珠三角 9 个城市（广州、佛山、肇庆、深圳、东莞、惠州、珠海、中山、江门）和香港、澳门两个特别行政区形成的城市群，也称作大珠三角城市群。2016 年，粤港澳大湾区 11 个城市面积共约 5.65 万平方公里，人口 6673.55 万人，地区生产总值 9.22 万亿人民币（约 1.39 万亿美元），人均 GDP13.81 万元人民币（约 2.08 万美元）（见表 5 - 10）。

表 5 - 10　2016 年粤港澳大湾区各城市基本情况

城市	GDP（亿元）	人口（万人）	面积（平方公里）	人均 GDP（万元）	人均 GDP（美元）
香港	21300.17	734.67	1104.43	289928.00	43649.00
澳门	2975.99	64.58	32.80	460787.00	69372.00
广州	19610.94	1350.11	7434.00	145254.39	21868.09
深圳	19492.60	1137.89	1996.85	171304.78	25789.98
佛山	8630.00	743.06	3875.00	116141.36	17485.11
珠海	2226.37	163.41	1711.24	136244.42	20511.63
东莞	6827.67	825.41	2465.00	82718.53	12453.30
惠州	3412.17	475.55	11599.00	71752.08	10802.29
肇庆	2084.02	405.96	15000.00	51335.60	7728.59
中山	3202.78	320.96	1783.67	99787.51	15023.04
江门	2418.78	451.95	9503.94	53518.75	8057.26
大湾区	92181.49	6673.55	56505.93	138129.62	20795.45

资料来源：根据各市 2016 年统计公报整理。汇率为：1 美元 = 6.6423 元人民币。

当今世界，发展条件最好的、竞争力最强的城市群，都集中在沿海湾区。世界银行 2010 年一项统计显示，全球 60% 的经济总量集中在入海口。湾区已成为带动全球经济发展的重要增长极和引领技术变革的领头羊，由此衍生出的经济效应称为"湾区经济"。湾区经济是当前国际区域发展中重要的滨海经济形态，具有开放的经济结构、高效的资源配置能力、强大的集聚外溢功能和发达的国际联系网络，发挥着引领创新、聚集辐射的核心功能。当前世界著名的湾区有：美国纽约湾区、美国旧金山湾区与日本东京湾区三大湾区（见表5-11）。

表5-11　世界三大著名湾区概况

区域	发展概况
纽约湾区	纽约湾区以"金融湾区"著称 美国的纽约湾区是世界金融的核心中枢，其金融业、奢侈品、都市文化等都具有世界性的影响力。纽约曼哈顿是CBD的发源地，是世界第一大经济体美国的经济和文化中心，也是联合国总部大楼的所在地。华尔街是世界金融的心脏，拥有纽约证券交易所和纳斯达克证券交易所。美国7家大银行中的6家，2900多家世界金融、证券、期货及保险和外贸机构均设于此，使其成为世界金融的心脏。纽约的对外贸易周转额占全美的1/5，制造业产值占全美的1/3。全美最大的500家公司，1/3以上总部设在纽约湾区
东京湾区	东京湾区以"产业湾区"著称 东京湾的沿岸，有横滨港、东京港、千叶港、川崎港、木更津港、横须贺港六个港口首尾相连，形成马蹄形港口群，年吞吐量超过5亿吨。在庞大港口群的带动下，东京湾地区逐步形成了京滨、京叶两大工业地带，钢铁、石油化工、现代物流、装备制造和高新技术等产业十分发达。日本年销售额在100亿元以上的大企业有50%设于东京湾区，三菱、丰田、索尼等一大批世界500强企业总部均设于此地
旧金山湾区	旧金山湾区以"科技湾区"著称 旧金山湾区是硅谷所在地。有全球最好的自然气候，以环境优美、科技发达著称，拥有斯坦福、加州伯克利等20多所著名大学，谷歌、苹果、Facebook等互联网巨头和特斯拉等企业全球总部。高科技的发展需要依靠人才，而人才喜欢集聚在气候环境条件好的湾区。旧金山湾区因气候环境宜人，集聚了越来越多的高科技人才，科技发展迅猛

纽约湾区、旧金山湾区和东京湾区经济高度发达，2015年三大湾区的GDP分别达到1.4万亿美元、0.8万亿美元和1.8万亿美元。三大湾区的产业呈现高端化特征，服务业占比均达80%以上，世界500强企业数量分别为22家、28和60家。

表5-12　2015年四大湾区经济对比

区域	人口（万人）	GDP（亿美元）	人均GDP（万美元）
美国纽约湾区	2340	14000	6.85

续表

区域	人口（万人）	GDP（亿美元）	人均 GDP（万美元）
美国旧金山湾区	760	8000	5.04
日本东京湾区	4383	18000	5.58
粤港澳大湾区	6673.55	13800	2.08

截至 2015 年，整个粤港澳大湾区人口约 6673.55 万。再看三大世界级湾区：东京湾区人口约 4383 万，纽约湾区人口约 2340 万，旧金山湾区人口仅 760 万。粤港澳大湾区人口优势相当突出。深圳的创新经济以及金融服务、广州的商贸服务业、香港的国际贸易和金融中心地位再加上佛山、中山、东莞、珠海、澳门等城市的物流、制造业等辅助，粤港澳大湾区将成为具有全球要素资源配置能力和影响力的世界级科技湾区。

2016 年，粤港澳大湾区的 GDP 总量已超 1.3 万亿美元。这代表着粤港澳大湾区以不到全国 1% 的土地面积，创造了全国超 11.8% 的经济总量。对比三大世界级湾区，粤港澳大湾区也完全具备与世界级湾区相匹配的经济总量：东京湾区 GDP 总量达 1.8 万亿美元，纽约湾区 GDP 总量达 1.4 万亿美元，旧金山湾区 GDP 总量仅 0.8 万亿美元，其中旧金山湾区已被粤港澳大湾区赶超。

按照粤港澳大湾区年增长 7%，纽约湾区年增长 2.5% ~ 3.5%，东京湾区年增长 1%。预测粤港澳大湾区 GDP 将在 2020 年超过纽约湾区，2022 年超过东京湾区，成为"全球第一湾区"。但 GDP 只是一方面，GDP 总量第一可以反映粤港澳大湾区未来将在全球产业链中占据一席之地，人均 GDP 才真正反映城市群在价值链和全球城市体系中的层级和地位。粤港澳大湾区在人均 GDP 方面与世界三大著名湾区还相去甚远，追赶的道路还很漫长。

2. 粤港澳大湾区的提出及其背景

粤港澳大湾区城市群是包括港澳在内的珠三角城市融合发展的升级版。粤港澳从过去三十多年前店后厂的经贸格局，升级成为先进制造业和现代服务业有机融合最重要的示范区；从区域经济合作上升到全方位对外开放的国家战略。这为粤港澳城市群未来的发展带来了新机遇，也赋予了它们新的使命。

2009年完成的《大珠三角城镇群协调发展规划研究》把"湾区发展计划"列为空间总体布局协调计划的一环，并提出四项跟进工作，即跨界交通合作、跨界地区合作、生态环境保护合作和协调机制建设。2010年粤港澳三地政府联合制订《环珠三角宜居湾区建设重点行动计划》，以落实上述跨界地区合作。

广东省2016年政府工作报告，包括"开展珠三角城市升级行动，联手港澳打造粤港澳大湾区"等内容。2016年12月，国家发改委印发的《加快城市群规划编制工作的通知》提出，2017年拟启动珠三角湾区等跨省域城市群规划编制。至此，粤港澳大湾区概念正式进入国家战略部署层面。

2017年2月27日，广东省委书记胡春华、省长马兴瑞赴广州南沙调研，强调要把自贸区打造成为广东高水平对外开放的门户枢纽，南沙要围绕门户枢纽定位，把南沙建成高水平的国际化城市和国际航运、贸易、金融中心，成为广州的"城市副中心"，支撑和引领全省新一轮对外开放。广东与香港将在南沙自贸区建立"粤港深度合作区"，产业发展将紧紧围绕研发及科技成果转化、国际教育培训、金融服务、专业服务、商贸服务、休闲旅游及健康服务、航运物流服务、资讯科技等八大产业。

2017年3月5日召开的十二届全国人大五次会议上，国务院总理李克强在政府工作报告中提出，要推动内地与港澳深化合作，研究制定粤港澳大湾区城市群发展规划，发挥港澳独特优势，提升在国家经济发展和对外开放中的地位与功能。

2017年3月6日，在十二届全国人大五次会议广东团全体会议上，全国人大代表、广东省发改委主任何宁卡发言时系统论述了建设粤港澳大湾区。何宁卡提到，粤港澳大湾区是我国改革开放的前沿和经济增长的重要引擎，国家高度重视和支持粤港澳大湾区的发展。广东的广州、深圳、珠海、佛山、惠州、东莞、中山、江门、肇庆9市和香港、澳门两个特别行政区形成的粤港澳大湾区，具备建成国际一流湾区和世界级城市群的基础条件。

3. 世界城市群发展现状

城市群是城市发展到成熟阶段的最高空间组织形式，是指在特定地域范围内，以1个以上特大城市为核心，由至少3个大城市为构成单元，依托发达的交通通信等基础设施网络所形成的空间组织紧凑、经济联系紧密并最终实现高度同城化和高度一体化的城市群体。城市群一般是在地域上集中分布的若干大城市和特大城市集聚而成的庞大的、多核心、多层次城市集团，是大都市区的联合体。

1961 年，戈特曼在他的著作《城市群：城市化的美国东北海岸》中第一次提出了城市群的概念，具体是指人口规模在 2500 万以上和人口密度超过每平方公里 250 人的特大城市。目前公认在全球范围内的大型世界级城市群有五个，分别是：美国东北部大西洋沿岸城市群、北美五大湖城市群、日本太平洋沿岸城市群、英国以伦敦为核心城市群、欧洲西北部城市群（见表 5 - 13）。2012 年 4 月 10 日，《2010 中国城市群发展报告》认为长三角城市群已跻身于六大世界级城市群。2015 年 1 月 26 日，世界银行发布的报告称珠江三角洲超越日本东京，成为世界人口和面积最大的城市群。

随着经济全球化与区域一体化的发展，国家、区域之间的竞争越来越集中地表现为城市之间的竞争，特别是具有一定国际影响力的大城市、特大城市之间的竞争。以城市群组织形式为代表的城镇密集区域，成为集聚

表 5 - 13　世界五大城市群概况

城市群	概况	区位	经济
美国东北部大西洋沿岸城市群	人口 4500 万，占美国总人口的 20%；面积 13.8 万平方公里，占美国面积的 1.5%	区位：北起波士顿，南至华盛顿，故又被称作"波士华"，共包括 200 多座城镇 主要城市：波士顿、纽约、费城、巴尔的摩、华盛顿	美国经济的核心地带，制造业产值占全国的 30%。这里不仅是美国最大的商业贸易中心，而且也是世界最大的国际金融中心
北美五大湖城市群	人口约 5000 万；面积 24.5 万平方公里	区位：分布于北美五大湖沿岸，跨美国和加拿大两国 主要城市：芝加哥、底特律、克里夫兰、匹兹堡、多伦多、蒙特利尔	该城市群与美国东北部大西洋沿岸城市群共同构成北美制造业带。目前形成了五大钢铁工业中心
日本太平洋沿岸城市群	人口近 7000 万，占日本总人口的 61%；面积约 10 万平方公里，约占日本总面积的 20%	区位：一般分为以东京为中心的东京城市圈、以大阪为中心的大阪城市圈、以名古屋为中心的中京城市圈 主要城市：东京、横滨、静冈、名古屋、京都、大阪神户	是日本政治、经济、文化、交通的中枢，分布着日本 80% 以上的金融、教育、出版、信息和研究开发机构

续表

城市群	概况	区位	经济
英国以伦敦为核心城市群	人口3650万，约占全英国人口的一半；面积约4.5万平方公里，约为全英国的1/5	区位：以伦敦为核心，以伦敦—利物浦为轴线的地区 主要城市：大伦敦地区、伯明翰、谢菲尔德、曼彻斯特、利物浦	大伦敦区、英格兰东南部和东部这三个区域政府所辖范围，在财富上已经大大超过整个不列颠的任何地区。伦敦形成了欧洲最大、同时也是世界的三大金融中心之一
欧洲西北部城市群	人口约4600万；面积约14.5万平方公里	区位：由大巴黎地区城市群、莱茵-鲁尔城市群、荷兰比利时城市群构成 主要城市：巴黎、阿姆斯特丹、鹿特丹、海牙、安特卫普、布鲁塞尔、科隆	巴黎是法国的经济中心和最大的工商业城市，也是西欧重要的金融和交通中心之一；鹿特丹素有"欧洲门户"之称；法兰克福是欧洲重要的工商业、金融和交通中心

资料来源：《中国城市群发展报告2015》。

国内乃至国际经济社会要素的巨大影响空间，如美国东北海岸、五大湖沿岸，日本东海道地区，英国以东南为中心向西北方向延伸的地区，西北欧以阿姆斯特丹、巴黎和鲁尔为中心的地区，这些大型城市群地区被认为是最成熟的世界级城市群地区。

戈特曼认为，成熟的世界级城市群应具备以下的条件：一是区域内城市密集。二是拥有一个或几个国际性城市，如美国东北部城市群的纽约、大湖城市群的芝加哥，日本太平洋沿岸城市群的东京、大阪，英格兰城市群的伦敦，西欧城市群的巴黎，等等。三是多个都市区连绵，相互之间有较明确的分工和密切的社会经济联系，共同组成一个有机的整体，具备整体优势。四是拥有一个或几个国际贸易中转大港（如纽约港、横滨港、神户港、伦敦港、鹿特丹港、上海港）、国际航空港及信息港作为城市群对外联系的枢纽，同时区域内拥有由高速公路、高速铁路等现代化交通设施组成的发达、便捷的交通网络。这一交通网络是城市群内外巨大规模社会经济联系的支撑系统。五是总体规模大，城镇人口至少达到2500万。六是国家经济的核心区域。例如，日本太平洋沿岸城市群以不到1/7的国土集聚了全国1/2的人口和58%的产出 。

4. 粤港澳大湾区的发展方向

2015年，粤港澳大湾区经济规模为1.36万亿美元，港口集装箱年吞吐量超过6500万标箱，机场旅客年吞吐量达1.75亿人次；产业结构以先进制造业和现代服务业为主，港澳地区服务业增加值占 GDP 比重均在90% 左右，内地 9 市制造业基础雄厚，已形成先进制造业和现代服务业双轮驱动的产业体系。① 粤港澳三地在经贸、技术、金融等方面开展深度合作交流，正进入全面、深层次合作阶段，未来将重点从以下六个方面谋划粤港澳大湾区的发展。

一是加强基础设施互联互通，形成与区域经济社会发展相适应的基础设施体系，重点共建"一中心三网"，形成辐射国内外的综合交通体系。

二是打造全球创新高地，合作打造全球科技创新平台，构建开放型创新体系，完善创新合作体制机制，建设粤港澳大湾区创新共同体，逐步发展成为全球重要科技产业创新中心。

三是携手构建"一带一路"开放新格局，深化与沿线国家基础设施互联互通及经贸合作，深入推进粤港澳服务贸易自由化，打造 CEPA 升级版。

四是培育利益共享的产业价值链，加快向全球价值链高端迈进，打造具有国际竞争力的现代产业先导区。加快推动制造业转型升级，重点培育发展新一代信息技术、生物技术、高端装备、新材料、节能环保、新能源汽车等战略新兴产业集群。

五是共建金融核心圈，推动粤港澳金融竞合有序、协同发展，培育金融合作新平台，扩大内地与港澳金融市场要素双向开放与联通，打造引领泛珠、辐射东南亚、服务于"一带一路"的金融枢纽，形成以香港为龙头，以广州、深圳、澳门、珠海为依托，以南沙、前海和横琴为节点的大湾区金融核心圈。

六是共建大湾区优质生活圈，以改善社会民生为重点，打造国际化教育高地，完善就业创业服务体系，促进文化繁荣发展，共建健康湾区，推进社会协同治理，把粤港澳大湾区建成绿色、宜居、宜业、宜游的世界级城市群。

（三）珠江口西岸地区经济地位将显著提升

1. 港珠澳大桥与深中通道

从城市发展的历史和经验来看，交通是城市发展的主要动力，它决定

---

① 《全国人大代表何宁卡：六大方向建设粤港澳大湾区》，《21 世纪经济报道》2017 年 3 月7 日。

着生产要素的流动、产业布局的调整、城市的发展方向等。国内外许多实践以及"点轴理论"表明，城市往往沿着公路延伸发展，最后形成城市群，从而推动整个区域的繁荣发展。因此，交通的改善对区域发展有着至关重要的影响。而到 2030 年之前，两个重大的交通基础设施建设的完成，将极大地改变广东区域发展的格局，对广东区域发展产生重要的影响——这就是港珠澳大桥，以及预计 2024 年建成通车的深中通道工程。

港珠澳大桥连接香港大屿山、澳门半岛和广东省珠海市，全长为 49.968 公里，港珠澳大桥建成通车后，珠海至香港的交通时间将由现在的水路约 1 小时，陆路 3 小时以上，缩短至 20 至 30 分钟，首次实现珠海、澳门与香港的陆路对接，将极大缩短港珠澳三地间的距离。

深中通道线路全长 24 公里，全线采用双向 8 车道高速公路标准建设，设计速度为 100 公里/小时。中山、珠海、江门及粤西等地区通往深圳、粤东以远地区的过江时间将从目前的 2 个小时缩短至 20 分钟左右，进一步推动珠三角快速交通网络的形成。港珠澳大桥与深中通道承担着完全不同的两个功能：前者是为香港打通一个与珠三角西岸直接联系的陆路通道，而深中通道是沟通珠江东西岸、粤东粤西的国家沿海战略通道。

表 5 – 14　珠江口西岸城市发展情况

城市	GDP	人口	面积
珠海	2226.37	163.41	1711.24
中山	3202.78	320.96	1783.67
江门	2418.78	451.95	9503.94

按照规划，至 2020 年，珠江口东西两岸地区共规划建设 11 条公路铁路跨江通道，其中公路通道 6 条，分别是珠江黄埔大桥、虎门大桥、虎门二桥、深中通道、港珠澳大桥和莲花山通道。尤其是港珠澳大桥的建成，将使珠江口沿岸城市的空间结构从当前的倒 V 形，变成 A 字形，极大改善珠江口西岸地区城市的区位条件，使珠海、中山、江门等城市直接接受香港、深圳经济的辐射带动，甚至同城化发展。据"引资距离弹性"测算，珠三角城市与香港距离每减少 1%，制造业、服务业中外资投入金额将增长 0.12% ~ 0.17%，初步估算，港珠澳大桥的开通，西岸各城市可增加

600 亿～1000 亿元人民币的 GDP。①

　　由于港珠澳大桥和深中通道的建成开通，珠江口西岸城市（主要指"珠中江"）的区位条件及其在全省的经济地位将显著提升，GDP 占比预计将从 2016 年占全省的 9.87%，提高到 2035 年的 12.83%（见表 5－15）。

表 5－15　珠江口西岸城市 GDP 增长率预测

城市	2016～2020 年	2021～2025 年	2026～2035 年
珠海	9%	8%	8.5%
中山	8.5%	8%	9%
江门	9%	8%	8.5%

　　资料来源：各城市"十三五"规划及课题组预测。

2. 港珠澳大桥与珠海发展

　　港珠澳大桥是世界最长的跨海大桥，对促进香港、澳门和珠江口西岸地区经济的进一步发展具重要战略意义，对于重塑珠海区位优势和资源优势尤为重要。其通车后，珠海将成为我国唯一一个同时与港澳陆路相连的城市，承担沟通港澳与粤西乃至大西南的桥头堡角色，在全国交通格局中的战略地位更加显现。同时，根据《珠海市综合交通运输体系发展"十三五"规划》，珠海将积极推动与港珠澳大桥及深中通道对接，完善东西快速联系通道与东部城区南北快速交通走廊；重点谋划黄茅海大桥建设，形成联通粤西的新通道，通过港珠澳大桥西延线（洪鹤大桥和鹤洲至高栏港高速公路）与黄茅海大桥对接，从而形成一条真正贯穿珠海、辐射珠西的"发展动力轴"。以港珠澳大桥、深中通道等大型交通基础设施为纽带连接，同处粤港澳大湾区的深港珠澳四城将加速同城化进程，未来将形成新一轮特点互补的世界级城市群，这将对珠海的整个产业发展、城市建设产生极大的推进效应。

　　城市建设是珠海建设珠江西岸核心城市的三大重点之一。未来五年，珠海将加快构建以西部生态新区建设为重点的城市大格局，全面优化城市发展格局，提升辐射带动区域发展的能力。珠海将依托高栏港区及航空产

---

　　①　吴旗韬等《港珠澳大桥对珠江口两岸经济发展的影响》，《海洋开发与管理》2013 年第 6 期。

业园、富山工业园，做大高端制造业，重点发展海工装备、航空航天、新能源汽车、高端电子电气等，着力打造一批集聚力强的千亿级产业集群，培育一批带动力强的龙头骨干企业，孵化一批高、精、专的"小巨人"企业，建设全省智能制造示范基地和珠江西岸先进装备制造产业带龙头。到2025年，装备制造业年产值达到6000亿元，努力建成"中国智能制造装备产业基地"和"世界先进装备制造'隐形冠军'集聚地"。珠海"十三五"时期全市发展的主要预期目标是：提前实现地区生产总值和全体居民人均可支配收入比2010年翻一番；地区生产总值年均增长9%，到2020年超过3000亿元，人均达3万美元。

在高铁方面，珠海也正在源源不断地升级。自2015年11月，珠海直达北京、桂林的两条跨省铁路开通，珠海正式进入"高铁时代"，此后，珠海陆续开通了直达上海、长沙、贵阳等地的长途跨省高铁列车。2017年4月16日，珠海新增直达昆明、南宁、郑州、潮汕的多条跨省线路。高铁线路迅速增加的背后，折射的是珠海建设区域综合交通枢纽的决心和力度。如今，珠海能乘坐高铁直达的城市已基本覆盖了我国的华东、华中、华北、西南等区域重要城市。值得一提的是，珠海至潮汕的列车首次串联起了珠海、广州、东莞、深圳、惠州等城市，将极大促进珠江东西两岸交流合作，这也将增强珠海作为珠江西岸交通枢纽城市的向心力。

与此同时，作为珠江三角洲及粤西地区重要的航空枢纽，珠海机场近年来保持快速增长，2016年旅客吞吐量首次突破600万人次，成为全省客流吞吐量第三的机场，仅次于广州、深圳。目前，珠海机场每天有100多个航班，通达46个城市，运营的航空公司多达26家。今年，珠海机场旅客吞吐量有望突破800万，为应对激增的客流，珠海机场将进行升级改造工程，完成后国内旅客年保障能力将提升至1100万人。据悉，珠海机场已经着手规划第二候机楼建设，为机场国际口岸的开放做好准备。

3. 深中通道与中山发展

从目前的交通格局来看，中山处于广州、珠海一线的中部地带，由于行政级别和社会经济综合实力相对强大，广州、珠海处于经济发展轴的端点位置，是资金、技术、信息、人才的汇集之地，中山则处于过境位置，处于边缘化地位。深中通道建成后，中山同深圳的联系将明显改善，升格为区域发展的重要节点，成为广州、珠海和深圳三大城市资源、人才和信息交流的集聚之所，步入珠三角交通枢纽城市之列。

从中山和深圳两市交通联系看，目前从中山市区到达隔海相望的深圳，需要北上南沙，绕行虎门大桥，进而南下深圳，平均车程接近2小时。深中通道建立后，两地车程将缩减为1小时，其中，中山新隆至深圳宝安机场车程缩短为20分钟。从空间形态看，中山至深圳的距离从梯形的折线变成直线。中山和深圳的经济和社会往来时间大大压缩，经济社会联系将更频繁，效率更高。

深圳在高新科技、产品研发、市场开发、市场推广等领域在全国处于领先地位，利用深圳强大的研发能力和市场营销技术，对中山现行低端产业进行适宜性更新、升级和改造，进而推向国内外，是中山未来经济发展的重要策略，也是两市落实"双转移"、推进城市经济良性互动的重要举措。此外，中山现行发展模式趋于内生增长模式，特点是地方根植性强、发展相对稳定、有熟悉的地缘环境，但也存在不足之处，表现为相对封闭，可能因信息不对称而失去外部发展机遇。深中通道的建立，将吹响中山"走出去"的号角，提升资金、技术、人才和企业的流通速度，为城市经济发展注入动力与活力。

深中通道的建立，受益的不仅是深圳、中山两市，它对于珠江沿岸城市、珠三角、香港甚至整体广东的经济发展都产生积极影响。珠江东岸的深圳、东莞经济相对发达，以高新科技产业为主，西岸的中山、顺德等市是五金、家电、灯饰、陶瓷、服装、家具等专业镇经济强大，东西岸产业梯度明显，产业互补性强，为两岸开展全方面合作提供机遇。深中通道的建立，对于促进区域不同地区与城镇联动和均衡发展、提高珠三角区域整体竞争能力、加速珠三角一体化进程、提升珠三角对广东社会经济发展的带动和辐射作用意义重大。

深中通道将成为贯通沿线地市的交通动脉及粤港澳大湾区发展的重要引擎，促进生产要素的高效流转和集约配置，推动经济转型升级，助力打造区域共赢、产业协调、民生改善的和谐社会。

中山"十三五"经济社会发展的主要任务，确立2017年为中山市全面建成小康社会的目标年，全面小康综合指数达97%以上；经济保持中高速增长，产业迈向中高端水平，年均生产总值增长8.5%左右，力争比全省提前1年实现生产总值、城乡居民人均收入比2010年翻一番；在此基础上，力争 2020 年跨入全省经济发展第二梯队。

（四）粤东地区城市群成为新的增长极

1. 粤东地区 2035 年将领先粤西粤北进入后工业化阶段

2035 年，粤东地区将领先粤西粤北地区进入后工业化阶段。2015 年粤东地区的三产比重为 8.2∶53.8∶38；粤西地区的三产比重为 17.2∶40.7∶42.1；粤北地区的三产比重为 15.8∶39.5∶44.7。赛尔奎因与钱纳里等人研究认为，产业结构变动具有一定的规律性：从三次产业 GDP 结构的变动看，在前工业化阶段，第一产业的比重较高，第二产业的比重较低；在工业化初期，第一产业的比重持续下降（大于 20%），第二产业的比重迅速上升，但低于第一产业的比重，而第三产业的比重只是缓慢提高；当第一产业的比重降低到 20% 以下、第二产业的比重上升到高于第三产业而在 GDP 结构中占最大比重时，工业化进入了中期阶段；当第一产业的比重再降低到 10% 左右、第二产业的比重上升到最高水平时，工业化进入后期阶段。据此，粤东已进入工业化后期阶段；而粤西、粤北地区则刚刚进入工业化中期阶段（见图 5-8）。

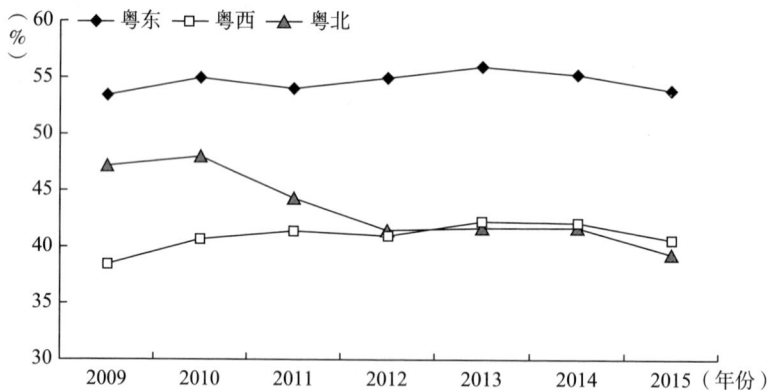

图 5-8 粤东西北地区历年第二产业比重（2009~2015）

资料来源：历年《广东统计年鉴》。

从图 5-8 中我们可以看出，粤东地区二产比重长期占 GDP 比重 50% 以上，而粤西、粤北地区的二产比重则始终未能超过 50%，尤其是粤北地区，从 2010 年开始二产比重持续明显下降，显示粤北地区在未能完成工业化阶段的进程中，工业化发展受到了抑制，未来的发展基础与发展后劲将不如粤东地区。从工业化发展的角度看，我们认为，粤东在粤东西北地区中工业化发展最为充分，现已进入工业化后期，未来仍将在工业化引领中快速增长，成为粤东西北地区中新的增长极。

进入后工业化阶段，是指在工业充分发展、工业化进程完成之后，指服务业的产值和就业超过工业与农业之和以后的阶段。后工业化是1973年由美国著名的社会学家丹尼尔·贝尔提出的。进入后工业化阶段以后，服务业占GDP的比重将持续上升，例如美国，目前服务业占GDP比重已经上升到75%以上。

粤东地区位于珠三角东翼，由广东东部沿海地区的汕头、潮州、揭阳和汕尾等四个城市组成，面积16254平方公里。2015年常住人口1727.31万人，经济总量5430.21亿元。粤东地区各城市发展各有千秋，汕头经济密度最大，揭阳经济总量最高，潮州人均GDP最高，汕尾土地面积最大，各有各的发展优势，但一直未能产生一个龙头城市带领区域发展（见表5－16）。

表5－16　2015年粤东区域经济发展情况

区域	土地面积 （平方公里）	常住人口 （万人）	经济总量 （亿元）	人均GDP （万元）	经济密度 （万元）
汕头	2064	555.21	1868.03	3.36	0.91
潮州	3679	264.05	910.11	3.45	0.25
揭阳	5240	605.89	1890.01	3.12	0.36
汕尾	5271	302.16	762.06	2.52	0.14
粤东	16254	1727.31	5430.21	3.14	0.33

资料来源：《广东统计年鉴2016》。

粤东地区各城市工业化基础较好，二产比重较高，已形成良好的产业集聚，为未来的区域发展打下了很好的基础。

汕头：汕头是我国最早的四个经济特区之一，粤东经济区的核心城市，海峡西岸经济区中心城市，也是粤东、赣东南、闽西南一带的重要交通枢纽、进出口岸和商品集散地。拥有装备制造、工艺玩具礼品、纺织服装、医药制造、印刷包装、化工塑料、电子信息等传统优势产业。产业集群发展，形成了17个产业集群，澄海玩具礼品、龙湖工艺毛织服装、龙湖输配电设备列入省级产业集群升级示范区，成为国家玩具礼品、化妆品、包装装潢印刷产业重要生产基地。

潮州：潮州是广东最东部的城市，与福建接壤。区域经济特色鲜明，特色工业具备一定规模，产业配套能力强。已形成了以陶瓷、服装、食品、电子、五金不锈钢、婚纱晚礼服、印刷包装、皮塑制鞋为支柱产业的特色工业体系。特色经济、县域经济、民营经济、港口经济和文化经济发展势头强劲。潮州是全球陶瓷种类最齐全、产量最大的陶瓷生产基地。

揭阳：东邻汕头、潮州，西接汕尾，位于粤东经济区中部。揭阳的传统优势产业有：五金不锈钢、纺织服装、生物制药、玉器加工等，形成集聚发展。揭阳是中国最大的不锈钢制品生产基地之一，是中国最大的中高档翡翠加工基地和营销市场地。广东重要的能源石化基地。粤东最大的机场潮汕机场也设在揭阳。

汕尾：汕尾东面是揭阳，西接位于珠三角地区的惠州。汕尾市海洋经济资源丰富，海岸线占全省岸线长度的11.06%，海洋国土面积占全省的14%。全市形成了以电子、家具、饮料、服装、制鞋、化工、工艺等多种行业为支柱产业的工业体系。汕尾还是广东重要的电力能源生产基地。

2. 深圳对粤东地区的辐射与影响

邻近深圳，是粤东发展的一大区位优势条件。广州与深圳是广东区域发展中两大核心城市和主发动机。广州以服务业为主，不太强大的工业除汽车外其他产业更加不太突出，尤其是广州面积达7400多平方公里，自身还有增城、从化、南沙等大量空间可以进行产业布局，需要夯实自己的产业基础。因此，广州的辐射带动作用更多地体现在广州的服务业向西与佛山的制造业分工协作上，而工业则没有向外的大量"溢出"。而深圳则不然。深圳2016年规模以上工业增加值7199.47亿元，比广州高出约50%，尤其是深圳面积只有不到2000平方公里，开发强度已接近50%，几近无地可用。近年来，深圳产业向外溢出的现象非常明显。总部在深圳的高科技企业，纷纷将其终端或制造环节迁往周边，如华为终端迁到东莞松山湖，中兴通讯的生产环节搬到了河源……根据东莞市经信局统计，2015年，全市新的内资项目中，来自深圳投资的项目协议投资金额为425.28亿元，占比达34%；亿元以上项目中，来自深圳投资的项目协议投资额为398.3亿元，占比达39%。又以惠州近期重点建设的潼湖生态智慧区为例，截止到2017年5月，潼湖碧桂园创新小镇已引进的78个项目中，2/3以上是来自深圳的公司。据调查，在深圳"东进战略"的影响下，最受益于深圳产业溢出的，除了惠州、东莞两个深莞惠经济圈的城市外，就是粤东地区的汕头、汕尾等城市。2016年12月，深圳比亚迪集团与汕头市签订了协议，总投资560亿元的跨座式单轨以及相关产业落户汕头。汕头市委书记陈良贤指出，项目"将大幅提升汕头产业层级"。而深圳对汕尾的辐射带动，更有着深汕特别合作区与深汕一体化的强大背景。

深汕特别合作区在2011年2月18日获得广东省委、省政府批复正式成立，5月21日合作区开始正式运作。合作区位于广东省东南部，地处珠三角平原和潮汕平原之间，西北部与惠州市惠东县接壤，东与汕尾市海丰县相连，南临红海湾，是粤东通往珠三角地区的桥头堡。合作区规划范围包括汕尾市海丰县鹅埠、小漠、鲘门、赤石四镇，总面积468.3平方公里，可建设用地145平方公里，海岸线长42.5公里，区内常住人口为7.1万人。深汕特别合作区是珠三角通往粤东的桥头堡，深港向东拓展辐射的重要战略支点。合作区位于广东连接福建、浙江东南沿海的主轴线，西与惠州市接壤，距深圳市中心120公里，广州200公里，香港82海里，盐田港80公里；东距汕头200公里，汕尾港35公里。深汕高速、324国道、厦深铁路、潮莞高速和中远期规划建设的深汕城际轨道、广汕铁路均贯穿境内。厦深高铁将深圳与汕尾深汕特别合作区拉近距离，只需50分钟。从合作区驱车至深圳市中心区约一个半小时、盐田港约45分钟、巽寮湾国际休闲度假区和小径湾海滩度假区约30分钟。汕尾市市长杨绪松指出，深圳与汕尾已从输血型的简单帮扶进阶到造血型的深度共建。汕尾借力全面对口帮扶，积极推动深汕产业共建，主动承接深圳先进产业生产环节、生产基地向汕尾转移，初步形成"总部、研发、销售在深圳，生产基地在汕尾"的区域合作和产业布局模式，比亚迪、华为云服务、海王医药、创维等一批产值几十亿元甚至超百亿元的先进制造业项目先后落户汕尾。

世界城市群的发展历程表明，中心城市与周边地区之间的关系，首先是集聚关系，然后是辐射关系。中心城市先是从周边地区集聚资源，加大区域发展差距，然后又对周边地区产生辐射效应，帮助这些地区加快发展，形成互相影响、互相依存的良性互动关系。从现在的发展趋势来看，深圳已经开始对粤东地区城市产生了强大的辐射带动作用，而随着深圳的产业升级与创新发展，这种辐射带动将越来越强大，对粤东地区经济发展产生巨大的推动力。

3. 海峡西岸城市群发展对粤东地区的影响

海峡西岸城市群，指的是海峡西岸经济区沿海城市组成的区域性城市群包括福州、厦门、泉州、温州、汕头、漳州、莆田、宁德、潮州、揭阳、汕尾等 11 个城市；其中可以分为福建的 7 个城市与广东的粤东地区 4 个城市。海峡西岸城市群是国家十三五规划重点发展的 19 个城市群之一。虽然海峡西岸城市群未能达到珠三角城市群那么成熟的程度，中心城市能产生强大的辐射带动作用，但是，由于被列入了国家发展规划，在基础设施建设等对于区域发展有着重大影响的许多方面，都将获得非常巨大的支持和投入。举例而言，2015 年，国家《城镇化地区综合交通网规划》中就提出，未来应构建以温州经福州至厦门高铁和粤东地区城际铁路等轨道交通，沈海（G15）等高速公路为骨干，G104、G324 等国道为基础，民航为补充，福州、厦门综合交通枢纽为支点的单轴型快速城际客运网络。

为此，广东省发改委编制了《海峡西岸城市群粤东地区城际铁路网规划》。该规划认为，粤东汕潮揭地区三个城市相距不超过 60 公里，各城市产业布局和经济关系互补性强，具备同城化、一体化发展的基本条件和现实需求；大容量快速通道是加强粤东地区城市联系的必要条件，轨道交通是大容量快速交通的较好选择；城际铁路有利于缩短城际的时空距离、促进城市及其形态健康有序发展。该规划指出，粤东地区城际铁路规划将形成以汕头、潮州、揭阳、汕尾主城区为主要节点，覆盖粤东主要城镇，适度超前的城际铁路网络。满足汕潮揭地区"同城化"发展需要，实现汕潮揭地区中心城市"半小时通勤圈"和粤东地区"1 小时交通圈"，为粤东地区提供公交化的快捷城际旅客运输服务。同时，与国铁干线铁路、城市轨道交通和揭阳潮汕机场等主要综合交通枢纽紧密衔接，与其他交通方式共同构筑粤东地区多层次、便捷换乘的综合交通网络。该规划提出以汕头都市区作为区域性主中心，构成粤东地区城际铁路线网的一级节点。汕尾、潮州、揭阳主城区作为区域性副中心，构成粤东地区城际铁路线网的二级节点。普宁、惠来、揭东、揭西、潮安、饶平、南澳、海丰、陆丰、陆河、空港新城等 11 个县市域中心城市或客运集散地作为地区性中心，构成粤东地区城际铁路线网的三级节点。该规划建议近期粤东地区城际铁路实施 482 公里，总投资 1052 亿元，分两个阶段实施。第一阶段（"十三五"期间）实施"一线"汕尾—汕头—饶平、"一环"汕头—潮州东—潮汕—潮汕机场—汕头和"射线"潮汕机场—揭阳南—揭阳北，约 332 公里，总投资约 665 亿元。第二阶段（"十四五"期间）实施"二环"汕头—潮汕机场—揭阳南—普宁—汕头和"射线"普宁—惠来段，约 150 公里，总投资约 387 亿元。

我们可以看到，仅此一项，粤东地区的基础设施建设和区位优势就能获得巨大的提升。未来既能获得珠三角强大的产业辐射带动，又能享受到海峡西岸城市群发展红利的粤东地区城市群，将有望成为广东经济发展新的增长极！

（五）创新成为区域经济发展的主要动力

1. 创新助力广东 2035 年跨越中等收入陷阱，步入发达地区行列

世界银行《东亚经济发展报告（2006）》首次提出"中等收入陷阱"的概念，认为对大多数发展中国家而言，从人均 GDP3000 美元的中等收入水平上升到 1 万美元的高收入水平是一个"中等收入陷阱"。据世界银行研究，在 1960 年被列为中等收入国家的 101 个经济体中，截至 2008 年，只有 13 个进入高收入国家行列，成功跨越"陷阱"的概率不到 13%；成功跨越陷阱的有日本、韩国等国，落入陷阱的如拉美诸国，现在仍然在苦苦挣扎之中。

广东 2016 年人均 GDP 为 7.3 万元，按当前汇率折合 1.07 万美元，到 2035 年，预计广东人均 GDP 将达到 19.9 万元，折合 3.15 万美元，已超过韩国现在的水平。而珠三角人均 GDP 更是将达到 5.8 万美元，超过众多发达国家水平。可以预见，我国和广东在未来的发展中，都将成功跨越"中等收入陷阱"，进入中高收入的发达国家之列。而这里的关键则是：我们必须完成增长方式的转变，使创新驱动成为引领我国区域经济发展的主要动力！

创新驱动是世界大势所趋。全球新一轮科技革命、产业变革和军事变革加速演进，科学探索从微观到宏观各个尺度上向纵深拓展，以智能、绿色、泛在为特征的群体性技术革命将引发国际产业分工重大调整，颠覆性技术不断涌现，正在重塑世界竞争格局、改变国家力量对比，创新驱动成为许多国家谋求竞争优势的核心战略。我国既面临赶超跨越的难得历史机遇，也面临差距拉大的严峻挑战。

党的十八大已经明确提出实施创新驱动发展战略，强调科技创新是提高社会生产力和综合国力的战略支撑，必须摆在国家发展全局的核心位置。2015年底公布的《国家创新驱动发展战略纲要》明确提出，我国到2020年进入创新型国家行列，2030年跻身创新型国家前列，2050年建成世界科技创新强国。

第一步，到2020年进入创新型国家行列，基本建成中国特色国家创新体系，有力支撑全面建成小康社会目标的实现。

创新型经济格局初步形成。若干重点产业进入全球价值链中高端，成长起一批具有国际竞争力的创新型企业和产业集群。科技进步贡献率提高到60%以上，知识密集型服务业增加值占国内生产总值的20%。

自主创新能力大幅提升。形成面向未来发展、迎接科技革命、促进产业变革的创新布局，突破制约经济社会发展和国家安全的一系列重大瓶颈问题，初步扭转关键核心技术长期受制于人的被动局面，在若干战略必争领域形成独特优势，为国家繁荣发展提供战略储备、拓展战略空间。研究与试验发展（R&D）经费支出占国内生产总值比重达到2.5%。

创新体系协同高效。科技与经济融合更加顺畅，创新主体充满活力，创新链条有机衔接，创新治理更加科学，创新效率大幅提高。

创新环境更加优化。激励创新的政策法规更加健全，知识产权保护更加严格，形成崇尚创新创业、勇于创新创业、激励创新创业的价值导向和文化氛围。

第二步，到2030年跻身创新型国家前列，发展驱动力实现根本转换，经济社会发展水平和国际竞争力大幅提升，为建成经济强国和共同富裕社会奠定坚实基础。

主要产业进入全球价值链中高端。不断创造新技术和新产品、新模式和新业态、新需求和新市场，实现更可持续的发展、更高质量的就业、更高水平的收入、更高品质的生活。

总体上扭转科技创新以跟踪为主的局面。在若干战略领域由并行走向领跑，形成引领全球学术发展的中国学派，产出对世界科技发展和人类文明进步有重要影响的原创成果。攻克制约国防科技的主要瓶颈问题。研究与试验发展（R&D）经费支出占国内生产总值比重达到2.8%。

国家创新体系更加完备。实现科技与经济深度融合、相互促进。

创新文化氛围浓厚，法治保障有力，全社会形成创新活力竞相迸发、创新源泉不断涌流的生动局面。

第三步，到2050年建成世界科技创新强国，成为世界主要科学中心和创新高地，为我国建成富强民主文明和谐的社会主义现代化国家、实现中华民族伟大复兴的中国梦提供强大支撑。

2. 广东创新发展的现状

如今，广东已初步构建起开放型区域创新体系，并在加速形成以创新为主要引领和支撑的发展模式。2016年，广东高新技术企业数量达到19857家，总量居全国第一；区域创新能力综合排名连续9年位居全国第二，跻身创新型省份；科技投入产出持续增加，全省研发（R&D）投入占GDP比重提高到2.58%，发明专利申请量和PCT国际专利申请量同比增长均超过50%；关键核心技术不断获得突破。广东深入实施科技企业孵化器倍增计划，推动各地、各类投资主体建设"众创空间-孵化器-加速器"全孵化链条，实现对企业全成长周期的服务。截至2016年，全省科技企业孵化器达634家，国家级孵化器达83家，孵化器总数跃居全国第一。全省纳入统计的众创空间达500家，其中178家纳入国家级孵化器管理体系，数量居全国第一。截至2016年年底，广东建设有283家重点实验室，其中省重点实验室211家，省企业重点实验室72家。2016年，广东新认定省级工程技术研究开发中心637家，全省目前共有国家级工程中心23家、省级工程中心2651家，累计研发投入超过558亿元，新产品产值达10574.3亿元。

广东近几年对创新投入了巨大的研发经费。国际上通常采用R&D（即"研究与开发"）活动的规模和强度指标反映一个国家或地区的科技实力和核心竞争力。通过数据对比，我们可以发现广东近年来的R&D指标尤其引人瞩目。2012~2016年，广东全省研发（R&D）投入占GDP比重已从2.17%逐步攀升至2.58%。广东研发人员规模长期位居全国第一位，并呈持续较快增长趋势。至2016年已突破70万人。2016年，广东技术自给率71%，接近美、德等主要发达国家水平。全省专利授权量259032件，居全国榜首；全省有效发明专利拥有量168480件，连续7年居全国第一。

广东专业镇协同创新发展步伐也在加快。2016年，广东新认定专业镇

14家，已建成413个专业镇，实现地区生产总值2.92万亿元，约占全省GDP的36.6%，涌现出中山小榄、中山古镇、东莞大朗、东莞横沥等一批转型升级和创新创业专业镇典型代表。广东的专业镇分布在除深圳市以外的20个地级市中，集聚了69.62万多家企业，其中，规模以上企业3万多家，高新技术企业4806家。工业总产值达6.8万亿元，直接带动500多万人就业。2003年以来，广东专业镇转型升级持续推进，2016年，广东专业镇全社会研发投入总额为430.53亿元，占全省（2043.36亿元）的21.1%。专利申请量达180365件，专利授权量达98630件，分别占全省总量的35.7%、38.1%。其中，发明专利申请量和授权量分别为43976件和9095件，分别占全省总量的28.3%、22.95%。随着专业镇之间产业联盟、技术创新联盟的推进，以及集产学研协同创新为一体的新型研发机构在专业镇创新网络中作用的不断提升，专业镇协同创新发展已经并将继续加快发展，进而推进广东产业转型升级发展，推动区域创新发展。①

表5-17　2015年区域现代产业发展情况

区域	先进制造业增加值（亿元）	占规模以上工业比重（%）	高技术制造业增加值（亿元）	占规模以上工业比重（%）
全省	14102.48	47.9	7537.34	25.6
珠三角	12561.56	53.0	7116.99	30.1
粤东	380.56	16.2	201.36	8.6
粤西	761.64	39.5	43.83	2.4
粤北	398.72	26.8	173.16	11.6

资料来源：《广东统计年鉴2016》。

在广东，90%的研发经费来自企业，90%的创新成果也产自企业，②企业已真正成为全省技术创新的主体。强烈的企业创新意识和充沛的创新投入，不仅培育出诸如华为、大疆、广汽等一批具有全球技术竞争力的知名企业，还在珠三角产业集群中培育出一大批在细分行业市场不显山露水的单打冠军。2016年，全省高新技术产品产值达到5.44万亿元，与2015

① 岳芳敏：《广东专业镇转型升级发展机制与路径》，《广东专业镇发展蓝皮书（2017年）》，2017年。

② 罗晓琳：《创新驱动发展，且看广东战略》，《广州日报》2017年6月4日。

年相比同比增长 10.4%；占全省工业总产值的比重达到 39.0%。广东是我国高新技术产品主要出口基地，出口规模及其在全国所占的比重均居全国首位。

3. 2035 年广东将进入创新型地区先进行列

2015 年底广东省委、省政府发出了《关于加快建设创新驱动发展先行省的意见》（以下简称《意见》），从 2017 年、2020 年、2030 年三个时间节点，对广东省加快建设创新驱动先行省提出战略目标。到 2030 年，广东将实现向创新型经济强省转型，建成以创新为主要引领和支撑的经济体系和发展模式，进入创新型地区先进行列。

根据《意见》，到 2017 年，广东将初步构建创新型经济体系框架，加快从要素驱动向创新驱动转变步伐，建成具有示范带动作用的全面创新改革试验平台；到 2020 年，初步形成开放型区域创新体系和创新型经济形态，率先构建符合创新驱动发展要求的政策和制度环境，科技进步对经济增长的贡献率大幅上升，综合指标达到创新型国家水平；到 2030 年，实现向创新型经济强省转型，建成以创新为主要引领和支撑的经济体系和发展模式，进入创新型地区先进行列。

《意见》提出九大重点任务——加快形成以创新为主要引领和支撑的经济体系和发展模式、努力构建开放型区域创新体系、着力提升企业技术创新主体地位、全面推进产学研合作和协同创新、不断完善科技成果转化机制、大力促进科技金融产业深度融合、积极拓展科技创新领域对外开放、深入实施科技创新人才战略、全面深化科技创新体制机制改革。

《意见》描绘了广东省创新发展的区域版图，广州、深圳—珠三角—粤东西北，三大圈层逐级带动辐射的布局思路清晰可见。提出强化广州、深圳市的创新引领作用，努力将广州市建设成为国际创新专业人才培养基地、华南科技创新中心和珠三角创新发展主引擎；将深圳市建设成为科技体制改革先行区、开放创新引领区、创新创业示范区和具有世界影响力的国际创新中心。强化珠三角地区对全省实施创新驱动发展战略的支撑作用，着力促进珠三角地区高端电子信息、智能制造、互联网经济、生物医药、新能源等产业集聚创新发展，提高珠江东岸电子信息产业带综合竞争力，建设珠江西岸先进装备制造产业带，努力将珠三角地区建设成为全球重要的高端产业基地。

表 5 – 18　广东创新驱动发展目标

项目	2017 年	2020 年	2030 年
R&D 投入占 GDP 比重	2.65%	不低于 2.8%	超过 3.5%
技术自给率	不低于 72%	超过 75%	75% 以上
高新技术企业	超过 1.2 万家	超过 1.5 万家	超过 2 万家
科技进步贡献率	超过 55%	超过 60%	超过 70%

资料来源：《关于加快建设创新驱动发展先行省的意见》。

4. 广东 2035：从制造走向智造

经过改革开放以来 30 多年的发展，广东已成为国内制造大省和全球重要制造基地。广东省制造业发展仍面临严峻挑战，在创新能力、产品质量和品牌、产业结构、信息化水平等方面与世界先进水平仍存在较大差距。劳动力成本上升、土地资源和环境要素约束加剧等因素迫使全省制造业必须加快向"创新驱动"转型，向数字化、网络化、智能化、服务化升级，由"制造"转向"智造"。智能制造是基于新一代信息技术，贯穿设计、生产、管理、服务等制造活动各个环节，具有信息深度自感知、智慧优化自决策、精准控制自执行等功能的先进制造过程、系统与模式的总称。根据广东智能制造发展的规划。

到 2017 年，先进制造业发展明显加快，全省先进制造业增加值超 1.8 万亿元，年均增长 10% 左右，占规模以上工业增加值的比重提高到 50% 以上，其中智能装备产业增加值达 3000 亿元，年均增长 20% 左右。自主创新能力明显增强，重大科技成果集成、转化能力大幅提高，一批关键技术和核心部件达到国际先进水平；规模以上工业企业研发投入占主营业务收入的比重达到 1.3% 以上；企业发明专利授权量达到 6.7 万件、年均增长 8%，工业企业 PCT 国际专利申请量达 1.7 万件、年均增长 10%；规模以上大中型工业企业设立研发机构的比例达 16%。智能化水平加快提升，全省规模以上工业企业 50% 以上完成新一轮技术改造，机器人及相关配套产业产值达 600 亿元，万人机器人数量达到 50 台，传统产业企业数字化研发设计工具普及率达到 70%，规模以上工业企业关键工序数控化率达到 50%，两化融合贯标试点企业数量达到 500 家。骨干企业引领作用凸显，制造业骨干企业加快做大做强，全省年主营业务收入超 1000 亿元工业企业超13家，超100亿元工业企业125家左右；中小微工业企业发展活力进一步增强；产值超100亿元的智能制造产业基地达到4个，超亿元的机器人制造及集成企业20家左右，建成2个国内先进的机器人制造产业基地。质量效益显著提升，规模以上工业全员劳动生产率提升至22万元/人，制造业质量竞争力指数达到84.5；主要工业品质量标准达到国际先进水平；全省单位工业增加值能耗年均下降3.1%，达到国内领先水平。

到2020年：先进制造业规模跃上新台阶，全省先进制造业增加值超2.4万亿元，占规模以上工业增加值比重达到53%以上，智能装备产业增加值达4000亿元，面向工业制造业的生产性服务业发展水平达到国内领先水平。自主创新体系基本形成，珠三角自主创新示范区通过国家验收认定。建成一批具有国际先进水平的智能制造协同创新平台，发明专利质量数量和技术标准水平明显提升；重点领域和新兴产业的关键装备与两化融合标准取得突破；规模以上大中型工业企业设立研发机构的比例达20%，规模以上工业企业研发投入占主营业务收入的比重达到1.5%以上。制造业智能化深度渗透，机器人及相关配套产业产值达1000亿元，万人机器人数量达到100台；规模以上工业企业数字化研发设计工具普及率达到75%，关键工序数控化率达到55%。产业集中度明显提升，全省年主营业务收入超1000亿元工业企业超15家，超100亿元工业企业超165家；产值超100亿元的智能制造产业基地达到10个，超10亿元的机器人制造及集成企业达到10家，建成5个国内领先的机器人制造产业基地。质量效益大幅提升，规模以上工业全员劳动生产率提升至24万元/人。制造业质量竞争力指数达到85，全省单位工业增加值能耗年均下降3.5%。

到2025年：全省制造业全面进入智能化制造阶段，基本建成制造强省。制造业水平显著提升，规模以上工业全员劳动生产率提升至25万元/人。自主创新能力明显提升，规模以上工业企业研发投入占主营业务收入的比重达到1.7%以上，安全可控的智能技术产品配套能力和信息化服务能力明显增强。信息化与工业化深度融合，规模以上工业企业信息技术集成应用达到国内领先水平，制造业质量竞争力指数达到86.5。骨干企业国际地位凸显，培育一批年主营业务收入超100亿元、1000亿元的工业企业，涌现一批掌握核心关键技术、拥有自主品牌、开展高层次分工的国际化企业。具有自主知识产权的技术、产品和服务的国际市场份额大幅提高，建成全国智能制造发展示范引领区和具有国际竞争力的智能制造产业集聚区。

到2035年完成从"制造"向"智造"的转变，成为智造强省，成为现代化强省。

（六）区域发展不平衡逐步缩小

区域发展严重不平衡是当前困扰广东区域发展的最大问题。但这个问题有望在2035年得到相当程度的解决。我们的主要根据是威廉姆森提出的区域经济差距变化的倒U型理论。

1. 威廉姆森的倒U型理论

1965年，威廉姆森发表《区域不平衡与国家发展过程》一文，通过对经济增长的实证资料数据进行横向分析和以时间为序的纵向分析，提出了区域经济差距的倒U型曲线理论。该理论是以库兹涅茨的"倒U型假说"为基础，认为区域经济发展差距的出现、扩大、缩小以及消失是一个周期性变化的过程，在经济发展过程中，区域差距的变动轨迹是"先拉大后改进"，从而形成一个倒"U"型的曲线。威廉姆森利用英格兰东部长达110年的经济统计资料进行了分析，同时根据全世界24个国家的资料进行了剖面和时间序列分析，最终提出了"倒U型理论"：随着国家经济发展，区域间增长差异呈倒U型变化。在国家经济发展的初期阶段，随着总体经济增长，区域差异逐渐扩大，然后区域差异保持稳定，但是经济进入成熟增长阶段后，区域差异将随着总体经济增长而逐渐下降。威廉姆森将这种倒U型变动主要归结为四个方面。

一是区域经济发展模式的选择。根据增长极理论，发展初期优先发展一部分条件优越的区域是达成区域发展目标的最佳选择；但当区域差距过大时，政府政策的转变将有利于倒U型拐点的出现并促进不发达地区的发展。

二是劳动力的流动。在区域经济发展的初级阶段，主要是劳动力由不发达地区向发达地区流动：先是由于运输条件落后，迁移成本过高，制约了劳动力迁移的规模，此时不发达区域的劳动力迁移具有明显的选择性，只有具有一定技能、企业家精神和受过一定教育的青壮年劳动力才倾向于迁移；随着经济进入起飞发展阶段后，运输条件不断得到改善，迁移成本下降，使得劳动力迁移的选择性逐步消失，隐藏性事业劳动力也能迁移流动。但到了区域经济发展的成熟阶段，随着发达区域劳动力市场逐步达到饱和，发达区域内的熟练劳动力将开始回流到不发达区域，从而推动不发达地区的增长。

三是资金的流动。在区域经济发展的初级阶段，发达区域有外部聚集经济效益而不发达区域资金市场不健全，缺乏企业家精神等，资金将从不发达区域流向发达区域。但是随着区域经济发展成熟，统一的资金市场逐步建立，从而导致发达区域投资利益逐渐降低，甚至消失，因此许多资金将会回流不发达区域。

四是区域间沟通渠道的改善。区域经济发展的初级阶段，区域间沟通渠道较为单一，交往较为闭塞，区域间往往表现为若干个独立的地方性小市场，发达区域的技术进步、社会变革、收入乘数等波及效应缺乏传播渠道，无法有效带动不发达区域的经济发展，并进一步加剧了区域间的发展差距。但到了区域经济发展的成熟阶段，区域间形成了顺畅发达的联系网络，沟通渠道得到改善，区域间连锁效应不断增强，发达区域的经济影响力就将辐射带动不发达区域增长，从而实现区域间发展差距的缩小乃至消失。

2. 广东区域经济发展形成倒 U 型发展态势

我们预测分析认为，广东珠三角地区与粤东西北地区的经济发展差距呈现倒 U 型下降的趋势。

加权差异系数（cv）的计算公式为：$CV = \dfrac{1}{\overline{Y}} \sqrt{\sum_{1=1}^{n} (Y_i - \overline{Y})^2 \dfrac{p_t}{p}}$。因此，决定区域间经济差异的变量为人口、人均 GDP。

（1）人口变动趋势

从人口总量数据来看，根据《广东人口发展趋势分析》报告预测结论，广东人口总量是直线上升的，户籍人口和常住人口同步上升。广东还长期吸纳超过 2000 万的流动人口，广东常住人口和流动人口数在全国稳居第一，今后很长时期内，仍是人口聚居大省。因此，公式中的 P 变量是增长的。

从人口的区域分布来看，人口分布不均衡性呈现加大的趋势，人口密度越来越高，人口越来越向珠三角地区聚集。根据本书课题组对广东人口的预测，人口将继续向珠三角聚集，其背景是粤港澳经济大湾区的兴起和珠三角城市群的发展壮大。因此，珠三角人口份额比重仍将上升，这将导致珠三角的人口权重的增大，即 P（珠三角常住人口）$/P$（全省常住人口总数）的系数值增大。然而，随着城乡一体化进程的加快，以及区域一体化战略的深入实施，我们预计珠三角集聚的人口份额从远期来看会呈现一定的下降趋势。即 2017～2035 年，珠三角集聚的人口份额将先上升，后下降。

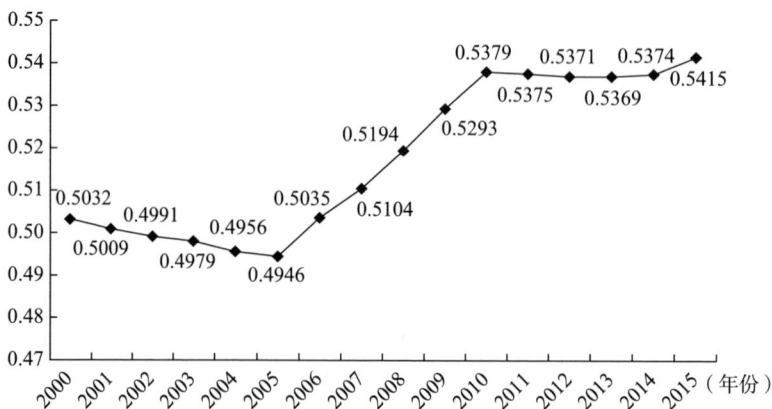

图 5-9　珠三角常住人口占全省常住人口总数的比重变动（2000～2015）

（2）GDP 的变动趋势

根据本书课题组采用生产函数法所做的预测结果显示，广东 GDP 增速将在未来的十余年内平稳下降，逐步降至 2026-2035 年的 5.7%～6.2% 的年均增长率，将于 2035 年前后顺利转入中高速增长阶段。相应，2035 年广东 GDP 和人均 GDP 将分别达到 24.4 万亿～26.36 万亿元和 19.1 万～20.5 万元。

表 5-19　广东 GDP 及其增长率预测（2017～2035）

年份	GDP（万亿元）			GDP 增长率（%）		
	低方案	中方案	高方案	低方案	中方案	高方案
2017	8.52	8.53	8.54	7.1	7.3	7.4
2018	9.12	9.14	9.16	7.0	7.1	7.3
2019	9.75	9.78	9.81	6.9	7.0	7.2

续表

年份	GDP（万亿元）			GDP 增长率（%）		
	低方案	中方案	高方案	低方案	中方案	高方案
2020	10.41	10.46	10.51	6.8	6.9	7.1
2021	11.10	11.17	11.24	6.6	6.8	7.0
2022	11.8	11.9	12.0	6.5	6.7	6.9
2023	12.6	12.7	12.8	6.4	6.6	6.8
2024	13.4	13.5	13.7	6.2	6.4	6.6
2025	14.2	14.4	14.6	6.1	6.3	6.5
2026	15.0	15.2	15.5	5.9	6.1	6.3
2027	15.9	16.2	16.4	5.8	6.0	6.2
2028	16.8	17.1	17.5	5.7	5.9	6.2
2029	17.7	18.1	18.5	5.6	5.8	6.1
2030	18.7	19.1	19.6	5.5	5.7	6.0
2031	19.7	20.2	20.8	5.5	5.7	6.0
2032	20.8	21.3	22.0	5.5	5.7	6.0
2033	22.0	22.6	23.4	5.5	5.7	6.0
2034	23.1	23.8	24.8	5.5	5.7	6.0
2035	24.4	25.2	26.3	5.5	5.7	6.0

资料来源：本书课题组测算。

表 5－20　广东人均 GDP 预测

单位：万元

年份	低方案	中方案	高方案	年份	低方案	中方案	高方案
2017	7.61	7.62	7.63	2027	12.6	12.8	13.0
2018	8.02	8.03	8.05	2028	13.2	13.5	13.7
2019	8.43	8.46	8.49	2029	13.9	14.2	14.5
2020	8.85	8.89	8.93	2030	14.6	14.9	15.3
2021	9.30	9.36	9.42	2031	15.4	15.7	16.2
2022	9.8	9.9	9.9	2032	16.3	16.6	17.2
2023	10.3	10.4	10.5	2033	17.1	17.5	18.2
2024	10.8	10.9	11.1	2034	18.1	18.5	19.3

年份	低方案	中方案	高方案	年份	低方案	中方案	高方案
2025	11.4	11.5	11.7	2035	19.1	19.6	20.5
2026	12.0	12.1	12.3				

资料来源：本书课题组测算。

从区域差异来看，珠三角地区与粤东西北地区之间的 GDP 差异已呈现先扩大后缩小的趋势。并且，随着广东省政府越来越重视区域间一体化协调发展，将振兴粤东西北战略上升到产业共建层面，而珠三角地区由于产业发展空间缩小以及综合成本的上升，在市场层面上也有着产业梯度转移的迫切需要。因此，从远期来看，随着区域一体化进程的深入，珠三角地区与粤东西北地区人均 GDP 差异将缩小。

（3）人均 GDP 的变动趋势

我们分析了广东 1978 年以来的经济数据，以最具代表性的数据人均 GDP 来看，2005 年珠三角与粤东西北的差距是最大的，珠三角人均 GDP 是粤东西北人均 GDP 的 4.02 倍！随后区域差距步入拐点，开始进入倒 U 型的后半阶段，粤东西北人均 GDP 的增长率已经连续 10 年超过珠三角地区，两者差距 2015 年已经缩小到了 3.19 倍。根据这个趋势，预计到 2035 年，两者的差距将进一步缩小到 2.6 倍左右，广东的区域经济发展基本形成倒 U 型的发展态势。

通过 20 多年来广东区域协调发展政策的推动，粤东西北的发展进步明显。首先，粤东西北的工业化进程得到了较大推动。粤东第二产业占 GDP 比重从 1995 年的 43.4%，上升到了 2010 年的 54.9%，工业化得到了快速发展；粤西第二产业从 1995 年的 36.7%，上升到了 2015 年的 40.7%，工业化进程相对较慢，发展不太充分；粤北第二产业从 1995 年的 33.7%，上升到了 2010 年的 45.3%，但随着 2010 年后广东启动主体功能开发模式，粤北要承担大部分生态保护功能，工业化发展受到了一定制约，2015 年第二产业比重回落到了 39.5%。

其次，粤东西北的第三产业也得到了快速发展，而农业比重大幅降低。粤东、粤西、粤北地区的第三产业占 GDP 比重从 1995 年的 35.9%、31.7%、29.1%，分别上升到 2015 年的 38.0%、42.1%、44.7%；而农业从 1995 年的 20.7%、31.6%、37.2%，大幅下降到 2015 年的 8.2%、17.2% 和 15.8%，产业结构得到了明显提升（见表 5 - 21）。

表 5 - 21　主要年份各区域三产比重

产业类型	年份	珠三角	粤东	粤西	粤北
第一产业	1995 年	8.5	20.7	31.6	37.2
	2000 年	5.4	17.4	30.9	32.6
	2005 年	3.1	12.3	23.8	22.1
	2010 年	2.1	9.0	19.9	15.4
	2015 年	1.8	8.2	17.2	15.8
第二产业	1995 年	48.7	43.4	36.7	33.7
	2000 年	47.6	45.3	34.7	31.8
	2005 年	50.7	49.6	39.0	40.0
	2010 年	48.6	54.9	40.7	45.3
	2015 年	43.6	53.8	40.7	39.5
第三产业	1995 年	42.8	35.9	31.7	29.1
	2000 年	47.0	37.3	34.4	35.6
	2005 年	46.3	38.2	37.2	37.8
	2010 年	49.2	36.1	39.4	39.3
	2015 年	54.6	38.0	42.1	44.7

3. 当前广东区域协调发展的主要举措

一是交通基础设施建设大会战大幅改善发展环境。粤东西北经济发展滞后，一个重要原因是交通基础设施建设严重不足。当珠三角核心地区的高速公路密度赶上东京、巴黎、伦敦等世界级大都市圈水平，位居全球前列时，2012 年的粤东西北地区仍有 12 个县（市）未通高速公路，粤东西北城市之间、与珠三角各市、与周边省市之间都远未实现交通便利，严重制约了粤东西北承接珠三角辐射和产业转移。

由此，省委、省政府将交通基础设施建设作为振兴粤东西北的重要抓手，2013 年开展了高速公路建设大会战，2015 年实现了"县县通高速公路"的目标，其中粤东西北高速公路通车里程达到 3282 公里，比"十一五"末增长 51%。同时，汕头、潮州、揭阳、汕尾、清远、韶关、云浮等市高铁或轻轨陆续开通，随着"十三五"高铁项目的建成，粤东西北将全面进入"高铁时代"。高速公路、铁路的大规模建设，大大改善了粤东西北地区的交通条件和投资环境，促进粤东西北资源开发和经济加快发展。

二是产业园区扩能增效为区域发展提速打造重要支撑。截至 2016 年上半年，全省 83 个省产业转移园（产业转移集聚地）中有 71 个位于粤东西北地区，除了 4 个不适宜建园的县外，粤东西北区域每一个县都至少拥有一个产业园区，完成了广东自 2005 年启动产业"双转移"以来在粤东西北的首次全覆盖。目前河源、梅州、汕尾和惠州东北部园区承接深圳、东莞等地电子信息产业转移，逐步发展成为珠江东岸高端电子信息产业带延伸拓展区域。韶关、清远、江门等市园区承接机械、装备制造业上下游配套企业转移，初步形成珠江西岸先进装备制造产业带配套区。在产业园区带动下，2015 年粤东西北地区规模以上工业增加值平均增速 13.6%，高于同期全省平均增速 5 个百分点。园区累计吸纳就业约 93 万人，其中约 70% 为本地劳动力。产业园区已成为粤东西北地区经济社会发展的重要增长极。2016 年广东还将出台《粤东西北产业园区发展"十三五"规划》《推动珠三角地区产业梯度转移粤东西北地区三年行动计划（2016—2018)》，鼓励引导珠三角龙头企业将生产性环节放在粤东西北，推动产业链衔接，打造产业集群。

三是中心城区扩容提质构筑起新型城镇化体系建设。针对粤东西北城镇化水平低，中心城区带动力不强，广东省委、省政府提出粤东西北新型城镇化需以"扩容"推动"提质"，通过打造人口集聚、产城融合的产业新区、产业新城，促进粤东西北加快发展。2012 年 5 月广东省第十一次党代会首次提出"扩容提质"战略部署即"支持粤东西北地级市城区扩容提质、聚集发展、率先崛起"。2012 年 10 月，省委、省政府印发了《广东省促进粤东西北地区地级市城区扩容提质五年行动计划》，进一步清晰了"扩容提质"具体内涵，即产业、人口、城市"三个扩容"和产业、人口、城市、生活"四个提质"。2013 年 8 月，省政府出台了《关于进一步促进粤东西北地区振兴发展的决定》，"支持各地级市规划建设 1 个新区"，"支持只有 1 个市辖区的地级市选择 1 个县改设区"。2013 年广东依次批准建立了汕头海湾新区、韶关芙蓉新区、河源江东新区、梅州嘉应新区、阳江滨海新区、湛江海东新区、茂名滨海新区、清远燕湖新区、潮州新区、揭阳新区、云浮新区、汕尾新区等 12 个新区；清远清新县、揭阳揭东县、潮州潮安县、梅州梅县、茂名电白县、云浮云安县、阳江阳东县等 7 县已先后获国务院批准，撤县设区。搭建粤东西北中心城区扩容提质新型投融资平台，推动相关金融机构向 11 个地级市 22 个项目贷款 180 亿元。新区建城规模从 100 平方公里到上千平方公里不等，其中韶关芙蓉新区、汕头海湾新区、梅州嘉应新区、潮州新区等规划面积都在 500 平方公里左右，最大的茂名滨海新区规划面积则达 1688 平方公里，粤东西北地区地级市扩容提质的力度之大可见一斑。通过几年努力，粤东西北搭建起新型城镇化体系的基本框架，不仅为粤东西北加快发展提供了新引擎，而且为珠三角转型升级提供更多优良的转换空间，从而为广东经济的持续健康增长提供新的战略机遇。

四　促进广东区域协调发展的战略路径与主要任务

根据广东区域发展阶段性特征和发展目前，到 2035 年广东需要通过培育壮大城市群为抓手，通过区域发展动能的转换，以创新驱动增强新动能，以基本公共服务均等化提质扩面，促进区域协调发展的同时，提升全域发展质能和综合竞争力的提升。

（一）广东区域发展的战略路径

1. 区域发展的演进规律

从城市群的发展演进规律来看，一个区域的发展，以戈特曼的研究为例，可以分为四个阶段：①孤立分散阶段；②城市间弱联系阶段；③城市群雏形阶段；④城市群成熟阶段。其后，虽然国内外学者基于不同的视角，对城市群发展阶段的划分存在一定的差异，但大致包含以下几个共同点：①城市群的发展必然是由低级到高级的逐步演进过程；②城市群内部城市之间的关系由松散的关联发展到紧密的联系；③城市群内部城镇之间的分工合作由不成熟逐渐走向成熟，最终形成合理的劳动地域分工体系；④城市群的结构和功能趋于不断的发展和完善之中。

　　与都市区相比，城市群是一个多核心的城市区域。城市群区域中的多个核心城市是一国经济发展的"中枢"，正是由于这些核心城市之间的竞争，促使他们共同发展、成长，最后融为一体，形成城市群区域。[①]

　　根据增长极理论来分析，我们可以把最初处于孤立分散阶段的城市看作一个个的增长点，随着资源不断投入发展潜力大、投资效益明显的区域中心城市，资金、技术、人才等生产要素向这几个区域中心城市（增长点）聚集，其成为区域经济的增长极，这是城市群的雏形。对增长极的培育采取非均衡发展战略，可以加快整个城市群区域经济的发展，形成空间极化，为后期通过扩散效应推动整个城市群经济发展打下基础。

　　在城市群发育阶段，随着经济实力的增强，中心城市具备了向周围城镇扩散的能力。中心城市的功能扩散遵循成本最低原则，而连接各中心城市的重要交通干线如铁路、公路、河流航线，方便了人口和物资的流动，降低了运输费用，从而降低了生产成本，成为中心城市（增长极）扩散的首选路线，进而在交通干线上形成一批新的城镇增长极点。这种对城市群开发具有促进作用，形成区域开发纽带和经济运行通道功能的交通干线即"生长轴"。当这种生长轴完善地分布在城市群内各节点之间，建立起密集而有效的联系的时候，这个城市群就已经从点轴式发展的雏形阶段走向了城市群的形成阶段。随着城市群之间进一步建立起政治、经济、交通、社会、通信等更广泛的联系，并产生竞争与合作后，城市群就进入了全面发展时期。当这种联系进一步深入信息、金融、产业等非物质性联系的层面，并从内部的竞争与合作发展到在统一的区域分工合作的基础上开始产生对外的区域竞争优势的时候，城市群才真正进入了网络式发展的成熟阶段（见表5-22）。

表5-22　区域发展演进不同阶段的空间特征[②]

演进阶段	雏形期	形成期	发展期	成熟期
空间构成	城市（点轴）	城市组群（团、带）	城市群（连绵型）	城市群（网络型）

①　毛新雅：《"区域城市化"与城市群经济发展》，人民出版社，2016，第17页。
②　杨再高：《大珠三角区域经济一体化研究》，经济科学出版社，2015，第92页。

续表

演进阶段	雏形期	形成期	发展期	成熟期
空间联系特征	互相独立的城市，联系微弱，相互影响较小	以行政区划联系、交通性联系为主，城市之间是寄生关系或绞杀关系	建立政治、经济、交通、社会、通信等广泛联系，并产生内部之间的竞争与合作	建立起信息、金融、产业等全面性的深层次联系，并在统一的区域分工合作基础上产生对外的区域竞争优势
空间均衡形态	卫星城、新城	城市组群、城镇密集区、卫星城、新城	大都市区、大都市带、都市连绵区、组合城市、卫星城、新城	巨型城市区、全球城市区、网络城市、多核心城市区、走廊城市、新城、边缘和无边缘城市

2. 广东区域发展的战略路径选择：培育壮大城市群

随着经济全球化与世界城市化的发展，区域之间的竞争已不再表现为单个城市之间的竞争，而是越来越体现为城市群之间的竞争。无论是纽约、东京、伦敦，还是香港、上海，它们作为全球城市的存在，都得益于其所在城市群对其经济地位的强大支撑。在经济全球化和区域经济一体化的趋势下，只有强大的城市群才能有足够的产业集聚和经济规模，才能有效地参加全球性的分工与合作，才能应对全球化的竞争与挑战。因此，广东在面向2035年区域发展的战略路径选择上，应当首先考虑从提高区域竞争力、面对全球化竞争的角度出发，大力发展区域内的城市群。只有通过城市群的竞争，在全球产业化分工以及全球价值链上取得一席之地，广东才能保持区域经济的可持续发展，否则就将在全球区域竞争中败下阵来。

基于上述对广东区域经济当前发展阶段的分析，我们认为，广东目前正面临产业结构调整、发展方式转变、增长动力转换的关键时期，改革开放以来支撑广东经济快速发展的粗放型增长、要素驱动型增长已经走到了尽头，未来亟须进一步加快转变经济增长方式，从要素驱动走向创新驱动，进行产业转型升级；并且在工业化发展的进程中，保障城镇化的同步协调发展，才能真正实现以人为本、使人民群众切实得到发展利益的发展道路。因此，我们认为，未来影响广东区域发展的重大因素主要有：基础设施建设、产业布局、创新驱动、产业升级与城镇化发展等五大因素，而这五大因素，都可以通过城市群发展的战略得到很好的解决。

城市群是由不同等级城市及其腹地通过空间相互作用而形成的城市联合体。城市群的出现是生产力发展、生产要素逐步优化组合的产物，是工业化、城镇化发展的高级形态，也是国民经济快速发展、现代化水平不断提高的标志之一。《国家新型城镇化规划》提出，以城市群为推进城镇化的主体形态，完全符合全球化背景下的城镇化一般规律，符合我国资源环境承载能力的基本特征。改革开放以来，我国东部沿海地区率先开放发展，形成长三角、珠三角等一批城市群，有力推动了东部地区快速发展，成为国民经济重要的增长极；而未来城市群建设更将成为我省、我国在全球化网络中竞争的区域主体，成为世界城市化发展的重要趋势。

城市群是城镇化的主体形态，是经济发展的主要载体。城市群不只是以中心城市为核心、空间上集中分布的一群城市，而更重要的是强调城市群在城镇功能定位和产业经济发展方面能够合作共赢，在公共服务和基础设施体系建设方面能够共建共享，在资源开发利用和生态环境建设方面能够统筹协调。从全球来看，产出排名前40的城市群经济产出总和已占世界的66%，在全球创新成果中所占比例更高达85%。城市群已成为支撑世界各主要经济体发展的核心区和增长极，国家间的竞争正日益演化为主要城市群之间的综合实力比拼。

习近平总书记曾明确指出，"城市群是人口大国城镇化的主要空间载体，像我们这样人多地少的国家，更要坚定不移，以城市群为主体形态推进城镇化"。李克强总理曾经指出，"城市群对区域发展具有战略引领和支撑作用。要在有条件的地方形成各具优势的城市群，促进大中小城市和小城镇协调发展"。国家《"十三五"规划纲要》提出要规划建设19个城市群，加快构建"两横三纵"城市化战略格局，在广东区域内主要为珠三角城市群与海峡西岸粤东城市群。城市群发展主要有以下几点优势。

首先，由于城市群中城市与城市之间存在网络化的交通，包括航空、高速公路、铁路、高速铁路、港口等，形成了综合立体的交通体系，增强了通达性，降低了物流成本。产业配套能力增强，非常有利于产业的聚集和发展，第二产业的聚集，也促进了第三产业的发展。产业的发展必然聚集大量的人口，而随着人口的增多，消费需求越来越大，生产与消费之间的均衡关系在一个较小的区域内就形成了，这就是区域经济学中经常提及的循环累积效应。①

---

① 姜巍：《构建"十三五"区域协调发展新格局》，《中国发展观察》2015年12月11日。

其次，小城市与小城镇得到了发展的机会。在城市群范围内，原来单个城市和另外的城市形成了互补关系，大城市的功能不断升级，这就给小城市和小城镇带来了机遇。小城市和小城镇的区位劣势在弱化，而成本优势在强化。过去小城市之所以发展缓慢，是因为有区位劣势，产业和人口难以集聚。在城市群中，由于交通条件的改善，区位劣势就不存在了。由于各种要素成本很低，很多产业如零部件产业和农产品加工业就可以在小城镇和小城市得到发展。如长三角城市群、珠三角城市群中有很多小城镇集聚了很多产业，规模在不断扩大，成为城市群中的重要支撑。所以，只有在城市群里大中小城市和小城镇才能协调发展，而且基础设施能够共建共享。

再次，城市群可以有效防止"大城市病"。城市群形成的条件之一是有大都市。但是随着大城市产业和人口高度聚集，就会出现"大城市病"。正是因为城市群中有网络化的交通，缩小了大城市与周边城市之间的时间距离，使得产业和城市功能有可能向周边城市转移和分解，这样大城市就不至于很大，而周边的城市也可以发展起来，在一定程度上缓解城市过度扩张、人口快速膨胀、交通拥堵和环境恶化等"大城市病"。

最后，原来城市与城市之间是相互分离，互相竞争。通过规划、实现错位发展，功能互补，而分工就需要合作，逐步转化为一个有机的整体。由单一城市的竞争力转变为整体的竞争力，影响也会逐步扩大，可以辐射带动周边更大地区的发展。

预计未来 5 到 10 年内，我国城市群将涵盖全国 815 个城市中的 606 个，人口和经济规模分别占到城市总量的 82% 和 92%。城市群在我国国民经济和社会发展中的龙头地位和核心作用日益凸显。[①]

（二）广东区域发展的主要任务

1. 以城市群为基础构建区域分工合作体系

分工的产生，以及在分工基础上进行的合作，与人类社会的进步与生产力的发展相伴相生，起到了巨大的促进作用。对于城市群来说也是如此，未来区域之间的竞争，主要是以城市群为单位在全球产业链和价值链

[①] 刘士林、刘新静：《中国城市群发展报告 2016》，东方出版中心，2016，第 85 页。

中的竞争，而一个城市群的竞争力，很大程度上就取决于城市群内各城市之间的产业分工与合作。不同城市通过合理分工，充分发挥各自的比较优势和竞争优势，优势互补、有机融合，建立起相互支撑、相互依赖、紧密合作的网络关系，才能使城市群拥有更强大的竞争力和可持续发展的能力，支撑区域经济社会的不断繁荣发展。

目前我国、广东省在区域发展中各城市之间产业发展雷同，发展目标雷同，从而产生了区域资源使用浪费与恶性竞争的不良后果，都与未能建立起有效的区域分工合作体系相关；未能在区域内形成优势互补、1＋1＞2的良性发展局面。区域分工是指区域内各城市充分发挥区位优势进行专业化生产和形成产业空间结构；区域合作是指为补偿区位劣势和实现区位优势互补而进行的区域间产品及要素的联合与协作。区域分工合作体系的建立，主要是要尊重市场机制的决定性作用以及区位优势的自然选择，其中尤其要处理好政府和市场的关系，使市场在资源配置中起决定性作用，把市场选择作为产业分工的基本要求。一方面，要根据不同的要素供给结构和市场需求结构来决定各城市产业结构的特征，以避免城市间重复建设和产业结构同构化；另一方面，根据要素供给结构和市场需求结构的变化来引导各城市产业分工的重构，使发达城市丧失竞争优势的产业向欠发达城市转移，以此推动经济带产业结构的升级和区域产业结构的协调发展。政府的作用必须建立在促进区域产业分工合作的市场机制基础上，其主要任务应是培育市场机制和为市场机制发挥作用创造良好的环境，并在市场机制失灵或出现缺陷时，弥补市场机制的不足。例如，区域内各地方政府应加强区域基础设施建设的合作，推动流域基础设施一体化，为产业分工合作降低交易成本。再如，加强制度性市场规划的合作，实现引资政策、财税政策、土地政策、开发区政策、金融政策、环境保护政策等发展政策一体化，避免出现信息不充分条件下市场机制自发形成的重复建设和过度竞争等问题。

构建以城市群为基础的区域分工合作体系的主要举措有：一是强化区域顶层设计，以城市群为单位构建区域分工合作体系，从区位优势与竞争优势出发，确立各城市的城市定位、产业布局与发展方向，形成优势互补、错位发展；二是强化市场运行机制，形成区域市场一体化发展，促进区域内分工不断深化、市场不断完善；三是优化配置资源，区域内如机场、港口、铁路等重大交通设施；四是涉及生态环保等问题，要建立完善的区域补偿机制，加强区域协调和区域调控；五是重视企业在区域发展中的重要作用，支持企业在区域内建立网络化的生产体系和营销体系。

2. 加快构建区域创新体系，促进区域创新驱动发展

区域创新体系最早由英国经济学家库克在 1992 年提出，他认为区域创新体系是由区域内相互分工、相互联系的生产企业、研究机构和高等教育机构等所组成的区域性组织系统，该系统能相互作用并提升创新。根据广东十三五发展规划的定位，广东在 2020 年前要基本建立起开放性区域创新体系，包括具有强大集聚辐射能力的国家级和区域性重大创新平台、以企业为主体的自主研发体系、产学研紧密结合的协同创新体系、服务中小科技型企业的孵化育成体系和面向大众创业万众创新的科技公共服务体系。

区域创新体系的构建与完善，受多方面因素的制约和影响：首先，建立区域创新体系必须确立企业是创新主体的理念。企业是实现科技与经济紧密结合的关键一环，是创新决策、研发投入、成果转化的主要力量。同时，强化企业创新主体地位也是实现创新市场导向的前提和基础。因此，提升区域创新能力，关键在于激发企业的创新活力和内生动力，支持企业大力开展创新活动。其次，科研机构与高等教育机构是创新体系的知识储备库。现在是知识经济时代，研究机构能够为企业创新提供强大的后台支撑，在区域创新体系中占有重要地位。美国的硅谷、我国台湾的新竹等世界著名的创新中心，都是源于区域内众多大学与研究机构的孕育和支撑。再次，政府是区域创新体系建设的保障和制度创新的主体。政府可以制定扶持与保护创新的政策，创造有利于企业创新的区域环境和园区载体，提供区域公共资源和服务，成为创新创新体系中积极的推动者。复次，金融体系建设是企业创新的重要支撑。创新需要大量的资金投入，除了政府与企业的 R&D 投入，还要建立起多层次的金融服务体系，比如商业银行、风险投资等，在不同阶段、根据不同需求，对创新予以物质上的支撑与保障。最后，要不断优化区域创新环境，尤其是要加大对知识产权的保障力度，以及加大对侵犯知识产权的惩处力度，强化对创新的激励，不断优化有利于创新的市场环境与政策环境。

完善区域创新体系的重要举措有：一是建立完善区域创新体系的顶层设计；二是强化企业创新主体地位和作用，大力支持企业开展创新活动，打造适合企业创新的区域环境；三是积极解放研究机构与高等教育机构的科研力量与创新能力，制定鼓励研究机构科研人员参与创新的政策，促进研究机构与企业的联系；四是加强区域一体化发展，打造区域内生产要素自由流动的市场环境；五是强化区域内的人才培养、人才引进与人才激励机制，创造尊重知识、尊重人才、尊重创新的良好社会氛围；六是支持建立大量的区域公共创新平台，区域公共创新平台是突破共性关键技术的重要手段，尤其是在我国当前民营企业以中小企业为主体的情况下，公共创新平台对于支持中小企业转型升级和创新发展尤为重要。

3. 大力推进区域要素市场一体化

要素市场主要指的是包括资本、劳动力、土地、技术、信息等生产要素的市场。市场一体化是区域经济一体化的前提和基础，尤其是要素市场一体化。现存的行政体制和区划造成了各地政府为了本地GDP的增长和财政收入增加，"肥水不流外人田"，追求自身利益最大化，担心自己的生产要素流失，搞地区封锁，人为阻挠商品和生产要素自由流动。

区域一体化与区域协调发展的重点在于建立平坦的区域要素市场，通过市场确保区域内资源配置最优化，从而实现区域经济整体最快增长。今天的供给侧改革为广东区域协调发展提供了可能。与需求侧改革不同，供给侧改革强调的就是要素市场，地方政府通过改革重建一体化的区域要素市场，通过建立平坦的区域市场实现生产要素的自由流动与最佳配置。

地方政府也要通过政府职能转变，促使今天的企业型政府成为公共型服务型政府，通过国有企业改革，促使今天的政府型企业转变成为一般竞争型企业，为区域要素市场一体化扫清障碍。要让市场在资源配置中发挥决定性作用与更好地发挥政府主导公平正义的重要作用。一地主导产业选择不应当以非市场化的政治诉求、时尚引领与少数人的主观意志为转移，而是应当根据当地资源禀赋、区位条件、产业基础、人才储备与市场容量等因素让市场作抉择，政府应当在遵循经济规律、社会规律与自然规律的基础上，做好产业优化、城乡规划与生态环境保护工作，做好营商环境建设工作。

推进区域要素市场一体化的主要举措包括：一是加快城乡户籍制度改革，促进区域内劳动力合理流动；二是建立统一的产权交易平台，建立健全农村土地产权流转交易市场；三是建设公共人才服务平台，统筹区域劳动保障制度；四是加快金融平台建设，建立跨区信贷机制，降低城际交易成本，推进城际互投融资，加强银企之间联系，提高民企融资能力；五是建立技术转移机制和地区技术交易网络、技术交易市场，开展区域内技术合作交流。

4. 积极推进基本公共服务均等化

基本公共服务均等化有助于公平分配，是实现区域协调发展最有力的手段之一。当前，广东省各地区之间、城乡之间、不同群体之间在基础教育、公共医疗、社会保障等基本公共服务方面差异很大，并已经产生较多的社会问题，制约着经济社会的快速健康发展。实现基本公共服务均等化，让人民共享改革发展成果，是解决民生问题、化解社会矛盾、促进社会和谐、体现社会公平的迫切需要；也是引导生产要素跨区域合理流动，缩小区域发展差距、城乡差距和贫富差距以及地区间不均衡发展的重要途径。

党的十八大报告对推进基本公共服务均等化提出了明确要求，把"基本公共服务均等化总体实现"作为全面建成小康社会的重要目标。推进基本公共服务均等化，对于促进社会公平正义、增进人民福祉、增强全体人民在共建共享发展中的获得感、实现中华民族伟大复兴的中国梦，都具有十分重要的意义。根据《广东省基本公共服务均等化规划纲要（2009－2020 年)》，到 2020 年，全省将基本建成覆盖城乡、功能完善、分布合理、管理有效、水平适度的基本公共服务体系，达到中等发达国家水平。

为实现基本公共服务均等化，促进区域协调发展，关键还要做到以下几点：首先，要以均等化为目标，提高粤东西北财政保障能力。一是将财力均等化作为省以下财政体制改革重点。在明确各级政府基本公共服务支出责任基础上，按照全省统一的基本公共服务均等化标准确定各级政府所需的财政支出规模，按照责任与能力平衡原则均衡配备相应的财力，建立县以下政府基本财力保障机制。二是完善均等化的财政转移支付制度。结合事权划分调整转移支付结构，提高一般性转移支付比重，扩大转移支付支出规模，努力实现区域间、级次间财力分布均衡，推进全省经济社会均衡协调发展。

其次，以提高效率为原则，构建多元化服务供给模式。强化政府在基本公共服务供给中最主要责任者的同时，深化政府购买服务改革。凡属由政府提供但成本高、效率低、适合由社会力量承担的公共服务，或者是带有准公共产品性质的公共服务项目，原则上都引入竞争机制，发挥市场的补充作用，政府通过合同、委托等方式向社会购买。

再次，要面向多样化公共服务需求，推进政府和社会资本合作，对民营资本和外资开放部分公共服务领域，以教育、医疗、养老、公共文化、创业服务等为重点吸引社会资本进入，支持中外合作办学、合作办医、共建养老机构，吸引外商通过合资或独资形式兴办国际学校、双语幼儿园、培训机构、专科诊所、健康保健中心及残疾人托养康复机构，鼓励连锁经营和标准化服务。推动金融工具与财政手段相结合，鼓励更多金融机构参与基本公共服务供给，加大对民生社会事业发展的金融支持力度。

最后，要促进"互联网＋公共服务"，运用大数据等现代信息技术，强化部门协同联动，打破信息孤岛，推动信息互联互通、开放共享，提升公共服务整体效能。在现有远程教育、远程医疗等基础上，进一步拓宽线上公共服务的领域范围，积极创新线上服务的新模式、新业态，提供个性化的服务方案；在基本公共服务适宜的领域，深入开展线上平台与线下机构的合作，拓展范围和深度，提供高效、多样的应用服务。制定公共信息资源开放共享管理办法，推动市政公用企事业单位、公共服务事业单位等机构开放、整合信息资源，提高共享能力，促进互联互通，有效提高公共服务信息化水平。

参考文献

杨汉卿、梁向阳：《20 世纪六七十年代广东的小三线建设》，《红广角》2015 年第 7 期。

《广东省人民政府办公厅印发广东省"九五"规划工作会议纪要的通知》（粤府办〔1994〕37 号），1994 年 8 月 31 日。

广东省人民政府：《关于下达广东省国民经济和社会发展第十个五年计划纲要的通知》（粤府〔2001〕13 号），2001 年 3 月 26 日。

《广东省国民经济和社会发展第十一个五年规划纲要》，2006 年 4 月 25 日。

符兴：《赋予南沙新区省一级社会管理权限》，《广州日报》2012 年 10 月 12 日。

《全国人大代表何宁卡：六大方向建设粤港澳大湾区》，《21 世纪经济报道》2017 年 3 月 7 日。

吴旗韬等：《港珠澳大桥对珠江口两岸经济发展的影响》，《海洋开发与管理》2013 年第 6 期。

岳芳敏：《广东专业镇转型升级发展机制与路径》，《广东专业镇发展蓝皮书（2017年）》，2017。

罗晓琳：《创新驱动发展，且看广东战略》，《广州日报》2017年6月4日。

毛新雅：《"区域城市化"与城市群经济发展》，人民出版社，2016，第17页。

杨再高：《大珠三角区域经济一体化研究》，经济科学出版社，2015，第92页。

姜巍：《构建"十三五"区域协调发展新格局》，《中国发展观察》2015年12月11日。

刘士林、刘新静：《中国城市群发展报告2016》，东方出版中心，2016，第85页。

美国国家情报委员会：《全球趋势2030》，时事出版社，2016。

胡鞍钢等：《2030中国：迈向共同富裕》，中国人民大学出版社，2011。

李善同等：《2030年的中国经济》，经济科学出版社，2012。

张敦富：《区域经济学导论》，中国轻工业出版社，2013。

藤田昌久、克鲁格曼等：《空间经济学》，中国人民大学出版社，2013。

赵弘：《中国区域经济发展报告2015－2016》，社会科学文献出版社，2016。

张学良：《2013年中国区域经济发展报告》，人民出版社，2013。

赵晓雷：《城市经济与城市群》，上海人民出版社，2009。

饶会林：《区域发展差距走势的理论与方法分析》，《青岛科技大学学报》第21卷第1期。

陈群元等：《我国城市群发展的阶段划分、特征与开发模式》，《现代城市研究》2009年第2期。

鲁志国等：《全球湾区经济比较与综合评价研究》，《科技进步与对策》2015年第6期。

黄茂兴等：《十三五时期中国区域发展新理念、新空间、新动能》，《区域经济评论》2017年第2期。

周毅：《论我国区域经济增长机制》，《阴山学刊》2004年第3期。

年猛等：《中国区域空间结构变化研究》，《经济理论与经济管理》2012年第2期。

陈石可等：《国内外比较视角下的我国城市中长期发展战略规划探索》，《城市发展战略》2013年第11期。

周毅等：《城市化发展阶段、规律和模式及趋势》，《经济与管理研究》2009年第12期。

陆大道：《论区域的最佳结构与最佳发展》，《地理学报》2001年第3期。

王业强：《国家增长极体系与城镇化格局构想》，《开放导报》2013年第12期。

专题报告六 2035：广东开放发展展望

开放发展是广东经济保持中高速增长的重要引擎。展望 2035 年，全球经济仍将复杂多变，在开放发展方面，广东贯彻执行习近平总书记"四个坚持、三个支撑、两个走在前列"的重要批示精神，构建"开放引领改革、开放引领发展、开放引领创新"的经济新体制。广东要以多年开放实践中摸索出的对外开放理论为指引，坚持自主开放、内生开放、联动开放，准确把握开放发展定位：从世界经济新格局中重构广东开放发展方向，从国际贸易新格局中定位广东开放发展新空间，从世界投资新格局中理顺广东开放发展体制，从世界技术新格局中转变广东开放发展方式，从世界要素新流向中改善广东开放发展环境。

预计到 2035 年，广东进出口总额将约达 12.60 万亿元。其中出口额约 7.70 万亿元，进口额约 4.90 万亿元；实际利用外资将达 429.49 亿美元，均实现持续稳定增长。贸易结构持续改善，一般贸易进出口、出口和进口呈现上涨态势，加工贸易进出口、出口和进口呈现下降趋势。

未来 10 多年，广东外贸依存度、出口依存度、进口依存度、外资依存度将同时下降。这一方面是由于广东的经济总量仍然在以较快速度增长，其速度超过外贸和外资增速，另一方面是由于广东对外经济正在寻找和确认"提质增效"的转型升级方向。

面向 2035 年，广东要把握以人工智能、量子通信与计算、生物工程等为主要代表的新一轮科技革命和产业变革带来的契机，充分发挥广东产业基础雄厚的优势、战略性新兴产业和高新技术产业弯道超车的后发优势、创建开放型经济新体制的体制政策红利优势、经济持续保持中高速增长内需市场不断扩大的优势，不断拓展参与国际经济合作的领域，提升合作层次和国际竞争力。

以创建亚洲领先、全球先进的营商环境为目标牵引，建设区域内外资源、生产、服务、消费超级互联互通机制，建立对外开放协同发展联动推进机制，完善企业"走出去"协调服务机制，利用最新数字信息技术等新技术构建高效服务运行机制，率先建成全国开放型经济新体制支撑和引领区；以加速转型和创新为主要途径将广东提升到全球价值链高端；以扩大融合发展、产业结构深度对接、经济结构同步优化为主要诉求，以"一带一路"为广东2035开放发展的重要支撑；以综合改革为抓手将广东自贸试验区打造成高水平对外开放门户枢纽；以粤港澳世界级领先大湾区城市群为基础打造开放发展新平台；以产业实力为依托参与国际经济治理机制和规则制定话语权，以构建新机制新框架为内容参与全球经济治理机制建设；以卓越的产业、营商和生活环境为引力创建世界级创新人才培养和集聚中心。

一　广东开放发展历程

1978年，党的十一届三中全会做出改革开放的伟大历史抉择，掀开了中国经济社会发展的历史新篇章。我国的开放实践，走出一条从沿海到内地，从经济特区到沿海港口城市到沿边内陆省会城市，从贸易领域商品市场到投资领域要素市场逐步扩大的发展路径，实现了对内对外开放相互促进，引进来和走出去有机结合。广东充分发挥经济外向度高的优势，逐步扩大开放区域和领域，激发改革动力、活力和持续内生力，向全面、纵深方向稳步推动对外开放。在近40年的开放发展中，广东实现了若干重大跨越，每一次跨越都是发展的里程碑。

（一）1978～1992：特殊政策，灵活措施，快速发展

国家推行对外开放战略是广东开放发展的先决条件。1978年，十一届三中全会提出了"对外开放、对内搞活经济"的方针。1979年4月，中央召开工作会议，专门讨论经济建设问题。时任广东省委领导人习仲勋在汇

报工作时提出，希望中央下放一定的权力，允许广东有一定的自主权，在毗邻港澳的深圳、珠海、汕头举办出口加工业。邓小平同志听后十分赞同，并向中央提议批准广东的这一要求。7月，中共中央、国务院批转了广东和福建两省分别提出的关于对外经济活动实行特殊政策和灵活措施的两个报告，同时批准在深圳、珠海、汕头以及福建的厦门试办出口特区。1980年3月将"出口特区"改为内涵更为丰富的"经济特区"，进行对外开放试点。1984年，十二届三中全会通过了《中共中央关于经济体制改革的决定》，确定了全国对外开放的统一部署。当年，中央开放了14个沿海港口城市，次年将珠江三角洲、长江三角洲和厦漳泉三角洲列为开放区，至此初步形成了东部沿海开放发展的区域格局。

在深圳、珠海、汕头等三个经济特区和广州、湛江两个沿海港口城市的带动下，广东在3年内组建了包括28个市、县的珠江三角洲经济开放区。1992年，广东对韶关、河源、梅州实施沿海经济开放区政策；将惠州市大亚湾和广州市南沙两个地区开辟为国家级经济技术开发区；开辟广州、汕头、深圳福田、沙头角保税区。到1993年，广东省21个地级以上市都实行沿海经济开放区政策，全省拥有3个经济特区、4个沿海开放城市、4个经济技术开发区、4个保税区、6个高新技术开发区、1个扶贫经济开发试验区。换言之，在社会主义市场经济体制正式确立之初，广东就已经形成了多层次、多形式、多功能的全方位对外开放新格局。

具体而言，广东这一阶段对外开放的快速发展可以分为以下时期。

1. 初步探索阶段（1978~1983）

在这一阶段，广东以解放思想为先导，全面拨乱反正，认真落实干部、华侨等政策，按照中共中央和邓小平的构想，创造性地运用中央赋予广东的特殊政策、灵活措施，充分发挥地缘人缘优势，开展以"包产到户"为主要内容的农村体制改革，在城市逐步进行以市场调节为取向的经济体制改革，开始了波澜壮阔的对外开放实践。

首先，广东提出开放发展先行一步。1978年12月，中共十一届三中全会在北京召开，做出了把全党工作的重点转移到社会主义现代化建设上来的战略决策。广东领导人大胆向中央建议，对广东下放对外开放自主权。在广东开放发展先走一步和创办经济特区初期，广东省委围绕"进一步解放思想，大胆改革，更加开放"这个主题，要求各地用足用活中央给予广东的特殊政策和灵活措施。1981 年 4 月，广东省委提出"对外更加开放，对内更加放宽，对下更加放权"。1982 年，广东经历了开放发展以来第一次严峻的考验，全省开展了一次大规模的打击走私贩私的斗争。省委提出"三严"（执法更严、纪律更严、管理更严），保证"三放"（对外更加开放、对内更加放宽、对下更加放权）。省委还提出"打击经济犯罪坚定不移，对外开放、对内搞活坚定不移"和"有所引进，有所抵制"、"排污不排外"的方针。为了用足用活特殊政策和灵活措施，1984 年，广东省委明确提出三条方针：为了办成于国于民有利的事，要积极寻找政策根据；政策规定允许灵活的，要灵活执行；对于找不到政策根据的，可以试点，在试点中突破现有规定。这是广东省委用邓小平理论指导开放发展实践的充分体现。

其次，发挥毗邻港澳优势，扩大地方管理权限。1979 年 4 月，中央工作会议赞同和支持广东省富有创意的提议，决定发挥广东毗邻港澳、华侨众多的优势，让广东在开放发展中先走一步。同年 7 月，中共中央、国务院正式批准广东实行特殊政策和灵活措施，扩大地方管理权限，试办深圳、珠海、汕头三个出口特区。中发〔1979〕50 号文件这一历史性文件，拉开了广东开放发展的序幕，吹响了广东先走一步的进军号。

再次，成功创办经济特区。1979 年 4 月，邓小平赞同广东提出的试办对外加工出口区的设想，并定名为"特区"。1980 年 5 月，中央接受广东的提议，把"出口特区"改名为含义更为丰富的"经济特区"。广东经济特区从创办之日起，认真执行中央赋予的特殊历史使命，在开放发展的前沿奋勇拼搏，敢闯敢干，大胆实践，勇于探索，努力按照市场经济规律办事，大力发展外向型经济，取得了显著成效。在短短的几年时间，就把边陲小镇、荒滩秃岭变成了高楼大厦林立的现代化城市和新型工业区。1984 年 1 月，邓小平到南方视察，并分别为深圳、珠海经济特区题词，"深圳的发展和经验证明，我们建立经济特区的政策是正确的""珠海经济特区好"，肯定了特区的做法和经验。特区因此成为我国开放发展的试验场和排头兵，发挥了开放发展"四个窗口"（技术的窗口、管理的窗口、知识的窗口、对外政策的窗口）的作用。

不仅如此，经济体制改革促进经济发展从内向型经济向外向型经济转变。全面推行农村家庭联产承包责任制，建立不同形式的农业生产责任制，在两三年间在全省推开。同时，在全省范围内调整农业发展方针，改变农业"以粮为纲"和农村"以农唯一"的经济格局和产业结构，发展完善农业社会化服务体系，推动了农村经济的发展。城市推行政企分开、让权放利等一系列改革也取得了初步成效，经济发展开始从内向型经济向外向型经济转变。推行商品流通体制和价格管理体制的改革。价格改革是市场流通和经济体制改革的关键。广东的经济体制改革就是以价格改革和搞活城乡流通为突破口的。广东价格改革开始"放调结合、以调为主"，然后"放调结合、以放为主、放中有管、分步推进"。至1985年，在6年时间里，广东实现了由计划经济走向市场经济的价格闯关。推行企业经营机制的改革。企业是市场的主体，广东对国有企业的改革，首先从扩权让利开始。1985年，根据国务院的有关规定，广东做出补充规定，从生产经营计划、产品销售、价格、工资奖金等10个方面，进一步扩大国有工业企业的自主权，给企业"松绑"，更好地调动了职工的积极性，提高了企业的适应能力和竞争能力。

2. 全面展开阶段（1984～1992）

1984年10月，中共十二届三中全会通过《中共中央关于经济体制改革的决定》，标志着城市开放发展的全面展开。按照中央的决定部署，广东转向以城市经济体制改革为重点，经济社会取得巨大成就。1987年，全省GDP达到846.69亿元，实现国民生产总值比1980年翻一番，初步解决人民群众的温饱问题，人民生活总体上达到小康水平。1988年2月，中共中央、国务院原则批准广东进行全面改革、扩大开放的综合试验方案。

首先，对外开放全面深入展开。这一时期，广东对外开放发展有了进一步的飞跃。广东进出口贸易也迅速增长，外贸总额首次突破1000亿美元关口，从1989年的355.78亿美元增长到1995年的1039.72亿美元。实际利用外资从24亿美元增长到121亿美元，利用外资额占全国（481.33亿美元）的1/4。工业对广东经济的贡献率从阶段初的48.8%提高到1995年的58.5%，开始成为广东的支柱产业。与此同时，广东对外开放改革全面展开，包括企业管理体制改革、财政体制改革、金融体制改革、发展多种经济成分等。从1985年起，广东对国营企业普遍实行利改税的第二步改革。从1986年起，实行了厂长（经理）负责制和任期目标责任制，推行了承包经营责任制和横向经济联合并进行企业内部配套改革等。在财政体制的改革方面，根据中央对广东实行"划分收支，定额上缴"以及 1988 年实行"递增包干"的体制扩大了各级政府的自主权，调动了各级财政当家理财的积极性。在金融体制改革方面，1986 年底，广东被确定为全国金融体制改革试点省，包括发展和开拓资金市场，探索专业银行企业化改革的路子以及发展多种金融机构等。关于发展多种经济成分，广东采取多种优惠政策和措施，鼓励发展各种合作经济、个体经济、私营经济以及中外合资、合作企业、外商独资企业，为社会经济发展注入了蓬勃的活力。

其次，外向型经济蓬勃发展。广东采取"以外经促进外贸发展，以外贸增强外经实力"的策略和"两头在外，以进养出"等措施，积极发展外向型经济。1988～1990 年，在全省推行外贸承包经营责任制，彻底打破外贸长期以来吃国家"大锅饭"的体制。广东发挥毗邻港澳、华侨众多的优势，引进外资、侨资和先进技术设备，这是广东加速经济发展的重要途径。开放发展头 10 年，广东共签订各种形式的利用外资合同 8.81 万宗，实际利用外资 79.29 亿美元，已注册的外商投资企业 8124 家，占全国同类企业总数的六成以上。同时，用 44 亿美元从国外引进 100 多万台（套）技术设备和 2400 多条生产线，使全省七成以上的老企业得到改造，为"广货"的更新换代，进入国际市场创造了条件。

再次，各类开发区发展成为新的增长亮点，形成全方位对外开放的新格局。1984 年，国务院开始设立国家级开发区。各类开发区经过多年的发展，成绩突出，成为地方经济的新亮点。1984 年 4 月，国务院决定进一步开放沿海 14 个港口城市，并且批准在沿海地区设立经济技术开发区。首批国家级经济技术开发区的设立，是在沿海开放城市划定一定的区域，由所在城市管辖并赋予当地政府的经济管理权限，实行经济特区的某些特殊政策，集中力量创建符合国际水准的投资环境，按照"三为主、一致力"（以工业项目为主、以吸收外资为主、以出口为主，致力于发展高新技术）的发展方针健康成长，质量和水平不断提高，发挥了窗口示范辐射带动作用，取得了令人瞩目的成效，成为中国最具活力的特定经济区域。广州、湛江经济技术开发区是 1984 年国务院批准设立的全国首批经济技术开发区。1987 年，深圳特区沙头角镇创办我国第一个保税工业区的雏形，1991 年，经国务院批准正式设立为深圳沙头角保税区，同时获得批准设立的还有深圳福田保税区，正式揭开了广东保税区发展的序幕。1991 年，广东省人民政府开始设立省级经济开发区。1993年，国务院又批准设立惠州大亚湾和广州南沙经济技术开发区。另外，广东省设立6个国家级高新区：广州高新技术产业开发区、深圳市高新技术产业园区、珠海高新技术产业开发区、佛山高新技术产业开发区、惠州仲恺高新技术产业开发区、中山火炬高技术产业开发区。广东从创办经济特区开始，作为对外开放的"窗口"。接着开放广州、湛江两个沿海港口城市，并分别建立经济技术开发区。再接着开辟珠江三角洲经济开放区，随后开放粤北、粤东广大山区，使开放区由沿海向山区腹地层层推进。到20世纪90年代初，广东已拥有3个经济特区，2个沿海开放城市，4个国家级经济技术开发区，6个高新技术区，近40个经济试验开发区，21个地级市都实行沿海开放区政策，全省形成了多层次、多形式、多功能的全方位对外开放格局。

（二）1992～2012：市场化改革促进对外开放深入发展

1992年邓小平"南方谈话"掀起了中国改革开放的新高潮。1992年10月，党的十四大明确提出："我国经济体制改革的目标是建立社会主义市场经济体制。"党的十四大以后，经济体制改革以前所未有的广度和深度推进。

在对外开放方面，1992年10月11日，国务院划出我国对外开放的大手笔，批复设立上海市浦东新区。1992年6月，党中央、国务院决定开放长江沿岸的芜湖、九江、岳阳、武汉和重庆5个城市。不久，党中央、国务院又批准了合肥、南昌、长沙、成都、郑州、太原、西安、兰州、银川、西宁、乌鲁木齐、贵阳、昆明、南宁、哈尔滨、长春、呼和浩特共17个省会为内陆开放城市。同时，我国还逐步开放内陆边境的沿边城市，从东北、西北到西南地区，有黑河、绥芬河、珲春、满洲里、二连浩特、伊宁、博乐、塔城、普兰、樟木、瑞丽、畹町、河口、凭祥、东兴等。沿江及内陆和沿边城市的开放，是我国的对外开放迈出的第四步。到1993年，经过多年的对外开放的实践，不断总结经验和完善政策，我国的对外开放由南到北、由东到西层层推进，基本上形成"经济特区—沿海开放城市—沿海经济开放区—沿江和内陆开放城市—沿边开放城市"这样一个宽领域、多层次、有重点、点线面结合的全方面对外开放新格局。

在此背景下，广东"特殊政策，灵活措施"的开放政策优势有所弱化，需要在建设社会主义市场经济的大潮下找到新的开放优势。事实上，广东在国家全方位对外开放的新时期，不断深化外向型经济体制改革，适应国家入世形势，果断调整对外开放战略，为应对全球金融危机深化推进内引外联，促进对外经贸合作由大转强，历经一系列洗礼和磨练，始终走在全国对外开放前列。

1. 增创发展新优势阶段（1992～2001）

1992 年初，邓小平视察南方，提出广东今后要加快经济发展的步伐，力争用 20 年的时间赶上亚洲"四小龙"，基本实现现代化。1994 年 6 月，江泽民向广东提出"增创新优势，更上一层楼"的要求。他指出，中央对发展经济特区的决心不变，中央对经济特区的基本政策不变，经济特区在中国开放发展和现代化建设中的地位和作用不变，力求改变广东开放发展优势有所弱化的状况。响应中央号召和部署，广东又掀起新一轮深化改革、扩大开放、加快发展的热潮。

首先，实施增创新优势三大发展战略，初步建立起社会主义市场经济体制。1998 年 5 月，中共广东省第八次代表大会提出大力推进经济体制和经济增长方式两个根本转变，增创体制、产业、开放、科技教育四大经济发展新优势，突出抓好"外向带动"、"科教兴粤"和"可持续发展"三大发展战略，促进经济发展五年跃上一个新台阶。为了率先基本实现现代化，广东省委、省政府提出"分类指导、层次推进、梯度发展、共同富裕"的指导思想，把全省划分为珠江三角洲、东西两翼和山区三个不同类型的地区，提出"中部地区领先、东西两翼齐飞、广大山区崛起"的发展战略。1993 年 12 月，广东省委七届二次全会以《中共中央关于社会主义市场经济体制若干问题的决定》为指导，审议通过了《中共广东省委关于加快建立社会主义市场经济体制若干问题的实施意见》，提出力争用 5 年时间在全省建立起社会主义市场经济体制的基本框架，推进广东力争 20 年基本实现现代化。

其次，发展开放型经济，建立广东区位新优势。实施外向带动战略，加速市场国际化，形成以亚洲市场为主，发展非洲，开拓欧美、南美市场的多元化格局。继续发挥毗邻港澳、华侨众多的优势，提高广东经济特区的整体素质，建立特区的新优势。特区还在加快参与国际经济合作与国际接轨等方面，大胆进行了探索。

再次，推动外向型经济再上新台阶。广东积极实行"引进来"与"走出去"相结合战略，对外经济贸易持续发展。出口商品结构得到优化，高新技术产品、机电产品和高附加值产品出口比重提高。加工贸易健康发展，一般贸易稳步增长。多元化出口市场格局初步形成。境外加工贸易、对外承包工程和劳务合作进一步拓展。粤港澳台经贸合作再上新台阶，举办了五届粤台经贸合作交流会。建立粤港合作联席会议制度和粤澳高层会晤制度，与香港特别行政区联合举办了粤港台经济合作论坛。

2. 外向带动向经济国际化转型（2001～2008）

随着我国加入 WTO，"非歧视性原则"等贸易国际惯例确立，对外资企业实施无差别国民待遇，广东的三资企业原来享受的优惠政策逐步取消。为了继续保持经济特区对外商的吸引力，中央政府批准允许深圳在金融、物流、码头等 20 个领域内享受一定的政策优惠：如原本尚不允许外商控股或独资的企业，深圳可以先行允许独资，在允许提前开放的领域内，将开放的时间表提前 1～2 年。尽管如此，广东过去主要依靠税费减免的优势明显弱化，加上长江三角洲地区的后发优势，一定程度上形成了优质外资项目北上的压力。在国外，世界各国逐步放松对外汇市场和资本市场的管制，金融市场掀起了一体化、证券化、自由化和金融创新的浪潮，国际资本流动的规模和速度大幅提高。2001～2007 年，新兴市场和发展中国家私人部门的净资本流入总额由 1816 亿美元增长至 11105 亿美元。在两种力量的共同作用下，这一时期广东外商直接投资总量在波动中增长，如表 6-1 所示，实际利用外资从 2001 年的 129.72 亿美元增至 2008 年的191.67 亿美元。然而外商投资的内部结构并不理想。一方面，外商投资的质量不够好，吸引的大型跨国公司投资很少，依然以加工制造业为主、单个项目投资金额小、技术层级和附加值相对较低、高能耗与高污染、抵御风险的能力弱；另一方面，外商投资的区域分布不合理。投资地域过度集中于珠江三角洲，投资来源地过度集中于香港，真正来自西方发达国家投资的比重很低。因此，这一时期的资本对外开放并未跳出原有的框架，更多的是量的扩张，而非质的突破。外资总量的增长带动了外贸的增长。广东进出口总额从 2001 年的 1764.87 亿美元至 2008 年突破 6834.92 亿美元，一直位居全国首位。其中，外商投资贸易额在进出口总额中的比重呈现稳步上升，2006 年占比达到 65.5%，此后缓慢下降。值得一提的是，尽管加工贸易仍是外商投资的重点，但来料加工贸易的比重却是持续下降的。高新技术产品贸易比重增长的速度也是近 15 年来最快。究其原因，这与外资企业主动调整产品结构，提升产品技术含量以及广东有策略地招商引资有莫大的关联。然而，巨额贸易顺差使广东企业在国际贸易中频繁遭遇欧、美等国反倾销、反补贴、各种保障措施及技术、环境、劳工等贸易壁垒的限制，加工贸易的外部环境日渐恶化，面临的贸易摩擦日渐增多。

为了巩固广东对外开放的优势，广东制定了一系列举措。2005 年，广东省委公布了《广东省国民经济和社会发展"十一五"规划纲要》，确定了五大战略，其中最引人注目的是外向带动战略进一步深化为经济国际化战略，这是政府开放发展理念的重大变化，标志着化被动为主动、提高开放发展质量的时代到来。这一期间推行的政策主要有两个方面：一是全面实施 CEPA，巩固、提升广东在国家在对香港合作中的政策优势。2004 年，CEPA 正式实施，香港的 374 类货物获准以零关税进入内地，18 个服务行业得以提前进入内地。2005 年 CEPA 二期实施，新增 713 类货物和 8 个新市场领域。CEPA 虽是宏观层面的制度安排，广东却是该协议最大的受惠者。二是推动"泛珠三角"区域经济合作，提高开放发展的纵深性。2003年提出"泛珠三角"合作理念，2004 年"泛珠三角"区域经济合作正式运作，建立了泛珠三角区域合作与发展论坛、泛珠三角区域经贸合作洽谈会等平台。

表 6 – 1　广东 2000 ~ 2015 年对外经济主要指标

年份	外商直接投资额（亿美元）	进出口总额（亿美元）	高新技术产品贸易额占比（％）	一般贸易额占比（％）	来料加工贸易额占比（％）	进料加工贸易额占比（％）	外商投资贸易额占比（％）	私营贸易额占比（％）
2001	129.72	1764.87	24.68	22.36	25.91	46.02	55.88	1.67
2002	131.11	2210.92	28.73	21.87	24.26	47.53	58.17	3.87
2003	155.78	2835.22	32.97	22.99	20.36	49.84	61.61	7.90
2004	110.12	3571.29	35.12	23.16	18.59	50.10	63.43	10.04
2005	123.64	4280.02	35.99	23.79	16.10	52.15	65.11	11.89
2006	145.11	5272.07	36.65	25.85	13.95	51.70	65.48	13.87
2007	171.26	6340.35	36.15	27.57	14.13	49.49	64.42	15.40

续表

年份	外商直接投资额（亿美元）	进出口总额（亿美元）	高新技术产品贸易额占比（%）	一般贸易额占比（%）	来料加工贸易额占比（%）	进料加工贸易额占比（%）	外商投资贸易额占比（%）	私营贸易额占比（%）
2008	191.67	6834.92	39.94	29.07	13.96	47.07	64.20	15.87
2009	195.35	6111.18	41.64	32.53	12.74	45.51	62.58	18.97
2010	202.61	7848.96	41.32	34.21	10.77	46.08	61.73	21.47
2011	217.98	9133.34	39.77	35.12	8.88	46.71	60.20	23.70
2012	235.49	9839.47	41.41	33.46	6.92	46.94	58.05	27.12
2013	249.52	10918.22	43.51	33.78	5.46	42.78	54.23	32.52
2014	268.71	10765.84	39.41	38.61	5.63	42.70	54.70	32.58
2015	268.75	10227.96	41.63	42.15	5.32	37.74	53.06	34.40

注：1. 外商直接投资额是指实际利用的外商直接投资金额。

2. 贸易额均为进出口贸易额。

资料来源：2002～2016年《广东统计年鉴》。

3. 转危为机促进对外开放平衡发展（2009～2012）

2008年爆发的全球金融危机对此期间的广东开放发展影响深远。经过数年发展，广东的外贸依存度极高。由于欧美发达国家贸易保护主义抬头，广东开放环境日趋复杂，摩擦高发、矛盾多元。广东外贸企业不仅要承受世界经济疲软、国际市场需求低迷、贸易保护主义不断升级的外部压力，同时也面临国内要素价格上涨、综合成本不断上升等问题，特别是传统劳动密集型产业转型升级的压力陡然增加。如表6-1所示，相比上一阶段，这一阶段的外商直接投资额的增长速度、高新技术产品贸易占比的增长速度、进料加工贸易占比的下降速度都明显放缓，可见金融危机对于广东的开放发展产生了较大的影响。为了克服这些负面影响，通过开放发展战略的调整加快促转型、调结构的步伐成为这一时期的主要任务。

广东提出了"两个布局、三项建设"的规划，即优化外贸国际市场布局、优化外贸国内市场布局；加快外贸转型基地建设、加快贸易平台建设和国际营销网络建设。其中，外贸转型基地建设是重中之重，广东希望通过示范基地的培育，促进出口产品向产业链高端延伸，逐步形成以技术、质量、品牌、营销、服务为核心竞争力的出口新优势，加快促进外贸转型升级，实现外贸大省向外贸强省的转变。2011年3月初，广东省示范基地培育工作启动，制定并下发了《关于开展外贸转型升级示范基地培育工作的指导意见》、《广东省外贸转型升级专业型示范基地管理暂行办法》等指导性文件，走在全国前列；组织了首批国家级示范基地的申报和省级示范基地的评审和认定；广东省财政在原有的1000万元农轻纺出口基地建设资金的基础上，新设立了外贸转型升级示范基地建设资金2000万元，专项支持外贸转型升级示范基地培育工作。上述政策的效果显著，这一期间广东加工贸易开始逐步从"来料加工"向"科技改变生产"转变。如表6－1所示，来料加工贸易在进出口总额中的比重持续下降，进料加工贸易在进出口总额中的比重自2006年以来呈现总体下行的态势。根据广东省商务厅2012年的数据，2011年底，全省从事加工贸易业务的企业结构中，技术密集型企业达6669家，占23%，比重较2008年提高了3.8个百分点；资本密集型企业达10453家，占36.1%，比重较2008年提高了6个百分点。与此同时，劳动密集型企业比重较2008年下降了9.8个百分点。不仅如此，全省加工贸易企业集约化明显。全省加工贸易企业总数由2008年的3.3万家减少为2011年的2.9万家，但同期加工贸易出口额由2613亿美元上升为3115亿美元，企业平均出口规模增长36%，出口额超亿美元的大型加工贸易企业数量明显增加。数量庞大的加工贸易企业从无品牌、无渠道、低利润的"弱鸟"，成长为拥有自主品牌和技术、企业规模颇大的"壮鸟"，从单纯的OEM转变为ODM和OBM，创新和研发能力逐渐提升。

　　全球金融危机期间，广东推出了备受瞩目的"腾笼换鸟"和"双转移"战略，作为开放发展战略阶段性转变的典型。"腾笼换鸟"就是改变粗放型的增长方式，为高质量的开放发展腾挪空间。这一战略的效果是显著的，在此期间投资广东的企业很多是世界500强企业，体现了集高端技术、先进管理、优秀文化于一体，代表了当今世界最具活力、最富竞争力和发展能力最强的产业力量，其先进的经营理念、扎实的环保措施、特色的企业文化与和谐的用人体系，将为广东今后的转型升级发挥引领作用。

　　为加快产业转型升级，扩大先进技术和关键设备的进口便成为这一时期广东开放发展新的举措。2011年，广东在全国率先出台《关于促进进口的若干意见》，还印发了《广东省鼓励进口产品和技术目录（2011年补充版）》，将国家鼓励进口目录的421项增加到1008项。在稳定出口的同时，积极扩大进口规模。自2012年起，广东设立促进进口专项资金，为期3年，对省内企业进口先进技术设备和国内短缺资源性产品给予支持。不仅如此，广东充分利用高交会及其海外分会等平台，加强与韩国、新加坡、以色列、欧盟等国家或地区的科技交流合作，多渠道促进先进技术装备和产品的进口。

制造业之外，广东省政府审时度势，瞄准了服务外包在国际市场的机遇，力图通过扩大服务业出口实现"弯道超车"。商务部、财政部也相应的出台了一系列发展服务外包的政策，把21个城市作为中国国际服务外包示范城市。其中，广东有广州和深圳两个城市被纳入示范城市。从整个离岸外包和在岸外包的情况来看，广东目前处于中国的上游水平。基于广东在产业结构、产业基础和科技教育资源上的优势，广东在服务外包产业上有希望迅速跟上世界发展潮流最高端的步伐。此外，这一时期内地和香港的合作也逐步深入。2009年，《〈内地与香港关于建立更紧密经贸关系的安排〉补充协议六》（简称"CEPA六"）正式签署，允许在粤香港银行分行在广东省内设立异地支行。广东省已经成为全国外资银行机构分布最多的省份。金融服务业的对外开放合作也是这一时期的亮点。

（三）2013年至今：创新引领率先建立开放型经济新体制

国际金融危机爆发后，世界经济在缓慢复苏中仍然充满不确定因素，国内经济进入"四期叠加"发展阶段，一方面要化解经济下行压力，另一方面要坚定不移地推进经济结构调整。2012年11月党的十八大召开，以习近平同志为核心的新的中央领导集体领航中国开始了中华民族伟大复兴的新时代。2013年11月，中国共产党第十八届中央委员会第三次全体会议通过《中共中央关于全面深化改革若干重大问题的决定》，明确提出建立开放型经济新体制。

习近平同志对广东在开放型经济体制中的角色担当寄予厚望。2012年12月7～11日，习近平同志第一次出京调研就选择到深圳、珠海、佛山、广州。他明确提出，这次调研之所以到广东来，就是要到在我国改革开放中得风气之先的地方，现场回顾我国改革开放的历史进程，将改革开放继续推向前进。2017年，习近平同志再次对广东工作做出批示，希望广东为全国构建开放型经济新体制提供支撑。广东也没有辜负习近平同志的期望，商事登记制度改革、负面清单制度、自贸区体制创新等数百项改革措施陆续启动和出台，通过体制改革、制度创新、产业和技术创新引领我国开放型经济体制的建设实践。

新的历史时期，广东把握机遇、肩负重要使命，充分利用对外经济联系紧密和有利的地缘人缘条件，深度参与"一带一路"建设，巩固战略枢纽、经贸合作中心和重要引擎的地位，在服务国家战略大局中拓展对外开放空间、赢得新的发展机遇，开放发展进入一个全新的时代。总体来看，这几年广东开放发展及政策推进的最大特点是指向性明显、配合度高，政策内容更加务实、注重长远。

首先，主动顺应新形势下对外开放的新要求，加快自由贸易区建设，共同建立产业转移园区等开放合作的平台，打造适应经贸合作的各种载体，切实提升广东对外合作的层次。广东正高标准建设广东自贸试验区，统筹三个自贸片区建设，打造高水平对外开放门户枢纽。各职能部门纷纷出台相应的措施支持自贸区的建设，例如广东省出入境管理局推出《支持广东自贸试验区建设和创新驱动发展出入境政策措施》、广东省检察院出台《关于服务保障中国（广东）自由贸易试验区建设的若干意见》等等，通过对行政管理流程进行相应的简化和调整，逐步改善营商环境，提高经济主体经营的自由度和效率。值得一提的是，软环境的建设不仅体现在自贸区内，也体现在自贸区外。广东近年来全方位推进政府行政管理体制改革，使政府管理的内容、方式及相关制度与国际通行做法相衔接，全面提高广东对外开放水平。从 2013 年 3 月起，广东全面推开工商登记制度改革，内容涵盖注册资本认缴登记制度、放宽注册资本登记条件、"先证后照"改为"先照后证"、年检改为年报公示、放宽住所登记管理和电子营业执照等各个方面，有利于优化营商环境，促进社会经济发展。在深化对外开放的背景下，此举简化了经营流程，有助于吸引更多外资企业入驻。此外，广东于 2013 年开展粤东西北交通大会战，强力推进粤东西北地区振兴，加大力度为新一轮对外开放腾挪空间，提高产业转移的速度和实效。

其次，配合"一带一路"建设，广东正在更高视野、更大范围内构筑新一轮对外开放新格局。2013 年 10 月以来，广东加快境外布局，在欧洲、北美、东盟、中东地区 11 个国家和地区相继设立了广东省驻外经贸代表处，为推动企业"走出去""引进来"搭建了新的良好平台。广东自 2014 起，每年举办"广东 21 世纪海上丝绸之路国际博览会"。据悉，2016 年境内外参展企业共 1394 家，其中来自 50 个境外国家和地区的参展企业 978 家，占全部参展企业超过 70%。三天展会进场观众达到 10 多万人，其中专业买家超过 2 万人，共签约项目 680 个，涉及签约资金 2018 亿元，比 2015 届增长 15.5%。

再次，在深化粤港澳合作上，开放程度更加深入、政策推进更加灵活。2014 年 12 月，粤港澳服务贸易自由化协议正式签署，广东服务业对港澳开放部门达到 95.6%，广东"2014 年底前率先基本实现粤港澳服务贸易自由化"的目标顺利实现。基于自贸区作为粤港澳深度合作示范区的定位，广东在深化粤港澳合作方面有了更好的平台。例如，香港交易所设立前海联合交易中心，与内地监管当局和机构深度合作，利用香港的独特优势新建一个扎根内地、服务实体、合规守法的大宗商品现货市场，打通金融进入实体经济的渠道，弥补市场空缺，助推供给侧改革。2017 年 3 月 5 日，李克强总理在《政府工作报告》中明确提出，要推动内地与港澳深化合作，研究制定粤港澳大湾区城市群发展规划，发挥港澳独特优势，提升在国家经济发展和对外开放中的地位与功能。广东省委、省政府认真贯彻落实中央关于深化粤港澳合作的政策和要求，全力以赴推进粤港澳大湾区的规划建设，粤港澳合作进入世界级湾区经济共建时代。

二　广东开放发展的理论基础

在经济全球化成为当今世界经济发展主导趋势的背景下，几乎对于所有国家而言，对外开放、融入世界经济是唯一的选择。在中国共产党第十九次全国代表大会上，习近平同志指出："开放带来进步，封闭必然落后。中国开放的大门不会关闭，只会越开越大。""一带一路"、自由贸易试验区、"粤港澳大湾区"等倡议或战略均表明中国通过开放促改革、促发展和促创新的决心。然而，过度开放也势必会将本国经济过多地暴露在外部经济波动冲击和本国经济受其他国家控制的风险之下（周茂荣和张子杰，2009）。因此，我们需要科学的理论与适当的方法为开放发展实践夯实根基。

（一） 中国特色社会主义对外开放理论

如果从亚当·斯密的《国富论》（1776 年）算起，西方国际贸易理论发展至今，已经有 200 多年的历史了，其间经历过以绝对成本理论为代表的古典阶段、以比较优势理论为代表的新古典阶段和以要素禀赋理论为代表的新贸易理论阶段，反映了西方国际贸易发展的不同阶段及演化特点。然而，中国从 1978 年改革开放以来，近 40 年的对外开放经验，形成了具有中国特色的社会主义对外开放理论。

1. 内生开放：解放思想下的对内搞活和对外开放

"文化大革命"之后，邓小平同志审时度势，认为"关起门"来搞建设是不行的[①]，必须解放思想，实事求是，坚持马克思主义同中国实际相结合，并提出我们党的政治路线是把四化建设作为重点，坚持发展生产力。基于此，邓小平同志提出了"对内把经济搞活，对外实行开放政策"，对内搞活也就是对内开放，实际上都叫开放政策，实际上这一阶段的开放是中国的"内生性"需求，这一定程度上奠定了中国特色社会主义开放理论的基础。[②] 从此，中国人民对外开放的思想桎梏被解开，开放不再被认为是资本主义的东西，开放不会导致资本主义。

（1） 邓小平双向开放思想

历史经验表明，中国长期处于停滞和落后状态的一个重要因素就是闭关自守。中国的发展离不开世界，世界的发展也离不开中国。在坚持自力更生的同时还需要对外开放，吸引外国的资金和技术以帮助中国发展。这种受益是双向的，一方面，中国取得国际的特别是来自发达经济体的资金和技术，反过来，中国对国际经济也会做出较多贡献。

（2） 邓小平开放区域思想

我国的开放政策并不只是对美国、日本、西欧等发达经济体开放。这只是一方面；另一方面是南南合作；还有就是对苏联和东欧国家的开放。

---

① "关起门"有两种：一种是指对国际；一种是指对国内，就是一个地区对另外一个地区，一个部门对另外一个部门。

② 《邓小平关于建设有中国特色社会主义的论述专题摘编》，中央文献出版社，1992，第 171 页。

同时，邓小平还指出，世界上有许多贫穷的国家，它们都有自己的特点和国情，都有通过合作取得发展的愿望和条件。南南之间发展合作关系是很有前途并有很多事情可做。

（3）邓小平经济特区思想

建立经济特区，实行开放政策，"不是收，而是放"，兴办经济特区的目的是开放沿海城市，不断扩大对外开放区域，特区是个窗口，是技术的窗口，管理的窗口，知识的窗口，也是对外政策的窗口。从特区可以引进技术，获得知识，学到管理，管理也是知识。并从战略的眼光引进项目，有一些项目短期经济效益不好，但长期来看是有好处、有收获的。并于1980 年 8 月批准在深圳、珠海、汕头和厦门建立中国第一批经济特区，再后来增加了海南。

2. 自主开放：努力提高对外开放质量和开放水平

继深圳、珠海、汕头、厦门和海南五个经济特区之后，党中央、国务院从我国经济发展的长远战略着眼，1990 年做出了开发和开放上海浦东新区的决定。充分发挥上海和长江沿岸腹地的经济资源优势和科技优势，中国对外开放出现了一个新局面。把大陆边境的对外开放，作为中国整体对外开放的重要组成部分，选择一些连接国际国内交通干线、条件较好的边境城镇，作为对外开放的窗口，发展双边、多边或转口贸易，积极推进全方位、多层次、宽领域的对外开放，积极参与国际经济合作与竞争。这一阶段主要是第三、第四代中央领导集体在开放实践中形成的中国特色社会主义开放思想，这一阶段更多的是改变传统粗放型开放的形式，向更高质量、更高水平的开放形式过渡，是一种自主开放。

（1）提高对外开放水平

对外开放是一项长期的基本国策。面对经济、科技全球化趋势，完善全方位、多层次、宽领域的对外开放格局，发展开放型经济，需要提高对外开放水平。一是体现在开放城市和区域上，在原有五大经济特区的基础上，进一步开放长江沿岸城市，加速广东、福建、海南环渤海湾地区的开放与开发；二是体现在开放领域上，逐步加快能源、交通等基础设施的开放步伐，逐步开放金融、保险、电信、贸易等服务领域。

（2）提高对外开放质量

中国将继续大力发展对外贸易，但需要更好地实施以质取胜、市场多元化和科技兴贸战略，扩大货物贸易和服务贸易进出口。坚持积极合理有效地利用外资政策，继续改善投资环境，扩大利用外资，积极探索采用收购、兼并、投资基金和证券投资等多种方式利用外资，提高利用外资的质量。

（3）明确提出"引进来"和"走出去"开放战略

积极开拓国际市场，促进对外贸易多元化，发展外向型经济。扩大出口结构，提高出口商品的质量和档次，同时增加进口，更多地利用国外资源，引进先进技术。深化外贸体制改革，尽快建立适应社会主义市场经济发展的、符合国际贸易规范的新型外贸体制。赋予有条件的企业、科技单位以外贸自营权。积极扩大我国企业对外投资和跨国经营，积极谋划并于2001年加入WTO，学习、适应并参与制定国际经贸规则。以新世纪加入WTO为标志，我国对外开放进入了历史新阶段，我国在更大范围、更高水平上参与国际经济合作和竞争，大力发展开放型经济。[1]

（4）关于经济特区的论述

要把经济特区贯穿于社会主义现代化建设的整个过程，实现现代化要搞多久，经济特区就要搞多久。经济特区要继续发挥"窗口"作用、"试验"作用、"排头兵"作用，而且要发挥得更深入、更充分。经济特区要保持它应有的特色，今后发展还需要根据需要实行一些灵活的政策。[2]

3. 新型开放：构建内外联动的开放型经济新体制

开放发展理念的提出，是新时代中国进一步扩大开放，全面融入世界的指引。党的十八届五中全会指出：开放是国家繁荣发展的必由之路。必须顺应我国经济深度融入世界经济的趋势，奉行互利共赢的开放战略，坚持内外需协调、进出口平衡、引进来和走出去并重、引资和引技引智并举。发展更高层次的开放性经济，积极参与全球经济治理和公共产品供给，提高我国在全球经济治理中的制度性话语权，构建广泛的利益共同体。具体来说，中国的开放发展具有新视角，是互利共赢、协调平衡、双向互动、更高层次和具有担当的开放。[3] 新时代我国新型开放发展理念是以习近平同志为核心的党中央领导集体智慧的结晶，其基本内容包括五个

---

①　《科学发展观学习纲要》，学习出版社，2013，第58~59页。

②　《江泽民论有中国特色社会主义（专题摘编）》，中央文献出版社，2002，第198~203页。

③　《五大发展理念》，中共中央党校出版社，2016，第183~189页。

要点。

（1）以开放的主动赢得经济发展和国际竞争的主动

中国越发展就越开放，中国开放的大门永不关上。世界经济发展的历史证明，开放带来进步，封闭导致落后。中国必须审时度势，努力在经济全球化中抢占先机、赢得主动，坚定不移贯彻执行对外开放的基本国策，实现更广的互利共赢，使中国的开放发展惠及世界。

（2）构建更全面、更深入、更多元的对外开放新格局

完善互利共赢、多元平衡、安全高效的开放型经济体系；促进沿海内陆沿边开放优势互补；坚持"引进来"和"走出去"并重；统筹双边、多边、区域次区域开放合作；把中国市场环境建设得更加公平、更富有吸引力；加快实施自贸试验区战略。

（3）深入参与经济全球化进程

中国经济同世界经济高度融合；以更宽的胸襟、更广的视野参与和拓展区域合作；促进各国共同繁荣；维护自由、开放、非歧视的多边贸易体制；推进人民币走出去，提高金融业国际化水平。

（4）实施"一带一路"倡议

加强政策沟通、设施联通、贸易畅通、资金融通、民心相通；构建和完善六大经济走廊；推进海上大通道建设；创建亚洲基础设施投资银行和"丝路基金"。习近平在党的十九大报告中指出，要以"一带一路"建设为重点，坚持引进来和走出去并重，遵循共商共建共享原则，加强创新能力开放合作，形成陆海内外联动、东西双向互济的开放格局。

（5）推进粤港澳大湾区建设

2017年国务院《政府工作报告》提出，要推动内地与港澳深化合作，研究制定粤港澳大湾区城市群发展规划，发挥港澳独特优势，提升在国家经济发展和对外开放中的地位与功能。构建以大湾区为龙头，以珠江－西江经济带为腹地，带动中南、西南地区发展，辐射东南亚、南亚的重要经济支撑带，关键是推动内地与港澳深化合作。习近平在党的十九大报告中指出，要支持香港、澳门融入国家发展大局，以粤港澳大湾区建设、粤港澳合作、泛珠三角区域合作等为重点，全面推进内地同香港、澳门互利合作，制定完善便利香港、澳门居民在内地发展的政策措施。

（二）对外开放度测度方法

许多的学者和政策制定者开始对对外开放度进行研究，主要是测度对外开放度，然后利用对外开放度与一国经济发展的各种指标，尤其是经济增长指标做实证研究，以证实对外开放度与一国经济发展之间的关系。但是，由于对外开放度的测度方法各不相同，大量的研究文献至今没有得出明确的结论。

1. 对外开放度的概念

构建经济开放度指标评价体系，首先必须弄清楚经济开放度的概念、界定范围和表现方式，据此选出能够恰当反映经济开放度的指标，建立指标体系。

经济开放度是衡量一个国家经济开放程度的综合性指标，是一国经济融入国际经济和对国际经济的依存程度。在全球视角下，首先表现为一国参与世界经济的方式，即该国的经济开放制度，包括经济体制、经济政策对经济开放的支持程度。其次，在经济全球化的趋势下，经济开放度表现为一国参与世界经济的内容，包括商品开放、资本开放、技术开放、劳务开放和土地开放等。最后，不能盲目地追求经济开放，应该考察一国在全球产业链中的分工，可以简单地利用货物和服务贸易所占的比例衡量经济开放结构，从而判定一国在全球产业链中的位置。

虽然对于经济开放度的研究已经比较成熟，但对于如何界定经济开放度的范围仍然存在分歧。周茂荣和张子杰（2009）将这些概念大致分为三类：第一，利用外贸依存度来度量经济开放度，但经济开放度的范围显然更广。第二，经济开放度包括贸易开放度（货物和服务）、金融市场开放度（包括金融和投资开放度），尤其是随着国际金融市场的不断发展，采用这种分类方法研究经济开放度的文献越来越多。第三，经济开放度包含更广泛的技术开放度、文化开放度等，虽然范围更广，但对经济开放度的界定比较模糊，不利于实际研究。综合来说，第二种界定最合理，不仅界定范围合适，而且统计指标易于获得、适于测算。因此，本专题报告采用第二种界定方法研究经济开放度，即包括国际贸易和国际金融两个方面。

2. 对外开放度研究方法的回顾

国内外学者提出了很多测算经济开放度的方法，大体分为两类：基于经济开放政策和经济开放结果的测算方法。经济开放政策决定着一国的经济开放程度，如关税壁垒、国际投资保护等；而经济开放度的真实水平最终会反映在实际结果上，如货物和服务贸易量、国际投资量等，利用这些指标可以反推一国的经济开放度。

基于政策的经济开放度测算方法主要包括贸易开放政策和金融开放政策两个方面。（1）关税率及其衍生指标是衡量贸易开放政策的主要指标，但由于关税税率的可得性问题及关税税率的逐年下降，许多学者（Edwards，1992）转向研究非关税壁垒（NTBs）。另外一些学者建立综合指标来衡量贸易政策开放度，主要包括 Sachs-Warner 综合指标体系（Sachs & Warner，1995）、Edwards（1998）综合指标法等。（2）在金融市场开放政策方面，学者最早使用资本账户来衡量金融市场的开放程度（Edwards，2001），但这类指标的测算均比较粗糙。另外有学者提出了综合指标（Miniane，2004；Chinn & Ito，2008）。衡量金融市场开放的指标都以主观虚拟变量为基础，都有主观性太强的缺点。

基于结果的经济开放度测算方法也可从贸易和金融两方面进行阐述。（1）贸易依存度是使用最普遍的指标，具有可得性好和可比性强的优点，但由于它容易受到国内经济规模、资源禀赋等因素的影响而广受批评，随后很多学者依此进行了改进（Alcala & Ciccone，2004；Jay & Kenneth，2011）。有学者提出了其他方法，如回归方程残差法（Harrison，1996）、要素禀赋模型法和引力模型法等，Dollars（1992）基于这种理论提出了 Dollars 指标，其中关键指标是汇率扭曲指数，但 Rodriguez & Rodrik（2000）指出汇率扭曲指数的条件比较严格，一般无法满足。（2）在衡量金融市场开放度方面，Kraay（1998）建立了 Capflow 指标（资本流量总额/GDP），随后有学者指出了该方法的缺点并进行了改进（Kose et al.，2006；Lane & Milesi-Ferrtti，2006）。另外一些学者则依据利率平价关系构建了相应的测度模型（Cheung，2003）。

最广为接受的经济开放度界定范围一般包括两个部分：国际贸易和金融市场。如黄繁华（2001）、杨少文和熊启泉（2014）等利用这种分类方法研究经济开放度。其他指标体系尽管分类上有些不同，但也多以此为基础，如胡智和刘志雄（2005）、李翀（1998）等构建的指标体系包括贸易开放度、金融开放度和投资开放度。总体来说，国际贸易、金融市场是比较公认的分类方法。

构建经济开放度指标体系的赋权方法一般可以分为三类：主观赋权法，即根据专家意见或者经验给出指标的权重（黄繁华，2001），该方法的最大缺陷是主观性太强。另外一种方法是实际发生法，用各指标代表的交易总额占 GDP 比重作为权重（曲如晓，1997），但这只是一个简单比率变换，实际意义不大。最后一种方法是数理统计方法，主要包括主成分分析、因子分析、聚类分析等（胡智和刘志雄，2005），数理统计方法比较客观，但容易忽视经济开放理论的基础。

综上所述，尽管测算经济开放度的研究很多，但仍没有一种广泛认可的方法。究其原因有两点：一是选择什么指标的问题，二是各项指标的权重如何分配的问题。本专题报告试图解决这两个问题，首先在经济开放理论和已有研究的基础上，构建一个指标全面、覆盖范围合理的指标评价体系；其次利用潜变量模型构建一个新的经济开放度测算方法，该方法能够合理地分配指标权重。结合这两方面就能得到一个相对完善的经济开放度指标评价体系。

3. 对外开放度指标体系的构建

根据上述讨论，可以确定经济开放度的指标体系设计框架。首先，确定经济开放度的范围，本专题报告拟包括国际贸易和国际金融两个方面。其次，经济开放度的内容应包括经济开放政策和经济开放结果，因为经济开放政策是一个国家经济开放与否、经济开放程度的决定性因素，而经济开放结果集中体现了一国与外界经济交流的结果，是所有经济开放因素的综合结果。最后，经济开放是一个双向互动、共同发展的过程，所以经济开放度应包括一国与外界经济活动的双向结果。下面从经济开放度的内容入手，基于本课题的研究应用性特征，综合考虑经济开放的范围、内容和方式，进行经济开放度指标体系设计。

首先，考虑经济开放结果，根据经济开放度的范围界定，经济开放的结果主要体现在国际贸易和国际金融两个方面，并且其中均包含流入和流出的影响因素。（1）在国际贸易方面，一国开放与否主要体现在与其他国家的商品和服务贸易上，外贸依存度是反映这一内容的重要指标，该指标也同时考虑了进出本国的流量，因此本专题报告选取"货物和服务外贸依存度"（指标的具体解释见表 6 - 2）作为衡量国际贸易开放程度的指标。（2）在国际金融市场方面，国际投资和国际金融已经成为国际经济活动的基本形式。国际投资主要包括直接投资和间接投资，同时考虑投资流入和流出量，可以将"对外投资比率"作为衡量国际投资开放度的指标。国际金融包括本国的对外债务和对外储备资产，可以将"对外金融比率"作为衡量国际金融开放度的指标。

其次，本研究不考虑经济开放政策。基于以下三方面原因：（1）世界经济开放政策一般难以量化，并且政策一般只在本国内有效，无法衡量流入流出的影响。（2）本研究要对广东省2035年开放度进行预测，开放政策难以对其趋势进行预测。（3）开放政策产生的效果肯定体现在经济开放的结果里面，换句话说，经济开放的结果蕴藏着开放政策的信息。因此本研究借鉴杨丹萍和张冀（2011）、吕志鹏等（2015）的做法，拟选择外贸依存度、外资依存度、对外开放度的指标来衡量广东省的经济开放程度。综上所述，建立如下经济开放度指标评价体系，具体指标及其解释见表6-2。

表6-2 经济开放度评估指标构建

指标	指标具体解释
外贸依存度	进出口总额/GDP
进口依存度	进口总额/GDP
出口依存度	出口总额/GDP
外资依存度	实际利用外资额/GDP
经济开放度	=外贸依存度 + 外资依存度 =（进出口总额 + 实际利用外资额）/GDP

其中，外贸依存度是反映一个地区的对外贸易活动对该地区经济发展的影响和依赖程度的经济分析指标。从最终需求拉动经济增长的角度看，该指标还可以反映一个地区的经济外向程度。可以将对外贸易依存度分为进口依存度和出口依存度。进口依存度反映一国市场对外开放的程度，出口依存度则反映一国经济对外贸的依赖程度。

外资依存度是用于衡量一个国家经济对国际市场依赖程度的一个非常重要的指标，用实际利用外资额与国内生产总值之比表示。其比值越大，则资本开放程度越高。实际利用外资额是实际对外借款、外商直接投资和外商其他投资的总和。所以，经济开放度则可用外贸依存度和外资依存度之和表示。

（三）对外开放度与经济增长

国内外关于贸易开放度与经济增长的研究非常多，这些研究大多得到了基本相同的结论，即提高贸易开放度可以促进一国或地区的经济增长。关于我国各地区贸易开放度与经济增长关系的大量研究还进一步指出，我国各地区贸易开放度的差异，是造成我国东部与中西部地区差距的一个重要因素，主张通过扩大中西部地区的贸易开放度，以减小地区差距（彭国华，2007）。然而，关于贸易开放度与经济增长关系的现有研究结论，正日益受到我国经济发展现实的严峻挑战。同日、美等经济大国相比，我国的贸易开放度和贸易顺差已经很大，贸易顺差的扩大已经给我国宏观经济带来了一些不良影响，如物价上涨、贸易失衡、贸易摩擦、人民币升值等，在这种背景下，不得不思考这样一个问题，即我国的贸易开放度是不是越大越有助于经济增长。

1. 对外开放度与经济增长的关系

现有关于我国开放度和经济增长关系的研究，强调了开放度对经济增长的正效应。何枫和陈荣（2004）运用基于对数柯布－道格拉斯生产函数的随机前沿分析模型，分析了经济开放度的省际不均衡性对经济效率跨省差异的具体影响。分析结果显示，经济开放度对我国技术效率增长有着极其显著的贡献，其中，外商直接投资的影响力度要大大地高于国际贸易的影响。杨丹萍和张冀（2011）选取外贸开放度和外资开放度衡量浙江省的经济开放度，采用 1992～2009 年的统计数据，对浙江省经济开放度对经济增长的影响进行了实证检验。结果表明，浙江省的经济开放度与经济增长具有很强的正向关系。并提出可以从加快外贸增长方式转变、支持出口企业自主创新、鼓励出口企业开拓新兴市场以及培育出口企业人力资源等方面提高浙江省的经济开放度，促进浙江省的经济增长。马颖、李静和余官胜（2012）指出，经济增长不利于劳动密集型产业的发展，同时劳动密集型产业的发展也不利于经济增长；但贸易开放促进经济增长的同时阻碍了劳动密集型产业的发展。并指出政府应该优化劳动密集型产业结构，促进要素资源的合理配置；政府外贸政策的重心应该放在改变出口产业结构，使之朝着有利于转变经济增长方式的方向转变。

2. 对外开放度适应性问题

实际上，国际贸易学家早已认识到贸易开放度随着国家市场规模扩大而下降的规律（梅基，1988），我国有不少学者也担心偏高的外贸依存度会给我国经济发展带来风险，造成经济安全隐患，并提出了适度的贸易依存度的概念（徐清军和宾建成，2000；蔡悦，2006）。近年来，以 Alesina 为代表的一些学者提出了开放度与市场规模替代性理论，并对一国适宜开放度的问题进行了定量研究。该理论认为一国市场规模对经济增长的重要性，随着对外开放程度的增大而减小，而开放程度对经济增长的重要性也随着该国市场规模的增大而减小。表现在实证分析上，就是在经济增长的计量模型中，市场规模和贸易开放度两个变量的系数显著大于零，而市场规模变量和开放度变量的交乘项的系数为负。该理论认为，国内贸易的成本一般小于国际贸易，随着一国国内市场规模的逐渐扩大，减轻对国外市场的依赖，可以减少交易成本。但是如果一国国内市场规模很小，则对国外市场的开放程度就显得非常重要。因此，一些小国如瑞士、瑞典、荷兰、新加坡的开放度很高，而一些大国如日本、美国，开放度较低，因为随着市场规模的扩大，开放度继续增大会通过增加贸易成本，减少市场规模对经济增长的促进作用。

在现实世界里，这种随着市场规模的扩大，开放度对经济增长边际效应减少的现象非常普遍。例如，随着我国市场规模的扩大和进出口贸易尤其是出口贸易的增加，反倾销、技术壁垒、知识产权纠纷等贸易摩擦越来越频繁，损失越来越大；2007 年美国对农产品出口的限制，使得作为农产品进口大国的我国，农产品价格大幅上涨；我国大量进口铁矿石、有色金属等原材料，也使得这些原材料价格大幅上涨；长期的贸易顺差使得我国经济结构在某种程度上产生了对进出口贸易的依赖、对第二产业的依赖，没有注重培育国内需求，尤其是消费需求，同时也造成以不可贸易品为主的第三产业发展滞后，就业压力增大。Alesina（2003）利用跨国数据进行的实证研究，不仅证实了适宜开放度的存在性，通过计算还发现，有 26 个国家的开放度已经超过了适宜开放度。

开放度与市场规模替代性理论的提出以及 Alesina（2003）对适宜开放度的研究，为研究我国各地区开放度的适宜性提供了新的理论视角。按照这一理论，现有关于我国开放和经济增长关系的研究，强调了开放度对经济增长的正效应，但忽视了开放度通过对国内市场规模的替代，而表现出的对经济增长的负效应。因此，忽视开放度与市场规模在对经济增长影响上的替代性，势必会得出开放度越大对经济增长越有利的结论，而这一结论在理论上是错误的，在实践中也是不符合我国经济发展现实的。范红忠和王徐广（2008）对我国部分地区的市场规模、开放度与经济增长率的关系进行实证研究发现，在对促进经济增长的影响上，各地区的开放度与市场规模具有替代性，即开放度和市场规模在经济增长计量方程中系数为正，而开放度与市场规模的交乘项系数为负。这一研究结果同 Alesina（2003）用跨国面板数据进行回归分析的结果是一致的。进一步研究发现发现，上海、北京和广东等地区的贸易开放度已经偏高了，这些地区对外贸易的增长速度不应继续高于经济增长的速度，应维持或减小开放度；而其他地区的开放度离临界开放度尚远，可以继续通过提高对外开放度的方式促进经济增长。

三　广东开放发展的定位与趋势预测

（一）　全球视野下广东开放发展的定位

经济新常态下，国际国内经济形势更加复杂多变，世界经济复苏乏力、局部冲突和动荡频发、全球性问题加剧。世界经济结构正在深度调整，贸易、产业、投资等方面均面临重大变革，发展形势复杂多变。我国经济处于增速换挡、结构优化和增长动力转换"三期叠加"阶段，正经历速度换挡、结构调整、动力转换、开放格局重塑等变化。广东必须全面把握和准确判断国际国内经济环境新变化，从国际分工格局调整、产业转移再调整和国际贸易规则变化中寻找发展的良机良策，抢占新一轮发展先机，为我国稳增长、调结构发挥支撑作用。因此，广东开放发展战略应该是基于对世界经济格局、国际贸易格局、世界投资流向、高技术流向、要素（如劳动力）流向的趋势而做出的科学预判。

1. 在世界经济新格局中充当中国开放战略的"排头兵"

根据国际货币基金组织《世界经济展望》评估与预测，世界经济正在缓慢复苏，2016 年世界经济增长 3.1%，2017 年预计增长 3.4%，2018 年预计增长 3.6%。虽然欧美等发达国家经济逐步回暖，然而，在世界经济版图中以中国、印度为代表的新兴市场和发展中国家的经济增长表现更为抢眼，2016 年，中国和印度的经济增速分别为 6.7% 和 6.6%，远远高于世界经济和发达国家的平均增速。不仅如此，据国际货币基金组织（IMF）的预测，2017 年，中国和印度的经济增长速度分别为 6.5% 和 7.2%，2018 年分别为 6.0% 和 7.7%（如表 6 - 3 所示）。这充分说明，中国、印度等新兴市场和发展中国家凭借强劲的经济增长动能在世界经济舞台扮演着越来越重要的角色，这些国家正在重构着世界经济格局。

表 6 - 3 世界经济发展趋势

单位：%

年份	2014	2015	2016	2017	2018
世界经济	3.4	3.2	3.1	3.4	3.6
发达国家	1.8	2.1	1.6	1.9	2.0
美国	2.4	2.6	1.6	2.3	2.5
欧元区	0.9	2.0	1.7	1.6	1.6
英国	2.9	2.2	2.0	1.5	1.4
日本	0.0	1.2	0.9	0.8	0.5
新兴市场和发展中国家	4.6	4.1	4.1	4.5	4.8
俄罗斯	0.6	- 3.7	- 0.6	1.1	1.2
中国	7.3	6.9	6.7	6.5	6.0
印度	7.3	7.6	·6.6	7.2	7.7
巴西	0.1	- 3.8	- 3.5	0.2	1.5
南非	1.5	1.3	0.3	0.8	1.6

注：2017～2018 年为预测值。

资料来源：IMF《世界经济展望》。

中国发展的外部经济环境逐渐变好，而广东省经济在全国的表现处于领先地位，2016 年全省实现地区生产总值 7.95 万亿元，比 2015 年增长 7.5%，高于全国经济增长 0.8 个百分点。在世界经济新格局中，广东应该牢记习近平总书记提出的"两个一百年"奋斗目标，以"三个定位，两个率先"作为行动指南，选择性地与发达国家进行高技术领域合作，强化与新兴市场和发展中国家的战略合作，坚持"共商、共建、共享"原则，抢抓国家"一带一路"战略机遇，继续发挥广东自贸示范区的开放引领作用，推进落实粤港澳大湾区战略部署，三大开放发展战略隐含巨大的发展潜能与辐射作用，未来若干年对广东提供了产业链延伸和腹地延展的空间，"广东模式"将有机会在世界经济新格局中展现独特魅力，而体制机制、政策规范、地域空间、广府文化、历史传承、广东精神等自然是诠释"广东模式"的"基因特征"。

2. 在国际贸易新格局中充当中国开放转型的"试验田"

中国是在难产的多哈回合谈判（2001 年 11 月）启动之际加入 WTO 的，10 多年已过去，多哈回合仍没有谈成（甚至可能要夭折），而这期间，中国的贸易总额翻了好几番，2009 年，中国超过德国，成为全球最大商品出口国；2012 年，中国的商品贸易总额首次超过美国，一举摘取世界贸易冠军的头衔。[①] 目前，中国的进出口占全球货物贸易的 10% 以上，是入世前的 3 倍多，如今很难想象一个没有中国的世界贸易。实际上，自 2007 年开始，中国的进口增长就一直快于出口，这使得中国对世界经济的影响力越来越大。中国正在和将要成为全世界一大半国家的第一贸易伙伴，包括美国、欧盟和日本。据高盛公司预计，到 2020 年，德国对中国的出口将是对其邻国法国的出口的两倍，许多其他欧洲国家与中国的贸易也将超过它们与欧盟内部合作伙伴的贸易。正如马丁·沃尔夫所说："西方引领贸易繁荣的时代也许已经结束。未来若贸易增长复苏，那也将是由中国和印度这两个亚洲大国所推动。"[②]

中国、印度等新兴国家的崛起正在改写世界贸易乃至世界经济的版图。在以"发展"为主题的多哈回合谈判中，正是这 10 多年中发展中国家力量的不断壮大，改变了过去由少数几个发达成员说了算的谈判格局，这使决策过程变得复杂和困难。WTO 内部现在分为特征鲜明的两个团体：一个是以经济合作与发展组织（OECD）国家为代表的发达国家，作为既得利益者试图保持现存秩序。例如，奥巴马政府主导的 TPP（"跨太平洋伙伴关系协定"）和 TIPP（"跨大西洋贸易和投资伙伴关系"）谈判，特朗普政府倡导的贸易保护主义就是这种努力的集中体现。另一个则是以"金砖国家"为代表的新兴发展中国家，试图提出对发展中国家

---

① 如果把服务贸易计算在内，美国仍然名列全球最大贸易国榜首。

② 马丁·沃尔夫：《资本主义的大问题》，英国《金融时报》2016 年 11 月 1 日。

特别照顾以及更加灵活的法规等诉求。例如，中国已与亚太地区的新西兰、澳大利亚、韩国、加拿大以及欧洲的冰岛、瑞士等国家签署了双边自由贸易协议（FTA）。除此之外，中国也在努力推动自己的区域一体化议程，其中最重要的就是包括亚太16国的《区域全面经济伙伴关系协定》（RCEP）。①

综上所述，世界贸易正逐步演化为以新兴发展中国家为主导的新格局。一方面，当今世界贸易的中心舞台已不再仅仅属于西方国家，而且这种实力转移还在加速。假如西方不肯承认这一现实，主动地与包括中国在内的新兴经济体分享权力，那么它们以及它们建立的体系和机构将会日益边缘化。②中国经济以市场化和自由化为导向的改革必须稳步推进。②广东作为外向型经济大省，首先，应该主动适应国际贸易新秩序。当今国际贸易出现了新特点，双边自由贸易成为经济全球化的重要动力，区域一体化合作也成为新趋势。广东应该主动了解并融入FTA和RCEP，尽早抢占国际贸易新秩序的先机。其次，以市场化和自由化为行动指南，熟悉新贸易秩序下的贸易谈判规则。FTA和RCEP框架下，贸易谈判焦点从以往的商品贸易市场准入进一步扩大至服务贸易、资本流动、政治体制等WTO较少涉及的领域。再次，贸易门槛整体提高。FTA和RCEP框架下贸易竞争更趋激烈，各国围绕市场、安全、气候等标准与规则的博弈将更加频繁，广东作为外贸大省，出口将受到较大冲击，应该尽早应对。③

3. 在世界投资新格局中充当中国开放拓展的"驱动力"

《世界投资报告（2017）》报告称，2016年亚洲发展中国家的外国直接投资（FDI）流入量下降15%，但中国以1830亿美元的对外直接投资总额首次成为全球第二大投资国。在流入量方面，2016年亚洲发展中国家的外国直接投资流入量下降15%至4430亿美元，这是自2012年以来首次下降。三个亚洲次区域（东亚、东南亚和西亚）受到影响，只有南亚幸免。但是，主要经济体（如东盟、中国和印度）的经济前景改善，可能会提振

① 它将是一个覆盖34亿人口的世界最大的自由贸易区，GDP和贸易量分别占全球的54%和44%的地区。
② 陈季冰：《中国入世15年，世界贸易格局正处于巨变前夜》，经济观察网，2016年12月11日。
③ 陈彦玲：《新常态下广东经济发展面临的国际国内环境分析》，《广东经济》2015年第8期。

投资者信心，为该地区未来若干年外国直接投资前景提供支持。在流出量方面，中国的对外直接投资飙升 44%，达到 1830 亿美元，创历史新高，使中国首次成为全球第二大投资国。相比之下，发展中的亚洲其他次区域和主要对外投资经济体的流出量却大幅下降。整体而言，在中国企业跨境并购交易的驱动下，发展中亚洲国家的外国直接投资流出量增加了 7%，达到 3630 亿美元。

报告进一步分析指出，东亚的外国直接投资流入量出现两位数下降，主要是因为对中国香港的外国直接投资从 2015 年的 1740 亿美元下降到了 2016 年的 1080 亿美元。中国的整体流入量下降了 1% 至 1340 亿美元。但是，中国非金融服务行业的流入量持续增长，而制造业的外国直接投资则转向高端。由于跨境并购交易仍然强劲，韩国的流入量从 2015 年 40 亿美元的低位增加到 110 亿美元。

表 6 - 4　2014～2015 年按地区划分的 FDI 流量

地区	FDI 流入量及全球占比				FDI 流出量及全球占比			
	2014 年		2015 年		2014 年		2015 年	
（单位）	（十万亿元）	（%）	（十万亿元）	（%）	（十万亿元）	（%）	（十万亿元）	（%）
世界	1277	100	1762	100	1318	100	1474	100
发达经济体	522	40.9	962	54.6	801	60.7	1065	72.3
欧洲	306	24.0	504	28.6	311	23.6	576	39.1
北美	165	12.9	429	24.3	372	28.2	367	24.9
发展中经济体	698	54.7	765	43.4	446	33.8	378	25.6
非洲	58	4.6	54	3.1	15	1.2	11	0.8
亚洲	468	36.6	541	30.7	398	30.2	332	22.5
东亚和东南亚	383	30.0	448	25.4	365	27.7	293	19.9
南亚	41	3.2	50	2.9	12	0.9	8	0.5
西亚	43	3.4	42	2.4	20	1.5	31	2.1
拉丁美洲和加勒比地区	170	13.3	168	9.5	31	2.4	33	2.2
大洋洲	2	0.2	2	0.1	1	0.1	2	0.1
转型经济体	56	4.0	35	2.0	72	5.5	31	2.1

资料来源：《世界投资报告（2016）》，南开大学出版社，2016，第 39、40 页。

　　在东南亚，外国直接投资流入量下降了 1/5 至 1010 亿美元。新加坡是东盟国家中外国直接投资的主要接收国，其流入量依然疲软，2016 年下降 13% 至 620 亿美元。在印度尼西亚、马来西亚和泰国，外国跨国企业大量撤资导致外国直接投资骤降。在南亚，外国直接投资流入量增加了 6%，达到 540 亿美元。印度的流入量停滞在 440 亿美元。跨境并购交易对外国跨国企业寻求进入迅速增长的印度市场而言日益重要，2016 年有若干重大交易，包括由俄罗斯石油公司斥资 130 亿美元收购埃萨石油公司的股权。为支持"一带一路"倡议，中国提供了大量基础设施投资，所以巴基斯坦的流入量增加了 56%。而西亚仍受初级商品价格低迷的影响，外国直接投资下降了 2% 至 280 亿美元。沙特阿拉伯尤其受到影响，外国直接投资下降了 8%。土耳其的未遂政变可能导致人们担忧其政治稳定性，所以土耳其的流入量下降了 31% 至 120 亿美元。

　　展望未来，由于全球经济的脆弱、总需求的持续疲软、有效政策措施抑制税收导致交易以及跨国公司利润下滑，2016 年 FDI 流量下降 15%。不断增加的地缘政治风险和地区紧张局势可能进一步放大未来预期的全球经济低迷程度。发达国家和发展中经济体 FDI 流量可能会有所减少，除非出现另一波跨国交易和公司重组。从中长期来看，预计全球 FDI 流量 2017 年恢复增长并于 2018 年超过 1.8 万亿美元。从地区来看，除了传统的北美和欧洲保持较高比重的 FDI 流量之外，亚洲特别是东亚和东南亚地区在全球 FDI 中也占有一定比重，特别是以中国、印度为代表的新兴市场。作为中国的南部大省，广东 FDI 一直在全球保持活跃趋势，世界各地跨国并购、绿地投资都有广东企业的身影，但广东企业"走出去"的同时，要紧跟国家的战略，选择合适的投资区域、选择有前景的行业、透视投资国的政策风险等，做出科学和有效的投资决策。在"引进来"方面，广东企业应该在全球价值链合作的前提下，引进优质国外投资，提高并融入全球高端价值链，进而为广东经济"提质增效"、转型升级贡献力量。

4. 在世界技术新格局中充当中国开放创新的"示范区"

　　第一次工业革命（1760～1840 年）是由于铁路建设和蒸汽机的发明，引领人类进入机械生产时代。第二次工业革命（19 世纪末 20 世纪初）是由于电力和生产线的出现，引领人类进入规模生产时代。第三次工业革命（20 世纪 60 年代起）是由于大型计算机半导体（60 年代）、个人计算机

（七八十年代）和互联网（90 年代）的出现，引领人类进入计算机和数字时代。基于前三次工业革命定义和观点，我们已经处于第四次工业革命（始于世纪之交）开端，其特点是：同过去相比，互联网变得无所不在，移动性大幅提高；传感器体积变得更小、性能更强大、成本也更低；人工智能和机器学习也开始锋芒毕露。[1] 第四次工业革命将引领人类进入智慧时代。

　　在德国，关于工业 4.0 的探讨方兴未艾，这一概念描绘了全球价值链将发生怎样的变革。第四次工业革命通过推动"智能工厂"的发展，在全球范围实现虚拟和实体生产体系的灵活协作。这有助于实现产品生产的彻底定制化，并催生新的运营模式。然而，第四次工业革命绝不仅限于智能互联的机器和系统，其内涵更为广泛。从基因测序到纳米技术，从可再生能源到量子计算，各领域的技术突破风起云涌，而这些技术之间的融合，以及它们横跨物理、数字和生物几大领域的互动，决定了第四次工业革命与前几次革命有着本质区别。根据 2015 年 9 月世界经济论坛发布的一份报告，21 个技术引爆点将塑造未来高度互联的数字世界（见表 6 - 5）。[2]

表 6 - 5　预计在 2025 年前出现的技术引爆点

序号	技术引爆点描述	实现概率（%）
1	10% 的人穿戴接入互联网的服饰	91.2
2	90% 的人享受免费的（广告商赞助的）无限存储空间	91.0
3	1 万亿个传感器将接入互联网	89.2
4	美国出现首个机器人药剂师	86.5
5	10% 的阅读眼镜接入互联网	85.5
6	80% 的人在互联网上拥有了数字身份	84.4
7	首辆 3D 打印汽车投产	84.1
8	政府首次用大数据源取代人口普查	82.9
9	首款植入式手机将商业化	81.7

---

[1]　〔德〕克劳斯·施瓦布：《第四次工业革命：转型的力量》，中信出版社，2016，第 3 页。

[2]　这些引爆点的确定源于 2015 年 9 月世界经济论坛全球议程理事会"软件和社会的未来"议题组所做的一次调查，全球共有 800 多名来自信息和通信技术行业的高管和专家参与了这次调查。

续表

序号	技术引爆点描述	实现概率（％）
10	5% 的消费品都是 3D 打印而成	81.1
11	90% 的人使用智能手机	80.7
12	90% 的人可经常接入互联网	78.8
13	无人驾驶汽车占到美国道路行驶车辆的 10%	78.2
14	首例 3D 打印肝脏实现移植	76.4
15	30% 的企业审计由人工智能执行	75.4
16	政府首次采用区块链技术收税	73.1
17	家用电器和设备占到一半以上的互联网流量	69.9
18	全球拼车出行、出游的数量超过私家车	67.2
19	出现首座人口超过 5 万但没有红绿灯的城市	63.7
20	全球 10% 的 GDP 以区块链技术进行存储	57.9
21	第一个人工智能机器将加入公司董事会	45.2

资料来源：转引自〔德〕克劳斯·施瓦布《第四次工业革命：转型的力量》，第 27 页。

预计在 2025 年前这些引爆点大部分在欧美发达国家出现，这些变化都是系统性的，其影响会进一步放大。第四次工业革命所蕴含的能量、影响力和历史意义丝毫不亚于前三次革命，广东应如何准备和应对未来可能发生的变化，从而把握第四次工业革命的发展机遇？首先，应该结合第四次工业革命的技术发展趋势，把粤港澳大湾区打造成引领世界技术前沿的"创新增长极"。不仅需要强化香港、深圳和广州的龙头地位，还迫切需要在基础设施、产业布局、公共政策等方面实现融合与协同发展①，真正消除三地要素（特别是高端人才）流动障碍。其次，强化全球价值链合作，打破发达国家全球价值链"低端锁定"的困局。广东改革开放近 40 年来，"世界工厂"的形象已深入人心，但劳动密集型、资本密集型和知识密集型制造业依然处于全球价值链的低附加值环节。同时，来自发达国家的跨

---

① 基础设施方面：实现交通网、因特网、电信网的互联互通，真正实现"三网"融合；产业布局方面：为了避免三地无序和恶性竞争，三地应建立产业融合与错位发展协调机制。比如未来可以实现金融服务在香港，研发在深圳，制造在珠三角。公共政策方面：实现社会保险、社会福利、教育、医疗卫生、住房等方面实现融合，人才要素才会有流动意愿。

国公司出于垄断竞争动机，欧美发达国家"回归制造业"战略，以及东南亚国家凭借更低的成本优势在低端制造业崛起，从高低端两个维度对广东传统制造业形成巨大冲击。因此，鼓励企业"走出去"，借助国外资金、市场或技术等资源，通过"全球价值链合作模式"，打破广东长期因"加工贸易模式"而制约在全球价值链低端的现状。再次，在第四次工业革命到来之际，广东需要反思经济、社会和政治体制，目前各方面的管理水平还不够高，对正在发生的变化认识还存在不足。当前用于管理创新成果的传播、减缓颠覆性影响力所必需的制度性框架远远不足，甚至可以说是缺位。最后，国际社会尚未就第四次工业革命的机遇和挑战形成积极、统一的认识。如果我们想为个人和群体赋权，避免公众抵触当前正在发生的深刻变革，这样的统一认识必不可少。[①]

5. 在世界要素新流向中充当中国开放引领的"革新者"

经济全球化的深度演化导致传统国家和新兴国家对熟练工人与非熟练工人的需求都很大。当前，以工业国美国、英国、德国、法国、日本、意大利、加拿大等为主的前10名发达国家吸引了全球移民的近一半。[②]尽管这些国家经济增速放缓，但劳动力仍然短缺。据预测，到2035年，德国15~24岁青少年劳动力会下降25%，约250万人；日本人口在2035年也会减少1/4，即约减少300万青年劳动力；美国在2035年青年占总人口比重也会从14%下降到12.8%。[③] 各国在年龄结构上的差异以及收入水平的差距致使矛盾不可避免：一方面一国希望以高速增长的经济作为引进国际人才的动力；另一方面一国经济发展也使国内青年能接受更好的教育、开拓眼界、增长见识，他们很可能因此再选择移民到更为发达的国家。

随着亚洲和非洲发展中国家城镇化步伐的加快，像中国、巴西、土耳

---

① 〔德〕克劳斯·施瓦布：《第四次工业革命：转型的力量》，第6页。

② 美国、英国、德国、法国、日本、意大利、加拿大及俄罗斯的工业国联盟起初被称为八国集团（Group of Eight）。第八个成员国俄罗斯于1991年起参与G7峰会的部分会议。1997年，俄罗斯被接纳为成员国，正式成立了G8峰会。但其并非一个严密的国际组织，以往被称为"富翁俱乐部"。随着20集团架构的日趋成熟，并为了反映新兴工业国家的重要性，G20集团成员国的领导人于2009年宣布该组织已取代G8成为全球经济合作的主要论坛。

③ 美国国家情报委员会编《全球趋势2030：变换的世界》，第54~57页。

其这些经济快速上升而青年人口下降的国家，有可能吸引一大批来自更不发达地区的新移民（如撒哈拉南部非洲地区和南亚地区）。上述三国在经济快速发展的同时均已面临生育率迅速下降的窘境，未来将面临劳动力短缺瓶颈。据美国国家情报委员会统计和预测，巴西的年轻人口到 2030 年将减少 500 万左右，中国将减少 7500 万左右，土耳其受影响较小，仅轻微下降。①

发达国家开始把移民政策纳入国家发展战略，重点瞄准抢手的高技术人才。一旦经济因老龄化放缓，中国将沦为移民输出国，经验丰富的人才会去海外寻找赚钱机会。同时，国内农民工流动也将加速，因为城市需要更多劳动力来照顾老人，提供养老服务。广东为了改变"世界工厂"现状和适应经济发展新常态，将继续深度融入国家"一带一路"战略，通过完善自贸示范区和粤港澳大湾区等重大战略举措，着力打造广东未来发展的经济增长极和创新增长极，重视"引进来"，更重视"走出去"；重视"开放发展"，更重视"创新驱动"；重视"广东制造"，更重视"广东创造"。而这一切，不仅需要熟练的产业工人，更需要专业化和具有国际视野的高技术人才。因此，"尊重人才"、"引进人才"、"培养人才"和"留住人才"是广东未来发展面临的严峻考验，需要把这四者纳入广东发展战略加以考量。

（二）广东开放发展现状及其趋势预测

改革开放近 40 年，广东开放型经济飞速发展。1978 年，广东省 GDP 只占全国的 5.05%，但到 2016 年大幅上升至 10.69%，成为中国经济总量贡献最大的省份。广东在全国经济快速发展中举足轻重的地位得益于外向型经济特征，接下来从国际贸易、利用外资和开放对广东经济的影响三方面总结广东开放发展的主要成绩与未来的演化趋势。

1. 贸易历史表现：量能触顶下行、增速走势趋减

最近几年广东省外贸受全球经济环境的影响，增速出现了少量下滑趋势，但外贸仍然是推动广东省经济增长的重要引擎。2016 年广东省进出口总额为 63029.47 亿元，将约为 1988 年的 55 倍，同比下降 1.06%；出口额

---

① 美国国家情报委员会编《全球趋势 2030：变换的世界》，第 54~57 页。

为 39455.07 亿元，将约为 1988 年的 72 倍，同比下降 1.55%；进口额为 23574.40 亿元，是 1988 年的 39 倍，同比 2015 年下降 0.22%。除了少数几个年份之外，广东均保持大额的贸易顺差趋势，2016 年贸易顺差高达 15880.67 亿元（见图 6 - 1 ～图 6 - 4）。

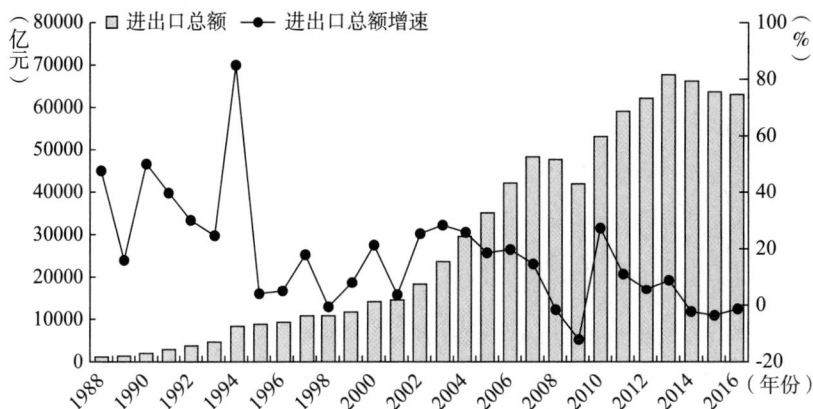

图 6 - 1　广东 1988～2016 年进出口总额及增速

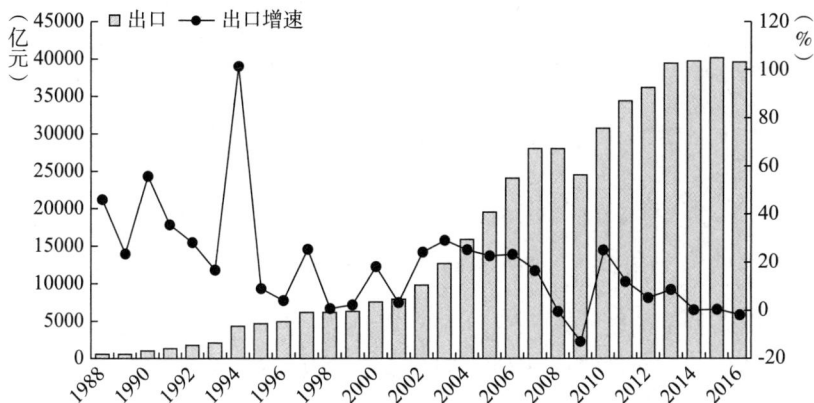

图 6 - 2　广东 1988～2016 年出口额及增速

2. 贸易趋势预测：量能整体增长、增速触底反弹

（1）进出口函数模拟与 2017～2035 年预测

根据 1988～2016 年广东省进出口总额数据，采用多种函数模型对其发展轨迹进行模拟，权衡比对之后，幂函数能够达到比较理想的拟合效果，拟合系数 $R^2 = 0.95$，具体表达式为：

$$y = 473.28x^{1.4422}$$

（1）

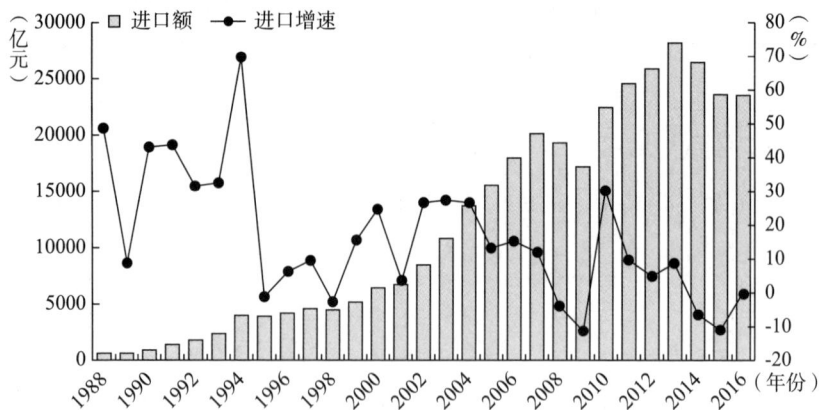

图 6 - 3　广东 1988 ~ 2016 年进口额及增速

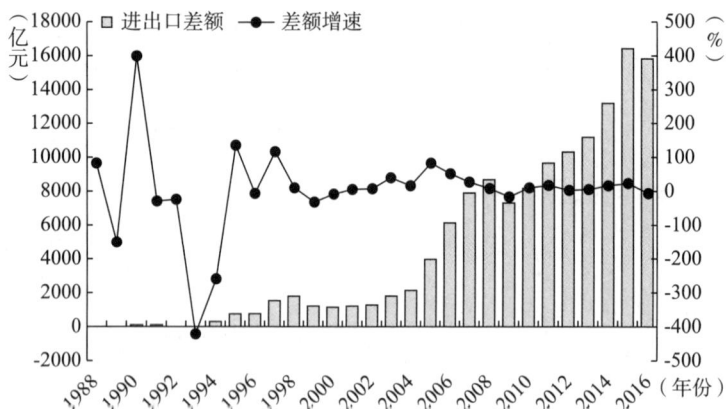

图 6 - 4　广东 1988 ~ 2016 年进出口差额及增速

　　根据以上幂函数模拟公式，可以预测广东省 2017 ~ 2035 年进出口总额发展趋势情况。按照幂函数的预测机理，2020 年广东进出口总额将达到73302.53 亿元，相比 2016 年增长 16.30%。进一步预测表明，2035 年广东省进出口总额将达到 125835.81 亿元，相比 2016 年增长 99.65%，相比2020 年增长 71.67%，相比 2030 年增长 17.19%（2017 ~ 2035 年各年度的进出口总额预测值见图 6 - 6。受惠于国家"一带一路"倡议以及广东自贸示范区和粤港澳大湾区等战略，广东进出口总额总体将实现持续增长。

　　（2）出口函数模拟与 2017 ~ 2035 年预测

　　根据 1988 ~ 2016 年广东省出口额数据，采用多种函数模型对其历史序列轨迹进行模拟和比对之后，发现幂函数能够达到比较理想的拟合效果，

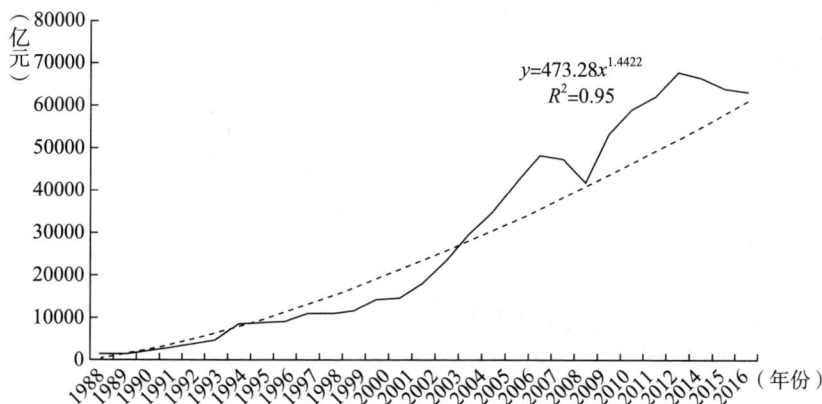

图 6 - 5 广东进出口总额拟合函数

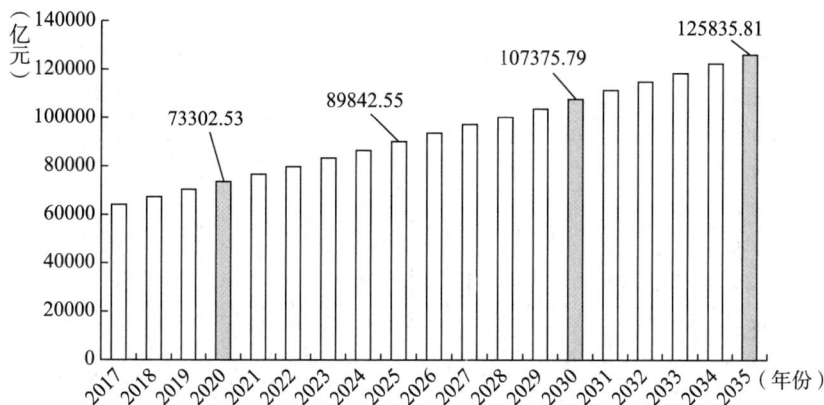

图 6 - 6 广东 2017 ~ 2035 年进出口总额预测值

拟合系数 $R^2 = 0.9501$，具体表达式为：

$$y = 221.49x^{1.5107} \tag{2}$$

根据以上幂函数模拟公式，可以预测广东省 2017 ~ 2035 年出口额变化趋势。按照幂函数的评估预测，2020 年广东出口额将达到 43588.62 亿元，相比 2016 年增长 10.48%。进一步预测表明，2035 年广东出口额将达到 76772.43 亿元，相比 2016 年增长 94.58%，相比 2020 年增长 76.13%，相比 2030 年增长 18.08%（2017 ~ 2035 年各年度的出口额预测值见图 6 - 8）。预测结果充分说明，未来若干年广东仍将继续保持出口导向型经济优势。

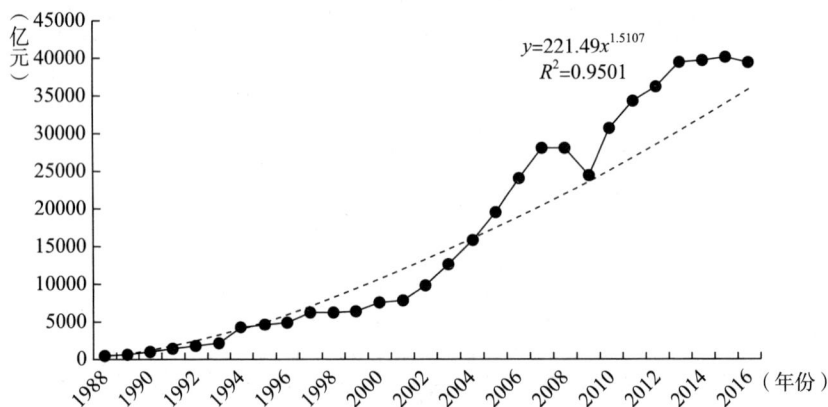

图 6 - 7　广东出口总额拟合函数

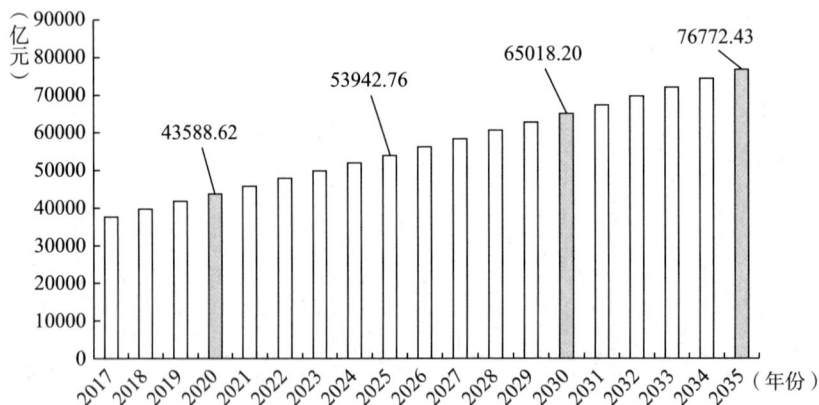

图 6 - 8　广东 2017～2035 年出口额预测值

（3）进口函数模拟与 2017～2030 年预测

根据 1988～2016 年广东省进口额数据，采用多种函数模型对其历史序列轨迹进行模拟，权衡比对之后，幂函数仍具有比较理想的拟合效果，拟合系数 $R^2 = 0.9482$，具体表达式为：

$$y = 257.2x^{1.3594} \tag{3}$$

根据以上幂函数模拟公式，可以预测广东省 2017～2035 年进口额发展变化趋势。按照幂函数公式（3），2020 年广东进口额将达到 29822.14 亿元，相比 2016 年增长 26.50%。进一步预测表明，2035 年广东进口额将达到 49630.69 亿元，相比 2016 年增长 110.53%，相比 2020 年增长 66.42%，相比 2030 年增长 16.13% （2017～2035 年各年度的进口额预测值见图 6 - 10）。进口额的增长趋势，说明广东的开放发展体现了双向开放和互利互惠原则。

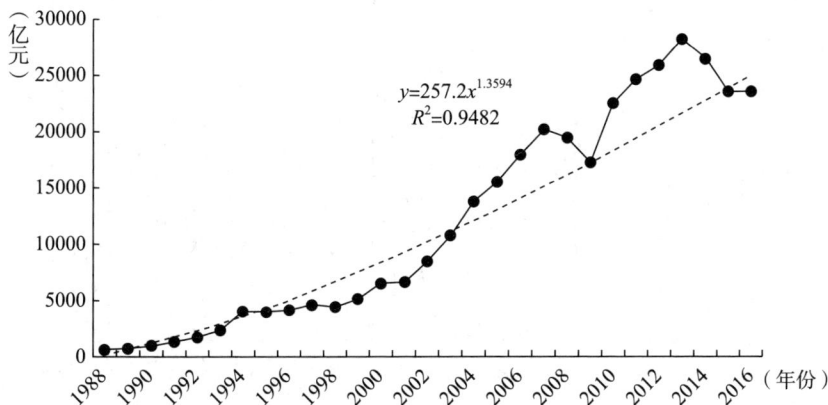

图 6 - 9　广东进口总额拟合函数

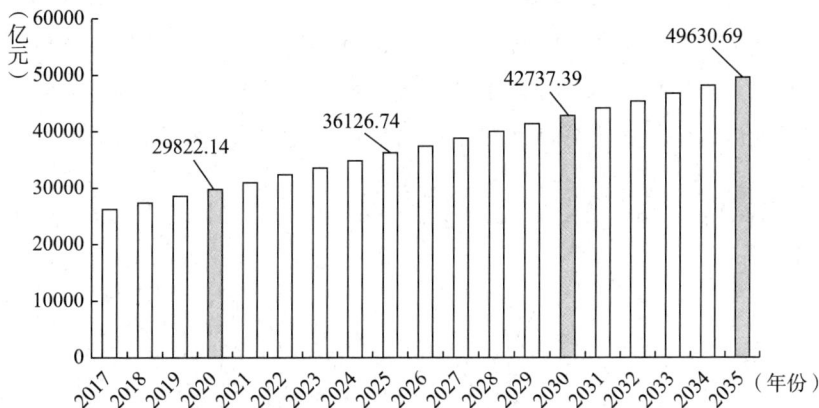

图 6 - 10　广东 2017～2035 年进口额预测值

3. 外贸结构评价：一般贸易增长、加工贸易趋减

（1）两种贸易方式进出口额及增速比较

按照贸易方式划分，国际货物贸易主要包括一般贸易和加工贸易。2016 年广东省一般贸易进出口总额为 27336.52 亿元，同比增长 1.80%；加工贸易进出口总额为 24468.71 亿元，同比下降 10.78%。从图 6 - 11 可以发现，一般贸易虽然增幅有一定波动，但总量一直处于上升趋势；而加工贸易增幅波动加大的同时，总量最近几年出现明显下滑趋势。这充分说明广东贸易结构处于不断优化状态之中，正在从传统的"三来一补"为主加工贸易方式向一般自主生产和拥有自主创新能力的加工贸易方式转变。

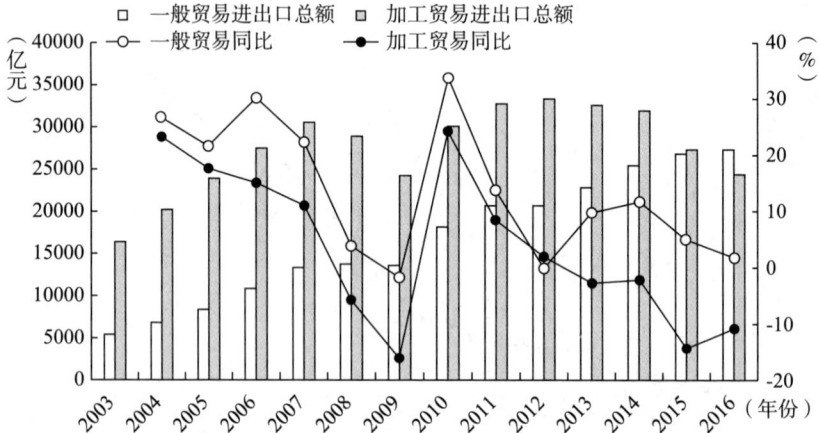

图 6－11　广东 2003～2016 年两种贸易进出口总额及增速比较

2016 年广东省一般贸易出口额为 17093.43 亿元，同比下降 0.59%；加工贸易出口额为 15758.59 亿元，同比下降 10.03%。从图 6－12 可以发现，一般贸易出口额基本处于上升趋势；而加工贸易出口额最近几年也出现明显下滑趋势。这充分证明广东省出口贸易结构也正在不断优化。

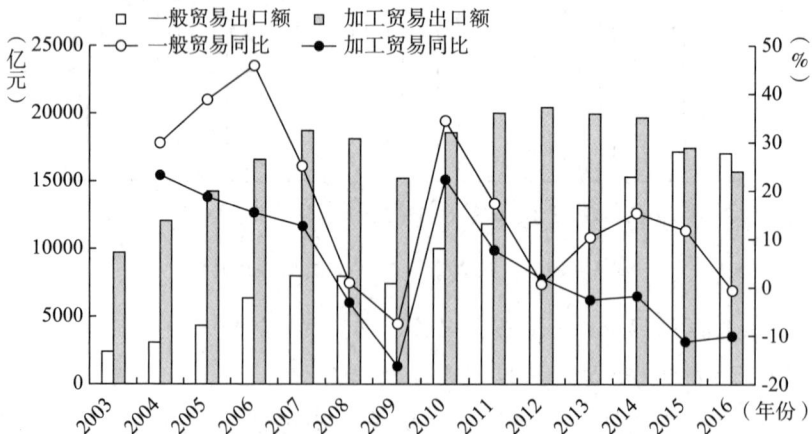

图 6－12　广东 2003～2016 年两种贸易出口额及增速比较

2016 年广东省一般贸易进口额为 10243.09 亿元，同比增长 6.04%；加工贸易进口额为 8710.11 亿元，同比下降 12.11%。从图 6－13 可以发现，一般贸易进口额基本稳步上升趋势；而加工贸易进口额最近几年同样出现明显下滑趋势。这说明广东进口贸易结构也正在不断优化。

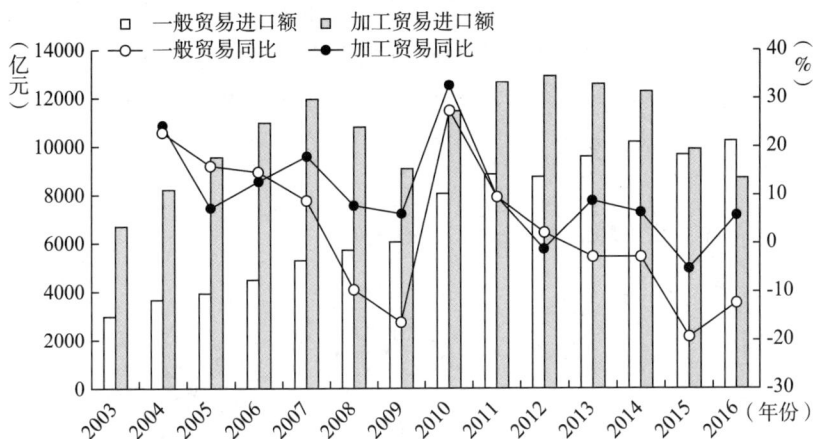

图 6 - 13 广东 2003 ~ 2016 年两种贸易进口额及增速比较

（2）两种贸易方式进出口结构比较

贸易方式所占全省进出口总额、全省出口额和全省进口额的比重也表明广东贸易结构不断优化升级的现状。从进出口贸易结构看，一般贸易进出口额占广东进出口总额比重呈现上涨趋势，2003 年比重为 22.99%，2016 年这一比重上涨到 43.37%，14 年期间上涨了 20.38 个百分点；加工贸易进出口额占全省进出口总额比重表现为下降趋势，2003 年比重为 70.20%，

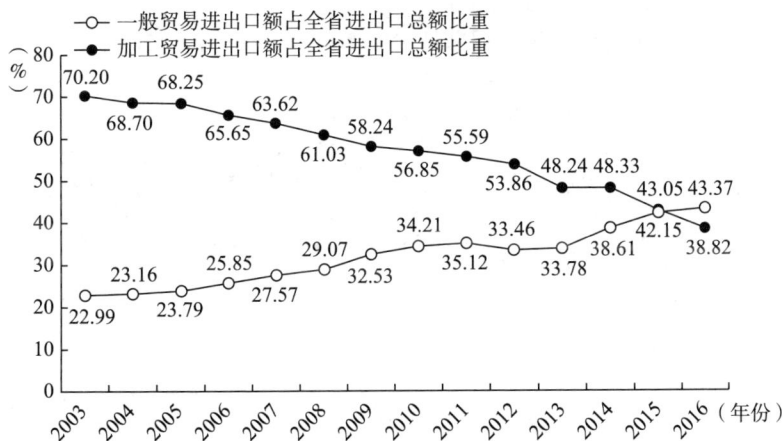

图 6 - 14 广东 2003 ~ 2016 年进出口贸易结构对比

2016 年这一比重下降到 38.82%，14 年期间下降了 31.38 个百分点。

从出口贸易结构看，一般贸易出口额占全省出口总额比重呈现上涨趋势，2003 年比重为 19.10%，2016 年这一比重上涨到 43.32%，14 年期间上涨了 24.22 个百分点；加工贸易出口额占全省出口总额比重表现为下降趋势，2003 年比重为 77.30%，2016 年这一比重下降到 39.94%，14 年期间下降了 37.36 个百分点。

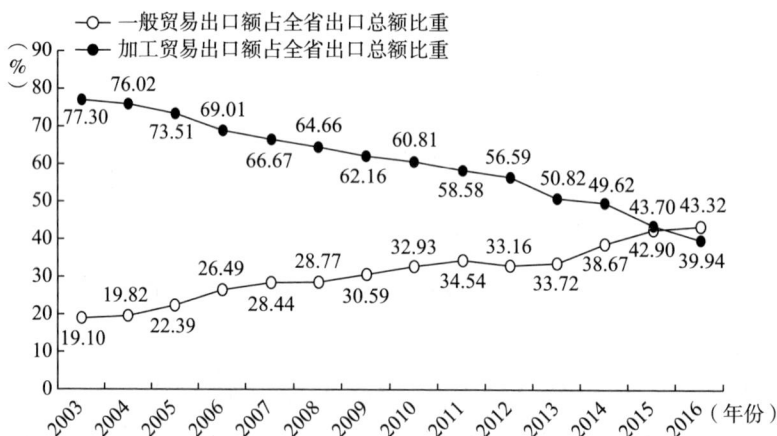

图 6 – 15　广东 2003～2016 年出口贸易结构对比

从进口贸易结构看，一般贸易进口额占全省进口总额比重呈现上涨趋势，2003 年比重为 27.54%，2016 年这一比重上涨到 43.45%，14 年期间

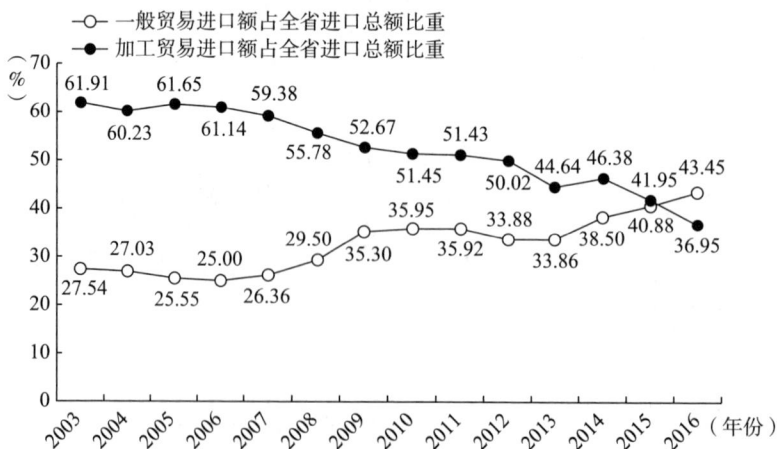

图 6 – 16　广东 2003～2016 年进口贸易结构对比

上涨了 15.91 个百分点;加工贸易进口额占全省进口总额比重表现为下降趋势,2003 年比重为 61.91%,2016 年这一比重下降到 36.95%,14 年期间下降了 24.96 个百分点。

4. 结构趋势预测:一般贸易续增、加工贸易续减

(1)一般贸易、加工贸易进出口函数模拟

根据 2003~2016 年一般贸易和加工贸易进出口总额数据特征,利用多函数进行仿真模拟比对之后,发现一元线性函数对广东一般贸易进出口额拟合效果较好(拟合系数 $R^2 = 0.9857$),而对数函数对广东加工贸易进出口额的拟合效果较适合(拟合系数 $R^2 = 0.5705$)。

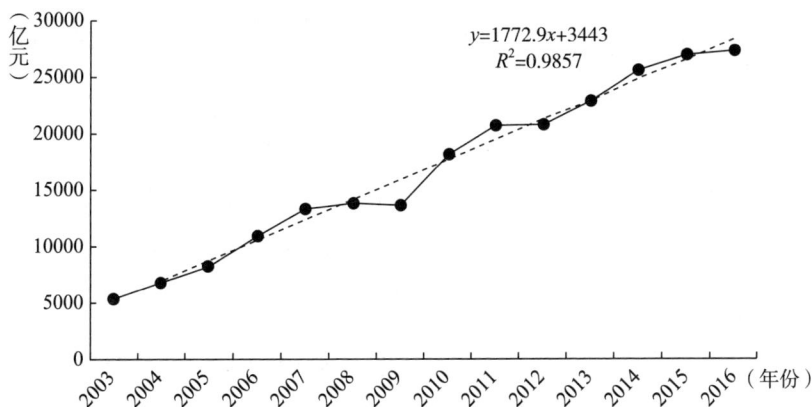

图 6-17　广东一般贸易进出口额拟合函数

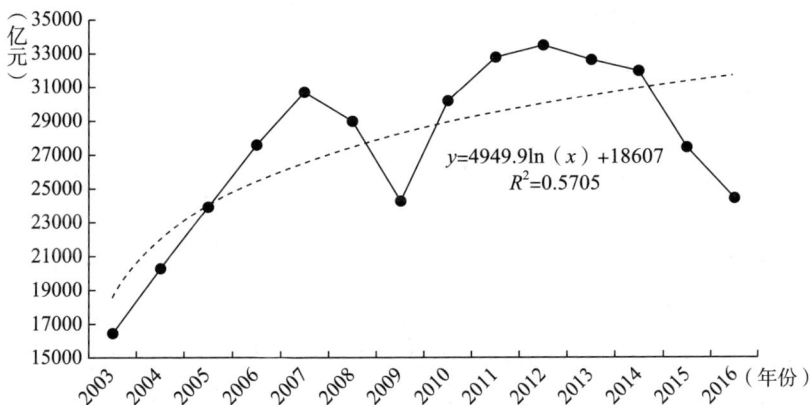

图 6-18　广东加工贸易进出口额拟合函数

（2）一般贸易、加工贸易出口函数模拟

根据 2003~2016 年一般贸易和加工贸易出口额数据特征，利用多函数进行仿真模拟比对之后，同样发现一元线性函数对广东一般贸易出口额拟合效果较好（拟合系数 $R^2 = 0.9780$），而对数函数对广东加工贸易出口额的拟合效果较适合（拟合系数 $R^2 = 0.6657$）。

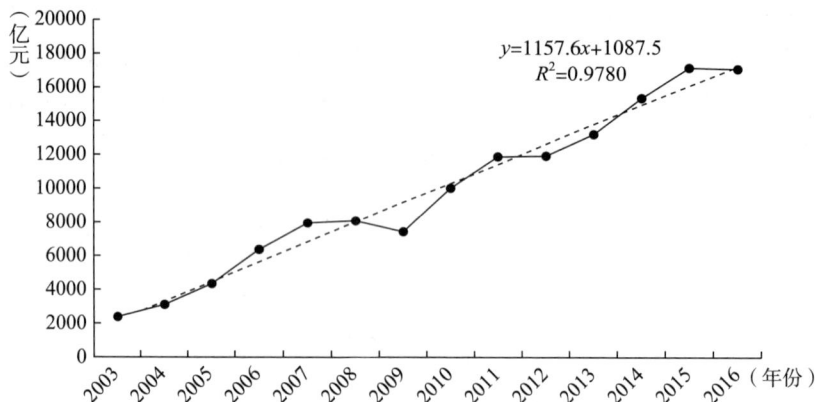

图 6 - 19　广东一般贸易出口额拟合函数

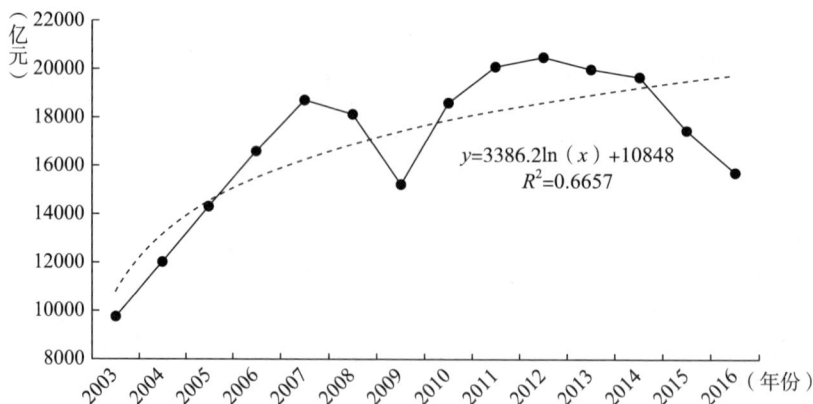

图 6 - 20　广东加工贸易出口额拟合函数

（3）一般贸易、加工贸易进口函数模拟

根据 2003~2016 年一般贸易和加工贸易进口额数据特征，利用多函数进行仿真模拟比对之后，同样发现一元线性函数对广东一般贸易进口额拟合效果较好（拟合系数 $R^2 = 0.9594$），而对数函数对广东加工贸易进口额的拟合效果较适合（拟合系数 $R^2 = 0.4001$）。

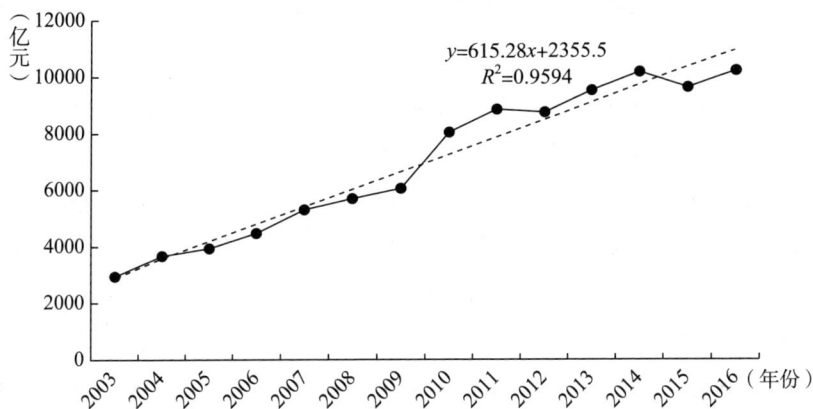

图 6 - 21　广东一般贸易进口额拟合函数

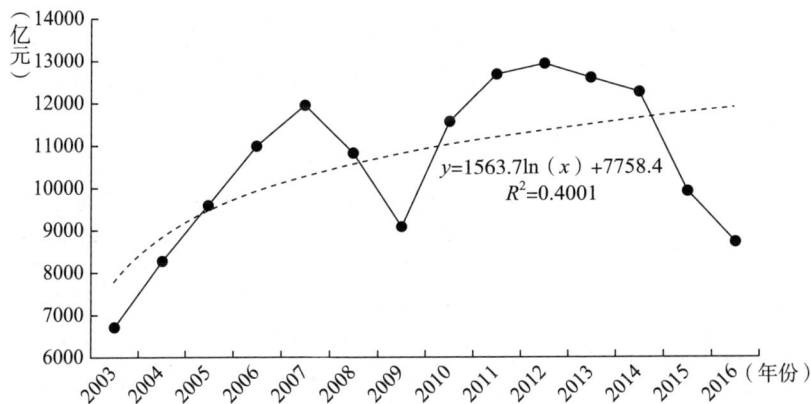

图 6 - 22　广东加工贸易进口额拟合函数

（4）一般贸易额、加工贸易额 2017～2035 年预测值

基于以上一般贸易和加工贸易的进出口额、出口额和进口额的拟合函数，可以测算出广东 2017～2035 年这两种贸易方式的进出口额、出口额和进口额的预测值，一般贸易呈现逐年上涨态势，而加工贸易呈现逐年下降态势，两种贸易方式预测值表明广东未来 19 年的贸易结构将继续优化（如表 6 - 6 所示）。

进出口方面，2020 年，广东一般贸易和加工贸易进出口额预测值分别为 35355.20 亿元和 32914.05 亿元，与 2016 年对比，分别增长 29.33% 和 34.51%；2035 年，广东一般贸易和加工贸易进出口额预测值分别为 61948.70 亿元和 35914.36 亿元，与 2016 年对比，分别增长 126.62% 和

46.78%，与2020年对比，分别增长75.22%和9.12%，与2030年对比，分别增长16.70%和2.32%。

出口方面，2020年，广东一般贸易和加工贸易出口额预测值分别为21924.30亿元和20635.38亿元，与2016年对比，分别增长28.26%和30.95%；2035年，广东一般贸易和加工贸易出口额预测值分别为39288.30亿元和22687.87亿元，与2016年对比，分别增长129.84%和43.97%，与2020年对比，分别增长79.20%和9.95%，与2030年对比，分别增长17.28%和2.51%。

进口方面，2020年，广东一般贸易和加工贸易进口额预测值分别为13430.54亿元和12278.07亿元，与2016年对比，分别增长31.12%和40.96%；2035年，广东一般贸易和加工贸易进口额预测值分别为22659.74亿元和13225.89亿元，与2016年对比，分别增长121.22%和51.85%，与2020年对比，分别增长68.72%和7.72%，与2030年对比，分别增长15.71%和1.98%。

表6-6 一般贸易和加工贸易2017~2035年预测值

年份	一般贸易进出口额预测值（亿元）	加工贸易进出口额预测值（亿元）	一般贸易出口额预测值（亿元）	加工贸易出口额预测值（亿元）	一般贸易进口额预测值（亿元）	加工贸易进口额预测值（亿元）
2017	30036.50	32011.58	18451.50	20018.00	11584.70	11992.98
2018	31809.40	32331.04	19609.10	20236.54	12199.98	12093.90
2019	33582.30	32631.12	20766.70	20441.83	12815.26	12188.70
2020	35355.20	32914.05	21924.30	20635.38	13430.54	12278.07
2021	37128.10	33181.68	23081.90	20818.46	14045.82	12362.62
2022	38901.00	33435.58	24239.50	20992.15	14661.10	12442.83
2023	40673.90	33677.08	25397.10	21157.36	15276.38	12519.12
2024	42446.80	33907.35	26554.70	21314.89	15891.66	12591.86
2025	44219.70	34127.38	27712.30	21465.41	16506.94	12661.37
2026	45992.60	34338.05	28869.90	21609.53	17122.22	12727.92
2027	47765.50	34540.11	30027.50	21747.76	17737.50	12791.76
2028	49538.40	34734.25	31185.10	21880.57	18352.78	12853.09

续表

年份	一般贸易进出口额预测值（亿元）	加工贸易进出口额预测值（亿元）	一般贸易出口额预测值（亿元）	加工贸易出口额预测值（亿元）	一般贸易进口额预测值（亿元）	加工贸易进口额预测值（亿元）
2029	51311.30	34921.06	32342.70	22008.36	18968.06	12912.10
2030	53084.20	35101.08	33500.30	22131.51	19583.34	12968.97
2031	54857.10	35274.78	34657.90	22250.34	20198.62	13023.84
2032	56630.00	35442.59	35815.50	22365.13	20813.90	13076.85
2033	58402.90	35604.89	36973.10	22476.17	21429.18	13128.13
2034	60175.80	35762.05	38130.70	22583.67	22044.46	13177.77
2035	61948.70	35914.36	39288.30	22687.87	22659.74	13225.89

资料来源:数据根据两种贸易方式拟合函数预测所得。

（5）2017~2035 年贸易结构预测

根据表 6-6 对一般贸易和加工贸易 2017~2035 年的进出口额、出口额和进口额的预测值,结合图 6-6、图 6-8 和图 6-10 对 2017~2035 年全省进出口总额、全省出口额和全省进口额的预测值,可以测算出广东未来贸易结构的演化进程。从两种贸易方式的进出口结构、出口结构和进口结构的变化趋势可以看出,未来 19 年,广东继续保持一般贸易比重增长和加工贸易比重下降趋势,广东未来 19 年的对外贸易结构明显改善,对外贸易质量得到明显提升。

进出口结构方面,2020 年,广东一般贸易和加工贸易进出口贸易结构预测值分别为 48.23% 和 44.90%,与 2016 年对比,分别提高 4.86 和 6.08 个百分点;2035 年,广东一般贸易和加工贸易进出口贸易结构预测值分别为 49.23% 和 28.54%,与 2016 年对比,分别提高 5.86 个百分点和降低 10.28 个百分点,与 2020 年对比,分别提高 1.00 个百分点和降低 16.36 个百分点,与 2030 年对比,分别降低 0.21 个百分点和降低 4.15 个百分点。

出口结构方面,2020 年,广东一般贸易和加工贸易出口贸易结构预测值分别为 50.30% 和 47.34%,与 2016 年对比,分别提高 6.98 和 7.40 个百分点;2035 年,广东一般贸易和加工贸易出口贸易结构预测值分别为 51.18% 和 29.55%,与 2016 年对比,分别提高 7.86 个百分点和降低

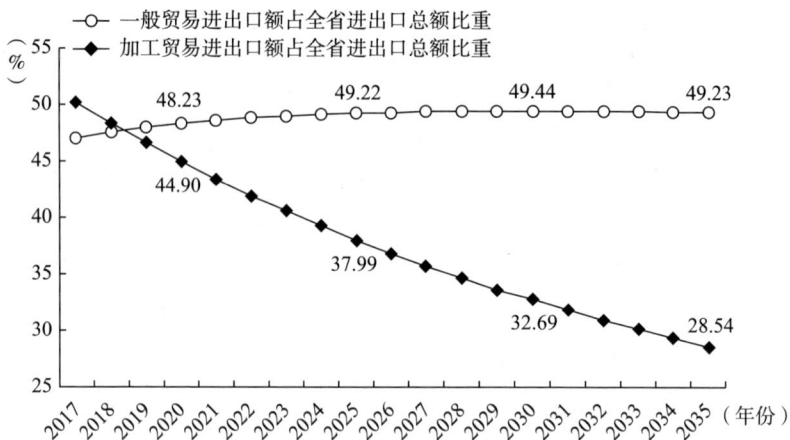

图 6 – 23　广东 2017～2035 年进出口贸易结构预测对比

10.39 个百分点，与 2020 年对比，分别提高 0.88 个百分点和降低 17.79 个百分点，与 2030 年对比，分别降低 0.34 个百分点和降低 4.49 个百分点。

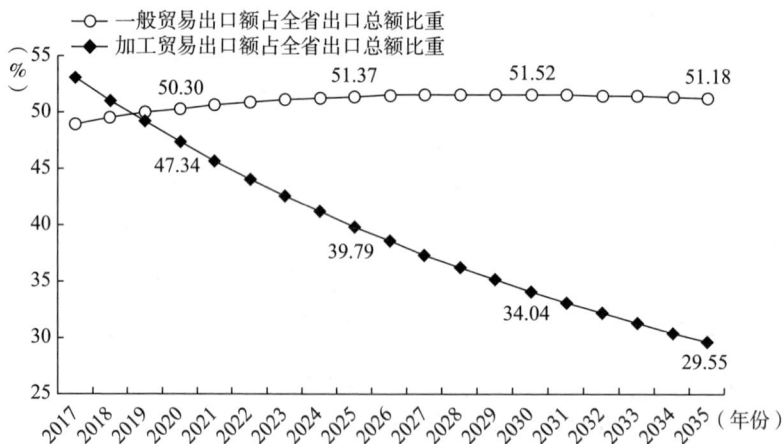

图 6 – 24　广东 2017～2035 年出口贸易结构预测对比

进口结构方面，2020 年，广东一般贸易和加工贸易进口贸易结构预测值分别为 45.04% 和 41.17%，与 2016 年对比，分别提高 1.59 和 4.22 个百分点；2035 年，广东一般贸易和加工贸易进口贸易结构预测值分别为 45.66% 和 26.65%，与 2016 年对比，分别提高 2.21 个百分点和降低 10.30 个百分点，与 2020 年对比，分别提高 0.62 个百分点和降低 14.52

个百分点，与 2030 年对比，分别降低 0.16 个百分点和降低 3.70 个百
分点。

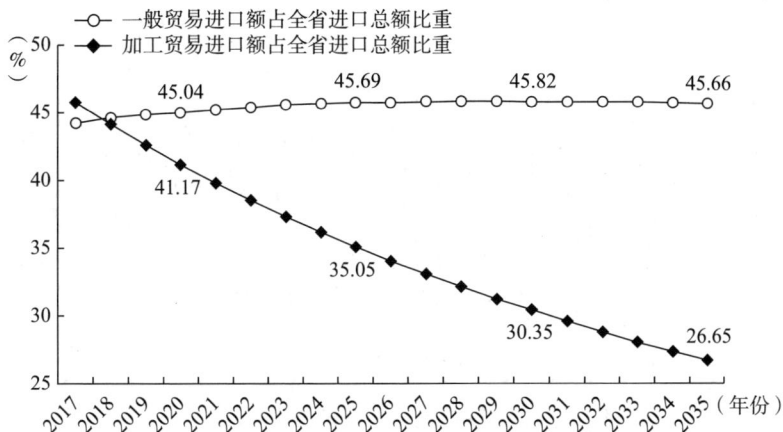

图 6 - 25　广东 2017 ~ 2035 年进口贸易结构预测对比

5. 利用外资评价：合同量速向增、实际量速向减

近 30 年来，广东国际投资也出现高速增长势头。从合同外资金额来
看，1988 年合同外资金额 38.27 亿美元，2016 年为 866.75 亿美元，相比
1988 年增长将近 22 倍。从实际使用外商直接投资来看，1988 年这一金额
为 24.40 亿美元，2016 年这一金额达到 233.49 亿美元，相比 1988 年增长
8.6 倍（图 6 - 26、图 6 - 27）。

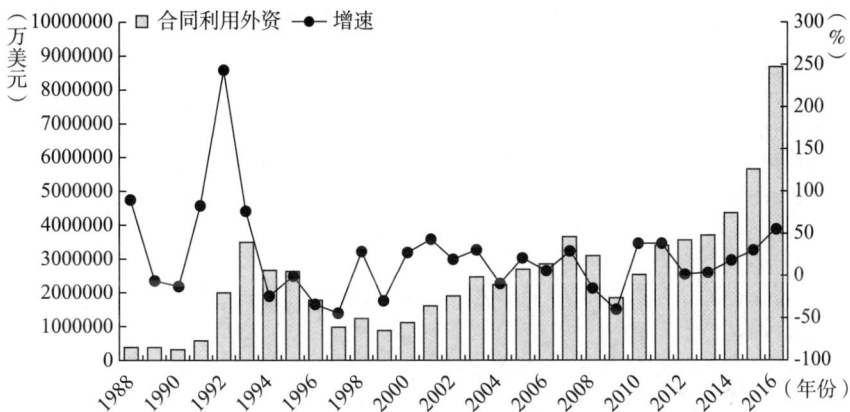

图 6 - 26　1988 ~ 2016 年广东合同利用外资额及增速

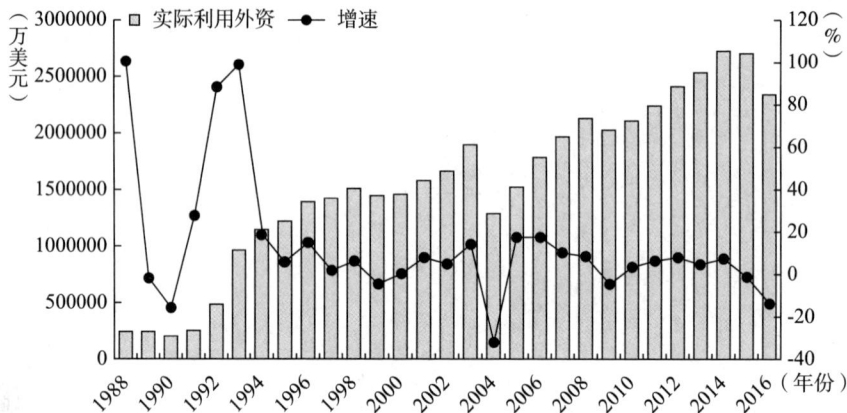

图 6 – 27　广东 1988～2016 年实际利用外资额及增速

6. 利用外资趋势：量能整体加大、增速缓中有增

（1）合同利用外资函数模拟与 2017～2035 年预测

根据 1988～2016 年广东省合同利用外资数据，采用多种函数模型进行模拟和比对之后，发现指数函数的拟合效果相对比较理想，拟合系数 $R^2 = 0.6174$，其表达式为：

$$y = 620262e^{0.0751x} \tag{4}$$

根据以上指数函数模拟公式，可以预测广东省 2017～2035 年合同利用外资的演化趋势。预测结果表明，2020 年广东合同利用外资额将达到 739.41 亿美元，相比 2016 年下降 14.69%。进一步预测表明，2035 年广东合同利用

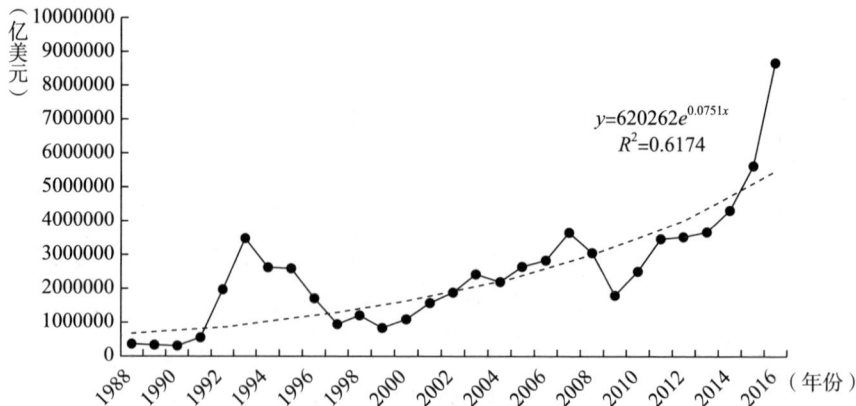

图 6 – 28　广东合同利用外资拟合函数

外资额将达到 2280.97 亿美元，相比 2016 年增长 157.23%，相比 2020 年增长 208.49%，相比 2030 年增长 45.57%（2017~2035 年各年度的合同利用外资额预测值见图 6-29）。

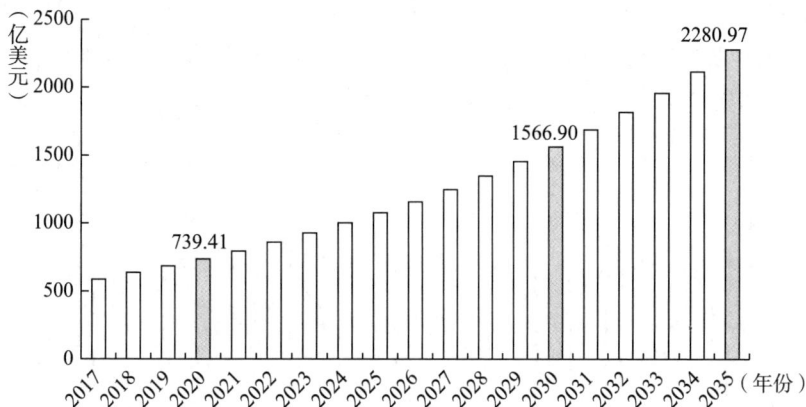

图 6-29 广东 2017~2035 年合同利用外资预测值

（2）实际利用外资函数模拟与 2017~2035 年预测

根据 1988~2016 年广东省实际利用外资数据，采用多种函数模型进行模拟和比对之后，发现一次线性函数的拟合效果相对比较理想，拟合系数 $R^2 = 0.9074$，其表达式为：

$$y = 83281x + 297449 \tag{5}$$

根据以上一次线性函数模拟公式，可以预测广东省 2017~2035 年实际

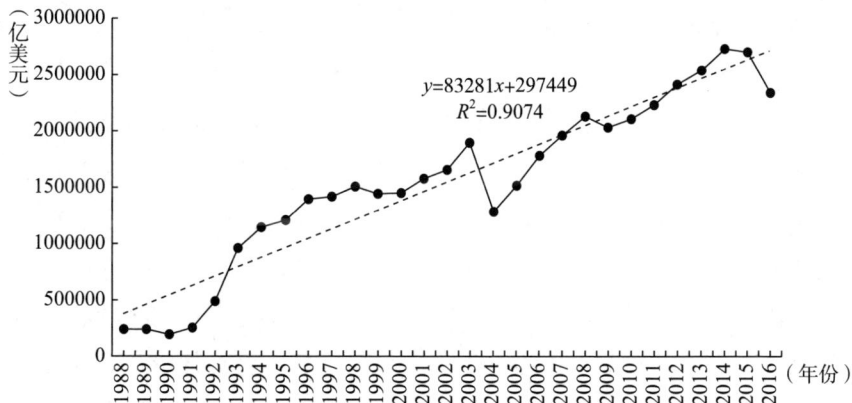

图 6-30 广东实际利用外资拟合函数

利用外资的演化趋势。预测结果表明，2020年广东省实际利用外资额将达到304.57亿美元，相比2016年增长30.44%。进一步预测表明，2035年广东省实际利用外资额将达到429.49亿美元，相比2016年增长83.94%，相比2020年增长41.02%，相比2030年增长10.74%（2017~2035年各年度的实际利用外资预测值见图6-31）。预测结果充分说明，未来若干年广东实际利用外资额仍保持较好增长趋势。

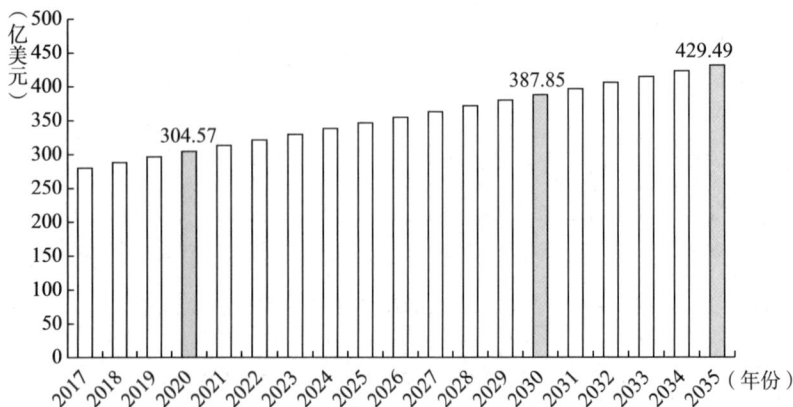

图6-31 广东2017~2035年实际利用外资预测值

7. 对外开放对广东经济的影响

对外开放一方面促进了广东经济的快速发展，一方面加强了广东同世界经济的联系。从1978年到2016年，广东GDP从185.85亿元增长至79512.05亿元，年均增长10.26%，创下了举世瞩目的增长奇迹。其中，外贸和外资发挥了巨大作用。

（1）国际贸易：促进经济结构调整的利器

外贸对广东经济的贡献可以概括为：第一，出口企业在同外国生产者和消费者的互通过程中学习到先进的知识和技术，提升了广东企业生产率。第二，进口为生产企业带来更多样化和更高质量的中间投入。在改革开放初期，机电产品进口，对加快广东企业技术改造步伐、促进产业结构升级发挥了重要作用。第三，进口加剧了企业在中间品和最终产品市场面对的竞争，促进了资源优化再配置。2000年前后的贸易自由化和外资开放政策使广东企业在中间投入部门的竞争力显著提升，进而导致广东生产的中间投入对进口中间投入的替代性增强，出口增加值提高。

（2）国际投资：促进经济转型升级的法宝

国际投资可以细分为外商直接投资（IFDI）和对外直接投资（OFDI）两种。其中，外商直接投资（IFDI）的主要作用包括以下五个方面。第一，外国资本在改革开放初期弥补了广东经济发展中的资金短缺，并且为广东创造了大量税收。第二，外资为广东本土企业带来前沿技术和先进的管理经验，产生了很好的水平溢出效应。第三，外国企业进入广东市场，加剧了广东企业优胜劣汰的过程，优化了省内劳动力、资本和土地等资源的配置效率。第四，外资通过产业前向关联和后向关联间接促进了广东本土企业的效率提升。前向关联主要表现在外资企业促使其上游供应商改进生产效率；后向关联主要表现在外资企业为下游企业提供成本更低、种类更多、质量更优的中间投入。第五，外资促进了广东外贸发展，将广东劳动力潜在比较优势充分发挥出来，为广东参与全球生产分工创造条件，实现广东外贸量的增长和质的提高。

对外直接投资（OFDI）的主要作用体现在：第一，对外直接投资弥补了广东资源的不足。第二，对外直接投资对缓解人民币升值压力和减少贸易摩擦有一定帮助。贸易顺差的大量积累给人民币升值带来了巨大的压力，也使得中国成为世界贸易摩擦的主要对象国。以对外直接投资替代出口的方式进入东道国市场，能够减少人民币升值压力和贸易摩擦数量。第三，对外投资可以反过来促进本土企业的技术水平提升，产生逆向技术溢出效应。广东企业普遍缺乏的是品牌、营销能力和专有技术等专有资产。通过海外投资，省内企业可以快速获得这些资产。如华为和格兰仕在海外建立研发中心，就是广东企业"走出去"获得技术提升的成功案例。

（3）广东开放发展的基本经验

在许多人看来，经济全球化的收益是不言而喻的，经济开放和分工深化以及由此所引发的规模经济和技术进步能够提高整个社会的福利水平。但全球化中众多失败者的历史教训告诉我们，必须谨慎对待全球化。总结广东开放发展近40年的经验，至少有几点值得我们关注。

第一，封闭一定落后，开放不一定发展。国家的开放战略只是给各地提供了机遇，但并不意味着各省区市一定能在全球化中获得发展成果。这也是当前我国区域发展不平衡的原因所在。对于很多地方来说，如果没有做好恰当的准备，开放带来的更可能是陷入"全球化陷阱"之中。

第二，在现有体系和规则中谋求最大化收益。建立公正、合理的国际经济新秩序非常重要，稳定的国际规则和国际经济秩序关系到世界各国的共同利益；在现有的体系之外重新建立一套规则和秩序缺乏可能性和生命力；对现有的国际经济秩序只能合理地"扬弃"，在容忍的前提下加以改进，而不是对现有的经济秩序进行挑战和全盘否定。

第三，在开放中实现互利共赢。互利共赢是中国对外开放中一贯奉行的准则，也是中国取得对外开放的关键。在全球化趋势加快发展的新形势下，世界各国已经进入广泛交流合作的时代。经济全球化下国与国之间的关系是既相互竞争又相互依赖的，竞争是表象，而依赖是核心，在竞争中相互依赖，在相互依赖中激烈竞争，这使得经济全球化和广泛的经济合作带来的相互依赖关系已成为国际经济关系的最重要形式，各种双边、多边的经济合作已成为国与国之间经济关系的中心内容，互利共赢是实现各经济体和谐共存的唯一途径。

第四，统筹地方发展和对外开放。统筹地方发展与对外开放，实现内外联动，是广东过去改革开放的历史经验总结，也是未来改革开放进一步深化发展的必然要求。统筹地方发展与对外开放的实质，就是要用全球战略眼光来考虑中国长远发展问题，抓住战略机遇期，在对外开放中求发展，在不断发展中扩大开放，充分利用国际国内两个市场、两种资源，拓展经济发展空间。

（三）广东外贸依存度评价与趋势预测

根据对外开放度指标评价历年（1988～2016）广东贸易开放度的序列表现，主要包括外贸依存度、进口依存度和出口依存度三项指标所反映广东贸易开放度的现状与历史表现，利用模拟函数对广东2017～2035年的贸易开放度可以进行如下预测。

1. 外贸依存度评价：呈现 M 形走势、依存度逐年变小

外贸依存度是进出口总额与地区生产总值的比值。广东近30年（1988～2016）以来，外贸依存度出现了"M"演化特征，1988～1994年整体呈现增长势头，1994年达到历史峰值1.80；1994～2001年整体呈现下降趋势，2001年下降到1.21；2001～2006年又呈现整体上升势头，2006年这一数值达到1.58；2006～2016年呈现10年下滑势头，2016年广东外贸依存度下降到历史低位 0.79。2016 年与历史最高位 1994 年相比,外贸依存度下降了 1.01,下降幅度达到 56.11% (图 6 – 32)。

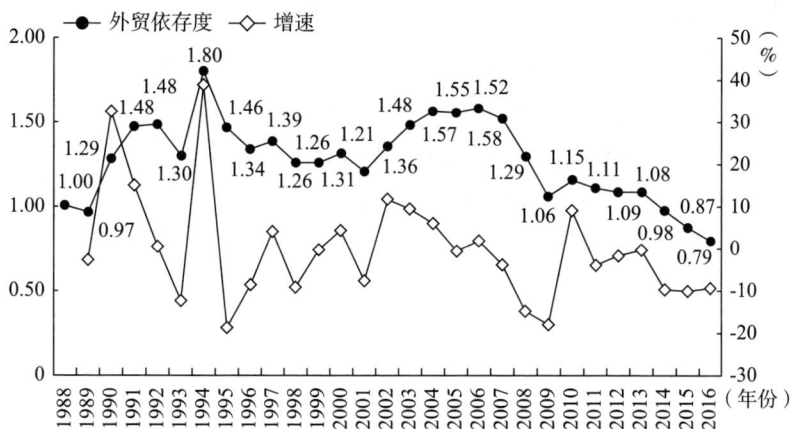

图 6 – 32　广东 1988 ~ 2016 年外贸依存度及增速

2. 外贸依存度预测:贸易型经济明显但外贸依存度整体下降

根据 1988 ~ 2016 年广东 GDP 数据,采用多种函数模型对其发展轨迹进行模拟和比较之后,二次函数能够达到相对理想的拟合效果,拟合系数 $R^2 = 0.9952$,具体表达式为:

$$y = 133.8x^2 - 1314.4x + 5144.4 \qquad (6)$$

根据以上二次函数模拟公式,可以预测广东省 2017 ~ 2035 年 GDP 演化趋势 (图 6 – 33)。结合图 6 – 6 对 2017 ~ 2035 年广东进出口额的预测

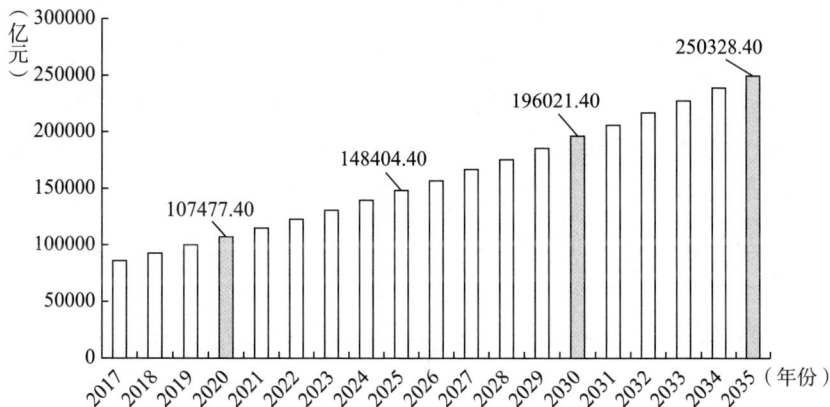

图 6 – 33　广东 2017 ~ 2035 年 GDP 预测值

值，按照表 6-1 的测算方法，外贸依存度是进出口总额与 GDP 的比值。测算结果表明，广东 2017~2035 年的外贸依存度出现下降趋势，到 2020 年广东外贸依存度将下降到 0.6820，相比 2016 年下降 13.92%。进一步预测表明，2035 年广东外贸依存度将下降到 0.5027，相比 2016 年下降 36.58%，相比 2020 年下降 26.29%。相比 2030 年下降 8.23%（2017~2035 年各年度的外贸依存度预测值见图 6-34）。受惠于创新驱动发展、消费引领等战略，广东外贸依存度持续减弱。

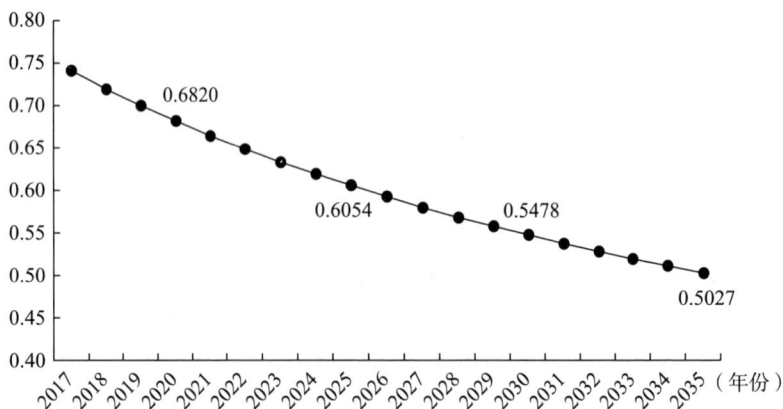

图 6-34　广东 2017~2035 年外贸依存度预测值

3. 出口依存度评价：呈现 M 形走势、出口依赖减弱

出口依存度是出口额与地区生产总值的比值。广东近 30 年（1988~2016）以来，出口依存度与外贸依存度呈现协同变化，也表现为 "M" 形演化特征，1988~1994 年整体呈现增长势头，1994 年达到历史峰值 0.94；1994~2001 年整体呈现下降趋势，2001 年下降到 0.66；2001~2006 年又呈现整体上涨势头，2006 年这一数值达到 0.91；2006~2016 年呈现 10 年下滑势头，2016 年广东出口依存度下降到历史低位 0.50。2016 年与历史最高位 1994 年相比，出口依存度下降了 0.44，下降幅度达到 46.81%（图 6-35）。

4. 出口依存度预测：出口导向型弱化且出口依存度走势缓降

根据广东省 2017~2035 年地区生产总值预测数据，结合 2017~2035 年广东出口额预测值（图 6-8），按照表 6-1 的测算方法，出口依存度是出口额与地区生产总值的比值。测算结果表明，广东 2017~2035 年的出口

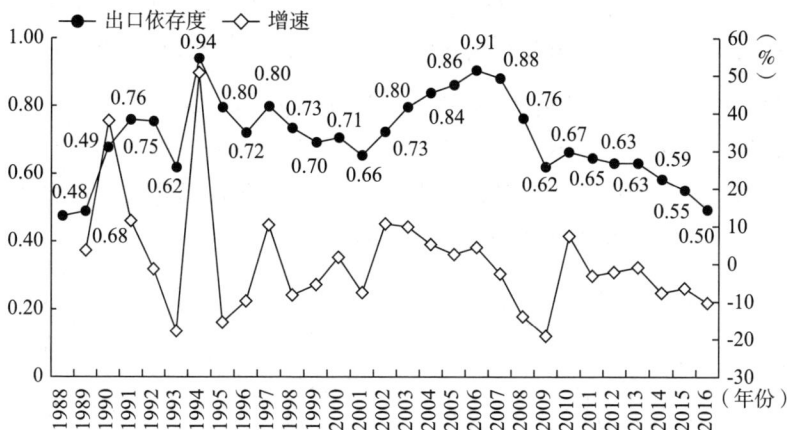

图 6 – 35 广东 1988～2016 年出口依存度及增速

依存度也出现下降趋势，到 2020 年广东出口依存度将下降到 0.4056，相比 2016 年下降 18.00%。进一步预测表明，2035 年广东出口依存度将下降到 0.3067，相比 2016 年下降 39.19%，相比 2020 年下降 24.38%，相比 2030 年下降 7.54%（2017～2035 年各年度的出口依存度预测值见图 6 – 36）。受制于欧美发达国家新贸易保护主义、"回归制造业"等政策，广东出口依存度持续降低。

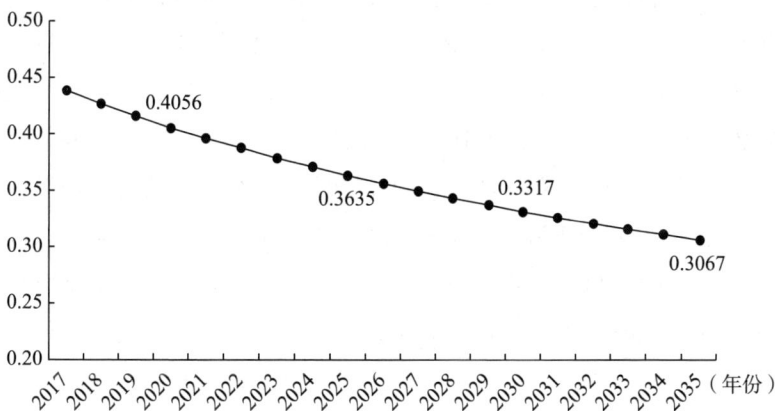

图 6 – 36 广东 2017～2035 年出口依存度预测值

5. 进口依存度评价：呈现 M 形走势、进口依赖减弱

进口依存度是进口额与地区生产总值的比值。广东近 30 年（1988～2016）以来，进口依存度与外贸依存度、出口依存度演化特征也比较类似，除了个别时间节点存在细微差异之外，"M"形特征也较为明显。1988～1994年整体呈现增长势头，1994年达到历史峰值0.87；1994～1998年整体呈现下降趋势，1998年下降到0.53；1998～2004年又呈现整体上涨势头，2004年这一数值达到0.73；2004～2016年呈现13年下降趋势，2016年广东进口依存度下降到历史低位0.30。2016年与历史最高位1994年相比，出口依存度下降了0.57，下降幅度达到65.52%（图6-37）。

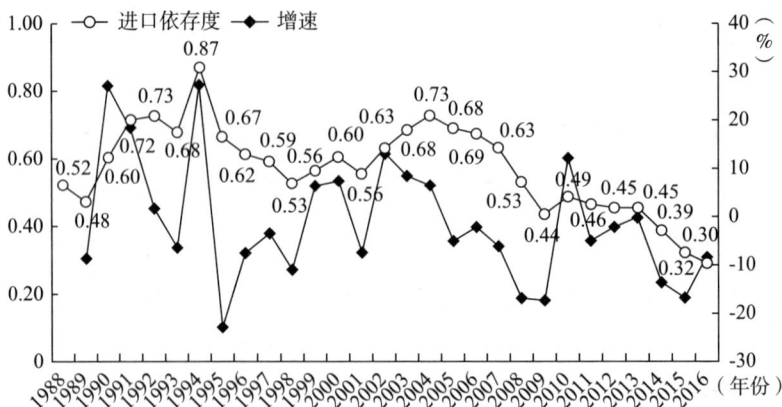

图6-37　广东1988～2016年进口依存度及增速

6. 进口依存度预测：进口质量在优化而进口依存度走势向下

根据广东省2017～2035年地区生产总值预测数据，结合2017～2035年广东进口额预测值（图6-10），按照表6-2的测算方法，进口依存度是进口额与地区生产总值的比值。测算结果表明，广东2017～2035年的进口依存度同样出现了下降趋势，到2020年广东进口依存度将下降到0.2775，相比2016年下降24.17%。进一步预测表明，2035年广东进口依存度将下降到0.1983，相比2016年下降33.12%，相比2020年下降28.54%，相比2030年下降9.04%（2017～2035年各年度的进口依存度预测值见图6-38）。

（四）广东外资依存度评价与趋势预测

根据对外开放度指标评价历年（1988～2016）广东外资开放度的序列表现，主要采用实际利用外资指标反映广东外资开放度的现状与历史表现，利用模型模拟与预测法对2017～2035年的外资依存度进行可进行

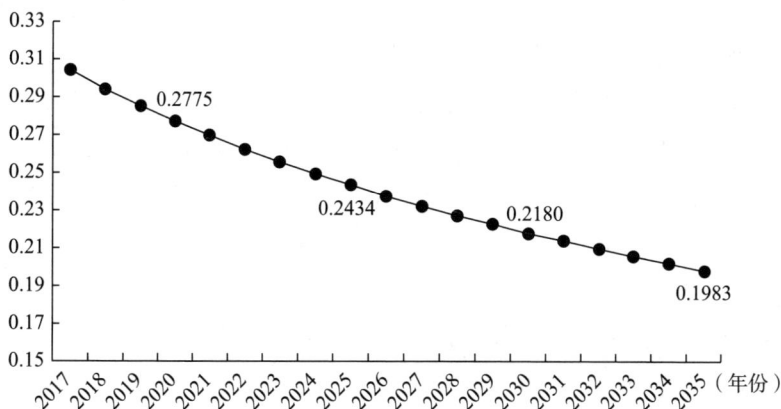

图 6 - 38　广东 2017～2035 年进口依存度预测值

如下预测。

1. 外资依存度评价：呈倒 V 形走势、依存度逐年变小

外资依存度是实际利用外资额与地区生产总值的比值。广东近 30 年（1988～2016）以来，外资依存度呈现倒 V 形演化特征，大体可以分为两个阶段：1988～1994 年整体呈现上升趋势，1994 年外资依存度达到历史峰值 0.21；1994～2016 年整体呈现下降趋势，2016 年下降到 0.02，并且是连续三年维持这一水平（图 6 - 39）。

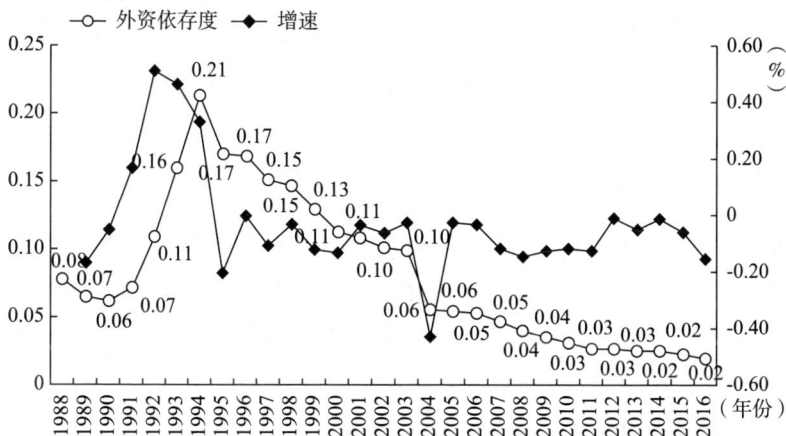

图 6 - 39　广东 1988～2016 年外资依存度及增速

2. 外资依存度预测：由"引进来"转向"走出去"

根据广东省 2017～2035 年地区生产总值预测数据，结合 2017～2035

年广东实际利用外资预测值（图 6 – 31），按照表 6 – 1 的测算方法，外资依存度是实际利用外资额与地区生产总值的比值。测算结果表明，广东 2017～2035 年的外资依存度表现出下降趋势，到 2020 年广东外资依存度将下降到 0.0192，相比 2016 年下降 4.00%。进一步预测表明，2035 年广东外资依存度将下降到 0.0114，相比 2016 年下降 41.54%，相比 2020 年下降 40.63%，相比 2030 年下降 13.64%（2017～2035 年各年度的外资依存度预测值见图 6 – 40）。受"一带一路"倡议、政府鼓励企业"走出去"政策等影响，此外，广东劳动力、土地等要素成本年年攀升也是重要原因，众多企业通过海外投资谋求发展机会，从而导致广东外资依存度出现下降趋势。

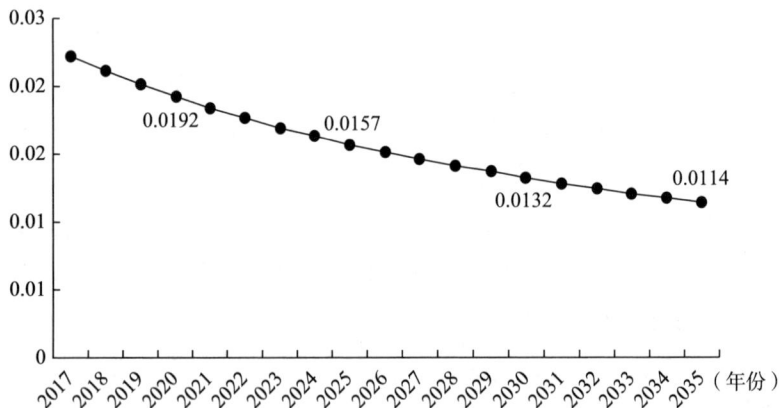

图 6 – 40　广东 2017～2035 年外资依存度预测值

（五）广东经济开放度评价与趋势预测

根据国际贸易和外资对一国或地区经济发展的重要性，本研究把经济开放度定义为外贸依存度与外资依存度之和。利用这一简洁算法可快速获取和计算广东经济开放度现状、历史表现并对 2017～2035 年经济开放度进行预测。

1. 经济开放度评价：呈现倒 V 形走势、依存度整体下降

经济开放度是进出口总额与实际利用外资额之和与地区生产总值的比值。广东近 30 年（1988～2016）以来，经济开放度与外贸依存度、出口依存度和进口依存度演化特征基本类似，均呈现较为明显的 M 形特征。

1988～1994 年广东经济开放度整体呈现增长势头，1994 年达到历史峰值 2.02；1994～2001 年整体呈现下降趋势，2001 年下降到 1.32；2001～2006 年又呈现整体上升势头，2006 年这一数值达到 1.63；2006～2016 年呈现 10 年下降趋势，2016 年广东经济开放度下降到历史低位 0.81。2016 年与历史最高位 1994 年相比，经济开放度下降了 1.21，下降幅度达到 59.90% （图 6－41）。

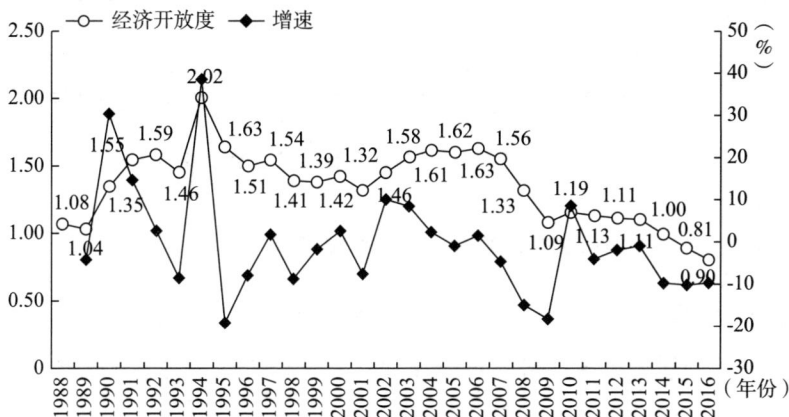

图 6－41 广东 1988～2016 年经济开放度及增速

2. 经济开放度预测：外向型经济重要性仍在但经济开放度整体下降

根据广东省 2017～2035 年地区生产总值预测数据，结合 2017～ 2035 年广东进出口总额和实际利用外资预测值（图 6－6、图 6－31），按照表 6－1 的测算方法，经济开放度是进出口总额与实际利用外资额之和与地区生产总值的比值。测算结果表明，广东 2017～2035 年的经济开放度总体表现出下滑趋势，和外贸依存度、外资依存度表现类似。到 2020 年地区生产总值经济开放度将下降到 0.7012，相比 2016 年下降 13.43%。进一步预测表明，2035 年地区生产总值经济开放度将下降到 0.5141，相比 2016 年下降 36.70%，相比 2020 年下降 26.68%，相比 2030 年下降 8.36%（2017～2035 年各年度的经济开放度预测值见图 6－ 42）。本报告把经济开放度定义为外贸依存度和外资依存度的叠加，而外贸依存度和外资依存度均表现出下降趋势，因此，广东省经济开放度自然出现下降趋势。

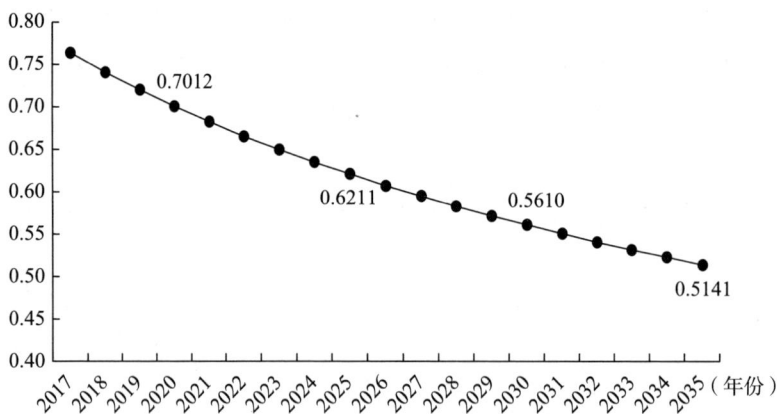

图 6-42　广东 2017～2035 年经济开放度预测值

（六）广东对外经济转型升级方向判断

预测结果表明，广东 2017～2035 年外贸依存度、外资依存度以及经济开放度均呈现缓慢下滑趋势。可能原因：一方面是经济总量仍然在以较快速度增长，且这一速度超过外贸和外资增速；另一方面是广东对外经济正在寻找和确认"提质增效"的转型升级方向。根据新结构经济学理论，广东未来开放发展应更为强调市场在资源配置中的核心作用，建议政府在全球化大生产和全球价值链合作中通过市场确定的比较优势来发展广东经济，为全省企业提供合适的基础建设。此外，甄别新产业和优先利用政府资源来发展"比较优势"产业是至关重要的。[①]

1. 出口贸易转型升级方向：高技术"逆溢出"产品出口

虽然全球经济环境复杂多变，衰退风险仍然存在，但近几年广东的出口额表现比较稳定。2016 年，全省出口额为 39455.07 亿元，同比下降1.55%；其中，机电产品出口额为 26798.98 亿元，同比下降 1.77%；高新技术产品出口额 14095.43 亿元，同比下降 2.68%，相比之下，高新技术产品出口额下降幅度更大。2016 年，全省出口额中高新技术产品出口额所占比重为 35.73%，2015 年这一比重为 36.14%，出现了小幅下降。2016 年，全省出口额中机电产品出口额所占比重为 67.92%，2015 年这一

---

① 林毅夫：《新结构经济学：反思经济发展与政策的理论框架》，北京大学出版社，2014。

比重为 68.07% ，也出现了小幅下降（图 6 - 43、图 6 - 44）。

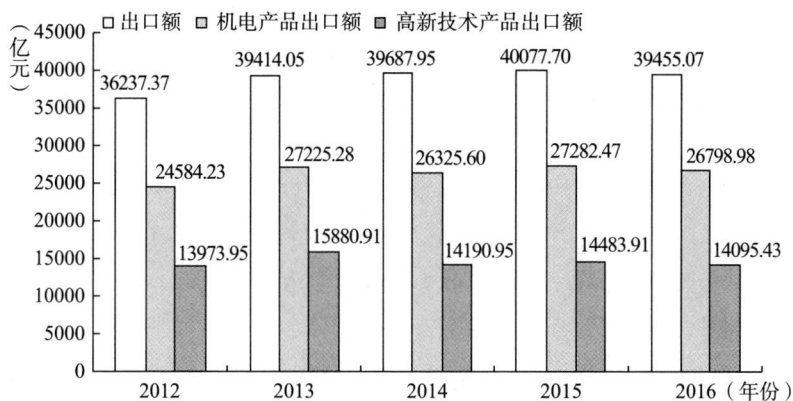

图 6 - 43　广东 2012 ~ 2016 年部分出口产品类型比较

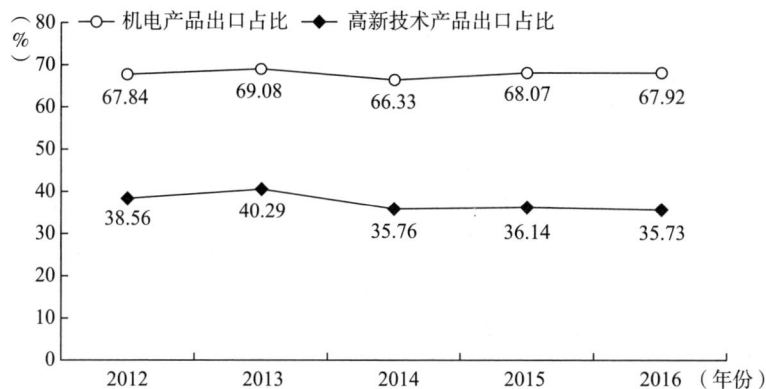

图 6 - 44　广东 2012 ~ 2016 年机电产品、高新技术产品出口所占出口额的比重

国际经验表明，出口有助于企业提高产品标准和学习能力，增加出口贸易中高新技术产品比重能够提高科技创新能力和水平。源于三个方面的原因：一是较大的国际市场使企业尽可能地扩大生产规模或者降低本国需求；二是出口企业为应对国际市场的竞争被迫持续改进技术和提高产品质量；三是在国际市场接受发达国家的技术和知识是一个学习的过程。要想进一步发挥广东出口贸易在广东经济发展中的作用，应该让出口有助于科技创新水平提高进而实现"提质增效"目标，实现广东出口贸易的转型升级。具体做法是：在保持出口额、机电产品出口额和高新技术产品出口额稳步增长之余，应该提高高新技术产品出口额在全省出口额中的比重。

2. 进口贸易转型升级方向：高技术"溢出"产品进口

受全球经济复苏乏力影响，近年来广东的进口额表现持续下降趋势。2016年，全省进口额为23574.40亿元，同比下降0.22%；其中，机电产品进口额为15911.88亿元，同比增长2.64%；高新技术产品进口额为12520.11亿元，同比增长4.00%，相比机电产品，高新技术产品进口额增幅更大。2016年，全省进口额中高新技术产品进口额所占比重为53.11%，2015年这一比重为50.95%，增幅高2.16个百分点。2016年，全省进口额中机电产品进口额所占比重为67.50%，2015年这一比重为65.62%，增幅高1.88个百分点（图6-45、图6-46）。

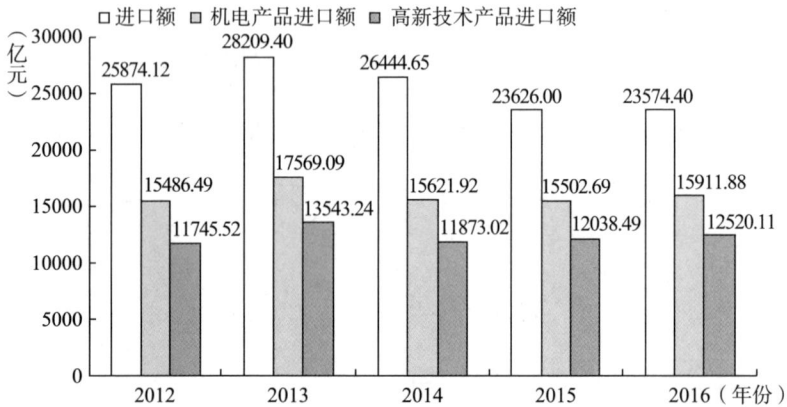

图6-45 广东2012~2016年部分进口产品类型比较

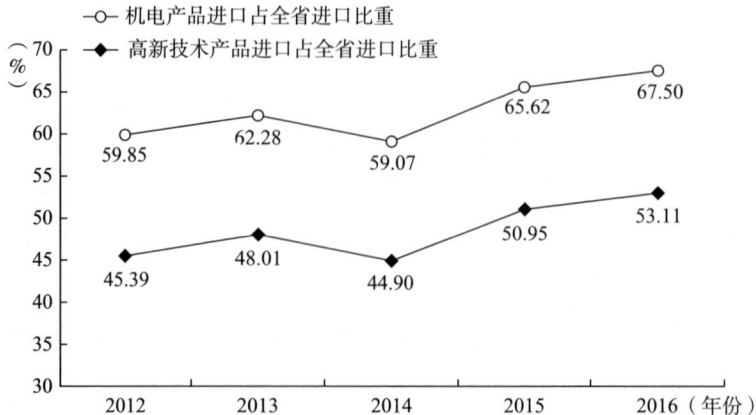

图6-46 广东2012~2016年两类进口产品所占全省进口额的比重

国际经验亦表明，进口贸易会影响进口国家和地区科技创新水平，增加进口贸易中高新技术产品比重有助于提高科技创新能力和水平。其途径主要有两种：一是高技术资本品进入本地市场将给本地企业带来新技术；二是高技术产品进入本地市场将对本地企业造成竞争压力，促进本地企业提高产品的技术研发。进口贸易，特别是高技术产品进口是一国或地区获取国外先进技术的重要渠道之一，通过高新技术产品进口，进口地不仅可获得含有先进技术的高新技术产品，而且也可增加获取先进技术的机会，从而推动进口地科技创新水平的提高。而且，高新技术产品的进口需要本地区具有较好的技术吸收能力。要想发挥广东进口贸易在科技创新中的地位和作用，实现广东进口贸易的转型升级，具体做法是：在保持进口额、机电产品进口额和高新技术产品进口额稳步增长之余，应该提高高新技术产品进口额在全省进口额中的比重。

3. 外商直接投资转型方向：关注高新技术行业的外资引进

根据拟合函数初步判断，与外商直接投资（IFDI）依存度相对应，2017～2035 年广东直接投资逐渐由"引进来"向"走出去"转型，外商直接投资（IFDI）呈现下降趋势，而对外直接投资（OFDI）呈现上升趋势，即广东正由外商直接投资（IFDI）转向对外直接投资（OFDI）为主的直接投资方式。随着国家"一带一路"、粤港澳大湾区、广东自贸示范区等的深度实施，预计这一趋势还将继续。

2016 年，广东省外商直接投资（IFDI）额为 2334900 万美元，同比下降 13.12%；其中，制造业吸引 IFDI 额为 577600 万美元，同比下降 43.79%；信息传输、计算机服务和软件业吸引 IFDI 额为 341100 万美元，同比增长 402.53%，相比制造业，信息传输、计算机服务和软件业吸引 IFDI 额大幅增长。2016 年，全省外商直接投资（IFDI）额中制造业所占比重为 24.74%，2015 年这一比重为 38.24%，增幅下降 13.50 个百分点。2016 年，全省外商直接投资（IFDI）额中信息传输、计算机服务和软件业所占比重为 14.61%，2015 年这一比重为 2.53%，增幅提高 12.08 个百分点（图 6 - 47、图 6 - 48）。

国际经验表明，全球价值链合作视角下，强化外商直接投资（IFDI）引进质量，有利于提高本地的科技创新能力和水平。主要通过以下三种方式。其一，本地企业对于大型跨国公司的管理方法和经验的学习和模

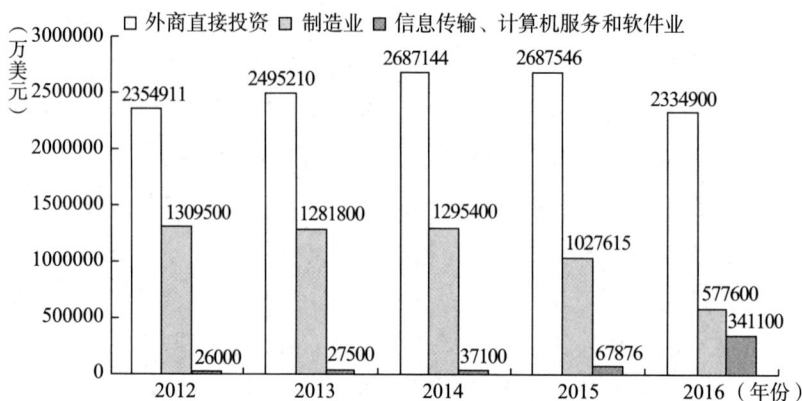

图6-47　广东2012～2016年外商直接投资（IFDI）比较

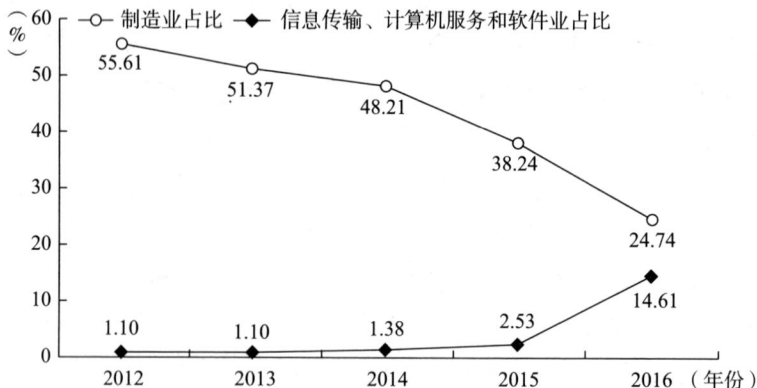

图6-48　广东2012～2016年外商直接投资（IFDI）行业所占比重

仿；其二，本地企业与IFDI企业建立一种产业链和价值链上的前后关联，尤其是来自发达国家对本地企业的技术带动更为明显；其三，IFDI进入本地市场所带来的竞争压力促使本地企业更有动力去进行技术升级。具体做法是：广东省未来在引进和利用IFDI过程中，应该更加注重外资的质量，减少"三来一补"和加工贸易等低质量外资引进。此外，在提高外商直接投资绝对量的同时，还应该基于《中国制造2025》部署，抢抓第四次工业革命先机，注重把外资向制造业、信息传输、计算机服务和软件业等领域引导。

4. 对外直接投资转型方向：注重行业、地域和方式选择

随着国家"一带一路"倡议的深度实施，广东对外直接投资（OFDI）

呈现逐年增长趋势，2016 年，广东省对外直接投资额为 206.84 亿美元[①]，同比大幅增长 94.31%（见图 6 - 49）。从国内不同地区投资状况来看，在过去相当长时期里，参与中国海外并购活动的主体主要来自我国沿海经济发达地区，2015 年，广东省对外直接投资存量为 686.50 亿美元，位列中国 2015 年各省份 OFDI 额第一名。[②] 民营企业和国有企业对外直接投资存在很大的区域差异，民营企业投资排名前五的分别是广东、浙江、北京、江苏和山东（见表 6 - 7）。相对于国有企业，民营企业一般对地区经济环境、开放程度、技术水平和金融约束的敏感性更高。此外，相对于国有企业，广东省民营企业对外直接投资意愿更强。

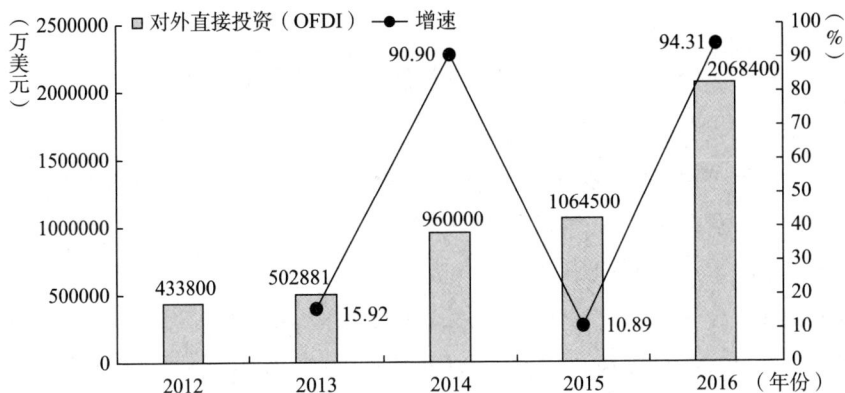

图 6 - 49　广东 2012 ~ 2016 年对外直接投资（OFDI）额及增速

国际经验亦表明，对外直接投资（OFDI）对行业、空间和方式的适当选择有利于提高本地的科技创新能力和水平。主要通过以下三种方式：其一，OFDI 的重要动机是通过对 R&D 密集产业投资获取东道国的逆向技术溢出，进而促进本国或地区的创新能力增长；其二，通过学习效应促进传统产业结构调整；其三，OFDI 进入国外市场所带来的国际标准、市场竞争压力等促使本地企业更有动力去进行技术升级。具体做法是：在"一带一路"和"创新驱动发展"驱动下，广东省未来在"走出去"对外投资过程中，应该更加注重投资行业、地域和投资方式选择。

---

① 此处对外直接投资是指广东的对外实际投资，而非广东核准境外投资新增中方协议投资额。
② 《中国对外直接投资与国家风险报告（2017）》，社会科学文献出版社，2017，第 196 页。

表6-7 2003~2015年对外绿地投资规模前5名的省份

排名	民营企业		国有企业	
	省份	规模（亿美元）	省份	规模（亿美元）
1	广东	161.4	北京	1449.6
2	浙江	144.6	上海	203.4
3	北京	136.9	湖北	92.5
4	江苏	130.2	安徽	85.7
5	山东	100.0	广东	83.0

资料来源：《中国对外直接投资与国家风险报告（2017）》，第230页。

四 对策建议

广东面向2035年的开放发展，需要把握以人工智能、量子通信与计算、生物工程等为主要代表的新一轮科技革命和产业变革带来的契机，充分发挥广东产业基础雄厚的优势、战略性新兴产业和高新技术产业弯道超车的后发优势、创建开放型经济新体制的体制政策红利优势、经济持续保持中高速增长内需市场不断扩大的优势，不断拓展参与国际经济合作的领域，提升合作层次和国际竞争力。以创建亚洲领先、全球先进的营商环境为目标牵引，建设区域内外资源、生产、服务、消费超级互联互通机制，建立对外开放协同发展联动推进机制，完善企业"走出去"协调服务机制，利用最新数字信息技术等新技术构建高效服务运行机制，率先建成全国开放型经济新体制支撑和引领区；以加速转型和创新为主要手段，以开放与创新相融合为路径将广东提升到全球价值链高端；以扩大融合发展，产业结构深度对接，经济结构同步优化为主要诉求，将"一带一路"打造成为广东开放发展的重要支撑；以综合改革为抓手将广东自贸试验区打造成高水平对外开放门户枢纽；以粤港澳世界级领先大湾区城市群为基础打造开放发展新平台；以产业实力为依托提升国际经济治理机制和规则制定话语权，以构建新机制新框架为内容参与全球经济治理机制建设；以卓越的产业、营商和生活环境为引力创建世界级创新人才培养和集聚中心。

（一）以全球化发展为依归率先确立开放型经济新体制

改革开放以来，我国通过引进外资，发展外贸，大力发展外向型经济，带动了经济社会跨越式快速发展。但这种单维度的对外开放已经逐渐不能适应国内外发展环境的要求。从国际上来看，外贸驱动的发展模式在一定程度上引起国际经济和贸易格局失衡，欧美日发达经济体甚至发展中国家都产生了一些反弹。从国内来看，经过多年发展，我国已经培育出一批具有相当实力的公司，积累了丰富的投资资金。这些公司已经跨越国内配置资源的发展阶段，需要不断到国际市场拓展发展空间。在新形势下，以习近平同志为核心的新一代中央领导集体在党的十八大代表大会上明确提出要建立开放型经济新体制，从单维度开放向全面双向开放发展，以体制改革和创新作为开放型经济建设的突破口。2017 年 4 月 4 日，习近平同志对广东工作做出重要指示，希望广东做到"四个坚持、三个支撑、两个走在前列"。面对习近平同志要求广东为构建开放型经济新体制提供支撑的历史任务，广东需要以开放型经济体制机制改革为焦点和突破口，大力实践、创新，形成新时期中国特色社会主义开放发展方面可复制可推广的经验，率先确立完善的新体制、新机制。

1. 引领国内营商环境建设

世界银行公布的《2017 年营商环境报告》显示，中国营商环境在全球190 个经济体中位列第 78 位。虽然世界银行的评价体系可能有待商榷，但其权威性和中立性相对受到国际尊重，就其几大主要评价指标如企业经营便利度等而言，中国与领先者确实还存在差距。中国的贸易环境同样不尽如人意。面向 2035 年，中国需要大刀阔斧改革，争取超越亚洲的发达国家日本，进入营商环境全球排名前 20 位。

实现这一目标的任务艰巨，广东要发挥引领作用。目前，广东在对外开放中走在全国前列，营商便利度、政策法律保障和执行力、硬件建设等也在探索中不断改进，但创新创业时代的营商环境对广东提出了新的要求。广东要积极对标国际营商规则，大力提升企业创立开办便利度、合同履约率、企业清算、产权保护等。完善监管体制，积极探索建立与国际高标准投资贸易规则相适应的管理方式。在开放风险总体可控的前提下，探索逐步减少和取消对外商投资的准入限制。最终构建稳定、公平、透明、可预期的营商环境。

2. 形成超级互联互通机制

对标国际，一定是在全球化背景下进行的，开放型新体制建设，必须把握全球化新趋势，一旦找错方向就会扑空。当前全球化进入复杂状态，未来是什么方向？美国学者康纳在《超级版图》一书中提出，全球化正在进入超级全球化阶段，一幅全世界范围内互联互通的超级版图正在形成。何谓互联？传统的国界线表示国与国的隔离，强调本国的国土主权，限制人员、资本、资源、技术的流动，而在互联时代，国家必须选择与其他国家、其他区域连接，连接的力量远远大于政治和军事的力量。以关税减让为主要特征的传统全球化，最多能推动世界经济增长 5%，而以互联互通为主要特征的新型全球化，将推动世界经济增长 10%～15%。广东要跟进这个新方向。今后要重点瞄准供应链角力，向外拓展资源、生产、服务、消费的连接，连通全球各大市场，打造属于自己的未来超级网络版图。①

3. 建立对外开放协同发展联动推进机制

国家和广东省为了推进对外开放加速发展，建立了不少不同级别和类型的开放试验平台。但遗憾的是，不仅不同省、区、市的开放发展平台协同发展不足，就是一个省之内，不同开发、开放平台之间的协同合作也相对薄弱。过去强调对外开放，只是侧重在经济特区、经济技术开发区为外资企业提供包括税收优惠在内的政策激励。然而，经济特区、经济技术开发区之间并没有多少关联，长时间的税收优惠政策也很容易造成税收洼地现象。现在强调构建开放型经济新体制，则要把包括经济特区、经济技术开发区、保税区、国家新区、自贸试验区等都变成对外开放的依托和抓手，这些区域之间不再是信息孤岛，而是相互联系、相得益彰的投资平台。在此基础上，上述区域还必须与广东、包括泛珠三角地区在内的中国中西部其他各级各类重要开放平台实现产业、技术、人才、信息等共享和融合，做到你中有我、我中有你，通过各种资源加速整合，引领中国实现东西部协同开放，回应对外开放新形势所提出的新要求和新挑战。②

---

① 丘杉：《把握全球化进程大方向确定开放型经济新体制路径》，《南方日报》2017 年 5 月 2 日。

② 林江：《构建开放型经济新体制"新"在哪里？》，《南方日报》2017 年 5 月 6 日。

4. 完善企业"走出去"协调服务机制

中国的企业正步入境外投资快速发展的阶段，2016 年对外投资已经位于全球第二位。但与引进外资建立起来的一套政策体系和公共服务机制相比，企业对外投资和其他经营活动的国内公共服务和协调机制还远远落后。广东的对外经营类企业总体来讲，目前经营绩效不尽如人意，有各种各样原因。从企业来讲，企业快速扩展时人力资源不足、管理不善，决策偏颇，都是原因。但有些是企业无法掌控、不能解决的外部问题，如合同得不到履行、政策法规多变、社会治安差、公共服务效率低下等等。这些问题需要从政府层面及时沟通，协商适当的解决办法，为企业开展经贸活动创造良好的外部环境。包括与相关国家沟通合作，实现法律、法规、政策的对接，在贸易投资促进、通关便利化、质检交流、当地社会治安、文明廉洁执法、基础设施建设等方面加强合作，建立定期协商机制和双边争端处理机制。加强与外国驻粤商务机构、跨国公司的联系沟通，定期举办座谈会、联谊会等活动。

5. 利用最新数字信息技术等新技术构建高效服务运行机制

相对于政策法规体制机制改革攻坚等软体制改革发展，开放型经济体制的硬件建设可能难度低些，但其重要性也不容忽视，两者是相辅相成的正相关关系。就是广东引以为傲的公共服务信息化网络化方面，其在安全性、高效性等方面也存在改善的空间。当今时代，大数据技术、人工智能等新技术对公共服务的渗透正在由初期发展阶段向大规模应用时代跨越。这些技术对开放型经济新体制红利的乘数效应，对差异化服务的挖掘能力，对供需两端的分析能力，将促进政府公共服务水平迈上新台阶。

（二）以开放与创新相融合为路径将广东提升到全球价值链高端

1. 以新工业革命为推动将广东建设成为全球高新技术产业制造中心

在世界经济发展步入下行周期的低谷阶段，各界正寻求从第三次工业革命向第四次工业革命过渡，寻找新的发展动力。工业 4.0、人工智能、量子通信与计算、3D 打印技术、生命工程技术、能源革命、纳米技术等一批重要甚至颠覆性技术正处于产业化加快发展时期。

当今，无论西方发达国家还是发展中国家或新兴市场国家，正积极推动新一轮科技创新和产业发展，均在竭力培育自己的战略性新兴产业，纷纷出台和制定保护新兴产业优惠政策,以求在新一轮全球经济格局调整中占据战略和产业优势。例如,美国政府已经和正在采取降低本国制造业成本的措施:降低美国制造业的税收负担,并使暂时性减税措施永久化,以提高美国制造业吸引资本和投资的能力;改革医疗保险,降低医疗保险成本;减少管制和司法诉讼成本;实施节能计划,降低能源成本;鼓励创新投资,促进技术扩散,降低开发新技术的风险,确保美国企业致力于设计和生产技术含量高且为世界客户所需要的产品;增加国家科学基金、国家标准和技术研究院实验室等重要科学部门预算,开发先进制造技术,并启动先进制造技术公会项目;等等。

广东在发展战略性新兴产业上面临新兴市场国家和发达国家的双重夹击,需要超越《中国制造2025》的发展目标。在政策供给上,广东需要借鉴可以借鉴的政策,拟定自己的扶持政策。聚焦第四次工业革命核心技术和潜在重要产业,集中优势资源,从金融、财政、政府采购等方面助推其快速成长。在具体措施上,扶持人工智能、大数据、生物工程等广东相关产业优势企业适当通过在境内外兼并重组提升国际竞争力;重点吸引相关产业外资投资,给予其税收、市场要素等方面优惠;聚焦量子通信与计算、三D打印等有市场潜力、可能产生颠覆性影响的技术和产业,加大创投和孵化力度,培育新的种子公司。在市场拓展上,广东战略性新兴产业将面临发达国家甚至新兴市场国家的市场保护,首先需要采取措施保证战略性新兴产业在国内市场打开局面,遵循传统产业的发展和市场拓展路径,从国内走向世界,是一个择优选择。

2. 以高附加值服务业为重点将广东发展成为中国和全球专业服务业高地

世界经济呈现服务业比重上升、制造业比重下降的趋势。以美国为例,2008年发生金融危机的时候,美国人一直强调本国服务业占比太高,制造业则太低,于是奥巴马提出要把制造业带回美国。近10年时间已经过去,美国服务业的比重从78.4%~78.5%下降到78%左右,没有显著变化,而欧洲服务业的比重仍在继续上升,发达国家的经济仍继续去制造业化。新兴经济体的服务业比重也在上升。全世界经济呈现服务业比重上升、制造业比重下降的趋势。

服务贸易领域摩擦较少,发展空间较大,是避免新型贸易保护主义的优选方案。服务业也是内需潜力最大的产业。当前，全球服务业正开始新一轮从发达国家和地区转移到发展中国家和地区的浪潮。首先，广东需要引进和发展有助于产业转型升级、有助于优化战略性新兴产业发展环境的服务业外资。其次，要立足于产业基础和比较优势，通过技术升级、业务转型，培育本土咨询设计、物流、会展、金融等类型高附加值服务业平台和企业。促进广东数量众多、具有区域和国际影响的专业采购批发市场通过采用大数据、云计算技术，结合创新金融、商务服务、外贸综合服务，建立外贸新生态、新模式，向与新外贸需求相适应的新型世界级市场采购市场嬗变升级。以生命技术和生物技术为先导的健康服务业等则代表了我国生活服务业的未来发展方向，市场空间广阔，广东又有一定的产业基础，要以现有产业和企业为基础，以自有技术和引进技术为手段，立足国内市场，逐步培育世界级新兴高端生活服务业产业和企业。在扩大服务贸易路径上，借鉴制造业粤港澳合作走向世界的经验，以粤港澳服务贸易自由化为主要路径，稳步开放，推进高端优势服务业走向世界。

3. 通过多种途径和手段不断推进传统产业向价值链高端发展

无论从广东传统产业的规模、企业数量和产业基础，还是从意大利、法国、瑞士等国家的发展经验来看，广东都有基础也有必要培育出一批在全球出类拔萃、盈利能力可观的传统产业跨国企业和知名品牌。关键是以价值再造为核心，引导传统产业通过兼并重组优化资源配置；在供给端使用最新技术，改进、提升产品质量和档次；在需求和营销端引入电子商务、大数据服务等商业模式，创新运用个性化、定制化、差异化、品牌化等经营模式，培育、创造出一批具有全球竞争力的传统产业群和品牌群。

（三）以深度对接为指引将广东打造成为"一带一路"的重要支撑

总体来看，"一带一路"国家和地区的经济和产业发展水平大致可以分为三个层次。第一层次的国家和地区如新加坡、港澳地区等，以及"一带一路"所连接的终点欧洲，属于发达经济体，产业层次先进，科技研发技术水平高，金融实力强大。第二个层次是马来西亚、泰国、俄罗斯等国家，其工业化已经取得了一定进展，制造业有一定基础，国内企业具有一定竞争力。第三类国家包括东盟的中南半岛国家，南亚国家，阿拉伯、中东，东非等地区。这些国家发展相对落后，产业结构单一，工业化处于初期阶段或初期向中期过渡阶段。

广东省现在经济和产业发展处于工业化后期，在经济结构调整和产业发展上，一方面要通过外部引进境内外科技、人才资源等，融合信息技术等新科技革命的最新成果，加大制造业转型升级力度，推动工业化完成最后旅程。另一方面，广东省需要加大经济和产业结构向服务化发展的力度。为工业化后期服务的专业服务业，适应现代消费模式和技术需求的新兴服务业，都是广东将重点发展的产业部门。结合"一带一路"沿线国家（地区）的产业现状和发展需求来看，广东和第一类国家（地区）和第三类国家（地区）产业互补性特别明显。与第一类国家的合作，重点放在引进其资金、技术，吸引其高端产业促进产业转型方面。第三类国家和地区的工业化迫切需求与广东部分因要素价格上升而需要转移的部分制造业产能相契合，广东企业可以将制造业的部分环节布局到这些地区，通过传统制造业产业链环节的重新优化布局，资源在更大区域优化重组，提升国际竞争力。这类国家虽然暂时落后，但南亚等地区发展迅速，市场潜力大，也是广东产品的重点拓展对象。第二类国家（地区）在产业发展水平上与广东有一定相似度，可行的重点合作方向一是差异化发展，相互为对方提供服务，另一个是结合各自技术、产业优势发展产业内水平分工。

广东未来参与"一带一路"建设的重点是，推动大投资项目，搞大型基建、专属园区，推动能源、产能走出去；落地生根、深耕细作、持久发展。要跟着"项目和资金"走，盯住六大通道建设机会，沿通道布局基建投资和产能拓展。要与相关中央部委携手，与大型央企进行大项目合作，为这些企业巨大沿线投资配套。在大型项目上下游、产业集群、生产服务、项目分包、监理上觅得商机。推进关键的标志性工程，力争尽早开花结果；在南亚印度、中东和北非等地区设立经贸办事处。在开放创新方面，立足广东战略性创新产业优势，聚合"一带一路"优质创新资源，促进创新型人才流动，加强政策对接，共建创新合作平台，在"一带一路"率先建立开放创新生态系统，等等。

（四）以综合改革为抓手将广东自贸试验区建设成高水平对外开放门户枢纽

1. 将广东自贸试验区打造成开放型经济新体制建设的排头兵

困扰广东进一步开放发展的重大问题，广东营商环境面临的主要困境，都可以在自贸试验区试行，探索解决办法，取得经验再扩大推广。在负面清单、国际人才港、国际贸易"单一窗口"、第三方检测结果采信等方面进一步完善。加强与港澳合作开拓创新。全面落实粤港、粤澳合作框架协议，积极推动合作模式创新。积极探索 CEPA 框架下的负面清单管理模式，对港澳服务提供者投资负面清单以外领域试行审批制为备案制。

2. 将广东自贸试验区打造成高端要素聚集、高端产业快速发展的对外合作平台

广东制造业向高端发展、服务业加快发展的发展阶段和转型升级的发展任务决定了广东自贸区的发展必须是高起点的发展，自贸区的对外合作必须聚焦在突破高端要素聚集瓶颈，发展高端产业。首先要提升政府部门公共服务的综合水平，通过服务能力、服务方式、服务态度的综合提升打造优质投资软环境。其次要加速产业发展配套体系建设，如提供优质基础设施、第三方生产生活服务机构等。还要探索形成良好的政企互动机制。新区、新产业、新合作必然产生一些新问题，有些企业靠市场的方式无法解决，政府必须迅速补位。但政府与企业关系的理想状态是一个千年难题，必须通过建立高水平监督评估机制加以规范和制衡。

3. 将广东自贸试验区打造成中国金融开放发展的先行地

中国的强国之路，离不开金融业的全方位开放发展，离不开人民币的最终国际化。广东作为中国开放发展的排头兵，不仅对外贸易、吸引外资规模居于全国前列，而且毗邻港澳，属于全球金融产业的核心圈层，金融交易、金融产品繁杂多样，金融套利甚至犯罪等负面现象也层出不穷。广东自贸试验区需要在第一线打开窗口，规范经营，为国家探索金融等核心关键领域扩大开放的经验。要发挥广东自贸区毗邻港澳的优势，支持其在资本项目可兑换、人民币跨境使用、外汇管理改革、资本市场双向开放等方面展开先行先试，条件成熟时逐步推广。建立健全自贸试验区宏观审慎管理框架下的境外融资和资本流动管理体系，按照统筹规划、服务实体经济、风险可控和分步推进的原则逐步提高资本项目可兑换程度。支持自贸试验区按照国家规定设立国家金融资产交易平台，依托港澳服务于国际金融市场和离岸人民币市场。遵循"金融审慎例外"的原则，掌握金融开放主动权，建立和完善系统性风险预警、防范和化解体系，守住不发生系统性、区域性风险的底线。

（五）以粤港澳世界级领先大湾区城市群为基础打造开放发展新平台

粤港澳大湾区是我国最有条件建设世界级领先大湾区城市群的先行区，外向型程度最高，内部联系也日益密切，具有密集的产业集群和香港这样的世界级城市，有望在与纽约湾区、旧金山湾区、东京湾区等世界级湾区竞争中脱颖而出，成为国家高水平参与国际经济合作的新平台。

1. 聚焦发展引领国家开放合作重大战略

发展是永恒的主题，是香港的立身之本①，也是粤港澳大湾区城市群建设的核心和焦点。首先，粤港澳大湾区未来发展要全面贯彻"五大发展"理念，积极与国家"一带一路"建设相对接，导入更多的国家发展功能，共同打造"一带一路"巨型门户枢纽，联手助推中国参与国际竞争，构建高水平参与国际合作平台。粤港澳大湾区要围绕"一带一路"国际合作拼图，搭建与沿线国家的超级网络，针对性地发展总部分区，做到与"一带一路"相关的任何一种全球流动都可以在大湾区找到对应的实体自由贸易区。大湾区总部辐射半径要延展至东南亚、中东和非洲等海上丝路沿线区域。其次，粤港澳大湾区城市群要集中优势资源参与自贸区建设，将自贸区打造成大湾区城市群高端产业和高端要素聚集的主要高地、湾区对外合作的主要平台。要在自贸区探索改革湾区金融体制，在维护国家金融安全前提下，探索设立"金融特区"实验区，实现资金自由流动，为人民币国际化探索经验，逐步发展成中国人民币自由流动的重要平台。再次，大湾区要积极推动 CEPA 升级，加大内地服务业对港澳的开放力度，扩大大湾区专业资格互认范围，拓展"一试三证"试点。以这些改革发展举措为基础深入探索国家自由贸易港群经验。

2. 发挥"一国、两制、三关税区"制度优势

与纽约、旧金山、东京、伦敦等世界级大湾区城市群相比较，粤港澳大湾区城市群有一个独一无二的特点，那就是"一国、两制、三关税区"的独特制度特色。"一国两制"和三个独立关税区在开放合作中会带来一些合作障碍，但在破除、化解障碍的基础上，坚守"一国"之本，善用

---

① 习近平：《在庆祝香港回归祖国20周年大会暨香港特别行政区第五届政府就职典礼上的讲话》。

"两制"之利①，却可以将独特制度特色转化成独特的、不可替代的竞争力。

未来的粤港澳大湾区要构建开放型经济新体制，按照现代治理而非传统管制的理念，寻找、设计促进各方共赢的制度供给体系，积极争取国家赋予粤港澳大湾区更大的改革权限、给予更多的政策支持。建设区域内的"人流、物流、资金流、信息流"四要素全面融合的一体化经济社会体系，利用港澳带动珠三角走向国际化、全球化，使珠三角进一步在经济、社会等方面与港澳接轨、与世界接轨，尽快融入世界经济体系。同时港澳要将珠三角作为端口，对接内地"五大发展观"发展理念，搭上内地发展的快车，开创新的机遇，实现发展的第二次跨越。

通过改革口岸管理体制、户籍管理体制，放宽湾区内人员出入境政策、港澳居民在粤就业就学养老政策等，实现人员自由流动；加快外贸管理体制改革及贸易、关税政策的调整步伐，把自由港政策适度扩展到整个大湾区，实现商品自由流动；打破信息壁垒，填补信息鸿沟，共同维护网络安全，构筑自主自立、开放合作的网络空间，实现信息自由安全流动。

3. 促进社会保障和社会服务对接

充分发挥民间组织在社会治理和提供公共产品中的作用，将一些政府的服务功能转移给民间机构，比如支持成立粤港澳大湾区发展合作委员会，以取代三地政府的一些职能。

完善社会保障体系，全面实现广东省内社会保障关系顺畅转移接续和异地就医即时结算，推动港澳在粤就业人员、区域灵活就业人员、农民工等群体按规定参加社会保险，建立跨境社会救助信息系统，支持社会福利和慈善事业发展合作。鼓励共建养老设施，加快粤港澳养老服务保障领域对接。

（六）以产业实力为依托提升国际经济治理机制和规则制定话语权

合理的、反映国家经济社会发展需要和企业需求的国际经贸治理机制和运行规则不仅有利于国家综合国力的提升，也能够助力企业开拓发展。

---

① 习近平：《在庆祝香港回归祖国 20 周年大会暨香港特别行政区第五届政府就职典礼上的讲话》。

纵观二战结束后国际经济治理机制构建和跨国公司发展态势，我们看到，一国或地区在全球经济治理和经贸规则制定中话语权高低有多种影响因素。首先，综合实力的强弱与影响力、话语权直接相关。美国凭借其在冷战结束后独一无二的超强实力主导建立了国际货币基金组织、世界银行等治理架构。区域合作、同盟关系也成为提升话语权的一种途径。最突出的是欧盟一步步从关税同盟到经济共同体到政治经济联盟，发展到在某些领域可以跟美国抗衡、发出自己的独立声音。而由一些中小国家组成的东盟如果分散开来，这些国家也许无足轻重，但其一体化的不断发展，对地区事务的影响力不断提升，成为亚太地区一支独特的力量。二战结束后还有一个现象和趋势是，跨国企业集团、企业联盟的活动领域超出了本身生产经营范围，如美国的企业为了追求利益最大化，以各种形式结成联盟、组建游说集团，在国家之间、国际组织之间，或明或暗地伸出它们的触角。英国的部分大型企业组成24国集团，冲破阻力，在中英经贸发展上发挥了很大的推动作用。

当前，国际经贸规则正面临乌拉圭回合谈判结束以来最深刻、最全面的新一轮调整、完善和重构。国际经济治理机制和规则制定的话语权很多时候由国家层面争取。但这不意味着广东没有发挥作用的空间。广东有一亿多购买力强的消费人口，有不断扩大的企业家群体，创新创意产业和商业模式在广东不断发展，这些都是广东为国家争取国际经济治理机制和规则制定较大话语权的后盾和依托。

广东为国家争取国际经济治理机制和规则制定话语权的途径之一，可以通过推出广东指数、广东权威发布提升广东话语权和影响力，如编制发布广东国际航运物流指数、广东大宗商品指数、广东金融期货指数等，逐步形成品牌，影响力自然就产生了。途径之二，主动承担金砖国家论坛、20国集团论坛等全球性和区域性经贸合作组织论坛，建设相关经贸合作区，搭建网络经贸平台等。扩大在中国东盟自贸区建设、亚投行发展、"一带一路"建设等合作中的参与度，一方面发出自己的声音，表达自己的诉求，另一方面也在合作发展中提升国家的影响力。在企业层面，一批广东企业在竞争中脱颖而出。如华为、中兴已经发展成为世界电信业的巨头，在电信基础设施研发、电信行业标准的制定方面正逐渐显示世界影响力。腾讯以即时语音通信工具QQ、微信为基础推出的周边应用，其商业模式正输出到世界其他地方，甚至有些应用和模式被美国企业所借鉴。广东可以鼓励这些有实力的企业、企业集群和行业协会，扩大参与全球行业规则的制定，在全球经贸论坛中多发出、善于发出自己独特的声音。

（七）以构建新机制新框架为内容参与全球经济治理机制建设

1. 中国在推进全球经济合作方面需要承担更大责任

2014 年 10 月 7 日，国际货币基金组织（IMF）发布《世界经济展望》（World Economic Outlook，简称 WEO）。其数据显示，2014 年中国基于购买力平价（Purchasing Power Parity，简称 PPP）计算的国内生产总值（GDP）达到 17.63 万亿美元，而美国仅为 17.42 万亿美元。如果不以购买力平价而以实际有效汇率计算，据北京普华永道的"保守估计"，最晚到 2028 年中国就会超过美国，成为世界第一大经济体。而英国智库 CEBR 称，因中国近年经济成长放缓，使其成为世界最大经济体的时间，从原先预测的 2025 年延后到 2030 年。[①] 到 2035 年，中国成为世界第一大经济体将是大概率事件。以历史经验对照，2035 年前后，中国的市场地位、国际谈判能力等将有所增强。但与此同时，中国需要承担的国际义务也将同样增加。

2. 上升期的中国经济发展持续面对经济和贸易保护主义挑战

全球金融危机爆发、世界经济进入下行调整长周期后，为维护本国的经济增长，一些国家重新捡起经济和贸易保护主义手段，西方选举政治与民粹主义合流，使问题更加突出化、长期化。2009 年 9 月匹兹堡峰会后，各国采取的贸易保护主义措施近 650 种，几乎所有类型的国家都受到影响。美国经济转型和扩大出口并非完全遵守市场竞争规则，而是凭借其国内法和对国际机制的主导权谋求私利。如在美国大力发展新能源谋求新产业制高点的同时，却对中国的风能加征惩罚性关税，对中国太阳能产品发起"双反"调查。自 1995 年以来，我国就连续成为全球反倾销措施的最大受害者。尤其金融危机爆发以来，国外对华反倾销调查激增，对我国出口产品造成的损失也不断增加。在未来中国社会经济发展的上升期，贸易摩擦

---

① 智库：《中国 2030 年将超过美国成世界第一大经济体》，http://www.cankaoxiaoxi.com/finance/20151228/1038783.shtml。

将持续处于高发期,针对中国的技术壁垒、环保标准、社会壁垒、国有企业补贴和所谓"国家资本主义"等非贸易壁垒可能有增无减。因此,广东在国际上竞争优势较大的一些产业正面临着国际贸易保护主义的巨大压力、受到严重损害。

3. 构建化解保护主义、推进全球经济融合发展的新机制新框架

应对贸易保护主义,首先,我们要利用中国在全球治理结构中地位上升的有利条件,利用国际货币基金组织、20国集团等国际组织在制定全球游戏规则中的作用,推动这些国际组织签署一体化贸易协议,成立促进贸易发展协调机构,为广东制造保驾护航,为广东创造争取有利的外部环境。其次,广东要建立自己的机制和框架。这套应对贸易保护的机制要包括预警机制、后援机制、应诉机制和反击机制等一个完整系统。政府部门提供政策支持,快速反应主动作为与相关国家和地区的行政部门沟通协调解决争端,一旦爆发贸易冲突要有适当的反击措施,同时调动行业协会和企业积极应对。行业协会需要协调调动不同行业资源,统一企业行动,团结积极应诉,化被动为主动,综合应对。最后,倡导制造方式革新,制造技术升级。在全球新一轮制造业发展大潮中,绿色生产、低碳生产将是生产方式发展的大势。面临双重夹击的广东制造,无论是传统制造业转型升级,还是战略性新兴产业的不断壮大,选择绿色、低碳的生产方式,都将是突破制造业困局,突破发展天花板,避免新型贸易保护主义的优选方案。

(八) 以卓越的产业、营商和生活环境为引力创建世界级创新人才培养和集聚中心

广东的开放发展,创新创业能否决胜、取得多大成效取决于人才,向价值链高端发展取决于人才,在多大程度上利用新一轮科技革命和产业革新带来的发展动力取决于人才,广东开放型经济发展本身需要越来越多的国际化复合型人才。广东开放型经济发展的未来决胜因素在人才,人才工作需要置于创新创业的同等战略高度。但广东在培养、引进人才方面比不上北京、上海等地区。更突出的问题是,广东产业发展的人才需求指向表明,广东在人才方面将越来越面临与美欧日等发达国家和地区的直接竞争。

发达国家已经形成了创新型人才培养和引进的完善机制。美、德、日、韩四国在建设创新型国家、培养创新人才的过程中，都将"创新"二字摆在首位，并在实践中努力落到实处。例如，美国有各种类型的基金会近5万个，美国政府、民间基金会和学校都对年轻的创新型科技人才给予资金和政策上的支持。政府给予政策上极大支持培养创新人才。美国自20世纪50年代以来颁布了《国防教育法》《美国2000年教育战略》《为21世纪而教育美国人》等法律政策，还为学生制定了《生活费补贴条例》等法规，以支持国家教育的发展和科研人才的培养。创造灵活开放的教育环境。以美、德、日、韩为代表的发达国家都给予学校等科研机构较大的自主权，使其教育内容与形式多样化，并能够根据地区实际情况有针对性地对教育内容和形式进行改革创新。形成完善的职业技术教育和培训机制。如德国突出企业的高技能人才培训、实践功能，职业技术院校教育和企业培训实践齐头并进，行业协会统筹，政府分管，创建了全球领先的高技能人才培育体系。

在引进人才方面。发达国家高技能人才引进数量增长迅猛。2013年的数据显示，全球跨国移民总数达2.32亿人，其中约有一半移民流向美国、加拿大、澳大利亚、英国等10个城市化水平和经济收入相对较高的国家。发达国家通过出台吸引高技能人才流入的刺激性经济政策，招揽本国所需的特殊技能人才。这些政策主要包括提供助学金、贷款和基金项目、奖学金和津贴、赋税优惠和补助金以及其他政策。为了有效吸引高技能人才，各国纷纷出台富有吸引力的移民政策或制定相应的国家战略，以期在引进高技能人才方面占据优势。

应该加大对创新理念的传播，树立创新教育观、质量观和人才观，以适应快速发展的时代要求；转变重视知识轻视能力的人才培养观念，树立知识与能力并重、全面发展的创新人才发展观。创新应该成为各类学校办学的核心目标，在保持对学生进行常规知识传授的同时，加大对学生创新能力的培养力度，并注重学生专业素养、心理素质以及道德的培养，积极引导学生走出校园、走向社会，使其充分运用所学知识解决现实问题。学校要打破陈旧的人才培养模式，因材施教，有针对性地、最大限度地激发学生的潜力，积极探索有利于创新人才教育实施的有效机制。加大力度培养高技能人才。以市场需求为导向，适当前瞻产业发展需求，通过加大校企合作、中外合作、企业独立办学等形式办学和合作力度，输送高技能产业人才。

　　与发达国家和地区相比较，广东在报酬待遇、生活配套环境等方面可能暂时不占优势，但广东发展前景广阔，机遇多，一大批华侨华人、留学归国人员创业取得巨大成功，能够发挥极大示范效应。应该借鉴国内外经验，出台富有创新性和吸引力的海外高技能人才引进措施，针对海外留学高层次人才、重点发展的产业，加大引智力度。首先，放宽外国高层次人才签证、居留许可政策。出台外籍人才积分评估制度，试点整合外国专家来华工作许可证和外国人入境就业许可。在广东自贸试验区率先推进外国技术移民制度改革试点并总结推广。围绕高技能人才引进工作，进一步完善相关的政策法规，加快研究制定投资移民、技术移民等方面的法律法规，为高技能人才引进提供法律保障。其次，适当提高引进高技能人才的待遇水平，探索推广知识产权和智力入股、期权激励等激励形式。再次，积极建设和完善专门的高技能人才回流服务平台，实行外国人才分类管理，提供不同层次的管理和服务，为引进的高技能人才成长和创业提供便利条件。要充分发挥企业等机构在高技能人才引进中的主体性作用。鼓励企业特别是高新技术企业实施"走出去"战略，将"走出去"和"引进来"相结合，在积极进行海外投资的同时，加强对本领域境外高层次人才的引进工作。通过在创新创业、社会保障、薪资福利、个人成长等方面综合出台对引进和回流的高层次人才有吸引力的政策配套，形成激励高层次人才来广东创业和研究开发的引智机制。

参考文献

蔡悦：《经济安全性与适度的外贸依存度》，《改革与战略》2006 年第 5 期。

陈永红：《广东改革开放 30 年的光辉历程及伟大成就》，广东人民出版社，2013。

范红忠、王徐广：《对我国各地区对外开放度适宜性的实证分析》，《国际商务（对外经济贸易大学学报）》2008 年第 5 期。

广东省商务厅：《"弱鸟换壮鸟"：广东外资结构悄然调整》，http://www.gddoftec.gov.cn/ywbk_1/lywz_1/lywz_2/201209/t20120909_44727.html，2012 年 9 月 9 日。

广东省外经贸厅开发区处：《广东开发区发展回顾》，2009 年 7 月 31 日。

龚成威：《改革开放以来广东经济发展及其阶段划分》，《现代乡镇》2009 年第 5 期。

何枫、陈荣：《经济开放度对中国经济效率的影响：基于跨省数据的实证分析》，《数量经济技术经济研究》2004年第3期。

黄繁华：《中国经济开放度及其国际比较研究》，《国际贸易问题》2001年第1期。

胡智、刘志雄：《中国经济开放度的测算与国际比较》，《世界经济研究》2005年第7期。

李翀：《我国对外开放程度的度量与比较》，《经济研究》1998年第1期。

吕志鹏、王红云、赵彦云：《经济开放度的测算与国际比较》，《国际贸易问题》2015年第1期。

马颖、李静、余官胜：《贸易开放度、经济增长与劳动密集型产业结构调整》，《国际贸易问题》2012年第9期。

南方日报：《广东自贸试验区渐行渐近，粤搭建国内企业对接全球市场的重要平台》，http://gd.people.com.cn/n/2015/0107/c123932-23468630.html，2015年1月7日。

彭国华：《双边国际贸易引力模型中地区生产率的经验研究》，《经济研究》2007年第8期。

曲如晓：《经济开放度指标新探》，《经济学家》1997年第5期。

斯蒂芬·P.梅基：《国际贸易》，中国社会科学出版社，1988。

王颖：《金融危机后全球资本流动新格局给广东经济转型带来的机遇》，《改革与战略》2014年第12期。

徐清军、宾建成，《长源泉在国内需求——我国未来实施比较优势贸易战略的整体不适应性》，《国际贸易》2000年第10期。

杨丹萍、张冀：《经济开放度对经济增长的影响分析——基于浙江省1992—2009年数据的实证检验》，《国际贸易问题》2011年第6期。

杨少文、熊启泉：《1994—2011年的中国经济开放度——基于GDP份额法的测算》，《国际贸易问题》2014年第3期。

周茂荣、张子杰：《对外开放度测度研究述评》，《国际贸易问题》2009年第8期。

中华人民共和国中央人民政府网站，http://www.gov.cn/。

Alcala, F., & A. Ciccone. 2004. "Trade and Productivity." *The Quarterly Journal of Economics* 119 (2): 613 – 646.

Alesina, A. 2003. "Fractionalization." *Journal of Economic Growth* 8 (2): 155 – 194.

Cheung, Y. W., Chinn, M. D., & E. Fujii. 2003. "China, Hong Kong, and Taiwan: A Quantitative Assessment of Real and Financial Integration." *China Economic Review* 14 (3): 281 – 330.

Chinn, M. D. & H. Ito. 2008. "A New Measure of Financial Openness." *Journal of Comparative Policy Analysis* 10 (3): 309 – 322.

Dollars, D. 1992. "Outward-Oriented Developing Countries Really Do Grow More Rapidly:

Evidence from 95: LDCs 1976 – 85. " *Economic Development and Cultural Change* 40 (4): 523 – 544.

Edwards, S. 1992. "Trade Orientation, Distortions and Growth in Developing Countries. " *Journal of Development Economics* 39 (1): 31 – 57.

Edwards, S. 1998. "Openness, Productivity and Growth: What do We Really Know?" *Economy Journal* 108 (2): 383 – 398.

Edwards, S. 2001. " Capital Mobility and Economic Performance: Are Emerging Economic Different?" *NBER Working Paper*, No. 8076.

Harrison, A. 1996. "Openness and Growth: A Time Series, Cross – country Analysis for Developing Countries. " *Journal of Development Economics* 48 (2): 419 – 447.

Jay, S., & W. Kenneth. 2011. "A New Measure of Trade Openness. " *World Economy* 34 (10): 1745 – 1770.

Kose, M. A., Prasad, E., Rogoff, K., & S. J. Wei. 2006. " Financial Globalization: A Reappraisal. " *IMF Working Paper* WP/06/189. Washington, D. C. : International Monetary Fund.

Kraay, A. 1998. "In Search of the Macroeconomic Effects of Capital Account Liberalization. " (Unpublished, Washington: World Bank)

Lane, P. R, & G. M. Milesi-Ferrtti. 2006. " Capital Flows to Central and Eastern Europe. " *IMF Working Paper* 6: 188.

Miniane, J. 2004. "A New Set of Measures on Capital Account Restrictions. " *IMF Staff Papers* 51: 276 – 308.

Rodriguez, F. , & D. Redrik. 2000. "Trade Policy and Economic Growth: A Skeptic Guide to the Cross-National Evidence. " In Ben, S, Gernake and Kenneth Rogoff (ed.), *NBER Macroeconomics Annual*, pp. 261 – 325.

Sachs, J. D. & A. M. Warner. 1995. "Natural Resource Abundance and Economic Growth. " *NBER Working Paper*, No. 5398.

专题报告七　2035：广东人口预测与人口发展展望

　　人口与经济社会、资源环境协调发展，是一个社会的基础性、全局性和战略性问题，人口发展既支撑经济社会发展，同时也受资源环境因素的制约。《国家人口发展规划（2016—2030 年）》指出，进入 21 世纪后，我国人口发展的内在动力和外部条件发生了显著改变，人口发展出现重要转折性变化。人口增长趋势放缓，人口老龄化程度不断加深；以独生子女为代表的 80 后、90 后已经成为劳动力市场的主力；国家生育政策从长期独生子女政策向"单独二孩"再到"全面二孩"政策调整，全国迎来了二孩政策的"婴儿潮"；根据国家新型城镇化发展规划，通过加快户籍制度改革，常住人口城镇化和市民化水平将显著提高。根据联合国《世界人口展望》2017 年修订版报告的预测，中国人口总量将在 2030 年前后达到峰值，此后转入负增长，到 2100 年中国人口将降至 10.21 亿。2016～2030 年，特别是 2021～2030 年，我国人口发展将进入关键转折期，人口自身安全及人口与经济、社会等外部系统关系的平衡都将面临诸多问题和潜在风险挑战，不过中国人口发展仍然存在劳动力总量充裕、处于人口红利期等有利条件。

　　广东是全国人口第一大省，是 2010 年以来全国唯一常住人口过亿的省份，流动人口占全国 1/3，广东的人口变动不仅对广东经济社会发展产生重大影响，也对全国经济社会发展有不可忽视的影响。改革开放以来，广东人口规模快速增长，巨大的人口红利成为支撑广东经济多年来高速增长的重要原因。不过，"十二五"时期广东人口发展发生转变，人口规模和劳动力人口规模增速不断放缓，人口老化和社会抚养负担加重。随着"全面二孩"政策实施、户籍制度改革、人口城镇化战略的推进，同时珠江三角洲城市群发展和粤港澳经济大湾区的崛起，广东人口发展面临较为复杂的形势。可以说，从现在到2035年，也将是广东人口发展深度转型关键时期。面对人口发展的关键转折时期，需要科学把握人口发展的大趋势，准确把握人口变化的趋势性特征，深刻认识这些变化给人口安全和经济社会发展带来的挑战，科学制定人口发展战略框架和人口政策体系，谋划好人口长期发展方略。

本报告采用多方法、多形式、多层次、叠加预测的方法，对广东未来一段时期的人口发展进行科学预测和分析，从数量和质性上综合把握广东人口变迁的大趋势，形成对2035年广东人口发展趋势的基本判断。报告发现，改革开放以来广东经历了四个人口发展阶段：一是以人口出生率、人口自然增长率为驱动力的人口增长阶段，二是以人口迁移流动为驱动力的人口增长阶段，三是以劳动力供求关系变动为驱动力的人口调整阶段，四是以人口出生率和人口迁移为特征的双驱动人口增长阶段。未来广东人口发展将呈现六大趋势：一是人口总量缓慢增长，人口红利优势明显；二是人口迁移作用增强，市民化加速人口融合；三是人口分布将呈现先人口聚集珠江三角洲，再实行人口城乡一体化发展的趋势；四是劳动年龄人口规模缓慢增加，劳动力老化加速；五是老年人口快速增长，至2035年社会抚养系数超过40；六是人口城镇化水平将维持平稳上升态势。

一　广东人口发展基本特征

人口预测结果要做到可靠准确，有一个基本的前提条件：在一定时期，影响人口变动的主要因素包括生育、死亡和迁移等是相对稳定的，生育模式和生育水平、死亡模式和死亡水平、迁移模式和迁移水平是稳定可估计的。根据人口变动规律设置参数进行预测，广东现在和未来一段时期，处在人口变动转折时期，这对人口预测提出了挑战。需要回顾、总结过去广东人口发展的基本规律和主要特征，为科学设置预测参数提供依据。只有全面深刻把握人口发展的基本规律和主要特征，才能更好地把握未来人口发展的大趋势。

（一）人口规模变动特征

一是广东人口规模经历由爆发式快速增长向缓慢式低速增长的变动过程。从广东人口增速情况表及变动趋势图（见表7-1及图7-1）可以发现，广东常住人口自1990年开始有了快速增长，1990~2000年的年均增速达到3.14%，而1990年前增速为2%；2000年以后常住人口增速开始放缓，2000~2010年年均增速降至1.9%；2010年后常住人口增速放缓加快，2010~2016年年均增速降至0.87%。户籍人口的变动相对常住人口更加平缓，但也表现出由快到慢的过程，2000年以前户籍人口每十年的年均增速保持在1.8%及以上，2000年以后每十年的年均增速下降至1.3%以下。流动人口的变动最为明显，20世纪90年代是广东流动人口增长最快的时期，1990年流动人口为331.47万[①]，2000年则达到2105.41万[②]，十年增加近1774万人，增加了5.35倍，年均增速达到20.3%；2000~2010年流动人口趋于稳定，增速放缓，2010年流动人口为3139.04万[③]，十年间增加1033.63人，年均增速下降至4.07%；2010年开始，流动人口增速下降更为明显，2015年流动人口为3201.96万[④]，仅比2010年增加62.92万人，2010~2015年年均增速仅为0.39%。从省外流动人口的变动情况[⑤]来看，改革开放后的80年代至90年代是省外流动人口增长爆发期，1982~1990年省外流动人口年均增速为49.7%；1990~2000年省外流动人口仍处于高速增长期，但已不再是增长的爆发期，十年年均增速下降至27.57%；

[①] 1990年流动人口指1990年人口普查期间常住本县市一年以上，户口在外县市的人口及居住在本县市不满一年，离开户口登记地一年以上的人口。

[②] 2000年流动人口指2000年人口普查期间居住本乡镇街道半年以上，户口在外乡镇街道的人口及本乡镇街道居住不满半年，离开户口登记地半年以上的人口。

[③] 2010年流动人口指2010年人口普查期间居住在本乡镇街道半年以上，户口登记地在本省其他县市区及省外的人口。

[④] 2015年流动人口指现居住地与户口登记地所在县（市区）不一致且离开户口登记地半年以上的人口，数据来源广东省2015年全国1%人口抽样调查主要数据公报。

[⑤] 省外流动人口是指人口普查期间居住在本乡镇街道半年以上，户口登记地在外省的人口，由于广东统计年鉴中仅有常住及户籍人口，而省外流动人口数据仅能从广东五普和六普数据中获取，无法判断其长期发展趋势。鉴于此，本报告用常住减去户籍人口的数据来判断省外流动人口的发展趋势。

2000～2010 年省外流动人口增速明显放缓，十年年均增速下降至 5.24%；2010 年开始省外流动人口呈缓慢下降趋势，年均增速变为负值。

表 7-1 1982～2016 年广东人口变动增速情况

单位：%

	常住人口	户籍人口	流动人口	省外流动人口	常住人口－户籍人口
1982～1990 年均增速	2.00	1.80	—	—	49.70
1990～2000 年均增速	3.14	1.84	20.3	—	27.57
2000～2010 年均增速	1.90	1.29	4.07	3.62	5.24
2010～2016 年均增速	0.87	1.22			-0.75
1982～1985 年均增速	1.52	1.46	—	—	55.53
1985～1990 年均增速	2.28	2.01	—	—	46.30
1990～1995 年均增速	3.08	1.68	19.09	—	42.79
1995～2000 年均增速	3.21	2.01	21.54	—	13.97
2000～2005 年均增速	1.23	1.05	5.58	—	2.37
2005～2010 年均增速	2.58	1.53	2.59	—	8.20
2010～2015 年均增速	0.77	1.12	0.39	—	-0.83

资料来源：常住人口及户籍人口增速根据《广东统计年鉴 2016》数据计算而来；流动人口数据由广东历次人口普查资料计算而来；省外流动人口数据由 2000 年及 2010 年两次人口普查资料流动人口中属于省外的人口数据计算而来；常住人口－户籍人口数据由《广东统计年鉴 2016》数据计算而来。

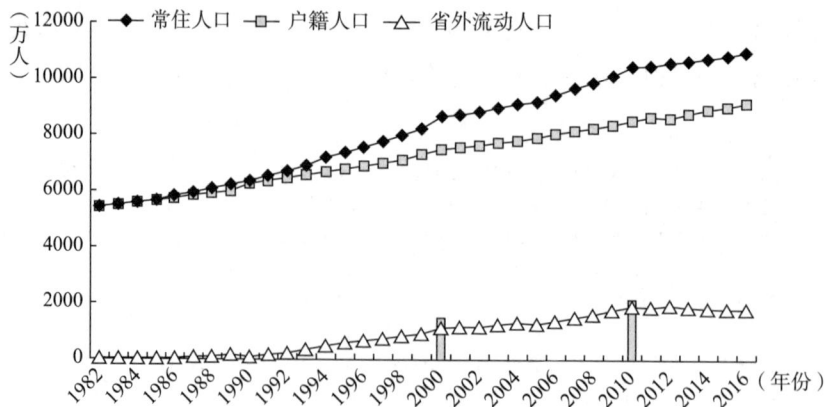

图 7-1 1982～2015 年广东人口变动情况

资料来源：除省外流动人口为广东五普及六普人口资料外，其他资料源于《广东统计年鉴 2016》。

　　二是广东人口规模增长与经济增长有高度正相关关系。1990 年以来，随着 GDP 总量的陡然提升，广东常住人口和省外流动人口的规模都有较大程度的增长。结合省外流动人口①、常住人口、户籍人口与广东省 GDP 总量等经济要素间的相关关系可以看出，广东省人口规模与各经济要素有着高度正相关关系（见表 7 - 2 及图 7 - 2）。可以说，广东的人口发展轨迹与经济发展轨迹高度一致，一方面改革开放后随着经济的快速发展，人口快速增长，尤其是外来流动人口大量进入广东，为广东的经济发展做出巨大贡献；另一方面也正因为有大量外来流动人口，特别是劳动年龄人口进入广东，广东经济近几十年来才得以保持高速发展态势。

表 7 - 2　广东人口规模与经济要素的相关关系

		常住人口规模	户籍人口规模	常住 - 户籍人口规模
GDP 总量	相关系数 R	0.918	0.933	0.889
	显著度水平	0.000	0.000	0.000
外商直接投资额	相关系数 R	0.949	0.949	0.938
	显著度水平	0.000	0.000	0.000
固定资产投资总额	相关系数 R	0.871	0.899	0.820
	显著度水平	0.000	0.000	0.000

　　资料来源：《广东统计年鉴 2016》。

　　三是人口流动和迁移对广东人口规模的增长贡献巨大。改革开放以来，流动人口为广东经济发展做出了劳动力优势资源贡献，2010 年第六次人口普查数据显示广东省跨县区流动人口 3680.67 万，其中 15 ~ 64 岁劳动年龄人口为 3295.5 万，占全部流动人口的 89.5%；同时，流动人口的劳动年龄人口占广东常住人口中劳动年龄人口（7963.03 万）的比重达到 41.4%。流动人口的发展也与广东经济发展趋势一致，自 1992 年邓小平"南方谈话"以来，广东经济逐渐进入高速增长时期，也是流动人口大规模增长时期。随着 2008 年全球金融危机的爆发，以外向型经济为特色的广东经济发展也进入产业结构调整和经济转型时期，人口增长尤其是流动人口增长放缓。这也揭示了劳动力市场供给和需求基本均衡发展的特点。

----

　　①　因缺乏省外流动人口历年纵向变动数据，省外流动人口由常住人口减去户籍人口代替。

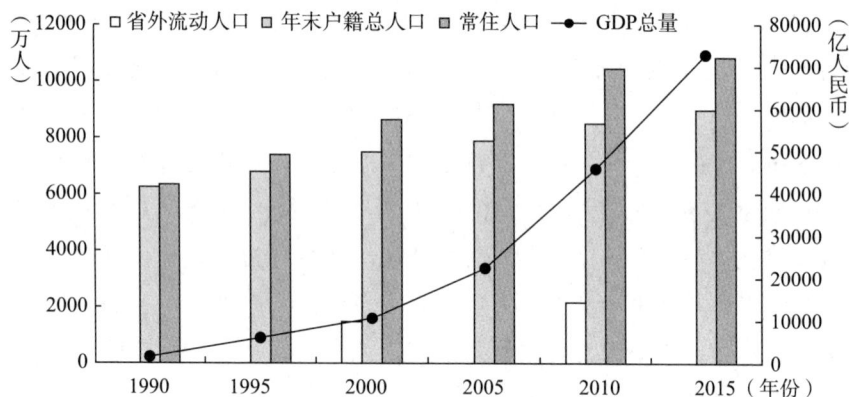

图 7 - 2　广东人口变动与 GDP 关系情况

注：本表相关关系的计算依据为 1990～2016 年相应数据。

资料来源：除省外流动人口为广东五普及六普人口资料外，其他资料源于《广东统计年鉴 2016》。

　　虽然流动人口增速有所放缓，但广东人口迁移对经济社会发展的贡献作用逐渐发挥出来。2006～2015 年，全省户籍迁移人口 1000 万，其中省外迁移人口 374.48 万，省外净迁入人口 200 万。同期，流动人口增加 438.83 万，其中省外流动人口增加 305 万。省外新增迁入人口已经大于省外流入流动人口。在迁移人口中，省外迁移量占总迁移量的 36% 左右；在流动人口中，这一比例刚好相反，省外流动人口约占流动人口的 65%。流动人口的新增量逐渐枯竭。可以判断，人口迁移的作用将强于人口流动的作用，人口迁移发生的作用在未来会逐渐增强。从图 7 - 3 可清晰看出这种

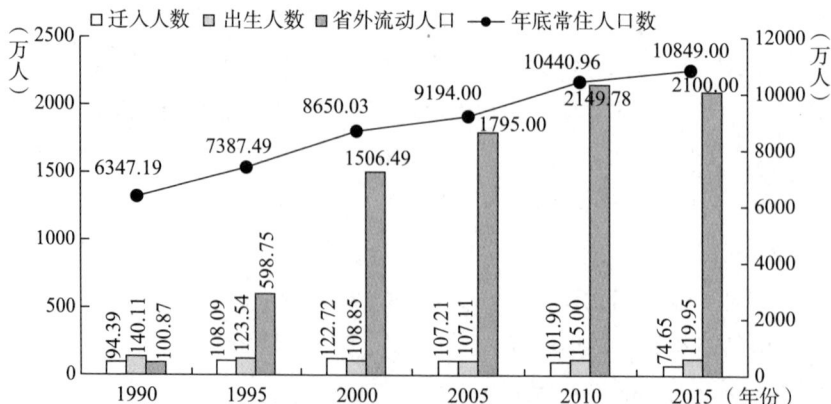

图 7 - 3　1990～2015 年广东人口增长变动情况

资料来源：广东省统计局提供历次人口普查及 1% 人口抽样调查数据。

增长变迁模式的更迭。

（二）人口年龄结构变动特征

一是广东人口年龄结构由年轻型向老年型结构转变。从人口年龄金字塔图形可以看出（见图7－4～图7－7），广东1990年的人口结构呈十分明

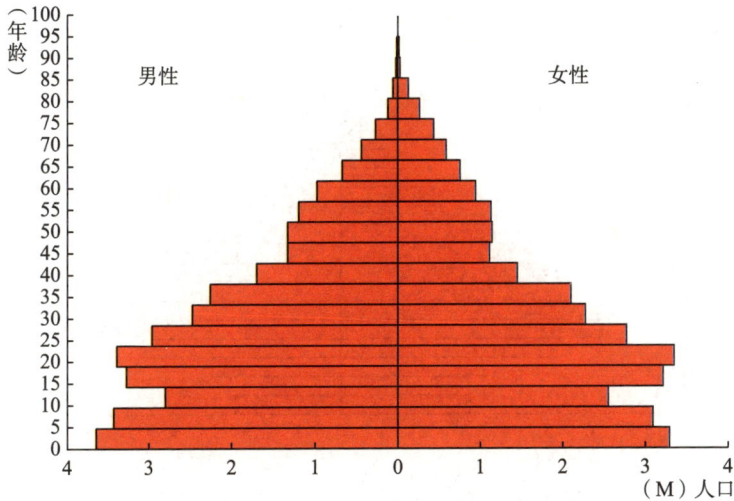

图7－4　1990年广东常住人口年龄金字塔

资料来源：据《广东省1990年人口普查资料》（第一册）数据绘制。

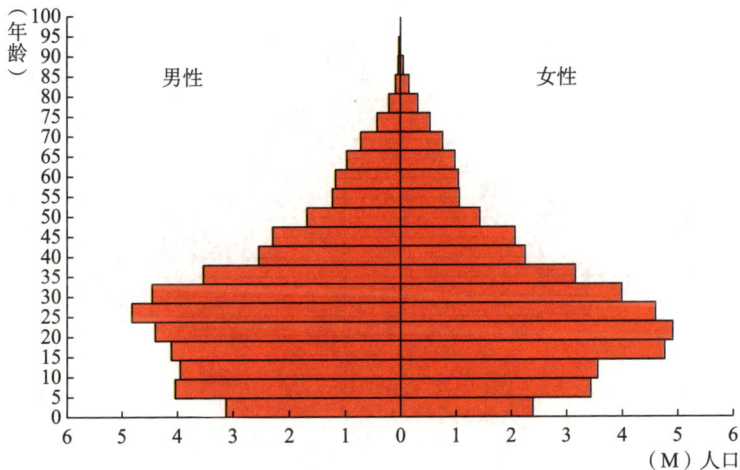

图7－5　2000年广东常住人口年龄金字塔

资料来源：据《广东省2000年人口普查资料》（第一册）数据绘制。

显的下宽上窄的金字塔型结构，这种结构表明人口属于年轻型，少年儿童人口比重大，老年人口比重小，在自然增长作用下人口呈迅速增长的扩张型特征；2000 年以后的人口年龄结构逐步走向底部变小，顶部变宽的纺锤型结构，这种结构表明人口正向着老年型过渡，少年儿童人口急速下降，老年人口逐步增多。

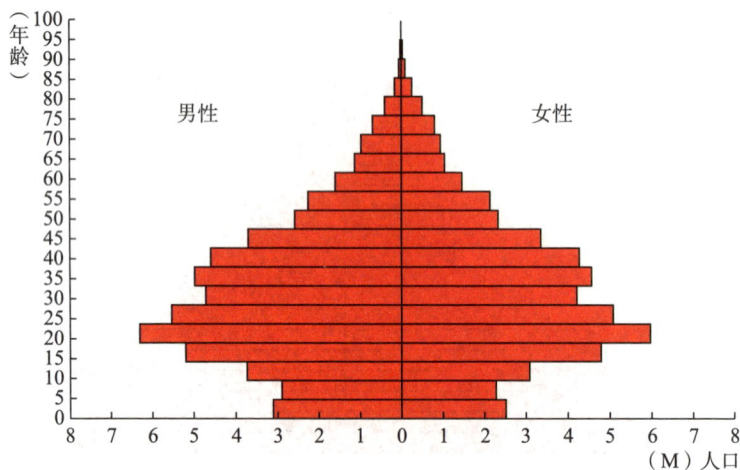

图 7 - 6　2010 年广东常住人口年龄金字塔

资料来源：据《广东省 2010 年人口普查资料》（第一册）数据绘制。

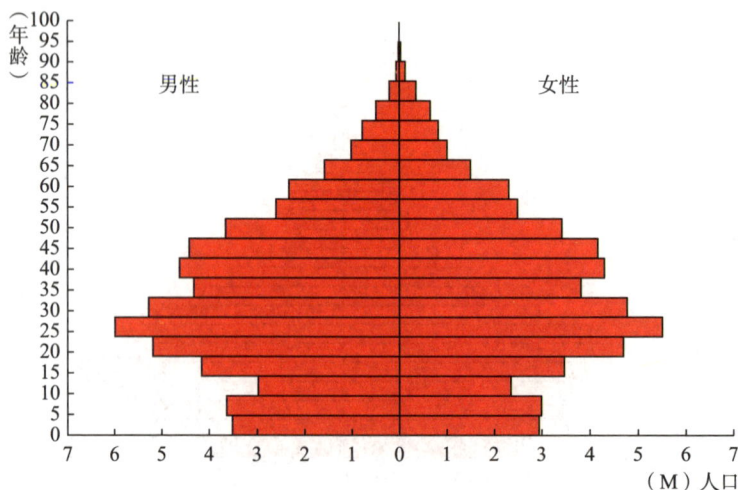

图 7 - 7　2015 年广东常住人口年龄金字塔

资料来源：据广东省统计局提供的广东省 2015 年 1% 人口普查分年龄人口资料数据绘制。

从常住人口年龄结构数据，可以看出广东常住人口老龄化大致可以分为四个阶段：20 世纪 80 年代以前，老年人口规模和占比持续低位运行，人口结构长期处于年轻型阶段；20 世纪 80 年代至 2000 年，老年人口规模和占比增长明显，人口结构由年轻型转变为成年型；2000～2010 年老年人口规模平稳增长，老年人口占比不升反降，人口由成年型逐步向老年型缓慢过渡；2010 年至今老年人口规模明显增长，老年人口占比快速上升，人口结构加速进入老年型阶段。（见图 7-8）

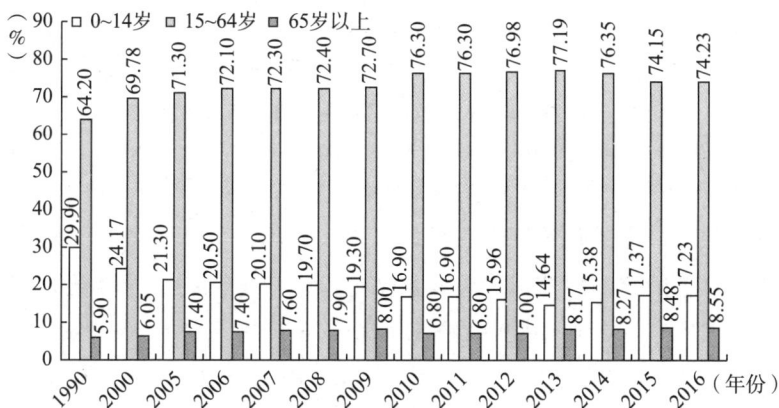

图 7-8　1990～2016 年广东常住人口年龄结构变动

资料来源：1990～2015 年数据来源于《广东统计年鉴》（2007～2016）；2016 年数据来源于《2016 年广东国民经济和社会发展统计公报》。

二是广东劳动年龄人口比重逐渐下降，人口负担加重。2015 年以前广东常住人口中劳动年龄人口比重仍处于上升趋势，但 2015 年以后随着流动人口规模的小幅度下降，劳动年龄人口比重也由 2014 年的 76.35% 下降到 74.15%，2016 年虽有所上升，但下降趋势已经初现。从人口抚养系数的变动趋势来看，少儿抚养比先呈下降趋势，由 1990 年的 46.57 逐年下降至 2013 年的 18.97，2014 年少儿抚养比有所反弹，开始上升至 23 左右。（见图 7-9）究其原因，主要是近年随着"单独二孩"和"全面二孩"政策的实施，出生人口规模有所增加，但劳动年龄人口却相对有所下降，因此导致了少儿抚养比的上升。而老年抚养系数在 2010 年处于相对低洼的态势，2010 年以后老年抚养比也逐渐提高，这也表明广东常住人口已经开始正式步入老年型社会。

三是户籍人口老龄化程度较常住人口明显。由于受人口流动影响，当

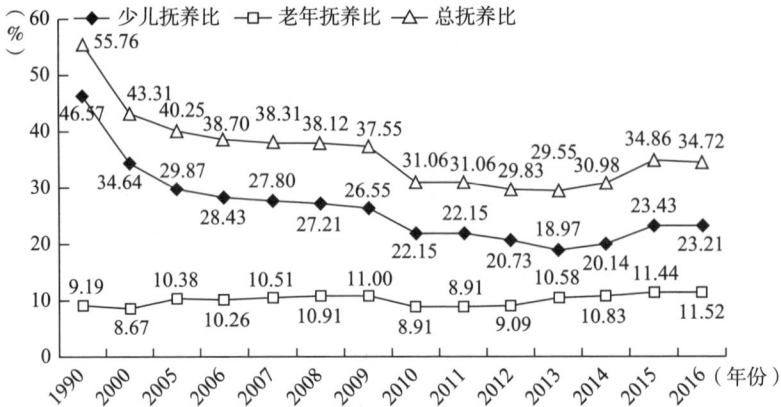

图 7 - 9　1990 ~ 2016 年广东常住人口抚养系数情况

资料来源：1990 ~ 2015 年数据依据《广东统计年鉴》（2007 ~ 2016）计算而得；
2016 年数据依据《2016 年广东国民经济和社会发展统计公报》计算而得。

前广东常住人口老龄化程度存在低估风险。剔除流动人口因素来观察广东省户籍人口老龄化的演变情况可以发现，广东户籍人口更早就进入了老年型社会。据广东省公安厅提供数据计算，广东户籍人口中 60 岁及以上老年人口比重呈持续直线上升态势，2005 年该比重为 11.8%，2010 年达到

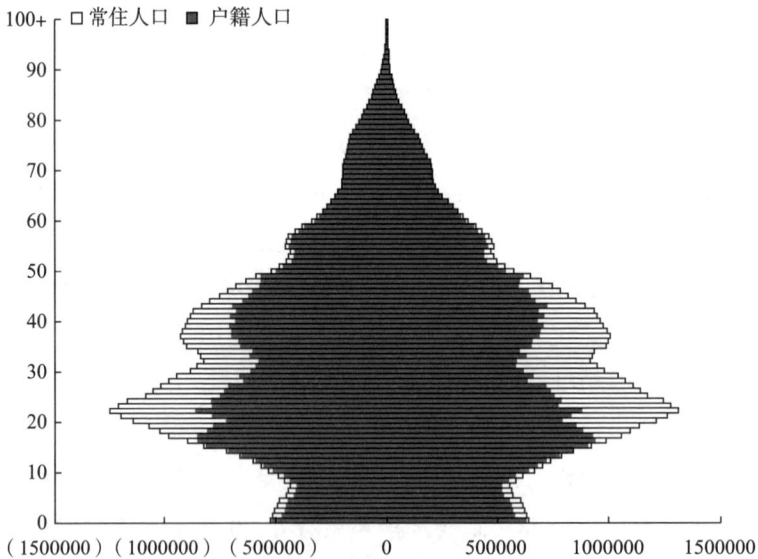

图 7 - 10　2010 年广东常住人口与户籍人口年龄金字塔

资料来源：《广东省 2010 年人口普查资料》（第一册）。

12.58%, 2016年增加至14.55%。另从2010年广东常住人口与户籍人口年龄金字塔的重叠图也可明显看出, 正是大规模处于劳动年龄的流动人口的补充效益, 使得广东常住人口较户籍人口的老龄化程度轻微些 (见图7-10)。

(三) 人口自然增长变动特征

通过分析新中国成立以来近70年的广东人口自然增长的变动趋势, 可以清晰地展现广东人口自然增长的变迁 (见图7-12)。从1950年开始, 广东经历了以高出生率、高死亡率、低自然增长率为基本特征的第一阶段; 以低死亡率、高出生率、高自然增长为基本特征的人口高速增长阶段 (第二阶段); 以低死亡率、低出生率、低自然增长率为基本特征的第三阶段。可以说广东在20世纪末完成人口转变。但是, 与浙江、江苏、福建和山东等经济发达省份进行比较 (见图7-11), 可以发现, 20世纪90年代后广东人口自然增长率普遍比经济发达省份高。2000年广东人口出生率为12.91‰, 自然增长率为8.14‰; 而浙江出生率为10.3‰, 自然增长率为4.29‰; 福建出生率为11.60‰, 自然增长率为5.75‰; 山东出生率为10.75‰, 自然增长率为4.46‰; 江苏自然增长率最低, 仅为2.56‰。到2015年, 广东人口自然增长率仍然高于江苏、浙江和山东等省。虽然广东人口自然增长率较其他发达地区高, 这使得广东人口的增长相对其他发达

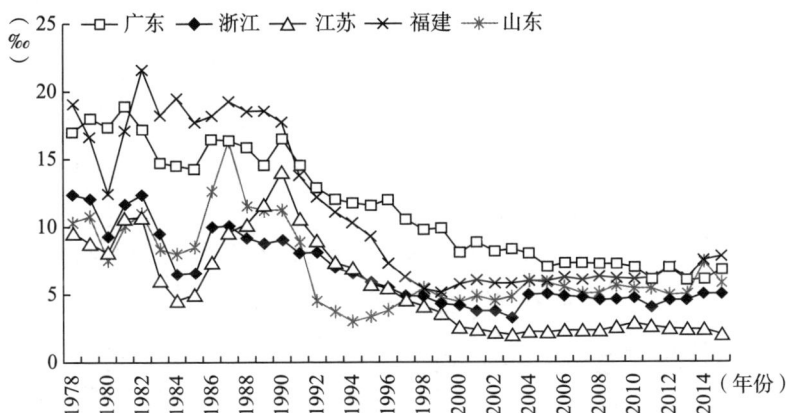

图7-11　广东与其他经济发达省份人口自然增长率比较

资料来源:《广东统计年鉴2016》《江苏统计年鉴2016》《浙江统计年鉴2016》《山东统计年鉴2016》《福建统计年鉴2016》。

地区更快，但从出生率和自然增长率变动趋势来看，目前广东人口出生率也处于相对较低水平，进入低生育水平时代。

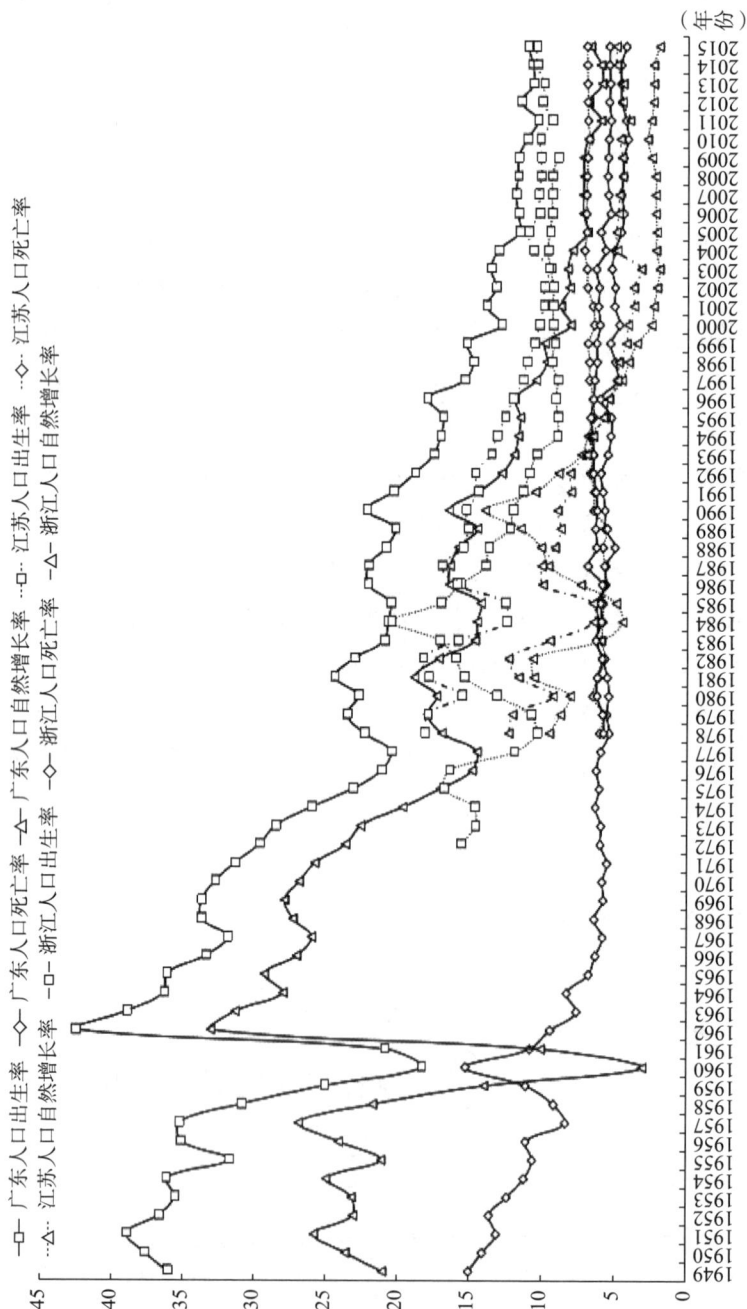

图7-12 1949—2015年广东人口自然增长变迁

资料来源：《广东统计年鉴2016》《江苏统计年鉴2016》《浙江统计年鉴2016》。

（四）人口地区分布变动特征

广东人口因经济社会因素带来的人口聚集效应明显。自 1990 年以来，珠江三角洲地区以"三来一补"和"世界工厂"为主要特征的经济持续高速发展，人口大量集聚于广州、佛山、东莞、中山、深圳和珠海等市。另外，受生育观念的影响，潮汕地区人口的自然增长较快，人口密度较大。2005 年后茂名和湛江人口逐渐增加，至 2015 年广东人口基本形成四大区域：珠江三角洲人口聚集区、揭阳潮汕粤东人口聚集区、湛江茂名粤西人口聚集区以及粤北人口稀松区。根据研究经验，我们分出四种人口增长类型，分别命名为以机械增长为动力的珠江三角洲人口聚集区、以自然增长为动力的人多地少型粤东人口聚集区、劳动力转移型的粤西人口聚集区和以山区为主的人口蛰伏区。按照形成的时间先后，分别为：珠江三角洲人口聚集区、粤东人口聚集区、粤西人口聚集区和人口蛰伏区。

（五）改革开放以来广东人口发展的四个阶段

我们可以就过去广东人口发展做出以下评价。

改革开放以来，广东人口增长呈现四阶段特征。1992 年以前，以人口出生率、人口自然增长率为驱动的人口增长模式，这一阶段比全国大部分地区延长了约十年。第二阶段为 1992 ~ 2007 年，即邓小平"南方谈话"到 2008年世界金融危机之前，这是广东经济高速增长的黄金 15 年，也是人口增长的高峰时期，这一阶段人口增长的驱动力来自人口迁移流动。第三阶段为2008 ~ 2013 年的人口调整时期，由于经济发展转型、产业结构调整、产业转型升级等，一方面，由劳动力密集型产业向资本、技术密集型转移，对劳动力的需求减少；另一方面，劳动力市场全国范围的大开放格局全面形成，分散了劳动力对广东的聚集，劳动力供给有所减少。第三阶段可以说是人口增长转折时期，人口增长的驱动力来自劳动力的供求关系的改变。自 2003 年"孙志刚事件"以后不久，"民工荒"接踵而至，这一时期人口变动有部分原因可用路径依赖解释，流动人口出现滞涨甚至减少趋势，人口增长速度放缓，人口规模同步缓慢扩大。第四阶段是 2014 年至今，2014 年广东实施"单独二孩"政策、2016 年实施"全面二孩"政策，人口出生率回升，加上户籍制度改革，逐渐放宽入户门槛，有条件吸纳劳动力入户城镇。这一阶段可以说是人口出生率和人口迁移（城镇入户）双驱动引起的人口增长。

通过四阶段人口发展分析，可以发现广东没有出现人口断层的低谷现象，人口和经济发展基本顺利衔接。这是广东人口发展的一大特色。可以预见，城镇化发展提质提速，珠江三角洲城市群和粤港澳大湾区崛起，服务业高度繁荣、高质量的公共服务体系不断健全，将引领未来广东经济社会发展的绿色增长和共享发展。

二 广东人口预测

（一）以2010年户籍人口为基数进行人口预测

课题组按照"常住人口＝户籍人口＋省外流动人口"的思路预测2035年常住人口。户籍人口用队列要素法预测，得出户籍人口总量和人口结构；省外流动人口用综合增长率法预测总量，人口年龄结构假设不变。将户籍人口和省外流动人口两者相加，得出各预测年度人口总量和人口结构。

1. 以队列要素法预测户籍人口

队列要素法是人口预测常用方法之一，是根据人口变化的三大要素即死亡、生育和迁移来预测人口的变化趋势。这种方法将总人口分解为不同年龄性别的队列，然后预测各个队列的死亡、生育和迁移状况。

PADIS-INT是在联合国人口司的指导下，由中国人口与发展研究中心依据队列要素法开发的国际化人口预测软件，具有功能强大、技术先进、方便快捷、准确率高、可视化效果好、输入简单、输出结果丰富等特点，目前已在全球多个国家得到应用推广，并获得联合国、美国人口普查局、普林斯顿大学等国际权威机构高度认可。

（1）参数设定

基年分年龄分性别的人口数：本预测以2010年第六次人口普查的广东户籍人口分年龄性别人口数为预测基年数。广东省第六次人口普查的人口数据包含常住人口的年龄性别结构和省外流动人口的年龄性别结构，未公开户籍人口的年龄性别结构。因此本研究采取户籍人口年龄性别结构计算公式为：

户籍人口年龄结构＝常住人口年龄结构－省外流动人口年龄结构

户籍人口 2010 年基年人口分年龄性别人口数为广东省统计年鉴公布的 2010 年末户籍人口中男性、女性的人口规模与户籍人口年龄结构相乘的结果。

预测期间的死亡水平（出生平均预期寿命）：出生平均预期寿命是国际上用来评价一个国家人口的生存质量和健康水平的重要参考指标之一。广东省 1990 ~ 2015 年出生平均预期寿命由 72.52 岁提升至 77.1 岁，预期寿命增加了 4.58 岁；尤其是 2000 年以后，预期寿命增长较快，2000 ~ 2010 年的十年间男性出生平均预期寿命增加了 3.21 岁，女性增加了 3.44 岁。随着广东经济社会发展和医疗卫生服务水平的不断提高，可以预见未来广东的出生平均预期寿命将继续提升。本预测结合历年来户籍人口预期寿命的增长态势，依据联合国出生平均预期寿命增长步长（年龄越大，预期寿命增长越慢）规律，并考虑到不同性别人口死亡水平的差异，将广东户籍人口预期寿命参数设定如表 7 - 3 所示。

表 7 - 3　广东户籍人口预测寿命参数预设

年份	男	女
2011	73.98	79.00
2015	74.98	79.64
2020	76.23	80.44
2030	78.73	82.04
2035	79.23	82.29

资料来源：课题组预测。

死亡模式：使用软件 PADIS - INT 进行人口预测时，人口死亡模式的确定受项目设置中所选择的模型生命表的影响，软件提供了寇尔德曼模型生命表和联合国生命表两大类。寇尔德曼模型生命表出版于 1966 年，是在 192 张实际生命表的基础上建立起来的。这套模型生命表按实际不同的死亡类型和特点进行分类、处理，分别推导出 4 个系列的生命表，称为"东、南、西、北"模型生命表，每一组生命表代表一种死亡模式。本研究采用中国人口预测常用的寇尔德曼模型生命表来对广东人口发展趋势进行预测分析。

生育水平：生育率是形成新增人口的重要变量，是影响人口数增加的因素。总和生育率的预测和设定主要是基于对计划生育政策的定性分析。由于计划生育政策的长期、严格执行，自20世纪90年代中后期，我国人口发展就已经进入低生育水平阶段，2010年人口普查资料显示，全国总和生育率仅为1.18，广东省2010年人口普查显示总和生育率为1.0644，妇女平均存活子女数为1.30。长期以来，学界对我国总和生育率真实水平争论不休：穆光荣（2016a）认为中国已跌入"超低生育率陷阱"，预计接下来两年全国综合生育率不会超过1.4，甚至继续低迷于1.3以下；陈卫（2014）以出生人口漏报为依据，利用人口普查数据、教育部门数据、公安部门数据进行研判，推出2010年总和生育率为1.7，"二孩政策"实施将达到1.9；郭志刚（2011）等用六普数据反推之前的20年数据，认为生育率被高估。国家人口和计划生育委员会对外公布的是1.8，广东省统计局利用六普数据预测2030年广东人口时，设定的总和生育率为1.7；原新、王广州给广东省计生委做的研究，重点研究户籍人口生育政策变动引起的总和生育率和人口的变化（见图7-13和表7-4）。2020年前由于补偿性生育带来生育高峰，总和生育率在2.0以上，2016年甚至高达2.41。2020年之后逐渐回落，慢慢复归正常。我们认为这种三阶段判断完全可取：2016~2020年为"二孩政策"补偿生育期，2021~2025年为缓慢回落期，2026~2030年以后为稳定期，基本回归到独生子女计划生育时期水平，不同的是，前者为政策干预状态下的生育水平，后者为"二孩政策"下的生育水平，这一水平基本接近生育意愿。

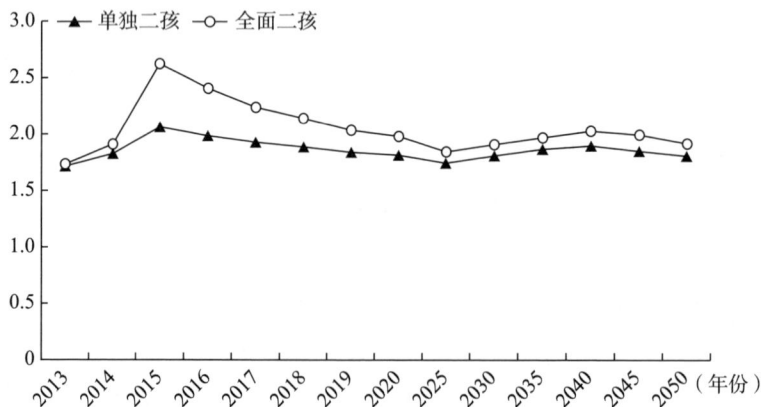

图7-13 广东省不同生育政策下的总和生育率变化

资料来源：原新、王广州：《广东省完善生育政策可行性研究报告》（2013）。

表 7 - 4 2016～2025 年广东省户籍人口预测

年份	人口总量（万人）		出生人数（万人）		总和生育率	
	单独二孩	全面二孩	单独二孩	全面二孩	单独二孩	全面二孩
2016	9536	9609	160	191	1.99	2.41
2017	9616	9711	155	178	1.93	2.24
2018	9690	9805	151	171	1.88	2.14
2019	9761	9891	147	162	1.85	2.04
2020	9827	9969	143	155	1.82	1.98
2025	10073	10257	117	124	1.75	1.85

资料来源：原新、王广州：《广东省完善生育政策可行性研究报告》（2013）。

2016 年实行"全面二孩"政策以来，广东常住户籍人口出生数据较往年有所增长，由 2013 年的 83.1 万增加到 99.4 万，2015 年至 2016 年增幅达到 12.4 万。可以看出，"全面二孩"政策实施对广东户籍人口有一定程度的增长效应，这种累积效应释放会带来总和生育率的波动。

综合考虑，我们按照三阶段生育变动趋势假定未来广东户籍人口总和生育率三种方案。

表 7 - 5 预测至 2035 年人口发展的三种总和生育率

年份	高方案	中方案	低方案	年份	高方案	中方案	低方案
2011	1.5	1.5	1.4	2022	2.2	2.0	1.8
2012	1.5	1.5	1.5	2023	2.1	1.9	1.7
2013	1.6	1.6	1.5	2024	2.0	1.8	1.6
2014	1.7	1.6	1.6	2025	1.9	1.7	1.6
2015	1.8	1.7	1.6	2026	1.9	1.6	1.5
2016	2.0	1.8	1.6	2027	1.8	1.6	1.5
2017	2.1	1.9	1.7	2028	1.8	1.6	1.4
2018	2.2	2.0	1.8	2029	1.7	1.5	1.4
2019	2.3	2.1	1.9	2030	1.7	1.5	1.3
2020	2.4	2.2	2.0	2035	1.7	1.5	1.3
2021	2.3	2.1	1.9				

资料来源：课题组预测。

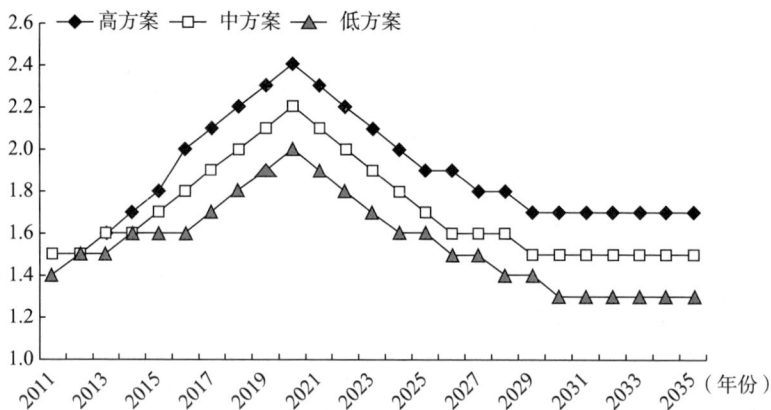

图7-14 预测期间广东户籍人口生育水平

生育模式：在生育水平保持相对稳定的时期，生育模式也是相对固定的，从广东省户籍人口育龄妇女的 2010 年和 2015 年年龄别生育率情况可以看出，广东户籍人口生育模式较为固定，差别在于 2010 年的生育高峰为 26~28 岁，2015 年生育高峰提前到 24~27 岁，但从生育年龄结构看基本没有发生大的改变。假定 2035 年广东户籍人口生育水平与 2010 年持平，2035 年生育模式与 2010 年基本一致。

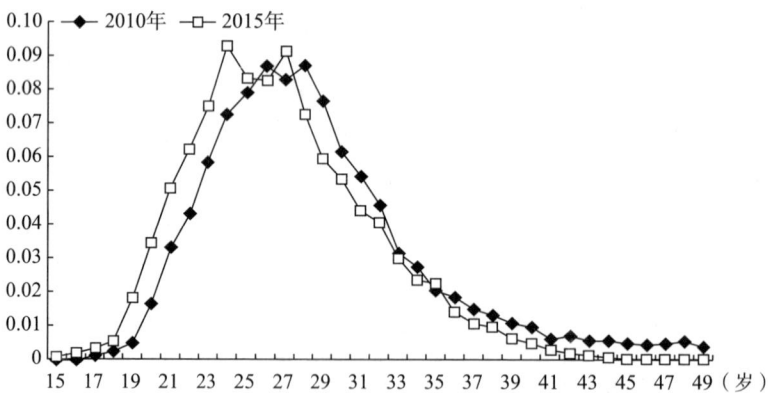

图7-15 广东户籍人口生育模式

出生性别比：根据广东历年户籍人口出生性别比变动趋势来看，自 2012 年以来广东出生性别比呈下降趋势。根据《国家人口发展规划（2016—2030 年）》的设定，到 2020 年我国出生人口性别比小于 112，到 2030 年逐步回归正常，达到 107 的目标值，广东省 2016 年户籍人口出生性别比已下降至110，因此假定到2025年广东出生性别比回归正常水平，且保持至2035年。

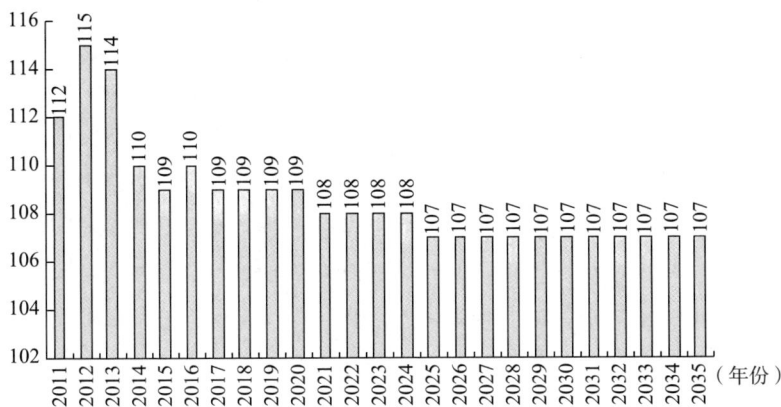

图7-16　广东户籍人口出生性别比

迁移水平及迁移模式：根据广东省历年的净迁移率，2015年广东净迁移率为0.89‰，近几年也保持在较低水平，2010~2013年净迁移人口平均每年为16.6万人。但深入分析后发现不能简单地看这些数据。前文分析过，由于把每一次行政区划调整均视为一次人口迁移，省内迁移数据不能使用。省际人口迁移受严格户籍制度控制，数据可靠，但迁移规模受户籍政策影响较大。2006~2015年的10年间，新增省际迁移人口已经超过新增省外流动人口，人口迁移对人口增长的作用正变得越来越重要。省外流动人口增量基本枯竭，越往后，流动人口规模甚至出现负增长。根据广东省2015年《关于进一步推进我省户籍制度改革的实施意见》，明确到2020年，要实现1300万左右的农业转移人口和其他常住人口在广东城镇落户，其中外省农业人口和其他常住人口约700万落户本省城镇，2014~2020年的7年间，平均每年吸纳约100万省外流动人口加入户籍人口。考虑到省内户籍人口迁往省外约20万人口，取预测期内年均净迁移流动人口为每年80万，迁移模式按照2010年广东流动人口年龄结构。此外，考虑到户籍政策变动的不确定性，将平均每年净迁移流动人口设为60万、80万和100万的低、中、高三个方案，其中80万为标准方案。

（2）预测结果

运行软件PADIS-INT，按每年净迁移流动人口80万的中方案得出的

2017～2035 年广东户籍人口情况如表 7-6 所示。

表 7-6 广东户籍人口预测

单位：万人

年份	低方案	中方案	高方案	年份	低方案	中方案	高方案
2017	9113.800	9166.173	9211.859	2027	10642.884	10826.886	11033.448
2018	9278.046	9346.080	9407.428	2028	10754.398	10952.332	11172.808
2019	9451.126	9534.994	9612.177	2029	10862.691	11067.431	11301.548
2020	9632.102	9731.871	9824.959	2030	10961.310	11179.488	11427.021
2021	9804.061	9919.704	10028.667	2031	11056.576	11288.045	11548.840
2022	9966.089	10097.478	10222.188	2032	11148.528	11393.212	11667.149
2023	10117.518	10264.438	10404.678	2033	11237.428	11495.346	11782.370
2024	10258.056	10420.234	10575.734	2034	11323.615	11594.872	11895.018
2025	10394.961	10564.580	10735.010	2035	11407.383	11692.212	12005.655
2026	10520.759	10697.653	10889.982				

资料来源：课题组预测。

2. 以综合增长率预测广东省外流动人口

由于过往流动人口的统计中仅有人口普查是明确对流动人口（包括省内和省外流动人口）进行普查统计的，因此用人口普查的数据能较好地反映广东自 1990 年以来流动人口的发展趋势。从统计数据来看，广东省流动人口 1995～2000 年的五年间规模增长最快，五年年均增速达 21.54%，而 2000～2010 年流动人口增速下降明显，2010～2015 年的五年年均增速仅为 0.39%。可见，从过往趋势来看，广东省流动人口经历了一次由快速增长向缓慢增长的变动过程。结合广东经济发展和产业转型的发展趋势，城镇化发展的进程，可以预见未来广东流动人口将逐年下降。假定预测期内，广东流动人口以五年年均下降 1%、1.5%、2% 和 2.5% 的速度逐年减少，另根据过往流动人口中省内与省外流动人口的比重，假定未来广东省外流动人口占流动人口总量的 65%，预测广东跨省流动人口规模如表 7-7 所示。

表7-7 广东流动人口历年变动情况及未来趋势预测

年份	流动人口总量 （万人）	五年增加数量 （万人）	五年年均 增长率%	省外流动人口占 流动人口比例%
1990	331.47	—	—	
1995	793.87	462.4	19.09	
2000	2105.41	1311.54	21.54	71.55
2005	2762.17	656.76	5.58	
2010	3139.04	376.87	2.59	68.49
2015	3201	61.96	0.39	65.63（计生委数据）
2020	3044.12	-156.88	-1	65
2025	2822.56	-221.56	-1.5	65
2030	2551.37	-271.19	-2	65
2035	2248	-303.37	-2.5	65

资料来源：根据广东人口普查及人口小普查数据汇总分析，2020～2035年数据为课题组预测推算。

表7-8 广东流动人口及省外流动人口预测

单位：万人

年份	流动人口	省外流动人口	年份	流动人口	省外流动人口
2016	3168.99	2059.844	2026	2766.11	1797.969
2017	3137.30	2039.245	2027	2710.78	1762.01
2018	3105.93	2018.853	2028	2656.57	1726.77
2019	3074.87	1998.664	2029	2603.44	1692.234
2020	3044.12	1978.677	2030	2551.37	1658.389
2021	2998.46	1948.997	2031	2487.59	1616.931
2022	2953.48	1919.762	2032	2425.40	1576.507
2023	2909.18	1890.966	2033	2364.76	1537.095
2024	2865.54	1862.601	2034	2305.64	1498.667
2025	2822.56	1834.662	2035	2248.00	1461.201

资料来源：课题组预测。

3. 常住人口预测

（1）常住人口规模预测结果

常住人口规模由户籍人口与跨省流动人口叠加所得，结果如表7-9所示。

表 7 - 9 广东常住人口规模预测

单位：万人

年份	低方案	中方案	高方案	年份	低方案	中方案	高方案
2017	11153.05	11205.42	11251.10	2027	12404.89	12588.90	12795.46
2018	11296.90	11364.93	11426.28	2028	12481.17	12679.10	12899.58
2019	11449.79	11533.66	11610.84	2029	12554.93	12759.67	12993.78
2020	11610.78	11710.55	11803.64	2030	12619.70	12837.88	13085.41
2021	11753.06	11868.70	11977.66	2031	12673.51	12904.98	13165.77
2022	11885.85	12017.24	12141.95	2032	12725.04	12969.72	13243.66
2023	12008.48	12155.40	12295.64	2033	12774.52	13032.44	13319.47
2024	12120.66	12282.84	12438.34	2034	12822.28	13093.54	13393.69
2025	12229.62	12399.24	12569.67	2035	12868.58	13153.41	13466.86
2026	12318.73	12495.62	12687.95				

资料来源：课题组预测。

（2）常住人口及户籍人口年龄结构预测结果

假设省外流动人口年龄结构保持在2010年水平不变，根据预测结果中户籍人口的年龄结构，计算常住人口及户籍人口的年龄结构结果如表7 - 10所示。

表 7 - 10 预测年份广东常住人口与户籍人口的年龄结构

单位：%

低方案		常住人口				户籍人口			
		2020	2025	2030	2035	2020	2025	2030	2035
年龄结构（1）	0~14	16.54	16.91	15.93	13.38	18.70	18.83	17.43	14.32
	15~59	70.95	68.45	66.70	66.68	66.49	64.17	62.78	63.35
	60+	12.51	14.65	17.36	19.94	14.81	17.00	19.79	22.33
	合计	100	100	100	100	100	100	100	100
年龄结构（2）	0~14	16.54	16.91	15.93	13.38	18.70	18.83	17.43	14.32
	15~64	74.83	73.27	72.09	72.17	71.03	69.73	68.88	69.46
	65+	8.63	9.83	11.97	14.46	10.27	11.44	13.68	16.22
	合计	100	100	100	100	100	100	100	100

续表

低方案		常住人口				户籍人口			
		2020	2025	2030	2035	2020	2025	2030	2035
抚养比（劳动年龄15～59岁）	少儿抚养比	23.31	24.70	23.89	20.06	28.12	29.34	27.77	22.61
	老年抚养比	17.64	21.40	26.03	29.90	22.28	26.49	31.53	35.24
	总抚养比	40.94	46.10	49.92	49.97	50.40	55.83	59.30	57.85
抚养比（劳动年龄15～64岁）	少儿抚养比	22.10	23.08	22.10	18.54	26.32	27.00	25.31	20.62
	老年抚养比	11.54	13.41	16.61	20.03	14.46	16.41	19.86	23.36
	总抚养比	33.63	36.49	38.71	38.57	40.78	43.41	45.17	43.98

中方案		常住人口				户籍人口			
		2020	2025	2030	2035	2020	2025	2030	2035
年龄结构（1）	0～14	17.25	18.04	17.19	14.5	19.53	20.13	18.85	15.56
	15～59	70.35	67.51	65.74	65.99	65.81	63.14	61.74	62.66
	60＋	12.41	14.44	17.07	19.51	14.66	16.73	19.41	21.78
	合计	100	100	100	100	100	100	100	100
年龄结构（2）	0～14	17.25	18.04	17.19	14.5	19.53	20.13	18.85	15.56
	15～64	74.19	72.26	71.04	71.36	70.31	68.61	67.73	68.61
	65＋	8.56	9.69	11.77	14.14	10.16	11.26	13.42	15.83
	合计	100	100	100	100	100	100	100	100
抚养比（劳动年龄15～59岁）	少儿抚养比	24.52	26.73	26.15	21.97	29.68	31.88	30.53	24.83
	老年抚养比	17.64	21.40	25.96	29.56	22.28	26.49	31.43	34.76
	总抚养比	42.15	48.12	52.12	51.53	51.96	58.37	61.96	59.59
抚养比（劳动年龄15～64岁）	少儿抚养比	23.25	24.97	24.20	20.32	27.78	29.34	27.83	22.68
	老年抚养比	11.54	13.41	16.57	19.82	14.46	16.41	19.81	23.07
	总抚养比	34.78	38.38	40.77	40.14	42.24	45.75	47.64	45.75

高方案		常住人口				户籍人口			
		2020	2025	2030	2035	2020	2025	2030	2035
年龄结构（1）	0～14	17.90	19.15	18.65	15.80	20.29	21.40	20.48	16.99
	15～59	69.79	66.60	64.61	65.15	65.18	62.14	60.54	61.80
	60＋	12.31	14.25	16.75	19.05	14.52	16.46	18.99	21.21
	合计	100	100	100	100	100	100	100	100

续表

高方案		常住人口				户籍人口			
		2020	2025	2030	2035	2020	2025	2030	2035
年龄结构（2）	0~14	17.90	19.15	18.65	15.80	20.29	21.40	20.48	16.99
	15~64	73.61	71.28	69.81	70.39	69.64	67.52	66.40	67.60
	65+	8.49	9.56	11.55	13.81	10.07	11.08	13.13	15.41
	合计	100	100	100	100	100	100	100	100
抚养比（劳动年龄15~59岁）	少儿抚养比	25.65	28.76	28.86	24.25	31.13	34.44	33.83	27.49
	老年抚养比	17.64	21.40	25.92	29.25	22.28	26.49	31.36	34.33
	总抚养比	43.28	50.16	54.78	53.50	53.41	60.93	65.19	61.82
抚养比（劳动年龄15~64岁）	少儿抚养比	24.32	26.87	26.71	22.45	29.14	31.69	30.85	25.13
	老年抚养比	11.54	13.41	16.54	19.63	14.46	16.41	19.77	22.8
	总抚养比	35.85	40.28	43.25	42.07	43.6	48.1	50.62	47.93

资料来源：课题组预测。

（3）按净迁移人口60万预测的结果

按照户籍人口预测方法，将净迁移人口设定为60万的户籍人口预测结果如表7-11所示。

表7-11 按净迁移人口60万预测的广东户籍人口

单位：万人

年份	低方案	中方案	高方案	年份	低方案	中方案	高方案
2017	9093.803	9146.176	9191.863	2027	10395.127	10576.402	10779.113
2018	9237.462	9305.427	9366.707	2028	10482.513	10677.073	10893.053
2019	9389.297	9472.958	9549.935	2029	10566.473	10767.500	10996.439
2020	9548.301	9647.657	9740.331	2030	10640.940	10854.691	11096.335
2021	9697.783	9812.738	9921.013	2031	10711.923	10938.225	11192.390
2022	9836.920	9967.282	10090.964	2032	10779.503	11018.256	11284.800
2023	9965.136	10110.627	10249.438	2033	10843.959	11095.162	11374.010
2024	10082.233	10242.523	10396.135	2034	10905.647	11169.386	11460.554
2025	10195.305	10362.780	10530.808	2035	10964.872	11241.364	11545.009
2026	10297.198	10471.667	10660.751				

资料来源：课题组预测。

　　叠加省外流动人口，得到按净迁移人口 60 万预测的广东常住人口预测结果如表 7 – 12 所示。

表 7 – 12　按净迁移人口 60 万预测的广东常住人口

单位：万人

年份	低方案	中方案	高方案	年份	低方案	中方案	高方案
2017	11133.048	11185.421	11231.108	2027	12157.137	12338.412	12541.123
2018	11256.315	11324.280	11385.560	2028	12209.283	12403.843	12619.823
2019	11387.961	11471.622	11548.599	2029	12258.707	12459.734	12688.673
2020	11526.978	11626.334	11719.008	2030	12299.329	12513.080	12754.724
2021	11646.780	11761.735	11870.010	2031	12328.854	12555.156	12809.321
2022	11756.682	11887.044	12010.726	2032	12356.010	12594.763	12861.307
2023	11856.102	12001.593	12140.404	2033	12381.054	12632.257	12911.105
2024	11944.834	12105.124	12258.736	2034	12404.314	12668.053	12959.221
2025	12029.967	12197.442	12365.470	2035	12426.073	12702.565	13006.210
2026	12095.167	12269.636	12458.720				

资料来源：课题组预测。

　　（4）按净迁移人口 100 万预测的结果

　　按照户籍人口预测方法，将净迁移人口设定为 100 万的户籍人口预测结果如表 7 – 13 所示。

表 7 – 13　按净迁移人口 100 万预测的广东户籍人口

单位：万人

年份	低方案	中方案	高方案	年份	低方案	中方案	高方案
2017	9133.803	9186.176	9231.863	2027	10890.647	11077.378	11287.791
2018	9318.636	9386.738	9448.156	2028	11026.289	11227.597	11452.570
2019	9512.962	9597.036	9674.427	2029	11158.915	11367.370	11606.663
2020	9715.909	9816.092	9909.593	2030	11281.686	11504.291	11757.713
2021	9910.345	10026.677	10136.328	2031	11401.235	11637.872	11905.297
2022	10095.264	10227.682	10353.419	2032	11517.559	11768.175	12049.504
2023	10269.906	10418.255	10559.925	2033	11630.903	11895.536	12190.736
2024	10433.884	10597.952	10755.341	2034	11741.589	12020.364	12329.489

续表

年份	低方案	中方案	高方案	年份	低方案	中方案	高方案
2025	10594.624	10766.387	10939.219	2035	11849.900	12143.066	12466.308
2026	10744.326	10923.646	11119.220				

资料来源：课题组预测。

叠加省外流动人口，得到按净迁移人口100万预测的广东常住人口预测结果如表7-14所示。

表7-14 按净迁移人口100万预测的广东常住人口

单位：万人

年份	低方案	中方案	高方案	年份	低方案	中方案	高方案
2017	11173.048	11225.4212	11271.1077	2027	12652.6565	12839.3877	13049.8005
2018	11337.4886	11405.5913	11467.0088	2028	12753.0586	12954.3673	13179.34
2019	11511.6258	11595.7	11673.0907	2029	12851.1486	13059.6037	13298.8968
2020	11694.5858	11794.769	11888.2699	2030	12940.075	13162.68	13416.102
2021	11859.3416	11975.6737	12085.3246	2031	13018.1656	13254.8027	13522.2275
2022	12015.026	12147.4435	12273.181	2032	13094.0661	13344.6818	13626.0113
2023	12160.8717	12309.2208	12450.8909	2033	13167.9978	13432.631	13727.8311
2024	12296.4854	12460.5526	12617.9417	2034	13240.2563	13519.0308	13828.1558
2025	12429.2856	12601.0494	12773.8813	2035	13311.1014	13604.2673	13927.5085
2026	12542.2948	12721.6151	12917.1892				

资料来源：课题组预测。

综合起来，按中方案预测的广东人口如表7-15所示。2023年前后，广东户籍人口将突破1亿。常住人口预测区间在12300万~13400万。到2030年广东常住人口约为1.28亿，到2035年广东常住人口约为1.3亿。

表7-15 以2010年户籍人口为基数的人口预测结果

单位：万人

年份	户籍人口	省外流动人口	常住人口
2020	9731.871	1978.677	11710.55
2025	10564.58	1834.662	12399.24

年份	户籍人口	省外流动人口	常住人口
2030	11179.49	1658.389	12837.88
2035	11692.212	1461.201	13153.41

资料来源:课题组预测。

(二) 以趋势外推法进行人口预测

趋势外推法是根据时间序列数据的趋势变动规律建立模型,以推断未来值。根据广东常住、户籍、省外流动人口历年来的变动趋势,进行趋势外推预测,采取曲线估计拟合模型方法。

采用历年《广东统计年鉴》公开的常住人口和户籍人口数据,省外流动人口数据用常住人口 – 户籍人口代替。从历年趋势来看,广东省常住人口、户籍人口都呈直线上升趋势,省外流动人口在近几年增速放缓。(见图 7 – 17)

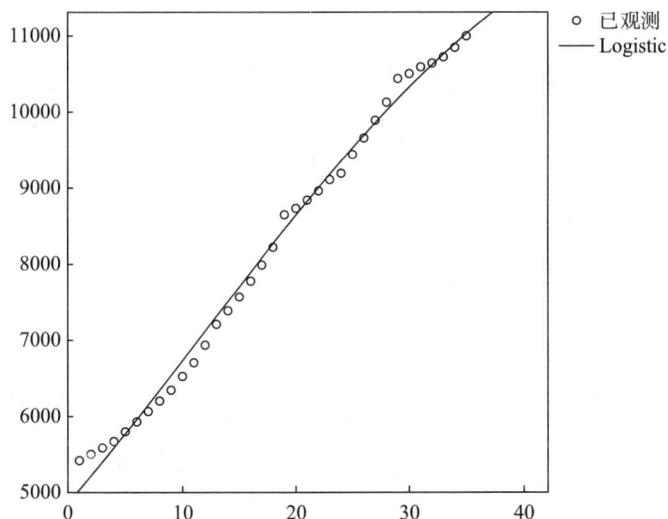

图 7 – 17 常住人口曲线估计拟合模式拟合图形

依据此趋势,采用曲线估计拟合模型方法,对未来广东人口进行预测,曲线估计模型如表 7 – 16 所示。

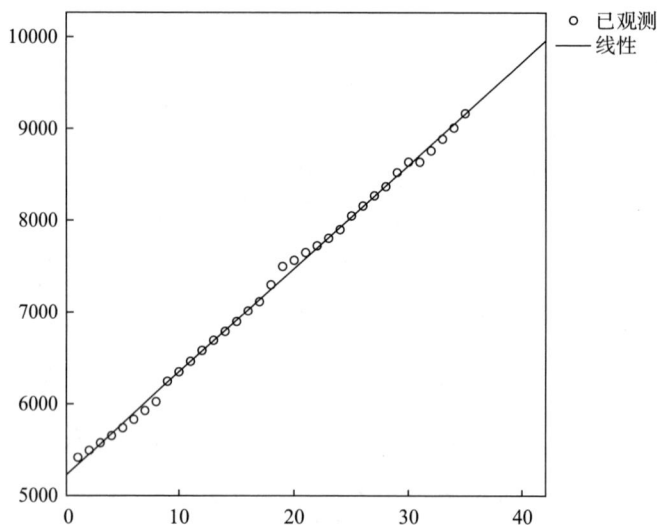

图 7 – 18　户籍人口曲线估计拟合模式拟合图形

表 7 – 16　趋势外推法构建的模型

	模型 R 方	方差分析显著度	模型表达式
常住人口	0.993	0.000	$y = 1/\left(\dfrac{1}{14000} + 0.00013\ (0.946t)\right)$
户籍人口	0.998	0.000	$y = 5226.840 + 112.328t$
流动人口		流动人口 = 常住人口 – 户籍人口	

预测结果如表 7 – 17 所示。

表 7 – 17　趋势外推法的广东人口预测结果

单位：万人

	常住人口			户籍人口			省外流动人口		
	预测值	95% 置信区间		预测值	95% 置信区间		预测值	95% 置信区间	
		下限	上限		下限	上限		下限	上限
2017	11156.95	10920.83	11379.30	9270.65	9161.53	9379.78	1886.3	1759.3	1999.52
2018	11280.71	11051.07	11496.52	9382.98	9273.35	9492.62	1897.73	1777.72	2003.90
2019	11400.34	11177.18	11609.64	9495.31	9385.15	9605.47	1905.03	1792.03	2004.17
2020	11515.87	11299.15	11718.71	9607.64	9496.92	9718.35	1908.23	1802.23	2000.36

续表

	常住人口			户籍人口			省外流动人口		
	预测值	95%置信区间		预测值	95%置信区间		预测值	95%置信区间	
		下限	上限		下限	上限		下限	上限
2021	11627.33	11417.03	11823.77	9719.97	9608.67	9831.26	1907.36	1808.36	1992.51
2022	11734.78	11530.85	11924.90	9832.30	9720.40	9944.19	1902.48	1810.45	1980.71
2023	11838.26	11640.64	12022.14	9944.62	9832.11	10057.14	1893.64	1808.53	1965.00
2024	11937.85	11746.46	12115.58	10056.95	9943.79	10170.12	1880.90	1802.67	1945.46
2025	12033.61	11848.38	12205.31	10169.28	10055.45	10283.11	1864.33	1792.93	1922.20
2026	12125.62	11946.46	12291.39	10281.61	10167.08	10396.13	1844.01	1779.38	1895.26
2027	12213.97	12040.77	12373.92	10393.94	10278.70	10509.18	1820.03	1762.07	1864.74
2028	12298.73	12131.40	12452.99	10506.26	10390.29	10622.24	1792.47	1741.11	1830.75
2029	12380.01	12218.42	12528.71	10618.59	10501.86	10735.32	1761.42	1716.56	1793.39
2030	12457.89	12301.93	12601.15	10730.92	10613.42	10848.43	1726.97	1688.51	1752.72
2031	12532.47	12382.02	12670.43	10843.25	10724.95	10961.55	1689.22	1657.08	1708.88
2032	12603.85	12458.78	12736.65	10955.58	10836.46	11074.69	1648.27	1622.32	1661.95
2033	12672.12	12532.31	12799.89	11067.91	10947.95	11187.86	1604.22	1584.35	1612.04
2034	12737.39	12602.70	12860.28	11180.23	11059.43	11301.04	1557.16	1543.27	1559.24
2035	12799.76	12670.05	12917.90	11292.56	11170.88	11414.24	1507.20	1499.16	1503.66

资料来源：课题组预测。

三 广东人口发展趋势

基于前文人口预测结果，我们可以做出广东省人口发展的几大趋势性判断。从人口规模、人口迁移流动、人口年龄结构变动引起的劳动力资源、人口老龄化和社会抚养系数、人口分布、人口城市化等方面进行研判评估，综合分析、深度把握人口发展趋势，为社会经济发展提供理论依据。

（一）人口规模与结构：人口规模缓慢增长，人口红利优势明显

大量的研究预测，我国将在 2030 年前后达到人口总量峰值，之后进

入人口负增长阶段。翟振武、李龙和陈佳鞠（2016）研究发现，若是维持原来较严格的生育政策不变，总人口规模的惯性增长只会在 2015 年后延续大约 10 年，到 2025 年时达到峰值，约为 14.15 亿人。人口负增长的时代由此开启，总人口的缩减速度不断加快，到 21 世纪中叶，年均减少人口近 1000 万人，总人口规模随之降低到 13 亿人以下。在"全面二孩"政策下，总人口规模的峰值将在 2028 年前后出现，约为 14.50 亿人，人口负增长的时代被推迟 3 年。此后，总人口的下降相对较为平缓，到 21 世纪中叶，基本能够维持在 14 亿人以上（到 2050 年时，约为 13.83 亿人，较之于维持原来较严格的生育政策不变多出近 1 亿人），年均减少人口约 600 万人，过快的负增长态势得到缓解。王金营、戈艳霞（2016）的研究也得到相似的结果，"十三五"期间将累计多出生近 2100 万人，总人口峰值将推迟到 2030 年的 14.66 亿，略大于不调整政策的情况。同时，"全面二孩"生育政策一定程度上放缓了总人口和劳动力人口的减少速度，增加了 2035 年之后的劳动力供给、减轻了劳动力负担和人口老化程度。预测结果显示总人口的减少趋势没有改变，2030 年后我国人口将以平均每年 640 多万的规模持续减少，到 21 世纪末人口减少到 10.16 亿。苗红军、张文君（2016）预测 2038 年之前，我国人口总数呈上升趋势，于 2038 年达到人口高峰后进入平缓下降阶段。原新（2016）预测到 2030 年人口将达到 14.5 亿的峰值。这是国家层面的人口发展趋势，基本趋势是 2030 年前后人口总量达到峰值，之后进入人口总量下降通道。按照国际上公认的"人口红利期"量化标准，15～64 岁劳动年龄人口抚养 0～14 岁少年儿童人口和 65 岁及以上老年人口的总抚养比低于 50% 计算，我国约在 1990 年（总抚养比为 49.84%）后才开始出现"人口红利期"。2000 年，该总抚养比降为 42.55%；2009 年为 36.89%。据桂世勋（2016）预测，2030 年我国的总抚养比回升到 50% 以上。2030 年以后，"人口红利期"将消失。

作为地区层面的广东省，人口发展趋势却不尽然，呈现显著的人口平稳衔接、人口红利优势明显特征。前文将广东人口发展变动总结为四阶段特征，发现广东没有出现人口断层的低谷现象，人口和经济发展基本顺利衔接。这表现为六个有机连接点的作用：一是计划生育拥有相对宽松的十年，可缓解人口发展第三阶段以来劳工短缺现象；二是上千万的流动人口聚集广东，可提高广东人口年轻化程度，为广东经济高速发展提供充裕的劳动力资源和人口红利；三是广东及时的产业结构调整和经济转型升级，可减缓对劳动力数量的需求；四是"二孩政策"可大大延缓 2030 年后广东人口老龄化形势；五是放宽户籍，适时有条件吸纳流动人口，将流动人口部分转化为本地户籍人口；六是新型城镇化和市民化，增进社会融合，适时提升人口素质和生活品质，开辟新的人口红利。上述条件可保证人口均衡发展，较好地调和人口红利和人口老龄化的矛盾，实现人口发展的平稳衔接。这是广东人口发展的一大特色。

从图 7-19 可见，广东人口总量是直线上升的，户籍人口和常住人口同步上升，户籍人口对常住人口的贡献是首要的。广东不但户籍人口和常住人口直线上升，还长期吸纳超过 2000 万的流动人口，广东常住人口和流动人口数在全国稳居第一，今后很长时期内，仍是人口聚居大省。从全国来看，1963~1982 年为出生高峰人口，为拥挤一代，随着人口代际更迭，拥挤一代退出劳动力市场时，也是劳动年龄人口大幅减少和老龄化加快之时。按 60 岁退休算，拥挤一代退休时间集中在 2023~2042 年。广东有晚十年的计划生育宽松期，退休潮在 2023~2052 年，人口总量峰值和劳动适龄人口峰值相对全国大大延后，社会负担和老龄化相对缓和。课题组预测结果，2035 年广东的总抚养比约为 40，人口红利优势明显（见图 7-20）。

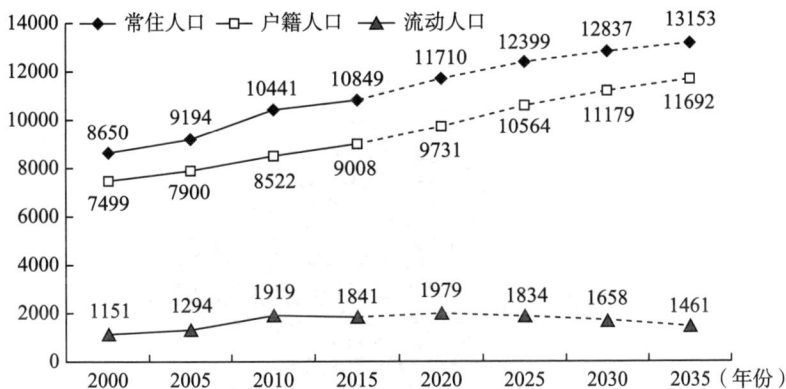

图 7-19　2000~2035 年广东人口变动趋势

根据人口预测的中方案，我们绘制出 2020~2035 年的人口金字塔图（见图 7-21~图 7-28）。从金字塔图显示的人口变动趋势，我们发现

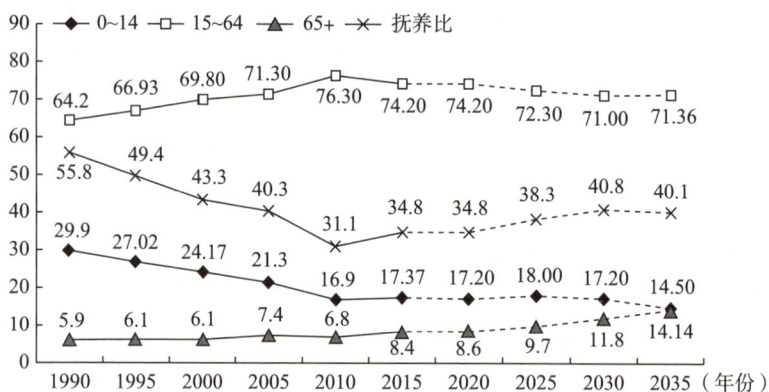

图7-20　1990～2035年广东常住人口年龄结构及抚养比

金字塔图上，有三个批次出生人口需要引起重视。一批是2005～2015年出生的人口，金字塔比较细窄；再往上是1990～2000年的出生人口，这里是一个收窄的形态；再上面是1965～1975年出生人口，这是一个扩张的形态，也是拥挤一代。根据生命周期理论，这三批人口总量的突出变化意味着需求的突出变化，需要相应的公共服务供给。二孩政策和放宽户籍政策可有效缓解这种人口不均衡发展带来的危机。相对于全国平均水平，广东人口发展的基本面较好，为广东社会经济发展奠定了良好基础。

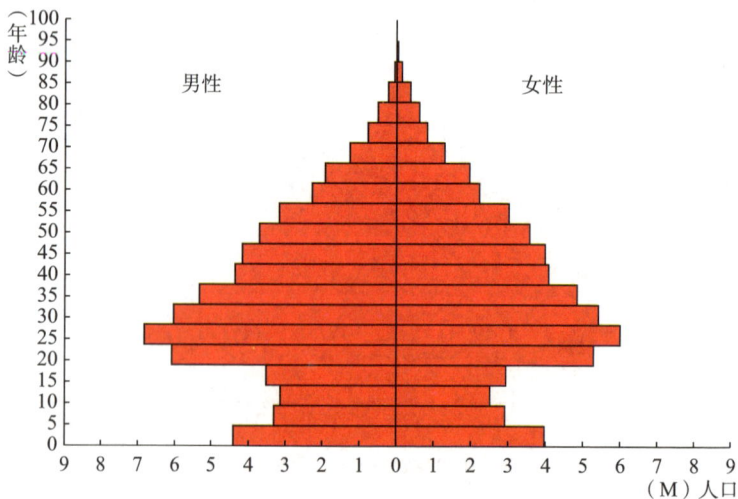

图7-21　2020年广东常住人口金字塔

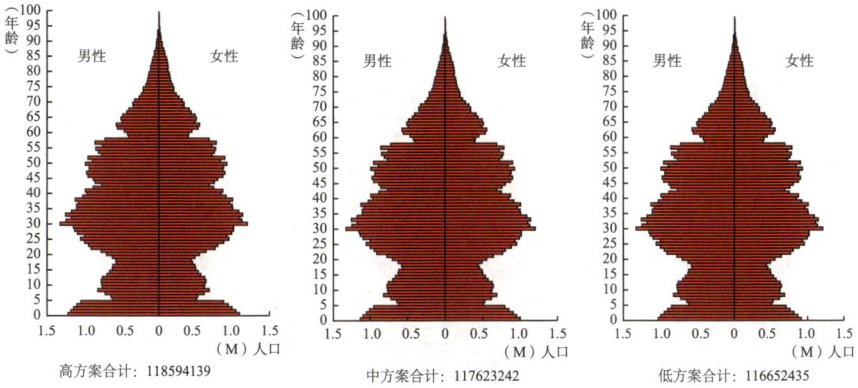

图 7 - 22　按高中低方案预测的 2020 年广东常住人口金字塔

高方案合计: 118594139　中方案合计: 117623242　低方案合计: 116652435

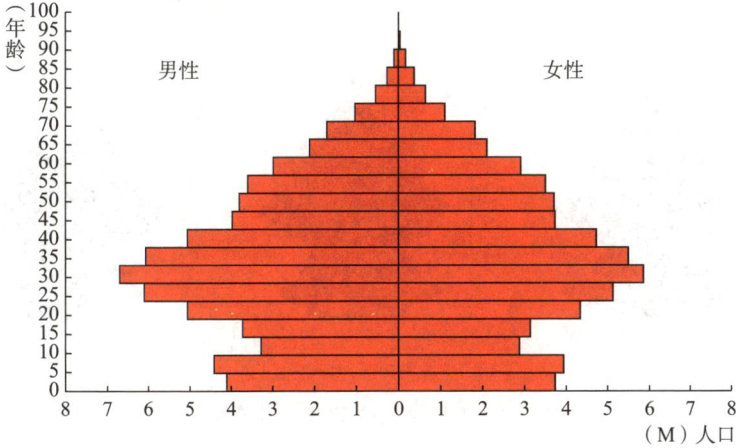

图 7 - 23　2025 年广东常住人口金字塔

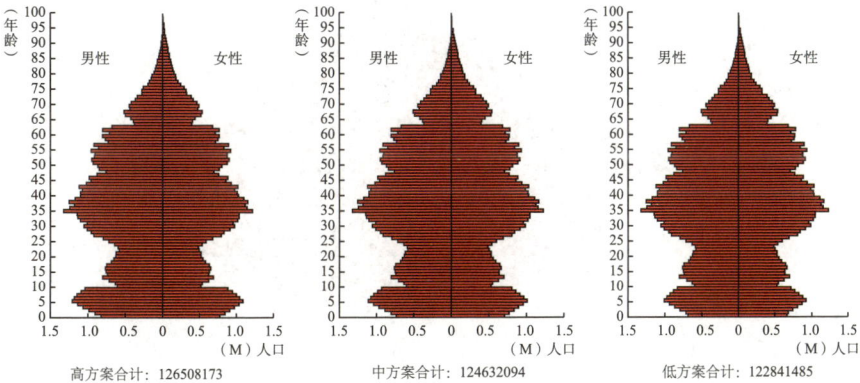

高方案合计: 126508173　中方案合计: 124632094　低方案合计: 122841485

图 7 - 24　按高中低方案预测的 2025 年广东常住人口金字塔

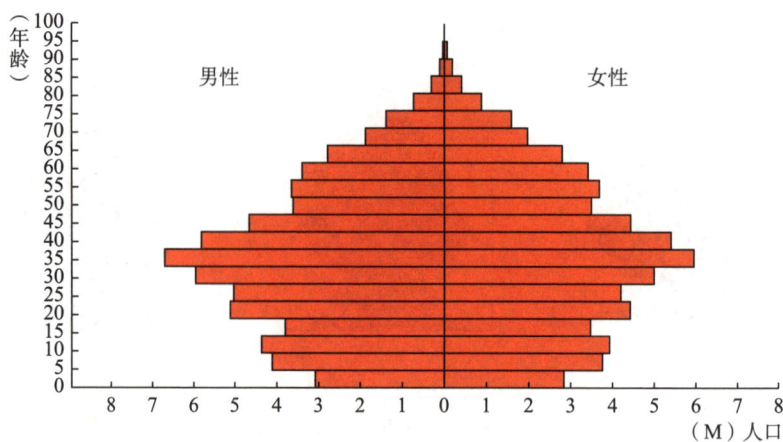

图 7 - 25　2030 年广东常住人口金字塔

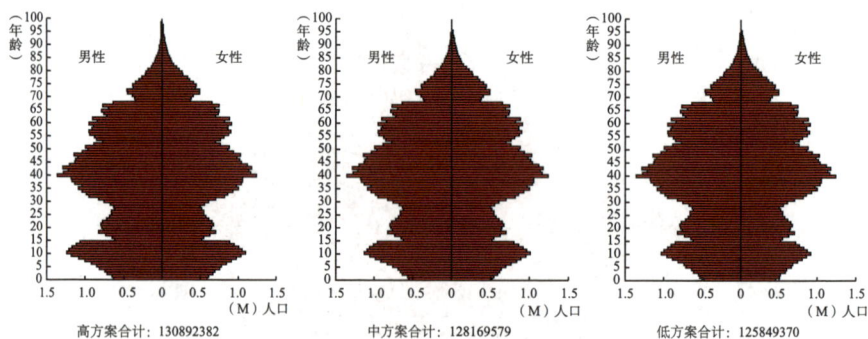

高方案合计：130892382　　　　中方案合计：128169579　　　　低方案合计：125849370

图 7 - 26　按高中低方案预测的 2030 年广东常住人口金字塔

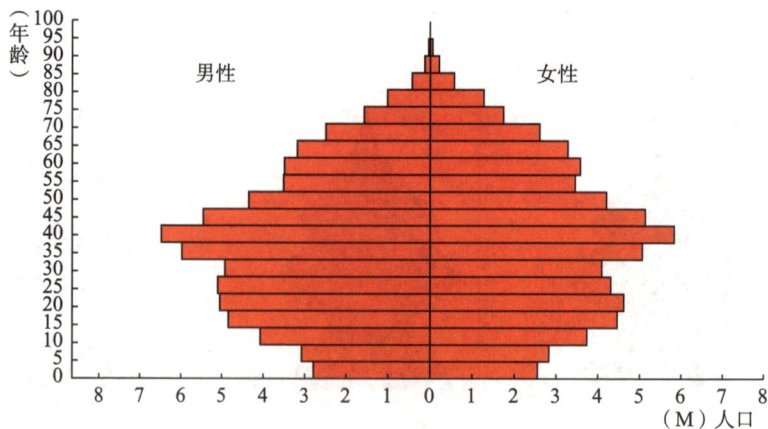

图 7 - 27　2035 年广东常住人口金字塔

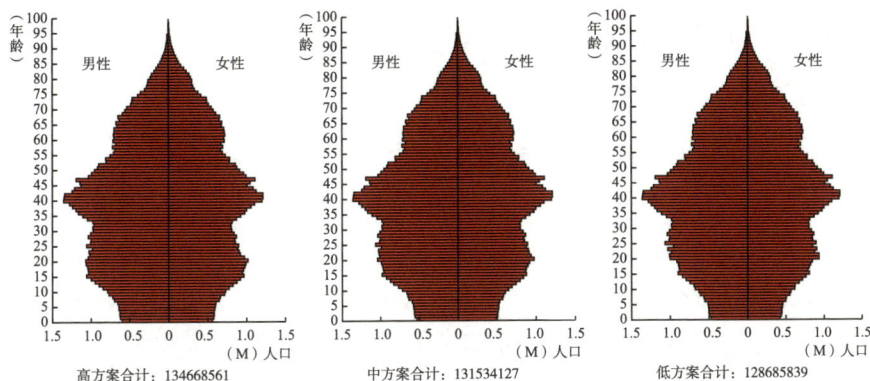

高方案合计：134668561　　中方案合计：131534127　　低方案合计：128685839

图 7 - 28　按高中低方案预测的 2035 年广东常住人口金字塔

（二）人口迁移流动：人口迁移作用增强，市民化加速人口融合

2008～2013 年为广东人口发展的第三阶段，也是人口调整时期。2005 年前后，广东省内流动人口不再增加，基本维持在 1000 万以内，这表明省内流动人口基本被吸入城镇，在省内打工的也较稳定，新增省内流动人口和返乡人口维持在最低平衡状态。省外流动人口在 2010 年前后也进入滞涨阶段，新增省外流动人口和返乡的省外流动人口维持在最低水平的平衡状态。这表明刘易斯拐点已过。刘易斯拐点的基本判断是：落后的传统部门（农业部门）和先进的部门（工业部门）的差距吸引农村剩余劳动力向城市流动，农村剩余劳动力无限供给，工资水平不变。随着工业部门的扩大，农村剩余劳动力被城市和工业部门吸收完毕，劳动供给变得短缺，引起工资水平上涨。这个转折点就是刘易斯拐点。2005 年前后，爆发"民工荒"，引发全社会对农民工权益的讨论，随后最低工资标准调整制度化。这些是非常明显的刘易斯拐点特征。从流动人口规模变动轨迹，再一次清晰证明拐点已过。先是省内流动人口吸收完毕，几年后省外流动人口亦步后尘。2015 年开始，无论省内流动人口还是省外流动人口，数量双双出现下降。这是由吸纳流动人口入广东户籍引起的人口变动。这一举动开启了户籍制度全面改革的大门，户籍制度适时调整是新型城镇化和市民化的内在要求。广东人口增长进入双驱动模式，一是出生人口增加带来的人口自然增长，一是放宽户籍吸纳流动人口入户的人口机械增长。

（三）人口分布变动趋势：先人口聚集珠三角，再实行人口城乡一体化发展

人口聚集有两种模式。一种是人口向城市集中的城市化，人口随产业布局而流动，主体是经济发展，人是作为生产要素参与发展，发展是以生产为主导的发展，我国目前发生的人口聚集基本上属于此类，粤港澳经济大湾区的兴起和珠江三角洲城市群的发展也是属于此类；另一种是产业配套人口居住环境的逆城市化，主体是人，发展是以人的消费为主导的发展，这通常发生在城市化后期。广东人口密度高居全国前列，面临较大的资源环境压力。人口聚集不可能无限膨胀，在社会经济发展到一定程度后，必然追求生活质量和人的全面发展。在珠江三角洲城市群崛起时，城乡一体化的全面发展也会随之到来。政府不会放任区域差异扩大，而会通过完善公共服务供给等缩小地区差距。

通过分析分地市的1990～2015年常住人口变动情况，按照人口空间分布特征，我们划分四类人口聚集区：珠江三角洲人口聚集区、粤东人口聚集区、粤西人口聚集区和人口蛰伏区（见表7－18）。根据各地以往常住人口年均增长率，参考未来广东经济社会发展大趋势，赋值未来各地常住人口年均增长率（见表7－19），我们用人口地理信息系统GIS预测未来人口分布走向，可以发现：人口继续向珠江三角洲聚集，其背后的力量是粤港澳经济大湾区的兴起和珠江三角洲城市群的发展壮大。四大人口聚集区的形成有时间先后，先珠江三角洲、再沿海、后山区的人口聚集态势明显。

表 7－18　广东分地市 1990～2015 年常住人口年平均增长率

	1990～1995	1995～2000	2000～2005	2005～2010	2010～2015
广州	2.94%	7.53%	-0.91%	6.77%	1.25%
深圳	21.40%	20.64%	3.61%	5.06%	1.94%
珠海	13.19%	3.46%	2.90%	2.06%	0.93%
汕头	-10.70%	3.30%	1.14%	1.83%	0.58%
佛山	2.89%	11.08%	1.72%	4.82%	0.64%
韶关	-0.22%	-0.51%	1.36%	-0.63%	0.72%

续表

	1990~1995	1995~2000	2000~2005	2005~2010	2010~2015
河源	-0.13%	-1.86%	4.54%	1.26%	0.78%
梅州	1.06%	-2.17%	1.65%	0.61%	0.45%
惠州	199.34%	5.63%	3.04%	4.82%	0.67%
汕尾	1.65%	0.91%	2.78%	1.00%	0.56%
东莞	10.61%	28.39%	0.35%	5.07%	0.07%
中山	5.85%	9.58%	0.59%	5.65%	0.56%
江门	0.58%	2.20%	0.76%	1.70%	0.31%
阳江	20.77%	-0.24%	1.38%	0.90%	0.71%
湛江	1.48%	0.81%	2.17%	0.94%	0.68%
茂名	0.67%	0.76%	2.26%	-0.05%	0.87%
肇庆	-7.67%	0.82%	1.77%	1.34%	0.70%
清远	0.33%	-1.06%	2.82%	0.61%	0.71%
潮州	46.43%	2.38%	0.96%	1.21%	-0.24%
揭阳	111.97%	4.58%	1.34%	1.02%	0.60%
云浮	18.26%	0.89%	1.72%	0.20%	0.83%

表7-19 广东分地市2016~2035年常住人口数量及年平均增长率

	2015（万人）	2016~2020	2021~2025	2026~2030	2031~2035
广州	1350.11	1.50%	0.50%	0.30%	0.30%
深圳	1137.87	3.80%	2.80%	2.00%	1.20%
珠海	163.41	3.70%	2.00%	1.60%	1.10%
汕头	555.21	1.50%	1.50%	0.30%	0.30%
佛山	743.06	3.10%	2.50%	1.80%	1.10%
韶关	293.15	-0.10%	-0.20%	0.20%	0.10%
河源	307.35	-0.10%	-0.20%	0.10%	0.10%
梅州	434.08	-0.10%	-0.20%	0.10%	0.10%
惠州	475.55	1.50%	1.50%	0.20%	0.20%
汕尾	302.16	-0.50%	-0.15%	0.10%	0.10%

续表

	2015（万人）	2016~2020	2021~2025	2026~2030	2031~2035
东莞	825.41	3.00%	2.40%	1.50%	0.80%
中山	320.96	3.70%	2.40%	1.25%	1.05%
江门	451.95	3.00%	2.30%	1.20%	1.10%
阳江	251.12	2.00%	1.50%	1.10%	1.00%
湛江	724.14	0.50%	0.30%	0.10%	0.10%
茂名	608.08	0.20%	0.10%	-0.10%	-0.10%
肇庆	405.96	1.60%	1.00%	0.20%	0.20%
清远	383.45	0.50%	-0.25%	-0.30%	-0.20%
潮州	264.05	-0.20%	-0.25%	-0.10%	-0.15%
揭阳	605.89	0.25%	-0.25%	-0.25%	-0.20%
云浮	246.05	1.50%	0.50%	0.30%	0.10%

（四）劳动年龄人口变动趋势：劳动年龄人口规模缓慢增加，劳动力老化速度加速

一是劳动年龄人口①规模仍将继续增长，但增速下降明显。根据课题组的预测，2017~2035 年广东常住人口中 15~64 岁劳动年龄人口规模将持续增长至 9386.1 万人，与 2015 年的 8044.5 万人相比，20 年间劳动年龄人口将增加 1341.6 万；而户籍人口中 15~64 岁劳动年龄人口将持续增长至 8022.6 万，相比 2010 年普查期间的 6128.7 万人，25 年间劳动年龄人口将增加 1893.9 万人。根据《国家人口发展规划（2016—2030 年）》的预测，15 年间，中国劳动年龄人口将波动下降，虽然自 2014 年以来全国劳动年龄人口规模已出现连续四年下降，但规划预测劳动年龄人口在"十三五"后期会出现短暂小幅回升，2021 年后将以较快速度减少。相对比全国的情况，广东劳动年龄人口规模在 2014 年后也出现了小幅下降，2016 年又出现小幅回升，结合广东未来经济发展预期，可以预判未来 20 年广东仍将是全国人口流入大省，处于劳动年龄阶段的流动人口还将对广东劳动年

---

① 本部分劳动年龄人口如无特殊说明，均指 15~64 岁人口。

龄人口存量做出较大贡献。因此，广东劳动年龄人口规模到 2035 年下降的概率不大，今后劳动年龄人口规模预计还将增长。

考虑到全国劳动年龄人口总量处于波动下降的态势，广东劳动年龄人口的增长速度也会随之下降，尤其是 2020 年以后下降速度愈加明显，但 2030 年以后，由于"全面二孩"政策效应的延伸，进入劳动年龄人口的规模会有一定程度的增加，因此 2030 年后劳动年龄人口的增速会有所回升，但回升幅度不大。根据课题组的预测，常住人口中劳动年龄人口在 2015 ~ 2020 年 5 年增加 644 万，年均增速为 1.55%；2020 ~ 2025 年增加 271.7 万，年均增速下降至 0.62%；2025 ~ 2030 年仅增加 159.4 万，年均增速持续下降至 0.35%；2030 ~ 2035 年增加 266.4 万，年均增速回升至 0.58%。户籍人口中劳动年龄人口在 2010 ~ 2020 年 10 年增加 713.4 万，年均增速为 1.11%；2020 ~ 2025 年 5 年增加 406.1 万，年均增速为 1.16%；2025 ~ 2030 年 5 年增加 323.9 万，年均增速下降至 0.88%；2030 ~ 2035 年增加 450.5 万，年均增速回升至 1.16%。无论是常住人口还是户籍人口，广东劳动年龄人口规模的增速都将较 2010 年前有很大幅度下降，而户籍人口因为受广东"十三五"期间需要吸纳 700 万省外迁入人口的政策因素影响，增速要稍高于常住人口。

表 7 - 20 广东 1990 ~ 2035 年常住人口及户籍人口中劳动年龄人口变动趋势

年份	常住人口 15 ~ 64 岁人口		户籍人口 15 ~ 64 岁人口	
	规模（万人）	年均增速%	规模（万人）	年均增速%
1990	4074.9	—	—	—
2000	6036.0	4.01	3993.1	—
2005	6555.3	1.66	—	—
2010	7966.5	3.98	6128.7	—
2015	8044.5	0.20	—	—
2020	8688.5	1.55	6842.1	1.11
2025	8960.3	0.62	7248.2	1.16
2030	9119.7	0.35	7572.1	0.88
2035	9386.1	0.58	8022.6	1.16

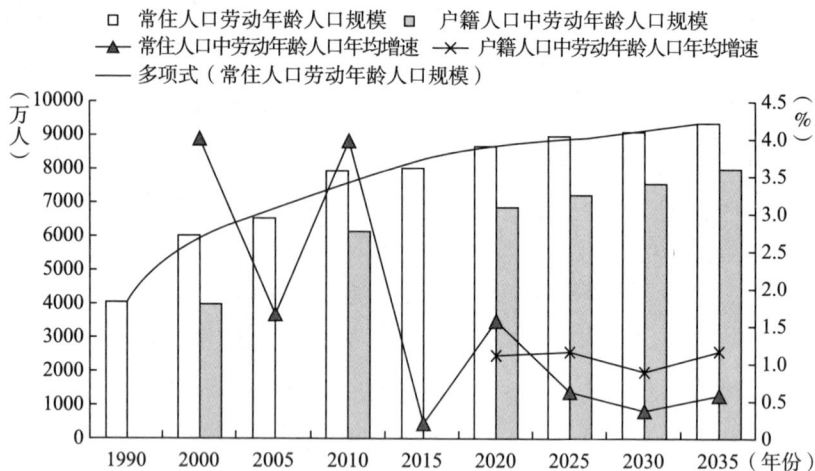

图 7-29　广东 1990~2035 年常住人口及户籍人口中 15~64 岁人口变动趋势

　　二是劳动年龄人口比重在 2010 年后持续下降，2035 年将降至 2005 年水平。根据课题组预测，广东常住人口中劳动年龄人口比重 45 年间的峰值出现在 2010 年，2010 年后劳动年龄人口比重将经历由缓慢下降到快速下降的过程，直至 2035 年会有小幅度回升。预测数据显示，2020 年前劳动年龄人口比重下降相对缓慢，甚至在 2020 年比重与 2015 年持平，保持在 74.2% 的水平。2020 年后劳动年龄人口比重则呈快速下降态势，2025 年比 2020 年下降 1.95 个百分点，比重降至 72.3%；2030 年比 2025 年下降 1.23 个百分点，比重降至 71.0%，基本回归 2005 年以前水平。2035 年由于"全面二孩"效应，劳动年龄人口比重小幅度回升至 71.4%，与 2005 年持平。户籍人口中劳动年龄人口比重也由 2010 年的 71.9% 持续下降至 2030 年的 67.7%，2035 年则小幅度回升至 68.6%。因缺乏户籍人口 15~64 岁比重历史数据，根据广东省公安厅提供的数据，对户籍人口中 18~60 岁比重趋势分析，发现 18~60 岁户籍人口比重在 2020 年达到峰值，随后 2035 年也下降至 2005 年之前水平。

　　三是年轻劳动力规模和比重逐年下降，劳动年龄人口老化趋势明显。根据课题组预测，2010~2030 年广东常住劳动年龄人口中 30 岁以下人口规模与比重呈明显的下降趋势，2030 年后 30 岁以下人口规模与比重稍有回升。具体来看，30 岁以下人口规模将从 2010 年的 3288.6 万人下降至 2030 年的 2604 万，20 年间减少 684.6 万人，2035 年因"全面二孩"政策

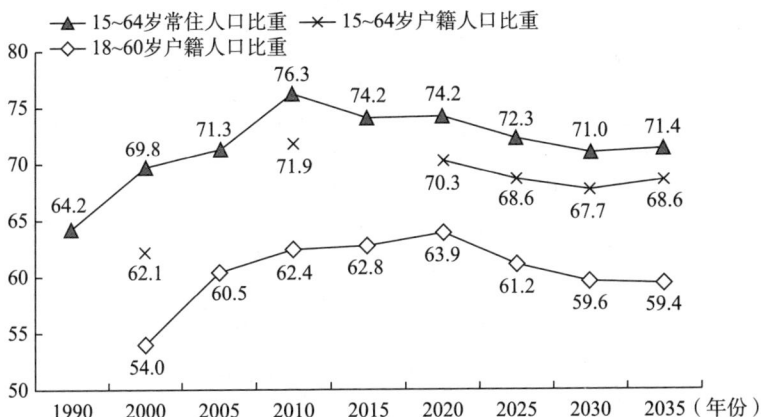

图 7 - 30　1990～2035 年广东常住人口及户籍人口中劳动年龄人口比重变动趋势

效应，人口规模回升至 2834.5 万人；占比由 2010 年的 41.3% 下降至 2030 年的 28.6%，下降幅度达到 12.7%，2035 年稍回升至 30.2%。而 45 岁以上人口规模则上升明显，45 岁及以上的劳动人口规模未来 25 年将增加 1374.7 万，占比增加 10.9%。结合劳动年龄人口的峰值变动趋势都反映出未来广东劳动力老化现象日趋加重。2010 年广东劳动力峰值还处在 20 岁，2020 年就增加到 26 岁，2025 年提高到 31 岁，2030 年提高到 36 岁，到 2035 年广东劳动年龄中最多的是 42 岁人群。25 年间劳动年龄人口峰值提高了 22 岁，劳动力老化的速度较快。与全国趋势相比，广东劳动年龄人口的老化程度较全国轻微一些，根据《国家人口发展规划（2016—2030年)》2030 年全国 45～59 岁大龄劳动力占比将达 36% 左右，而本课题组预测下广东 2030 年大龄劳动力占比为 25.8%，2035 年占比也仅为 27.8%，比全国老化程度低近 10 个百分点。

表 7 - 21　广东 15～64 岁常住人口年龄结构预测情况

年龄组	人口规模（万人）					人口比重（%）				
	2010	2020	2025	2030	2035	2010	2020	2025	2030	2035
15～19 岁	999.0	645.8	684.6	726.2	928.6	12.5	7.4	7.6	8.0	9.9
20～24 岁	1227.5	1137.3	940.4	953.1	966.5	15.4	13.1	10.5	10.5	10.3
25～29 岁	1062.1	1283.0	1122.2	924.7	939.4	13.3	14.8	12.5	10.1	10.0
30～34 岁	893.5	1145.8	1255.6	1095.6	901.4	11.2	13.2	14.0	12.0	9.6

续表

年龄组	人口规模（万人）					人口比重（%）				
	2010	2020	2025	2030	2035	2010	2020	2025	2030	2035
35~39 岁	953.3	1017.5	1157.5	1264.2	1103.4	12.0	11.7	12.9	13.9	11.8
40~44 岁	886.5	845.1	979.5	1120.8	1231.0	11.1	9.7	10.9	12.3	13.1
45~49 岁	704.7	816.0	771.3	910.3	1058.2	8.8	9.4	8.6	10.0	11.3
50~54 岁	489.9	728.9	750.9	711.9	855.8	6.2	8.4	8.4	7.8	9.1
55~59 岁	439.9	618.4	709.1	732.7	696.1	5.5	7.1	7.9	8.0	7.4
60~64 岁	306.6	450.6	589.3	680.3	705.8	3.9	5.2	6.6	7.5	7.5
30 岁以下	3288.6	3066.1	2747.2	2603.9	2834.5	41.3	35.3	30.7	28.6	30.2
35 岁以下	4182.1	4212.0	4002.8	3699.5	3735.9	52.5	48.5	44.7	40.6	39.8
35~44 岁	1839.8	1862.6	2137.0	2385.0	2334.4	23.1	21.4	23.8	26.2	24.9
45 岁及以上	1941.1	2613.9	2820.5	3035.2	3315.8	24.4	30.1	31.5	33.3	35.3

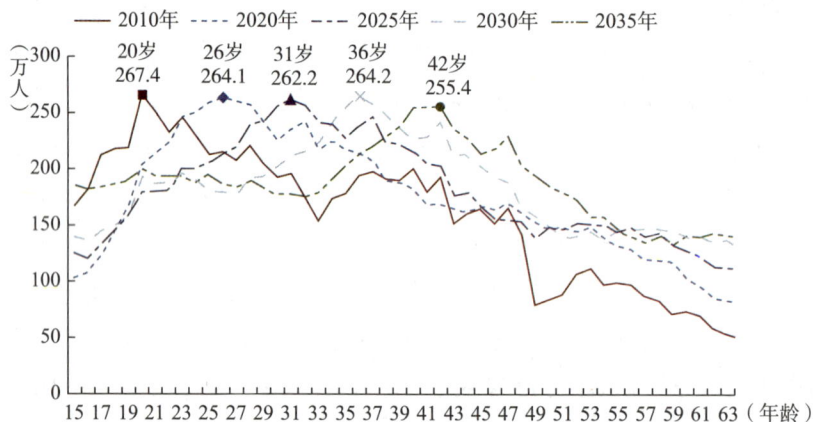

图 7-31　广东 15~64 岁常住人口各年龄段变动趋势

（五）老年人口及社会抚养系数变动趋势：户籍人口在 2000 年前已进入老龄化社会，老年人口快速增长，2035 年社会抚养系数超过 40

一是老年人口①规模和比重持续攀升，2035 年老年人口将超 180 万，占比超 14%。根据课题组预测，广东 65 岁及以上常住人口规模将由 2010

---

① 本部分老年人口无特殊说明指的是 65 岁及以上人口。

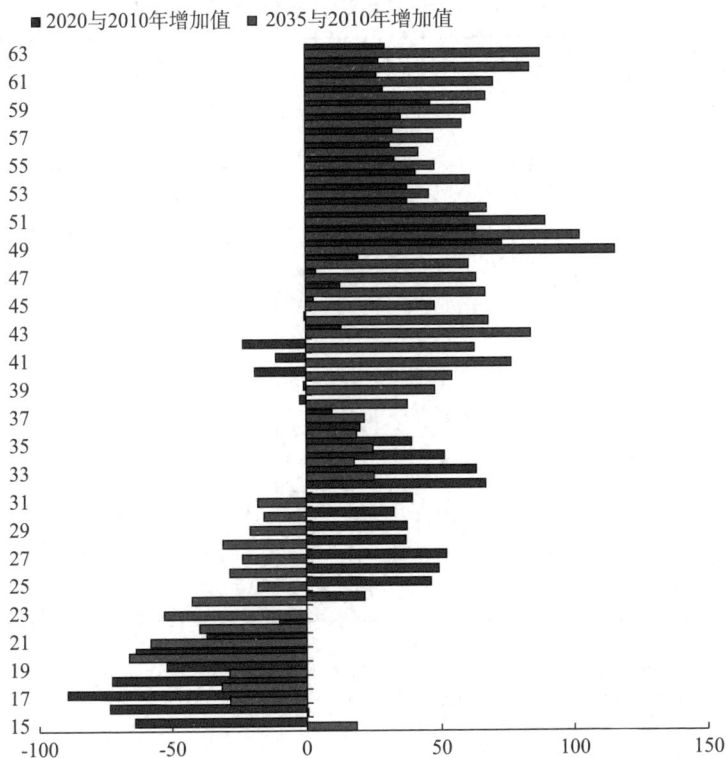

图 7-32 广东 15~64 岁常住人口各年龄段增量变动趋势

年的 710 万增加至 2035 年的 1860.3 万，25 年间增加老年人口近 1150 万；老年人口占比由 2010 年的 6.8% 提高至 2035 年的 14.1%，增幅达到 7.3%。从常住老年人口增速情况来看，2015~2020 年为老年人口平缓增长期，年均增速为 1.73%；2020~2030 年为老年人口快速增长期，其中 2020~2025 年年均增速提高至 3.7%，2025~2030 年年均增速提高至 4.68%，2030~2035 年年均增速稍下降至 4.25%。从户籍老年人口情况来看，由于常住老年人口中省外流动人口比重较低，因此户籍老年人口变动趋势基本与常住人口一致，但户籍老年人口老化程度要远高于常住人口，到 2035 年户籍老年人口比重将达到 15.8%，相比 2010 年 8.4% 上升了 7.4 个百分点。

二是老少比呈波动增长态势，2035 年常住人口老少比将高达 97.5。根据课题组预测，广东常住人口老少比 2005 年已达到 34.7，超过国际老年型社会中老少比 30 的标准，且超出的程度越来越大，2020 年老少比达到

表 7-22　广东 65 岁及以上老年人口变动趋势

年份	常住 65 岁及以上人口			户籍 65 岁及以上人口		
	规模 （万人）	比重 %	年均增速 %	规模 （万人）	比重 %	年均增速%
1990	374.5	5.9				
2000	523.3	6.1	3.40	507.9	7.9	
2005	680.4	7.4	5.39			
2010	710.0	6.8	0.86	714.0	8.4	
2015	920.0	8.5	5.32			
2020	1002.3	8.6	1.73	989.1	10.2	3.31
2025	1201.8	9.8	3.70	1189.5	11.3	3.76
2030	1510.9	11.8	4.68	1499.8	13.4	4.75
2035	1860.3	14.1	4.25	1850.5	15.8	4.29
2010-2035 增量	1150.3	7.3	3.93	1136.5	7.5	3.88

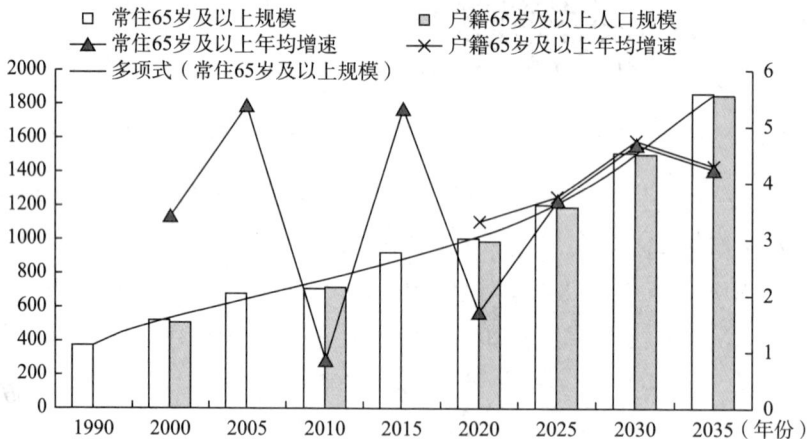

图 7-33　广东 1990~2035 年 65 岁及以上老年人口变动趋势

49.6，超出标准 19.6；2025 年老少比达到 53.7，超出标准 23.7；2030 年老少比达到 68.5，超出国际标准两倍以上；2035 年老少比达到 97.5，老年人口比重与儿童比重基本持平。户籍人口老少比要比常住人口情况更为严重，2010 年广东户籍人口老少比为 42.5，2020 年上升至 52.0，超出国际标准 22 个点；2025 年老少比为 55.9，超出标准 25.9；2030 年老少比高达 71.2，是国际标准的 2.4 倍；2035 年老年人口比重超过儿童人口比重，

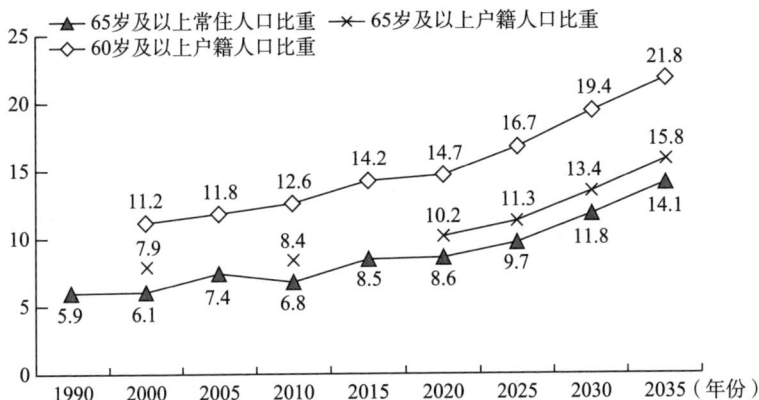

图7－34　广东1990～2035年老年人口比重变动趋势

老少比高达101.7，这主要是由于人口老化趋势在加剧，但由于2030年后生育水平回复至2010年水平，"全面二孩"政策的出生人口效应不显著，因此儿童人口增速放缓，比重有所下降。

从老少比的变动情况来看，广东常住人口老少比变动趋势可以分为四个阶段。第一阶段是1990～2000年老少比的平稳增长阶段，老少比十年间增加5.3，年均增速为2.41%。第二阶段是2000～2015年老少比基本呈直线陡增的快速增长阶段，尤其是2000～2005年老少比提高了9.7，五年期年均增速上升到6.78%，2005～2015年老少比增加了14.1，每五年期年均增速也保持在3%以上。第三阶段是2015～2020年老少比缓慢增长阶段，老少比五年仅增加0.8，增速也有了更大幅度的回落，五年年均增速降为0.33%。这主要是由于2014年和2016年我国实施的"单独二孩"和"全面二孩"政策，使得出生人口出现小高潮，从而使得老少比中的少儿部分有所增加。第四阶段是2020～2035年老少比恢复快速增长阶段，2020～2025年老少比增速开始加快，五年年均增速提升至1.6%，老少比增加4.1；2025～2030年老少比增速急剧加快，增速达到4.97%，老少比增加14.7；2030～2035年老少比增速更达到7.34%，增长29.1。

由于常住人口中老年人口与少儿人口多为户籍人口，因此户籍人口的老少比增长速度与常住人口一致，尤其是2025年后期流动人口规模逐渐收窄，户籍人口增速与常住人口增速基本实现同步，2030～2035年五年增速达到7.41%。

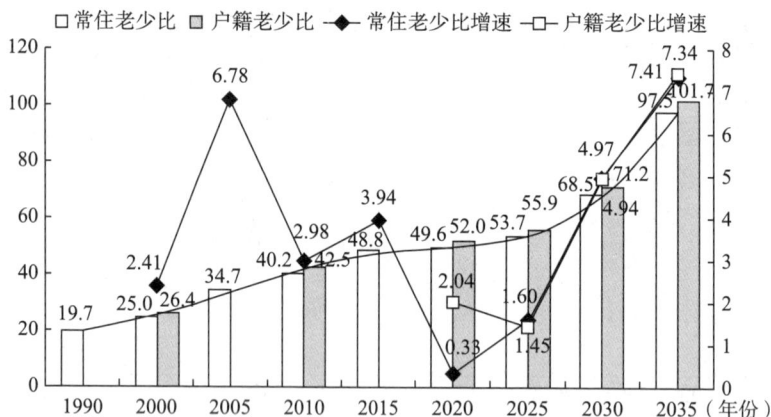

图7-35　广东1990~2035年老少比及五年年均增速变动趋势

三是老年抚养系数持续升高，老年负担越来越重，2035年100名劳动年龄人口预计需负担近20名老年人。根据课题组预测，到2020年常住人口老年抚养系数为11.5，比2010年增加2.6；2025年老年抚养系数持续增加至13.4，比2020年增加1.9；2030年老年抚养系数为16.6，比2025年增加3.2，比2010年增长近一倍；2035年老年抚养系数升至19.8。由于常住人口中省外流动人口的劳动年龄人口补充效应使得常住人口老年抚养系数比户籍人口稍低些，户籍人口老年抚养系数2010年已超过10，达到11.7，2020年提升至14.5，2025年增加到16.4，2030年为19.8，2035年为23.1。

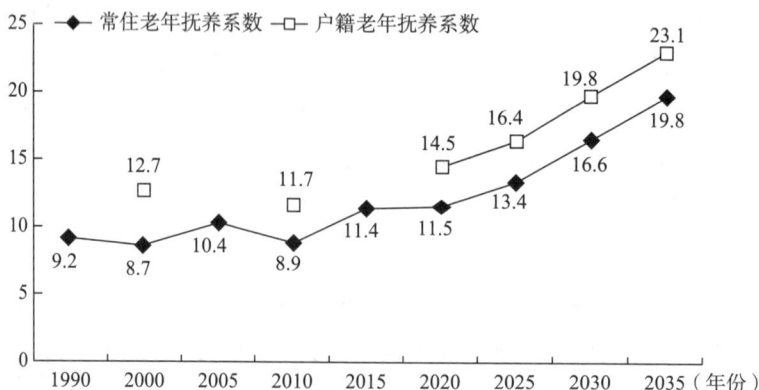

图7-36　广东1990~2035年老年抚养系数变动趋势

四是少儿抚养系数平缓波动，2015~2035年的20年间广东每百名劳动年龄人口预计需负担25~30名儿童。从广东常住人口2010年之前的少

儿抚养系数变动情况，可以看出 1990～2010 年的 20 年间，由于 80 年代计
划生育政策的实施使得少儿人口比重急剧下降，同时广东省外流动人口大
量流入又加大劳动年龄人口比重，因此 2010 年之前的 20 年常住人口少儿
抚养系数呈直线下降趋势。但 2010 年后，随着流动人口规模和增速的减
缓，广东常住劳动年龄人口增速也逐渐下降，因此 2010～2015 年少儿抚养
系数有所增加。2015 年后随着生育政策的调整，出生人口有了一定幅度的
上涨，导致少儿人口比重开始缓慢回升，直至 2025 年少儿抚养系数形成一
个小峰值，常住人口中少儿抚养系数由 2010 年的 22.1，缓慢上升至 25.0，
户籍人口少儿抚养系数也由 2010 年的 27.4，上升至 29.3。2025 年之后二
孩生育政策的补偿效应基本回落，生育水平回归到 2015 年之前水平，因此
2025 年至 2035 年少儿抚养系数开始下降。从预测结果上看，预计 2035 年
常住人口中每百名劳动年龄人口需负担 20.3 名儿童，户籍人口由于劳动年
龄人口规模要稍低于常住人口，因此少儿抚养系数要稍高些，2035 年每百
名劳动年龄人口需负担 22.7 名儿童。

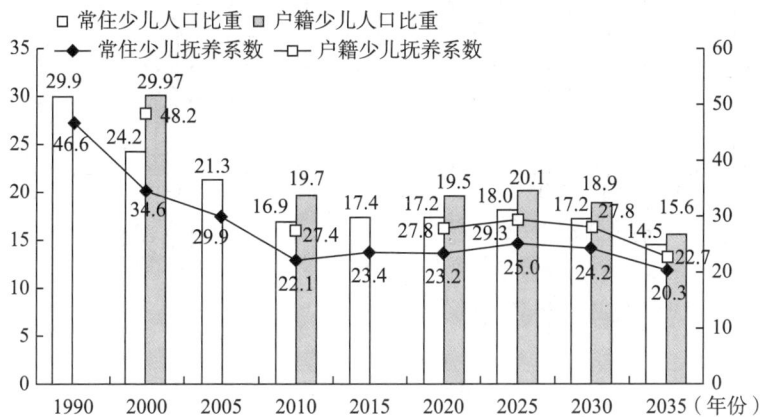

图 7-37 广东 1990～2035 年少儿比重及少儿抚养系数变动趋势

五是社会抚养系数持续上升，至 2035 年社会抚养系数超过 40。社会
抚养系数是老年人口与儿童人口之和与劳动年龄人口的比值，即 100 个劳
动年龄人口需要负担的老年人口和儿童人口总数，反映的是整个社会的负
担情况。从历史数据来看，1990～2010 年，广东常住人口社会抚养系数是
呈下降趋势的，这主要是由于出生人口的减少和流动人口规模较大，可以
说 2010 年之前广东人口红利效应还较为明显。但 2010 年之后社会抚养系

数呈明显上升趋势,到2020年常住人口社会抚养系数上升至34.8,2025年上升至38.4,2030年上升为40.8,2035年社会抚养系数稍有下降,但依然在40以上。户籍人口社会抚养系数更大,到2020年为42.2,2025年为45.8,2030年为47.6,每100名劳动年龄人口需负担的老人和儿童接近50人,2035年由于儿童人口比重的轻微下降趋势,户籍人口社会抚养系数为45.7。可见,2015～2035年的20年广东社会负担将越来越重。

结合广东2015～2035年的20年三段年龄人口比重的变动趋势,可以发现未来广东社会负担的加重,主要源于两个因素,一是劳动年龄人口比重的持续下降,二是老年人口比重的持续攀升,而少年儿童比重由于维持在较平稳的水平,对社会负担的波动增长影响并不显著。

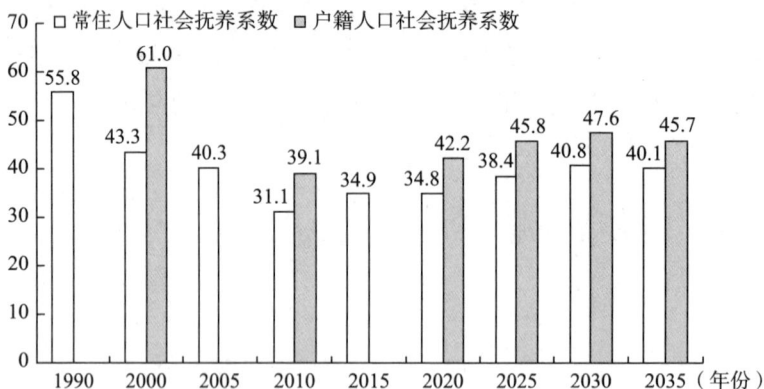

图7-38 广东1990～2035年社会抚养系数变动趋势

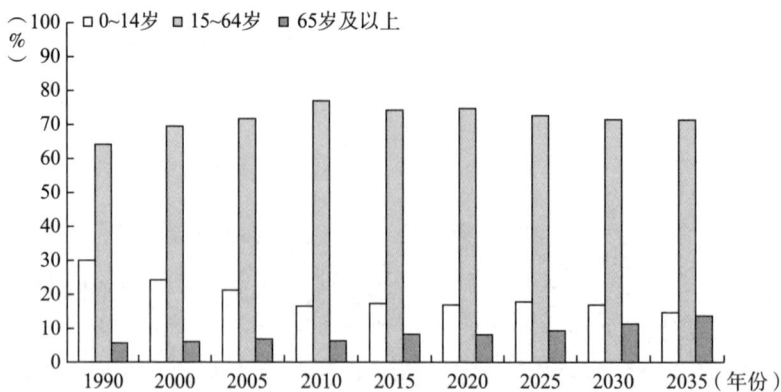

图7-39 广东1990～2035年常住人口年龄结构变动趋势

（六）人口城镇化发展趋势：人口城镇化水平将维持平稳上升态势

城镇化是世界各国在现代化进程中社会结构不断演变的普遍动态过程，通常指人类生产方式、生活方式和居住方式的一种重大变迁，其表现包括农业人口向非农产业转移并向城市集中、城市在空间数量上增多、在人口规模上扩大，城市生活方式向农村扩散等。从我国城镇人口统计和计算方法来看，常住人口自1990年人口普查开始分别统计城镇人口与农村人口数据，其中城镇人口是指居住在城镇范围内的全部常住人口，乡村人口是除上述人口以外的全部人口，国家统计局的城镇化率就是城镇人口占全部常住人口的比重。户籍人口在2015年以前统计区分的是非农业人口与农业人口的数据，且2003年前的非农业人口统计口径与2003年后还有所区别，2003年以后非农业人口是指按常住户口性质划分的人口，具体包括两部分人群：一是设区市的市区和不设区市的市区所辖街道办事处区域内的常住人口；二是市辖镇、县辖镇所辖居民委员会或镇政府驻地村民委员会区域内的常住人口，农业和非农业人口均不包括未落常住户口的人数。2015年后户籍人口又改为统计城镇与农村人口数据。由此可见，户籍人口概念下的城镇化水平与常住人口概念下的城镇化水平有所区别，常住人口概念下的城镇化反映的更多是人口向城镇的集聚效应，受经济社会环境影响为主；而户籍人口统计概念下的城镇化水平反映的更多是人口由农业向非农业的转移，既受经济社会环境影响，也受户籍政策等社会政策影响。

一是从人口向城镇集聚的角度看，常住人口城镇化率[①]将持续上升，2025年前后将进入人口城镇化稳定阶段。发达国家的历史经验显示，人口增长率的高低与这一地区城镇化水平有必然联系，城镇化水平越高，人口增长越缓，反之城镇化水平越低，人口增长速度越快。根据本课题组预测，到2035年，广东常住人口增长率呈下降趋势，按照城镇化一般规律，广东常住人口城镇化水平将呈不断上升趋势。

由于常住人口在城镇的集聚受经济社会环境影响为主，变动存在惯性趋势，因此通过历史数据的分析，可以大致把握未来发展趋势。本课题组

---

① 常住人口城镇化率是指常住人口中城镇人口占总人口的比重。

根据广东常住人口城镇化的历史数据，采用趋势增长法对城镇化水平进行预测，通过进行曲线拟合回归分析，得出广东常住人口城镇化率的 Logistic 模型为：

$$y = 1/1$$

该模型拟合优度 $R^2 = 0.981$，模型方差显著度 $sig = 0.000$。

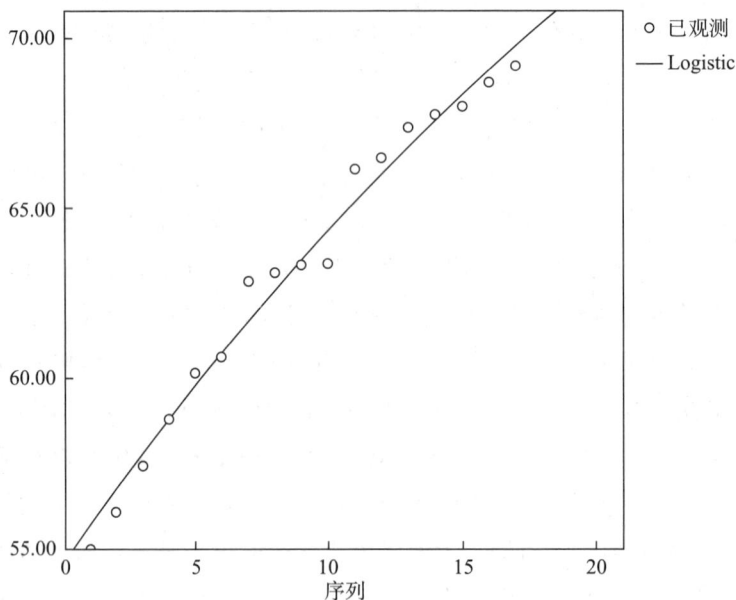

图 7 - 40　广东常住人口城镇化率拟合模型

通过拟合模型预测，得出广东到 2035 年常住人口城镇化率如表 7 - 23 所示。

表 7 - 23　广东 1990～2035 年常住人口城镇化水平变动趋势

年份	城镇化率（%）	年份	城镇化率（%）	年份	城镇化率 99% 置信区间	
					上限	下限
1990	36.76	2017	70.47	2017	68.81	71.99
1995	39.76	2018	71.12	2018	69.49	72.61
2000	55.00	2019	71:75	2019	70.15	73.21
2001	56.11	2020	72.35	2020	70.78	73.78
2002	57.47	2021	72.93	2021	71.38	74.34

续表

年份	城镇化率（%）	年份	城镇化率（%）	年份	城镇化率99%置信区间	
					上限	下限
2003	58.82	2022	73.49	2022	71.96	74.87
2004	60.18	2023	74.03	2023	72.52	75.38
2005	60.68	2024	74.55	2024	73.06	75.87
2006	62.89	2025	75.04	2025	73.58	76.33
2007	63.14	2026	75.51	2026	74.08	76.78
2008	63.37	2027	75.97	2027	74.56	77.21
2009	63.40	2028	76.40	2028	75.02	77.62
2010	66.17	2029	76.82	2029	75.46	78.00
2011	66.50	2030	77.22	2030	75.88	78.38
2012	67.40	2031	77.60	2031	76.28	78.73
2013	67.76	2032	77.96	2032	76.67	79.06
2014	68.00	2033	78.31	2033	77.04	79.39
2015	68.71	2034	78.64	2034	77.40	79.69
2016	69.20	2035	78.96	2035	77.74	79.98

资料来源：1990～2016年为实际数据，来源于历年《广东统计年鉴》；2017～2035年为课题组预测数据。

人口城镇化的过程一般可以分为四个阶段。第一阶段为城镇化的起步阶段。在这一阶段中城市人口比重达到25%，农业劳动力就业比重达70%～80%。第二阶段为城镇化加速发展。这一阶段，城市人口比重从25%上升至50%，非农产业比重达到50%～70%。第三阶段为城镇化强化时期。这一阶段，城市人口比重由50%上升至75%，第三产业比重达到50%。第四阶段为城镇化的稳定时期。这一阶段，城市人口比重超过75%。经济发展进入后工业化社会。许多发达国家的人口城镇化均已进入第四阶段，如新加坡、英国、澳大利亚、德国、日本、美国等。

根据课题组预测结果，结合广东1982年以来的常住人口城镇化水平判断，广东80年代处在城镇化的起步阶段，城镇化率低于25%；1990～2000年处于城镇化的加速发展阶段，城镇化率由1990年的36.76%上升到2000年的55%；2000～2024年属于城镇化的强化阶段，城镇化率由2000

年的 55% 上升到 2024 年的 74.55%；2025 年以后进入城镇化稳定阶段，城镇化率达到 75% 以上。从进程花费的时间来看，城镇化加快发展阶段用了十年，但城镇化强化阶段则需要耗时 24 年。

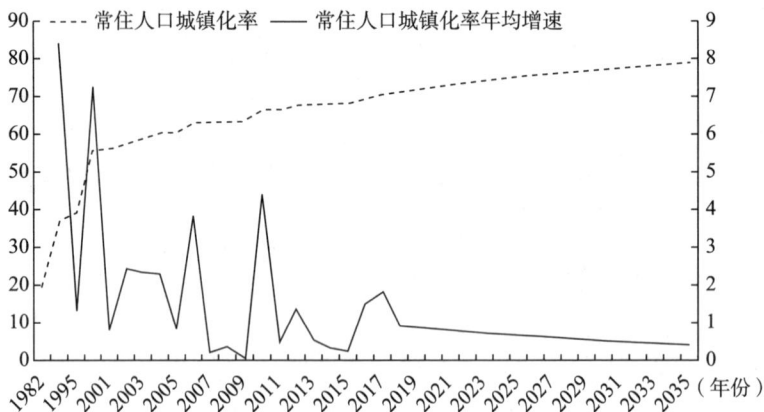

图 7-41　广东 1982～2035 年常住人口城镇化水平变动趋势

资料来源：1982～2016 年为实际数据，来源于历年《广东统计年鉴》；2017～2035 年为课题组预测数据。

二是从人口由农业向非农业转移的角度看，户籍人口城镇化①水平在户籍及新型城镇化政策影响下将快速提升，到 2035 年户籍人口城镇化率预计能达到 65% 左右。从历史数据上看，广东户籍人口中非农业人口规模和比重呈缓慢增长态势，2014 年非农业人口比重达到 54.5%，比 2003 年同一统计口径下的非农业人口比重 47.9%，增加了 6.58 个百分点，12 年间每年比重增幅波动并不明显，平均每年增长约 0.5%。从非农业人口规模增量变动情况来看，12 年间大部分年份人口规模增量都控制在 100 万以下，2013 年以来非农业人口规模增量已突破 100 万。从农业人口规模增量来看，2012 年以来农业人口呈逐年下降态势。可见，如无特殊户籍政策等因素的影响，户籍人口城镇化水平将维持平稳上升态势，按照每年 0.5 个百分点的稳定速度增长，到 2020 年户籍人口城镇化水平将上升至 57.5%，2030 年将达 62.5%，2035 年将达 65%。

广东"十三五"规划提出到 2020 年户籍人口城镇化率要实现加快提高，预期 2020 年达到 50%，在推进新型城镇化的过程中"推进符合条件

---

① 户籍人口城镇化率是指户籍人口中非农业人口占总人口的比重。

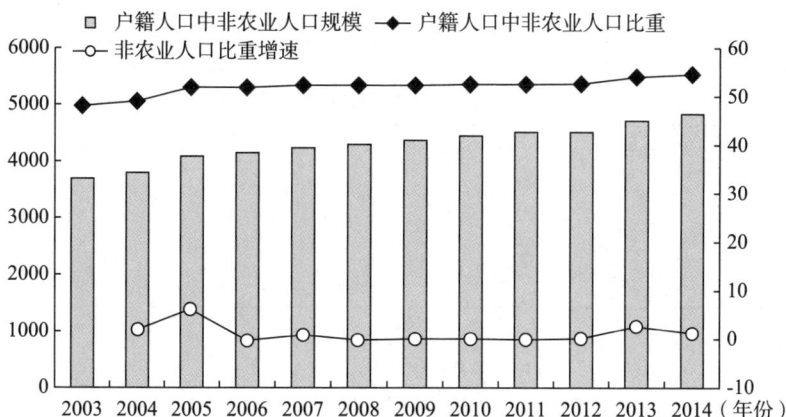

图 7－42 广东户籍人口城镇化水平变动趋势

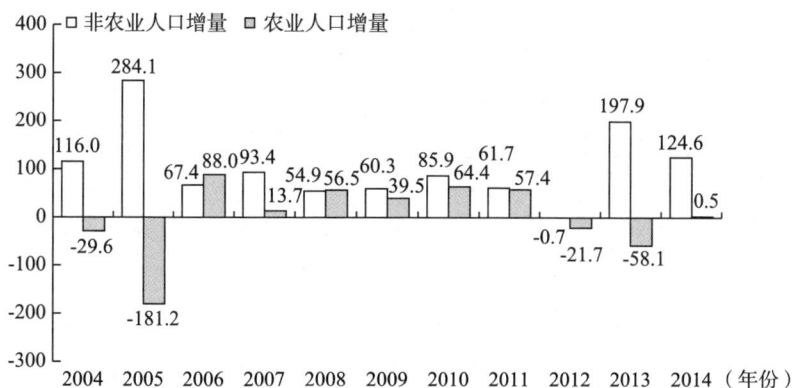

图 7－43 广东户籍人口中非农业人口与农业人口增量变动趋势

的农业转移人口落户城镇。到 2020 年，实现不少于 600 万本省和 700 万外省农业转移人口及其他常住人口落户城镇"。因此，在不考虑人口迁出效应情况下，2020 年非农业人口规模至少要比 2014 年增加 1300 万。根据历年广东户籍人口迁出省外规模约为 20 万来推算，到 2020 年广东户籍人口中非农业人口规模至少增加 1000 万左右，结合本课题组对 2020 年户籍人口的预测，到 2020 年户籍人口城镇化率预计能提高到 60％左右。随着新型城镇化的推进，非农业人口比重将持续提高，假定 2020 年后新型城镇化推动进度保持在 2014 年水平，非农业人口每年增长至少 120 万，到 2035 年户籍人口城镇化率预计达到 65％。

表 7 - 24 广东户籍人口城镇化水平预测

年份	户籍人口规模（万人）	非农业人口规模（万人）	按非农业人口增量的城镇化率预测值（%）	按年均 0.5% 的城镇化率预测值（%）
2014	8759.46	4827.43	54.5	54.5
2020	9731.87	5827.43	59.9	57.5
2030	11179.49	7027.43	62.9	62.5
2035	11692.21	7627.43	65.2	65.0

四 促进人口发展战略转型的对策建议

基于 2035 年广东人口预测结果和人口发展趋势判断，提出几点促进人口均衡发展和人口发展战略转型的对策建议。

（一）加快推进基本公共服务均等化，缩小地区差异，实现城乡一体化发展和全省整体协调发展

经济社会发展的地区差异是广东发展的短板，人口分布也呈现同样的地区差异。从中长期发展来看，人口分布的严重不均衡，会加剧人口与资源、环境的矛盾和区域发展的不均衡。需要加快推进以人为核心的新型城镇化，实现城乡一体化，以户籍制度深化改革、公共服务公平供给、城乡一体化发展、发展环境逐步完善来科学调适人口合理流动，减少半城镇化、留守空巢、城乡差距等影响人口与共享发展不利因素，实现人口与经济社会协调发展，实现省域范围内的整体协调发展。推进公共服务均等化，加大公共服务基础设施投入，增加公共基础设施投资，以基本公共服务均等化为突破口，构建合理的城乡社会服务均等化体系，重点解决安居、就业、社保、入学、医疗等与城乡居民生产生活密切相关的现实问题，逐步给予城乡居民医疗、教育、就业、社保等公共服务方面的平等待遇。

（二）有序推进户籍制度改革，破除二元壁垒，加快新型城镇化和迁移流动人口市民化

人口迁移和流动是广东人口发展的特色，广东人口机械增长作用已经超过人口自然增长的作用。无论省内流动人口还是省外流动人口，已经进

入增量已经耗尽、存量基本稳定的阶段。广东需要适时有机吸收流动人口进入户籍人口，有序推进户籍制度改革，破除二元壁垒，加快新型城镇化和迁移流动人口市民化，推动实现迁移流动人口的市民化和社会融合。这是至2035年前人口领域的重大课题。

推动城镇化，加快人口向城市集聚。要逐步消除城乡二元化结构，缩小教育、医疗、就业、社保等方面差距，为人口在城乡间的自由流动创造条件；改革户籍管理制度，根据不同地区的实际情况，及时降低积分制门槛，推行高级职业技术人员、研究生以上学历人员或副高以上专业人员自由入户计划，为人才资源的自由配置提供制度保障；建立完善的社会保障体系，构建完善的无歧视的教育、医疗、就业、社保体系，对所有务工人员一视同仁，为进城农民工的身份转变提供必要的条件。消除城乡居民流动壁垒，放宽和放开城镇户口迁移的准入限制，实行统一的居住地管理的户籍制度，给予进城务工农民身份认同，逐步消除附着在户籍制度上的不公平，使城乡居民都能够真正享用公共服务带来的福利。

通过加快户籍改革和市民化，在城镇化过程中形成稳定的中产阶级，构造出地区发展的经济内需，并通过收入提高和消费促进来支持产业工业的发展，推动制造业和服务业的繁荣。通过实施社会整合和社会包容为基础的移民政策，将会成为未来新人口发展战略的重要支柱。

（三）强化家庭的发展能力，健全家庭服务体系

人口转变完成、长期的低生育率、人口迁移流动的加剧，以及相关联的婚姻模式的变化、城市生活方式的扩散，造成的直接后果是家庭规模减小、家庭的功能弱化、家庭支撑家庭再生产和社会生活的能力都显著下降。家庭是社会的细胞，家庭能力的弱化削弱了社会稳定的能力，也削弱了经济持续繁荣的基础。因此，未来的人口发展战略需要从重视生育率的下降，逐步过渡到重视提供对家庭的支持服务，重视增强对家庭的发展能力。建立健全家庭政策体系，通过家庭政策提供家庭生活事务的支持，结合家庭生命周期提供系统的保健、生育、幼托和养老服务等。针对"全面二孩"政策实施后引起的人口堆积拥挤现象，加大医院产科、妇幼保健机构建设，对孕产妇提供及时的优生优育服务，加强公共场所"母婴室"建设；完善家庭公共服务支持，合理配置妇幼保健、儿童照料、学前和中小

学教育、社会保障等资源，为家庭抚育子女提供支持，满足家庭公共服务需求。针对独生子女父母群体退休潮现象的出现，探索独生子女父母养老服务的社会保障和社会服务支持体系；规范家政服务业市场秩序，加强家政服务和养老服务技能培训；加大对困难家庭的支持和帮扶力度，提高社会救助水平，关注流动留守儿童、空巢家庭、失独家庭、残疾人家庭，促进家庭领域的基本公共服务均等化，通过多种形式及时提供服务。

（四）重视人口质量发展，推动劳动力资源的职业技能提升

人口红利的概念是由国外经济学家在研究东亚经济奇迹时首先提出的，尽管国内外学者从不同视角对人口红利加以概括，但都认同人口红利包含两大基本要素：一是劳动力数量和比例相对较大；二是抚养负担相对较轻。一个国家在人口年龄结构不断转变的过程中，少儿抚养比与老年抚养比相对较低，劳动年龄人口比重相对较高，它使一个国家拥有较丰富的劳动力资源，抚养负担轻，为经济发展提供了十分有利的机会。如果人口总抚养比低于某个阈值，则人口机会窗口开启。一旦高于某个阈值，则人口机会窗口关闭。人口红利就是介于两个阈值之间的，有利于经济增长的"黄金时期"。

根据课题组的预测和分析，到2035年广东劳动年龄人口规模还处在缓慢上升阶段，社会抚养系数约为40%，届时广东仍处于人口机会窗口期。当然，我们也能预见随着劳动年龄人口比重的逐渐下降，社会抚养系数必然在未来一段时期后超过50%，广东的人口机会窗口也将关闭。因此未来广东必须抓好人口机会窗口尚未关闭的良好机遇，充分开发和挖掘劳动力资源，重视人口质量和劳动力资源的技能提升，优化产业布局。一是进一步加大教育、卫生、文化等方面的财政投入，优化教育、卫生、文化资源配置，让更多的社会大众得以分享。二是在大力发展义务教育的同时，积极发展职业技术教育，进一步提高劳动生产率，使人口红利效应最大化。职业技术教育是现代国民教育体系的重要组成部分，对促进广东产业转型升级、发展先进制造业、振兴实体经济均有重要意义。要深化职业教育体制机制改革，鼓励社会力量参与办学，大力发展职业技术教育，增加优质职业技术教育供给。要通过优化整合职业技术教育资源，扩大职业技术院校办学规模，创新人才培养模式，努力培养一大批具有精益求精工匠精神

的高技能人才。三是要抓住最有利于提高全民健康素质的关键领域，如青少年健康素质、妇女生殖健康和劳动者健康和工伤保险等，提高人力资本形成效率。

（五）实施"成功老龄化"战略，积极应对老龄化社会风险

成功老龄化的说法最早可追溯到 20 世纪 60 年代，成功老龄化的战略框架包括和谐老龄化、健康老龄化、积极老龄化和幸福老龄化，包括如下标准：一是提高老年人的养老质量和生活满意度；二是帮助家有老人的家庭摆脱传统的养老困境，减轻中青年的养老负担和角色冲突，构建互助互惠、互敬互重的理想代际关系；三是通过老年人在社会和家庭双重的价值实现来发挥老年人的积极作用，增加社会财富的总量，增强可持续发展的人力开发和能力建设。这样，老有所健、老有所乐、老有所学、老有所教、老有所美、老有所为、老有所用、老有所成就成为成功老龄化战略的基本点（穆光荣，2016a）。

面对日益突出的人口老龄化问题，广东省各级政府应该采取积极措施。一方面，转变经济增长方式，缓和老龄化带来的劳动力老化问题；充分利用宝贵的老年人力资源，发挥老年人的经验、技能优势，减少人口老化的不利因素，扬长避短；不断满足老年人的特殊需要，开发"银色市场"，使之形成一个新的产业体系。另一方面，又要加强社会的保障功能，改善他们在养老抚老、医疗保健、生活服务等方面的条件和待遇，给他们创造一个良好的生活环境；同时借鉴西方国家移民经验，优化人口年龄结构，延缓人口老龄化进程，早日实现成功老龄化战略目标。具体来说，一是要加强领导，提高对人口老龄化和老龄工作的重视程度；二是要建立健全老年社会保障体系，要重点解决好贫困老年人口、高龄老年人口、失能和半失能老年人的社会保障问题；三是要创新养老方式，构建全方位的老年服务体系，既要不断巩固家庭养老的基础地位，又要充分发挥社区养老服务优势，同时进一步盘活机构养老资源；四是要积极开发老年人力资源，发展老龄产业。

参考文献

陈卫：《中国 2000 年以来中国生育水平估计》，《学海》2014 年第 1 期。

翟振武、李龙、陈佳鞠：《全面两孩政策对未来中国人口的影响》，《东岳论丛》2016
　　年第 2 期。

郭志刚：《六普结果表明以往人口估计和预测严重失误》，《中国人口科学》2011 年第
　　6 期。

桂世勋：《全面两孩政策对积极应对人口老龄化的影响》，《人口研究》2016 年第 4 期。

刘家强、唐代盛：《关于人口红利问题的几点思考》，《市场与人口分析》2007 年第
　　4 期。

穆光荣：《银发中国：从全面二孩到成功老龄化》，中国民主法制出版社，2016a。

穆光宗、王本喜、周建涛：《低生育时代的人口政策走向》，《新疆师范大学学报》（哲
　　学社会科学版）2016 年第 7 期。

穆光宗：《人口生态重建》，中国科学技术出版社，2016b。

苗红军、张文君：《“普遍二孩”政策的人口学后果分析》，《齐齐哈尔大学学报》2016
　　年第 10 期。

彭希哲：《我国人口红利的实现条件及路径选择》，《中国人口报》2005 年 3 月 14 日。

任远：《中国人口格局的转变和新人口发展战略的构造》，《学海》2016 年第 1 期。

汝信、陆学艺、李培林主编《2007 年：中国社会形势分析与预测》，社会科学文献出
　　版社，2016。

王金营、戈艳霞：《全面二孩政策实施下的中国人口发展态势》，《人口研究》2016 年
　　第 6 期。

王德文、蔡昉、张学辉：《人口转变的储蓄效应和增长效应——论中国增长可持续性的
　　人口因素》，《人口研究》2004 年第 5 期。

原新、王广州：《广东省完善生育政策可行性研究报告》（2013）。

原新：《我国生育政策演进与人口均衡发展——从独生子女政策到全面二孩政策的思
　　考》，《人口学刊》2016 年第 5 期。

郑金花：《我国人口红利仍有新的空间》，《宏观经济管理》2016 年第 4 期。

专题报告八 2035：广东社会发展展望

从目前到 2035 年，广东社会结构处于从金字塔型向橄榄型过渡的关键阶段。随着广东社会的不断发展，产业结构的进一步升级，广东中等收入阶层绝对人口数量和所占人口比率都呈直线上升，日益成为社会的中坚力量。除了传统的医生、律师等中等收入群体以外，个体的生活技能、娱乐技能、文艺技能的价值在互联网时代得以放大，一批相关行业的从业者可能成为新中产，而不断提升的教育水平和高等教育的快速发展，也将为广东向价值链上游积蓄越来越多有技能的劳动者，持续推动广东从劳动密集型生产向技能密集型生产的转型，并拉近蓝领和白领的工资差距。

广东将在政策和行动上大力推进社会结构的这一转变。利用技术创新与制度变革带来的机遇，推动产业和经济结构的转型升级，创造更多的"白领"职业和高级"蓝领"职业，从而扩大中等收入群体规模，促进社会结构向橄榄型过渡；在引导中等收入群体扩大的同时，优化收入分配结构，在确保创造性劳动和复杂劳动能够获得应有收入回报的同时，确保从事普通工作的勤劳者能够致富；在不断扩大中等收入群体的过程中，尊重个人的资产或财产积累，强化对居民合法财产的保护，让中等收入者有恒产，让有恒产者有恒心；针对社会变迁中的弱势群体，政府兜底基本的民生服务保障，建立健全社会保障体系，增强弱势群体在社会变革中的抗风险能力与安全感；针对未来可能出现的不平等问题，政府对关系民生发展的医疗、教育资源进行宏观调控，降低代际累积的不平等。

把广东建设成为向世界展示习近平新时代中国特色社会主义思想的重

要"窗口"和"示范区",让广东的发展和实践探索成为习近平新时代中国特色社会主义思想和中国特色社会主义道路优越性的最生动、最有力的证明,是广东省委省政府和全省人民的共同目标。广东省委省政府在发展中坚持以人民为中心的发展思想,多谋民生之利、多解民生之忧,重点解决发展不平衡不充分问题,补齐民生短板,将在幼有所育、学有所教、劳有所得、病有所医、老有所养、住有所居、弱有所扶上不断取得新进展。广东继续大力推进基本公共服务均等化,让广大居民在基本公共服务领域尽可能享有同样的权利,享受水平大致相当的基本公共服务;还将建成由完备的法律规范体系、高效的法治实施体系、严密的法治监督体系、有力的法治保障体系组成的完善的社会治理体系;以普惠性、保基本、均等化、可持续、全民共享为原则,实现社会保障城乡一体化。广东也将达成农村贫困人口不愁吃、不愁穿,义务教育、基本医疗和住房安全有保障,基本公共服务主要领域指标相当全省平均水平的精准扶贫、精准脱贫目标。

广东积极发动社会力量参与社会治理,构建政府行政管理与社会自治管理良性互动的局面。大力培育发展社会组织,继续加大对社会组织建设的政策支持力度;坚持重心下移、力量下移,提高基层治理水平;稳步推进社会领域的开放,以开放带动社会治理能力的提高。

一 广东社会发展回顾

中国正在经历着巨大的社会变革,处于改革开放前沿的广东省,正是这个变革的先行者。在过去的几十年,广东省在经济、教育、医疗等各个方面取得了巨大的成就,整个广东社会发生了翻天覆地的变化。总结广东社会变迁的特点对中国具有重要的意义。本专题报告数据来源于历年的《中国统计年鉴》《广东统计年鉴》和中国劳动力动态调查数据(CLDS)(包括 2010 年试调查及 2012 年、2014 年的广东数据)、全国流动人口监测数据广东数据和珠江三角洲农民工调查数据。本专题报告围绕社会分配、社会结构、教育进步、公共服务、社会冲突、社会治理、社会关系和社会心态方面总结广东省过去 30 多年来的社会发展特征。

（一）从“患寡”到“患不均”：居民的收入分配与消费升级

广东是中国改革开放的先行者，率先从农业社会过渡到工业社会。市场化、工业化的双重转型对社会结构、居民收入、消费水平造成重要影响（Nee，1989；林宗弘、吴晓刚，2010）。一方面表现为居民收入、消费不断上升，收入结构和消费结构变得更为合理；另一方面表现为不同地区、不同行业之间的收入、消费不平等问题越来越凸显。

1. 收入、消费水平上升，城乡差距较大

（1）收入稳步上升，城乡差距明显

近40年来，伴随着广东省经济的高速增长，广东省居民家庭的经济收入明显提高。广东省统计局数据显示，1978～2015年，广东省城镇居民家庭人均可支配年收入从412元增长到34757元，正式迈入较高收入社会水平；农民家庭人均收入从1978年的193元增长到2015年的13360元（图8-1上），城乡人均可支配收入增长率较快。然而，城乡之间的收入差距在逐步拉大，城乡人均收入比在2007年前总体上呈扩大的趋势（图8-1下）。2006年，城乡收入比达到3.15，随后有所下降，2009年又有所上升，2010年城乡收入比开始逐步下降，从3.03下降到2015年的2.60。农村居民收入增长速度超过城镇居民增长速度，2010年农村居民收入增长率为10.3%，城市地区为7.5%，近五年来农村居民的收入增长率均不低于城市地区。但必须认识到城乡之间的绝对收入差距仍然在扩大。

（2）消费水平上升，城乡差距明显

改革开放以来，广东城市居民人均消费支出从1978年的400元上升到

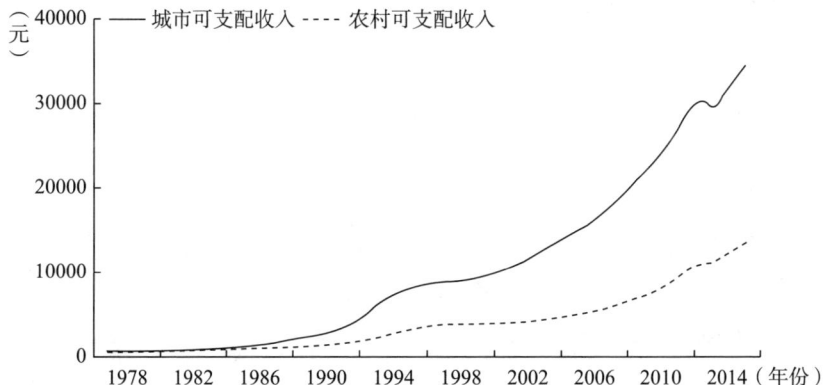

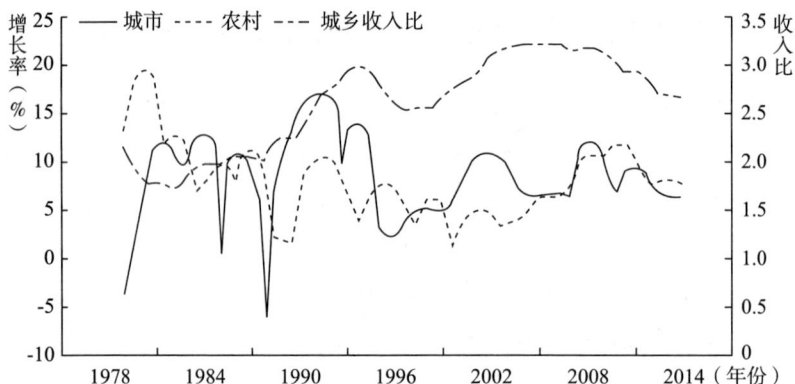

图 8 - 1　城乡居民可支配收入、实际增长率以及城乡收入比变化

资料来源：《广东统计年鉴 2016》。

2015 年的 25673 元，消费支出实际增长率较高，尤其是 1992 ~ 1996 年城市人均消费支出快速增长，随后受金融危机的影响，实际消费支出增长速度放缓，2000 年之后广东城市居民的消费支出开始平稳增长；相对而言，在改革的早期和中期阶段，农村居民人均消费支出的增长速度慢于城镇地区，随后的消费增长率有一定的波动，但总体上依旧慢于城市地区，2009 年开始农村消费支出增速快于城镇地区，农村地区居民的消费潜力开始得以释放，缩小了城乡收入比。但城镇地区由于早期和中期积累的发展优势，消费支出的绝对值远高于农村地区，城乡之间的消费支出比虽然在 2009 年开始下降，但城乡之间消费的不平等仍然显著存在。如何消弭城乡之间的消费不平等仍旧是将来政府必须面对的重要问题（见图 8 - 2）。

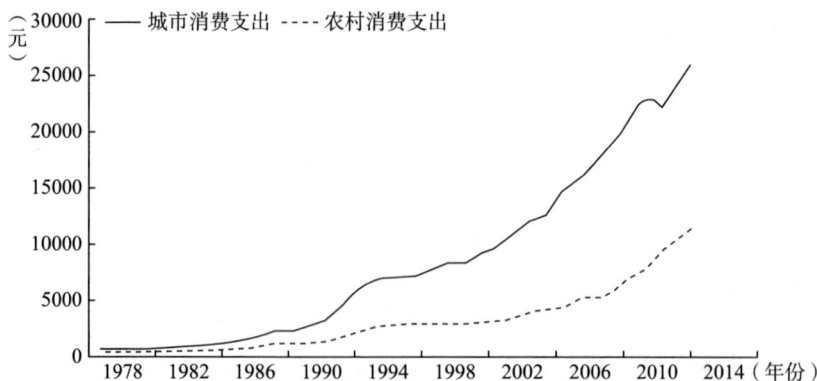

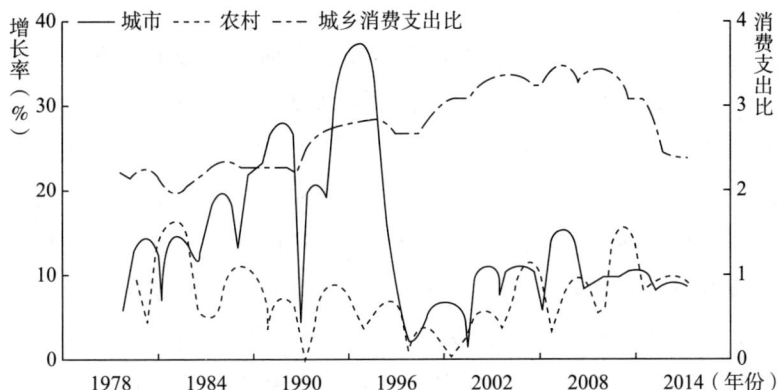

图 8 - 2　城乡居民消费支出、实际增长率与消费支出比

资料来源：《广东统计年鉴 2016》。

2. 收入、消费结构持续发生变化

（1）收入结构从单一走向多元

人们的工作场所逐渐从家庭转向生产社会化程度更高的现代组织，如企业或事业单位，收入来源越来越趋向于多元化。在现代化程度越高的社会，工资性收入占家庭纯收入的比重越较高，家庭营性收入所占的比重较低（杨善华、沈崇麟，2000）。在广东农村地区，经营性收入占比从 2000年的 54.81% 下降到 2010 年的 27.93%，工资性收入则从 37.27% 上升到60.83%。此外，财产净收入、转移净收入也是城乡居民收入的重要来源。广东省城乡居民收入来源结构发生了变化。

表 8 - 1　城乡居民的收入构成变化

单位：%

地区	城市		农村	
构成/年份	2000	2010	2000	2010
工资性收入	75.28	70.28	37.27	60.83
经营净收入	5.53	9.91	54.81	27.93
财产净收入	4.36	3.56	2.02	5.08
转移净收入	14.81	16.25	5.90	6.16

资料来源：《广东统计年鉴 2000》《广东统计年鉴 2010》。

（2）从生存型消费到发展型消费

广东城乡居民消费结构正在由生存型消费向发展型消费升级、由物质型消费向服务型消费升级、由传统消费向新型消费升级，并且这一升级的趋势越来越明显，速度越来越快。具体而言，从1978年到2010年，虽然城乡居民用于食品、衣着的消费支出规模不断上升，但城乡居民和农村居民的恩格尔系数持续下降，即用于购买生存性的食物的支出在家庭或个人收入中所占的比重越来越小。在经过了"井喷式"的消费扩张后，城镇居民家庭的"大件"基本普及，农村居民家庭"大件"普及度也明显提高，物质型消费基本得到满足，城乡居民正在经历从生存型消费向发展型消费的升级（见图8-3）。

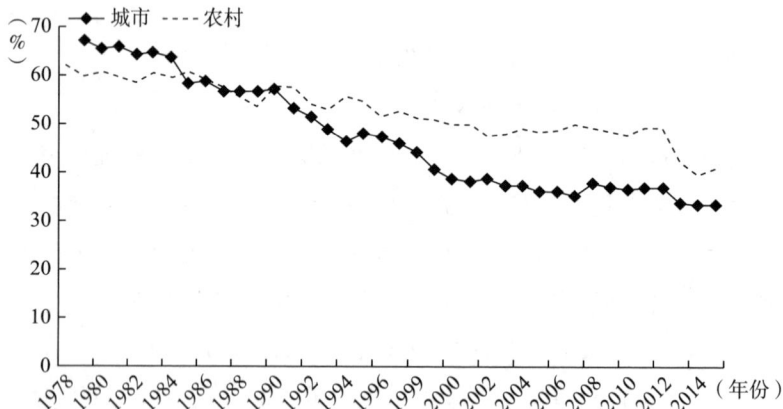

图8-3　城乡恩格尔系数的变化

资料来源：《广东统计年鉴2016》。

3. 收入、消费水平地区间差异扩大

广东不同城市之间的收入差异明显。以广州与湛江两市为例，广州市2000年人均可支配收入为13521.8元，2014年则上升到39229.1元；湛江在2000年的人均可支配收入为7097元，2013年上升到15301.8元。二者之前的绝对收入差距和相对收入差距都在扩大。以2013年为例，人均可支配收入最高的东莞市（46594.5元）是人均可支配收入最低城市河源（18436.1元）的2.53倍，深圳是河源的2.42倍。从人均消费支出来看，广州在2000年的消费支出是10989元，河源和汕尾在2009年人均消费尚未超过9000元，到2013年，广州人均消费支出达到33156.8元，是同期

河源市的 2.71 倍、阳江市的 2.28 倍。① 总体上看，粤东西北地区的韶关、河源、梅州、汕头、汕尾、阳江、湛江等城市无论是在人均可支配收入还是人均消费支出方面都远远落后于广州、深圳、东莞、佛山、珠海等珠江三角洲城市。

4. 不平等与"新穷人"

近年来中国家庭收入增长很快，家庭收入的不平等也发生了重大变化。研究表明，2009 年后中国总体基尼系数开始下降，由 2008 年的 0.491下降到 2013 年的 0.473。② 从广东省来看，2005～2010 年，城镇居民内部贫富差距逐渐从高位逐步回落，农村居民收入趋向相对稳定。城镇居民方面，根据人均可支配收入计算出来的基尼系数从 2006 年的 0.3493 下降到2010 年的 0.3356，农村居民方面，根据人均纯收入计算出来的基尼系数在2010 年为 0.3021，比起"十五"初期基尼系数接近警戒线 0.4 的水平已有较大改善。整体来看，"十一五"时期相对稳定，变化不大（见表 8-2）。

表 8-2　广东省城乡居民基尼系数变化趋势

年份	城镇居民（七分法）		农村居民（五分法）	
	总收入	可支配收入	总收入	纯收入
2006	0.3552	0.3493	0.3052	0.3082
2007	0.3448	0.3447	0.3169	0.3105
2008	0.3517	0.3488	0.2961	0.3027
2009	0.3416	0.3412	0.3108	0.3060
2010	0.3339	0.3356	0.2958	0.3021

注：城镇居民基尼系数按最低收入、低收入、中等偏下、中等收入、中等偏上、高收入、最高收入户七分法计算，农村居民基尼系数按最低收入、中低收入、中等、中高收入、高收入户五分法计算。

资料来源：杨少浪、李华、贝燕威：《"十一五"时期广东收入分配结构分析》，广东省统计信息网，2011 年 9 月 19 日。

图 8-4 表示的是城乡不同收入阶层家庭总收入的变化状况。到 2012

---

① 《广东统计年鉴 2015》。
② 数据来源：《2013 年国民经济发展稳中向好》，http://www.stats.gov.cn/tjsj/zxfb/201401/t20140120_502082.html，2014 年 1 月 20 日。

年，城市居民中最高收入户的年收入均值为 83733. 76 元，最低收入户均值
为 10860. 16 元，二者差距巨大，且从趋势来看，最高收入者的财富增长率
高于其他收入阶层，这意味着二者之间的差距在将来有可能要进一步拉
大。农村地区呈现出相似的规律。总之，在过去的改革过程中，高收入阶
层的收入增长更快并继续保持着优势，低收入阶层虽然绝对收入上升了，
但相对其他阶层，他们的收入增长较慢。广东省的历史数据表明，低收入
者脱贫困难，相对贫困继续拉大。无疑，当前和未来的很长一段时间，如
何让底层人们摆脱贫困依旧是广东省必须面对的重大社会难题。

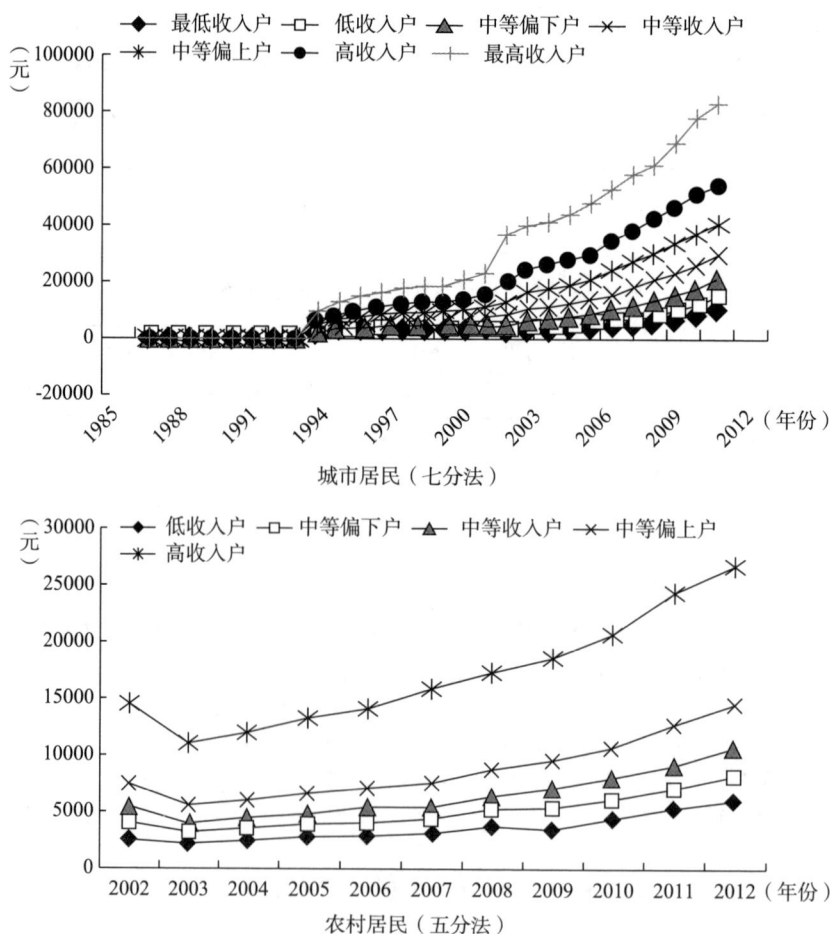

图 8 - 4 城乡居民不同收入阶层家庭总收入变化趋势

资料来源：《广东统计年鉴 2013》。

（二）从"梯型"到"锥型"：社会结构的变化

社会结构的变迁体现在许多方面，其中比较显著的是体现在人口职业构成上。社会学者认为，良好的社会结构应该是"纺锤型""橄榄型"的稳定结构。广东省作为中国改革开放的前沿阵地，其社会结构发生了深刻变化，新经济组织和社会组织不断扩大，人们或受雇于私营企业，或成为个体户、企业主，出现了专业技术阶层、管理阶层、私营企业主阶层和个体化阶层。基于 2005 年 1% 人口抽样调查数据的分析发现，广东省人口的职业结构呈现出合理化和高级化特征，从最初的"梯型"向"锥型"转变，职业结构中间层的人口比例变大（张国英，2009）。基于人口普查数据和抽样调查数据，自改革开放以来广东省的职业结构变迁呈现出现代化、高级化特征，受经济发展状况的影响，同时也伴随着职业结构分布的地区不平等化特征。

1. 职业结构趋向现代化

现代社会阶层的结构是橄榄型，有较大规模的社会中间阶层（中等收入者），与此相反，传统社会阶层结构表现为倒"丁"形结构，极少数群体位于社会金字塔的顶端，绝大部分人处于社会的底端。表 8－3 显示广东省职业阶层逐渐向现代职业阶层转变，社会阶层越趋向于合理化。1982～2015

表 8－3 广东省职业结构的变迁

单位：%

职业大类	1982 年	1990 年	2000 年	2010 年	2015 年
党政机关、企事业单位负责人	1.34	1.72	1.98	2.75	2.43
专业技术人员	4.70	5.40	5.86	7.31	7.68
办事人员和有关人员	1.36	2.07	4.71	6.94	6.05
社会生产服务和社会生活服务	4.80	8.52	14.82	20.97	31.76
生产制造及有关人员	17.35	22.11	35.08	37.35	32.74
农、林、牧、渔业生产及辅助人员	70.40	60.18	37.55	24.59	18.92
其他不变分类人员	0.05	0.01	0.01	0.08	0.43
合计	100	100	100		100

资料来源：1982、1990、2000、2010、2015 年人口普查资料。1982 年资料已经将海南资料剔除，2000 年为 10% 的抽样资料，2015 年 1% 抽样调查；1982 年广东省只有少数外来人口，因此当年资料基本上是本地人口的情况。

年，农林牧渔水利业生产人员占在业人口的比例锐减了近一半，由70.4%降至18.92%；其次是生产、运输设备操作人员及有关人员。其所占在业人口的比例成倍增长，1982年其所占的比例为17.35%，1990年为22.11%，2000年为35.08%，2015年下降为32.74%，增长了近一倍。其他职业人口所占比例也有不同程度的持续增长：商业、服务业人员所占在业人口的比例1982年为4.80%，1990年为8.52%，2000年为14.82%，2005年为17.89%，到2015年的31.76%，增长了26.94%；办事人员和有关人员所占的比例1982年为1.36%，2000年为4.71%，2015年为6.05%，相较1982年增长了4.69%；专业技术人员所占的比例增长了2.98%；国家机关、党群组织所占的比例增长了1.09%。

2. 职业结构趋向高级化

广东省职业结构现代化的同时也体现了职业结构的高级化。职业结构变迁有一定的规律，是一个不以社会成员的个人意志为转移的社会变迁过程。在社会现代化的过程中，职业结构是一个动态的不断高级化的过程。正是较高层级职业的增加，为越来越多的社会成员提供了向上流动的机会。在业人口职业结构的高级化，一方面体现为非农化；另一方面体现为"白领化"。自改革开放以来，广东省非农职业比重不断上升。如果按照国际上关于白领阶层[①]的定义，国家机关、党群组织、企业事业单位负责人，专业技术人员，办事人员和有关人员，商业、服务业人员归入白领阶层，按照这样的分类，广东省的职业阶层中白领阶层的比例不断上升。1982年广东省的蓝领阶层所占在业人口的比例为87.75%，1990年为82.29%，2000年为72.63%，2005年为66.61%，2015年为51.66%，下降了36.09%；1982年广东省的白领阶层所占在业人口的比例为12.25%，1990年为17.71%，2000年为27.37%，2005年为33.39%，2015年为48.34%，增长了35.09%。[②]

3. 职业结构区域分布差异明显

社会学与人口学者唐启明认为，工业化是引发职业结构和社会地位变

---

① 国际上，通常将国家机关、党群组织、企业事业单位负责人，专业技术人员，办事人员和有关人员，商业、服务业人员归入白领阶层；将生产运输设备操作人员及有关人员和农林牧渔水利业生产人员归入蓝领阶层。

② 数据来自历年人口普查资料。1982、1990、2000、2010、2015年人口普查资料。1982年资料已经将海南资料剔除，2000年为10%的抽样资料，2015年1%抽样调查。

化的重要因素，工业化程度越高，则职业结构越复杂多样化，高级职业机会越多，工业化能够创造机会平等的职业结构（Treiman，1970）。广东省的工业化和现代化在不同地区之间存在很大差异，主要表现为珠江三角洲地区与粤东西北地区之间较大的社会经济差异。由此，造成职业结构及其变迁在空间分布上呈现出不同的特征。根据学者们的研究，广东省的职业结构类型区域差异大，2000年粤东西北地区的农业从业人员占在业人口的比例仍旧相当大，约74.78%（张国英，2009）；2010年，虽然粤东西北地区非农从业人员的比重下降较快，但与珠江三角洲地区相比，无论是在非农化还是职业高级化方面依有较大差距。

4. 职业阶层有固化倾向

职业阶层是社会流动与社会分层的重要指标，个体获得职业阶层的影响因素是自致性因素还是先赋性因素，反映了社会流动的状况。如果职业阶层的获得是基于自致性因素，那么可以认为这个社会是开放流动的，如果职业阶层的获得主要靠先赋性因素（如家庭背景、出身等），则认为这个社会是相对封闭和阶层固化的。基于中国劳动力调查数据2012年和2014年的数据发现，广东省近年来存在阶层固化的趋势。控制其他因素后，在2012年，家庭背景因素如父亲的教育程度、职业背景、家庭社会地位对后代的职业阶层获得并不存在显著的影响，但户籍身份有显著影响，农村户籍（无论是本地农民还是外来农村移民）在职业阶层上处于更低的位置；职业阶层有赖于劳动者自身的努力，教育程度越高，职业位置越高。但到了2014年，户籍身份的影响效应发生变化，处于职业阶层劣势的主要是本地农民，农村移民、城市移民的劣势不明显，但父亲的职业背景对孩子的职业阶层的获得影响显著。因此，广东社会的阶层结构在未来有固化的倾向。

（三）从"精英"到"大众"：教育扩张与分配不平等

教育是实现代际流动的重要机制，人们的教育程度极大地决定了社会分层的基本特征和社会不平等的程度。在现代社会，学历证明尤其是大学文凭成为人们获得较好社会经济地位的前提条件。广东省在取得经济进步的同时，教育事业也取得了长足的进步。在2015年，全省高等教育毛入学率达到33%，每万人口普通高校在校学生数达到171.11人（见表8-4）。但教育在取得长足进步的同时，也要谨防教育不平等扩大化的问题。

1. 全民受教育水平明显提高

接受过高等教育的人数一直上升。如表 8-4 所示，1980 年，每万人口普通高校在校学生数是 7.84 人，2000 年，上升到 41.19 人，2005 年上升到 105 人，2015 年达到 171.11 人。20 世纪 90 年代末，为了应对工业化和现代化的需求，全国高等学校开始扩招，高等教育迎来了大发展时期。广东省高等教育紧跟全国步伐，高等教育毛入学率 2010 年达到 28%，2015 年则达到 33%。高等教育已经从精英教育时代步入大众教育时代。在高等教育取得巨大成就的同时，中小学教育、学前教育也取得了长足的进步。高中毛入学率从 1995 年的 37.3% 上升到 2010 年的 86.2%，2015 年更是达到 95.7%，高中教育基本得以普及；小学毕业生升学率也是稳步上升，2015 年达到 95.9%，九年义务教育政策贯彻得比较彻底。

表 8-4 教育人口的历年变化

指标	1980	1985	1990	1995	2000	2005	2010	2015
在校生人数（万人）								
普通高等学校	4.10	6.99	9.59	15.18	29.95	87.47	142.66	185.64
成人高等学校	5.75	10.37	8.79	13.51	20.14	29.56	46.40	66.45
中等学校	283.95	280.08	288.17	424.81	541.72	715.52	939.23	736.79
普通中等学校	260.00	255.91	273.57	391.23	460.69	611.69	709.05	560.72
高等教育毛入学率（%）	—	—	—	6.59	11.40	22	28	33
高中毛入学率（%）	—	—	—	37.30	38.70	57.50	86.20	95.70
小学毕业生升学率（%）	73.28	65.91	87.56	95.38	96.20	97.20	95.50	95.90
学龄儿童入学率（%）	96.22	98.07	99.29	99.71	99.70	99.70	100	99.98
每万人口普通高校在校学生数（人）	7.84	12.36	15.36	22.36	41.19	105	148.02	171.11

资料来源：《广东统计年鉴 2000》《广东统计年鉴 2016》。

2. 教育投入和师资力量显著上升

广东省教育进步不仅仅体现在在校生人数的变化上，还体现在教育资源的供给上。表 8-5 报告了广东省教育资源的历年变化情况。从高等教育资源来看，高等学校数量从 2000 年的 52 所上升到 2015 年的 143 所，每年的招生人数和毕业生人数均稳步上升，每万人拥有的教师数量不断上升；
从职业教育来看，中等职业教育和技工教育的学校数量近年来开始下降，
毕业生人数、招生人数、在校生人数都呈下降趋势，这背后固然有计划生
育导致的适龄入学青少年下降的原因，但主要原因还在于职业教育在广东
甚至在整个中国都没有得到足够的重视，往往是高考失败或者初中毕业后
成绩较差的学生进入职业教育中。早期阶段在高等教育供给不足的特定历
史背景下，职业教育更有可能从事专业技术性工作，因此有回报优势，而
在高校扩招背景下，职业教育文凭价值相对降低，职业教育的回报优势消
失（陈伟、乌尼日其其格，2016）。受人口计划生育政策的影响，普通中学
的招生、毕业、在校学生人数都有所下降，但作为公共服务资源的教学场所
和教师资源依旧有一定的增加，相对而言，学生拥有了更好的教育资源。

表 8 - 5　广东省教育资源的历年变化

项　目	2000	2010	2012	2013	2014	2015
高等学校						
学校数（所）	52	131	138	138	141	143
在校学生数（万人）	29.95	142.66	161.69	170.99	179.42	185.64
教职工数（万人）	4.68	11.40	12.40	12.82	13.52	13.99
#专任教师	2.04	7.86	8.74	9.11	9.52	9.89
中等职业教育						
学校数（所）	658	566	522	502	495	481
在校学生数（万人）	65.57	154.78	149.57	140.89	128.22	117.21
教职工数（万人）	5.70	5.86	6.08	5.89	5.81	5.78
#专任教师	3.70	4.35	4.62	4.54	4.52	4.50
技工学校						
学校数（所）	186	246	243	243	243	163
在校学生数（万人）	14.46	75.56	88.52	87.62	62.26	58.86
教职工数（万人）	1.07	2.78	2.84	2.85	2.87	2.94
#专任教师	0.68	1.98	2.08	1.98	2.08	2.10
普通中学						
学校数（所）	3964	4334	4326	4366	4399	4434
在校学生数（万人）	460.69	709.05	668.40	625.24	590.77	560.72

续表

项　目	2000	2010	2012	2013	2014	2015
教职工数（万人）	27.57	44.53	46.69	47.03	47.36	47.54
#专任教师	22.86	39.15	41.53	42.15	42.69	42.67

资料来源：《广东统计年鉴2016》。

3. 教育资源分配不公平仍然严重

城乡间的教育不公平研究表明，广东省普通本科院校教育资源空间分布非常不平衡，高校教育资源过度集中于广州市，而其他地区高校教育资源较为匮乏（尚志海、王兴水、黄晓娃，2014）。城乡教育资源的行政配置不均衡，导致区域教育之间发展的不均衡：财政教育投入尚未随财政支出和教育事业发展同步增长；部分地市"有编不补"情况严重，教师学科结构不合理，中等职业教育"双师型"教师紧缺；区域间城乡教育资源配置不均衡，欠发达地区义务教育资源短缺。优质教育资源只向少数学校倾斜，造成区域内学校之间教师队伍结构不合理、素质偏低，学校设施设备达标比例低，教育信息化水平远远落后于城镇；群体之间教育发展不均衡，首先是外来流动人员子女义务教育问题，其次是学前教育资源短缺，整体水平不高，部分地区"入园难、入园贵"问题突出，最后是特殊教育发展滞后（胡海建，2013）。

4. 先赋性因素越来越成为教育获得的关键

教育事业的进步是否使得所有人群均有公平的机会获得教育资源呢？学者发现，初中升高中阶段城乡不平等的持续扩大是造成农村子弟上大学相对下降的源头（李春玲，2014），中学阶段的教育分流应为高等教育的机会不平等负责（吴愈晓，2015；叶晓阳，2015）；中国大学扩招没有减少阶层、民族和性别之间的教育机会差距，反而导致了城乡之间的教育不平等上升（李春玲，2010）。基于中国劳动力动态调查广东省数据（2012年和2014年数据），广东教育水平获得的不平等呈现以下历史趋势：先赋条件变得越来越重要，父母的职业阶层、父母的教育程度和家庭经济能力等家庭背景变量是子女获得更好教育的最重要因素；地区之间教育不平等依旧较大，但最近有开始缩小趋势，珠江三角洲地区、城市地区更有优势。农村、贫困、劣势家庭的后代难以进入好学校、请不起课外辅导，最终很难获得好的教育成就。将来需要向劣势家庭子女倾斜教育资源，以保证教育的公平性。

（四）从"不平等"走向"公平"：基本公共服务建设及其不均衡配置

广东省作为中国经济发达地区的代表，2009 年编制实施了《广东省基本公共服务均等化规划纲要（2009—2020 年）》。基本公共服务均等化虽然取得了长足进步，但某种程度上存在更大程度的不均等，凸显出基本公共服务投入不足以及转移支付结构的缺陷（蔡晓珊、陈旭佳、陈和，2015）。学者呼吁城乡基本公共服务要从服务均等化到制度一体化，才能真正消弭城乡之间、地区之间的差异（左晓斯、吴开泽，2016）。基于广东省统计年鉴数据和广东财政年鉴数据，我们总结了城乡基本公共服务的变化特征：城乡基本公共服务从低度覆盖到基本全面覆盖，从城乡二元的巨大差异到逐步缩小差异，从为本地户籍居民提供公共服务到对常住人口开放，正处于从"不平等"向"公平"过渡阶段。

1. 基本公共服务体系逐渐建立

2009 年广东率先出台的规划纲要，首次在国内将公共教育、公共卫生、公共文化体育、公共交通、生活保障、住房保障、就业保障、医疗保障等八项公共服务纳入基本公共服务的范围。广东省也率先在全国建立了覆盖全省绝大部分常住人口的基本公共服务体系。公共财政预算支出从 1999 年的 1000 亿元增加到 2014 年的 9000 多亿元，公共财政预算支出稳步增长（图 8－5）。广东省公共服务体系逐渐开始建立起来。

2. 城乡基本公共服务绝对差距扩大

受地方经济和财政收入不平衡以及财政体制因素影响，广东省城乡之间基本公共服务差距明显。一是在公共设施供给方面差距扩大，广东用于城镇的固定资产投资额绝对差距拉大，直接引发了广东省城乡基本公共服务设施建设的不均衡。二是城乡教育资源分布差距较大，农村教育的经费投入、办学条件（校舍、计算机、实验仪器等）及师资条件（师生比、教师力量）等方面落后于城市。三是社会保障城乡差异拉大，表现为城乡低保补助水平不断拉大；城市基本社会保障（养老、医疗、失业、工伤、生育五大社会保险）体系建设较完善，而农村社会保障制度起步晚，保障水平低；

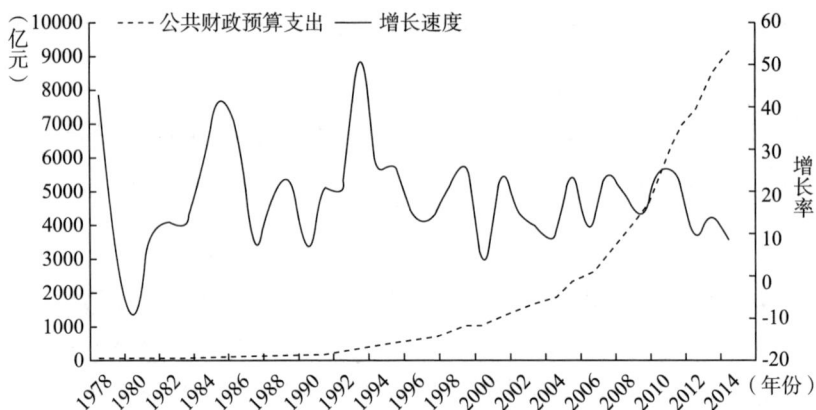

图 8 – 5　广东省公共财政预算支出及增长率的历年变化

资料来源：《广东统计年鉴 2016》。

特殊保障城乡差距较大，农村标准偏低，被保障对象生活困难。四是城乡医疗卫生资源配置不合理，医疗资源主要集中在城市，农村基层医疗卫生机构医疗设施落后、医疗技术人员年龄老化、专业水平低等问题突出。[①]

3. 不同城市之间相对差异缩小

广东省 21 个市的基本公共服务水平差异呈现先升后降的波动状态，2001～2006 年基本公共服务水平差异逐步扩大，变异系数由 2001 年的 0.582 上升到 2006 年的 0.712。在 2006 年以后，基本公共服务水平差异逐步缩小，2010 年下降到 0.513（图 8 – 6），这表明广东各市基本公共服务

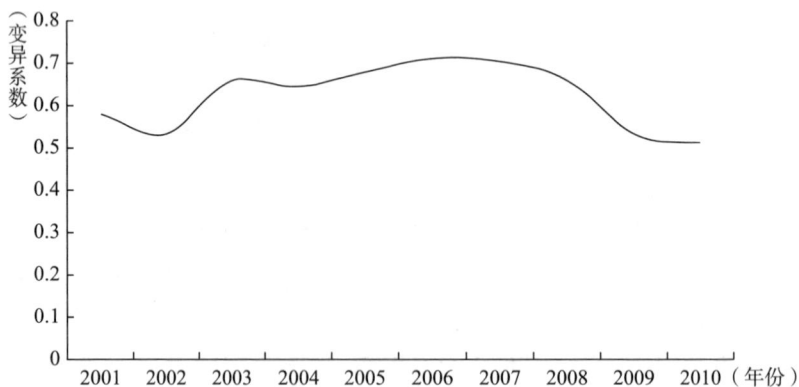

图 8 – 6　基本公共服务水平均等化的变化趋势

资料来源：彭鹍：《广东基本公共服务均等化实证研究》，暨南大学硕士学位论文，2012，第 20 页。

---

① 广东省财政厅：《广东省基本公共服务均等化规划（2009—2020 年）》，2009 年 12 月 15 日。

均等化总体差异程度在缩小，特别是近年来，有加速缩小的趋势，但差异仍很大。此外，珠江三角洲地区无论在绝对的公共财政预算收入和人均公共财政预算收入方面都远远高于粤东西北地区。虽然不同城市之间公共服务水平的相对差异缩小了，但其绝对差距依旧在扩大，这必将在很长一段时间内影响广东社会。

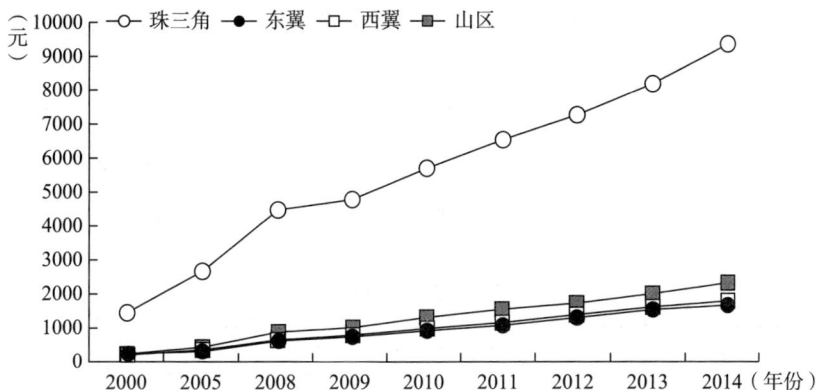

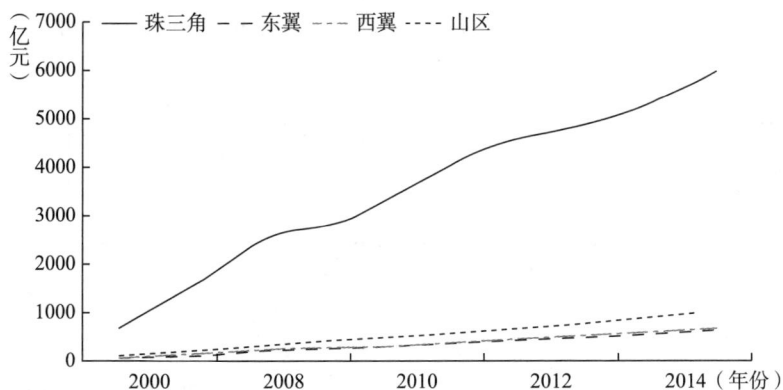

图 8-7 地方公共财政预算收入

资料来源：《广东统计年鉴 2015》。

4. 移民开始享有基本公共服务

广东省吸引了大量的外来人口，由于城乡二元户籍制度的存在，且基本公共服务与户籍制度挂钩。早期移民难以享受本地的基本公共服务，随着经济的发展和政府认识的转变，移民通过积分入户、物业置业、社会保障证明等方式，开始享有本地的基本公共服务，如解决移民子女的入学问题，为其提供基本的社会保障服务等。但能够享受基本公共服务的移民毕竟有限，在享有的服务质量上也依旧处于劣势。

（五）从"排斥"趋向"融合"：移民的市民化与社会融合

1. 空间转移：从农村走向城市

第六次人口普查资料显示，全国各省、市、自治区中广东省人口规模居首，超过 1 亿。广东省流动人口规模达到 3139 万人，占全省常住人口的 30.10%，占全国流动人口的 12%。"六普"数据显示，广东省流动人口以乡－城移民为主，约 83.10% 的流动人口的户口性质为农业户口，城－城流动人口约占 16.90%，与"五普"相比，农业户口的比例下降了 2.64 个百分点。这就是说，广东省的流动人口主要是农业户籍人口（梁宏，2013）。

表 8－6　广东省流动人口状况

类型	四普（1990）	五普（2000）	六普（2010）
流动人口总量（万人）	392.86	2105.41	3139.04
流动人口占总人口比例（%）	6.25	234.36	30.10
省外流动人口（万人）	125.75	1506.49	2149.78
省内流动人口（万人）	267.11	598.92	989.27
外省/省内	0.47	2.51	2.17
年增长率（%）	—	18.28	2.18

资料来源：广东省 1990 年、2000 年和 2010 年人口普查资料。

广东省的流动人口存在以下三个特点。一是省外流动人口的数量多于省内流动人口。"六普"结果中属于省外的为 2149.78 万人，省内的为 989.27 万人。二是人口流动仍向珠江三角洲集聚。全省常住人口最多的是广州市，1270 万人，随后依次为深圳市 1036 万人、东莞市 822 万人、佛山市 719 万人和湛江市 699 万人；同 2000 年"五普"相比较，常住人口居多的仍是这 5 个市，只是佛山市与湛江市的排列次序产生了变化。珠江三角洲区域 9 个市的人口占全省常住人口的 53.8%，东翼 4 个市占 16.2%，西翼 3 个市占 14.6%，山区 5 个市占 15.4%。2000 年"五普"珠江三角洲人口占全省的 50.3%，东、西两翼和山区分别占 17.3%、15.8% 和 16.6%，10 年间，珠江三角洲人口比例上升 3 个多百分点，东、西两翼和山区则各下降 1 个多百分点。三是广东省的跨省流动人口主要来自湖南、广西、四川、湖北和江西五个省份。

表 8 - 7　流动人口的空间分布

地区	省内流动人口（万人）	省内流入比例（％）	省外流动人口（万人）	省外流入比例（％）
珠三角	850.43	29.62	2020.82	70.38
东翼	34.83	34.72	68.49	65.28
西翼	36.83	20.12	15.69	29.88
山区	67.18	58.44	47.78	41.56

资料来源：广东省 2010 年人口普查资料。

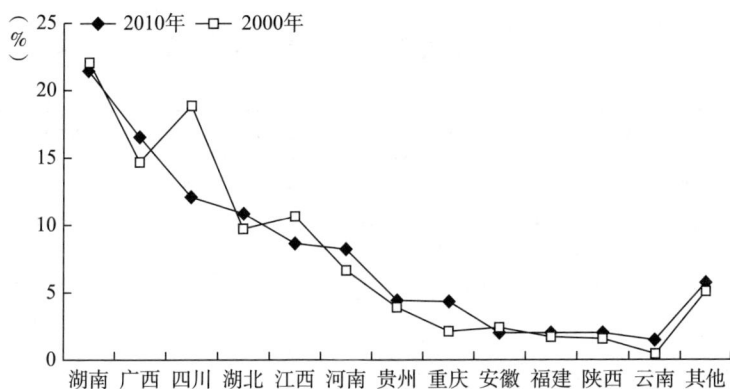

图 8 - 8　广东省流动人口来源地的变化

资料来源：广东省 2000 年和 2010 年人口普查资料。

2. 职业转移：从农业转向非农业

人口普查资料显示，自 2000 年以来，广东省流动人口的职业呈现为非农化、多样化、高级化趋势。一是非农化。流动人口空间转移的一个重大意义在于职业的非农化，流动人口从事农业性质工作的比例从 2000 年的 3.92％下降到 2010 年的 1.67％（表 8 - 8），基于 2010 全国流动人口监测调查广东省数据也发现了类似的结果，只有 1.68％的流动人口从事农林牧渔等农业性质工作（见图 8 - 9）。二是职业的多样化。流动人口的工作遍布七个职业大类，既有通常意义上的公司雇员，也有大量的自雇/创业者（私营企业主的比例 1.53％，个体工商户的比例为 19.27％），遍及制造业、建筑业、批发零售业、住宿餐饮业、金融业等行业。三是职业高级化趋势更为明显，流动人口成为管理人员、专业技术人员、办事人员的比例

表8-8 广东省流动人口的职业分布变化

单位：%

	管理人员	专业技术人员	办事人员	商业/服务业人员	农业工作人员	生产/制造/运输等体力工作	其他职业
2010年流动人口	2.85	5.87	7.21	24.71	1.67	57.6	0.08
2010年户籍人口	2.69	8.4	6.75	18.13	41.95	21.99	0.09
2000年流动人口	1.27	2.89	4.79	18.77	3.92	68.36	0.01

资料来源：《广东省2000年人口普查流动人口资料》，广东经济出版社，2002，第456~567页；《广东省2010年人口普查资料》，中国统计出版社，2012，第4833~4841页。

表8-9 广东省流动人口的行业分布变化

单位：%

行业	2010年流动人口	2010年户籍人口	2000年流动人口
1. 农林牧渔业	1.64	41.96	3.77
2. 采矿、水电燃气等生产供应业	0.34	0.91	0.52
3. 制造业	63.16	21.18	68.79
4. 建筑业	3.28	3.96	5
5. 交通运输、仓储和邮政业	2.73	3.15	1.74
6. 信息传输、计算机服务和软件业	0.83	0.76	0
7. 批发零售业	14.64	11.72	13.18
8. 住宿餐饮业	4.5	2.61	
9. 金融业	0.65	1.21	0.18
10. 地产、租赁和商业服务业	2.36	1.76	0.72
11. 科研、技术服务等行业	0.59	0.66	
12. 居民服务和其他服务业	2.46	1.84	4.43
13. 教育行业	0.95	2.96	1.57
14. 文化、卫生、社会福利等	1.88	5.32	

资料来源：《广东省2000年人口普查流动人口资料》，第280~455页；《广东省2010年人口普查资料》，第4434~4446、4833~4841页。

不断上升，而相应的从事生产制造、农业等体力劳动的比例下降。不过流动人口的职业仍然相对集中，主要分布在制造业、建筑业、批发零售业和住宿餐饮业中。

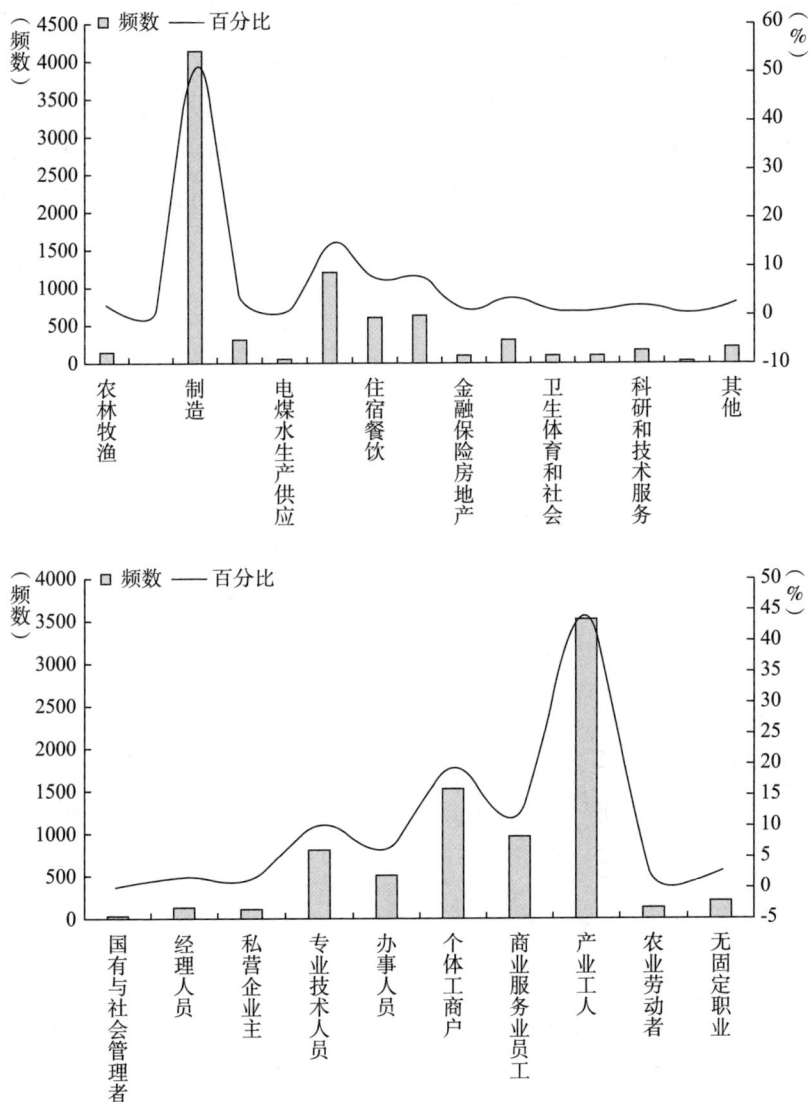

图 8 - 9　2010 年广东流动人口的行业、职业分布

资料来源：国家卫生计生委流动人口服务中心，"全国流动人口动态监测调查数据"（2010）。计算数据为广东部分。

3. 身份转移：从村民到市民

广东省自 2010 年开始实施农民工入户城市的有限机会分配——积分入户政策。如图 8 - 10、8 - 11 所示，根据 2010 年全国流动人口监测数据广东省数据，大约有 22.52% 的流动人口想把农业户口转为城市户口，其中希望把户口转移到户籍所在地大城市的比例为 39.94%，希望迁移到户籍所在省中小城镇的比例为 20.70%，迁移到其他大城市的比例为 28.13%，其他中小城镇的比例为 11.23%，广东省的流动人口在户籍身份市民化方面倾向于户籍地大城市。从定居意愿来看，22% 的流动人口想在本地县区

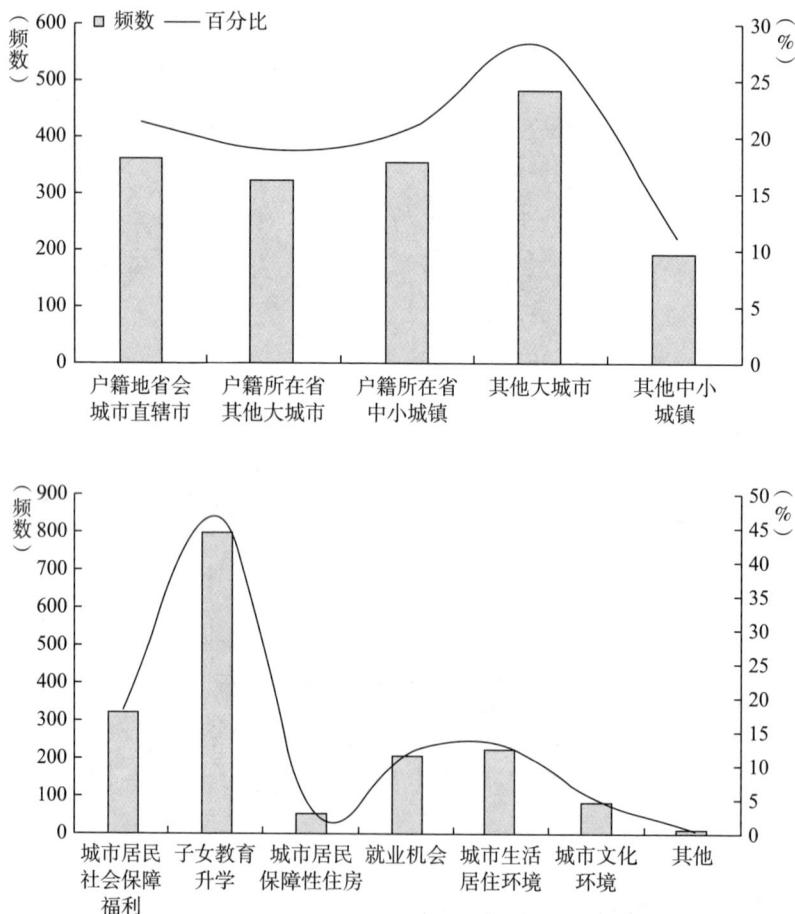

图 8 - 10　入户选择及其原因

资料来源：国家卫生计生委流动人口服务中心，"全国流动人口监测数据"（2010）。计算数据为广东部分。

买房安家，42.59%的人依旧选择在户籍地农村或户籍地的城镇买房建房。在想获得非农户口的原因上，46.55%的流动人口选择的是"子女教育升学"，其次是城市居民社会保障福利、城市生活居住环境和就业机会。总体而言，广东省的流动人口长期定居广东和入户广东常住地的意愿并不强烈。

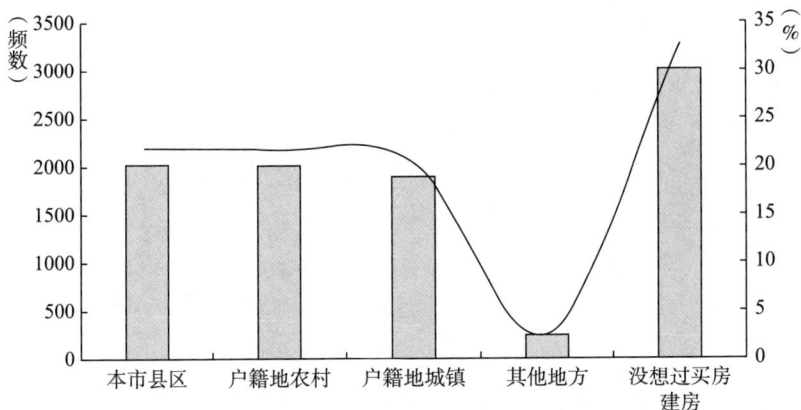

图8－11 2010年流动人口的购房/建房选择

资料来源：国家卫生和计划生育委员："全国流动人口监测数据"（2010）。计算数据为广东部分。

4. 社会融合：从排斥到融入的过渡

广东省流动人口总体上的入户意愿不强，但其社会融入越来越高。如图8－12所示，以2010年和2013年数据为例，广东省的流动人口社会融合度在提高，社会保障市民化、本地化比例上升，流动人口与本地人的社会距离在缩小，可以推断未来流动人口与本地人将进一步融合。

一是从社会保障来看，广东省流动人口总体的社会保障水平上升。2010年参加城镇养老保险的比例为28.96%，2013年上升到58.24%；2010年参加城镇职工医保的比例为10.24%，2013年上升到51.28%；2010年参加本地居民医保的比例从10%上升到13.38%；拥有本地工伤保险的比例从2010年的54.48%上升到了80.26%；拥有本地失业保险的比例从2010年的16.4%上升到2013年的48.78%；拥有本地生育保险的比例从10.56%上升到2013年的23.44%，拥有住房公积金的比例也从2010年的3.19%上升到2013年的18.21%。总体而言，广东省流动人口的社会保障的本地化水平在提高。

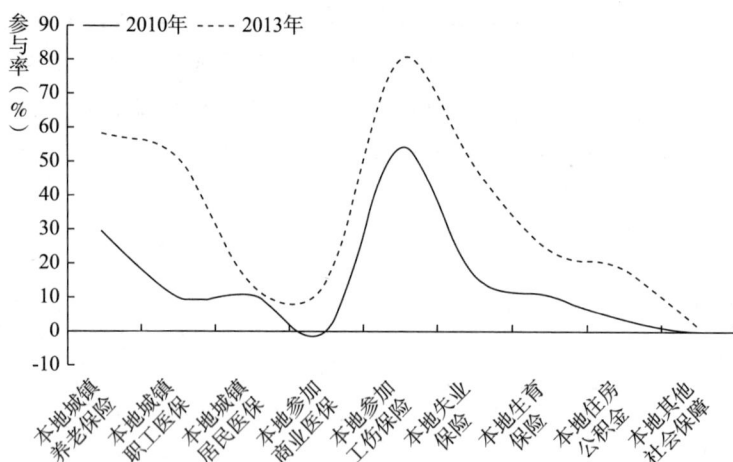

图 8-12　广东省流动人口社会保障参与率变化

资料来源：国家卫生计生委流动人口服务中心，"全国流动人口监测数据"（2010）。计算数据为广东部分。

二是从社会距离来看，广东省流动人口与本地居民的社会距离逐渐缩小。如表 8-10 所示，2012 年广东省流动人口对"我喜欢我现在居住的城市"的回答中，"比较同意"和"完全同意"的总比例为 96.49%，比 2010 年提高了 3.31 个百分点；对居住城市变化的关心从 2010 年的 92.35% 上升到 94.64%；表示愿意融入本地人当中的流动人口从 2010 年的 85.92% 上升到 2010 年的 89.8%；认为"本地人愿意接受我成为其中一员"的比例从 2010 年的 75.96% 上升到 86.05%。而完全不同意"本地人总是看不起外地人"的比例则从 8.27% 上升到 17.37%。

表 8-10　广东省流动人口社会距离的变化

社会距离测量	完全不同意		不太同意		比较同意		完全同意	
调查年份	2010	2012	2010	2012	2010	2012	2010	2012
我喜欢我现在居住的城市	0.73	0.84	6.09	2.68	80.51	64.52	12.67	31.97
我关注我现在居住城市的变化	0.65	0.8	6.99	4.56	80.17	63.1	12.18	31.54
我很愿意融入本地人当中	1.02	1.33	13.05	8.87	73.68	56.54	12.24	33.26
本地人愿意接受我成为其中一员	1.74	1.49	22.29	12.47	69.17	62.17	6.79	23.87
我感觉本地人总是看不起外地人	8.27	17.37	66.21	52.52	22.54	24.73	2.98	5.37

资料来源：国家卫生计生委流动人口服务中心，"全国流动人口监测数据"（2010、2012）。计算数据为广东部分。

（六）由"乱"到"稳"：社会矛盾与社会稳定

广东经济社会发展先行一步，在探索中国特色社会主义道路中遇到的社会矛盾的复杂度也相对突出，群体性事件、医患矛盾、粤东西北地区农村"空心化"、劳资纠纷、征拆矛盾、上访等难题较多。中国社会科学院发布的《2014年中国法治发展报告》中显示，2000～2013年，中国100人以上的群体性事件共有319起，主要集中在华南地区，其中广东发生的群体性事件数量居全国之首，占30.7%（李林、田禾，2014）。

1. 社会矛盾数量逐渐减少

广东地处中国改革开放的最前沿，经济、人口规模在全国均排在第一位，社会管理任务重、压力大，社会矛盾和社会问题"触点多、燃点低"，在各种矛盾和问题倒逼之下，群体性事件早发、多发、频发。广东全省公安机关平均每年破获刑事案件近19万起；8类严重暴力案件（杀人、抢劫、伤害、强奸、放火、爆炸、绑架、劫持）发案2010年下降15.9%，2011年再下降12.6%；"两抢"案件2010年下降16.7%，2011年以来再下降10.2%。全省群体性事件数量经历了由少到多再到减少的过程，全省群体性事件起数从高峰期每年的4000多起下降至目前的每年1800起左右，特别是近3年来更是逐年下降，2009年、2010年、2011年同比分别下降3.5%、8.9%和4.6%。① 广东省的社会矛盾冲突事件开始由"多"到"少"转变，总体上，广东省的社会矛盾和社会冲突趋于减少，相较全国同期平均水平，群体性事件发生率大幅下降，社会面基本稳定。

表8-11 广东省群体性事件的发案数量与参与人数

年度	数量（件）	总参与人次数（万人次）	平均参与人数（人）
2001	2358	15	63.61
2002	3579	23	64.26
2003	4173	24	57.51
2004	4008	29	72.36

---

① 索有为、应立敏、黄轩：《广东群体事件量逐年下降目前降至每年1800起》，人民网，2012年4月18日。

年度	数量（件）	总参与人次数（万人次）	平均参与人数（人）
2005	1862	25.2	135.34

资料来源：黄辉、徐建华、张晓红：《广东省群体性事件多发的态势与防范对策》，《政法学刊》2006年第4期。

2. 社会矛盾以劳资纠纷、涉农涉地纠纷为主

社会矛盾/社会冲突数量的减少是广东各级政府对群体性事件妥善应对、有效治理的现实成果。从社会矛盾/社会冲突的性质上看，主要集中在涉农、涉地和劳资纠纷，主要是部分群体的利益诉求问题。在目前广东省每年大约1800起的群体性事件中，一半以上是由劳资纠纷引起的，主要分布在珠江三角洲；其次是由征地拆迁纠纷和环保问题引起的，主要分布在各大中城市和重大项目所在地；在农村和山区发生的群体性事件则主要是由山林土地的传统纠纷造成。

3. 公众普遍感到安全

中国社会科学院发布《2014年中国法治发展报告》，对过去14年全国的群体性事件进行了梳理，指出广东以占全国案件总数30.7%的比例位居首位（李林、田禾，2014）。著名的乌坎事件、陆丰事件都发生于广东。由于移民人口众多，缺乏制度化管理等原因，广州、深圳、东莞等外来人口众多城市的社会治安一直是广东省面临的重要挑战之一。但近年来，广东省社会治安得到很大改善，影响民众安全感的暴力犯罪和"两抢"案件、群体性事件持续下降，同时，道路交通及火灾事故、政法干警违纪违法案件也在下降，公众安全感上升。根据中国劳动力动态调查数据2012年广东省数据，广东省居民认为自己过得幸福的比例为60.64%，认为社区安全的比例超过80%。[①] 总体而言，广东省居民社会心态"趋稳"，安全感较高。

4. 社会治理水平逐渐提高

面对社会矛盾，公权力运行的不规范是激化矛盾、诱发群体性事件的重要因素。在由官民矛盾引发的群体性事件中，执法不当和拆迁征地是主要原因，其次由信访维权引发；"懒政"也是群体性事件产生的重要原因。在引发群体性事件的众多原因中居首位的是劳资纠纷，往往源于政府平时

---

① 数据来源：中山大学社会科学调查中心，"中国劳动力动态调查数据"2012（CLDS2012）。

怠于行使监管义务或者不作为，导致劳动者采取极端行动。面对社会矛盾与社会冲突，传统的做法是通过"管理"和"控制"的方式，事实上效果不明显，广东省 2011 年起开始转变社会治理的模式，2011 年起在全省推行的社会稳定风险评估机制，从源头上预防和减少了社会矛盾的发生，有效避免和妥善化解了群体性事件。

（七）从"熟人"到"陌生人"：社会关系的变化

改革开放以来，广东省特别是珠江三角洲地区，经历了由乡村到城镇，由城镇到城市，再由城市到城市群的逐步演化过程。城市化带来的最大特点是城市的异质性，以深圳、东莞为代表的城市，逐渐从过去的"熟人社会"走向"陌生人社会"。城市化过程中人们离开"鸡犬相闻"的村落，单位也不再"办社会"，难免要面对种种不适应，社会关系也相应发生了变化。

1. 传统社区逐渐衰落

改革开放之前的广东社会，与国内其他地区一样，社区与单位高度重叠，社区单位化，单位社区化。改革开放后，单位陆续改变"单位办社会"的状况，大量社会事务开始回归基层社区，广东城市地区的人们率先实现了从"单位人"到"社会人"的转变。与此同时，农村社区也发生了重大变化，珠江三角洲地区的农村社区在城市化、工业化过程中，通过村集体经济分红等方式，实现了经济上的转型，随后部分社区通过政经分离等方式转变为城市社区。而粤东西北等边远地区的农村社区，受城市地区拉力的影响，社区的青壮年劳动力普遍进入城市务工经商，往往留下老人和小孩居住在农村，农村村庄土地的闲置和浪费比较严重，农村社区开始衰落，"空心化"问题严重。

2. 网络虚拟社区逐渐崛起

面对传统社区的衰落，随着城市化程度和人口流动性的提高，居民的社会支持网逐渐从社区内转移到社区外，个人的社会网络空间超越了特定的地域空间，居民的社区认同感和社区参与感减弱，由居民社会关系构成的自然社区向国家划分的行政社区以外扩散，以"属地管理"为基础的社区建设模式能够达到的基层整合效果越来越弱。与此同时，随着科学技术的进步，广州和深圳是中国互联网行业的先锋，以腾讯为代表的互联网科技企业改变了人们的社区生活，人们的支持不仅仅从社区内转向社区外，而且由实体社区转向"虚拟社区"，QQ、微信、微博成为人们日常重要的交流媒介。网络社区（虚拟社区）崛起，传统社区的"空间"感越来越弱，地域性在社区的重要性降低。

3. 邻里关系转淡

传统社区的改变引发的重要变迁是人们之间的互动方式和关系模式的变化，其中改变最明显的是邻里关系。如图 8-13、图 8-14、图 8-15 所示，以中国劳动力动态调查数据（CLDS）广东地区为例，一是从农村邻里熟悉程度来看，2012 年 8.25% 的农村居民对本地居民不太熟悉或非常不熟悉，33.24% 的农村居民对邻居的熟悉程度为一般；在城市社区，24.96% 的居民表示对邻里不太熟悉或非常不熟悉，42.90% 居民表示一般熟悉。2014 年的调查数据显示，这种不熟悉状况有所改善。但总体上，无论在广东省的农村还是城市，邻里之间的不熟悉状况依旧存在，呈现的是一种"半熟人"关系。二是从对邻居的信任程度上看，2012 年城市社区居民对邻里的信任度有待提高，13.02% 的居民对邻里不信任，57.38% 的居民对邻里只是一般信任，2014 年，14.15% 的居民对邻里不信任，43.73% 的居民对邻里信任程度一般。在广东的农村地区，虽然不信任的比例相对较低，但整体的社会信任程度仍然有待提高，2012 年村民认为邻里值得信任的比例为 43.60%，2014 年上升到 55.28%。三是从邻里之间的互助情况来看，2012 年和 2014 年数据差别不是很大，但无论城市还是农村地区，

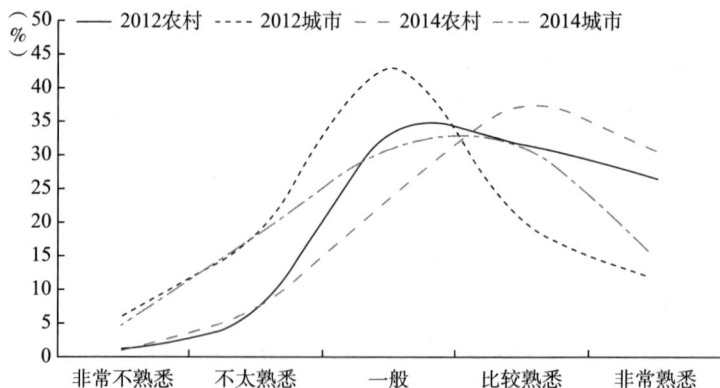

图 8-13　与邻里之间的熟悉程度

资料来源：中山大学社会科学调查中心，"中国劳动力动态调查"2012 年、2014 年数据。

邻里之间互相帮助的情况"比较多""非常多"的比例比较低。在农村地区，2012年邻里之间互相帮助比较多或非常多的比例合计为29.90%，2014年为43.14%；在城市地区，2012年邻里之间互相帮助比较多或非常多的比例合计为15.12%，2014年上升到32.80%。

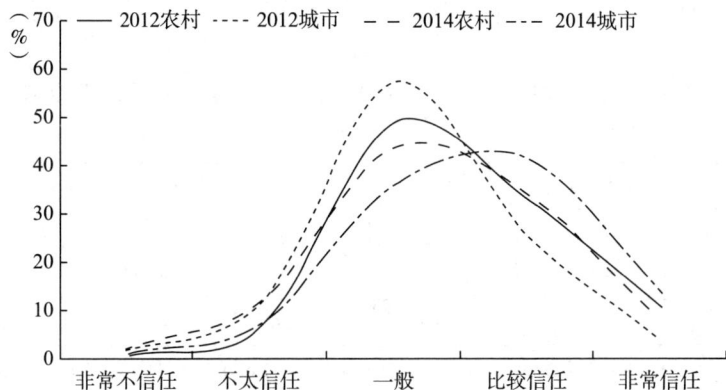

图 8 - 14　对邻里的信任程度

资料来源：中山大学社会科学调查中心，"中国劳动力动态调查"2012年、2014年数据。

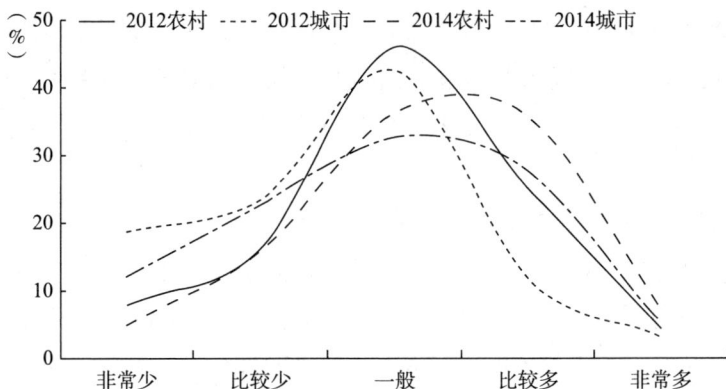

图 8 - 15　邻里之间互相帮助程度

资料来源：中山大学社会科学调查中心，"中国劳动力动态调查"2012年、2014年数据。

4. 低度信任社会形成

广东从过去的"熟人社会"走向"陌生人社会""半熟人社会"，"陌生人社会"产生的人情冷漠问题引发社会舆论的广泛讨论。随着传统熟人社会的解体、陌生人社会的形成，广东社会出现了人际信任危机。2011年的"小悦悦事件"，小女孩被车碾压后7分多钟时间内，她被经过的路人漠视。人情冷漠背后折射的是广东社会的信任危机。如表8－12所示，中国劳动力动态调查2012年的调查数据显示，广东农村地区32.86%的被访者认为社会上绝大多数人是不可信任的，城市地区这一比例则达到35.56%。如何建立一个更有人情味的社区，更具信任的社会依旧是广东社会现在和将来都要面对的重要问题。

表8－12　广东地区居民对"社会上绝大多数人是可以信任的"认知

单位：%

地区	非常不同意	不同意	同意	非常同意	合计
农村	2.36	30.52	61.70	5.42	100
城市	3.65	31.91	61.35	3.10	100
总计	2.86	31.07	61.56	4.51	100

资料来源：中山大学社会科学调查中心，"中国劳动力动态调查"2012年、2014年数据。

（八）从"去组织化"到"再组织化"：个体与组织关系的变迁

改革开放前的广东社会与全国其他地区一样，是一个高度组织化的社会。人们的社会生活高度行政化、组织化，缺乏相对独立的私人空间和公共空间。在社会生活的绝大多数领域里，政府、组织和个人之间没有分离。

1. 城市地区的去组织化："单位"的解体

在改革开放前的广东城市地区，个人依附于单位组织，单位组织又依附于国家政府，人对单位组织、单位组织对国家政府的关系表现出了强烈的行政性依赖。个人依赖单位的实质是两者共同依赖于国家，因此，无论是单位组织，还是个人，其独立性都相当低。个人完全依附于单位组织（主要是国有单位和集体单位），单位为个人提供工资福利、工作条件，个人的生老病死、职业调整全由单位统一安排，个人离不开单位。改革开放后，单位组织的控制力开始弱化，随着市场经济崛起，完全由市场规则调节的企业组织、个体户等吸引了大量的就业人员。组织与个人的关系开始以市场为导向，个体在不同组织之间自由流动的空间扩大。图8－16展示了广东省改革后社会组织形式的变化，原来的单位制社会逐渐解体。

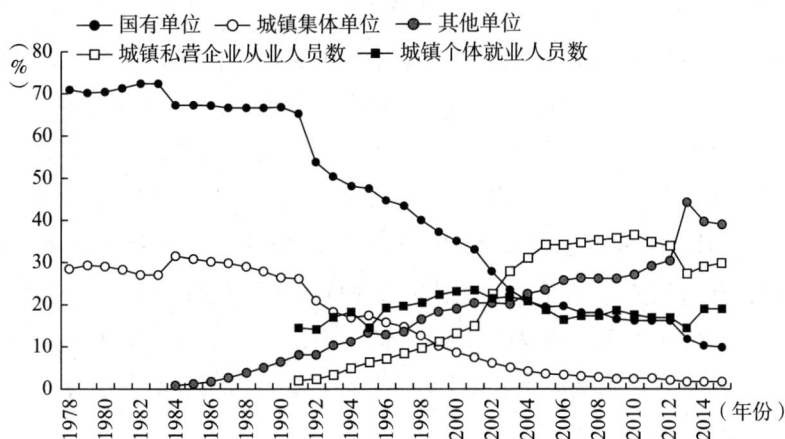

图 8－16 不同单位组织就业人数的变化

资料来源:历年《广东统计年鉴》。

2. 农村地区的去组织化:从"合作社"到"家庭联产承包责任制"

改革开放前的广东农村与全国其他农村一样,组织化程度高;改革开放后,随着合作社的解体,家庭联产承包责任制开始占据主流。但经历了近40年的组织弱化之后,广东省农村治理中所包含的国家与村社的纵向联系和村社内部的横向联系均出现障碍。组织弱化所带来的农村治理困境集中表现为新型政权"内卷化"、公共品供给能力弱化、村民自治虚置化以及弱势群体(留守儿童、留守老人)贫困化。2015年广东省社会科学院与省政法委对粤东西北地区农村进行的社会治理调研发现,粤东西北地区农民的组织化程度很低,面对市场竞争往往处于劣势,产品卖不上价格,是致使农民增收困难的重要原因。如何把农村社区再组织起来,对乡村进行社区营造依旧是未来基层治理的重要任务。与此同时,处于城市化过程中的农村(城中村、城郊村等)则由于村集体经济存在,村集体与公共服务供给和基层治理难以分离,急需进行现代公司化改造,面临着组织的转型。

3. 再组织化:社会组织的兴起

广东社会在改革发展到一定阶段后,面临着与发达国家一样的问题。政府在公共福利服务中难以满足居民的日益需求,在公共服务供给上,出现了西方社会所经历的"市场失灵""政府失灵""志愿失灵"现象(莱斯特·萨拉蒙,2008)。在此背景下,广东省政府率先通过政府购买公共服务、培育社会组织的方式来解决公共服务供给方面存在的不足问题。如

表 8－13、图 8－17 所示，2011 年广东省拥有各类社区服务机构数量约为 20673 个，2012 年达到 37399 个，比上年增长 80.9%，远高于全国 24.8% 的增长速度；2011 年社区服务机构的覆盖率为 81.5%，2012 年增长到 145.8%，增长迅速，每一社区均有 1.46 个社区服务机构，每万人约拥有社区服务机构数 3.53 个。2012 年在社区服务机构中，其中社区服务指导中心数 31 个，社区服务中心数 1528 个，比上年减少了 24 个；社区服务站 8773 个，比上年增长了 1.75 倍，其他社区服务机构数为 27067 个，比上年增长了 69.9%；2012 年便民、利民服务网点 4629 个，比上年减少 240 个。2012 年广东省社区服务机构覆盖率迅猛上升，社区服务机构总量增长很快，每一社

表 8－13　广东省社区服务机构、便民利民网点状况

年份	社区服务机构	社区服务指导中心	社区服务中心	社区服务站数	其他社区服务机构	便民利民服务网点	服务机构覆盖率
2011	20673	—	1552	3190	15931	4869	81.5%
2012	37399	31	1528	8773	27067	4629	145.8%

注：由于"社区服务机构覆盖率 =（社区服务中心 + 社区服务站 + 其他社区服务机构）/村居委会"，故而计算出来的覆盖率会大于 100%。

资料来源：《中国统计年鉴（2013）》，中国统计出版社，2013。

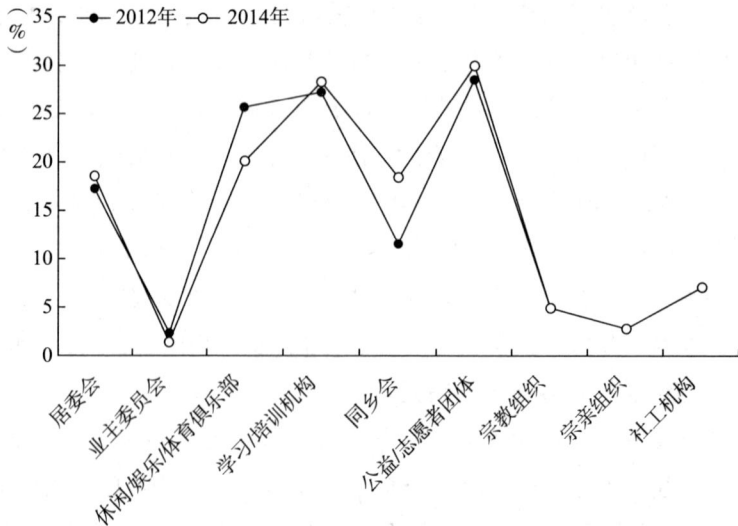

图 8－17　社区服务组织的变化

资料来源：中山大学社会科学调查中心，"中国劳动力动态调查" 2012 年、2014 年数据。

区的社区服务机构拥有量、每万人拥有的社区服务机构数量都远远超过全国水平。从另一个分地区的统计数据来看，广东省 2012 年统计的城乡社区服务设施总数为 34284，其中珠三角城市拥有设施总数 20036 个，约占 58.44%，万人拥有量 3.53 个，粤东西北地区万人拥有量为 2.91 个，落后于珠三角地区，但从这几年的发展状况来看，这种区域性的差距正在缩小。

4. 个人与组织：依附关系转向契约关系

广东社会逐渐向契约社会转变。首先是个人与单位的关系开始从一种完全被动依附状态向契约性关系转变。改革开放前的广东社会，是通过单位被组织起来的，个人对单位存在全面的依赖，单位则依附于国家，单位是个人与社会、国家联系的中介，是社会基本的组织细胞。其次是个人与企业组织的关系发生转变，改革初期，由于对企业行为规范缺乏制度性规定，工人处于劣势地位，加班和非正规就业是常态，随着制度的完善，个人与企业组织之间的关系趋向于平等化。珠三角农民工调查数据显示，2006 年，没有签订劳动合同的农民工高达 56.71%，2009 年下降到 37.36%。[①] 此外，农村地区改革开放前的合作社的解散，带来了与改革前基于行政命令的"合"不同，农民自愿组织合作社更多的是基于现代的契约关系。

二　广东社会发展现状

当前，广东社会发展呈现整体向好的良好态势。人民生活得到持续改善，群众分享更多改革"红利"。以 2016 年为例，广东省居民人均可支配收入首次突破 3 万元，基本公共服务覆盖面与服务水平快速提升，热点民生领域持续改善；社会善治格局崭露头角，以大数据和信息化为核心的政务服务、综治维稳平台建设全国领先，多元共治的基层社区治理模式创新硕果累累，社会大局和谐稳定。

（一）居民收入：跃升至中等偏上水平

1. 人均可支配收入首次突破 3 万元

2016 年，广东居民人均可支配收入突破 3 万元，达 30295.8 元，同比

---

① 源于中山大学主持的珠三角农民工调查 2006 年、2010 年数据，数据可向中山大学城市社会研究中心申请。

名义增长 8.7%。其中，城镇常住居民人均可支配收入 37684.3 元，增长 8.4%；农村常住居民人均可支配收入 14512.2 元，增长 8.6%。① 两者的增长速度都高于同年度 GDP 的增速 7.5%（见图 8-18）。按照世界银行 2015 年的最新收入分组标准划分，广东收入实现从"中等偏下"收入等级至"中等偏上"的跃升。广东 2016 年的居民可支配收入若按照美元计算，约合 4385 美元，恰好位于世界银行划定的 4126~12735 美元"中等偏上"等级；而 2015 年的收入数据（27859 人民币，约合 4032 美元）依然处在中等偏下（1045~4125 美元）等级。②

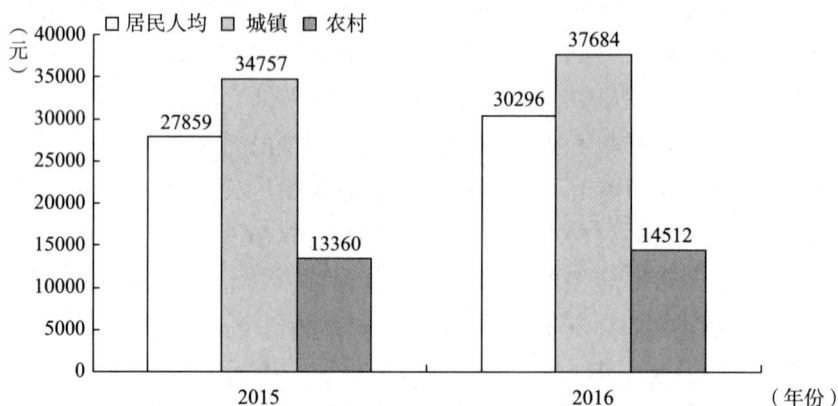

图 8-18 2015~2016 年广东居民人均可支配收入情况

资料来源：《2016 年广东经济运行情况分析》，广东统计信息网，http：//www. gdstats. gov. cn/。

2. 人均可支配收入位居"第二集团"末尾

2016 年广东省的居民人均可支配收入，比全国居民人均可支配收入高出近 6500 元，排名第六位，与第二经济大省的江苏相比，相差近 2000 元，与 GDP 总量排名第三的浙江相比，居民人均可支配收入差距，超过 8000 元。2016 年浙江的 GDP 总量为 46485 亿元，排名第四位，但其居民人均可

---

① 数据来源：王丽莹、周媛媛、徐可：《2016 年广东经济运行情况分析》，广东省统计局信息网，2017 年 2 月 7 日。

② 世界银行将国家或经济实体划分为四个收入档次，分别为低收入、下中等收入、上中等收入和高收入国家。这一分类标准非常明确且每年调整一次。按世界银行公布的数据，2015 年的最新收入分组标准为：低于 1025 美元的是低收入经济体，1026~4035 美元是中低收入经济体，4036~12475 美元是中高收入经济体，高于 12476 美元的是高收入经济体。详见 International Monetary Fund. Research Dept. , 2016, "World Economic Outlook, Uneven Growth：Short-and Long-Term Factors," Washington, DC：International Monetary Fund。

支配收入超越了直辖市天津，仅落后于上海、北京两个直辖市，以 38529 元位居第三位，正在向"4 万元俱乐部"冲刺。

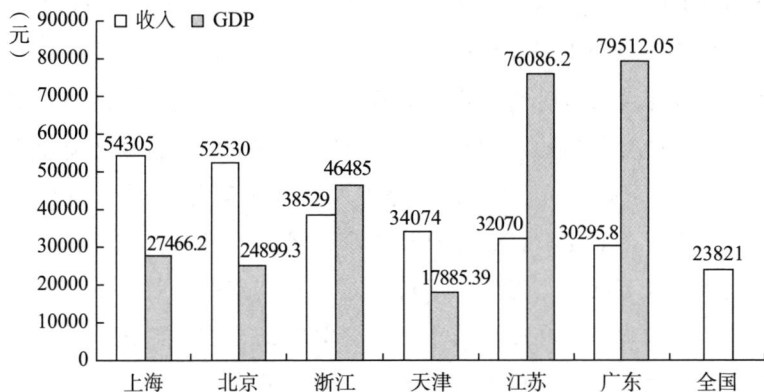

图 8 - 19　居民人均可支配收入排名（2016）

资料来源：《2016 年上海市国民经济与社会发展统计公报》《2016 年北京市国民经济与社会发展统计公报》《2016 年浙江省国民经济与社会发展统计公报》《2016 年天津市国民经济与社会发展统计公报》《2016 年江苏省国民经济与社会发展统计公报》《2016 年广东国民经济与社会发展统计公报》《中华人民共和国 2016 年国民经济与社会发展统计公报》。

（二）社会结构：阶层差距缓慢弥合中

让多数人成为中等收入群体中的一员，是现代社会健康发展的一个重要标志。形成高收入者与低收入者占少数、中等收入者占多数的"两头小、中间大"的橄榄型或纺锤型社会格局，这种社会格局不仅是学术界公认的合理的社会治理格局，也是国家发展规划中已明确追求的目标。

1. 收入阶层结构呈现"上小下大"的金字塔型

根据广东省社工委与社科院所做的联合调查①，广东社会结构仍处于"上小下大"的金字塔型。此次调查划定的中等收入人群以城市户籍人口平均收入线作为参照基准，将平均线以上至平均线 2.5 倍的人群定义为"中等收入层"。具体而言，即为年人均可支配收入为 3 万 ~ 7 万元者。调查显示，收入位于这一区间的全省人口占比为 20.9%，收入占比最大的阶

---

① 2013 年广东省社工委与社科院依托各地的民情志愿服务队，在全省范围内联合开展"广东省民生问题调查"，内容涉及民生效果、社会管理工作、政府转变职能、群众表达诉求、社会安全感、社会公平、对未来发展信心 7 个方面，该次调查也对广东的收入分层进行了清晰的勾勒。

层依然是年收入中位数（2万元）以下的人口，该人群比例全省达到54.4%。目前，发达国家的中产阶层都在60%以上，美国、瑞典等少数国家甚至高达80%，而广东的中等收入层却刚过20%。根据统计年鉴收入分组数据的方法也显示出同样的结果。①

根据统计年鉴收入分组数据，梁理文（广东省社科院，2016）测算出广东社会分层的变化轨迹：2005～2015年，广东低收入群体比重呈下降趋势，由61.83%下降到46.78%；中等收入群体比重缓慢上升，由20.69%上升到27.07%（见表8-14）。从横向来比较，2014年广东城镇中等收入群体的比例比江苏略高，但低于浙江。总之，广东中等收入群体的比重在持续扩大，低收入群体在逐步缩小，社会分配结构在不断优化。但是，目前广东社会中近一半的人口都属于低收入者，而中等收入者只占总人口的1/4左右，与理想的橄榄型社会结构仍有差距。

事实上，中等收入阶层应该是一个内涵丰富的综合性指标，至少包括了超过社会平均水平的收入、具有一定的资产或财产积累、较强的消费能力、具有安全感四个要素。同时具备上述四个要素者，才可以归结为稳定的、有质量的中等收入者。值得注意的是，根据广东省社工委与社科院所做的联合调查，收入处于中等水平的受访者中，超过50%的人认为自己是中等偏下或底层。同时，不少人对中产阶层的发展现状持较为消极的评价。40%的受访者认为目前中产阶层发展缓慢。中等收入群体自我认同度低，主要缘于他们目前面临较大的生存压力。高房价、高物价、看病贵、上学贵、收入增速慢，以及分配不公等，使得他们对未来前景产生焦虑与不安。

表8-14 广东收入分层结构变迁情况

单位：%

年份	低收入群体	中等收入群体	高收入群体
2005	61.83	20.69	17.48
2006	61.38	21.47	17.15
2007	60.59	22.13	17.27

---

① 广东省社会科学院社会学与人口学研究所课题组：《广东社会阶层结构现状与建设橄榄型社会战略研究》，2016。

续表

年份	低收入群体	中等收入群体	高收入群体
2008	59.18	23.06	17.76
2009	58.43	23.51	18.06
2010	58.44	23.92	17.64
2011	58.85	23.63	17.52
2012	56.80	25.41	17.79
2014	49.84	24.65	25.51
2015	46.78	27.07	26.15

注：2013 年无此项统计数据。2014 年后，统计口径有变化。2012 年以前为七分法，2014、2015 年为五分法。

资料来源：《广东统计年鉴》。

2. 居民收入差距趋于平稳，贫富差距逐步弥合

城乡之间的收入差距逐年下降。广东省的城乡收入比连续六年持续下降，从 2010 年的 3.03∶1 下降到 2016 年的 2.58∶1（见图 8 - 20）。

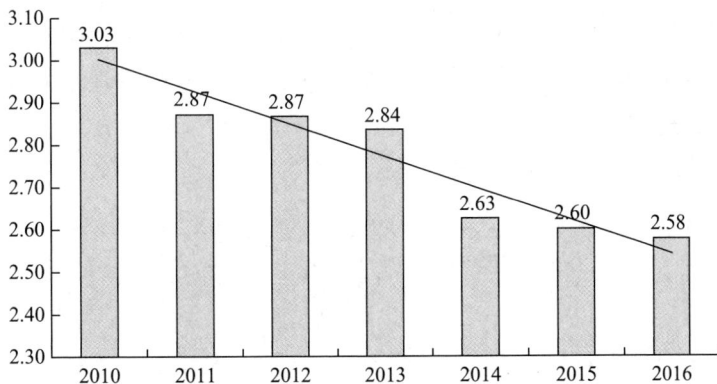

图 8 - 20 2010～2016 年广东省城乡居民收入比变化情况

资料来源：《广东统计年鉴》。

但是，与江浙沪相比较，广东省城乡居民的收入差距依然较大，如图 8 - 21 所示，浙江城乡居民收入比为 2.07，是全国 31 个省份中城乡收入差距最小的省。而江苏和上海同为较为发达地区，其城乡居民收入差距分别为 2.28 与 2.26，均比广东省的城乡收入差距小。①

————————

① 收入原始数据源自《广东统计年鉴》，收入比数据是课题组测算的结果。

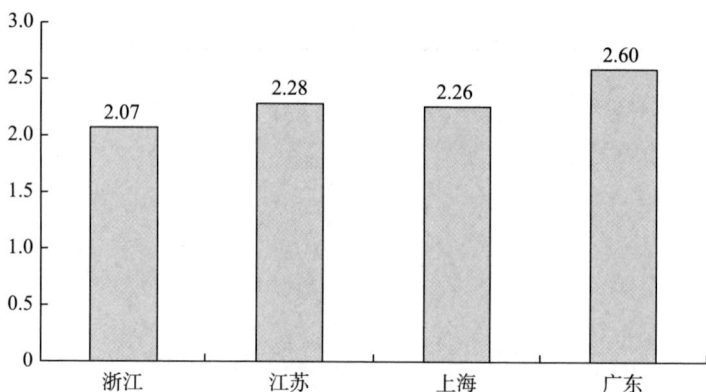

图 8 – 21 城乡居民收入比四地比较（2016）

资料来源：《2016 年浙江省国民经济与社会发展统计公报》《2016 年江苏省国民经济与社会发展统计公报》《2016 年上海市国民经济与社会发展统计公报》《2016 年广东国民经济与社会发展统计公报》。

广东省城镇居民内部收入差距持续回落，农村居民收入差距趋向相对稳定。城镇居民内部，2013 年城镇最高 20% 收入组的人均可支配收入是最低 20% 收入组的 5.1 倍，2015 年下降为 4.7 倍，2016 年继续下降至 4.68。农村居民内部，2013 年农村最高 20% 收入组的人均可支配收入是最低 20% 收入组的 5.3 倍，2015 年下降为 5.1 倍，2016 年稍微抬升至 5.54。[①]

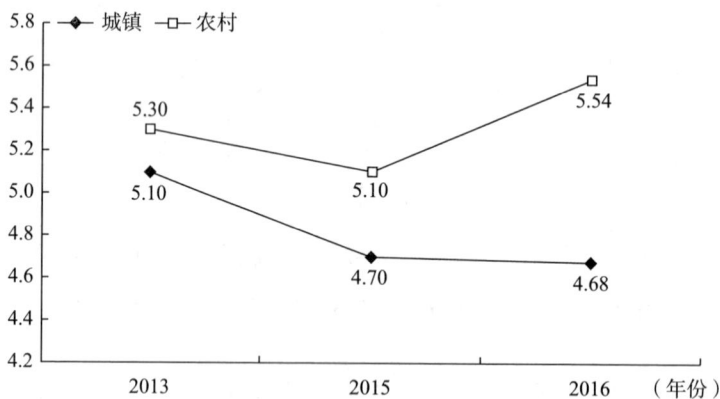

图 8 – 22 2010～2016 年广东省城乡居民内部收入比变化情况

资料来源：《广东统计年鉴》。

从趋势来看，未来城乡居民内部的收入差距将逐步缩小，但绝对值差

---

① 收入分组的原始数据源自《广东统计年鉴》，收入比由课题组测算所得。

距仍很大。在联合国为 2030 年制定的可持续发展议程中，"减少国家和地区内部的收入不平等"是重要的目标，议程强调"到 2030 年，逐步实现和维持最低层 40% 人口的收入增长，并确保其增长率高于平均水平"。以城镇居民为例，根据 2015～2016 年广东省统计年鉴的数据，城镇家庭收入最低层 40% 人群[①]收入增速是 11%～12%，是"高收入户"的 4 倍左右，远高于整体平均增长率 8.1%。[②] 由于统计口径的不同，2013～2014 年城镇家庭可支配收入数据分成了七个等级，如表 8－15 和表 8－16 所示，但从结果来看，同样显示出低收入组的增长率数倍于高收入户的结果。可以预见，城镇居民内部的收入差距逐步缩小的趋势不可逆转，但从收入绝对值看，40% 低收入群体的收入绝对值与高收入户之间的差距依然存在。

表 8－15　广东省城镇居民家庭人均可支配收入增长率（2014～2015）

指标	低收入户	中等偏下	中等收入	中等偏上	高收入户
2015 年可支配收入（元）	14598.16	25397.51	33971.07	43051.04	69313.20
2014 年可支配收入（元）	12822.86	22371.50	30020.96	40097.30	67250.73
收入增长率（%）	12.16	11.91	11.63	6.86	2.98

资料来源：《广东统计年鉴 2016》。

表 8－16　广东省按收入等级分的城镇居民家庭平均每人
全年现金收入（2011～2012）

	最低收入户	低收入户	中等偏下户	中等收入户	中等偏上户	高收入户	最高收入户
2012 年收入（元）	10860.16	16159.12	22175.09	30424.94	41507.37	54723.12	83733.76
2011 年收入（元）	9119.13	13291.46	18589.21	26595.61	37677.91	51610.20	79066.42
收入增长率（%）	16.03	17.75	16.17	12.59	9.23	5.69	5.57

资料来源：《广东统计年鉴 2016》。

从表 8－15 和表 8－16 可以看出，无论是 2014～2015 年还是 2011～2012 年，广东收入最低的家庭和第二低的家庭，平均收入增长率要显著高

[①]　把城镇家庭按照收入分成五个等级，每个等级为 20%，最低两个等级"低收入户"与"中等偏下户"合起来即为可持续发展议程 2030 年目标的 40% 人群。

[②]　数据来源：《广东统计年鉴》。

于其他家庭。这说明城镇居民内部的收入差距呈现逐步弥合的态势。但是，由于不同收入家庭所累积的家庭财富存量的不同，不可能因为短期的赶超，低收入家庭人均全年收入的绝对值就能够赶超高收入家庭。

3. 影响收入差距扩大或缩小的主要因素

一是由劳动报酬上涨带动的工资性收入增长将进一步弥合群体间的收入差距。根据家庭追踪调查（China Family Panel Studies，简称CFPS）数据，家庭收入结构中工资性收入比重占了总收入的七成左右。[①] 因此，能否提高低收入人群的工资性收入，是收入差距逐步缩小的重要因素。随着《劳动法》对劳动者保障力度的提升，非正规就业的状况有所改善，劳动合同签订率有所提高，劳动者的工资收入与权益保障状况将得到进一步提升。根据广东省人社厅数据，2015年上半年广东省各类企业劳动合同签订率已达93.7%，而前十年劳动合同的签订率一直未能突破90%，2007年的劳动合同签订率仅为88%。再者，随着常住人口中劳动年龄人口比重的进一步下降，劳动力新一波的结构性短缺将席卷广东。2015年是广东常住人口中劳动年龄人口比例趋势扭转的"节点"，自2015年以后，广东省劳动年龄人口占比将出现持续下降的趋势。其中，由2014年的76.35%下降到2015年的74.15%。[②] 随着更多的用工领域将出现劳动力短缺的现象，劳资双方的形势将发生逆转，企业不得不请求工人到企业工作，待遇不得不提高、福利不得不改善。外来务工人员与本地劳动者的工资差距将进一步减少。

二是第四次工业革命与基于高科技政策的经济策略将促使贫富差距扩大。学界研究表明，财富朝向知识产业再分配的实质性结果是大量收入从多数人流向少数人，这将成为贫富差距扩大的重要因素（SherryTurkle，2010）。第四次工业革命带来的不平等加剧的系统性挑战主要在劳动和生产领域，创新驱动型企业用资本代替劳动力，使得绝大部分发达国家以及中国等快速发展经济体中，劳动力对GDP的贡献比重均大幅下降，所以说第四次工业革命的最大受益者是智力和实物资本提供者——创新者、投资人和股东，这正是决定工薪阶层和资本拥有者贫富差距扩大的重要因素。

---

① 转引自顾佳峰《减少不平等与可持续发展》，社会科学文献出版社，2016，第45页。
② 数据来源于本书"专题报告七 2035：广东人口预测与人口发展展望"。

这一现象将导致工薪阶层对未来失去乐观稳定的预期，认为其实际收入这辈子都不会有起色，而斩断贫困的代际传递越加困难，其子女未来的生活不会比他们这代人好。广东正面临产业转型升级的关键期，由于新兴产业所能容纳的就业人口大大低于传统产业，同时其雇员的工资水平大大高于传统产业，就业群体间的收入差距将逐步扩大。可以预见，基于高科技政策的经济策略在广东的应用，企业对技术与专业的偏好将不断提升，就业群体间收入差距将会被拉大。同时，产业转型过程中，中等收入阶层扩大的速率也将受到影响。广东中等收入群体成长速度将按照过去的惯性向前推进，但成长的速率一直处于年均 0.5 个百分点的"极低速度"。除了经济转型对传统产业及就业市场的冲击，广东还要面对"教育社会流动正向效应的弱化"与"家庭地位传递的强化"双重作用的影响，作为中等收入群体重要后备军的高校毕业生，由于就业难，"最有可能成为社会新底层"，而农民群体向上流动的空间和可能性越发变小，社会成员向上流动的机会也不断减弱。

（三）消除贫困：持续推进精准扶贫脱贫，基本消除绝对贫困

持续的贫困是对全球新世代一种道义上的控诉。国际劳工组织的研究表明，尽管全球的贫困现象有缓和的迹象，但事实上依旧有众多的人继续生活在极端贫困之中。从全球的状况来看，2016 年占全球人口 1% 的最富有人群其财富超过其余 99% 人口的财富总和，其财富占比由 2014 年的48% 上升至 2016 年的 50% 以上。[①] 观察近几十年全球趋势，中国贫困情况的大幅下降抬升了全球最低收入水平线上生活的人口比例和总数，其中广东的贡献重大。

1. 基本消除绝对贫困

自 2009 年开始连续六年，广东省政府使 249.2 万相对贫困人口脱贫致富，基本消除绝对贫困。其间，广东共实施两轮"双到"扶贫，通过整合各方资源，共帮扶 5978 个贫困村，解决 50.7 万相对贫困户、249.2 万相对贫困人口的脱贫致富问题，完成农村危房改造 56.82 万户和"两不具

---

① 乐施会：《99% 民众的经济》，http://www.oxfam.org.cn/uploads/soft/20170116/1484536450.pdf。

备"村庄 6 万余户搬迁安置。2016 年广东省出台《关于新时期精准扶贫精准脱贫三年攻坚的实施意见》，脱贫攻坚各项工作扎实推进，当年就成功实现了减贫 50 万相对贫困人口的目标。2015 年国家扶贫标准提升至 2855 元，按购买力平价方法计算，相当于每天 2.2 美元，高于 1.9 美元的国际极端贫困标准。而广东农村贫困人口脱贫标准已提高至年人均可支配收入 4000 元（2014 年不变价），高于国家扶贫标准以及联合国国际极端贫困标准，广东已经基本消除绝对贫困。[①]

虽然 2016 年广东已实现 50 万相对贫困人口脱贫目标，但扶贫减贫任务面临的形势依然严峻。根据以每年农村居民可支配收入 4000 元作为扶贫标准认定的相对贫困人口，2017 年和 2018 年仍有 126.5 万相对贫困人口的减贫目标，任务依然十分艰巨。[②]贫困人口规模较大，贫困程度较深，扶贫成本更高，脱贫难度更大，扶贫工作已进入啃硬骨头、攻坚拔寨的冲刺期。目前，广东扶贫所面对的多数是贫中之贫、困中之困，扶贫任务十分艰巨。

2. 贫困居民的生存状态和生活品质有较大的改善与提升

贫困居民的生存状态和生活品质从家庭拥有耐用消费品数量上可以做出一定程度的判断。在耐用消费品方面，城镇与农村贫困居民呈现不同变化趋势。城镇居民最低收入户家庭拥有耐用消费品的数量变化不大，甚至有下降的趋势。对比 2012 年与 2015 年城镇常住居民家庭"低收入户"耐用消费品的数据可见：在代步交通工具方面，家用汽车数量从 2012 年的 5.55 辆/百户上涨到 2015 年的 15.09 辆/百户，是增长最迅速的耐用消费品。在家用电器方面，除了电冰箱拥有量有所提升以外，洗衣机与彩色电视机拥有量下降 10 台/百户左右、空调、热水器、微波炉等也有不同程度的下降。[③]城镇低收入户家庭拥有耐用消费品数不仅反映出贫困居民在家庭收入、购买力方面的情况，也反映出他们在生活方式上的转变。家用电器等耐用消费品数量的下降，可能原因在于居住条件、家庭规模、智能技

---

① 汤凯锋、胡新科：《广东省扶贫办副主任：完善精准扶贫政策支持体系确保全面打赢脱贫攻坚战》，《南方日报》2016 年 3 月 30 日。

② 汤凯锋、胡新科：《广东省扶贫办副主任：完善精准扶贫政策支持体系确保全面打赢脱贫攻坚战》，《南方日报》2016 年 3 月 30 日。

③ 数据来源：《广东统计年鉴 2016》。

术的变迁，使城镇家庭的生活节奏和方式发生改变。农村居民最低收入户家庭拥有耐用消费品数量提升较快。农村居民拥有照相机、移动电话和计算机的数量有了很大的提升，冰箱、彩电、洗衣机"三大件"在 2015 年已经分别达到 71. 65% 、109. 74% 和 53. 66% ，显示广东农村低收入居民在生活品质的改善方面有了较大的提升。[①]

（四）社会发展：公共服务标准快速提升

1. 全民社保目标基本实现

广东省民生保障投入大幅增长，城乡低保、农村特困供养等多项底线民生保障水平跃居全国前列。社会保险全覆盖，保障标准持续提高。全省普遍建立健全了城乡居民大病保险制度，五大险种参保人数累计已经达到 2. 69 亿人次，已实现制度和人群的两个"全覆盖"，全民社保的目标基本实现。在医保方面，广东省医保住院费用报销比例也有大幅提高，职工医保最高可报销已超过 8 成，居民医保报销也接近 7 成，最高支付限额分别为 52 万元和 44 万元。[②]

表 8 - 17　　2016 年末广东省参加各类保险人数

指　标	参保人数（万人）
参加基本养老保险	7936. 70
其中：城镇职工基本养老保险（含离退休）	5393. 70
#参保职工	4867. 85
参保离退休人员	525. 85
城乡居民基本养老保险	2543. 00
参加基本医疗保险	10126. 48
其中：职工基本医疗保险	3801. 11
城乡居民基本医疗保险	6325. 37
参加职工基本医疗保险的异地务工人员	1866. 65
参加失业保险	3020. 10
参加工伤保险	3246. 13

---

① 　数据来源：《广东统计年鉴 2016》。
② 　《2016 年广东国民经济和社会发展统计公报》。

指　　标	参保人数（万人）
其中：参保异地务工人员	2055.67
参加生育保险	3161.89

资料来源：《2016 年广东国民经济和社会发展统计公报》。

在全覆盖之余，各项社保待遇也在逐年提高。广东已经连续 11 年提高企业退休人员的基本养老金，到 2015 年全省企业退休人员人均基本养老金达到 2400 元，经过再次调整之后，2016 年底预计达到 2556 元。[①] 该标准与江苏调整后的 2540 元基本持平[②]，但与浙江的 2910 元[③]还有相当差距，而上海在 2014 年企业退休人员人均基本养老金就已经达到 2964 元[④]（见图 8 - 23）。

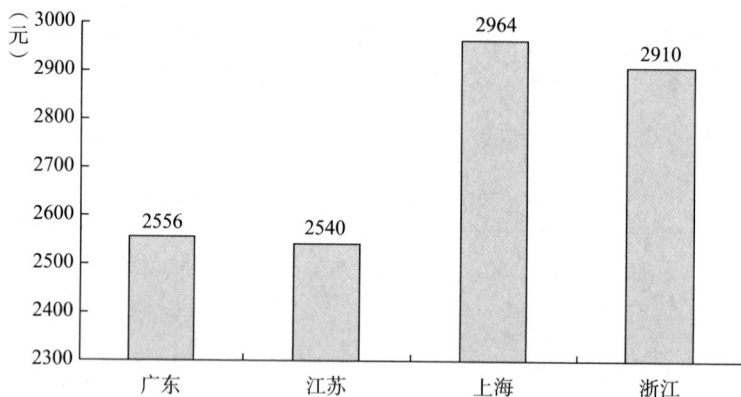

图 8 - 23　粤江浙沪四地企业退休人员基本月均养老金比较

注：数据源自各省市社保局统计数据，其中上海的为 2014 年数据，其余省份的为 2016 年数据。

资料来源：广东省人社厅印发的《关于 2016 年调整退休人员基本养老金的通知》；贺丽琼、张鑫《江苏企退人员月人均养老金有望增 159.9 元》，《现代快报》2016 年 3 月 7 日；上海市人力资源与社会保障局《2014 年度本市社会保险基本情况》；浙江省人民政府 2016 年《政府工作报告》。

---

① 根据广东省人力资源与社会保障厅《关于 2016 年调整退休人员基本养老金的通知》计算所得。

② 贺丽琼、张鑫：《江苏企退人员月人均养老金有望增 159.9 元》，《现代快报》2016 年 3 月 7 日。

③ 浙江省人民政府 2016 年《政府工作报告》。

④ 数据来源：上海市人力资源与社会保障局：《2014 年度本市社会保险基本情况》。

社会救助方面，2016 年，全省城镇、农村低保补助补差水平分别提高到每月 418 元和 190 元，年末享受低保救济的困难群众达 166.56 万人，其中，城镇 25.54 万人，农村 141.02 万人。农村五保供养标准提高到每年 6470 元以上、确保不低于当地上年度农村居民人均可支配收入的 60%。城乡医疗救助人均补助标准提高到每年 2178 元，政策范围内住院医疗救助比例提高到 70% 以上，2016 年全年城乡医疗救助 116.76 万人次，民政部门资助参保参合的人数达 184.29 万人次，全年城镇职工领取失业保险金人数为 54.15 万人。①

2. 健康指标位居全国前列

城乡居民主要健康指标位居全国前列。2015 年广东省人均预期寿命达到 77.1 岁，比 2010 年提高 1 岁，比全国平均水平高 0.8 岁，比浙江的 78.2 岁低 0.9 岁；孕产妇死亡率、婴儿死亡率分别降至 11.56/10 万、2.64‰，较 2010 年分别降低 12.0% 和 45.3%，比全国平均水平分别低 42.5% 和 67.4%。② 近年来，广东医疗卫生资源总量稳步增长，医疗卫生服务体系不断健全完善，服务可及性持续提升。第五次全国卫生服务调查显示，全省 96.2% 的家庭可以在 20 分钟内到达最近的医疗机构。③

人均医疗卫生资源依然短缺。医疗机构床位数、执业医师数、注册护士数虽持续增长，如图 8 - 24 所示，但 2016 年的每千常住人口床位数为 4.30 张，与欧洲国家的千人口床位数多在 10 张左右，日本 15 张以上的差距甚大，未达到国家卫生规划设定的 2015 年每千人 4.97 张标准，离 2020 年每千人床位数 6.00 张的指标值仍有较大的距离。执业医师数（2.22 人/千人）、注册护士数（2.58 人/千人），离国家制定的目标值仍有一定的差距。

3. 随迁子女入学政策有所突破

针对农民工反映突出的随迁子女入学问题，2016 年起，广东省全面放开异地高考，符合条件的普通高中随迁子女可在粤参加高考，异地高考报名条件进一步放宽，其中居住证不再要求连续 3 年，合法租房者也属"有合法稳定住所"，父母就业地与子女学籍地不必在省内同一地市。广州市还专门出台《广州市来穗人员融合行动计划（2016—2020 年）》，进一步

---

① 《2016 年广东国民经济和社会发展统计公报》。
② 《广东省卫生与健康"十三五"规划》（粤府〔2017〕28 号），2017 年 3 月 14 日。
③ 《2016 年广东国民经济和社会发展统计公报》。

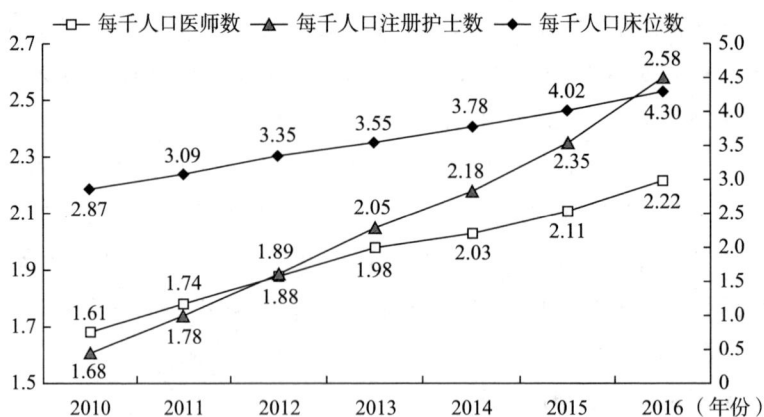

图 8 – 24　广东省医疗卫生资源情况（2010～2016）

资料来源：《广东国民经济和社会发展统计公报》（2010～2016）。

整合基本公共服务资源，逐步扩大基本公共服务覆盖面，建立以居住证为载体、以积分制为办法的基本公共服务提供机制，构建更加公平、可持续的基本公共服务保障制度。

4. 公共服务城乡差距将消弭，区域差距仍存

国家与省级财政对地方的转移支付方式和统筹力度的加强，可进一步推动基本公共服务的均等化。随着城乡医保制度实现并轨①，广东省基本公共服务制度框架的城乡并轨将在 2020～2035 年逐步达成。然而制度体系的一体化并不意味着公共服务标准的一体化，制度并轨是基本公共服务均等化改革的第一步，制度并轨之后的标准提升依赖于上级财政的统筹与转移支付力度，以及地区财政状况的改善与提升。经济发展依然是地区福利改善的先行条件。

（五）社会安全：群众安全感逐年提高

2014～2016 年的 3 年，广东社会大局和谐稳定，群体性事件明显减少，社会治安状况持续向好，人民群众安全感明显增强。

1. 社会安全感与公民自身权益满意度"双提升"

广东的民主法制建设不断加强，公民自身权利满意度逐年上升，社会

①　广东省人力资源与社会保障厅：《广东省医疗保险城乡一体化改革指导意见》（征求意见稿）。

安全状况不断改善。民主法治小康监测指标实现程度由 2005 年的 75.2%提高到 2010 年的 91.2%。根据国家统计局调查结果，广东公民自身权益满意度由 2005 年的 73.0% 提高到 2010 年的 82.0%，小康实现程度达到91.1%。社会安全指数大幅提高，小康实现程度由 2005 年的 70.2% 上升到 2010 年的 91.4%。社会安全项目中，交通事故死亡人数和工矿商贸企业事故死亡人数大幅减少。[①]

2. 刑事犯罪活动受到有力打击与遏制

依法治省，也让群众安全感不断提升，这表现在如下两点。一是刑事案件连续三年大幅下降。2016 年全省公安机关共立刑事案件 65.5 万起，同比下降 16.5%，连续三年大幅下降。第一季度，全省"两抢一盗"案件同比下降 25.7%，全省刑事案件立案同比下降 19.7%。二是全省发生命案数下降 10.14%。2016 年全省发生命案 1046 宗，同比下降 10.14%；全省发生严重精神障碍患者致人死亡案件 22 宗，致人死亡 23 人，同比分别下降 71.79%、75%。[②]

3. 群众信访总量连续五年下降

各级司法部门在法治轨道上努力维护群众权益并化解社会矛盾，"信访不信法"的问题被慢慢纠正。2013～2016 年底，省市县三级化解矛盾纠纷率达 92.3%，2012～2016 年省市县三级受理群众信访总量连续五年下降，矛盾纠纷同比下降 25%。2016 年，省市县三级列账矛盾纠纷 3400 宗（含 2015 年转存），同比下降 25%；全省司法行政系统共调解矛盾纠纷32.35 万件，成功调解 31.69 万件，调解成功率 97.95%。[③]

（六）社会治理：社会组织发育与社区建设成效初显

1. 利用大数据和互联网思维，治理手段全方位升级

创新思维是互联网的核心思维之一，借助互联网进行创新，成为广东社会治理的最重要的趋势之一。推进数据治理方面，广东是先行省份之

---

① 广东省统计局：《小康社会监测报告》。
② 赵杨：《广东政法工作"成绩单"：刑事案件连续三年大幅下降》，《南方日报》2017 年 2月 9 日。
③ 赵杨：《广东政法工作"成绩单"：刑事案件连续三年大幅下降》，《南方日报》2017 年 2月 9 日。

一；早在 2014 年 3 月，广东省就在全国率先成立了省级大数据管理局，出台了《广东省促进大数据发展五年行动计划》。广东是互联网和手机终端用户发展最为迅速的地区之一，4G 手机用户数量持续攀升，居全国前列。利用大数据与手机终端进行社会治理创新，以大数据探寻社会治理的精准模式、以大数据推动政府治理能力现代化，广东有许多优秀案例。例如，广州建立"互联网＋信号灯"控制优化实验研究平台，该平台基于道路交通出行大数据，主动监测路口失衡、出口溢出等运行异常情况。数据显示，经过一段时间的优化，重点堵塞路段的平均拥堵指数分别下降了25.75％和 11.83％。[1]

2. 社会组织数目位居全国第二

2016 年底广东省城镇各种社区服务设施共计 5.82 万个，其中，综合性社区服务中心 16525 个。年末每万人拥有社会组织数量为 5.5 个。注册志愿者人数 812.69 万人。注册志愿者人均参与志愿服务时数 19.1 小时。其中，全省社会组织的发展状况亮眼。据广东民政部门的统计数据，截至2016 年底，全省共登记社会组织 59520 个，比 2012 年增加近 70％。其中，社会团体、民办非企业单位、基金会年均增长率分别为 14％、13％、24％。[2]

国际上，万人社会组织的数量已成为衡量社会文明程度的一个指标。从每万人拥有社会组织的数量看，2016 年广东每万人拥有社会组织数量达到 5.50 个，与发达国家一般超过 50 个、发展中国家平均 10 个仍有较大的差距[3]；与兄弟省份如江浙地区比较，广东在总数上落后于江苏，但在民办非企业数量上，优于江浙地区。

3. 社团、志愿与慈善成为社会发展关键词

2016 年底广东省城镇各种社区服务设施共计 5.82 万个，其中，综合性社区服务中心 16525 个。年末每万人拥有社会组织数量为 5.5 个。注册志愿者人数 812.69 万人，注册志愿者人均参与志愿服务时数 19.1 小时。[4]社团、志愿与慈善成为广东社会发展的关键词。据广东民政部门的统计数

---

① 潘慧、黄美庆：《大数据构建绿色城市交通体系——走访中山大学智能交通研究中心》，《广东科技》2017 年第 2 期。
② 王聪、李强：《4 年来粤社会组织年均增长 14％》，《南方日报》2017 年 2 月 21 日。
③ 同济大学、上海国信社会服务评估院：《中国第三方评估蓝皮书》。
④ 《2016 年广东国民经济和社会发展统计公报》。

图 8 - 25 广东省社会组织发展趋势

资料来源：2005 ~ 2007 年数据来自《广东省 2007 年民政事业统计公报》，2011 年数据来自《2011 年民政工作总结》，2010 年数据来自《广东省民政事业发展"十二五"规划》；2012 年数据来自《2012 年广东国民经济和社会发展统计公报》；2013 年社会组织数据来自国家民政部规划财务司公布的《2013 年 4 季度各省社会服务统计数据》；2014 ~ 2016 数据来自《广东国民经济和社会发展统计公报》（2014、2015、2016）。

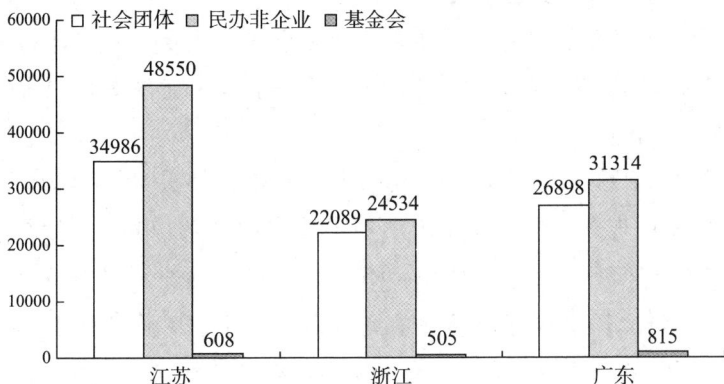

图 8 - 26 江浙粤社会组织数比较示意

资料来源：全国数据来自中央扶贫开发工作会议，详见陈俊松《中央扶贫开发工作会议一年来脱贫攻坚综述：精准脱贫首胜可期》，《人民日报》2016 年 11 月 27 日；广东数据来自汤凯锋、胡新科《广东省扶贫办副主任：完善精准扶贫政策支持体系确保全面打赢脱贫攻坚战》，《南方日报》2016 年 3 月 30 日；浙江数据来自祝梅《浙江提前高标准消除绝对贫困》，《浙江日报》2015 年 12 月 24 日；江苏数据来自邹建丰《扶贫标准6000 元江苏"十三五"脱贫致富奔小康工程解读》，《新华日报》2016 年 3 月 21 日。

据，在公益慈善领域，广东社会组织积极参加救灾减灾、扶贫济困、安老抚幼、扶弱助孤、助学助医等活动，全省基金会近 5 年来累计公益支出57.2 亿元，各级慈善会扶贫救灾支出 46.8 亿元。[①] 然而，志愿服务与慈善公益服务有赖于社会政策约束的松绑，不解决政策对于社会组织的约束，它们对于经济社会发展的推动作用将十分有限。

三 广东社会发展趋势

（一） 国家政策与地方规划的总体布局

广东省是我国经济大省，在全国经济社会发展中处于领先地位。在面向 2035 年的经济社会发展过程中，广东省要以国家经济社会大政方针、战略规划为引领，明确在全国一盘棋中的定位和作用，并以此制定本省的经济社会发展政策。因此，预测广东 2035 的社会发展趋势，必须首先分析可能影响其未来政策走向的国家政策，以及与之相对应的广东省内相关政策，并由此进行未来可能的政策成效与预期后果的判断。

1. 国家改革与发展整体规划

《中共中央关于全面深化改革若干重大问题的决定》和"十三五"规划，是指导我国未来一段时间内各项工作的总体纲领，对 2035 中国发展起着提纲挈领的作用。

2013 年 11 月 12 日中国共产党第十八届中央委员会第三次全体会议通过《中共中央关于全面深化改革若干重大问题的决定》，全面阐述了全面深化改革的重大意义和指导思想，提出要完善和发展中国特色社会主义制度，推进国家治理体系和治理能力现代化。坚持和完善基本经济制度，加快完善现代市场体系，构建开放型经济新体制，推进法治中国建设、文化体制机制创新和社会事业改革创新，创新社会治理，加强和改善党对全面深化改革的领导。到 2020 年，在重要领域和关键环节改革上取得决定性成果，使各方面制度更加成熟更加定型，实现中华民族伟大复兴的中国梦。2017 年中国共产党第十九次全国代表大会指出，从二○二○年到二○三五年，在全面建成小康社会的基础上，再奋斗十五年，基本实现社

---

① 王聪、李强：《4 年来粤社会组织年均增长 14%》，《南方日报》2017 年 2 月 21 日。

会主义现代化。①

2015 年中共十八届五中全会制定了《中华人民共和国国民经济和社会发展第十三个五年规划纲要》（以下简称《纲要》），对我国接下来的五年的发展做出了整体规划。《纲要》提出，接下来的五年我国要实施创新驱动发展战略，构建发展新体制，推进农业现代化，推进新型城镇化，构建全方位开放新格局，深化内地和港澳、大陆和台湾地区合作发展，全力实施脱贫攻坚，提升全民教育和健康水平，提高民生保障水平，加强和创新社会治理，加强社会主义民主法治建设等。到 2020 年国内生产总值和城乡居民人均收入比 2010 年翻一番；城镇化质量明显改善，基本公共服务均等化水平稳步提高，我国现行标准下农村贫困人口实现脱贫，生态环境质量总体改善，国家治理体系和治理能力现代化取得重大进展，各领域基础性制度体系基本形成，等等。

2. 广东发展的地区定位与规划

（1）面向 2035 广东发展新定位

作为全国的经济大省和外贸大省，广东在国家未来发展规划中的定位如何，这直接关系广东未来的发展路径。2017 年 4 月 4 日，习近平总书记对广东工作做出了重要批示，充分肯定党的十八大以来广东的各项工作，希望广东坚持党的领导、坚持中国特色社会主义、坚持新发展理念、坚持改革开放，为全国推进供给侧结构性改革、实施创新驱动发展战略、构建开放型经济新体制提供支撑，努力在全面建成小康社会、加快建设社会主义现代化新征程上走在前列。"四个坚持、三个支撑、两个走在前列"具有十分重大而深远的指导意义，明确了广东在全国发展大局中的责任担当，明晰了广东发展的优势和前进的方向，是对广东未来工作的总定位。

"四个坚持"是广东发展的旗帜、方向和原则。广东要在未来落实"两个走在前列"目标，必须坚持党的领导，必须走中国特色社会主义道路，在思想认识、行为方式等方面与新发展理念准确"对表"，坚定不移坚持和推进改革开放，在全面建成小康社会、实现中华民族伟大复兴中国梦的征程上再建新功。"三个支撑"既是广东的使命担当和发展路径，也

---

① 习近平：《决胜全面建成小康社会　夺取新时代中国特色社会主义伟大胜利——在中国共产党第十九次全国代表大会上的报告》，《人民日报》2017 年 10 月 28 日。

是广东义不容辞的使命和责任。未来广东要在振兴实体经济、推动制造业转型升级等方面做出表率，为全国推进供给侧结构性改革提供支撑。重点要把创新驱动发展战略作为经济社会发展的核心战略和经济结构调整的总抓手，促进更高水平、更深层次的对外开放，实现由"外贸大省"向"外贸强省"转变。"两个走在前列"是广东改革发展的奋斗目标。广东虽然属于经济发达省份，但人口数量多、区域发展不平衡、城乡差距大，全面建成小康社会任务依然繁重。未来广东应保持奋勇争先的精神状态，增强"两个走在前列"的紧迫意识，不仅在时间节点上领先，更要在发展质量和结构效益上引领示范。要对照全面建成小康社会目标要求，集中力量补齐短板，确保如期高质量全面建成小康社会，在实现"两个一百年"目标进程中走在前列。

（2）国民经济与社会发展规划

2016年1月，广东省十二届人大四次会议审议批准了《广东省国民经济和社会发展第十三个五年规划纲要》，明确了广东省"十三五"时期经济社会发展的目标是：率先全面建成小康社会。人民生活水平和质量普遍提高，就业、教育、文化、社保、医疗等公共服务体系更加健全，率先实现基本公共服务均等化和社会保障城乡一体化，坚决打赢精准扶贫、精准脱贫攻坚战。到2018年全省小康指数达97%以上，地区生产总值和城乡居民人均收入比2010年翻一番。到2020年，GDP约11万亿元，人均GDP约10万元，居民人均可支配收入年均增长高于7%。发挥经济特区和广东自贸试验区在全面深化改革中的示范引领作用，率先在经济社会发展重要领域和关键环节改革上取得决定性成果。初步形成开放型区域创新体系和创新型经济形态，自主创新能力居全国前列，综合指标达到创新型国家水平。基本建立具有全球竞争力的产业新体系，三次产业结构调整为4:40:56，现代服务业增加值占服务业增加值比重达到63%左右，先进制造业增加值占规模以上工业增加值比重达到52%，战略性新兴产业增加值占GDP比重为16%。基本形成绿色低碳发展新格局。①

（3）珠江三角洲合作与粤港澳大湾区建设

2016年，国务院印发《关于深化泛珠三角区域合作的指导意见》，对

---

① 广东省人民政府网站：关于印发《广东省国民经济和社会发展第十三个五年规划纲要》的通知，http://zwgk.gd.gov.cn/006939748/201605/t20160509_654321.html。

泛珠江三角洲区域的战略定位是：全国改革开放先行区，全国经济发展重要引擎，内地与港澳深度合作核心区，"一带一路"建设重要区域，生态文明建设先行先试区。未来要将泛珠江三角洲区域打造成为"中国制造2025"转型升级示范区和世界先进制造业基地创新发展模式和业态。推进深圳前海、广州南沙、珠海横琴、汕头华侨经济文化合作试验区等重大平台开发建设，充分发挥国家自主创新示范区、国家高新区的辐射带动作用，加强区域内国家国际科技合作基地的横向交流和联系。2017年，广东省人民政府《广东省深化泛珠三角区域合作实施意见》提出，要推动广东省在泛珠江三角洲区域"9+2"各方合作中发挥更大的作用，到2020年紧密合作格局基本形成，广东在泛珠区域创新体系中的辐射、协调作用进一步提升，区域协同创新体系初步形成。广东省与泛珠内地八省区间统一、开放的市场体系初步建立，交通、信息、能源等基础设施互联互通水平显著提高。九省区教育、医疗、文化等资源共享水平明显提升，社会治理区域协调水平明显提高。

在泛珠江三角洲区域合作的同时，广东省还将打造"粤港澳大湾区"。2017年3月，李克强总理在《政府工作报告》中强调"研究制定粤港澳大湾区城市群发展规划"。① 粤港澳大湾区涵盖广州、深圳、珠海、东莞、惠州、中山、佛山、肇庆和江门，以及香港、澳门两个特别行政区。在"十三五"期间，广东省将推进粤港澳跨境基础设施对接，加强粤港澳科技创新合作，深入推进粤港澳服务贸易自由化，共建粤港澳优质生活圈，开展环保生态合作，加强社会领域合作，等等。未来，粤港澳大湾区主要着眼以下三个领域：发展创新金融与特色金融，对接珠江三角洲现代制造业，打造中国创新金融和科技金融中心；基于互联网产业的多元化，打造先进制造业和现代服务业的新业态；加强基础设施互联互通，形成与区域经济社会发展相适应的基础设施体系。此外，积极拓展与港澳在教育、文化、医疗、环保、社会管理等领域的合作。

（4）经济建设战略规划

①供给侧结构性改革

推进供给侧结构性改革，是适应和引领经济发展新常态的重大创新，

---

① 2017年国务院《政府工作报告》。

是经济发展方式转变和经济结构战略性调整的关键。解决当前经济社会发展中的深层次结构矛盾和问题，必须集中力量打好供给侧结构性改革攻坚战。《广东省供给侧结构性改革总体方案（2016—2018年）》及五个行动计划（去产能、去库存、去杠杆、降成本、补短板）提出的工作目标是：经过三年努力，供给侧结构性改革攻坚取得重要进展，"去降补"工作取得明显成效，供给结构对需求变化的适应性和灵活性显著提高，企业生产经营环境显著改善，生产经营成本和盈利水平回归合理，与供给侧结构性改革相适应的产业、土地、金融、财税、环保、价格等政策体系逐步健全，要素资源配置效率明显提升，创新能力稳步提高，形成多层次、高质量的供给体系，在更高的水平上实现新的供需平衡。

②自主创新示范区建设

为加快建设创新驱动发展先行省和国际一流的创新创业中心建设，广东省制定了《珠三角国家自主创新示范区建设实施方案（2016—2020年）》，将珠江三角洲国家自主创新示范区定位为广东省实施创新驱动发展战略的核心区。它是开放创新先行区，转型升级引领区，协同创新示范区，创新创业生态区。

珠江三角洲国家自主创新示范区的发展目标是：将珠江三角洲建设成为国际一流的创新创业中心，形成珠江三角洲国家自创区"1＋1＋7"发展格局。到2020年，区域自主创新能力大幅提升。珠江三角洲全社会研发投入占GDP比重达到3%，综合指标达到创新型国家水平；先进制造业增加值占规模以上工业增加值比重超过55%，现代服务业增加值占服务业增加值比重超过65%，高新技术产品产值占规模以上工业总产值比重超过50%，具有国际竞争力的产业新体系率先建成；基本建成国际一流的创新创业中心，开创大众创业、万众创新的局面。[①]

③广东自由贸易试验区建设

建立中国（广东）自由贸易试验区是党中央、国务院做出的重大决策，是新形势下全面深化改革、扩大开放和促进内地与港澳深度合作的重大举措。2015年，广东省制定了《中国（广东）自由贸易试验区总体方案》，未

---

① 广东省人民政府：关于印发《珠三角国家自主创新示范区建设实施方案（2016—2020年）》的通知。

来将依托港澳、服务内地、面向世界，将自贸试验区建设成为粤港澳深度合作示范区、21 世纪海上丝绸之路重要枢纽和全国新一轮改革开放先行地。

自贸试验区实施范围 116.2 平方公里，其中广州南沙新区将建设以生产性服务业为主导的现代产业新高地和具有世界先进水平的综合服务枢纽；深圳前海蛇口片区将建设我国金融业对外开放试验示范窗口、世界服务贸易重要基地和国际性枢纽港；珠海横琴新区片区将建设文化教育开放先导区和国际商务服务休闲旅游基地，打造促进澳门经济适度多元发展新载体。经过 3 ~ 5 年改革试验，营造国际化、市场化、法治化营商环境，增强自贸试验区辐射带动功能，引领珠江三角洲地区加工贸易转型升级，打造泛珠江三角洲区域发展综合服务区，建设内地企业和个人"走出去"的重要窗口。[①]

④促进粤东西北地区振兴发展

广东省的粤东西北地区发展基础薄弱、工业化和城镇化程度偏低、财政支出压力大，目前经济社会发展水平与珠江三角洲地区仍存在较大差距，特别是各市的人均 GDP 均未达到全国平均水平。促进粤东西北地区振兴发展，被提升为全省重大战略。2013 年，《中共广东省委、广东省人民政府关于进一步促进粤东西北地区振兴发展的决定》提出：打造重点突出、特色鲜明、优势互补、错位发展的经济新增长极，提升区域整体竞争力。粤东加快建设汕潮揭城市群，打造国家海洋产业集聚区、全省海洋经济发展的重要增长极、重要的能源基地、临港工业基地和世界潮人之都。粤西加快建设湛茂阳临港经济带，打造国家级重化工业基地、全省海洋经济发展的重要增长极、先进制造业基地、统筹城乡发展示范区。粤北加快建设可持续发展生态型经济区，依托山区资源及生态优势，打造环珠江三角洲特色产业带、全省低碳经济示范区、国家级文化旅游产业集聚区。珠江三角洲地区有帮扶任务的 6 市（广州市、深圳市、珠海市、佛山市、东莞市、中山市）通过与粤东西北地区 11 市新一轮结对帮扶，进一步打通与周边省区的联系，全面深化与周边省区的经济分工合作，提升对粤东西北和泛珠江三角洲地区的辐射带动能力。[②]

---

① 国务院：《国务院关于印发中国（广东）自由贸易试验区总体方案的通知》。
② 中共广东省委、广东省人民政府：《关于进一步促进粤东西北地区振兴发展的决定》（粤发〔2013〕9 号），2013 年 7 月 25 日。

3. 相关社会政策的推进

（1）推进基本公共服务均等化

基本公共服务均等化是指在基本公共服务领域尽可能使居民享有同样的权利，享受水平大致相当的基本公共服务。均等化的实质是"底线均等"，是在承认地区、城乡、人群间存在差别的前提下保障居民都享有一定标准之上的基本公共服务。

《广东省推进基本公共服务均等化规划纲要（2009—2020年）》提出，到2020年全省基本建成覆盖城乡、功能完善、分布合理、管理有效、水平适度的基本公共服务体系，实现城乡、区域和不同社会群体间基本公共服务制度的统一、标准的一致和水平的均衡，全省居民平等享有公共教育、公共卫生、公共文化体育、公共交通、生活保障、住房保障、就业保障、医疗保障等基本公共服务。力争做到率先实现基本公共服务普遍覆盖，率先建立城乡统一的基本公共服务体制，率先实现省内各地区基本公共服务财政能力均等化，率先建立基本公共服务多元化供给机制，基本公共服务水平在国内位居前列，在国际上达到中等发达经济体水平。

广东省教育发展的总体目标是：到2020年，广东省基本建成教育强省和人力资源强省。学前教育毛入园率96%以上，坚持九年义务教育，实现城乡义务教育均衡发展。高中阶段教育毛入学率稳定在95%以上，高等教育毛入学率达到50%，高等教育进入普及化阶段。新增劳动力平均受教育年限14年以上，主要劳动年龄人口平均受教育年限12年以上。珠江三角洲地区公办义务教育现代化学校覆盖率达85%以上，粤东西北地区公办义务教育现代化学校覆盖率达65%。

在卫生与健康领域，广东省的发展目标是：到2020年，卫生强省建设取得显著成效，覆盖城乡居民的基本医疗卫生制度进一步完善，人均预期寿命达到77.8岁。流动人口基本公共卫生计生服务覆盖率达到90%以上。完善社区医疗卫生服务，持续推进深化医药卫生体制改革；完善医疗保险制度，完善异地就医结算机制。深化国际及港澳台卫生与健康交流合作，积极参与"一带一路"沿线国家的卫生与健康交流合作。

在社会保障领域，广东省的发展目标是：以保基本、兜底线、促公平、可持续为准则，加快建立健全更加公平、可持续的社会保障制度。到2018年基本社会保险覆盖率达到并稳定在98%及以上，总体参保水平位居全国前列。城乡间、区域间、群体间差距逐步缩小，底线民生保障水平力争达到全国前列，实现社保政策对完全或部分丧失劳动能力贫困人口兜底脱贫。

此外，广东省还将基本形成完善的现代化公共文化体育服务体系，总体实现城乡公共文化体育服务均等化；建成全省城乡一体化公共交通网络系统，公共交通保障能力和服务水平显著提升；住房保障体系进一步健全，城乡居民的居住条件显著改善；全面提升公共就业服务水平；城乡生态环境明显改善，生态系统步入良性循环。

（2）创新社会治理体系建设

广东省在创新社会治理体系建设方面的目标是：到2020年，形成完备的法律规范体系、高效的法治实施体系、严密的法治监督体系、有力的法治保障体系，为率先基本实现社会主义现代化提供强大的法治保障。

首先，提高政府治理能力，推进重点领域立法，加强立法和改革决策衔接，保障重大改革于法有据、有序进行。其次，完善城乡基层社会治理机制，推进农村社区建设试点和基层组织建设改革试点，健全基层群众自治制度，提升村（居）民自治能力。再次，激发社会组织活力，鼓励支持社会组织参与社会治理和经济行为自律，健全社会服务体系，大力发展志愿服务事业。最后，加强社会治安综合治理。创新完善立体化社会治安防控体系，深入开展反恐斗争，完善重大决策社会稳定风险评估机制，加大重点领域和重大社会矛盾化解力度等等。

（3）新型城镇化与城乡一体化

广东省"十三五"规划提出，按照协调发展的要求加快推进城乡一体化发展。到2020年，全省城镇化水平和质量稳步提升，户籍人口城镇化率达到50%，努力实现城乡一体化；实现不少于600万本省和700万外省农业转移人口及其他常住人口落户城镇。到2035年，广东城镇化率将超过80%，达到82.79%，保守估计也将接近80%（79.18%）。坚持普惠性、保基本、均等化、可持续、共享原则，不断增进民生福祉，到2020年率先实现基本公共服务均等化和社会保障城乡一体化。①

---

① 广东省人民政府：关于印发《广东省国民经济和社会发展第十三个五年规划纲要》的通知。

（4）精准扶贫与精准脱贫

2016 年广东省委、省人民政府提出了《关于新时期精准扶贫精准脱贫三年攻坚的实施意见》。按农村居民年人均可支配收入低于 4000 元（2014 年不变价）的标准，全省农村 70.8 万户 176.5 万人为相对贫困人口。按村年人均可支配收入低于 8000 元（2014 年不变价）、相对贫困人口占村户籍人口 5% 以上的标准，全省 2277 个村为相对贫困村。精准扶贫精准脱贫攻坚计划的目标是：到 2018 年，稳定实现农村贫困人口不愁吃、不愁穿，义务教育、基本医疗和住房安全有保障，基本公共服务主要领域指标相当于全省平均水平。到 2018 年底，66.5 万相对贫困人口实现脱贫，全部相对贫困村出列。

4. 政策发展的趋势

（1）基本公共服务均等化有望率先实现

"十三五"时期，我国将以普惠性、保基本、均等化、可持续为方向，完善国家基本公共服务体系，推动基本公共服务均等化水平稳步提升。广东省城镇化水平和质量稳步提升，粤东西北与珠三角的区域发展不平衡程度有所降低，城乡差距大缩小，基本建成覆盖城乡、功能完善、分布合理、管理有效、水平适度的基本公共服务体系。粤港澳大湾区建设的推进，将有助于广东在教育、文化、医疗、环保、社会管理等领域的政策创新，有利于公共服务质量提高。然而，随着经济社会的迅速发展，公共服务需求的不断升级将成为发展进程中的一种新常态，这对政府公共服务能力将是一个极大的考验。目前广东省在每千人口执业（助理）医师数、每千老年人口养老床位数、劳动年龄人口平均受教育年限、公共交通服务指数、人均公共文化财政支出、城乡居民家庭人均住房面积达标率、每万人口行政诉讼发案率等与"全面建成小康社会"相关的指标上，与政策规划尚有差距。到 2035 年，广东省有望率先实现基本公共服务均等化和社会保障城乡一体化，但要让群众在心底里真正认可小康社会还需做出更大努力。

（2）自主创新带来制造业转型升级

目前广东的 GDP 总量居全国首位，区域创新能力连续 8 年排在第二位。珠三角国家自主创新示范区将成为"中国制造 2025"转型升级示范区和世界先进制造业基地，推动广东传统制造业转型升级。同时，随着我国城镇化水平提高，人口仍将持续向沿江、沿海、铁路沿线地区聚集；各项社会发展政策的实施，将使广东省对流动就业人口的吸引力进一步增强。充足的劳动力供给将为广东制造业发展带来蓬勃生机。然而，2035 年广东省能否在振兴实体经济、推动制造业转型升级等方面处于全国领先地位，把握科技进步和新工业革命的历史机遇，引领中国经济迈向新一轮增长，这取决于其与创新发展有关的政策规划能否取得成效。

（3）开创对外开放新格局，实现"外贸强省"新目标

作为沿海沿江沿线经济轴带和 21 世纪海上丝绸之路的重要节点，未来随着全方位贸易服务往来，广东省的制造业将获得多产业链、多行业的海外投资机会。若能形成精准式、内涵式、质量型发展模式，占据全球产业链上游，未来广东的开放型经济体系建设将提升到一个新台阶。此外，作为泛珠江三角洲区域和粤港澳大湾区建设的核心城市之一，广东省将进一步推动内地九省区与港澳合作。预计在 2035 年，"一带一路"和粤港澳大湾区建设战略规划的推进，将为广东省拓展产业空间、建设开放型经济体系提供更大的平台，实现由"外贸大省"向"外贸强省"转变。

（4）粤东西北发展滞后，制约两个"走在前列"目标

珠江三角洲地区与粤东西北地区在经济社会发展中的综合水平上存在不均衡性，这是制约广东省未来发展的重要因素。虽然在区域发展战略方面一直走在全国的前列，但省内各地先天条件、资源禀赋、产业基础、区位优势等差异的存在，以及粤东西北城镇化滞后、中心城区带动力不强等因素，使得区域经济社会发展不平衡成为绝对，而平衡是相对的。然而，目前制定的振兴粤东西北发展战略与规划存在制度理论缺陷和实践难度，无法通过市场化为导向开展全面深化改革，并与市场经济的效率有机地统一起来，让市场在配置资源中发挥决定性作用和，最大限度地将政府"有形之手"和市场"无形之手"形成合力，最终推动区域经济的协调发展。因此，珠江三角洲与粤东西北的区域差异或将长期存在，严重削弱广东省对周边省份的辐射带动能力，并可能影响广东省在 2035 年实现两个"走在前列"的战略目标。

（二）人口与家庭变迁及政策建议

1. 人口老龄化

根据 2035 广东人口发展趋势课题组高中低三种方案对于人口年龄结构

的预测，2035 年广东省常住人口 65 岁以上老年人口比率将在 13.81% ~ 14.46% 之间，年少人口（0 ~ 14 岁）比率在 13.38% ~ 15.80% 之间，户籍人口的老龄化比率略高于常住人口。

人口发展趋势课题组认为，2015 年后随着生育政策的调整，出生人口有了一定幅度的上涨，导致少儿人口比重开始缓慢回升，直至 2025 年少儿抚养系数形成一个小峰值，2025 年之后二孩生育政策的补偿效益基本回落，生育水平回归到 2015 年之前水平。结合广东未来 15 年三段年龄人口比重的变动趋势，可以发现未来广东社会负担的加重，主要源于两个因素，一是劳动年龄人口比重的持续下降，二是老年人口比重的持续攀升，而少年儿童比重由于维持在较平稳的水平，对社会负担的波动增长影响并不显著（刘梦琴等，2017）。

特别是从家庭的生命周期来看，在 2035 年，20 世纪 80 年代初出生的第一代独生子女的父母将进入后期老龄期（75 岁以上）。而随着人均寿命的延长，老年照护也将随之长期化。可以预计到 2035 年，广东老年家庭对于医疗、照护的社会化需求将大幅度增加，对社会公共服务和社会保障将是严峻的考验。

2. 家庭小型化、个体化与空巢化

2016 年 5 月，广东省卫计委发布《广东家庭发展报告（2016）》，将广东省现阶段的家庭规模和家庭结构变迁趋势归纳为七个方面。第一，家庭户总量增加，家庭平均规模锐减。根据第六次人口普查数据，广东省共有 3222 万个家庭，占全国家庭的 8%，平均家庭户规模不断缩小，从 1982 年的 4.79 人，1990 年的 4.42 人，2000 年的 3.72 人，2010 年的 3.11 人，到 2015 年的 2.93 人，低于全国平均水平（3.35 人）。3 人以下的家庭户占广东总体家庭的六成。第二，代际关系扁平化，一代户和二代户合计超过 80%，扩大家庭减少。第三，家庭类型多样化，空巢家庭、隔代家庭、丁克家庭、独居家庭数量上升，核心家庭占比下降，单人家庭占比增加。离婚率有所增加，但仍处于较低水平。第四，家庭人口就业比率高，收入主要来源为工资。第五，家庭生产功能下降，家庭功能重心外移。第六，省内流动家庭占比超过三成，其中一半家庭为跨省流动家庭。第七，计划生育家庭成为家庭主要类型，占比超过六成，其中独生子女家庭占两成（广东省卫生和计划生育委员会，2016）。

阎志强（2016）基于全国人口普查家庭户数据，考察了1990～2010年广东老年家庭户增长、构成与居住安排变化的主要特征。他指出，1990年以来，广东省与全国总体及山东、四川、江苏、河南等人口大省相同，经历着老年家庭户的增长、两个老人户比率上升的变化。老年人与成年亲属同住户比率下降，独居户、老年夫妇户比率上升，家庭空巢化趋势持续。广东一个老人户占老年家庭户比率很高，老年与成年亲属同住比率虽然下降但是仍保持在较高水平，老年家庭空巢化比较缓慢。并且广东省内不同性质、不同地理空间尺度的地区的老年家庭户增长、构成与居住安排存在差异，其差异程度与地区经济社会发展水平、人口因素、地区范围大小等因素相关。随着计划生育家庭成为家庭主要类型，子女数量减少，预计2010～2035年，空巢老年家庭的增速会超过1990～2010年。

3. 家庭关系与规范呈现价值多元化

家庭变迁包括两个层面：一是结构和形态层面上的变迁，二是意识和规范层面上的变迁。在结构和形态上，家庭的小型化、个体化趋势常被认为是家庭现代化的体现；然而在意识和规范层面的变迁往往与家庭结构的"现代化"趋势不同，显示出传统与现代交织的特点。

2007年，中国社会科学院社会学研究所家庭与性别研究室在广州、杭州、郑州、哈尔滨和兰州五城市实施了"中国五城市家庭调查"，将城市家庭置于"传统－现代"的维度进行分析，研究表明虽然中国城市家庭的婚姻自主性增强，初婚年龄上升，夫妇关系更为平等，验证了经典家庭现代化理论的一些结论，但是中国城市的家庭变迁同时融合了传统和现代的因素，呈现了和西方家庭变迁不同的画卷。广州是五城市中经济发展水平最高的，但是保留了更多的传统因素。例如，广州人主观认定的家庭边界包含了核心家庭外的父母、兄弟姐妹等，更加接近于中国的传统家庭；然而，在核心家庭与亲属的亲密程度和日常联络频率上，广州又是五城市中较低的（马春华等，2013）。换而言之，"传统"的家庭观念并未随着经济的发展而消亡，家庭关系和家庭规范的变迁上传统性与现代性相互交织，呈现出复杂、多元的特点。直到2035年，这种特点依然将长期持续。

4. 政策建议

随着人口老龄化和家庭变迁，传统的家庭模式受到巨大冲击，小型化、个体化、空巢化的家庭作为福利提供者的功能弱化，很难再承担原有的照护责任。面对伴随老龄化和长寿化而来的老年人照顾需求增加的问题，政府和社会需要在福利提供中扮演更积极的角色。成功老龄化是中国老龄治理的战略构想，包括了健康老龄化、积极老龄化、和谐老龄化、适度老龄化、生产性老龄化、有准备的老龄化、有保障的老龄化、有照护的老龄化、有尊严的老龄化九个战略（穆光宗，2015）。简而言之，一方面需要尽可能地延长老年人的活跃期，发挥低龄老人的作用，倡导老年人之间的互助，开发"银发市场"，形成积极的、主动的、增长的养老模式；另一方面，需要在照护服务和生活保障方面为老年人提供更多的养老资源和服务选项。在区域发展不平衡的广东省，老龄化率和老年人的居住安排也存在地区差异。在新时代民生建设过程中，需要做到因地制宜、分类施策，加大对养老保障基础薄弱乡村的支持力度，以解决日益增长的养老需求和不平衡发展之间的矛盾。

和同为东亚发展型福利体制的韩国、中国台湾、新加坡相比，中国大陆现有的家庭政策更为碎片化（唐灿，2013），正如《广东家庭发展报告（2016）》指出的那样，广东省现阶段的家庭发展能力建设存在缺少前瞻性的制度设计、公共财政投入滞后于家庭发展的需求，明显的城乡和区域差异，家庭发展政策的指向性、特惠性亟待加强，多元治理体系尚未构建、缺少专业化人才的支撑、缺少科学的监督评估机制等问题。因此，政府需要建立健全支持和强化家庭发展能力的政策体系，确认家庭对于社会稳定的重要性，确定政府、家庭和社会在家庭福利供给中的责任边界，梳理和系统化现有的家庭政策，同时也需要正视家庭变迁趋势，包容和认同日益多样化的家庭。

（三）城乡一体化及其建议

随着新型城镇化的推进，广东城乡将渐趋一体化，农村社会在2035年将基本完成从农村社会向乡村社会的过渡。① 与农村社会不同，乡村社会呈现为更多的非农化特征：传统农业衰落，现代农业兴起；传统生产方式进一步衰落，现代生产方式兴起；自给自足功能弱化，农业商品化程度加

---

① 关于农村与乡村概念的内涵与外延，可参见王洁钢《农村、乡村概念比较的社会学意义》，《学术论坛》2001年第2期。

强；收入消费非农化，经济结构非农化；农村社区衰落，乡镇社区崛起。总体而言，2035 年的广东农村社区正处于乡土性基本消解与现代性乡村形成的关键时期，农民将"终结"。[①]

1. 人口非农化的空间分布：流向大都市与聚居小城镇

（1）流向都市带

从城市化的历史规律看，美国[②]、日本[③]的人口城市化变迁数据表明：人口越来越向大都市聚集，人口的空间分布皆经历城市化后的"大城市化"阶段。第一阶段是人口从农村向城市迁移，第二阶段是人口从农村和三、四线城市向一、二线大都市圈及卫生城迁移，三、四线城市人口陷入停滞。2000 年"五普"数据显示，珠江三角洲人口占全省的 50.3%，东、西两翼和山区分别占 17.3%、15.8% 和 16.6%，"六普"数据显示，珠江三角洲区域 9 个市人口占全省常住人口的 53.8%，东翼 4 个市占 16.2%，西翼 3 个市占 14.6%，山区 5 个市占 15.4%。[④] 2015 年，广东人口主要分布在珠江三角洲地区、揭阳潮汕粤东区、湛江茂名粤西区以及粤北人口稀松区。从广东省的现实基础条件看，农村目前可转移的人口不多，人口迁移的第一阶段基本完成，正处于人口迁移的第二阶段——向以深圳、广州、佛山、东莞为主的大城市聚集。考虑到城市化的历史发展趋势，广东目前人口的空间分布现实、国家的新型城镇化策略以及结合人口课题组对人口 2030 年空间分布的预测结果，我们认为到 2035 年，人口的非农化在人口的空间分布上将呈现发达国家的特点：人口开始流向都市带——以广州、深圳、佛山、东莞为代表的珠江三角洲都市带。与此同时，三、四线

---

① 这里"农民的终结"主要指传统的小农经济生产式农民的消失。在孟德拉斯（2010）看来，农民的终结意味着传统意义上的自给自足的农民已经不存在，在农村从事家庭经营的是以营利和参与市场交换为生产目的的农业劳动者，但"农民的终结"，并不意味着"农业的终结"或"乡村生活的终结"，而是"小农的终结"。

② 资料来源：Historical Metropolitan Populations of the United States：美国在 20 世纪 60 年代美国基本完成城市化后，人口仍旧向大城市聚集。

③ 资料来源：List of metropolitan areas in Japan，"地域経済の将来動向分析に関する調査研究"［*Survey on the future trend analysis of the regional economy*］（*in Japanese*）．*Ministry of Economy, Trade and Industry of Japan*，2017 - 04 - 15，http://datameti. go. jp/data/en/dataset/9a55a821-e3b6-4f88-b467-2dd81a20a4e7；Metropolitan Employment Area（MEA）Data，*Center for Spatial Information Science*，*the University of Tokyo*，2017 - 04 - 15。

④ 数据结果根据广东省 2000 年、2010 年人口普查资料计算所得。

城市如清远、韶关、梅州等城市人口将陷入停滞，目前的调查数据也反映了这一趋势：只有1.8%的农民工表示愿意回本地地级市建房，2.1%的农民工表示愿意回本地地级市养老。

（2）聚居县城

按照世界城市的发展规律，当城镇化率达到40%～60%的时候，标志着城市进入成长关键期，"城市病"进入多发期和爆发期。此时，继续推进城镇化将面临更为严峻的挑战。人口向大都市聚集将带来城市的社会治理、公共服务供给、都市人本身的生活成本上涨等压力，为避免造成西方大都市所呈现的城市病，政府强调新型城镇化战略，为此广东省"十三五"规划提出要全面推进新型城镇化，大力发展县域经济，促进农业转移人口就近从业。提出到2020年全省城镇化水平和质量稳步提升，户籍人口城镇化率达到50%，努力实现城乡一体化；实现不少于600万本省和700万外省农业转移人口及其他常住人口落户城镇。[①] 在新型城镇化策略下，政府一方面推动县域经济的大力发展，将使部分农村劳动力聚居到县城。此外，根据2016年全国卫计委"流动人口动态监测数据"，15.42%的移民愿意在家乡所在的县城（区）建房居住，13.91%表示愿意在县城养老。[②]

（3）特色小镇崛起，农村终结

美国城市中10万人以下的小城市（镇）约占城市总数的99%。小城镇是新型城镇化建设的重要载体。[③] 在城市化、工业化快速发展的过程中日本乡村出现人口过疏化现象。村在城市扩张中彻底消失，村落逐渐"终结"。以中小城镇建设为重点，实现城镇的均衡发展，广东人口在向都市带和县城聚集的同时，一些特色小镇将聚集部分人口。按广东省特色小镇建设工作部署，到2020年广东将建成约100个省级特色小镇。[④] 根据全国流动人口监测数据，2013年33.74%的移民表示最想在家乡的村镇里建房

①　详见广东省人民政府《广东省国民经济和社会发展第十三个五年规划纲要》，2016年4月20日。

②　数据可向国家卫生计生委流动人口数据平台申请，见其官网 http://www.chinaldrk.org.cn/data/dv/2015DATA。

③　详见：中华人民共和国住房和城乡建设部：《国家开发银行关于推进开发性金融支持小城镇建设的通知》，2017年1月24日；中华人民共和国住房和城乡建设部：《住房城乡建设部召开全国特色小镇培训会十项要求规范小城镇建设》，2017年3月24日。

④　详见符信《2020年广东将建成100个省级特色小镇》，《羊城晚报》2016年7月21日。

居住，43.80% 的移民表示愿意回家乡所在地的村镇养老。据此，我们认为到 2035 年，广东部分小镇将聚居较多的人口。

2. 乡村居民经济变化：收入、消费的城市化

（1）居民收入的非农化

乡村居民经济的非农化表现在两方面。一方面乡村居民收入、消费水平趋向于城市居民。广东省的历史数据表明，1978～2015 年，广东省人均可支配收入逐年增长。广东省的城乡可支配收入比连续六年持续下降，从 2010 年的 3.03∶1 下降到 2016 年的 2.58∶1（见图 8－27），到 2035 年，城乡居民的收入比将进一步降低。另一方面乡村居民收入主要来自非农收入，与城市居民趋于一致。在城乡之间的收入、消费差距逐年下降的同时，也要谨防农村低收入者脱贫困难、返贫率高、相对贫困继续拉大等风险。

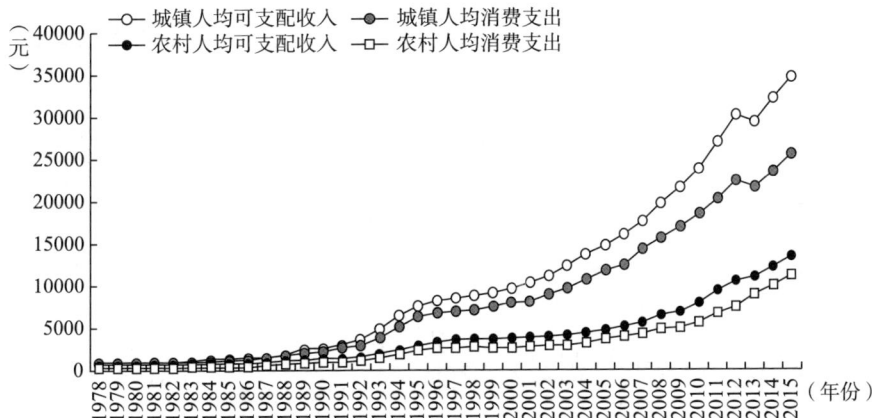

图 8－27　城乡居民人均可支配收入/人均生活消费支出变化趋势

资料来源：《广东统计年鉴 2016》。

（2）农村居民收入来源多样化

根据广东省统计年鉴资料，广东省农村地区居民工资性收入比重先呈上升，然后再下降的趋势（见表 8－18）。根据劳动力动态调查广东农村社区数据，2011 年 64% 的村庄拥有非农经济，2013 年，上升到 65.52%。而根据 2016 年广东省社科院与广东省委政法委的调查，虽然 58.17% 的农村居民依旧从事农业，但是其在收入来源的权重已经下降，只占 29.78%。外出打工、本地农村打零工、个体经营所占比重上升（见表 8－19）。随着农村向现代乡村的转变，我们预计到2035年，乡村居民家庭收入来源将更加多样化，传统农业种植所带来的收入将进一步降低甚至基本消失。随着劳动力成本的上升，生产密集型领域待遇提高，将使农民工资性收入比重进一步增加，农业现代化和专业化生产将使得农产品附加价值增加、使农民家庭经营性收入逐步提高，土地流转机制的完善及政府各项转移支付机制的透明，将使财产性收入和转移性收入逐步增加。

表8-18　农村地区居民收入构成变化

单位：%

构成/年份	1995	2000	2010	2015
工资性收入	37.27	37.27	60.83	50.33
经营净收入	54.81	54.81	27.93	20.28
财产净收入	2.02	2.02	5.08	2.52
转移净收入	5.90	5.90	6.16	26.88

资料来源：《广东统计年鉴2016》。

表8-19　农村居民主要收入来源

单位：%

收入来源	权重比例	是否从事（是）
传统农业种植	29.78	58.17
专业化养殖	4.31	8.42
外出打工	31.05	60.64
个体经营	6.72	13.12
农村打零工	19.52	38.12
家庭成员在企事业单位上班	3.93	7.67
亲朋好友或政府救济	2.79	5.45
其他来源	1.9	3.71

资料来源：广东省社会科学院：《新型城镇化背景下广东农村劳动力转移与社会治理》(2016)。

（3）居民消费模式城市化

从历史数据来看，在2016年，广东农村居民家庭"大件"如空调、冰箱、电脑、手机拥有率已经很高，农村居民的汽车消费兴起。到2035年，农村居民收入水平将进一步提高，且随着技术的进步，汽车、电脑等大件消费水平的下降，广东省居民在物质消费上将与城市趋向于一致。此外，到 2035 年，按照现有的发展速度，广东省城镇人口恩格尔系数和农村恩格尔系数将从 2015 年的近 40% 进一步下降到 25%～26%，接近西方发达国家的水平。在农村，汽车消费、旅游、娱乐消费的支出将上升，城乡居民的消费模式将进一步趋同，发展型消费将占主导地位。我们预计，2035 年的广东农村，物质型消费已经得以满足，农村居民家庭在物质"大件"消费基本与城市相同，且随着物流网络的全省覆盖，农村居民的消费方式也与城市趋向于一致，广东省居民消费模式将完成从物质型消费向服务型消费的升级过渡。

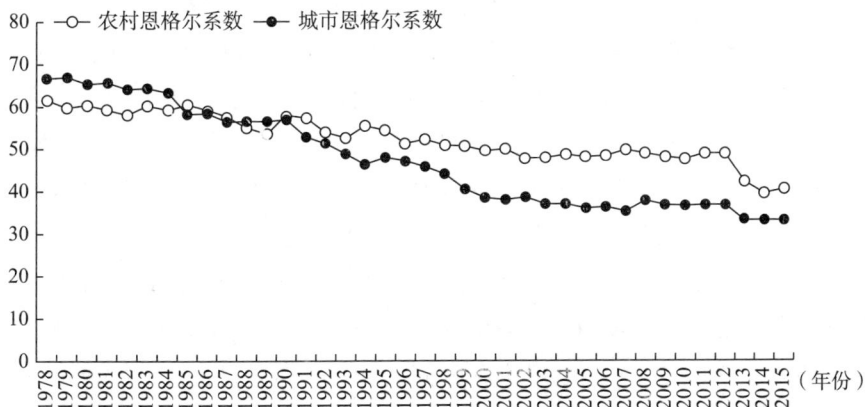

图 8 - 28　城乡恩格尔系数的变化

资料来源：《广东统计年鉴 2016》。

3. 农业生产的非农化：现代化、信息化

（1）农村生产方式现代化

现代化、工厂化农业是现代农业、畜牧业和水产业发展史上的一次革命，是实现农业现代化的重要途径。在当今世界经济全球化背景下，农业现代化、工业化几乎是不可阻挡的潮流。以美国农业为例，美国传统意义上的农民已经不存在，农业完全实现机械化、技术现代化和管理现代化。党的十九大报告提出实施乡村振兴战略，提出构建现代农业产业体系、生产体系、经营体系，完善农业支持保护制度，发展多种形式适度规模经营，培育新型农业经营主体，健全农业社会化服务体系，实现小农户和现代农业发展有机衔接。由于广东省农业用地多集中于丘陵、山地，其农业生产方式现代化将不同于美国以平原为主的大型机械化、规模化，广东

2035 农村的生产方式现代化水平将趋向于当前的日本①，其机械化以服务小家小户的小型机械为主。2035 年，传统农民将退出历史舞台，传统的耕作方式基本被抛弃，新型职业农民（以 80 后、90 后、00 后为主）已经成长起来。这群新型职业农民是在信息化时代成长的一代，具备较强的市场意识，懂经营、会管理、有技术。他们将采用现代化的耕作方式，发展现代农业。

（2）信息化助推农产品商品化

信息化是现代农业的制高点。2015 年，中央一号文件指出："大力支持电商、物流、商贸、金融等企业参与涉农电子商务平台建设，开展电子商务进农村综合示范。"② 党的十九大报告提出要促进农村一、二、三产业融合发展，支持和鼓励农民就业创业，拓宽增收渠道。③ 在信息化时代下，"互联网＋农业"将获得广阔的发展空间。随着广东省农业信息化的基础设施不断完善，2035 年，广东省农村将利用"数字"红利，农业经营将实现网络化，借助于电子商务网络技术和现代物流，新型职业农民在市场中将占据更为有利的位置。到那个时候，新型职业农民将利用大数据、云平台、物联网等互联网技术，整合金融、物流等各类社会资源，实现农业产业链去中间化，实现农产品与流动的重大变革，以最快速度、最短距离、最少环节、最低费用、最透明信息服务市场。我们可以预想的是，忙碌于大都市的人们，今天从网上下单预定，明天就可以吃到粤东西北农村地区种植的新鲜的、有机的农产品。

（3）农村产业结构现代化

农村向乡村转变的另一重大特点是产业结构的现代化。以美国农业为例，农业生产的规模化、工厂化特征明显，事实上，在欧美国家已经并不存在传统意义上的农民，而是现代农业中的农业工人和农业经营者。广东省的农村一方面遵循现代化和工业化路径，另一方面由于其自身的特殊性和时代要求，呈现出不同于欧美的现代农业。随着人们食品安全意识的不

---

① 在日本，山地多，设计小型机械；水田多，设计出全程化机械；小而散，设计小家小户独自耕作的小农机。

② 中华人民共和国中央人民政府：《中共中央国务院关于加大改革创新力度加快农业现代化建设的若干意见》。

③ 习近平：《决胜全面建成小康社会　夺取新时代中国特色社会主义伟大胜利——在中国共产党第十九次全国代表大会上的报告》，《人民日报》2017 年 10 月 28 日。

断增强，人们越来越重视农业生产对人类健康的影响，家庭农业的好处再次被专家们提及。到2035年，传统意义上的自给自足的农业将基本消失，非农产业占据乡村经济的比重将越来越大。

4. 公共服务城乡一体化：制度、质量与新问题

（1）公共服务的制度一体化

2035年，公共服务城乡差距将消弭，区域差距仍存。国家与省级财政对地方的转移支付方式和统筹力度的加强，将进一步推动基本公共服务的均等化。广东省基本公共服务制度框架的城乡并轨将在2020～2035年逐步达成。然而制度体系的一体化并不意味着公共服务标准的一体化，制度并轨是基本公共服务均等化改革的第一步，制度并轨之后的标准提升依赖于上级财政的统筹与转移支付力度，以及地区财政状况的改善与提升。经济发展依然是地区福利改善的先行条件。

（2）基本公共服务质量走向城乡一体化

目前全省普遍建立健全了城乡居民大病保险制度，五大险种参保人数累计已经达到2.69亿人次，已实现制度和人群的两个"全覆盖"，全民社保的目标基本实现。① 如果按照目前的公共服务均等化的发展趋势，城乡二元差异将变得很小，公共服务将逐步从户籍制度中剥离出来，移民和本地人、城里人和农村人将在制度上享有相同的公共服务，逐步从"不平等"向"均等化"迈进。社会保险全覆盖，保障标准持续提高。基本公共服务的质量与均等化水平表现为互为补充的关系，展望未来，基本公共服务体系将逐步过渡到高质量、同质化的模式。尽管在城乡或地区间还存在一定的差距，目前广东省不同城市之间、城乡之间在教育资源分配上依旧存在巨大差距，但基本公共服务水平将会趋同，并且基本公共服务均等化将逐步过渡到关注不同类型的群体，打破城乡或地区身份的差别，实现对全省人民的覆盖。

（3）2035年公共服务的新问题

目前广东省的社会保障体系正在不断地扩大和完善，针对贫困人口的社会保障，推进教育、医疗、就业和创业等方面的机会均等政策的实施，

---

① 转引自广东省社会科学院《广东省经济社会发展报告（2017）》，广东人民出版社，2017，第165页。

将使人们能拥有更高的生活水平，共享改革发展成果。但是如果将来公共资源配置不均衡没有大的改变，资源未能下沉到实处，那么，过去形成的城乡二元差距和地区差异仍将存在。首先是目前广东省社会政策面临着地区与地区之间不平等程度较高的问题，其次是中国公共部门的垄断方式，使得其缺少提高效率和改善质量的竞争压力，造成一味追求市场盈利的服务扭曲，再次是人口的快速老龄化带来的社会保障负担加重，最后是第二代移民和迅速壮大的中产阶级等不同群体对社会期望值越高，越容易引起利益冲突，社会不稳定的可能性加大。例如，在教育资源分布上，尽管城乡教育资源分配相对差距在缩小，但广东的教育事业仍然面临着严峻的挑战。由于历史的惯性作用存在很大的不均衡，这种不均衡难以在短时间内改变（尤其是师资力量）。因此，如果没有大的政策调整，教育之间的不公平问题、优质教育资源如何配置的问题仍将是2035年广东社会必须面对的重大问题。此外，如何让已经毕业的低学历劳动者接受技能教育以适应未来的广东社会将会是一项艰巨的挑战。

5. 生活方式城镇化：乡土性的消失与现代性的崛起

（1）后乡土社会与镇社区的兴起

城镇化不仅是空间转变的过程，更是逐步摆脱"乡土"而转向城市性和现代性的过程。农民不断习得城市文化，同时也不断消解乡土文化。由于城市化的影响，大部分农村居民将居住在城镇，传统的农村社区将"终结"。根据我们的调查[①]，目前广东粤东西北地区农村已经由传统的"熟人社会"进入"半熟人"社会，或者说是"弱熟人社会"。村民之间相互认识而不熟悉、义务帮助的比例下降，且大批青壮劳动力进城务工使得乡村社会空巢现象普遍。村中有能力者纷纷外迁，或进入大城市，或进入户籍所在地县城，或从山区搬迁到乡镇聚居。随着城镇化的推进以及市场观念的不断深入，我们可以预见的是广东农村地区传统的农村社区将进一步瓦解，到2035年，农村地区将步入"后乡土社会"，一个向现代乡村过渡的新型社会；由于人口要么进入城市，要么搬迁入乡镇，因此，农村社区将进一步衰落，而镇社区[②]将崛起。

[①] 参见广东省社会科学院《新型城镇化背景下广东农村劳动力转移与社会治理》（2016）。

[②] 传统的社区研究中，往往忽视了镇社区。镇社区的定义参见黎熙元、黄晓星《现代社区概论》，中山大学出版社，2017，第130~151页。

（2）乡村社会与生活方式城乡一体化

乡村人口向城市迁移及其生活空间的非农化，本质上都是城市生活方式和城市文明的地域性扩张，城市性是一种生活方式（Wirth，1938）。随着城镇化的推进和现代性的不断提高，农村社区衰落和镇社区的崛起，居住在镇社区的村民，生活方式逐步城市化的同时，将依旧部分保留以亲情纽带和乡土圈子为核心的熟悉社会的亲密关系；居住在乡镇的部分村民，依旧可能兼职从事专业化、现代化的农业生产，例如乡村小型农场、畜牧场、水产养殖场、林场等，但在生产方式上、性质上已非传统农业。由于农业专业化、社会化、商品化、工业化以及产业结构现代化，农村居民收入来源的多样化和非农化，"农村社会"这一概念将越来越难以描述广东这些非都市地区的社会状态，以乡镇为基点的乡村社会概念将用来描述广东 2035 的农村地区。乡村社会意味着乡村居民的生活方式在渐渐趋向于城市化和现代化的同时，在地域上、人际互动上依旧区别于都市区。

（3）乡村转型中的现代风险

2035 年，广东农村正处于向现代化转型的关键时期。在这个转型中，农民不断习得城市文化、不断消解乡土文化的同时，也瓦解了传统乡村社会秩序。按照社会学家涂尔干的说法，从机械团结向有机团结的转变过程中，现代性对乡土性的冲击将凸显一些现代风险：一是文化认同的分裂和工业化过程中，传统农村社区的共同体将不复存在，传统的清明祭、宗族观念将进一步瓦解，村民在转型过程中将出现文化认同上的分裂。二是文化传承的断裂，传统技艺因为在生产生活中的作用逐渐减小，而被人们所忽视、遗忘，落寞地退出了历史的舞台。三是伦理性危机的涌现，婚丧嫁娶，作为特定伦理观念的凝结和沉淀，孝道传统对人们道德观念的预制和社会秩序的规范是潜移默化和无处不在的。然而20世纪以来，家国同构的社会政治模式解体，家庭伦理秩序亦随之变革，当今的中国乡村正遭遇以孝道失范为明显特征的"伦理性危机"，如孝道问题、丧葬礼俗败坏问题等。四是乡村的环境风险问题凸显，广东人多地少，农业生产对农药、化肥等依赖度较高，畜禽养殖污染，形成了农药化肥与畜禽粪便双重污染（侯保疆、梁昊，2014），此外生活垃圾污染、工业企业污染等污染（陈楚庭，2015）使得农村地区环境风险加大，如果没有大的政策调整，到2035年，农村的环境污染问题以及由此引发的农村居民的健康风险将加重。

6. 政策建议

广东传统农村能否向现代乡村转型，在很大程度上关系着广东现代化转型的成败。一方面要政府加大对农业现代化的支持力度，完善农业基础设施建设，加大对农业现代化的扶持力度；利用现代物流和互联网思维，促进农业产品的商品化，发展特色农业、规模化农业和商品化农业，打造农业现代化产业体系；培育具有现代性的新型农民，农民是农村的主体，农民素质关系农业的现代化转型，政府应有意识地办好农村职业教育和成人教育，培养有文化、懂技术、会经营的当代新型农民。另一方面政府应提前做好预防措施谨防乡村转型中可能出现的环境污染、文化认同、文化传承断裂和伦理道德危机。一是针对环境问题，强调农村环保工作在政府工作中的突出位置，加大对农村环境的治理力度，同时在农村开展环境保护知识宣传教育；二是针对转型中出现的文化危机和伦理道德危机，应大力宣传传统优秀文化，强化家庭家风家教建设，建立具有中国味的乡村社区意识、文化认同和伦理规范。

（四）社会结构优化及建议

在流动现代化和网络现代性带来的制度性变革冲击过程中，传统的、原生于西方工业化与现代化以来的社会结构将发生很大改变，结合广东目前及接下来的社会变革和技术变革，我们认为社会结构将逐渐从金字塔型向橄榄型社会结构过渡。但过渡过程中，中等收入群体内部的构成将发生变化。接下来我们将从收入、职业、财富三个方面分析广东2035年的社会结构情况，从社会不平等、阶层是否固化角度分析社会流动状况。

1. 社会形态：橄榄型社会逐渐形成

（1）中等收入群体规模扩大

改革开放以来，随着中等收入群体和高收入群体的增多，广东社会结构经历了从丁字型向金字塔型社会的转变。随着广东社会的进一步发展，产业结构的进一步升级，中等收入阶层的规模将逐渐成为社会的中坚力量。从统计数据来看，过去20年广东的收入差距有所扩大，但近6年来城乡之间、阶层之间的收入差距有所回落，一些初步迹象表明收入差距将趋于稳定。再者，不断提升的教育水平和高等教育的快速发展，正为广东向价值链上游积蓄越来越多有技能的劳动者，这一趋势将持续推动广东从劳动密集型生产向技能密集型生产的转型，使得蓝领和白领的工资差距有所减少。可以预见的是，广东未来 20 年，中产阶级绝对人口数量和所占人口比率都会直线上升，将率先完成从金字塔型向橄榄型结构社会的过渡。因此，到 2035 年，广东社会结构正处于向橄榄型社会过渡的关键阶段。

（2）中等收入群体结构调整

无论是中国还是西方发达国家，传统中等收入群体赖以生存的专业技能具有相对单一化、组织化、固定化的特点：职业上主要是律师、医生、工程师等。但随着近年来互联网、人工智能的快速发展，除了传统的医生、律师等中等收入群体，个体的生活技能、娱乐技能、文艺技能的价值在互联网时代得以放大。网络直播走红致富、游戏解说、职业游戏玩家、自媒体创业者等皆可能成为新中产。[①] 此外，随着人工智能和物联网技术在广东社会的不断普及，调试、维护、控制机器人的技术性岗位以及其他相关产业配套服务业岗位将会相对增加，这一群人将成为新晋中等收入群体的来源之一。

在低收入群体的构成上，由于人工智能和产业结构的升级，低学历、低技能、部分熟练工被机器人替代，部分传统的中等收入群体如收银员等将可能跌出中等收入群体的范围[②]，部分职业将会结构性地消失。大部分低学历群体由于知识结构转型的困难，将很难进入相关的工作岗位中，将沦为低收入群体的主要来源。

2. 职业阶层：新职业阶层的崛起

（1）传统职业阶层的变化

戈德索普等人以雇佣关系、权威、技能和部门作为潜在的分类标准，把职业阶层分成 9 大类（Erikson，Goldthorpe and Portocarero，1979）；国内社会学者陆学艺基于职业分类，以组织资源、经济资源、文化资源占有状况，作为划分社会阶层的标准，把当今中国的社会群体划分为十个阶层（陆学艺，2002）；或者把职业阶层分成管理者阶层、专业技术阶层、一般非体力劳动阶层、工人阶层和农民阶层五类（李路路、朱斌，2015）。广东地区作为现代化的先行者，按照目前人工智能、互联网、物联网的发

---

① 青年志（Youthology）:《迷航：迷失的"中产"认同》，2017 年 6 月 11 日。

② Carl Benedikt Frey and Michael A. Osborne. 2013. "The Future of Employment: How Susceptible are Jobs to Computerisation?" Technological Forecasting & Social Change 114. https://www.conference-board.org/retrievefile.cfm? filename = The-Future-of-Employment.pdf&type = subsite.

展，到 2035 年，我们可以预见的是传统职业分层中的中层——低层管理者、办公室文员、银行柜员等职业将很大程度上被人工智能所取代，这部分职业"白领"将很可能跌落到社会下层，而职业的中间层将被更具有创新性、冒险性的新行业从业者替代。

（2）新职业阶层的涌现

从全球范围来看，建立在工业现代性制度上的职业阶层分类，都一定程度上受到了全球化和科技化带来的新社会和经济结构的冲击。到 2035 年，凸显个性化的消费、服务体验将为个人成为独立的服务提供商开辟广阔空间，借助于互联网平台和全覆盖的物流网络，大量技能拥有者、特定产品或服务提供者可以摆脱既有公司等组织的束缚，直接为用户提供服务。① 在这种时代背景下，不同于传统从业者深耕细作于某一职业，2035 年将出现越来越多的多重职业身份者，拥有灵活的"斜杠"② 能力者将在后工业时代成为时尚，年轻人开始信奉"艺多不压身"，打破单一职业的束缚，自由职业者将越来越普遍。例如一个人既可以是职业经理人，也可以是网络红人。高流动、多层次的技能可以分散职业风险，提高收入与市场竞争力。此外，2035 年的年轻人更倾向于短周期内进入中上职业阶层，中产阶层的传统路径对他们来说太过艰难和漫长。在强调创新、快速致富、创造力、个性化的时代背景下，以创意、创新性为代表的创意阶层将崛起。更具有个人风格的自我创造，才是学识、品位、素养的高级体现。

（3）新专业主义：重新定义社会分层

当前广东社会，网络直播、游戏解说家、职业游戏玩家、自媒体创业者、各种网店店主等新崛起的职业群体，他们的财富累积周期相比传统职业阶层已经大大缩短。当然，这些群体内部收入差异也很大，从业者也往往具有多重职业身份，因此，传统上以技能为代表的职业等级论、以权威和组织资源的职业阶层论与以职业声望为代表的社会经济地位论都难以对这些新从业者进行社会分层。对他们的社会分层，将以新专业主义为基

---

① 美国自由职业者已经占到了职场的 1/3，2020 年这一比例有望达到 1/2。这些自由职业者在很大程度上，都是有多重职业的斜杠青年。而在中国，这样的现象也越来越普遍。

② 从全球范围来看，大量的"斜杠青年"正在出现，他们不再被单一职业或专业背景绑定，封闭固守自己的特长领域，而是重视持续学习，横向拓展自己的能力和视野，将核心技能与更广泛、多样的商业机会和社会实践接洽。

础，以"技能"的多元化、个人化、流动化为内核。新专业主义将重新塑造政治资本、社会资本、文化资本和经济资本。可预见的是，到2035年，掌握信息技术、大数据等信息资源和技术资源优势的人将在社会阶层中占据有利位置，成为社会的新贵，技术阶层崛起，成为中产阶层的重要部分。

3. 财富分层：住房阶层分化

（1）财富将向高收入群体集中

财富朝向知识产业的再分配的实质性结果——大量收入从多数人流向少数人，如美国1980～2010年不同职业阶层之间的财富不平等上升了。以20世纪80年代为分水岭，美国家庭的财富差距不断扩大，1980～2015年，美国收入最低的20%底层家庭总收入占全部家庭总收入的比重从4.2%降至3.1%，收入最高的5%富裕家庭总收入占比则从16.5%飙升至22.1%，占家庭总数80%的中下层家庭总收入占比从55.9%下跌至48.8%（Wodt-ke，2016）。对于经济产业升级转型过程中的广东而言，新兴产业所能容纳的就业人口将大大低于传统产业，而知识经济雇员的工资水平大大高于传统产业工人的工资水准，由此带来群体、阶层与城乡之间的财富差距扩大效应。可以预见，基于高科技政策的经济策略在广东的应用，企业对技术与专业的偏好将不断提升，高收入群体在技术变迁中更容易获益，财富分层将表现为富人更富。

（2）大都市带住房仍将是财富分层的最重要指标之一

事实上，由于住房引发的生活质量和主观感受，收入分层和职业分层并不能代表个体在整个社会结构中所处的位置。在高房价地区，相同职业、相同收入的两个人，有房与无房所拥有的生活质量将差异极大。近年来，以深圳、珠海、广州等城市为代表的高房价把社会分成有房且无贷款的人群、有房有贷款人群、无房人群，不同人群之间所拥有的生活质量差异很大。像纽约、东京以及中国香港等大城市，年轻人想通过自身努力拥有住房都是很困难的，是否拥有住房、住房位置、住房面积变成社会地位、财富的最重要象征。随着2035年珠江三角洲都市带人口的进一步聚集[①]，以及在现有政策无大的变化情况下，我们有理由相信，大都市区的住房依旧是社会分层的最重要标准之一。但随着国家增加住房供给渠道，

---

① 用人口结构变化来研究房地产市场走向一直被视为住房需求评估的基本方法。

住房的居住属性将得以强化，年轻就业群体的住房压力将下降。

（3）中小城市住房对财富分层影响力下降

与大都市带中住房是社会分层最重要指标不同，三、四线城市住房对财富分层的影响并不那么明显。研究表明，2015～2035年中国城市住房需求总体上将呈现"上升—平稳—下降"的倒U型（李超、倪鹏飞、万海远，2015）。由于广东省人口正在经历从农村和三、四线城市向一、二线大都市圈及卫生城迁移，因此，到2035年，广东省三、四线城市如韶关、梅州、河源等城市人口的增长将趋缓甚至陷入停滞状态，即对住房需求的人数并没有太大增加；加上近年来地方房地产行业的大力发展，去库存的压力较大，这意味着将来广东三、四线城市的住房供给量足够。因此，我们可以判断的是：2035年，广东三、四线城市住房价格并不会发生大的波动，因此，相比于大都市带的居民，三、四线城市居民的住房价值对个人财富分层的影响相对较小。

4. 社会流动：家庭背景与个人禀赋并重

（1）家庭背景的影响：拼爹不够爷来凑

家庭背景对后代职业地位的获得是社会流动的核心议题。社会的分层秩序通过再生产机制和统治机制使得这一秩序得以延续下去，因而社会流动模式表现为继承性的特征（李路路，2006）。当这一分层秩序存在的时间达到一定的程度，代际的优势或劣势就会通过再生产和统治机制而被累积，从而表现出代际流动的多代效应。西方发达国家的经验表明，家庭背景的作用在代际上纵向扩展，不仅要拼爹，还要拼爷（Chan、Tak Wing and Vikki Boliver，2013）；在中国，年轻一代的初职获得中也出现了拼爷现象（张桂金、张东、周文，2016）。根据中国劳动力动态调查数据，广东也有相似的发现：父亲的职业背景显著地影响孩子的职业阶层获得。此外，由于珠三角大都市区人口聚集，房价将持续维持在较高水平，当住房依旧是年轻人梦想的最主要障碍时，阶层流动的家庭背景因素将依旧凸显。基于财富的代际积累和分化将是常态，上一代甚至上上代的财富积累将直接影响后代的阶层定位。相比较而言，三、四线城市由于住房价格不高，其对社会流动的影响则相对较小。因此，无论是从世界发展趋势和中国社会的发展趋势，还是从广东社会自身的发展特征和逻辑来看，未来广东社会，家庭背景的重要性并不会发生大的变化，甚至很可能出现"拼爹"不够"爷来凑"的局面。

（2）个人禀赋的影响：教育依旧是进入更高阶层的通行证

如果说家庭背景是先赋性因素，那么以教育为代表的自致性因素能在多大程度上有助于个体实现向上流动呢？近年来，读书无用论甚嚣尘上。然而，我们认为到2035年，教育对社会流动的重要性在广东社会将变得更加显著。做出这种判断是基于以下三点考虑。一是无论是国内还是国外的既有研究，教育是个人禀赋的最重要指标，对社会流动有显著的净效应，教育水平越高，社会地位越高。二是整个人类社会的教育水平皆在提高，与日本、韩国相比，广东省劳动力的教育水平尚有待提高，接受高等教育将逐渐成为进入劳动力市场的必备条件。三是考虑技术进步对教育的要求，2035年，人工智能、大数据、信息化、生物科技等高技术性产业的发展，对教育、特定专业的要求将越来越高。掌握越高教育水平的人，越能够适应这种新形势的变化，也越可能在新的社会秩序中占据优势位置。创意阶层、人工智能人才等将流动到社会的中上层。

（3）社会变迁的影响：制度、技术变革带来流动新空间

稳定社会中，家庭背景和个人禀赋皆对社会流动有重要作用。若把社会环境的变化因素加以考虑，尤其是在现代社会变迁速度加快的情况下，则有许多外力促进社会的代际流动。其中重大的社会转型、技术变迁都可能重塑社会流动秩序。例如改革开放这一社会转型为中国社会流动注入了新的活力，而技术进步如信息技术的发展，催生了很多新兴职业，让很多IT人员和从事相关行业的人实现了社会流动，成为社会的中上层；一些制度性设置也可以促进或阻碍社会流动。到2035年，广东随着户籍制度的进一步松动和公共服务水平、质量均等化程度提高，以及人工智能、互联网等技术的普及，出现一些新职业阶层，人们将拥有更多的向上流动渠道。广东的制度转型、社会技术变迁一定程度上将可以使部分家庭背景普通但拥有较高教育、技能的群体向上流动空间扩大。

综上判断，我们认为2035年的广东社会既有其阶层固化的一面，亦有其开放流动的一面，是一复杂的混合体。传统社会流动范式中的家庭背景、个人禀赋依旧发挥重要作用，优势家庭将持续拥有优势，但是技术变革和制度转型提供了新的流动空间，将有助于缓解阶层固化的趋势；个体禀赋、创造性将发挥越来越大的作用。

5. 部分社会领域不平等有可能固化并持续上升

（1）收入不平等

由于经济的持续增长以及公共服务水平的提高，广东省的绝对贫困基本消除，但是贫富差距在 2035 年估计并不会缩小，相对贫困将继续扩大。由于既有的收入不平等较大，越是低收入群体收入增长越困难。低收入群体由于个人人力资本缺乏，在大数据和人工智能时代，其收入的增长将变得更加困难。对低学历人群而言，技术进步对工作岗位几无增加，代际转移推动了贫富差距。我们可以预见的是在将来的一段时间内，这种收入的不平等并不会有多大改变，财富集中将表现得更为明显。

（2）教育获得不平等

社会的分层秩序一旦形成，它就会通过再生产机制和统治机制使这一秩序延续下去，因此，社会流动模式表现为继承性特征（李路路，2006）。因此，在相对稳定的社会里背景更好的家庭能够通过经济、人脉等优势为孩子提供更好的教育资源。[①] 前文我们基于中国劳动力动态调查广东省数据（2012 年和 2014 年数据）的分析已经发现，广东教育不平等一是表现在父母的职业阶层、父母的教育程度和家庭经济能力等家庭背景变量成为子女获得更好教育的最重要因素；二是表现在地区之间教育不平等较大，珠三角地区、城市地区更有优势，小城市、农村地区处于劣势。虽然近年来广东教育事业一直在进步，但如果教育资源在分配上没有大的政策调整，2035 年的广东教育获得的不平等将持续存在。

（3）起点的不平等

不平等中最难以改变的是起点的不平等。基于前面的分析，我们可以得出以下结论：到 2035 年，无论是个人的职业流动、收入还是教育获得，家庭背景所扮演的角色将越来越重要。当前的广东社会，部分天价学位房、精英学校及教育资源向部分学校集中，加剧了教育获得的不公平。如果教育政策和教育资源配置不发生大的转变，那么起点的不平等将会越加明显：农村、贫困、劣势家庭的后代难以进入好学校、请不起课外辅导老师，最终很难进入精英大学。如果教育资源未能向劣势家庭子女、贫困地

---

① 例如在美国，富裕阶层通过把子女送入精英私立学校接受教育和强化校外教育，完成隐蔽的社会分层。

区倾斜，未能改变起点的不平等，那么即使城乡基本公共服务实现了均等化，社会不平等将依旧是广东社会必须着力应对的主题之一。

正如有研究指出，若非大范围的暴力和瘟疫，社会不平等程度不会有明显而持续的下降（Scheidel，2017）。总体而言，2035年，广东社会虽然在制度公平上有所进展，但由于目前广东社会存在的起点不公平尚未发生大的改变，不同家庭背景、地区的孩子处于不公平的竞争状态，在技术社会中这种不公平将进一步放大，而较高的代际地位继承比例，同样在放大一个社会位置的成本和优势，从而增加社会不平等。真正降低社会不平等需要从起点抓起，对所有孩子进行社会化抚育，进而降低家庭背景对孩子成长的影响。

6. 政策建议

到2035年，广东的社会结构将逐渐向橄榄型社会过渡，如何应对社会结构转型带来的冲击呢？一是利用技术创新与制度变革带来的机遇，推动产业和经济结构的转型升级，创造更多的"白领"职业和高级"蓝领"，从而扩大中等收入群体规模，促进社会结构向橄榄型过渡。二是在引导中等收入群体扩大的同时，需要优化收入分配结构，在技术变迁中确保创造性劳动和复杂劳动能够获得应有的收入回报的同时，确保从事普通工作的勤劳者能够致富。三是在不断扩大中等收入群体的过程中，尊重个人的资产或财产积累，强化对居民个人合法财产的保护，让中等收入者有恒产，让有恒产者有恒心。四是针对社会变迁中的弱势群体，政府兜底基本的民生服务保障，建立健全社会保障体系，增强弱势群体在社会变革中的抗风险能力与安全感。五是针对未来可能出现的不平等，需要政府对关系民生发展的医疗、教育资源进行宏观调控，保证不同地区、不同群体之间的子女享有相同质量的教育服务和医疗服务，降低代际累积的不平等。

（五）社会组织发展及建议

基于对广东省社会发展历史惯性和现实基础的分析，结合对国家与省内经济社会发展大政方针和战略规划的深入探讨，本研究对2035年广东省社会发展中有关社会组织发展与公众参与情况等进行未来趋势分析，得出了以下四个方面的预测结果。

1. 建立多元社区治理格局，呼唤社区共同体重塑

中国的城镇化率从1979年的17.9%上升到2015年的56%，城镇、城市社区呈现商品房小区、传统单位社区、老旧社区、回迁房小区、城中村、城乡接合部社区、纯农村社区、少数民族社区等聚居形态多样化并存的局面。在城市，人们从"单位人"逐渐变成了"社会人"，单位组织的控制力弱化，个体在不同组织之间自由流动的空间扩大。在农村地区，通过行政手段人为制造的社区已经失去了过去乡村地区普遍存在的自然村及传统城市街区所具有的社会学意义上社区的基本要素，即共同利益和共同价值观（共同意识），不再成为社会学意义上的共同体（community）（左晓斯，2017）。

社区形态的变化导致社区成员观念与利益诉求日益多元化，社区治理能力面临严峻挑战。社会组织开始介入社区公共事务，协同参与到社区治理实践。截至2013年底，我国共有各类社区服务机构25.2万个，其中社区服务指导中心890个，社区服务中心19014个；社区从业人员达1197.6万人，社区志愿服务组织12.8万个。在广东农村地区，乡贤理事会弥补了农村社会治理中政府的缺位，协助兴办公益事业，协助调解邻里纠纷、协助村民自治等（张露露、任中平，2015）。粤东西北地区万人拥有城乡社区服务设施数落后于珠江三角洲地区，但近几年这种区域性的差距正在缩小。

预计到2035年，基于共同价值、行为模式、传统习俗与群体认同的社区重塑将改变广东省过去"行政化"社区存在的治理难题，形成"党委领导、政府负责、社会协同、公众参与"的社会治理格局（张翠娥、万江红，2011）。

2. 社会组织潜力有待提升，仍与两个"走在前列"目标不匹配

社会组织使原子化的社会个体集中表达各种诉求与关切，参与社会政策咨询决策，在统筹协调各方利益的决策和行动中推动社会和谐、稳定、进步。近20年来，我国社会组织发育迅速。在1998~2012年的14年里，我国依法登记的社会组织数量增长了100倍（张杰，2014）。广东省社会组织数目居全国前列，增速远超全国水平。2012年起，广东省的社会组织不再需要前置审批，直接向民政部门申请成立，并将业务主管单位改为业务指导单位；广东率先出台省级政府向社会组织转移职能、政府购买社会组织服务、具备承接政府职能转移和购买服务资质的社会组织三个目录，

向社会组织转移职能 56 项。截至 2016 年底，广东省共登记社会组织 59520
个，比 2012 年增加近 70%。其中，基金会有 815 家（占总数的 1.4%），民
办非企业 31314 家（53%），社会团体 26898 家（45.5%）。①

　　作为衡量社会文明程度的一个指标，广东省万人社会组织的数量在
2013 年达到 3.85 个，稍低于全国平均水平 3.98 个，在全国排名第 18 位
（贺志峰、崔云，2015），也远低于国际上发达国家水平（邓智平、饶怡，
2012）。通过政府购买的形式推动社会组织发展已经成为国际通行惯例，
在欧美一些发达国家政府资助的比重通常会达到 50% 以上，甚至达到 70%
（李强，2015）。然而，广东省很多体制内的政府部门、事业单位向社会组
织进行政府购买的意愿不足，财政支持力度不大；受资金、人员、专业资
质、管理水平等因素影响，社会组织只能承接其中 10% 的服务项目。目
前，广东省社会组织的增加值占第三产业增加值的比重均不到 1%，对经
济社会发展的贡献率还较低（周春霞，2012）。

　　若不从体制上消除政府财政支持存在的种种障碍，预计到 2035 年，广
东社会组织发展空间和潜力仍将有所提升，但"质"和"量"都无法达到
国内领先水平，与两个"走在前列"的发展目标不匹配。

　　3. 专业化程度高，慈善公益社工组织发展领先全国

　　广东省社会工作发展全国领先，社会工作组织数量、政府购买服务资
金总量、持证社工人数等三项指标均在全国排名第一，社工服务范围广、
门类全、专业分工细也是特色。近几年，广东社工队伍出现了"井喷式增
长"（张孟见、陈飞，2014），持证社工近 6 万人，占到全国 20% 以上；然
而省内发展极不均衡，90% 以上分布于珠江三角洲地区，粤东西北地区增
长也极其缓慢。2016 年各级政府透过政府购买投入的资金超过 14 亿元人
民币，占到全国的 56%。② 随着"一带一路"国际合作、粤港澳大湾区建
设，以及泛珠三角区域合作等战略规划得以实施落地，广东省将利用毗邻
港澳和"一带一路"重要省份的地理优势，开展与港澳和国外社会工作专
业人士和机构的交流合作。

---

① 《粤社会组织数量 4 年来增长近 70%》，南方网，http://kb.southcn.com/content/2017 -
　03/17/content_167209970.htm。
② 广东省社会科学院社会人口所与广东省社会工作学会课题组研究报告：《社会工作为率先
　全面建成小康社会保驾护航》。

在公益慈善组织方面，广东发展起步较晚，但总体发展迅速。1994 年成立第一个广州市慈善会，90 年代后逐渐增加，截至 2016 年底，广东省共登记基金会 815 家。基金会区域分布不均衡，2013 年在广东省民政局等级的 330 家基金会里，广州、深圳有 228 家，占总数的 69%，其余大多集中在粤东经济发达地区。这些公益慈善组织积极参加广东省救灾减灾、扶贫济困、安老抚幼、扶弱助孤、助学助医等活动。2015 年广东省人民政府出台《关于促进慈善事业健康发展的实施意见》，提出未来五年广东省注册志愿者将占城镇常住人口比例达 10%。[1]

未来，广东慈善公益组织和社工组织专业化程度将进一步提高，其规模和质量仍将继续增长，区域发展不平衡程度将缩小，在政策创新力度方面或将在全国"走在前列"。

4. 公众参与社会治理程度低，亟待厘清政府与社会组织关系

从社会管理到社会治理观念的转变，强调社会治理多元主体参与，重点是处理好政府与社会的关系，增强社会活力。在联合国提出的善治框架下，公众参与将成为政府治理的一部分。"公众参与"是指个人或集体以增进公共利益为目的，有意识地主动参与公共事务的行为，可以有效化解个人利益与公共利益之间、不同社会成员之间的利益冲突，帮助政府提高治理效率（王莹、王义保，2015）。要提高社会治理效率，必须厘清政府与公众及社会组织的关系，开辟社会协商对话渠道，健全利益表达机制，引导社会成员通过制度化的渠道表达自己的利益诉求。

目前，广东省民众在社区治理中的参与率普遍偏低，参与途径比较单一，以被动执行为主。有研究表明，经济社会发展与公众参与度呈正相关联（林敏华、董克难，2015）。珠江三角洲经济社会发展水平较高的城市（如广州、深圳），公众参与意识强、主动性高，民间公益组织和社会工作机构的数量较多，这些社会组织在公众意愿表达中起到的作用更明显。在粤东西北等相对落后地区，公众参与意识仍可能相对较低，社会组织发育不佳，社会组织在公众参与中的作用或相对不明显。目前广东省只有在市级层面上的枢纽型社会组织，枢纽型社会组织与原有社会组织管理部门的

---

① 广东省人民政府：《关于促进慈善事业健康发展的实施意见》，http://zwgk.gd.gov.cn/006
939748/201510/t20151029_625351.html.

职责界限模糊，导致无法很好地发挥枢纽型组织的功能作用。在公共服务产品的政府采购过程中，政府相关部门重形式、轻绩效，疏于合同管理和绩效评估，甚至人为制造阻力，影响了社会组织参与社会治理的积极性。此外，"互联网＋"时代，广东省在推进社会治理现代化过程中必须树立"互联网＋"思维，全面建立社会公众参与社会治理共建共享新平台，确保人民安居乐业、社会安定有序。①

预计到 2035 年，广东社会治理领域的公众参与意识将有一定程度的提升，互联网的发展将有效提升公众参与的效率。若政府与社会组织互动模式没有根本改变，将极大影响未来广东社会治理现代化发展进程。

5. 政策建议

为进一步提升广东省社会组织参与社会治理的程度，广东省应加大对社会组织建设的政策支持力度，完善相关的政府财政制度，鼓励社会组织通过购买政府服务的形式参与社会治理。逐步提高广东省万人社会组织的数量，到 2035 年达到国内领先水平。为提高广东省各类社会组织的专业化水平，有必要出台专门针对各类组织发展的政府规划方案。在推进粤东西北振兴发展的过程中，建议加强和鼓励珠三角地区对粤东西北地区社会组织发展的支持力度，以达到消弭区域发展不平衡的目标。制定相关的社区治理政策法规，进一步厘清政府与社会组织之间的关系，充分发挥社会组织和公众在社区治理中的作用。在省内农村地区，未来建议政府通过"去行政化"手段，重塑基于社区共同体的农村社区，鼓励公众参与社区治理。此外，未来广东省还应抓住"一带一路"国际合作、粤港澳大湾区建设的机遇，重视与港澳台地区以及丝路沿线国家在基本公共服务、社会组织建设、社会工作理论与实践等领域的合作与交流，提高广东省公众参与政府治理的程度。

（六）社会矛盾缓和及建议

从有利的因素来看，社会经济水平的提升与生产力发展将使社会矛盾与风险下降，人口年龄结构的成熟化以及中等收入阶层逐步扩大，将使大

---

① 《以"互联网＋"推进社会治理现代化》，人民网，http://theory.people.com.cn/n1/2017/0214/c40531－29078472.html。

的社会风险与矛盾趋缓。从不利的因素来看，城镇化加速期与改革攻坚期间，涉农、涉地矛盾将在一段时间之内呈现高发状态。特别是在农村基层改革、土地确权与流转改革的关键期，由政策预期不确定与基层治理复杂性所导致的矛盾将会有所提高。

1. 社会矛盾总体趋缓，局部矛盾冲突仍无法避免

经济水平提升与生产力发展推动社会冲突与矛盾风险下降。经济发展水平提升经济发展与社会稳定之间存在相关性，在全球一体化越来越逼近的现实社会中更是如此。经济增长并不能自动导致社会稳定①，但在经济停滞或者负增长的情况下，国家与地区更容易发生贫富差距扩大、社会失序的现象。这是因为低收入者、边缘群体或弱势群体抵御风险的能力要差得多，在经济滑坡的过程中，强势群体、高收入者会把成本更多地转嫁到前者身上，低收入者、边缘群体或弱势群体往往要承担更多的成本（胡鞍钢，2012）。由此看来，经济增长是社会稳定的一个重要而且必要的条件，经历了经济增长或者经济发展水平较高的国家或地区，更容易实现社会稳定的目标。广东预计在 2035 年前后人均 GDP 将达到 2 万美元以上（社科院课题组，2017），达到高收入经济体水平。可以预见，广东社会由生存竞争所造成的矛盾爆发的可能性将有效缓解，追求公平公正而引起的矛盾纠纷将占主导。

人口年龄结构趋向成熟与中等收入阶层的扩大，社会关系紧张状态得以初步缓解。人口预测研究表明（刘梦琴，2017）广东省 2000 年以后的人口年龄结构朝向"老年型"过渡，即少年儿童人口急速下降，老年人口逐步增多，"人口金字塔"呈现底部变小，顶部变宽的纺锤型结构。预计到 2035 年，纺锤型结构将进一步被强化，20～45 岁的人口将成为广东人口比例的"大头"（如图 8 - 29）。随着人口结构趋于成熟，大的冲突和矛盾风险将逐步下降；随着人口老龄化的速率不断增加，冲突风险将呈现持续下降的趋势。其次，随着广东中等收入阶层的不断扩大，社会稳定器的效用不断增强，出现大的冲突和矛盾的概率也将有所下降，广东正朝着社

---

① 必须说明的是：经济增长与社会政治稳定之间可能是互为因果的关系，当两者形成一种良性循环之后，国家的发展更容易步入正常轨道；此外，导致社会不稳定的因素是多方面的，经济发展停滞或者衰退并不是充分条件，种族冲突、宗教冲突以及外部势力的侵入，任何一个因素的单独作用都可以让一个国家陷入社会极度动荡。

会和谐稳定、社会关系良善友好的方向发展。

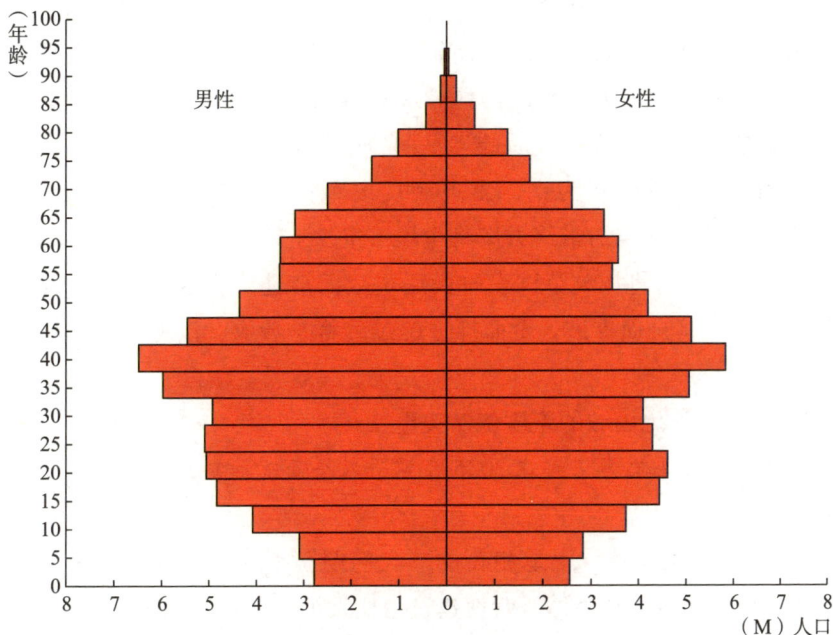

图 8 - 29 2035 年人口结构金字塔

资料来源:刘梦琴、赵道静:《广东省 2035 年人口发展趋势研究》(2017 年 10 月)。

城镇化加速期内社会矛盾发生概率与风险将处于上升态势。按一般分类,城市化率在 30% 以下属于传统农业社会,城市化率 30%～70% 为城市化的加速期,城市化率 70% 以上为城市化的完成期。根据发达国家的经验,处于城市化(城镇化)加速期的国家,也是农民大量涌入城市并导致社会矛盾尖锐化的阶段。无论是目前处于城市化加速期的国家,还是历史上曾经处于此阶段的国家,社会矛盾都处于非理想状态。① 根据预测,2035 年广东省城镇化率将达到 87.24% 左右(社科院课题组,2017 年 10 月)。可以预见,与中心城镇急速扩张相关的征地拆迁问题、与大规模城乡人口流动和社会融入相关的社会矛盾、与农村基层治理相关的涉农矛盾

---

① 2006 年,美国律师协会(ABA)发起了名为"世界正义工程"(The World Justice Project,简称 WJP)的项目,目的是在全球范围内促进法治。2008～2014 年,WJP 已经连续发布了 6 个法治指数的年度报告,被测量的国家从最初的 6 个国家增加到 2014 年的 99 个国家,是目前最具国际影响力的法治指数项目。城市化加速期的判断来自该项目长期研究的结果。

将会有所加剧。到了2035年以后，广东省城镇化进程将基本完结，与大规模城乡人口流动相关的社会矛盾与管理问题会逐步退出历史舞台。

改革攻关期，涉农、涉地、劳资关系等矛盾将在一段时间内出现集中爆发态势。改革中最为艰难的问题，即最难啃的"硬骨头"被遗留下来，老问题依然在拖着改革的"后腿"，一些长期沉淀积累的深层次矛盾逐步浮出水面。以农村改革为例，土地制度改革是农村改革的核心与关键，2035年前后土地改革的最终方案将尘埃落定，土地确权、质押贷款与"三块地改革试点"① 将从改革试点阶段逐步全面推进，这意味着关系各方直接利益的改革将全面推进，全面推进的过程将是涉农、涉地矛盾爆发的密集期。

2. 涉农、涉地领域的矛盾依然突出

（1）"三块地改革"将在2035年前进入全面改革期，涉农涉地矛盾不可避免

在2035年之前，与土地相关的三大问题必须予以很好地解决。俗称"三块地改革"指的是集体经营性建设用地入市、宅基地改革和征地改革，三大改革同时推进，将使2017～2035年成为涉地矛盾集中爆发的敏感期。

稳定农民的土地承包经营权必须从理论与政策两方面厘清承包期从何时算起、差异期人地关系变化如何处理等难题。虽然各方已经在"农村土地承包关系要保持稳定并长久不变"上取得共识②，但如何在具体政策层面上表述"长久不变"、如何在实施过程中进行操作，成为未来农地确权需要解决的重要问题。党的十九大报告提出"第二轮土地承包到期后再延长三十年"，但实际上如何操作，存在如下两方面的问题：一是《土地承包法》《物权法》《土地管理法》中都提到土地承包期是30年，30年承包期从何时算起，是需要从理论与政策上回答的问题，这些重要问题都要在2035年前得到有效解决；二是由于30年期满时各地的情况有所差异，差异期内农村人地关系的变化如何解决，一部分地方、一部分农民会不会提

---

① 集体经营性建设用地入市、宅基地改革和征地改革简称"三块地改革试点"。

② 2012年党的十八大报告、2013年党的十八届三中全会通过的《中共中央关于全面深化改革若干重大问题的决定》都提到了农村土地承包关系要保持稳定并长久不变。十八届三中全会后，根据中央全面深化改革领导小组的安排，中央农村领导小组办公室和农业部共同牵头研究如何在政策上表述"长久不变"，全国人大农业和农村委员会也在研究如何修订《农村土地承包法》中的相关表述。

出还要再搞一次确权登记，这些实施过程中所遇到的问题——法理解说、利益的协调博弈、冲突矛盾化解都需要农村基层组织与治理体系的有效运作。而目前广东省农村基层组织积弱多年，土地确权等农村基础工作进展缓慢①，稳定土地承包经营权所要遇到的障碍难以克服，将使涉地矛盾在此阶段集中爆发。

土地承包经营权的流转中的历史遗留问题繁复难解，矛盾纠纷化解难度高。土地流转20世纪80年代末90年代初在珠江三角洲的发达地区早就存在了，广东长期存在集体土地流转隐性市场，这些隐性流转为大量"三来一补"企业、各种所有制形式企业提供了用地基础，为大量农民工提供安身之所。据广东省国土部门统计，珠江三角洲地区通过流转的方式使用农村集体建设用地，实际已超过集体建设用地的50%。② 当时的流转，没有规范的政策、没有规范的表述，尤其是没有讲清楚承包权与经营权的关系，容易由历史遗留问题引发矛盾和纠纷。再者，虽然土地承包经营权流转制度规范业已确立，但仍存在流转实际面积难以核算的问题。按照全国计算，全部农户承包土地合同面积是13.1亿亩，与土地详查的实际结果19.51亿亩不符。③ 广东省的情况也是如此，农民承包证上的耕地面积与实际不符合，由于有部分土地经营权已经流转，流转的实际面积如何计算，租金是按照承包权证上的面积计算还是按照实际面积计算，上述问题不搞清楚，这些历史遗留的问题就有可能引发矛盾与纠纷。

征地拆迁补偿安置引起的纠纷将多发、频发。中心城市快速扩张引起的土地征收与房屋拆迁的矛盾，将在急速城镇化的过程中不断涌现。在房价高企、土地稀缺的情况下，征地拆迁补偿安置引起的矛盾，其激烈程度和发生的频率将不断提高。目前广东省关于征地拆迁的补偿、安置越来越规范越来越透明，从补偿标准、补偿形式到补偿过程等已经形成一定规范，因此由补偿安置引起的矛盾和冲突应当有所缓解。事实上，从现实的情况来看，由于征地拆迁的复杂性，每个地区、地块以及居民的状况都不

---

① 该判断引用自广东省人民政府《广东省第十二次党代会报告》，《南方日报》2017年5月23日。

② 广东省国土资源局2013年披露的数据，转引自涂重航、徐欧露、贾世煜《广东土改：十年试点集体建设用地入市》，《新京报》2013年11月8日。

③ 参见陈锡文《处理好农民和土地的关系是农村改革主线》，《光明日报》2016年5月23日。

尽相同，因此拆迁补偿不透明不公正造成的群体性事件仍时有发生。同时，由于各种征地拆迁致富发财的示范效应，被拆迁对象的心理预期和诉求水涨船高，会引发一部分人成为钉子户、上访户。同时，项目补偿标准前后不一，或引发已安置或补偿居民不满，造成新冲突和矛盾。最后，历史遗留问题长期得不到解决，以及征地拆迁与其他基层治理问题纠缠在一起，引发重大社会冲突和群体性事件。

（2）大规模城乡人口流动和社会融入相关的矛盾将时有爆发

广东是流动人口大省，来自农村的流动劳动力或流动人口众多，虽然在流动人口公共政策、基本公共服务均等化政策方面有所突破，但流动人口融入城市的障碍依然存在。特别是由代际转换引发的新生代农民工的社会融入问题，将成为新时期广东社会矛盾调解的重要方面。新生代农民工更看重闲暇生活质量、工作挑战性与成就感，这些变化使其社会融入存在诸多障碍。首先，经济收入不足以支撑城市生活成本的快速上涨，生活质量提高受制于微薄收入与教育医疗等的高额支出。其次，第四次工业革命浪潮下，城市技术革新的速度、职业岗位更替的频率更快，新生代农民工知识储备与技能提升不足以支撑其快速适应技术变迁带来的就业冲击。不愿从事高劳动强度工作的新生代农民工将难以在城市稳定就业，成为城市贫民或无业游民概率大大提高。

3. 涉劳资关系的矛盾爆发的不确定性增加

（1）劳动力供给减少倒逼劳工权益改善，劳资矛盾总体将渐趋缓和

学界研究预计，到了2035年，广东经济可持续增长与劳动生产率提高将从过去依靠削弱工资份额达到利润增长的方式，转变为依靠技术进步与管理革新的模式。李怡乐考察了劳资间相对权力变化可能作用于劳动生产率和利润率的理论机制（李怡乐，2016）。他认为工人力量相对下降对劳动生产率的提升起到了推动作用，过去工资份额的下降作用于利润率的增长是广东经济快速增长的重要原因，但这一作用机制未来将受到工人力量上升和全球性生产相对过剩的挑战。可以预见，到了2035年劳动力结构性短缺将席卷广东，工人的议价能力提升将使得"劳弱资强"的状况得以改善；企业也将从"工资份额下降以提升利润"的盈利模式转变至"技术革新与管理模式创新"的增长模式。

（2）第四次工业革命将给劳动和生产领域带来系统性冲击

从过去三次工业革命的经验来看，技术创新会淘汰部分工作，但技术创新也会以其他形式或者在其他地方提供新的就业机会。充分的社会保障使某行业的从业人员人数急剧下滑但仍处于一个相对平稳的状态，使其社会破坏力限制在某个数量级别之下。但目前的研究表明，第四次工业革命创造的就业机会将比前几次革命少得多，因为从本质上看，信息和其他颠覆性的技术创新是通过取代现有的人力来提高效率，而不是创造新产品需要更多的人力参与制造。新业态下生产率的提高是用智力、资本和实物取代了人力，人力金字塔两端将被掏空，普工的需求将大大减少，劳动密集型产业将逐步淘汰，智能制造将开创新时代。

在广东的情境下，可以预见，"机器换人"所导致的职业性失业者群体规模将逐步扩大。"机器换人"给劳动力市场带来的冲击，将受到以下两个因素影响。一是"机器换人"战略推进的速度与力度。政府的积极推进与企业的消化应对，是"机器换人"速率的决定性因素。近年来，广东制造业劳动力成本不断增加，广东制造业面临发达国家回归制造业、东南亚低成本竞争"两方面的挤压"，人口红利正逐步减弱。"机器换人"是广东积极应对劳动力短缺、占领"机器人产业"技术制高点的战略举措。但是，"广东制造"长期实行相对的低工资和低福利政策，实行压低劳动报酬来保证高投资率的模式，使得许多企业对廉价劳动力心存执念。因此，"机器换人"战略推进将在政府与企业相反作用力下匍匐前进。二是"机器换人"带来的新旧岗位变迁效应总和的"增减效应"。机器对人工的替换，替换的是结构化环境中的工作与简单的任务，普工被替换下来，经过短期培训即可在服务业等未来新增大量岗位中再就业。此外，机器人的维护保养，将使得自动化、机器人产业中的从业人员需求大量增加，可以有效缓解"机器换人"造成的短期"失业"压力，关键在于社会保障与就业培训体系能否提供有效的支撑。

（3）共享经济与人力租赁导致的用工模式变革带来劳资矛盾复杂化

用工模式进入新常态使劳资关系变得更为多元、复杂。在大众创新、万众创业的氛围下，成立一个公司变得简单，上班形态选择也趋于多样，有稳定预期、朝九晚五的"铁饭碗"将不复存在，灵活多变的用工模式以及适时"跳槽"已经成为如今用工关系的常态。员工的流动性大，带来复杂多样的劳动争议纠纷。此外，共享经济催生了个人对个人的用工模式，使得兼职者与平台企业的劳动关系变得难以界定。共享经济在提供更灵活和方便的服务模式的同时，它所催生的各类创新企业不断地挑战着商业运作模式，其中也包括劳资雇佣模式。共享经济的平台企业用工中，兼职者大量出现，流动性用工同样大量增加。如何界定兼职者与平台企业的劳动关系，提出考验《劳动合同法》加强灵活性的同时，也对劳资关系的治理模式能否及时调整提出挑战。2015年，美国加州劳工委员会（California Labor Commission）裁定，提供叫车与共乘服务的 Uber 公司旗下的司机性质属于"员工"（employee）而不是"合同工"（contractor）。倘若被视为"合同工"，诸如基本工资、加班费、健康检查、工伤保险、失业保险等权益都不如正式员工。基于共享经济平台的科技企业，混淆员工称谓以牺牲员工权益的现象正在不断增多，尤其在建筑、物流、家政行业更是突出。这些公司透过科技平台向客户提供服务，其员工法定身份含糊不清，受到的保护不足。当员工面临歧视或者发生利益纠纷时，可资利用的资源更少、更无力。

4. 政策建议

应对社会矛盾趋于缓和而局部矛盾依然多发的态势，广东省需要积极全面推动土地确权与土地改革试点的工作；在农村土地改革方面大胆先行先试，率先进行土地承包经营权、农民住房财产权"两权"抵押的改革试验；推动基层治理建设与创新，夯实农村基层的组织基础，为下一步改革储备组织动员力量；推动创新经济与新业态的发展，进一步改善营商环境和创业氛围，推动经济部门创造更多的就业岗位，以满足未来广东充分就业创业的需求；不断调整创新劳资治理模式，有效建立政府、工会与劳资双方之间的沟通协商模式，形成相互聆听彼此意见的良性循环，进一步降低对抗性的冲突及其所导致的罢工；加强各级工会组织建设，积极推动新业态、互联网企业基层工会的组建工作，进一步发挥工会在保障工人权益当中的职能与作用，应对未来科技创新所催生的用工模式持续不断的革命性变化；在推动实施"机器换人"战略过程中，加强职业性失业群体的社会保障，通过政府兜底的"社会安全网"，进一步减少失业致贫概率；加强职业技术培训体系建设，进一步加强普惠性的公共就业服务，以满足职业性失业群体的再就业需求，使广东的产业转型升级在平稳的社会环境中完成；继续推动基本公共服务均等化建设，特别在流动人口社会融入中密切相关的生活保障、公共就业与公共教育等重点领域，推动城乡之间、本地人与外地人之间的公共服务均等化。

（七）公共服务转型及建议

1. 社会福利支出呈现增长趋势

郑功成指出，东亚国家和地区的社会保障制度发展路径在遵循从选择型到普惠型的普遍发展规律的条件下，经历了（或正在经历）从劳动者到全体公民、从注重人力资本投资到追求生活质量的过程。一方面，一些国家建立了以社会保险为主的社会保障体系，使早期的社会保障对象集中在劳工群体，降低了整体的税收负担。另一方面，社会保险待遇的取得和就业时间、工资水平相关联，激励劳动者遵守劳动纪律并积极就业。在为劳动者提供相应的社会保险后，这些国家才开始构建覆盖全民的社会保障体系（郑功成，2014）。从具体的社会政策来说，在发展具有人力资本投资功能的教育福利和健康保障后，养老保险、社会救助与福利事业等具有收入再分配功能的社会保障项目才受到重视并得以发展。

一般来说，人均 GDP 的增长是促进社会保障的重要因素，人口学因素也对社会福利的高速发展起到推动作用。2035 年的广东，常住人口中 65 岁以上人口预计将超过 13%（刘梦琴等，2017），随着老年人口比重增大，社会保障、医疗、社会服务等方面所需的社会支出的增多不可避免。

尽管长期以来，在深受儒家价值观传统影响的东亚国家和地区，家庭承担着照料儿童和老人的责任，并以此作为家庭的"传统美德"。然而，在晚婚晚育越来越普遍、结婚率生育率下降、老龄人口比重提高的形势下，原有的家庭承担福利供给主要责任的模式已经难以维系。东亚国家和地区的政府逐渐开始在为儿童和老人提供照料服务方面扮演更为积极的角色。唐灿在总结和比较分析欧美国家与东亚国家和地区的家庭政策的基础上指出，"从单纯强调家庭责任，转向积极扶植、帮助和支持家庭行使自己的传统责任，是政府在涉及家庭的政策方面应该完成的理念转型"（唐灿，2013：12）。换言之，在人口老龄化、家庭继续向小型化、多样化趋势发展的 2035 年，为了实现"幼有所育""老有所养"的目标，政府需要在儿童和老人福利方面承担起更重要的角色，从社会福利保障依靠家庭支持，转向协调国家、社会、市场、家庭和个人多方合力，支持、帮助家庭有能力行使自己的责任。

2. 公共服务供给日益走向社会化

在公共服务的供给方式上，公共服务供给的社会化是顺应国内和国际经济社会发展需求的产物，在社会和经济领域重新界定了政府和社会的关系，运用新的模式配置经济资源和社会资源。公共服务的社会化主要包括三层含义。其一，公共服务的主体和终极责任虽然在政府，但公共服务更多由社会服务机构和企业负责提供，政府采取购买公共服务的方式；其二，越来越多的公益组织、企业和个人参与公共服务的资金和服务供给；其三，公共服务的评价以及供应商（供给主体）的选择日益社会化。

特别是随着信息化和科技进步，物联网和协同共享的新经济模式[①]的出现也将加速公共服务的社会化趋势。我们认为2035年的广东公共服务社会化将可能出现以下三种潮流。

（1）共享经济的影响

共享经济的本质是整合线下的闲散物品或服务者，其本质是互助和互利，到2035年，共享经济将成为社会服务行业内最重要的一股力，可以弥补政府公共服务的短板，降低政府公共服务成本。例如，共享私家车（顺风车）可以减少政府的公共交通压力，减少节假日的通行压力。到2035年，广东将可能出现一大批社会服务领域的共享经济体系，实现社会资源的优化配置。在教育领域，慕课（Massive Open Online Course）对传统教育模式的冲击已经初现端倪。大量开放式的网上课程不断涌现，对于解决现阶段高等教育成本不断攀升、教育不平等问题或能提供一些新的选择。在医疗领域，医疗信息的共享、患者驱动型医疗卫生网站以及各种病症的支持小组为患者群体提供互相安慰和鼓励。人们通过相互支持和援助，推动医疗卫生和公共健康的发展。

（2）从制度均等化到个性化服务定制

到2035年，社会主义现代化基本实现。在公共服务方面，所有社会成员享有基本的公共服务待遇，其基本公共服务需求得以满足，城乡之间、区域之间的差距显著缩小，基本公共服务均等化基本实现。在此基础上，

---

① 参见杰里米·里夫金《零边际成本社会》，赛迪研究院专家组译，中信出版社，2014。

人民群众对美好生活的各种需求也会不断增长，而基于人们不同需求层次的个性化服务则需要由市场和社会来提供。在"互联网＋"时代，针对个人特定需求的个性化服务，可以通过网络定制的方式实现个体的需求与供给精确匹配，实现公共服务供给的创新。

（3）健康风险与医疗进步

迈向 2035 年的广东，是技术进步的时代，由于 80 后青年群体生存压力大，锻炼少，再加上环境污染、食品安全问题的负面影响，可以说其将面临较大的健康风险。但与此同时，以基因工程为代表的生命科学不断发展，健康产业的兴起，人－机互动技术实现对个体健康的全程监控，有利于预防和控制重大疾病；3D 打印技术的发展则可能显著降低手术成本。因此，未来的广东，人们在健康风险增大的同时，由于医疗相关技术的进步，人们的预期寿命仍将延长。

3. 服务型政府基本成型

新一轮财税体制改革从 2013 年十八届三中全会开始，以 2014 年《深化财税体制改革总体方案》为顶层设计，目前已取得了多项进展与成果。2017 年财税改革进入攻坚期，按照《政府工作报告》的部署，2017 年财税体制改革的重点工作之一是加快推进中央与地方财政事权和支出责任划分改革，该项改革将为今后一个时期中央与地方事权和支出责任改革，为进一步理顺中央与地方财权与事权匹配，减轻地方财政在基本公共服务的开支，明确和巩固政府对于社会保障与社会服务兜底责任，推动政府从管制型到服务型转变奠定坚实的基础。

财税制度改革为服务型政府转型奠定坚实基础。在人类文明滚滚前进的过程中，政府的职能不断转变。在计划经济时代，政府的职能主要为行政管理型，政府的供给带有浓厚的计划色彩。市场经济时代，政府逐步由行政管理型向公共服务型转变，民众在基本公共服务诉求方面的主动性增强，财政支出的刚性效应愈加显现。财政部统计数据显示，在目前分税制的体系下，地方支出占比达到 85%，事权与财权之间严重不匹配。解决这一问题的一个方案是，中央按照实际支出情况对地方进行"补偿"，即按照现有 85% 的比例，中央将 85% 的税交给地方，中央只留 15%。① 这种完

---

① 参见刘尚希《财税体制改革不能"原地转圈"》，《人民日报（海外版）》2017 年 3 月 5 日。

全依据地方现有的事权来配置地方税体制的方案破坏了1994年分税制改革的成果，道理上也说不过去。地方政府"缺钱"不能从地方政府收入的角度来考虑，而应该从中央与地方的事权、财权分配考虑。因此，中央上收部分事权，让部分公共服务实现更高级别的统筹，将成为未来财税制度改革的方向。具体来讲，就是通过加强中央事权与支出责任，通过上收部分事项的执行权，增加中央政府直接的支出责任，以此提高中央政府的支出比重，减轻地方政府的支出负担。2016年8月国务院出台《关于推进中央与地方财政事权和支出责任划分改革的指导意见》与2017年3月1日公布的《"十三五"推进基本公共服务均等化规划》充分体现了这一趋势。其中《"十三五"推进基本公共服务均等化规划》将公共教育、劳动就业创业、社会保险、医疗卫生、社会服务、住房保障、公共文化体育、残疾人服务等八大领域列为基本公共服务清单，明确政府承担兜底责任。这两份文件，为未来一段时期中央与地方财政在基本公共服务的支出责任关系，奠定了坚实的基础。

政府从"倒逼型"向"主动型"转变。可以预见，地方社会福利与社会服务必然向更全面的服务类型、更高的服务质量、更全面的保障迈进，未来广东社会服务也不例外。然而，高质量的基本公共服务均需财政支出大力支持，迫使与民生相关的财政支出具备刚性的"只增不减"属性。这种倒逼型民生支出对地方政府的财政产生巨大的压力。虽然中央财税改革将一定程度上会减轻地方财政压力，改善地方财权与事权不匹配的状况，但在广东这种流动人口大省，中央对广东公共服务的支持远远不足以支撑人民群众日益增长的公共服务需求。在基本公共服务供给以"流入地为主"的政策不改变的情况下，民生财政的压力将在一定时期内持续存在。因此，受财政因素的影响，广东的福利水平在2035年前后难以达到"福利国家与地区"的水平，社会福利与社会服务供给，依然会成为广东社会发展的"短板"。

经济发展水平与福利增长将趋于同步。综上所述，民生财政受到的空前压力将迫使政府"把钱花在刀刃"上。近几年来，广东省多次对基本公共服务规划进行修订，为的就是更好地界定政府在公共服务上的基本职能，进一步明晰地方财政的支出责任。同时，促进政府治理模式的转变，进一步提升政府的治理水平，让政府在促进经济的职能的同时，兼顾民生事业的发展。可以预见，在政府转型、治理现代化与财税制度改革三管齐下的状况下，广东将更注重民生事业发展与社会福利的改善，这将使经济发展与社会建设并驾齐驱，经济发展水平与福利增长水平在2035年前后将趋于同步。

4. 公共服务的转型挑战

根据马斯诺需求层次理论，在基本生存型公共服务满足后，民众对清洁的空气、优美的生态环境、高质量的医疗服务需求日益提高。随着国民收入的进一步提升与社会发展进步，到2035年广东居民对公共服务的需求将呈现从"基本生存型"需求朝向"全面发展型"需求转变。

公共服务的需求层次将不断提升。当社会发展达到一定程度，如在2035年的广东，人均GDP已突破2万美元，居民对公共服务的需求将不会停留在基本生存型的保障之上，而将朝向"全面发展型"转变。政府没有足够的灵活性对多元化的需求进行快速的响应，此时公共服务类型将衍生为更丰富的层次，展现出多元化的特点：兜底型的基本公共服务为低收入群体、残疾人与贫困阶层提供社会安全网服务，而普惠型的基本公共服务进一步满足一般民众的需求，高端社会服务将交由市场进行多样化、个性化的定制，不同层次需求各取所需，各自发展。而政府作为社会福利和社会服务的主体责任者，必须担负起社会安全网和服务保障的责任；普惠型的社会福利与社会服务需要政府引导与适当的资助；而高端型的公共服务完全应交由市场来提供，政府对该层次的介入仅在于监管。

城乡公共服务均等化过程仍需时间。城乡基本公共服务制度并轨基本实现，城乡居民享受基本公共服务趋向均等。随着国家与省级财政对地方的转移支付方式和统筹力度的加强，社会保障和社会服务在类型、质量、水平、覆盖面等方面都有了重大变化。随着城乡医保制度实现并轨，广东省基本公共服务制度框架的城乡并轨将在2020~2035年逐步达成。如果按照目前的公共服务均等化的发展趋势，城乡二元差异将逐步减小，公共服务将逐步从户籍制度中剥离出来，移民和本地人、城里人和农村人将在制度上享有相同的公共服务，逐步从"不平等"向"均等化"迈进。但是制度框架的接轨不等于标准水平的一致，从制度框架的城乡并轨，到城乡公共服务标准的逐步靠拢，不可能一蹴而就、在短期内完成农村居民公共服务标准对城镇居民的赶超。

公共服务的区域差距依然存在。公共资源配置不均衡没有大的改变，资源未能下沉到实处，那么，过去形成的城乡二元差距和地区差异仍将存在。然而，制度体系的一体化并不意味着公共服务标准的一体化，制度并轨是基本公共服务均等化改革的第一步，制度并轨之后的标准提升依赖于上级财政的统筹与转移支付力度，以及地区财政状况的改善与提升。经济发展依然是地区福利改善的先行条件，因此我们区域间基本公共服务水平与标准的差距将依然存在。

教育机会不平等依然是个问题。平等不是平均，不是让所有人都完全一样，平等并不抹杀差异。根据家庭社会调查微观家庭数据的结果，在不同阶层的家庭受教育机会往往存在明显差异，教育机会的平等已经不是能否接受教育的问题，而是接受何等教育的问题。随着义务教育的全面普及，"人人有书读"业已实现，但是不同阶层所接受的教育质量是不同的，特别是弱势群体的可资接受教育质量差别巨大。一部分弱势群体子女受家庭环境、社会地位等客观因素的影响，在学习和交往上存在困难，或者有心理困扰等问题，他们在获取教育机会、享受教育权利和教育资源方面总是处于相对不利的境地。

5. 政策建议

为了应对社会保障与社会服务从生存倒逼型转向积极促进型的转变，广东省需要大幅提高基本公共产品的质量与水平，以满足社会成员在公共服务方面的品质需求，特别在养老服务、公共教育、医疗卫生等重点领域与福利"短板"方面，加强政策引导、财政投入与社会力量参与，进一步充实公共产品的差异化多层次供应；引入大数据平台与高新技术应用，实现公共产品供需双方之间需求的精准对接；进一步提升基本公共服务均等化水平与区域间基本公共服务一体化，全面推动城乡之间基本公共服务制度体系与服务标准"双并轨"；提升公共服务的省级统筹水平，进一步解决基层公共服务体系事权财权不匹配的问题；加大财政转移支付，进一步消弭粤东西北与珠三角区域、落后地区与发达地区之间公共服务水平的差距。

在公共服务的供给方式上，政府需要顺应公共服务社会化趋势，深化公共服务的供给侧结构性改革，继续支持和鼓励社会组织、企业和个人参与公共服务的资金和服务供给，利用信息化和科技创新优势优化社会资源配置，并完善对社会化公共服务的公众评价和监督体系。

在公共服务对象上，政府需要意识到社会服务体系和快速家庭变迁之间的不协调性，协调国家、社会、市场、家庭和个人多方合力，支持和帮助家庭行使其原有的福利供给功能。另外，需要给予特定家庭类型，如老年独居家庭、老年空巢家庭、残疾人家庭、农村留守家庭等更多关注，完善对流动人口家庭的社会服务，特别是解决和落实流动人口家庭子女就近入学问题，促进社会融合，促进社会的公平正义，让改革发展成果更多地更公平地惠及全体人民。

参考文献

艾里克·克里南伯格：《单身社会》，沈开喜译，上海文艺出版社，2015。

安格斯·麦迪森：《中国经济的长期表现：公元960—2030年》，伍晓鹰、马德斌译，上海人民出版社，2016。

安祥薰：《东亚福利体制比较——以中日韩为主》，载郑功成等主编《东亚地区社会保障论》，人民出版社，2014。

蔡晓珊、陈旭佳、陈和：《发达地区实现基本公共服务均等化了吗？——以广东为样本的实证分析》，《华东经济管理》2015年第9期。

查默斯·约翰逊：《通产省与日本奇迹：产业政策的成长（1925—1975）》，金毅、许鸿艳、唐吉洪译，吉林出版集团有限责任公司，2010。

陈承新：《日本社会治理管窥》，《国外社会科学》2012年第2期。

陈楚庭：《农村环境污染防治的法治规制研究——以广东农村地区环境污染治理为例》，《农业部管理干部学院学报》2015年第2期。

陈伟、乌尼日其其格：《职业教育与普通高中教育收入回报之差异》，《社会》2016年第2期。

陈锡文：《农民与土地的关系》，"农村土地制度改革"的学术讲座上的报告，清华大学公共管理学院报告厅，2017年3月17日。

邓智平、饶怡：《从强政府、弱社会到强政府、强社会》，《岭南学刊》2012年第2期。

东京大学社会学研究所：「東アジア雇用保障資料データ集」（《东亚就业保障资料数据集》），http://web.iss.u-tokyo.ac.jp/gov/asia-data.html。

高连奎、秦逸飞：《中国大时局——未来二十年的大趋势与变革方略》，电子工业出版社，2015。

高奇琦、李路曲：《新加坡公民社会组织的兴起与治理中的合作网络》，《东南亚研究》2004第5期。

顾佳峰：《减少不平等与可持续发展》，社会文献出版社，2016。

顾昕：《政府主导型发展模式的兴衰：比较研究视野》，《河北学刊》2013年第6期。

顾昕：《发展主义的发展：政府主导型发展模式的理论探索》，《河北学刊》2014年第3期。

广东省卫生和计划生育委员会：《广东家庭发展报告》，http://www.gdwst.gov.cn/a/zwxw/2016052315343.html，2016年5月23日。

广东省政府发展研究中心课题组：《新常态下完善广东基层社会治理模式研究》，《广东经济》2015年第12期。

贺志峰、崔云：《公益慈善组织能力建构及其影响因素分析：基于广东省珠海市的调查》，《社会工作》2015年第3期。

侯保疆、梁昊：《治理理论视角下的乡村生态环境污染问题——以广东省为例》，《农村经济》2014年第1期。

胡鞍钢、王磊：《经济发展与社会政治不稳定之间关系的实证研究——基于跨国数据比较分析》，中央编译局文库。

胡海建：《广东基础教育特色均衡发展的现状与对策》，《肇庆学院学报》2013年第3期。

姜文辉：《产业升级、技术创新与跨越"中等收入陷阱"——东亚和东南亚经济体的经验与教训》，《亚太经济》2016年第6期。

蒋立山：《中国法治"两步走战略"：一个与大国成长进程相结合的远景构想》，《法制与社会发展》2015年第6期。

〔美〕杰里米·里夫金：《零边际成本社会》，赛迪研究院专家组译，中信出版社，2014。

金教诚：《韩国社会保障相关统计》，郑功成等主编《东亚地区社会保障论》，人民出版社，2014。

金江军：《以"互联网+"推进社会治理现代化》，人民网－人民日报海外版，2017年2月14日。

金渊明：《非正式工的社会保险死角地带规模及实况的再谈讨》，《社会福利政策》2010年第4期。

金渊明：《韩国社会福祉体系的基本结构及特点》，郑功成等主编《东亚地区社会保障论》，人民出版社，2014。

〔美〕莱斯特·萨拉蒙：《公共服务中的伙伴——现代福利国家中政府与非营利组织的关系》，田凯译，商务印书馆，2008。

李超、倪鹏飞、万海远：《中国住房需求持续高涨之谜：基于人口结构视角》，《经济研究》2015年第5期。

李春玲：《高等教育扩张与教育机会不平等》，《社会学研究》2010年第3期。

李春玲：《教育不平等的年代变化趋势（1940—2010）——对城乡教育机会不平等的再

考察》，《社会学研究》2014 年第 2 期。

李林、田禾：《法治蓝皮书：中国法治发展报告 2（2014）》，社会科学文献出版社，2014。

李路路：《再生产与统治——社会流动机制的再思考》，《社会学研究》2006 年第 2 期。

李路路、朱斌：《当代中国的代际流动模式及其变迁》，《中国社会科学》2015 年第 5 期。

李培林、张翼：《中国中产阶级的规模、认同和社会态度》，《社会》2008 年第 2 期。

李强：《社会组织建设的内在逻辑与未来方向》，《广州大学学报》（社会科学版）2015 年第 2 期。

联合国：《变革我们的世界：2030 年可持续发展议程》，2016 年。

梁理文等：《橄榄型社会仍很遥远——广东社会阶层结构现状分析》，《广东省社会科学院专报》，2017 年。

廖小健：《马来西亚消除农民贫困的措施与启示》，《华中师范大学学报》（人文社会科学版）2010 年第 6 期。

梁宏：《广东省流动人口的特征及其变化》，《人口与发展》2013 年第 4 期。

林卡：《东亚生产主义社会政策模式的产生和衰落》，《江苏社会科学》2008 第 4 期。

林毅夫：《中国怎样从"中等收入陷阱"突围》，《甘肃理论学刊》2012 年第 11 期。

林勇：《马来西亚反贫困战略研究》，《广西社会科学》2005 第 11 期。

林宗弘、吴晓刚：《中国的制度变迁、阶级结构转型和收入不平等：1978—2005》，《社会》2010 年第 6 期。

林敏华、董克难：《公众参与水平及其对社会组织行为的影响探析》，《广东行政学院学报》2015 年第 2 期。

刘京萌：《寻求更高层次的发展——对发展型国家理论的再认识》，《山东大学学报》（哲学社会科学版）2011 年第 4 期。

刘梦琴等：《2035 年广东人口预测与人口发展趋势分析》，2017。

陆学艺：《当代中国社会阶层研究报告》，社会科学文献出版社，2002。

罗家德、帅满：《社会管理创新的真义与社区营造实践——清华大学博士生导师罗家德教授访谈》，《社会科学家》2013 第 8 期。

罗思义：《新自由主义让富者愈富、穷者愈穷美国收入不平等急速加剧》，《人民日报》2017 年 1 月 17 日。

马春华等：《转型期中国城市家庭变迁：基于五城市的调查》，社会科学文献出版社，2013。

马克·贝磊等：《教育补习与私人教育成本》，杨慧娟等译，北京师范大学出版社，2008。

马修·伯罗斯：《下一个大事件——影响未来世界的八大趋势》，晏奎、夏思洁译，中信出版社，2015。

美国国家情报委员会：《全球趋势 2030 变换的世界》，中国现代国际关系研究院美国研究院译，时事出版社，2013。

孟德拉斯：《农民的终结》，社会科学文献出版社，2010。

清华大学国情研究中心：《2030 中国：迈向共同富裕》，中国人民大学出版社，2011。

任中平、王菲：《经验与启示：城市化进程中的乡村治理——以日本、韩国与中国台湾地区为例》，《黑龙江社会科学》2016 年第 1 期。

日本内阁府：《老龄社会对策》，http：∥www8. cao. go. jp/kourei/index. html。

日本内阁府：《少子化对策》，http：∥www8. cao. go. jp/shoushi/shoushika/index. html。

尚志海、王兴水、黄晓娃：《广东省普通本科院校教育资源分布特征探讨》，《湛江师范学院学报》2014 年第 3 期。

世界银行：《2016 年世界发展报告：数字红利》，2016。

世界银行、国务院发展研究中心联合课题组编著《2030 年的中国：建设现代、和谐、有创造力的社会》，中国财政经济出版社，2013。

世界经济论坛：《全球竞争力报告》，https：∥cn. weforum. org/reports。

世界银行：《东亚奇迹：经济增长与公共政策》，中国财政经济出版社，1995。

唐家骏：《比较对抗式与协商式的劳资关系——以英国与德国为例》，淡江大学硕士论文，2005。

唐灿：《家庭问题与政府责任：促进家庭发展的国内外比较研究》，社会科学文献出版社，2013。

T. J. 潘佩尔：《变化世界经济中的发展型体制》，禹贞恩：《发展型国家》，曹海军译，吉林出版集团有限责任公司，2008。

王莹、王义保：《公众参与：政府新任提升的动力机制》，《学术论坛》2015 年第 6 期。

吴敬琏、刘鹤等：《走向"十三五"中国经济新开局》，中信出版社，2016。

吴愈晓：《教育分流体制与中国的教育分层（1978—2008）》，《社会学研究》2013 年第 4 期。

武川正吾：《福利国家的社会学：全球化、个体化与社会政策》，李莲花、李永晶、朱珉译，商务印书馆，2011。

阎志强：《广东老年家庭户增长、构成与老年人居住安排的变化》，《南方人口》2016 年第 5 期。

杨善华、沈崇麟：《城乡家庭：市场经济与非农化背景下的变迁》，浙江人民出版社，2000。

叶晓阳：《扩张的中国高等教育：教育质量与社会分层》，《社会》2015 年第 3 期。

叶传星：《论我国社会转型对法律治理的挑战》，《法商研究》2009 年第 2 期。

伊恩·霍利戴：《东亚社会政策的特点：促进生产的福利资本主义》，刘金婧译，《国外理论动态》2001 第 12 期。

伊藤隆敏：《东亚的增长、危机和经济复苏前景》，约瑟夫·E. 斯蒂格利茨、沙希德·尤素福编《东亚奇迹的反思》，王玉清、朱文晖译，中国人民大学出版社，2013。

中国国际减贫中心：《2014—2015 长期贫困报告：实现零极端贫困之路》，《国际减贫动态》2015 年第 9 期。

郑振清、巫永平：《贫富差距扩大到政治效应——全球金融危机以来东亚选举政治变迁研究》，《中国社会科学》2014 年第 11 期。

谢宇、胡静炜、张春泥：《中国家庭追踪调查：理念与实践》2014 年第 2 期。

张翠娥、万江红：《社会组织发展与农村社会管理主体多元化》，《华中农业大学学报（社会科学版）》2011 年第 2 期。

张桂金、张东、周文：《多代流动效应：来自中国的证据》，《社会》2016 年第 3 期。

张国英：《广东省在业人口职业结构时空变迁：1982—2005》，《南方人口》2009 年第 1 期。

张杰：《我国社会组织发展制度环境》，《广东社会科学》2014 年第 2 期。

张露露、任中平：《基层治理中农村社会组织的机制创新研究——以广东云浮乡贤理事会为例》，《长春理工大学学报（社会科学版）》2015 年第 10 期。

张孟见、陈飞：《广东社会工作实践：成果探讨与问题反思》，《长沙民政职业技术学院学报》2014 年第 2 期。

张薇：《韩国新村运动研究》，吉林大学博士学位论文，2014。

郑功成：《东亚地区社会保障模式论》，郑功成等：《东亚地区社会保障论》，人民出版社，2014。

中华人民共和国国家统计局：《国际统计年鉴 2015》，http：//data. stats. gov. cn/files/last-estpub/gjnj/2015/indexch. htm。

中华人民共和国国家统计局：国际数据，http：//www. stats. gov. cn/ztjc/ztsj/gjsj/。

周春霞：《广东社会组织发展的现状、问题与对策》，《社会工作》2012 年第 1 期。

左晓斯：《中国社会治理体系及其评价研究》，《社会科学》2017 年第 2 期。

左晓斯、吴开泽：《城乡基本公共服务：从服务均等化到制度一体化——基于广东省调查数据的分析》，《广东社会科学》2016 年第 6 期。

苅谷刚彦：『大衆教育社会のゆくえ——学歴主義と平等神話の戦後史』（《大众教育社会的走向——学历主义和平等神话的战后史》），东京：中公新书，1995。

苅谷刚彦：『階層化日本と教育危機——不平等再生産から意欲格差社会』（《阶层化日本与教育危机——从不平等再生产到动机差距社会》），东京：有信堂，2001。

有田伸：『韓国の教育と社会階層——「学歴社会」への実証的アプローチ』（《韩国的教育和社会阶层：对于"学历社会"的实证研究》），东京：东京大学出版会，2006。

有田伸：『就業機会と報酬格差の社会学：非正規雇用・社会階層の日韓比較』（《就业机

会和收入差距的社会学：非正规雇用、社会阶层的日韩比较》），东京：东京大学出版会，2016。

末广昭：「東アジアが直面する経済リスク——貧困・失業・経済的不平等」（《东亚面临的经济风险——贫困、失业、经济的不平等》），末広昭等，『東アジアの雇用保障と新たなリスク』，东京大学社会科学研究所，http：//jww. iss. u‐tokyo. ac. jp/pub-lishments/issrs/issrs/index. html，2014。

日本内阁府：「世界各国の出生率」（《世界各国的出生率》）http：//www8. cao. go. jp/shoushi/shoushika/data/sekai-shusshou. html。

日本总务省统计局：「世界の統計 2017」（《世界的统计 2017》）http：//www. stat. go. jp/da-ta/sekai/0116. htm。

UNDP. 2014.《2014 年人类发展报告》：http：//www. cn. undp. org/content/china/zh/home/library/human_ development/human-development-report-2014. html.

Asian Development Bank. 2012. "Asian Development Outlook 2012：Confronting Rising Inequal-ity in Asia. " https：//www. adb. org/sites/default/files/publication/29704/ado2012. pdf.

Chan, Tak Wing and Vikki Boliver. 2013. "The Grandparents Effect in Social Mobility：Evidence from British Birth Cohort Studies. " *American Sociological Review* 78（4）：662 – 678.

Erikson, Robert, John H. Goldthorpe and Lucienne Portocarero. 1979. " Intergenerational Class Mobility in Three Western European Societies：England, France and Sweden. " *The British Journal of Sociology* 30（4）：415 – 441.

International Labor Organization. 2016. *World Employment Social Outlook：Trends for Youth.*

JILPT（The Japan Institute for Labor Policy and Training）. "Databook of International Labour Statistics. " http：//www. jil. go. jp/english/estatis/databook/.

Midgley, J. 1985. "Industrialization and Welfare：The Case of Four Tigers. " *Social Policy and Administration* 20（3）：235 – 258.

National Intelligence Council of United State. *A Publication of the National Intelligence Council：Global Trend：Paradox of Progress*, January 2017.

Nee, Victor. 1989. "A Theory of Market Transition：From Redistribution to Markets in State Socialism. " *American Sociological Review* 54（5）：663 – 681.

Sherry Turkle , *Alone Together：Why We Expect Less from Each Other and More from Technology* （New York：Basic Books, 2010）；James K. Galbraith, *Created Unequal：The Crisis in A-merican Pay* （Chicago：University of Chicago Press, 2000）, p. 168.

UN. 2015. "World Population Prospects：The 2015 Revision. " https：//esa. un. org/unpd/wpp/Publications/Files/Key_ Findings_ WPP_2015. pdf.

UNDP. 2016. "Human Development Report. " http：//hdr. undp. org/en/2016-report.

Walter Scheidel. 2017. *The Great Leveler: Violence and the History of Inequality from the Stone Age to the Twenty-First Centry* (Princeton, NJ: Princeton University Press).

Wodtke, Geoffrey T. 2016. "Social Class and Income Inequality in the United States: Owner-ship, Authority, and Personal Income Distribution from 1980 to 2010." *American Journal of Sociology* 121 (5): 1375 – 1415.

World Bank, Ten Years after Asia's Financial Crisis, World Bank East Asia & Pacific Update 2007, http://siteresources. worldbank. org/INTEAPHALFYEARLYUPDATE/Resources/55 0192-1175629375615/EAP-Update-April2007-fullreport. pdf.

专题报告九　2035：广东文化发展展望

从平台资源、文化转化能力、基础环境三大要素来看，广东最具新型文化领导者的潜力。2035 年，广东的愿景是成为中国乃至世界的现代新型文化高地，通过数字化战略、平台化战略、IP 化战略、国际化战略，开辟新的文化崛起的主战场，抓住精神文化消费需求的新的关键撬动资源，建设最佳创新创意生态圈，从而从文化小康迈向文化丰裕，从资源支撑迈向创新引领，从规模优势迈向平台优势，从文化焦虑迈向文化自信，成为文化资源要素的配置高地、新模式新业态的引领地、具有全球影响力的文化大湾区、现代理性精神的生长地、中外文化交流的枢纽地、中国道路海外传播的前沿地。

到 2035 年，广东城乡居民人均文化娱乐消费支出达到 1.7 万元左右，占人均消费支出比重达到 11% 及以上，文化产业增加值达到 2.6 万亿元以上，占地区生产总值比重达到 7.0% 以上。单位公共文化设施面积服务人数、人均拥有藏书、每万人文化下乡活动群众参与人次、每万人公共文化设施的参与人次、艺术表演场馆每万人观众人次、每万农村人口农家书屋流通人次、每万户互联网用户数、每万元公共文化设施财政拨款的参与人次、每万元农家书屋投入的流通人次、每万元文化工程投入的参与人次等相关指标大幅提升。

提高公民素质，促进人的现代化，建设现代文明社会，是广东文化建设的使命。未来的广东文化，是高水平共享型文化、高水平创新型文化、高水平开放型文化、高度自信型文化，在引领风尚、满足需求、服务社会、推动发展上发挥着积极活跃的作用。

　　一系列带动效应强的重点工程是推动文化战略和文化政策落地、推进广东文化整体跃升的抓手。这些工程有：建设一批国家级集旅游商贸文化于一体的文化国际交流小镇，打造中国文化海外传播交流南中国中心的粤港澳大湾区"海丝文化小镇群"工程；通过培训、落实编制、提高待遇、发展文化志愿者等方式，加强基层文化人才队伍建设的创意人才集聚工程；加大理论研究专项财政资金支持力度，通过税收优惠等政策鼓励更多企业和民间机构投入学术理论和智库建设的"理论粤军"崛起工程；促进城乡区域文化协调发展，加大财政文化投入力度，补齐人均公共文化财政支出短板的区域文化整合升级工程；整合传统文化教育资源，引导社会、市场多种资源力量多层次、立体化开展参与传统文化教育的优秀传统文化活化工程等。

一　广东机遇：新一轮格局变动的来临

　　2035 年将呈现一个"不一样的世界"[①]。肇始于 2008 年的全球金融危机标志着世界进入新一轮的经济社会周期转换中，未来世界面临新的重大不确定性，同时也孕育着新的伟大可能性。

　　文化将呈现怎样的"不一样"？美国从全球地缘政治出发，认为 2030 年左右随着"个人崛起"，人的价值需求发生转变，社会面临更加矛盾的意识形态环境，意识形态冲突加剧；对于快速发展的社会而言，处理好文化传统与西方意识形态的紧张关系是摆在它们面前的核心任务。[②]《联合国 2030 可持续发展议程》则"第一次在全球层面承认了文化创意和文化多样性在应对可持续发展挑战中的关键角色"[③]。迹象表明，2035，文化将发生深刻变动。如果将文化发展置于新一轮工业革命的视野下观察，就会发现，在新技术的形塑下，文化越来越走向人类生产生活舞台的中心，以创意、知识、信息为核心的新的发展范式在全球兴起。[④] 文化资源要素的配

[①]　美国国家情报委员会：《全球趋势 2030：变换的世界》，时事出版社，2013。"变换的世界"英文原文是"alternative worlds"，也可译为"不一样的世界"。

[②]　美国国家情报委员会：《全球趋势 2030：变换的世界》，时事出版社，2013。

[③]　意娜：《"联合国 2030 可持续发展议程"下的国际文化创意产业发展趋势》，《广东社会科学》2016 年第 4 期。

[④]　联合国贸发会议主编《2008 创意经济报告》，三辰影库影像出版社，2008，第 3 页。

置方式也将发生深刻转变,文化地理①演变出现新格局。

文化地理变动意味着文化活动在地理空间上的重新定位,赋予次中心、非中心区弯道超车的难得机遇。面向 2035,广东文化发展必须抓住这一难得的世纪机遇,根据文化地理演变的新的驱动逻辑,确定自己的目标定位,抢占现代新型文化新高地。

(一) 文化地理演变:观察文化走向的新视角

相比经济变动,文化变动要缓慢得多,也更不容易被察觉和感知。这是因为,文化是人类自身编织的意义之网,是一种历史的积淀物。② 文化的发展变迁本身是一个缓慢的过程,除非社会发生激烈变革,否则很难在短期之内被感受到。文化在世代相传中保留其独特而相对稳定的性质,"是一个连续统一体,是一系列的流程"③,稳定态是其基本特征。因此,文化稳定态的打破,可以说是历史进程的重大"突破"。文化稳定态的打破,使不同国家或一个国家不同地区文化主导能力此消彼长,导致文化中心的转移与变迁,也就是文化地理的演变。从文化地理角度观察,可以有效发现文化演进发展的内在机理,把握文化发展走向。

1. 演变脉络:文化地理变动是历史的大事件

文化地理体现了文化发展中不同地区扮演的角色和地位,文化中心区意味着该地区在文化发展中占据核心位置。文化中心区可以从世界、国家、省市等不同的地理标度来确定。文化地理变动意味着原本掌握文化优势资源、占据文化支配地位、具有强大文化影响力的文化中心,被新的文化资源要素配置中心区域全部或部分替代。从这个意义上讲,文化地理演变的过程不啻为文化资源要素的重新配置,是由文化集聚力、辐射力和影响力所决定的文化中心的变化。在历史上,这种变化不会经常发生,它的出现,通常伴随着重大的历史转型和社会变动。

---

① 此处的文化地理与一般的文化地理学概念的文化地理不尽相同,一般的文化地理研究是以人文地理学的视角,从自然地理的角度研究文化。本报告的文化地理更多是借鉴经济地理概念。经济地理描述的是经济活动的空间聚集与地理变迁,文化地理则描述文化活动的空间聚集与地理变迁,强调的是"空间"而不是"自然"。

② 〔美〕克利福德·格尔茨:《文化的解释》,韩莉译,译林出版社,1999,第 5 页。

③ 〔美〕莱斯利·A. 怀特:《文化的科学——人类与文明的研究》,沈原等译,山东人民出版社,1988,第 2 页。

从中国历史来看，文化中心在南北之间展开变动。中华文明源于北方，曾是文化中心的齐鲁和关中地区，都属于北方范畴。西晋末年的"永嘉南渡"，作为中原汉族文化精英的士大夫阶层以举家迁徙的方式大量转移到南方，由此揭开汉族文化大规模南移的序幕，历经几代战乱，极大改变了中国文化的区域面貌，使中国南方尤其是江南地区逐渐成为中国的文化重心和经济中心，所谓"东南财富地，江浙人文薮"。鸦片战争使中国文化面临"千年未有之变局"。在救亡图存的需要下，作为首都的北京自然是全国文化中心；期间上海开埠，成为近代新型文化的中心。新中国建立后，各地文化机构和资源纷纷被迁到北京，确立了北京作为唯一的文化中心地位。改革开放后，中国出现新的文化地理变动现象，南方的文化聚集、辐射能力一度对北京形成强有力的挑战。

从世界历史来看，文化中心随霸权兴衰而变化。公元前 500 年前后，人类社会出现雅斯贝尔斯所说的历史轴心期，中国、印度、西方（巴勒斯坦、伊朗、希腊等地）大约同时出现文化突破，结束了几千年的古代文明。到 17、18 世纪，英国、法国等国家率先进入现代化阶段，西欧崛起，资本主义文化开始"无远弗届"，改变历史轴心期形成的文化地理面貌。伴随着第二次世界大战的胜利，美国取代英国成为世界经济文化中心，之后进入到冷战时期，美苏争霸造成美国和苏联分别成为资本主义、社会主义两大阵营的文化中心，但两大阵营下的文化地理格局没有典型意义，可看作是历史的插曲。20 世纪末冷战结束，美国作为唯一的超级大国，处于"文化霸权"地位，带来其他国家和地区的"可口可乐殖民化""迪士尼化"。进入 21 世纪，随着新兴国家的崛起，发展中国家尤其是中国在世界文化版图中的位置变得越来越重要。比如，2002 年，发展中国家的创意产品出口额为 736.9 亿美元，只有发达国家的 60%（发达国家为 1231.69 亿美元）；但到 2011 年，发展中国家创意产品出口额增长到 2278.67 亿美元，已经超过发达国家的 2225.87 亿美元。[①]

2. 演变特征：一元与多元的张力变动

文化地理的演变呈现从多元向一元、再向多元演变的趋向，一元与多元构成了一对内在张力。文化是人作为类存在的表征，具有向一体化迈进

---

① 　联合国教科文组织：《创意经济报告 2013》，社会科学文献出版社，2014，第 148 页。

的内在驱动力，文化中心不断地向一个或几个地带靠拢。以世界文化地理演变为例，在雅斯贝尔斯看来，历史轴心期形成的三个精神辐射中心，规定了人类历史的基本主题与走向，只有与这三个辐射中心发生联系的地区和民族，才算进入人类历史；与这三个辐射中心相隔绝的地区与民族，则过着原始的非历史的生活。① 1500 年前后开展的地理大发现，昭示着世界历史的开端。在文化意义上，一个与上述精神辐射中心完全不一样的现代性文化，从西欧分裂出来，成为"决定命运的全球性唯一例外"②。在资本主义文化的冲击下，传统地区的文化不可避免出现"衰落"，形成中心—边缘关系，由此带来的一元与多元的张力关系成为当今全球文化地理演变的主题。对此马克思恩格斯深刻指出："资产阶级，由于开拓了世界市场，使一切国家的生产和消费都成为世界性的了……物质的生产是如此，精神的生产也是如此。各民族的精神产品成了公共的财产。民族的片面性和局限性日益成为不可能，于是由许多民族的和地方的文学形成了一种世界的文学。"③ 在一体化的趋势下，文化中心地区不断强化对其他地区的文化输出。

但一体化不是文化演进的唯一线索，一体化因素在不断扩张的同时，也在孕育自己的相对面，特别是在全球范围内，抵制文化中心的一元化扩张，保护和促进文化多样性成为当今全球文化发展的另一条主线。倘若说，从加拿大、法国提出的"文化例外论"，到联合国竭力倡导和促进的"文化多样性"，主要是从政策干预层面对抗文化中心的一元化冲击，那么，随着创意经济的兴起，市场力量对改变传统文化地理格局的作用越来越大。在精神文化需求越来越像"空气"一样成为人们必需品的趋势下，人们的文化消费已经不满足于文化工业提供的"标准品"，而是更趋向于体验个性化、多样化的文化产品和服务。这就导致规模经济越来越不构成文化生产的优势所在，不同地区得以利用本地独有的资源要素和表现方式，创造本土优势，所以，"促成创意产业之地的动态发展并非主要中心所独有"④。

比如，自 20 世纪 90 年代以来，尼日利亚的小成本电影制作迅速发展，

---

① 〔德〕卡尔·雅斯贝尔斯：《历史的起源与目标》，魏楚雄等译，华夏出版社，1989，第 14 页。

② 〔美〕斯塔夫里亚诺斯：《全球分裂：第三世界的历史进程》（上册），迟越等译，商务印书馆，1995，第 126 页。

③ 《马克思恩格斯选集》第 1 卷，人民出版社，1995，第 276 页。

④ 联合国教科文组织：《创意经济报告 2013》，社会科学文献出版社，2014，第 71 页。

号称"尼莱坞"。其 2013 年生产的电影达到 2000 多部，仅次于印度的 3000 多部，远高于美国的 800 多部。① 正因此，联合国教科文组织批评了中心地带增长与边缘地带衰退难以逆转的悲观论调，强调创意经济不是一条孤零零的高速公路，而是各具地方特色的多重发展轨道。② 这意味着，在创意经济时代，尤其是在数字革命下，文字中心地带与边缘地带的关系面临重构，文化地理格局将出现新的变动。

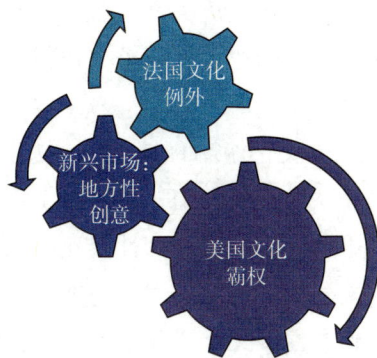

图 9 - 1　对文化一元化的对抗

3. 演变动力：三大推力的牵拉

文化地理演变不是一般性的文化变迁，而是以空间重构为主要内容的文化变动。那么，这个重构何以发生？或者说，在什么样的情况下，什么力量会驱动文化要素进行空间上的重构？从上述文化地理演变的历史脉络看，政治因素、文化形态的变革、开放接触是三个重要的推动力。

（1）政治因素。文化的内核是意识形态，这就决定文化必然首先为政治服务，文化的生产传播根据政治逻辑展开，统治集团牢牢掌控文化的主导权。同时，政治中心具有强大的资源汲取能力，文化资源尤其是文化群体内在会向政治中心靠拢。体现在文化地理上，就是政治中心与文化中心天然具有合一的倾向，所以，绝大部分国家的文化中心就是首都。同理，政治中心的变动，也不可避免对文化中心造成重大影响。比如，在中国历史上，周取代商，使得关中地区取代东部的殷商成为文化中心。东周迁都

---

① 联合国教科文组织：《文化时代——首份文化与创意产业全球地图》（2015 年），英文版，互联网数据资讯中心 – 199IT，http://www.199it.com/archives/481333.html。

② 联合国教科文组织编《创意经济报告 2013》，社会科学文献出版社，2014，第Ⅳ页。

洛阳，文化中心也就东移到豫鲁地带。战国时期，不存在统一的政治中心，齐鲁地区成为文化中心。秦始皇推行书同文、车同轨、行同伦，汉武帝"独尊儒术"，都是欲以改变政治中心与文化中心相分离的状况，文人纷纷流向京城求学，让关中地区文化地位上升。东汉迁都洛阳，长安的政治中心地位被替代，其兴起的文化景象也随之衰落，文化中心不断东移。东汉灭亡后，政治纷乱不已，文化群体开始向南方迁移，文化大规模南传。唐定都长安，重新让关中地区成为文化中心。北宋定都开封，文化中心遂转移到开封、洛阳的东西轴线上。南宋定都南方的杭州，文化中心也就彻底南迁到江浙地区。

（2）形态变革。从世界文化地理的演变看，文化中心的变动主要不在于政治变动导致文化群体从中心向外围迁移，而是文化形态发生变革，文化的内容和生产方式发生重大甚至是革命性变化，新兴文化更代表发展方向、更有生命力，新兴文化的发生地随之成为新的文化中心。最典型的是工业革命孕育了全新的资本主义文化，以宗教、神权为中心的文化结构被打破，现代文化的发生地西欧，取代前现代的传统文化中心成为新的世界文化中心。西欧文化中心地位的下降，也恰恰在于在文化向大众化转型过程中，西欧仍然投向古典音乐、后现代舞蹈、先锋诗歌等，远离大众市场；美国却在率先大力推动大众文化，并于 20 世纪上半叶横扫欧洲，结果，"大批量的大众文化有着自己特定的象征性的地理，'大众的'，其潜台词就是美国的"。[①] 如今，技术革命推动新的文化形态转型，文化、互联网、科技、制造等相互融合，世界文化地理出现新的变动，一场"文化与传媒贸易的地缘政治的激烈转变"[②] 正在发生。

（3）开放接触。通过开放接触改变一个地区的文化地理格局，本质上是新兴文化对传统文化的替代。只是，这种新兴文化并不是原生的新形态的文化，而是从外部输入。这一文化地理变动能发生的前提是，输入地与外部世界存在较大的"时代差"，外来新文化对当代具有强大的冲击力和吸引力，冲击着原有的文化结构。在这种情况下，最早接触外来文化的地

---

① 〔英〕迈克·克朗：《文化地理学》，杨淑华、宋慧敏译，南京大学出版社，2003，第146 页。

② 〔法〕弗雷德里克·马特尔：《主流——谁将打赢全球文化战争》，刘成富等译，商务印书馆，2012，第 373 页。

区，具有鲜明的示范效用，成为新的文化中心。比如，广东率先接受"欧风美雨"的洗礼，在中国文化的现代转型中扮演重要角色，从而改变南粤文化在中华文化中的边缘地位。

图 9 - 2　文化地理演变的动力驱动

（二）技术形塑：正在孕育的新一轮文化地理重构

当今世界，和平与发展成为时代主题，因政治剧变而导致文化中心迁移的概率很小；在全球化推动"世界是平的"的情况下，大部分国家和地区也不存在显著的文化时代差。在政治因素、形态变革、开放接触三个驱动因素中，唯独形态变革正在当前延展开来，成为新的时代车轮。这一轮的文化形态变革，核心是科技革命带来文化生产方式的深刻变革，文化形态越来越由技术形塑，由此冲击着原有的文化地理格局，新的文化地缘竞争加速到来。

1. 技术进步推动文化演进

人被称为"使用工具的动物"，技术、工具在文化的发展中取到至关重要的作用，"工具 × 符号 = 文化"[1]。文化与技术具有相互作用的特性，科技进步依赖于文化环境，文化进步也得益于科技推动。但相对来说，技术更处于自变量的地位，文化则为因变量，前者的变化往往导致后者的变化，甚至对后者具有决定性作用。[2] 越到现代，科技的主导作用越强。比如，技术进步带来新的文化信息载体和传播方式，冲击旧有的社会结构、符号体系和运作方式，催生新的文化形态。并且，文化的演进速度与工具的发展具有高度的正相关性。在石器时代，文化演进以万年为单位来计，农业和铁器时代以千年为单位缓慢演进，到现代科技时代，则是以百年、

---

[1]　〔美〕莱斯利·A. 怀特：《文化的科学——人类与文明的研究》，第 40 页。
[2]　〔美〕莱斯利·A. 怀特：《文化的科学——人类与文明的研究》，第 372 页。

十年、数年计。美国学者斯科尔辛格曾论述到，19世纪的林肯所熟悉的日常生活，多半也为18世纪的华盛顿所熟悉，但是要是林肯在20世纪20年代复生，面对的文化将会让他手足无措。[①]

创意经济时代，技术更是成为关键角色，它既是最基本的创意部门，又是获取和传播内容的手段。联合国贸发会议的创意经济报告就强调，所有创意或多或少包含了技术创新[②]，其对创意的定义就涵盖技术发明，提出创意是新想法的提出及其在原创艺术品与文化产品制造过程中的运用，以及功能创意、科学发明、技术创新[③]。尤其是互联网技术，以前所未有的力度和速度，引发新的生产方式、生活方式、交往方式和管理方式变革，推动创意价值链的融合。

2. 技术形塑下"文化 +"时代来临

技术对文化的形塑，最新的趋势是新一代互联网技术主导的新工业革命已进入第一阶段的爆发期，互联网从后台支撑的单一技术手段跃升为前台引领的信息生产力，使得资源配置中的物资因素的重要性相对下降，创新创意要素的重要性上升，经济发展越来越由文化层面的体验为牵引，文化的生产传播融合到不同业态中，催生出基于信息技术的新的文化生产方式。

文化消费需求由技术引爆。文化消费与物质消费不同，具有很强的不确定性，即消费主体都不知道自己需要什么，只有在消费体验之后才能明确和发掘自己的文化需求。对此，传统的文化供给只能以大投入、广撒网的方式来捕获市场，有效性差。如因为文化有效供给的不足，我国文化消费需求处于不景气状态，从1994年到2014年，全国城乡人均文化消费与人均产值的比呈现波动下降态势。[④] 在互联网时代，传统的需求——供给模式开始发生革命性的变化。互联网化追求的是满足"个体用户"的需求，使得任何产品都可以成为精神情感的载体，从而焕发出个性化的文化需求意义，其手段可以通过改变思维模式、商业模式、管理模式等来达成。比如，围绕用户需求的精确化的规模定制成为可能；参与性供给成为

---

① 〔美〕莱斯利·A. 怀特:《文化的科学——人类与文明的研究》，第369页。
② 联合国贸发会议主编《2008创意经济报告》，三辰影库影像出版社，2008，第9页。
③ 联合国贸发会议主编《2008创意经济报告》，第3页。
④ 王亚南主编《中国文化消费需求景气评价报告（2016）》，社会科学文献出版社，2016，第31页。

现实；特别是，数字时代创造了一种新的文化消费需求，围绕一个故事、一种形象、一件艺术品、一种流行文化，进行二次或多次改编开发的文化产品 IP（知识产权）式开发，将人们的特定文化需求深度引爆。

文化生产借由技术实现。"互联网＋"推动媒介融合、业态融合、内容融合、终端应用融合，不同媒介形态的内容生产，依托数字技术发挥跨平台、跨媒体优势，形成多层次、多类型的文化融合产品；同时，自出版、自传播成为重要文化生产方式。借由现代科技，传统的文化内容得以活化。比如，基于软件技术的"软件文化产品形态"，即将传统的文化产品和内容，表现为数字化的文字、图像、影像、语音呈现以及互动体验，如数字图书馆；基于硬件技术的"硬件文化产品形态"，即将新材料、新工艺、新设备等硬件技术与文化融合，形成具有科技特征的文化产品，如3D打印技术。[①]

技术文化被深度整合到相关产业中，产生跨界聚合效应。依托互联网技术，文化被贯穿到经济社会各领域各行业，整合到传统产业链、技术链、服务链的各环节，呈现出多向交互融合态势。文化要素与其他要素的融合聚合，可以优势互补，产生聚集效应、裂变效应，特别是文化的高知识性、高增值性和低能耗、低污染等特征，能有效促进相关产业的产品和服务创新，催生新兴业态。如家电、服装等传统产业，可运用个性化定制系统、柔性模块化共线生产等互联网新技术，融入时尚创意元素，形成数字时尚创意产业。

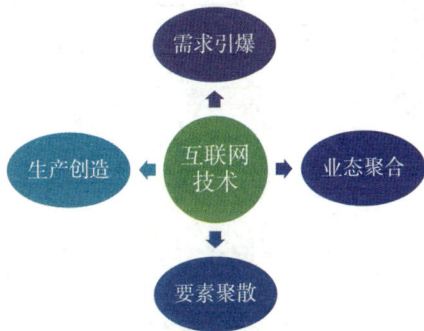

图 9 - 3　互联网技术对文化形态的形塑

---

① 参考李凤亮《文化与科技融合创新：模式与类型》，于平、李凤亮主编《文化科技创新发展报告（2016）》，社会科学文献出版社，2016。

文化要素的集散越来越依靠技术平台。当前，文化信息、人才、产品、服务、资金的交流、交易，越来越依靠网络平台和载体进行。如猪八戒网这样的创意服务交易平台，已成长为中国最大的众包服务交易平台，全球最大的威客（指在网络上用自己的头脑和技能完成其他人的任务并获得报酬的人）网站。并且，只要"一机在手""人在线上"，就可以通过"创客""众筹""众包""电商"等方式，获取大量信息、对接众多投资、分解生产制造过程、实现线上线下营销，变创意为现实。

3. 互联网技术孕育文化地理演变的新逻辑

互联网技术对文化形态的形塑，已经以令人眼花缭乱的姿态呈现在人们的面前。未来 15 年，这一趋势将不断深化，日益塑造出一个不同的文化秩序，冲击着传统文化地理格局。历史轴心期以来，宗教和神权的话语地位，决定了文化地理格局；资本主义兴起时期，制度的范式效应决定文化地理格局；大众文化兴起时期，文化工业品的市场能力决定文化地理格局；互联网时代，基于新技术的文化资源要素配置能力决定文化地理格局。

轴心期以来	·逻辑：宗教和神权话语 ·地区：中国 印度 两河流域及希腊
资本主义兴起	·逻辑：制度范式效应 ·地区：西欧
大众文化兴起	·逻辑：文化工业品的市场能力 ·地区：美国
互联网时代	·逻辑：基于新技术的文化资源配置能力 ·地区：美国 新兴国家和地区

图 9 - 4　文化地理驱动逻辑的转换

（三）当代变局：广东角色起承转换的契机

改革开放开启了中国现代化进程的大转折，随着经济社会的不断转型，政治因素、形态转变、开放接触等三个不同的驱动因素，推动中国文化地理格局往复变动，广东在全国文化版图中的位置随之起伏，并走到新的战略机遇窗口。

1. 改革开放并喻文化期：广东——通道高地、"文化北伐"

从文化变革来说，改革开放把中国带入并喻文化[①]状态，开放接触的驱动因素推动中国文化地理出现一次影响深远的变动。新中国建立后，文化与政治合二为一，自然，文化中心与政治中心也合二为一，同时，极左思潮泛滥，中国大众几乎处于自我封闭状态，文化生活只剩下"八个样板戏"。20世纪80年代国门打开后，中国人面临的是一个全新的外部世界。巨大的"时代差"使得以前的文化状态再也无法满足中国人的生活需求，人们渴望从同时代的西方文化中借鉴一些方式与准则。

在并喻状态下，哪个地区走在吸收外来文化的最前沿，处于开放通道的高地，就最有可能成为新文化的中心。正是在这一特殊时代背景下，广东以开放前沿地的优势，从中国的外围一跃走上舞台的中心，一系列文化新风新气从南粤大地吹向全国。一时间，"风从南方来"，广东在现代新文化上形成了对北京的优势。及至20世纪90年代，广东文化被誉"最强势的地域文化"[②]，"文化北伐"的论调随之而起，所谓"南人经济北伐、文化北伐、观念北伐、舆论北伐，杀声不断"。[③]

2. 加入世贸后的并喻消退期：北京——首都效应、行政红利

并喻文化具有过渡性质，"作为一种文化形式，却只能维持十分短暂的时期"[④]。1992年邓小平南行后，中国加快社会主义市场经济取向的改革开放步伐，以"奇迹"般的速度，在短短十多年的时间，大大拉近与世界的距离。以2002年中国加入世界贸易组织为标志，中国深度融入全球洪流中，经济、文化等方面的"时代差"加速弥合，并喻文化特征日益不明显。与此同时，在全方位开放格局下，全国万马奔腾，百舸争流，广东不再一枝独秀，原来由开放赋予的通道能力不再成为决定文化中心的主要因素。

在开放接触因素消退，形态变革因素没有到来的情况下，政治因素再次成为中国文化地理演变的决定因素。20世纪末以来，北京以其首都优

---

① 美国人类学家米德从文化传递方式出发，把人类文化分为前喻、并喻、后喻三种。前喻文化是指晚辈主要向前辈学习，并喻文化是晚辈和长辈的学习，主要都发生在同辈人之间；后喻文化是长辈反过来向晚辈学习。见〔美〕玛格丽特·米德《文化与承诺：一项有关代沟问题的研究》，周晓虹、周怡译，河北人民出版社，1987。

② 杨东平：《城市季风——北京和上海的文化精神》，东方出版社，1994，第525页。

③ 辛向阳、倪建中主编《南北春秋：中国会不会走向分裂》，人民中国出版社，1993，第87页。

④ 〔美〕玛格丽特·米德：《文化与承诺：一项有关代沟问题的研究》，第52页。

势，夺回曾经被广东抢占的文化话语权。21世纪头十多年，北京凭着文化资源与政治资源的叠加优势，汲取和聚集全国文化资源要素的能力越来越强大，在人才、项目以及政策审批便利等方面具有得天独厚的优势。于是，曾经"南飞"的孔雀纷纷北上，对其他地区的文化资源形成虹吸效应，全国再也没有一个地区像曾经的广东那样，对北京的文化优势地位构成几近全方位的挑战。

在北京文化地位不断强化的情况下，地方只能在细分领域取得全国性的影响力，最为著名的是浙江的横店影视、湖南的电视湘军、广东的南方报业。这些细分"冠军"的发展逻辑与北京的文化地位异曲同工，都是在该地区能够获得其他地区难以获得的政策空间。

3. 互联网时代后喻文化期：技术形塑、格局演变

新媒体时代，传统的电视、报刊受到重大冲击，中国的文化格局在孕育新的变局，时代的脉搏出现新的跳动。特别是，年轻的新生代在知识权力格局中的位置发生重大变化，日新月异的技术变革使得"前辈向后辈学习"的后喻文化形态日益显现。借助技术赋权，新生代人影响社会发展趋势的能力比以往历史时期更强大，由此导致在文化层面，其对主流文化的影响力前所未有。同时，这一新生代均为改革开放繁荣时代出生，基本没有匮乏体验，更加重视精神文化需求，具有后物质主义价值观特征。在技术形塑和世代更替的背景下，中国的文化形态趋向更新，驱动文化地理重构。北京、广东、上海、浙江这些互联网经济发达、年轻群体聚集的地区将展开新一轮竞争。

二　广东愿景：建成现代新型文化高地

到2035年，创新驱动将再造广东，广东不仅提前进入高收入阶段和中下等发达阶段，还率先实现社会主义现代化。与此相应，一个以创新创造为主题、充满创新活力的文化广东将呈现在世界面前。这一崭新的文化广东，关键在于牢牢把握中国文化地理格局变动的新趋势，抓住互联网时代文化形态重塑的新机遇，在中华文化的版图中，实现向现代新型文化高地的角色转变。

（一）在数字时代的新轨道实现弯道超车

从传统文化形态转向互联网文化形态，意味着文化发展轨道的转换，给予文化地理的次中心、非中心地区赶超的战略机遇，前者可以绕过后者在传统时代形成的"护城河"，实现"弯道超车"。在 20 世纪末的中国文化地理变动中，广东失去了改革开放初期的全国新文化中心地位；面向未来，广东要在全国文化赛跑中，对标世界主要城市，找准自己位置，在恰当的轨道上加速前进。

1. 对标世界主要城市

全球主要城市都是文化繁荣城市，有着应对未来的文化发展规划。纽约在面向 2040 年的规划《一个纽约——规划一个强大而公正的城市》中，文化发展重点是提升城市的文化素养。[①] 巴黎的"大巴黎计划"，目标是在 2030 年将巴黎建设成世界之都，确保巴黎的全球吸引力。[②] 伦敦是世界上率先把创意产业作为核心产业的城市，在一系列市长文化战略规划，尤其是《文化大都市区——大伦敦市长的文化战略：2012 及其以后》中，着眼后伦敦奥运时代，提出要确保伦敦的世界文化中心地位。[③] 东京面向 2030 年的文化发展，对内强调市民对文化的接触，对外强调要在艺术和文化方面享有国际声誉。[④] 首尔的 2030 年规划主题充满沟通与关怀的幸福城市，基于此，它的文化愿景是打造快乐的文化城市。[⑤] 香港 2030 年重在确保其亚洲首要国际都会地位，其文化策略重在增强竞争力，确立自身特色和形象。[⑥] 北京 2030 年规划意在强化首都功能，着力加强全国文化中心建设。[⑦] 上海从全球闻名城市的定位出发，予以全面提升自身的国际文化地位。[⑧]

[①] 伍毅敏：《纽约、东京最新总体规划指标体系介绍》，海外资讯网，2015 年 5 月 27 日。

[②] 梁成喜：《法国"大巴黎计划"：打造"世界之都"》，《中国文化报》2017 年 6 月 23 日。

[③] 邓智团：《伦敦文化建设：超越 2012 的文化大都市战略》，载屠启宇主编《国际城市发展报告（2012）》，社会科学文献出版社，2012。

[④] 伍毅敏：《纽约、东京最新总体规划指标体系介绍》，海外资讯网，2015 年 5 月 27 日。

[⑤] 上海市城市规划设计研究院发展研究中心：《"2030 首尔规划"概要与特点解读》，《2030 首尔规划"概要与特点解读》，海外资讯网，2015 年 8 月 24 日。

[⑥] 《香港 2030 规划愿景与策略》。

[⑦] 《北京城市总体规划（2016—2030 年）》草案。

[⑧] 荣跃明主编《上海文化发展报告（2016）》，社会科学文献出版社，2016。

表 9 – 1 世界主要城市文化发展愿景规划

城市	目标年份	目标定位	主要内容
纽约	2040	强大而公正的城市	1. 所有市民可轻易接触到文化资源和文化活动 2. 创新产业就业岗位增至 20%
巴黎	2030	世界之都，确保具有全球吸引力	1. 延伸文化版图，提升艺术魅力，如新建 270 个文化设施 2. 回归文化重心，激发创新活力
伦敦	后 2012 奥运时代	在文化领域的世界城市地位　卓越的创新文化国际中心	1. 维持全球卓越文化中心地位 2. 增进文化财富和文化多样性 3. 为创意产业提供有目的性支持
东京	2030	在艺术和文化领域享有国际声誉	提升文化设施
首尔	2030	历史源远流长、快乐的文化城市	玩味首尔悠久历史，感悟城市景观管理，共创共享丰富的文化生活
香港	2030	亚洲首要国际都会，具有独特文化体验的世界级旅游目的地	1. 平衡保育与发展 2. 创造地方特色
北京	2030	全国文化中心	建设三条文化带，加强文化遗产保护和利用
上海	2050	全球文明城市 国际文化大都市	2030：营造区域新文化； 2040：中外文化融合发展平台； 2050：世界文化交流展示中心

2. 在已有规划上前进

21 世纪以来，广东对文化发展的谋划大体可以分为建设文化大省、建设文化强省、推进文化小康三个阶段。2003 年，出台《广东省建设文化大省规划纲要（2003～2010）》，提出建设文化大省，着力点是推动文化与经济相融合，形成经济强省、文化广东、法治社会、和谐广东的四轮驱动景象。2010 年，出台《广东省建设文化强省规划纲要（2011—2020 年）》，提出根据转型升级、推动文化科学发展的要求，形成文化事业强、文化产业强、文化辐射力强、文化形象好的文化优势，建成在全国具有重要影响力的区域文化中心、发展社会主义先进文化的排头兵、提升我国文化软实力的主力省、中国文化"走出去"的生力军及率先探索中国特色社会主义文化发展道路的示范区。党的十八大以来，我国进入全面建成小康社会的阶段，广东提出 2018 年率先率先全面建成小康社会，据此，广东文化建设重在补短板，全面加强公共文化服务体系建设。

　　广州、深圳作为广东的主要城市，在广东文化发展中承担核心使命。文化强省规划纲要对这两个城市的定位是：发挥中心城市的文化引领和辐射作用，重点发展若干具有国际竞争力的大型文化传媒集团，建设具有国际一流水准的标志性文化设施和文化服务平台，努力建设成为带动全省、辐射全国、影响东南亚的文化自主创新中心、区域文化中心和国际文化名城。十八大后，省委对广州文化发展的定位是"建设成有文化底蕴有岭南特色有开放魅力的现代化国际大都市"。深圳在其 2030 城市发展策略中，着力围绕创新这个主题，提出全球先锋城市的新理想，文化层面主要聚焦于创意经济。①

表 9 - 2　广东已有文化发展规划

城市＼阶段	时间	目标定位	主要措施
建设文化大省	2003 ~ 2010	文化发展主要指标全国领先、综合实力和国际竞争居前列的文化大省	体制创新战略；文化经济战略；龙头带动战略、科技提升战略、精品推进战略、人才兴文战略
建设文化强省	2011 ~ 2020	"三强一好"，区域文化中心、排头兵、主力省、生力军、示范区	建立和完善社会主义核心价值体系、公共文化服务体系、现代文化产业体系、现代文化传播体系
推进文化小康	十八大 ~ 2018	文化小康建设走在全国前列	构建现代公共文化服务体系、实施文艺精品创作工程、加强文化遗产保护、促进文化市场和文化产业繁荣发展
广州	—	建设成有文化底蕴、有岭南特色、有开放魅力的现代化国际大都市	—
深圳	2030	可持续发展的全球先锋城市	把华强北建设成为我国创意经济的"顶级展台"

3. 制定更加聚焦、抢占数字时代的目标愿景

　　数字化时代的文化发展具有与以往不一样的演进轨道，通过上述梳理可以发现，国内外主要地区和城市的文化发展，尚未围绕这一新轨道进行系统布局。对此，广东可抓住先机，根据文化形态从传统向互联网时代转

---

① 深圳市政府：《深圳 2030 城市发展策略》。

变的趋势与要求，围绕数字化时代的文化生产，将目标愿景聚焦，以此打造核心竞争力，赢得全球文化区域竞争，在当前中国地理格局的新变动中脱颖而出，实现弯道超车，再次成为中国文化的一个中心。

据此，面向 2035 年，广东文化发展的目标愿景可概括为：打造现代新型文化高地，成为数字化时代新文化的中心。这一文化中心的文化发展特征是：高水平共享型文化、高水平创新型文化、高水平开放型文化、高度自信型文化。其主要构成为：文化资源要素的配置高地、新模式新业态的引领地、具有全球影响力的文化大湾区、现代理性精神的生长地、中外文化交流的枢纽地、中国道路海外传播的前沿地。

这一愿景体现了中国道路、时代趋向、国家使命、广东所能的统一。中国道路意味着我们的文化是沿着中国特色社会主义先进文化的前进方向，迈向现代文明；时代趋向意味着符合互联网形塑下的新的文化形态的发展要求；国家使命意味着文化发展要把握好"四个坚持、三个支撑、两个走在前列"的要求，履行好在全国发展大局中的责任担当；广东所能是从广东现有的资源基础和比较优势出发，确立的目标愿景"跳一跳能看得到、够得着"。

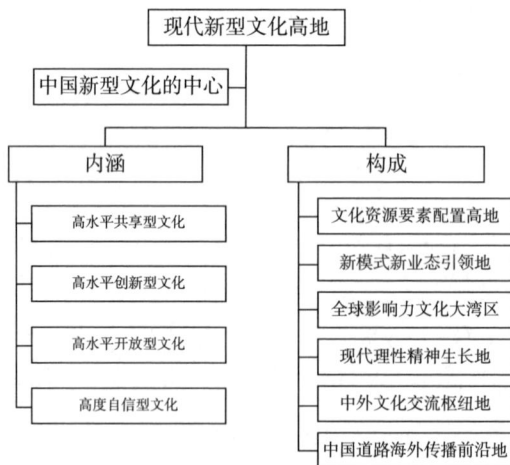

图 9－5　2035 广东文化发展目标愿景

（二）建设充满活力的文化丰裕社会

现代新型文化高地的"四高"目标，体现了广东达到发达经济体水平后，文化在引领风尚、满足需求、服务社会、推动发展上的作用，包含高水平的有效供给、强有力的文化引领、多层面的文化资本效益、显著的文化自觉提升。

1. 高水平共享型文化：从文化小康到文化丰裕

与物质需求的满足不同，精神文化需求的满足具有很强的参与特性，文化参与的过程即精神满足的过程；同时精神文化需求的满足还具有自我设定性，物质需求的满足感会更多地以他人为参照系，而精神需求的满足感则更多地来自于自我的设定与感觉，具有更加多元化和个性化的特征。充分满足文化主体需求的这些特性，就表现为文化供给方式达到高水平的共建共享。

到 2035 年，文化共建共享将由小康时期的充分保障民众基本文化权益，跃升到满足人们高水平的多样性文化需求。精神文化需求的满足可分为三个层次或阶段：第一个阶段，基本温饱状态下，人们的文化生活主要呈现为小农社会状态下的自给自足，如所谓的吹拉弹唱，基本公共文化供给比较匮乏；第二阶段，生活较为殷实的小康状态下，人们广泛享有免费或优惠的基本公共文化服务，"看电视、听广播、读书看报、进行公共文化鉴赏、参与公共文化活动等基本文化权益"得到有效保障，根据规划，到 2020 年之前，要按照公益性、基本性、均等性、便利性的要求，补齐基本公共文化服务的短板；第三个阶段，高收入丰裕状态下，大力提高公共文化服务的水平和质量，实现文化供给的人性化、多样化，使人民群众享有更加丰裕、更加优质、个性化的精神文化生活。

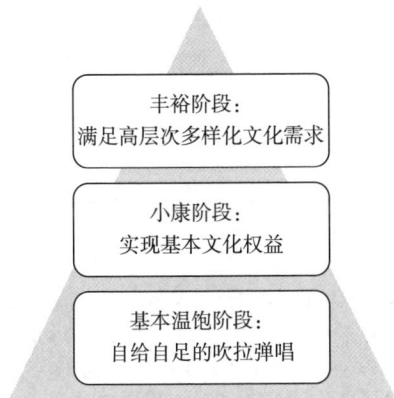

图 9 - 6 精神文化需求满足的三阶段

　　文化丰裕状态下，文化的生产和消费活力得到迸发。以近年增长趋势推算，到2035年，广东城乡居民人均文化娱乐消费支出达到1.7万元左右，占人均消费支出比重达到11%及以上，文化产业增加值达到2.6万亿元以上，占地区生产总值比重达到7.0%以上①。此外，单位公共文化设施面积服务人数、人均拥有藏书、每万人文化下乡活动群众参与人次、每万人公共文化设施的参与人次、艺术表演场馆每万人观众人次、每万农村人口农家书屋流通人次、每万户互联网用户数、每万元公共文化设施财政拨款的参与人次、每万元农家书屋投入的流通人次、每万元文化工程投入的参与人次等相关指标得到大幅提升。

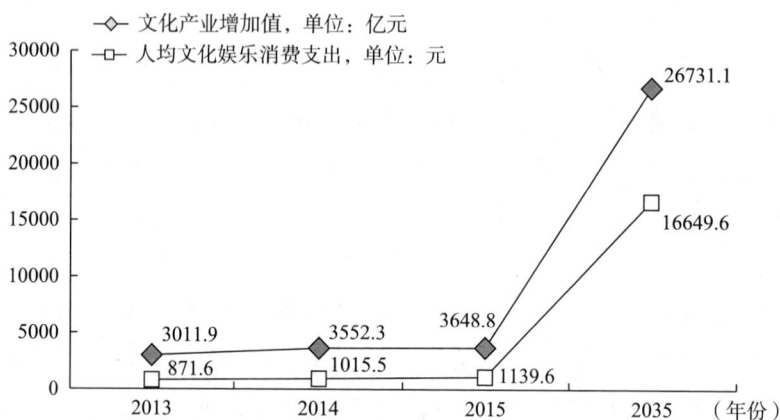

图9-7　2035年广东文化消费和生产趋势预测

表9-3　2035年广东文化发展有关指标预测

指标 \ 年份	2012	2013	2014	2015	2016	2035
人均文化娱乐消费支出（元）	—	871.6	1015.5	1139.6	—	16649.6
人均文化娱乐消费支出占人均消费支出（%）	—	5.00	5.29	5.43	—	11.4

---

①　根据国家统计局数据计算按近年年均增长速度推算。比如，2013年广东居民人均文化娱乐消费支出占人均消费支出比重为5%，2015年为5.43%，则此期间人均文化娱乐消费支出占比年增长率为4.21%，以2013年为起始，推算出2035年占比达到11.4%，在数字化时代，人们的文化消费需求被充分引爆，人均文化娱乐消费支出占人均消费支出的比重会更高。以下数据预测方法相同。

续表

指标＼年份	2012	2013	2014	2015	2016	2035
文化产业增加值（亿元）	2706.5	3011.9	3552.3	3648.8	4040.8	26731.1
文化产业增加值占地区生产总值（％）	4.74	4.84	5.24	5.01	5.03	7.24

　　资料来源：人均文化娱乐消费支出、全国文化产业增加值数据来源于中宣部、国家统计局《中国文化及相关产业统计年鉴》，广东文产业增加值及其占比来源于广东省政府媒体公布数据。其中，2016 年广东文化产业增加值为估算数据。未来，随着新媒产业飞速发展，广东文化消费及文化产业的相关指标会大幅上升。

2. 高水平创新型文化：从资源支撑到创新引领

　　广东文化产业发展状况是经济整体发展状况的反映。长期以来，广东经济主要得益于廉价劳动力和土地资源，广东的文化产业也是如此。这是因为，广东的文化产业以劳动密集型的相关层为主，处于产业链和价值链低端。比如，广东文化产业的增加值构成中，新闻出版产业增加值占有相当大比重，达到 20％ 左右[1]，新闻出版产业的增加值又以印刷复制业增加值为主（不包含数字出版），达到 90％ 左右。[2]

　　这就带来两个层面的问题。第一个层面的问题是文化产业发展方式相对粗放，体现文化产业高附加值特征的创新创意部分相对不足。比如，根据国家统计局 2015 年数据，广东规模以上文化制造企业数全国第一，领先较大，但其中有 R&D 活动的文化企业个数相对落后，不及浙江和江苏；作为文化产业核心内容的文化服务业，企业数也相对不足，不及江苏和北京；从结构看，广东规模以上文化制造企业个数与有 R&D 活动的企业个数比是 5.84∶1，明显后者占比过小，而浙江为 2.44∶1，江苏为 3.88∶1（北京与上海文化制造企业数很小，不具比较性）；从规模以上文化制造企业数与文化服务业企业数比较看，北京、上海作为大都市，都是文化服务企业数远多于文化制造企业数，分别是 0.06∶1 与 0.25∶1，广东是 1.63∶1，高于江苏的 0.94∶1，与浙江的 1.66∶1 相当。

---

[1]　根据本课题组其他相关成果，广东新闻出版产业增加值占广东文化产业增加值比重 2010 年为 19.45％，2013 年为 20.7％。

[2]　根据本课题组其他相关成果，2013 年广东印刷复制业增加值占广东新闻出版产业增加值比重为 90.5％。

表9－4　2015年广东文化及相关产业结构与主要地区比较

	广东	北京	上海	江苏	浙江
文化制造业企业数	3459（1）	179	416	2788	2284
有R&D活动企业数	592（3）	35	70	719	936（1）
文化服务业企业数	2121（3）	2881（1）	1651	2976	1372

资料来源：《2016中国文化及相关产业统计年鉴》；"（）"内表示全国排名；数据均指规模以上企业数。

第二个层面的问题是，文化对其他产业和领域的推动促进作用相对不足，尤其是全社会创新意识还有待提高。文化是地区持续竞争力的根基，改革开放初期形成的广东文化中心地位之所以逐步失去，根源还在于广东文化底蕴相对欠缺。这同样体现在广东整体产业的发展影响上。进入21世纪，一段时期，相比江浙地区，广东面临的持续发展压力加大，一个重要原因就是有利于持续创新发展的区域文化氛围还没有充分形成。

面向2035，广东建设高水平创新型文化，就是要改变广东文化发展中制造业比重过大、创意相对不足、创新精神有待提升的状况，形成创新驱动、创意引领的文化格局和发展状况。其一，文化领域的科技活动、文化创意服务领域加速发展，文化制造的科技含量大大提高，创意因素大大增强，创新、创意、制造形成相互促进的良性循环，既有强大的文化生产能力，又有强大的文化创新能力，规模、结构和质量整体优势明显增强。其二，全社会形成敢于创新、善于创新的浓厚氛围，具有创新特质的企业家群体广泛涌现，形成"解放思想，先行先试，开拓进取，领潮争先"的思想文化环境。

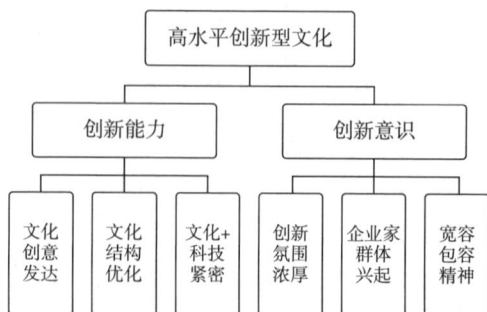

图9－8　2035广东高水平创新型文化构成

3. 高水平开放型文化：从规模优势到平台优势

在不同时期，开放优势的内涵不同。改革开放初期，开放优势表现为前文所说的"时代差"，即先开放地区最先接触和引进模仿国外的先进做法、经验和产品，与国内后开放地区形成"时代差"。正是得益于此，广东成为先发地区，经济规模成长为全国第一，文化领域也如此。比如，广东文化产业增加值连续 13 年全国第一，约占全国文化产业增加值的 1/7；就连电视领域，虽然从市场份额和影响力看，湖南、浙江、上海、江苏等占据全国地方第一集团，但就生产规模而言，广东独占鳌头，2015 年全年制作电视节目时间 334712 小时，远高于第二名山东的 221502 小时，以及湖南的 136246 小时，江苏的 189430 小时，浙江的 162601 小时，上海的73454 小时。

表 9 – 5　广东文化产业增加值占全国比重情况

单位：亿元

	2012 年	2013 年	2014 年	2015 年	2016 年
广东	2706.5	3011.9	3552.3	3648.8	4040.8
全国	18071	21870	24538	27235	30254
占比（%）	14.98	13.77	14.48	13.40	13.32

资料来源：全国数据来源于《2016 中国文化及相关产业统计年鉴》，广东数据来源于广东省政府公布。

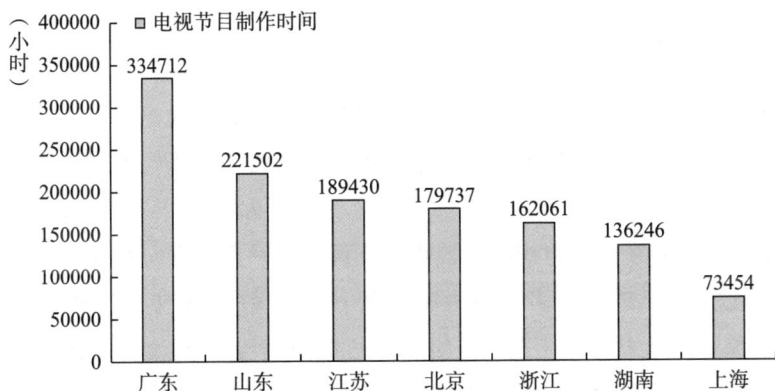

图 9 – 9　2015 年主要省市电视节目制规模

但初期开放优势形成的规模优势，主要靠的是模仿能力，自我创新的含量不高，这就导致规模大不一定效益高，更不等于具有相应的平台影响力。如广东的电视节目制作时间总量全国第一，但其"含金量"严重不足，每小时电视节目的广告额仅有 1.62 万元，不仅远低于湖南的 8.22 万元，上海的 7.99 万元，浙江的 6.51 万元，甚至不如山东的 2.08 万元。

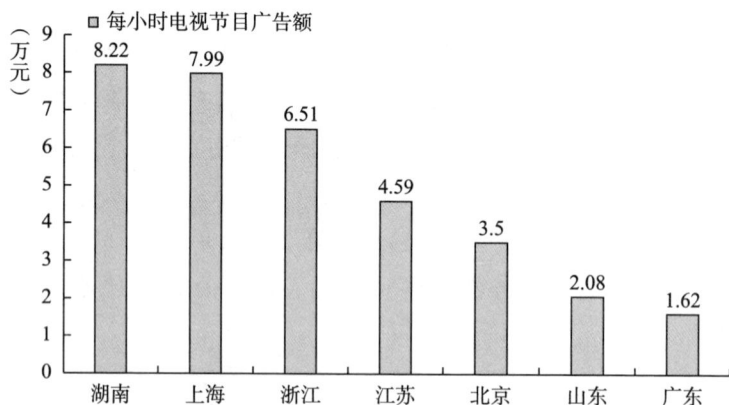

图 9-10 2015 年以每小时广告额衡量的主要省市电视平台影响力

表 9-6 2015 年主要省市电视领域相关指标比较

	广东	湖南	上海	浙江	江苏	北京	山东
电视节目制作时间（小时）	334712	136246	73454	162061	189430	179737	221502
电视广告收入（万元）	543287	1120281	586831	1054868	869088	620022	460370
每小时电视节目广告额（万元）	1.62	8.22	7.99	6.51	4.59	3.5	2.08

资料来源：《2016 中国文化及相关产业统计年鉴》。

因此，面向 2035，广东必须赋予开放优势新的时代内涵，以开放优势赢得平台优势。互联网时代被称为平台时代。互联网革命重构了组织形态，信息技术与制造技术的融合使分散式和社会化生产方式部分替代"集中生产、全球销售"的传统生产组织模式，超大公司将向平台化方向发展，小型公司和个体化的组织越来越多，与大型公司相互依赖，形成一个创新创业网络，资源要素越来越依托平台型组织和机构进行全球流动。并且，平台能力越强，吸引资源要素的能力就越强，地区创新创业的机会就越多，形成马太效应。这就决定，互联网时代的开放优势，不是简单体现在比其他地方先一步模仿国外先进经验和做法，而是能够融入全球的创新创业网络当中，具备全球性的资源要素聚集能力，形成全球性的平台影响力。

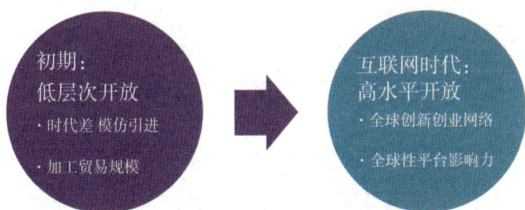

图 9 – 11　面向 2035 广东开放型文化内涵演变

4. 高度自信型文化：从文化焦虑到文化自信

由经济发展与文化发展不协调带来的文化焦虑，一直是广东文化的显著"症候"。早在 20 世纪八九十年代，广东各界就对广东"经济大省、文化沙漠"的说法开展长期的抗辩。[①] 到了 21 世纪，改革开放早期形成的广东原有的一些优势艺术门类，如流行音乐、影视作品等，优势逐渐丧失；一些著名的文化艺人"北飞"现象比较普遍。在这一背景下，广东各界又从另外一面表现出对广东文化发展的高度焦虑，即从"抗辩"转向了"反思"。2009 年广东开展建设文化强省大讨论，一个焦点话题就是广东文化竞争力的衰退。

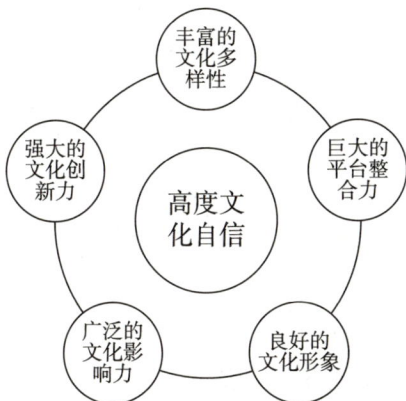

图 9 – 12　2035 年的广东文化自信

展望 2035 年，随着广东占据互联网时代新型文化的制高点，广东将迎来文化全面大发展局面。届时，广东对自身文化的认识有全新的眼光，文化自信有了扎实的现实基础，文化焦虑得到根本缓解，一种高度自信的文

---

① 李宗桂等：《文化精神烛照下的广东——广东文化发展 30 年》，广东人民出版社，2008，第 3 页。

化自主意识洋溢在南粤大地。

（三） 成为新型文化潮流的领导者

现代新型文化高地是互联网时代中国文化的一个中心极，表明广东在新的文化经济格局中的领导者角色。在互联网时代，文化的经济属性更加显性地从文化的政治属性中分离出来，文化更加独立地按照经济逻辑运行，政治格局对文化格局的影响力被弱化，市场因素对文化格局的重要性上升。政治因素与市场因素的一降一升，无疑让中国的文化地地理格局更加具有多中心化的可能。届时，北京作为首都，毫无疑问仍然会是中国的文化中心，但其垄断性地位，会受到新兴市场力量的挑战。广东作为现代新型文化高地，在文化经济化的过程中，扮演着与北京不一样的功能角色，承担着自己应有的国家使命与时代责任。

1. 文化资源要素的配置高地

这一定位是文化高地的当然之义。能否成为文化资源要素的配置中心，是衡量一个地区是否是文化高地的根本标志。"高地"的核心含义是对资源要素的配置力，文化高地本质上就是文化资源要素的配置中心，某种程度上说，文化高地和文化资源要素配置中心是同义语。改革开放初广东之所以成为新文化的一个中心，就在于流行文化元素在广东汇集和扩散，广东成为流行文化资源要素的配置中心。后来广东文化中心地位的衰落，根本也在于资源要素不再经过广东集散，广东在文化上无法产出名家名作，而北京则相反，以其独有的政治资源与文化资源优势，成为文化资源要素的配置中心。

面向2035，广东必须利用互联网对文化形态的重构，重新塑造和强化自己的资源要素配置中心地位。正如前文所说，互联网形塑下的文化，核心要素是技术和产业化能力，哪个地区的创新能力更强，更具有产业化可能性，资源要素就会向哪个地区汇集。所以，广东建成现代新型文化高地，就意味着创新创意方面的人才、项目、资金在广东汇集、交易、转化。

2. 新模式新业态的引领地

这一定位是广东作为新型文化高地的核心要义所在。现代新型文化的主要表现就是新型文化业态、新型商业模式、新型市场组织等，他们孕育着互联网时代的文化经济增长点和增长极。就当前而言，"互联网＋文化"

还处于初步开展中，产业要素、价值链条的革命性重组还在孕育，新的技术路线、组织模式、市场结构远未成形，未来处于重大不确定中。在新一轮重大变革的孕育期，地区文化竞争不能局限于传统的已有的格局，而必须跳出存量，着眼增量，在增量领域领潮争先。

广东作为现代新型文化高地，地区活力的最主要表现就是新模式、新业态、新技术不断涌现，成为全国乃至全世界的变革风向标、"领潮人"。改革开放初期，广东引领潮流在于率先引进国外的现代文化，其"新"是对国内其他地区而言；未来广东再次成为领潮者，则在于自身的创新能力，其"新"是对于时代、对于世界而言，影响的不再只是全国，而是全世界。

3. 具有全球影响力的文化大湾区

这一定位是粤港澳建成世界级大湾区的必然选择。广东建设现代新型文化高地，港澳是重要依托，必须放在粤港澳大湾区的大格局下审视。2017 年的《政府工作报告》正式提出建设粤港澳大湾区城市群，表明这已经上升为国家战略。粤港湾大湾区不是以往粤港澳合作的简单继续，而是从全新的战略层面，以世界眼观来打造中国参与全球竞争的世界性经济带，与国家的"一带一路"倡议相呼应。全球性经济带处于国际经济区域发展的高端形态，协调和控制着全球信息、知识、货币和文化的流动。全球性区域的形成，必然会要求文化也要作相应提升，打造有较高美誉度和较强吸引力辐射力的世界级区域文化中心。因此，建设粤港澳大湾区，就必须推动大湾区向世界级的区域文化中心演变。

在"文化＋"成为世界经济发展的新趋势和持续增长新动力的背景下，大湾区建设也内在要求把大湾区打造成具有世界影响力的文化中心区或文化带。粤港澳是中国文化多样性最为丰富的地区，也是文化国际化程度最高的地区，如广东，不仅广府文化、潮汕文化、客家文化在海外具有巨大影响力，还是国际创新、制造中心，香港则是亚洲国际大都会，澳门是世界旅游休闲中心，三地构成了有机的文化生态网络。面对具备其他华语地区难以比拟的文化多元景观，现代新型文化高地就内在包含大湾区要形成全球性的文化要素聚集与辐射能力，成为世界性文化集散地、全球文化生产中心地、世界引领意义的标志性创意产业集聚区。

4. 现代理性精神的生长地

这一定位是广东推动中国思想文化进入新的文明境界的责任担当。近代以来，中国文化开启了现代转型，传统文化必须在现代视野下进行创造性转化、创新性发展。在这个过程中，广东发挥了关键作用。近代以前，广东文化一直在"夏/夷""中心/边缘"的视野中定位。近代，广东成为中西思想文化的交汇地、中国近现代思想的策源地、时代潮流的"风向标""解放思想、改革开放"时代文化精神的先声地，广东真正在中国思想的历史舞台上占据了重要位置，"沿海/内地""南方/北方"等新的观察视角随之确立。当前，中国面临各种思想文化相互激荡的形势，广东则成为这一思想激荡格局中的交锋区和敏感带。回顾这一历史脉络，可见广东在中国思想文化格局的历史演变中经历了边缘地—交汇地—策源地—交锋地的角色变迁。

当下，中国已进入现代化关键阶段，不仅需要加快经济转型升级步伐，社会文化层面也需要向社会主义现代化方向迈进。从广东的思想文化气质看，南粤文化与中国传统的"中原文明"有鲜明差异，后者重乡土、等级、正统、大一统等观念，广东则有民主、自由、平等、博爱、包容、务实、竞争、开放等观念，具有平民倾向的世俗文化、市民文化、商品文化，加上毗邻港澳，比全国其他地区更有优势在引领中国现代文化精神走向上有所作为。因而，广东的思想文化也要以现代文化精神为坐标，加快自我革新，形成开放、崇文、理性、文明的现代文化新气象。

5. 中外文化交流的枢纽地

这一定位是广东所具有的特殊区域文化功能。毗邻港澳的地缘特点，使广东文化在全国文化格局中具有鲜明特色，近代以来成为中西文化交流的重要桥梁。改革开放以来，广东的这一文化特质得到进一步发挥和发展，成为中华文化走出去的重要先锋和通道。历史的源流和文化地理路线决定了广东在中华文化对外传播及中西文化交流中必须担当重要的特殊使命。

广东承担这一使命，也是由文化传播的要素禀赋所使然。从文化的传播看，一个地区的文化得以被世界所认识，主要依靠的是侨民的迁徙、语言的传播、境外旅游者的来访、日常媒体的报道、文化产品的出口、各种国际活动的举行、以及对留学生的吸引等。这几个指标互为条件、互相依托，共同标示着一个地区文化在世界范围内产生的影响力。广东在这几方面，相比于国内其他地区，优势明显。如广东籍华人遍布世界，文化活跃，人才辈出，目前祖籍为广东的海外华侨华人约有 2200 万，占全球华侨华人总数的 80%。粤方言使用人口日益增多，具有一定的国际化色彩，目前世界使用粤语的人口已超过 8000 万，海外使用粤语的人数约为 900 万。所以，广东在传播中华文化、打造中外文化交流的枢纽地方面，具有足够的地位、潜力和能力优势，责无旁贷。

6. 中国道路海外传播的前沿地

这一定位是广东在新时代中国特色社会主义理论话语的创新发展上，必须承担的重大使命。伴随着我国硬实力的强大，话语权这一软实力的强大已经显得刻不容缓。在国际综合国力竞争更趋激烈的情况下，话语权日益成为国际争夺的核心。话语权越大，意味着设置议题、引导议程、控制舆论走向的能力越强，也就越能应对他人的话语攻势；相反，缺乏话语权，就会"有理说不出"。当前，西方国家还在加紧对我国社会主义成就进行歪曲污蔑，有的国家则对强大的中国显得不适应，产生种种误解。因而，面对"西强我弱"的国际舆论格局，我们迫切需要从理念、内容、体裁、形式、方法、手段、业态、体制、机制等方面，全面加强国际传播能力建设，提升讲好中国故事、中国道路、中国理论的能力与水平。

广东作为现代新型文化高地，必须以现代新型文化形态，将中国故事、中国道路、中国理论传播好，发挥独特作用。广东作为先发地区，具有改革开放、中国道路的典型性，能起到突出的窗口效应，讲好中国故事、中国道路、中国理论，尤需讲好广东故事、广东经验。同时，广东又是文化新业态、新产品的中心，有条件以现代风格、科技手段、全媒体形式，构建对外话语传播体系，从而引导国内外人们更加全面客观地认识当代中国、理解中国特色。

三　广东优势：赢得新型文化竞争的条件支撑

随着地区文化竞争赛道的转变，各地的资源禀赋条件需要重申审视。在政治因素驱动的赛道上，最重要的资源禀赋条件是政策资源的占有和便利，对此北京得天独厚；在技术形塑驱动的赛道上，创新型的资源禀赋条件变得更加重要，北京、上海、广东、浙江、江苏等各有所长。得益于在全国率先加快发展方式转变，在新的赛道上广东已经占据较好的起跑位置，最具有成为现代新型文化高地的潜力。

（一）新型文化发展潜力评估三要素

从文化发展角度对各地资源禀赋条件进行衡量，是一个文化发展潜力的评估过程，也可以说是基于未来的文化竞争力的评估。文化竞争力的评估指标，由文化竞争的时代逻辑决定。本报告是对互联网时代文化发展趋向的分析，面向互联网时代的文化竞争，需要有新的比较视野、评估体系，来回答广东何以成为这一竞争的领跑者。

1. 基于趋势和潜力的评估思路

从趋势和潜力的角度，对一个地区的文化发展状况进行评估，与相对全面的文化发展状况评估有较大差异。全面性的评估多按照评估项目的应有内容构成进行比照。如湖北大学的《中国文化发展报告》蓝皮书，从文化投入、文化生产、文化供给、文化传播和文化消费构建中国文化发展指数。[①] 潜力评估是从特定角度对特定的文化资源和文化发展状况进行评估，不等于文化整体竞争力评估，其结论只是反映特定趋势下或特定方面的文化发展能力，有可能出现一个地区整体文化竞争力不如另一个地区，但特定方面的发展潜力要领先另一个地区的情况。

地区文化发展潜力评估属于竞争力评估的一个类型。竞争力评估可以从不同角度、不同逻辑展开，具有一定的主观性。比如，有的可以基于现有发展逻辑出发，构建地区竞争力评估指标；有的可以从某一个侧面，如地区孵化能力，构建竞争力评估。文化发展潜力评估是从文化发展的潜在能力的角度进行评估，具有动态性、趋势性。

对文化发展潜力的理解不同，评估指标的设计也就不同。在地区文化发展能力评估上，最著名的是佛罗里达的"3T"模型，即技术（Technology）、人才（Talent）和包容（Tolerance）。这个指标主要是衡量城市的创意指数。与此类似的还有各种各样的创意指数。如"欧洲创意指数"包含欧洲人才指数、欧洲技术指数和欧洲包容性指数；香港大学许焯权提出的"香港创意指标"，包括四大资本形态，即结构/制度资本、人力资本、社会资本和文化资本。

---

① 江畅、孙伟平、戴茂堂主编《中国文化发展报告（2017）》，社会科学文献出版社，2017。

从互联网形塑的角度看文化发展潜力，是从互联网新型文化的逻辑去看待相关资源的存量。从可比较的角度，这一文化发展潜力的评估体系要体现以下几点。一是抓住实质要害。要真正体现互联网形态文化的驱动机制，反映的是未来的趋势。二是相对简约。指标体系不能太复杂，而应既解释力强，又简单明了。三是指标具有可比性，能以数据衡量，对确实难以量化的，也能有较为可靠的定性估算。据此，报告主要从核心资源、核心能力、基础性支撑条件来设计互联网形态下文化发展潜力评估指标。

2. 指标体系：平台资源、转化能力、基础环境

从核心资源看，创意经济的一个核心资源是媒体资源。现代媒体是文化的主要载体，电视、报刊、电台等的出现，实现了对现代文化的根本改造。美国之所以成为大众文化的领导者，与其最先形成发达的报刊、影视媒体等平台有关。进入到互联网时代，媒体格局发生革命性变革，传统的报刊、电台等受到极大冲击，网络视频、移动端媒体等成为新的重要媒体资源，大有取传统媒体而代之的态势。尤其是这两年，直播视频、移动端APP等成为人们的重要的接收载体。鉴于此，在媒体平台中，此处分为新媒体平台和传统媒体平台两类，新媒体平台权重要大于传统媒体平台。新媒体以视频网站、直播视频、音频平台、社交APP来分类；传统媒体则仅以电视为代表。

从核心能力看，互联网时代最重要的是将文化与各类业态相结合，实现产业转化的能力。文化转化是实现文化与经济、科技以及新媒体等的深度融合，达到文化资源的创造性转化和创新性发展。其中，与其他文化发展评估体系的最大不同是，本指标体系十分重视制造能力在文化发展中的作用。这是因为，在新型文化下，文化广泛融入经济各个领域中，互联网＋制造业＋文化成为重要的产业发展趋向，文化能否转化为现实的生产力，越来越取决于制造能力。基于此，转化能力聚焦于两个方面：一是产业基础。此处的产业基础不是文化产业的基础，而是对文化要素具有转化能力的产业支撑。结合互联网时代背景下文化创意产业对于小规模、定制化、多样性的发展需求，文化转化最核心的能力是智能制造。机器人制造体现了当下智能制造的技术发展态势，在此以机器人制造作为观察对象。二是孵化能力。制造能力体现的是产品生产能力，孵化能力体现的是创意从想法变为现实的能力。地区孵化能力是一个地区创新能力的综合体现，是该地金融、人才、技术等多方面情况的一个集中表征，孵化能力强，说明该地区其他创新要素也较好。

从基础支撑看，主要是有利于创新创意的基础性环境。一是文化素养支撑。地区文化素养是该地区文化底蕴的根基。一般而言，人的文化素养与人的教育水平高度正相关，在此可利用六普数据中每10万人具有大学程度的人口占比，来衡量地区的文化素养。二是法治支撑。法治环境决定了该地区的营商环境。从文化角度来说，关键是地区的知识产权保护能力，可采用2016年各地知识产权指数作评估。三是环境支撑。文化创意群体是对生活质量较为看重的人群，因而地方的生活品质对吸引文化人才显得越来越重要。其中，空气质量是关键的一个因素，在此可采用重点城市的PM2.5年平均浓度情况作评估。

平台资源	转化能力	基础支撑
·新媒体：视频网站、直播平台、音频平台、社交类平台 ·传统媒体：电视	·产业基础：智能机器制造 ·孵化能力：区域孵化能力	·素养支撑：每10万人具有大学程度的人口占比 ·法治支撑：知识产权保护 ·环境支撑：空气质量

图9-13　文化发展潜力评估指标体系

3. 指标体系设计说明

本指标体系设计采用了一种有别于传统的全新设计，进行的是特定文化发展能力的区域比较，因而需要注意以下两个方面。

一是由于获取原始数据较为困难，指标计算时利用了大量的间接数据，这些数据已经进行了一次技术处理，因而当进行二次技术处理时，相对值在进行标准分转换时会加大结果的偏离度（使得强者越强，弱者越弱）。在个别指标上，这种偏离回带来观感上的冲击，与人们的直观结果似乎存在较大出入，但总体而言，不影响评估结果。

二是本指标设计的初衷是预测新型文化发展的潜力（即未来空间），有些指标围绕文化发展的外部环境和制度条件进行设置，并不完全直接针对文化发展的现状，因此评估结果主要对未来趋势、潜力的评估，并非对发展现状的完全情况判断。

表 9 - 7 地区文化发展潜力评估指标体系

一级指标	二级指标	指标解释	赋分原则
平台资源	新媒体平台	选择 2016 年各地视频平台、直播平台、音频平台和社交平台的数量及用户活跃度	平台资源占 35 分。其中新媒体权重为 60%，电视权重为 40%
	传统媒体平台	传统媒体平台以电视为代表，按每小时电视广告额表现平台的价值影响力	
转化能力	智能制造能力	2016 年各地智能机器制造公司数量	转化能力占 35 分。其中智能机器制造公司数量权重为 25%；区域孵化创新能力权重为 75%
	区域孵化能力	2016 年各地重要区域的孵化创新能力得分	
基础支撑	素养支撑	六普数据中，每 10 万人具有大学程度的人占比	基础环境占 30 分。其中人才支撑权重为 40%；法治支撑权重为 30%；环境支撑权重为 30%
	法治支撑	2016 年各地知识产权保护指数	
	环境支撑	重点城市的 pM2.5 年平均浓度情况	

（二）地区文化发展潜力分类比较

根据全国各省市经济文化发展基本情况，本报告筛选出北京、上海、浙江、江苏这四个地区，与广东进行新型文化发展潜力比较。首先要说明的是，北京、上海属于城市，而广东、浙江、江苏属于省，包含区域大不相同，因而在很多数据上不具有可比性。为此，对全地域比较可比性差的指标，本报告以各省份的重点城市数据情况作为该省的数据，并进行标准化处理。创意经济是典型的城市经济，主要机构、资源基本都集中在核心城市，以重点城市数据表示省份数据，不仅实现了同类型比较，使得各省市之间的可比性增强，还不影响省的实际情况。据此，最后统计结果显示，广东标准分数达到 69.80，大大高于其他地区（这里存在前文所说的偏离度问题），显示广东最具有潜力成为新型文化的引领者。具体情况如下。

1. 平台资源

本报告测量平台资源的指标有两个：一是京沪粤苏浙所在省市新媒体平台企业的数量，二是传统电视媒体平台的数量。其中，在新媒体平台中，主要分为视频、直播、音频、社交等四类，并根据各自的产业平台承载能力，分别赋予 40%、30%、20%、10% 的权重。相关数据来源于《2017 一季度中国 app 排行榜》①，从排行榜的前十名中，对属于这五个地方的企业进行标准分处理，企业个数也进行标准分处理，再经过加权处理，得出最终标准分。以下数据也采取类似方式进行指数计算。统计结果表明：广东的平台资源仅次于上海，标准分为 0.130。其中，广东在新媒体方面一枝独秀，上海胜在传统媒体即电视媒体的平台影响力。

（1）新媒体平台情况

视频平台类，广东虽然只有 1 家，但在活跃度上得分最高（当然，之所以分值与北京差距较大，也与其所采用的标准分换算有关）；直播平台

表 9 - 8　平台资源比较

省份	新媒体平台标准分	传统媒体标准分	加权后的汇总分
上海	0.061	1.261	0.541
广东	1.077	− 1.290	0.130
浙江	− 0.486	0.668	− 0.024
北京	0.251	− 0.537	− 0.064
江苏	− 0.921	− 0.101	− 0.593

注：加权原则依照新媒体占 0%，传统媒体占 40% 进行，最终得到加权汇总标准分。

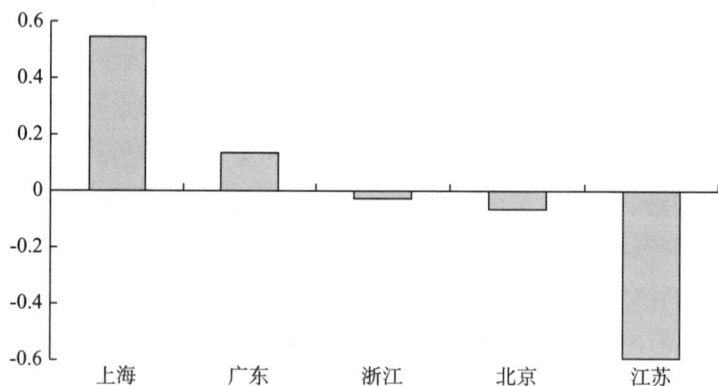

图 9 - 14　平台资源比较

---

① 数据来源：《2017 季度中国 app 排行榜：共享单车、视频、新闻资讯等领域，谁才是老大？》，36kr，http://36kr.com/p/5070880.html。

类，广东有 3 家平台机构入选，仅次于北京（4 家），但活跃度的优势也比较明显，以虎牙、YY 等为代表的广东直播平台一直为全国行业的翘楚；音频平台类，广东虽然在平台数上占先（3 家，其中荔枝 FM 属于行业的领导者），但在用户活跃度上明显弱于上海，位居第二；社交平台类，广东虽然排名前 10 的平台总数（3 家）不如北京（6 家），但以腾讯 QQ 为代表的平台在用户活跃度上"一骑绝尘"，带动广东整体表现领先其他地区。

表 9 - 9　视频、直播、音频和社交类平台资源比较

省份	视频类平台得分	直播类平台得分	音频类平台得分	社交类平台得分	加权后汇总得分
广东	1.389	0.956	0.451	1.439	1.077
北京	0.563	0.099	- 0.070	0.100	0.251
上海	- 0.299	- 0.229	1.521	- 0.551	0.061
浙江	- 0.692	- 0.215	- 0.503	- 0.438	- 0.486
江苏	- 0.692	- 1.423	- 0.813	- 0.551	- 0.921

注：加权原则依照视频类平台占 40%，直播类平台占 30%，音频类平台占 20%，社交类平台占 10% 进行，最终得到加权汇总标准分。

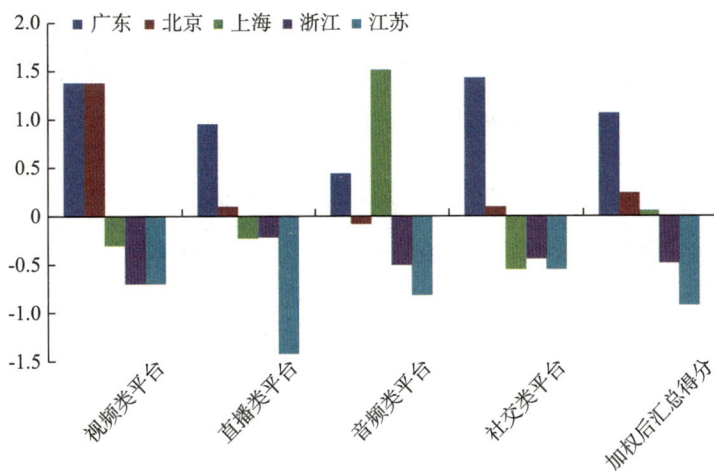

图 9 - 15　视频、直播、音频和社交类平台资源比较

（2）传统媒体平台

本报告以电视行业作为传统媒体平台的代表，并将"每小时电视节目广告额（万元）"作为评估指标。统计结果显示：广东的传统电视媒体业最为弱势，在五地比较中排名最后。

表9-10　电视平台比较

	每小时电视节目广告额	标准化得分
上海	7.99	1.26077
浙江	6.51	0.66803
江苏	4.59	-0.10093
北京	3.5	-0.53747
广东	1.62	-1.29040

2. 转化能力

本报告测量转化能力的指标主要有两个：一是智能机器制造公司的数量，二是区域孵化创新能力指数。结果显示，广东在文化转化能力上表现突出，位居第一。这既与广东世界制造基地的地位密切相关，也与广东近年创新能力突飞猛进紧密相关。这两者又是相互促进的。广东已经进入了以产业集群为基础的产业互联网时代，目前已有330个产业集群，有着产业发展的先发优势。并且，珠三角中小企业比较多，而长三角的特点是大型企业、外企比较多。中小企业创造的创业机会更多，例如高校研发出的技术，在长三角可能只能找到十几家转化企业，而在珠三角能找到上千家，选择面更大，也有利于科技持有者优化其产业布局，也就是说，珠三角在创新层面的竞争更充分。[①]

表9-11　文化转化能力比较

省份	智能机器人公司数标准化得分	区域孵化指数标准化得分	加权后汇总得分
广东	1.37355	0.458	0.870
江苏	0.61105	-0.255	0.135
上海	-0.22980	-0.118	-0.168
北京	-1.14898	0.383	-0.306
浙江	-0.60582	-0.376	-0.479

注：加权原则按照智能机器人公司数占45%，区域孵化指数占55%进行，最后得到汇总的标准分。

其中，在智能机器人制造公司数量上，广东以总量658家领先于其他

[①] 邓江年：《330个产业集群连成珠三角，这是广东创新优势》，《时代周报》2017年6月1日。

四地,排名第一,优势明显。

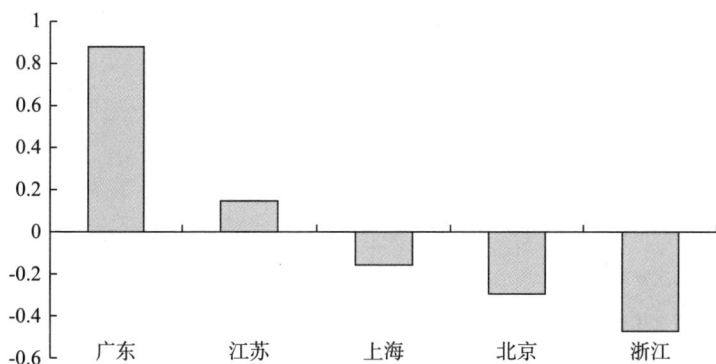

图 9 - 16 转化能力比较

表 9 - 12 智能机器制造公司数情况

省份	公司数量	标准化得分
广东	658	1.37355
江苏	512	0.61105
上海	351	-0.22980
浙江	279	-0.60582
北京	175	-1.14898

注:数据来源于 OFweek 工控网,2016 - 05 - 19。

在区域孵化能力方面,广东的综合指数排名最前,北京、上海位居第二和第三。其中,排名前 20 的全国"行政区"当中,广东有 6 个入选,在京沪粤浙苏五地中数量最多;在孵化能力指数上,广东深圳的南山区和北京海淀区分别以前两名身份遥遥领先于其他地区,成为区域孵化能力最强的行政区代表。最后,通过对"智能机器公司数量"及"区域孵化能力指数"两个数值的加权汇总,广东排名最先,江苏、上海、北京、浙江分居其后,表明广东在文化转化能力上算得上是全国最有潜力的区域。

表 9 - 13 中国区域孵化能力排名

行政区	孵化能力指数得分	孵化能力指数得分标准分
深圳南山区	87.58	2.62645
北京海淀区	84.0	1.99994

续表

行政区	孵化能力指数得分	孵化能力指数得分标准分
上海浦东区	74.78	.38643
苏州工业园区	74.7	.37243
上海徐汇区	73.77	.20967
杭州滨江区	72.62	.00842
深圳福田区	70.88	-.29608
深圳宝安区	70.70	-.32758
广州黄埔区	70.50	-.36258
南京江宁区	70.49	-.36433
深圳龙岗区	70.01	-.44833
北京朝阳区	69.77	-.49033
杭州西湖区	69.57	-.52533
无锡新吴区	67.40	-.90509
广州天河区	67.22	-.93659
上海杨浦区	67.16	-.94709

资料来源：广东省社会科学院《2016中国区域孵化能力评价研究报告》。

表9-14 孵化能力比较

省份	区数	区数标准分	孵化指数标准分	加权后汇总得分
广东	6	1.70403	0.0425	0.458
北京	2	-0.73030	0.7545	0.383
上海	3	-0.12172	-0.1169	-0.118
江苏	3	-0.12172	-0.2989	-0.255
浙江	2	-0.73030	-0.2584	-0.376

3. 基础支撑

结果显示，广东的基础性支撑也处于领先位置，说明广东对新型文化的资源要素吸引能力是相对较好的。

从每10万人中，大学程度占比情况来看，排名自先到后依次为北京、上海、江苏、浙江、广东。广东排名倒数第一，可见从学历教育看，广东的居民文化素养相对落后，是广东的短板。这与广东高等教育总体比长三角、北京等地落后相一致。

表 9 – 15　基础支撑比较

省市	法治支撑标准分	人才支撑标准分	环境支撑标准分	加权后汇总得分
广东	1. 167	– 0. 808	1. 348	0. 629
浙江	0. 685	– 0. 697	– 0. 113	0. 031
江苏	0. 195	– 0. 550	– 0. 027	– 0. 095
上海	– 0. 891	0. 554	0. 244	– 0. 117
北京	– 1. 156	1. 501	– 1. 453	– 0. 448

　　注：加权原则按照法治支撑占 40%，人才支撑占 30% 和环境支撑占 30% 进行，最后得到汇总的标准分。

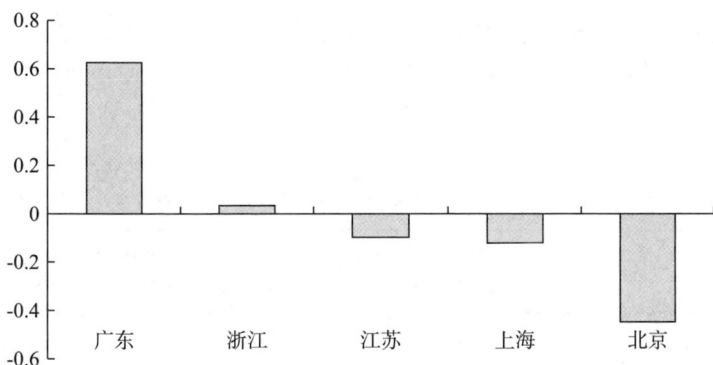

图 9 – 17　基础支撑比较

表 9 – 16　每 10 万人中大学程度占比情况

省市	占比情况（%）	标准化得分
北京	31. 499	1. 50065
上海	21. 952	0. 55418
江苏	10. 815	– 0. 54992
浙江	9. 33	– 0. 69714
广东	8. 214	– 0. 80778

　　资料来源：各地 2010 年第六次全国人口普查公报。

　　从知识产权保护指数情况来看，广东排名最靠前，并在数值上远远高于其他四地，这表明广东的法治意识和制度化水平相对高，具有比其他地区更好的营商环境。

表 9 - 17　知识产品保护情况比较

省市	知识产权保护指数	标准化得分
广东	80.05	1.16709
浙江	78.08	0.68488
江苏	76.08	0.19533
上海	71.64	− 0.89147
北京	70.56	− 1.15583

资料来源：国家知识产权局《2016 年知识产权保护指数地区排名研究报告》。

在环境支撑方面，从 2016 年 PM2.5 年平均浓度指标来看，广东的主要城市深圳、广州明显优于上海、北京，以及江苏的南京、浙江的杭州。这说明在一线城市中，广东地区具有环境的比较优势，这是吸引文化人才的重要"砝码"。

表 9 - 18　京沪粤浙苏 2016 年 PM2.5 年平均浓度

所属区域	2016 年 PM2.5 年平均浓度 （微克/立方米）	环境优秀率标准化得分 （以 PM2.5 年平均浓度为依据）
广东：广州、深圳	36.1	1.34757
上海	45.0	0.24438
江苏：南京	47.9	− 0.02653
浙江：杭州	48.9	− 0.11250
北京	72.5	− 1.45292

（三）广东优势与挑战并存

总体来看，广东在新型文化发展上的潜力处于绝对领先的位置。经过加权后的总得分上，广东达到 69.80，上海为 3.67，浙江、江苏、北京均为负值。虽然由于数据的偏离度原因，各地数据差异显得过大，但是总体态势上，符合本报告的研究逻辑和经验观察。可见，广东有充足理由能够建成现代新型文化高地。

表 9－19　地区新型文化发展潜力比较

省市	平台资源标准分	转化能力标准分	支撑条件标准分	加权后汇总分
广东	0.130	0.870	1.160	69.80
上海	0.541	－ 0.168	－ 0.313	3.67
浙江	－ 0.024	－ 0.479	0.055	－ 15.96
江苏	－ 0.593	0.135	－ 0.026	－ 16.81
北京	－ 0.064	－ 0.306	－ 0.966	－ 41.93

注：加权原则按照平台资源占 35 分，转化能力占 35 分和支持条件占 40 分进行，最后得到汇总的标准分。

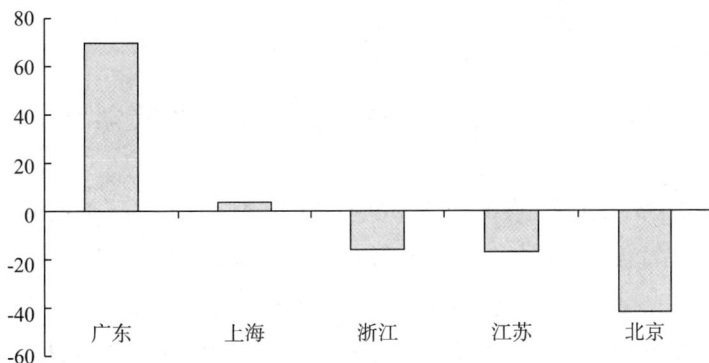

图 9－18　地区新型文化发展潜力比较

1. 优势基础有待拓宽

广东的优势既有面的均衡因素，也有某个点的特殊因素。比如，从特殊因素来看，广东的媒体平台优势实际上主要是腾讯的带动效应。腾讯作为巨无霸的平台型互联网企业，与阿里巴巴一起，构成了对其他互联网平台企业的绝对优势。但相比阿里巴巴，腾讯的媒体属性、文化属性更为浓厚。反过来，如果没有腾讯，则广东的优势会大大削弱，这也说明，广东的发展基础还有待拓宽。

2. 各地仍具相对优势

各地的实际情况并不像数值上显现得那样，与广东有着显著差距。上海看似落后于广东，实际在于其作为一个城市，缺乏制造业依托。但如果把上海放到整个长三角的角度上去审视，则上海的劣势被极大缩小。从这个角度看，上海是最有可能在新型文化上对广东构成挑战。

北京排在最后，不是表示北京将失去文化中心地位，而仅仅表示在发展新型文化上，北京有着明显的短板。北京的落后，除了缺乏制造业依托外，还在于其环境上的显著劣势，北京的 PM2.4 浓度年均值在上海、江苏南京、浙江杭州和广东广州、深圳中是最高的。事实上，每到秋天和冬天，北京居民需要面临沙尘暴、雾霾等恶劣空气，对生活和工作造成较大困扰。这就使得对生活品质有自己追求的文化人员，加大了离开北京的可能。反过来，其他地区有了"挖"北京人才资源的契机。浙江和江苏的落后，更多在于其近年在创新驱动上转型不如广东。但是，江苏的人才资源和文化底蕴，浙江的文化以及阿里巴巴的平台效应，都对广东构成"威胁"。总之，面向 2035，广东建设新兴文化高地态势良好，但也面临挑战，需要从战略上、政策上积极进取开拓。

四　广东抓手：抓住文化未来的政策创新

面向 2035，中国文化地理演变的新趋向对各地带来了新的政策挑战。新的地理变局意味着新的秩序重构，一旦一个地方在新一轮秩序重构中被边缘化，则又将在较长一段时期内被锁定在落后版图。因而，对于各地政府来说，政策是否够快、够准、够力度，成为重大考验。广东具有先行一步的良好基础，但也面临激烈竞争，要打造现代新型文化高地，必须牢牢抓住技术形塑与创意创新活力这关键因素，根据互联网时代的文化发展趋势来确立全局性、前瞻性兼备的清晰战略，按照文化的特殊性要求来提升文化政策的精准性，实施带动效应强的重大工程。

（一）以前瞻性战略下好先手棋

站在数字时代的山峰谋划未来的文化战略，需要牢牢抓住新型文化的演进机理，既体现时代趋势，又彰显广东优势，掌握发展的主动权，下好互联网新形态文化发展的先手棋。

1. 数字化战略：开辟广东文化崛起的新主战场

数字化战略表明广东文化发展要聚焦的主要文化类型，以期形成互联网形态文化看广东的局面。这意味着，广东对自身文化形象的打造，要跳出围绕传统岭南文化做文章的固有思路，从过去视野中跳出来，将眼光投向正在孕育的数字化新文化。长期以来，广东文化给人的固有印象，主要是传统岭南文化的代表性符号，如靓汤、美食、粤剧、南派舞狮、岭南画派等。广东对自身文化形象的强化，主要也是不断打造、输出上述文化符号。不管是对"文化沙漠论"的抗辩，还是建设文化强省，着力点都离不开传统岭南文化。无可否认，重振传统对广东文化发展至关重要，这是广东文化发展的"基本盘"，但不是广东赢得地区文化竞争的"决胜盘"。相比于中原文化、江浙文化，岭南文化在底蕴上和影响力上并不占优势，若以传统决输赢，广东难以占得高位。

在互联网时代，数字化将重构文化资源，重塑文化形态，这正是广东的优势所在，也是广东弯道超车，赢得地区文化竞争的核心所在。未来文化的力量主要以数字化的方式被激发和表现出来。数字化撬动了需求，创新了生产，融合了业态，主导了传播，赢得了数字化赛跑，就赢得未来文化的高点。因而，面向2035，广东文化发展的主战场应面向数字化领域，围绕数字化时代的文化发展谋篇布局，让数字化形态的新型文化产品、文化载体主要由广东产生、在广东实现，数字化形态下的文字资源要素主要向广东汇集。

2. 平台化战略：打造最佳创新创意生态圈

平台化战略表明广东在全国文化发展格局中的功能定位，强调不求所有，但求所用。平台化战略不仅意味着广东要孕育更多更大的平台型机构，更意味着广东本身要成为具有强大要素聚集能力的大平台。从历史看，广东经济发展的平台型特征向来比较明显，与长三角相比，"客卿经济"色彩更明显。这是广东通过对自身企业家才能的评估，得出的理性选择。发展新型文化，广东同样要树立平台化思维。与京津冀、长三角相比，传统文化底蕴、文化资源、文化人才等不是广东的优势，并且，要填补这些方面的差距，非数十年、上百年慢慢培育不可。所以，广东的战略就必须是将其他地区的资源、人才吸引到广东来，让更多更好的文化项目、文化产品、文化风气通过广东产生、传播。

基于平台化的功能定位，广东建设文化高地的战略重点在于打造有利于文化资源要素向广东集聚的生态圈。传统产业强调的是成本竞争与规模竞争，地区优势在于具备廉价的资源。但新型文化强调的是创新创意，创新创意人才成为核心资源。这就对地区的创新生态提出了更高要求。从产业生态链来看，需要产业链条的完整性，尤其是转化创意的生产制造能力；从地区环境来看，要宜居、宜业、宜游"三宜"皆备，生产生活生态"三生"相融。

3. IP 化战略：抓住撬动广阔市场的关键资源

得 IP 者得天下，IP 化战略表明广东文化创造的主攻方向。未来社会，知识产权将是中国文化发展中极为重要的主题词，也是文化企业最为重要的资产。IP 是优质文化资源要素的关键载体，一头连着作品、品牌、人才等创意元素，另一头连着市场、资金、制造等生产元素，具有整体性的关联效应。因而，未来地区的文化竞争，将越来越围绕 IP 展开。把握这一趋势，广东必须率先牢牢树立 IP 化战略意识，推动更多更好的 IP 在广东产生，建立健全保护 IP 所有者权益的制度体系，增强 IP 转化能力。

4. 国际化战略：立足全球视野配置全球资源

国际化战略表明广东文化发展要开拓更加广阔的国际战略空间。对接海外是广东显著的经济地缘战略优势，文化国际化战略必然是广东的优势战略。这一国际化与改革开放初期不一样。改革开放初期的国际化，是承接国际加工贸易转移，位于价值链低端。面向 2035，广东文化发展的国际化战略，需要主动切入国际产业链和国际市场，在更高层次上参与国际分工；深度融入国际创新创意网络中，在全球范围内配置资源；加大力度"引进来"和"走出去"，提升文化多样性中的国际因素，当好传播中国故事、中国理论、中国话语的先锋队和主力军。

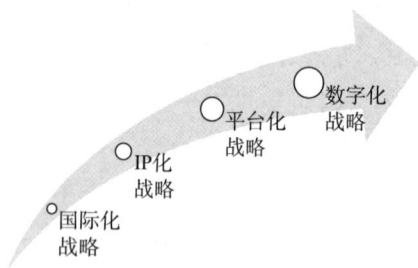

数字化战略

平台化战略

IP化战略

国际化战略

图 9-19 广东 2035 文化发展战略选择

（二）提升文化政策的精准性

随着创意经济的兴起，文化政策已经发展为一个涵盖各领域、涉及各个层面的政策体系。创意经济的关键是以创意为基点，把经济、社会、技术、自然等各个领域相连接,对产业政策、贸易政策、财政政策、法律政策、教育政策、信息政策、社会政策、城市管理政策等,均有明确需求,政策内容涉及基础设施、产业规划、贸易、市场运行、产权保护、支助补贴,以及金融、土地、人才、信息、组织机制等。在如此繁复的政策工具框中,找到那些更加契合文化尤其是文化产业的特殊性要求的原则要求至关重要,它确保政策得以精准发力。

1. 契合文化产品的不确定性特征

文化产品具有高度的不确定性特征,这对政府的政策干预能力提出了很大考验。文化产品属于体验性产品,产品的优秀与否存在天然的不确定性,不像功能性产品容易衡量。比如,功能性产品按照已经建立的技术边界,相对容易预测回报,如速度、准确度,使用产品带来的舒适,更高的效率、更节能。但对于创意产品而言,什么构成了一段吸引人的音乐,或是一个上瘾的视频,非常难以回答。所以创意产业领域往往充满这样的案例:被剔除的火鸡一飞冲天,事先不被看好的创意产品意外获得商业上的成功 。

创意产品的"不确定性"和"低成功概率",对政府产业政策的科学性、艺术性提出了高要求。在此要看到,近年来,在国家大力支持文化产业发展的背景下,选择性产业政策在文化产业领域逐渐增多,政府以一些带有计划经济色彩的直接细微的支持政策,代替市场选择,或是政府"重金"打造"精品",这些都违背了文化产品的不确定特征,不仅不利于公平的竞争环境,还导致有的领域和企业产生"政策依赖症",靠政策套利,人为催生无效文化产品大量生产。比如动漫领域,很多地区对动漫产业采取按分钟数和按播放次数进行补贴的粗放管理方式,导致不少企业将生产的动力寄托在政府补贴上,无效供给大量产生。

从文化产品的不确定性出发,政策干预需注意以下三点。一是要在机制和制度上确保可以稳定地发掘畅销作品,把微观的不确定性变为宏观的确定性。其宏观的制度安排包括对内容创造者的管制预期、版权交易机制、风险投资和金融创新制度。其微观机制包括借助风险投资、控制和分散风险,通过试错机制,捕捉低概率的具有暴利潜力的文化产品。二是要有利于充分实现已经开发的特定文化需求(具有裂变效应、链式效应、关联效应)的经济价值,确保知识产权交易的畅通和产业之间的融合,打破市场、行业、地域的壁垒。三是要强化竞争性产业政策，提升竞争的公平性。

2. 尊重消费者主权

在生产者和消费者的竞争关系中，存在着"消费者主权"和"生产者主权"的两种模式，消费者主权是生产服从于消费，生产者服从于消费者；生产者主权表现为生产者对市场的操纵，对消费者行为的控制，不是需求创造供给，而是生产创造消费。一个有效的市场应该是消费者主权和生产者主权均衡的市场，消费者利益和生产者利益都得到实现的市场。

在计划经济时代，文化政策模式是典型的生产者主权，生产者决定消费者听什么、看什么、读什么。但正如前文所述，精神文化需求的满足具有自我设定性，并不以他人的标准来衡量，因而，在生产者主权下，民众自身没有很好地成为文化供给主体，参与感无法充分实现，需求的个性化也难以满足。随着市场化的展开，尤其是互联网经济的发展，消费者主权日益彰显。比如，用户体验成为所有产业发展升级的牵引，互联网以技术赋权的形式实现了公民的自我赋权，催生出话语权力的革命。由此，作为消费者的个体，更深入地参与到文化产品和服务供给体系中来。因而，互联网时代的文化政策，要求更加注重文化生产者（政府和公共机构是公共文化的主要生产者）与消费者的互动，让公众参与到文化的治理网络中。

3. 着力文化多样性，向个体和中小微机构倾斜

正是由于创意产品的高度不确定性，所以，一个地区要经常性产生畅销文化产品，必须依赖于丰富的文化多样性。文化多样性越丰富，创意产品的创造基数就越大，捕捉成功产品的概率也就越大。反过来说，一个文化多样性贫乏的地区，几乎不可能持续性产生畅销创意作品。据此，佛罗里达在其创意指数模型中，甚至把同性恋指数、波西米亚指数作为宽容度指数的重要衡量指标。[①]

文化多样性的核心是艺术家和创意群体的多样性。艺术家和创意群体是创意的主要源泉，位于创意价值链的第一环。他们对城市和地方的主要需求是低成本的生活工作空间和地域的归属感。在都市化环境下，艺术家和创意群体面临四个方面的挑战，考验着政府的政策水平：一是地区的文

---

① 〔美〕理查德·佛罗里达：《创意阶层的崛起》，司徒爱勤译，中信出版社，2010。

化包容度。特立独行的艺术家往往不融于地区主流价值观念、文化风尚、生活习俗，容易被地区或社区所排斥。因而，如何保障非主流艺术家的生活和创造空间，考验政府的政策包容度和政策艺术。二是艺术家群体的权益保障。创意经济在组织形式上与其他经济部门显著的不同是，该部门最常见的是微型企业[①]，艺术家和创意群体往往喜欢以个体或小团体的形式存在，对于市场和资本来说，处于弱势地位，其权益特别是知识产权更容易被侵犯。因而，政府能否为艺术家和创意群体提供足够的权益保护特别是知识产权保护，也影响到地区的文化多样性。三是可持续发展机制。小众艺术往往难以经受市场的冲击，靠自身机制难以实现可持续的传承发展。这就需要政府以直接或间接的方式对艺术家提供支助和保障。四是生活和创业成本。日益高涨的都市生活成本尤其是房价和土地成本，成为制约艺术家和创意群体在大城市居住和创业的重要障碍，这就需要政府善于创造一个相对低成本的创新创业空间。

4. 走出创意城市与都市管理之间的"悖论"

创意城市是创意经济的主要空间载体，是创意群体的主要聚集地。创意城市的灵魂和核心资源是具有创新创意的人，倾向于人口结构的年轻化和多样化，也就是说，地区的创新创意能力与其移入人口数量高度正相关。如硅谷移民人口占总人口的 1/4，1/3 的高科技人员来自外来移民。[②] 深圳作为中国首屈一指的创新城市和创意之都，与其人口的年轻化密不可分，2016 年其常住人口平均年龄仅为 32.5 岁[③]。相反，日本、我国香港创新创意能力日益下降（如世界经合组织围绕全球 250 余城市专利申请做过统计，在全球最具创造力的 15 座城市中，日本连续多年未占一席）[④] 就与人口老龄化、非移入型城市特点相关。对此，有专家甚至认为，"对外来移民的开放是创意和经济增长的基石"。[⑤]

但创意城市对人口的移入性要求，与大都市管理对人口的限制性要求

---

① 联合个教科文组织：《2013 创意经济报告》，社会科学文献出版社，2014，第 8 页。

② 〔美〕理查德·佛罗里达：《创意阶层的崛起》，第 201 页。

③ 《深圳常住人口平均年龄 32.5 岁》，《深圳晚报》2017 年 5 月 22 日，http://www.sznews.com/news/content/2017-05/22/content_16274579.htm。

④ 《最具创造力城市多数在美欧》，《参考消息》，转引自网易，2013 年 7 月 12 日，http://money.163.com/13/0712/09/93ITFNJI00254TI5.html。

⑤ 〔美〕理查德·佛罗里达：《创意阶层的崛起》，第 291 页。

构成了矛盾。外来人口的增多，人口不断膨胀，不仅地对本地居民的生活和利益带来冲击，还带来一系列管理问题。在城市创意活力与城市管理效率之间，地方政府更容易走向"效率型"思维模式，强调"大交通、大枢纽、大空间"，城市构造趋向于标准化、单一化，并通过限制性措施降低城市尤其是中心区的资源与人口密集程度，从而使得城市越大，人文色彩和归属感越差。这就与创意城市的要求反向而行。因而，政府的政策必须谨慎处理两者的矛盾，推动城市向多面向发展，更具有人文包容性。

5. 确立与资本的恰当边界

文化存在的价值首先是精神意义，非货币效应，而后才是商品意义，即货币效应。文化的商品属性从属于文化的意识形态属性。不管是文化事业，还是文化产业，最终的目的是一致，都是为了"以文化人"。但市场的渗透力，又容易把文化产品导向文化的对立面，以商品的形式将文化摧毁。如近年来最为常见的地产开发与文化遗产和古迹保护之间的博弈。所以，不管是 20 世纪中期法兰克福学派的文化批判，还是 21 世纪初期 J. 里夫金提出的文化资本主义，都表现出对文化商品化的高度警惕。也正因此，联合国教科文组织对开辟文化创意发展的十条建议，第一条就是要认识到创意经济除经济效益外，也产生非经济效益，对以人为本的、包容的、可持续的发展做出重要贡献。[①]

同样，文化政策的首要目的是推动文化精神价值的实现，通过建设公共实施、提供公共文化服务、举办文化活动、给予项目资助等形式，引导社会形成积极向上的文明风尚。创意产业的兴起，让经济政策成为文化政策的重要内容，经济理性越来越深入地渗透到政策制定中。互联网时代，文化的经济价值得到更大引爆，资本的力量更容易裹挟文化政策。因而，文化政策必须平衡好文化与资本的关系，既要充分释放资本的力量，又要防止文化沦为资本的工具。

（三）开展具有强大撬动力的重点工程

从数字化、平台化、IP 化、国际化战略出发，广东可实施若干个带动效应强的重点工程，从点入手，推进广东文化的整体跃升。

---

① 联合国教科文组织：《2013 创意经济报告》，第 142 页。

1. 以"1＋X"为构想，打造粤港澳大湾区"海丝文化小镇群"工程

粤港澳大湾区"海丝文化小镇群"是从广东比较优势和地方文化特色出发，实施的具有多方战略效应的重大文化创新工程。它以粤港澳大湾区城市群为核心带，在每个城市选取若干个特色区域，按照"海上丝绸之路经济带"的区域文化特色，统筹规划，整体布局，联动打造特色文化小镇。

这一工程是四大战略的重要载体。当前，国家大力推进特色小镇建设，文化是特色小镇的重要载体。在全国各类型的文化特色小镇中，广东要突出"重围"，彰显优势，应突出"海上丝绸之路"特色。在国家"一带一路"倡议中，广东是建设 21 世纪海上丝绸之路的主力省份，具有独特的优势，广东的文化资源与"海上丝绸之路"沿线地带十分契合。打造"海丝文化小镇群"，可以以同一个文化主题，整合粤港澳大湾区各城市文化建设，拓展广东的平台影响力，打造全球性的文化带。

具体构想是"1＋X"。"1"为海丝文化小镇群的中心镇，是核心平台；"X"是基于珠三角的美丽乡村等村居，打造特定主题的海丝文化小镇的分支，与"1"构成一个有机的海丝文化小镇网络。

（1）"1"：海丝文化中心镇

鉴于广州是海上丝绸之路重要出发港，可顺应影视产品个性化制作与批量化生产相结合的趋势，围绕新媒体、新业态，配合当代中国企业走出去的战略需求，在广州或者附近进行功能与空间规划，建设一个国家级的集旅游商贸文化于一体的海丝影视文化国际交流小镇，按功能分为三个部分：微电影制作基地（拍摄景点建设规划要与海丝沿线国家和地区文化交流以及旅游休闲结合）、粤港澳文化影视创新创业园区、文化 IP 交易与人才培养平台。

①项目定位

一是中国影视业产业链资源整合平台。目前国内绝大部分微电影公司并不具备盈利能力，主要原因在于缺乏明确的市场定位、优质题材库，更缺乏整合全社会资源的模式。这也意味着社会迫切需要一个产业资源的整合者。广东是中国微电影制作的重要中心，有南方微电影大赛等三大比赛平台，每年各类题材的产量合计超过 1 万部，公司数百家，具备成为全国中心的基础。

二是大湾区文化创新先行者、粤港澳文化创业平台和人才培育交流平台。通过打造自己独特的题材创新库、制作协作网络、播出体系、评奖平台，树立品牌，形成大湾区自身竞争优势以及难以被复制的文化新业态模式。

三是中国影视文化产业总部经济园。该项目可依托港澳与海丝沿线各方，汇集国内与东南亚等20多个国家和地区的旅游文化传媒企业近千家，打造南中国文化影视产业总部经济区，中国文化海外传播交流的南中国中心，广东文化走出去的母港。

四是港澳与内地新生代青少年价值观主流形塑产品供应商。每年制作70~100部微电影，5部短影片或网络剧，可以青少年最为接受的方式和渠道，获得精神营养，特别是让香港青少年形成正确的本土观念、生活观念、国家观念。

五是岭南文化产品走向"一带一路"沿线的起飞平台。优势有：香港所具有的国际传播优势、金像奖在亚太地区影视业的影响力（可积极参评香港金像奖）、粤港人才资源以及香港政府对于本土影视制作的扶持政策（每部香港公司参与制作的电影可以获得200万~500万的成本补贴），并可在香港开办主题播出青少年节目的网络电视台。

②三大鲜明特色

一是以微电影与中短片影视制作为核心，粤港澳联合制作，围绕新生代青少年价值观，聚焦创业、励志、义工服务、学生生活、社会观察等主题。微电影已成为14~24岁青少年（约2亿人）的主流文化消费模式，具有巨大商业空间的支撑。

二是立足于新生代青少年与国际文化交流。"一带一路"战略实施迫切需要中国故事国际传播，尤其具有中国青年真实故事底蕴的微电影。

三是面向国际文化传播这一特色，打响"广东制作"影视品牌。通过系列化、规模化作品的生产，孕育具有市场号召力的大"IP"。

（2）"X"：海丝文化特色小镇

根据珠三角各地的历史文化特色，加大力度发掘、开发广东特有的海洋文化、华侨文化、移民文化、重商文化、岭南民俗风情等历史人文资源，着力对具有历史文化象征意义的标志性代表性人物、事项、思想、建筑、乡村等进行系统的梳理重造，进行主题化、整体化、系列化整合开发。充分挖掘粤港澳"近代中西文化走廊"的文化渊源和历史作用，合理开发民间艺术、民俗文化、历史文物古迹以及饮食文化等资源，形成珠三角文化品牌。

2. 创新机制，实施"大湾区创意人才"工程

人才是创意经济的核心资源，同时也是广东的相对"短板"。弥补这一短板，在加强人才培养的同时，还需要根据"不求所有，但求所用"的原则，借鉴"珠江人才计划"政策，实施引进、培育粤港澳大湾区创意人才的"大湾区创意人才"工程。

（1）探索国外特殊文化创意人才绿卡制度。着眼于国际化战略，广东应面向全球吸引优秀文化创意人才。可实施海外文化创意人才居住证制度，使海外高层次文化人才在粤享受本地市民待遇。实行与香港接轨的多国落地免签制度，鼓励所需国际创新人才扎根珠三角，并可考虑向中央政府提出率先实行外国人绿卡制度。目前有的地区的绿卡制度，主要面向高层次科技人才，门槛高、面向窄、功能小，如规定了高门槛的学历、职称、收入等，与文化人才的特点偏离较大，尤其是不符合新型文化人才年轻化的特点。未来，人才更新换代速度大大加快，广东要有勇气和魄力，创造宽松的条件，让更多年轻海外人才来广东创业就业和生活。

（2）探索灵活机制，赋予港澳人才国民待遇。相比于内地，广东具有吸引港澳文化人才的便利条件。但 21 世纪以来，随着广东文化地位的下降，越来越多的港澳人才尤其是影视人才，更倾向于"北上"发展，与广东联系反而弱化。相比内地，港澳人才的国际化视野更高，广东需要重新提升自己对港澳人才的吸引力。为此，广东必须有的放矢，针对港澳人才来内地发展的种种障碍，率先探索破解之道。比如，香港年轻人反应比较强烈的因境外人士身份而出现的创业、就业、生活等的非国民待遇问题，如公司注册、税收、教育等问题，

对此，可利用大湾区建设的契机，设立大湾区青年创业基金，目的不仅是解决创业资金问题，更重要的是通过基金这一平台，有针对性地化解港澳青年来内地创业的障碍。基金可由政府、社会团体、企业三方联合注资成立，投向种子期、天使期。围绕基金运作，完善配套政策与措施。

一是实施大湾区创业领袖计划。可有意识在高新技术、新媒体、文化创意、商务等领域，每年资助 1000 名香港大学生、创业青年来内地优秀企业（不限于广东）见习，帮助他们熟悉国内经济发展趋势以及累积商业人

脉,从中孵化出香港本地青年来内地创业的榜样人才。

二是赋予港澳青年创业企业国民待遇。如公司注册参照内地创业公司办理,实行认缴制;香港、澳门籍员工,可以享受内地大学生创业补贴、资助,住房补助等,解决子女教育;给予企业税收优惠政策,可按15%的税率征收企业所得税,个人所得税进行差额补贴,实行"港人港税、澳人澳税"。

三是编制发布大湾区青年创业指引。目前,与港澳青年来内地就业创业有关的项目、计划越来越多,对此,可编制发布一份全面系统的大湾区青年创业指引,这一指引既针对港澳青年的疑惑,又针对广东各地市政府相关部门对港澳业务的不熟悉,对港澳青年来内地创业条件、办理流程、对口部门、项目接入等问题,进行清晰指引。

(3)提升广东居民的文化素养。只有本地人员的文化素养不断得到提高,才会具有扎实的文化底蕴。经验证明,高雅艺术情趣的形成,是一个长期培养的过程,需要从儿童抓起。对此,可着力在广东尤其是珠三角,以形成高雅的文化情趣为目标,实施市民文化素养提升计划;可继续探索推广"国民文化消费卡"制度。2011年,广东推出"文化消费补贴计划"和"国民文化消费卡工程",在佛山南海等地区试点,效果不错。但因为地域发展不平衡,各地财政水平不一样,这一工程没有广泛推开。面向2035,广东要着眼长远,敢于投入,创新机制,通过财政机制,推动文化艺术进社区、进工厂、进农村,养成市民的高雅文化品位;大力引入和培育包括港澳在内的大珠三角都市圈的高端文化消费市场,形成城市的高雅文化氛围。

3. 优化布局,推进区域文化整合联动工程

东西两翼及粤东西北具有丰富的文化资源,需要与珠三角联动,进行品牌化的经营开发。同时,东西两翼及粤东西北的公共文化服务仍然是广东文化发展的短板之一,民众对文化生活的需求不断提高和欠发达地区文化投入低、设施建设标准低、利用率低、服务水平低、群众文化受惠感低等状况,需要通过区域文化整合升级加以破解。

(1)优化区域文化发展定位,强化区域联动。珠三角与粤东西北两翼文化资源具有鲜明的差异。珠三角新型文化产业发达,是创意人才、资金、项目的集聚地,粤东西北自然人文资源丰富,具有巨大的开发潜力。对此,可

借鉴产业对接的方式，建立珠三角和粤东西北文化资源对接机制，用珠三角的文化产业化能力，推动粤东西北文化产业实现跳跃式发展。

（2）实施优秀传统文化活化工程。进一步落实中办、国办《关于实施中华优秀传统文化传承发展工程的意见》，深入挖掘岭南文化要素，推进优秀传统文化的创造性转化和创新性发展，让岭南优秀传统文化"活起来"。以培育优良家风、文明社区为重心，加大对基层践行优秀传统文化传承发展工程的支持力度，充分发挥居委会、村委会、街道办、乡村文化站、农家书屋的作用，激发基层社区建设动能。在全省范围整合传统文化教育资源，引导各种社会、市场多种资源力量多层次、立体化开展参与传统文化教育。加强典型培植，精心打造一批弘扬优秀传统文化成功典型，为全省树立标杆和榜样。采用政府牵头、民办公助、多方参与等多种形式，建设一批兼具中国传统文化和岭南风韵的文化传播阵地。

（3）完善现代公共文化服务体系。在扶贫攻坚中着重扶持偏远地区文化发展，推动公共文化服务实现均等化、便利化、全面化。提升公共文化产品和服务供给水平，加快基层公共文化设施提档升级，制定公共文化服务考核指标和绩效考评制度，充分利用民间和社会资源开展公共文化服务，探索公共文化服务第三方评价机制。加强文化财政保障，全面补齐"人均公共文化财政支出"短板，要着力调整优化财政文化支出结构。加大财政文化投入力度，科学布局公共文化设施。科学划分各级政府文化事权与支出责任，创新财政投入和管理方式，提高财政资金使用效益。加大财政转移支付重点向贫困地区、革命老区、民族地区倾斜，不断优化和完善财政文化投入机制。进一步压实各级政府推进文化发展的主体责任，特别是在推进基本公共文化服务标准化方面，推进各地市制定并调整本行政区域的基本公共文化服务实施标准；在推进均等化方面，推进区域均等、城乡均等、群体均等，通过研究制定公众满意度指标，建立群众评价和反馈机制。

4. 着眼新型高端智库，开展"理论粤军"崛起工程

高端智库是一个地区文化实力的重要标志。广东要成为具有全球影响力的文化地带，就必须要有相应的高水平的高端智库。同时，地方性智库与全国性智库又有不同，地方性智库要体现地方特色，突出地方问题意识。因而，广东建设高端智库，应坚持提升国际竞赛力与强化区域特色相结合，推动综合性发展与专业性发展相结合，走专业型智库发展道路，开展区域、行业、学科特色研究，突出广东优势和特色，争取到2035年重点建成一批能够充分支持国家和区域社会经济发展，定位明晰、特色各异、规模适度、布局合理的新型智库；推出一批兼具较高学术水准和实践操作性强的战略决策研究成果；造就一支能够始终坚持正确政治方向、德才兼备、富于创新的理论科研与决策咨询人才队伍；建立一套较为完善、充满生气活力、监管科学有力的智库管理体制机制。

（1）合理布局、统筹协调、分类指导，建设多层级、多形态、多属性的广东新型智库体系。构建新型智库体系，着眼于与中央和省委省政府战略决策需求相适应，提升已有新型高端智库的建设水平，同时着力推动建成一批新的国家高端智库试点。将省内重点科研教学机构着力建设成具有广东特色的新型重点智库，推动教学培训、科学研究与决策咨询相互促进、协同发展。根据特色学科和专长，建设省级特色智库、重点研究基地，从而形成国家高端智库＋省重点智库＋特色智库和重点研究基地的新型智库体系。

（2）强化组织，夯实广东智库联盟。进一步建设好广东智库联盟（广东省哲学社会科学研究机构战略联盟），形成与新型智库体系建设与运行相适应的智库联盟工作机制，发挥好智库联盟对全省智库建设日常工作的协调、促进作用。成立广东省智库学术委员会。学术委员会是广东智库建设与发展的学术指导机构，指导督促全省智库的学术建设规划、智库人才素质提升以及智库成果鉴定、评审及推介等工作。

（3）创新平台体系建设。着力建设智库现代信息平台，形成覆盖全面、更新及时、安全高效的信息共享网络平台。积极研究利用大数据技术、云端技术，不断增强广东新型智库建设的各类平台支撑。建立智库成果转化平台，建立全省智库成果收集整理、审核报送、成效反馈制度，编辑《智库专报》《智库成果摘报》，定期报送省委省政府。完善成果推广机制，拓展多层次、多载体的成果传播渠道，充分利用新闻媒体、各种论坛、蓝皮书等形式传播研究成果。加强智库成果的社会传播，办好广东智库论坛、广东智库网、报刊"智库"专栏，编辑出版智库研究优秀成果系列丛书，鼓励应用多媒体传播智库成果。

（4）完善智库宣传推介平台。开设广播电视、报刊专栏，加大对新型智库建设的宣传推介力度，形成重视智库、发展智库的氛围。着眼壮大主流舆论、凝聚社会共识，依托省内外主流媒体，大力传播和推介智库研究的优秀成果，不断放大智库在研判形势、阐释理论、解读政策、引导公众、疏导民情等方面的影响和作用，让智库更好地传播资政好声音，集聚改革发展正能量。支持有条件的智库利用传统媒体、新媒体开设公众号、服务号，加强自身的宣传推介。

（5）健全人才体系建设。拓宽智库研究人员发挥自身才智的空间与舞台，充分落实《关于实行以增加知识价值为导向分配政策的若干意见》文件精神，允许科研人员从事兼职工作获得合法收入。科研人员在履行好岗位职责、完成本职工作的前提下，经所在单位同意，可以到企业和其他科研机构、高校、社会组织等兼职并取得合法报酬。建立健全智库专业技术人才岗位聘用职称评定等人事管理制度，建立符合新型智库建设发展基本规律的职称评定办法，智库科研成果获得省委常委一级及以上领导肯定性批示的应等同于在核心期刊上发表了学术文章。将社会智库纳入职称评定系列。深化国际交流机制改革，有计划组织新型智库体系不同层次的研究人员到发达地区、发达国家考察、学习、工作。简化智库外事活动管理、中外专家交流、举办或参加国际会议等方面的审批程序。

参考文献

意娜：《"联合国 2030 可持续发展议程"下的国际文化创意产业发展趋势》，《广东社会科学》2016 年第 4 期。

联合国教科文组织：《文化时代——首份文化与创意产业全球地图》（英文版），2015，互联网数据资讯中心，http://www.199it.com/archives/481333.html。

刘斯奋、秦朔：《"南风北上"与"北风南下"》，《南风窗》1995 年第 30 期。

深圳市政府：《深圳 2030 城市发展策略》http://www.szpl.gov.cn/main/sz3/index.html。

伍毅敏：《纽约、东京最新总体规划指标体系介绍》，海外资讯网，2015 年 5 月 27 日，http://www.china-up.com:8080/international/message/showmessage.asp?id=2575。

梁成喜：《法国"大巴黎计划"：打造"世界之都"》，《中国文化报》2017 年 6 月 23 日。

上海市城市规划设计研究院发展研究中心：《"2030 首尔规划"概要与特点解读》"2030 首尔规划"概要与特点解读，海外资讯网，2015 年 8 月 24 日，http://www.chinaup.com:8080/international/message/showmessage.asp?id=2630。

《香港 2030 规划愿景与策略》http://www.pland.gov.hk/pland_en/p_study/comp_s/

hk2030/sc/finalreport/pdf/C_FR. pdf。

《广东文化产业体系初具雏形》，《深圳特区报》2011 年 10 月 23 日。

《广东展览业位列全国第一　广州撑起了半壁江山"》，《广州日报》2016 年 7 月
　　29 日。

《深圳常驻人口平均年龄 32.5 岁》，《深圳晚报》2017 年 5 月 22 日，http：//www. sznews.
　　com/news/content/2017 − 05/22/content_16274579. htm。

《最具创造力城市多数在美欧》，《参考消息》，转引自网易，2013 年 7 月 12 日，http：//
　　money. 163. com/13/0712/09/93ITFNJI00254TI5. html。

《2017 季度中国 app 排行榜：共享单车、视频、新闻资讯等领域，谁才是老大?》，http：//
　　36kr. com/p/5070880. html。

邓江年：《330 个产业集群连成珠三角，这是广东创新优势》，《时代周报》2017 年 6 月
　　1 日。

联合国贸发会议主编《2008 创意经济报告》，三辰影库影像出版社，2008。

联合国教科文组织：《创意经济报告 2013》，社会科学文献出版社，2014。

〔美〕克利福德·格尔茨：《文化的解释》，韩莉译，译林出版社，1999。

〔美〕莱斯利·A. 怀特：《文化的科学——人类与文明的研究》，沈原等译，山东人
　　民出版社，1988。

美国国家情报委员会：《全球趋势 2030：变换的世界》，时事出版社，2013。

陈正详：《中国文化地理》，三联书店，1983。

〔德〕卡尔·雅斯贝尔斯：《历史的起源与目标》，魏楚雄、愈新天译，华夏出版社，
　　1989。

〔美〕斯塔夫里亚诺斯：《全球分裂：第三世界的历史进程》（上册），迟越等译，商务
　　印书馆，1995。

〔英〕迈克·克朗的《文化地理学》，杨淑华等译，南京大学出版社，2003。

〔法〕弗雷德里克·马特尔：《主流——谁将打赢全球文化战争》，刘成富译，商务印
　　刷馆，2012。

〔澳〕戴维·索罗斯比：《文化政策经济学》，易昕译，东北财经大学出版社，2013。

〔美〕雅克·巴尔赞：《从黎明到衰落——西方文化生活 500 年》，林华译，世界知识
　　出版社，2002。

〔美〕玛格丽特·米德：《文化与承诺：一项有关代沟问题的研究》，周晓虹、周怡译，
　　河北人民出版社，1987。

〔英〕吉姆·麦奎根：《重新思考文化政策》，何道宽译，中国人民大学出版社，2010。

〔美〕理查德·佛罗里达：《创意阶层的崛起》，司徒爱勤译，中信出版社，2010。

周薇、田丰等：《广东建设文化大省的理论与战略》，广东人民出版社，2006。

李宗桂等：《文化精神烛照下的广东——广东文化发展 30 年》，广东人民出版社，2008。

杨东平：《城市季风——北京和上海的文化精神》，东方出版社，1994。

辛向阳、倪建中主编《南北春秋：中国会不会走向分裂》，人民中国出版社，1993。

王亚南主编《中国文化消费需求景气评价报告（2016）》，社会科学文献出版社，2016。

于平、李凤亮主编《文化科技创新发展报告（2016）》，社会科学文献出版社，2016。

屠启宇主编《国际城市发展报告（2012）》，社会科学文献出版社，2012。

荣跃明主编《上海文化发展报告（2016）》，社会科学文献出版社，2016。

江畅、孙伟平、戴茂堂主编《中国文化发展报告（2017）》，社会科学文献出版社，2017。

李雪松、娄峰、张友国：《“十三五”及 2030 年发展目标与战略研究》，社会科学文献
    出版社，2016。

谢耘耕主编《中国城市品牌认知调查报告（2015）》，社会科学文献出版社，2015。

国家知识产权局：《2016 年知识产权保护指数地区排名研究报告》。

广东省社会科学院：《2016 中国区域孵化能力评价研究报告》。

中宣部、国家统计局：《中国文化及相关产业统计年鉴》，中国统计出版社，2016。

专题报告十　2035：广东绿色发展展望

从现在到 2035 年，广东仍处于绿色发展的重要机遇期，绿色发展理念逐步在经济社会各个层面和领域渗透，绿色制度也将更加系统和完善。经过不懈努力，广东大气环境质量有望率先达到世界卫生组织第二阶段标准，一个"天蓝、地绿、水清"的生态现代化新阶段即将到来，"广东蓝"将成为常态。

经济的持续发展、较高的收入水平使广东有更多的资源、技术和财力实施更大规模的产业结构和能源结构改革，清洁能源有望在各领域较大规模使用。发展方式绿色化转型将使追求经济增长与环境改善逐步实现"同步"和"双赢"。

较高的收入水平也使得广东在促进绿色发展方面拥有公众对更高环境品质需求的社会基础，获得更加充足的资金、人才和技术资源，能够更加从容地去推进环境治理、生态保护与结构优化调整。过去近 40 年技术效率提升、能源和产业结构优化已在相当程度上缓和了经济发展与环境保护间的矛盾，为广东未来实现更高水平的绿色发展积累了强大的内部资本，立足于更高的起点。

生态现代化不可能一蹴而就，广东是经济大省、人口大省、能源消费大省、碳排放和污染物排放大省，尽管近年来广东能源强度、污染物排放强度呈现显著下降趋势，但广东经济体量大，能源消费和污染物排放在高位持续的态势短期内难以彻底改变。

为了推进和加快绿色发展的进程，广东应积极实施产业结构调整、加大环境投入、完善制度体系等战略。具体做法包括：注重将创新发展与绿色发展有机结合，以技术创新加快传统产业绿色化改造，大力发展循环经济和环保产业，实现结构调整与技术提升双轮驱动绿色发展；把良好生态环境作为最公平的公共产品和最普惠的民生福祉，始终高度重视并坚定不移地推进环境质量改善，不断满足公众日益增长的高品化、多样化环境需求；建立健全环保投入机制，为生态文明建设提供充足、可持续的资金保障，扭转"强经济、弱环保"的不利局面；将原工业经济系统运行中形成的外部成本在新的生产运行系统、生活消费系统中予以"内化"，构建"环境成本内化"的制度体系。

一　先行一步　再现"广东蓝"

改革开放近40年来，广东从落后的农业省一跃成为全国第一经济大省，处于中国经济的领跑地位。在经济发展过程中，广东一直将"调结构、转方式"作为协调发展与环境关系的重要手段，充分发挥"技术效应"和"结构效应"的绿色导向作用，一定程度上减缓了经济"规模效应"对生态环境的不利冲击，逐步迈向经济发展和环境保护间"协调、双赢"道路，绿色发展水平不断提升，生态环境绩效日益显现。

（一）广东绿色发展成效

广东践行绿色发展的自然基础坚实厚重。广东自然资源禀赋良好，北倚重峦叠嶂的南岭，南邻浩瀚无际的南海，陆地面积17.97万平方公里，海洋面积41.9万平方公里。全省地貌多样，素有"七山一水二分田"之称。山地、丘陵、台地和平原的面积分别占全省土地总面积的33.7%、24.9%、14.2%和21.7%，河流和湖泊等占全省土地总面积的5.5%，农用地面积14.89万平方公里，形成了"山、水、田、海"生态要素完备的生态镶嵌结构。水资源丰富，降水充沛，年均降水总量3145亿立方米；水系发达，主要河系为珠江流域的西江、东江、北江和三角洲水系以及韩江水系等，年均水资源总量1830亿立方米。森林资源丰富，分布有亚热带常绿阔叶林、亚热带季雨林、热带季雨林等植被，湿地资源丰富，拥有天然湿地115.8万公顷，约占全省面积的1/10，是国际候鸟迁徙的重要停歇地、繁殖地和越冬地。生物多样性特点突出，物种起源古老、种类繁多。海洋资源丰富，拥有全国最长的大陆海岸线，长 4114 公里，占全国的1/5；拥有 759 个面积在 500 平方米以上的海岛，200 多个拥有深水岸线的优良港湾。

广东 30 年来的经济福利创造整体上大于环境损害。30 年来，广东主要污染物排放增长速度远低于人均 GDP 的增长（见图 10 - 1）。1985 ~ 2015 年的 30 年，广东省人均 GDP 增长 20.2 倍，而废水排放总量、生活污水排放总量、二氧化硫排放总量、工业废水排放总量和工业废气排放总量分别增长了 4.43 倍、10.4 倍、2.33 倍、1.21 倍、17.3 倍，除了工业废气之外，其余污染物总量排放均大幅低于人均 GDP 增长幅度。另外，2006 年以来，全省二氧化硫、氮氧化物、化学需氧量和氨氮排放均呈现明显的下降趋势。

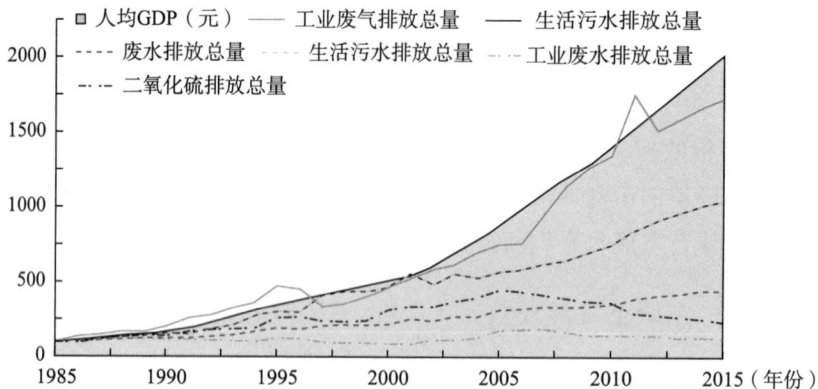

图 10 - 1 1985 ~ 2015 年广东经济增长与污染物排放总量变化的关系

注：人均 GDP 按 1978 年不变价计算。

"资源小省"撑起"经济大省"，效率提升有效减缓了发展对生态环境带来的冲击。广东是典型的资源能源约束较为严重的省份，过去十多年来，广东通过淘汰落后产能，系统推进节能改造项目，促进了全省资源能源使用效率的不断提升，以效率提升弥补总量不足的劣势。从纵向上看，2005 ~ 2015 年，广东能源消费总量和能源强度变化呈现 "X" 型走势，即随着能源消费总量的不断提升，广东能源消费强度呈现出不断下降的态势（见图 10 - 2）。"十二五"时期，广东终端能源消费总量累积上升了 19.5%，而万元 GDP 能耗累积降低了 23%。从横向上看，广东能源使用效率也位

居全国先进水平，2015 年广东万元 GDP 能耗较全国低 33%；与相同经济
发展水平的地区相比也处于较领先地位，分别较天津、上海、山东、江
苏、浙江、福建低 12.8%、5.4%、23.4%、9.6%、9.6% 和 18.1%。在
水资源利用方面，广东通过淘汰高耗水、低产值企业，不断推广应用节水
新技术，建立节水型社会等措施，有效促进了全省水资源利用效率的提
升。全省用水总量自 2010 年以后得到有效控制，总体上呈现下降趋势，
2015 年单位 GDP 水耗达到 61 吨/万元，单位工业增加值水耗达到 37 吨/万
元，2015 年广东水资源消耗强度为全国整体水平的 67%。

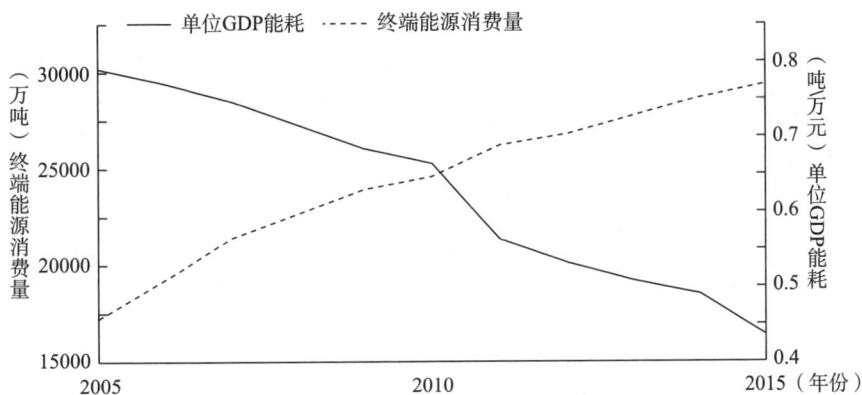

图 10 - 2 2005~2015 年广东能源消费总量和能源消费强度变化情况

"广东蓝"享誉全国，生态环境质量整体已呈现初步改善态势。2015
年广东空气质量首次全面达标。全省 21 个地级市及顺德区 2015 年空气质
量达到二级以上天数比例在 81.1%~97.5%，平均为 91.1%，同比提高
6.1%。其中，优占 46.9%，良占 44.2%；超标天数比例为 9.0%，其中轻
度污染占 8.0%，中度污染占 0.9%，重度污染占 0.1%，无严重污染。珠
三角城市空气质量达到二级以上天数比例平均为 88.4%，较上一年上升
7.4 个百分点。全省各城市 SO_2、NO_2、PM10 和 PM2.5 平均浓度、臭氧日
最大 8 小时均值为第 90 百分位数平均值、CO 日均值为第 95 百分位数平均
值，分别较 2014 年下降 27.8%、10.0%、15.0%、17.1%、6.8% 和 17.6%；
珠三角地区分别下降 26.3%、10.5%、14.5%、16.7%、7.6% 和 12.5%。
主要江河水质方面，124 个省控断面中，Ⅲ类及以上水质比例由 2010 年的
70.9% 上升到 2015 年的 77.4%，Ⅳ类水质比例由 2010 年的 13.7% 下降到
2015 年的 10.5%，Ⅴ类及劣Ⅴ类水质比例由 2010 年的 15.4% 下降到 2015

年的 12.1% 。

建设绿色广东成效明显,生态保护屏障基本形成。广东具有天然的气候优势和资源禀赋,加之近年来一轮又一轮"绿化广东"工程,截至 2015 年底,广东森林覆盖率达到 58.88%,其中,珠三角 9 市为 51.1%、粤东西北 12 市为 64.76%,森林蓄积量达到 5.61 亿立方米。同时建成包括森林生态系统、湿地水域、海洋海岸、野生植物、动物等在内的 369 个自然保护区,是全国自然保护区数量最多的省份,总面积 172.7 万公顷,其中陆域面积 134.3 万公顷,占全省陆域面积的 7.4%。2014 年全省生态环境质量 EI 指数为 77.8%,级别为优,生态屏障基本形成。"十三五"期间,广东省将继续推进新一轮绿化广东大行动,建成珠三角国家森林城市群,到 2020 年,森林覆盖率达到 60.5%,生态保护屏障进一步筑牢。

(二) 广东绿色发展水平

认清现状方能判断未来。为准确评估广东绿色发展的总体水平,以及各个领域在全国的位置,本部分构建了绿色发展综合评价指标体系,并利用指数化评价方法定量评估了广东绿色发展的五大领域(资源利用、环境治理、环境质量、生态保护、增长质量)在全国的位置,以期识别当前广东绿色发展的总体水平、优势与短板。本报告绿色发展评价指标体系及权重体系主要参考国家发改委、国家统计局、环境保护部、中央组织部等四部委于 2016 年 12 月联合印发的《绿色发展指标体系》。鉴于数据的可得性,本报告最终从该指标体系中选取了 18 个指标,为增强可比性,本报告又对部分指标进行了相对量的转换,并根据指标情况对《绿色发展指标体系》公布的权重体系进行了相应调整(见表 10 - 1)。

表 10 - 1 绿色发展评价指标体系及权重体系

二级指标	序号	三级指标	权数 (%)
资源利用 (权数 = 31.34%)	1	单位 GDP 能耗	30.00
	2	单位 GDP 水耗	30.00
	3	人均日生活用水量	20.00
	4	单位 GDP 建设用地	20.00

二级指标	序号	三级指标	权数（%）
环境治理（权数 = 18.34%）	5	主要污染物①排放总量	9.36
	6	主要污染物排放强度	9.36
	7	主要污染物人均排放	9.36
	8	主要污染物排放负荷②	9.36
	9	生活垃圾无害化处理率	25.00
	10	污水处理率	25.00
	11	环境投入占 GDP 比重	12.50
环境质量（权数 = 21.24%）	12	地表水劣 V 水体比例	50.00
	13	PM2.5 浓度	50.00
生态保护（权数 = 18.34%）	14	人均公园绿地面积	50.00
	15	建成区绿化覆盖率	50.00
增长质量（权数 = 11.04%）	16	人均 GDP 增长率	33.33
	17	城镇居民人均可支配收入	33.33
	18	第三产业增加值占 GDP 比重	33.33

表中 18 个指标数据来自 2016 年《广东统计年鉴》、2016 年《中国环境统计年鉴》、2016 年《中国能源统计年鉴》、2016 年《中国城市统计年鉴》和相关省份 2015 年环境公报。由于部分省份的部分数据不可得，相关数据用缺省值③来替代。

在计算方法上，各省份的绿色发展得分采取综合得分法，由各指标加权综合合成，即：

$$Z_i = \sum X_{i,j} Y_i$$

其中，Z_i 为 i 省份的绿色发展评价指数总分得分，$X_{i,j}$ 为标准化后的 i 省份的 j 指标的得分，Y_i 为 j 指标的权重。其中，公式中的 $X_{i,j}$ 按照最大最小值进行标准化，再转换为千分制，使各省份的各指标分数落在区间［0，1000］上，即：

---

① 主要污染物是指化学需氧量、氨氮、二氧化硫和氮氧化物。
② 指单位国土面积污染物排放总量。
③ 某省份某指标缺省值用其余省份该指标平均值来替代。

①若 j 指标的最大值为其最优值，则：

$$X_{i,j} = \frac{x - min}{max - min} \times 1000 \tag{1}$$

②若 j 指标的最小值为其最优值，则：

$$X_{i,j} = \frac{max - x}{max - min} \times 1000 \tag{2}$$

其中，$X_{i,j}$ 为 i 省份 j 指标标准化后的值，x 为 j 指标标准化前的原值。

1. 总体评价

从综合评价结果来看，福建绿色发展的综合评价以752的得分位居全国首位，其次为广东，得分为744分，略低于福建，位居全国第2位。得分位居前10位的省份分别是：福建、广东、北京、江苏、山东、江西、内蒙古、浙江、重庆和贵州。在31省份的总体评价中，广东在环境质量、生态保护和增长质量等三个领域的评价得分较高，均位列第4位；资源利用领域在全国为第11位；环境治理评价得分较低，位列第24位（见表10 - 2）。得分位居首位的福建省在各分项指标得分上较为均衡，五个二级指标得分均位居全国前10位，环境质量位居全国首位，资源利用位居全国第4位。从总体评价结果来看，广东与福建的差距主要在环境治理和资源利用两个领域，得分和排名差距较大。

表10 - 2　2015年全国31省份绿色发展指数化评价得分与排名

地区	总分	得分排名					
		综合	资源利用	环境治理	环境质量	生态保护	增长质量
福建	752	1	4	8	1	10	8
广东	744	2	11	24	4	4	4
北京	735	3	2	12	29	1	1
江苏	714	4	9	7	14	8	5
山东	697	5	7	15	21	2	10
江西	694	6	14	18	8	7	18
内蒙古	694	7	18	9	11	3	26
浙江	691	8	3	3	25	12	3
重庆	685	9	8	4	23	5	13

地区	总分	得分排名					
		综合	资源利用	环境治理	环境质量	生态保护	增长质量
贵州	667	10	19	1	10	19	6
陕西	656	11	6	5	20	14	20
云南	649	12	17	19	3	26	15
海南	640	13	24	21	2	17	11
安徽	639	14	21	2	17	11	22
广西	634	15	23	6	6	20	16
湖南	622	16	10	14	18	23	14
湖北	607	17	16	20	16	24	12
四川	603	18	20	17	19	18	21
吉林	594	19	15	27	12	21	28
河北	589	20	12	16	27	9	30
辽宁	589	21	13	23	24	16	27
河南	558	22	5	22	28	27	19
黑龙江	557	23	26	30	7	25	25
山西	539	24	25	11	26	15	23
天津	535	25	1	10	31	28	9
上海	518	26	22	13	30	29	2
宁夏	514	27	29	25	15	6	17
甘肃	503	28	27	31	9	30	29
西藏	489	29	30	29	5	13	7
青海	478	30	28	28	13	31	24
新疆	388	31	31	26	22	22	31

注:地表劣 V 水体比例:江西、四川和重庆为 2016 年数据,湖南、海南、贵州、甘肃和西藏该指标采用缺省值;西藏单位 GDP 能耗和生活垃圾无害化处理率两个指标采用缺省值。下表同。

表 10-3 给出了各指标广东现状值与全国其余几个省份,特别是经济发展水平相当省份(包括浙江、江苏、山东等省份,以下简称"对比省份")最优值的差距。可以看出,尽管广东绿色发展总体评价得分位居全国前列,但相当一部分指标与最优值仍有差距。从全国范围来看,主要污

表 10-3 2015 年全国范围内广东绿色发展各指标的差距

序号	指标值	广东现值	全国最优值	全国最优省份	与最优值差距	最优对比省份	对比省份最优值	与最优值差距
1	COD 排放总量	160.69	2.88	西藏	-5479.5%	福建	60.94	-163.69%
2	氨氮排放总量	19.97	0.34	西藏	-5773.5%	内蒙古	4.69	-325.80%
3	二氧化硫排放总量	67.83	0.54	西藏	-12461.1%	福建	33.79	-100.745
4	氮氧化物排放总量	99.69	5.27	西藏	-1791.7%	福建	37.90	-163.03%
5	COD 人均排放量	0.0156	0.078	北京	-98.5%	浙江	0.0132	-18.3%
6	氨氮人均排放量	0.0019	0.0009	北京	-120.4%	山东	0.0016	-22.6%
7	二氧化硫人均排放量	0.0068	0.0013	西藏	-408.7%	广东	0.0068	0
8	氮氧化物人均排放量	0.0105	0.0070	北京	-49.1%	广东	0.0105	0
9	COD 强度排放量	23.23	1.67	浙江	-1293.3%	浙江	1.67	-1293.3%
10	氨氮强度排放量	2.89	0.24	浙江	-1101.0%	浙江	0.24	-1101.0%
11	二氧化硫强度排放量	9.81	1.31	浙江	-647.1%	浙江	1.31	-647.1%
12	氮氧化物强度排放量	14.41	1.48	浙江	-871.8%	浙江	1.48	-871.8%
13	COD 排放负荷	8.927	0.023	西藏	-37964.7%	内蒙古	0.71	-1163.9%
14	氨氮排放负荷	3.768	0.004	西藏	-85594.7%	内蒙古	1.04	-262.2%
15	二氧化硫排放负荷	1.109	0.003	西藏	-39970.5%	内蒙古	0.04	-2698.4%
16	氮氧化物排放负荷	5.538	0.043	西藏	-12805.3%	内蒙古	0.96	-475.2%
17	单位 GDP 能耗	0.44	0.32	北京	-36.3%	广东	0.44	0
18	单位 GDP 水耗	64.05	4.54	浙江	-1310.5%	浙江	4.54	-1310.5%

续表

序号	指标值	广东现值	全国最优值	全国最优省份	与最优值差距	最优对比省份	对比省份最优值	与最优值差距
19	PM2.5 年均浓度	31	17.60	海南	-76.1%	福建	30.20	-2.6%
20	环境投入占 GDP 比重	0.45	4.24	新疆	-89.4%	内蒙古	3.16	-85.8%
21	人均日生活用水量	248.95	106.71	内蒙古	-133.3%	内蒙古	106.71	-133.3%
22	污水处理率	93.65%	96.68%	安徽	-3.1%	山东	95.77%	-2.2%
23	人均公园绿地面积	17.40	19.28	内蒙古	-9.8%	内蒙古	19.28	-9.8%
24	建成区绿化覆盖率	41.43	48.40	北京	-14.4%	福建	42.97	-3.6%
25	人均 GDP 增长率	6.36%	12.9%	贵州	-50.7%	江苏	7.48%	-15%
26	城镇居民人均可支配收入	3475	52962	上海	-34.4%	浙江	35537	-21.6%
27	第三产业增加值占 GDP 比重	57.15	79.80%	北京	-28.4%	广东	57.10%	0
28	地表水劣 V 类水体比例	8.1%	0.90%	福建	-800.00%	江苏	0.9%	-800.00%
29	生活垃圾无害化处理率	91.56%	100	上海、江苏、山东	-8.4%	江苏、山东	100	-8.4%
30	单位 GDP 建设用地面积	0.068	0.051	湖南	-32.7%	福建	0.052	-31.4%

资料来源：《广东统计年鉴 2016》《中国环境统计年鉴 2016》《中国能源统计年鉴 2016》《中国城市建设统计年鉴 2016》及各省份 2016 年环境公报。

染物人均排放和负荷排放指标西藏最优，主要污染物排放强度指标与浙江存在差距，主要污染物排放负荷指标西藏最优；从资源利用领域来看，单位 GDP 能耗、单位 GDP 水耗、人均生活用水量及单位 GDP 建设用地面积等指标分别与北京、浙江和内蒙古存在差距；环境质量相关指标广东与福建、云南存在差距；生态保护相关指标北京、山东得分最高；人均 GDP 增长率、城镇居民人均可支配收入、第三产业增加值占 GDP 比重增长质量等反映增长质量的指标分别与最优值的贵州、上海、北京有差距。从与同等发展水平省份比较来看，广东在大气污染物人均排放、单位 GDP 能耗、第三产业占比等指标上为最优值，水污染排放、水资源利用效率等指标与同等水平省份（如浙江、江苏、内蒙古等）相比仍有一定差距。

　　图 10 - 3 显示了广东与 6 个对比省份在 22 个遴选指标上的差距（4 种污染物的总量排放和负荷排放不做差距分析）。为使结果更为直观，本报告将数据进行标准化处理①，标准化之后各指标最优值为 100，最劣值为 0。最后根据广东所得值算出与最优值的差距。如图 10 - 4 所示，在同一发

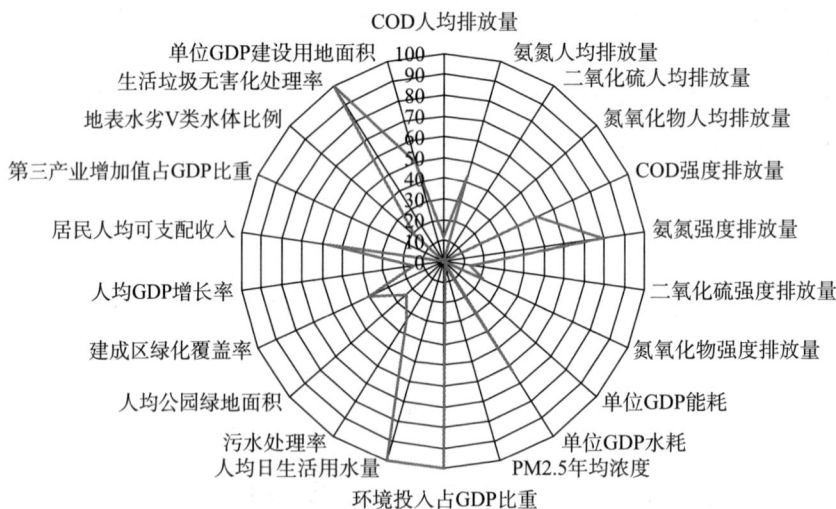

图 10 - 3　2015 年广东与同等发展水平省份最优值差距雷达图

---

① 　按最大值最小值对指标数值标准化，然后再转换为百分比。若最大值为最优值，则标准化的公式是：（x - 最小值）/（最大值 - 最小值）；若最小值为最优值，则标准化公式为：（最大值 - x）/（最大值 - 最小值）。

展水平的省份中，广东有 4 个指标为对标省份中的最优指标，分别是：二氧化硫人均排放量、氮氧化物人均排放量、单位 GDP 能耗和第三产业增加值占 GDP 比重。有 3 个指标为对标省份中最劣指标，分别是：生活垃圾无害化处理率、人均日生活用水量和环境投入占 GDP 比重。

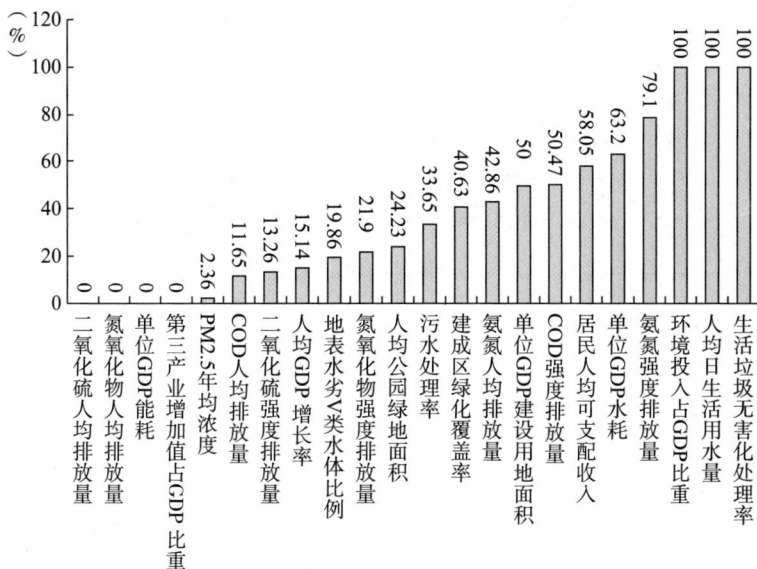

图 10 - 4 2015 年广东与同等发展水平省份最优值差距百分比

注：将指标进行标准化处理，最优值设定为 100，数值显示与最优值的差距。差距为 100，说明在所有指标中，广东该指标与对比省份相比差距最大；差距为 0 说明在所有指标中，广东该指标最优，即无差距。

2. 分领域评价

在资源利用方面，本报告选取单位 GDP 能耗、单位 GDP 水耗、人均日生活用水量和单位 GDP 建设用地面积作为资源利用类的代表指标。从图 10 - 5 可以看出，广东的单位 GDP 能耗、单位 GDP 水耗、人均日生活用水量和单位 GDP 建设用地面积分别位列全国的 2、13、28、12 位。广东单位 GDP 能耗在全国处于领先水平，仅次于北京；单位 GDP 水耗和单位 GDP 建设用地面积处于中等水平，人均日生活用水量处于落后水平，说明广东对水资源和土地资源的利用效率有待进一步提升。

环境治理领域指标包括污染物排放量（COD 排放、氨氮排放、二氧化硫排放、氮氧化物）、生活垃圾无害化处理率、环境投入占 GDP 比重和污水处理率等 4 个指标。从图 10 - 6 可以看出，广东环境投入占比在全国排

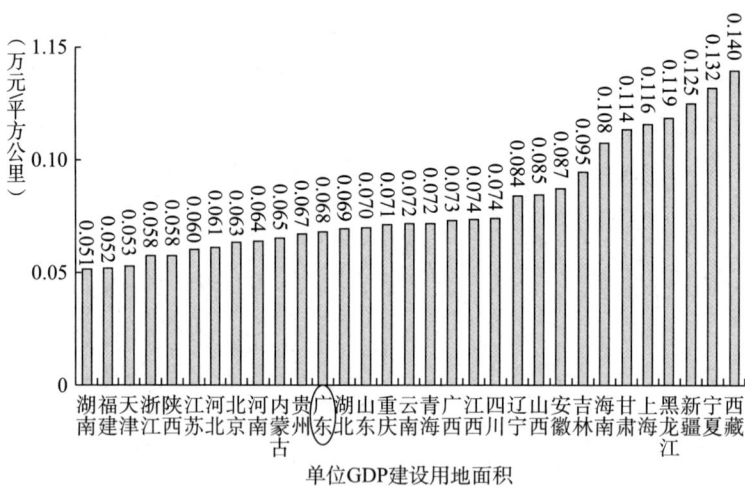

单位GDP建设用地面积

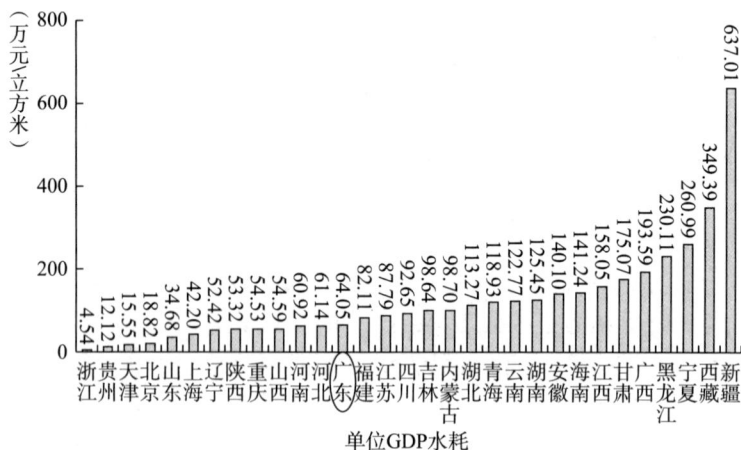

单位GDP水耗

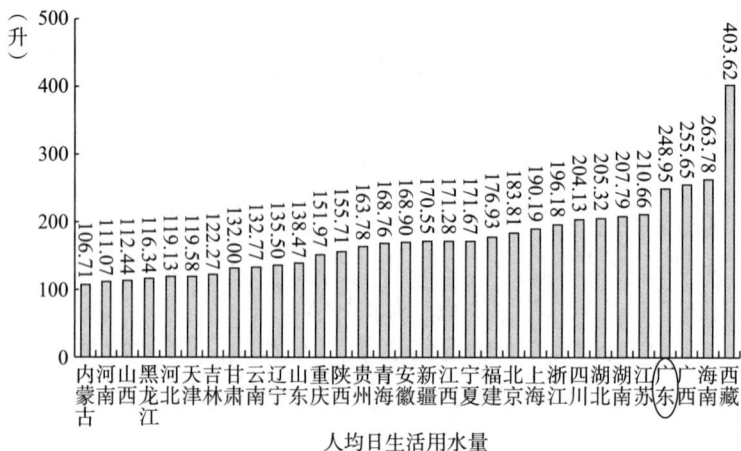

人均日生活用水量

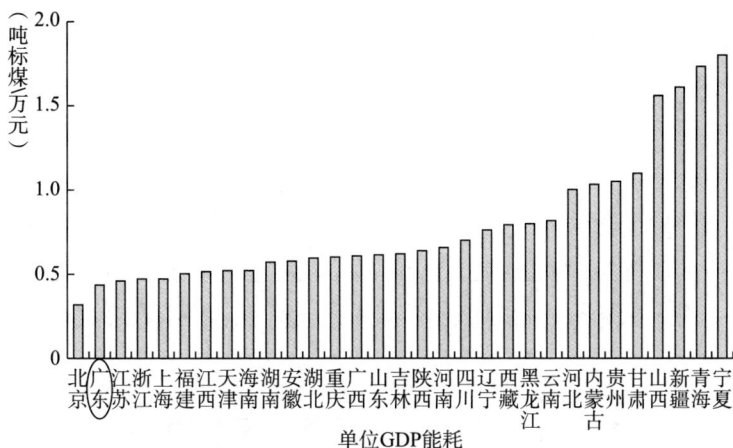

图 10－5　2015 年全国各省份资源利用类指标比较

注：单位 GDP 能耗西藏采用缺省值。

名最后一位，与广东 GDP 大省的地位极不匹配；生活垃圾无害化处理率排名第 22 名；污水处理率排名第 7 位。

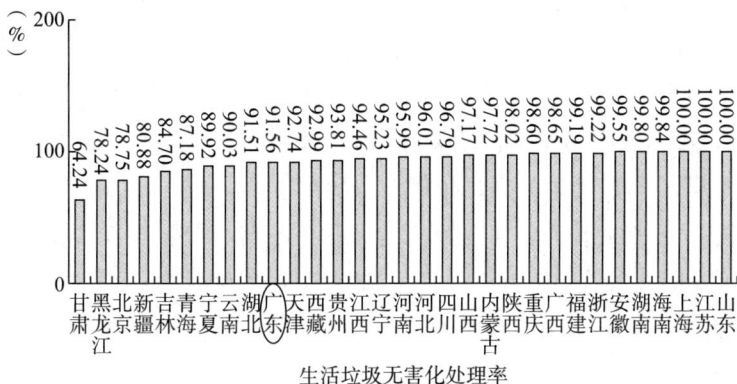

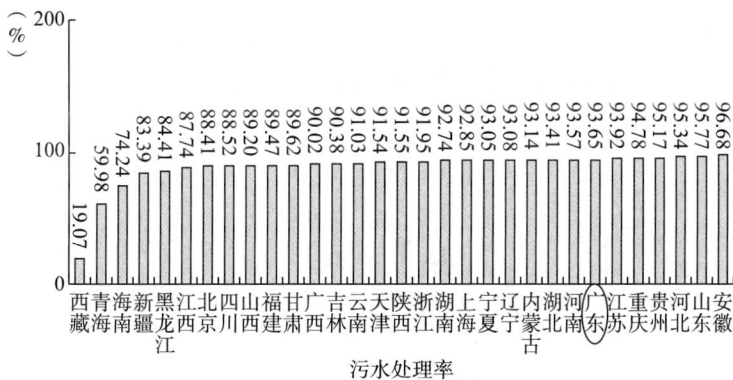

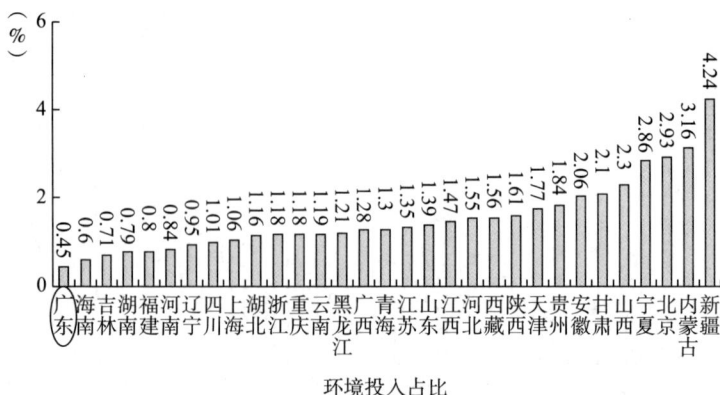

图10-6 2015年全国各省份环境治理类指标比较

注：生活垃圾无害化处理率西藏数据采用缺省值。

关于该类指标中的污染物排放主要从四个维度来展开分析：排放总量、人均排放、排放强度①和排放负荷②。

从排放总量上来看，广东位居全国前列，但低于GDP占比。广东主要污染物③的排放总量占全国比重位居前列。2015年，广东GDP达到7.28万亿元，占全国比重为10.6%；二氧化硫、氮氧化物、化学需氧量和氨氮四种主要污染物排放总量占全国比重分别为3.7%、1.5%、7.3%和8.7%，占比均低于GDP占比，显示出广东总体经济绩效大于污染损害。同时也可以看出，广东当前仍然处于污染物排放总量的高位。

从排放负荷来看，虽从全省域内来看并不高，但重点区域排放负荷较强。污染物排放负荷表征的是单位国土面积污染物排放的总量，该数值高低直接关系到一个区域的生态环境承载力。广东主要污染物（包括二氧化硫、氮氧化物、化学需氧量和氨氮）的排放负荷分别位居全国的第28、21、26和18位。尽管广东是经济大省和污染物排放大省，但从全省层面来看，广东当前污染物排放负荷并不高。但同时也应该看到，广东区域之间发展差异较大，经济活动和污染物排放在各地区之间也存在较大差距。全省主要经济活动和污染物排放均发生在珠三角区域，从全国范围来看，

---

① 排放强度：指单位GDP污染物排放量，下同。

② 排放负荷：指单位国土面积污染物排放量，下同。

③ 主要污染物：指列入国家约束性指标的四种污染物，即二氧化硫、氮氧化物、化学需氧量和氨氮。

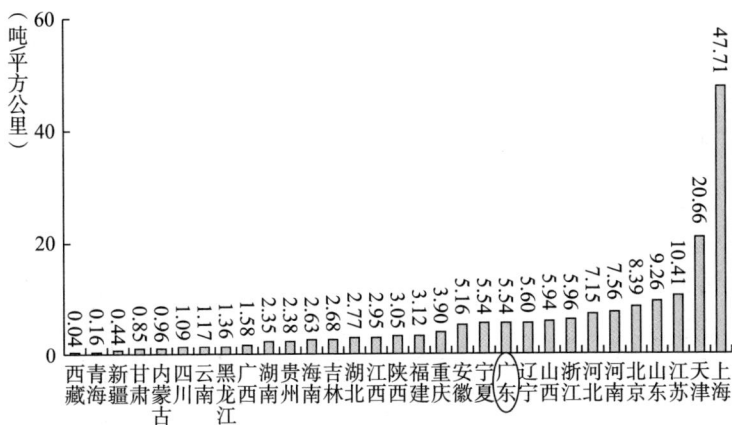

氮氧化物

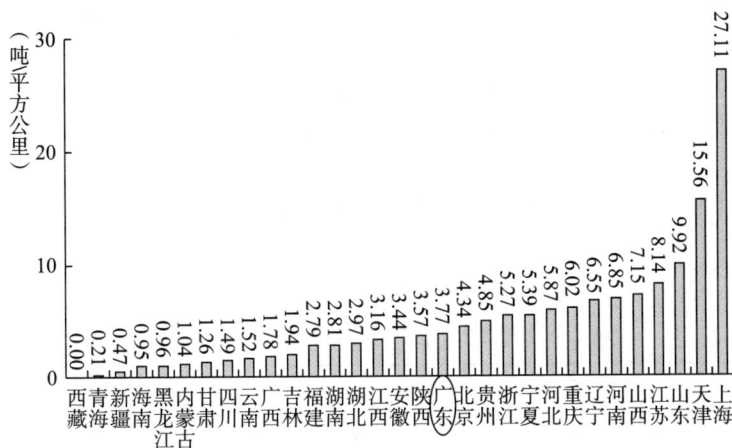

氨氮排放

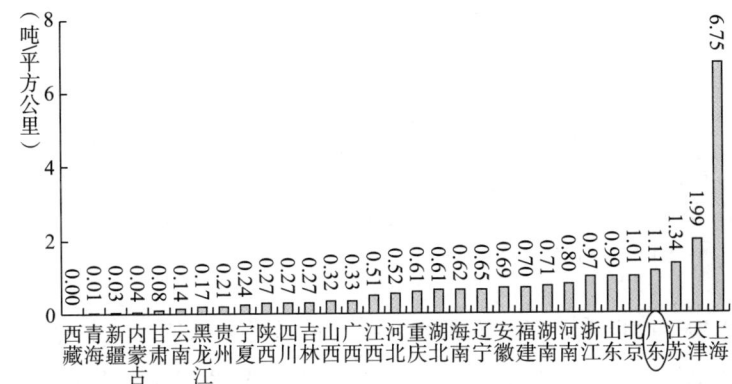

二氧化硫排放

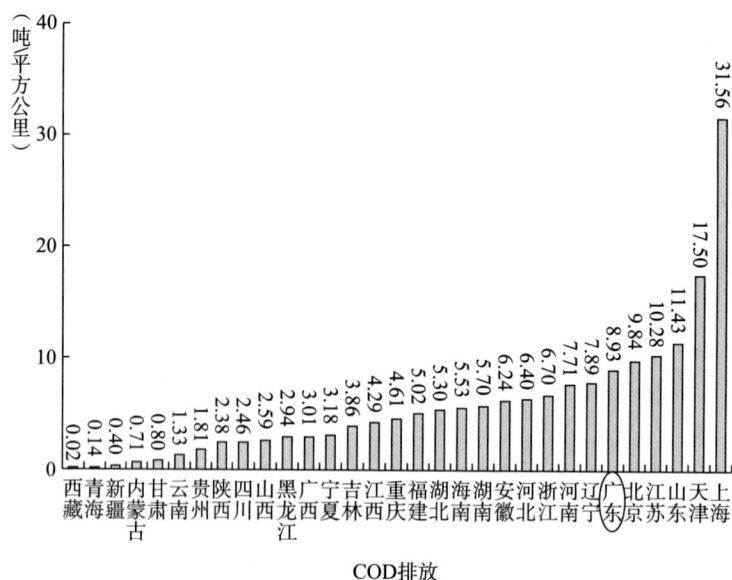

图 10 - 7 2015 年全国各省份单位国土面积污染物排放量

珠三角区域污染物排放负荷要高于长三角、京津冀、长株潭等经济区（见表 10 - 4）。

表 10 - 4 城市群污染物排放比较

城市群	排放强度（千克/万元）				排放负荷（吨/平方公里）			
	化学需氧量	氨氮	二氧化硫	氮氧化物	化学需氧量	氨氮	二氧化硫	氮氧化物
珠三角	1.10	0.10	0.60	0.90	12.16	1.65	6.36	10.12
长三角	1.80	0.20	1.30	1.70	7.82	1.05	5.64	7.51
京津冀	2.30	0.20	2.00	2.50	7.24	0.63	6.26	7.96
长株潭	1.40	0.50	0.80	0.50	6.51	2.14	3.56	2.30
成渝	2.00	0.30	2.10	1.50	5.60	0.72	5.63	4.19

注：鉴于数据可得性，长三角地区取上海市、江苏省、浙江省和安徽省的数据；长株潭地区取长沙市和株洲市数据，湘潭市数据空缺；成渝地区取成都市和重庆市数据。

资料来源：《中国环境统计年鉴 2016》。

从人均排放来看，广东主要污染物（包括二氧化硫、氮氧化物、化学需氧量和氨氮）的人均排放量分别位居全国的第 28、26、16 和 10 位。广东主要污染物人均排放情况主要呈现出两个特点，一是人均排放总体处于较低水平，特别是两种大气污染物（二氧化硫和氮氧化物）人均排放较低，处于全国先进水平；二是呈现污染物类型的差异，如大气污染物人均排放要低于水污染物人均排放（见表10-5）。

从排放强度来看，广东主要污染物（包括二氧化硫、氮氧化物、化学需氧量和氨氮）排放强度较低。二氧化硫、氮氧化物、化学需氧量和氨氮排放强度较低，分别位居全国的第27、27、25和23位，特别是两种大气污染物排放强度仅高于北京、上海、贵州等省份，显示出广东在主要污染物治理效率上位居全国前列。

表10-5　2015年全国各省份主要污染物排放强度、
人均排放和排放负荷的排序

省份	排放强度（单位 GDP 排放）				人均排放				排放负荷（单位国土面积污染物排放）			
	COD	氨氮	二氧化硫	氮氧化物	COD	氨氮	二氧化硫	氮氧化物	COD	二氧化硫	氨氮	氮氧化物
北京	29	29	30	29	31	31	29	31	5	13	5	5
天津	27	28	24	26	20	21	13	11	2	2	2	2
河北	16	22	9	8	12	27	12	7	10	9	16	7
山西	20	16	4	3	26	26	4	4	22	5	19	9
内蒙古	11	24	6	4	2	9	2	2	28	26	28	27
辽宁	12	18	10	16	5	5	7	6	7	7	12	10
吉林	6	15	16	10	6	11	14	8	18	21	20	19
黑龙江	1	6	14	9	1	6	17	9	21	27	25	24
上海	28	27	28	28	29	14	27	18	1	1	1	1
江苏	26	26	23	24	22	15	19	14	4	4	3	3
浙江	31	31	31	31	24	13	20	20	9	11	7	8
安徽	13	9	19	13	18	20	24	19	11	16	11	13
福建	24	19	22	25	13	3	24	23	15	20	10	15
江西	8	5	12	15	14	12	18	21	17	17	17	17
山东	21	25	18	19	9	22	11	11	3	3	6	4
河南	18	17	13	14	21	24	16	16	8	6	8	6
湖北	17	13	21	21	11	7	21	27	14	18	14	18
湖南	10	3	20	22	8	4	25	29	12	19	9	22

续表

省份	排放强度（单位 GDP 排放）				人均排放				排放负荷（单位国土面积污染物排放）			
	COD	氨氮	二氧化硫	氮氧化物	COD	氨氮	二氧化硫	氮氧化物	COD	二氧化硫	氨氮	氮氧化物
广东	25	23	27	27	16	10	28	26	6	14	4	11
广西	9	8	15	18	15	18	22	28	20	22	18	23
海南	4	1	26	17	7	1	30	25	13	28	13	20
重庆	23	20	11	20	25	16	10	22	16	8	15	14
四川	15	10	17	23	17	19	23	30	23	24	21	26
贵州	30	30	25	30	28	30	6	17	25	12	24	21
云南	14	11	7	11	27	28	15	24	26	23	26	25
西藏	19	14	29	5	30	29	31	15	31	31	31	31
陕西	22	21	8	12	23	23	9	10	24	15	22	16
甘肃	5	4	3	6	19	25	8	13	27	25	27	28
青海	7	12	5	7	10	17	5	5	30	30	30	30
宁夏	2	2	1	1	3	2	1	1	19	10	23	12
新疆	3	7	2	2	4	8	3	3	29	29	29	29

在环境质量领域，本报告选取了PM2.5年均浓度、地表水劣 V 水体比例作为环境质量的代表指标。从图 10-8 可以看出，在全国范围内，广东 PM2.5年均浓度排名第 5 位，地表水劣 V 水体比例排名第 9 位。总体来

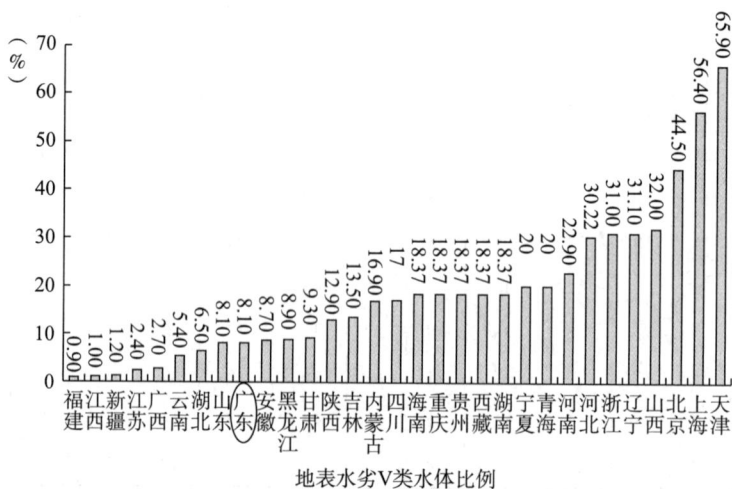

地表水劣V类水体比例

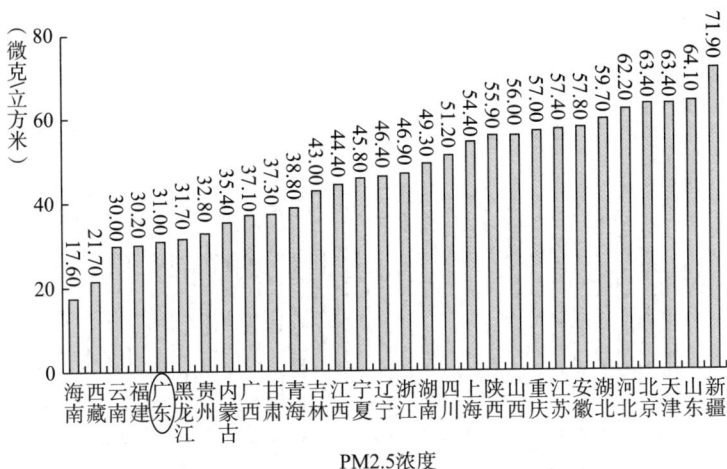

图 10 - 8   2015 年全国环境质量类指标比较

注：地表劣 V 水体比例：江西、四川和重庆为 2016 年数据，湖南、海南、贵州、甘肃和西藏该指标采用缺省值。

看，广东环境质量领域两个指标均较优。

在生态保护领域，本报告选取人均公园绿地面积和建成区绿化覆盖率两个指标，来分析广东在生态保护方面在全国的排名情况。广东人均公园绿地面积位居第 3 位，仅次于内蒙古和宁夏；建成区绿化覆盖率位于第 7 位（见图 10 - 9）。总体来看，广东生态保护领域指标情况较好，位于全国前列。

在增长质量领域，本报告选取人均 GDP 增长率、城镇居民人均可支配收入和第三产业增加值占 GDP 比重三个指标来分析广东经济增长质量的情况。如图 10 - 10 所示，广东人均 GDP 增长率、第三产业增加值占 GDP 比

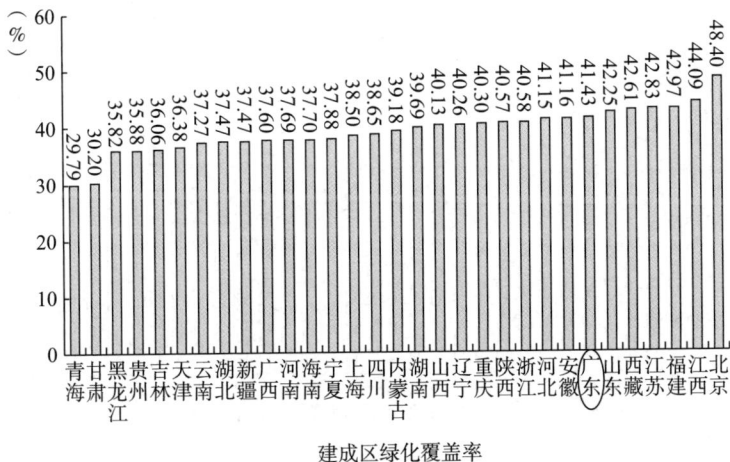

建成区绿化覆盖率

（平方米）

人均公园绿地面积

7.62 9.99 10.13 10.16 10.48 10.57 11.01 11.50 11.52 11.60 11.61 11.65 11.96 11.98 12.23 12.51 12.57 12.94 12.96 12.98 13.19 13.37 13.96 14.18 14.55 16.00 16.99 17.36 17.40 18.11 19.28

上海 湖南 天津 河南 青海 云南 湖北 新疆 辽宁 广西 山西 四川 西藏 黑龙江 甘肃 吉林 陕西 贵州 海南 福建 浙江 安徽 江西 河南 北京 重庆 山东 广东 宁夏 内蒙古

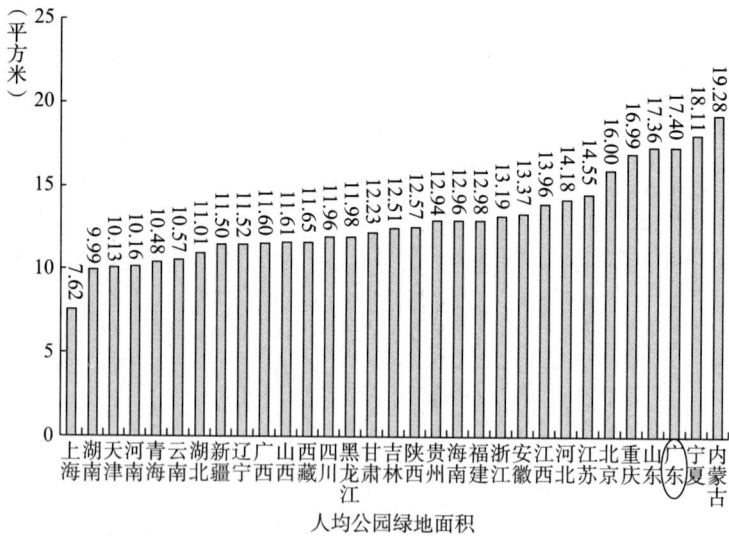

图10-9 2015年全国生态保护类指标比较

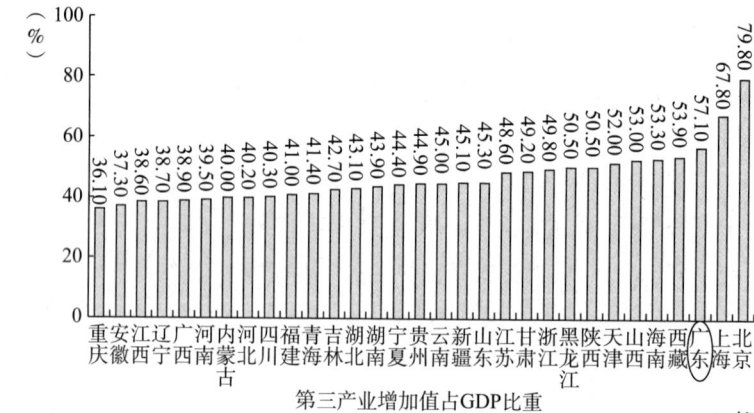

（%）

第三产业增加值占GDP比重

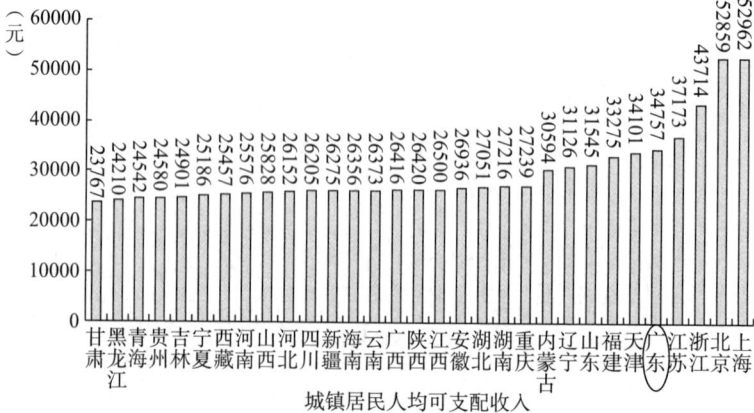

36.10 37.30 38.60 38.70 38.90 39.50 40.00 40.20 40.30 41.00 41.40 42.70 43.10 43.90 44.40 44.90 45.00 45.10 45.30 48.60 49.20 49.80 50.50 50.50 52.00 53.00 53.30 53.90 57.10 67.80 79.80

重庆 安徽 江西 辽宁 广西 河南 内蒙古 河北 四川 福建 青海 吉林 湖北 湖南 宁夏 贵州 云南 新疆 山东 江苏 甘肃 浙江 陕西 天津 山西 海南 西藏 广东 上海 北京

（元）

城镇居民人均可支配收入

23767 24210 24542 24580 24901 25186 25457 25576 25828 26152 26205 26275 26356 26416 26420 26500 26936 27051 27216 27239 30594 31126 31545 33275 34101 34757 37173 37714 43714 52859 52962

甘肃 黑龙江 青海 贵州 吉林 宁夏 西藏 河南 山西 河北 四川 新疆 海南 云南 广西 陕西 江西 安徽 湖北 湖南 重庆 内蒙古 辽宁 山东 福建 天津 广东 江苏 浙江 北京 上海

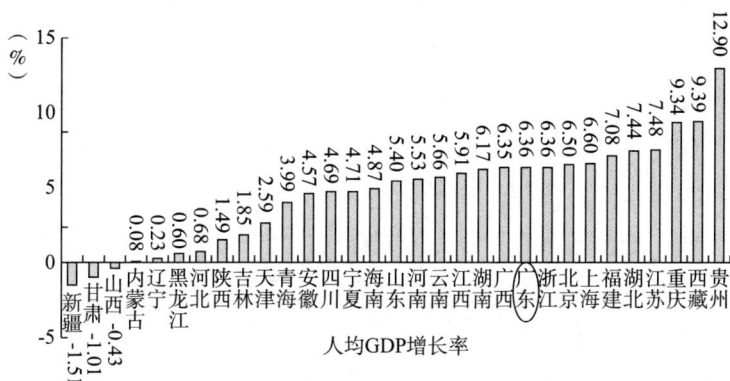

图 10 – 10　2015 年全国增长质量类指标比较

重和城镇居民人均可支配收入分别位列第 10 位、第 3 位和第 5 位，人均 GDP 增长率处于中上水平，第三产业增加值占 GDP 比重虽然比较靠前，但与北京、上海有差距。城镇居民人均可支配收入也与上海、北京、浙江和江苏有差距。

3. 主要结论

通过构建指数化绿色发展综合评价体系，我们可以清晰判定出当前广东绿色发展的总体水平及各领域在全国的位置。总体来看，定量分析的主要结论如下。

（1）广东绿色发展总体位居全国领先水平

在绿色发展水平的指数化评价中，广东绿色发展评价得分位居全国第 2 位，仅次于福建（见表 10 – 2）。在绿色发展分析的五大领域中，广东总体上呈现出能源效率高、环境治理优、生态建设与增长质量好等特点。五大领域部分指标位居全国前列，如能源利用效率、单位 GDP 污染物排放量、PM2.5 浓度、人均绿化面积、第三产业增加值占 GDP 比重和城镇居民人均可支配收入等指标均位居全国前列。在江苏、浙江、福建、辽宁、山东和内蒙古等 6 个同等发展水平的对标省份对比分析中，广东绿色发展的多数指标位居先进水平。在资源利用领域，广东的单位 GDP 能耗在对标省份中列第 1 位，处于领先水平；主要污染物排放强度和人均排放量基本位居先进水平；PM2.5 浓度和地表水劣 V 水体比例均位居对比省份的第 2 位；人均公园绿地面积、第三产业增加值占 GDP 比重和城镇居民人均可支配收入分别也位居对比省份的前列。但同时，与同等发展水平省份相比，广东的水资源和土地资源利用效率、环境治理投入等指标则不具有优势。

（2）呈现出"总量大、负荷强、效率高、质量优"的特征

总体来看，广东绿色发展的现实特征可以用"总量大、负荷强、效率高、质量优"来概括。但绿色发展仍存在明显的不全面与不均衡问题。广东主要污染物排放总量均位居全国前列；尽管污染物排放负荷全省范围内不高，但珠三角区域面临着较大污染负荷；污染物排放效率和能源利用效率位居全国前列；PM2.5浓度位居同发展水平省份前列，以"广东蓝"为代表的环境质量总体较优。

（3）绿色发展领域存在不均衡性，短板效应明显

广东在绿色发展领域的优势主要体现在生态建设、大气环境质量、能源利用效率、污染物排放效率和经济增长质量等方面。但领域间的不均衡性突出，例如虽然能源利用效率较高，但水资源和土地资源的利用效率不高；大气污染物排放相关指标较优，但水污染物排放相关指标较落后；大气环境质量较优，水环境质量仍有待进一步提升。另外，有些领域差距较大，短板效应明显。例如环境治理投入落后于大多数省份；水资源利用效率、土地资源利用效率仍有不小差距。

（三）广东绿色发展的阶段特征与存在问题

1. 阶段特征：仍处于四个时期

良好的自然资源禀赋是开展生态环境建设、践行绿色发展的重要基础，但同时也应该看到，广东过去30年经济快速地扩张已经对自然生态环境造成了较大冲击，尽管"调结构、转方式"带来的经济绿色转型在一定程度上减缓了污染物排放总量的增速，但30年污染物的累积效应仍然存在，污染物排放总量仍处于历史高位。总体来看，广东绿色发展与生态环境建设当前仍然处于"四个时期"，即资源环境承载力的极限期、污染物排放总量的拐点期、环境质量改善的攻坚期、经济发展和环境保护的两难期。

一是处于资源环境承载力的极限期。从纵向看，大多数污染物排放总量依旧处于历史最高水平。当前，广东总体上仍处于环境库兹涅茨曲线（EKC）倒U型曲线的左侧，即伴随着人均收入的增长，多数污染物排放量总体上仍处于上升态势，并接近拐点的区间。1985～2015年，除少数污染物外，大多数污染物排放总量仍在继续增加，并处于历史高位区

间。其中，二氧化硫排放总量在 2005 年达到了峰值，并在 2006 年之后步入了稳步下降的区间，但废水、工业废气、固体废物等污染物排放量仍处于高位（见图 10－11）。从横向来看，主要污染物排放总量位居全国前列。2014 年，广东省废水和氨氮排放总量位居全国第一，占比分别达到 12.64% 和 8.73%；废水中 COD 排放总量仅次于山东，占比为 7.28%，位居全国第二；工业废气、氮氧化物排放总量也位居全国前十位，大多数污染物排放总量高于北京、天津、福建、浙江等省份。

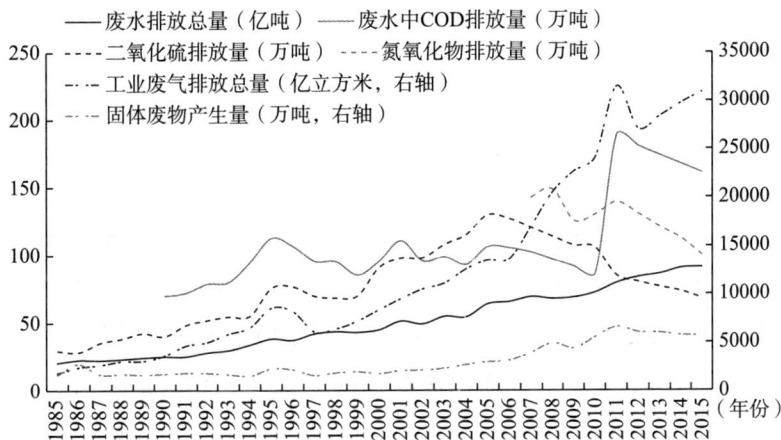

图 10－11　1985～2015 年广东主要污染物排放总量变化
资料来源：相关年份《广东统计年鉴》。

二是处于污染物排放总量的拐点期。从全国范围来看，得益于"十一五"以来强有力的节能减排措施，我国部分污染物排放拐点先后到来，如烟尘粉尘、SO_2 等污染物排放拐点先后到来并处于下降态势。但值得注意的是，氨、挥发性有机物等污染物排放仍处于快速上升态势，生活废水、固体废物等污染物排放量也处于较快上升阶段，叠加起来，大多数污染物排放仍处于历史高位。就广东而言，与全国情况类似，大多数污染物排放总量仍处于上升态势，处于历史最高水平。按照"十三五"时期人均 GDP7% 的增长速度，到 2020 年，广东人均 GDP 将增长至 1.1 万美元（2010 年美元不变价，相当于 1990 年不变价的约 7800 美元），到 2035 年，广东人均 GDP 将增长至 2.5 万美元（相当于 1990 年不变价的约 1.3 万美元）。根据发达国家的历史经验，此期属于多数污染物排放的峰值期，意味着多数污染物排放总量有望相继达到峰值，跨越"拐点"步入下降通道。

三是处于环境质量改善的攻坚期。当前，广东生态环境质量总体上初步改善，处于巩固已有成效，进一步促进生态环境质量全面改善的攻坚期。2015年，广东空气质量首次全面达标，全省21个地级市及顺德区2015年空气质量达到二级及以上天数比例在81.1%～97.5%，同比提升6.1%。促进环境质量改善是"十三五"时期我国环境保护工作的核心任务。经过多年的努力，广东省生态环境质量总体上呈现出初步改善的态势。但是，也应该看到，广东省促进生态环境质量改善的基础仍然不牢固：主要污染物浓度仍较高；一些新型污染物，如臭氧、挥发性有机化合物比例不断上升；粤东西北环境质量呈现下滑势头等，这些因素均将增大广东持续改善生态环境质量的不确定性。因此，保持生态保护与环境治理力度，进一步协调经济发展与生态环境保护之间的关系，巩固生态环境质量改善的初步成效，仍是广东当前面临的重要问题。

四是处于经济发展和环境保护的两难期。当前，广东产业结构总体上仍偏重，资源能源消耗总量和污染物排放总量仍处于历史最高位，生态环境承载力正在逼近极限。未来一段时期，广东面临的内外环境更加复杂，不确定因素依然较多。一方面，保增长的压力可能导致减排内生动力不足，为了稳增长，地方政府仍可能会回到投资拉动的传统发展模式上去，争上大项目、招商引资将再次成为政府工作的重点，节能减排、绿色发展实际上被束之高阁。另一方面，粤东西北发展和保护之间的矛盾将日益凸显，受到既有产业结构和自然禀赋的影响，粤东西北地区产业发展的重型化特征明显，粤东地区的目标是重要能源基地，粤西地区是沿海石化和钢铁基地，粤北地区则是水泥等原材料资源加工基地，在粤东西北加快发展的战略背景下，这些地区的能源消耗和污染物排放量无疑将快速增加，协调好这些地区经济发展和环境保护之间关系的难度逐步加大。最后，居民消费增长的刚性需求使减排压力增大。2015年，广东居民生活用能同比增长7%，高出全社会能源消费总量增速5.1个百分点；平均每人年生活用能源达到404.63千克标煤，同比增长6%，较2010年增长39%（见图10－12）。居民消费水平的提升导致家庭部门和服务业（尤其是邮政和交通运输业）的能源消费快速上升，生活部门的能耗和污染物排放量在全社会总量中的比重将趋于提高。从近几年的发展趋势看，广东能源消费的增量主体正在逐步由工业转向第三产业和居民消费。第三产业和居民能源消费主体数量众多且分散，监管难度较大。另外，与工业用能相比，生活部门技术节能的空间较小，用能具有一定的"棘轮效应"①，易升难降，其过快增长对节能减排构成了严峻挑战。

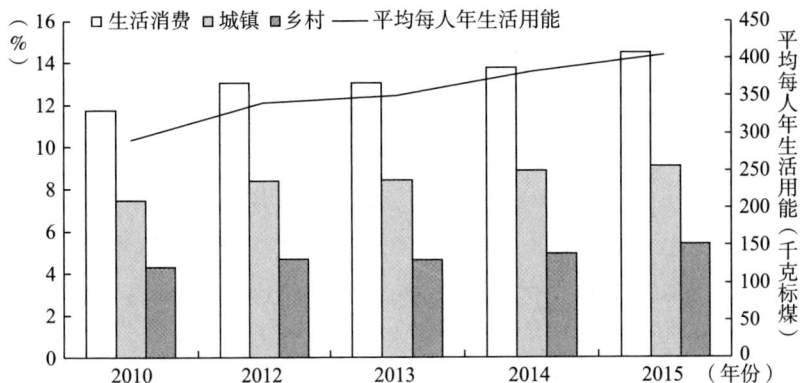

图 10 - 12 2010 ~ 2015 年广东生活消费用能变化情况

资料来源：相关年份《广东统计年鉴》。

2. 存在问题：两个不均衡，一个不匹配

广东一直以来均将协调经济发展和环境保护之间的矛盾作为重中之重，近年来绿色发展水平不断提升，生态环境建设取得了显著成效：能源使用效率位居全国前列、主要污染物排放强度处于全国先进水平，特别是大气环境治理成效令人瞩目，"广东蓝"享誉全国。但同时也应该看到，工业化高速发展给广东带来了一定的资源耗竭和环境污染，跨越式压缩型经济发展迅速形成的产业化和社会消费、密集的开发活动，大规模的基础设施建设和高物耗、高污染型的产业发展，给广东生态系统造成了强大的生态胁迫效应。

当前，广东最突出的问题即是绿色发展呈现"两个不均衡，一个不匹配"。两个不均衡，是指领域间的不均衡和区域间的不均衡：领域间的不均衡，即与大气环境相比，广东水污染问题、农村环境领域等仍然存在较大差距，短板效应明显；区域间的不均衡，是指珠三角地区绿色发展水平较高，粤东西北地区绿色发展水平较为落后，且差距较大。一个不匹配，

---

① 棘轮效应：是指人的消费习惯形成之后有不可逆性，即易于向上调整，而难于向下调整。尤其是在短期内消费是不可逆的，其习惯效应较大。这种习惯效应，使消费取决于相对收入，即相对于自己过去的高峰收入。消费者易于随收入的提高增加消费，但不易于随收入降低而减少消费，以致产生有正截距的短期消费函数。

是指广东环境投入比重与经济大省的地位不匹配。

（1）领域间的不均衡

①水污染问题依然突出

与大气环境相比，广东水污染问题仍然突出，短板效应明显。2016年全省69条主要河流124个监测断面水质达标率由2013年的85.5%，下降为77.4%。广东水污染问题突出主要表现在以下三个方面。

一是结构性与格局性污染仍然突出，快速发展对水环境的压力持续增加。电镀、印染、造纸、化工等重污染行业排放的废水和化学需氧量（COD）排放仍占较大比重；东江、北江、西江、韩江等河流沿岸和水源保护区附近仍然分布不少造纸、印染、化工、冶炼、电镀等重污染企业；随着城市化的连片发展，下游城市取水口与上游城市排污口犬牙交错的现象更加普遍，格局性污染问题不容忽视；全省万元GDP用水量不断降低，但与东部的一些省份相比，仍存较大差距，分别是北京、天津、上海和山东的3.7倍、4.2倍、1.5倍和1.8倍。

二是突发水环境事件频发，水污染问题日益复杂。广东省经历了30多年的高速粗放发展，进入了环境污染事故高发期，这些污染事故大都发生在水环境领域。近年来，广东省相继发生了北江镉污染、铊污染，武江锑污染等数十起水污染事故，对水环境水质安全构成了严重威胁。相对分离的供水、排水格局尚未形成，环境预警与应急能力严重不足，应急备用水源建设严重滞后，存在巨大的水环境安全风险。与此同时，重金属、持久性有机污染物等长期积累的问题开始暴露，水污染呈现出"复合型、累积型和压缩型"的复杂特征，防控难度越来越大，水源水质安全不容忽视。

三是水质达标形势依然严峻。广东省近40%的水污染负荷高度集中在广州、深圳、东莞、佛山等市，能够利用的环境容量有限，尽管近年来污染减排成效显著，但"微容量、重负荷"的问题依然突出。截至2015年底，全省江河水质总体良好，但在214个省控断面中，仍有17.7%的断面水质未达到水环境功能区水质标准，10.5%为Ⅳ类轻度污染水质，4.0%为Ⅴ类中度污染水质，仍有8.1%为劣Ⅴ类重度污染水质。劣Ⅴ类水比例高于浙江（6.8%）、江苏（2.4%）和福建（0.9%）。龙岗河、坪山河、深圳河、练江4个江段水质属重度污染，氨氮、总磷和耗氧有机物为主要的污染物种类。与2014年相比，局部水质质量有所波动，未达到水环境功能区目标要求的断面比例下降 2.4 个百分点，汀江、韩江梅州段、横门水道和南渡河 4 个江段水质有所下降。根据广东省环保厅公布的数据，与 2015 年同期相比，全省跨地级以上城市河流交接断面水质达标率下降 1.6 个百分点。与 2015 年同期相比，全省跨地级以上城市河流交接断面水质达标率下降 1.6 个百分点。全省重污染河流断面水质状况仍不容乐观，其中，江门达标率下降 8.3 个百分点，湛江、茂名达标率下降 11.1 个百分点，河源达标率下降 16.7 个百分点，惠州达标率下降 44.5 个百分点。

②农村环境状况较差

广东省要率先全面建成小康社会和率先基本实现现代化，农村是"短板"，而农村生态环境状况较差，环保基础不强，环境治理能力薄弱，是"短板中的短板"。广东省是传统的农业大省，截至 2015 年底，全省共有行政村 20349 个，其中，珠三角 5775 个，粤东 4030 个，粤西 3807 个，山区 6737 个。广东省委、省政府历来重视农村环境保护工作，经过"十一五"和"十二五"的不断努力，农村环境保护力度逐步加大，在农村环境综合整治、生态示范创建、宜居城乡建设、乡村振兴以及农业污染防治等多方面的工作均取得了积极进展。但长期以来，由于重城市轻农村、重工业轻农业、重发展轻保护等历史遗留问题的影响，广东省农村环境保护工作整体欠账较多，农村"脏乱差"的现象仍然存在，农村突出环境问题尚未得到根本解决，主要表现在以下五个方面。

一是农村环境基础设施依然薄弱。农村生活污染处理设施严重不足，广东省 70% 以上生活污染处理能力集中在珠三角地区，粤东西北地区大部分乡镇和农村地区尚未实现污水的有效处理，总体服务人口不足当前农村人口的 10%。农村生活垃圾收运体系尚未完善，全省基本建成"一镇一站""一村一点"，"户收集、村集中、镇转运、县处理"的农村生活垃圾收运处理模式初步建立，但农村保洁队伍配备仍然不足，收运体系建设标准过低、运行经费难以保障，农村生活垃圾污染问题仍未得到根本解决。广东省畜禽养殖干清粪方式未全面普及，仍有 32.6% 的规模化畜禽养殖场采用水冲粪方式，增加水体负荷；规模化畜禽养殖场对畜禽粪污的处理方式仍以农业利用为主，利用畜禽粪便生产沼气及有机肥的比例尚不高；畜禽养殖废水深度处理水平较低，存在部分养殖场的粪污未经处理直接排放的情况；部分养殖场的粪污储存、治理配套设施的建设不符合技术规范，养殖户缺乏专业技术队伍的管理和指导，粪污处理效果不佳。

二是农业面源污染日益严峻。当前，农产品消费结构趋于多样化和高产化，消费需求引导农业逐渐由低值的、以粮食为主的生产向资本和劳动双密集化的高值、具有适度规模的菜果和鱼肉生产转化，化肥、农药的过量低效使用造成农村生态环境与高效产值之间矛盾凸显。近年来，全省单位耕地面积化肥施用量和农药使用量分别较往年有所上升，加上农膜、激素等大量使用，导致耕地质量下降，农作物有毒残留，土壤及地下水污染；养殖业废弃物未能有效综合利用，造成畜禽粪尿污染与疫病传播，饲料中乱用、滥用抗生素、促生长剂等，造成环境污染严重。

三是工业污染逐步向农村渗透。进入21世纪以来，特别是世界金融危机后，出现了一些低端工业产业从珠三角向粤东西北地区转移的趋势，工业污染向农村地区渗透的速度加快。《广东省新型城镇化规划（2014—2020）》提出，到2020年，全省常住人口城镇化率达到73%左右，努力实现不少于600万本省和700万外省农业转移人口及其他外来务工人员落户城镇。城镇化的发展势必会促使大量工业企业落户农村，加大农村污染物排放负荷，加之人口的集聚效应，将给农村生态环境保护带来更大的隐患。当前，广东省广大农村地区工业企业数量较多，尤其是未被纳入环境统计数据库的小微企业众多，这些企业污染治理水平不高，环境意识不强，给当地带来较大环境隐患。

四是农村土壤污染日益突出。较长时期污染物排放的不断累积导致土壤遭受不同程度、不同类型污染，严重影响农业生产，更为严重的是，土壤中污染物会传输至农产品，从而进入人体，对公众健康造成直接损害。根据广东省土壤污染状况普查的结果，全省土壤重金属元素超标率高，珠江三角洲地区超标问题更为突出，土壤重金属点位超标率明显高于全国平均水平；有机污染较轻但普遍可以被检出，土壤酸化趋势明显；粤西地区呈现出高地球化学风险特征。另据广东省农业商品基地调查结果，农田土壤中重金属元素检出率较高，镉、汞元素超标较为普遍；农产品（稻谷、甘蔗、荔枝、香蕉、红橙、碰柑、蔬菜、红茶、乌龙茶）中，铜、锌、镉、汞、铅等5种重金属元素均不同程度地超标。

五是农村环境监管能力薄弱。农村环境保护职能牵涉部门多，有关职能大都分散在环保、农业、林业、建设、卫生、畜牧等多个部门，没有形成统一协调的管理格局，环境监管网络不健全，统筹机制不完善。在乡镇、村（社区）等基层，环境保护大都没有专设机构和人员，职能缺位、管理弱的问题十分突出，加上农村环保相关法律法规不完善，对破坏环境的行为缺乏必要的监管和适当的处罚措施。人力物力匮乏，监管能力弱，环境监测、环境监察和还没有覆盖到行政村。农村饮用水源地标准化建设和管理才刚刚起步，镇级饮用水源常规监测制度尚未建立，村级水厂取水点尚无全面调查，基础数据匮乏。畜禽养殖场的环境影响评价和环保"三同时"制度的执行情况普遍不理想，对环境保护和畜禽养殖相关的法律、法规、制度、标准不甚明了，建设环保治理设施的积极性不高，环保措施难以落实；农村地区工业家底不清，无牌无证，同时企业的行业类型繁杂，排放的污染物种类和成分难以统计，监管困难。

（2）区域间的不均衡：粤东西北地区绿色发展水平较为落后

粤东西北地区国土面积占全省的63%，人口占全省的46%，但经济总量仅占20%，经济社会发展相对落后，发展需求十分强烈。近年来，广东省大力实施粤东西北地区振兴发展战略，取得了显著成效。同时也应该看到，粤东粤西两翼人口资源环境压力大，粤北山区是广东重要的生态屏障和饮用水源地，具有重要的生态环境功能地位，必须处理好区域协调发展与生态环境保护之间的关系，防止出现区域间"收入差距缩小，污染排放拉平"的不利局面。

然而，由于城镇化和工业化的快速推进，粤东西北部分地区相应的环境规制力度相对不强，部分转入的污染企业并没有实行应有的技术改造和更新，继续释放污染物，客观上造成了环境污染向这些区的转移，致使粤东西北地区环境质量不断恶化。这背后的根本原因还是在于粤东西北地区尚未有效协调好发展与保护的关系，绿色发展水平仍有待进一步提升。

为定量评估广东省各地区绿色发展水平的差异，本课题组构建了一套较科学的评价体系①，对广东省21个地级市的绿色发展水平进行量化评价，评估各地区经济发展和生态环境保护之间的协调程度。从评价结果中可以看出广东省绿色发展存在较大的不均衡，主要表现在以下两个方面。

一是粤东西北部分地市绿色发展水平较低。从广东绿色发展指数的评

---

① 有关评价原理与方法请见《广东绿色发展指数评价研究报告》，广东省社会科学院，2016。

价结果来看，粤东西北地区和珠三角地区存在较大差距。珠三角地区绿色发展水平相对较高，得分前 10 位的城市中有 6 个城市位于珠三角，显示出珠三角绿色发展水平总体领先其他地区。相比之下，排序靠后的 10 个城市中有 7 个属于粤东西北地区。从分区域平均得分来看更能说明问题，珠三角 9 市绿色发展指数评价平均得分为 750 分，位居各区域之首；其次是粤西和粤东，平均得分分别为 717 分和 711 分；粤北地区以 641 分位居最后。粤北地区的平均得分较珠三角地区低 14.5%（见图 10 - 13）。

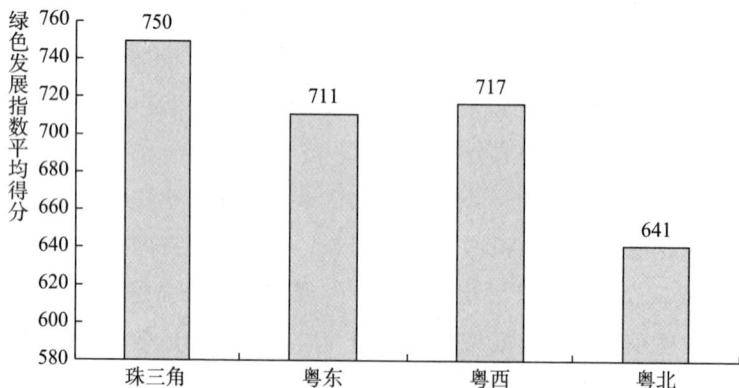

图 10 - 13　广东绿色发展指数分区域平均得分

"十三五"期间，粤东西北地区将步入经济高速增长期。随着这些地区经济发展步伐的加快，区域经济发展非均衡程度将有所减弱，人民生活水平有望不断提升。但同时，区域间污染排放的非均衡性也会相应减弱，如不采取更加有效的措施，粤东西北地区的污染排放速率将相应加快，单位空间面积的资源消耗量和污染排放量会增加更多，对生态环境的冲击将更严重，协调发展与保护之间的难度将更大，提升绿色发展水平面临的压力更大。

二是生态功能区尚未将生态优势转为经济优势。从全省分功能区[①]的评价结果来看，优化开发区域绿色发展水平相对较高，分属优化开发区的 7 个地市绿色发展指数平均得分达到了 775 分，较大幅度领先于重点开发

---

① 根据《广东省主体功能区规划》，省域范围主体功能区包括优化开发、重点开发、生态发展和禁止开发四类区域。为便于分析，本报告以地市行政区为划分单元，将广东主体功能区分为优化开发区、重点开发区和生态发展区三类。由于存在一个行政区范围内包含不同功能区种类，为便于分析，本报告以行政区为单元进行了重新归类，即将各地市归入其大部分区域所属的功能区类别，例如韶关市归为生态发展区。

区域和生态发展区。生态发展区得分最低，其资源节约和环境友好两个一级指标均得分最低，总分和分项得分不仅低于优化开发和重点开发两个功能区，而且均低于全省平均水平。生态发展区主要分布于粤北及相关流域片区，该区域资源禀赋优越，绿色基础较好，是全省重要的生态屏障和重要的水源涵养区，对保障全省的生态安全具有至关重要的作用。同时，该区域经济基础较为薄弱、经济发展较为滞后，面临着加快经济发展和加强生态环境保护的双重压力。依托优越的资源禀赋，该区域部分地市在水、土、空气等环境质量指标上具有优势，但评价结果表明该区域绿色发展总体得分较低，特别是资源节约一级指标得分差距较大，说明仍未较好摆脱粗放式发展模式。生态功能区未来仍需要创新发展思路，促进发展方式转变，通过发展绿色产业，增加发展的绿色动能，在绿色的基础上实现较快发展，将"绿水青山"的生态优势转变为"金山银山"的经济优势。

（3）环境投入的不匹配

环境污染治理投资占 GDP 比重是衡量一个国家或地区环境治理能力的重要指标，发达国家的实践历程表明，在环境问题较为严重的时期，环保投资比例会逐年上升；当传统环境污染问题逐步得到缓解时，环保投资比例趋于稳定（约为 2%）；如果环境标准设定更严，生态环保投资比重还会更高，需要达到 GDP 的 3%～5%（吴舜泽等，2007）。与经济大省地位不相匹配的是，广东在环境污染治理方面的投入长期不足，历史欠账严重。

从纵向上看，近年来，特别是 2010 年广州亚运会之后，广东环境污染治理投资增速远低于同期 GDP 增长幅度，其占 GDP 的比重更是始终在 1% 以下。环境污染治理资金并未保持持续的增幅，在多个年份出现增速下降，波动幅度较大（见表 10-6）。

表 10-6　部分年份广东环保投资占 GDP 比重

年份	污染治理资金（万元）	环保投资占 GDP 比重（%）
2000	167707	2.0
2004	260626	2.7
2005	370384	2.5
2006	313708	2.5
2007	433128	2.7

续表

年份	污染治理资金（万元）	环保投资占 GDP 比重（%）
2008	403276	—
2009	227464.3	2.02
2010	310584	3.08
2011	173140	0.36
2012	280995	0.47
2013	372162	0.20
2014	378641	0.45
2015	356173	—

资料来源：相关年份《广东统计年鉴》。

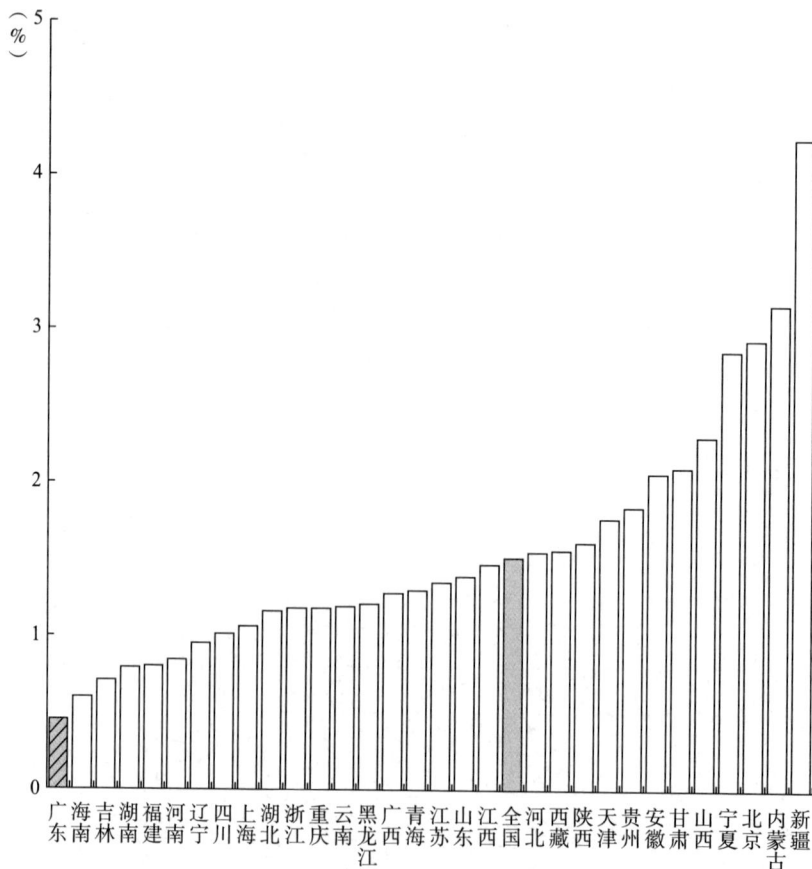

图 10 - 14　2014 年全国各省份环保投资占 GDP 比重

资料来源：《中国环境统计年鉴》。

　　从横向上看，2014 年，广东污染治理投资占 GDP 比重为 0.45%，较全国 1.51% 的比重低约 1 个百分点，位居全国 31 省份末位；较大幅度低于北京（2.93%）、天津（1.77%）、山东（1.39%）、江苏（1.35%）、上海（1.06%）、福建（0.8%）。

　　与发达国家同期比较看，按目前人均收入，广东相当于美国和日本 20 世纪 70 年代到 80 年代的水平。发达国家在 20 世纪 70 年代到 80 年代环境污染治理投资占 GDP 的比重均在 2% 以上。因此，可以看出，广东在环境治理方面的投入也远低于发达国家在相应人均收入水平下的投资占比。

表 10 - 7　发达国家和地区 20 世纪七八十年代环境污染治理费用占 GDP 比重

国家或地区	比重（%）	时期（年）
美国	2.0	1971 ~ 1980
日本	2.9	1975
德国	2.1	1975 ~ 1979
英国	2.4	1971 ~ 1980
加拿大	2.0	1974 ~ 1980

资料来源：张健：《提高环保投资水平的对策分析》，《新疆环境保护》2000 年第 1 期。

二　环境与发展关系演变的理论逻辑

　　判断一个地区绿色发展的趋势，需要从环境与发展关系演变的理论逻辑出发。从本质上看，绿色发展即是有效协调经济发展与环境保护之间的关系，做到经济增长与环境改善两者的"双赢"。但包括发达国家在内的诸多国家和地区在发展历程中均不同程度地遇到过生态环境退化、环境污染严重等问题，如何协调经济发展和环境保护之间的矛盾，事实上仍然是摆在世界各国面前的重大理论和现实问题。当前，美国、德国、韩国、日本等发达国家均已跨越 EKC 曲线的"拐点"，度过了经济发展与环境保护的"两难期"，走上了经济不断增长和生态环境质量不断提升的"双赢"道路。尽管这些国家均在不同程度上走了"先污染、后治理"的道路，但在这一过程中，它们积极致力于生态保护与环境治理，通过技术进步、结构调整和管理优化等来协调经济发展与环境保护之间的矛盾，并在这一进程中积累了丰富的经验。

当前，广东仍然处于经济发展与环境保护的"两难期"：一方面要努力促进经济增长，维持经济增速保持在合理水平；另一方面也面临着环境约束日益强化，需要积极致力于生态建设与环境治理。尽快度过"两难期"，迈向"双赢期"是广东即将行进的历史进程。事实上，诸多发达国家和地区早在十年甚至几十年前已经历过这个进程。因此，研究分析发达国家在跨越"环境高山"中遇到的问题，学习借鉴它们积累的经验与教训，对于广东加快绿色发展进程具有重要意义。

（一）环境库兹涅茨曲线（EKC）

关于经济发展与环境之间的关系，普林斯顿大学的格罗斯曼（Grossman）和克雷格（Krueger）对66个国家的空气污染和水污染变化做了研究，他们发现多数污染物的数量与人均国民收入呈倒U型关系，即污染物排放随人均收入的提高先增加后下降，他们在1995年发表的文章中提出著名的"环境库兹涅茨曲线"（EKC）假说。格罗斯曼（Grossman）和克雷格（Krueger）（1995）估计，人均收入在4000~6000美元时，空气中的二氧化硫和颗粒物污染水平会出现下降。与此类似，T. M. Selden和D. Song（1994）考察了空气中的SO_2、CO_2、NO_2、SPM，发现它们与收入之间存在倒U型关系。Shafik（1994）的研究也发现悬浮颗粒物和SO_2是先恶化后改善，但是，安全饮水和卫生状况随人均收入的增长而持续改善，固体废弃物和碳排放量则随经济的增长而持续恶化。哈佛大学国际发展研究所的帕纳约托等人也相继验证环境库兹涅茨曲线，发现欧美等先期发达国家在人均GDP 8000~10000美元的发展阶段，环境状况开始好转；韩国等新兴工业化国家利用后发优势，在人均GDP 6000~8000美元的发展阶段，环境质量出现好转。

尽管环境库兹涅茨曲线（EKC）假说在不同国家、不同污染物之间呈现的特征略有差异，但毫无疑问的是，该假说的确证实了经济发展（通常以人均GDP衡量）与环境污染之间存在密切关系，这种关系呈现不同形态。例如，对于绝大多数污染物而言，污染物排放总量、人均排放总量会随着人均GDP增长而呈现倒U型关系（见图10-15）；而对于污染物排放强度而言，其一般随着人均GDP增长而呈现L型关系（见图10-16）。正是由于人均 GDP 与污染物排放之间紧密的关系，在相同人均 GDP 发展的阶段，各国和地区污染物排放和环境治理面临着类似的形势，一是污染物排放趋势类似，二是相同人均 GDP 水平下，各国和地区拥有相似的环境治理的资源（如资金、技术、人才和措施），往往采取的环境治理路径也类似。

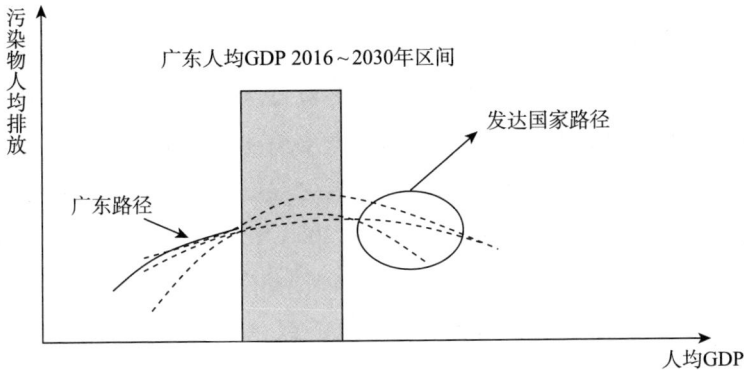

图 10 – 15　污染物排放总量与人均 GDP 之间的关系

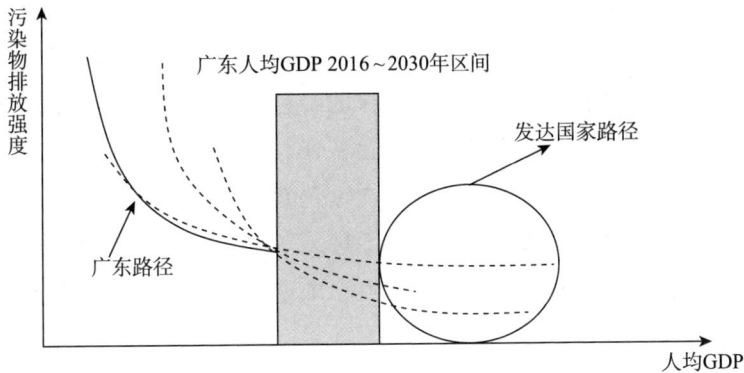

图 10 – 16　污染物排放强度与人均 GDP 之间的关系

根据本报告其他专题研究的预测结果，广东至 2035 年，人均 GDP 将有望由 0.9 万美元上升至 2.5 万美元（2010 年美元不变价）。事实上，这一人均 GDP 跨越的进程韩国在 1992～2014 年（历时 23 年），日本在 1961～1979 年（历时 18 年），新加坡在 1974～1993 年（历时 19 年）均已经历过。根据环境库兹涅茨曲线（EKC）假说，这些国家在这一人均 GDP 增长区间中污染物排放的趋势，以及环境治理中面临的问题在某种程度上也极有可能是广东未来会面临的趋势和遇到的问题。因此，研究典型发达国家在相应人均GDP增长区间时的环境变迁与特点，对广东迈向2035年绿色发展具有重要的引领与借鉴意义。

（二）翻越"环境高山"：国际经验

工业革命以来，人们的物质生活得到了极大提高，但与此相伴的是，自然资源的加速耗竭和生态环境的破坏已将人类自身置于"资源－环境"双重压迫的窘境。尤其近年来，这一形势愈发严峻，并引发了世界各国对能源安全、环境问题和全球气候变化的高度关注。为抢占未来全球经济发展的制高点，各国政府纷纷寻求绿色发展之路。如美国提出绿色新政，韩国政府发布了《国家绿色增长战略（至2050年）》，日本制定了"绿色发展战略"总体规划，欧盟发布"2020发展战略"，中国"十三五"规划中重点强调"绿色发展"，在可预见的未来，绿色发展将引导出一个全球的经济新格局。

从绿色发展的世界格局来看，过去几十年，全球能源消耗、碳排放和资本的重心加速向亚洲内部移动，但经济重心并未呈现相同的趋势，显示出亚非地区新兴国家资本投入带来的边际效用有所递减，这些国家须摆脱投资驱动的增长模式，向更加节能环保的绿色发展方式转变；全球绿色发展呈现出显著的区域差异化和动态分化特征，欧美发达国家与新兴国家绿色发展水平两极分化，欧美发达国家在绿色发展方面已经占得先机，相比而言，新兴国家绿色发展水平滞后。不过，当前大部分新兴国家人均GDP已经接近或者跨过库兹涅茨曲线的拐点，未来有望成为全球绿色发展的引擎（黄健柏等，2017）。

1. 基于历时性视角的观察

本报告选取了美国、德国、英国、韩国、日本等5个发达国家和印度、南非、巴西、中国等4个发展中国家作为对比分析对象（以下简称"样本国家"）。美国、德国、英国、韩国、日本等发达国家在环境治理领域已经积累了丰富经验，取得了丰硕成果，率先走向经济发展与环境保护协调双赢的道路。

本部分的研究数据主要来自世界银行公布的世界发展指标，选取了代表环境质量、环境治理、资源能源利用、产业结构等方面的10个指标作为对比。按照上文理论分析的逻辑，本报告将所选取的 9 个样本国家的各指标按照人均 GDP 进行绘图，以观测样本国家各指标随人均 GDP 变化而变动的情况。为便于分析，本报告将 0.9 万~2.5 万美元这一人均 GDP 变化区间称为"样本区间"。

图 10-17 至图 10-19 给出了样本国家人均 GDP 和二氧化碳排放相关指标之间的关系。从碳排放强度来看，5 个发达国家碳排放强度随着人均 GDP 的提升而逐步降低，并在一定幅度范围内保持小幅降低。以我国为代表的发展中国家则呈现出碳排放强度随着人均 GDP 的提升而迅速降低，呈现出 L 型变化趋势。其中，中国当前的碳排放强度高于同时期（同人均 GDP 水平，下同）的韩国。从人均碳排放来看，样本国家中，5 个发达国家和 4 个发展中国家均随着人均 GDP 增长而呈现出倒 U 型变化，符合环境库兹涅茨曲线假说论述的变化趋势。我国人均碳排放水平高于同时期的韩国和日本。从发达国家的趋势来看，我国人均碳排放随着人均 GDP 的增长还会呈现较大幅度攀升，并将持续较长一段时期。我国的碳排放总量远高于同时期的韩国、日本等发达国家，以及巴西、南非等发展中国家，与同时期的印度相似。从图 10-19 显示的趋势来看，未来一段时期内，我国碳排放总量仍有望处于增长区间。

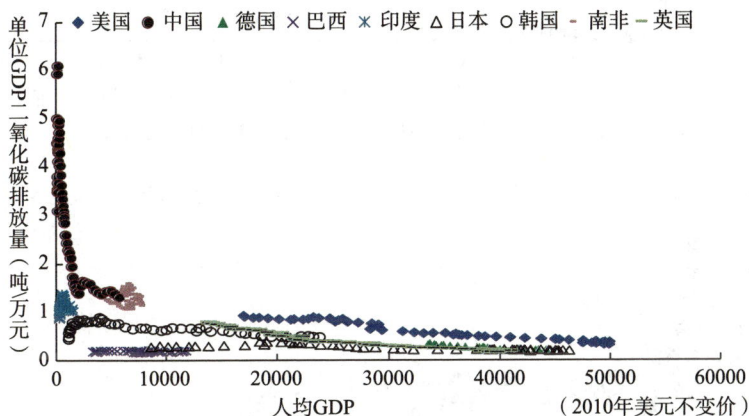

图 10-17　样本国家人均 GDP 与碳排放强度之间的变化趋势

图 10-20 显示了样本国家人均 GDP 与制造业、建筑业碳排放占比之间的变化趋势。制造业和建筑业碳排放总量占比在一定程度上代表了这两个行业在产业结构中的比重。总体来看，发达国家和发展中国家制造业和

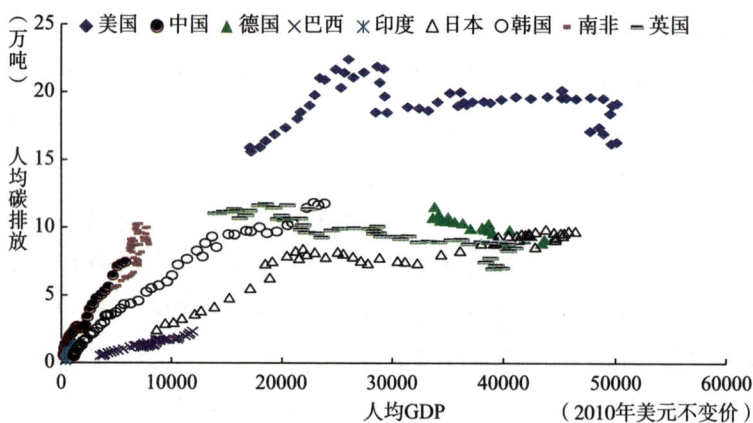

图 10-18　样本国家人均 GDP 与人均碳排放之间的变化趋势

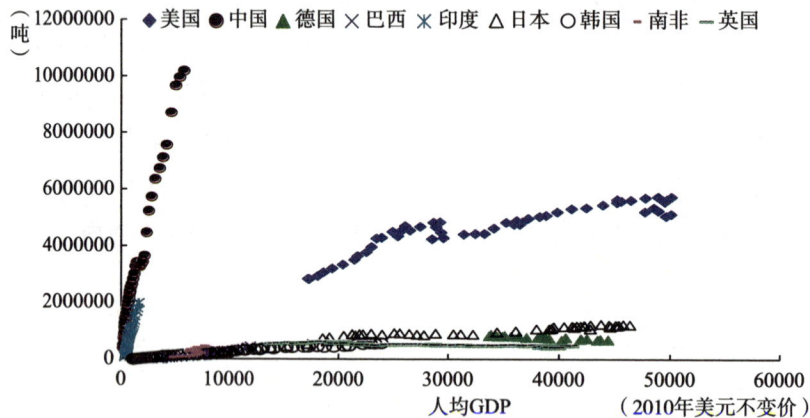

图 10-19　样本国家人均 GDP 与碳排放总量之间的变化趋势

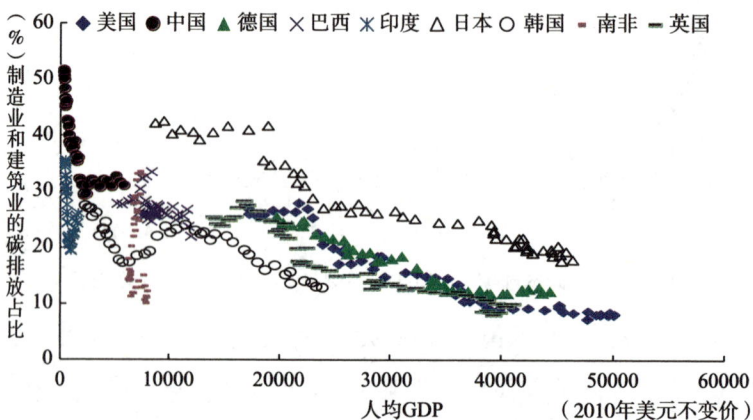

图 10-20　样本国家人均 GDP 与制造业、建筑业碳排放占比之间的变化趋势

建筑业碳排放占比随着人均 GDP 增长而呈现出逐步降低的趋势，呈现出 L 型变化趋势。这说明随着人均 GDP 的增长，产业结构的调整和技术进步将促使制造业、建筑业占比下降，以及碳排放降低。与韩国同时期相比，我国制造业和建筑业碳排放占比较高，但大幅度低于同时期的日本。

图 10 - 21 显示了样本国家人均 GDP 与 PM2.5 浓度之间的变化趋势。近年来，我国在大气环境治理上取得了巨大成效，PM2.5 年均浓度逐渐下降。但从世界范围来看，我国 PM2.5 浓度仍然处于较高水平，在样本国家中仅低于印度，远高于同时期的韩国，甚至也远高于同时期的巴西和南非。美国、日本、德国等人均高收入国家 PM2.5 浓度数值较为接近，且均处于较低水平，从趋势来看，与发达国家同期相比，我国未来在 PM2.5 浓度下降上还有较大提升空间，同时，不断促进人均收入水平提升，对环境质量改善起着重要作用。

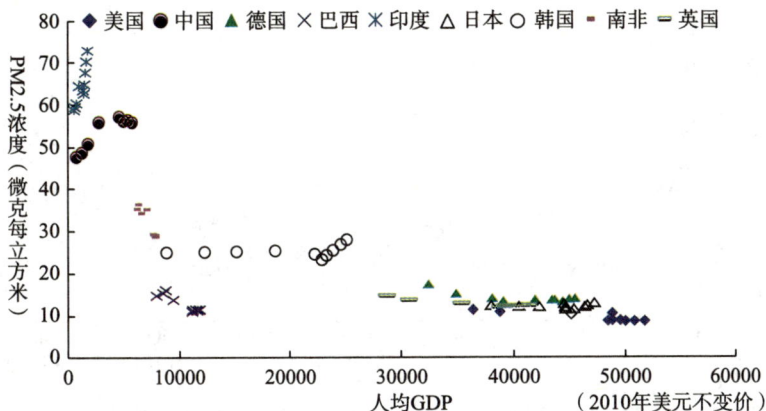

图 10 - 21　样本国家人均 GDP 与 PM2.5 浓度之间的变化趋势

图 10 - 22 和图 10 - 23 显示了样本国家人均 GDP 与人均能耗和单位 GDP 能耗之间的关系。可以看出，美国人均能耗最高，并且随着人均 GDP 增长一直在高位区间"徘徊"；德国和英国人均能耗水平接近，并且随着人均 GDP 增长呈现出相对稳定或者小幅降低的趋势；日本人均能耗较低，但随着人均 GDP 增长呈现出一定幅度增长；我国与同时期的韩国接近，在变化趋势上也与韩国类似。我国单位 GDP 能耗近年来呈现出较大幅度下降，显示出过去十几年我国大力淘汰落后产能，进行技术改造与革新取得的成效显著，但也应看到，与发达国家相比，我国仍有进一步提升的空间。

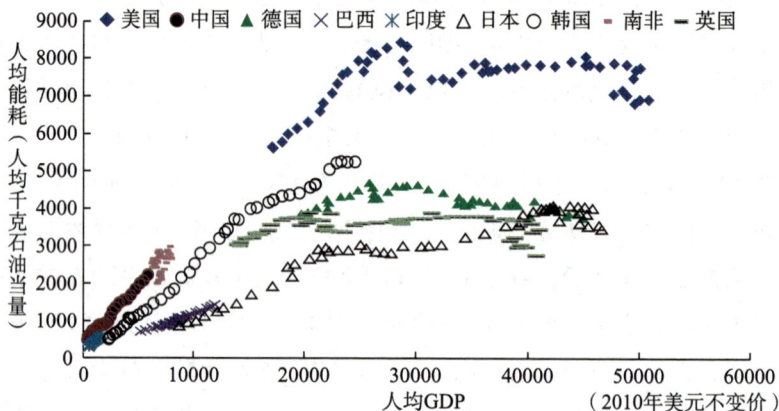

图 10-22 样本国家人均 GDP 与人均能耗之间的变化趋势

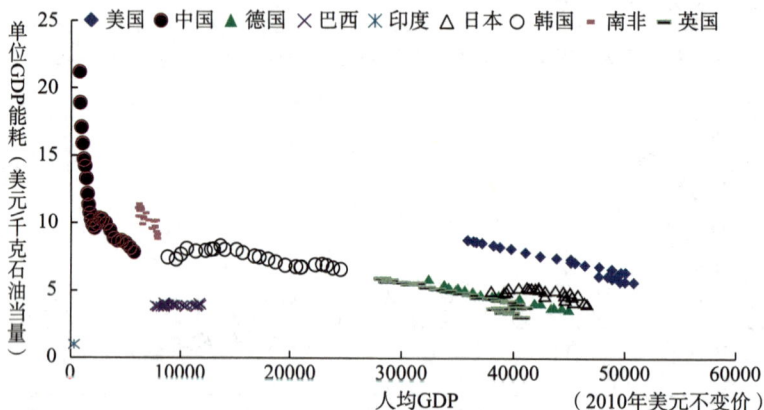

图 10-23 样本国家人均 GDP 与单位 GDP 能耗之间的变化趋势

总体来看，尽管由于数据的可得性和可比性，本报告仅选择有限的指标与世界主要发达国家进行比较，但仍然可以得出一些可供参考的结论。发达国家绿色指标的变迁轨迹表明人均收入变化与产业结构和能源结构调整、能源利用效率和环境质量均有密切联系。从理论上看，人均收入的攀升意味着一国或一个地区进行环境治理的支付意愿大大增强，特别是在人均收入超过 1 万美元之后，政府拥有更充沛的财力、技术和人力资源来消除经济发展带来的"负外部性"，同时，可以承受产业和能源结构调整带来的冲击。

2. 发达国家的行动

人均收入与环境问题的紧密联系预示着不同国家和地区在相同人均收入背景下，环境污染与治理面临相似的问题。因此，研究发达国家在这一时期采取的绿色发展策略与环境治理行动，对广东未来绿色发展具有较强的指导意义。

（1）韩国的行动

经过多年的努力，韩国政府在环境保护及绿色发展方面形成了健全的法律法规、严谨的监管制度和全面的宣教示范，多管齐下的"妙计良策"取得了卓越的成效，绿色转型的决心上升为国家战略，国家教导并引领民众付诸实践和行动，使得节约资源和保护环境的共识在韩国深入民心。广东省政府也曾在相关场合提出"至 2020 年，全省环境质量明显改善，珠三角环境质量达到韩国大首尔地区水平"（梁光源，2016）。所以无论从理论分析，还是实践发展来看，韩国的经验尤其值得我们总结和学习。

①立法：逐步建立完善健全的法律体系

按每个时期的核心法律划分，韩国环境立法历程包含公害防止法时代、环境保全法时代、环境政策基本法时代三个阶段（罗丽，2009），起点就是 1963 年设立的《公害防止法》。

与我国相似，韩国自提出经济开发 5 年计划（第一个经济发展 5 年计划为 1962～1966 年）启动经济建设以来，伴随着经济发展政策的实施、工业化和城市化的推进，韩国的环境问题也开始出现。为应对这一状况，1963 年底，韩国政府颁布了第一部环境基本法——《公害防止法》。该法仅有 21 条，其主要目的是"防止由于工厂或事业场所或机械、器具等制造业引起的大气污染、河川污染、噪音、振动等保健卫生的侵害，提高国民保健"（罗丽，2009）。但是，在 20 世纪 60 年代前期，韩国整个社会倡导的是以工业化和出口增长为最优先目标的经济先导理念，《公害防止法》的制定主要是满足外资引进政策的程序和立法上的要求，就环境公害防止效果而言微乎其微。

1970 年后，韩国的环境问题越来越严重，并呈现出复杂和多样化的特征，《公害防止法》已难以应对新问题和新局面。于是，1977 年底，韩国又颁布了取代《公害防止法》的《环境保全法》，该部法律以全部的环境问题为规制对象，在制度措施上引入了环境影响评价制度、环境质量标准、污染物总量控制制度、环境破坏和环境污染的事前预防措施。此时，韩国政府已经认识到环境保护的重要性，所以这部法律的目的是要保障韩国国民及其子孙后代享有生活在健康舒适环境中的权利。为进一步保障这一权利，韩国政府在1980年修改宪法时增加了环境权。

随着产业结构的调整和重工业的高速发展，环境问题多样化、复杂化特征也越来越显著，根据污染领域的类别制定相应的政策以提高治理效率是解决环境问题的必然选择。所以韩国政府于1990年又颁布了取代《环境保全法》的《环境政策基本法》，在该法的指导下，又制定了《大气环境保全法》《土壤环境保全法》《水质及水生态系统保全法》《饮用水管理法》《自然环境保全法》等一系列的单行环境法。至此，以《环境政策基本法》为中心的较为健全的环境法律体系在韩国基本形成。此外，根据形势发展，韩国对《环境政策基本法》先后进行了多次修订，其中2011年进行全面修改，2013年为最新一次修订。

②大气治理：来自大首尔地区的经验

尽管相对于水污染防治、农村环境治理等领域，广东全省的大气环境治理成效显著，但就珠三角地区而言，未来相当长的时期其仍将是全省人口和产业的集聚区域，且随着汽车保有量的持续增长，该区域的大气环境治理依然会高压不减。大首尔地区与珠三角在地理区位、经济规模、演变历程上都具有高度相似性，其应对发展问题及改善大气环境方面所采取的管理政策和措施对珠三角有着非常现实和可操作的借鉴意义。

Ⅰ. 韩国大气环境变化经历的三个阶段

20世纪70年代开始，韩国首尔地区不断推进重化工业，到80年代，形成类似伦敦烟雾的大气污染。1980~1990年，韩国由于煤炭、石油等原料使用量激增，产生了大量硫酸化物（SO_x）、粉尘（TSP）、氮氧化物（NO_x）、一氧化碳（CO）等，这一时期也是韩国大气污染最为严重的阶段。根据历史监测数据，1980年首尔的二氧化硫年平均浓度为0.099ppm，与当时的环境标准值0.05ppm相比超出近一倍。总悬浮颗粒物浓度也在1985年达到顶峰。在这一时期，甚至由于大气污染严重恶化，韩国政府还曾实施蔚山及温山工业地区周边居民迁移政策。世界卫生组织也曾将韩国首尔列为世界三大大气污染严重城市之一。当时大气污染主要来源于产业（企业）部门生产和家庭的能源使用。产业（企业）部门及成片的公寓园区主要使用邦克油，家庭主要使用煤炭等固体燃料。由此产生的亚硫酸酐及粉尘等带来了类似伦敦烟雾的大气污染。

到 90 年代，随着汽车保有量的迅速上升，交通运输对大气污染的贡献率逐步提高，机动车污染成为首尔区域大气污染的主要来源，韩国大气污染逐渐转向洛杉矶光化学烟雾型特征。据韩国大气政策后援系统（Clean Air Policy Support System）2007 年的统计，来自道路移动污染源的 PM10 排放，占当地 PM10 总排放量的 52%；来自道路移动污染源的氮氧化物排放，占氮氧化物总排放量的 48%。

进入 21 世纪，在经济结构和产业布局调整、人口和城市规模控制、环境污染治理和预防等方面多措并举的努力下，首尔区域大气环境污染问题得到明显解决，至 2014 年，韩国实现了可吸入颗粒物（PM10）由原来的 14681 吨下降到 8999 吨，年均浓度也由 2003 年的 65 微克/立方米下降到 40 微克/立方米，氮氧化物（NO_x）由 309987 吨下降到 145412 吨，年均浓度由 2003 年的 34ppb 下降到 22ppb。其中，首尔市和仁川市 PM10 的年平均浓度分别由 1995 年的 78 微克/立方米和 76 微克/立方米下降到 2014 年的 46 微克/立方米和 49 微克/立方米。

Ⅱ. 大首尔地区概况及与珠三角发展水平对比

大首尔地区，又称首尔首都圈，包括首尔特别市、仁川广域市和京畿道的大部分地区，面积 1.2 万平方公里，2013 年人口达到 2384 万，是世界第六大经济城市和世界十大金融中心之一。大首尔和珠三角在地理位置上都享有得天独厚的沿海沿江优势，更分别是当地乃是全国经济和社会发展的领导者。

在经济发展水平上，2014 年广州和深圳的人均 GDP 分别为 2.1 万美元和 2.5 万美元，大首尔地区人均 GDP 为 2.1 万美元的年份是 2010 年，所以珠三角地区核心城市的经济发展与大首尔地区平均水平相差 5 年左右时间。

表 10-8　大首尔地区与珠三角地区基本概况对比

对比项		大首尔地区	珠三角地区
地理位置	区位	朝鲜半岛中部，韩国西北部，汉江流域下游	广东省中南部，沿珠江口湾的珠江三角洲地区
	国际城市	首尔	广州、深圳

续表

对比项		大首尔地区	珠三角地区
基本概况	范围	首尔特别市、仁川广域市和京畿道的大部分地区	广州、深圳、东莞、惠州、珠海、佛山、中山、肇庆、江门
	面积	1.2万平方公里	5.6万平方公里
	森林覆盖率	49%	51%
人口	人口总数	2384万（2013年）	5715万（2014年）
	人口密度	2038人/平方公里	1020人/平方公里
机动车	机动车保有量	983万辆（2015年）	1096万辆（2013年）

资料来源：郑军、周国梅、杨昆等：《中国珠三角地区与韩国大首尔地区大气环境管理比较研究》，《环境保护》2016年第10期，第62~66页。

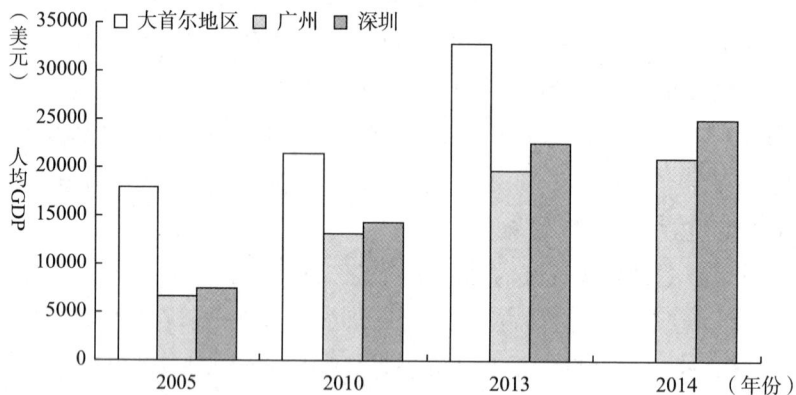

图10-24 珠三角地区核心城市和大首尔地区人均GDP比较

资料来源：郑军、周国梅、杨昆等：《中国珠三角地区与韩国大首尔地区大气环境管理比较研究》，《环境保护》2016年第10期，第62~66页。

在大气环境质量上，珠三角地区颗粒物浓度存在超标现象，区域性臭氧问题和光化学污染突出，并呈现明显的核心区域连片特征。根据粤港澳珠江三角洲区域空气监测网络2014年监测结果报告，2013年，珠三角地区PM10和O_3的平均浓度分别为63微克/立方米和54微克/立方米，均远高于韩国大首尔地区的50微克/立方米和48微克/立方米的水平。2014年，珠三角地区二氧化氮37微克/立方米的排放水平也高于韩国（22微克/立方米）。PM10的浓度水平与2004年的大首尔地区（64微克/立方米）相当，NO_x的浓度水平也与2004年的整个韩国水平惊人地一致，同样都为37微克/立方米。所以从数据可得，珠三角大气环境质量与大首尔地区相差十年左右时间。

表 10 - 9　大首尔地区与珠三角地区大气环境主要指标对比

对比项	大首尔地区		珠三角地区
主要污染物	SO_X、NO_X、TSP、PM10、O_3、VOC_S		SO_X、NO_X、PM10、PM2.5、O_3、VOC_S
环境空气质量 （微克/立方米）	2013 年		2013 年
	PM10：50 SO_2：14 NO_2：63 O_3：48		PM2.5：42 PM10：63 SO_2：18 NO_2：40 O_3：54
污染物排放量 （万吨/年）	2011 年		2013 年
	SO_2：3.74 NO_X：26.42 PM10：0.95		SO_2：42.30 NO_X：75.50 烟/粉尘：20.20
环境空气质量标准 （微克/立方米）	年均值	PM10　50	70
		PM2.5　25	35
	日均值	PM10　100	150
		PM2.5　50	75

　　资料来源：郑军、周国梅、杨昆等：《中国珠三角地区与韩国大首尔地区大气环境管理比较研究》，《环境保护》2016 年第 10 期，第 62～66 页。

　　经济发展水平的 5 年差距，却对应了大气环境质量的 10 年差距，说明与大首尔地区相比，珠三角的大气环境治理水平仍落后于经济增长速度，广东在经济发展质量、产业结构、治理力度及措施等方面与大首尔地区相比都有较大差距，这也是我们需要不断努力调整的方向。

　　Ⅲ. 大首尔地区大气环境治理举措

　　大首尔地区作为韩国经济与环保先行的地区，为持续改善空气质量，不仅积极落实国家层面的各项空气质量管理政策，还于 2003 年出台了《首都都市圈大气环境改善特别法》（以下简称《特别法》）和相应的实施计划，针对性地采取了一系列严格措施防治大气污染。

　　以世卫组织环境标准为限值，强化空气质量监测预警。以 PM10 和 PM2.5 环境标准为例，韩国从 1996 年开始实施 PM10 环境标准，当时的限值为年均浓度70微克/立方米，2011年这一浓度限值就被大幅提升至50微克/立方米。同年3月，韩国又颁布了PM2.5环境标准，即年均浓度限值为25微克/立方米，这相当于世界卫生组织确定的第二个过渡时期的PM2.5目标值。同时，韩国自1985年起就采用移动空气质量监测设施监测全国多个城市空气质量，两年后全国范围的无线监测网络铺设完成并实现与国家管理部门的数据连接，实时发布空气质量监测数据。

以亚洲金融危机为转机，不断优化升级产业结构。尽管1998年的亚洲金融危机给韩国经济社会发展带来严重影响，但韩国也以此为契机全面升级优化产业结构。传统制造业、建筑业比重不断降低，信息通信技术产业、房地产业、金融业、批发零售业得到蓬勃发展。至2009年，大首尔地区的第一产业仅占1%，第二产业占28%，第三产业占71%，成绝对优势产业。产业结构日趋高级化，重污染工业部门占比较小，高耗能、高排放工业导致的大气污染得到有效减缓。在产业结构高端化的前提下，大首尔地区单位GDP的大气污染物排放较少，仅为珠三角的10%~50%（见表10-8）。

以行动计划为抓手，两次出台首都圈大气环境管理计划。韩国政府先后两次针对大首尔地区出台大气环境管理基本计划，第一次是于2005年1月正式实施的《首都圈地区大气环境管理基本计划（2005—2014）》（以下简称《基本计划》），目标是将PM10的年均浓度降低到40微克/立方米，NO_x浓度降低到22ppb，以使首都区域的大气环境达到发达国家水平。第二次是2014年又颁布了《首都圈大气环境管理基本计划（2015—2024）》，除强化对上述两项指标的规定外，还新设了对PM2.5和O_3的治理目标。根据第二次计划，首都圈地区的PM10年均浓度要进一步降低至30微克/立方米，PM2.5年均浓度要从27微克/立方米下降至20微克/立方米。

以举办大型赛事为契机，加强总量控制与治理投入。1986年，汉城举办了亚运会，两年之后又举办了奥运会，数年内连续举办重大赛事为大首尔地区的空气治理带来了契机，用于空气质量管理的财政预算大幅增加，大气污染治理措施的实施力度也被不断加大。如产生烟尘的场所被要求必须安装烟尘控制设施且排放标准被不断提升，经营场所的排污收费系统被进一步完善。2002年，在首尔举行的世界杯足球赛更进一步推动了大首尔地区的空气质量管理工作的落实。《特别法》明确了对大首尔地区内经营场所实行排放总量控制措施。《基本计划》也针对首都圈大气污染产生的影响程度设定了首都圈大气管理圈域，并对圈域中的大气污染物排放单位进行预防性总量控制管控。以大型排放单位为对象，从 2008 年开始对 NO_x、SO_x 进行总量管控。重大赛事、会议及事件的举办，既对举办地的环境质量提出更高要求，也为该地区大幅增加环境治理投入和强化治理手段提供契机。

以管制与激励并重，加强机动车尾气治理。第一，在排放标准上，韩国早于 1980 年就建立了机动车尾气排放标准，并于 2006 年开始针对汽油轿车实施美国的超低排放标准，柴油车在 2009 年引用了欧盟的欧 V 标准，大型柴油车从 2014 年开始适用欧 VI 标准。第二，实施机动车的排气认定试验和检查。机动车出售后在一定时期内实施确认减排装置耐久性和性能的"缺陷确认检查"，以此来检验减排装置是否有效。从 2015 年开始利用移动测定装备，随时检查行驶中的机动车。第三，加强老旧机动车的排放管理。《特别法》将老旧车辆列为特定车辆管理：在首都圈地区超过排放气体保证期的车辆，被归类为"特定车辆"，采用差异性的排放许可标准。无法达标的车辆，则须安装减排装置、更换低公害发动机或提前报废。第四，实施怠速熄火监管制度。为了减少机动车因怠速引起的排放物，为机动车安装怠速限制装置，当机动车怠速时间达到 5 分钟时，发动机就会自动熄火。第五，推广使用新能源和清洁汽车。韩国政府不断加强对绿色环保汽车的研发扶持力度，制定了技术研发、制造和销售等一揽子扶持计划。同时还扩大对消费新能源及清洁汽车的补助，并对使用者减免停车费、通行费等。至 2012 年，在首都圈地区的公交车中，天然气公交车已达到 91.2% 的比重。第六，针对民众制定激励机制。韩国并没有实行强制车辆限行制度，但市民可自愿申请限行，如大首尔地区的市民可选定周一至周五中的某天不开私家车上路，市民在选定时间后可向政府申领电子标志卡并贴到车上，政府对自主申请限行的车辆给予多项优惠：如减免一定的车船税、在公营停车场可获得最高 30% 的折扣、缴纳"拥堵费"时最高可得到 50% 的折扣等。

以绿色清洁为导向，实施能源结构调整。1981 年韩国政府设定燃料的含硫量标准，以控制 SO_2 排放。1985 年开始禁止空气污染可能超标地区使用煤炭等固体燃料。1986 年首尔强制特定设施使用液化天然气作为燃料，次年又进一步将容量大于 2 吨的锅炉纳入限值范围。1988 年首尔开始强制使用清洁燃料，即含硫量小于 1% 的邦克油。1999 年大首尔地区全面禁止使用固体燃料。2005 年，韩国政府将发电厂、工厂及公寓等使用的邦克油从高硫油转换为低硫油，并将该政策从工业地区逐渐扩大至大城市乃至全国范围内。为促进固定源氮氧化物减排，2006 年起韩国开始补贴用于替代大、中型工业燃气锅炉的低氮燃烧剂。2012 年，韩国全面禁止使用含硫量大于 1% 的柴油。作为能源输入国，在一系列能源结构调整政策实施后，韩国需要从海外进口的能源比例高达 95% 以上，能源成本及生产原料成本的不断攀升对产业调整也形成倒逼效应，推动着产业不断提高效率和升级。

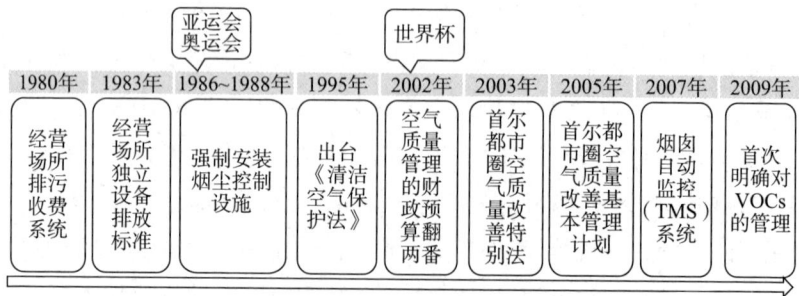

图 10－25　大首尔地区大气污染防治政策实施时序

③水环境治理：韩国城市内河水环境整治经验

同样作为沿海沿江地区，广东省与韩国相似，拥有发达的江河水系，且很多城市是依河而筑。河流穿城而过，在形成城市生命线和血脉的同时，也经受着经济社会发展的巨大影响。从韩国走过的道路看，同样的，水污染曾经也是韩国环境污染的突出领域。在经济腾飞的 20 世纪 80 年代，韩国的主要河流汉江、洛东江、锦江和蟾津江等都受到不同程度的污染，尤其是流经城市的河流更是遭到日益严重的污染。而直到今天，水污染依然是广东省走向绿色可持续发展的一块短板，如何对城市受损河流生态系统进行修复，使河流恢复到健康状态已成为城市发展和复兴的焦点问题。韩国的治水经验，尤其是作为国际治水典范案例的清溪川改造工程，将为广东省提供丰富而生动的实践借鉴。

Ⅰ.清溪川概况

清溪川是一条自西向东流经首尔市中心的河流，最终汇入汉江，全长 10.84 公里，总流域面积 59.83 平方公里。20 世纪 50 年代，清溪川两岸居住人口众多、商业密集，污水及垃圾直接排放至河中，导致河床多被污泥和垃圾所覆盖，河水发黑发臭，市民苦不堪言。1958 年，为疏导首尔东西走向的交通，同时改善不断恶化的环境，政府开始大规模建设清溪川掩盖工程及道路（清溪道路），并且花了 20 年的时间在清溪道路之上建造了一座高架公路桥（清溪高架桥），清溪道路和清溪高架桥作为城市中心主干道日行车量达 16 万辆，一度曾是"汉江奇迹"和首尔城市繁华的象征之一。进入 21 世纪，清溪川掩盖建筑物的内部出现龟裂，清溪高架桥也因高架老化产生安全问题，每年需要花费高达 20 亿韩元进行维护管理。首尔政府也曾打算全面进行维修，但工程预算需要 1000 亿韩元。为了彻底解决生态破坏、交通拥堵、噪音污染等"城市病"，以促进首尔建设成低公害清洁城市，2003 年 7 月 1 日，首尔市政府启动清溪川修复工程，历经两年时间于 2005 年 10 月 1 日竣工。清溪川综合整治工程不是简单地恢复一条河道，而是以一种全新的理念，打造了一条具有历史水文化底蕴、生态环境友好、人与自然和谐、充满经济发展活力的现代化都市内河。

Ⅱ. 重点实施项目

清溪川内河的生态修复及周边环境改造重点实施项目包括道路和高架路桥拆除、水体复原、河道整治及景观设计建造等。整个工程全长 8.12 公里，拆除了 5.8 公里的清溪道路和清溪高架路桥，沿线 6 万多家店铺、1500 多个摊位搬迁，在复原河道和水体的基础上修建了滨水生态景观及休闲游憩空间，恢复和整修了 22 座桥梁，修建了 10 个喷泉、一座广场、一座文化会馆，共耗资 3800 亿韩元（约合人民币 31.2 亿元）。

A. 水体复原

一是疏浚清淤，通过拆除河道上的高架桥、清除水泥封盖、河床淤泥，还原河道自然面貌。二是全面截污。为防止复原后的河道和水体再被污染，清溪川建立了新的独立的污水处理系统，两岸铺设截污纳管工程，对原来汇入清溪川的各类污水实施彻底截污并将污水送入处理厂统一处理。清溪川采用的是合流式处理模式，管网还需要接纳初期雨水，为有效应对暴雨等突发事件，河道两岸设置了阻断集中式管道和 CSO 管道，可有效减少溢流和倒灌。同时，管网内部还设置了污水箱，提高了对污水的收集能力。三是保持水量。为保证清溪川一年四季流水不断，维持河流的自然性、生态性和流动性，清溪川采用三种方式为河道提供补给水源：主要补给源为汉江,日均取水 9.8 万吨注入河道;另一种方式是补给净化处理后的城市地下水;第三种方式是利用中水。清溪川可常年保持 40 厘米水深。清溪川对补给水的水质环保要求很高,须对儿童戏水等亲水活动绝对安全,同时适合于 1 级水鱼种和中浪川级汉江上栖息的 2 级鱼类栖息。

B. 河道整治与复原

清溪川河道复原工程设计标准为满足 200 年一遇的洪水过流需要。同时,结合河流所属区位特点、城市面貌、经济社会状况及历史文化,按照自然和实用相结合的原则,整个河道整治被分成三个区段:上游位于市中心,毗邻政府机关,是重要的政治、金融、文化中心,该段以清溪川广场为中心,建设有与高档写字楼相配的喷泉瀑布,着重体现首尔现代都市特征;中部河段流经韩国著名的小商品批发市场——东大门市场,是市民和游客经常光顾的地方,所以该段以植物群落、小型休息区为主,为市民和旅游者提供舒适的休闲空间;下游为居住和商业混合区,设计有体现自然生态特征的大规模湿地,积极保留自然河滩沙洲,两岸也以生态植被代替边坡护岸,着重体现自然风光,让人们可以找到回归自然的感觉。清溪川从起点到下游所采用的结合区位特征三段式修复方式与方法,让清溪川形成了一条从都市印象到自然风光的城市内河生态系统,重新塑造了一个人水和谐、自然环保的城市内涵。

C. 景观元素设计与建造

清溪川改造的景观设计,既有包括水体河道、绿化植被在内的体现自然生态的元素,又有灯光夜景、古迹桥梁等体现人文历史的元素。例如在水体设计上,采用多道跌水的方式将上下游河段衔接起来,同时运用了喷泉、涌泉、瀑布、壁泉等多种水体表现形式;河道设计采用的是阶梯平台式堤岸,在突出河道自然性的基础上,最大限度满足人们的亲水需求;夜景观主要是通过照明效果来实现,利用河道沿岸布置的泛光灯和重点景观的聚光灯等形成和谐又具有特色的灯光效果。在人文景观恢复上,清溪川工程体现了传统与现代的结合,不仅恢复重建了极具历史特色的朝鲜时代的石桥,还以现代五色"文化墙"和"文化带"的形式,将 4 个城门和重要的历史文化遗迹串联起来。此外,清溪川整治工程共建设了 22 座桥梁,每座桥梁都造型各异,各具特色。数据统计显示,改造工程使清溪川及周边得到了显著的外部性改善。

表 10 - 10　清溪川工程的正外部性效应

	对公共交通的影响	对周边生态环境的影响	对周边房地产的影响
复原前	周边交通混乱、拥堵严重且公共交通不发达，市民搭乘共交通出行的意愿很低	清溪川高架桥一带比首尔的气温平均高 5 度	2000 年居住在清溪川沿岸的人口约有 12.9 万人，相比 20 年前减少了约 15%，人口外迁现象明显，房地产不断贬值
复原后	2004 年 7 月与 2003 年 12 月相比，乘公共交通出行人数增加了 11%，与 2003 年 6 月相比，利用地铁出行人数增加 6%	平均气温比首尔低 3.6 度，周边平均风速增大 2.2% ～ 7.1%，有效缓解城市热岛效应，改善城市生态环境	受环境改善带动，两岸周边的土地价格上涨了 50%

注：根据相关文献整理。

（2）日本的行动

①不断完善各领域的环境立法

在水环境保护方面，日本水环境保护法律体系大致可分为如下 5 个层次。第一层次主要包括《环境基本法》；第二层次主要包括《水污染防治法》等综合性法律；第三层次包括建设计划、规划类法律，如《城市规划法》等；第四层次主要针对工业污染治理，如《关于在特定工厂建立公害防治组织的法律》；第五层次是经济责任等其他相关法律，如《企业负担公害防治事业费法》等。尤其是根据污水处理的不同模式，日本还为城市和乡村分别制订了不同的适用法规，城市适用《下水道法》，乡村适用《净化槽法》（李中英，2014）。在 20 世纪 50 年代，日本为改善城市公共卫生环境，制定了《清扫法》《下水道法》。到 20 世纪 60 年代，日本农村地区产生为改善生活与卫生条件的需求，很多公司推出适用于农村地区粪便处理的净化槽技术与设施。为规范市场与建设，日本出台了《建筑基准法》。1983 年，日本正式制定《净化槽法》，对乡村分散污水治理进行全面规定，成为目前日本乡村污水治理的主要法律依据（范彬，2009）。

在大气治理领域，作为日本第一部全国性大气污染防治法规，日本于 1962 年通过的《煤烟控制法》在促使日本能源革命（以石油代替煤）和主要污染源采用除尘设备方面，对控制烟尘起到了积极作用，主要工业城市的降尘得到了明显改善。1968 年 6 月 10 日，日本国会通过了《大气污染防治法》（法律第 97 号），并于 1970 年进行了修订，在全国范围内以污染防治为理念实施大气污染控制,其中极为重要的措施就是排放标准的合理设定。1974 年,《大气污染防治法》再次修订,正式导入总量控制策略,在工业集中的指定地区对二氧化硫和氮氧化物实施总量控制。1992 年,日本实行了机动车一氧化氮总量控制,要求在特定地区基于总量削减计划普及低排放车,并进一步强化汽车尾气排放标准,力求控制一氧化氮、光化学氧化剂和飘尘污染。2000 年 4 月 29 日颁布的《大气污染防治法》以法律的形式确立了大气污染总量控制制度,2006 年 2 月又对该法进行了修订(杨波、尚秀莉,2010)。

在土壤保护方面,不断加强土地污染的防治。日本骨痛病事件后,日本开始逐步重视农用地污染的防治问题。20 世纪 70 年代初在《公害基本法》中增加了有关土地污染防治及治理的相关条文;随后又出台了《农用地土壤污染防治法》。1978 年、1993 年和 1999 年根据实际情况又进行了修订。针对经济发展过程中出现的新土地污染状况,1989～2003 年日本相继颁布了《水质污浊防治法》《二英类对策特别措施法》《土壤污染对策法》等法律法规。1989 年、1996 年两次修订了《水质污浊防治法》,对有害物质的渗透以及地下水净化等方面进行了规定;1999 年颁布的《二英类对策特别措施法》对污染土壤的有害物质实施管制;2003 年出台的《土地污染对策法》从法律的角度强制规定了对土地的污染程度进行调查,对土地污染的特定区域以及治理情况进行信息公开化,对划定的污染区域进行管理,按照相关的标准对土地污染现状进行治理,并规定了一系列的财政援助政策(李俊民,2014)。

②完善环境管理体制,加大资金投入

1971 年建立了由首相直接领导的"日本环境厅",完善了中央到地方的各级行政管理体制,并在特定事业所设立了"防治公害专职管理员"。日本政府对项目建设开展环境影响评价,并就大气和水质保护制订了"环境标准",对企业排水、排气实施了严格"浓度限制"。到 70 年代末,日本环境厅的环保财政预算已近 1 万亿日元,其中 90% 用于防治公害的公共事业。

日本污水处理费用的基础设施部分主要由政府出资,运行费用则向工厂和居民收取。具体操作是处理厂根据实际的运营成本,与居民协商具体的价格,然后报议会通过。比如,下水道处理系统的基础设施投资形式为国库补助 50%～55%、地方负担 40%～45%，一般以发行债券的形式募集，受益者负担 5%；污水处理分管网的总投资中地方负担 95%，受益者负担 5%。

日本政府为推动农村家庭污水治理实施了两项资助计划。其一为净化槽设置整备事业，用于支持农村家庭将单独处理粪便的净化槽改造为合并处理净化槽，家庭负担总费用的 60%，其余费用由地方补助 2/3、国家补助 1/3。另一计划为净化槽市町村整备推进事业，目的是推动水源保护地区、特别排水地区、污水治理落后区等生活污水治理工作的开展，家庭只需负担净化槽设置费的 10%，国家承担 33%，剩余约 57% 通过发行地方债券筹措。另外，该计划还由市、町、村设立公营企业，承担净化槽的日常维护管理等业务。

③地方政府密切配合

日本的地方政府也开始提高行政执行能力，制定地区防止公害计划，对环境进行严格监管，对企业予以行政指导。地方政府不仅制订了比国家标准更为严格的地方环境标准，而且各市、町、村还与区域内的主要企业签订了《防止公害协议》，凡是排污达不到协议标准的企业，都必须根据地方政府的劝告缩短开工时间。这种严厉的社会监管系统，是欧美各国所没有的。

④产业政策部门积极推动产业结构和能源结构调整

日本产业政策部门积极推动日本产业结构调整，转变增长模式，抑制重化工业的迅速发展带来的环境污染。1970 年的《70 年代的通产政策》提出日本产业发展应从重化工业资源资金密集型转向耗能少、低污染、高附加价值的知识密集型产业，以抑制工业污染。在 1973～1982 年这 10 年间，一次能源消耗仅增长 17%，单位 GNP 石油消耗下降了一半。日本将环境建设融入产业政策，通过财税、金融手段鼓励扶持企业参与环保，如成立环境财团，中央和地方政府通过金融机构给企业提供治理污染的贷款。

⑤企业加大环保力度

日本根据《公害对策基本法》等环保法规对企业严格管理，促使企业加大环保力度、提高生产效率、改善工艺流程、安装污染物质去除设备、建立企业内部的防止公害组织、培养相关人才等。企业设备投资中污染防治费比重从 1966 年度的 3.9% 跃增至 1974 年度的 14.6%。1974～1976 年这 3 年间，企业环保设备投资占其设备总投资的 20%；到 20 世纪初，日本企业累计投入环保资金达 8.5 兆亿日元。

⑥普及环保教育，提高公众环保意识

以修订《公害对策基本法》等法案为契机，日本开始加强公众的公害环保教育。日本还利用四大公害诉讼案胜诉以加大舆论宣传，对污染企业予以威慑，提高公众环保意识。在学校环境教育方面，1970 年文部省决定在"社会科"中增加公害学习内容；70 年代后期，在高中、中小学相关科目中设立了环境单元。日本还重视社会教育和社区教育，培育个人自由参与社会活动能力的同时，渗透环保意识，提高参与环保活动的自觉性。

（3）新加坡的行动

经济与环境的矛盾运动如同世间一切事物，是按着否定之否定的规律发展的，"原始的自然协调—极不协调—未来的高度协调"是其必然因循的路线（李敏，2000）。尽管依据环境库兹涅茨曲线理论，从长时间段观察，一国或地区有效的环境绩效与其经济发展阶段特征呈紧密的正相关关系。但是，这种环境绩效的取得并非一蹴而就或是随规律演进自然形成，通常都需要政府、企业、社会公众在经济社会发展的全过程达成共识并付出巨大努力。在这一方面，新加坡的经验可以给我们很多很好的借鉴和启示。

新加坡共和国在 1965 年刚刚独立时，国家安全存在威胁、经济瘫痪、住房短缺、失业人口众多，社会秩序混乱，超过 1/4 的人口生活在贫困线以下，人民生活难以为继，资源和土地更是极为匮乏。为解决生存问题，发展经济需要走在前面，只有如此才能创造更多财富，推动社会进步，改善人民生活。值得庆幸的是，基于对生态环境重要性的深刻认识，新加坡自启动经济建设的那一刻起，政府就力求在经济发展和环境保护之间寻求平衡。所以环境保护长期以来一直是新加坡政府的工作重点之一。早在 1967 年，政府就公开宣布，环境保护工作是继国防、经济建设之后的第三大施政重点（高原，2001）。经过 50 多年坚持不懈地推进工业化，新加坡实现了经济的高速增长和城市化的快速推进，但它所取得的另一项成就更加令全世界瞩目——将自身打造成了绿色环保城市。总体来看，新加坡在推进生态环境与经济社会协调发展上采用了三步走的行动战略：事前严控、事中严管、事后严惩。

①事前严控：制定综合发展规划与兴建环境基础设施相结合

Ⅰ.综合规划和发展控制

对国土面积狭小的新加坡而言，如何利用有限的资源满足来自工业、居住、商业和娱乐等方面不断增长的用地需求，是新加坡建国后始终面临的一大难题。新加坡前任总理李光耀先生就曾郑重提醒国民，新加坡所面对的四项基本难题永远也不会消失，其中两大问题就涉及资源的匮乏：土地的局限、基本必需品（如大米和饮用水）依赖进口。由于资源严重匮乏，严密而有效的发展规划和行动计划是新加坡实现国家发展目标的必要手段（黄珏，2002）。规划手段可以帮助新加坡让有限资源得以最大化高效使用，而在规划中充分考虑生态环境因素，并以此为前提协调不同发展阶段对资源环境的要求，进而实现国家的长期整体目标，是新加坡发展规划的重要理念和特色。

早期的空间经济学理论，主要探讨区域产业要素如何通过地理上的高度集聚从而形成规模效益。波尔丁提出的区域生态经济理论，则在强调要素集聚的基础上，将生态系统引入经济系统，从社会经济效益与环境生态效益的总体平衡上，探寻区域可持续发展的有效途径。新加坡在20世纪60年代末编制概念规划时，就充分吸取了当时刚刚萌芽的区域生态经济理论的精华，确立了狭小城市国家的合理容量与终极布局模式。新加坡的规划体系包括概念规划、总体规划、城市设计等层面。

宏观上的概念规划是新加坡发展的指针，首次发布于1971年，规划周期为40~50年，每10年修订一次。它是新加坡土地和交通的长期整体规划，保证人口增长和经济发展的长期土地使用需求，并全局性地平衡城市住房、工业、商业、公园与休闲、交通、国土和社区等土地划分（王君，2015）。概念规划中的新加坡呈环状发展：环的核心是水源生态保护区，禁止任何开发行为；城市中心在南海岸中部，规划定位为国际性的经济、金融、商业和旅游中心；沿快速交通走廊形成新镇，分设布局合理的居民住宅区、高科技研发中心和基本无污染的轻型工业；一般工业集中在西部的裕廊工业区，火力发电、石油化工更是远离本岛。即便是裕廊工业区，在规划时也注重产业集聚和生态保护兼顾，事先预留了580公顷土地作为绿化用地，然后再建工厂，现在已建成的公园绿地、游乐场所面积约占全区的15%。经过多年发展，新加坡80%的工业企业集中在30多个园区里，形成了一个个小而精的专业化服务体和关联型企业群，荟萃了全球一流的跨国公司和科研机构，点状经济尤为饱满。各类工业项目布局严格遵循"上下游"的产业链关系，环保投资占到园区基础设施总投资的20%~30%，危险废物焚烧炉尾气净化率达99%，并实行对废水和废弃物的统一处理与回收利用。更为重要的是，新加坡通过产业集聚实现了集约发展，为城市未来发展预留了充足空间，新加坡的这一发展之路充分体现了工业文明与生态文明的高度和谐、产业集约与资源节约的统一双赢（尹卫东，2007）。

具体的总体规划则详细安排中长期10~15年土地发展，每5年复审一次。土地总体利用规划是一切政府具体开发方案的前提，并且会对私人发展项目构成最大影响，新加坡80%以上的土地属国家所有，这更有助于计划机器的实施。自20世纪90年代起，新加坡就将土地划分为55个小区，每个小区都制定详细的发展指导蓝图，提供每个地区的规划前景、土地用途、发展密度、建筑高度和绿地率等控制参考指标（王君，2015）。

新加坡的规划理念与经验，无论是涉及经济与产业的宏观概念规划，还是具体的城市规划，都有一些共通的可供借鉴的方法论原则。第一，先整体后局部。就是从大向小、从远向近规划。先制订概念性规划，确立未来50年甚至更长时间的发展远景目标并一以贯之地坚持住，再往深处、细节规划微观，并严格受概念规划控制。第二，先功能后美观。规划首先做功能，从满足人们实际生产生活需求的角度来考虑城市发展问题，在客观功能条件考虑充分的前提下，再综合美观方面的因素。第三，先环境后建筑。先明确"绿线"，再确立"红紫蓝"三线；先确定非建设用地，再划定建设用地；先生态空间管治、后建设项目管理。这"三先三后"原则，融汇贯通于新加坡产业规划、城市规划与设计的各个环节，具有很强的普适意义。

新加坡的发展控制还体现在对产业转移和产业升级的控制与选择上。1970年，新加坡政府组建隶属于总理办公室的防止污染小组（APU），主要负责空气污染控制。70年代，新加坡的产业逐步从劳动密集型转为资本密集型产业。新产业可能带来新的空气污染问题，所以防止污染小组与经济发展局（EDB）密切合作，预防新兴产业带来的污染，他们首先规定新工业项目的建议书需要提交防止污染小组，由防止污染小组对项目潜在的污染问题进行评估并提出建议;对工业项目的危害和污染影响进行评估,以确保它们不会造成不可挽回的污染。工厂被允许建设的前提是需选址在某个合适的工业区,并且能符合污染控制要求,工厂还应该与周边土地用途兼容。对于可能造成严重污染且不能以高成本效益方式减轻污染的工业项目,防止污染小组会杜绝此类项目的开发。其中包括从矿石中提取铁、锡等金属的矿石冶炼业,还有木炭制造、精炼铅,以及有害农药制造业等。这些项目不仅造成严重的空气污染,同时也产生大量难以处理的有害废弃物。政府还会在新工业项目预期选址的地区设置新的监测站,以检测项目对空气质量的影响,这样就能及时地实施必要的污染控制措施。

在必要情况下,工业项目将会被异地拆迁。锯木厂就是一个例子。20世纪70年代初,新加坡约有150家锯木厂,其中约1/3设在市区和郊区,造成了严重的污染问题,包括废木材露天焚烧排放大量的黑烟,垃圾肆意倾倒在旷野及水道内。尤其对于靠近住宅区的锯木厂,环境破坏是一个极为严重的问题。有人曾提议在新加坡全面禁止经营这些锯木厂,但未被采纳,因为这会直接影响5000名从业人员的福祉。后来,这些锯木厂被要求搬迁到双溪加株工业区。锯木厂因此可以组成规模更大、现代化的集成木材加工企业,同时配备适当的污染控制设施,效率低下的锯木厂同时也被淘汰。1980年,锯木厂搬迁工作完成(陈荣顺、李东珍,2013)。

Ⅱ.建设环境基础设施

新加坡政府通过规划控制和宏观调控促进经济产业绿色发展,同时优先发展城市基础设施。在国家新建并不宽裕,尤其是在早期资金捉襟见肘的情况下,新加坡就投入巨资打造环境基础设施,这充分说明政府的远见卓识和对环境保护的高度重视。当时为了建设环境设施,新加坡政府甚至打算在必要时向世界银行借款。尽管有短暂的因经济发展和城市建设带来的污染问题,但新加坡仍成功避免了先污染后治理的发展魔咒。

表10-11给出了新加坡政府在样本时间段后期1988~1992年的环保投资情况。可以看出,除1991年外,其他年份的环保投资均保持在4亿新元以上,且均呈增长趋势。1991年的大幅增长主要是增加了新建一个焚化厂的经费。据不完全估计,1991年新加坡政府投入的环境保护费用约占国民生产总值的1%。但这里统计的仅是政府公共财政对环保的投资,还不包括企业为治理污染的投入及居民所支付的各种环境卫生费用,如果包括

这两项，则新加坡的环保投入占 GDP 比重在 90 年代初就已经远远高于 1%。经过数十年的发展，新加坡建立了一整套系统且高效的环境保护基础设施。即使在今天，保护环境方面的投资在新加坡仍然享有"优先权"，目的是更新老旧设施，提高工作效率（林宗棠，1995）。

表 10 – 11　新加坡政府 1988 ~ 1992 年环保投资情况

年份	建设费用 （百万新元）	人力费用 （百万新元）	其他运作费用 （百万新元）	总费用 （百万新元）
1988	242.48	105.25	50.16	397.89
1989	243.06	115.47	55.7	414.23
1990	240.82	121.48	65.37	427.67
1991	477.1	129.6	69.2	675.9
1992	227.8	129.4	70	427.2

资料来源：新加坡环境部 1992 年度报告。

②事中严管：严格管理与细分领域相结合，为经济建设和城市发展保驾护航

Ⅰ. 空气污染控制

新加坡对空气污染的控制遵循的同样是国际通行的"谁污染，谁付费"原则，产生污染的人有责任为污染控制付费。为了更好地控制空气污染，新加坡环境和水资源部开发了三大行之有效的策略手段，即预防性规划控制、污染源控制和环境质量监测。

预防性规划控制。为了防患于未然，新加坡着力强调加强空气和水污染的预防控制。在国土开发规划中新工厂的批准、安置和选址时，将环境影响因素纳入考量并尽量做到周全。这样，很多潜在的污染问题在规划阶段就被成功预防，或者至少是极大地降低其负面影响。所以，预防控制是空气污染和水污染防治的第一步也是重要的一个环节。

污染源控制。控制的重点就是要求污染源（如工厂）安装污染控制设备及对这些污染源进行监督检查。针对工厂以及其他一些房屋建筑，特别是对有较大潜在威胁的污染源，环境和水资源部会进行定期的现场检查，这是现行强制控制污染的一部分工作。在这些检查中，所有可能造成污染的源头都会被认真细察，以保证污染控制设备已经正确安装并且工作正常。源头检验

还包括检测排放量是否符合清洁空气标准制度和行业排放制度。

环境质量监测。空气质量监测的主要目的包括三点，一是评定自然环境及污染的程度；二是探求并掌握空气和水质量的变化趋势，以便及时调整控制程序，防止开发带来的污染问题；三是评估所制定的污染控制方法是否达到了预期效果（李志青，2016）。早在70年代，新加坡就按照世界卫生组织和美国环保署的标准在全岛很多地方建立起控制环境质量监测站，如今新加坡的空气环境质量监测体系已相当完善，各种污染物排放从未低于世界卫生组织和美国环保署设定的标准。70年代早期获得的监测数据就表明，当时新加坡的空气污染水平，就已经要求低于那些高度发达的工业化国家的城市标准。此外，据统计数据，自有统计以来各种主要污染物呈现逐年下降趋势。

针对工厂这些主要污染源，新加坡70年代就展开了污染源调查工作，并在收集数据的基础上建立了污染源调查数据库。为保证对污染源的有效控制，新加坡分别在1971年及次年通过"空气净化法"和"空气洁净标准法"。新建的工厂被要求投入运营之前必须安装空气污染控制设施，已有的工厂也需要安装污染控制设施。通过控制，到1977年，烟雾和尘埃降落的改善程度比1971年降低了60%。

Ⅱ. 水污染控制

新加坡的水污染控制和保护分为两方面。一方面是对饮用水源地的保护。新加坡岛屿的一部分会被划定为指定的饮用水水库区域，用以收集、储存雨水，经处理后作为饮用水使用。各种产生水污染或涉及有毒物品的开发或行为都不允许在水库区域内，以保证水质不被污染。另一方面是全面的污水处理和控制。早在1972年环境和水资源部成立时，就提出要建立一套全面的污水系统来收集并处理污水，到1986年底，新加坡的污染处理设施已经覆盖95%的人口，主要的污水处理厂有6个，污水处理量如表10－12所示。处理过的再生水部分用于工业，部分用于补充集水区。

表 10－12　截至 1987 年新加坡代主要污水处理厂及处理能力

污水处理厂	m³/天	处理厂服务范围（人）
Kim Chuan	256000	1120000
Ulu Pandan	286000	1018000

续表

污水处理厂	m³/天	处理厂服务范围（人）
Bedok	116000	328600
Kranji	38000*	159000
Jurong	67000**	318600
Seletar	57000***	240000
总计	820000	3184200

注：* 到1989年日处理能力达到76000m³；** 到1987年日处理能力达到164000m³；*** 到1990年日处理能力达到114000m³。

资料来源：Kuan Kwee Jee、胡祝帮、武继承等：《新加坡的环境进展》，《环境与可持续发展》1989年第5期。

表10-13　截至1987年新加坡六个污水处理厂出水水质

污水处理厂	BOD（mg/L）	悬浮物（mg/L）	COD（mg/L）	DO*（mg/L）
Kim Chuan	15	19	68	2.5
Bedok	12	18	66	2.5
Ulu Pandan	16	25	79	3.1
Kranji	6.1	7.5	38.5	3.7
Jurong	15	26	106	4
Seletar	15.7	16	67.4	2.2

注：* 29℃下的溶解氧。

资料来源：Kuan Kwee Jee、胡祝帮、武继承等：《新加坡的环境进展》，《环境与可持续发展》1989年第5期。

Ⅲ. 固体废弃物污染控制

废物垃圾总量的变化与人口增长和人类生活水平密切相关。尽管新加坡在垃圾处理上下了很大功夫，但在20世纪七八十年代的十几二十年间，新加坡人均废弃物负荷由1969年的0.57公斤增加到1986年的1.0公斤（Kuan Kwee Jee，1989）。新加坡国土面积约710平方公里，尚不足广州面积的1/10大，人口却有531万，人口密度是广州的4倍多。根据2013年的统计数据，新加坡每天产生垃圾约21000吨。新加坡固体废物处理主要包括收集清运和焚化填埋处理两大部分。

新加坡很早以前就建立起了全面而有效的固体垃圾收集系统，收集范围包括居民、商业及部分无毒无害的工业垃圾。除了环境卫生办公室负责的每日街道、街面垃圾收集清运外，新加坡居民住宅全面建设垃圾通道，可焚化废物利用气动输送系统集中压缩后送往焚化厂直接焚化处理。

由于土地资源匮乏，新加坡固体废物最理想的处理方式就是焚烧。新加坡在1979年建起第一座垃圾焚化厂之后，又分别于1986年、1992年和2000年建起三座垃圾焚化厂。2009年，第一座垃圾焚化厂关闭的同时一座新的垃圾焚化厂替代了它。所以，目前新加坡政府共管理了4座垃圾焚化厂。目前新加坡每天产生不可回收的垃圾中有90%的被焚化处理（2006年共焚化了235万吨垃圾，占全部固体垃圾的91%）。焚化厂必须按规定安装气体清洁烟道等环保设施，同时排放受到严密监测。垃圾焚化时产生的热量被回收用于发电，所产生的电能除供应焚化厂所需电力，剩余的电力供应给新能电网。据统计2006年，新加坡垃圾焚化厂发电上网的收入高达9450万新元。

在垃圾填埋厂方面，新加坡政府立足长远发展，投入6.4亿新元巨资兴建位于南部的实马高岛岸外垃圾填埋场，俗称"垃圾岛"。"垃圾岛"的建设是新加坡固体垃圾处理规划和管理水平的杰出体现。该岛位于新加坡本岛以南8公里，由三个小岛屿组成，面积约350公顷，是世界上第一个人工滨海垃圾填埋场。"垃圾岛"主要用来填埋在新加坡本岛几个垃圾焚烧厂的灰烬和不可焚化的固体垃圾，规划填埋土方总量为6300万立方米，预计可使用到2045年。该岛运营管理都十分得当，岛上阳光充裕、海水清澈、鸟语花香，几乎可以和公园相媲美。垃圾岛已对公众开放，经必要的申请程序，人们可以在岛上进行钓鱼、观鸟等娱乐休闲活动。可以说，"垃圾岛"是一个非常成功的变废为宝的环保事业案例，同时也体现了新加坡政府在环境建设和保护规划方面的高超水平。

Ⅳ. 交通污染控制

新加坡和其他过度城市化的国家一样，随着城市化和经济迅速发展，机动车保有量过去几十年间稳步增加，机动车辆排放也逐步成为最主要的空气污染源。所以交通污染控制也是重要领域。新加坡降低机动车辆污染的战略主要分两步：一是提高发动机和燃油质量以减少排放；二是通过交通规划和管理手段控制车辆增加和燃料消耗。

1984年，新加坡第一次引入汽油车辆排放标准，执行的是美国环境委员会第15号和欧洲规范第3号修改标准，此后的排放标准日益严格起来。从1992年10月起，新加坡分别对摩托车、电动自行车以及柴油车在注册使用前的排放检测标准做了一系列详细规定。新加坡现行有效的机动车排放标准是欧洲委员会的统一排放标准和日本排放标准（毛大庆，2006）。

新加坡早在70年代就开始实施对车辆进行登记和控制等规划手段。1975年，新加坡开始施行区域颁证计划（An Area Licensing Scheme），以减少市区高峰期的车辆和交通拥堵现象。该计划规定，在交通高峰时只有公共运输车辆和高级车辆（轿车）才能自由进入市中心，私人车辆必须乘坐四人或更多的人方可进入市中心区。计划的实施，不仅减少了进入市中心区的车辆，也使高峰时的交通事故减少了42%。为抑制小轿车的数量，车辆公路税也屡次被提高。所有车辆排放的控制方法都有助于保护空气质量，特别是道路两边的空气质量，同时保护公众的健康。

③事后严惩：严苛惩处与国民教育相结合，筑牢绿色永续发展之基

新加坡政府的严苛执法程度举世闻名，"轻罪重罚"一词很好地概括了新加坡环境保护的法治理念。"行刑，重其轻者，轻者不行，则重者无从至矣。"（成汉平，2016）在新加坡政府看来，只有对轻微的违法行为施以重罚才能够对违法者起到良好的警示作用，杜绝再犯，同时对普通民众起到威慑作用，防微杜渐。如《公共环境卫生法》规定，在公共场所乱扔垃圾、晾晒物品等行为都属犯罪，并要处以罚款或监禁。新加坡的罚款之高令人生畏，乱扔垃圾、随地吐痰最高可罚1000新币，相当于普通新加坡公民一个月的工资，面对如此之高的违法成本，民众自然不敢以身试法。另外，在新加坡的公共汽车上到处可以看到"乱扔垃圾罚款1000新元"的告示。

除了立法和惩处之外，更为重要的是其执法之严。在执行方面，新加坡政府实行预防、执法、监督、教育为一体的系统模式。从预防角度看，政府大力宣传严法以震慑人心，从而达到预防犯罪的目的。从执法角度看，新加坡执法之严堪称"不近人情"，如对信手涂鸦等恶意破坏环境的行为，甚至采用严酷的鞭刑。从监督角度看，政府、公众、社会舆论的监督都成为"执法必严"的重要保障。从教育看，轻罪重罚使违法者牢记教训；对于普通民众，政府加强相关教育，增强民众的责任感与生态危机意识。严厉的法治成为维护城市卫生的重要举措，奠定了绿色发展的基础。

在严格执法的同时，新加坡政府意识到单靠执法这种被动的手段还很难从根本上解决环境污染问题，公众树立保护环境的意识、养成自觉爱护环境的习惯才是根本的解决之道。因此，新加坡政府将环境保护教育视为民众的终生教育。具体做法是从娃娃抓起，与学校教育紧密结合，争取做到每个国民都有环境保护意识，每个人都能身体力行。在学校教育方面，环保教育被列入学校课程的一部分，政府鼓励每所学校至少成立一个环境保护俱乐部。还鼓励在学校培养环境保护大使。在社会生活方面，新加坡政府鼓励人们参与环境保护。早在 1968 年 10 月，政府就启动了第一届"保持新加坡清洁"运动，当时李光耀先生就教导公众，维持公共场所卫生非常重要。1971 年，随着"植树日"活动的开展，一年一度的"保持新加坡清洁"运动扩展到了新的领域。1991 年，"植树日"与"保持新加坡清洁"运动被并入当年启动的"清洁环保周"。在保持原有功能的同时，"清洁环保周"还致力于唤起社区居民对全球环境的关注，鼓励他们参与环境保护。2007 年，"清洁环保周"更名为"清洁环保新加坡"，这一活动不断推动环境保护团体、学校与企业参与环境保护。在过去的几十年里，几乎每一年的环境保护运动，都由新加坡总理亲自启动。历任新加坡总理都通过这一方式显示对保持新加坡干净整洁的重视，也通过身体力行的参与鼓励民众采取保护环境的实际行动（陈荣顺，2013）。另外值得一提的是，新加坡政府将新生水厂、垃圾无害化填埋人工岛等环境工程作为环保教育基地，并要求各机构组织员工、学校组织学生等进行参观，现场接受环保教育，这一方式可谓一举多得。

（三）先行者的启示

1. 发达国家的经验做法

从以上国家的历程及行动经验可以看出，发达国家在发展和转型阶段主要通过法制建设、规划建设、产业结构优化、环境治理的多元化等途径来协调经济发展与环境保护之间的关系。归纳起来，我们可以将其总结为"两个抓手"和"三驾马车"。两个抓手包括一硬一软，硬的抓手就是严格立法，以法律为武器不断强化生态环保执法力度；软的抓手则是深化教育，培育绿色文化，不断提高公众的环保意识。促进生态环境质量持续不断改善的三驾马车则包括了产业结构调整、加大资金投入及政府主导的多元治理体系建设。

(1) 继续深化立法并不断加强生态环保执法力度

近年来广东省严格落实各项生态环保的上位法，并通过修改、制定法律法规加强了环境法制建设，已经颁布了多项环保法规及严格的环境标准，加大了对违法犯罪行为的处罚力度。与标杆国家的样本时间区间相比，广东已经建立了相对完善的环境立法和环境管理体系，但当前在环境执法方面仍存在标准过低、执法不严、公众参与的民主法治机制不足等问题。例如珠三角地区目前执行的 PM10 和 PM2.5 的年均浓度限值为 70 微克/立方米和 35 微克/立方米，不仅只高于韩国标准，也仅为世界卫生组织规定的最宽限值。因此，我们需要借鉴标杆国家的经验，继续完善制定环境标准等措施，将环境执法放在与环境立法同等重要的位置，把环保指标纳入各地经济社会发展综合评价体系，完善环境污染损害赔偿制度和相关的民事、行政诉讼制度，对污染和破坏环境的行为进行严肃查处，开辟公众反映环境问题的渠道，加强新闻媒介的宣传力度。关于韩国环境政策基本法，还有一项值得我们借鉴学习的就是它所强调的环境保护应始终遵循的四条原则：坚持可持续发展原则、坚持事前预防原则、促进资源节约及循环利用的原则，以及制污者的责任原则。这些原则在法律层面都有详细的内容和明确的规定。

(2) 深化教育并不断提高公众意识

在标杆国家中，对环境保护的教育都十分重视，普遍将环境教育纳入义务教育，甚至是终身教育。这一经验也值得广东在未来发展中学习借鉴。通过建设环境教育设施、编辑通俗环保读物等多种方式来提高公民环保意识。鼓励公众参与环境保护和管理，实行环境行政管理政务公开，保障公众的环境知情权，发展民间环保组织，动员工会、妇女组织、青少年团体积极参与环境保护活动。

(3) 规划先行并不断调整优化产业结构

无论是韩国治理大气污染的经验，还是新加坡促进经济社会与生态环境协调发展的实践经验，都告诉我们经济和工业的增长并不一定要以牺牲生态环境和良好的人居环境为代价。通过适当的规划和控制并配以严格的法律法规，城市化、工业化和经济行为给环境造成的影响可以减到最低。新加坡绿色发展规划先行、全过程的污染防治防控、严格的法律惩治，以及进行国民化的生态环境保护教育等经验都值得广东省借鉴学习。改革开放以来，借助全球产业转移，珠三角以"低端嵌入"的方式融入全球价值链分工体系，并逐渐发展壮大。但时至今日，珠三角产业层次仍然整体偏低，面临价值链"低端制造＋低端服务"的"低端循环锁定"风险，2015年，三大产业占 GDP 的比重分别为 1.79%、43.58% 和 54.63%，第一、二产业占比均高于大首尔地区 2009 年的水平。为实现面向 2035 年的绿色发展之路，珠三角需要加快发展转型，优化产业结构，在破除低端产业链价值锁定效应的同时，为大气环境质量腾出改善空间。而粤北地区更是广东全省重要的生态功能区及生态屏障，未来几十年该地区又要进一步促进经济增长和工业发展，以逐步缩小和珠三角及东西两翼地区的差异，不断提高当地人民的生活水平。所以，在启动快速发展的过程中，更应该做好各项生态环境规划，经济发展规划适应生态环境保护需求，用最小的生态环境代价取得最大的经济发展绩效。

广东目前以及未来一段时间都将继续实施产业转移战略，新加坡产业转移与产业升级的控制选择经验告诉我们，产业升级过程必须与生态环境保护工作紧密结合，在优化全省产业结构的同时，通过产业转移和升级不断改善迁出地和迁入地的生态环境质量。同时，在广东各个区域的发展过程中，都要以经济发展带动环境优化，不断调整产业结构、产品结构，并结合技术改造，推行清洁生产，降低工业污染物排放量。大力推进节能降耗的循环经济，提高废气、废水、废渣"三废"处理能力和综合利用率。积极调整以煤炭为主的能源结构，大力发展水电，适当发展核电，加强地热、太阳能、风能、海洋能等清洁能源的研究与开发，以减少污染排放。

（4）巨额的资金投入撑起绿色转型

舍得花钱，尤其是在一个区域开发建设的早期通过详尽规划并投入巨额资金建设环保及保障城市健康可持续发展的基础设施，也是先行国家的重要启示。表 10 - 14 为主要国家环境保护投入与税收占比情况，可以看出当前我国与发达国家还有一定的差距。

以奉行国家资本主义的新加坡环保投入为例，其在环境设施建设方面所取得的突出成果也得益于国家宏观调控。为改善环境，降低经济发展对环境的影响，新加坡政府在启动发展的同时就同步配套建设环境基础设

表 10 – 14　主要国家环境保护投入与税收占比情况

项　目	韩国	日本	德国	美国	英国	中国
环境相关政府研发预算占比（％）	2.35	1.75	3.07	0.40	2.34	NA
环境研发支出占 GDP 比重（％）	0.13	NA	33.70	15.40	NA	NA
可再生能源公共研发占比（％）	NA	20.88	0.03	0.04	NA	NA
环保税占 GDP 比重（％）	2.54	0.07	1.94	0.72	2.32	1.33
环保税占税收总额比重（％）	10.34	NA	5.38	2.77	7.20	7.10
能源税收收入占环境税总额比重（％）	71.24	65.46	82.78	61.75	71.19	42.13
道路运输税收占环境税总额比重（％）	28.72	33.97	16.73	35.29	25.15	40.52
化石燃料消费支持占能源税收比重（％）	4.52	NA	5.02	9.60	11.98	58.29
化石燃料消费支持占税收总额比重（％）	0.33	NA	0.22	0.17	0.61	1.74

注：NA 即数据不可得。

资料来源：OECD 绿色发展数据库。

施。尽管当时大量资金需要用于发展经济，但政府还是挤出资金，兴建重要的环境基础设施。新加坡在人均 GDP 从 1 万美元跨越到 2.5 万美元这个时间区间内，其环境基础设施建设投入巨大。1979 年，投资 1 亿新币建设了新加坡第一座垃圾焚化厂，之后又投资 16 亿新币建设了另一座焚化厂，还投资 6 亿新币打造了一个海岛垃圾填埋场。1977～1987 的 10 年间，清洁河流投资花费达 3 亿新币，滨海堤坝建设投资 2.7 亿新币；20 世纪七八十年代，投资 18 亿新币兴建了污水和废水处理设施，另投资 36.5 亿新币建设深层隧道排水系统（毛大庆，2006）。截至 1987 年，新加坡已经建成 6 个污水处理厂。截至 2015 年，由政府投资建设的主要环保基础设施包括 15 个集水区、6 个污水处理厂、4 个垃圾焚烧厂和 1 个垃圾填埋场（成汉平，2016）。

（5）政府主导并体现多元主体参与的治理体系建设

政府是生态环境治理的主体，在生态环境保护过程中担负主导责任。但同时，政府主导并不意味着决策过程不需要公众参与。以清溪川改造为例，清溪川综合改造是政府、专家和市民共同努力的结果，整个过程充分尊重和体现了专家及公众意志。在改造工程开始之前，首尔市政府就专门成立了清溪川复原项目中心，建立了由专家和普通市民组成的委员会，负责收集市民意见，召开公众听证会，并提供咨询服务。清溪川周边原有商铺众多,为最大限度维护商户的利益,在开工前,政府就积极倾听商家意见,召开工程说明会、对策协议会及面谈会等会议 4000 多次,充分收集意见。之后,以这些意见为基础,采用先进施工方法,减少噪音和粉尘,降低停车场和货物装卸场收费,对经营困难的小工商业者给予低息贷款,并帮助有意向搬迁的商户开发专门的商街,对商户给予安置,形成了一系列有助于商圈发展的对策。在尊重和参与的基础上进行改造和建设,使得清溪川修复工程整体进展顺利,并未因各方利益矛盾冲突影响建设和发展。

2. 发达国家的轨迹

从人均 GDP 与绿色发展相关指标的发展轨迹来看,韩国和日本对我国具有较强借鉴意义。日韩两国在人均收入 0.9 万 ~2.5 万美元这一时期,在绿色发展指标上均呈现出向好的变化趋势,主要呈现以下四个特征。

一是产业结构清洁化趋势明显。制造业和建筑业是能源消耗和碳排放的密集行业,这两个行业碳排放占比的降低意味着产业结构清洁化和低碳化的调整。韩国和日本在这一时期制造业和建筑业碳排放占比分别降低了 42.8% 和 35.2%。(见表 10 – 15)

表 10 – 15 韩国和日本主要指标在人均收入 0.9 万 ~2.5 万美元时期的变化情况

指标	日本	韩国
人均 GDP 变化	0.9 万 ~2.5 万美元	0.9 万 ~2.5 万美元
经历时间	15 年（1961 ~1979）	10 年（1992 ~2014）
PM2.5 浓度	– 1.98%	NA
碳排放强度	4.01%	– 23.65%
人均碳排放	176.57%	81.56%
制造业和建筑业碳排放占比	– 35.24%	– 42.75%
天然气碳排放占比	492.53%	462.91%
煤炭发电量占比	– 73.30%	192.06%
人均能源使用量	216.13%	128.12%
人均电耗使用量	290.27%	302.80%

资料来源:世界银行数据库。

二是能源结构实现大幅优化。主要体现在煤炭发电量占比的削减和天然气发电量占比的大幅提升。日韩两国均在样本时期内实现了能源结构的清洁化，并且幅度较大。韩国在这一时期天然气发电量占比提高了462.9%；日本在这一时期天然气发电量占比提高了492.5%；两个国家煤炭发电量占比均呈现大幅降低。

三是人均能源消费仍然呈现高速增长。日韩两国在这一时期，无论是人均碳排放、人均能源消费总量还是人均电量均呈现较大幅度增长。韩国人均碳排放增长了81.6%，日本则增长了176.6%；人均能耗增长幅度也均在100%以上；人均用电量增长更甚，幅度接近300%以上。

四是技术效率提升幅度有限。在这一时期，以碳排放强度、单位GDP能耗为代表的技术效率指标提升的幅度并不大，韩国碳排放强度和单位GDP能耗分别降低了23.8%和13.1%。技术效应边际递减是导致技术效率指标提升幅度较小的原因。

总体上，日韩两国的变化趋势显示出在这一时期，发达国家积极致力于产业结构的优化与调整，大力发展以天然气等为代表的清洁能源，并取得了较大进步。这也暗示了在这一时期，产业结构调整和能源结构调整的空间仍然很大，结构效应对节能降耗减碳的驱动作用将更加显著。同时，技术进步的幅度似乎有所放缓。在这一时期，随着人均GDP的攀升，生活能源需求将大幅提升，人均能源使用量和碳排放量仍会呈现继续攀升趋势。

从发达国家的实践经验来看，当跨越人均收入1万美元的水平后，一个国家的产业结构、发展动力、人民生活、生态环境等将发生较大变化。其中，产业结构向更加"清洁化"的方向变化，第三产业占GDP比重大幅提升；产业结构升级的动力也逐步过渡到以科技创新为主；社会民生注重提高居民生活质量和福利水平；生态环境逐步改善的基础更加牢固。从数据来看，日本和韩国在0.9万~2.5万美元变化区间绿色发展领域呈现以下三个特征。一是总量继续攀升。日韩两国在这一时期碳排放总量、能源消费总量、人均能源使用量等仍然处于快速上升区间。二是产业结构和能源结构优化步伐加快。日韩两国在这一时期天然气消费碳排放由0.7%、3.3%分别上升至1%和14%，制造业碳排放占比由43%、23%分别降低至35%和17%。三是由技术进步诱发的效率提升发生了不同变化。与大多数国家类似，韩国在这一时期单位GDP碳排放呈现一定幅度下降的趋势，由 0.65 千克/万元降低至 0.5 千克/万元;但日本的单位 GDP 碳排放却在这一时期出现了上升,由 0.32 千克/万元上升至 0.4 千克/万元。

尽管上述指标和现象的变化并非由人均 GDP 这一单独的变量导致,但这些变化仍然可以为广东面向 2035 的绿色发展描绘出大致的轨迹,相信广东很大概率上也会呈现相似的变化,面临相似的挑战。

一是广东仍然要面临总量攀升的挑战。从总量上看,广东碳排放总量、人均碳排放、人均能耗和人均用电量未来还将进一步提升。这意味着未来广东经济发展仍然不可避免地将继续面对资源能源总量约束日益强化的现实。同时,随着工业碳排放拐点的率先到来,人均收入提升,生活领域碳排放和能源消耗总量将持续攀升,它们也成为未来广东碳排放和能源消费总量控制的主要对象。

二是广东将会迎来产业结构和能源结构调整的机遇期。从结构上看,广东产业结构和能源结构调整的空间仍然较大。国际经验表明,制造业和建筑业碳排放占比均在人均 GDP 为 0.9 万~2.5 万美元期间出现了较大幅度降低,显示出结构效应发生了较大变化。这表明在这一人均 GDP 区间,这些国家已具备足够经济实力和技术水平去大规模开发使用以天然气等为代表的清洁能源,已能承担清洁能源使用所带来的经济额外成本。因此,广东在这一时期也应当继续深化产业结构调整,大力促进能源结构优化调整,来释放产业结构和能源结构的空间。

三是依赖技术进步带来红利的空间逐步压缩。国际经验表明,随着人均 GDP 的增长,能源效率水平提升的幅度逐渐降低,这是由技术进步的边际效应递减造成的。当前,广东能源效率已处于较高水平,位居全国第 2 位,能源强度降低的空间在逐步收窄,在较高能效水平下大幅度降低能源强度将越发困难。

四是环境质量提升仍有较大空间。从质量上看,广东优势指标 PM2.5 水平仍然与韩国大首尔地区存在较大差距。尽管近年来广东在大气环境治理方面成效显著,PM2.5 浓度水平位居全国先进水平,惠州、中山、珠海等城市空气质量位居全国城市前十位。但从世界范围来看,广东 PM2.5 浓度离世界卫生组织第二阶段标准(25 微克/立方米)仍有较大差距,仍有较大的提升的空间。

三 广东绿色发展图景

党的十九大报告将"生态环境根本好转，美丽中国目标基本实现"作为2035年基本实现社会主义现代化的重要内容。这为广东2035年绿色发展指明了方向、树立了目标。率先实现生态环境根本好转和建成美丽广东将成为这一时期广东绿色发展的重要目标。面向2035年，广东将迎来绿色发展的机遇期。收入水平的跃升，将汇聚和激发更多有利于绿色发展的积极因素：在贯彻落实党的十九大报告精神以及进行"十三五"规划以五大新发展理念为引领的"五位一体"建设与发展过程中，绿色发展理念将逐步在经济社会各个层面和领域渗透，绿色制度也将更加系统和完善，逐步释放制度红利，这些构建出有利于广东绿色发展的良好外部环境。同时，较高的收入水平使得广东在促进绿色发展方面将拥有公众对更高环境品质需求的社会基础，获得更加充足的资金、人才和技术资源，使得广东更加从容地去推进环境治理、生态保护与结构优化调整。数十年技术效率提升、能源和产业结构优化已在相当程度上缓和了经济发展与环境保护间的矛盾，为广东未来实现更高水平的绿色发展积累了强大内部资本，筑建起更高的起点。但挑战仍不能忽视，在一个高消耗、高排放的经济大省实现绿色转型需要付出艰辛的努力。

（一）总体判断

展望2035年，广东将迎来"天蓝、地绿、水清"的绿色发展新时代。在这一时期，广东将跨越"环境高山"，发展方式绿色化的转型将使得追求经济增长与环境改善逐步实现"同步"和"双赢"；广东将越过能源消费和污染物排放的峰值，实现污染物排放总量、碳排放总量和能源消费总量步入下降通道；绿色发展的区域化特征将日益凸显，珠三角城市群将率先实现"高水平"的绿色发展，而发展的阶段性决定了粤东西北地区的生态环境问题将逐渐显现；较高的收入水平使得广东有更多的资源、技术和财力实施更大规模的产业结构和能源结构改革，更多资源配置到效率更高的产业，清洁能源有望在各领域较大规模使用，成为能源消费的主力军；广东环境质量将在全国较早实现根本性改善。引以为傲的大气环境质量达到世界卫生组织第二阶段标准，"广东蓝"将成为常态。

大气环境质量应达到世界卫生组织第二阶段标准。以 PM2.5 浓度为代表的大气环境质量是当前广东生态环境建设的优势领域，大气环境质量改善亦是公众关注的环境问题。《广东省环境保护"十三五"规划》提出确保"十三五"期间全省空气质量稳中有进，到 2020 年基本消除重污染天气，PM2.5 浓度达到 33 微克/立方米（事实上，广东 2016 年就已超过该目标）。从国际视角来看，韩国在人均 GDP 处于 2.5 万美元时，PM2.5 浓度约为 25 微克/立方米，这也是世界卫生组织第二阶段标准。依此来看，广东也应当在人均 GDP 达到 2.5 万美元时（即 2035 年），PM2.5 浓度达到 25 微克立方米左右。这意味着广东 PM2.5 浓度将由 2016 年的 32 微克/立方米，经过不到 20 年的努力，至 2035 年降低至 25 微克/立方米，达到世界卫生组织第二阶段标准。

清洁和可再生能源将较大规模使用。一直以来，广东以煤炭为主体的能源结构特征并未发生根本性变化，2015 年全省一次能源消费结构中煤炭消费占比仍然高达 40.5%，受到资源禀赋的影响，能源消费结构难以在短期内发生根本性改变。与此同时，广东当前能源结构调整的力度正在逐步加强，非化石能源占比已经达到了 20%，气电、核电、风电装机已形成规模。根据广东"十三五"能源结构优化目标，至 2020 年，广东非化石能源消费比重将达到 26%（全国目标是 15%），煤炭消费降至 1.75 亿吨，天然气消费达到 280 亿立方米；电源结构进一步优化，省内电源装机将达到 1.3 亿千瓦，其中抽水蓄能发电装机规模达到约 728 万千瓦，风电装机规模达到 800 万千瓦。根据这一目标，广东非化石能源比重至 2020 年将提升 6 个百分点至 26%，煤炭消费比重将降低 3.6%，降低至 36.9% 以下，光伏、风电、核电装机容量也将大幅度提升（见表 10－16）。

表 10－16　广东"十三五"能源结构优化目标

	2015 年	2020 年	2020 年较 2015 年的变化
能源消费结构			
煤炭	40.50%	36.90%	－3.60%
石油	24.60%	21.10%	－3.50%

续表

	2015 年	2020 年	2020 年较 2015 年的变化
燃气	8.30%	12%	3.70%
其他	26.60%	30%	3.40%
（其中，非化石能源占能源消费比例）	20%	25%	5.00%
清洁能源发电装机（单位：万千瓦）			
气电	1427	2200	54.17%
核电	829	1600	93.00%
抽水蓄能	512	728	42.19%
风电	246	800	225.20%
光伏	85	600	605.88%
其他	81	120	48.15%

资料来源：《广东省节能减排"十三五"规划》。

（二）发展趋势

1. 规模效应：资源高位趋紧态势仍将短期持续

广东是全国经济大省、人口大省、能源消费大省、碳排放和污染物排放大省。但是，广东资源禀赋并不优越。资源总量大、种类多，但人均少，质量总体不高，主要资源人均占有量低于全国及世界平均水平。"七山一水两分田"的格局导致土地资源中难利用地多、宜农地少；水资源尽管相对丰裕，但空间匹配性较差，资源富集区与生态脆弱区多有重叠；能源供给对外依存度常年居高不下。尽管近年来广东能源强度、污染物排放强度呈现显著下降趋势，但广东经济体量大，能源消费和污染物排放高位持续的态势短期内难以彻底改变，国家能源总量的约束目标、刚性增长的资源能源需求、短期内难以缓解的资源能源消费总量水平决定了广东未来一段时期资源环境约束仍将趋紧。

污染物排放和能源消费总量仍将在一段时期维持在高位水平。能源消费与污染物排放在一定人均收入水平区间将出现"拐点"，世界各国的经验研究表明，出现拐点的人均收入区间大约在 5000~8000 美元（1990年不变价）。不同污染物的拐点出现时间略有差异。从主要国家大气污染物减排的时序来看，最早出现"拐点"的为颗粒物（PM），比如美国的 PM 排放出现峰值的时间为 1950 年前后；其次是 1970 年前后 SO_2 "拐点"的出现（英国在 1968 年，美国在 1974 年，欧洲在 20 世纪 70 年代，日本在 1965～1974 年）；随后 NO_x 排放拐点出现在 1990 年前后（英国在 1989 年，美国在 1994 年，欧洲在 20 世纪 90 年代，日本在 2002 年）。NO_x 排放拐点滞后 SO_2 "拐点"大约 20 年时间。从经济合作与发展组织（OCED）国家大气污染防治的进程来看，NO_x 与经济增长脱钩滞后于 SO_2 与经济增长的脱钩（陈健鹏，2015）。从全国范围来看，得益于"十一五"以来强有力的节能减排措施，我国部分污染物排放拐点先后到来，如烟尘粉尘、SO_2 等污染物先后到来并处于下降态势。但值得注意的是，氨、挥发性有机物等污染物排放仍处于快速上升态势，生活废水、固体废物等污染物排放量也处于较快上升阶段，叠加起来大多数污染物排放仍处于历史高位。就广东而言，与全国情况类似，大多数污染物排放总量仍处于上升态势，处于历史最高水平。根据发达国家的历史经验，广东多数污染物排放总量有望相继达到峰值，跨越"拐点"步入下降通道。图 10–26 显示了广东主要污染物排放总量历史变化和未来预测趋势的情况，其中二氧化碳排放总量趋势变化为模型预测值，其他污染物为示意值。可以看出，除了二氧化硫排放总量的"拐点"已于 2005 年到来，生活污水、废水固体废物、二氧化碳等多种污染物排放总量仍处于上升阶段。根据模型预测，广东二氧化碳排放峰值有望于 2021～2025 年达峰，而能源消费总量达峰也有望在碳峰值之后的五年内达峰（即 2030 年前后达峰）。这意味着未来相当长一段时间，广东主要污染物排放总量、碳排放总量和能源消费总量将相继跨越峰值，在达峰的这一过程中，污染物排放总量、碳排放总量和能源消费总量均会在一段时期内处于较高水平。

　　生活能源消费仍成为能源消费的新增量主体。至 2035 年，广东居民消费仍将保持刚性增长。新常态下，经济增长的需求结构正在发生重大变化，消费取代投资和出口逐步成为经济增长的最大动力，经济增长的需求结构正在发生重大变化，消费取代投资和出口逐步成为经济增长的最大动力。"十二五"时期，广东最终消费支出占 GDP 比重由 2010 年的 48.8% 上升为 2015 年的 51.1%。2015 年，广东省人均 GDP 突破 1 万美元大关，达到中高收入地区的较高水平。随着收入和生活水平的提升，生活性能源

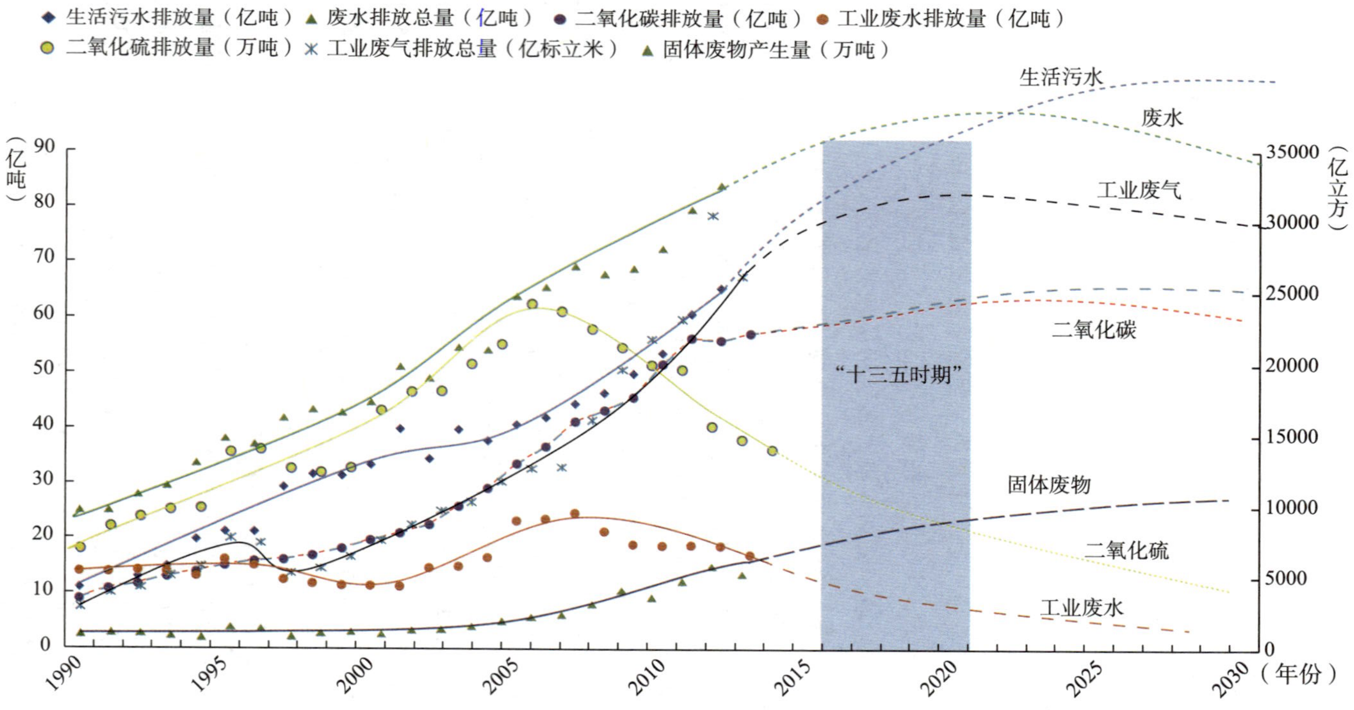

图10-26 广东省主要污染物排放量变化趋势预测

注：数据来源为相关年份《广东统计年鉴》，虚线为预测预测值，二氧化碳为模型预测值，其余污染物为示意值。

消费也快速增长，呈现出占全社会能源消费总量的比重不断上升的趋势。2015 年，广东居民生活用能同比增长 7%，高出全社会能源消费总量增速5.1 个百分点，平均每人年生活用能达到 404.63 千克标煤，同比增长 6%，较 2010 年更是增长 39%。广东能源消费的增量主体正在逐步由工业转向第三产业和居民消费。第三产业和居民能源消费主体数量众多且分散，监管难度较大。另外，与工业用能相比，生活部门技术节能的空间较小，用能具有一定的"棘轮效应"，易升难降，其过快增长仍将继续加剧资源能源紧张的态势。

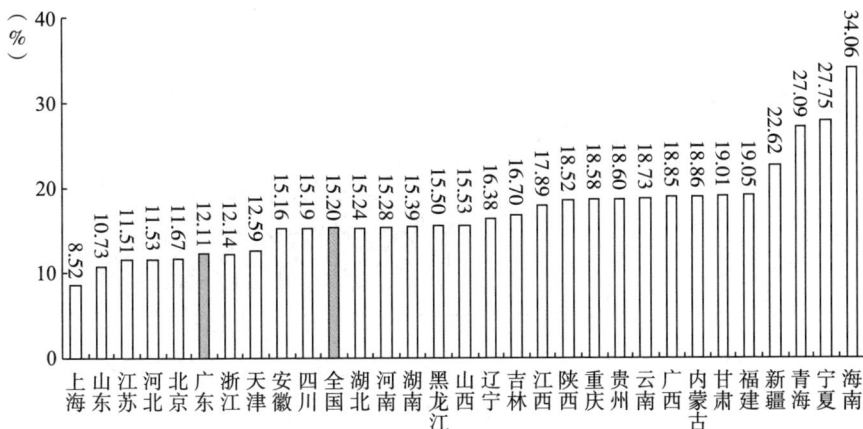

图 10-27　"十三五"时期全国各省份能耗增量百分比（较 2015 年）
资料来源：《"十三五"节能减排综合工作方案》。

　　重点区域人口密度有望进一步提升，资源能源需求将持续扩大。"十二五"时期，广东人口总量增长相对放缓，但受庞大人口基数（2015 年广东常住人口达 10849 万人）和人口再生产周期的影响以及"全面二孩"政策实施，全省常住人口继续保持惯性增长的态势仍将维持相当长的时期。统计数据显示，全国人口密度超过 1000 人/平方公里的城市共有 19 个，这19 个城市中，共有 16 个城市来自东部沿海，主要是珠三角、长三角和京津地区。"十二五"期末，广东全省人口密度为每平方公里 604 人，相当于全国人口密度的 4 倍。同时珠三角人口密度不断扩大，从每平方公里1026 人上升到 1073 人。① "十二五"时期，珠三角地区人口增长最快，人

――――――――――――――

①　资料来源：《"十二五"时期广东人口发展状况分析》。

口增量占全省人口净增总量的 25.82% 。在粤港澳大湾区建设的大背景下，珠三角地区的人口密度仍会进一步增加，从而刺激该区域资源能源的需求增长。以珠三角地区的广州为例，与韩国首尔相比，广州人口密度仍然不高，如果达到首尔的人口密度，那么广州还可在现有土地上多容纳 420 万人口，深圳还可以多容纳 530 万人口（见图 10 - 28）。按照发达国家城市发展的趋势，这意味着包括广州、深圳等在内的重点区域的人口密度还有望进一步提升，这无疑将加剧这些地区资源能源紧张的态势。

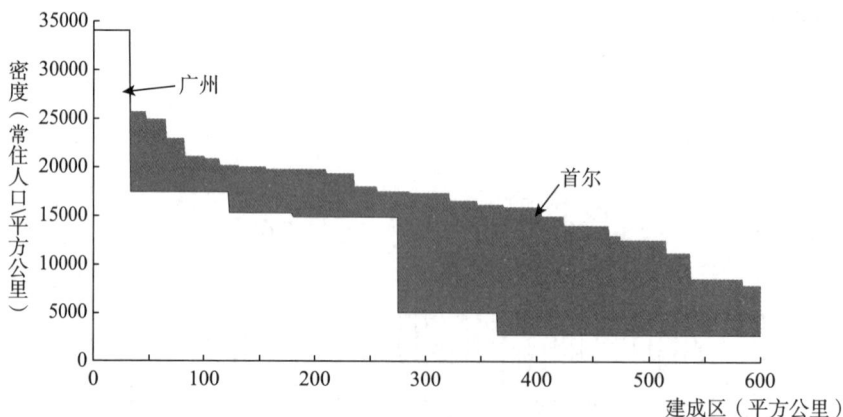

图 10 - 28 广州和首尔人口密度比较

资料来源：世界银行国务院发展研究中心联合课题组：《2030 年的中国：建设现代、和谐、有创造力的社会》，中国财政经济出版社，2013。绿色区域代表广州人口密度最大的 600 平方公里土地可再容纳人数的潜力。如果达到首尔的人口密度，广州还可再容纳 420 万人。

2. 发展方式：资源投入与经济产出将逐步脱钩

广东已逐步走向经济稳定增长与环境持续改善的双赢区间。经济发展与环境保护之间的关系会随着人均收入的不断提升而呈现出不同变化。本质上，绿色发展的内涵即是实现经济发展和环境保护协调统一，实现"双赢"发展，绿色发展水平高低就是经济发展和环境保护之间协调程度的高低。因此，经济发展与环境保护的关系是对立统一的关系，两者之间既存在矛盾，又可以协调。经济发展带来了环境问题，却又增强了解决环境问题的能力；环境问题的解决，又增强了经济持续发展的动力。通过经济手段来调控社会的生产行为和生活行为，可以限制对环境和资源的使用和浪费，这样既能发展经济，又能使环境质量逐步改善，从而实现经济效益、环境效益、社会效益三者的和谐统一。广东在 2035 年人均收入将达到 2.5 万美元，这一时期的人均收入水平决定了公众将高品质的生态环境视为不可或缺的公共产品，同时，较高的人均收入使得政府拥有更多的财力、人力和技术资源以持续改善生态环境质量。加之广东大部分污染物均已跨越"峰值"，进入下降通道，持续改善环境质量的难度将大大降低，将进入经济稳定增长与环境持续改善的双赢区间。

"绿色动能"将逐步增强，资源投入与经济产出将逐步脱钩。至 2035 年，广东经济发展将更加"绿色化"，绿色资源将更加"经济化"。一方面，随着创新驱动发展战略、供给侧结构性改革的深入实施，广东经济增长方式将从规模速度型粗放增长转向质量效率型集约增长，有利于缓解资源环境压力，为节能减排工作创造积极有利条件。同时，科技创新和进步为节能减排提供新的技术手段，以信息技术为代表的新技术与产业发展深度融合，互联网＋、共享经济深刻影响经济社会形态变革，智能化、高端化、低碳化的产业技术体系正在形成，低碳节能、循环利用、绿色环保等科技正在广泛应用到经济社会产业的各个领域，节能减排技术手段日益丰富，这些均将增强经济发展的"绿色动能"。另一方面，节能环保、绿色消费理念日益深入人心，城乡居民的消费内容和消费模式都在发生变化，呈现出从注重量的满足向追求质的提升、从有形物质产品向更多服务消费、从模仿型排浪式消费向个性化多样化消费等一系列转变。在这一转变过程中，绿色消费观念日益深入人心，绿色消费领域不断拓展，这又将反过来推动相关产业蓬勃发展。与过去不同，至 2035 年，广东将告别"粗放式"发展方式，经济增长的动力将由要素驱动完成向创新驱动转变，经济增长幅度也不再由资源环境投入的多寡来决定，资源投入与经济产出将逐步脱钩。

3. 区域格局：外围地区将成为环境治理的重点

区域间较大的收入差距决定了绿色发展仍将呈现区域间的分化。较高人均收入下，地区拥有更多的财力资源、技术资源和人力资源进行生态建设与环境保护，且较高人均收入下经济发展方式也会更加绿色化。相比之下，较低人均收入地区往往被锁定在"灰色路径"之中——经济发展方式粗放，同时缺乏用于环境治理的资金、技术与人力投入。区域经济发展不平衡是广东当前面临的主要难题，珠三角地区人均 GDP 较粤东西北平均水平高 3.2 倍左右，这种差异在过去十多年一直存在，并没有出现根本性变化。因此，这种经济发展的较大不平衡在很大程度上也决定了珠三角与粤东西北地区在绿色发展水平上也存在较大差异——珠三角绿色发展水平较高，逐步向发展与保护的"双赢期"迈进，而粤东西北地区仍会在较长一段时期徘徊在发展与保护的"两难期"，经济发展与环境保护之间矛盾凸显。可以预期，未来一段时期，珠三角将率先达到环境拐点，进入环境与发展的"双赢"时期，经济不断增长，环境质量逐步好转；粤东西北大部分地区将步入发展的高峰期，进入环境与发展的"两难"期，经济不断增长，环境质量有所恶化；珠三角环境好转与粤东西北环境恶化将形成"剪刀差"。

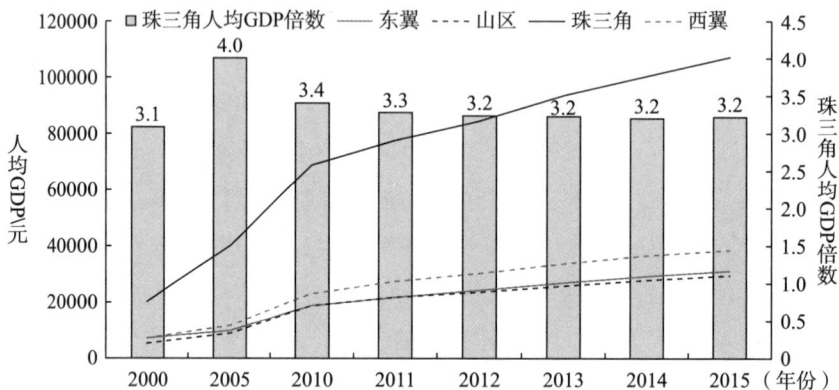

图 10-29 广东各区域人均 GDP 变化与关系

资料来源：相关年份《广东统计年鉴》。

粤东西北加快发展可能加剧发展和保护之间的关系。当前，广东能源利用效率已经呈现出明显的区域分化格局，粤东西北部分地区已处于"低收入、低能效"象限，与之相比的是，珠三角大部分地区均处于"高收入、高能效"象限。未来，这种分化的格局有望进一步强化。为了实现粤东西北地区跨越发展的战略目标，必须加快其城市化和工业化进程。粤东西北地区规划建设的新区面积 10957 平方公里，是粤东西北现有市区面积的 18.9%、建成区面积的 7.6 倍，高强度的土地集中开发利用将带来不可忽视的生态环境影响。在优化珠三角、振兴东西北的战略方针下，一方面部分高耗能产业从珠三角转移到粤东西北；另一方面持续在粤东西北布局重大重化工业项目：粤东地区的目标是重要能源基地，粤西地区是沿海石化和钢铁基地，粤北地区则是水泥等原材料资源加工基地。这些重化产业极大制约了区域能耗和排放水平的降低。这些地区的能源消耗总量将陡然增加。

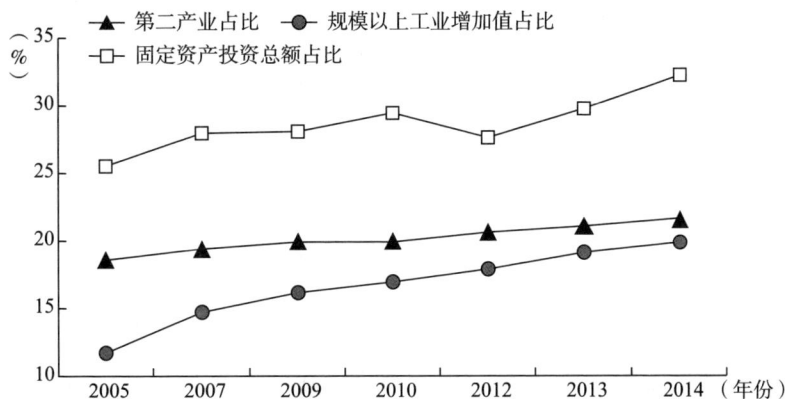

图 10 - 30　2005 ~ 2014 年粤东西北经济数据占全省比重

资料来源：相关年份《广东统计年鉴》。

更强环境规制力度将加速珠三角率先迈向绿色化。当前，广东针对珠三角和粤东西北地区总体上实施了差别化的环境规制力度——在珠三角地区施加了更为严格的环境规制政策，提出了更高的环境目标；而这些环境政策在粤东西北地区的实施有所区别（见表 10 - 17），这也可能对区域绿色发展的进程产生较大影响。

表 10 - 17　珠三角与粤东西北地区差别化的环境规制政策

文件名称	政策内容	
	珠三角	全省或粤东西北
《大气污染防治行动计划》（2013 年）	京津冀、长三角、珠三角等城市群逐步实现煤炭消费零增长甚至负增长	无要求
《广东省环境保护"十三五"规划》（2016 年）	到 2018 年，珠三角地区空气质量全面稳定达到国家空气质量二级标准	到 2018 年，全省大气和水环境质量持续改善
	推动珠三角生态文明建设示范工作取得重大进展，率先成为国家绿色发展示范区	粤东西北地区绿色发展水平显著提升，人民群众对优质生态产品的获得感显著增强。
	到 2020 年，珠三角地区煤炭消费控制在 8545 万吨以内	无要求
	珠三角水域船舶排放控制区实施方案	无要求
	珠三角区域消除劣 V 类	全省基本消除劣 V 类

续表

文件名称	政策内容	
	珠三角	全省或粤东西北
《广东省节能减排"十三五"规划》（2017年）	"十三五"时期，珠三角地区煤炭消费总量负增长	"十三五"时期，全省能源消费总量控制在3.38亿吨标准煤左右，其中煤炭消费总量控制在1.75亿吨以内
	2020年，珠三角地区新能源公交车保有量占比超85%，其中电动公交车占比超75%	2020年，全省新能源公交车保有量占全部公交车比例超75%，其中纯电动公交车占比超65%

4. 环境质量：持续改善使得"广东蓝"成为常态

广东生态环境质量已经具备持续改善的初步基础。从全国来看，"十二五"以来，全国环保系统着力解决突出环境问题，环境质量改善取得积极进展。我国坚决向污染宣战，建成发展中国家最大的空气质量监测网，全国地表水国控断面劣 V 类比例由 2010 年的 15.6% 下降至 2015 年的 8.8%，大江大河干流水质稳步改善。四项主要污染物减排任务提前完成，酸雨面积已恢复到 20 世纪 90 年代水平。首批实施新环境空气质量标准的 74 个城市 PM2.5 平均浓度同比下降 14.1%。从全省来看，2015 年全省城市集中式饮用水源水质 100% 达标，比 2010 年提高 2.9 个百分点；省控断面水环境功能区水质达标率为 82.3%，优良率为 77.4%，分别比 2010 年提高 12.2 和 6.5 个百分点；全省城市空气质量指数（AQI）达标率为 91.5%，其中，珠三角地区为 89.2%，比 2013 年上升 12.9 个百分点，全省环境质量总体稳中趋好。但同时也应该看到，广东省生态环境质量改善也呈现局域间的不均衡和时间上的不稳定，即珠三角生态环境质量改善明显，粤东西北生态环境质量改善难度较大；部分指标向好改善中仍有波动。

表 10-18　广东省环境保护"十三五"规划目标

指标名称	2015 年	2018 年	2020 年	指标属性
城市空气质量优良天数比例（%）	91.5	92	92.5	约束性
PM2.5 年均浓度（微克/立方米）	34	34	33	约束性

续表

指标名称	2015 年	2018 年	2020 年	指标属性
空气质量未达标城市 PM2.5 年均浓度平均水平（微克每立方米）	39	37	35	约束性
县级集中饮用水源水质达到或优于Ⅲ类比例（％）	99.4	100	100	约束性
地表水质优良（达到或优于Ⅲ类）比例（％）	77.5	81.7	84.5	约束性
地表水丧失使用功能（劣于Ⅴ类）水体断面比例（％）	8.45	7	0	约束性
城市建成区黑臭水体比例（％）	—	＜15	＜10	约束性
受污染耕地安全利用率（％）	—	完成国家下达指标		预期性
受污染地块安全利用率（％）	—			预期性
自然保护区陆域面积占比（％）	7.4	7.4	7.4	预期性

"十三五"及更长一段时期内，质量改善将成为核心任务。国家"十三五"规划纲要明确要实现生态环境质量总体改善的目标，这个目标实现考虑了三个方面的因素。一是公众环境质量诉求、环境指标可行可达、经济社会可承受等因素；二是重视后发优势和制度优势，注重运用解决阶段性环境问题的规律；三是以民生改善为导向，增加与公众感受息息相关的环境指标。因此，从全国层面来看，环境治理的任务将由"十二五"的总量控制导向向质量改善的导向转变。当然，全国层面质量改善的目标也会根据地区发展阶段不同而呈现差异化——发达地区和重点城市群将率先完成质量改善的目标，欠发达地区质量改善的时间会相对较后。对广东而言，即将迎来生态质量由珠三角局部改善向全省域内全面改善和持续改善转变的机遇期。一方面，广东担负着率先实现环境质量改善的艰巨任务，在这一问题上已无回旋空间；另一方面，广东已具备了坚实基础，创新驱动带动经济内涵式增长，全要素生产率贡献大幅提高，推动污染物排放强度持续下降，已形成质量改善较好的内部环境。广东"十三五"环境保护目标对城市空气质量、水环境质量、土壤治理等提出了一系列具体目标，已对推动环境质量持续改善施加了刚性约束。

可以预期，未来一段时期，随着广东环境治理各项工作的大力推进，环境质量将呈现总体持续改善态势，重点领域环境问题有望逐步解决。2020～2035 年的 15 年间，广东绿色发展水平将跃上更高台阶，环境质量发生根本性改善，环境质量水平迈向高品质化，优质生态产品的供给能力逐步增强，更多优质、多元的生态产品将不断涌现，满足人民群众对高品质生态环境的需要。

表 10－19　广东省"十三五"节能减排目标

指　标	2020 年
单位 GDP 能耗降幅（％）	17
能源消费总量（万吨标准煤）	33800
单位工业增加值能耗降幅（％）	18
化学需氧量减少比例（％）	10.4
氨氮减少比例（％）	11.3
二氧化硫减少比例（％）	3.0
氮氧化物减少比例（％）	3.0
挥发性有机物减少比例（％）	18.0

四　建设美丽广东的策略与建议

党的十九大报告关于我国社会主要矛盾已经发生转化的重大战略判断深刻揭示了我国基本国情的新特点新内涵新变化，显示出人民群众需要的内涵在不断丰富，呈现出多元化、复杂化的特点，物质需要正在向政治、文化等精神需要、社会需要拓展，人们对环境等方面的要求日益增长。至 2035 年，不断增加优质生态产品供给，满足人民日益增长的高品化、多元化的生态环境需要将成为这一时期绿色发展的重要内容。广东仍需在制度建设、结构调整、环境投入、治理体系等方面继续加大改革力度和步伐，在"抓重点、补短板、强弱项"中促进绿色发展迈向更高水平，不断增强高品质生态产品的供给能力和水平。

（一）构建加快实现"环境成本内化"的有效制度体系

"制度为人类提供了一个基本结构，它也为人民创造出秩序，并试图降低交换中的不确定性。"（道格拉斯，1993）系统完善的制度体系，尤其是强化生态环境保护的制度体系可以促使经济增长与环境质量改善的相互促进和良性循环（世界银行、国务院发展研究中心联合课题组，2013）。从 20 世纪 80 年代后期开始，广东在国家上位制度的指导下开始着手建立一系列环境管理制度，也形成了部分环境保护、生态修复和资源利用方面的有效制度安排。但总体上，制度缺位或制度执行不力，政策不合理或政策失效，是长期制约发展向绿色转型的重要甚至核心因素（雷健，2007）。因此，应将原工业经济系统运行中形成的外部成本在新的生产运行系统、生活消费系统中予以"内化"，建立"环境成本内化"的制度体系，使生产力在一个更加经济的模式中持续发展，在资源利用和环境保护上实现高标准条件下的强竞争力。

一是突出生态环境治理的系统化与法制化。法制建设永远是重中之重。严格落实新《环境保护法》及国家相关法律，严格环保执法，开展跨区域联合执法，强化执法监督和责任追究。加快建立绿色生产和消费的法律制度和政策导向，实行最严格的生态环境保护制度。完善资源总量管理和全面节约制度，完善最严格的耕地保护制度和土地节约集约利用制度，完善最严格的水资源管理制度，建立能源消费总量管理和节约制度。建立健全环境治理体系，完善污染物排放许可证制，建立健全生态保护修复与污染防治的区域联动机制，建立和完善环境预警应急制度，健全环境信息公开制度，严格生态环境损害赔偿制度。健全自然资源资产产权制度，推进确权登记法制化。探索设立国有自然资源资产管理和自然生态监管机构。

二是创新运用环境经济政策。主要包括系统完善的环境财政、环境税费、环境价格、绿色金融、环境权益交易市场等环境经济政策，发挥市场作用，促进环境外部性成本内部化，环境隐形成本显性化。突出生态环境市场化供给体系建设，培育环境治理和生态保护市场主体，鼓励各类投资进入环保市场，加大对环境污染第三方治理的支持力度。扎实推进碳排放权交易，继续完善排污权交易制度，推行水权交易制度，探索开展节能量交易，继续完善推进合同能源管理。建立绿色金融体系，在高风险行业全面推行环境污染强制责任保险等。

三是重视空间管制的制度体系建设。构建国土空间开发保护制度，完善主体功能区制度及配套政策，落实生态空间用途管制，严守生态保护红线、永久基本农田、城镇开发边界三条控制线，确保生态功能、基本农田不降低、面积不减少、性质不改变。统筹山水林田湖草系统治理，建立森林、草原、湿地总量管理制度。理顺各类空间规划之间的关系，以主体功能区规划为基础统筹城乡规划、土地利用总体规划、环保规划等各类空间性规划，推进"多规合一"和空间"一张图"管理。

四是突出政府决策监管的科学性与严谨性。创新生态文明建设评价体系，完善经济社会发展评价体系，编制自然资源资产负债表，对领导干部实行自然资源资产离任审计；建立生态安全评价制度。以水、土、大气、森林、动植物种等要素为重点，建立与国际接轨、科学合理的生态安全评价标准，建立资源环境承载力监测预警机制；强化实施环境影响评价制度，建立环境影响评价的审批分离制度，严格法律责任界定；健全生态文明建设考核制度和责任追究制度；不断提升政府决策水平；建立健全生态环境保护责任追究制度。

五是突出生态环境治理透明化与民主化。健全环境信息公开制度。全面推进大气和水等环境信息、排污单位环境信息、监管部门环境信息公开，强化突发环境事件信息披露；完善环境立法、执法、重大环境保护决策以及环保焦点事件公众听证制度，拓宽群众监督渠道。鼓励公众对政府、公共部门及第三方的环境管理或委托治理过程、绩效进行监督评价，保障公众对环境信息的知情权、参与权和监督权。

（二）建立结构调整与技术创新的"双轮驱动"机制

一是继续优化产业结构和能源结构，持续提升绿色产业和绿色能源的规模与和比重。基于资源环境的可承载能力，持续推进供给侧结构性改革，调整优化产业结构和布局，建立健全绿色低碳循环发展的经济体系，大力推进发展先进制造业和服务型经济，壮大节能环保产业、清洁生产产业、清洁能源产业，积极发展生态和观光农业，加快淘汰落后产能和过剩产能，构建结构优化、节约集约、附加值高、竞争力强的现代产业新体系，推动产业高端化、智能化、绿色化、集约化发展，推动经济发展与生态文明建设良性互动、相互促进，实现共赢。推进能源生产和消费革命，构建清洁低碳、安全高效的能源体系。

二是将绿色领域作为实施创新驱动战略的突破口。传统的模仿式技术创新路线的日益固化及其边际收益的逐步递减，是广东经济发展动力逐步衰减的关键所在。由于原始性发明创造活动具有风险大、技术转移壁垒高、创新收益保护的制度严格、创新条件（人才、环境等）较为苛刻等特点，与技术领先的国家和地区相比，追赶型经济体往往难以在传统领域实现技术超越。相反，在新能源、节能环保低碳、电子信息、生物与新医药、航空航天、新材料等高新技术领域，追赶者和领先者之间的技术差距则小得多，实现技术追赶甚至技术超越的概率也大得多。因此，作为中国实现经济发展方式转型的重要探索者和实验者的广东，更应抓住这次机遇迅速做出选择，在未来发展中要以绿色技术创新领域为突破，实施具有广东特色的绿色与技术相结合的创新驱动战略。

三是将节能环保产业打造成支柱产业之一。节能环保领域链条较长，市场需求大，对拉动投资和消费的带动作用强，更有利于促进产业结构优化升级、提高能源资源循环利用效率。所以要大力发展能够直接削减、弱化重化工产业负面效应的节能环保产业，不断强化技术支撑、推动产业集聚，形成环保产业链，争取早日将节能环保产业培育成广东省的支柱产业之一，以充分发挥其在改善广东全省生态环境、提高经济增长质量方面的巨大作用。通过节能环保产业提供的专业化节能、减碳、减排解决方案，更经济、更有效地推动高耗能、高排放的制造业实现绿色低碳发展。

四是加快实现绿色发展资源与创新驱动资源的有机融合。现有体制下，传统创新与绿色创新之间存在创新资源分散割裂、协同推进缓慢等弊端，应从体制机制上开展相应的深化制度改革。建立科技部门与林业、环保、经信、发改、农业、海洋等部门之间的沟通协调机制、联合决策和技术援助机制、信息和人才共享机制、微观创新平台共建共享机制等，把有限的资源盘活盘大。

（三）建立持续稳定的生态环保投入机制

在强经济面前，生态环境保护投入长期以来都是广东生态环境建设的短板，应建立持续稳定的投入机制，加速补齐生态资源保护和环境污染防治资金的短板，迅速扭转"强经济、弱环保"的不利局面，为广东绿色发展提供充足、稳定和可持续的资金保障。

参考发达国家经验，适当提高环保税及环保投入在GDP中的占比，增强环境投入的支撑力。将生态环境保护列为公共财政支出的重点，制定生态环保投入占财政支出比重和GDP比重逐年递增计划，加强资金保障，确保生态环保投入的稳定性和持续性。尽快制定广东环境税征收方案，结合广东实际与周边省份情况，确定合理的征收标准，实现环境税与排污费的平稳过渡。强化省级财政在平衡全省生态文明建设中的作用，针对落后地区市县两级政府生态保护资金投入不足的现状，加大财政转移支付力度，在重大环境基础设施建设项目的安排和配套资金使用上向粤东西北地区倾斜，向限制和禁止开发区倾斜，向重点水源地和生态屏障区倾斜。

健全政府和社会资本合作（PPP）机制，进一步鼓励社会投资特别是民间投资参与生态环保等重点领域建设，在同等条件下，政府投资可优先支持引入社会资本的项目。加快环境保护公共服务和工程建设领域的市场化改革，通过特许经营、购买服务、股权合作等方式，建立政府与社会资本利益共享、风险分担、长期合作关系。鼓励金融机构对民间资本参与的生态环保项目提供融资支持。强化委托人即政府部门作为首要责任主体的角色，承担起相应的监督监管责任，防止出现由向市场开放演变为责任推诿。

（四）建立全社会共同参与的绿色治理体系

在解决环境问题时，不仅存在市场失灵，也存在政府失灵。政府用于管制的制度会存在缺位问题，各项政策手段也会因其不合理性而失效，导致政府失灵。市场失灵方面，由于外部性影响，在追求利益最大的市场主体面前，市场机制并不能使环境质量在经济扩张过程中得到充分的保护，从而出现"市场失灵"，这也是环境问题产生的经济根源。所以，市场和政府调节不到的空隙就需要社会力量尤其是第三方部门来予以弥补。20 世纪 90 年代兴起的治理理论的最大贡献，正是推进了对政府处理公共事务的角色和职能的认识深化，并催生了政府、市场和第三方力量协同推进社会发展和提供公共服务的新型格局。生态环境服务作为典型公共产品，推进以治理为理念的管理模式创新意义更为重大。绿色发展涉及为跨区域、跨领域、多层次、多对象、多途径提供更高效、更差异化、更符合利益相关者需求的公共服务，如果政府扮演"单打独奏"式的服务角色，其服务绩效将大打折扣。原因在于，一是政府离开第三方力量的缓冲层而直接面对庞大的社会对象，将陷于疲于奔波、顾此失彼的被动局面；二是财政资源的刚性约束限制了政府提供服务的能力和水平；三是单一政府的决策局限性难以满足多层次、多样化的服务需求。因此，必须按照治理的理念，妥善处理好生态环境事务中政府管理与第三方治理之间的关系，构建政府为主导、企业为主体、社会组织和公众共同参与的环境治理体系。

首先，政府角色重在"掌舵"。政府应更多承担生态环境建设中的把握方向、宏观规划、规则制定、履约督查等职能，将具体的事务性服务（如建设和运营污染治理设施、制定服务标准、评判服务质量等）交由市场和第三方力量来完成。其次，政府应广开"善"源。鉴于政府的财政刚性约束现实，应充分挖掘蕴藏于社会体系中庞大的"善"的资源，以荣誉、信用等正向激励方式广泛调动各类机构、组织和个人的保护生态环境、践行低碳等志愿性和慈善性力量，以弥补政府的财力不足，填充政府的服务空白点，帮助政府调解相关的纠纷。采取差异化的管制措施，给生态环境类社会组织创造更加宽松的发展环境。最后，应推动形成多方参与的共同治理格局。目前出现的许多"邻避效应"式群体性生态环境事件，其中一个重要原因在于对利益相关者利益诉求吸纳不足、回应不够。应按照利益相关者原则，逐步建立和实施政府、利益相关者和第三方组织等多元主体的协商、合作机制，以利益平等、公开表达和理性协商的原则，广泛听取各利益相关方的意见，吸收更多组织、个人参与生态环保决策。

（五）繁荣代表世界先进潮流的绿色文化

文化变迁对个人行为和国家发展具有重大作用，这一结论尽管曾经被新古典经济学所忽略，却受到新制度经济学的足够重视和肯定。福山在其《信任——社会美德与创造经济繁荣》一书中，就从经济社会学角度，以信任为主线，强调了文化对经济发展的重要性（聂莉，2006）。文化对经济社会发展的功能作用体现在基础结构的层面，即对经济发展具有基础性引导作用。人类发展的历史长河已反复证明，国家的兴衰、世界力量重心的转移，其中起根本作用的是制度、法律等制度层面的文化，以及信仰、理念等精神层面的因素（金相郁，2004）。

人类发展至今，全球气候变化、环境污染、资源短缺、生态失衡等生态危机层出不穷，绿色可持续发展既是广东的目标也是世界性课题，这一新的时代背景比以往任何时期都更加需要绿色文化的正确指引。绿色文化是人民在创建与自然和谐共处社会的各种社会活动中所产生的、能为人们所感知与接受的、影响人的可持续发展行为的包括传统、习惯、风俗、道德、法律等要素承载的价值观、伦理观等精神现象的总和。中国有繁荣绿色文化的深厚底蕴，绿色文化是中国传统文化的延续。从对经济社会发展的引导功能看，绿色文化可以在精神层面指导经济生产方式和社会消费行为产生更加长久、稳固的可持续性转变。与此同时，因价值理念的内涵式规范作用，繁荣绿色文化还可以有效降低生态环境保护制度的实施阻力和监管成本。从对社会个体行为的规范功能看，绿色发展同每个人息息相关，只有人人有责方能人人受益。而绿色文化能够帮助公民形成自觉的环境意识，并使其逐步升华为社会公认的道德规范，从而引导绿色消费，形成节约适度、绿色低碳、文明健康的生活方式和消费模式。所以，广东要实现向代表未来经济发展新形态、新方向和新动力的绿色发展转型，除了从绿色能源、绿色技术、资金投入以及制度规制等层面发力，同时还要关注人的思想观念和行为方式，构建起一种全新的社会文化模式（杨新莹，2014），即以绿色可持续发展价值理念为支撑的社会文化模式。新加坡及日本在完善绿色环保制度体系并严格执法的同时，还特别重视从国民教育入手，从幼儿抓起，培养民众的环保意识、绿色发展意识，这一经验做法值得广东借鉴。

参考文献

〔美〕道格拉斯·诺斯：《制度、制度变迁与经济绩效》，上海人民出版社，1993。

Grossman, G. M., A. B. Krueger. 1995. "Economic Growth and the Environment." *The Quarterly Journal of Economics* 110 (2): 353 – 377.

Kuan Kwee Jee、胡祝帮、武继承等：《新加坡的环境进展》，《环境与可持续发展》1989 年第 5 期。

Selden, T. M., D. Song. 1994. "Environmental Quality and Development: Is there a Kuznets Curve for Air Pollution Emissions?" *Journal of Environmental Economics and Management* 27 (2): 147 – 162.

Shafik, N. 1994. "Economic Development and Environmental Quality: An Econometric Analysis." *Oxford Economic Papers* 46: 757 – 773.

陈健鹏：《中国主要污染物排放进入转折期》，《中国环境报》2015 年 2 月 9 日。

陈荣顺等：《清水　绿地　蓝天——新加坡走向环境和水资源可持续发展之路》，毛大庆译，团结出版社，2013，第 5 页。

成汉平：《新加坡是如何成为花园城市的》，《唯实》2016 年第 9 期。

范彬、武洁玮、刘超等：《美国和日本乡村污水治理的组织管理与启示》，《中国给水排水》2009 年第 25 期。

高原：《新加坡：优美环境从哪里来》，《社区》2001 年第 8 期。

黄健柏、贺稳彪、丰超：《全球绿色发展格局变迁及其逻辑研究》，《南方经济》2017 年第 5 期。

黄珏：《新加坡环境问题研究》，厦门大学硕士学位论文，2002。

金相郁：《文化与经济的关系：第三种解释》，《经济学动态》2004 年第 3 期。

雷健、任保平：《中国生态环境保护的制度供给及其政策取向》，《生态经济（中文版）》2007 年第 12 期。

李俊民、李勇：《日本、美国土地污染治理经验分析》，《世界农业》2014 年第 3 期。

李敏：《关于经济与环境协调发展的思考》，《中国人口·资源与环境》2000 年第 10 期。

李志青：《从多元治理到伞形治理：城市绩效治理的一种当代途径——以新加坡的环境治理体系为例》，《上海城市管理》2016 年第 1 期。

李中英：《日本水污染综合治理的"五步曲"》，《浙江经济》2014 年第 5 期。

梁光源、勾犇：《他山之石：韩国环境治理经验启示》，《环境》2016 年第 5 期。

林宗棠：《新加坡经济与环境协调发展的特色与启示》，《环境保护》1995 年第 3 期。

罗丽、徐今姬：《韩国环境政策基本法研究》，《环境科学与技术》2009 年第 7 期。

毛大庆：《环境政策与绿色计划——新加坡环境管理解析》，《生态经济》2006 年第 7 期。

聂莉：《论可持续发展中绿色文化因素的制度安排》，《学术研究》2006 年第 2 期。

世界银行、国务院发展研究中心联合课题组：《2030 年的中国：建设现代、和谐、有创造力的社会》，中国财政经济出版社，2013。

王君：《从"花园城市"到"花园中的城市"——新加坡环境政策的理论与实践及其对中国的启示》，《城市观察》2015 年第 2 期。

吴舜泽等：《中国环境保护投资失真问题分析与建议》，《中国人口·资源与环境》2007 年第 17 期。

杨波、尚秀莉：《日本环境保护立法及污染物排放标准的启示》，《环境污染与防治》2010 年第 32 期。

杨新莹、李军松：《绿色文化：基于我国的构建与繁荣》，《河南社会科学》2014 年第 8 期。

尹卫东：《用最少的资源做最好的自己——新加坡城市规划建设的启示》，《世界经济与政治论坛》2007 年第 2 期。

张健：《提高环保投资水平的对策分析》，《新疆环境保护》2000 年第 1 期。

郑军、周国梅、杨昆等：《中国珠三角地区与韩国大首尔地区大气环境管理比较研究》，《环境保护》2016 年第 10 期。

专题报告十一　2035：广东现代化建设的法治保障展望

改革开放至今，广东法治发展已走过近 40 年的历程。这 40 年既是广东法治自身成长的 40 年，同时也是其在广东经济社会发展中作用越来越重要、始终为广东改革发展稳定提供重要支撑和保障的 40 年。本报告立足党的十九大提出的到 2035 年基本实现社会主义现代化的目标及对法治的定位和要求，在对改革开放以来广东法治发展历程进行回顾总结的基础上，对影响未来广东法治发展的因素进行深入分析，对广东法治发展趋势做出预测判断，进而对广东法治发展提出政策建议。

研究认为，改革开放以来，广东始终把法治建设摆在重要位置，在加强法制建设中先行一步，在依法治省道路上敢为人先，在依法治国背景下率先发展，法治建设取得明显成效，很多探索走在全国前列，为广东改革开放和社会主义现代化建设提供了有力保障，为完善社会主义市场经济法律制度、探索中国特色社会主义法治道路做出了积极贡献。

研究同时认为，全面建设社会主义现代化国家，是党的十九大做出的重大战略部署。在决胜全面建成小康社会、开启全面建设社会主义现代化国家新征程直至基本实现社会主义现代化的过程中，广东法治将继续发挥其保驾护航的作用。同时，它亦会受到新的时代条件下不断发展变化的经济、政治、文化、社会、生态等方面因素的影响，并在这之中不断促进和完善其自身的发展。这种发展将呈现以下八大趋势：一是立法日趋科学化。主要表现为立法层次结构多元，法制的互补性增加；区域立法合作加强，法治的联动性增强；立法领域更加均衡，于法有据更有保障；立法工作机制成熟，更加科学民主依法。二是执法日趋严格化。主要表现为政府职能全面依法履行，组织结构更加优化；执法体制改革成果显现，法治实施效率提升；执法严格规范公正文明，法律权威明显增强。三是司法坚守公正性。主要表现为司法体制改革修成正果，法治保障坚强有力；司法职权配置得到优化，权力制约逐步强化；人民群众踊跃参与司法，司法公正明显增强。四是守法凸显全民性。主要表现为全民普法守法氛围浓厚，全民法治意识不断增强；实现多层次宽领域治理，社会治理水平不断提高；法律服务体系相对完备，法律帮助提供及时有效；合法维权机制不断健全，矛盾纠纷解决路径多元。五是治党全面并从严。主要表现为完备的党内法规体系形成，从严管党基础牢固；思想建党与制度治党同步，从严治党坚持不懈；党风建设和廉政建设并行，取得压倒性的胜利。六是监督规范且严密。主要表现为健全制度环环紧扣，宪法实施监督不断强化；突出重点规范运行，权力制约监督不断强化；深化改革杜绝漏洞，司法活动监督不断强化；监察体系不断完善，权力运行制约监督加强。七是粤港澳间一体化。主要表现为区际协议不断增补完善，服务贸易开放力度加大；区际行政协调平台逐步搭建，合作发展实现瓶颈突破；三地司法协调平台逐步建立，司法合作实现良性互动；大湾区制度建设日趋完善，求同存异实现共建共享。八是营商环境国际化。主要表现为建设开放型经济体系，营商法制国际化框架形成；建设法治化经济体系，营商法治国际化逐步形成；谋求现代化经济发展，营商环境国际化水到渠成。

面向现代化建设的新征程特别是面向基本实现现代化的新高度，广东深化依法治省实践，要确保法治与改革协同推进，确保法治与稳定互为保障，确保法治与创新相辅相成，确保法治与开放有机对接。

一　广东法治发展历史回顾

改革开放以来，在党中央的正确领导下，广东始终把法治建设摆在重要位置，创造了许多全国第一，为广东改革开放和社会主义现代化建设提供了有力保障，为完善社会主义市场经济法律制度、探索中国特色社会主义法治道路做出了积极贡献。回顾广东法治建设的历程，大体可以分为以下三个阶段。

（一）1978～1992 年：在加强法治建设中先行一步

1978 年，党的十一届三中全会总结新中国成立以来的经验教训，拨乱反正，做出改革开放的决策，把工作重点转移到社会主义现代化建设上来，同时提出了健全社会主义民主和加强社会主义法制的目标。1979 年，党中央、国务院批准广东在对外经济活动中实行特殊政策、灵活措施，拉开了广东在改革开放中先行一步的序幕。广东在全国率先进行走向市场的理论与实践探索，率先进行创设经济特区、引进外资等理论与实践探索，许多新的经济现象和社会现象为当时广东所特有，许多新的问题亟须运用法律手段加以调整。于是，广东法治建设同时进入改革开放新时期的起步发展阶段。

1. 地方立法方面

改革开放之初，广东地方立法几乎是空白。1979 年 7 月，五届全国人大二次会议重新修订了地方组织法，对我国立法体制进行了重大改革，规定省级人大及其常委会享有制定和颁布地方性法规的权力。1979 年 12 月，广东省五届人大二次会议做出关于设立省人大常委会的决定，选举产生了省第五届人大常委会。1981 年 11 月，全国人大常委会通过《关于授权广东省、福建省人民代表大会及其常务委员会制定所属经济特区的各项单行经济法规的决议》；1992 年 7 月，全国人大常委会做出《关于授权深圳市人民代表大会及其常务委员会和深圳市人民政府分别制定法规和规章在深圳经济特区实施的决定》；1996 年 3 月，全国人大做出《关于授权汕头市和珠海市人民代表大会及其常务委员会、人民政府分别制定法规和规章在各自的经济特区实施的决定》。此后，广东省以及广州、深圳、珠海、汕头四市人大及其常委会根据本行政区域的具体情况和实际需要，在不同宪法、法律、行政法规相抵触的前提下，积极探索，先行先试，开始了制定地方性法规的实践。

从 1979 年 12 月到 1984 年 10 月《中共中央关于经济体制改革的决定》发表，是广东地方立法的创立阶段。这一阶段主要是从实际出发，把中央赋予的在经济体制改革和对外开放中的特殊政策和灵活措施用地方性经济法规形式规范起来，使之适应改革开放的迫切需要。试办经济特区是广东实行特殊政策和灵活措施的重要内容，因此广东对经济特区的立法相当重视，并进行了大胆探索。在这一阶段制定颁布的 21 项地方性法规中，关于经济特区方面的立法就有 8 项，占 38%。① 社会领域也有重要的地方立法领跑全国。1980 年 2 月广东省人大常委会通过的《广东省人口与计划生育条例》，就是广东省制定的第一部地方性法规，也是中国的第一部计划生育地方性法规。在此期间，《广东省经济特区条例》（1980 年）、《广东省人口与计划生育条例》（1980 年）、《广东省经济特区企业登记管理暂行规定》（1981 年）、《深圳经济特区土地管理暂行规定》（1981 年）、《广东省经济特区企业劳动工资管理暂行规定》（1981 年）等法律规范，在经济社会发展中都起到了非常重要的作用。

从 1985 年到 1992 年，广东地方立法得到初步发展。广东贯彻党的十三大加快和深化改革的精神，率先进行的市场导向的改革得到中央的充分肯定。这一时期，广东为适应加快改革开放和经济发展、建立和完善社会主义市场经济体制的需要，地方立法出现了第一个高潮。1985 年至 1992 年共制定和批准了六十多项地方性法规。② 1986 年广东省人大常委会通过的《广东省技术市场管理规定》规定，技术是可以在市场上转让的商品，属全国首创。1987 年广东省人大常委会通过的《深圳经济特区土地管理条例》，在全国首次规定实行国有土地的有偿使用和有偿转让。广东除了立法规范经济活动外，还制定了一系列有关公民权利、社会保障以及环境保护方面的法规。公民权利和社会保障方面，有《广东省普及九年制义务教育实施办法》（1986 年）、《广东省劳动安全卫生条例》（1988 年）、《广东省青少年保护条例》（1989 年）、《广东省维护老年人合法权益规定》（1991 年）等；环境资源保障方面，有《广州市饮用水源污染防治条例》（1987 年）、《广东省东江水系水质保护条例》（1991 年）等。这些法规的制定表明立法不仅注重经济的范畴，还牢牢把握立法为民的宗旨，把实现、维护和发展好经济社会、保护公民权利作为立法工作的出发点和落脚点。

为保证地方立法工作为经济发展服务，广东省人大常委会在总结立法实践经验的基础上，开始着手规范立法工作，1985 年制定了《广东省人民代表大会常务委员会关于制定地方性法规程序的暂行规定》，对法规的草

---

① 朱源星：《地方立法硕果累累》，《人民之声》2004 年第 9 期。
② 刘恒等：《走向法治——广东法制建设 30 年》，广东省出版集团、广东人民出版社，2008，第 19 页。

拟，协调，初审、审议批准、颁布、备案、修改、废止等程序做出具体规定，立法工作开始走向规范化、程序化。

2. 行政执法方面

广东改革开放初期就率先对规范政府行为、保障公民权利进行了初步探索。由于很多法规和规章是由有关行政主管部门起草，往往带有部门利益的痕迹，影响了社会的稳定和发展，规范行政执法成为迫切需要解决的问题。如针对行政事业单位滥收费，先后制定了《广东省人民代表大会常务委员会关于加强对罚款、收费的监督管理的决议》（1985 年）、《广东省人民代表大会常务委员会关于执行〈广东省物价管理条例〉第二十五条有关罚款问题决定》（1985 年）、《广东省行政事业性收费管理条例》（1991年）、《广东省统计管理规定》（1992 年）等法规。这些法规严格规范了行政处罚、行政收费的行使主体、行使权限和行使方式，有效防止了政府权力的滥用。1992 年广东省进行了大规模的行政事业性收费的清理工作，强化行政事业性收费年审工作，取消一切不合法收费项目，实行年审结果公示制度，从而在以后较长一个时期内有效地遏制了行政部门滥收费现象。①

为加强政府法制工作，1988 年 4 月 27 日，广东省批准成立广东省人民政府法制局，主要负责编制省人民政府立法计划并组织、指导有关部门实施；审核省人民政府各部门、经济特区所在市上报省人民政府、省人大的法规、规章草案；监督检查法规、规章执行情况；协调行政执法中的职能交叉或矛盾；研究法制建设中存在的问题并提出建议；组织法规、规章的清理，编辑法规、规章汇编；承办全国人大、省人大、全国政协、省政协交办的建议、议案、提案；协同有关部门培训政府法制人才，开展法制理论宣传教育工作。到 1992 年底，广东全省所有地级以上市、县、县级市和市辖区都成立了法制机构，全省政府机关法制机构网络已经基本形成。

3. 公正司法方面

广东改革开放后，经济发展迅速，外来人口多，社会关系复杂，导致不仅案件数量多，而且新问题层出不穷。对此，广东从维护司法公正出发，以改革保公正，以改革促效率，以改革求发展，促进了司法工作的深

---

① 据统计，1992 年至 2004 年，全省共取消收费 752 项，其中经省政府批准的合法收费 188 项（刘恒等，2008）。

入发展。

大胆探索检察体制改革和工作制度创新。1978年6月,广东省人民检察院重建,全省检察工作走上正轨。1987年11月,借鉴香港廉政公署举报工作的经验,广东省人民检察院决定在深圳市人民检察院进行试点,建立专门的举报机构。第二年,正式成立深圳市人民检察院经济罪案举报中心。1988年5月和6月,广州市和汕头市人民检察院也相继成立贪污贿赂举报中心。同年,广东省以及省内大部分市、县(区)的人民检察院均成立了举报中心。1989年8月,广东省在全国率先建立反贪污贿赂工作局(以下简称"反贪局"),把原来分散的功能和手段统一起来,使举报、侦查、预防工作一体化,提高了反贪污贿赂斗争的成效。此后,各市、县、区也相继成立了反贪局。反贪局成立后的举报线索明显增加,举报质量明显提高。1989年,广东省受理举报贪污受贿线索28152件,反贪局成立后受理的举报就占20070件,比反贪局成立之前增加148%。1990年1至6月,受理举报线索1.1万多件,比上一年同期增加52%。[①]1990年,广东省人民检察院还成立了全国唯一的个案协查办公室,专门承办全国检察机关与港澳地区司法部门相互协查案件等事宜,促进了内地与香港的刑事司法协作。探索检察工作制度的创新。这一阶段,广东省还摸索总结出了综合治理工作制度、接受监督制度、办案联系制度、自侦案件的内部制约制度和个案协查制度等行之有效又在全国具有表率作用的制度。

推进审判制度改革和审判方式创新。不断拓展审判领域。随着改革开放的深入,广东全省法院受理的案件逐年增多,重大疑难案件不断出现,审判任务日益繁重,审判领域不断拓宽,全省各级法院由原有的刑事、民事两大审判,逐步发展到刑事、民事、经济、行政、知识产权、房地产、国家赔偿等比较完善的审判工作体系。自20世纪80年代中期开始,全省各级法院根据审判实践需要,先后设立了涉外经济审判庭、知识产权审判庭、房地产审判庭、破产案件审判庭、经济犯罪审判庭、少年犯罪审判庭、小额钱债法庭等审判机构,推动了审判工作的专业化发展。同时落实当事人举证责任,实行排期直接开庭,强化庭审功能,改革裁判文书写作

---

① 郑键:《新中国第一个反贪局诞生的前前后后——肖扬新著〈反贪报告〉全面回顾第一个反贪局成立过程》,《检察日报》2009年8月21日。

方式，积极开展审判方式创新。新中国成立以来，我国法院实行立案审判合一制度，由于审判机构单一、专业分工不明确，该制度已难以适应改革开放对司法审判工作的需求。1991年12月，深圳市中级人民法院成立了全国第一个专门的立案机构——立案处（后变更为立案庭），率先开展了以审判专业化和审判流程管理为重点的立案、审判、执行分立改革，在实践层面上厘清了法院立案、审判、执行等各业务庭室的职能划分。实行立审分立、审执分立，落实独任法官和合议庭的权责，试行审判人员错案责任追究制度等，为在全国法院推广改革提供了基层实践经验。在此前后，广东各级法院还设立了审判监督庭，专门负责对群众来信来访和当事人提出申诉案件的处理。

4. 全民守法方面

改革开放后，国家和地方制定了一系列与经济发展相适应的法律规范，而要保障法律的实际效力，就必须首先向全体公民普及法律常识，使之知法、懂法、守法。为此，广东1980年恢复司法机关后，就将法制宣传工作列为重点工作之一，逐步形成系统性、经常性、多样性的法制宣传工作（见表11-1）。

表11-1 1981~1985年全省法制宣传工作情况

年份	法制课（次）	宣传栏（期）	广播（次）	展览（次）	法制宣传资料（万份）	受教育人数（万人/次）	公开刊物（万份）
1981年	6572	5241	6794	511	62.93	2244	45.88
1982年	27064	24548	63805	3979	190.53	3220	410.70
1983年	23602	58415	123088	14808	1438.93	9036	138.50
1984年	35410	64409	167422	36778	637.87	12030	353.04
1985年	68856	71475	1422302	19158	1146.60	12829	1380.65
合计	161504	224088	1783411	75234	3476.86	39359	2328.77

资料来源：广东省地方史志编纂委员会《广东省志·司法行政志·法制报刊》，广东省情网，2017-5-30，http://www.gdinfo.gov.cn/books/dtree/showSJBookContent.jsp? bookId=10699&partId=104&artId=48776。

（1）创办法制宣传报刊。改革开放之初，广东恢复司法行政机关后，1981年至1985年先后创办了《法制画报》《法制》《广州法制报》《深圳法制报》等法制报刊，成立了广东法制报刊社，在全省形成了一个较系统的法制宣传网络。至 1987 年底，各类报刊在全国发行，发行量均已达数百万份以上，取得显著法制宣传效果（见表 11 - 2）。

表 11 - 2　1986 ~ 1987 年全省法制宣传工作情况

年份	法制课（次）	宣传栏（期）	播放录像电视、幻灯（次）	法律宣传资料（万份）	法律普及书籍（万册）	"三报一刊"（万份）
1986 年	73899	60579	12256	585	456	734
1987 年	156626	86992	21197	703	934	1539.9
合计	230525	147571	33453	1288	1390	2273.9

资料来源：广东省地方史志编纂委员会《广东省志·政治纪要·法制建设》，广东省情网，2017 - 5 - 30，http：//www. gdinfo. gov. cn/books/dtree/showSJBookContent. jsp？bookId = 10711&partId = 2326&artId = 48782。

（2）五年规划普法工作。1985 年 11 月，国家发布《关于向全体公民基本普及法律常识的五年规划》，同年 12 月，全国人大常委会做出了《关于在公民中基本普及法律常识的决定》。根据中央的统一部署，从 1986 年至 1990 年，在全体公民中开展五年普法教育。"一五"普法主要任务是完成全国统一规定的"十法一例"① 的宣传学习，有 3800 多万人参加了学习。② 此外，各经济管理部门还开展了以《中华人民共和国全民所有制工业企业法》为中心的"十法六例"③ 的学习教育。从 1991 年开始，在全省范围内大规模地开展了以宪法为核心、以专业法为重点的"二五"普法活动，有力地促进了社会的稳定。

（3）在律师服务工作方面。1980 年 9 月，广东重建律师制度和公证制度，全省各地律师事务所和公证处相继挂牌办公。1983 年在深圳成立了全国首家律师机构深圳蛇口工业区律师事务所，这标志着中国律师业与国际接轨。此后，广东律师事务所组织形式呈现合伙所、合作所、国资所等多

---

① "十法一条例"，即宪法、民族区域自治法、刑法、刑事诉讼法、民法通则、民事诉讼法（试行）、婚姻法、继承法、经济合同法、兵役法、治安管理处罚条例。
② 广东省地方史志编纂委员会：《广东省志·政治纪要·法制建设》，广东省情网，2017 年 5 月 30 日。
③ "十法六例"，即全民所有制工业企业法、经济合同法、环境保护法、矿产资源法、商标法、专利法、会计法、计量法、统计法、破产法，产品质量责任条例、物价管理条例、广告管理条例、厂长工作条例、党的基层组织工作条例、全民所有制工业企业职工代表大会条例。

种组织形式的改革创新，并率先在全国颁布实行了公职律师制度，律师队伍成为维护社会公平正义、促进社会和谐稳定的一支重要力量。到 1991年，广东全省 98% 的农村乡镇都建立了法律服务所，担任常年法律顾问的有 21449 人，解答群众法律咨询 40 多万人次，协办公证服务 30 多万件、帮助当事人避免或挽回经济损失 3.2 亿元。① 与此同时，改革和完善公证体制初见成效。1987 年，全省各类公证服务项目已达 150 多个，仅涉外公证文书就发往世界一百多个国家和地区②，不仅为经济建设引进数亿美元的外资和调回大量非贸易外汇，还防范和挽回了巨额经济损失。

（二） 1993~2012 年：在依法治省道路上敢为人先

1993 年 5 月，广东省第七次党代会召开，首次提出以法治省。1996 年8 月，省委做出《关于进一步加强依法治省工作的决定》，提出建设社会主义法治省的目标任务。同年 10 月，成立省依法治省工作领导小组及其办公室，中共中央政治局委员、省委书记谢非担任领导小组组长。③ 这一阶段，正值党的十四大后至十八大前，也是我国 "法治国家" 方针逐步确立时期。在省内外高度重视法治建设的大环境下，广东法治进入了提高发展阶段。

1. 地方立法方面

（1）地方性立法加快发展。1993 年 4 月，时任全国人大常委会委员长的乔石视察广东时提出："在市场经济体制建立过程中，广东可以成为立法工作试验田，先行一步。"（崔朝阳，2006）此后，广东省人大及其常委会根据党的十四大确立的建立社会主义市场经济体制的宏伟目标，发出全速推进地方立法的动员令，紧紧围绕培育和发展社会主义市场经济，加快地方立法步伐。1993 年到 2002 年，广东以平均每年 30 项左右的速度制定、审议和颁布地方性法规④，立法以经济领域立法为主且注重立法质量。

---

① 中共广东省委宣传部、省人大常委会办公厅、省依法治省工作领导小组办公室：《广东法治建设三十年：〈法治之路〉解说词第四集——公正司法》，法治广东网，2010 年 4 月 20 日。
② 中共广东省委宣传部、省人大常委会办公厅、省依法治省工作领导小组办公室：《广东法治建设三十年：〈法治之路〉解说词第四集——公正司法》，法治广东网，2010 年 4 月 20 日。
③ 省委书记任依法治省领导小组组长，是广东在推进依法治省进程中形成的独特领导体制，被喻为依法治省的 "广东模式"。
④ 何群：《立法：站在改革的前沿——广东人大立法工作 30 年回眸》，《人民之声》2008 年第 7 期。

如 1993 年通过的《广东省公司条例》，就是当时国内最完备的一部规定现代公司制度的地方性法规。2002 年到 2012 年，立法逐步从以经济领域为主转为与经济社会领域并重且继续保持先行一步。如 2005 年制定的《广东省政务公开条例》，是我国第一部关于政务公开的省级地方性法规；2007 年通过的《广东省食品安全条例》，则是国内首部专门的、系统的食品安全法规。总得来看，这一阶段出台的不少法规在全国具有试验性、针对性和表率性，不仅较好地适应了广东经济和社会发展的客观需要，也为其他地区的立法提供了经验。

（2）保障民主科学立法。2000 年《中华人民共和国立法法》颁布后，广东地方立法从注重立法数量和速度向注重立法质量和效益转变，科学立法、民主立法机制不断完善。①探索和完善法规规章多元起草机制。为规避立法中的部门利益，推进立法精细化，尝试对专业性较强的法规规章草案，委托第三方研究起草，探索由政府部门单一起草模式向委托起草、联合起草、集中起草多种模式转变。1993 年通过的《广东省经纪人管理条例》，开了我国委托专家学者起草法规草案先河。②完善立法听证制度。1999 年 2 月，《广东省人民代表大会议事规则》出台，规定立法公开原则及配套制度。同年 9 月，首次就《广东省建设工程招投标管理条例（修正草案）》举行立法听证会，被称为中国立法民主化、公开化的一个里程碑。2001 年深圳率先通过了《深圳市人民代表大会常务委员会听证条例》，使立法听证活动制度化、规范化。③创新立法机关和社会公众沟通机制。从 1997 年开始，广东在全国率先尝试将与人民群众利益密切相关的法规草案，在报纸、政府网站等公共媒体公开征求群众意见和诉求，使人民群众能以适当形式参与地方立法。先后有《燃气管理条例》《商品房预售管理条例》《物业管理条例》《旅游管理条例》等一批法规草案公开登报征求意见。④完善立法项目征集和立项论证制度。2003 年 11 月，广东省人大常委会首次向省人大代表、有关行业协会、各地级以上市人大法制委员会书面征集立法项目和法规草案稿，面向社会公开征集立法项目和法规草案稿。2005 年，开始建立立法规划项目库。2008 年出台《广东省地方性法规立项工作规定》，规定新制定的和重大修改的法规项目，其主要内容必须进行论证，进一步规范了法规立项论证程序。⑤建立立法顾问制度。2000 年省人大常委会首次聘请了 8 位立法顾问。① 该制度很好地发挥了法学、经济学等理论工作者和具有较丰富立法实践经验的专业人士在立法工作的参谋作用，保障人民通过多种途径参与立法活动。⑥探索立法指引制度。2005 年，省人大常委会办公厅和省人民政府办公厅联合下发了《广东省法规草案指引若干规定（试行）》，这是全国首例立法工作制度。2007 年 12 月，制订《广东省人民代表大会常务委员会立法技术与工作程序规范（试行）》，加强立法工作的规范性。

2. 行政执法方面

（1）深化行政管理体制改革。①改革行政审批制度。1997 年，广东已率先在深圳、佛山等市试点改革行政审批制度。1999 年，省政府成立审批制度改革领导小组，广东省第一轮行政审批制度改革正式启动。先后出台《关于进一步深化行政审批制度改革的意见》《广东省"十二五"时期深化行政审批制度改革先行先试方案》等文件，全面规范行政审批事项设立、实施和监督管理。为进一步推进行政审批制度改革，分别于 2000 年、2002 年、2004 年、2009 年进行了四轮行政审批事项清理，累计取消 1800 余项，调整 400 余项。② 2012 年启动第五轮行政审批制度改革，对省直 54 个部门的 1100 余项行政审批事项进行全面清理。经全国人大常委会审议通过，国务院批准，在广东行政区域内调整部分涉及法律、法规的 125 项行政审批。本轮改革省级共调整行政审批 508 项（含国家下放 21 项），其中取消 236 项、转移 103 项、下放或委托 169 项。③ 同时，推进行政审批标准化和网上审批，推行市场准入负面清单制度，建立健全与行政审批制度改革相配套的后续监管制度。②推进大部制改革。2009 年开始，广东将深圳市、佛山市顺德区、广州市和珠海市等地列入创新行政管理体制先行先试地区。大部制改革并无固定的模式，具体的改革举措呈现了一定的地方差异。深圳的政府部门由 46 个精简为 31 个，精简幅度近1/3；顺德的部门从 41 个减为 16 个，直接减去了近 2/3；广州市政府部门和办事机构从 49 个精简到 42 个，精简幅度较小；珠海市政府部门精简至 27 个，精简

---

① 何群：《立法：站在改革的前沿——广东人大立法工作 30 年回眸》，《人民之声》2008 年第 7 期。
② 陈建：《探索广东深化行政审批制度改革新模式》，《广东经济》2016 年第 2 期。
③ 周志坤、刘熠、肖文舸：《放权减税　新登记企业增 50%》，《南方日报》2014 年 3 月 1 日（A03）。

了约 1/3。①

（2）深化行政执法体制改革。①健全行政执法责任制度。2009 年，修订《广东省行政执法责任制条例》，促进行政机关及其工作人员依法行政。②探索制定行政裁量权基准制度。规范政府各部门及负责人自由裁量权的幅度与边界，细化行政许可、行政处罚、行政强制、行政征收等的裁量范围、种类、幅度，并向社会公开。③健全行政执法与刑事司法衔接机制。落实行政执法机关移送涉嫌犯罪案件的有关规定，完善案件移送标准、移送程序、证据要求，加强移送衔接工作监督和责任追究。④加强行政执法信息化建设。逐步实现执法信息网上录入、执法程序网上流转、执法活动网上监督、执法情况网上查询。

（3）完善行政复议制度。1992 年发布《广东省行政复议实施办法》，2003 年下发《广东省行政复议工作规定》，2012 年出台《广东省加强行政复议工作规范化建设实施细则》和《广东省加强行政复议工作规范化建设考核办法》。这些规范性文件进一步明确了行政复议规范化建设的基本内容和要求，将复议受理点延伸到基层，推广应用案件办理网上系统，强化复议办案保障机制。广东的案件总量连续多年居全国第一位，占全国案件总数近九分之一。2012 年，全省行政复议案 13935 件，较 2011 年的 10838 件同比增长 28.58%。② 与 2000 年的 3456 件相比，13 年间翻了两番，年平均增长 23.32%。③ 复议案件呈逐年增长态势，反映越来越多的人民群众选择通过行政复议维护其合法权益。

3. 公正司法方面

（1）全面推行司法改革。①改革法官管理制度。1995 年《中华人民共和国法官法》出台，中国司法职业化拉开序幕。1997 年，深圳市中级人民法院率先建立书记员集中管理制度。1999 年，成立了全国第一个书记官室，集中统一管理书记员。2003 年，深圳市中级人民法院被最高人民法院确定为全国唯一的法官职业化建设综合改革试点单位。积极推进法官职业化建设，推行法官助理制度，实行书记员单独序列管理和书记员、司法警察聘任制，逐步理顺法官与其他工作人员的关系。改进法官选任办法，推

---

① 彭澎：《广东大部制改革：比较与思考》，《探索》2010 年第 2 期。

② 田禾主编《广东经验：法治政府建设》，社会科学文献出版社，2014，第 29 页。

③ 张林：《行政复议成为行政救济首选》，中国日报网，2013 年 9 月 7 日。

行法官逐级选任制度。②改革诉讼程序制度。全面落实阳光审判制度，进一步完善以公开举证、质证、辩论、认证为主要内容的庭审方式，以公开促公正。推行庭前证据交换和证据展示制度，完善庭前准备程序，确保公平诉讼。进一步扩大简易程序适用范围，推行刑事普通程序简化审理，提高诉讼效率。③改革审判工作机制。在全国率先建立大立案格局，对所有案件实行公开排期，对案件审理的各个环节进行跟踪监督。全面落实立案与审判、审判与执行、审判与监督分立制度。④改革执行工作运行机制。以分权制衡为原则，把执行权划分为执行裁决权和执行实施权，由执行机构内部不同的部门分别行使。实行合议庭执行制，执行中的重大事项由合议庭集体讨论决定，最大限度地实现当事人的合法权益。

（2）健全司法监督机制。①完善人民监督员制度。探索由司法行政机关选任、管理、培训人民监督员的模式。落实人民监督员制度，重点监督检察机关查办职务犯罪的立案、羁押、扣押冻结财物、起诉等环节的执法活动。建立人民监督员查阅案件台账、参与案件跟踪回访和执法检查等制度。②完善司法机关新闻发言人制度。引导媒体增强社会责任感，推进案件报道的专业化、规范化，防止舆论影响司法公正。③健全司法机关内部监督制约机制。完善办案责任制，科学划分内部执法办案权限和责任，做到谁办案谁负责。建立司法机关内部人员过问案件的记录制度，制定司法机关内部人员过问案件责任追究实施办法，细化责任追究程序和处理方式。加大上级检察机关对下级检察机关的监督力度，落实职务犯罪案件审查决定逮捕上提一级，推行检务督查，加强对各级人民检察院一把手的监督。

（3）保障人民群众参与司法。①完善人民陪审员制度。完善陪审员随机抽选方式，提高陪审制度公信度。逐步实行人民陪审员不再审理法律适用问题，只参与审理事实认定问题。强化对人民陪审员的履职保障，加强对人民陪审员的业务培训。②建立生效法律文书统一上网和公开查询制度。加快推进审判流程、裁判文书、执行信息三大司法公开平台建设，依法实现案件流程全公开、节点全告知、程序全对接、文书全上网。③加强人权司法保障。完善检察机关办案信息查询系统，实现当事人可通过网络依法实时查询办案流程相关信息。强化诉讼过程中当事人和其他诉讼参与人享有各项诉讼权利的制度保障，畅通当事人和其他诉讼参与人依法行使各项法定诉讼权利的渠道。实行办案人员必须向诉讼参与人询问诉辩意见的制度。依法保障律师会见权、阅卷权和调查取证权。

4. 全民守法方面

（1）普法工作走上法制化轨道。2006 年开始持续推进"法律六进"①活动，重点抓好领导干部、青少年、外来务工人员、村居民等的普法教育工作。2007 年 3 月，开始实施《广东省法制宣传教育条例》，普法工作力度得到加强，广东普法工作走上了法制化轨道。①狠抓领导干部学法用法工作。从 1998 年始，实行领导干部学法考核任免制度。广州、深圳等市与一些县的人大和组织部门对拟任命的干部实行先考法、后任命，并在领导干部的任中和例行考察中落实法律素质考核的内容，建立了领导干部学法考试制度。2009 年中共广东省委组织部、省委宣传部、省司法厅、省人事厅、省普法办联合出台《关于加强公务员学法用法工作的实施意见》，同年底，73 个省直部门和中央驻穗单位近万名公务员进行闭卷学法考试。此后每年全省各地都组织一次公职人员学法考试。2006 年至 2010 年"五五"普法期间，广东共组织领导干部法律知识考试 1345 次，参加考试人员516688 人次；组织领导干部上法制课735775 人次。② ②积极推进青少年法制教育工作。1996 年，广东省教育厅决定在全省初中开设法制课，要求各地中小学校按照计划、教材、课时、师资、考核"五落实"。2001 年，建立学校、家庭、社会联动机制，把学校教育与家庭教育、社会教育结合起来，形成了学校、家庭、社会"三位一体"法制教育网络。1998 年，阳江市首创法制副校长制度。2004 年全省已有 31512 所中小学校聘请了法制副校长，中心镇以上中小学校的聘请率达 100％。③ 2007 年，《广东省法制宣传教育条例》使这一做法以立法的形式固定下来。③加强企业经营管理人员和外来员工法制教育。1996 年，广东组织外来工开展"读一本书、考一次试、发一个合格证"的系列法制教育活动，全省外来人员积极踊跃参加了学习和考试，领取学法合格登记本。通过"三个一"考核，甚至成为广

---

① "法律六进"是中共中央宣传部、国家司法部、全国普法办 2006 年提出的普法工作要求，指通过开展普及法律的活动，使法律进机关、进乡村、进社区、进学校、进企业、进单位。

② 陈伟雄：《关于我省"五五"普法工作情况的报告——2011 年 9 月 27 日在广东省十一届人民代表大会常务委员会第二十八次会议上》，广东人大网，2011 年 10 月 12 日。

③ 王俊、刘洪群：《广东省中小学年底完成聘法制副校长》，新浪网，2004 年 8 月 18 日。

东一些企业优先聘用员工的依据之一。2007 年，省委宣传部、省司法厅等单位联合下发了《关于加强企业经营管理人员学法用法工作的实施意见》，建立健全企业管理人员法律知识集中培训、企业领导干部学法用法、企业职工法制教育、企业法律顾问等制度。"五五"普法期间，广东省各地组织企管人员参加学法培训、上法制课、参加法律考试等活动达两百多万人次，开展普法宣传的非公企业达到 163729 家。组织外来员工上法制课、参加法律知识竞赛等活动达 1393 万人次，外来员工上岗前接受普法教育的比例达 85% 以上。① ④加强农村基层、社区法制宣传教育工作。1999 年开始，广泛开展了"法律进万家""法律三下乡"② 和"三到家"③ 等活动。同时，针对征地拆迁、山林纠纷、减负维权等热点问题，制订《关于加强农村法制宣传教育工作的意见》，整合司法行政资源开展法律进乡村、进社区等活动。

（2）创新法制宣传手段。①积极开展法制创建活动。深圳市率先制定《关于开展法治城市、法治城区（街道）创建活动的实践方案》，提出立法、行政、司法、普法、基层民主法治建设等十大任务。2004 年，广东省已有 13 个村被授予"全国民主法治示范村"称号。④ 在法制创建活动中，形成了一批富有地方特色的普法法治文化项目，如惠州的普法农民画进入了 2008 年北京奥林匹克运动会和 2010 年上海世界博览会。"五五"普法期间，共有 48 个村获得"全国民主法治示范村"称号，155 个村和 122 个社区分获全省"民主法治示范村"和"示范社区"称号。⑤ 全国普法办先后于 2010 年和 2012 年评选全国第一、第二批法治县（市、区）创建活动先进单位和第一批法治城市创建活动先进单位，广东省获通报表扬的单位数均居全国首位（广东省依法治省工作领导小组办公室，2013a）。2012年，广东还开展全省首批法治文化建设示范点建设工作，建立机关、校

---

① 陈伟雄：《关于我省"五五"普法工作情况的报告——2011 年 9 月 27 日在广东省十一届人民代表大会常务委员会第二十八次会议上》，广东人大网，2011 年 10 月 12 日。

② "法律三下乡"，即法律咨询下乡、法制图片展览下乡、法制文艺演出下乡。

③ "三到家"，即法律读本发行到家，抓好户主学习把法律知识带回家，普法骨干把法制宣传送到家。

④ 广东年鉴编纂委员会：《广东年鉴 2005·司法行政》，广东省情网，2017 年 5 月 30 日。

⑤ 陈伟雄：《关于我省"五五"普法工作情况的报告——2011 年 9 月 27 日在广东省十一届人民代表大会常务委员会第二十八次会议上》，广东人大网，2011 年 10 月 12 日。

园、城乡、企业四种类型共 83 个示范点①；建立法治思想研究基地，开展法治理论研究，初步形成"1 个中心 + X 个基地"的法治理论研究阵地（广东省依法治省工作领导小组办公室，2013b）。②利用媒体加大法制宣传力度。健全媒体公益普法制度，推动建立在公共场所发布法治类公益广告制度，发挥新媒体新技术在法治宣传教育中的作用。广东省各地报纸、广播、电视、网络都设立了普法栏目，着眼百姓关注的热点话题，做到"电视有图像、广播有声音、报纸有内容、网络有文章、手机有信息"。"五五"普法期间，广东省共举办法制文艺演出 11157 场，观看人数达 1352 万人次，制发各类法制宣传音像制品 601 万盒（片），摄制法制宣传电视专题片 480 部，建立了 245 个综合性、常设性、功能齐全的法制宣传教育基地。②

（三）2013～2017 年：在依法治国背景下率先发展

2012 年，党的十八大提出全面推进依法治国、加快建设社会主义法治国家，要求全面推进科学立法、严格执法、公正司法、全民守法。党的十八届三中全会、四中全会分别对全面深化改革、全面推进依法治国进行了顶层设计和总体部署。十八大以来，广东法治建设进入全面发展阶段③。

1. 地方立法方面

（1）加强重点领域立法。党的十八大以来，广东省委、省政府把创新驱动发展作为全省经济社会发展的核心战略和经济结构调整的总抓手，加快创新型经济发展。广东省人大及其常委会紧紧围绕这一决策部署，在经

---

① 广东省依法治省工作领导小组办公室：《广东省 2012 年依法治省工作总结》，法治广东网，2013 年 6 月 14 日。

② 陈伟雄：《关于我省"五五"普法工作情况的报告——2011 年 9 月 27 日在广东省十一届人民代表大会常务委员会第二十八次会议上》，广东人大网，2011 年 10 月 12 日。

③ 经查证，国内较早出现"依法治国"的提法，是在《红旗》杂志 1979 年第 11 期刊登的彭真题为《关于社会主义法制的几个问题》的讲话中。尽管那时依法治国主要强调依法办事，但依法治国的理论、制度与实践探索已由此启航。这种探索的标志性进展主要体现在：党的十五大提出要依法治国，建设社会主义法治国家；党的十六大提出依法治国是党领导人民治理国家的基本方略；党的十七大提出要全面落实依法治国基本方略；党的十八大提出要全面推进依法治国。其中尤为突出的成果，是专题研究全面依法治国问题的党的十八届四中全会，在党的历史上首次正式通过了《中共中央关于全面推进依法治国若干重大问题的决定》，并正在全国范围内贯彻落实。这就表明，从党的十八大到现在，是中共党史上在全国性大背景下最为重视全面依法治国战略，而且落实全面依法治国战略成效最为显著的历史时期。

济领域、公民权利保障、推进社会治理体制创新等重点领域加强立法工作，其中自主创新、信访、公共文化服务等立法走在全国前面。如制定《中国（广东）自由贸易试验区条例》，制定和完善中国（广东）自由贸易试验区及各类经济功能区建设管理的法规规章，营造国际化市场化法治化营商环境；制定《广东省促进科技成果转化条例》，修订《广东省自主创新促进条例》，推动落实创新驱动发展战略；制定《广东省信访条例》，维护信访人的合法权益；制定实施《广东省实施宪法宣誓制度办法》，弘扬宪法精神，等等。截至2016年底，广东省人大及其常委会共制定和批准地方性法规623项，现行有效的地方性法规455项。① 这些法规，为广东的改革开放和经济社会全面、协调、可持续发展提供法治保障。

（2）进一步推进科学立法、民主立法。①广东省人大及其常委会将科学立法、民主立法理念贯穿于立法前、立法中、立法后全部过程。首先，制定立法公开、立法论证、立法听证、立法评估、立法咨询等五项制度，要求每项法规必须征求人大代表意见、上网公开征求意见、征求立法咨询专家意见、开展立法听证和论证、进行表决前评估，使立法过程成为一个发扬民主、集思广益、凝聚共识的过程。其次，与广东省法学会、广东省工商联、广东省律师协会、广东省青年联合会合作，组建广东省立法社会参与和评估中心，参与立法和立法后评估等工作。与中山大学、华南理工大学等高校合作，设立一批地方立法研究评估与咨询服务基地，让专家学者参与和组织法规起草、评估、听证、调研、理论研究、信息收集等活动。②健全培育立法人才长效机制，以专业队伍促进科学立法。组建省立法研究所，设立立法学博士后创新实践基地，召开粤港澳三地立法学专家立法交流研讨会。建立法学专家到人大工作机构挂职锻炼制度，培养储备立法人才。把法治人才培养纳入"理论粤军"工程②和"广东特支计划"③。

---

① 辛均庆、高绮桦：《广东加强改进地方立法　为改革发展保驾护航》，人民网，2017年4月11日。

② "理论粤军"工程：中共中央政治局委员、原广东省委书记汪洋2010年提出"理论粤军"概念，指大力培养具有广东特色的理论人才，使广东成为学术水平高、学术风格鲜明、学术作风良好的学术大省。党的十八大后在中共广东省委宣传部主导下继续多维度实施"理论粤军"培养工程。

③ "广东特支计划"：由中共广东省委组织部2014年提出后全面实施，指广东省培养高层次人才特殊支持计划。

（3）推进设区的市的地方立法工作。2015 年新修订的《中华人民共和国立法法》对赋予设区的市地方立法权作了明确规定。广东省 21 个地级以上市，除了广州、深圳、珠海、汕头这 4 个市原来已经有地方立法权以外，还有 17 个设区市要进行这项工作。省人大常委会根据珠江三角洲地区和粤东西北地区的不同特点和需要，按照分类分批的原则，确保设区的市成熟一个确定一个。2015 年 5 月 28 日、9 月 25 日、12 月 30 日，广东省人大常委会分别做出《关于确定佛山、韶关、梅州、惠州、东莞、中山、江门、湛江、潮州市人民代表大会及其常务委员会开始制定地方性法规的时间的决定》《关于确定河源、阳江、茂名、肇庆、清远、揭阳市人民代表大会及其常务委员会开始制定地方性法规的时间的决定》《关于确定汕尾、云浮市人民代表大会及其常务委员会开始制定地方性法规的时间的决定》，分 3 批确定佛山等 15 个设区市以及东莞、中山两市制定地方性法规的时间。至 2015 年 12 月 30 日，广东省所有符合条件的设区市都依法享有地方立法权。省人大常委会还多举措指导这新取得立法权的 17 个市的地方立法工作，推动各市立法工作开好头、起好步。如开展多种形式培训，指导各市出台制定地方性法规条例，开展各市首部法规点评工作，等等。

2. 行政执法方面

（1）行政体制改革不断深化。①深化审批制度改革，转变政府职能。2014 年，广东省政府公布 46 个省直部门的行政审批事项权责清单，积极推进政府权责法定化、规范化，促进政府职能转变。[①] 同时推进企业投资管理体制改革、商事登记制度改革等专项改革。出台规范行政处罚自由裁量权规定，有效改变对违法行为罚不罚、罚多少由执法人员说了算的状况。广东省代建局等省属事业单位和广州、深圳、珠海开展法定机构试点工作，稳妥推行事业单位改革。②探索跨部门综合执法。2016 年，出台《关于深入推进城市执法体制改革改进城市管理工作的实施意见》，分类分层推进城市管理执法体制改革，在食品药品安全、公共卫生、网络安全等重点领域内推行综合执法。

（2）阳光政务建设进一步推进。①依法决策机制日益健全。2014 年初，

[①] 胡春华：《全面推进依法治省——深入学习贯彻习近平同志在党的十八届四中全会上的重要讲话》，人民网，2015 年 2 月 15 日。

省政府对《广东省人民政府工作规则》做了重大修订，明确了广东省政府重大决策的范围和做出重大决策的具体规则和程序，严格落实公众参与、专家论证、风险评估、合法性审查、集体讨论决定的重大行政决策法定程序。落实重大决策终身责任追究制度和责任倒查机制。建立健全重大决策记录制度、完善重大决策实施后评估等监督制度。②全面推进广东阳光政务建设工作。2013 年 4 月，广东省省政府颁布《广东省重大行政决策听证规定》。按照该规定，广东省全部地级以上市和县（市、区）已基本建立政府决策听证制度，涉及民生的重大事项普遍纳入决策听证范围；推动决策、执行、管理、服务、结果"五公开"和重点领域信息公开，创新政府系统决策运行监督机制，按照"谁起草、谁解读"的原则，加强政策解读和回应；推进"一门式、一网式"政府服务模式改革和网上办事大厅、政务云平台建设，实施政府数据资源清单管理，建设全省政府数据统一开放平台，推进可开放政府数据的社会化、市场化、便民化应用；将政务公开工作纳入政府绩效考核，分值权重不低于 4%，并逐步加大分值权重，强化激励和问责①。2016 年 12月，发布《广东省人民政府办公厅关于推进阳光政务建设工作的通知》，力争省直部门在 2018 年实现党中央、国务院提出的 2020 年政务公开目标。

（3）指标体系和考评办法得到明确。为使法治政府建设落到实处，广东率先探索法治政府建设评价的新机制。2013 年 3 月，广东省政府出台了《广东省法治政府建设指标体系（试行）》和《广东省依法行政考评办法》，这两个文件明确了法治政府建设的量化考核标准和考评办法，让法治政府建设真正落地。这一做法被誉为"广东法治模式"的创新之举。2014 年，广东首次对全省依法行政工作进行了全面考评。2015 年率先出台《广东省政府网站考评办法》，建立全省政府网站考核评价机制，被国务院办公厅作为典型在全国推广。

3. 公正司法方面

（1）司法体制改革全方位推进。①确定试点方案、设定改革路径。2014 年 11 月，《广东司法体制改革试点方案》获中央政法委批复同意。改革的主要任务，是要从确保依法独立公正行使审判权检察权、健全司法权

---

① 刘晓蕙：《广东：政务公开工作纳入政府绩效考核　分值权重不低于 4%》，南方网，2016年 12 月 17 日。

力运行机制、完善人权司法保障制度等三个方向，着力解决影响司法公正、制约司法能力的深层次问题。重点抓好完善司法责任制、完善司法人员分类管理制度、健全司法人员职业保障制度、推动省以下地方法院检察院人财物统一管理等中央部署的四项司法体制改革试点任务。②开展审判体制改革试点工作。2014年11月，广州知识产权法院法官遴选委员会成立并顺利开展了首批主审法官遴选工作。12月，全国首批知识产权法院——广州知识产权法院正式挂牌成立，首月收案高达539件①。2015年1月，在广东积极配合筹备下，最高人民法院第一巡回法庭和深圳前海合作区人民法院在深圳正式挂牌。第一巡回法庭管辖广东、广西和海南三省有关案件。前海合作区人民法院将以专业化的商事案件、涉外涉港澳台案件审判为特色，与珠海横琴新区人民法院一并实行全新的法院工作模式，试行法官员额制、提高法官待遇，精简内设机构，取消审判庭建制。③推进执行权运行机制改革。出台《关于办理执行行为异议和复议案件的操作指引》《关于在全省法院推行执行精细化管理的指导意见》及《广东法院执行办案指南》，指导执行工作朝着办案规范化、管理信息化、工作集约化、流程公开化的方向发展，推广运用查控网络系统，提高执行效率。2014年，广东在全国率先建成以省高级人民法院执行指挥中心为核心、三级法院联网同步实施为外围的执行指挥与查控体系，创建的指挥监控系统、失信惩戒系统、执行公开系统等模式，均被最高人民法院纳入全国法院执行指挥系统建设的指导意见中。推进执行工作精细化、规范化管理，启动全省统一的执行管理新系统，执行查控的月均查询量达五万次以上，有效提高了执行效率。②

（2）司法公开力度不断加大，司法公信力明显提升。广东司法机关进一步推进审判公开、检务公开，保障人民群众参与司法，以公开促公正，提高司法公信力。广东省高级人民法院推进审判流程公开、裁判文书公开和执行信息公开三大平台建设；推进庭审直播制度；建设诉讼服务中心，创立首个司法服务类百度直达号，推动全省法院12368热线及诉讼服务平

---

①　广东省知识产权局：《广州知识产权法院正式开庭审案首月收案500余件》，国家知识产权局网站，2015年5月25日。

②　郑鄂：《广东省高级人民法院工作报告——2015年2月11日在广东省第十二届人民代表大会第三次会议上》，《广东省人民代表大会常务委员会公报》2015年第2期。

台建设。广东省人民检察院建立以统一受理、全程管理、动态监督、案后评查、综合考评为特色的广东案件管理系统，曾被最高人民检察院作为第一手经验在全国推广。根据中国社会科学院发布的《中国司法透明度指数报告》，广州市中级人民法院2015年、2016年连续两年在中国司法透明度指数排行榜中名列第一（中国社会科学院法学研究所法治指数创新工程项目组，2016；2017b）；根据中国社会科学院发布的《中国检务透明度指数报告（2016）》，深圳市人民检察院、广州市人民检察院和广东省人民检察院在2016年检务透明度指数排行榜中分别位列第三、第七和第九（中国社会科学院法学研究所法治指数创新工程项目组，2017a）。

4. 全民守法方面

（1）法治广东宣传教育大格局基本形成。截至2015年底，广东在"六五"普法期间共有5个市、37个县（市、区）、1个镇被全国普法办全部评为全国首批法治城市、法治县（市、区）、法治镇创建先进单位，53个村被司法部、民政部授予"全国民主法治示范村"称号。①2016年6月，广东省委、省政府转发《省委宣传部、省司法厅关于在全省公民中开展法治宣传教育的第七个五年规划（2016—2020年）》，提出以完善谁执法谁普法责任制为首要措施，着力打造全天候、全覆盖的广东普法教育网。

（2）普法宣传方式和手段进一步拓展。这一阶段，广东重视推广新媒体法制宣传渠道，开启"互联网＋工作方式"，不断创新平台载体，开设普法微博、普法微信、普法移动客户端"两微一端"服务法制宣传。据统计，到2015年，广东省司法行政系统开通普法网站127个、普法"两微一端"700多个，其中普法微博346个，普法微信314个，普法移动客户端（APP）30多个。②同时传统的方式手段也得到进一步发展。如举办南粤法治讲堂"百名法学家百场报告会"、法治广东大讲坛；推广校园法苑、学生网络学法考试、法学专业大学生志愿队结对中小学等广泛普法形式；出台《村（社区）法律顾问基本行为准则》，推进基层村居民普法；充分利用一村（社区）一法律顾问工作平台，举办市、县两级司法局村（社区）法律顾问工作管理人员培训班；利用"12.4"全国法制宣传日开展系列法

---

① 祁雷、丘伟平：《广东普法求真务实推进法治进程》，《南方日报》2015年12月4日（A03）。
② 祁雷、丘伟平：《广东普法求真务实推进法治进程》，《南方日报》2015年12月4日（A03）。

制宣传活动；建设了一批法治广场、法治主题公园、法治绿道、法治一条街、法治长廊、法治雕塑等，加强了法制文艺建设；利用法制小说、诗歌、歌曲、文艺节目等形式，传播了法治理念。

（3）普法工作保障措施不断强化。制定出台《关于进一步完善国家机关"谁执法谁普法"工作机制的意见》，进一步加大对有关市（县、区）普法工作绩效考核的力度。在保障普法经费上，全省各级政府将普法经费列入本级财政预算，做到专款专用，并根据普法工作发展需要，逐年增加专项经费。为做好省级普法专项资金分配管理工作，2015 年，省司法厅、财政厅修订了《广东省省级普法专项资金管理办法》；省普法办则提出了全省普法经费发达地区人均 1 元、欠发达地区人均 0.5 元以上的目标水平。① "一村居（社区）一法律顾问"制度作为广东基层首创普法模式，2014 年在全省推广，被列为 2015 年度广东十大民生事件之一；2015 年实现了全省 25931 个村（社区）法律顾问全覆盖。② 仅此一项，省财政每年补贴的经费就达两亿多元。③

（四）综合评估：当下广东法治发展水平

比较是认识事物的基础，是人类认识、区别和确定事物异同关系的最常用的思维方法。通过与境内其他省市，尤其是经济发展水平相近的省市及境外地理位置相毗邻的港澳地区法治建设现状进行横向比较，可以比较客观地评估当前广东法治建设所处的水平，有助于精准预测广东法治未来的发展趋势。自改革开放以来，中国一直希望走向法治。1978年党的十一届三中全会前的中央工作会议，就提出了有法可依、有法必依、执法必严、违法必究的方针；2012 年党的十八大，又提出了科学立法、严格执法、公正司法、全民守法的新方针。两种提法都认为法治应当反映在从法律制定到法律实施的法律机制的各个环节之中，所以下面仍从立法、行政执法、司法、法治文化等维度，利用已经发布的、较权威的、较新的数据和成果进行定量和定性比较，力争全面反映目前广东法

---

①　祁雷、丘伟平：《广东普法求真务实推进法治进程》，《南方日报》2015 年 12 月 4 日（A03）。

②　陈启任、叶文婷、丘伟平：《广东两万多个村（社区）实现法律顾问全覆盖》，人民网，2015 年 7 月 29 日。

③　祁雷、丘伟平：《广东普法求真务实推进法治进程》，《南方日报》2015 年 12 月 4 日（A03）。

治发展所处的水平。

1. 总体上位居全国前列但仍有短板

作为经济大省及改革开放先行地，广东法治建设起步较早。改革开放以来，广东重视法治发展，摸索出许多走在全国前列的经验。然而，在社会治理体制转型、法治要求日益提高的当下，广东仍然面临着不少短板与瓶颈。将广东与境内其他省市法治发展情况进行比较，对准确判断目前广东法治的发展水平，找出其深层制约瓶颈，进一步促进广东法治健康发展，确保广东实现"四个坚持""三个支撑""两个走在前列"① 尤为重要。

（1）基本情况

①地方立法方面

中国社会科学院法学研究所法治指数创新工程项目组发布了《中国地方人大立法指数报告（2015）》，对 2015 年 31 个省、自治区和直辖市人大常委会的立法工作进行指数评估，并发布了评估结果（表 11 - 3）。

表 11 - 3   2015 年度地方立法指数测评结果

排名	测评对象	立法工作信息公开（20%）	立法活动（35%）	立法公开和参与（30%）	立法优化（15%）	总分
1	上海	81.7	76.50	84.00	54.00	76.42
2	广东	75.00	76.88	76.00	59.00	73.56
3	安徽	58.75	56.25	69.00	72.00	73.00
4	江苏	69.75	91.00	67.00	50.00	73.40
5	重庆	68.75	86.88	43.00	60.00	66.06
6	江西	62.25	67.50	73.00	50.00	65.48
7	陕西	66.25	84.38	46.00	54.00	64.68
8	湖北	56.25	90.00	52.00	40.00	64.35
9	天津	56.25	67.50	66.00	40.00	60.68
10	广西	53.00	70.50	64.00	40.00	60.48

---

① 2017 年 4 月 4 日，中共中央总书记习近平对广东工作做出重要批示，充分肯定党的十八大以来广东的各项工作，希望广东坚持党的领导、坚持中国特色社会主义、坚持新发展理念、坚持改革开放，为全国推进供给侧结构性改革、实施创新驱动发展战略、构建开放型经济新体制提供支撑，努力在全面建成小康社会、加快建设社会主义现代化新征程上走在前列。

续表

排名	测评对象	立法工作信息公开（20%）	立法活动（35%）	立法公开和参与（30%）	立法优化（15%）	总分
11	北京	43.00	69.00	66.00	50.00	60.05
12	贵州	78.25	76.88	36.00	40.00	59.36
13	内蒙古	65.00	75.00	39.00	52.00	58.75
14	山东	60.50	61.88	58.00	44.00	57.76
15	河北	65.75	69.38	36.00	55.00	56.48
16	浙江	70.00	56.25	39.00	55.00	53.64
17	海南	54.00	61.00	51.00	40.00	53.45
18	河南	47.50	63.75	49.00	40.00	52.51
19	吉林	71.25	65.63	30.00	40.00	52.22
20	四川	66.00	71.00	18.00	44.00	50.05
21	湖南	59.25	60.00	28.00	44.00	47.85
22	辽宁	62.50	58.13	24.00	50.00	47.54
23	甘肃	50.00	62.50	27.00	42.00	46.28
24	云南	23.75	57.25	34.00	64.00	44.59
25	福建	42.00	56.25	34.00	40.00	44.29
26	青海	52.25	63.75	18.00	40.00	44.16
27	山西	45.50	63.75	22.00	40.00	44.01
28	宁夏	51.50	52.50	24.00	50.00	43.38
29	黑龙江	49.00	39.38	30.00	40.00	38.58
30	西藏	55.00	41.25	10.00	40.00	34.44
31	新疆	69.75	30.00	12.00	40.00	34.05

资料来源:中国社会科学院法学研究所法治指数创新工程项目组《中国地方人大立法指数报告（2015）》,李林、田禾主编《中国地方法治发展报告（2016）》,社会科学文献出版社,2016,第37~38页。

　　根据表11-3,广东以总分2.86分之差落后于上海,位列第二。4个一级指标中,广东在"立法工作信息公开"和"立法公开和参与"两方面与上海市尚有一定差距。根据该指标体系,一级指标立法工作信息公开具体由6个二级指标反映,即:常委会领导信息、常委会机构信息、立法工作总结、本级人大代表信息、法规数据库和网站的检索功能。一级指标立法工公开和参与具体由3个二级指标反映,即:立法草案公开、公众参与立法平台和立法听证会。可见，广东地方立法工作在上述九个方面的情况仍不够理想，存在需向上海学习之处。2015年新修订的《中华人民共和国立法法》更为强调公开立法，如修改后的第五条明确规定坚持立法公开，第三十七条规定法律草案应当向社会征求意见，征求意见的情况应当向社会通报。可见，公开立法仍是未来地方立法工作着力的重点，广东在以后的立法工作中，应当努力提高立法信息和立法过程的公开性和透明度。

②法治政府建设方面

2016年，中国政法大学法治政府研究院根据《法治政府建设实施纲要（2015—2020年）》构建了相关指标体系，对全国100个城市法治政府建设状况进行了全面评估，其中广东省有9个市被纳入评估范围。课题组根据评估结果将广东省被评估的9个市一级指标得分情况绘制成表11-4。

表11-4　广东省部分城市法治政府建设排名情况

城市	排名	评价指标									
		依法全面履行政府职能	法治政府建设组织领导	依法行政制度体系	行政决策	行政执法	政务公开	监督问责	社会矛盾化解与行政争议解决	社会民众满意度	总分
		（100）	（80）	（80）	（100）	（120）	（120）	（100）	（100）	（200）	（1000）
深圳	2	94	62	65	83	88	87	80.05	66	148.03	773.08
广州	5	98	49	70	91	77	90	80.04	64	147.27	766.31
佛山	13	88	35	60	87	72	110	62.92	76	140.39	731.31
揭阳	27	84	53	55	79	70	100	79.37	64	121.08	705.54
珠海	29	89	45	50	68	78	92	70.66	62	147.08	706.74
东莞	30	98	37	55	77	67.5	97.75	71.19	66	128.51	697.95
汕头	55	95	40	40	72	71.5	98.25	59.86	78	106.23	660.84
湛江	74	85	36	55	72	83.5	66.5	60.15	64	113.07	635.22
茂名	84	82	30	50	64	75	90.25	59.83	50	107.81	608.89
全国平均分		76.23	39.39	50.76	68.87	69.51	92.58	68.02	68.10	129.61	663.07

资料来源：中国政法大学法治政府研究院编《中国法治政府评估报告（2016）》，社会科学文献出版社，2016。本表由课题组根据该报告中的相关数据绘制。

上表数据清晰反映了两个问题:一是广东省法治政府建设相对进步,但也有一些相对落后的地区。被评估的 9 市中,有 6 个城市的平均分位于百名城市中的前 30 名,其中深圳仅次于宁波,居第二;而广东 9 个市中得分最低的茂名仅排在了第 84 位。二是法治政府建设相对进步城市,也存在明显的短板。深圳、广州分别位列第二和第五,但两市的"政务公开""社会矛盾化解与行政争议解决"这两项指标都低于全国平均水平。深圳市政务公开指标与该项得分最高城市北京得分差高达 33 分,这充分说明深圳市政府信息主动公开不够,数据开放程度较低,公开的促进作用亟待加强。广州市和深圳市在社会矛盾化解与行政争议解决方面都存在社会矛盾化解实效和制度预期目标之间落差较大的问题,说明现有纠纷解决机制的相对完备性与纠纷化解的效果并未形成良好的正向关系,现有的纠纷解决机制尚不足以给缓解社会压力带来明显成效。

③司法透明度方面

司法机关是维护社会正义的最后一道防线。司法透明是实现司法公正、遏制司法腐败的重要路径之一。2017 年 3 月,中国社会科学院法学研究所法治指数创新工程项目组发布了《中国司法透明度指数报告（2016）》和《中国检务透明度指数报告（2016）》。两个报告的评估对象分别是 81 家法院和 81 家检察院,覆盖最高人民法院、最高人民检察院和 31 个省、自治区、直辖市的高级人民法院、检察院以及部分较大的市的中级人民法院和检察院三个层次。课题组根据这两份报告的相关数据,制成表 11 – 5 和表 11 – 6。

表 11 – 5 广东省部分法院司法透明度指数排名

评估对象	排名	评价指标				
		审务公开（20%）	审判公开（30%）	数据公开（30%）	执行公开（20%）	总分
广州中院	1	98.00	78.00	99.40	95.00	91.82
深圳中院	16	68.80	63.00	79.20	62.00	68.82
珠海中院	34	45.00	73.00	71.80	30.00	58.44
广东高院	39	53.10	64.00	70.20	30.00	56.88
汕头中院	41	58.20	50.00	79.20	30.00	56.40

表11-6 中国检务透明度指数前10名排行榜

排名	评估对象	评价指标				总分
		基本信息（20%）	检务指南（30%）	检查活动（30%）	统计总结（20%）	
1	江苏	60	78	70	79	72.2
2	最高检	57	64	60	100	68.6
3	深圳	49	74.5	50	100	67.2
4	安徽	52	71	50	100	66.7
5	湖南	70	58	50	100	66.4
6	苏州	55	68.5	34.5	75	56.9
7	广州	49	73	34.5	72	56.5
8	河北	60	54	25	10	55.7
9	广东	55	56	25	100	55.3
10	吉林	52	51	30	100	54.7

资料来源：中国社会科学院法学研究所法治指数创新工程项目组《中国司法透明度指数报告（2016）》《中国检务透明度指数报告（2016）》。均收入李林、田禾主编《中国地方法治发展报告（2017）》，社会科学文献出版社，2017。表11-5、表11-6均由课题组根据这两个报告中的相关数据绘制。

表11-5反映的是被纳入司法透明度评估范围的广东省5家法院的得分情况及其在全国的排名。根据其数据可见：在司法透明度评估中，广东省被纳入评估范围的5家法院总体表现良好，得分均排在中等靠前的位置，广州市中级人民法院更以总分91.82的不俗表现位列全国第一。表11-6反映的是中国检务透明度指数评估中得分前10名的检察院。根据其数据可见：在检务透明度评估中，广东省有3家检察院进入全国前十，分别是位列第三、第七和第九的深圳市人民检察院、广州市人民检察院和广东省人民检察院。这一结果表明，广东的司法透明度总体上处于全国领先水平。值得注意的是，无论是被纳入司法透明度评估的法院，还是检务透明度排名进入前十的检察院，均以位于广东省经济较发达的珠江三角洲城市居多，尤其是深圳市和广州市。如加上经济欠发达、法治水平也相对较低的粤东西地区，广东全省整体上的司法透明度水平可能会被拉低。

④法律资源配置方面

中国人民大学法学院的研究成果《中国法律发展报告2013：中国法学

教育和法学研究》，通过对内地各省区市诉讼率、律师数量、法律院系分布和法律专业毕业生数量这几项数据的综合比较，得出各省区市法律指标在全国的排名情况。根据其研究结果，内地各省区市法律资源排名依次是：北京、上海、广东、天津、浙江、辽宁、山东、福建、江苏、吉林、黑龙江、重庆、河北、湖北、新疆、宁夏、湖南、内蒙古、山西、青海、陕西、四川、安徽、江西、河南、海南、甘肃、广西、贵州、云南、西藏。广东排全国第三，仅次于北京和上海，小幅领先于经济发展水平与广东相近的浙江（朱景文，2014）。

（2）原因分析

以上分析表明，改革开放近40年来，广东在法治建设方面进行了积极的探索，法治发展水平走在了全国前列。但是，处于深水区的广东法治建设同时也面临着前有强敌、后有追兵的紧迫局面。在新的历史时期，肩负为全国提供"三个支撑"重要使命的广东，法治建设既保持领先优势也面临严峻挑战。

正确的指导思想、周密的宏观部署和扎实的微观实践是广东法治建设成就的重要保障。首先，广东法治建设遵循了正确的方向。2017年4月4日，习近平总书记对广东工作所做重要批示强调"四个坚持"，即坚持党的领导、坚持中国特色社会主义、坚持新发展理念、坚持改革开放，可谓凝练而精准。回顾广东法治建设历程，广东法治建设的出发点、目标、方向和遵循的基本原则，正源于这"四个坚持"。如开门立法、法治政府建设、法院人员分类改革、法院审判权运行机制改革等展示广东法治建设进程的改革的开展与顺利推进，都充分体现了这"四个坚持"。其次，广东法治建设注重顶层设计。广东通过顶层设计，对全省法治建设进行系统部署、提前规划。2011年初，广东出台《法治广东建设五年规划（2011—2015年）》，是全国最先出台法治建设五年规划的省份之一。2016年，广东省委办公厅印发《法治广东建设第二个五年规划（2016—2020年）》。两份规划从立法、执法、司法和法治文化等环节进行部署，注重科学性和可操作性。经过周密部署，广东法治建设形成了一套系统性、整体性的体系，有效地避免了碎片化、滞后性等问题。最后，广东法治建设注重先行先试。在微观制度机制和具体做法层面，广东积极进行创新探索。逐步走向法治实践中，广东形成了诸多走在全国前列的经验。如：《广东省行政审批事项通用目录》列出全国首张涵盖省、市、县三级全部行政审批事项一单式纵向权力清单；深圳市中级人民法院开全国先河，破冰审判长去行政化，推行裁判文书改革；等等。一系列先行先试经验的背后，凝聚着广东坚持法治创新、敢于先行先试的理念与胆识，也成功使得制度创新成为法治广东建设的标签与特色，有效发挥了广东在全国法治建设领域的创新示范作用。

广东未来继续保持法治发展领先优势，面临三方面挑战：一是与广东经济发展水平相近的省市，如北京、上海和浙江省。与这些相比较，广东目前的法治发展领先优势并不明显，甚至有些方面还落后于上述三省市。例如，根据以上量表可见：广东在"立法工作信息公开"和"立法公开和参与"两方面都落后于上海；深圳市和广州市在法治政府评估报告中得分分别位列第二、第五，然而，浙江省宁波市和杭州市分别排在第一和第三。二是一些经济欠发达省份正在迎头追赶。以司法透明度为例，如比较2013年以来连续四年的测评结果，可以发现：继中国审判流程公开网、中国裁判文书公开网、中国执行信息公开网之后，司法公开第四大公开平台——中国庭审公开网2016年开通以来，中国司法透明度的格局有所变化，个别传统上司法公开不具有优势的法院表现出较强的后发优势。例如，长春市中级人民法院和合肥市中级人民法院首次进入了前二十，其中长春市中级人民法院跻身五强；一些经济社会欠发达地区的检察机关，无论总体还是特定领域的表现，都可圈可点。比如，青海、贵阳这样的中西部地区检察院，2015、2016连续两年跻身公开因公出国（境）、公务用车、公务招待"三公"经费的35家检察院之中。此外，甘肃省人民检察院的预决算和"三公"经费公开，不但内容完整丰富，而且第一时间在网上公开。三是发展理念相对滞后。改革开放初期，广东靠敢为人先的精神，率先成为引领全国经济发展的排头兵。近年来，广东省创新动力明显不足，导致了创新性法规缺失，立法质量不高。如，面对即将来临的人口老龄化，天津、青岛、浙江、成都和宁夏等地方未雨绸缪，已于2014年至2016年先后通过《养老服务促进条例》，而广东该项立法至今仍未出台。

2. 与港澳比较有独到优势也有差距

相对于港澳地区而言，始终坚持党的领导，坚持以人民为中心，坚持党的领导、依法治省和人民当家作主的有机统一，是广东法治作为中国新时代社会主义法治在其发展进程中所具有的独到优势。

随着粤港澳大湾区的构建，粤港澳三地全方位、多层次、宽领域的合作将向纵深发展。比较三地法治建设情况，可以适当调整广东法治建设未来的走向，有利于解决区域一体化发展过程中复杂多样的法治问题，进一步从立法质量、法治政府建设、司法公正程度和法治文化氛围等方面分析广东与港澳地区法治发展水平的差距，并探究造成差距的深层原因，进一步提升粤港澳湾区整体化和一体化的法治治理水平。下面所列量表反映的是珠江三角洲九市与港澳地区法治发展水平的差距，就广东全省法治发展情况来看的话，实际上的差距还要大于量表所反映的数据。

（1）基本情况

①立法质量方面

从图 11-1 反映立法质量的 5 个二级指标（民主立法、科学立法、创新立法、实效立法与绩效立法）专家评分情况可见：香港和澳门五项指标的平均得分分别是 8.71、8.31，珠江三角洲 9 城市中，该五项指标平均得分最高是深圳市 7.69，最低是肇庆市 6.23，极差（最高得分与最低得分的差除以最高得分，反映两者之间的差异率）高达 39.81%。

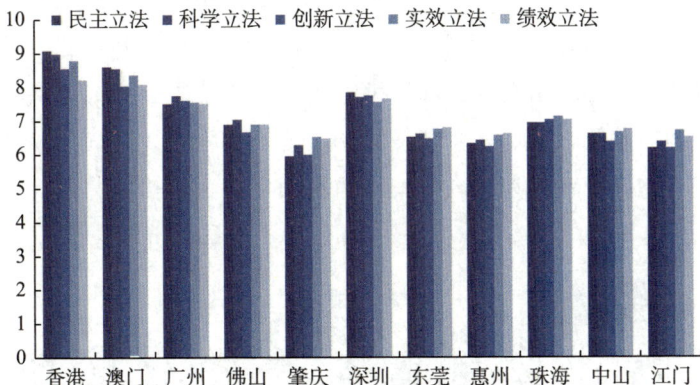

图 11-1　立法质量指标

资料来源：华南理工大学法治评价与研究中心《粤港澳大湾区城市群法治指数报告》，华南理工大学法治评价与研究中心编印，2017。图 11-2、图 11-3、图 11-4 资料来源均与此图资料来源相同，不再一一说明。

②法治政府建设方面

图 11-2 是反映法治政府建设状况的 5 个二级指标，即政府信息公开、

权责一致、廉洁政府、行政自由裁量权限制、行政决策和应急法制的得分
情况。从数据可见：香港和澳门五项指标的平均得分分别是 9.01、8.69，
珠江三角洲 9 城市中该五项指标平均得分最高是深圳市 7.58，最低是肇庆
市 6.41，极差高达 40.56% 。

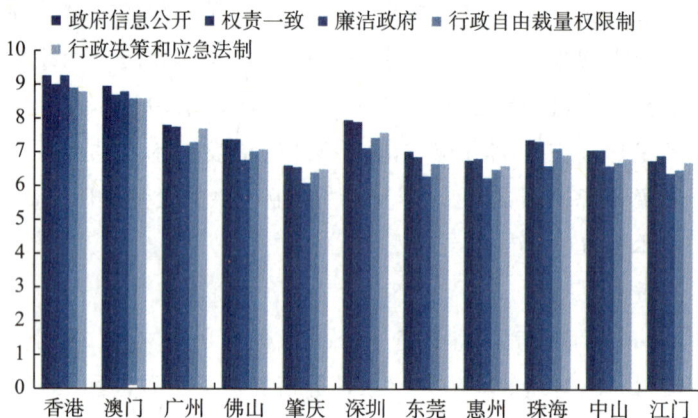

图 11 - 2   法治政府指标

③司法公正方面

图 11 - 3 是反映司法公正情况的 5 个二级指标，即三项程序公正和两
项实体公正的得分情况，其中程序公正一包括：司法职业化、人员多元
化、管理制度化、司法资源保障、律师代理率。程序公正二包括：审判流
程公开、执行信息公开、裁判文书公开、诉讼期限严格、审判程序标准。
程序公正三包括：法定期限内立案、简易程序适用、当庭宣判、审限内结

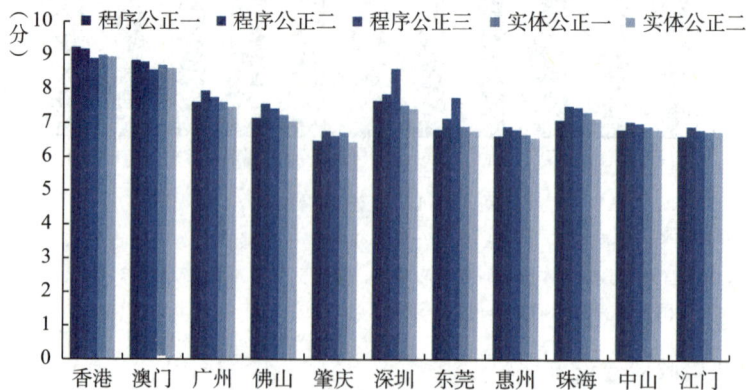

图 11 - 3   司法公正指标

案、司法可预测性。实体公正一包括：裁判结果公正、判决文书说理、司法错判、司法终审、司法抗诉。实体公正二包括：裁判执行实现、执行异议、执行错误、司法赔偿、司法救济衔接。从专家评分情况可见：香港和澳门五项指标的平均得分分别是 9.03、8.68，珠江三角洲 9 城市中该五项指标平均得分最高是深圳市 7.79，最低是肇庆市 6.58，极差 24.47%。此项是四个方面中，极差最小的一项，表明广东在司法公正方面与港澳地区的差异最小。

④法治文化方面

图 11－4 是反映法治文化氛围的 5 个二级指标，即公民法治意识、企业依法营商、公益组织依法活动、替代性纠纷解决机制和法律教育与律师人才的得分情况。从可观的数据可见：香港和澳门五项指标的平均得分分别是 8.91、8.48，珠江三角洲 9 城市中，该五项指标平均得分最高是深圳市 7.68，最低是肇庆市 6.35，极差高达 43.71%。此项是四个方面中极差最多的一项，表明广东在法治文化氛围方面与港澳地区的差异最大。

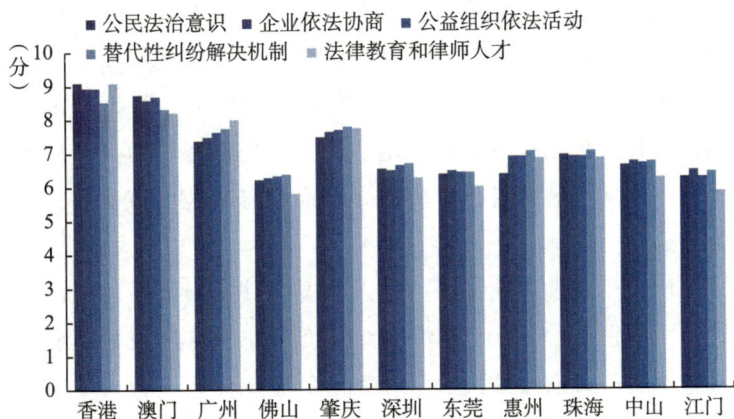

图 11－4　法治文化指标

（2）原因分析

从以上数据分析可以看出，广东法治发展水平整体落后于港澳地区，其中，法治文化氛围方面差距最大，其次是法治政府建设和立法质量方面，司法公正程度方面差距相对小一些。广东与港澳在社会制度、发展历史、文化传统均不同的背景下，法治发展水平的差距主要是由经济发展状况、社会传统、人口结构等多方面因素造成的。

一方面，广东自身的相关因素制约了其法治发展水平。首先，以经济发展水平来看。仓廪实而知礼节，经济基础决定上层建筑。从以上数据可以看出，珠江三角洲 9 市四项指标的分值与其经济发展水平是正相关的关系，这说明，经济发展状况在一定程度上制约了其法治发展。如江门在珠江三角洲 9 市中经济发展水平较为逊色，江门法治发展各项指标总体排名也较靠后，可以说，江门的经济发展水平较为滞后是导致其法治发展水平不高的重要原因。其次，以社会发展阶段来看。经济发展迅速，导致社会面临急速转型，这对法治政府建设提出了极高的要求。如，政府很难快速实现从管理者到服务者的角色转变。政府多存在重审批轻服务、重决策轻执行的现象。一些社会经济事务中还存在一些政府不仅是裁判员，又是监督员，还是运动员的情况，过多承担社会管理任务，既容易滋生腐败，又遏制了社会组织的成长。最后，以城市人口结构来看。广东省作为改革开放先行地及经济发达地区，人口多元化，外来人口占多数，加上经济结构单一，以劳动密集型加工制造业为主，外来人口大多数都是农民工，受教育程度普遍较低。另外，在改革开放初期，重经济发展，一切以国内生产总值（GDP）为衡量标准，物欲横流，缺少了一些文化积淀，法治文化水平自然会跟不上城市发展的速度，这点在年轻的城市深圳体现得尤其明显。当然，这种人口结构也具有一定的优势。仍以深圳为例，深圳外来人口多，关系、人情等因素对于司法的影响远没有其他城市明显，司法公正实施较为容易。

另一方面，反观港澳地区法治建设情况，其发展水平较高也有一定的深层原因。[①] 首先，法律制度完备。香港长期处于英国的殖民统治下，其法律体系基本属于普通法系，回归后香港的法律体系又融入了制定法的传统法律文化。在长期实践中，香港已形成十分全面的法律体系，对政治、经济、社会等各个领域做出了明确的行为规范，并能严格依法办事。完善的法律体系，加上健全的司法制度，是推动香港法治发展的基石。其次，政治体制成熟。香港实行行政长官负责制，即行政主导、司法独立、行政与立法既相制约又相配合。同时设立审计署、廉政公署独立工作，对行政长官负责，使得香港政府不仅执法高效，保障社会稳定与和谐，也维护了

---

① 澳门和香港都是我国的特别行政区。为行文方便，这里仅以香港为例说明。

政治的廉洁性。有了执政者的廉洁保证，执政队伍的执法效率保证，加上司法独立的体系支撑，使得香港法治化能够传承发展。再次，法治观念深入人心。香港市场经济发达，人们在创造社会财富的过程中，逐渐认识到法律对于个人利益实现、社会经济发展具有重要的保障和促进作用。全社会形成了守法、护法的习惯，其各阶层、各群体都以信法、守法为荣，政府及政府官员也不例外。最后，注重法律人才精英化培养。香港法学教育体系将法学划分成七种学位，学生获得相应的学位之后还必须通过法学专业证书课程，之后再到律师事务所见习一年或两年，通过考核才能拿到真正的执业执照。而成为优秀的律师或者法官，还有更加严苛的要求及标准。法律人才培养模式的高要求，暗示着职业共同体的精英化，同时也影响着香港法治的发展。

二　广东法治发展环境分析

环境因素是影响法治发展的一个重要方面。法治是在一定的社会环境的作用下运行的，并反过来影响、改变环境，使环境更满足人类需求。可以说，社会环境不但是法治生存的土壤，也是法治建设的参照对象，它全面、深刻地影响着法治的发展，决定着法治发展的方向。党的十九大提出，中国特色社会主义已进入新时代，随着我国社会主要矛盾的变化，在未来一段时期，一些环境因素将对广东法治发展产生深刻影响。

（一）经济转型升级既为法治发展奠基也需要法治提供保障

经济基础决定上层建筑。法治作为上层建筑的一部分，其发展进程和状况为经济发展状况和经济制度所决定。从两者的具体关系来看，经济发展为法治建设提供物质基础，而法治建设反过来影响经济发展的进程。当法治已不适应当前的经济发展状况时，必然会产生一系列矛盾，这些矛盾不但会阻碍经济发展、破坏社会和谐，还会影响法治自身的实践和发展。影响未来法治发展的经济因素包括以下几方面。

1. 增速减缓产业升级，产业政策亟待调整

当前，世界经济复苏乏力，缺乏新增长动力。预计未来一段时间内，世界经济仍将在调整和曲折中前进，金融市场风险有所放大，发生系统性金融风险的概率大大增加，全球贸易充满不确定性，贸易保护主义抬头，多边贸易体制受到区域性高标准自由贸易体制挑战。在此复杂、多变的国际经济环境下，广东作为中国贸易出口大省，经济发展面临的困难与挑战愈加明显。2016 年，广东第一产业在产业结构中的比重为 4.7%，第二产业为 43.2%，第三产业为 52.1%。① 预计未来几年，广东受全球经济及自身产业结构的影响，劳动密集型、高耗能、高排放等传统产业仍将是经济增长的重要贡献者，以优惠政策、土地与廉价劳动力等要素转化为对外贸易、吸引外资优势的模式优势逐步减弱，产业结构和经济发展模式亟须转型升级。

习近平在党的十九大报告中指出："从十九大到二十大，是'两个一百年'奋斗目标的历史交汇期。我们既要全面建成小康社会、实现第一个百年奋斗目标，又要乘势而上开启全面建设社会主义现代化国家新征程，向第二个百年奋斗目标进军。""综合分析国际国内形势和我国发展条件，从二〇二〇年到本世纪中叶可以分两个阶段来安排。第一个阶段，从二〇二〇年到二〇三五年，在全面建成小康社会的基础上，再奋斗十五年，基本实现社会主义现代化。""第二个阶段，从二〇三五年到本世纪中叶，在基本实现现代化的基础上，再奋斗十五年，把我国建成富强民主文明和谐美丽的社会主义现代化强国。""我国经济已由高速增长阶段转向高质量发展阶段，正处在转变发展方式、优化经济结构、转换增长动力的攻关期，建设现代化经济体系是跨越关口的迫切要求和我国发展的战略目标。"② 因此，面向 2035 年，广东经济将向着以提高发展质量和效益为中心的经济发展模式不断努力转型，推动产业结构升级，优化经济结构，以实现更高质量、更有效率、更加公平、更可持续的发展。前半阶段，将以供给侧结构性改革为主线，加快形成引领经济发展新常态的体制机制和发展方式，扩大有效和中高端供给，积极去产能、降成本，增强供给结构适应性和灵活性，使产业迈向中高端水平。第一产业在产业结构中的比重将继续减低，第三产业比重不断提高。农业方面，向着力推进农业结构、经营体系、经

---

① 广东省统计局、国家统计局广东调查总队：《2016 年广东国民经济和社会发展统计公报》，广东统计信息网，2017 年 3 月 6 日。
② 习近平：《决胜全面建成小康社会　夺取新时代中国特色社会主义伟大胜利——在中国共产党第十九次全国代表大会上的报告》，《人民日报》2017 年 10 月 28 日。

济保障、装备与信息化等领域的创新迈进（林晖，2016），发展以互联网为支撑的经营模式、农业金融服务等，在农业现代化方面取得明显进展；制造业方面，优先发展先进制造业和高技术制造业，推动传统产业改造升级，重点突破关键基础材料、智能技术元件、电子设备、信息软件等制造，全面提升工业基础能力和创新、集成能力，促进制造业朝高端、智能、绿色、服务方向发展；服务业方面，加快推进优质服务业发展，促进生产性服务业专业化，提高生活性服务业品质，完善服务业发展体制和政策，使服务业内部结构进一步优化，现代服务业取得新发展。保质、按时圆满完成第一个百年奋斗目标的同时，基本在广东建立起现代化经济体系。后半阶段，以去产能、去库存、去杠杆、降成本为主线的供给侧结构性改革基本完成，在农业领域主要以发展高新农业技术、信息化经营模式等为主，推进农业养殖、经营模式高新化、现代化；制造业瞄准技术前沿，重点发展战略性新兴产业，在新一代信息技术、高精尖生命科学、生物技术、先进半导体、机器人、智能交通、虚拟现实、核技术、航天航空、量子通信等领域抢占未来竞争制高点，形成一批新增长点；服务业领域，重点打造服务业智能化、品牌化，让服务业走向世界。在不断推动产业升级，优化经济结构的基础上，建立一个更加先进、高效、协调、绿色的广东现代化经济体系，在全国率先、高标准地实现2035年的奋斗目标。无论在多远的未来，创新仍是推动人类进步的重要动力，未来创新将融入广东的三大产业的发展、体制政策的完善、人才的培养，真正实现以创新驱动广东发展。

2. "一带一路"湾区建设，开放体系亟待完善

预计未来几年，广东对外开放区域布局将不断完善，对外贸易不断优化升级，外贸进出口从进优出廉向优质优价、优进优出转变。国际产能和装备制造合作不断取得进展，跨境经济合作区发展水平不断提高。开放领域得到扩大，准入限制得到放宽，一批境外资金和先进技术得到引进。粤港澳合作机制基本形成，合作水平不断提高。

未来的一段时期，广东将以"一带一路"建设为统领，不断丰富对外开放内涵，提高对外开放水平，协同推进投资经贸合作、人文交流等，努力开创对外开放新局面。一方面，将充分发挥珠江三角洲地区的对外开放门户作用，率先对接国际高标准投资和贸易规则体系，探索建设自由贸易

港，将中国（广东）自由贸易试验区打造成具有全球竞争力的经济区。继续扩大开放领域，放宽准入限制，积极有效引进境外资金和先进技术，提升利用外资综合质量。营造公平竞争的市场环境，完善境外投资管理体制，扩大金融业双向开放，健全对外开放新体制。另一方面，不断借助"一带一路"建设推动与沿线国家及非沿线国家贸易畅通、资金融通。以钢铁、有色、建材、铁路、电力、化工、轻纺、汽车、通信、工程机械、船舶和海洋工程等行业为重点，采用境外投资、工程承包、技术合作、装备出口等方式，开展国际产能和装备制造合作，推动装备、技术、标准、服务走出去。建立产能合作项目库，推动重大示范项目建设。引导企业集群式走出去，因地制宜建设境外产业集聚区。支持企业扩大对外投资，深度融入全球产业链、价值链、物流链，建设一批大宗商品境外生产基地及合作园区，积极搭建对外投资金融和信息服务平台。

在粤港澳大湾区建设方面，广东将不断扩大同港澳在社会、民生、文化、教育、环保等领域交流合作，深化与港澳开展的创新及科技合作，支持港澳中小微企业和青年人在广东发展创业。共建大珠江三角洲优质生活圈（刘秋伟，2012），不断完善前海、南沙、横琴等粤港澳合作平台建设，创新粤港澳大湾区和跨省区重大合作平台建设，建立粤港澳合作新机制。

3. 珠三角带动东西北，合作机制亟待健全

在珠江三角洲带动下振兴粤东西北的战略实施以来，广东欠发达地区的交通基础设施不断完善，网络化程度和可通达性不断改善提升。但预计未来一段时期，受空间地理位置、资金投入、基础设施、交通、产业结构、产能等影响，粤东西北地区的发展与珠江三角洲地区仍有一定差距。珠江三角洲带动振兴粤东西北战略的实施，还应向加大支持力度，提升粤东西北地区发展活力、内生动力和整体竞争力，优化产业布局，引导产业合理布局和有序转移，打造特色优势产业集群，培育壮大新兴产业，建设集聚度高、竞争力强、绿色低碳的现代产业走廊迈进；向改善营商环境，加快发展民营经济，大力开展和积极鼓励创业创新，吸引人才等各类创新要素集聚，使创新真正成为粤东西北地区发展的强大动力迈进；向支持资源型城市转型发展，加快淘汰高耗能、高排放落后产能，组织实施好老旧城区改造、沉陷区治理等重大民生工程，加快建设快速铁路网和电力外送通道，深入推进国资国企改革，加快解决厂办大集体等问题迈进；向建设

高效密集轨道交通网，强化干线铁路建设，加快建设城际铁路、市域
（郊）铁路并逐步成网，充分利用将来的能力开行城际、市域（郊）列车，
客运专线覆盖所有地级及以上城市，构建一体化现代交通网络迈进；向优
化教育资源布局，鼓励粤东西北地区与珠江三角洲地区学校学科共建、资
源共享，推动职业教育统筹发展，建立健全区域内双向转诊和检查结果互
认制度，支持开展合作办医试点，形成医疗教育等资源共享网络。

4. 新经济闯关中成长，制度创新亟待先行

预计到 2035 年，随着移动支付、P2P 平台①和电子货币等互联网经济
衍生物的全面兴起，金融风险将大大增加（卢朵宝，2015），如何改进、
加强对金融风险、互联网经济的监管，将成为重中之重。例如，近年来突
然兴起的电子货币——比特币，不受任何央行和金融机构控制，所有权和
流通交易的匿名性使得其容易被利用从事非法经济活动而难以被查实，至
今为止尚未有政府出台有效办法对其进行监管。比特币由一系列算法构
成，其总数量非常有限，将永远被限制在一定数额，因此未来必将成为一
种被人们热炒的电子流通货币，届时将会是考验政府金融监管体系的重要
时刻。除此之外，经济市场将不断产生其他新要素、新问题，这也需要广
东不断完善、加强经济领域制度改革。

国有企业公司制股份制改革将在未来几年不断深入，向完善现代企业
制度、公司法人治理结构，建立国有企业职业经理人制度（史额黎，
2015），增强国有经济活力、控制力、影响力、抗风险能力。

现代产权制度逐步构建，向不断推进产权保护法治化，依法保护各种
所有制经济权益、界定企业财产权归属，完善农村集体产权权能，全面落
实不动产统一登记制度，加快构建自然资源资产产权制度，建成归属清
晰、权责明确、保护严格、流转顺畅的现代产权制度迈进。

市场体系不断健全，向加快建立公平竞争保障机制，打破地域分割和
行业垄断，着力清除市场壁垒，促进商品和要素自由有序流动、平等交

---

① P2P 网络借贷平台，是 P2P 借贷与网络借贷相结合的互联网金融（ITFIN）服务网站。
P2P 借贷是 peer to peer lending 的缩写，peer 是个人的意思。网络借贷指的是借贷过程中，
资料与资金、合同、手续等全部通过网络实现，它是随着互联网的发展和民间借贷的兴
起而发展起来的一种新的金融模式，这也是未来金融服务的发展趋势。P2P 网络借贷平台
分为两个产品一个是投资理财，一个是贷款，都是在网上实现的；而且一个是贷款，一
个是现金。

换，健全要素市场体系，完成价格形成机制改革。

财税体制改革不断进行，现代财税制度逐步建立，以增强广东发展能力、减轻企业负担等关键性问题为导向，按照优化税制结构、稳定宏观税负、推进依法治税的要求全面落实税收法定原则，不断构建税种科学、结构优化、法律健全、规范公平、征管高效的现代税收制度，逐步提高直接税比重。另一方面完善财政可持续发展机制，优化财政支出结构，修正不可持续的支出政策，调整无效和低效支出，腾退重复和错位支出，确立合理有序的财力格局，不断构建全面规范公开透明的预算制度。

在金融领域，不断深化金融监管体制改革，健全现代金融体系，提高金融服务实体经济效率和支持经济转型的能力，有效防范和化解金融风险。扩大民间资本进入银行业，发展普惠金融和多业态中小微金融组织，规范发展互联网金融，对网络金融平台和电子货币进行严格管控，稳妥推进金融机构开展综合经营。有效运用和发展金融风险管理工具，健全监测预警、压力测试、评估处置和市场稳定机制，不断完善金融监管。

（二）政治民主发展既为法治发展护航也需要法治发展同行

法治是建立在一定政治关系基础上，在一定政治框架下运行的。如果说经济对于法治的决定作用是基础性的、最终意义上的，那么政治对于法治的制约却是十分直接的。法治总是与民主政治相伴随，不民主的政治断然结不出法治的果实。法治对于政治生活的规范，都得以政治民主作为基点，在一定政治制度与政治环境下实现的。同时法治是实现民主政治的保障，反过来也会影响民主政治的进程和发展水平，可以说法治与民主政治是相辅相成，互不可分的。影响未来法治发展的政治因素包括以下几方面。

1. 人民代表大会、多党合作与政治协商制度需要坚持完善

人民代表大会制度是中国根本的政治制度。未来，广东将继续坚定坚持党的领导、人民当家作主、依法治国有机统一，充分发挥人民代表大会制度的根本政治制度作用；以扩大公民有序政治参与为重点，不断创新公民有序政治参与的方式，代表候选人提名、见面等环节将得到优化，互联网选举等一系列新的选举模式有望实践。

中国共产党领导的多党合作和政治协商制度是我国基本的政治制度之

一，预计未来广东将在推进政协履职能力建设、优化政协专门委员会设置等方面着力；协商民主制度建设不断加强，程序合理、环节完整的协商民主体系不断构建；政党协商、人大协商、政府协商、政协协商、人民团体协商、基层协商以及社会组织协商统筹推进，协商民主向广泛、多层、制度化发展。

2. 基层群众自治制度与民族区域自治制度需要坚持完善

未来一段时期，广东的基层群众自治制度将会不断创新、完善和规范，组织载体日益健全，内容不断丰富，形式更加多样，村（居）民评议会、社区听证会等城乡基层民主形式普遍推行，村（居）民更加直接、有效地参与基层公共事务和公益事业的管理，从原来的居民委员会、村民委员会在基层群众自治工作中发挥主要作用向居民和村民直接通过行使民主权利来发挥自身的积极作用完成过渡。

此外，企业工会、职工代表大会所起的作用将逐步凸显，企业职工在社会建设及参政议政中所扮演的角色也越来越重要，从而形成一个比较全面和系统的企业职工自治工作网络，进一步扩大广大企业职工自我管理、自我服务的能力。

民族区域自治制度是让少数民族更好地自主管理本民族、本地区的内部事务，行使当家作主权利的基本政治制度。未来民族区域自治制度将会在广东更好地扎根固土，以保障广东境内少数民族聚居区少数民族自主管理本民族、本地区内部事务的权利，使广东的发展与少数民族自治地共建共享，不断发展更高水平的、平等团结互助和谐的社会主义民族关系。

3. 建设法治政府维护司法公正都是民主法治建设的重点

未来一段时期，广东依法行政有望得到深入推进，依法设定权力、行使权力、制约权力、监督权力，实现政府活动全面纳入法治轨道。法治政府建设不断向依法全面履行政府职能，完善行政组织和行政程序法律制度，实现机构、职能、权限、程序、责任法定化推进；向完善重大行政决策程序制度，健全依法决策机制推进；向深化行政执法体制改革，推行综合执法，健全行政执法和刑事司法衔接机制推进；向坚持严格规范公正文明执法，最大限度地缩小自由裁量权，健全执法考核评价体系（魏哲哲，2016），完善审计制度，保障依法独立行使审计监督权推进。

司法体制改革也将取得突破，对权利的司法保障、对权力的司法监督将得到完善，公正高效权威的社会主义司法制度基本确立。不断向着健全司法机关分工负责、互相配合、互相制约机制，完善审级制度、司法组织体系和案件管辖制度推进；向着探索设立跨行政区划的人民法院和人民检察院，强化司法人员职业保障，完善确保依法独立公正行使审判权和检察权的制度推进；向全面推进审判公开、检务公开、警务公开、狱务公开，完善司法机关办案责任制，健全司法机关内部监督制约机制，加强人权司法保障不断推进。

4. 全面从严治党加强权力监督都是民主法治建设的关键

未来，在坚持全面从严治党，落实"三严三实"① 要求，严明党的纪律和规矩下，广东党风廉政建设将取得突破，主体责任和监督责任得到明确，不敢腐、不能腐取得重大成效，政治生态逐步好转。广东将按照党的十九大提出的新时代党的建设总要求，坚持和加强党的全面领导，坚持党要管党、全面从严治党，以加强党的长期执政能力建设、先进性和纯洁性建设为主线，以党的政治建设为统领，以坚定理想信念宗旨为根基，以调动全党积极性、主动性、创造性为着力点，全面推进党的政治建设、思想建设、组织建设、作风建设、纪律建设，把制度建设贯穿其中，深入推进反腐败斗争，不断提高党的建设质量。党风廉政建设和反腐败斗争必将向着不想腐的目标，健全改进作风长效机制，加强反腐败制度建设，强化监督执纪问责，巩固反腐败成果，坚决整治和纠正侵害群众利益的不正之风和腐败问题。强化党风廉政教育，铲除权力腐败的温床，让人民监督权力，保证权力在阳光下运行。强化不敢腐的震慑，扎牢不能腐的笼子，增强不想腐的自觉，夺取反腐败斗争压倒性胜利。

（三）文化强国进程既为法治发展助力也需要法治发展助威

文化是国家软实力的重要组成部分，也是影响法治建设的重要因素。不管是物质文化还是非物质文化、文化理念抑或是文化产业，都需要法治的确认、保障和支持，才能真正融入社会。党的十八大提出建设社会主义文化强国，推动社会主义文化大发展大繁荣，就是要充分发挥法治推动社

---

① 2014年3月9日，习近平总书记在第十二届全国人民代表大会第二次会议期间参加安徽代表团审议时，要求领导干部"严以修身、严以用权、严以律己，谋事要实、创业要实、做人要实"，简称为"三严三实"。

会主义核心价值体系建设、发展文化产业、增强全民族文化创造活力、提高文化整体实力和竞争力、保障文化引领风尚、教育人民、服务社会、推动发展的作用。影响未来法治发展的文化因素包括以下几方面。

1. 社会主义核心价值观教育必须融入法治建设

中共中央办公厅、国务院办公厅于 2016 年 12 月 25 日印发了《关于进一步把社会主义核心价值观融入法治建设的指导意见》。未来一段时期，通过教育引导、舆论宣传、文化熏陶、行为实践、制度保障，社会主义核心价值观将贯穿、融入广东经济社会发展各领域和社会生活各方面，包括融入法治建设之中。中国梦将成为广东社会凝聚共识、汇聚力量的重要动力，国家意识、法治意识、道德意识、社会责任意识、生态文明意识得到广泛增强。社会心理服务体系逐步建立，培育自尊自信、理性平和、积极向上的社会心态能力逐步增强。坚持培育和践行社会主义核心价值观，引导人们树立正确的历史观、民族观、国家观、文化观，巩固、加强社会社会主义核心价值体系建设成果，深化民族团结进步教育，铸牢中华民族共同体意识，加强各民族交往交流交融，促进各民族像石榴籽一样紧紧抱在一起，将一直是广东面向 2035 年精神文明建设的核心工作。

需要补充的是，不断挖掘、保护、弘扬优秀传统文化，应该也是广东未来一段时期与法治建设相关的又一重点工作。如粤剧是广东传统戏曲之一，源自南戏，流行于岭南地区等粤人聚居地，自明朝嘉靖年间开始在广东、广西出现，是糅合唱念做打、乐师配乐、戏台服饰、抽象形体的表演艺术，每一个行当都有各自独特的服饰打扮。自 21 世纪以来，粤剧一直得不到资金的投入和人才的培养，其兴盛程度已经大不如前。通过成功申报世界非物质遗产、在法规制度层面设立保护区、培养相关人才、加大投入力度等手段，保护、弘扬像粤剧这样的广东传统文化，将是广东未来文化工作的重点之一。

2. 改革文化体制完善文化服务需要有制度依托

未来，党委领导、政府管理、行业自律、社会监督、企事业单位依法运营的文化管理体制在广东将不断健全，广东的文化体制改革，将在公益性文化单位改革、健全国有文化资产管理体制、降低社会资本进入门槛、鼓励非公有制文化企业发展等方面不断走向深入；将向健全现代文化市场体系，落实完善文化经济政策，加强市场监管，提升综合执法能力迈进。

广东的公共文化服务体系也将伴随着制度的创新而不断完善，向着推进基本公共文化服务标准化、均等化迈进。广东将不断加强基层文化服务能力建设，加大对老少边穷地区文化建设帮扶力度，加快公共数字文化建设；将鼓励社会力量参与公共文化服务，继续推进公共文化设施免费开放，繁荣发展文学艺术、新闻出版、广播影视和体育事业；将不断强化老年人、未成年人、农民工、残疾人等群体的文化权益保障。

3. 创新文化产业融合文化业态需要有政策扶持

不久的将来，网络视听、移动多媒体、数字出版、动漫游戏等新兴文化产业将在广东更加盛行；出版发行、影视制作、工艺美术等传统文化产业得到转型升级；文化业态创新成为主流，创意文化产业将发展壮大；文化与科技、信息、旅游、体育、金融等产业将融合发展。文化大型企业将通过兼并重组走向世界，中小微文化企业将走向兴旺，竞争关系和谐。面向更远的未来，广东文化建设将坚持社会效益放在首位、社会效益和经济效益相统一，不断推进文化事业和文化产业双轮驱动，使文化产业成为国民经济支柱性产业，为全国人民提供昂扬向上、多姿多彩、怡养情怀的精神食粮。

文化创新是广东未来文化建设工作的重中之重。文化能不能够发展，关键在于文化创新。只有在实践中不断创新，传统文化才能焕发生机、历久弥新，民族文化才能充满活力、日益丰富。未来，广东必将通过法治发展，不断激发全社会的文化创新能力和活力，鼓励文化创新转为产业、资本，保障文化创新成果，让文化创新带动文化产业发展、体制改革、文化交流传播等，成为文化自信、文化道路自信的有力支撑，推动社会主义文化大发展大繁荣。

（四）　社会共建共治共享既为法治发展加油也需要法治发展支撑

法治是社会发展到一定阶段的产物，社会发展进程深刻影响着法治的发展。从二者的关系来说，社会与法治可以说是如影随形的。一方面，法治是人们为了适应社会的发展逐渐建立起来的，是在制定出来的法律制度的规范下，各种社会要素有序运行的状态，各种社会条件和因素都会对法治产生或多或少的影响。另一方面，法治又是人们为了改变、改造社会而建立起来的，它的根本目的是为了使社会向着更有益于人们生存、生活的方向发展，二者相互影响。党的十九大提出，要坚持在发展中保障和改善民生，在幼有所育、学有所教、劳有所得、病有所医、老有所养、住有所居、弱有所扶上不断取得新进展，保证全体人民在共建共享发展中有更多获得感。影响未来法治发展的社会因素包括以下几方面。

1. 应对人口老龄化更新社会政策需要法律支撑

2016 年，广东 15～64 岁劳动年龄人口占总人口比重为 74.22%，65 岁及以上老年人口比重为 8.55%。[①] 预计到 2025 年，广东 15～64 岁劳动年龄人口比重将下降至 72.3%，2030 年下降至 71.0%，2035 年小幅回升至 71.4%；户籍老年人口比重将从 2016 年的 8.55% 上升至 2025 年的 11.3%，再上升至 2030 年的 13.4%，到 2035 年，户籍老龄人口为 15.8%。人口老龄化影响最直接的当然是劳动力供给，劳动力成本上升，传统的劳动密集型产业压力骤增，造成很多"中国制造"产品的成本上升，出口竞争力下降。此外，还将产生诸如养老负担加重等一系列社会问题。

未来一段时间，应对人口老龄化成为广东经济社会建设工作的重点，同时也是法治建设的重点。在社会领域，广东将向着实施好计划生育政策，鼓励公民按政策生育，构建生育友好的社会环境不断迈进。将不断完善配套政策措施，深化计划生育服务管理改革，促进家庭发展和流动人口基本公共卫生计划生育服务均等化。将进一步健全完善税收、社会保障、住房、就业等政策，优先配置妇幼保健、托幼、学前和中小学教育等公共服务资源，加强公共服务供给，构建生育支持体系，保持适度生育水平，促进人口长期均衡发展。在经济领域，广东将充分利用人口质量红利，以创新驱动发展。将把发展基点放在创新上，以科技创新为核心，以人才发展为支撑，推动科技创新与大众创业万众创新有机结合，塑造更多依靠创新驱动、更多发挥先发优势的引领型发展；将营造良好的人才发展环境，促进人才优化配置，建设规模宏大的人才队伍，将人力资源转化为先进生产力，推动战略前沿领域创新突破、高新技术产业迅猛发展，打造区域创新高地，推动广东经济从依靠人口数量红利向依靠人口质量红利不断迈进。而所有的这些经济社会领域的改革和举措，都需要法制来引领、规范

---

① 广东省统计局、国家统计局广东调查总队：《2016 年广东国民经济和社会发展统计公报》，广东统计信息网，2017 年 3 月 6 日。

和保障。

2. 公共服务优化配置与保障供给需要法律支撑

未来，广东的税收、住房、就业、社会保障、医疗、教育、物价等公共服务领域将不断得到改善。公共租赁住房、经济适用房制度将不断健全，大众创业、万众创新战略将不断推进，就业创业将不断扩大。房地产调控将取得成效，商品房价格将得到控制，生活必需品价格将稳定在合理区间，社会保险覆盖率将不断提升，医疗、教育资源将得到不断丰富，结构将不断优化。但如果法规及其执行跟不上，预计广东一些偏远地区的教育、医疗、就业、生活必需品等资源还会比较稀缺，物价上涨、房价高企、养育负担重等公共资源稀缺造成的问题仍将给不少公民带来压力，社会保障的覆盖还会存在真空地带。

未来一段时期，广东的公共资源供给将向着能够满足包括偏远地区公民在内的所有地区公民的需求的方向努力。在教育方面，将努力实现学前教育与义务教育均等化，将义务教育范围逐步扩大到学前教育与高中教育阶段，让更多的孩子上得起学、读得好书；在医疗卫生方面，将不断增强公共医疗资源供给，优化公共医疗资源配置，重点解决偏远地区看病难看病贵问题；在社会保障方面，将加快社会保险制度改革进程，想方设法提高低收入和偏远地区人群"五险一金"① 的享有率，真真切切做到"全民享保"。在住房方面，将继续加强对房地产价格的调控力度，逐步完善、扩大公共租赁住房、经济适用房制度，让更多的民众住得起房、买得起房。在公民的日常生活方面，将会把生活必需品价格稳定在一个合理区间，减轻普通家庭的生活压力。在就业方面，将继续推进大众创业，万众创新建设，鼓励、支持无财富优势的草根创业，积极扶持小微企业发展，不断扩大就业，创造更多优质岗位。

3. 运用新科技破解社会治理难题需要法律支撑

预计到2035年的一段时间内，人工智能、无人控制技术、新一代信息技术、高精尖生命科学技术、先进半导体制造、智能交通、虚拟现实、量子通信等技术及其衍生物的兴起，将会给社会治理带来一系列难题。如：

---

① "五险一金"是指用人单位给予劳动者的几种保障性待遇的合称，包括养老保险、医疗保险、失业保险、工伤保险和生育保险及住房公积金。

P2P 平台和虚拟货币等将使政府在金融监管中存在真空，金融风险爆发概率增加；无人机可带来新商业模式、侦查犯罪活动、测绘地形等有利一面，同时也存在危害航空安全、窥探隐私等方面的可能性（卢朵宝，2015）；无人驾驶汽车一旦成为主流，保险费、停车费、超速罚款、拖车等费用都会下降甚至消失，地方政府从汽车行业获得财政收入的能力将大大降低；人工智能与信息化平台、系统泛滥，大量的公民资料将掌握在企业手里，容易爆发大规模信息泄露；被广泛应用的二维码技术将成为手机病毒、钓鱼网站传播的新渠道，这对于网络安全，公民的隐私保护、财产保护来说都是巨大的挑战；人工授精、试管婴儿、克隆技术、基因工程等医学和生物遗传工程技术的应用，将带来血亲关系确定的困惑与婚姻家庭伦理关系的变化；先进医疗技术和心肺移植将引发对心肺死亡标准的挑战；高科技犯罪预防与控制的难度将不断加大。这些问题将给政府的监管和相关立法带来巨大挑战，如何界定规范这些新兴事物与技术的立法标准、加快立法步伐，将是未来广东引导法治建设与社会发展相适应的至关重要的工作。

4. 推进以人为核心的新型城镇化需要法律支撑

未来一段时期，广东新型城镇化建设成果将逐步显现，户籍制度改革将取得进展，有能力在城镇稳定就业和生活的农业转移人口将得以落户城镇，与城镇居民享有同等权利和义务；财政转移支付同农业转移人口市民化挂钩机制、城镇建设用地增加规模同吸纳农业转移人口落户数量挂钩机制、财政性建设资金对城市基础设施补贴数额与城市吸纳农业转移人口落户数量挂钩机制将得到建立（陈菲、王茜，2015）。广州、深圳辐射带动功能显著增强，中小城市和特色镇基础设施和公共服务不断完善，综合实力将得到发展，城市功能布局将不断优化，城市拥挤、资源不足问题将得到显著改善。

在现代化建设的进程中，广东新型城镇化将向更好地协调城乡一体化不断推进，向更好地解决城乡贫富差距不断努力。广东将实施乡村振兴战略，不断培育发展充满活力、特色化、专业化的县域经济，提升承接城市功能转移和辐射带动乡村发展能力；将推进农村改革和制度创新，增强集体经济组织服务功能，激发农村发展活力；将全面改善农村生产生活条件，加快农村宽带、公路、危房、饮水、照明、环境卫生、消防等设施改造，开展新一轮农网改造升级；将统筹规划城乡基础设施网络，健全农村基础设施投入长效机制，促进水电路气信等基础设施城乡联网、生态环保设施城乡统一布局建设；将推动新型城镇化和乡村振兴协调发展，提升县域经济支撑辐射能力，促进公共资源在城乡间均衡配置，拓展农村广阔发展空间，形成城乡共同发展新格局。

（五）生态文明建设既为法治发展争光也需要法治发展开路

改革开放以来，广东虽然在经济社会发展方面取得不少成就，但以高能耗换取经济增长的粗放型经济发展模式所带来的与环境资源保护之间的矛盾冲突也日益凸现。环境的污染、能耗的浪费不仅给公民生命健康安全带来巨大危害，同时也对经济社会发展产生了一定的负面效应。党的十九大提出"为把我国建设成为富强民主文明和谐美丽的社会主义现代化强国而奋斗"，把社会主义现代化奋斗目标从"富强民主文明和谐"进一步拓展为"富强民主文明和谐美丽"。增加了"美丽"，就是为了让生态文明建设与现代化建设目标更好地对接。切实抓好节能减排、污染治理工作，使生态文明建融入经济建设、政治建设、文化建设、社会建设各方面和全过程，关键要加强对生态文明建设的总体设计和组织领导，以法制为保障，不断加强和完善相关立法，设立惩罚与监督制度，严格执法，使法治真正成为保障生态文明的有效武器。影响未来广东法治发展的生态因素包括以下几方面。

1. 有效整治生态环境需要不断完善生态问责机制

预计从现在到 2035 年的未来一段时期内，伴随着生态问责机制的不断完善，广东环境整治将取得较大成就，电力、钢铁、建材、化工等重点行业碳排放得到控制，工业、能源、建筑、交通等重点领域低碳发展模式取得突破，坚持源头保护、系统恢复、综合施策的生态保护修复工程不断推进，水土流失等现象逐步减少。排污排放得到整治，重点流域、海域、城市空气质量、土壤等污染指标基本达标，区内污染严重企业全面得到整改或依法关闭，污染物排放总量明显减少。主体功能区布局基本形成，配套政策体系逐步完善，空间治理体系基本建立，以主体功能区规划为基础统筹各类空间性规划得到普遍应用。环境治理理念和方式不断得到创新，政府、企业、公众共治的环境治理体系基本建立，环境保护制度相对健全。

面向 2035 年，广东生态文明建设必将不断完善长效的生态环境保护制度，健全查处、问责机制，逐步设立国有自然资源资产管理和自然生态监管机构，建立健全资源高效利用机制，建立健全用能权、用水权、碳排放权初始分配制度（方青，2015），同时将提高节能标准，将污染排放、治理责任落实到企业、个人，对于污染排放不达标的企业，遇到一个查处一个，对于治污不力的官员，出现一个处分一个。将落实生态空间用途管制，划定并严守生态保护红线，确保生态功能不降低、面积不减少、性质不改变。将建立健全广东生态安全动态监测预警体系，定期对生态风险开展全面调查评估，健全省、市、县三级联动的生态环境事件应急网络，完善突发生态环境事件信息报告和公开机制。

2. 有效发展循环经济需要不断调整生态保护政策

废弃物资源化利用将不断提高，低耗能、低排放的绿色制造业将不断扩张，循环化产业园区和废弃物资源化利用企业将不断发展壮大，越来越多的企业将向低耗能、低排放、可循环的方向发展。面向 2035 年及更远的将来，这种绿色、循环经济需要得到政府持续的引导、资金政策支持和法律保障。

与此同时，人们生活方式将越来越环保、节约，不合理和奢侈消费越来越少，共享自行车和公共交通等绿色出行服务系统将得到越来越多人使用，共享经济将逐渐发展壮大，过度包装、食品浪费等现象将遭到绝大多数人反对。个人污染行为惩治、垃圾分类、公共交通工具赔偿等相关制度将不断完善，生态教育制度普及面将不断扩大，环境保护和资源节约制度、理念将融入社会各个领域的方方面面。

三　广东法治发展趋势预测

党的十九大报告提出，从 2020 到 2035 年，在全面建成小康社会的基础上，再奋斗十五年，基本实现社会主义现代化。到那时，人民平等参与、平等发展权利得到充分保障，法治国家、法治政府、法治社会基本建成，各方面制度更加完善，国家治理体系和治理能力现代化基本实现。这为我们描绘了未来广东法治发展的前景和路向。

（一）立法日趋科学化

法治建设立法先行。未来广东地方立法的发展将呈现层次多元、机制成熟、领域广泛、方式规范的态势。

1. 立法层次结构多元，法制的互补性增加

2015 年 3 月 15 日，十二届全国人大三次会议修改通过立法法，赋予设区的市地方立法权。同年 5 月 28 日、9 月 25 日、12 月 30 日，广东省人大常委会分别做出《关于确定佛山、韶关、梅州、惠州、东莞、中山、江门、湛江、潮州市人民代表大会及其常务委员会开始制定地方性法规的时间的决定》《关于确定河源、阳江、茂名、肇庆、清远、揭阳市人民代表大会及其常务委员会开始制定地方性法规的时间的决定》《关于确定汕尾、云浮市人民代表大会及其常务委员会开始制定地方性法规的时间的决定》，分三批确定佛山等 15 个设区市以及东莞、中山两市制定地方性法规的时间。经过十多年的运行，预计经过若干年的运作，这 17 个新增立法主体在立法能力上将得到较大提升，它们与广东省内现有的立法主体，即广东省以及作为较大市的广州的人大及其常委会，深圳、珠海、汕头三个经济特区的人大及其常委会，乳源瑶族自治县、连山壮族瑶族自治县、连南瑶族自治县的人大一起，构成既统一又分层次的地方立法体系。彼时，各地社会治理的法制化程度更高，地方性法规的地方特色更明显；省、市和自治县之间在立法上的分工更精细、明确，出台的地方性法规的互补性更强；三个民族自治县将一改目前立法力量弱、态度不积极和法规数量少的情况，采取更进取的姿态，加强自治条例和单行条例的制定，促进依法治县的进程；而改革开放之初，出于经济体制改革和对外开放的需要而对经济特区的授权立法，将可能因为当年授权条件的丧失、设区市立法权的赋予等因素而被压缩甚至消弭。

2. 区域立法合作加强，法治的联动性增强

未来几年，立法的区域合作将会越来越重视，并且在地方立法中占据重要的地位。这种区域立法合作包括几个层面：一是广东与相邻省份之间；二是广东与香港、澳门之间；三是广东省内有立法权的不同城市之间。形式是联合立法和联合执法检查，目标是形成共建共治共享的社会治理机制和格局，以促进区域性的重大问题的协调解决。这些可能引起区域立法的重大事项，一是区域性的环境问题。以江河治理问题为例。广东水系发达，主要河系为珠江流域的西江、东江、北江和珠江三角洲水系以及韩江水系等，它们中的相当部分流经包括广东在内的不同省份或者省内不同城市①，而且存在不同程度的污染，综合整治和生态修复跨界污染流域将是未来广东生态文明建设的重要内容。在设区市取得立法权前，类似的立法项目由省人大常委会组织起草、实施，这在省人大及其常委会立法资源不足的情况下，往往不堪重负；在设区市取得立法权后，相关市人大常委会也尝试开展立法工作，制定了《中山市水环境保护条例》（2016 年 6 月 1 日起施行）、《汕尾市水环境保护条例》（2016 年 12 月 1 日起施行）等，但是，由于这些都是局限于一城一市的立法，相关城市间的协同机制没有建立，法规实施效果难以保证，因此通过区域立法实现协同治理会是以后十多年地方立法的一个重要方向。二是区域性的交通问题。《广东省澳门机动车入出横琴管理暂行办法》（2016 年 11 月 28 日起施行）只是一个非常初步的甚至不算是这里说的区域立法的规定，但随着粤港澳大湾区的建设，随着城际间交通管理的需要，相关的区域立法会增多。三是区域性的知识产权保护问题。创新驱动是党的十八大提出的国家重大发展战略，党的十九大重申要坚定实施，因此，随着它的推进，在一些有协同发展关系的省与省或者市与市之间，涉及产业转型升级过程中的技术研发、成果转让和产业化等问题的跨区域技术类案件会不断出现（天津市高级人民法院，2017），从而使区域间的依法协同治理成为需要。此外，信用建设、大气防治等问题都可能推动区域立法的发展。

3. 立法领域更加均衡，于法有据更有保障

未来十多年，统筹推进经济、政治、文化、社会建设和生态文明建设"五位一体"总体布局，协调推进全面建成小康社会、全面深化改革、全面依法治国、全面从严治党"四个全面"战略布局，将是广东的主旋律，而这必然在创新驱动、环境保护、社会治理、文化教育、基层民主等方面引发法律调整的需求，从而改变改革开放近 40 年来重经济立法、轻社会、生态、民主政治等立法的情况。在创新发展领域，广东将会在推动产业技

---

① 例如东江、西江、北江、韩江、九洲江等为跨省流域，珠江、佛山水道、西南涌、深圳河、淡水河、石马河、练江、枫江、小东江、独水河、大燕河、乐排河、榕江等为省内跨市江河（广东省人民政府办公厅，2016）。

术体系创新，提高知识产权的创造、运用、保护和管理能力等方面，出台一批地方性法规，并且通过修改不符合创新导向的法规文件，废除制约创新的制度规定，构建起综合配套精细化的法制保障体系；在生态环保领域，将会通过立法建立有效约束开发行为和促进人与自然共生、推动循环低碳发展的生态文明制度，制定并修改土壤、水、大气污染、光污染防治等的地方性法规，强化生产者环境保护的法律责任，大幅度提高违法成本；在社会法领域，社会组织、劳动用工、劳动保护和安全、社会保险、社会福利、社会救济、特殊群体权益保障等的立法将大大填补地方立法在该领域的空白；在行政法领域，行政程序规范、政府信息公开、信用信息管理、大数据征集和使用等，将成为立法的重点；在基层民主方面，社区居民委员会选举制度的建立、村民委员会选举制度的完善、劳动利益争议的解决机制的健全、非户籍人口的政治参与等，将通过立法实现。值得注意的是，在经历了一轮喷发式的立法后，设区市将在 2035 年前后进入法规清理的高峰期，而对于省人大常委会以及原来已有立法权的人大常委会来说，法规清理将成为常态。

4. 立法工作机制成熟，更加科学民主依法

健全立法制度和机制，是提高立法质量的前提和基础。从目前的立法体制来看，国家建构、单元推进的色彩浓重，社会动力不足。由于立法力量和能力欠缺以及改革开放以来形成的行政主导立法的现实，之前一些从事立法工作的人大专门委员会和人大常委会工作委员会习惯于坐等政府部门的立项建议和法规草案。这在当下中国处于社会转型的关键期，多元化、自由化、扁平化倾向所带来的社会风险日益加剧（马长山、郭海霞，2016）的情况下，难以满足社会公众的多元诉求，也不利于市场经济发展的法治化要求的。因此党的十八届四中全会提出，要健全有立法权的人大主导立法工作的体制机制，发挥人大及其常委会在立法工作中的主导作用。可以预见，未来十多年，在党对立法工作的领导下，人大主导立法工作的体制机制将比较健全并在实践中得到较好的运用，立项、起草、审议、评估各项制度规范完善，人大组织起草、第三方起草和多元起草法规草案将成为常态。同时，更多的人大代表更实质地参与立法全过程，公民有序参与立法途径也得到拓宽，互联网、大数据和智库组织在助推地方立法的科学性、民主性方面将起到积极的作用。科学立法、民主立法、依法立法深入推进，以良法促进发展、保障善治的局面基本形成。

（二）执法日趋严格化

法律的生命力在于实施，法律的权威也在于实施。要全面推进依法治国，形成高效的法治实施体系至为关键。预计到 2035 年，随着职能科学、权责法定、执法严明、公开公正、廉洁高效、守法诚信的法治政府基本建成，执法体制更加完善，执法工作程序化、规范化、公开化程度达到新的高度，政府公信力和执行力显著增强，广东依法行政水平将处于全国前列。

1. 政府职能全面依法履行，组织结构更加优化

从统治走向治理是当今世界变革的必然趋势，而治理法治化是其必然要求。目前来看广东依法行政的"软"环境仍存在一些问题：政府行政权力边界不清，行政审批改革落实不到位，行政权力下放不够等。相关问题的存在势必会导致社会管理混乱和经济运行失序，影响建成法治政府目标的实现。

目前广东围绕转变和依法全面履行政府职能，正在大力推行权责清单并实施动态管理，全面推广"一门式一网式"政务服务模式，积极推进相对集中行政许可权试点工作，深化商事制度改革，深入推进涉企行政事业性"零收费"改革，扎实推动企业投资审批体制改革，加强社会信用体系建设。未来，广东的政府工作将全面纳入法治轨道。第一，政府职能转变持续推向深入，在简政放权、规范监管、优化服务重要领域和关键环节取得新进展，政府权力清单制度得到全面推行，各级政府机构、职能、权限、程序、责任法定化得到推进。第二，在行政管理中合法性底线得到坚守，现行不合理的行政管理事项得到清理。第三，在行政权力集中的部门和岗位实行了分事行权、分岗设权、分级授权，定期轮岗，不断强化内部流程控制，以防止权力滥用。

2. 执法体制改革成果显现，法治实施效率提升

深化行政执法体制改革既是法治政府建设的重要推动力，也是建设法治政府的重要内容（马长山、马靖云，2015）。目前执法体制存在着权责交叉、界限不清、多头执法等问题，执法"缺位""越位""错位"的现象备受诟病，影响了行政执法的有效性和公信力。

未来，随着改革的推进，广东的行政执法体制将朝着成熟、规范、权威、高效的方向发展，法律法规得到严格实施，行政违法或不当行为明显减少，社会治理格局显著优化。具体表现在：市场监管领域综合执法改革成效显著，服务业准入限制放宽的同时，市场监管体制不断完善，市场监管手段不断创新；执法重心下移不断推进，综合执法、跨部门执法机制不断健全；中国（广东）自由贸易试验区综合行政执法体制改革完成，制度化成果得到总结推广；城市执法体制改革深入推进，治理方式不断规范，执法和服务水平不断提高；行政执法和刑事司法衔接机制不断完善，制度建设、程序规定不断健全，信息共享、案情通报、案件移送机制依法运行。

3. 执法严格规范公正文明，法律权威明显增强

严格规范公正文明执法是全面推进依法治国的重要内容。目前一些执法人员责任感不强、法律意识淡漠，一些部门权力制约不够、自由裁量权过大，不执法、乱执法等现象以及以权谋私、执法寻租等问题依然存在，与严格、规范、公正、文明的执法要求仍有一定距离。加强法治建设必须严格执法，以执法捍卫法律权威。

在迈向2035年的现代化进程中，推动执法工作严格规范公正文明的一系列体制机制制度建设将不断深化完善。在执法程序方面，程序规定明确具体，制度体系建立健全，执法全过程记录等制度运行取得实效；在执法监督机制方面，内部执法监督机制作用得到充分发挥，明确各执法监督部门的职责，理顺工作关系，各司其职，互相配合，助力形成监督合力；在行政裁量权基准制度方面，行政裁量标准得以细化、量化，裁量范围、种类、幅度得到规范，行政执法裁量权得到明确的规范；在执法信息化方面，执法责任制信息系统得到完善，执法人员及其主要执法行为都纳入了信息化管理，实现执法信息的网络传输和集中共享；在执法责任制方面，严格确定不同部门及机构、岗位执法人员执法责任和责任追究机制，以排除对执法活动的干预；在惩治执法腐败方面，不文明执法行为得到纠正，腐败执法行为得到严厉惩治。

（三）司法坚守公正性

公正是法治的生命线，要让人民群众在每一个司法案件中感受到公平正义。在迈向2035的现代化进程中，广东司法体制改革成果将会逐渐显现，互联网因素将会逐步介入，公正高效权威的社会主义司法制度有望建成。

1. 司法体制改革修成正果，法治保障坚强有力

从司法责任制改革到以审判为中心的刑事诉讼制度改革，从设立巡回法庭的便民改革到提起公益诉讼的维护公共利益改革，司法体制改革的主体框架已基本确立（彭波，2017），但仍处于攻坚期和深水区，司法行政工作中一些体制性、机制性、保障性障碍和问题还没有得到根本解决，深化改革的任务仍很繁重。

开展司法体制改革是中央落实依法治国基本方略的重大部署，目前广东在多地开展司法体制改革试点工作，并逐步向多地市区推展。根据《广东省司法体制改革试点方案》及6个子方案的规划安排，随着司法体制改革工作的深入推进，广东司法责任制、司法人员分类管理制度将全面建立，司法人员职业保障制度将得到健全，省以下地方法院检察院人财物统一管理将有序进行，有效避免了司法的地方化、行政化，为法治国家、法治政府、法治广东建设助力。

2. 司法职权配置不断优化，权力制约逐步强化

当前，由于司法体制机制尚未理顺，新的体制机制尚未有效建立，公检法的司法职权配置存在一定的交叉重叠，多头司法等问题在一定范围内存在，不同层级的司法机关行政隶属色彩深厚。尽管有这些问题的存在，但广东的司法改革一直在路上，并且一直走在全国的前列。目前，主要是落实《广东省司法体制改革试点方案》及其6个子方案：《广东省法院健全审判权运行机制、完善审判责任制改革试点方案》《广东省健全检察权运行机制、完善司法责任制试点方案》《广东省法官、检察官职业保障制度改革试点方案》《广东省法院人员分类管理和法官统一提名管理改革试点工作方案》《广东省检察机关人员分类管理和检察官统一提名管理改革试点工作方案》《广东省省以下法院、检察院财物统一管理实施方案》。此外，广州南沙、珠海横琴与深圳前海的法院、检察院、司法局，充分利用自由贸易实验区先行先试的优势，大胆进行各项制度创新，为全省乃至全国提供可复制可推广的"广东经验"。

推进公正司法，以优化司法职权配置为重点，健全司法权力分工负责、相互配合、相互制约的制度，是未来司法体制改革的重点。随着审判权与执行权相分离的体制改革接近尾声，侦查权、检察权、审判权、执行权相互配合、相互制约的体制机制将全面建立健全；跨行政区划的人民法院和人民检察院改革工作步入正轨，实现从试点走向全面推进，有效打破地方保护主义。至此司法职权配置得以优化，权力之间的相互制约监督得以加强。

3. 人民群众踊跃参与司法，司法公正明显增强

随着法治的不断发展和完善，公众对司法的参与在很大程度上表现出的只是热情，仅体现在对大案、热案的评议上，对于更多的没有成为社会焦点的案件，公众动力不足，参与较少，在司法过程中表现出的是非理性盲从和盲目地评价。

未来十多年，结合司法体制改革，广东将努力营造公众参与的制度环境和文化环境。可以预见，司法公开的体制机制将进一步建立健全，公众的参与将不再局限于审判环节，而是由参与审判扩展到参与整个诉讼活动，对调解、信访等司法活动的参与更加制度化、规范化；人民陪审员制度将会得到改革完善；"阳光司法"活动将进一步深入推进，移动互联环境下司法公开途径将不断拓展，司法公开的广度和深度将不断拓宽，依托信息化以实现审判执行工作全程留痕等措施将审判权和执行权的运行更好地置于社会的广泛监督之下，促进公正高效廉洁司法。届时，将形成人民群众踊跃参与司法，依靠人民推进公正司法的局面。

（四）守法凸显全民性

国无长强，无常弱，奉法者强则国强，奉法者弱则国弱。法治中国的最终形成，离不开全民信法、守法、用法的社会环境。随着法治广东建设进程的加速，全民敬畏法律、自觉守法、理性用法的局面将形成。

1. 全民普法守法氛围浓厚，全民法治意识不断增强

全民普法和守法是依法治国的长期基础性工作，深入开展法治宣传教育是贯彻落实党的十八届四中全会和党的十九大精神的重要任务，也是全面建成小康社会的重要保障。由于广东人口流动加快，带来了普法对象的新变化：农村实际人口减少，城镇流动人口大幅增加，是普法的难点和死角；劳动力流动性大，社会的组织化程度降低，统一、有组织的普法十分困难；农民、产业工人是人口主体，恰恰对这部分人的普法是薄弱环节。

根据《中央宣传部、司法部关于在公民中开展法治宣传教育的第七个五年规划（2016—2020年）》并联系广东实际，广东的普法工作将向以下

方面发展：第一，宣传范围进一步拓展，宣传方式进一步创新，法治文化建设进一步推进。经济和社会的发展呼唤着法制宣传教育工作的革新，并向公众提供个性化、交互性、全方位的法制宣传和法律服务。第二，普法依法治理工作的立法进程加快，法治宣传教育工作的法制化、规范化进程加速，实现了普法依法治理工作有法可依，有法必依，促使普法依法治理工作迈上新台阶。第三，构建起普法依法治理工作的新格局，在法制宣传教育领域将建立健康的运行机制，创新的管理机制，可靠的保障机制，有力的监督机制。未来，普法宣传教育机制将进一步健全，法治宣传教育实效性进一步增强，依法治理进一步深化，全民法治观念和全体党员党章党规意识明显增强，全社会厉行法治的积极性和主动性明显提高，守法光荣、违法可耻的社会氛围逐渐形成。

2. 实现多层次宽领域治理，社会治理水平不断提高

多层次多领域依法治理是法治社会建设的重要内容，也是创新社会治理、实现社会善治的必由之路。在法治广东建设中，将进一步深化基层组织和部门、行业依法治理，发挥社会规范在社会治理中的积极作用；不断深入开展多层次多形式法治创建活动，发挥人民团体和社会组织在法治社会建设中的积极作用；加快深入推进社会治安综合治理，朝着提升社会治理现代化水平方向发展。

随着法治实践的不断深化，多层次宽领域依法治理进一步提升。首先，基层组织和部门、行业依法治理得以不断推进。基层组织和部门、行业是社会的重要组成单元，在社会治理中具有重要地位。在《法治广东建设第二个五年规划（2016—2020 年）》实施期间以及之后，针对性强的法治文化创建活动充分展开，全社会依法治理的意识和水平将不断提高。其次，社会规范在社会治理中的作用得以有效发挥。法治是法律之治、规则之治。在社会治理法治化发展中，广东的市民公约、乡规民约、行业规章、团体章程统一整合进程加速，助力形成多层次、多样化的社会治理规则体系，以引导和支持全民通过规约章程实现自我约束、自我管理。再次，多层次多形式法治创建活动得以深入开展。根据不同类型社会主体的性质、功能和特点，制定的符合实际、特色鲜明的法治创建目标和实施方案，使创建活动务求实效。最后，人民团体和社会组织在法治社会建设中的积极作用得以实现。人民团体是党领导下的群众组织，是党联系人民群众的桥梁和纽带，在法治社会建设中肩负重要责任。市场经济条件下，社会组织是政府与市场之间、政府与社会之间、政府与公民之间的桥梁和纽带，是社会治理的重要主体。总体而言，广东将不断完善社会组织发挥作用的机制和制度化渠道，不断创新对社会组织的培养扶持机制和方式，并将适合由社会组织提供的公共服务和解决的事项交由社会组织承担，通过政策指引，充分发挥人民团体和社会组织在法治社会建设中的积极作用。

3. 法律服务体系相对完备，法律帮助提供及时有效

《广东省基本公共服务均等化规划纲要（2009—2020 年)》（2017 年修编版）将构建全面覆盖城乡的公共法律服务体系列为省委、省政府的工作重点。努力做好公共法律服务体系建设，完善法律服务体系是省委、省政府赋予司法行政机关的重要职责，也是广东法治建设的重要环节。目前广东公共法律服务体系建设各项工作扎实推进，并将朝着形成完备的法律服务体系方向发展，使人民群众在遇到法律问题或者权利受侵害时得到及时有效的法律帮助。

在法律服务网络方面，法律服务向基层延伸工作将得到有效推动，县域律师事务所和公证处将得到大力发展，基层法律服务所将不断规范完善，并建立起县乡村一级法律援助服务点，助力加快实现基层村居法律服务的全覆盖。在法律服务领域方面，与全面深化改革密切相关的法律服务工作不断深入，教育、就业、社会保障、医疗卫生、住房保障、文化体育等民生关键领域的法律服务进一步拓展，服务人员参与信访、调解、群体性案（事）件处置工作机制得到健全完善。在法律服务方式方面，法律顾问和非诉讼的服务方式、服务内容和服务标准得以大幅创新。实现综合性服务方式创新，法律服务资源有效整合，法律服务流程不断优化，并构建起综合性一站式法律服务平台。同时，搭建起法律服务信息化平台，实现省、市、县、乡四级的法律服务信息化网络畅通连接。

4. 合法维权机制不断健全，矛盾纠纷解决路径多元

我国已进入经济发展新常态。新常态虽然不意味着社会转型的结束，但在治理方式上会逐步倾向于常规化、制度化。以往运动化、应急式的建构会逐步减少，需要加强顶层设计、制度建构（最高人民法院，2015）。党的十八届四中全会提出，健全社会矛盾纠纷预防化解机制，完善调解、仲裁、行政裁决、行政复议、诉讼等有机衔接、相互协调的多元化纠纷解决机制。这就需要在治理法治化进程中，积极探索建立符合时代需求的多元规则秩序。

因此，广东在迈向 2035 年的现代化进程中，矛盾纠纷解决路径呈多元化、法制化发展态势。第一，纠纷解决和社会治理将进一步向精细化方向发展，法院在推进多元化纠纷解决机制中仍会继续发挥核心作用，但更重要的是通过立法加以实质性的保障和推动，特别是建立法定前置调解制度和法院委托调解的规范化，以保障相关改革措施的正当性和可持续发展。第二，将对各种专门性纠纷解决机制进行实体法与程序法结合的整体建构，建立专门化的非诉讼程序并与司法程序相衔接。第三，整合民间调解，目前狭义的人民调解已经不足以涵盖各种民间调解情形，而以不同形式存在和运行的民间调解缺乏法律的调整。因此，需要通过法律对人民调解以外的民间性调解机制、特别是市场化机制进行法律规范，在推动保障的同时，加强管理和规制。第四，根据各行政部门的职能和特点，加快建构合理、高效、负责的行政性纠纷解决机制。第五，在全社会倡导协商性纠纷解决文化，鼓励引导当事人通过非诉讼程序解决纠纷。

（五）治党全面并从严

全面从严治党，核心是加强党的领导，基础在全面，关键在严，要害在治（习近平，2016）。未来，广东将在坚持思想建党、加强党风廉政建设和制度建设、严肃党内政治生活、强化自身和群众监督、推动全面从严治党向基层延伸、增强管党治党意识等方面继续发力，党内配套性、实施性的法规制度体系将不断完善，党员党性意识、法治意识明显增强，基层组织建设不断创新、不断优化、全面进步、全面过硬，党建科学化水平大大提高，党依法执政能力大大增强，全面从严治党工作取得新的成效。

1. 完备的党内法规体系形成，从严管党基础牢固

党内法规既是管党治党的重要依据，也是建设社会主义法治国家的有力保障。新形势下，以更高标准、更严要求来看，党内法规还存在着一些亟待解决的问题。从广东的情况来看，主要是党内配套性、实施性法规尚不完善，党内法规执行不到位等。

随着党的十九大精神的落实，可以预计，广东将在不断实践、创新的基础上，在突出工作重点，坚持目标导向和问题导向相统一原则的指引

下，不断建立完善内容科学、程序严密、配套完备、运行有效的党内法规制度体系。同时，党的工作和党的建设制度化、规范化、程序化水平不断提高，党内法规和规范性文件的评估清理常态化，立改废释工作实现统筹推进，全面浇筑从严治党的根基。

2. 思想建党与制度治党同步，从严治党坚持不懈

习近平总书记在党的群众路线教育实践活动总结大会上强调："坚持思想建党和制度治党紧密结合。从严治党靠教育，也靠制度，二者一柔一刚，要同向发力、同时发力。"（习近平，2014）全面从严治党的根本途径，就是要把思想建党和制度治党有机地统一起来，夯实思想基础，完善制度保障。广东一直注重制度改革和创新，在反腐败具体制度的设计上，充分利用毗邻香港的便利，对香港廉政公署的独特制度设计和运行机制进行研究，对其成功经验，因地制宜地进行借鉴吸收，从新闻舆论监督、政府信息公开、防止利益冲突、财产申报与公开等方面，全方位地建立健全反腐败机制，更好地将预防和反腐败纳入制度化、法治化的轨道。同时，为中央反腐败制度的顶层设计，提供广东先行先试经验。

在坚定不移全面从严治党中，广东将在思想建党和制度治党方面取得新突破。在思想建党方面，党员、干部的人文素养和精神境界不断提升，党性修养不断加强，逐步使党内纪律规矩成为全党的自觉，加快形成守纪律讲规矩的良好政治生态。在制度治党方面，配套措施制度不断创新完善，纪律制度创新和已有制度实现有机结合，实现用制度管权管事管人，推动形成制度治党的完整体系。

3. 党风建设和廉政建设并行，取得压倒性的胜利

在十八届中央纪委五次全会上，习近平总书记强调，反腐败斗争形势依然严峻复杂，主要是在实现不敢腐、不能腐、不想腐上还没有取得压倒性胜利，腐败活动减少了但并没有绝迹，反腐败体制机制建立了但还不够完善，思想教育加强了但思想防线还没有筑牢，减少腐败存量、遏制腐败增量、重构政治生态的工作艰巨繁重（习近平，2015）。

十八大以来，广东纪检监察机关共立案 51194 件，超过前 10 年立案数总和；查处地厅级干部 470 人，是前 10 年的 1.6 倍，居全国前列。[1] 随着

---

[1]　汤南、粤纪宣：《广东五年查处厅官 470 人》，人民网，2017 年 4 月 12 日。

反腐败斗争的持续深入，未来广东反腐工作的重心将逐渐向预防转移，朝着实现不敢腐的目标、扎牢不能腐的笼子、增强不想腐的自觉的方向努力，夺取反腐败斗争压倒性胜利。

（六）监督规范且严密

形成严密的法治监督体系，是党的十八届四中全会和党的十九大提出的新要求，也是法治广东建设的重要内容。经过若干年的努力，广东将构建起党统一指挥、全面覆盖、权威高效的监督体系，党内监督同国家机关监督、民主监督、司法监督、群众监督、舆论监督相互贯通配合，立法、执法、司法等重点领域监督和党内监督不断强化；事前监督机制不断完善，与事后监督机制一并发挥监督实效；网络监督将常态化和规范化，权力运行得到切实的约束和规范。

1. 健全制度环环紧扣，宪法实施监督不断强化

维护宪法尊严、保证宪法实施，追究和纠正一切违反宪法的行为，是法治监督最根本的任务。虽然宪法和相关法律已经确立了法律监督制度，但尚未真正运作起来，无论是全国人大常委会还是国务院几乎都没有正式启动过一次违宪或违法的审查，"改变撤销机制"几乎处于闲置状态（冯玉军，2016）。

随着全国人大及其常委会宪法监督制度的完善和宪法解释程序机制的健全，在迈向 2035 年的现代化进程中，广东的备案审查制度和能力建设将不断加强，所有规范性文件都将纳入备案审查范围，对违宪违法的规范性文件将启动改变撤销机制，以发挥警示作用，提高各类各级机关、组织维护法制统一的自觉性，不断深入推进宪法实施和监督制度化工作。

2. 突出重点规范运行，权力制约监督不断强化

行政权力具有管理事务领域宽、自由裁量权大等特点，法治监督的重点之一就是规范和约束行政权力。推进权力监督，必须增强监督合力和实效，加快形成配置科学、职责明确、协调有力、运行顺畅的行政权力制约和监督体系。

在迈向 2035 年的现代化进程中，广东将依法、全面、严格、切实执行有权必有责、用权必担责、滥权必追责制度和权力清单制度；将健全纠错问责机制，并强化对行政权力制约监督；将建立起常态化监督制度；审计制度得到完善，保障依法独立行使审计监督权；行政执法和刑事司法衔接机制不断健全，并建立起行政执法机关、公安机关、检察机关、审判机关信息共享、案情通报、案件移送制度，克服当下有案不移、有案难移、以罚代刑现象，实现行政处罚和刑事处罚无缝对接。

3. 深化改革杜绝漏洞，司法活动监督不断强化

加强对司法活动的监督，是解决司法突出问题、完善中国特色社会主义司法制度的必然要求。设立检察机关并赋予其对司法活动进行监督的职责，是党和国家为加强对司法活动的监督、维护司法公正和廉洁做出的重大制度设计。在广东法治建设工作中，检察机关应积极发挥司法监督职能，在监督范围、监督方式、监督制度方面不断努力，不断突出监督重点，加大监督力度，完善监督机制，提升监督能力，以更加有力、有效的法律监督促进形成严密的法治监督体系。

十八届中央纪委六次全会明确提出研究修改《中华人民共和国行政监察法》，建立覆盖国家机关和公务人员的国家监察体系，使党内监督和国家监察相互配套，依法治国和依规治党相互促进、相得益彰；七次全会再次提出扎实推进监察体制改革，在试点取得经验的基础上，制定国家监察法，设立国家监察委员会，依法对所有行使公权力的公职人员违法行为实施监督、调查、处置（闫鸣，2017）。这意味着，目前检察机关内的反贪污贿赂局、反渎职侵权局以及职务犯罪预防部门都将整合进入监察委员会，从而引起监督体制、机制、制度、效能等多方面的变化。

4. 监察体系不断完善，权力运行制约监督加强

党的十九大明确提出，深化国家监察体制改革，健全党和国家监督体系。这是党中央审时度势做出的重大决策部署，旨在解决行政监察覆盖范围过窄、反腐败力量分散、纪律与法律衔接不畅等问题，实现国家监察理念思路、体制机制、方式方法的与时俱进，以有效提升运用法律治理国家的能力，把制度优势转化为管理国家的效能。

为落实党的十九大这一重大决策，近日中共中央办公厅印发《关于在全国各地推开国家监察体制改革试点方案》，部署在全国范围内深化国家监察体制改革的探索实践，推进省、市、县三级监察委员会组建，实现对所有行使公权力的公职人员监察全覆盖。随着国家监察体制改革的推进，查处贪污贿赂、失职渎职以及预防职务犯罪的反腐败力量得到有效整合，

各级监察委员会职责法定明晰、运作规范高效，全面覆盖国家机关及其公务员的国家监察体系已经形成并且有效发挥作用，集中统一、权威高效的监察体系构建完成。

（七）粤港澳一体化

党的十九大提出，要支持香港、澳门融入国家发展大局，以粤港澳大湾区建设、粤港澳合作、泛珠三角区域合作等为重点，全面推进内地同香港、澳门互利合作。未来，广东将进一步发挥毗邻港澳独特优势，以粤港澳大湾区建设为契机和抓手，发挥先行先试优势，放大"改革实验田"效应，在合作中推进与港澳在制度建设和执法程序等方面的协作、对接和衔接，推进粤港澳三地的对话协商与纠纷解决机制平台建设。

1. 区际协议不断增补完善，服务贸易开放力度加大

目前，粤港澳的法制现状是"一国两制"下三个独立的法律体系，三地经贸合作所需的商事法制支撑系统，主要是以本质上属于 WTO 区际协议的 CEPA 协议作为促进内地与港澳经贸关系更紧密发展的区际双边协议，其主旨在于促进贸易投资便利化。《内地与香港关于建立更紧密经贸关系的安排》（以下简称 CEPA）是内地全面实施并接受世贸组织审议的最早的自由贸易协议之一，也是香港签署的第一个自贸协议（赵博、石龙洪，2017）。其主体文件及六份附件于 2003 年 6 月 29 日签署，此后，以 CEPA 补充协议的方式渐近地推进合作并完善法律文本。截至 2013 年 8 月 29 日，已经签署到 CEPA 补充协议十。2014 年 12 月 18 日，签署《〈内地与香港关于建立更紧密经贸关系的安排〉关于内地在广东与香港基本实现服务贸易自由化的协议》，自 2015 年 3 月 1 日起实施。2015 年 11 月 27 日，在广东先行先试的基础上签署《CEPA 服务贸易协议》（2016 年 6 月 1 日起实施）。2017 年 6 月 28 日，签署《CEPA 投资协议》（2018 年 1 月 1 日起实施）和《CEPA 经济技术合作协议》。其中，《CEPA 投资协议》是内地首次以负面清单方式对外签署的投资协议，将 CEPA 投资承诺扩展至非服务业，并附有最惠待遇条款。《CEPA 经济技术合作协议》则将"一带一路"建设在经贸领域的合作纳入 CEPA 的框架下，设立了次区域经贸合作专章，增加推进三地在泛珠三角区域等重大合作平台的经贸合作、支持香港参与内地自贸试验区建设、建设中葡商贸合作服务平台等内容，新增了"法律

及争议解决合作"和"会计合作"条款。这两个协议的签署是按照国家
"十三五"规划提出的"加大内地对香港开放力度,推动 CEPA 升级要求"
的具体落实;是内地与香港在"一国两制"框架下按照世贸组织规则做出
的特殊经贸安排,是再次以区际协议的法治方式授予广东先行先试的权
限。CEPA 框架下的最新实践是国务院关税税则委员会决定,对新完成原
产地标准磋商的 6 项香港原产商品和 27 项澳门原产商品,自 2017 年 7 月 1
日起实施零关税。

鉴于国际商业纠纷的解决过程中,仲裁的比重越来越大,同时,市场
经济的发展使得中国商事仲裁已日益形成一个巨大的服务市场,随着我国
市场经济改革的纵深发展,商事仲裁服务市场已经形成,国际上已有多家
仲裁机构正试图以跨境服务和商业存在等方式进入内地商事仲裁市场。广
东自由贸易实验区要成为服务内地、连接港澳的商业服务中心、科技创新
中心和教育培训基地以及临港产业服务业的配套合作区,完善的商事仲裁
体系不可或缺。目前,广东深圳与珠海已经分别试点,成立中国自贸试验
区仲裁合作联盟,制定珠海国际仲裁院国际化仲裁规则(广东省人民政
府,2015);在深圳前海投资的企业也可以选择香港法律作为适用法律以
及选用香港作为仲裁地(广东省人民政府,2015);由广州仲裁委员会牵
头,联合香港和澳门等地的仲裁机构,与南沙区共同筹建的中国南沙国际
仲裁中心已挂牌。从公信力和方便快捷的角度看,通过签订新的 CEPA 补
充协议,增加开放仲裁服务部门,在广东自贸区直接试点引进香港商事仲
裁机构是进一步深化合作的可考虑选项。

2. 区际行政协调平台逐步搭建,合作发展实现瓶颈突破

粤港澳三地行政架构及其运作差异较大,需要构建区域经济一体化的
行政协调机制。目前,对于涉及宜居大湾区的跨境环境保护和生态修复方
面的三地合作,主要是通过政府间的政策性行政协议来实现。例如《粤港
澳区域大气污染联防联治协议书》《粤港清洁生产合作协议》等。同时,
广东也出台了大量省级地方立法,以提升广东全省的生态环境质量,保证
对香港的供水质量,以及减少珠江三角洲空气污染、珠江口、大亚湾、深
圳湾水质污染对香港区域(重点包括大气、海豚洄游、西贡自然保护区、
米埔联合国自然保护区)等的环境影响。2012 年 5 月,广东省政府出台
《广东省生态保护补偿办法》;2014 年 4 月 1 日起实施《广东省排放污染物

许可证管理办法》。此外，广东还先后出台了《广东省东江水系水质保护条例》等13部法规规章，成立了专门的水质保护监察机构，划定了2800平方公里水源保护区，实行最严格的水资源管理；专门成立东江流域管理局，对东江流域水资源实行统一管理、配置、调度和保护。通过全年水量调度，每年枯水期，东江流域新丰江、枫树坝和白盆珠三大水库可调水量50多亿立方米，可满足东江流域3个枯水年的供水需求，确保对港供水安全。

2017年7月1日，国家发展和改革委员会、广东省人民政府、香港特别行政区政府、澳门特别行政区政府在香港共同签署了《深化粤港澳合作推进大湾区建设框架协议》。按照协议确立的合作目标，粤港澳三地及粤港澳大湾区的定位是：强化广东作为全国改革开放先行区、经济发展重要引擎的作用，构建科技、产业创新中心和先进制造业、现代服务业基地；巩固和提升香港国际金融、航运、贸易三大中心地位，强化全球离岸人民币业务枢纽地位和国际资产管理中心功能，推动专业服务和创新及科技事业发展，建设亚太区国际法律及解决争议服务中心；推进澳门建设世界旅游休闲中心，打造中国与葡语国家商贸合作服务平台，建设以中华文化为主流、多元文化共存的交流合作基地，促进澳门经济适度多元可持续发展。努力将粤港澳大湾区建设成为更具活力的经济区、宜居宜业宜游的优质生活圈和内地与港澳深度合作的示范区，携手打造国际一流湾区和世界级城市群。上述协议在一定程度上弥补了《粤港合作框架协议》法律地位不明确的漏洞，对于现在正在进行或将来计划进行的粤港澳跨区域工程的合作顺利有极大的促进作用。（国家发展和改革委员会、广东省人民政府、香港特别行政区政府、澳门特别行政区政府，2017）

3. 三地司法协调平台逐步建立，司法合作实现良性互动

粤港澳三地的司法协助平台建设的路径是：广东提供先行先试的个案经验，由最高人民法院发布司法解释，并与港澳特区立法相结合，构建区域经济一体化的司法协调机制。港澳回归之后，两地人员往来日益频繁，经贸合作更加密切，互涉案件不断增多。根据《中华人民共和国香港特别行政区基本法》第九十五条的规定及实践需要，经多次磋商，2006年7月14日，最高人民法院与香港特别行政区签署《关于内地与香港特别行政区法院相互认可和执行当事人协议管辖的民商事案件判决的安排》（以下简称两地判决安排）。2008 年 8 月 1 日，香港颁布实施《内地判决条例》，将认可内地判决的范围限定为：1. "书面协议管辖" 的民商事判决，指当事人书面约定由内地法院排他性管辖（或称专属管辖、唯一管辖）的民商事纠纷生效判决。2. "具有执行力的终审判决"，包括判决书、裁定书、调解书、支付令。要求该判决对判决各方而言，是最终及不可推翻的判决，是可以在内地执行的。2017 年 2 月 27 日，最高人民法院与香港特区签署《关于内地与香港特别行政区法院就民商事案件相互委托提取证据的安排》（以下简称《相互委托取证安排》），自 2017 年 3 月 1 日起生效。《相互委托取证安排》规定了适用范围、联络机关、办理程序等事项，旨在为两地相互委托取证工作的开展提供明确指引和制度性安排。该安排生效后，民商事案件当事人可以分别通过两地联络机关向对方法院请求协助询问证人、取得文件、扣留财产、取样鉴定等，将在很大程度上减少两地法院在审理民商事领域互涉案件时面临的障碍。《相互委托取证安排》的签署，是内地和香港特区司法协助商签工作停滞十年后取得的一项重大突破。是两地司法协助的里程碑，也是两地以司法文件形式贯彻落实 "一国两制" 方针的重大举措，必将有助于提高两地民商事案件审理效率，有助于切实维护当事人合法权益。

目前，粤港澳的合作已从紧密合作进入到深度合作期。总的来看，三地司法合作呈现阶段性的发展趋势。三地司法界紧密协作，有序推进内地与港澳相互认可和执行婚姻家事案件判决的安排、相互认可和执行非当事人协议管辖民商事案件判决的安排等其他司法协助安排的商签工作。目前的司法合作工作主要是将从案件管辖、法律适用、调查取证、判决承认与执行、司法文书送达等方面加强三地司法合作，加快区际协议的进一步落实，专项法律合作研究得到推进，内地与港澳法律制度的衔接及协调更加顺畅。同时，推广复制自贸区法院司法改革成果，创新区际司法合作。在迈向 2035 年的现代化进程中，将建立起包括粤港澳三地诉前信息共享、诉中联动调解和诉后执行协调制度以及多元化解涉港澳民商事纠纷的立体平台在内的粤港澳三地司法合作机制。

4. 大湾区制度建设日趋完善，求同存异实现共建共享

珠江三角洲地区是我国改革开放的先行地区和重要的经济中心区域，而香港、澳门的国际化程度已经非常高，三地优势互补携手打造亚太地区最具活力和国际竞争力的世界级城市群的条件成熟。在"一带一路"倡议的全球参与、合作共赢的大背景下，进一步的深度合作需要法律制度作为强有力的支撑系统。以广东先行先试承诺条款方式扩大 CEPA 的调整和适用范围，并梳理内化到地方法制中，在进一步开放合作中向规则制定的引领者转变。推进形成湾区引领的对外开放新格局，进而提升我国开放型经济水平，推动中国经济转型升级。

粤港澳大湾区将成为我国推进"一带一路"建设的重要引擎，反过来又为三地经济发展带来全新机遇。随着粤港澳大湾区建设不断推进，大湾区合作平台将很快建成，区域性行政壁垒逐渐减少，助力港澳企业进入粤地发展；相关法律法规得到完善，形成法治化、国际化的营商环境；统一开放、竞争有序的现代化市场体系建成，促进大湾区有序协调发展。

（八）营商环境国际化

市场化、法治化、国际化营商环境是有效开展国际交流与合作、参与国际竞争的重要依托，建设与全球市场接轨的营商环境是经济全球化背景下参与国际交流与合作的客观需求。在迈向 2035 年的现代化进程中，广东将建立起完善的市场化、法治化、国际化营商环境制度框架；政府职能进一步优化，政府在经济调节、市场监管、社会管理和公共服务等方面的主导作用进一步发挥；竞争有序的市场环境进一步构建；得益于与国际接轨的制度和开放型的经济体系，营商环境软实力逐渐增强。

1. 建设开放型经济体系，营商法制国际化框架形成

伴随世界经济呈现周期性的低迷，广东以往的外向型经济也遭遇了巨大的挑战。如此背景之下，广东需要将以往的以特殊政策优惠为重点，转向营造共赢的营商环境，从而重新塑造对外资的吸引力（董立龙，2017）。

在营商环境中，首要的就是建构营商法制的国际化框架。国家目前正在推进供给侧结构性改革，这项改革的要义就是提供有效供给。营商法制的国际化框架作为一种公共产品，事实上也面临着供给侧改革。伴随着开放型经济体系的完善，2035 年，广东将形成较为完善的市场化、法制化、国际化的营商框架，主要包括能够与国际接轨的竞争有序的市场框架、公平的法制框架、透明高效的政务框架，发挥这种环境因素对广东经济发展的推动作用。

2. 建设法治化经济体系，营商法治国际化逐步实现

近年广东在营商法治国际化方面取得了显著成效，但仍然面临不少困难和问题，主要表现在以下几个方面：营商制度建设不健全；政务服务水平有待提高；市场秩序不够规范；社会活力未有效释放。在加快推进经济转型升级，大力推进大众创业、万众创新的大背景下，营造公平自由快捷的法治化营商环境具有重要意义。

为形成市场化、法治化、国际化营商环境，省委、省政府从多方面着手，建立完善与国际接轨的商事制度。在迈向 2035 年的现代化进程中，与国际贸易投资规则相适应的涉外法律法规将进一步健全，国际惯例和市场经济规则将得到普遍尊重和认同；全面树立起以法为纲和良法善治理念，营商环境规制体系不断完善，依法行政、公正司法水平不断提升，促使法治化营商环境成为广东吸引外贸的核心竞争力和软实力。广东作为改革开放先行地，将构建起更高水平的开放型经济新格局，形成对标国际一流的营商环境，国际竞争力将不断增强。

3. 谋求现代化经济发展，营商环境国际化水到渠成

从外部环境上看，目前美、欧、日三大经济体力图通过 TPP（跨太平洋伙伴关系协定）、TTIP（跨大西洋贸易与投资伙伴协议）和 PSA（多边服务业协议）形成新一代高规格的全球贸易和服务规则，试图以此另起炉灶建立世界经贸体系的新秩序来取代 WTO，全球开放经济规则的高级化成为一种趋势。从内部环境上看，广东的外向型经济依靠大力发展开发区、吸引 FDI（对外直接投资）等方式取得了很大成就，与此同时，金融危机之后国内外经济条件发生了重大变化：主要发达国家的经济持续低迷，国际贸易摩擦加大，国内劳动力等要素价格持续上涨，生态环境压力加大，欧美发达国家的再工业化等。这些条件的变化使广东发展开放型经济的传统方式难以适用。面对这些冲击和挑战，广东未雨绸缪，通过优化营商环境来进一步利用全球资源，为构建更高水平的开放型经济体系寻找新思路，进行新探索。

在国家"一带一路"建设与广东省自由贸易试验区建设的推进下，广东将主动适应和引领经济发展新常态，在改革开放和全面实现现代化的道路上继续走在全国前列。届时，布局上，将形成全方位开放新格局，特别是市场布局、投资布局、区域布局和平台布局；结构上，服务贸易比重将不断扩大，产业结构将优化升级；方式上，将实现"引进来"与"走出去"并举，利用创新驱动发展推动外经贸发展；体制上，外商投资管理体制、粤港澳合作机制等将得到创新，市场化法治化、国际化营商环境将水到渠成；体系上，开放型经济的区域创新体系、安全保障体系、开放安全的金融体系及知识产权保护体系将得到健全。

四　法治广东建设对策建议

改革开放近四十年来，广东取得了巨大的社会经济成就，尤其是在立法机制创新方面，广东被誉为"立法试验田"，创下了多个"全国第一"（刘冠南、陈捷生，2015）。鉴于法治水平与人均 GDP、城市化率和工业化进程具有高度相关的关系，按照党的十九大报告中提出的"第一个阶段的十五年奋斗目标"，本报告的基本判断是，2025 年到 2035 年是广东由法治成长型社会发展至法治成熟型社会的关键十年。正如习近平总书记在十九大报告中所言，"全面依法治国是国家治理的一场深刻革命，必须坚持厉行法治，推进科学立法、严格执法、公正司法、全民守法"。为确保这一过程的平稳顺利，本报告提出全面推进广东法治建设的三点建议。

（一）法治与改革协同推进

树立法治思维，运用法治方式，必须深入贯彻习近平总书记重要讲话精神，坚持"在法治下推进改革，在改革中完善法治"（中共中央文献研究室，2015：52）。要以法治的确定性抵御供给侧改革中的风险与不确定性，实现社会治理法治化；要确保广东成功跨越"中等收入陷阱"①，率先全面平稳地迈向高等收入水平行列。

1. 树立法治思维，在法治的轨道上推进体制改革

法治思维产生并支配法治方式。"在整个改革过程中，都要高度重视运

---

① "中等收入陷阱"是 2006 年世界银行在其《东亚经济发展报告》中明确提出的一个概念。它指的是当一个国家的人均收入达到世界中等水平后，由于不能顺利实现经济发展方式的转变，导致新的增长动力不足，最终出现经济停滞徘徊的一种状态。"中等收入陷阱"国家的特征是：经济增长回落或停滞、贫富分化、腐败多发、过度城市化造成畸形发展、社会公共服务短缺、就业困难、社会动荡、金融体系脆弱等（贾凤兰，2010）。

用法治思维和法治方式，发挥法治的引领和推动作用，加强对相关立法工作的协调，确保在法治轨道上推进改革。"（中共中央文献研究室，2015：46）党的十八届三中全会决定把"完善和发展中国特色社会主义制度、推进国家治理体系和治理能力现代化"确立为全面深化改革的总目标，部署了336项改革任务，必将引发和带动法律体系、法律制度、法律实施等各方面的深刻调整与变化（袁曙宏，2015）。正如习近平总书记强调的，"要发挥法治对转变政府职能的引导和规范作用，既要重视通过制定新的法律法规来固定转变政府职能已经取得的成果，引导和推动转变政府职能的下一步工作，又要重视通过修改或废止不合适的现行法律法规为转变政府职能扫除障碍。"（李贞、雷龚鸣、夏子杰，2016）要坚持立法先行，以立法引领改革，立法授权改革，立法确认改革成果，立法预留改革空间，立法消除改革障碍。在法治下有序、渐进、稳步推进改革，最大限度地以法治凝聚改革共识、完善改革决策、规范改革行为、推动改革进程、固定改革成果，确保改革始终在法治的轨道上全面推进和不断深化。

2. 完善立法配套，在法治的轨道上提高执政能力

良法是善治之源。具体到法治政府、责任政府建设方面，依法行政要成为政府行政的基本原则，执政者由管理型思维转变为法治思维尤其重要。行政法律制度的精髓就是要在行政机关公务人员的行政活动中强力植入法治理念，转变并规制政府行为，提高行政决策水平。任何一项行政法律法规，要实现其以一种综合的方法挑战传统的管理方式的立法目标，立法时应设计一些细化条款，同时把制定配套法规摆在更加突出的位置，使得该项法律法规在具体操作方面具有强制执行力，从而迫使行政机关判定其行政行为的社会影响，以避免政府职能转化的纸上谈兵。这种具有强制执行力的制度设计包括三个方面。

（1）强制公开披露信息，推进行政履职法定化。要依法设定权力、行使权力、制约权力、监督权力，以具体制度将法治的思维根植于政府行政决策者的头脑中。落实步骤是推行政府权力清单制度，推进各级政府机构、职能、权限、程序、责任法定化；定期制定和公布各级政府及其部门的权力清单、责任清单、负面清单、中介服务清单、收费清单，实现清单之外无权力；对行政权力集中的部门和岗位实行分事行权、分岗设权、分级授权，定期轮岗，强化内部流程控制，防止权力滥用。要以制度的强制执行力约束行政主体在行政管理中坚守合法性底线，使得凡是能够通过社会自治、自律解决的问题，行政主体不会越俎代庖；凡是能够通过行政指导、行政合同、行政协商等非强制手段处理的事项，行政主体不会运用行政强制权力处理；凡是没有法律法规依据，行政机关不会做出减损公民、法人和其他组织合法权益或者增加其义务的决定。

（2）公众参与贯穿始终，增强行政决策科学性。要以科学民主依法决策程序的完善，进一步健全执政、行政决策制度，建立重大决策跟踪反馈和评估制度。要出台重大行政决策程序立法，把公众参与、专家论证、风险评估、合法性审查、集体讨论决定等确定为法定程序，使得公众参与成为实质性的，即以制度主体的身份参与者到公共权力的运作中，确保公众对行政机关的监督作用得到充分有效的发挥。

（3）完善司法审查制度，提高行政执法公信力。要尊重司法规律，以司法体制改革的进一步深化，确保审判机关、检察机关依法独立公正行使审判权、检察权；优化司法职权配置，完善司法管辖体制和权力运行机制，完善对权力的司法监督；强化对当事人和其他诉讼参与人合法权益的保障，完善诉讼体制机制，完善对权利的司法保障，切实解决立案难、审理难、执行难等突出问题；完善商事仲裁、劳动仲裁、环境影响评估的司法审查制度，完善对污染环境、侵害众多消费者合法权益等损害社会公共利益的公益诉讼制度。① 要充分发挥行政诉讼、公益诉讼等制度作用，监督行政机关依法行使职权、履行职责，不断提高依法行政、严格执法水平，切实保护公民、法人和其他组织合法权益。

对上述强制执行力的行政立法设计和配套，是提高法律制度有效供给、确保行政权力和社会治理在法治轨道上运行的关键。广东应充分借鉴香港廉政公署机制、公众参与咨询机制、司法复审机制成功运作的经验，内化到地方政府法制建设中。

（二）法治与稳定互为保障

没有法律与秩序，就不会有创新与繁荣。供给侧改革不是权宜之计，

---

① 现行的《中华人民共和国民事诉讼法》第五十五条规定：对污染环境、侵害众多消费者合法权益等损害社会公共利益的行为，法律规定的机关和有关组织可以向人民法院提起诉讼。

而是宏观结构性转型。改革已经进入攻坚期和深水区，面对的改革发展稳定任务之重、矛盾风险挑战之多前所未有，只有运用法治方式，以规范的法律制度减少和缓释社会矛盾的产生和积聚，才能营造稳定平安发展环境。

1. 运用法治方式，在法治的轨道上提升社会治理能力

供给侧改革不是权宜之计，而是宏观结构性转型。改善供给的关键是建立一个能提供公平机会、有利于创新创业的制度环境。由于过剩产能的降低和产业转型升级，加之垄断企业、生产要素市场、金融市场的改革，劳资矛盾、拆迁矛盾，以及打着创新名义的金融诈骗等，都可能导致群体性事件频发。只有在法治思维的基础上，按照法律规定和法律程序处理和解决问题的工作方式方法，才能以法治的确定性，抵御供给侧改革中的风险与不确定性，缓解社会矛盾，推动供给体系和供给结构的改善，成功避开"中等收入陷阱"，确保广东均衡发展，率先全面平稳地迈向高等收入水平行列。运用法治思维和法治方式推进现代化治理的近三年法制建设思路如下。

（1）坚持公平正义理念，强化民生立法、执法，在法治的轨道上减少和缓释社会矛盾的产生和积聚，推进以保障民生为重点的社会建设。要推动共享发展，加快保障和改善民生、推进社会治理体制创新法律制度建设，完善促进共同富裕的制度安排，研究制定关于基本医疗卫生、慈善事业等方面的法规规章，修订《广东省农村扶贫开发条例》《广东省实施〈中华人民共和国矿山安全法〉办法》等。要推动协调发展，重点加强促进城乡区域协调发展，促进新型工业化、信息化、城镇化、农业现代化同步发展，推动硬实力和软实力同步提升等方面的法治保障；因地制宜，研究制定促进文化产业发展、加强网络安全等方面的法规规章，修改《广东省农作物种子条例》《广东省实施〈中华人民共和国文物保护法〉办法》等。

（2）坚持可持续发展理念，强化生态立法、执法，在法治的轨道上加大对绿色生态环境保护治理的力度，实现环境改善与经济发展的双赢。要推动绿色发展，加快建立有效约束开发行为和促进人与自然和谐共生、推动循环低碳发展的生态文明法制建设，改革环境治理基础制度，制定土壤污染防治、水污染防治等方面的法规规章，适时修订《广东省实施〈中华人民共和国循环经济促进法〉办法》《广东省林地保护管理条例》等。试点涉粤港澳三地工程项目规划的战略环评，为国家制定《中华人民共和国环境影响评估法》提供先行先试经验。

2. 多方多措并举，在法治的轨道上构建良性互动机制

坚持稳定有序发展理念，强化社会立法、执法，寓守法宣传教育和法律文化土壤的培育于公民的参政议政中，健全和完善基层民主选举制度和一村（社区）一法律顾问制度。同时，各级地方政府要不断加大对社会组织培育的扶持力度，把社会组织的培育作为社会治理创新的重要手段之一。依据重点培育、优先发展的基本思路，通过建立分级负责、属地管辖的综合培育平台，以及服务购买、公益创投等形式对社会组织进行间接的能力帮扶和直接的经济资助，构建行政、市场、社会、智力四方协同培育机制，提升各类社会组织自身治理能力和服务供给能力，在法治的轨道上构建政府管理与公民自治的良性互动机制，实现社会治理的现代化。

人大、政府、司法要各司其职，法律问题归法律管理。省人大要统筹推进立法工作，及时完善改革现有制度，建立适应发展需求的新制度，加快构建系统完备、科学规范、运行有效的制度体系，努力构筑有利于释放活力的法律规范体系，深入推进科学立法、民主立法，统筹法律法规制定、修改、解释、废止以及授权、配套、清理、备案等工作。根据改革和经济社会发展需要，要抓紧制定相关的法律法规，同时注重对法律法规的修改和废止、对法律法规的解释和清理，做好法律法规配套规定制定工作，按照立法程序及时做出改革先行先试的授权，加强对规范性文件的备案审查，做到多种方式衔接协调，保证法律体系内部科学和谐统一，增强法律法规的及时性、系统性、针对性、有效性，更好地保障法律的正确实施。政府在严格执法的同时，要加快公共政策的制定，培育各类社会团体；法院在推进司法改革的同时，要积极推进公益诉讼，鼓励以诉讼解决争端。要以劳动法制处理劳资纠纷，以环境法处理环境保护纠纷，以知识产权法制打击治假贩假，以游行集会法制提升社会治理预警系统的准确率和依法解决争端的示范性，预防劳资纠纷或环境保护"邻避效应"① 等导

---

① "邻避效应"：英文 "Not in my backyard" 的意译，指居民或当地单位因担心建设项目（如垃圾场、核电厂、殡仪馆等邻避设施）对身体健康、环境质量和资产价值等带来诸多负面影响，从而激发人们的嫌恶情绪，滋生"不要建在我家后院"的心理，即采取强烈和坚决的，有时高度情绪化的集体反对甚至抗争行为。

致的非法群体性事件的发生。要以社会法治平衡社会利益，调节社会关系、规范社会行为，从而提高社会治理法治化水平，维持社会稳定。

（三）法治与创新相辅相成

坚持市场经济导向，维护公平正义，要以法治推进政府职能转变和公平竞争市场环境的完善，营造广东创新驱动法治环境；要充分发挥法律机制的撬动作用，确保广东创新驱动经济转型升级。

1. 强化政府服务，在法治护航下激发市场活力

公平竞争是市场机制发生作用的根本条件。经济转型期间，政府在推动公平竞争市场环境的建立和完善方面责任重大。而这个公平竞争市场环境的建设要求"政府职能转变到哪一步，法治建设就要跟进到哪一步"（李贞、雷龚鸣、夏子杰，2016）。换言之，运用法治思维和法治方式推进政府职能转变的工作重点是通过依法行政，严格职责履行既不缺位，也不越位，充分发挥市场配置创新资源的决定性作用；通过"简政放权"的法定化和制度化，把转变政府职能持续推向深入，优化创新创业法治软环境。要依法对所有的市场主体予以平等保护，促进并保障市场主体之间公平竞争，为处于初创期的中小型科技企业创新提供更大的空间，形成大众创业、万众创新的改革效应。

"拉美地区多年的事实证明：经济运行的政治背景并非仅仅由政府的短期政策或某项具体计划的细节所决定，而是由一系列更加广泛的法律制度所构成，这些法律制度赋予了政治上的合法性。旨在提供一种有效的引导机制，以激励人类去努力创造财富并大胆革新。"（弗朗西斯·福山，2015）创新不仅要靠政策，更要靠法律。因为，创新活动的各个环节都牵涉到复杂的社会关系，并引发新的权益关系，这些复杂的关系远非行政措施和政府政策所能解决，加之政策易因领导人的变更而变化，必须有更加稳定的相应法律加以规范调整。在目前广东的"创新发展中，政府角色转换从以选择性扶持为主转向以功能性改进为主。选择性扶持一般是先选择少数几个战略性新兴产业，然后制定优惠政策集中扶持，从而吸引资源流入，扩大新产业规模；功能性改进主要围绕着培育与发展新创企业，改善相应的配套能力与基础设置，使整个社会形成有利于创新的功能结构"（王珺，2017）。为引领这一转变，必须"把行之有效的文化经济政策法定

化"(中共中央, 2014)。从而推动创新发展,构建发展新体制,加快形成有利于创新发展的市场环境、产权制度、投融资体制、分配制度、人才培养引进使用机制和促进科技成果转化的法律制度体系。具体的法制建设包括以司法审判实践落实《中华人民共和国民法总则》,为编纂民法典提供广东经验;先行先试,为国家修订税收征收管理法和制定各项单行税法提供广东经验;因地制宜,修订《广东省实施〈中华人民共和国土地管理法〉办法》《广东省专利条例》等地方性法规。在公平市场建设方面,重点是通过创新机制设计,将各种创新优惠政策法定化、制度化,强化政府公共服务,规范政府资金投入。发挥法律机制的撬动作用,以扎实的市场法治环境建设取代补贴、优惠等短期政策支持创新发展的陈旧手段方式,维护市场竞争秩序,达成公平市场的充分竞争。

近期的重点工作是修订《广东省实施〈中华人民共和国政府采购法〉办法》,推动政府职能向提供优质公共服务方面转变,为资本的生长创造适宜的土壤,为投资兴业提供良好的平台,以吸引更多的资金、技术和人才等生产要素,激发全社会的创造创新活力。高新技术产业发展基金的设立与运作要借鉴国际做法,子基金按照公司法、合伙企业法的规定设立,更多地通过间接投入发挥政府资金的引导作用。要根据国家税收、政府采购等法律法规,设立公司法规制下的预算内财政引导创新基金等方式,建立和完善科技创新和技术转移的财政支持和金融保障制度,依法引导促进成果转化。要将用于创新和研发的财政投入占全省 GDP 的比例以及增长比例用地方性法规的形式加以固定,明确将促进科技成果转化和技术转移的支持纳入科技创新和研发的财政经费支持和保障体系之中;高新技术产业发展基金的设立与运作要借鉴国际做法,子基金按照公司法、合伙企业法的规定设立,更多地通过间接投入发挥政府资金的引导作用;要充分运用市场规律,为转化成果的企业提供股权投资;要鼓励和支持社会资金、风投资金、创业投资、金融信贷等直接、间接投资支持技术转移和产业化。

2. 保护知识产权,在法治土壤中培育创新动力

在经济全球化和区域一体化背景下,综合实力的竞争越来越受制于和表现为法律制度的竞争力和支撑力。新常态下创新驱动的本质是知识产权驱动。科技创新离不开完备的法律制度支持,知识产权法律制度是其中最为关键的核心制度。国际成功经验表明,法律对知识产权保护程度的强弱与企业自主创新能力的大小成正相关，大数据、云计算、"互联网＋"等新产业、新模式、新业态、新产品的发展最需要的是一个法治、开放的市场环境。广东要打造法治化的国际营商环境，重点应从知识产权保护、市场公平竞争、促进成果转换、知识产权惩罚性赔偿等方面加强地方立法和执法，强化创新能力提升。可以借鉴日本的《工矿业技术研究组合法》、韩国的《韩国合作研究开发振兴法》，制定省级条例，推动构建一批企业主导、产学研合作的产业技术创新战略联盟，使企业成为名副其实的科技创新主体。同时，借鉴美国的《小企业技术创新进步法》，在融资、创业人才引进、市场竞争环境的公平等方面向中小企业倾斜，促进中小企业的创新驱动发展。

在加快创新成果转化方面，应以强化知识产权的保护为重点，以绿色开放的法治思维研究制定有关知识产权质押、股权质押、动产质押、保险等业务的法律制度，以及扶持大数据、云计算、"互联网＋"等新产业、新模式、新业态、新产品发展方面的法律制度，加快出台《广东省促进技术转移条例》及相关配套措施，优化创新资源配置。应制定《广东省展会专利保护条例》，加快粤港澳区域技术转移中心建设，形成综合性、国际性的创新资源交易交流平台。可借鉴韩国的《科学家教育法》，完善创新人才培养、引进和使用机制，吸引海内外高层次创新人才、领军型人才及创新团队、创新型企业家等来广东创新创业。

（四）法治与开放有机对接

坚持对外开放，深化粤港澳合作，要以先行先试的地方法治建设打造引领区域经济发展的营商环境，实现国际营商环境的法治化；放大广东"改革实验田"效应，构建开放型经济体制新格局。

1. 大胆借鉴吸纳，进一步推进经贸和司法合作

坚持绿色开放法治思维，大胆借鉴吸纳，是法治软环境的建设的最快捷途径。粤港澳大湾区城市群建设涉及香港、澳门两个独立的关税区，不同政体和法域使得粤港澳大湾区的合作建设更显法律关系复杂。广东地方立法机构应大胆开放借鉴，充分吸纳香港金融基建高效优越、法制完善的成功经验，在总结自由贸易试验区、涉港澳法律服务实践等先行先试经验的基础上，进一步推进区域间的商贸合作和司法合作。鉴于国际商业纠纷

的解决过程中，仲裁的比重越来越大，同时，市场经济的发展使得中国商事仲裁已日益形成一个巨大的服务市场，广东自由贸易实验区要成为服务内地、连接港澳的商业服务中心、科技创新中心和教育培训基地以及临港产业服务业的配套合作区，完善的商事仲裁体系不可或缺。商事仲裁作为一种准司法制度，其国际化程度高，政治敏感度低，引进时涉及司法法域的障碍较小。香港国际仲裁中心依托其符合国际化的英美商法体系发展迅速，现已成为亚太地区最具代表性的仲裁中心。按照《CEPA 经济技术合作协议》第七条："一、支持两地法律和争议解决专业机构搭建合作交流平台，加强业务交流和协作。二、支持香港建设亚太区国际法律及争议解决服务中心"的规定，可以考虑通过签订新的 CEPA 补充协议，明确增加开放仲裁服务部门，在广东自由贸易试验区内直接试点引入香港商事仲裁机制。按其商事仲裁规则就各种环境纠纷组成仲裁庭，仲裁裁决按当事人申请执行地的司法程序和法律执行。

同时，要以符合"第四次工业革命"[1] 发展方向的理念为指引，探索对超出传统保护知识产权的范畴的数据主权的保护。大数据、云计算数据安全管理规范制度，在保证数据的所有者能够有效灵活地管理数据的同时，要有效防止未授权的侦察以及对这些数据的盗取或滥用。要妥善处理好发展创新和安全规范的关系，开发新型工业数据空间，为安全的数据供应链打造一个虚拟空间。该空间必须具备如下条件：能够安全存储数据、提供可控且受限的数据路径、同时也保障数据安全和数据主权。审慎监管、保护创新。为避免"在第四次工业革命正式拉开帷幕前，就已错失搭上这趟快车的机遇"（柯慕贤，2016），按照《CEPA 经济技术合作协议》第十四条、电子商务第七款"加强两地在跨境数据流动方面的交流，组成合作专责小组共同研究可行的政策措施安排"的规定，可以考虑在广东自由贸易实验区内允许更加灵活的跨境数据流动，提高跨境数据交流速度，试行对外籍人士日常工作生活必备的互联网媒体开放英文版本，这样做既

---

[1]　"第四次工业革命"：是继蒸汽技术革命（1760～1840 年）、电力技术革命（1840～1950年）、信息技术革命（1950 年以来，尚未终结）之后，从 21 世纪开始发端于德国并正在席卷全球的又一次科技革命，是以互联网产业化、工业智能化、工业一体化为代表，以人工智能、清洁能源、无人控制技术、量子信息技术、虚拟现实以及生物技术为主的全新技术革命。

不会带来显著风险，也有助互联网时代的国际投资的引进及国际仲裁服务市场巨大份额的占领。

2. 夯实湾区平台，从规则适应者向引领者转变

2017 年的《政府工作报告》首次提出"研究制定粤港澳大湾区城市群发展规划"（李克强，2017），意味着这项夯实粤港澳大湾区平台推动产业和区域发展的设想已被提上国家经济发展战略的层面。据此指引，应充分利用 CEPA[①] 协议中在广东先行先试的承诺，通过梳理，将正面清单中有关市场准入、知识产权、人才交流、电子商务、环境保护等方面的规定内化到广东省的地方法制中，形成可复制、可推广的制度成果，为市场化的管理方式提供充足的法制供给；应在广东自由贸易实验区试行沿用香港的商业投资法律体系，实行统一的市场准入制度，在制定负面清单基础上，各类市场主体可依法平等进入清单之外领域。

同时，要通过进一步完善 CEPA 等双边协议，从规则适应者向引领者转变，重点探索构建更具引领性、前瞻性的国际投资贸易规则体系，健全有利于合作共赢并同国际贸易投资规则相适应的涉外法律法规制度，完善法治化、国际化、便利化的营商环境。具体应以重点领域争端解决机制与商事仲裁建设的完善为切入点，发挥法律的协调作用，在法治的轨道上确保三边合作顺利实施。将完善粤港澳交流合作的协商、谈判、签署过程当作一个法治学习过程，充分发挥广东自贸区"立法实验田"的作用，以开放倒逼法制改革，为国家制定关税法、国际刑事司法协助法，以及修改中外合资经营企业法、中外合作经营企业法和外资企业法等提供区域先行先试经验。要大胆借鉴引进，"积极参与国际规则制定"，"适应对外开放不断深化，完善涉外法律法规体系，促进构建开放型经济新体制"（中共中央，2014），实现法制突破，形成引领区域经济发展的法治化国际营商环境。

参考文献

陈菲、王茜：《"十三五"规划建议提出促进有能力的农业转移人口举家进城落户》，中华人民共和国中央人民政府网，2015 – 11 – 3，http：//www. gov. cn/zhengce/2015 –

---

① CEPA：Closer Economic Partnership Arrangement，即《关于建立更紧密经贸关系的安排》的英文简称。包括中央政府与香港特区政府签署的《内地与香港关于建立更紧密经贸关系的安排》、中央政府与澳门特区政府签署的《内地与澳门关于建立更紧密经贸关系的安排》。

11/03/content_5004158. htm。

崔朝阳：《广东"十五"地方立法经典瞬间》，《人民之声》2016 年第 7 期。

董立龙：《营商环境国际化，重塑招商吸引力》，《河北日报》2017 年 2 月 23 日，第 5 版。

范愉：《从司法实践的视角看经济全球化与我国法制建设——论法与社会的互动》，《法律科学》2005 年第 1 期。

方青：《五中全会：要建立排污权、碳排放权初始分配制度》，中国发展门户网，2015 - 10 - 30，http：//cn. chinagate. cn/news/2015 - 10/30/content_36933798. htm。

冯玉军：《法治中国发展的趋势研究》，《学习论坛》2015 年第 1 期。

冯玉军：《中国法治的发展阶段和模式特征》，《浙江大学学报》（人文社会科学版）2016 年第 3 期。

付子堂：《实质法治：中国法治发展之进路》，《学术交流》2015 年第 3 期。

付子堂、张善根：《地方法治建设及其评估机制探析》，《中国社会科学》2014 年第 11 期。

高鸿钧：《美国法全球化：典型例证与法理反思》，《中国法学》2011 年第 1 期。

公丕祥：《法治中国进程中的区域法治发展》，《法学》2015 年第 1 期。

公丕祥：《全球化与中国法制化》，《法学研究》2000 年第 6 期。

公丕祥：《认真对待区域法治发展》，载公丕祥主编《区域法治发展研究》第 1 卷，法律出版社，2016，第 6 ~ 11 页。

公丕祥主编《区域法治发展研究》第 1 卷，法律出版社，2016，第 8 页。

龚延泰：《法治理论的问题在于改变世界》，载钱弘道主编《中国法治实践学派》（2016 年卷），法律出版社，2016，第 333 页。

龚延泰、孙文凯、屠振宇主编《外国法制现代化》，法律出版社，2016，第 2、12 ~ 14、48 ~ 49、167 ~ 168、191 ~ 192 页。

顾昂然：《立法札记：关于我国部分法律制定情况的介绍（1982—2004）》，法律出版社，2006。

顾培东：《当代中国法治话语体系的建构》，《法学研究》2012 年第 3 期。

顾培东：《中国法治的自主型进路》，《法学研究》2010 年第 1 期。

广东省财政厅：《广东省基本公共服务均等化规划纲要（2009 - 2020 年）》（2017 年修编版），广东省财政厅网，2017 - 6 - 28，http：//www. gdczt. gov. cn/ztjj/ggfw/201706/t20170620_847452. htm。

广东省人民政府：《中国（广东）自由贸易试验区建设实施方案》之附件《中国（广东）自由贸易试验区建设实施方案任务分工表》，广东省人民政府网，2015 - 7 - 25，http：//zwgk. gd. gov. cn/006939748/201507/t20150721_593534. html。

广东人民政府：《实施粤港合作框架协议 2015 年重点工作》，广东省人民政府网，2015 -
　　3 - 11，http：∥zwgk. gd. gov. cn/006939748/201503/t20150318_572877. html。

广东省人民政府办公厅：《关于印发广东省生态文明建设"十三五"规划的通知》，广
　　东省人民政府网，2016 - 12 - 31，http：∥zwgk. gd. gov. cn/006939748/201701/t20170
　　126_691666. html。

广东省统计局、国家统计局广东调查总队：《2016 年广东国民经济和社会发展统计公
　　报》，广东统计信息网，2017 - 3 - 3，http：∥www. gdstats. gov. cn/tjzl/tjgb/201703/
　　t20170308_358320. html。

广东省依法治省工作领导小组办公室：《广东省"全国法治城市、法治县（市、区）
　　创建活动先进单位"授牌仪式在广州举行》，广东人大网，2013 - 6 - 3，http：∥
　　www. rd. gd. cn/pub/gdrd2012/xwdt/201306/t20130603_134252. html，2013a。

广东省依法治省工作领导小组办公室：《广东省 2012 年依法治省工作总结》，法治广东
　　网，2013 - 6 - 14，http：∥www. fzgd. org/jgzn/qwfb/201306/t20130614_393090. htm，
　　2013b。

国家发展和改革委员会、广东省人民政府、香港特别行政区政府、澳门特别行政区
　　政府：《深化粤港澳合作　推进大湾区建设框架协议》，泛珠三角合作信息网，
　　2017 - 7 - 4，http：∥www. pprd. org. cn/fzgk/hzgh/201707/t20170704_460601. htm。

国务院：《关于深化泛珠三角区域合作的指导意见》，北大法宝法律数据库，2016 - 3 -
　　3，http：∥www. pkulaw. cn/fulltex t_form. aspx？Db = chl&Gid = 266420&keyword = %
　　e5% 8c% ba% e5% 9f% 9f&EncodingName = &Search_Mode = accurate。

郭晓明：《新法律与发展多维研究——趋向综合发展的跨学科考察》，法律出版社，
　　2016，第 220、222、329、442、466 页。

韩大元：《韩国法制现代化过程述略》，《法制现代化研究》，南京大学出版社，1996，
　　第 520 ~ 532 页。

郝铁川：《论法治：中国依法治国的难点、重点和特点》，上海人民出版社，2015，第
　　3 页。

郝铁川：《中国的法律虚无主义于法制浪漫主义——在人民大学法学院的学术讲演》，
　　《东方法学》2008 年第 1 期。

何勤华主编《外国法制史》，法律出版社，2016，第 148、220 ~ 221、267、339、
　　340 页。

胡锦涛：《坚定不移沿着中国特色社会主义道路前进　为全面建成小康社会而奋斗——
　　中国共产党第十八次全国代表大会报告》，《人民日报》2012 年 11 月 18 日，第
　　1 版。

黄建武：《法理学教程》，法律出版社，2001，第 171 页。

黄文艺：《法律国际化与法律全球化辨析》，《法学》2002 年第 12 期。

黄文艺：《论中国法律发展研究的两大范式》，《法制与社会发展》2000 年第 3 期。

季卫东：《法治秩序的建构》，中国政法大学出版社，2014。

贾凤兰：《中等收入陷阱》，《求是》2010 年第 20 期。

江平：《依然谨慎的乐观：法治中国的历史与未来》，浙江人民出版社，2016，第 59 页。

蒋立山：《中国法治两步走：与大国成长进程结合远景构想》，《法制与社会发展》
　　2015 年第 6 期。

李步云：《论人权的三种存在形态》，《法学研究》1991 年第 4 期。

李飞：《中国特色社会主义法律体系辅导读本》，中国民主法制出版社，2011，第 39 页。

李克强：《政府工作报告——2017 年 3 月 5 日在第十二届全国人民代表大会第五次会议
　　上》，《人民日报》2017 年 3 月 17 日，第 1 版。

李林：《从治国理政的战略高度深刻把握“十三五”时期法治建设》，《北京联合大学
　　学报》（人文社会科学版）2016 年第 1 期。

李林：《全面推进依法治国努力建设法治中国》，《北京联合大学学报》（人文社会科学
　　版）2013 年第 3 期。

李林：《中国的法治道路》，中国社会科学出版社，2016，第 153、168 页。

李贞、雷龚鸣、夏子杰整理《习近平谈依法治国——在中共十八届二中全会第二次全
　　体会议上的讲话》，《人民日报》（海外版）2016 年 8 月 17 日，第 12 版。

林晖：《深化农村改革 推进农业现代化——访农业部部长韩长赋》，新华网，2016 -
　　5 - 31，http：//news. xinhuanet. com/politics/2016 - 05/31/c_1118962143. htm。

刘冠南、陈捷生：《法治领航　南粤闯出新天地》，《南方日报》2015 年 11 月 26 日，
　　第 A04 版。

刘恒等：《走向法治——广东法制建设 30 年》，广东省出版集团、广东人民出版社，
　　2008。

刘秋伟：《粤港澳打造优质生活圈　提升大珠三角地区竞争力》，中国经济网，2012 -
　　6 - 26，http：//www. ce. cn/macro/more/201206/26/t20120626_23437365. shtml。

刘旺洪：《区域立法与区域治理法治化》，载刘旺洪主编《区域立法与区域治理法治
　　化》，法律出版社，2016，第 8 页。

刘星：《法理学导论：实践的思维演绎》，中国法制出版社，2016，第 348 页。

卢朵宝：《2035 年：新技术挑战政府治理》，《财经国家周刊》2015 年第 13 期。

马长山、郭海霞：《治理法治化时代的法律体系重构》，《甘肃社会科学》2016 年第
　　4 期。

马长山、马靖云：《“法治中国”建设的时代使命与渐进路径》，《上海师范大学学报》
　　2015 年第 3 期。

马怀德：《在法治普遍性和特殊性的统一中探寻中国的法治道路》，《社会主义研究》2015年第1期。

彭波：《守住公平正义的司法防线》，《人民日报》2017年1月12日。

朴秉濠：《韩国法与伦理道德》，韩大元译，《法学家》1993年第3期。

钱弘道主编《中国法治实践学派》（2016年卷），法律出版社，2016，第348页。

全国人民代表大会：《中华人民共和国国民经济和社会发展第十三个五年规划纲要》，新华网，2016-3-18，http：∥sh. xinhuanet. com/2016-03/18/c_135200400. htm。

人民日报记者：《保障依法独立行使审计监督权》，中华人民共和国中央人民政府网，2015-12-9，http：∥www. gov. cn/zhengce/2015-12/09/content_5021480. htm。

上海市行政法制研究所课题组：《上海全球城市治理模式与民主法治研究》，《科学发展》2015年第9期。

史额黎：《让国企职业经理人制度"落地生根"》，《中国青年报》2015年10月11日。

宋凤琴：《"没有革命的理论就不会有革命的运动"是谁先提出来的》，《理论前沿》1990年第10期。

苏力：《法治及其本土资源》，中国政法大学出版社，2015。

苏力：《关于能动司法与大调解》，《中国法学》2010年第1期。

孙笑侠：《法治转型及其中国式任务》，《苏州大学学报》（法学版）2014年第1期。

天津市高级人民法院：《2016年知识产权司法保护白皮书》，北大法宝法律数据库，2017-4-20，http：∥www. pkulaw. cn/fulltext_form. aspx？Db = news&Gid = 85332&keyword = % e5% 8c% ba% e5% 9f% 9f&EncodingName = &Search_Mode = accurate。

王珺：《产业升级中的广东实践与理论思考（北京大学"林毅夫教授与改革发展政策"论坛专题报告）》，广东省社会科学院网，2017-5-12，http：∥www. gdass. gov. cn/MessageInfo_5436. shtml。

王利明：《法治：良法与善治》，北京大学出版社，2015，第17、21页。

王裕根：《WGI法治指数的评估程序与经验审视》，《宏观质量研究》2016年第4期。

魏哲哲：《展望"十三五"：推动全面依法治国迈上新台阶》，紫光阁网，2016-4-20，http：∥www. zgg. org. cn/zggxx/zhxzcy/zzhck/201604/t20160421_576962. html。

习近平：《关于〈中共中央关于全面推进依法治国若干重大问题的决定〉的说明》，《人民日报》2014年10月29日。

习近平：《加快建设社会主义法治国家》，《求是》2015年第1期。

夏勇：《中国宪法改革的几个基本理论问题》，《中国社会科学》2003年第2期。

谢晓尧：《守法刍议》，《现代法学》1997年第5期。

《习近平主持召开中央全面深化改革领导小组第三十五次会议》，新华网，2017-5-23，http：∥news. xinhuanet. com/2017-05/23/c_1121023088. htm。

《"十三五"规划建议：扩大金融业双向开放》，新华网，2015 – 11 – 03，http：∥news. xinhuanet. com/politics/2015 – 11/03/c_1117026876. htm。

徐显明：《生存权论》，《中国社会科学》1992 年第 5 期。

徐显明：《中国法治发展的十个趋势判断——在 2012 年"人民法院党的建设博鳌高端讲座"上的发言》，法制资讯网，2012 – 8 – 29，http：∥www. legaldaily. com. cn/zbzk/content/2012 – 09/04/content_3816544. htm？node = 25496。

闫鸣：《扎实推进国家监察体制改革》，中共中央纪律检查委员会、中华人民共和国监察部网站，2017 – 2 – 7，http：∥www. ccdi. gov. cn/special/sbjqcqh/jjqh_sbjq_zqh/201702/t20170207_93596. html。

央广网记者：《全会〈决定〉：产权是所有制的核心 健全现代产权制度》，央广网（中央人民广播电台网），2013 – 11 – 15，http：∥news. cnr. cn/special/18sz/news/201311/t20131115_514147474. shtml。

袁曙宏：《准确把握新形势下改革与法治的关系》，《学习时报》2015 年 7 月 30 日，第 A4 版。

张丽清编译《法治的是与非——当代西方关于法治基础理论的论争》，北京：中国政法大学出版社，2015 年，第 70 – 82 页。

张文显：《"权利本位"之语义和意义分析——兼论社会主义法史新型的权利本位法》，《中国法学》1990 年第 4 期。

张文显：《变革时代区域法治发展的基本共识》，载公丕祥主编《法制现代化研究》（2013 年卷），法律出版社，2014，第 28 页。

张文显：《法治中国的理论建构》，法律出版社，2016，第 282、349 页。

张文显：《论中国特色社会主义法治道路》，《中国法学》2009 年第 6 期。

张文显：《全面推进依法治国的伟大纲领——对十八届四中全会精神的认知与解读》，《法制与社会发展》2015 年第 1 期。

张玉、秦华：《习近平在十八届中央纪委五次全会上发表重要讲话》，《人民日报》2015 年 1 月 14 日，第 1 版。

张志铭：《转型中国的法律体系建构》，《中国法学》2009 年第 2 期。

赵博、石龙洪：《殷殷关怀暖香江 高瞻远瞩展未来——党的十八大以来以习近平同志为核心的党中央关心香港发展纪实》，《人民日报》2017 年 6 月 29 日，第 1 版。

中共中央、国务院：《法治政府建设实施纲要（2015 – 2020 年）》，新华网，2015 – 12 – 27，http：∥news. xinhuanet. com/politics/2015 – 12/27/c11175917485. htm。

中共中央：《关于全面推进依法治国若干重大问题的决定》，《人民日报》2014 年 10 月 29 日，第 1、3、4 版。

中共中央文献研究室编《习近平关于全面依法治国论述摘编》，中央文献出版社，

2015，第 46、52 页。

中共中央文献研究室编《习近平总书记重要讲话文章选编》，中央文献出版社、党建读物出版社，2016，第 122 页。

最高人民法院：《全国人大代表和专家学者谈多元化纠纷解决机制改革》，搜狐网，2015 - 4 - 14，http：∥mt. sohu. com/20150414/n411258229. shtml。

中国社会科学院法学研究所法治指数创新工程项目组：《中国检务透明度指数报告（2016）——以检察院网站信息公开为视角》，中国与世界经济社会发展数据库·皮书数据库，2017 - 3 - 20，http：∥www. pishu. com. cn/skwx_ ps/initDatabaseDetail？siteId = 14&contentId = 8129485&contentType = literature，2017a。

中国社会科学院法学研究所法治指数创新工程项目组：《中国司法透明度指数报告（2015）——以法院网站信息公开为视角》，中国与世界经济社会发展数据库·皮书数据库，2016 - 3 - 18，http：∥www. pishu. com. cn/skwx_ ps/literature/7278/6556997. html。

中国社会科学院法学研究所法治指数创新工程项目组：《中国司法透明度指数报告（2016）——以法院网站信息公开为视角》，中国与世界经济社会发展数据库·皮书数据库，2017 - 3 - 20，http：∥www. pishu. com. cn/skwx_ ps/initDatabaseDetail？siteId = 14&contentId = 8129415&contentType = literature&type = &subLibID = 7278，2017b。

《文化部关于鼓励、支持和引导非公有制经济发展文化产业的意见》，咸阳市文化广电新闻出版局网站，2016 - 6 - 4，http：∥www. xywgj. gov. cn/html/whcy/1516/3909. html。

中央宣传部、司法部：《关于在公民中开展法治宣传教育的第七个五年规划（2016—2020 年）》，新华网，2016 - 4 - 17，http：∥news. xinhuanet. com/polit ics/2016 - 04/17/c_1118647027. htm。

周永坤：《法理学——全球视野》，法律出版社，2016，第 262、276 页。

朱景文主编《全球化条件下的法治国家》，中国人民大学出版社，2006。

朱景文主编《中国法律发展报告 2015：中国法治评估指标》，中国人民大学出版社，2016，第 264、280 页。

朱景文主编《中国人民大学中国法律发展报告（2013）：法学教育与研究》，中国人民大学出版社，2014。

〔德〕茨威格特、克茨：《比较法总论（上）》，潘汉典、米健、高鸿钧译，中国法制出版社，2017，第 271 页。

〔德〕柯慕贤：《"中国制造 2025"走向成功的关键》，王昉译，英国《金融时报》中文网，2016 - 2 - 26，http：∥www. ftchinese. com/story/001066347？full = y。

〔德〕尤尔根·哈贝马斯：《法治与民主的内在关系》，景躍进译，《中国社会科学季刊》1994 年第 4 期。

〔古希腊〕亚里士多德：《政治学》，吴寿彭译，商务印书馆，1965，第 199 页。

〔美〕巴里·温加斯特（斯坦福大学）：《为什么发展中国家如此抵制法治》，鲁楠译；
　　詹姆斯·J. 赫克、罗伯特·L. 尼尔森、李·卡巴廷根编《全球视野下的法治》，
　　高鸿钧、鲁楠等译，清华大学出版社，2014，第 28～54 页。

〔美〕弗朗西斯·福山编著《落后之源》，刘伟译，中信出版集团，2015，第 221 页。

〔美〕卡塔琳娜·皮斯托、安德拉·哈达尔、安穆立特·安姆勒珀（哥伦比亚大学）：
　　《社会规范、法治和性别实现：论支配性法治范式的限度》，张文龙译；詹姆斯·
　　J. 赫克、罗伯特·L. 尼尔森、李·卡巴廷根编《全球视野下的法治》，高鸿钧、
　　鲁楠等译，清华大学出版社，2014，第 257～296 页。

〔美〕罗纳德·德沃金：《法律帝国》，李常青译，中国大百科全书出版社，1996，第
　　227 页。

〔美〕泰穆尔·库兰（杜克大学）：《伊斯兰思想与实践中的法治：一个历史的视角》，
　　高鸿钧译；詹姆斯·J. 赫克、罗伯特·L. 尼尔森、李·卡巴廷根编《全球视野下
　　的法治》，高鸿钧、鲁楠等译，清华大学出版社，2014，第 74～95 页。

〔美〕托马斯·卡罗特斯（卡内基国际和平基金会）：《法治的诱惑》，鲁楠译；詹姆
　　斯·J. 赫克、罗伯特·L. 尼尔森、李·卡巴廷根编《全球视野下的法治》，高鸿
　　钧、鲁楠等译，清华大学出版社，2014，第 16～27 页。

〔葡〕博温托·迪·苏萨·桑托斯：《迈向新法律常识：法律、全球化和解放》，刘坤
　　轮、叶传星译，中国人民大学出版社，2009，第 221～385 页。

〔英〕哈特：《法律的概念》，张文显译，中国大百科全书出版社，1996，第 101～
　　123 页。

Alvaro Santos. 2006. "The World Bank's Uses of the 'Rule of Law' Promise in Economic De-
　　velopment." In David M. Trubek and Alvaro Santos, eds., *The New Law and Economic
　　Development: A Critical Appraisal*, Cambridge: Cambridge University Press, p. 281.

Brian Z. Tamanaha. 2004. *On the Rule of Law: History, Politics, Theory*, Cambridge: Cambridge
　　University Press, p. 91.

David M. Trubek. 2014. "Scan Globally, Reinvent Locally: Can We Overcome the Barriers to
　　Using the Horizontal Learning Method in Law and Development?" *Nagoya University
　　Journal of Law and Politics* 258: 15 – 16.

Jane Strimseth, David Wippman & Rosa Brooks. 2006. *Can Might Make Rights? Building the
　　Rule of Law after Military Interventions*, Cambridge: Cambridge University Press, p. 4.

后　记

　　经历了砥砺奋进的五年，广东步入了奋力决胜全面建成小康社会、加快开启建设社会主义现代化新征程的关键时刻。2012 年末，习近平总书记在视察广东时对我省提出了"三个定位，两个率先"的殷切期望。2017 年 4 月 4 日，习近平总书记又对广东工作做出新的重要批示，充分肯定了党的十八大以来广东各项工作，希望广东坚持党的领导、坚持中国特色社会主义、坚持新发展理念、坚持改革开放，为全国推进供给侧结构性改革、实施创新驱动发展战略、构建开放型经济新体制提供支撑，努力在全面建成小康社会、加快建设社会主义现代化新征程中走在前列。这一新的重要批示，充分体现了以习近平同志为核心的党中央对广东发展的高度重视和亲切关怀，也使我们更加清醒地认识到广东在全国发展大局中的责任担当，更加明晰广东今后发展的路径、优势和前进方向。

　　把握好"三个定位，两个率先"和"四个坚持、三个支撑、两个走在前列"的要求，联系广东实际谋划推动未来工作，亟须在理论上做出战略性、全局性、前瞻性的科学预判，在实践中提出切实可行的系统决策方案。为此，广东省社会科学院以广东的中长期发展为研究目标，部署了年度重大战略研究课题，总结过去发展经验，识别和研究广东未来近 20 年发展所面临的各种挑战，提出对广东未来发展具有重要意义的战略框架和战略建议。

　　深入学习宣传贯彻落实党的十九大精神，是当前和今后一个时期全党全国的首要政治任务，是社科理论界的头等大事。作为省委领导下的哲学社会科学研究机构、我省重要的理论宣传阵地和意识形态工作重镇，我院严格按照中央和省委部署要求，自觉把学习宣传贯彻落实十九大精神作为第一位的政治任务、学术任务、工作任务，在学懂弄通做实上狠下功夫。在前期研究的基础上，我院迅速组成课题组，对广东的新使命、新进程、新作为开展进一步深入研究，形成了《广东2035——发展趋势与战略研究》的全部研究成果。

本书由我院党组书记蒋斌、院长王珺主持编撰，院科研处负责组织编撰工作。所有撰稿人均为我院科研人员。

"广东2035：中国特色社会主义现代化建设的先行区"由王珺负责，邓江年、陈再齐、邓志平和万陆撰写。

"专题报告一　2035：广东经济发展展望"由王珺负责，陈再齐、李震、杨志云、曹佳斌、万陆、杨秀琴、宋宗宏、柯崇武、谢皆慧撰写。

"专题报告二　2035：广东产业发展展望"由赵细康负责，向晓梅、吴伟萍、张拴虎、陈小红、陈世栋、胡晓珍、邓江年、燕雨林、杨娟撰写。

"专题报告三　2035：广东创新发展展望"由赵细康负责，李源、万陆、谷雨、陈志明撰写。

"专题报告四　2035：广东城镇化发展展望"由周薇负责，游霭琼、陈世栋、邓智平、吴大磊撰写。

"专题报告五　2035：广东区域发展展望"由章扬定负责，范西斌、游霭琼、丁力、刘炜、陈志明撰写。

"专题报告六　2035：广东开放发展展望"由袁俊负责，丘杉、刘伟、龙建辉、左晓安、余欣、陈茜撰写。

"专题报告七　2035：广东人口预测与人口发展展望"由刘小敏负责，刘梦琴、赵道静、冯逸杰、徐耀东、王婕撰写。

"专题报告八　2035：广东社会发展展望"由刘小敏负责，左晓斯、黄彦瑜、陆峥、张桂金、杨雪、武聪、阮蓓莉撰写。

"专题报告九　2035：广东文化发展展望"由周薇负责，廖胜华、刘伟、林志鹏、李超海、张冰、符永寿、郭立撰写。

"专题报告十　2035：广东绿色发展展望"由赵细康负责，吴大磊、曾云敏、王丽娟、石宝雅、杨琳、方昱、王青撰写。

"专题报告十一　2035：广东现代化建设的法治保障展望"由刘小敏负责，骆梅芬、黄晓慧、张庆元、李继霞、李娟、刘程、徐耀东、冯逸杰撰写。

全书由蒋斌书记、王珺院长统稿。

广东省社会科学院

2017 年 11 月 20 日

图书在版编目（CIP）数据

广东 2035：发展趋势与战略研究 / 蒋斌，王珺主编
. -- 北京：社会科学文献出版社,2018.3
ISBN 978 - 7 - 5201 - 2050 - 0

Ⅰ.①广… Ⅱ.①蒋… ②王… Ⅲ.①地方经济 - 经
济发展趋势 - 研究 - 广东 - 2035 Ⅳ.①F127.65

中国版本图书馆 CIP 数据核字（2017）第 324997 号

广东2035
——发展趋势与战略研究

主　　编 / 蒋　斌　王　珺

出 版 人 / 谢寿光
项目统筹 / 宋月华　袁卫华
责任编辑 / 袁卫华　孙以年　卫　羚　孙美子

出　　版 / 社会科学文献出版社 · 人文分社（010）59367215
　　　　　 地址：北京市北三环中路甲 29 号院华龙大厦　邮编：100029
　　　　　 网址：www. ssap. com. cn
发　　行 / 市场营销中心（010）59367081　59367018
印　　装 / 三河市东方印刷有限公司

规　　格 / 开　本：787mm × 1092mm　1/16
　　　　　 印　张：55.75　字　数：912 千字
版　　次 / 2018 年 3 月第 1 版　2018 年 3 月第 1 次印刷
书　　号 / ISBN 978 - 7 - 5201 - 2050 - 0
定　　价 / 468.00 元